最初的『五月花号』已经被拆毁，此乃根据
……的复制品

《五月花号公约》的签订

清教徒与印第安人度过第一个感恩节

英国绅士们登陆詹姆斯敦

约翰·史密斯

乔治·卡尔沃特，巴尔的摩男爵一世

约翰·罗夫

詹姆斯·奥格尔索普

约翰·温斯洛普

富兰克林受到法国宫廷的欢迎

『蒙诺加荷拉战役』中，骑着白马的华盛顿

Stories of The United States

美国的故事

❶

—— 殖民之地 ——

毕蓝◎著

九州出版社
JIUZHOUPRESS

图书在版编目（CIP）数据

美国的故事 / 毕蓝著. -- 北京 : 九州出版社，2017.10（2020.7 重印）

ISBN 978-7-5108-6381-3

Ⅰ. ①美… Ⅱ. ①毕… Ⅲ. ①美国—历史—通俗读物 Ⅳ. ①K712.09

中国版本图书馆 CIP 数据核字（2017）第 278615 号

美国的故事

作　　者	毕蓝　著
出版发行	九州出版社
地　　址	北京市西城区阜外大街甲 35 号（100037）
发行电话	(010)68992190/3/5/6
网　　址	www.jiuzhoupress.com
电子信箱	jiuzhou@jiuzhoupress.com
印　　刷	天津创先河普业印刷有限公司
开　　本	710 毫米 ×1000 毫米　16 开
印　　张	88.25
字　　数	828 千字
版　　次	2018 年 1 月第 1 版
印　　次	2020 年 7 月第 2 次印刷
书　　号	ISBN 978-7-5108-6381-3
定　　价	298.00 元（全 7 册）

目录

① 殖民之地

②

革命之火

③ 独立之战

制宪之路

⑤ 美国之父

6 三权之争

⑦ 共和之国

自序

为什么写历史？因为兴趣。若不是因为兴趣，这个系列早就夭折了。所有的文章都是在周末完成的。要做一份跟历史完全没关系的全职工作，还要查资料，速度很慢，一个月只能写一篇。但写作带给我的快乐无以言表。每次想到又要“开写”了，就会心跳加快，好像回到只属于我的梦幻空间。兴趣是所有快乐的支点。没有它，世界将黯淡无光。

第一次对历史感兴趣是在十岁左右。爸爸去外地出差，回来给我带的礼物是四本书：林汉达先生写的《春秋故事》《战国故事》《西汉故事》《东汉故事》，后来又给我买了《上下五千年》。从没接触过历史的我忽然发现，原来历史这么好玩。这些书是父母给我的最好的礼物。在那个物资相对匮乏的年代，每一本《成语故事》小人书都能带来无比的喜悦，每一个《三国演义》连环画里的人物都能引发无限的遐想。感谢这些“先入为主”的印象，它们使我没被学校里那些枯燥的历史教科书“闷死”，因为我知道，真正的历史不是课本上的。那些干得榨不出汁来的话，背后应该都有精彩的故事；那些看似必然的规律，也许都是偶然的巧合。发掘这些故事和巧合，就是发掘快乐的源泉。

为什么写美国历史？因为它短。区区四百年（从“五月花号”算起）已经让我精疲力竭，若再加上五百年，我岂不是要吐血而亡？幸好，一个偶然的选择让我有机会感受美国的人和事，体会这短短的四百年带给他们的追求和思考。像所有的民族一样，今天的美国人仍带着祖先的烙印，甚至重复着祖先的故事。所有的现代元素在传统和文化的“基因”面前都无能为力。你以为美国人特别现代、特别开放吗？事实是，你恐怕找不出比他们更传统、更保守的民族。坚守信仰，遵循先例，不求进取，顺势而为，正是这些规矩打造了似乎不讲规矩的美国人。谁说四百年太短？

美国是个与众不同的国家，源于它与众不同的基因。看上去很出格的事也许是自然的选择，听上去不靠谱的曲子可能是真情流露。我们无法用旧大陆的理想剪裁新大陆的英雄，也无法用旧大陆的尺度衡量新大陆的众生。也许美国的“好”与“坏”都超出了你的想象，那是因为，在新大陆，一切皆有可能。有迹可循的事实和无迹可寻的传说都是历史，都是故事，都让美国成为美国。

记得一位学者说，即使有大量的史料，也没有人确切地知道过去发生了什么。即使你能证明发生了什么，也不能证明当事人的动机、逻辑和心情。后人写的历史永远是不准确的历史，因为他们总是用后来的眼光看以前的故事。这就是为什么我特别喜欢用“也许”“可能”“似乎”“好像”“大概”“差不多”这些词，这样会让别人觉得舒服，让我觉得安全。既然我们都没亲临其境，何不猜猜看呢？

不管美国人多么能闹腾，多么烦人，他们的幽默感还是很让人欣赏不已的。这可能是他们从英国人那儿继承来的最好的性格。所以，我希望读者能和我一起轻松愉快地读懂美国历史，读懂它的随意与平和，读懂它的苦涩和幽默。希望你能会心一笑，感受阅读的快乐。祝你好运！

001

清 教 徒

要说美国的起源，就绕不过“五月花号”移民船。其实“五月花号”是一艘普通得不能再普通的货船。在跟北美搭上关系之前，它经常往来于英国和欧洲其他国家之间，运送货物。1620 年 9 月 16 日，它载着 102 名乘客和 25~30 名船员，离开英国的普利茅斯港，驶向大西洋彼岸的美洲大陆。“五月花号”孤独地在海上漂流了 66 天，终于在 11 月 21 日到达北美。船上的乘客们在这片陌生的土地上建立起一个新的殖民地，把它命名为“普利茅斯”。这就是今天美国马萨诸塞州普利茅斯镇所在地。

“五月花号”不是第一艘来到北美的移民船，普利茅斯也不是英国人在北美建立的第一个殖民地。那么，这艘船为何如此不同凡响呢？这就要从它的乘客说起了。

在“五月花号”的 102 名乘客中，大约有一半被后人称为“清教徒”，另一半是受雇的工匠、仆人和到新大陆寻找机会的殖民者。英文单词“Pilgrims”被简单地翻译成“清教徒”并不准确，约定俗成罢了。这个词出现在威廉·布拉德福德的回忆录《普利茅斯定居地》里。布拉德福德是“五月花号”的乘客兼清教徒领袖，后来担任普利茅斯殖民地总督达31年之久。“Pilgrims”原意是指长途跋涉的“朝圣者”。布拉德福德用这个词来定义自己的团体，认为他们此行是“舍弃了舒适的城市”，去“山顶上”创造“天堂的国家和精神的平安”。如今，“清教徒”已经成了这群人的特称。但当时，这些清教徒却有一个虽非贬义却也不十分光彩的名字：“分裂主义者”或“分裂派”。他们的出现要追溯到1517年。

1517年10月31日，德国维滕贝格大学教授马丁·路德，把他对天主教会表示不满的大作《九十五条论纲》钉在万圣教堂（也叫“城堡教堂”）的大门上。路德此举一点儿都不惊天动地，他的原意只是提出对神学的不同见解，供大家讨论——往这个教堂大门上贴“小字报”在维滕贝格大学是常见的事儿。

不常见的是，这篇用拉丁语写成的文章一眨眼的工夫就被译成德文，两个星期后，传遍德意志，两个月后，风靡欧洲。路德做梦也没想到会闹出这么大动静。他不仅低估了自己的影响，也低估了印刷术的巨大威力。轰轰烈烈的“新教改革”就这样开始了。从字面上看，应该译为“抗议者的改革”，因为它是由对天主教会的不满和抗议引起的。所谓“新教”也就是今天广义上的基督教。

路德反对得最激烈的是天主教会出售“赎罪券”的行为。当时天主教会垄断着对《圣经》的解释权，当时的欧洲人都是被教会吓大的。为了避免死后下“炼狱”，人们只好花钱购买教会发行的“赎罪券”。教会告诉人们：“随着钱币落下的‘叮当’声，你的灵魂就升天啦！”

路德认为上帝是宽容和仁慈的，人们只要相信耶稣基督，就可以得救，并且这种来自上帝的救赎是“免费”的。“赎罪券”的出售完全违背了《圣经》的宗旨。在路德看来，人们可以根据自己对《圣经》的理解来崇拜上帝，并不需要依赖天主教会。

“大逆不道”的路德把欧洲大陆搅了个底朝天，可“改革”之风却迟迟吹不过英吉利海峡。虽然英国与罗马教廷之间总是磕磕碰碰，但它基本上是个守规矩的天主教国家。直到有一天，当英王亨利八世的婚姻出了问题，他与罗马教皇的“和谐”关系也就走到了尽头。

亨利八世本是个虔诚的天主教徒，他曾亲自写书反驳路德。大约在1525年，他想跟妻子凯瑟琳离婚，原因有二：其一，他疯狂地爱上了凯瑟琳的侍女安妮·博林，并要与其结婚；其二，凯瑟琳只给他生了个女儿玛丽，他担心自己百年之后若没有男性继承人，天就会塌下来。于是亨利八世向罗马教皇提出离婚请求。教皇的回答很简单：没门儿!

像所有有个性的国王一样，亨利八世的反应也很简单：爷不跟你们玩儿了！从1529年起，他敦促英国议会讨论“新教改革”的问题。1533年，议会通过立法，使亨利八世成为英国教会的领袖，并于第二年脱离了罗马教廷。亨利八世如愿以偿，抱得美人归。安妮为他生了女儿伊丽莎白。然而，这段改变英国历史也影响了美国历史的婚姻只维持了三年，安妮就被亨利八世送上了断头台。

英国虽然表面上成了新教国家，但除了教会领袖从罗马教皇变成英王以外，并没有任何实质性的改变。亨利八世对改革根本不感兴趣，他骨子里仍是个天主教徒。1547年，亨利八世去世，他与第三任妻子简·西摩的儿子继承了王位，即爱德华六世。当时爱德华六世只有9岁，却是一位真正的新教徒。他在新教人物的辅佐下进行了一系列改革。如果爱德华六世多活几年，英国就会变成一个真正的新教国家。但他在位只有6年，不满16岁就去世了。

1553年，亨利八世的长女玛丽成为英王，即玛丽一世。她在法国长大，是个虔诚的天主教徒。她继位后做的第一件事就是宣布英国是天主教国家，并开始全面颠覆爱德华六世的改革成果，把近300名新教徒烧死在火刑柱上，给自己挣了个“血腥玛丽”的称号。如果她多活几年，英国就会是个彻底的天主教国家。可是，上帝只给了她5年的政治生命。1558年，玛丽一世去世，王位传到了亨利八世的次女伊丽莎白一世的手上。伊丽莎白一世在位 45 年（1558—1603），被认为是英国历史上最聪明睿智的君主。

伊丽莎白一世信奉新教，但在女王心中，国家的稳定和统一是第一位的。经过爱德华六世和玛丽一世的一通折腾，英国已经走到了分裂的边缘。伊丽莎白一世用高超的政治手腕协调各方利益，奉行对各种观点的包容政策，反对走极端。她废除了玛丽一世的天主教立法，也没有完全实施爱德华六世的新教主张。她把新教的基本信念融入教会的实践中，同时尽可能地保留一些天主教的特点。英国新教在她的领导下，比欧洲大陆更温和、更保守。正是这个走“中间路线”的新教催生了以“清洁、净化教会”为目标的“清教派”，也就是后来人们惯称的“清教主义者”或“清教徒”。女王的宽容使清教势力迅速壮大起来。

清教派认为，当时的英国新教与天主教仍有千丝万缕的联系，没有完全奉行《圣经》的宗旨。他们主张在教会内进行改革，使它更加“纯洁、干净”，更严格地按照《圣经》的教义行事，最终彻底切断与天主教的关系，成为真正的新教。

在 1570—1605 年这段时间，清教渐渐分成两支。主流的这一支还是坚持在英国教会内部进行循序渐进的改革。另一支却认为改革必须马上进行，不应拖延。持这一主张的人认识到，多年来在现有教会中进行的改革收效甚微，他们与英国教会之间的分歧变得越来越不可调和。于是他们提出要从英国教会中分离出去，追求自己的宗教信仰，这就是“分裂主义者”或“分裂派”。他们中的很多人后来乘坐“五月花号”来到北美，成了我们现在所知的“清教徒”。准确地说，他们应该是“分裂派清教徒”。

清教派和分裂派都属于基督教，源出一宗，都希望自己的国家得到上帝的保佑，也都忠于英王。清教派倾向于以理智和逻辑的方式看待宗教，他们特别强调“团体”的重要性，追求整个社会的公平与正义。分裂派则不愿与现实妥协，强调“个人”的重要性，不惜以分裂为代价来追求个人的信仰。清教派是更温和的“分裂派”，分裂派是更激进的“清教派”，两者只是“度”的差别。但这个“度”越扯越大，到最后两派竟然分道扬镳。

1603 年，伊丽莎白一世去世。她终生未婚，都铎王朝因此绝嗣。她的侄子，苏格兰国王詹姆士·斯图亚特成为英格兰国王，从此把英格兰和苏格兰连在一起。他就是詹姆士一世，斯图亚特王朝的第一位君主。

詹姆士一世没有伊丽莎白一世的睿智，更没女王的宽容。他禁止分裂派建立自己的教会和按自己的方式崇拜上帝，还囚禁了一些分裂派的教士与信徒。因为英王同时也是教会领袖，所以对英国教会的不忠就是对国王的不忠，这是绝对不允许的。分裂派不仅受到来自国王的打击，他们的主张也得不到比较开明的宗教领袖（包括清教领袖）的支持。

受到迫害的分裂派不得不考虑逃离英国。从 1607 年起，分裂派领袖约翰 · 史密斯、约翰 · 罗宾逊、威廉 · 布鲁斯特和前文提过的威廉 · 布拉德福德，率领他们的教众开始了艰苦的迁徙。

分裂派教徒们将踏上怎样的迁徙之路？他们最终又为什么选择了北美？请看下一个故事 :《五月花》。

002

五 月 花

为躲避宗教迫害，分裂派不得不逃出英国。他们的首选目标是政治环境相对宽松的荷兰。詹姆士一世最初不允许分裂派离开英国，他们就想尽办法偷渡出境，前往阿姆斯特丹。1609 年，他们终于获得许可，正式迁往位于阿姆斯特丹南面的莱顿市。

莱顿是个美丽的大学城，也是工商业比较发达的城市，这就为分裂派教众的生活提供了保障。他们有的在大学教书或深造，有的在工厂做工，对那些因语言障碍而找不到工作的人，教众会解囊相助。生活开始稳定下来。

可是，几年之后，又有了新的问题：其一，由于惧怕天主教国家西班牙，荷兰政府越来越倾向于跟英王詹姆士一世结成政治同盟，自然也就有点儿不待见这帮从英国来的不速之客。其二，教徒们发现自己的下一代正逐渐失去对“英国人身份”的认知。孩子们进荷兰学校读书，说荷兰话，与荷兰人交往，似乎正在变成荷兰人。虽然分裂派坚持与英国教会分离，但他们为自己是英国人而感到骄傲并忠于英王，英国血统与文化对他们来说非常重要，他们不愿让下一代失去英国烙印。其三，随着人口的增加和人群老化，小小的莱顿城渐渐无法提供足够的就业机会，越来越多的教徒生活出了问题。一些生活窘迫的教徒在花光积蓄后不得不回到英国，年轻人开始离开莱顿到别的地方找工作。这个团体的生存出现了危机。

怎样才能在保证信仰自由的同时也保住自己的文化和饭碗呢？分裂派的领袖们开始寻找新的定居地。1607年，英国在北美大陆建立起第一个殖民地弗吉尼亚。弗吉尼亚的成功使北美在分裂派心中的位置渐渐超过了莱顿，领袖们开始权衡移民北美的利与弊。

像白纸一样的北美是教徒们心中宗教自由的天堂，而且不必担心失去英国文化传承。但新大陆也毫无疑问有着极大的风险。人们传说着北美的荒芜，食物的极度匮乏，疾病的流行，印第安人的凶悍。最后，对自由的憧憬战胜了对未知的恐惧，教徒们开始做移民北美的努力。

分裂派虽然决定去北美，却不想在弗吉尼亚定居。弗吉尼亚是个英国味十足的殖民地，是英国新教的天下，带着浓郁的保守主义色彩。分裂派教徒们担心到了那里就像回到英国，宗教自由无法得到保障。于是，他们派代表去跟英国政府谈判，想在弗吉尼亚的北面获得一块土地。一家叫“伦敦公司”的商行也愿意资助他们的远行，以换取将来在北美的利益。但谈判不太顺利，再加上伦敦公司问题重重，一直到1619年年底，分裂派才获得在弗吉尼亚北面定居的初步许可，那个地区将被称作“新英格兰”，不受弗吉尼亚管辖。

你也许会问，反正北美又没人，谁愿去谁去，为什么非要获得英王的许可呢？这是为将来考虑。在北美定居只是开头，更重要的是在那里发展。发展靠什么？贸易。只有获得了国王的许可才能跟英国合法做生意，这是殖民地生存的根基，也是英王控制殖民地的手段。殖民地相当于一个公司，没有这一纸许可，它是找不到投资人的。

拿到初步许可后，教徒们开始匆匆忙忙地准备行程了。大家变卖家产，采购粮食、工具、建筑材料等物资。因为对新大陆的情况不熟，他们决定先派年轻力壮的家庭参加第一次航行。布鲁斯特、布拉德福德及他们的妻儿也在其中。而罗宾逊则留在莱顿，继续领导那里的教徒，计划将他们陆续移往北美。教徒们租了两条船，一条就是“五月花号”，另一条稍小的船叫“佳速号”。他们打算到了北美后，留下“佳速号”做捕鱼船，并与“佳速号”的船员们签了一年的雇佣合同。

至于“五月花号”到底长什么样，现在已经没有人说得清了，因为在完成了这次著名的航行之后仅两年，它就被拆成了碎片。后人只能猜测它是当时比较常见的商船，27.4~33.5 米长，7.6 米宽。

1620 年 7 月，“佳速号”载着教徒们离开了他们居住了快 12 年的莱顿驶向英国的南安普敦。在那里，他们与“五月花号”和其他的殖民者会合，于 8 月 15 日扬帆出海，往北美进发。

可是，那艘“佳速号”的表现实在不佳，刚驶出没多久就开始漏水。两艘船停靠达特茅斯港，在检查并修好“佳速号”后继续航行。没想到“佳速号”再次漏水，他们只好在普利茅斯停了下来。明摆着，“佳速号”靠不住，谁也不敢坐着它横穿大西洋，只能让“五月花号”单干了。当时，两艘船共有 121 名乘客，最后选了 102 人乘“五月花号”前往北美，其中一半是从莱顿来的分裂派教徒，另一半是由伦敦公司组织的殖民者。每个家庭在船舱中分到一个仅够容身的空间。事后才知道，大家都被忽悠了。那艘“佳速号”其实什么毛病都没有，是某些船员故意让它漏水的，这样他们就可以自动解除合同，不必到北美受苦了。“佳速号”摆脱了去北美受苦的命运，也失去了青史留名的机会。

1620 年 9 月 16 日，“五月花号”离开英国普利茅斯港，驶向北美。从这时起，我们可以把分裂派改称为“清教徒”了，这是他们给自己的定义。多年来，他们坚持自己的信仰，离乡背井，历尽艰辛。此时，他们怀着对宗教自由的追求，再次踏上茫茫的寻梦之旅。今天，“五月花号”是人们心中奔向新生活的单程票，清教徒的故事也融入了美国的主流文化。美国人对自由的无比热爱和对冒险的极大热情，都可以从当年的清教徒身上找到根源。

“五月花号”的航行开始还算一帆风顺，但驶出一多半时，遭遇了风暴，船上的一条横杆被吹断了，还有一个船员被掀入大海。他死命抓住船上的一根绳子才幸免于难。很多人提议返回英国，但后来人们还是用带来的工具把船修好了，继续前行。风暴使船只改变了航向。本来，按照与英国政府的约定，他们打算在哈德逊河口登岸，也就是现在纽约市的附近。但强劲的风力却把船吹向更靠北的今马萨诸塞州地区。在漫长的旅途中，一名乘客和一名船员死于疾病，一个婴儿在海上诞生。

1620 年 11 月 21 日，“五月花号”终于看到了陆地。乘客们知道，他们即将登岸的地区已经不是计划中的目的地，他们与英王之间的合同不再有约束力，谁也管不了他们了。面对陌生的大陆和“绝对的”自由，有些殖民者提议完全随心所欲地安排自己的生活，不必向任何人负责，也不必效忠英王。

清教徒领袖们却看到了“自由”的另一面。他们认为，没有约束的自由必然带来不自由，最终将导致殖民地的失败。为了避免这种情况发生，船上所有的 41 位成年男子，经过讨论，签署了一份文件，这就是《五月花号公约》。这份文件只有 200 个单词左右，却是北美第一份成文的社会契约，为新大陆未来的政治体制奠定了第一块基石。

《五月花号公约》主要有三层意思：

●对上帝的信仰和对英王的忠诚。虽然天高皇帝远，但他们到此建立殖民地的目的是为了上帝的荣光、基督教的信仰和英王的尊严。

●为了达到上述目标，大家达成契约，结合为一个社会团体，制定和实行有利于殖民地公众利益的，公正与平等的法律、法规、条例、规章及管理制度。

●全体成员保证遵守和执行上述法规与制度。

《五月花号公约》是在没人指导、没人强制的情况下根据“多数原则”形成的社会契约，由此产生了一种叫“自治”的社会管理体制，用“自律”来保证“自由”的权利，为后来的其他英属北美殖民地提供了榜样。在未来的日子里，《五月花号公约》的精神被写进美利坚合众国宪法（以下简称“美国宪法”），也流进了美国人的血液里。在这种“自由”与“自治”相结合的社会实践中，“美式”民主与法治开始悄悄地萌芽了。

“五月花号”乘客上岸后，把这个地区命名为“普利茅斯殖民地”，并组成了自治委员会。约翰·卡弗当选为第一任总督。自治委员会马上派人查看周围的地形，发现一个空无一人的印第安人村庄，还有些玉米、干草垛等。这帮人见什么拿什么，还扒了人家印第安人的一个坟，把里面有用的东西统统收走。

乘客们还没来得及在岸上建好房屋，严酷的冬天就来临了。随着冬天一起来的是传染病。12 月份，大多数人都病倒了，最严重时只有六七个人还能勉强照顾大家的饮食。在短短 3 个月中，乘客中的 27 个男人、13 个女人、10 个孩子被疾病夺去了生命，25~30 个船员中也有一半丧生。又一个婴儿出生在“五月花号”上，给这个令人绝望的冬天带来一线生机。新大陆的生活在令人难以承受的痛苦中翻开第一页，自由再次向人们索取了高昂的代价。

整个冬天，乘客们白天盖房子，勘察地形，晚上回“五月花号”休息。直到 1621 年 3 月，岸上的房屋才基本上建好。3 月 31 日，53 个幸存者离开了这艘一直充当他们“避难所”的货船。1621 年 4 月 15 日，“五月花号”启程返回英国，它渐渐远去的背影带走了人们对旧大陆的最后一丝留恋。不久，卡弗去世，布拉德福德当选为殖民地总督。

虽然挨过了第一个冬天，清教徒们仍然面临着巨大的考验，其中最致命的是饥饿的威胁。他们从欧洲带来的给养消耗殆尽，往后怎样在这片土地上生存下去呢？是谁在关键时刻向他们伸出了援助之手？请看下一个故事 :《印第安人》。

003

印 第 安 人

1621 年 3 月，“五月花号”上幸存的 53 个清教徒和殖民者们刚刚度过一个悲惨的冬天。接着，他们就发现自己犯了一个致命的错误：选错了地儿。他们建立的这个“普利茅斯殖民地”位于今天马萨诸塞州的大西洋沿岸。这里冬天奇冷，常年大风，多山多石，土地贫瘠，看上去简直就不是个人待的地方。就在这群饥寒交迫的人濒临绝境的时候，他们的救星出现了。

一天，从树林中走出一个男人。他体格健壮，面色发红，身披鹿皮，手拿弓箭，正是大家最怕的印第安人。这人慢慢走到清教徒们面前，用英语说：“欢迎你们，英国人。”就这一句，差点没把这帮人惊趴下。在北美见到印第安人不奇怪，见到会说英语的印第安人就太奇怪了。这人见“英国人”都傻傻地盯着自己，用不太连贯的英语继续说：“我叫萨莫塞特，从英国渔民和商人那儿学了点英语。我过几天带部落的人来见你们，我们愿与你们做朋友。”

萨莫塞特果然说话算数，带来60多个印第安人，其中包括部落首领马萨索伊和英文很棒的斯匡托。殖民地总督卡弗（他在此次会见后不久就去世了）以国王的礼节迎接马萨索伊。在鼓乐声中，卡弗引领马萨索伊走进自己的房子，并躬身亲吻他的手，用所剩无几的美酒款待客人。卡弗与马萨索伊签了和平协议，相约互不侵犯。

会后，斯匡托留在了殖民地。他少时曾被绑架并卖到欧洲为奴，10年后才逃回故土。这10年中他学会了流利的英语。斯匡托教会清教徒们怎样种玉米，去哪捕鱼，如何打猎，怎么做毛皮制品，还领他们四处转悠，探索这块陌生的土地。清教徒们称他为“上帝赐给我们的最意想不到的礼物”。

1621年9月，经过斯匡托的精心指导和人们的辛勤劳作，清教徒们迎来了在新大陆的第一个大丰收。他们没有忘记自己的恩人，邀请马萨索伊和他的部落成员来一起庆祝丰收，表达感激之情。这次宴会后来被认为是“感恩节”的由来。

清教徒们平日里克勤克俭，甚至有点吝啬，这回却准备了超级奢侈的宴会，让90个印第安人和53个自己人吃了整整3天。宴会上的食物不像今天的那么精致，却是真正的“野味”。除了玉米外，天上飞的，地上走的，水里游的，逮着什么吃什么。总督布拉德福德派人出去弄来各种鸟类，什么鸭子、大雁、火鸡、天鹅，还有鱼、牡蛎、鳝鱼、龙虾、鹿，再加上梅子、干果、南瓜、葫芦等。印第安人也没空手，扛来 5 只鹿。大家载歌载舞，热热闹闹地欢庆了 3 天。

当初眼看着就要散架的普利茅斯殖民地在印第安人的帮助下渡过了难关。人们期待着印第安人与欧洲殖民者之间和睦相处、其乐融融的温馨一幕能永久地延续下去。可是，历史呈现给我们的却是另一幅画面。

和平为什么只是匆匆的过客？印第安人在与欧洲人的接触中遭遇了怎样的命运？作为美洲大陆主人的印第安人又是从哪里来的呢？请看下一个故事 :《美洲大陆的主人》。

004

美洲大陆的主人

美洲是一块得天独厚的大陆，美得流蜜，富得流油。但不知为什么，最初的人类却没有诞生在这块风水宝地上。套用达尔文的逻辑，美洲大陆的猴子从来就没变成过人，或者，美洲根本就没有过能变成人的猴子。如果说今天的美洲国家都是“移民国家”，应该不会错，因为就连它的“原住民”印第安人都是“外来户”。

虽然考古学家众说纷纭，但大部分人认为，印第安人最早是在大约一万两千年前的“冰川纪”从欧亚大陆的西伯利亚迁徙而来的。那时，地球上的大片水域结了冰，海面降低。欧亚大陆和北美大陆之间的白令海峡是一片陆地，叫作“白令吉亚”。这里气候温和，布满草地、湖泊和森林，也生活着各种动物，有体型庞大的熊、象，也有树懒、骆驼，湖中有鱼，海里有鲸。

猎人们从西伯利亚来到白令吉亚，他们拖家带口，走到哪住到哪。渐渐地，他们跟随着动物的足迹，跨过这座“大陆桥”，来到阿拉斯加，又望着鸟儿南去的方向，进入加拿大。再往南，他们看到了大湖，看到了大河，看到了森林，看到了草原，看到了一个狩猎天堂。

美丽富饶的大陆让猎人们流连忘返，他们的足迹很快踏遍南、北美洲。两千年过去了，地球变得越来越温暖。海水淹没了白令吉亚，美洲大陆终于和欧亚大陆分开。滞留在美洲的猎人们再也回不去了，他们成了美洲大陆的主人，将在这里建立自己的家园，创造自己的文明。他们自称为“人”。在克里斯多夫·哥伦布来此之前，我们就把他们称作“美洲原住民”吧。

原住民创造了灿烂的文明，如玛雅文明和阿兹特克文明，至今仍令人敬畏。他们的生活方式多姿多彩，有的狩猎，有的捕鱼，有的耕种，有的采集。原住民以部落或村庄为基本单位，没有形成地域辽阔的统一国家。不同地方的人们有不同的社会形式：有的是母系社会，有的是父系社会；有的是公有制，有的是私有制；有的专制，有的民主；有的人人平等，有的产生了阶级。部落之间时而和平，时而战争。他们认为自己的大陆就是“世界”，从来不知道其他的人类。

原住民还培育了玉米、土豆、地瓜、西红柿、南瓜、西葫芦等植物。当时欧亚大陆的主要粮食是小麦和大米。小麦需要肥沃的土壤，大米需要充足的水分，而玉米却可以在比较贫瘠的土地上生存。可想而知玉米对人类粮食的贡献了。土豆传入欧洲时，立刻成了餐桌上的主食，使千百万人免于饥饿；玉米和地瓜传入中国后，很快就得到青睐；西红柿就更不用说了，你能想象没有番茄酱的比萨饼吗?

时间就像密西西比河的水，静静地流淌着。人类如一叶轻舟，随波逐流地来到 15 世纪末。原住民没有意识到，他们的命运，连同他们的名字，就要改变了。1492 年 8 月，41 岁的哥伦布率领 3 艘可怜的小船和 90 个随从，离开西班牙，驶入茫茫大西洋。这个出生在意大利的男孩儿，从马可 · 波罗的书中了解到一个金碧辉煌的中国，便燃起金光闪闪的梦想。他坚信，一路向西，就一定能到达那个遍地黄金和香料的国度。当时，西方把中国、印度、日本及其他东亚国家所在的地区称为“印地”。

哥伦布从小就是个聪明的孩子，他不但熟读马可 · 波罗的游记，也熟悉古希腊地理学家托勒密的理论，知道地球是圆的。他是个优秀的航海者，有超人的直觉，擅长计算经度、纬度和风速，借助指南针，他能准确地把握速度和方向。哥伦布随身带着西班牙国王给中国“大汗”的一封信，随行的还有讲阿拉伯语和希伯来语的翻译，他认为这样就可以和中国人交流了。他似乎具备了一切到达中国的条件，只犯了一个错误：小看了地球。

说起来，这也不能怪哥伦布，是托勒密小看了地球。托勒密计算的地球比实际的地球小。小了多少呢？大约一半。按他的算法，中国所在的“印地”恰恰就是在美洲的位置，因为那时的人们根本不知道太平洋的存在。所以，当哥伦布看到巴哈马群岛时，他第一个反应是：中国！中国！

当然，哥伦布很快就意识到那不是中国，因为他知道中国很大，绝不在这些小岛上。但他断定，这些岛就在“印地”，是中国的外围岛屿，而中国和印度就在附近，穿过这些岛屿便可到达。既然这是“印地”，那这里的居民自然是“印第安人”啦。“美洲原住民”就这样莫名其妙地变成了“印第安人”。

哥伦布四次来回横穿大西洋，锲而不舍地寻找着中国，更准确地说，是寻找着黄金。他从未踏上北美，只看到了南美。他明白中国的纬度没有那么低，认为南美不是中国，而是《圣经》中提到的“伊甸园”。虽然哥伦布至死都不知道他看到的是一块“新大陆”，也没有为西班牙王室找到黄金，但这并不妨碍他青史留名，他的航行和他驶向未知的勇气点燃了欧洲人探索世界的热情。此后，探险家和航海家们前赴后继地冲向海洋，从达·伽马到哥伦布的好友亚美利哥·维斯普奇，人们终于明白，他们发现了一个“新世界”。

亚美利哥不仅是探险家，也是个作家，他生动细致地描绘了南美大陆的锦绣江山和风土人情，他的书让欧洲人大开眼界。1507 年，当马丁·沃西穆勒把一幅反映最新地理大发现成果的《世界地图》呈现在人们面前时，他把新大陆命名为“亚美利加”，因为他是亚美利哥的超级“粉丝”。从此，美洲和美洲的居民印第安人，走进了欧洲人的视野，也走进了风起云涌的历史。

就让我们来看一看欧洲人探险和征服的足迹吧：

1492年，哥伦布到达巴哈马群岛。

1497年，达·伽马绕过非洲最南端的好望角。

1497年，约翰·卡伯特到达加拿大的纽芬兰。

1500年，佩德罗·阿尔瓦雷斯·卡布拉尔到达巴西。

1507年，亚美利哥勘探南美洲。

1508年，胡安·庞斯·德·里昂宣布波多黎各为西班牙领土。1513年，他来到北美南端，把那个鲜花盛开的地方命名为“佛罗里达”。

1510年，瓦斯科·努涅斯·德·巴尔沃亚到达巴拿马。1513年，他成为第一个从美洲西海岸看到太平洋的人。

1518—1522年，麦哲伦和他的船队完成了人类首次环球航行。

1519年，科尔特斯在墨西哥登陆，摧毁阿兹特克文明，以墨西哥城为中心建立“新西班牙”。

1532年，皮萨罗入侵秘鲁，宣布秘鲁为西班牙属地。

1536 年，埃斯特万和马克斯探索得克萨斯和新墨西哥。

1540 年，科罗纳多探索亚利桑那、堪萨斯和新墨西哥。

1608 年，塞缪尔·德·尚普兰为法国建立魁北克城，以此为中心形成加拿大殖民地。

1610 年，亨利·哈德逊在纽约登陆。

率先来到美洲的西班牙人觉得自己的文明是最伟大的文明，自己的上帝是真正的主宰，而印第安人是“野人”，他们的神是妖魔。对付“野人”的唯一办法就是征服。西班牙人在南美毫不客气地踏上血腥的征服之路。印第安人的弓箭和长矛在火枪和利剑的攻击下一败涂地，美洲再也不是他们宁静安详的家园。在残暴的屠杀之后，南美剩余的印第安人大多变成了西班牙人的奴隶。

然而，印第安人的厄运并没有到此结束。真正让他们遭遇灭顶之灾的不是刀剑和奴役，而是传染病。天花、麻疹、水痘、黑死病……这些欧洲人已经有了免疫力的病毒，被探险者和殖民者们带到美洲，在丝毫没有免疫力的印第安人中迅速蔓延，很快就将成片的村庄和部落变成无人区。南、北美的印第安人几近灭绝，大约75%死于天花。印第安人的死亡使美洲劳动力匮乏，直接引发了另一个恶果：黑奴贸易。那是后话。

随着墨西哥和秘鲁金矿的发现，西班牙帝国在 16 世纪中期走向辉煌的顶峰，它在 30 年内占领半个南美，超过了罗马帝国五百年扩张的领土。但热情、勇敢、残忍的西班牙人却有一个致命的弱点：不团结。所以，当他们把印第安人赶尽杀绝之后，接下来的就是自相残杀。各殖民地之间很少往来，还经常互相攻伐。这也是南美的西班牙领地日后没有出现一个统一的“合众国”的原因之一。

西班牙的成功和富有让它的欧洲姐妹们眼红得喷血，英国、法国、荷兰、瑞典等迫不及待地也想在美洲建立殖民地。西班牙是个“跟着黄金走”的帝国，它对北美的几次勘探都没有发现金矿，于是认为北美是一片“没有希望的土地”。所以，在控制了佛罗里达之后，没有继续在北美殖民，使欧洲其他国家获得了在新大陆发展的机会。北美的印第安人暂时幸免于西班牙人的大屠杀，却没有逃脱传染病的灾祸。而且，在此后的几百年里他们还将受到英国殖民者和美国人的不断打击，运气跟他们的南美伙伴一样糟。

就在欧洲各国纷纷登陆北美时，英国却似乎运气不佳，它的几次殖民努力都以惨败告终。伊丽莎白一世能打败西班牙的“无敌舰队”，却无力让英国人在北美站稳脚跟。直到 1607 年，英王詹姆士一世才重新看到希望，因为有一个私人股份公司站了出来，信誓旦旦地要在北美生根发芽，发财致富。

这个公司能让英国梦想成真吗？英国人将怎样走出一条与西班牙不同的殖民之路？请看下一个故事：《弗吉尼亚》。

005

弗吉尼亚

弗吉尼亚初建的历史，是英国殖民者和印第安人血泪交加的故事，是英雄的传奇，是美丽的友谊之画，也是触目惊心的悲剧。英帝国在北美的第一个殖民地，每一步都走得摇摇晃晃，坎坎坷坷。如果不是英国人那近乎疯狂的偏执感动了上帝，今天的美国历史就要重写了。

早在1587年，英国女王伊丽莎白一世就把一份“土地授权书”，也就是“地契”，交给沃尔特·雷利爵士，让他在北美建立一个“英国人的国家”。听上去好像有什么不对劲。没错，问题就是这份“地契”。英国女王不过做了一件西班牙国王、葡萄牙国王、法国国王和欧洲其他国家的君主都在做的一件事：将美洲的土地“合法”地授予他们喜欢的人。不是只有土地的主人才有权转让土地吗？君主们连美洲长什么样都没见过，连美洲有多大都不知道，他们凭什么认为自己有权支配这个大陆？当他们大笔一挥分疆裂土的时候，有没有想过自己根本就不拥有这片土地？当他们决定把印第安人的家园赐给自己臣民的时候，是否征求过它的主人的意见？

当然，伊丽莎白一世可没想这么多。她和沃尔特爵士选中的这块地包括从今天美国南卡罗来纳州到缅因州的北美东海岸。把它命名为“弗吉尼亚”，是为了赞美伊丽莎白一世，这位 25 岁登基、终生未嫁的“处女王”。也有人说这个词来源于当地印第安人的名字“Wingina”。

沃尔特爵士先后派出三批人马，前两拨因为准备不足，没能在北美坚持下去，不得不撤回英国。第三批由约翰 · 怀特率领，于 1587 年春天到达罗阿诺克岛。随行的有不少女人，包括怀特的女儿艾丽诺 · 戴尔。这帮殖民者小心翼翼，四处设防。他们既怕西班牙人的进攻，又怕印第安人的袭击。心思全用在这上面了，忘了最基本的吃饭问题。带来的粮食吃完了，又不知道周围有什么东西可吃。没办法，怀特只好回英国去采办给养，他的手下拍着胸脯说：“放心，我们一定等着你回来。”就在他临行前，艾丽诺生下一女，取名“弗吉尼亚”，这是第一个出生在北美的英国孩子。

怀特本打算快去快回，没想到，他到英国时，正赶上英国海军准备大战西班牙的“无敌舰队”，女王下令片舢不许出海。随后一系列事情的发生，让心急如焚的怀特在英国一耽搁就是三年。当怀特终于带着食品返回罗阿诺克岛时，他发现岛上的人都已消失在空气中，没有任何迹象表明发生了什么事情。他们是生？是死？生，人在哪里？死，尸体又在哪里？是饿死了还是被打死了？是自相残杀，还是被西班牙人或印第安人打死的？

怀特发疯一样寻找自己的女儿和外孙女。但由于风暴来临，船只不得不离开罗阿诺克岛。从此，这个“消失的殖民地”成了英国人永远的痛，至今无人知晓它的谜底。后来，有人发现那个地区出现过一些“灰色眼睛”的印第安人，于是猜测他们或许是那个叫“弗吉尼亚”的女孩的后裔。

对于在北美的失败，伊丽莎白一世也许只能望洋兴叹了。1603年，女王去世，她缔造的“金色年代”随着她渐渐远去。继位的詹姆士一世虽没有女王的睿智，却有着同样的野心。他即位之初，就与西班牙国王达成协议：英国停止资助海盗拦截西班牙商船，西班牙不再进攻英国人在北美的定居地。而上天也似乎非常眷顾这个被讥讽为欧洲“最聪明的傻瓜”的国王，英国在他的手中开始真正走向世界。

1606年，伦敦股份公司，也就是后来的“伦敦弗吉尼亚公司”（以下简称“弗吉尼亚公司”），宣告成立。这家公司从国王手中获得许可证，开始招募殖民者。英国的殖民之路就这样以私人和私人公司的形式开始了。他们就像现在的房地产开发商，通过卖股份自筹资金，自主开发。殖民地的所有权和利润归公司的股东，殖民者们是公司的员工，按期领固定的工资。英国殖民地与西班牙殖民地从一开始就走上不同的道路。西班牙殖民地以军事征服为主，国王对殖民地有直接和严密的控制权；英国以私人投资为主，国王对殖民地商业上的控制代替了政治上的控制，只要殖民者们不造反，爱干吗干吗。结果是：西班牙殖民地学会了独裁，英国殖民地学会了自治。这是拉丁美洲和北美的区别。

弗吉尼亚公司大做广告，宣称新大陆“遍地黄金”，并很有可能找到一条直通中国的河道。当时的英国等级森严，平民根本没有进入上层社会的可能，而且，伦敦的街道拥挤不堪，似乎已经承受不了人口的爆炸式增长。弗吉尼亚公司的宣传显然有巨大的吸引力。对贵族来说，新大陆是黄金；对平民来说，新大陆是机会。

此次，他们的目的地是北美东海岸的切萨皮克湾地区，他们仍然把它叫作“弗吉尼亚”，也就是今天美国的弗吉尼亚及其西边的其他几个州所在地。这里土地肥沃，气候温暖，至今森林覆盖率仍为65%，可想而知四百年前是什么样了。丛林密布、河道纵横的弗吉尼亚，盛产各种鱼类、螃蟹、扇贝、牡蛎，滋养着野鸭、大雁、野火鸡、鹿、浣熊、野猪、松鼠、野兔等，还长满野草莓、葡萄和各种坚果。

像美洲的其他地区一样，弗吉尼亚是印第安人的家。这里的印第安人被叫作“波瓦坦部落”，是以他们的首领波瓦坦的名字命名的。波瓦坦是个杰出的领袖，他统治着切萨皮克湾地区的十几个部落、数千人口。他精明强干，恩威并施，深受人们的爱戴和尊敬。有一次，他去视察波多马克部落。年轻的猎手们聚在他周围，争先恐后地给他讲自己的狩猎经历，个个神勇无比，精彩纷呈。最后，一个小伙子站起来说：“尊敬的首领，我今天早晨在树林里打死6只麝鼠。也许我的故事不像别人的那么棒，但你刚才听到的大多数故事都是吹牛。”波瓦坦哈哈大笑，奖励了这个说真话的年轻人。

波瓦坦部落过着男猎女耕的生活，种植玉米、豆子、南瓜、西葫芦，采集坚果。湿热的气候使他们一年中大部分时间不需要穿什么衣服，人们只是用树叶、羽毛或兽皮遮住腰部以下的部分，只有冬天才穿上鹿皮做的袍子。他们在身上刺满图腾，头上戴着羽毛编的帽子，佩戴贝壳、珠子等各种首饰，看上去非常漂亮。

波瓦坦部落的神父有个预言：一群来自东方的人将摧毁波瓦坦帝国。为了打破这个魔咒，波瓦坦率领他的部落消灭了住在他们东边的“切萨皮克部落”。他以为这样就可以高枕无忧了，却不知道，在更遥远的东方，在那个岛国，有三艘小船正整装待发。

1606年12月，伦敦的泰晤士河上彩带飘扬，一群英国人在人们的祝福和赞美声中登上三艘商船。他们是弗吉尼亚公司组织的殖民者，就要驶出河口，穿越大洋，到那个遥远的大陆去书写自己的神话。三艘船共105名乘客，全是男人，其中一大半被称为“绅士”。什么是“绅士”呢？就是举止优雅、品位超群的闲人。他们一般出身上流社会，从小接受各种贵族教育，衣着体面，修养很高，彬彬有礼。他们谈政治，去舞会，玩马球，练剑术，搞探险，生活丰富多彩。可有一件事情他们从未想过，也从未学会，那就是：工作。

绅士们穿着他们最漂亮的衣服参加这次远航，他们此行的目的很简单，就是在新大陆建立殖民地，寻找黄金。探险，正是绅士们热衷的事，他们为自己即将创造的奇迹激动着。同船的还有绅士们的仆人，有在英国混不下去的手工业者，还有一些十几岁的男孩儿，他们大多是孤儿，在船上打零工。105人中，没有一个人是农夫，也就是说，没有一个会种地。

三艘船的总指挥是克里斯多夫·纽波特船长。他出身海盗，是英国最优秀的水手之一，曾得到过伊丽莎白一世的奖励。因为有他，波浪滔天的大西洋不再凶险。纽波特船长一声令下，扬帆出海。可谁知，老天故意为难这帮人，吹起反方向的大风。三艘船出去，被吹回来，再出去，再被吹回来。折腾了三个月，竟然没能移动半步。说实在的，绅士们还真不含糊，没有一个要打道回府的。你越不让我去，我越要去。1607年2月底，这些固执的英国人如愿以偿了。旧大陆消失在绅士们的视野中，他们终于驶进了大西洋。

1607年4月，在弗吉尼亚最美丽的季节，三艘船来到切萨皮克湾的入海口。英国人踏上北美大陆后做的第一件事是竖起一个十字架，感谢上帝保佑他们平安到达。这时，纽波特船长拿出一个密封的盒子，这是弗吉尼亚公司委托他保管的，让他在到达北美后打开，宣读里面的文件。文件上说，他们要顺流而上，寻找一个适当的地点，建立定居地。并且，文件里列了六个人的名字，包括纽波特自己，由这六个人组成委员会，并从中选出一位总督，领导这个殖民地。

六个人中五位是绅士，还有一位，不但不是绅士，在绅士们眼里他就是个罪犯。这个人叫约翰·史密斯。他在哪儿呢？他正被铁链子锁在船的底舱。此人的名字出现在弗吉尼亚公司的名单上，不但绅士们哗然，连纽波特也不相信自己的眼睛。史密斯简直就是个大麻烦，他在船上因羞辱绅士们，受到指控，被船长下令锁起来。纽波特船长打算返航时将他带回英国处置。这下可好，不但要放了他，还要跟他组成一个团队。那么，这位史密斯到底是何许人也？

人都说猫有九条命，这位史密斯一定有十三条。1580 年 1 月，他出生在英国的一个小农家庭。16 岁时父亲去世，他离开家去海上谋生，又到法国当雇佣兵，跟西班牙打仗。后来去了地中海，做过生意，当过海盗，还到匈牙利当兵打土耳其人，据说他一个下午砍了三个土耳其人的脑袋。他是匈牙利人的英雄，被提升为上尉，后来受伤被俘，卖给一个土耳其贵族为奴，又被转送给贵族的希腊情妇。没想到这个希腊女人爱上了他，带他去了克里米亚。他趁机逃脱，却被抓住扔进地中海。再后来，他去了俄国、波兰、德国，时而当兵，时而当贼。最后，又窜到北非去跟海盗打仗，1604 年才回到英国。

如果你觉得有点头晕，那就对了。看了史密斯的简历不头晕才叫不正常。这么一位能闹腾的主儿，看到弗吉尼亚公司的广告时，马上就看到了新大陆的无穷潜力。他对找到黄金不抱幻想，但坚信在北美能创造出巨大的财富。他还有一个和当年的沃尔特爵士同样的梦想：把北美变成英国人的国家。史书中没有记载到底是弗吉尼亚公司的哪位高管看中了史密斯，居然把他列在殖民地的领导名单中。后来的事实证明，这位高管的眼睛太毒了。史密斯是天生的领袖，没有他，弗吉尼亚不可能生存。

当然，此时的绅士们不会选他当总督，所以，弗吉尼亚的前两位总督都是绅士。他们按照公司的指令，沿河勘探，最后选中了一块地方作为定居地，用国王的名字把它命名为“詹姆斯敦”，以此为中心建立“詹姆斯敦殖民地”。

詹姆斯敦所在地几乎就是个独立的岛，只有一个角跟大陆相连。殖民者们看中了它易守难攻的地理优势，而且靠水，实在不行时，驾起船就可以跑。可是，上帝又跟他们开了个玩笑。在如此肥沃的弗吉尼亚地区，殖民者们竟然选了一块最贫瘠的土地。岛上不产任何能吃的东西，饮用水质量很差，夏天热死，冬天冷死。更可怕的是盛产一种特大号蚊子，咬得绅士们难以入眠，还传播痢疾病毒。

想象一下，湿热的夏天，绅士们穿着带褶边的衬衫、漂亮的外套、灯笼裤、真丝袜，戴着有羽毛装饰的羊绒帽，在弗吉尼亚的丛林中，跟大蚊子搏斗，那是个什么画面？可是，绅士们的驴脾气又上来了，蚊子咬死我我也不走，就在这跟你死磕。詹姆斯敦居然就这么坚持下来。

刚到北美时，殖民者们被弗吉尼亚的富庶惊呆了。那草莓顶欧洲的四个大，满海滩都是特大牡蛎，味道别提多鲜美了。绅士们在饱餐海鲜之后，开始寻找黄金。也许是弗吉尼亚公司的广告做得太到家了，绅士们觉得他们走两步就能踢到金矿石，结果走了三步还没踢到，于是就放弃了“探险”。他们不知道什么是工作，每天由仆人伺候着，衣来伸手，饭来张口，跟度假似的。可是，在恶劣的环境中，仆人和平民们要盖房子，找吃的，自己的生存都没有保障，哪有那么多功夫伺候这些老爷呢？

詹姆斯敦很快就陷入困境，吃饭的比干活的多。此时，波瓦坦部落印第安人也开始袭击这帮不速之客。殖民地的前两位绅士总督拿绅士们一点办法都没有，根本控制不了局面。再加上，弗吉尼亚公司管理不善，最大的错误是，只给殖民者发工资，却不允许他们拥有土地和财产。干不干活一个样，干多干少一个样，谁有积极性？

眼看着詹姆斯敦殖民地就要爆发一场灾难，28 岁的史密斯被选为第三任总督。他上台后立刻宣布："不劳动的人不许吃饭！"绅士们马上提出严正抗议，"宁可饿死也不干活"，否则以后传出去这脸往哪搁啊。史密斯冷笑一声："那你们就饿死吧！"三天之后，饥肠辘辘的绅士们终于平生第一次拿起工具跟大家一起工作了。他们虽然恨死了史密斯，但都敢怒不敢言。

史密斯带领殖民者们到周围打猎捕鱼，寻找食物。他们也想种地，可没人会，傻眼了。史密斯痛苦地感到，一定要招一批农民来此定居。就在此时，一个印第安女孩来到詹姆斯敦，她只有十二三岁，活泼可爱又漂亮。

这个女孩儿是谁？她怎样与史密斯开始了一段至今仍脍炙人口的美丽传说？她为殖民者们带来了什么？詹姆斯敦殖民地的命运又将如何？请看下一个故事：《风的颜色》。

006

风的颜色

来到詹姆斯敦的小女孩儿是印第安人的公主，首领波瓦坦的宝贝女儿波卡洪塔斯，她可比她爹有名多了。1995年，迪士尼的动画片《风中奇缘》，让波卡洪塔斯与史密斯的故事走进千家万户，影片主题曲《风的颜色》也随之广为流传。“你能否唱出山的声音，你能否绘出风的颜色？”也许正是这个简单的问题，使史密斯认识到新大陆不只是一片等待被征服的土地，每一块石头，每一棵树，都有生命和灵魂，都在印第安人的手中和心中。

波卡洪塔斯对殖民者的到来很兴奋。当波瓦坦和他的部族冷眼旁观英国人的一举一动时，小姑娘已经表现出极大的好奇心。她喜欢船上的白帆，喜欢殖民者们带来的新鲜玩意儿，甚至喜欢绅士们那身不伦不类的打扮。当她的父亲正琢磨着对这帮不速之客下重手时，她却自己跑到詹姆斯敦玩儿去了。她的天真烂漫和善良友好很快就让所有的人喜欢上她。她来得越来越勤，不只来玩，还经常给大家带吃的。人们渐渐发现，其实她真正感兴趣的人是殖民地的领袖史密斯。

也许是史密斯那天不怕地不怕的愣劲儿，也许是史密斯独特的人格魅力，让波卡洪塔斯仰慕不已。而史密斯也被小姑娘浑然天成的气质吸引。她就像一股清新的风，在史密斯面前展示着一个绚丽多彩、充满情感和灵性的弗吉尼亚。此时，史密斯 28 岁，波卡洪塔斯不到 14 岁。两人虽然年龄悬殊，却开始了一段异乎寻常的友谊。

史密斯认为要想在弗吉尼亚活下去，必须跟印第安人搞好关系。在波卡洪塔斯的帮助下，他开始试着跟波瓦坦接触，用从英国带来的工具和毯子换印第安人的玉米。史密斯是个精明的商人，他眼里不揉沙子，绝对不吃亏，但同时又诚实，公平，讲信用，很快就赢得印第安人的尊敬，不但为殖民地换来急需的粮食，他还学会了印第安人捕鱼和打猎的方法，甚至他们的语言。他一再向波瓦坦表示，自己是为和平而来，但波瓦坦很难完全相信他，因为以前西班牙人也曾骚扰过这个地区，与印第安人发生过激烈的冲突。血的教训使波瓦坦对欧洲殖民者保持着高度的警惕。

有一次，史密斯来谈生意，却被几个波瓦坦部落勇士抓起来，推到波瓦坦面前，准备处死他。关键时刻，波卡洪塔斯扑到史密斯身上，逼迫父亲放掉了史密斯。还有几次，波瓦坦和他的手下设计好陷阱，想把殖民者们一网打尽，又是波卡洪塔斯提前报信，使他们免于灾难。这么一来二去的，再加上史密斯能说会道，波瓦坦与史密斯之间从相互提防变成惺惺相惜，波瓦坦族终于张开双臂热情地拥抱了史密斯，待他如家人一般。史密斯与波卡洪塔斯的友谊以及他与波瓦坦的交情为詹姆斯敦殖民地赢得了宝贵的时间。与此同时，纽波特船长又从英国带来两批殖民者，到1609年9月，詹姆斯敦已从最初的105人增加到约500人。

人口的增加自然而然地引起了对土地的争夺。印第安人认为土地是大家共享的财产，人们只有使用权，没有所有权。而英国人一向都是“我占的就归我”，根本不懂“公有”的概念。于是，冲突开始发生，但有史密斯压阵，基本上还算平静。1609年9月的一次火药爆炸让史密斯身受重伤，他不得不返回英国治疗。临行前，他亲自查看了仓库里的存粮，认为足够支撑10个星期。根据与波瓦坦的约定，印第安人将继续为殖民地提供粮食。而且，附近还有个“野猪岛”，实在不行时打几头野猪还是没问题的。

1609年10月，史密斯回到了英国，从此再也没有光顾弗吉尼亚。他后来去了由清教徒建立的普利茅斯和马萨诸塞殖民地，并把那个地区命名为“新英格兰”。他从弗吉尼亚回国后，根据自己的经历写成好几本书，包括《弗吉尼亚史》，成了畅销书作家。他在书中严厉抨击了绅士们的所作所为，大声疾呼新大陆需要的是“劳动者”。他告诉大家，弗吉尼亚没有黄金，有的是无穷的机会，凡是勤奋工作的人都可以发财致富。他的书不仅让英国人对弗吉尼亚充满向往和热情，也为后来清教徒们在新大陆建立殖民地提供了宝贵的经验。

史密斯离去不久，人们就告诉波卡洪塔斯说他已经死了。波卡洪塔斯伤心欲绝，波瓦坦也非常痛惜，他甚至派人去伦敦打听史密斯的情况。波瓦坦只欣赏史密斯，对别人他可不买账。随着英国人与印第安人的冲突不断升级，波瓦坦下令停止供应殖民地粮食，并封锁了詹姆斯敦周围的地区，这下，殖民者们连打猎都很困难了。绅士们旧病复发，史密斯前脚走，他们后脚就不干活了，还自私地霸占了大部分粮食。

1609 年 11 月到 1610 年 5 月成了殖民地的“饥饿时期”，英国人从来没有这么悲惨过。粮食吃完了，就吃狗、猫、老鼠、蛇、靴子、鞋，直到没有任何东西可吃。终于，在 1610 年 5 月，两艘英国移民船在詹姆斯敦靠岸。此时的詹姆斯敦几乎一片废墟，500 名殖民者中只有 60 人幸存。这 60 个人的模样跟骷髅没什么区别，只剩下喘气的份儿了。

这两艘船本来是应该早点来的，可是途中遇上飓风，把原先的大船吹散了架。幸好飓风是在百慕大附近，他们停在百慕大群岛，重新造了两条小船，才来到詹姆斯敦。乘客们在海上饱受黄热病的折磨，死了很多人，尸体都扔进了大西洋。但人们还是满怀着对幸福生活的憧憬，义无反顾地奔向弗吉尼亚。这些身心疲惫的人从船上走下来，还以为终于到了繁花似锦的新大陆，结果看到的却是一个人间地狱。你能想象他们当时的心情吗？

1610 年 6 月 7 日，詹姆斯敦所有的殖民者都爬上了那两艘小船。“永别了，弗吉尼亚！”“永别了，新大陆！”“我们受够了！”“我们回家啦！”“再也不见啦！”两艘船离开詹姆斯敦，顺流而下，出了河口就是大西洋，人们恨不得马上回到英国。让詹姆斯敦见鬼去吧！

然而，他们并没有走远。6 月 10 日，他们迎面遇上由德·拉·瓦尔男爵率领的移民船。他是新任弗吉尼亚总督，带来 150 人，也带来了粮食和武器。他说服了这些归心似箭的殖民者，大家一起回到詹姆斯敦。试想一下，如果没有德·拉·瓦尔男爵这号人物，如果没有他的振臂一呼，殖民地的历史将会如何？一百六十多年后，北美东部沿海的三个小县联合起来，派代表在《独立宣言》上签了字，成为一个独立州。后来，它又率先接受了美国宪法，成为加入联邦的“第一州”。这就是用德·拉·瓦尔男爵的名字命名的特拉华州。

贵族出身的德·拉·瓦尔男爵是个铁腕领袖，也是个残暴的军人，参加过英国对爱尔兰的征服战争。他把对付爱尔兰人的政策原封不动地搬来对付印第安人，那就是烧、杀、抢。1610 年 8 月，他派人袭击波瓦坦的一个部落，挑起了历时四年的“第一次盎格鲁–波瓦坦战争”（1610—1614）。在这次袭击中，他们烧毁了印第安人的房屋和玉米地，杀死70多人，抓走部落首领的妻子和孩子。沿河返回时，他们把孩子们一个个地从船上往水里扔，同时开枪射击，以把他们打得“脑浆迸裂”为乐。在詹姆斯敦，他们把利剑刺进了那位部落首领妻子的心脏。

殖民者的暴行激起了波瓦坦部落的强烈反抗。他们虽然没有先进的武器，却凭着对地形的熟悉，用弓箭长矛和各种对付猎物的手段让殖民者们付出了惨重的代价。不久，德·拉·瓦尔男爵因病回国，托马斯·戴尔爵士继任。他认为，若想让詹姆斯敦不受威胁，必须占领周围的地区。他领人不断沿詹姆斯河修建据点，1611年5月，他们建成“亨利科”，还陆续盖起比较正规的房子、医院、仓库和教堂。

1612年年底，战争开始渐渐缓和下来，双方都精疲力竭，和平成为人们共同的愿望。1613年4月，亨利科来了一位客人。她不是别人，正是波卡洪塔斯。但是，这一次，她不是主动来的，而是被拐骗来的。戴尔以她为人质，要挟波瓦坦。波瓦坦见女儿被抓，便停止了对殖民地的进攻，同意和谈。谈判断断续续进行了一年。

在双方谈判的一年中，波卡洪塔斯一直住在亨利科。她曾是殖民地的恩人，殖民者们对她倒是待如上宾，还向她宣扬基督教，教她英语。不久，波卡洪塔斯受洗成为基督徒，并有了一个英文名字“丽贝卡”。当年的小女孩此时已经十八九岁，青春靓丽。有个年轻的英国商人，名叫约翰·罗夫，他的种植园恰好在亨利科附近。他很快就爱上了这位美丽的印第安公主，并写信给戴尔总督，请求与波卡洪塔斯结婚。戴尔批准了他的请求，并率领大队人马，亲自“护送”波卡洪塔斯回到波瓦坦的驻地，与他缔结和平协议。

1614 年 3 月，和平终于降临。人们举行了盛大的庆典，庆典的高潮正是波卡洪塔斯和罗夫的婚礼。他们的结合是英国第一桩跨种族的联姻，也是弗吉尼亚和平的重要保障。波瓦坦没有参加婚礼，只派了弟弟和两个儿子来。女儿离开了印第安人的世界，进入英国人的社会，他也许正黯然神伤吧。

1615 年年初，波卡洪塔斯生下一子，罗夫成了世界上最骄傲的父亲，他要带波卡洪塔斯回英国看看。正好弗吉尼亚公司为了宣传新大陆，也邀请他们回来做一次“公关之旅”。1616 年，他们回到英国。波卡洪塔斯以自己独特的风采征服了伦敦的社交界，成为人人追捧的“明星”，她毫无疑问是弗吉尼亚最美丽的代言人。有一次，她参加了一个特殊的化妆舞会，这个舞会的主人正是英王詹姆士一世。波卡洪塔斯的异域风情让这位性格阴沉、心理阴暗的国王露出了难得的笑容。

波卡洪塔斯惊喜地得知，约翰·史密斯还活着。她热切地盼望史密斯来看她，但史密斯迟迟没有现身。当史密斯终于出现在她面前时，他似乎不习惯这个一身英国贵妇打扮的“丽贝卡女士”，他再也看不到那个弗吉尼亚丛林中的小姑娘了。两人几乎不欢而散，这次分手成了他们的永别。1617 年 3 月，波卡洪塔斯与罗夫启程返回弗吉尼亚。船还没驶出泰晤士河，波卡洪塔斯就病倒了。她的丈夫把她抱下船，送进医院。不久，波卡洪塔斯去世，年仅 22 岁。她死于天花。

罗夫把波卡洪塔斯葬在她去世的小镇，把儿子暂时托付给家人抚养，满怀着悲伤，独自回到弗吉尼亚，继续打理他的种植园。可别小瞧这个种植园和它的主人，正是这位罗夫让弗吉尼亚的殖民者找到了“黄金”。这种特殊的“黄金”长着宽宽的叶子，干了会变成金棕色，碾碎后放进小筒中可以吸。你猜对了，这就是烟草。

弗吉尼亚的自然条件很适合种烟草，但一直竞争不过西班牙的西印度群岛殖民地，因为品种不好。罗夫冒着上绞刑架的危险从西印度群岛偷来种子，在弗吉尼亚培植出一种比较甜的烟草。这个新品种很快就风靡英国，贵族们以吸弗吉尼亚的烟草为“时尚”。殖民地的经济从此转亏为赢，走上繁荣富裕之路。烟草成了弗吉尼亚的“现金作物”，在很多场合被当作现金来使用。

既然烟草就是钱，就是黄金，那人们只要拼命种烟草就是了，弗吉尼亚岂不是万事大吉了吗？可惜，天下没有免费的午餐。烟草是很娇贵的，需要投入大量的劳动，即使专业农民也没精力伺候太多。疾病、战争、饥饿，让弗吉尼亚最初的1万名殖民者中的4/5，也就是8000人，在来到新大陆后的一年之内就丧命了，所以，劳动力异常昂贵。弗吉尼亚公司在英国拼命做广告，引诱人们移民北美，奖励带“合同工”去北美的人，以至于伦敦人贩子猖獗，经常在大街上劫人，卖到新大陆。监狱里的犯人只要同意去北美就可以获释。即便如此，仍有不少犯人宁肯待在英国的监狱，也不愿去弗吉尼亚。80%的死亡率，这不是跟判死刑差不多吗?

对劳动力的急需使黑奴贸易自然而然地变成了现实。奴隶贸易不是新大陆的发明，它已存在了上千年。非洲部落之间打仗的战俘就会变成奴隶，阿拉伯人和欧洲人最先开始洲际的奴隶贸易。1619年，一艘葡萄牙船带着350个从非洲安哥拉抓来的黑人，打算把他们卖到巴西，但途中被一艘荷兰船和一艘英国船劫持。这两只船平分了“货物”，先后来到詹姆斯敦。350个黑人立刻被“抢购”一空。当时，他们还是作为“合同工”被抢购的，合同期满后他们获得了自由。渐渐地，殖民者们发现，如果让这些黑人的合同永远不到期，那多合算。于是，奴隶和奴隶制在新大陆诞生了。

1619年，第一船女人也被运到詹姆斯敦。她们都出身欧洲的穷苦人家，走投无路，被人贩子带到北美。当时，詹姆斯敦的男女比例为8 ： 1，可以想象羊入狼群的画面了吧？码头上到处都是这样的交易："嘿，哥们儿，想要老婆吗？""当然！多少钱？""120 磅烟草，怎么样？""成交！"

1619 年，殖民者们终于获得在新大陆拥有土地的权利，弗吉尼亚公司总算想明白，人们九死一生图的不就是土地吗？

1619 年，第一个殖民地议会出现了，代表们负责制定法律法规，开始了一百五十多年的殖民地"自治"时期。弗吉尼亚的殖民地议会和 1620 年清教徒们签订的《五月花号公约》，在实践上和理论上为新大陆未来的政治体制打下了基础。殖民地人自己管理自己，成为北美英属殖民地最重要的特征，也是它与西属殖民地最大的不同。一百五十多年后，当这个"自治"体制受到威胁时，人们将拿起武器，捍卫他们已经获得的权利，并最终走向独立。

詹姆斯敦日益繁荣，殖民者们不断扩张，不可避免地引起与印第安人的矛盾，弗吉尼亚的和平再次受到挑战。1618 年，波瓦坦去世，他的弟弟欧佩坎诺成为波瓦坦部落的领袖。他比哥哥更精明，更勇敢。他深知殖民者们一定会得寸进尺，最终将使印第安人无立足之地。1622 年，欧佩坎诺策划了一次对詹姆斯敦的突然袭击，杀死 350 个殖民者，占殖民者总数的 1/3。要不是一个成为基督徒的印第安男孩儿给殖民者们报信，损失会更大。这个事件被称为"大屠杀"。殖民者们进行了疯狂的报复，并在此后的二十年里，流血不断，最终酿成"第二次盎格鲁—波瓦坦战争"。战争结束时，印第安人基本上丧失了对弗吉尼亚的控制权。

1622 年的大屠杀使英王詹姆士一世对弗吉尼亚公司彻底失去了耐心。自 1607 年以来，殖民者在新大陆的超高死亡率使国王认为弗吉尼亚公司没有履行公司宪章确立的宗旨，无力保护英国人的安全。他下令解散弗吉尼亚公司，将殖民地收归“国有”。1624 年，弗吉尼亚成了“皇家殖民地”，由国王派总督进行管理。但殖民地议会被保留下来，成为与总督府平起平坐的立法机构，“自治”仍然是殖民地的主要管理形式。

现在，我们要暂时告别弗吉尼亚了，但它的故事远远没有结束。这里沉淀了太多历史的佳酿，我们只能在今后的日子里，一点一点慢慢品尝了。

时间到了 1621 年，清教徒们已经在新英格兰建立了普利茅斯殖民地并得到印第安人的帮助。他们现在的日子过得怎么样了？满怀着对宗教自由的追求而来到新大陆的人们，真的在这里建立了一个自由的乐土吗？他们梦想中“天堂的国家”是什么样的？请看下一个故事 :《以上帝的名义》。

007

以上帝的名义

1621 年，乘“五月花号”移民船来到北美的分裂派清教徒们，在今天的马萨诸塞州普利茅斯镇地区建立了英国在北美的第二个殖民地——普利茅斯殖民地。更重要的是，他们建立了自己的教堂，可以不受干扰地追求自己的信仰了。清教徒们一踏上北美大陆就跪倒在地，感谢上帝引导他们穿越大洋，保佑他们平安到达。那么，上帝赐给他们的是个什么样的地方呢？

马萨诸塞州的纬度跟中国的辽宁省差不多，气候寒冷，海边风大石多，土地远不如弗吉尼亚肥沃，只能种点玉米，不可能种烟草。但上帝并没有亏待他们。这个地区的印第安人势力本来就比较弱，90% 的人又被天花夺去了生命。所以，清教徒们几乎没有受到任何来自印第安人的威胁，反而与他们建立了友好的关系，比战火连绵的弗吉尼亚安全多了。这儿虽然不适合耕种，但森林密布，河流众多，动物繁盛。毛皮制品，特别是河狸皮、鹿皮和黑熊皮等，深受欧洲人的喜爱，殖民地的木材和毛皮生意在一年之内就有了起色。附近的海中盛产龙虾，还有各种鱼类，海豹就在沙滩上哺乳、嬉戏，鲸鱼和海豚也成群结队地在这里捕食，得天独厚的海洋资源将为捕鱼业带来丰厚的利润。再加上人们从弗吉尼亚的故事中学到了一些在新大陆的生存经验，清教徒们又都很勤劳，乐于互相帮助，不像弗吉尼亚的绅士们那样自私又贪婪，殖民者的死亡率从弗吉尼亚的80%降到50%。

普利茅斯殖民地得以生存，除了靠印第安人的帮助，还要归功于总督布拉德福德强有力的领导。布拉德福德1590年生于一个比较富裕的小农家庭。他没受过高等教育，却在实践中练就了很强的生存技巧和领导才能，特别擅长处理纠纷。他12岁时成为分裂派信徒，有着崇高的信仰和坚强的意志。布拉德福德30次当选殖民地总督（每年一选），任职达31年之久，他的回忆录《普利茅斯定居地》是清教徒历史和早期新英格兰殖民地最重要的见证。

布拉德福德追求的是个纯宗教的“天堂的国家”，人们完全按照上帝的旨意生活。他希望殖民地的烛火之光将照亮一个崭新的国家，孕育一个伟大的民族。但殖民地一天天繁荣，人口越来越多，渐渐地不像最初那么“纯净”了。就在布拉德福德忧心忡忡的时候，大洋彼岸的英国发生了一系列的变化，使普利茅斯旁边的马萨诸塞湾地区忽然热闹起来，上帝再次让新大陆感受到他无比的权威和荣耀。

还记得与分裂派同源同宗的清教派吗？（参看 001《清教徒》）。分裂派与清教派本是一家，但分裂派更激进，当年因坚持与英国教会分离，使得自己在欧洲没有立足之地，才来到北美。它的亲兄弟清教派主张清洁、净化英国教会，却不想自立门户，所以暂时得到英王詹姆士一世的容忍。但随着詹姆士一世越来越独断专行，清教派对他厌恶到了极点，他们的目标也从“改革”英国教会变成“控制”英国教会，这下，他们的好日子就到头了。詹姆士一世恨不得把清教徒一个个捏死，可惜，天不假年。1625 年，这位政绩与私生活备受争议的国王一命呜呼了。

詹姆士一世的幼子查理一世成为英王。这位从小就接受“君权神授”教育的王子比他爹更糟糕，不但不允许任何异议的存在，而且更倾向于天主教。日益加剧的迫害使清教派不得不考虑离开英国了。与分裂派不同的是，清教派的很多教徒都受过高等教育，他们大多毕业于剑桥大学或牛津大学，是杰出的学者。而且，他们的家境也比较富裕，比如，他们的领袖约翰·温斯洛普是个律师，生于豪宅，仆从成群。后来，他因坚持自己的宗教信仰而丢了工作。

清教领袖们在剑桥大学开了个会，决定移民北美。他们派人与查理一世谈判，要求得到国王的允许和授权。查理一世的态度是：滚！滚得越远越好！他大笔一挥，慷慨地把公司宪章授给了清教徒组织的“新英格兰马萨诸塞湾公司”，殖民者们将根据宪章组成“自治”政府。宪章不仅使他们“合法”地在北美建立殖民地，更重要的是，他们可以合法地与英国进行贸易。大多数英属北美殖民地都是根据公司宪章建立起来的，这些宪章后来演变成各州的宪法，并在此基础上产生了美国宪法。

1630年春天，温斯洛普率领11艘船共700名清教派教徒驶向新大陆。他乘的那艘船叫“阿贝拉号”，与他同行的有很多家财万贯的教徒。他们为了追求宗教自由，不惜放弃在英国舒适的生活，到一个陌生的大陆去建立理想的家园。在“阿贝拉号”上，温斯洛普向众人宣讲了他那篇著名的布道词《山顶上的城市》。他引用耶稣的话：“你们是世界之光，是山顶上的城市，无处隐藏。”温斯洛普告诉教徒们，他们将要建立的是“基督教的典范，全世界的楷模，所有的人都将仰视它”。

到达马萨诸塞湾地区后，他们建立起一个新的城市，并用自己家乡城镇的名字，把这个城市命名为“波士顿”。波士顿三面环水，是个天然良港，它很自然地成了马萨诸塞湾殖民地的首府和商业中心。到1630年夏天时，已有1000多名清教徒来到了波士顿。1630—1640年间，清教徒们像潮水一般涌出英国，史称“大移民”。他们大多去了加勒比海岛屿，来到马萨诸塞的有两万多人。仅从这点上就看得出来，清教是个势力庞大、能量惊人的团体，查理一世让他们离开英国实在是为自己多拣了几年的命。尽管如此，在他登基二十多年后，那些留在英国的清教徒还是把他送上了断头台。

清教徒们认为自己是“上帝的选民”，将来要上天堂，获得永生。为了配得上这份荣耀，就要严格按《圣经》，特别是《旧约》的规定生活。他们一星期工作六天，唯一的休息日是“礼拜日”，去教堂做礼拜，听牧师讲道，有时三四个小时，更多的时候是八九个小时。寒冷的冬天，人们都带着手炉和脚炉去教堂，因为那里没有取暖设备，一坐就是一天，若不带这些东西手脚早就冻僵了。布道时有人在教堂里拿着鞭子巡视，看谁打瞌睡或走神儿就给他一下，绝不手软，小孩和狗也不例外。教徒们永远都是穿着黑色的衣服，女人从头到脚包得严严实实的，他们认为任何一种诱惑都是魔鬼的试探，要坚决抵制。人们业余时间除了学习《圣经》，几乎没有任何娱乐。他们做礼拜时既没有音乐，也没有烛光。波士顿地区直到19世纪中期才开始庆祝圣诞节，因为任何形式的庆祝或娱乐都被认为偏离了上帝的准则，是不道德的。

与弗吉尼亚殖民者不同的是，清教徒们都是拖家带口来到北美的，因为他们相信上帝是以家庭为基础来组织社会的，人们在家庭中的秩序与他们在社会中的秩序完全一致。虽然人类一出生就带着“原罪”，但女人的罪过更大，因为是夏娃先偷吃了禁果并引诱亚当犯罪的。所以，男人在家是一家之首，在外是社会公民。而女人没有独立的人格，没有选举权，做礼拜时要与男人分开，不能在公共场合或教会中发表自己的意见，她们唯一的职责就是相夫教子。

清教徒们实现了他们的理想，建立起一个“纯净的”、以上帝为中心的宗教社会。一个城镇中最显眼、最豪华的建筑一定是教堂，离教堂最近的房子一定属于地位崇高的神职人员，他们不仅在教会中有巨大的影响力，也左右着政府的施政方针，所有的人都向教会缴税。有趣的是，清教并不主张“政教合一”，他们追求的是一种政教“互不干涉”的境界。虽然谈不上完全的“政教分离”，但至少表面上，神职人员是不能在政府任职的。

不要想当然地认为清教徒们在信仰中迷失了个性，变成人云亦云的《圣经》机器。事实上，清教非常鼓励“个人”对《圣经》的深刻理解和对圣灵的真切体会，当然，这种理解和体会不能偏离“主旋律”。清教徒们虽然不可爱，但美国人还是应该为他们的这些祖先感到骄傲，因为他们的确是道德高尚的、脱离了低级趣味的、“纯粹的”人。他们严于律人，更严于律己。正是他们的追求和坚持，为未来的美国打上了深深的“清教主义”烙印，也为新大陆带来了上帝的保佑。直到今天，在道德上，美国社会比欧洲、亚洲以及世界上大多数国家都更加保守。仅凭这一点，清教徒就功不可没。有人甚至认为，没有清教，美国就不会成为现在的美国。

为了保证所有的孩子能独立阅读和理解《圣经》，尤其是读懂用希伯来语、希腊语和拉丁语写成的《圣经》原文，清教徒把教育放在了第一位。虽然清教徒父母一般都受过良好的教育，有能力教自己的孩子读书，但他们仍然认为孩子们应该去学校。殖民地政府通过法律，规定每50户人家必须有一个专业老师，住在同一个区域的所有的家庭都必须根据收入缴付教育经费，穷人的孩子和富人的孩子拥有同样的接受基础教育的权利和机会。这是现代美国公立学校制度的起源。

清教的那些从剑桥和牛津毕业的饱学之士，不能忍受新大陆没有高等学府的事实。1636年，在到达北美仅仅6年之后，他们创建了“新学院，也叫“新城学院”。1639年，一个叫约翰·哈佛的剑桥毕业生，在遗嘱中把自己的图书馆和一半的财产捐献给“新学院”。从此，“新学院”改名为“哈佛学院”，后来变成了“哈佛大学”。清教徒们把哈佛学院所在的地区命名为“剑桥”，或译为“坎布里奇”，他们要让哈佛成为与剑桥和牛津并驾齐驱的一流学府。他们的目标实现了吗？

怀着崇高的理想来到新大陆的清教徒们得到了他们向往的自由。然而，他们在享受自由的时候，却忘记了别人也需要自由。他们忘记了自己在英国所受的宗教迫害，认为自己的宗教是世界上唯一正确的信仰，不允许任何人玷污它的纯洁。千万不要在清教徒面前说你不信上帝，他们会认为你与禽兽无异或被魔鬼附身，拼了老命也得把你“教化”成基督徒。

清教的一条“黄金定律”是：己所欲，施于人。它本义是想把自己感受到的上帝之爱传播到别人身上，让天国的光辉照耀每一个灵魂。可惜，在马萨诸塞，这条定律变成了“己所欲，强加于人”。清教徒们从来没有意识到，世界上还有另一条真理：“己所不欲，勿施于人。”

马萨诸塞不需要不欢迎任何其他宗教的成员，它必须是，也只能是，清教徒的天堂。这也许是历史和上帝联起手来开的一个玩笑。以追求自由为目的而建立的马萨诸塞湾殖民地，成了所有英属北美殖民地中最“不自由”的一个。更让人啼笑皆非的是，一百五十年后，这个最“不自由”的殖民地竟然打响了争取自由和独立的“美国革命”的第一枪。

然而，清教的教义并没有让所有的人失去独立思考的能力。自由的思想，如春天的幼苗，还是在马萨诸塞破土而出了，它的首倡人都是清教徒。它从小到大，由弱变强，以不可阻挡之势改变了新英格兰，也改变了新大陆的未来。是谁向清教发起了挑战？他们的结局如何？自由将以怎样的方式让新大陆散发出无穷的魅力？请看下一个故事：《自由之声》。

008

自 由 之 声

今天，在任何一个国家，自由都没有像在美国这样得到如此透彻的理解，也没有像在美国这样被赋予如此高的价值。热爱自由是美国人性格中最重要的特点。然而，自由并不是上帝赐给美国的理所当然的礼物，也不是那位永远以胜利者的姿态高举着火焰的骄傲的女神。事实上，自由在新大陆步履艰难地走了四百年，不断地变换着面孔和内容，它的每一个脚印都是血淋淋的。

1630年建立起来的马萨诸塞湾殖民地让清教徒们获得了自由，却让所有的非清教徒失去了自由。天主教徒，犹太教徒，英国的新教徒，“教友会”教徒，“浸礼会”教徒，以及基督教的其他派别，都被视作异端。

1631年2月，一位28岁的清教徒学者来到波士顿。马萨诸塞湾总督温斯洛普热情地接待了他，并邀请他担任波士顿教堂的助教。

这可是个地位崇高、令人羡慕的职位，很多人做梦都想得到。但是，这个人不但拒绝了总督的邀请，还谴责了清教派在马萨诸塞湾的所作所为。这到底是怎么回事？他疯了吗？这个人是谁呢？

此人名叫罗杰·威廉姆斯，1603 年生于英国，是个天赋极高的语言学家，精通拉丁语、希伯来语、希腊语、荷兰语、法语等 9 种语言。他毕业于剑桥大学，是著名的神学家。在剑桥上学时，他成为清教的一员。威廉姆斯不但学问出众，而且为人厚道，总是尽自己所能帮助周围的人，深受人们的尊敬和喜欢。与其他清教徒一样，威廉姆斯非常虔诚，恪守清教派的教条，相信《圣经》中的上帝是真正的、唯一的造物主。

从剑桥毕业后，威廉姆斯四处传教。他亲身感受到因信仰不同而引发的宗教战争给欧洲人带来的苦难，也目睹了英国教会的腐败与专制。渐渐地，他从研究和实践中得出了自己对宗教信仰的认识。1631 年，当他到达北美时，已经接受了很多分裂派的观点。威廉姆斯拒绝温斯洛普总督的第一个理由是：清教派与英国教会的决裂不够彻底，它仍然深受英国教会的影响。

接着，威廉姆斯说了另外两个著名的观点：第一，每个人都应该享有宗教自由。他说，信仰的自由是上帝赐给每个人的礼物，是天赋人权。人们应该追随心灵的感受去选择自己的宗教，任何人都无权将信仰强加到别人身上。“强迫的信仰会让上帝觉得臭不可闻。”

第二，为了保证信仰自由，教会与政府必须彻底分离。威廉姆斯认为，“基督的花园”（教会）与“野生的世界”（世俗）之间应该有一道高高的“隔离墙”。政府处理人与人之间的关系，教会处理人与神之间的关系。信仰是个人行为而不是政府行为。政府只能管理世俗事务，无权干涉人们的精神信仰。反之，教会也不能介入政府的施政方针。他说，耶稣从来没有号召用“钢铁之剑”去帮助“精神之剑”。

不要忘了，罗杰·威廉姆斯生活在17世纪。欧洲所有的国家都是“政教合一”的国家，就是所谓的“君权神授”；所有的国家都有“国教”，比如法国和西班牙的天主教，俄国的东正教，英国的新教，等等；当然，所有的国家都没有宗教自由。威廉姆斯岂止惊世骇俗，他简直是大逆不道。

温斯洛普总督对他的言论非常吃惊，他不明白这个本来前程似锦的年轻人为什么会走上邪道。威廉姆斯离开波士顿，到了分裂派建立的普利茅斯殖民地。他受到布拉德福德总督的欢迎，并开始在那里传教。普利茅斯与马萨诸塞湾的信仰基本上相同，两者之间一直关系不错。虽然普利茅斯是分裂派的天下，但没多久，威廉姆斯就发现这些分裂派其实与清教派只不过是“五十步”与“一百步”的区别，而且他们的专制作风如出一辙。

1633年，威廉姆斯离开普利茅斯，回到马萨诸塞湾的塞勒姆镇。

塞勒姆镇的教会比较倾向于分裂派，也比较宽容，为威廉姆斯提供了一个发表自己意见的场所。可是，接下来，不安分的威廉姆斯提出了他的第四个观点，立刻让马萨诸塞炸开了锅。他说，英王根本无权把美洲的土地分给殖民者，因为他不拥有这个大陆。国王应该先从印第安人手中购买土地，然后才能合法建立殖民地，否则，他签发的那些所谓的“公司宪章”和“土地授权书”就是一堆废纸。

这就太过分了。弄了半天，堂堂的马萨诸塞湾殖民地成了“伪政权”。是可忍，孰不可忍！1635 年 10 月，马萨诸塞湾议会对威廉姆斯进行了审判，决定将他驱逐出马萨诸塞，并准备了船，打算把他押回英国。1636 年 1 月，当执法人员来到威廉姆斯家抓他时，却发现他早在三天前就溜走了。威廉姆斯虽然有点“二杆子”劲儿，但不傻，他可不想乖乖地等着被送回英国。当时，他正生着病，在齐膝深的大雪中，大约奔走了 140 公里，到了纳拉甘西特湾。住在这里的“万帕诺亚格部落”印第安人救了他的命。他们把他带到了首领马萨索伊的大帐。

还记得马萨索伊吗？他就是那位曾帮助过清教徒并与他们一起庆祝丰收的印第安人首领。我们在后文还会提到他。此时，马萨索伊以一贯的热诚款待了威廉姆斯，让他养好病，帮他安顿下来。后来，他们成了最亲密、最忠诚的朋友。极有语言天赋的威廉姆斯，很快就可以与印第安人交流了。在接触中，他发现印第安人根本不是低等民族或野人，他们一点也不比英国人差。威廉姆斯认为，在上帝面前，他们与英国人完全平等。

1636年，在马萨索伊的帮助下，威廉姆斯从纳拉甘西特湾的其他印第安部落手中购买了一块土地，与12个支持者一起，建立起一个新的殖民地——普罗维登斯，意思是“神意”“天佑”。后来，它与另外两个小殖民地合并成为“罗得岛殖民地”，这就是现在美国的罗得岛州。

威廉姆斯是罗得岛殖民地的灵魂与支柱，他为罗得岛贡献了毕生的精力和全部的财产。1643年，当周围势力强大的马萨诸塞湾、普利茅斯和康涅狄格等殖民地联合起来企图干掉罗得岛时，威廉姆斯亲赴伦敦，为罗得岛争取合法地位。当时，“英国内战”正如火如荼，清教派已经控制了伦敦。马萨诸塞又派人在议会游说，企图阻止英国政府承认罗得岛。在如此困难的情况下，威廉姆斯居然成功地取得了宪章，使罗得岛受到法律的保护。他的敲门砖就是自己刚出版的大作《美洲语言入门》。此书是第一本关于印第安人语言的字典，正是当时英国人所需要的。它一出版就引起轰动，成为头号“畅销书”，为威廉姆斯赢得了巨大的声誉。他凭着自己作为著名学者和作家的影响力为罗得岛完成了不可能完成的任务。其后，他又依靠印第安人的帮助，消除了几个大殖民地的武力威胁。威廉姆斯多次当选为罗得岛的“总裁”，在1676年的“菲利普国王的战争”

中，70 多岁的威廉姆斯被推举为罗得岛武装力量总指挥，保卫罗得岛的安全。

在罗得岛，威廉姆斯完全实施了“宗教自由”和“政教分离”的主张。虽然他自己是非常虔诚的基督徒，但他欢迎所有不同信仰的人来罗得岛，包括当时被视为洪水猛兽的教友会和犹太教教徒，甚至无神论者。威廉姆斯坚决反对马萨诸塞的清教徒强迫印第安人信奉基督教的做法。尽管他与印第安人交情过命，但终其一生，他没把任何一个印第安人“教化”成基督徒。威廉姆斯不是第一个提出“政教分离”的人，却是第一个实践它的人。罗得岛政府依照一套民主程序管理世俗事务，绝不干涉人们的宗教信仰。在威廉姆斯的领导下，罗得岛成了真正的“自由乐土”。这个今天美国面积最小的州，只有 4000 多平方公里，100 多万人口，在地图上可以忽略不计，但在美国的民主建设史上，它却是个不折不扣的巨人。

1683 年，80 岁高龄的威廉姆斯去世。他的一生都在宗教与政治的漩涡中度过，被视为有“危险思想”的人物，因为他超越了他的时代。后来的政治家们，如托马斯 · 杰斐逊，曾多次引用威廉姆斯及其他英国政论家的“隔离墙”概念。美国的“建国国父”们几乎全盘照搬了威廉姆斯的思想，把“宗教自由”和“政教分离”写进了美国宪法第一修正案，也就是《权利法案》的第一条（第一到第十修正案合称《权利法案》)。第一修正案是“美式”自由与民主的基本保障，它让这个以基督教为基础建立起来的国家否定了基督教成为“国教”的可能，避免了折磨欧洲一百多年的宗教战争在新大陆重演。它不仅为新生的国家带来长治久安，也为自由提供了最广阔的发展空间。

标新立异的威廉姆斯并不孤独，因为还有一位比他更过分的人。此人不但激进，而且，呃，是个女人。她是威廉姆斯的追随者，与他一起创建了罗得岛殖民地。她的言行把马萨诸塞搅得鸡犬不宁。她的名字叫安·哈金森。

她原姓马伯里，生于 1591 年。1612 年，她与威廉·哈金森结婚。夫妇俩都是清教徒，于 1634 年来到马萨诸塞湾。与那个时代所有的女人一样，她不住脚地生了 14 个孩子。与其他女人不一样的是，她还有自己的脑子，会独立思考。她精力过人，思维敏捷，口才极好，十个男人也说不过她。

在 17 世纪，女人是男人财产的一部分。如果一个妻子从家中逃走，那她就是个盗贼，不仅“偷”走了自己，还“偷”走了她身上的衣服。既然女人是“财产”，她们在公共场合就绝对应该“噤声”。你见过谁家的桌子板凳说话吗？

可以想象，当安·哈金森开始在大庭广众演讲时，那是怎样一个轰动效应。温斯洛普总督简直气疯了，他就纳闷儿，家里有 14 个等着吃饭的孩子，怎么还不够这个女人忙活的，她哪来的闲工夫在这儿妖言惑众呢？不仅如此，她还在家中组织“查经班”，与大家一起探讨《圣经》的原意，得出的结论与清教派的“官方解释”大相径庭。更糟糕的是，不光女人听她讲，后来连男人也来听，她的“查经班”很快就发展到80多人，家里盛不下，只好挪到附近的教堂去讲。再后来，她搞的这一摊子竟然成了气候，被称为“哈金森运动”，从者如云。

安·哈金森像威廉姆斯一样，提倡宗教自由。她对《圣经》进行了非常深刻的学习和研究，对很多教条都有自己独特的见解，比如亚当和夏娃的故事。她挑战教会的权威，认为女人并不比男人更有罪，她们在教会中应该享有与男人同等的地位，应该不受限制地说出自己的观点和感受。她说，做女人是“上帝的恩赐”而不是“上帝的诅咒”。她声称自己拥有“来自上帝的灵感”，可以辨别“上帝的选民”。对17世纪的人来说，她实在太前卫了，远远超出了大家的承受力。本来，由于家庭的渊源，很多清教徒领袖，如温斯洛普总督、约翰·科顿等人，都是她的朋友。可她的言行实在太离谱，这些昔日的朋友都站到了她的对立面。

1638年，马萨诸塞议会审判她。当时，46岁的她正怀着第15个孩子，可是议会却强迫她站着受审好几天，导致了她的流产。在审判中，她为自己辩护。若是你能看一下当时的记录就会发现，她的智商比那些审判她的人高多了。她的辩护有理有据，清晰的逻辑，雄辩的技巧，使律师出身的温斯洛普总督都相形见绌，更不用说别人了。当然，不管她说什么，结论早在开审之前就做好了：她被驱逐出马萨诸塞湾殖民地。

哈金森夫妇来到罗得岛地区，与威廉姆斯一起建立了后来的罗得岛殖民地。1643 年，在丈夫去世后，安 · 哈金森决定举家迁往现在的纽约市。当时，这个地区的印第安人正与荷兰人打得不可开交。在一个漆黑的夜晚，印第安人闯进她的家，杀死了她和所有随她来纽约的家庭成员，只有红头发的小女儿幸免于难。这个不幸事件成了马萨诸塞湾清教派的口实，温斯洛普总督说："这是上帝的惩罚。"

1922 年，马萨诸塞州政府把安 · 哈金森的雕像纪念碑安放在州府大楼前。碑座上写着："安 · 哈金森……公民权利与宗教自由的勇敢的倡导者。" 不能见容于她的时代的安 · 哈金森，在历史中找到了自己的位置。也许，这些对她来说都不重要。重要的是，她坚持了自己的信念，并为它奉献了一切。她的伟大其实很简单：敢于思考。

安·哈金森虽然死了，但她开启的"哈金森运动"却没有终止，越来越多的人开始用自己的脑子思考了。温斯洛普总督真够倒霉的，摁下葫芦起来瓢，好不容易打发走了一个安 · 哈金森，又出了个比她更让人头痛的女人。这个女人更麻烦，因为她不要命。

这个女人就是玛丽 · 戴耶，1611 年生于英国。她原姓巴利特，1633 年与威廉 · 戴耶结婚后，来到波士顿。她丈夫是温斯洛普总督的朋友，当她被介绍给总督时，温斯洛普赞美说："真是位庄重优雅的女士。"可是，没多久，温斯洛普就会恨不得咬掉自己的舌头。这位"优雅的女士"变成了他的噩梦。

1637 年，玛丽·戴耶公开支持安·哈金森。1638 年，她和丈夫被赶出马萨诸塞，跟着哈金森一家去了罗得岛。1652 年，当威廉姆斯第二次去伦敦为罗得岛办事时，玛丽和丈夫一同前往。在伦敦，她变成了一个教友会信徒。

什么是"教友会"？像清教一样，它是基督教的一个分支，自称为"朋友宗教协会"，简称"教友会"，或音译为"贵格派"。但在 17 世纪的人们心中，它并不怎么受欢迎，往往意味着"大麻烦"。

教友会最主要的观点是：人们可以直接与上帝沟通，不用依靠教会或教士；每个人都通过心灵感应与上帝交流，并接受上帝的旨意；在上帝面前人人平等，没有高低尊卑之分，大家都是朋友；每个人以自己的方式为自己思考，不同意见之间互相宽容。他们没有"礼拜"或"布道会"，也不是大家坐在那听教士讲。他们的聚会叫"开会"，男女老幼坐在一起，谁觉得自己受到了上帝的启发，就站起来讲两句，跟讨论会似的。他们只拜上帝，不拜国王，不相信教会的权威。

可见，教友会与那个时代是多么格格不入。你直接跟上帝聊天，那还要教会干什么，要教士干什么？你都能接受上帝的旨意，那"君权神授”往哪搁？男人和女人坐在一起开会，成何体统？女人们配吗？你们都学会独立思考了，谁听国王的？谁听教会的？这不是要乱套吗？“人人平等”又是什么？

教友会在旧大陆被视为罪恶，在新大陆同样不受欢迎。比如马萨诸塞通过法律，把教友会定为非法。可玛丽·戴耶觉得教友会的主张特别对胃口，跟自己的追求完全一致。她一旦认定了这个理儿，那是十八头牛都拉不回来，见了棺材都不带落泪的。

1657 年，她回到波士顿，立刻公开抗议严禁教友会的法律，被逮起来，赶出殖民地。但是，她又返回新英格兰传教，1658 年在康涅狄格被捕。获释后，她竟然跑回波士顿看望两个教友会的朋友。这两位早就被抓起来了，她也被抓，并被“永久性”地驱除出马萨诸塞。可这“驱逐令”对她来说就是一张废纸，她第三次返回马萨诸塞，与其他教徒一起，在众目睽睽之下，挑战殖民地的法律。这次，她不但被抓，还被判处死刑。她丈夫只好向温斯洛普总督求情。她与其他两位教友会教徒同赴刑场，亲眼看着这两个教徒被吊死。就在她准备就刑的最后一分钟，行刑人把她架上马背，强行送往罗得岛。这是温斯洛普总督看在朋友分上最后一次救她了。

1660 年，她第四次回马萨诸塞，公然反抗对教友会的禁令。这就有点找死了。5 月 31 日，她再次被判处绞刑。清教派说，只要她保证不再回马萨诸塞，他们就可以给她一条生路。丈夫和亲友也哀求她认罪，但她拒绝了。6 月 1 日，玛丽 · 戴耶被绞死在波士顿。她终于成了殉道者。这一天，整个马萨诸塞的人都来看她就刑。这一天，新大陆让自由蒙羞。

玛丽 · 戴耶的死在人们心中引起很大的震动，不少清教徒认为这样做太过分了，殖民地政府不得不重新衡量整个事件。1661 年，对教友会的禁律终于被修改了，玛丽 · 戴耶用生命为自己的信仰赢得了尊严。今天，她的雕像与安 · 哈金森的一起树立在马萨诸塞州政府大楼前供人们瞻仰，也时刻提醒人们不要让同样的悲剧重演。

新英格兰殖民地在专制与自由的对抗中一天天成长。你可能已经看出来了，清教徒是一伙非常固执又非常有野心的人。他们做什么都要做得最好，抢地盘的时候当然也多多益善。那么，这个地区又出现了哪些新殖民地呢？印第安人对英国人的扩张将做何反应？新英格兰的和平还能维持多久？请看下一个故事 :《菲利普国王的战争》。

009

菲 利 普 国 王 的 战 争

马萨诸塞湾的清教派容不下跟他们信仰不同的，也容不下跟他们信仰相同、政见不同的。罗杰 · 威廉姆斯建立的罗得岛殖民地为其他人做了个榜样。那些在马萨诸塞湾待不下去的人开始策划建立自己的地盘。

对马萨诸塞不满的人中，有一位叫托马斯 · 胡克。他是个虔诚的清教徒，曾获剑桥大学的学士和硕士学位，并在那里当了几年神学教授。在英国时，他就是个很有社会影响力的人物，因为他不仅是非常出色的演说家，而且是个文笔犀利、见识超群的政论家。

谁也说不清楚胡克跟马萨诸塞的领袖之间到底发生了什么，反正都瞧对方不顺眼。1636 年，胡克一怒之下，带领 100 个支持者离开马萨诸塞，来到康涅狄格河谷，在哈特福德地区建立起康涅狄格殖民地，后来它又与其他两个小殖民地合并，地盘不断扩大，形成了现在美国的康涅狄格州。

今天的康涅狄格是美国人均收入最高的州，是富豪云集之地，也是度假天堂。凡是去过康涅狄格的人，都会折服于它惊人的美丽。舒展、安详、清澈的康涅狄格河，穿过新英格兰茂密的森林。春天的芬芳，夏天的清幽，足以让人忘记今夕何夕。秋天多彩的树叶把河水映得五颜六色，连天空都变成一幅绚丽的油画。康涅狄格的海滨水产丰富，更有一种地老天荒之美。难怪胡克一见到康涅狄格，就认为自己到了天堂，再也不想离开半步。

康涅狄格河谷不仅美丽，而且是新英格兰最肥沃的土地，它很快就成了整个新英格兰的粮仓。人们从拥挤的马萨诸塞涌向富饶的康涅狄格，在这里建立自己的梦幻家园。可是，有一个问题。当初胡克带人"入住"康涅狄格时，完全是自作主张，没经过英王的批准，属于"非法"搬迁。现在虽然木已成舟，但那份文件还是必不可少的。谁都知道英王查理二世对清教恨之入骨（因为清教徒砍了他爹的头），康涅狄格的清教徒怎样才能获得这一纸许可呢？

胡克家族虽然在康涅狄格有很大的政治影响，但他本人并没有担任总督，而是专注于教会的事务。康涅狄格的投资人为殖民地选择了一位老练的政治家，他就是马萨诸塞湾总督的儿子，小约翰·温斯洛普。小温斯洛普是家中的长子，聪明，能干，有学问。父亲移民北美后，他先是在英国照料生意，处理家族事务，后来又在马萨诸塞给父亲当助手。

作为康涅狄格的总督，小温斯洛普的首要任务是为殖民地取得合法地位。于是，他收拾行装，来到伦敦。在觐见国王时，他带着家传的宝物，那是查理二世的祖母曾戴过的戒指。他把这枚戒指献给国王，查理二世龙颜大悦。小温斯洛普施展高超的外交手段，让国王批准了康涅狄格的宪章。这个宪章的条款比其他所有殖民地宪章的条款都宽松，给了康涅狄格极大的自主权，它的领土竟然延伸到太平洋沿岸，当然，那是因为没有人知道太平洋到底有多远。

1639 年，胡克帮助起草了康涅狄格政府的一份重要文件，叫《基本秩序》。康涅狄格的《基本秩序》是新大陆第一部成文宪法，它的理念和结构对以后美国各州的宪法以及美国宪法都有深远的影响。这部宪法把康涅狄格变成最民主的英属殖民地，开始了"美式"民主制度在新大陆的"定点实验"。康涅狄格州的别号之一就是"宪法之州"。

就在清教徒们在康涅狄格搞得热火朝天的时候，英王把马萨诸塞湾北面的一大片土地赐给了两个好朋友——约翰·梅森和弗迪南多·乔治。他们俩把那片土地一分为二，乔治得的那一块成了今天的缅因州，梅森得的那一块就是新罕布什尔州。开始时，两块地都属于马萨诸塞湾。后来，新罕布什尔变成独立的殖民地，又被英王收回，成为皇家殖民地。而缅因则一直归属马萨诸塞，直到 1820 年才分离出去，成为美国的第 23 个州。

至此，新英格兰所有的殖民地都凑齐了，它们是：普利茅斯、马萨诸塞湾、罗得岛、康涅狄格、新罕布什尔。辽阔的北美大陆让来自狭隘的欧洲岛国的英国人眼界大开，他们很快就意识到，这是一个“富足之地”。它那摄人魂魄的美丽和得天独厚的物产让英国人的贪婪之心如脱缰的野马奔腾不息。在英国，由于地域狭小，只有贵族或大富之人才可能拥有土地，平民连做梦都没想过。可是，当殖民者来到北美，满眼看到的就是土地，似乎永远到不了尽头的土地。忽然间，所有的人都可以拥有土地了，而且要多少有多少，超出了人们最疯狂的想象。面对无垠的大陆，新英格兰的殖民者们只有一个念头：我的，我的，都是我的！可他们忘了，美洲不是一片没有主人的荒野，印第安人已经在这里世代相传了几千年。他们又怎能容忍殖民者们毫无节制的扩张呢？

住在新英格兰地区的主要是万帕诺亚格部落和“纳拉甘西特部落”印第安人。跟弗吉尼亚的波瓦坦部落比起来，他们的势力比较弱，也比较和平，从不惹是生非。1621 年 3 月，清教徒在北美落脚才几个月，万帕诺亚格部落的首领马萨索伊就与普利茅斯的第一任总督约翰 · 卡弗签订了和平协议（参看 003《印第安人》）。如果没有马萨索伊和斯匡托的帮助，清教徒们早就死翘翘了，哪里还有普利茅斯殖民地。

清教徒们倒也是知恩图报，在此后的五十多年里，普利茅斯与马萨索伊的部落保持着友好的关系，你来我往，互通有无。有一次，马萨索伊病得都快死了，普利茅斯专门派人送来药材和鹅肉煮的汤，马萨索伊吃后大有好转，最终康复。每当殖民地有人来拜访马萨索伊，他都热情地留他们在自己的大帐过夜，睡在同一张床上。他与罗得岛的罗杰 · 威廉姆斯也是亲密无间的朋友。

马萨诸塞与万帕诺亚格部落的关系不是那么密切，但他们刚开始时基本上能和睦相处。那时，很多殖民者与印第安人比邻而居。殖民者们从旧大陆带来很多家禽、家畜，比如猪、羊、牛、马、鸡，还有狗和猫。这都是新大陆没有的新鲜玩意儿，印第安人觉得很有趣。也许新大陆的水土太有营养了，这些动物来到北美后，个个变得高大健壮起来，长得比在旧大陆时快多了。很多时候，殖民者的篱笆扎得不够紧，羊啊鸡啊就跑到印第安人的地里，把人家的菜给啃了，为此闹了不少乱子。殖民地政府还专门下令让各家管好自己的牲畜，不要骚扰印第安人。

马萨索伊很愿意用印第安人的毛皮制品和粮食换殖民者的工具、武器和马匹。说起来很有意思，印第安人的文明不能说不灿烂，印第安人的头脑不能说不聪明。可奇怪的是，他们从来没有使用过轮子。他们只把小轮子装在孩子的玩具上，却从未造出过任何形式的车辆。所以，他们走到哪都是肩挑手提头顶，非常不开窍。后来，人们似乎明白了，这是因为美洲不产会拉车的动物，如马、牛、驴等。没有马，要马车干什么？当殖民者把马引进美洲，印第安人立刻如虎添翼，原来他们是天生的骑手。欧亚那些又瘦又矮的马到了美洲后就像吃了化肥，全变成高头大马，衬着印第安人在马背上矫健的身影，别提多威风了。

经过多年的交易，印第安人越来越习惯用殖民者带来的武器打猎，也越来越依赖与殖民者的贸易。可是，随着殖民者人数不断增加，他们占的地方不断扩大，自然侵犯了印第安人的领地。印第安人被逼得步步后退，他们可以拿得出手的交易物品越来越少，最后不得不以出卖土地为代价。

更糟糕的是，马萨诸塞湾的清教徒强迫印第安人信奉基督教。清教徒们认为自己的神圣使命就是把所有的人“教化”成基督徒。印第安人有自己的信仰，但他们对信仰的态度似乎不像基督徒那么严肃，很多人觉得多信一个上帝也没什么坏处。看上去很多印第安人都皈依了基督教，但大多数是白天拜耶和华，晚上拜自己的神，根本不是那么回事。清教派逼迫得越来越紧，印第安人对基督教那最初的好奇渐渐变成了仇恨。

在马萨索伊还活着的时候，冲突已经开始发生。马萨索伊尽全力周旋，勉强维持着脆弱的和平，因为他知道印第安人需要殖民者的商品。可是，其他部落成员，特别是他的儿子们，就不以为然了。

马萨索伊有两个儿子，大的叫瓦姆苏塔，小的叫梅卡塔姆。他们小时候，马萨索伊请普利茅斯议会为两个儿子取英文名字，议会把古希腊两个国王的名字送给了这哥俩。老大叫亚历山大，老二叫菲利普。

1661年，马萨索伊去世，亚历山大成为万帕诺亚格部落的领袖。1662年，他去普利茅斯与总督约西亚·温斯洛谈和平协议的事，在回来的路上突然死亡。有人说这是因为他在普利茅斯受到非人的虐待，被折磨而死。菲利普继承了首领之位，他公开表示了对普利茅斯殖民者的不信任。他认为是殖民者杀死了哥哥，他要复仇。

菲利普开始联络其他的印第安人部落，想劝说他们与自己携手合作，共同对敌。可是，印第安人最致命的弱点就是不团结。他们各自为政，从来没有联合的历史。这也不能怪他们。虽然他们都被叫作“印第安人”，但实际上是在不同的时期迁来美洲大陆的，既不同种，也不同文。在美洲的印第安人说300多种不同的语言，光新英格兰地区就有7种以上。部落之间相互沟通都有困难，更不用说联合了。

菲利普还没做好准备，战争就突然爆发了，它的起因完全是一个偶然事件。有个叫约翰·萨塞蒙的印第安人，他是基督徒，曾在哈佛学习，是普利茅斯殖民者的朋友，也是菲利普的顾问。1675年5月，他跑到普利茅斯告密说，菲利普要袭击殖民地。还没等搞清事情的真假，萨塞蒙就被人杀了。据说是印第安人痛恨他的背叛而干掉了他，可是没有多少真凭实据。普利茅斯根据一个证人的证词，逮捕了三个万帕诺亚格部落成员，其中包括菲利普的一位高级参谋。法院匆匆忙忙地进行了审判。6 月 8 日，三人在普利茅斯被处死。菲利普认为这是对自己部族的极大侮辱，印第安人群情激愤。6 月 20 日，万帕诺亚格部落的一支人马，很可能在菲利普不知道的情况下，袭击了普利茅斯的一个村庄。普利茅斯和马萨诸塞迅速做出反应，6 月 28 日就派军队灭掉了万帕诺亚格部落的一个小镇。历时两年的“菲利普国王的战争”就这样开始了。

起初，菲利普的队伍占了上风。他们的特点是，突然袭击，来去如风，让殖民者防不胜防。普利茅斯、马萨诸塞、康涅狄格、罗得岛等都遭到袭击，损失惨重。但印第安人不擅持久战，他们没有多少存粮，很多人惦记着回去种地打猎，很容易对战争失去耐心。印第安人又分成两个阵营，大部分帮着菲利普，但也有不少站到了殖民者一边。而殖民地利用海运的优势，源源不断地从西印度群岛等地购买粮食，武器也先进得多。所有的新英格兰殖民地联合起来，互相合作，渐渐扭转了战局。

战争的规模越来越大，整个新英格兰地区都卷了进去，双方都杀红了眼。殖民者们见了印第安人就砍，连保持中立的纳拉甘西特部落都被血洗。印第安人也杀晕了，把平时与他们非常友好的威廉姆斯建立的普罗维登斯城烧成一片焦土。战争虽然只持续了两年，但它的惨烈程度不亚于弗吉尼亚的“盎格鲁–波瓦坦战争”。8万殖民者，1万多印第安人被牵扯进来，半数以上的殖民者村庄遭到袭击，600个殖民者和3000个印第安人丢掉了性命。

随着印第安人陷入困境，菲利普渐渐失去了支持，他想争取法国援助的愿望也落空了。1676年8月12日，菲利普被部下所杀。他的头颅被砍下来送到普利茅斯，在那里“示众”了20年。他的妻子和儿子被卖到百慕大为奴。印第安人对殖民者最大规模的反抗以失败告终。

“菲利普国王的战争”使新英格兰的印第安人遭到灭顶之灾，他们再也没有恢复元气，被迫逃离家园，向西迁入阿巴拉契亚山，或向南进入纽约、新泽西地区。除了战死以外，双方军队在接触中迅速传播着疾病，特别是天花。新英格兰的印第安人几乎灭绝，这个地区变成白人的天下。

在整个战争中，英王没出一兵一卒，没花一分钱，也没提供任何形式的帮助。战争需要的粮草和武器完全由殖民地自己筹措，军队由殖民地的志愿者组成。战争让殖民者们负债10万英镑，对当时工作一年才挣25英镑的人们来说，这是个天文数字。各殖民地被战争拖得半死不活，却给英国王室创造了机会。战前，英王几乎从没正眼瞧过新英格兰，任其自生自灭，可殖民者们表现出来的极强的战斗力和新英格兰日益彰显的巨大经济利益，吸引了英王的眼球。1684年，查理二世收回了马萨诸塞湾的宪章，把它变成皇家殖民地。1690年，普利茅斯的合同到期，英王拒绝续约，把普利茅斯强行并入马萨诸塞。这个新英格兰最早的殖民地失去了独立存在的资格，成为马萨诸塞湾的一部分。康涅狄格因受宪章保护得以生存。罗得岛也受宪章保护，而且是与马萨诸塞信仰不同的“自由之地”，被英王故意保留下来跟清教派作对。与此同时，第一个英国新教教会在马萨诸塞湾建立起来，从此打破了清教信仰对新英格兰的绝对垄断。

可是，英王的如意算盘也有不如意的时候。他战时袖手旁观，战后渔翁得利，引起殖民者们极大的不满。新英格兰，特别是马萨诸塞，与英国王室之间的裂痕越来越深，为美国革命埋下了种子。在战争中，各个殖民地第一次摒弃前嫌，联起手来，一致对外。它们不仅看到了团结的力量，而且模模糊糊地开始有了一种自我意识，隐隐约约地感受到一种无形的凝聚力，也似乎觉得自己与纯粹的“英国人”不完全相同。在后来一次又一次的战争洗礼中，这种自我意识和凝聚力越来越强烈，一个崭新的民族和它那勇猛好斗的性格就这样慢慢形成了。当然，这个从血与火中走出来的民族绝对不是善碴儿，从来不是。

新英格兰尘埃落定，我们可以随着英国王室，暂时把眼光转向新格兰南面的“中大西洋”地区。英王想把弗吉尼亚与新英格兰连接起来，中大西洋地区就是必经之路。可一看才发现，这里早已有人捷足先登了。迟到的英国人能咽得下已到嘴边的口水吗？他们将如何满足自己的贪婪？英国在北美的扩张又将延伸到何处？请看下一个故事 :《纽约，纽约》。

010

纽约，纽约

在我们继续讲美国的故事前，不得不先聊聊英国。英美血肉相连，要说清北美的事儿，不可能撇开英国。17 世纪三四十年代，北美殖民地还是初生的婴儿，它们的母亲英国却风华正茂。此时，这位母亲正经历着天翻地覆的变化，她不仅将影响自己的孩子，还将改变整个世界。

自 1625 年查理一世即位以来，他与议会及清教之间的关系一天比一天糟糕。他特别相信“君权神授”，认为只有上帝在他之上，什么法律、议会根本无权限制他的权力。这已经违背了 1215 年《大宪章》的宗旨。他与法国公主的婚姻使自己一步步靠近天主教，引起新教徒和清教徒的极大不安。与西班牙多年的宗教战争让国王入不敷出，议会又拒绝给国王征税的权力。于是，两者之间从唇枪舌剑闹到你死我活，终于爆发了 1642—1651 年的“英国内战”。

虽然很多清教徒被查理一世赶到北美去了，但他们在英国的势力还是很大。此时，清教徒已经成了议会的中坚力量，战无不胜的议会将军奥利弗·克伦威尔就是个虔诚的清教徒。查理一世的“保王党”被叫作“骑士”，因为国王的军队大多是骑兵。以清教徒为骨干的“议会军”被叫作“圆颅党”，因为当时的男人一般都留披肩长发，可清教派男教徒都是短发。他们理发时，把个大碗扣在脑袋上，然后沿着碗边儿剪头发，每个人的发型都一样，个个看上去脑袋都是圆圆的。

结果，“圆颅党”战胜了“骑士”，查理一世成了阶下囚。议会对国王进行了审判，这可是破天荒的事。以前，英王被废黜过，被杀过，但从未被审判过。查理一世认为这是奇耻大辱：只有上帝才有资格审判我，那些“圆颅党”竟然也敢人模狗样地坐在那儿当陪审团，岂有此理?

国王拒绝认罪，拒绝妥协。在克伦威尔的主持下，议会宣布了查理一世的罪状，说他为了一己之私与人民为敌，损害了公共利益，破坏了国家的自由、正义与和平。内战期间，8.5 万人被杀，还有 10 万人死于战争传播的疾病。查理一世被定为杀人犯和“叛国者”（他曾借助苏格兰军队为自己打仗）。1649 年 1 月 30 日，查理一世被送上断头台。他的遗言是：“人民的自由来自政府，但人民绝不能分享政府的权力。”

国王没脑袋了，国家总得有首脑吧。于是，克伦威尔成了“英格兰共和国”的领袖。英国人还以为好日子终于来了，没想到，这帮“圆颅党”比国王还差劲。他们强迫人们接受清教的信仰，破坏新教教堂，打碎宗教人物的雕像，烧毁艺术品。清教徒认为自己是按上帝的旨意办事，所以是正确的。

清教还颁布了“禁酒令”，并关闭伦敦所有的剧院，因为他们认为娱乐是不道德的。本来，英国是个言论非常自由的国家。从伊丽莎白时代开始，英国的戏剧就是自由言论的载体。在大街上骂人有可能犯法，但在舞台上嬉笑怒骂却悉听尊便，连詹姆士一世和查理一世这么专制的君主都没有限制过这种自由。正是英王对言论的宽容成就了莎士比亚的辉煌。可清教不喜欢言论自由，盎格鲁民族的幽默感到他们这儿就算失传了。莎士比亚有一部喜剧叫《第十二夜》，里面有一位小丑式的人物——托比爵士，他在戏中拿清教徒开涮道：“因为你道德高尚，我们就不能吃蛋糕喝啤酒了吗？”得，就冲这，清教徒们封杀了莎士比亚的戏剧。事到如今，英国人才恍然大悟：唉，还是有国王的时候好啊。

后来，克伦威尔自封终身“护国主”，解散议会，变成了真正的独裁者。好不容易到了 1658 年，总算把克伦威尔给熬死了。他儿子继位当了几天“护国主”，很快就被赶下台。人们已经受够了这种统治，都盼着回到吃蛋糕喝啤酒的日子。1660 年 5 月，议会隆重请回查理一世的儿子查理二世做英王，斯图亚特王朝终于复辟了。查理二世性格阳光，被称为“快乐的君王”。这位快乐君王可没心情让别人快乐，他把克伦威尔开棺戮尸，大肆屠杀清教徒。这下轮到“圆颅党”倒霉了，他们忙不迭地逃出英国。查理二世的专制比他爹更甚，议会也傻眼了，这可咋办呢？后悔药一时半刻又找不到，先忍着吧。

“英国内战”看上去像是白忙活了，王室去而复返。但实际上，这场战争的意义远远超过了它的结果。它让大家明白了一个道理：人民是可以颠覆政府的，如果这个政府不把人民的利益放在心上。战争带来的革命理念成为后来英国“君主立宪”政体的前奏，也潜移默化地在北美殖民者心中播下了自由、平等和革命的种子。

在“英国内战”期间，北美的殖民地分成两派。弗吉尼亚坚决站在王室一边，大骂清教派，很多王室成员逃到弗吉尼亚避难。此后，弗吉尼亚一直是英王最喜欢的殖民地，因为它的忠诚，也因为它的富有。英王最不喜欢的殖民地是哪个？估计你用膝盖都想得出来，当然是马萨诸塞啦。“圆颅党”在英国的胜利让马萨诸塞的清教徒们（也是“圆颅党”）欢欣鼓舞，他们宣称，一个新的时代已经来临了。后来，国王复辟，对清教徒大开杀戒，英国的“圆颅党”们纷纷逃到北美。马萨诸塞当仁不让，明目张胆地窝藏“钦犯”，英王能不恨吗？“菲利普国王的战争”后，英王趁机把马萨诸塞好好修理了一番。

英国人总算是忙完了自己的事，转过脸来看看北美的中大西洋地区，却发现那里到处飘扬着橙黄色的旗帜，早已名花有主。这就是“新荷兰”。

早在 1609 年，英国人亨利 · 哈德逊受荷兰西印度公司之托，领人探索北美。这年 9 月，他们驾着一艘叫“半月”的小船来到北美一条河的入海口。这条河浩浩荡荡，气势不凡。哈德逊想，这可能就是传说中的直通中国的河道。他决定顺流而上，探个究竟。他没有找到中国，却看到了一条气象万千的河流。深深的河水中游着成群结队的三文鱼、鲈鱼和其他经济价值很高的鱼类。两岸青山依依，绿树幽幽，地势时而险峻，时而开阔，磅礴大气浑然天成。这就是后来以他的名字命名的“哈德逊河”，那个入海口上的小岛叫曼哈顿岛，是现在的纽约市中心。哈德逊河被称为“美洲的莱茵”，因为它与欧洲的莱茵河一样，流过跌宕起伏的历史。哈德逊探索的地区就是今天的纽约州。后来，当乔治 · 华盛顿看到纽约的壮丽河山和繁华都市的时候，不禁感叹道：“这真是一个帝国的根基啊。”纽约州的别号“帝国之州”因此而来。

哈德逊回荷兰后说他发现了一片富饶肥沃的土地，引起了荷兰人对北美的极大兴趣。17 世纪初的“荷兰共和国”是荷兰历史上的“金色年代”。这个看上去不起眼的西欧小国，创造了让全世界瞠目结舌的奇迹。它垄断着世界贸易，控制着庞大的殖民帝国，拥有全世界最多的商船，号称“海上马车夫”。它也是欧洲最自由、开放的国家，信仰自由，贸易自由，金融自由，处处展示着一个近代强国的勃勃生机。

荷兰在海外的殖民地大多属于西印度公司，北美也不例外。根据哈德逊的报告，西印度公司把哈德逊河流域的今纽约州和新泽西州的大部地区纳入自己的势力范围，称为“新荷兰”。从 1613 年起，荷兰商人开始在曼哈顿岛登陆，陆续建起一些贸易点，但基本上还处于居无定所的状态。

1625 年年底，彼得 · 米纽特被任命为新荷兰的总督。他一上任就做了一笔历史上最有名的房地产买卖。他用一些玻璃珠子和其他小商品从当地的印第安人手中买下了曼哈顿岛和长岛。据说这些珠子和商品当时值 24 美元左右。这笔交易一直被视为精明的荷兰商人的骄傲。但交易之所以达成却是因为双方自说自话，根本没听懂对方想干什么。荷兰人要“购买”曼哈顿做商港，既然买下了这块地，那就是自己的家，从此别人不可染指。印第安人脑子里压根就没有买卖土地的概念，他们认为土地是公共财产，人们只能使用，不能拥有。所以，他们出卖的是使用权，也就是荷兰人与自己分享这片土地的权利。于是，双方都认为自己占了大便宜，直到荷兰人命令印第安人搬出曼哈顿时，印第安人才闹明白，原来“买”的意思是“占有”不是“分享”。冲突几乎立刻就发生了，荷兰人对印第安人的欺压越来越严重，终于爆发了1643—1645年的“基夫特战争”。前文提过的安·哈金森全家就是在这次战争中被印第安人杀死的。但印第安人毕竟武器落后，最后还是荷兰人占了上风。

荷兰人占了曼哈顿后，把它命名为“新阿姆斯特丹”。事实证明，荷兰人做房地产的眼光还是很毒的。曼哈顿是天然深水港，位置适中，自然条件优越，它很快就成了商船云集的重要港口。各国商人纷沓而至，据说在这里可以听到18种不同的语言。后来，荷兰人又在哈德逊河的上游建立了另一个贸易城，就是现在纽约州的首府奥尔巴尼。

虽然新荷兰蒸蒸日上，但西印度公司来美洲的目的却不是殖民，而是贸易。它看中的是北美的毛皮生意，特别是河狸皮和熊皮。所以，荷兰一直没有大规模移民，也没有在北美组建起强大的武装力量。米纽特离开西印度公司后，与瑞典政府合作，于1638年在新荷兰的南面，也就是今天的特拉华州地区，建立了一个新的殖民地，叫“新瑞典”。新瑞典实际上侵占了新荷兰的部分领地，但荷兰人只能干瞪眼，没有力量争夺。直到1647年，形势才发生了转变。

1647年，荷兰西印度公司派来一位新总督，名字叫彼得·史岱文森。史岱文森是新荷兰最有名也最能干的总督。1644年，他在与西班牙的战斗中受伤，失去了右腿。后来他装了个木棍做的假肢，在假肢的底部用白银装饰，看上去像趾甲，所以人们都叫他“老银趾甲”。

“老银趾甲”到美洲后，扩建了新阿姆斯特丹城，并在曼哈顿岛南端建起一座墙，以防野狼袭击。此时，荷兰西印度公司似乎也意识到，只贸易不殖民是短视行为，开始组织荷兰人移民北美。在雷厉风行的“老银趾甲”的领导下，新荷兰迅速发展壮大起来。荷兰人不仅带来了他们的经济贸易，也带来了他们的文化、艺术和铺天盖地的郁金香。

别看史岱文森少了一条腿，脾气可一点没少。他一生气，就用假肢在地上跺得噔噔响，人们一听见这动静就害怕。他早就瞧着南边的新瑞典不顺眼，瞅了个机会就把人家给灭了。瑞典人乖乖地交了权，新瑞典不复存在。“老银趾甲”倒是也没赶尽杀绝，他仍然允许瑞典人在那里居住，只要别捣乱就行。

在北美的荷兰人奉行与在本国同样的“信仰自由”的政策，使新阿姆斯特丹对各国移民充满了吸引力。多元的信仰，多元的文化，给这个港口城市带来空前的繁荣。欧洲商人们赞美说：“新阿姆斯特丹拥有（旧）阿姆斯特丹所有的一切。”但史岱文森其实骨子里很不喜欢信仰自由。有一次，一船犹太人来到新阿姆斯特丹，要求登岸。“老银趾甲”一听犹太人就烦，恨不得用他那条假腿把他们踹回去。可是，西印度公司允许犹太人定居新荷兰，他不喜欢也没办法，只好让他们进来。

脾气暴躁、很难与人相处的史岱文森对教育却情有独钟。他说：“没有任何事情比对孩子的教育更重要。”他在短短几年内就建立起好几所免费的小学和中学，并在学校里提倡对多元文化的包容。今天，纽约市排名第一的公立高中，也是全美最好的高中之一，就是以他的名字命名的“史岱文森高中”，这也许是纽约人对他最好的纪念了。

可惜，“老银趾甲”在新荷兰搞得越红火，离他的末日也就越近。不怕贼偷，就怕贼惦记。英国人早就对这块肥肉垂涎欲滴了。17 世纪五六十年代的英国开始走上大国争霸的舞台。在摆平了西班牙之后，下一个目标自然而然就是荷兰了。1652—1674 年，英荷之间进行了三次战争，英国凭借强大的海军渐渐占了上风。

1664 年，复位才几年的英王查理二世就盯上了新荷兰。他把新荷兰所在的中大西洋地区封给了自己的弟弟约克公爵。约克公爵马上派人率领四艘军舰共 450 人驶进曼哈顿港，要求荷兰人立刻投降。西印度公司认为没有必要与英国人开战，实际上他们也没这个能力。英国人向史岱文森保证，只要他交出新荷兰，就能享有“生命、财产和自由”。“老银趾甲”同意了英国人的条件，于是，荷兰人一枪没放就撤出了新大陆。

自 1609 年以来，荷兰人已经在这里生活了半个世纪。农民建立农庄，商人开辟商港，无论是城市还是农村，都搞得井井有条，欣欣向荣。约克公爵接手后，倒也实践了诺言，基本上没有为难荷兰人，去留自愿，财产安全得到保护。很多荷兰人选择继续留在新大陆，史岱文森也一直住在北美。荷兰人的文化习俗，勤奋工作的态度，爱好整洁的习惯，五彩缤纷的郁金香，还有他们给孩子们讲的故事，也留了下来。其中一个故事就是每年圣诞节前夕有个叫“山塔·克劳斯”的家伙前来拜访，这就是孩子们最喜欢的“圣诞老人”。荷兰人对新大陆以及后来的美国影响深远，产生了两位总统的罗斯福家族就是荷兰移民。至今，纽约市的职业棒球队、职业篮球队、职业冰球队都以橙黄色作为队服的主色调之一，显然保留了荷兰人的色彩。

约克公爵把新荷兰改名为“新约克”，音译为“纽约”，称为“纽约省”。那新阿姆斯特丹应该叫个什么才好呢？可能这位公爵觉得自己的称号太好听了，只用来命名一个省不过瘾，还要命名一个城市。于是，新阿姆斯特丹变成了“纽约市”。纽约市的别号之一就是“好听的名字用两次”，“纽约，纽约”（纽约州纽约市）成了人们对这个城市的特称。

英国人接管纽约市后，把“老银趾甲”在曼哈顿修的那面墙拆掉，改成一条街，这就是“墙街”。又把原先的一条河道填平，改成“宽街”。这些土得掉渣的街名到了中国的翻译家手里立刻闪烁出汉语的光芒。“墙街”来了个华丽的转身，变成“华尔街”，“宽街”经历了艺术的升华，成了“百老汇”。如今的“华尔街”已是“资本”的代名词，美国人的狡诈、疯狂和创造力在这里展现无遗。“百老汇”也成了“舞台”的同义词，每天都上演着世界各国艺术家们的才华和梦想。

约克公爵是国王的弟弟，也是未来的王位继承人（查理二世和王后没有孩子）。他的封地享有最大的特权，只要不违反英国法律，几乎什么都能干。他做的第一件事就是把奴隶贸易引进纽约，因为这样能赚大钱。不过，看上去，他似乎是个很慷慨的人。他没有独霸新荷兰，而是割出一块儿给了两个好朋友，让他们建立殖民地。其中一个朋友生于英国的“泽西岛”，这个殖民地就被命名为“新泽西”，这就是现在美国的新泽西州。

应该说，约克公爵在北美的政策还是可圈可点的。他基本上保存了荷兰人留下的多元文化，允许宗教自由，鼓励自由贸易，使纽约比新英格兰和弗吉尼亚都更加开放和宽容。他的那两个朋友也是很有头脑的人，他们为新泽西制定了完善的宪章，特别强调宗教自由，还建立了议会。无论是新教徒、清教徒，还是教友派教徒，这些在旧大陆水火不容的人在新泽西都有同样的投票权。也许是因为英国人在经历了内战之后变得开明了，也许是因为荷兰人多年的经营已经让自由、平等的观念深入人心，中大西洋殖民地，也叫“中部殖民地”，从一开始就以雍容大气的姿态拥抱所有到新大陆追求梦想的人。

纽约和新泽西稳定下来不久，它们西南面的那一大片地区就变得热闹起来。到底是谁闹出了这么大的动静？他又如何获得了那片土地呢？请看下一个故事 :《宾的树林》。

011

宾的树林

四百年前，北美大陆东海岸都被森林覆盖。有人说，如果一只住在阿巴拉契亚山的松鼠想到东海岸去晒太阳，它可以从一个树枝跳到另一个树枝，脚不着地就到了，可见森林有多茂密。在一望无际的森林中，点缀着众多的河流和湖泊，生活着各种动物，也生活着印第安人。后来，欧洲殖民者来到北美，东海岸渐渐热闹起来，这片森林覆盖的土地也渐渐有了不同的名字。从北面的加拿大、新英格兰、纽约、新泽西，到南面的弗吉尼亚，每一个新的殖民地都讲着一个新的故事。

1682年，纽约南面、新泽西西面的那一大片森林，迎来了一个新的主人，也拥有了一个新的名字，叫“宾夕法尼亚”，意思是“宾的树林”。这就是今天美国的宾夕法尼亚州。是谁为它起了这个名字？这个叫“宾”的人又是什么来历呢？

这片土地的新主人叫威廉·宾，但“宾的树林”里的“宾”却不是他，而是他的父亲，英国海军上将威廉·宾爵士，我们就叫他“老宾”吧。老宾年轻时在海军服役。“英国内战”期间，他因战绩卓著受到克伦威尔的奖赏，在爱尔兰获得了一大片封地。克伦威尔死后，老宾受议会之托，执行了一项秘密又神圣的任务：亲自迎接流亡在外的查理二世回国做英王。由于拥立有功，查理二世为他加官晋爵，封为皇家海军上将，赐爵士头衔，地位非常尊贵。

1644 年，老宾的儿子小宾来到世上，他是个含着金汤匙出生的孩子。父亲不仅拥有崇高的政治地位，而且家财万贯，是英国最富有的人之一。小宾的少年时代是在父亲的爱尔兰封地上度过的。那时，老宾经常在海上领兵作战，很少回家，小宾一直由私人教师教导念书。他非常聪明，求知欲也很强，与大自然的亲密接触使他一生都热爱园艺。

1660 年，小宾来到牛津大学读书，他表现出对神学、科学、经济学和政治学的浓厚兴趣。当时，英国没有公立大学，而所有的私立大学都与宗教关系密切。小宾接受的就是这种严格的清教徒式的教育，绝不允许接触任何“新潮”或人文的东西，比如莎士比亚的戏剧。在牛津，他深受清教的影响。后来，虽然他反对清教，但从清教那儿形成的严肃又缺乏幽默感的性格却伴他终生。

牛津大学教派林立，保王党的新教、清教和不受人欢迎的教友会，整天争得面红耳赤。由于家庭的关系，小宾很自然地被认为是保王党的“骑士”，但他根本不想搅和进来，反而对教友会深表同情。他觉得自己对上帝似乎有一种独特的感受。后来，当学校强迫学生信奉英国新教时，小宾和其他学生一起抗议，结果被学校开除。

老宾被儿子气疯了，狠揍了他一顿，把他赶出家门。在母亲的调停下，父子俩暂时和解。18 岁的小宾被送到巴黎学习礼仪。当时的法国在年轻的国王路易十四统治下，正享受盛世的繁华。小宾看到法国人确实比英国人优雅得多，但那种炫耀、浮夸之风让他觉得很不舒服。于是，他开始寻找精神的寄托，从法国新教神学家莫里斯·阿米扬那里得到很大的启发。他意识到人应该有“自由的意志”，开始放弃清教的教条，追求自己的宗教理想。

两年后，小宾回到伦敦。老宾和夫人欣喜地看到，儿子成熟稳重，衣着考究，彬彬有礼，确实已经成长为一个真正的绅士。但他们不知道，小宾的内心已经彻底走上“叛逆”之路。老宾希望儿子继承衣钵，效忠王室，他把小宾送到法学院读书。后来，伦敦发生大瘟疫，死了很多人。奇怪的是，人们竟然责怪教友会，说是他们的“歪门邪道”导致瘟疫横行。小宾觉得很不公平，对教友会更加亲近。

教友会在欧洲各国和新大陆都被视为非法组织，典型的洪水猛兽，所以，参加它的聚会是很危险的。尽管如此，小宾还是开始频繁地出席教友会的会议，不久就被抓进监狱。其实，此时他还不是教友会的正式成员，只要声明一下，再加上那么硬的家庭背景，根本不会受到任何指控。可恰恰相反，小宾索性公开声明他是教友会成员，并正式加入教友会。这一年，他 22 岁。

我们在《自由之声》中已经介绍过教友会。教友会对西方文明最大的影响是让人们意识到“个人自由”的重要，其“人人平等”的主张后来成为西方民主的基础。可是在 17 世纪，教友会是对主流宗教的极大威胁，被视为罪恶。

小宾觉得教友会的主张非常符合自己的理想，义无反顾地参与其中。他在狱中争辩道，教友会不像清教那样有政治野心，不应该受到不公正的待遇。可他说什么都没用。后来还是父亲利用权力把他从监狱里弄出来。老宾费尽心机与儿子沟通，可他发现儿子已经不可救药了。小宾的行为不仅威胁到老宾的地位，更是对王权的亵渎。老宾一怒之下再次把儿子踢出家门，并冻结他的继承权。

无家可归的小宾搬去跟其他的教友会成员一起住，与教友会创始人乔治 · 福克斯成为好朋友。他随着福克斯四处传教，是他最忠诚的信徒。在传教过程中，他记录了福克斯的言论，写了很多阐述教友会教义的文章，渐渐成为教友会最重要的神学家、理论家和代言人。

小宾的言行和著作为他带来数不清的牢狱之灾。1668 年，他被囚禁在伦敦塔，伦敦的主教说要把他终身监禁。小宾说：“我的监狱就是我的坟墓……我问心无愧。”八个月后他获释，继续为教友会奔走，又多次被捕。

1670年，小宾还在狱中时，他的父亲老宾病重。小宾渴望见父亲一面，但他请父亲不要为他交赎金，说宁可待在监狱里。老宾爱子心切，还是把他赎了出来。父子俩在多年的对抗之后终于互相谅解，老宾甚至鼓励儿子追求自己的梦想。老宾知道自己的时间不多了，他担心儿子的安全，于是，他写信给查理二世和国王的弟弟约克公爵，请他们关照自己的儿子。国王和公爵对老宾多年来的贡献深表感激，两人都保证不会为难小宾。老宾终于放心地走了，他没有取消儿子的继承权，而是把巨额家产留给了他。

小宾一夜之间成为伦敦最富的人之一，连查理二世都欠他的钱。国王从老宾那儿借过16000英镑（据说相当于2008年的200多万英镑），一直没还上。其实，查理二世挺喜欢小宾。据说，有一次，小宾觐见国王。查理二世现身后，在场的所有人都摘下帽子，向国王行脱帽礼。只有小宾纹丝不动，因为教友会的信仰是不拜国王。正在大家都担心这个戴着帽子的脑袋要搬家时，查理二世展现了他阳光般的性格，哈哈大笑着伸手把自己的帽子给摘下来了，说：“在国王面前，只有一个脑袋能戴着帽子。”当然，这个故事的另一个解释是，老宾用那16000英镑买了儿子的命。吃人家的嘴短，国王也不例外。英国人没学会抄家没产这一高招。

小宾继续我行我素，到处宣扬教友会的主张。王室也继续打压教友会，而且愈演愈烈。小宾决定为教友会信徒找一个安全的地方。他向国王请求在北美获得一块土地。出乎所有人的意料，平时对教友会恨得牙根痒痒的查理二世竟然大发慈悲，把北美中大西洋地区纽约南边整整 12 万平方公里的土地授给了宾，还起了一个好听的名字——宾夕法尼亚，用来纪念老宾。小宾还不乐意，说这个“宾”字会让人误以为是他自己的名字，显得太自恋，能不能省了，就叫“夕法尼亚”（拉丁语的“树林”）。查理二世懒得搭理他，心想你得了便宜就甭卖乖了，赶紧走吧。

宾夕法尼亚当时在约克公爵的控制中。国王把它封给小宾以后，约克公爵二话不说，马上交割。这哥俩对小宾可以说仁至义尽了，对得起老宾的“托孤”之请。宾夕法尼亚的面积相当于中国的福建省那么大，它让小宾成了有史以来除王室以外最大的地主。不仅如此，国王给宾夕法尼亚的宪章条款非常宽松，小宾完全可以按自己的意志建立自治政府。有人说国王其实也没吃多大亏，他那 16000 英镑的债务算是还清了，而且，以后宾夕法尼亚土地上出产的金银五分之一归王室。更重要的是，国王终于把像瘟神一样的教友会送走了，“你们到北美闹腾去吧，朕眼不见心不烦”。

小宾很感激王室对他的关照，但他更感谢上帝。他说：“我的上帝让我历尽艰辛，终有所得。我相信，他一定会保佑这片土地，让它成为一个新国家的种子。”1682 年，小宾来到北美，他要在这里实践教友会的社会理想，并把它称为“神圣的实验”。还在英国时，他就为宾夕法尼亚殖民地制定了一份“政府大纲”，保护殖民者的权利。他还起草了《自由宪章》，保障司法公正、宗教自由、选举自由、免于不公正拘禁的自由。

在北美，小宾沿特拉华河而上，在离河不远处选了一个地方建立起宾夕法尼亚的第一个首府——费城，意思是“兄弟友爱之城”，因为小宾特别相信“兄弟般的友爱”。由于其教友会背景，今天的费城仍然被称为“贵格之城”。在设计和建设费城的过程中，小宾充分发挥了他在城市规划方面的天才。城市的街道都排列成整齐的“井”字形，南北向的街道都以从小到大的数字标志，东西向的街道都以各种树木的名字命名，比如松树、栗子树、橡树、核桃树……费城的设计美观大方，整齐开阔，是当时北美最有现代气息的城市，与拥挤不堪、毫无章法的波士顿、纽约等地形成鲜明的对比。后来，北美其他城市纷纷效仿费城，市容市貌才大为改观。小宾称得上是北美城镇规划的祖师爷。教友会对科学和医学的开明态度也让费城成为科学和医学研究的领袖，人们受教育的程度普遍较高，对实用科技也很推崇，这是北美其他城市没法比的。

在宾夕法尼亚，小宾尽他所能实践了教友会的向善与和平的理念。在设计政府结构时，他参考了英国政论家约翰 · 洛克的理论，还加进了自己的创见：制定一部可以修正的法律以适应不断变化的社会。小宾认为，一个可以修正的基本法能够避免动乱和革命。他建立了“两院制”议会来保护公民的财产安全和实施公平的税收。他鼓励自由信仰和自由竞争，提倡人人平等，声称政府的权力来自人民。小宾对自己在英国受的牢狱之苦记忆犹新，特别重视司法公正。在当时的英国，有 200 多种罪行可以被判死刑。而在宾夕法尼亚，只有两种罪是死刑——叛国和谋杀，而且，所有的案子都要由陪审团听证。小宾认为，监狱应该是改造人的地方，而不是惩罚人的地方。他改善了监狱的条件，希望犯人们能悔过自新。

教友会是第一个反对奴隶制的团体，这是基于它“人人平等”的原则。小宾也反对奴隶制，但他自己就拥有奴隶，甚至从事奴隶贸易。他唯一做到的就是改善奴隶的待遇和生活状况。小宾是人不是神，人性的弱点往往让理想屈服于现实，就连后来的美国“国父”华盛顿、杰斐逊等人也不能超越与生俱来的“傲慢与偏见”。奴隶制这个痼疾一直困扰着新大陆，人们一直天真地认为有一天它会自动消亡。他们从来没想到，他们的病需要一场血腥的战争来治疗，直到这场战争变成现实。

小宾领导下的宾夕法尼亚与印第安人保持着友好的关系，他们经常互相往来。小宾祈祷上帝保佑，让他们与印第安人永远做好邻居，好朋友。可惜，这种友好关系在小宾离开之后并没有维持多久，殖民者们还是与印第安人发生了冲突。

小宾自由开放的政策吸引了欧洲各国的移民来到宾夕法尼亚定居，费城很快就发展成北美最大最繁华的城市。可是，小宾是个重大义不重小节的人，在管理自己生意时马马虎虎，不仅消耗了大量钱财，还差点失去对宾夕法尼亚的所有权。幸亏教友会的朋友相助，才没让宾夕法尼亚落入一帮骗子的手中。宾家族一直拥有殖民地的主权，直到美国革命。

当初，因为宾夕法尼亚没有入海口，约克公爵把现特拉华州地区以长期租赁的形式送给小宾。可是，这个地区的瑞典人、荷兰人和其他国家的移民对教友会的主张不感兴趣，总是别别扭扭的。1704 年，他们终于获得小宾的许可成立自己的议会。在 1776 年美国宣布独立时，这个地区成了一个独立的州，就是今天的特拉华州。

1718 年，小宾去世。他为宾夕法尼亚耗尽全部家产，死时身无分文。今天，人们对这位“宾夕法尼亚之父”仍然十分怀念。本杰明 · 富兰克林和托马斯 · 杰斐逊都对小宾的“政府大纲”进行了深入的研究，特别是其“可修改的基本法”概念更被美国宪法吸收，列为第五条。“修正条款”让美国宪法在二百三十多年里与时俱进，不断完善，又从未被推倒重来，既稳定又灵活，成为世界各国的榜样。

到此为止，我们已经走过所有的中大西洋殖民地，它们是：纽约，新泽西，宾夕法尼亚，特拉华。从新英格兰到中大西洋，我们随着英国殖民者的足迹，由北往南，又回到“古老”的南方。此时，弗吉尼亚已经不再孤独。又有几个新的殖民地在它周围建立起来。这些新的“南方殖民地”是哪些呢？它们为新大陆带来了什么？请看下一个故事：《〈宽容法案〉》。

012

《宽容法案》

自 1533 年英王亨利八世的“新教改革”以来，英国的新教历经坎坷，终于成为国教，英王也是教会领袖。虽然英国新教保留了很多天主教的特点，但表面上它与罗马教廷一刀两断了。新教徒在英国占据绝对的主导地位，而王室的专制又让持不同信仰者难以立足。特别是天主教徒，成了新教的重点打击对象，备受歧视。

有一位英国贵族乔治 · 卡尔沃特爵士，出身于一个富裕的家庭。但比较麻烦的是，他家祖祖辈辈都是天主教徒。1579 年，当他出生时，英国已经是新教的天下。迫于压力，父母把他送到新教学校读书，他也似乎变成了一个新教徒。18 岁时，卡尔沃特获得牛津大学的学士学位，他的专业是外语。从牛津毕业后，他又在伦敦学了 3 年法律。后来，他娶妻生子，一切都是以新教的模式进行，一切似乎顺理成章。

1601—1603 年，卡尔沃特游历欧洲时遇上了他事业上的导师罗伯特·塞西尔爵士。塞西尔深得英王詹姆士一世的赏识，历任枢密顾问、国务大臣、财政大臣，是当时最位高权重的人物。卡尔沃特精通多国外语，再加上他的法学背景，很快就成了塞西尔的得力助手。尽管卡尔沃特家族的天主教背景让他的新教信仰显得有点勉强，但厌恶天主教的塞西尔还是很喜欢他，让他随着自己步步高升。在塞西尔的调教下，卡尔沃特成了外交事务专家。与此同时，良好的教育和丰富的阅历也让他变成一个真正的绅士。他待人厚道，处世老练，很得大家的喜爱和尊敬。

塞西尔去世后，卡尔沃特继续受到詹姆士一世的重用，他经常作为国王的特使出访欧洲各国。1619 年，卡尔沃特被任命为国务大臣，达到了他政治生涯的顶峰。俗话说，“水满则溢”“树大招风”，他在享受荣华富贵的同时，开始受到来自议会和政敌的攻击。卡尔沃特家族的天主教信仰再一次成了人们的话柄。

渐渐地，卡尔沃特发现自己失宠了。就在他事业开始走下坡路时，私生活也受到沉重的打击。1622 年，他的妻子去世，给他这个单身父亲留下了 10 个孩子，最大的只有 16 岁。英王詹姆士一世倒是挺讲义气，在爱尔兰给了他一块封地。尽管如此，卡尔沃特的政治前途已无可挽回。1625 年，他以“健康原因”正式辞去国务大臣的职务。表面上看，他的辞职还是很体面的。国王为了表彰他对王室的忠诚，赐给他“巴尔的摩男爵”的称号。这个称号是可以世袭的，因此他就是“巴尔的摩男爵一世”。

也许政治上的起伏让他看尽了世态炎凉，也许妻子的去世让他感受到人世的悲哀和无奈，也许家族的血液让他听到了最原始的召唤，他不想再为世俗的功利而欺骗自己心灵的感受。就在他辞去国务大臣后不久，他正式成为一个天主教徒。

卡尔沃特早年就对海外投资很有兴趣。1609 年，他曾购买弗吉尼亚公司的股份，做了弗吉尼亚殖民地的股东。随着弗吉尼亚变成皇家殖民地，那些股票也变得一钱不值。但这并没有影响他的投资兴趣。1620 年，他又投资在今天加拿大的纽芬兰建立起“阿瓦隆”殖民地。他希望这个殖民地能给自己带来巨大的财富。

1625 年，卡尔沃特辞职后，他终于可以全心全意地打理自己的殖民地了。此时，他建立殖民地的目的已不仅仅是为了发财致富，而是要为英国的天主教徒们建立一个自由的天堂。

1627 年 7 月，满怀着兴奋和希望的卡尔沃特带着一批殖民者来到自己的阿瓦隆殖民地。7 月的纽芬兰气候温和，景色宜人，让他心旷神怡。虽然土地没有想象的那么肥沃，但他仍然觉得这是个居住的好地方。他待了两个月后返回英国。1628 年，他带着第二任妻子和几乎所有的孩子再次来到纽芬兰，打算在这里定居。随他一起来的殖民者们，有的是天主教徒，有的是新教徒。他在这里实行“宗教自由”的政策，天主教徒和新教徒都可以不受限制地追求自己的信仰。

然而，1628—1629年的冬天让卡尔沃特看到了纽芬兰严酷的生存环境。冬天不仅奇冷无比，而且漫长得让人绝望，一直到5月份冰雪才开始消融。由于准备不足，跟随他来的殖民者们90%被严寒和饥饿夺去了生命。他终于意识到，在纽芬兰，除了捕鱼，别的什么都做不成。

卡尔沃特带着全家回到英国。他没有放弃纽芬兰，仍然拥有那里的主权。与此同时，他开始通过各种关系想从国王那里取得另一个殖民地。他看中了北美的中大西洋地区靠近弗吉尼亚的那块地，因为那里可以种植烟草。想从查理一世手中得到那份许可不是件容易的事，卡尔沃特费尽周折，好不容易有了眉目，可他的身体实在撑不住了。1632年4月15日，52岁的巴尔的摩男爵卡尔沃特去世了。五个星期后，查理一世批准了殖民地的宪章。

国王的许可送到他的长子、“巴尔的摩男爵二世”塞西尔·卡尔沃特手中。当年，父亲给他取名“塞西尔”，是为了纪念自己的恩师塞西尔爵士。他像父亲一样是天主教徒，也像父亲一样有一颗宽容的心。他要把父亲的愿望变成现实。但因为家族事务繁杂，他们的信仰又经常受到攻击，以至于威胁殖民地的主权，他只能留在英国处理纠纷，并派弟弟莱昂纳德·卡尔沃特前往新大陆，替自己管理殖民地。

说了半天，到底这个新殖民地叫什么名字呢？有人说这个殖民地是以查理一世的王后、法国公主（也是天主教徒）亨莉埃塔·玛利亚的名字命名的，有人说是以耶稣的母亲圣母玛利亚的名字命名的。也许你已经猜到了，这就是“玛利亚的土地”，音译为“马里兰”，也就是今天美国的马里兰州。

马里兰刚好在中大西洋和南方之间，所以有人把它归于中大西洋殖民地。我们就暂且把它算作南方殖民地吧。马里兰在弗吉尼亚北面，环抱切萨皮克湾，气候温暖，土地肥沃，动植物繁盛，是一片郁郁葱葱、缀锦叠翠的世界。它濒临大西洋，航运便利，海中水产丰富，那里出产的蓝螃蟹堪称天下第一美味。巴尔的摩男爵在多年的寻寻觅觅之后，终于走出“苦寒之地”纽芬兰的阴影，拥有了一个繁花似锦的富饶之乡。

塞西尔·卡尔沃特虽然没有来北美，但他为殖民地制定了非常细致的管理条例。在条例中，他特别强调了不同教派之间互相宽容的重要性。并嘱咐弟弟一定要非常小心，保护殖民地的团结与和平。他继承了父亲追求“宗教自由”的理想，不仅要让马里兰成为天主教徒的天堂，也要让它成为其他基督教派的天堂。

1649 年，他起草了《马里兰宽容法案》，简称“《宽容法案》”，并敦促马里兰殖民地议会通过了这项法案。它是继罗得岛立法之后第二个以追求信仰自由为目的而制定的法律，保护基督教各派别不受干扰地以自己的方式崇拜上帝与耶稣。但是，这个法律保护的“自由”只限于信奉“圣父、圣子、圣灵”的宗教，也就是信耶稣基督的教，包括天主教、新教、清教等。对不信基督的宗教，比如犹太教，则一点也不宽容，或判绞刑，或没收财产，或鞭打，惩罚非常严厉。

虽然《宽容法案》有很大的局限，但不要忘了，它出现在人们为宗教争得你死我活的17世纪中叶。在欧洲的“启蒙运动”还没有拉开序幕的时候，它就已经把“宽容”二字写进了法律，难怪历史学家们把它看作“宗教自由”之路的里程碑。人们从后来的美国宪法第一修正案中也看到了《宽容法案》的痕迹，有些文字甚至是从《宽容法案》里原文照搬过去的。另外，1689年英国的《宽容法案》，宾夕法尼亚的“神圣实验”，以及其他南方殖民地的法律，据说都受到了马里兰州的《宽容法案》的影响。

塞西尔·卡尔沃特有效地管理马里兰殖民地长达42年。卡尔沃特家族把马里兰打理得秩序井然，他们的宽容也让殖民地充满生机。后来，人们把马里兰最大的城市命名为“巴尔的摩市”，还有“巴尔的摩县”“巴尔的摩街”“卡尔沃特街”等，以纪念这个家族对新大陆的贡献。

现在，弗吉尼亚的北面有了马里兰，南边也没闲着，出现了另外两个殖民地。1663年，为了表彰一些贵族对国王复辟的支持，英王查理二世把弗吉尼亚和佛罗里达之间的那一大片地区封给了 8 位贵族领主，他们把这个殖民地叫作“卡罗来纳”，后来分成“北卡罗来纳”和“南卡罗来纳”，就是今天美国的北卡罗来纳州和南卡罗来纳州。

这些贵族在英国养尊处优，压根儿就不想到新大陆去受苦。他们都在家坐着，派人代替自己来管理殖民地。他们本想在新大陆生产葡萄酒、丝绸、橄榄油，结果阴差阳错，卡罗来纳成了靛青和大米的产地。靛青是当时欧洲最重要的染料，卡罗来纳因此发了财。气候湿热、河道纵横的南卡罗来纳也的确是种大米的好地方。至于大米的种植技术是如何传入北美的，有人说是由亚洲移民带来的，也有人说是非洲黑奴带来的。反正，南卡罗来纳莫名其妙地成了鱼米之乡。当然，所有这一切，都建立在黑人奴隶的辛勤劳动上。

南卡罗来纳土地肥沃，人们的生活比较容易富足，有更多的时间娱乐。殖民者们在此建立了一个港口，用国王的名字把它命名为“查尔斯顿”。查尔斯顿很快就成了南方最忙碌的港口，也是最有贵族气息的城市。北方的富豪，南方的种植园主，甚至欧洲的贵族，都来到查尔斯顿，寻欢作乐，醉不思归。以大奴隶主、大种植园主为核心的“南方文化”和他们悠闲奢侈的生活方式渐渐形成了。奴隶制度在新大陆更加根深蒂固，因为人们已经养成了对这种制度的依赖。没有奴隶的劳动，大家吃什么?

北卡罗来纳就不像南卡罗来纳那么幸运了，因为这里的土地不够肥沃，人们需要辛勤劳动才能养活自己。北卡罗来纳的大多数殖民者是自耕农，很少有大种植园主。在这种相对平等的环境中，北卡罗来纳成了北美最“民主”的殖民地。它的民主跟以前我们讲的康涅狄格的民主不一样。康涅狄格的民主建立在比较完善的宪法的基础上（还记得《基本秩序》吗？），是有秩序的民主。而北卡罗来纳的民主基本上属于“无政府”状态。殖民地的管理人很少理事，大家想干什么干什么。这下糟了，北卡罗来纳成了海盗猖獗的地方。政府都不管，谁还管得了？1677 年，北卡罗来纳一群殖民者居然宣布脱离英国的统治，成立独立的政府。英国费了好大的劲才扑灭了“叛乱”。所以，应该说，北卡罗来纳才是北美第一个宣布独立的“国家”。

英王看到这些贵族对殖民地不上心，再加上卡罗来纳有油水可捞，便将南、北卡罗来纳都收回，变成皇家殖民地。如果你仔细数一数，英国在北美已经建立了 12 个殖民地了。可是，“星条旗”上却是 13 条横杠。那剩下一个殖民地叫什么？它又是怎样出现的？英国政局的变化将对北美产生怎样的影响？请看下一个故事：《英国人的权利》。

013

英国人的权利

1685年，英王查理二世走到了生命的尽头。他的王后曾四次怀孕四次流产，最终没给他留下一男半女。查理二世倒也没闲着，养了无数的情妇和私生子，光他公开承认的私生子就有12个。可是，这些孩子名不正言不顺，不能继承王位。于是，查理的弟弟、那位建立了纽约殖民地的约克公爵成为英王，他就是詹姆士二世。对议会来说，这实在是无奈的选择，因为他一向是最不受欢迎的王室成员。他到底为什么这么招人恨呢？

1649年，“英国内战”期间，英王查理一世被送上断头台，查理二世兄弟俩和其他王室成员逃到法国，后来又辗转到荷兰等国，直到1660年查理二世复辟才回到伦敦。11年的流亡生涯让这哥俩的信仰渐渐远离了英国新教，他们从骨子里变成了天主教徒。不仅如此，他们还都继承了父亲“君权神授”的思想，崇尚君主的绝对权威。

为了当国王，查理二世以新教徒的面孔示人，不敢公开自己的天主教信仰，但他在生命的最后一刻正式受洗成为一个天主教徒。他的弟弟约克公爵可不管那么多，他公开承认自己是天主教徒，犯了英国议会和教会的大忌。1679—1681 年，英国议会中的一些成员就企图通过《排除法案》，把约克公爵挡在王位继承的序列之外，但因查理二世的坚决反对和议员之间的矛盾，法案搁浅了。后来，议会勉强同意约克公爵继承王位，因为他们看到了一线希望，那就是，他的两个女儿，玛丽和安妮，都是虔诚的新教徒。这样，即使他可着劲儿折腾上几年，天主教在英国也后继无人，天似乎塌不下来。

查理二世就够专制的了，詹姆士二世比他哥厉害十倍。他极力宣扬“绝对君主”论，认为国王的权力不应受到任何限制，完全不把议会放在眼里。他还以提倡“宗教宽容”为幌子加强天主教的统治地位，想把英国再变回成一个天主教国家。议会与国王、新教与国王之间变得水火不容。1688 年，一件更糟糕的事发生了：詹姆士二世生了个儿子，并封他为“威尔士亲王”，也就是法定王位继承人。这下，危机立刻爆发了，因为将来王子很有可能是天主教徒，意味着英国自 1533 年以来所有的政治和宗教改革的成果将荡然无存，议会所代表的贵族利益将万劫不复，人们又要回到愚昧的中世纪。

忍无可忍的议会开始策划废黜詹姆士二世，但他们也意识到，砍国王的脑袋这种事既野蛮又解决不了问题，关键是要选择合适的人出任国王。大家很自然地把目光转向詹姆士二世的新教徒女儿玛丽公主。此时，玛丽已嫁给荷兰执政者奥伦治亲王威廉。威廉也是新教徒，他母亲是詹姆士二世的姐姐，所以，他是詹姆士二世的外甥兼女婿。英国议会秘密邀请玛丽回国，玛丽提出一个条件，就是必须与丈夫威廉一起统治英国。威廉也表示绝不做女王背后的男人，要去就做国王。议会只好同意了。于是，威廉开始积极准备进入英国。

1688 年 10 月底，威廉率领 463 艘船共 4 万人，浩浩荡荡向英国进发，这个舰队的规模是当年西班牙“无敌舰队”的两倍。荷兰人充分发挥了他们的艺术天才，进入英吉利海峡时，军舰上彩旗招展，绣带飘扬，军乐队奏起雄壮的乐曲，士兵们穿着鲜艳的军装站在甲板上，既炫耀荷兰军威，也向英国人致敬。由于议会早有安排，号称“世界第一”的英国海军没放一枪一炮，沉默地看着这支“入侵”大军从自己眼皮子底下招摇过海，安全登陆。

为了避免引起英国人的反感，威廉在登陆后非常缓慢地向伦敦进发，他不想让人们把他的行为看成“入侵”。而且，威廉自始至终都宣称是以“外甥兼女婿”的身份来英国帮妻子处理“家务”，也就是把“舅舅兼岳父”赶下台。威廉的队伍几乎没有受到任何抵抗，詹姆士二世想组织反击，但他的重要将领都背叛了他，连小女儿安妮公主也站到威廉与玛丽一边。詹姆士二世见大势已去，带着王后和威尔士亲王逃离伦敦。后来，他虽然被抓回，但威廉顾及亲情，放了他一条生路。

赶走詹姆士二世之后，议会经过激烈的争论，有条件地同意威廉与玛丽共同担任英王，开始了“共治”时期。1689 年 2 月 13 日，威廉与玛丽举行加冕礼，他们就是威廉三世和玛丽二世。同年 12 月，议会通过了《权利法案》。法案极大地限制了国王的权力，规定：国王必须经常召开议会，不得干涉和质疑议会的讨论；未经议会同意，国王不得征税，不能在和平时期维持常备军；国王不能建立自己的法庭并充当法官，不得违反和改变议会通过的法律，也不能随意处罚公民；人民有向国王请愿的自由，并可以合法地持有武器进行正当防卫；国王不得干涉议会的选举自由和言论自由……同时，议会严格限制了国王的花费，使王室在经济上不得不依赖议会。《权利法案》和 1701 年的《协调法案》还规定，信奉天主教的王室成员和他们的配偶不能继承王位，国王必须效忠英国新教；国王只能任命通过宪法程序选出来的多数党领袖为首相，不能随意指定内阁。1689 年，议会通过了《宽容法案》，除天主教之外，其他基督教派别都获得了信仰自由。

威廉和玛丽接受并签署了议会的所有法案。后来，跟随威廉来英国的荷兰军队，包括他的贴身卫队“荷兰蓝色卫队”，都被遣散回国。5 年后，玛丽去世，威廉又独自当了 8 年国王，1702 年去世。他与玛丽没有孩子，王位由安妮公主继承。安妮在位 12 年，唯一的孩子夭折。她去世后，斯图亚特王朝绝嗣。1714 年，乔治一世国王开始了汉诺威王朝的统治。

发生在 1688 年的这次和平政变被称为“光荣革命”，因为它是以优雅的、不流血的方式完成的。英国人完全有理由为此感到骄傲，他们以自己独特的思维和实践向全世界证明：革命，并不总是意味着暴力和血腥。《权利法案》虽然是贵族们为自己争取的权利，但它很快就成了全体英国人都能享有的人权。从此，“英国人的权利”成了政治术语，它已经不再局限于“英国人”，而是代表了人权的最高境界。所有国家的人都想得到“英国人的权利”。

《权利法案》第一次让议会高于王权，“绝对君主”成为历史，英国开始走上“立宪君主”的道路，进入民主与法治的现代社会。威廉与玛丽入主英国，促成了英国与荷兰的军事同盟，遏制了法国国王路易十四的强势扩张。军事同盟的协约规定，荷兰海军规模不得超过英国海军的五分之三，使荷兰失去了与英国平起平坐的机会。威廉大举“进入”英国的军事行动让荷兰共和国负债累累，再也没有重建往日的辉煌。“光荣革命”后的三十年里，世界经济、贸易、金融中心从阿姆斯特丹转移到伦敦，“海上马车夫”

荷兰退出历史舞台，英国以傲人的姿态登上全球霸主的宝座，它将引领人类走进现代文明。

“光荣革命”在北美殖民地人心中燃起希望之火，殖民者们把自己看作“英国人”，自然也想得到“英国人的权利”，有些人甚至想通过“光荣革命”的方式获得这种权利。然而，历史不会简单地重复，它将告诉殖民者们，他们必须为自己的权利付出血的代价。

到 18 世纪初，英国已经在北美拥有了 12 个殖民地。富饶的北美大陆让这些殖民地从小到大，日益繁荣。可是，西班牙占据着北美南端的佛罗里达，经常派人骚扰卡罗来纳，弄得人们苦不堪言。怎样才能在南卡罗来纳和佛罗里达之间设一道屏障呢？就在大家抓耳挠腮不得要领的时候，一位英国军人悲天悯人的情怀似乎让这个难题得到了圆满的解决。

这位英国将军的名字叫詹姆斯·奥格尔索普，1696 年生于英国贵族家庭。他从小就受到良好的教育，1714 年进入牛津大学学习。可是，就在同一年，年轻的奥格尔索普却投笔从戎，参加了英国陆军。在 1716—1717 年英国与西班牙的战争中，奥格尔索普表现出色，得到马尔博罗公爵的赏识。战后，在公爵和其他贵族的推荐下，奥格尔索普当选为英国议会的议员，成长为一位政治家、社会活动家和慈善家。

虽然奥格尔索普出身贵族，但他非常关心英国平民的生活状况，积极推行社会改革，为平民争取权利。当时，英国社会的一个现象让奥格尔索普很忧虑。他发现，虽然英国的经济贸易突飞猛进，国力日盛，但很多平民的生活却越来越糟糕。深陷困境的商人、手工业者和贫民不得不靠借贷度日。当他们还不起债时，根据英国法律，他们就被关进监狱。如此一来，他们无法工作，更还不起债了，成了个恶性循环。监狱里人满为患，人们坐牢的时间越来越长，给债务人的家庭带来极大的痛苦。

奥格尔索普向国王乔治二世建议，在北美南卡罗来纳和佛罗里达之间建立一个新的殖民地，让英国监狱里的债务人移民北美，既为他们提供一个生存空间，也可以挡住西班牙的进攻。奥格尔索普自告奋勇，愿意率人开辟这个殖民地。

奥格尔索普还想在这个新殖民地实现他的社会理想，那就是，人人都过上衣食无忧的小康生活。他心中那片圣洁的土地上，没有宗教压迫，没有种族歧视，没有酗酒，没有奴隶制。社会由自耕农和小农庄组成，完全是自给自足的自然经济，不依赖贸易与金融。奥格尔索普要建立的是一个平等、自由、快乐的人间天堂，他要让所有的人都能享受“英国人的权利”。

奥格尔索普的努力使乔治二世批准了殖民地的宪章。宪章中明文规定，殖民地禁酒，并宣布奴隶制为非法。奥格尔索普为殖民地筹集了足够的资金，还请专家教殖民者们生存技巧。然而，他什么都想到了，就是没想到人性的懒惰与贪婪。当他兴致勃勃地向人们宣传自己的计划时，居然没有得到那些蹲在英国监狱里的犯人的响应。很多人宁可待在监狱里，也不愿去北美拓荒。奥格尔索普没有气馁，继续鼓动，最后，有一小部分犯人和一些来自苏格兰、爱尔兰、德意志、瑞典等地的移民同意随他前往北美。

1732 年年底，经过 88 天的艰苦航行，奥格尔索普带领的第一批殖民者终于在北美登陆。在这里，他们建立了殖民地的第一个首府，一座美丽的城市——萨凡纳。现在，猜猜看这个新殖民地叫什么名字？那年头的英国人，给新地方取名时一点想象力都没有，他们的首选永远都是国王的名字。既然乔治二世当朝，这个殖民地自然成了“乔治亚”，或译为“佐治亚”。这就是今天美国的佐治亚州。

奥格尔索普从当地的印第安人手中购买了一大片土地，建起军事要塞，以防西班牙的袭击。他对印第安人非常友好，得到了他们的信赖和帮助。后来，他还把印第安人的首领带到伦敦，引荐给国王和殖民地的信托人，让大家都知道，印第安人像英国人一样是文明的民族。

佐治亚的建立激化了英国与西班牙的矛盾，因为西班牙认为佐治亚应该是西班牙的领土。1738 年，两国之间终于大打出手，导火线是一只耳朵。有一个英国运奴船船长叫罗伯特·詹金斯。他在海上被西班牙人抓住了。西班牙想垄断奴隶贸易，当然要打击英国运奴船。既然詹金斯这么不知好歹，就给他个教训。于是，西班牙人割下詹金斯的一只耳朵，把他放了回去。英国的主战派议员们认为这是奇耻大辱，煽风点火地鼓动国王跟西班牙开战，这就是“詹金斯耳朵的战争”。两个世界大国为这只耳朵一打就是九年。

战争的主战场在北美，即佐治亚和佛罗里达之间。军人出身的奥格尔索普再次表现出超人的勇气和智慧。他和印第安人联合起来，采取以攻为守的策略，主动攻击西班牙在佛罗里达的两个小军事要塞，并包围了军事重镇圣奥古斯丁，吓得西班牙赶紧派重兵解围。奥格尔索普及时撤退，保存了有生力量。他深入敌境，打得西班牙人好几年不敢“窥视中原”。后来，当西班牙进攻佐治亚时，奥格尔索普领人在“血腥沼泽”重创敌军，使佐治亚转危为安。正是由于奥格尔索普的领袖天才，佐治亚在没有得到其他殖民地任何帮助的情况下，以一己之力对抗西班牙，成功地保卫了英属殖民地的安全。

“詹金斯耳朵的战争”以英国的小胜而告终。战争中最有杀伤力的武器不是刀枪，而是黄热病。双方士兵大批死亡，实在无力再打下去了。西班牙人的威胁过去了，奥格尔索普的麻烦却没有结束。其实，战争没有让奥格尔索普感到烦恼，印第安人也不是问题，奥格尔索普最大的麻烦正是他想诚心帮助的那些殖民者。

人们来到北美后，贪婪之心立刻膨胀起来。每个人都想占有更多的土地，然后购买奴隶。他们也想酿酒饮酒。佐治亚的严格立法让殖民者们觉得无利可图，很多人开始移往允许奴隶制的南卡罗来纳，造成佐治亚劳动力缺乏，经济受到很大的打击。不管奥格尔索普怎样努力，他都无法说服殖民者们放弃对奴隶制的需求。

1743 年，身心疲惫的奥格尔索普终于选择了放弃。他辞去佐治亚总督的职务，失望地回到英国。他为佐治亚耗尽全部家产，却无力改变丑陋的人性，心中的梦想永远不能实现。他走后，佐治亚变成皇家殖民地，殖民地议会取消了禁酒令，也让奴隶制变得合法。佐治亚终于加入其他南方殖民地的行列，成了大种植园主、大奴隶主的天下。湿热的气候和肥沃的土地让佐治亚像南卡罗来纳一样成为鱼米之乡。

奥格尔索普一直深爱着北美，也很同情美国革命。1785 年，在去世前夕，他见到了当时美国的驻英公使、未来的总统约翰·亚当斯。他对英美两国交恶感到遗憾。今天，人们没有忘记奥格尔索普对佐治亚的贡献和他那纯洁的社会理想。亚特兰大的奥格尔索普大学，佐治亚州的奥格尔索普县，都是以他的名字命名的。奥格尔索普的生日成了佐治亚州的“慈善日”，人们以对社会的捐赠来纪念奥格尔索普的博爱与慈善的胸怀。

英国在北美的 13 个殖民地终于凑齐了，它们将是组成未来美利坚合众国的最初的 13 个州，也是“星条旗”上那红白相间的 13 条横杠。它们是：

4个新英格兰殖民地：马萨诸塞，罗得岛，康涅狄格，新罕布什尔；

4个中大西洋殖民地：纽约，新泽西，宾夕法尼亚，特拉华；

5个南方殖民地：弗吉尼亚，马里兰，北卡罗来纳，南卡罗来纳，佐治亚。

其中，罗得岛和康涅狄格是“公司殖民地”或“宪章殖民地”，完全享有自治权，根据宪章选举政府。宾夕法尼亚、特拉华、马里兰是“私人殖民地”，它们分别属于宾家族和卡尔沃特家族，由他们指定总督。其余的8个都是皇家殖民地，由国王派总督进行管理。但所有的殖民地都由选举产生的议会处理日常事务，拥有很大的自治权。

这13个殖民地就像13个性格各异的孩子，有的粗犷，有的细腻，有的固执，有的温和，有的保守，有的开放，有的桀骜不驯，有的理智成熟。但它们都有一个共同的性格，就是热爱自由。这些孩子率性自然，敢爱敢恨，在这片海阔天空的大陆上无拘无束地挥洒着自己的真性情。此时，它们仍以崇拜的目光看着远在天边的祖国，为它骄傲，也随时准备为它战斗。而那位正经历人生辉煌的母亲——英国，从来没想到，有一天，当它的孩子们长大成人，当母亲的怀抱再也无法满足孩子所有的愿望时，它们将离她而去，走出一片自己的天空。这也许是世界上所有母亲的无奈与宿命吧。

那么，在广袤的新大陆上，殖民者们找到自己的梦想了吗？他们生活得快乐吗？历史将怎样指引他们走过一条前人从未走过的路？请看下一个故事：《田园牧歌》。

014

田园牧歌

从前面的故事中，你也许已经看到，英国在北美的13个殖民地似乎就是13个独立的国家，它们的地理环境、生存条件、宗教信仰、文化习俗，以及人们的行事作风都大不相同。各个殖民地的创始人在建立这些“国家”的过程中，都融入了自己的社会理想和人生追求，给这片土地打上了鲜明的个人烙印。殖民地之间互不干涉，过着自己的小日子，谁也不搭理谁。人们沉醉于新大陆的辽阔与富饶，享受着在旧大陆不可能拥有的财富和自由，世界上一切烦恼和纠纷都与他们无关。如果不是英王有事没事地搅和，北美殖民地也许永远都不会结合成一个统一的国家。

自1607年以来，英国王室对北美殖民地基本上放任自流，给了殖民地很大的自治权。殖民者们很喜欢这种政策，早已习惯了“一切靠自己”的日子。当然，他们并不孤独，因为上帝一直与他们同在。一些远方来的移民，离开家乡时，身边除了简单的行李，就只有一本《圣经》。在面对艰苦环境考验的时候，人们凭着虔诚的信仰一步一步走过难关。北美殖民地在上帝的呵护下度过了无拘无束的童年。

可是，好景不长。1686年，刚登上王位的詹姆士二世不知哪根筋搭错了，忽然觉得北美殖民地有点太自由了，得好好管管才行。他强迫新英格兰的马萨诸塞湾、普利茅斯、罗得岛、康涅狄格、新罕布什尔合起来组成一个“新英格兰联盟”，由国王派总督统一管理。后来，这个联盟把中大西洋地区的纽约、新泽西和宾夕法尼亚也网罗进来，大有“并吞天下”之势。

詹姆士二世的强行介入打破了殖民地的平静，让陶醉于“各扫门前雪”的殖民者们非常恼火。本来，大家离乡背井来到新大陆，就是为了躲避旧大陆的恩怨，过上自己想要的生活。这下可好，麻烦又找上门来了。特别是马萨诸塞这个清教徒的大本营，更无法容忍别人对自己指手画脚。清教徒都是些有着崇高信仰的“上帝的选民”，他们是非常独立的思想者，任何人都甭想牵着他们的鼻子走。这帮人连国王的脑袋都敢砍，世上还有什么他们不敢做的吗？

远在天边的詹姆士二世当然感受不到新大陆的紧张气氛，他似乎觉得事情还不够糟，又向“新英格兰联盟”派了一位糟得不能再糟的总督：埃德蒙·安德罗斯。安德罗斯只做了两件事：其一，在未经英国议会和殖民地议会同意的情况下，强行征税，特别是土地税；其二，推行英国新教信仰，企图打破清教在新英格兰的垄断地位。就这两条，明摆着是要清教徒的命。

马萨诸塞的首府波士顿立刻陷入混乱状态，平地生出无数的“暴徒”。他们基本上不打扰平民，专门跟政府对着干，今天烧个楼，明天砸个车，后天劫个人，一分钟都没消停过。安德罗斯派人镇压，结果越压火越旺，大规模的冲突似乎一触即发。眼看着美利坚合众国就要提前 90 年宣布独立了，恰在此时，英国发生了“光荣革命”，詹姆士二世被赶下台。

“光荣革命”的消息传到波士顿，“暴徒”们士气大振，冲入总督府，要抓安德罗斯。安德罗斯见势不妙，赶紧换上套女人的衣服，企图蒙混过关，可是，匆忙中忘了换鞋，他脚上的大皮鞋就这样出卖了他。“暴徒”们把总督关进监狱，本想砍他的脑袋，后来，有头脑清醒的人提醒大家要冷静。于是，他们把安德罗斯押上船，送回了英国。

威廉与玛丽入主英国后，调整对北美的政策，解散了“新英格兰联盟”，各殖民地又回到以前的自治状态。在重商主义思潮的影响下，英国对殖民地经济上的控制代替了政治上的监管，为北美留下了广阔的发展空间。新英格兰人的情绪慢慢稳定了，但波士顿“暴徒”兼“黑帮”的传统却保留了下来。从此，只要一有风吹草动，他们就会立刻行动起来，捣乱的本事世界一流。九十年后的美国革命就是波士顿“暴徒”煽风点火闹腾起来的，马萨诸塞自然也就成了“最革命”的殖民地。

新英格兰人的火爆脾气也跟这里的自然环境有很大关系。新英格兰气候寒冷，山峦起伏，土地贫瘠，大规模的农耕基本上不可能，无法形成像南方殖民地那样的大种植园。严峻的生存环境造就了新英格兰人强悍的个性和勇往直前的企业精神。

虽然没有肥沃的土地，但上帝却赐给新英格兰茂密的森林、众多的河流和丰富的海产品。捕鱼、捕鲸业就是新英格兰的支柱产业之一。像弗吉尼亚的烟草一样，鳕鱼成了新英格兰的“黄金”。人们把鳕鱼捕来后，用盐腌上，然后销往英国和西印度群岛。捕鱼运鱼需要船，造船业和运输业自然也就发展起来。造船需要木材，新英格兰的森林便成了木材业的无尽资源。人们把砍下的树木扔进河里，让它们顺流而下，下游的木材加工厂截住这些树木后略一加工，或送进船厂，或运往英国，非常便利。森林里的动物，特别是河狸，让毛皮生意红红火火，财源滚滚。所有这些产业的产品都可拿来换粮食，弥补农业的不足。

你肯定想不到新英格兰还有一个重要产品，就是甘蔗酒。一个根本就不长甘蔗的地方怎么会盛产甘蔗酒呢？这就要拜托那著名的“三角贸易”了。商人们从西印度群岛运来甘蔗，在新英格兰加工成甘蔗酒，运往非洲西海岸，在那里用酒换奴隶，然后把奴隶运往西印度群岛，卖掉奴隶买甘蔗，又把甘蔗运到新英格兰造酒，如此循环往复，牟取暴利。当然，还有其他不同的“三角”，比如把新英格兰的鳕鱼、木材和毛皮运往欧洲，卖了钱后，去非洲买奴隶，把奴隶卖到西印度群岛或弗吉尼亚，然后把甘蔗、糖或粮食运往新英格兰。不管这种横跨美、欧、非的“三角”如何变化，奴隶贸易都是其中必不可少的一环，几乎所有的商船都卷入其中。黑人奴隶的血汗滋润了欧洲，养肥了北美。

从新英格兰往南，是中大西洋殖民地，也叫中部殖民地，它的自然环境就“舒服”多了。特拉华河、哈德逊河以及它们的支流不仅给这个地区带来便利的航运，也哺育了一方肥沃的土地。北美东海岸风调雨顺，很少自然灾害，几乎撒上种了就可以丰收。人们在这里种植小麦、大麦、稞麦、玉米，很容易自给自足，还有余粮出售。各国移民蜂拥而至，英国人、荷兰人、法国人、苏格兰人、爱尔兰人、德意志人、瑞典人、葡萄牙人、威尔士人等，潮水般涌进费城，又从这里流向特拉华和哈德逊河谷的沃野。中大西洋地区劳动力充足，大多是自耕农，对奴隶需求不大。农庄密布的宾夕法尼亚东部被称为世界上最好的“穷人的国家”，那些在旧大陆过不下去的人可以在这里用自己的劳动创造富足的生活。

各国移民给中大西洋地区带来的不仅是种地的技术，还有商业、贸易、金融以及丰富多彩的文化和信仰。纽约、新泽西、宾夕法尼亚都是非常开放的殖民地，人们对不同的宗教很宽容，不像新英格兰的清教徒那样严肃，也不像南方的新教徒那样保守。费城和纽约市成了商人们的乐园，面粉加工业、印刷业、航运业、银行业和各种手工业都很发达。到 1750 年左右，费城已经是颇具规模的北美第一大城市。多元文化成了中大西洋地区最重要的特征。直到今天，“混合的文明”仍然是美国人最引以为傲的财富。世界各国文明在新大陆的碰撞和融合，赋予了正在形成中的美利坚民族多姿多彩的性格，也为它注入了无与伦比的创造力。

虽然北方的新英格兰和中大西洋殖民地搞得有声有色，既不差钱也不差热闹，但在南方那些浑身上下每一个毛孔都透着贵族味儿的大种植园主的眼中，这都是“暴发户”的小玩闹。他们轻蔑地称新英格兰人和纽约人为“北方佬”，打心眼儿里瞧不起。谁知，那些厚脸皮的“北方佬”特别喜欢这个称呼，你要不多叫他们几声“北方佬”他们还不乐意呢。这下，那些种植园主就更不待见他们了，没见过这么不知好歹的。到底是什么让南方人自我感觉超好呢？就让我们回到这片“古老”的土地看看吧。

1607 年建立起来的弗吉尼亚是英国在北美的第一个殖民地，也是英国味儿最足的一个。自从约翰·罗夫培植出风靡英国的烟草以后，弗吉尼亚就是最富有的殖民地。其他南方殖民地也都像弗吉尼亚一样，拥有一望无际的肥田沃土。再加上气候温暖，水分充足，地势平坦，简直就是种地的天堂。

马里兰、弗吉尼亚、北卡罗来纳种植烟草，南卡罗来纳和佐治亚则盛产大米和靛青。不管种什么，要想赚大钱，就需要大片的土地，而南方最不缺的就是土地。庄稼不能无节制地种，尤其是烟草，特别消耗地力，种几年就得让土地歇歇。但地歇着人不能歇，钱总是要赚的。唯一的办法就是弄到更多的土地，这样才能倒腾开。所以，南方人只热衷一件事，就是不停地买地。拥有了土地，人们那悬着的心才能从天上回到地上，深深地扎下根。

种植园变得越来越大，到哪找那么多人来干活呢？当时，几乎所有的南方殖民者都是英国新教徒。新教的教义让信仰不同的人望而却步，无法吸引很多其他国家的移民。当地的印第安人又让白人杀的杀赶的赶，结下深仇大恨，不来寻机闹事就不错了，谁敢雇他们？于是，种植园主们就只剩下一个选择：黑人奴隶。

黑奴们从非洲被运到北美，人生地不熟，就算想逃也不知道往哪跑。他们身强力壮，吃苦耐劳，在种植园里工作真是再合适不过了。1650 年，弗吉尼亚的黑奴只有 500 人，占人口的 3%。1700 年，这个数字就上升到 16000 人，占人口的 28%。等到了 1750 年左右，黑奴已经占到弗吉尼亚总人口的 40%。而在南卡罗来纳，黑奴人数竟然达到总人口的 60%，成了“多数”民族。种植园主自然是奴隶主，规模小点的种植园拥有几十个黑奴，大点的有几百个黑奴。

在北美所有的13个殖民地中，奴隶制都是合法的。虽然北方使用黑奴不多，但北方的商人都深深卷入了奴隶贸易。他们利用“三角贸易”把奴隶运往弗吉尼亚和其他南方殖民地，大赚特赚。南方各殖民地都制订了非常残酷的法律来对待奴隶，比如，在法律上，奴隶不是人，而是主人的财产；主人有权让奴隶一星期工作6天，一天工作15个小时；奴隶主可以用任何方式惩罚奴隶，包括处死；奴隶不得携带任何形式的武器，不得对白人指手画脚，不得自卫；奴隶不能读书认字，不能喝酒，无权由陪审团审决案件；未经主人允许奴隶不能结婚，死后不能举行葬礼；白人与黑奴之间绝对不能通婚或发生任何形式的亲密关系……种植园主们太不把奴隶当回事了，任意驱使、折磨、惩罚甚至杀戮，激起了黑奴的强烈反抗，1663年、1687年、1712年、1720年、1739年、1741年，南方爆发了多次奴隶起义。虽然都被镇压下去了，但他们让奴隶主们感到巨大的威胁，不得不收敛一下惨无人道的统治。

不要以为南方所有的白人都是大种植园主、大奴隶主，其实完全不是那么回事。南方80%的白人是自耕农，顶多有一两个奴隶，大部分人还是要靠自己的劳动。奴隶制不但让奴隶处境悲惨，也让很多自耕农深受其害，因为他们的产品根本没法和大种植园的低成本竞争。这些自耕农就变成了“穷白人”。尽管如此，由于自然环境优越，新大陆的穷人还是比旧大陆的穷人生活容易得多，维持温饱基本上没问题。而那占人口 20% 的大种植园主则控制了南方最肥沃的土地、经济命脉和政治生活。

几乎所有的大种植园都建在河边，每一个种植园都像一个小村庄。主人的豪宅在中间，一般是用砖造的，看上去美观又大方。豪宅里是数不清的房间，也有数不清的仆人伺候着。外面的草坪一直延伸到河边的小码头，那里专门运送庄里的产品。紧挨着豪宅的是两所稍小一点的房子，一个是厨房，一个是办公室。沿着豪宅的两侧依次延伸出去的，是洗衣房、冲洗房、织布房、缝纫房、熏烤房、造冰房、肥皂和蜡烛房、制鞋房、木匠房、铁匠房、花匠房，还有小学堂、仓库，以及奴隶们住的一排排小木屋。为了供应所有的人吃饭，园里自种水果、蔬菜、小麦、玉米，饲养家禽家畜。再往外就是大得看不到边的耕地，种植着庄园赖以生存的作物。一个种植园完全是一个自给自足的小社会，人们的衣食住行基本上都能在园内解决。它与外界唯一的联系就是把自己的产品运出去，把钱、农具还有一些奢侈品带回来。

种植园主们过着像国王一样的生活，但这“国王”可不是随便什么人都当得好。实际上，他们更像公司的首席执行官，事事都得操心。他们要做市场调研，搞清哪种作物更赚钱，计划哪块地该种什么，任用得力的经理，合理地分配劳动力，妥善解决各种纠纷，控制成本和花费，监视奴隶的劳动，组织有效的武装，还要管着庄园里所有人的衣食住行，毕竟有几百张嘴等着吃饭呢。不仅如此，很多大种植园主还是殖民地议会的议员，忙着参政议政；有的是法官，经常审案子；还有的是律师，帮人打官司。来个亲朋好友，主人们就热情款待，为他们举办宴会和舞会。那时候交通不方便，朋友来了一住，少则几天，多则几个月，你就陪着吧。所以，要当个成功的种植园主绝不是容易的事，需要杰出的领导才能和精明的商业头脑，还要有旺盛的精力和很好的人缘，否则根本做不到。很多种植园都因经营不善而倒闭。当然，有倒霉的就有得意的，比如弗吉尼亚的首富威廉·伯德，就拥有 10 个大种植园。

南方殖民地富得流油，每年都向英国和欧洲出口上百万磅的烟草、大米和靛青，欧洲各国的货币源源不断地流向新大陆。跟北方完全不同的是，99% 的南方人都住在农村，南方基本上没有大都市。唯一像样的城市是南卡罗来纳的查尔斯顿，它是南方进出口的重要港口。这里灯红酒绿，一片奢华祥和的气氛。奴隶主们在这儿寻欢作乐，附庸风雅，大有欧洲贵族的风范。人们也以英国绅士的做派为荣。难怪他们瞧不上那些粗俗的北方人呢。

肥沃的土地和奴隶的辛勤劳动，让南方人渐渐养成了慵懒安逸的生活习惯。种植园主们在经营庄园的闲暇，常举行宴会舞会。他们穿着丝绒的外套、精致的衬衫、灯笼裤、真丝长筒袜、高跟鞋。对，绅士们都穿高跟鞋。他们把头发剃光，然后戴上卷曲的假发，再加上漂亮的帽子，跟英国的贵族没什么两样。女士们穿着美丽的长裙，下面是用铁丝撑起来的大裙摆，足有几十斤重。女士和先生们在优美的乐曲中翩翩起舞，尽情享受快乐优雅的人生。南方的自耕农们虽然办不起这样的舞会，但也有足够的时间体味大自然的美丽与和谐。懒洋洋的土地躺在懒洋洋的河边，懒洋洋的人们沉浸在懒洋洋的梦里，看完朝阳看夕阳，看完夕阳数星星，世间万物都在这田园牧歌的浪漫情怀中变成了永恒。

看上去，新大陆的绅士们过着神仙般的日子，但他们也有郁闷的时候，而且非常郁闷。他们是新大陆的贵宾，走到哪都受尊敬。可是，不管他们的举止如何优雅，衣着如何考究，语言如何文明，伦敦腔练得如何地道，每当他们去旧大陆时，都会受到旧大陆绅士的歧视。英国人把他们称为“外省人”，而且“外省人”这仨字还是从鼻子里哼出来的。在英国贵族眼中，新大陆人是不折不扣的“暴发户”，穷得只剩下钱了。久而久之，新大陆的绅士们再也不愿去旧大陆现眼了。

也许是因为在旧大陆受了刺激吧，本来光忙着种地的南方人也开始办起了高等教育。1699 年，弗吉尼亚的首府从詹姆斯敦迁到地势更加开阔的威廉斯堡。而在此之前的 1693 年，这里已经建成了一座高等学府——威廉与玛丽学院，当然是以英王威廉与玛丽的名字命名的。威廉与玛丽学院是继哈佛学院之后新大陆第二所大学，但哈佛是私立学校，威廉与玛丽学院是取得了英王的许可证的公立学校。

威廉与玛丽学院的第一任校长是布莱尔教士，他满肚子学问，却毫无幽默感，好像全世界都欠他的钱，没人见他露过笑容。他最看不惯南方人的散漫和慵懒，打定主意要把学校变成一个严肃认真做学问的地方。看样子布莱尔很有后台，谁妨碍了学校的利益他就告谁。就因为他不停地告恶状，一连三位弗吉尼亚总督被召回伦敦，第四位总督气得骂他“该死的老东西”。可是，这个“该死的”布莱尔的确把威廉与玛丽学院办成了一流学府，它为未来的美国培养了 3 位总统，1 位首席大法官，16 位《独立宣言》的签字人，数不清的政治家和各行业的精英。2010 年，威廉与玛丽学院在美国所有的公立大学中排第 4 名，前 3 名分别是美国军事学院（西点军校）、美国空军学院、美国海军学院。也就是说，威廉与玛丽学院是最好的非军事院校。

在似乎永远到不了尽头的漫步中，弗吉尼亚走进 18 世纪。威廉与玛丽学院的校园里，威廉斯堡的酒吧里，种植园主的客厅里，渐渐地开始出现一个特殊的人群。他们高谈阔论，指点江山。在漫无边际的“闲聊”中，未来美国的“建国国父”们陆续诞生了。谁也说不清弗吉尼亚的水土里到底有什么神奇的元素，让它成为美国的“总统之乡”。至今为止，它已经为美国贡献了8位总统，而美国的前5位总统中有4位来自弗吉尼亚，他们是：乔治·华盛顿，托马斯·杰斐逊，詹姆斯·麦迪逊，詹姆斯·门罗。还有像帕特里克·亨利和佩顿·伦道夫这样的著名革命领袖，以及首席大法官约翰·马歇尔。如果没有他们超人的智慧、天才的设想和艰苦卓绝的努力，人类伟大的社会实践就不会发生在这片混沌初开的大陆上。来自弗吉尼亚的“国父”们几乎无一例外都是大种植园主和大奴隶主，偏偏是这些奴隶制度的受益者设计了美国这个崇尚民主、自由、平等的国家。谁说历史不幽默?

但是，在18世纪四五十年代，还轮不到“华盛顿们”说话，弗吉尼亚的革命领袖们很多还穿着开裆裤。而在北方的宾夕法尼亚，已经有一个人开始思考新大陆的未来。此人出身平民，他家往上数八辈儿可能都跟贵族沾不上边儿。他嘻嘻哈哈，大大咧咧，就没个正经的时候。当新大陆那些举止高雅的绅士在旧大陆屡遭白眼的时候，这位老兄却让骄傲的法国人真心诚意地朝着他喊“万岁”。旧大陆的贵族以与他交友为荣，甚至让他讲的笑话逗得不顾体面地哈哈大笑。

这个人是谁？他为啥有那么大的魅力？他到底做了什么？请看下一个故事：《第一个美国人》。

015

第一个美国人

1723年的一个黄昏，费城街头走来一个年轻人。他衣衫不整，满脸疲惫，平凡得不会引起任何人的注意。然而，费城人没有意识到，他们刚刚迎来了这个城市有史以来最著名的公民。这个年轻人的光芒不仅将照亮费城的天空，还将照亮未来的美国以及世界的历史。我们先看看他身后留下的那一大串头衔吧：作家，出版家，企业家，科学家，发明家，思想家，政治家，外交家，社会活动家，幽默大师，漫画家，等等。为节约时间，这个名单的后半节暂时省略。一般人一辈子只要能当成其中的一个“家”就不枉此生了，可他不是一般人，而是个地地道道的天才。这个天才的名字叫本杰明·富兰克林。

他的父亲约西亚·富兰克林是个肥皂和蜡烛制造者与销售商，生意不大，勉强维持一家人的温饱。1683年，约西亚·富兰克林与

第一任妻子安妮 · 切尔德从英国移民来到波士顿。他们一共生了7个孩子。安妮去世后，他与第二任妻子阿比亚 · 富尔哲结婚，又生了10个。1706年1月17日，本杰明 · 富兰克林出生在波士顿，排行第15，也是10个男孩中最小的一个。

约西亚 · 富兰克林是个虔诚的清教徒，一丝不苟地守护着清教的价值观念和人生准则。他毫不吝啬地把清教的教条传授给儿子，比如，家庭至上、服务社区、尊崇上帝、尊重人权、努力工作、无私奉献等。本杰明 · 富兰克林深受父亲的影响，他在后来的大量著作中，极力宣扬清教价值观，为塑造一个道德高尚的美国社会立下汗马功劳。他阐述的“社区自治”的理念也成为美国民主的基础。

本杰明 · 富兰克林7岁时像其他孩子一样走进校门，却没有像其他孩子一样完成所有的学业。父亲的收入只能供他上三年学。10岁时，他就不得不辍学，在父亲店中帮忙。但对一个天才来说，三年的正规教育似乎足以点亮智慧的灵光。在此后的日子里，他从未放弃过学习，凭着天赋异禀和不懈努力，成为北美最有影响力的作家和新大陆第一位世界级的科学家。

本杰明 · 富兰克林是个特别有好奇心的孩子，似乎对所有的事情都感兴趣。可是有一件事，他却怎么也喜欢不起来，那就是他们全家赖以生存的手艺：制造蜡烛和肥皂。父亲看他实在不是这块料，便把12岁的本杰明 · 富兰克林送到他同父异母的哥哥詹姆斯 · 富兰克林的印刷店中做学徒工。合同规定，他将为哥哥工作，同时学习印刷技术，以便将来自己开业。哥哥将提供住宿和最基本的伙食费，但不发工资。合同期限为 9 年，也就是说，在他 21 岁之前，他的自由属于哥哥，不得擅自离开或从事其他行业。

他不喜欢这个哥哥，两人也不大和睦。但他聪明绝顶，很快就掌握了印刷技巧，小小年纪就成了技艺纯熟的工人。对他来说，印刷店比蜡烛店强多了，因为印刷店里有的是书。人们把书拿到店里印刷，就等于提供了一个“图书馆”。他在工作之余，把店里所有的书都读了个遍，教会了自己拼字和语法，词汇量也突飞猛进。他后来创建了新大陆第一个公共图书馆，鼓励人们通过阅读自学成才，很可能与这段印刷店“免费”读书的经历有关。

1721 年，他 15 岁的时候，店里印刷并出版了北美殖民地第一份真正独立的报纸《新英格兰报》。他很兴奋，因为大量的阅读已经让他对写作产生了浓厚的兴趣，他想为报纸写文章。可哥哥却不想给他这个机会。没办法，他只好用“赛琳丝 · 都古德太太”的笔名给《新英格兰报》投稿。“赛琳丝 · 都古德”的意思是“默默地做好事”。

“都古德太太”在自我介绍中说 :“我从来不想用餐巾把自己的天性包起来……我很有礼貌，是个和蔼、宽容、漂亮有时又很滑稽的人。”这倒是对其性格的很好写照。虽然出身于清教徒家庭，生活在清教徒的大本营波士顿，但他却一点也没有清教徒的严肃劲儿，他的幽默感真的怎么包都包不起来。有人说，他严肃的时候写笑话，不严肃的时候讲笑话，他就不知道什么是“稳重”。

“都古德太太”的信在《新英格兰报》发表后引起巨大的反响，那看似平凡却充满智慧和幽默的语言为“她”赢得了无数的粉丝。“都古德太太”成了波士顿的“名人”，大家都想知道她的“庐山真面目”。詹姆斯·富兰克林为自己报纸的成功沾沾自喜，却怎么也没想到这位中年女士“都古德太太”就是自己眼皮底下的学徒工、15 岁的弟弟。

当他终于发现自己的弟弟就是“都古德太太”时，一气之下停止出版了弟弟所有的稿件。富兰克林（以下如非特别注明，单指本杰明·富兰克林）虽然不能再为报纸投稿了，但他当作家的决心却丝毫没有改变。他找到一个笔友，两人互相通信以提高写作技巧。为了练习各种文体和词汇，他常把同一件事先写成故事，又改成诗歌，再改成散文。在变换文体时，修辞也随之改变。经过这样反复的练习，他的写作技巧越来越高，风格越来越成熟，为他后来成为新大陆数一数二的作家打下了基础。这也是 1776 年的第二次大陆会议选择他作为《独立宣言》起草人的原因。

富兰克林 16 岁时读到关于“素食”的文章，从此变成一个“素食主义者”，除了偶尔吃点鱼，再也没吃过别的肉类。他把不吃肉省下的钱全都买了书，从通俗读物到自然科学和哲学，涉猎的领域之广让同时代的人望尘莫及。再加上他天资聪颖，过目不忘，到 17 岁时，已经是个非常博学的人。他可以跟任何人讨论任何话题，而且见解非凡，整个一“万事通”。

富兰克林渐渐长大了，但他与哥哥的关系却一直没有改进。就在 17 岁这年，他终于忍无可忍，把藏书全部卖掉换成路费，离开波士顿，来到费城。因为他与哥哥的合同还有 4 年才到期，所以他的不辞而别属于“违约”，他也成了“逃犯”。他逃离波士顿除了哥哥的原因，还跟清教的统治有关。天生的幽默感，开朗的性格，旺盛的精力，灵动活跃的思想，让他与阴沉刻板的波士顿格格不入，而开放、宽容、崇尚科学的费城显然更合他的口味。

现在，我们就看到了本文刚开始的那个画面。初到费城的富兰克林两手空空，口袋里只装着 1 个荷兰盾和 1 个先令的铜板（20 个先令等于 1 英镑）。他饥饿难忍，走到一家面包店，想买 3 便士一个的面包卷（12 便士等于 1 先令）。可店主人说没有这种东西。他两眼一抹黑，也不知道费城到底有什么样的面包，干脆把 3 便士放在柜台上，说：“您就给我值 3 便士的东西吧，啥都行。”结果人家给他拿出整 3 大条面包。他看得眼珠子都快掉出来了，做梦也没想到 3 便士能买这么多东西。原来，宾夕法尼亚土地肥沃，农产品丰富，费城的粮食价钱比不长庄稼的波士顿便宜多了。他大喜过望，一只胳膊夹着一条面包，两手还抱着一个啃着，边吃边走地离开了面包店。

富兰克林漫无目的地在街上走着，想租间房子住。路过某家门口时，一个 15 岁的女孩正倚门而立。她看着这个有点失魂落魄的男孩从自家门口经过，还夹着两条面包，好奇怪。这个女孩就是黛波拉 · 里德。后来，富兰克林成了里德家的房客，最终与黛波拉结为夫妻。

这个“奇怪”的男孩不久就在印刷店找到份工作，他的印刷技术和出色文笔很快就为他赢得了声誉，连宾夕法尼亚总督都知道了他的大名。17 岁的富兰克林应总督之邀去伦敦帮助采购印刷设备，借此机会游历欧洲，学问大长，眼界也大开。回到北美后，他与朋友合开了一家印刷店，印刷和出版了宾夕法尼亚第一份报纸《宾夕法尼亚报》。这一年，他 22 岁。

精湛的印刷技术和精明的商业头脑让富兰克林的生意越做越大。没过多久，他的公司就承包了宾夕法尼亚殖民地政府的所有印刷业务，分店遍及北美，成了印刷和出版业的龙头老大。在收获财富的同时，他犀利的文笔和睿智的语言让《宾夕法尼亚报》走进千家万户，成了人们生活中不可缺少的一部分。

1733 年，富兰克林出版了《穷人理查德的年鉴》。当时，所有人家中必备的两本书，一是《圣经》，二是年鉴。年鉴有点像大杂烩，它除了有当年的日历，还有天气预报、月亮的阴晴圆缺、潮汐的变化，也记载各种趣闻。每一部年鉴因出版者不同而略有变化，各种年鉴之间的竞争也很激烈。对满脑子都是新奇主意的富兰克林来说，做年鉴真是再合适不过了。除了那些必要的信息以外，他用自己丰富的知识和广博的见闻带给读者一个又一个惊喜。他还以“穷人理查德”的口气，总结了很多有趣的人生经验，比如，“时间就是金钱”“省一分钱就是挣一分钱”“早睡早起，让人身体好、财运好、脑子好”“上帝帮助那些自助的人”“鱼和客人三天之后都会变臭”“三个人肯定能保守秘密，如果其中两个已经死了”等等。这些格言式的文字，让《穷人理查德的年鉴》处处闪烁着智慧的光芒，也带给人们会心的微笑。“穷人理查德”用幽默风趣的语言煲着“心灵鸡汤”，告诉人们要勤奋工作，诚实守信，对事物保持健康的怀疑态度，虔诚，节俭，坚持不懈。这些来源于清教教条的价值观至今仍然是美利坚民族的美德。

《穷人理查德的年鉴》获得了巨大的成功，为富兰克林带来丰厚的回报，他成了北美最有名的作家和出版家，也是新大陆最富有的人之一。1748 年，他 42 岁时，宣布从出版界和印刷界“退休”了。他认为自己挣的钱已经够花，没有必要再为金钱打拼，便把生意委托给他人管理，开始投身到那些以前一直感兴趣却没有时间做的事情，其中之一就是对电的研究。

长期以来，人们对电充满畏惧和好奇。17 世纪末到 18 世纪中，随着牛顿《自然哲学的数学原理》一书的出版，以及欧洲“理性主义”和启蒙运动的兴起，人们对科学开始产生浓厚的兴趣，而电就是当时一个很时髦的话题。一向站在时代思维最前列的富兰克林似乎理所当然地成了这个领域的佼佼者，他的研究让电从时尚变成科学。

富兰克林最早提出电流理论，认为电会沿着导体从正极流到负极，而且是第一个命名“正电”“负电”的人，也是第一个发现蓄电池原理的人。他创造的这些专业名词，如“正电”“负电”“电池”等等，一直被人们沿用至今。他还论述了温度对导体导电性的影响：“一定的温度会使本来不导电的物质（比如玻璃）变成导体，而本来导电性很强的水，在结冰之后导电性会大大降低。”

富兰克林对电学最大的贡献是，提出闪电现象实际上跟一般的电流没什么两样，只是它受到的压力不同，表现得比较激烈罢了。为了证明自己的理论，他在 1752 年 6 月做了那个为世人所熟知的著名实验：在一个雷电交加、风云骤起的日子，他和儿子威廉把一只风筝放到天上，在绳子的末端拴着一把铜钥匙。被雨打湿的风筝和线的导电性大大加强，成功地把电从乌云中传导到钥匙上。当他摩擦两手大拇指然后凑近铜钥匙时，电火花出现了，证明了那就是电流。当然，一些科学家怀疑这个实验的可行性，因为这是个作死的游戏。同期有别的科学家在做类似实验时被电死。虽然他热衷科学研究，可不想把命搭进去，“为科学献身”那是瞎扯。有人说，在做实验时他戴着橡胶手套，是绝缘的。还有人说，富兰克林之所以敢做这个实验，是因为对电的威力还不完全了解，不知道厉害。不管怎样，富兰克林和其他科学家都证明了他的理论是正确的。风筝实验让他变成“从天空中抓到雷电的人”，不管在欧洲还是北美，他都是当时家喻户晓的英雄。

在对电的研究的基础上，富兰克林发明了避雷针。经过在自己家房顶上的多次试验后，他把第一批避雷针装到费城学院和宾夕法尼亚议会的楼顶上。他对避雷针的大小、地面设备以及与房屋的接触等都做了精密的规划。直到今天，我们使用的避雷针仍然基本保持了他当年的设计。避雷针是其最重要的发明，它消除了闪电雷击对建筑的破坏，从此改变了人们面对上天“发怒”时那无助又恐惧的眼神。富兰克林让天空变得不再神秘，人类开始踏上了解自然、探索宇宙的征程。

除了电，富兰克林对北大西洋洋流、海洋地理学、气象学、制冷原理等都进行了颇有建树的研究。他对科学有一种近乎疯狂的热情，不但善于观察，善于推理，而且特别擅长把理论变成实验，再把实验变成人们日常生活中都可以享用的成果。他的脑子一刻不停地转着，新鲜主意层出不穷。现在欧美各国为节省能源而每年实行的“夏时制”据说也是他最早提出来的。

富兰克林似乎什么都会做，就是不会休息。他的精力实在是太旺盛了，只要一有工夫就不停地搞发明，就像一个“发明狂”。他的大多数发明让人们的生活变得更方便、更美好，也有一些发明看上去似乎是有劲儿没处使的结果。除避雷针外，富兰克林的主要发明还有：古玻璃琴、富兰克林炉、双光眼镜（远近视两用眼镜）、输尿管、单扶手的连桌椅等。尽管当时英国已经有比较完善的专利法，但富兰克林没有为他的任何一件发明申请专利。他说：“当我们享受着前人的发明成果时，我们应该很高兴有机会向社会慷慨地奉献我们自己的发明……”

为了表彰富兰克林对科学尤其是电学的贡献，1753 年，英国皇家协会授予他科普利奖章，并在 1756 年吸收他为协会的会员。1753 年，哈佛和耶鲁同时授予他荣誉学位。1759 年，苏格兰的圣安德鲁斯大学授予富兰克林荣誉法学博士学位。1762 年，英国牛津大学授予他荣誉博士学位。从此，富兰克林被人称作“富兰克林博士”。当年那个只受过三年教育的男孩，终于凭自己的天赋和勤奋，走进高等学府的殿堂，跻身于最伟大的科学家行列。

富兰克林不仅热衷搞科学发明，还喜欢社会学领域的问题。当时，在北美的 13 个殖民地，欧洲各国货币都可以流通，既混乱又不方便。富兰克林主张殖民地发行自己的货币，建立完善的货币体系。

在分析了货币原理之后，他认为纸币是最好的流通方式，又方便成本又低，如果管理得当，就不会引起通货膨胀。富兰克林成了使用纸币的最积极的倡导者，发表了很多论述纸币的文章。1736 年，他的印刷厂为新泽西殖民地印制了一种新的“高科技”防伪纸币。他还为宾夕法尼亚发行纸币，并帮助建立起有效的货币政策。

随着事业的成功而日渐成熟的富兰克林，把越来越多的精力投入到费城的社会活动和政治生活中。他乐善好施，资助了无数的哲学与艺术协会以及各种宗教团体。他认为对社会的回馈是自己无上的光荣，也是一个公民应尽的责任。1736 年，他创建了“联合消防公司”，这是新大陆第一个由志愿者组成的消防队。1748 年，他当选为费城市议会议员，1751 年，当选宾夕法尼亚殖民地议会议员。1753 年，富兰克林担任了北美邮政总局副局长。他对北美邮政系统进行了改革，让它更便捷更高效也更便宜。这段经历让他后来顺理成章地成为美国第一位邮政总局局长。1751 年，富兰克林与人合作建立了北美第一所医院。

1743 年，热爱科学、重视教育的富兰克林提议，为了孩子们的成长和殖民地的未来，建立“费城学院”。他不但是学院的主要创始人，还在 1749—1754 年之间担任了费城学院的校长。后来，费城学院发展成一所综合型大学，改名“宾夕法尼亚大学”。宾夕法尼亚大学是新大陆第四所大学，它与之前的哈佛、威廉与玛丽、耶鲁，以及之后的普林斯顿、哥伦比亚、布朗、达特茅斯等，都是美国历史最悠久的高等学府，也是为数不多的几所“殖民地大学”之一。

在学校里，富兰克林不仅重视传统的神学和基础科学，也强调对应用科学的研究。他的影响使宾夕法尼亚大学充满创新意识和现代气息，在医学和生物学领域一直走在各高校的前列。宾尼法尼亚大学创立了北美第一所医学院、第一所教学医院、第一所商学院（沃顿商学院）、第二所兽医学院，还有美国历史最悠久的心理学系。今天的宾夕法尼亚大学是常春藤盟校，世界一流学府。当夜幕降临，灯光照亮了伫立在宾夕法尼亚大学“学院大厅”前的富兰克林雕像。他那永远不知疲倦的眼神似乎在告诉学子们，智慧渴望汗水的浇灌，梦想需要勤奋的翅膀。无论你来自何方，无论你出身高低，也无论你家财万贯还是一文不名，只有辛勤的付出才是成功的唯一途径。

就在富兰克林在科学研究上硕果累累的时候，1754 年，英法“七年战争”在北美爆发。这场战争把富兰克林推上政治和外交舞台。这一年，富兰克林率宾夕法尼亚代表团出席各英属殖民地在奥尔巴尼的会议，商议对付法国人的策略。在这次会议上，富兰克林第一次提出“各殖民地联合起来”的主张。他还用漫画的形式生动地表达了“联合或死亡”的前景。富兰克林似乎看到了北美殖民地走向联合的未来，但各自为政的殖民地领袖们却拒绝了他的提议。他们太喜欢“各扫门前雪”了，不愿为一场战争放弃一百多年来养成的“习惯”。虽然富兰克林的联合主张没有得到支持，他却因此而名声大振。二十年后，当殖民地自治再次受到威胁时，“殖民地联合”的旧话重提，催生了美利坚合众国。

1756年，富兰克林出资出力组织“宾夕法尼亚国民自卫军”，以对抗法国与印第安人的联盟。1757年，他受宾夕法尼亚殖民地议会的派遣前往伦敦，企图终结宾家族对殖民地的所有权。但宾家族与英国王室渊源极深，富兰克林在白厅（**英国伦敦市内的一条街，因政府部门林立，所以作为行政部门的代称。——编者注**）又没有过硬的关系，这次努力失败了。此后，富兰克林代表宾夕法尼亚出使欧洲，马萨诸塞、新泽西、佐治亚等殖民地，也都请他做自己在英国的常驻贸易代表。到最后，富兰克林简直成了整个英属北美殖民地驻欧洲的“公使”。

在欧洲，富兰克林是最有名的新大陆人。实际上，他也是很多欧洲人知道的唯一的新大陆人。他在科学上的巨大成就，传奇式的成功故事，极富感染力的性格，口若悬河的演讲，幽默睿智的语言，为他赢得了骄傲的欧洲人，特别是法国人的尊敬。跟新大陆那些讲究仪表、装模作样的绅士不同，富兰克林根本就不想在这些虚面子上下功夫。他衣着整洁但不奢华，彬彬有礼却不矫情，嬉笑怒骂皆出自然，生动地演绎了那句话：唯大英雄能本色，是真名士自风流。他丝毫不想掩饰自己的平民出身，反而为此感到非常骄傲。他告诉旧大陆的人们，自己身上的奇迹，只有在新大陆这样没有森严等级、没有出身歧视的自由之土上才可能发生。

法国人爱死了富兰克林，他们似乎更懂得欣赏他的才华。富兰克林所到之处，人们都会热情地高喊："富兰克林万岁！"他的肖像随处可见，被印在壁纸上、徽章上、外衣上、帽子上、鼻烟壶上等。王室的宴会，贵族的沙龙，学者的研讨，都少不了富兰克林的身影。他自称拥有"快乐的天才"，经常妙语连珠，笑话连篇，把周围的人逗得前仰后合。

但一些严肃的英国贵族却不喜欢他。有一位三明治勋爵称富兰克林为"英国最危险的敌人"，也许是因为他认识到了富兰克林的巨大能量吧。如果三明治勋爵看到富兰克林后来在美国革命中所做的一切，他一定会为自己的一语中的感到骄傲。顺便说一下，这位勋爵在家打牌时，喜欢让仆人给自己做一种两片面包加一片肉的快餐，现在这种快餐的名字就叫"三明治"。

1765 年，为解决财政危机，英国议会决定向北美殖民地加征印花税，激起殖民地的强烈反抗。富兰克林代表殖民地在英国议会慷慨陈词，促使议会取消了印花税。随着殖民地的独立浪潮愈演愈烈，富兰克林试图通过和平方式寻找一条解决纠纷的"中间路线"。他说："世界上没有好的战争或坏的和平。"他设想建立一种宗主国与殖民地之间的松散关系，以保留英国对北美的统治为条件，使殖民地获得更大的自治权。如果富兰克林的建议变成现实，今天的美国就会像加拿大、澳大利亚那样成为“英联邦”国家。但当时如日中天的英帝国拒绝了富兰克林的提议，北美殖民地不可避免地走上了独立之路。英国议会的傲慢无礼也让富兰克林从“英国人”彻底变成了“美国人”，他愤怒地离开伦敦，回到新大陆，全身心地投入到美国革命中。

富兰克林在美国革命中的表现足以写一本书，我们在以后的故事中再说细节，这里只讲个大概。刚刚回到北美的富兰克林受第二次大陆会议委托，参与起草了《独立宣言》；就在《独立宣言》发表后不久，70 岁的他登船前往巴黎，凭三寸不烂之舌，劝说法国国王路易十六出钱出兵支持独立战争；华盛顿在前方浴血奋战时，富兰克林在欧洲上下奔走，为大陆军源源不断地运送军火；作为第一任驻法公使，富兰克林的外交努力促成了“美法联盟”，使法国成为第一个承认美国的国家；独立战争后期，富兰克林代表美国与英国谈判，签订英美《巴黎和约》，英国正式承认美国独立；80 岁的富兰克林从法国卸任回国后又当选为宾夕法尼亚州州长；1787 年，他作为宾夕法尼亚代表参加了“制宪会议”，极力支持通过宪法组建联邦政府。

如果说，华盛顿是美国革命的头号功臣，那么，富兰克林可以稳稳当当地坐第二把交椅。他是美国最著名的“国父”之一，也是唯一签署了美国建国之初最重要的四份文件的“国父”。这四份文件是：《独立宣言》、《美法联盟条约》、英美《巴黎和约》、《美国宪法》。富兰克林的一生是美国历史上浓墨重彩的一笔，他的成就和美德让这个看似平凡的年轻国家拥有了一个不平凡开始。

富兰克林因首倡“北美殖民地联合起来”而被称为“第一个美国人”。由于他对美国革命的巨大贡献，在人们心中，他是“唯一的从未当过美国总统的美国总统”。富兰克林用自己的一生第一次在全世界面前定义了“美国人”，展示了一个朝气蓬勃、热情奔放、勤劳、睿智、勇敢、充满正义感和进取心、拥有坚定信仰和高尚道德的新民族。他从一个普通的平民子弟成长为受到全世界尊敬的伟人，通过自我奋斗、自我教育、自我完善来实现个人梦想，他的精彩人生是对“美国精神”最好的诠释。在后来的岁月里，富兰克林的故事激励着一代又一代移民满怀着“美国梦”奔向新大陆，也让历经战火和困境的美利坚民族一次又一次振作起来，他们的自豪感和自信心从来没有失落过。他们知道，当他们还很弱小的时候，富兰克林就已经告诉全世界那些强大的民族：真正的美国人是不可战胜的。

那么，让富兰克林登上政治和外交舞台的那场英法战争到底是怎么打起来的？它造就了多少风云人物？它又怎样奏响了美国革命的序曲？请看下一个故事：《帽子之争》。

016

帽子之争

在北美茂密的森林中，生活着一种不大不小的动物，名字叫河狸。它们长着圆圆的脑袋，小小的眼睛，胖胖的身体，短短的四肢，扁扁的尾巴，厚厚的皮毛，当真萌翻众生。河狸是体型最大的啮齿类动物，一般身长大约1米，体重15~35公斤。这些家伙可比人勤快多了，不停地啃树木，和泥巴，建水坝，修房子。它们建的最长的水坝长达850米，而美国著名的“胡佛水坝”才只有379米长。河狸不光勤快，而且浑身是宝贝。它的肉味道鲜美，是印第安人餐桌上的美食。它的香腺分泌物是名贵香料（河狸香），也是医疗用品。最珍贵的是它的毛皮。河狸皮是“双层毛皮”，外面是一层长长的毛，里面还有一层又细又密的短毛。毛上有油脂，可以防水。河狸在水里游泳，一上岸，毛皮滴水不沾。在欧洲殖民者来到北美前，北美有1亿~2亿只河狸，它们与印第安人和谐地生活在一起。

自从欧洲人来到北美，森林不再叫森林，河狸也不再叫河狸，它们都有了一个共同的名字：自然资源。欧洲的河狸因滥捕滥杀已经濒临灭绝，而欧洲人的河狸瘾却远远没有过够。河狸皮做的帽子是最珍贵的奢侈品，让欧洲人如醉如痴，简直到了没有河狸皮帽子就活不下去的地步。可以想象，当殖民者们看到北美多如繁星的河狸时是怎样的欣喜若狂。

最先开始在北美做毛皮生意的是法国人。从大约 1523 年起，法国国王弗朗西斯一世就派人探索北美，他们是第一批到达纽约地区的人。虽然最初的殖民努力没有成功，但法国商人、猎人、渔民不断地来到北美打猎、捕鱼。当他们来到今天加拿大圣劳伦斯河流域，看到那成群结队的河狸时，他们立刻意识到，这就是上帝赐给他们的无价之宝。法国王室终于下定决心，要在北美建立殖民地，以攫取更大的经济利益。

1608 年，在法国国王亨利四世的支持下，塞缪尔 · 德 · 尚普兰带领 28 个人，建立起魁北克城，这就是加拿大殖民地的起始。加拿大气候寒冷，生存环境严峻，殖民者们大批死亡。魁北克在非常艰苦的条件下缓慢地发展着。1630 年，103 个殖民者生活在这里，1640 年，变成 355 人。

尚普兰是个出色的航海家、探险家，也是才华横溢的作家、艺术家、制图家，他是加拿大殖民地最杰出的领袖。当正在享受盛世繁华的法国人对北美的蛮荒嗤之以鼻时，独具慧眼的尚普兰已经看到了这片“富足之地”的无穷潜力。尚普兰深深地爱着加拿大，他用优美的文字和图画向法国人描绘了北美天堂般的美丽和令人难以置信的富庶。春天，圣劳伦斯河中的鱼多得连船都走不动，沿河而居的是成千上万的河狸。加拿大得天独厚的物产让法国人的眼睛放光，那些有探险精神的人开始奔向北美。渐渐地，法国在北美的殖民地越做越大，形成了“新法兰西”。1627 年，尚普兰出任新法兰西总督。到 1712 年左右，新法兰西达到全盛时期，北起哈德逊湾，南达墨西哥湾，从北至南穿越北美大陆，包括加拿大、纽芬兰、阿卡迪亚、哈德逊湾、路易斯安那等 5 个辖区，首府在魁北克。

在欧洲所有的殖民者中，法国人是对印第安人最好的。法国人来到北美的主要目的是毛皮生意。由于他们人太少，不可能完全自己动手捕杀河狸，只能依靠印第安人。印第安人也很乐意跟诚实、和气的法国人做生意。双方都觉得自己占了便宜。一位法国商人拿着用 4 英镑买的刀子、铃铛、玻璃这些小玩意儿，换了印第安人一张河狸皮，这张河狸皮在欧洲卖 110 英镑。而印第安人则逢人就说："这些欧洲人真是傻到家了，他们给了我们好几把刀子，竟然才要一张河狸皮……"

尚普兰对印第安人一向实行怀柔政策，与他们结成联盟，向他们提供各种援助。他还安排法国年轻人与印第安人住在一起，学习他们的语言和习俗，以便帮助法国人在北美安家立业。尚普兰与印第安人的关系太密切了，以至于卷入了印第安部落之间的战争。住在加拿大地区的印第安人是“阿尔冈昆部落”和“蒙塔格奈斯部落”。他们与南边纽约地区的“易洛魁联盟”是世仇，经常打仗。尚普兰全力支持阿尔冈昆部落和蒙塔格奈斯部落，送给他们枪支等先进武器。

1609 年，尚普兰和另外两个法国人与阿尔冈昆部落和蒙塔格奈斯部落一起跟易洛魁联盟开战。尚普兰亲手射杀了易洛魁联盟的两个首领。这也许是尚普兰犯的最大的错误。从此，易洛魁联盟的印第安人对法国人的仇恨代代相传。很不幸的是，易洛魁联盟偏偏是北美最强大的印第安人族群，因为他们最团结，由 6 个部落结成，有一套行之有效的民主管理制度，美国的“联邦制”就是借鉴了易洛魁联盟的经验。在后来的英法战争中，几乎所有的印第安人都站到法国一边，只有易洛魁联盟与英国并肩作战，给了法国人致命的打击。

新法兰西的另一个重要失误是对移民国籍和宗教信仰的限制。法国是个天主教国家，新法兰西完全沿用了宗主国的法律。也就是说，若想移民加拿大，第一要是法国人，第二要是天主教徒，缺一不可。这就大大限制了移民的数量。当时，法国有 20 万新教徒，他们在国内受到迫害，想到新大陆寻求自由。可是，他们不能去新法兰西，只能转向英属殖民地和西印度群岛。其他国家的移民就更不用提了，新法兰西的大门根本不可能为他们敞开。所以，尽管新法兰西幅员辽阔，而且还拥有土地异常肥沃、号称“世界粮仓”的密西西比河大平原和俄亥俄河流域，但它从来都没有孕育出英属殖民地那样的勃勃生机。在新法兰西存在的一个半世纪里，尚普兰和后来所有的总督都梦想着让新法兰西像英属北美殖民地那样繁荣富裕。然而，他们的梦想只能是空想。没有自由的信仰，没有宽容的胸怀，“富强”之路从何谈起？

虽然新法兰西远没有英属殖民地强大，但它为法国带来了巨大的财富，小小的河狸皮帽子成了法属北美殖民地的支柱。河狸皮生意的暴利让英国人的“红眼病”又犯了。英属殖民地也有河狸，但不如法属殖民地多。特别是，当法国占领了密西西比河流域的路易斯安那并开始在俄亥俄河谷修建堡垒时，英国再也坐不住了。看上去，英属 13 个殖民地都在阿巴拉契亚山以东，路易斯安那在阿巴拉契亚山以西，两家井水不犯河水。但实际上，在英王颁发的许可证里，所有殖民地的领土都是从东海岸到西海岸，虽然人们压根儿就不知道西海岸到底在哪。所以，从强盗的“法律”上说，英国拥有整个北美大陆。现在法国人在中间横插了一杠子，这还了得？

盛产河狸的俄亥俄河谷被英国看作弗吉尼亚的一部分，法国却认为它理所当然属于路易斯安那，而西班牙还觉得那里是佛罗里达的领土呢。于是，哥几个为了争夺这顶“河狸皮帽子”，开始摩拳擦掌，准备大打出手了。就在战争引而未发的时候，1754 年，急着为英王效忠的弗吉尼亚总督派出一支 150 人的队伍，向俄亥俄河谷进发。表面上，这队人马有个莫名其妙的任务，就是去俄亥俄测量土地，绘制地图。此时，俄亥俄河谷已经是法国人的地盘，这帮人全副武装地跑到别人家去丈量土地，不是找事儿是什么？

带领这支队伍的是一个年轻的弗吉尼亚人。他只有 22 岁，身高 1.88 米，颀长挺拔。他稚气未脱的脸上带着浅浅的羞涩，温文尔雅，神平气和。谁也看不出来，在这个小伙子安静的外表下隐藏着一颗对战争充满渴望的躁动的心。人们更不会想到，20 年后，当他再次登上历史舞台，他将叱咤风云，执掌乾坤。这个年轻人的名字叫乔治 · 华盛顿。

乔治 · 华盛顿，1732 年 2 月 22 日生于弗吉尼亚，是奥古斯丁 · 华盛顿与第二任妻子玛丽 · 波尔 · 华盛顿所生的第一个孩子，其后还有 5 个孩子，不过有 1 个夭折了。乔治 · 华盛顿还有两个同父异母的哥哥，劳伦斯 · 华盛顿和小奥古斯丁 · 华盛顿，是父亲与第一任妻子珍妮 · 巴特勒所生。

乔治 · 华盛顿的父亲是个种植园主和奴隶主，拥有 3 处庄园，大约 8 平方公里土地和将近 70 个黑奴。在大种植园密集的弗吉尼亚，这算不上很富有，也就是个中产阶级吧。他父亲除了经营种植园，还与英国公司合作在弗吉尼亚开采铁矿。

乔治·华盛顿的童年是在父亲的“小猎溪庄园”和费里农庄度过的。他在弗吉尼亚的弗雷德里克斯堡上学，直到15岁。他的两个同父异母的哥哥都曾去英国受教育。本来，他也打算去，可是，11岁时，他父亲去世了，家境因此变得不如以前那么稳定，他也就失去了去英国学习的机会，甚至一辈子都没去过欧洲。后来，在他的政治生涯中，他似乎对自己没有像其他那些“建国国父”一样受过高等教育而感到遗憾。

父亲去世后，乔治·华盛顿继承了费里农庄。他只有11岁，由母亲代管。大哥劳伦斯·华盛顿成了他的监护人和道德楷模。这位大哥是个勇敢、热情、友善的年轻人，25岁就担负起经营产业、教导弟妹的责任。他21岁时参军，在英军上将爱德华·弗农的麾下参加了“詹金斯耳朵的战争”，因英勇善战，深得将军的赏识。战争结束后，他回到弗吉尼亚，把自己继承的小猎溪庄园改名为“弗农山庄”，以纪念弗农将军。弗农山庄在波多马克河边，是一片美丽又安详的土地。

1743年，劳伦斯·华盛顿与安妮·费尔费克斯结婚。费尔费克斯家族是弗吉尼亚唯一的英国贵族。这桩婚姻不仅为他的飞黄腾达铺平了道路，也把他弟弟乔治·华盛顿带入弗吉尼亚的上流社会。1744年，劳伦斯·华盛顿当选为弗吉尼亚殖民地议会议员，还兼任弗吉尼亚国民自卫军总指挥。后来，他参与建立了“弗吉尼亚俄亥俄公司”，开辟俄亥俄地区的贸易，不仅发展壮大了家族的产业，还为弟弟乔治 · 华盛顿在政治上的发展打下了基础。

1752 年，34 岁的劳伦斯 · 华盛顿死于肺结核。这一年，乔治 · 华盛顿 20 岁。他很爱这个大哥，曾陪着大哥到处求医治病，他这一生唯一的一次“出国”经历就是陪大哥去西印度群岛养病，还为此得上天花。大哥的言行、思想、道德都对他产生了深远的影响，他继承了美丽的弗农山庄，可见他们真诚的兄弟情义。此后，弗农山庄一直是乔治 · 华盛顿的家，直到他去世。

20 岁的华盛顿（以下如非特别注明，单指乔治 · 华盛顿）似乎比同龄人成熟。他寡言少语，只在必要的时候说话，还有点害羞。他衣着考究，儒雅风流。像其他绅士阶层的子弟一样，他喜欢骑马、打猎、斗鸡，而且“舞艺”高强。在宴会和舞会上，他总是能吸引很多漂亮女孩的目光。他个子比大多数人高，想不引人注意都难。

但是，跟一般公子哥不一样的是，华盛顿有着超乎常人的坚强意志。他看上去很有礼貌，也很随和，不像很倔的样子。可是，他一旦认定了什么事，十八头牛也拉不回来。他的诚实和谦逊也是出了名的，大家都喜欢跟他交朋友。别看华盛顿长得像个书生，其实他非常强壮，肌肉发达。有一次，他看到几个小伙子，脱光了膀子在街上玩投掷游戏，即搬起大石头，比赛谁投得远。华盛顿看得起劲，走上去说："我能不能试试？"几个小伙子不屑地看了他一眼，走到一边打算看他的笑话。华盛顿连大衣都没脱，搬起石头往外一扔，比所有的人投得都远，大家全都服了气。

华盛顿受大哥的影响，做梦都想当将军。起初，他想参加英国海军，但母亲心疼儿子，坚决反对，他只好作罢。后来，他喜欢上测量学和几何学，17 岁时就被任命为弗吉尼亚的官方测量员，专门勘测地形、制作地图。在大哥的引荐下，华盛顿认识了弗吉尼亚总督罗伯特·丁威迪，并在 21 岁时成为国民自卫军其中一个地区军团的指挥，军衔是少校。

1753 年，法国在俄亥俄地区建起"杜肯堡"，也就是今天的匹兹堡市所在地。这下可捅了马蜂窝，因为俄亥俄在"法律"上属于弗吉尼亚。丁威迪总督派华盛顿去给法国人送了封信，要求他们立刻离开。在送信途中，华盛顿还跟易洛魁联盟的印第安人首领交上朋友，相约结盟对付法国人。杜肯堡的法国将军很有礼貌地接待了他，然后很有礼貌地拒绝了弗吉尼亚总督要他们撤离俄亥俄的要求。

于是，1754 年，丁威迪总督就派华盛顿率领这支 150 人的军队，以勘测为名，重返俄亥俄河谷。易洛魁联盟的一个部落首领也加入了他们的行列。此时，22 岁的华盛顿已是一名中校，他指挥着这支队伍穿越重重叠叠的森林，走向那个让他"一战成名"的战场。他完全没想到，自己已经站在历史的风口浪尖上。

快到俄亥俄河谷时，他的队伍遇上了一队法国兵，共 30 人，他们都是法裔加拿大人。带领这队人马的是约瑟夫 · 朱蒙威尔。朱蒙威尔是个外交官，他其实是带人去找丁威迪总督谈判俄亥俄河谷的事。华盛顿可不知道这情况，还以为碰上大敌了呢。他先让自己的队伍隐蔽起来，然后，在黎明时分，来了个突然袭击。朱蒙威尔等 10 个人被打死，1 个受伤，1 个逃跑，其余的都做了俘虏。初战得胜的华盛顿下令修建“内塞西蒂堡”，以防法军的进攻。

他只顾杀得高兴，却忘了，英法之间虽然别扭，但还是处在“和平”时期，并没有正式宣战。他居然把人家的外交官杀了，这不是捅娄子吗？法国人气疯了，马上派了 600 名加拿大人和 100 个印第安人，由约瑟夫 · 朱蒙威尔的弟弟路易 · 朱蒙威尔率领，进攻内塞西蒂堡。华盛顿倒是很勇敢、冷静地指挥大家坚守阵地，可惜天不作美，下起了大雨，把他们的火药全淋湿了。这时他才发现，自己的内塞西蒂堡建在地势低洼处，一下雨，成了“水淹七军”。他学到了平生第一条军事常识：军事要塞须建在高处，以免成瓮中之鳖。

学啥常识也晚了，此时此刻，叫天不应叫地不灵的，咋办？继续打？枪都哑巴了。往外冲？ 150 人对 700 人，明摆着找死。眼下只剩一条路，投降吧。降也要降得体面。他煞有介事地派了两个人，包括一个法语翻译，跟路易 · 朱蒙威尔谈判。路易 · 朱蒙威尔不知道敌人的枪已经不管用了，也担心英军大队人马的到来，想尽快结束战事。他说，只要对方投降，就放他们回弗吉尼亚。华盛顿同意了条件，路易 · 朱蒙威尔让手下起草了一份投降书，要他签字。其中有一条，就是华盛顿承认他们“刺杀”了法国外交官约瑟夫 · 朱蒙威尔。华盛顿压根儿不懂法语，他的翻译也莫名其妙地没把这一条译给他听。他大笔一挥，在文件上签了字。路易 · 朱蒙威尔倒挺讲信用，闪开一条路，让他们赶紧滚。这帮弗吉尼亚人一路上排着整整齐齐的队伍，敲着军鼓，举着战旗，从从容容地回到家乡。

回到弗吉尼亚后，华盛顿向议会递交了作战报告。他本以为会受到责备，没想到议会和总督不但没怪罪他，反而向他表示感谢。他在危急时刻表现出来的从容和镇定赢得了人们的尊敬。可是，他签的那份投降书却立刻掀起英法外交风波。法国说，你们竟敢派殖民地人刺杀我们的外交官，该当何罪？英国说，少来这套，你们用卑鄙手段糊弄人家一个乳臭未干的毛头小子签的字，还好意思提？法国说，再不收敛，就教训教训你。英国说，要打就打，谁怕谁？就这样，冒冒失失的华盛顿点燃了英法的战争之火。

对战争充满热情的华盛顿将会有什么样的表现？这场战争的结果如何？请看下一个故事 :《法国与印第安人的战争》。

017

法 国 与 印 第 安 人 的 战 争

1754 年 7 月，年轻的弗吉尼亚人乔治 · 华盛顿在俄亥俄河谷的一通乱打，让英法撕破了脸皮，也把世界拖入了战争。1756 年，英法正式向对方宣战，史称“七年战争”。从某种意义上说，这是一场真正的“世界大战”，因为卷入战争的不只是英国和法国，还有它们在欧洲的盟友以及它们在全世界的殖民地。法国、奥地利、西班牙、俄国联手对付英国和普鲁士的联盟。战争从欧洲扩散到北美、中美、印度、加勒比群岛、菲律宾、西非。战争需要回答的问题是：谁是世界的老大?

这场战争在北美的部分被称作“法国与印第安人的战争”。这个名字并不准确，听上去好像是人家法国人在跟印第安人打仗。其实，是法国人与印第安人联合起来打英国人。殖民地这些人就直接用敌人的名字命名了这场战争，也许是怕哪天早晨醒来忘了自己在跟谁打仗。看上去，哥儿几个打架好像是为争夺那顶“河狸皮帽子”，实际上是英法争霸的必修课。这盘菜早晚得上。

1754 年，战争刚刚爆发后不久，来自 7 个英属北美殖民地的代表和 150 名易洛魁联盟印第安人的代表在纽约的奥尔巴尼开了一个会。对一盘散沙的英属殖民地来说，迈出这一步实属不易。在此之前，各殖民地老死不相往来，只关心家门口的那点儿事儿。现在人家法国人和印第安人联合起来了，咱也不能坐着等死吧。

主持这次会议的就是大名鼎鼎的本杰明 · 富兰克林。富兰克林提出两条建议。第一，联合印第安人。当然，北美大部分印第安人已经站到法国一边，因为法国人一向对他们最好，很尊重他们的权利。但北美最强大的印第安人族群易洛魁联盟却与法国是世仇，这似乎是英国人的福音。殖民地代表都愿意与易洛魁联盟合作。易洛魁联盟的首领说：没门儿！你们和平时期欺负我们，现在要打仗了，想起来跟我们合作，让我们上去堵枪眼儿，凭什么？我们跟法国人有仇不假，但犯不着替英国人卖命。这条计落空了。

富兰克林的第二条建议是，所有的英属殖民地联合起来，选出统一的议会，进行统一的管理，这叫“团结起来力量大”。他还画了幅“联合或死亡”的漫画，给大家敲警钟。这一条立刻引起轩然大波，代表们脑袋摇得像拨浪鼓一样，不行，不行，绝对不行！这都什么馊主意啊。一百多年的“自治”哪能说改就改？俺凭什么要听“中央”的指挥？新英格兰人觉得自己是基督教正宗，南方的新教就是个“腐败教”；南方人觉得自己才是真正的英国人，北方人都是大老粗、暴发户；纽约人说吵什么吵，啥都不如钱重要；宾夕法尼亚人说哪用得着这么麻烦，大家都听俺费城的不就得了……总之，各殖民地坚决拒绝了富兰克林的“联合”主张，但总算同意互相合作，协调作战。

1755 年，英国给北美派来一位 60 岁的老将爱德华 · 布莱德克。布莱德克 15 岁就参军了，当了一辈子兵，打了一辈子仗。7 月，他率领大约 2000 人的队伍向俄亥俄河谷的杜肯堡进发。在布莱德克心中，攻取那里是小菜一碟，那里的法国守军只有几百人，根本不经打。

23 岁的华盛顿志愿当了布莱德克的帐前助理。他兴奋极了，终于有机会见识一下英国的正规军如何作战。富兰克林也向布莱德克提供了重要的帮助，他组织很多殖民地人赶着马车为布莱德克的军队运粮草。富兰克林还提醒布莱德克，从弗吉尼亚去杜肯堡（宾夕法尼亚境内）的路非常险峻狭窄，应防敌人的伏击。布莱德克压根没听进去，领着人大摇大摆地上路了。

布莱德克的队伍在密不透风的森林中前行。即使有 300 人在前面砍树开路，170 公里的路他们也走了整整 32 天。华盛顿可没觉得长，他正陶醉在英国军人的光荣与自豪中。他骑在马上，看着蓝蓝的天空下，绿绿的丛林中，身穿红色军装的英国兵和蓝色军装的殖民地民兵交相辉映，漂亮极了。他写道："这是我看到的最壮观的景色……"

这个"壮观"景色很快就变得惨不忍睹。法国人（主要是加拿大人）在与印第安人的长期交往中，早已学会了印第安人的生活方式和打仗方式。当布莱德克满脑子都是欧洲平原上那整整齐齐的两军对垒和步调一致的万枪齐发时，法国人正和印第安人一起，披着兽皮，插着羽毛，藏在林中，举枪瞄准了他们的猎物。

英军行至蒙诺加荷拉狭谷地带，只听印第安人一声哨响，躲在树后、石后、草丛里的法国与印第安联军突然发动攻击，一下子就把英国人打懵了，他们哪见过这样的打法。英军鲜艳的军装正是最好的靶子，法国人简直弹无虚发，一会儿就撂倒一片。英军只有挨打的份儿，根本找不到敌人在哪，他们彻底崩溃了，四散奔逃。布莱德克胸部中弹，华盛顿赶上前去，把他扶上马背，在乱军之中抢出一条路，带着布莱德克逃出来。

在仓皇逃窜中，华盛顿的外套上被打了四个子弹眼儿，胯下马被打死两匹，他居然毫发无伤。布莱德克回去不久就伤重而亡。临死前，他把自己的绶带送给了华盛顿。从此，这条绶带与华盛顿形影不离。

"蒙诺加荷拉战役"以英军惨败而告终，2000 人损失殆尽。但对华盛顿来说，这是他人生的宝贵一课。他从布莱德克的失误中学到了教训，从与英国军官的交流中学到了大量的军事理论。同年，弗吉尼亚总督丁威迪任命华盛顿为弗吉尼亚国民自卫军上校团长兼总司令，指挥1000人的弗吉尼亚武装力量。华盛顿对军队进行了严格的训练，他领着这支队伍在10个月之内进行了20次战斗。残酷的战争让这支人马损失了三分之一，华盛顿屡战屡败，无数次死里逃生，但他从未退缩过，越是溃败时越从容镇定，指挥大家有秩序地撤退。华盛顿的顽强抵抗使法印联军无法越雷池一步，使弗吉尼亚免受战火吞噬。

战争结束时，华盛顿已不再是那个血气方刚的愣头青了，而是成长为一个成熟稳健的真正的军人。他在失败中学会了战争，也学会了指挥的艺术。在家乡弗吉尼亚，他被视为战争英雄，而且威名远播，其他12个殖民地也都知道弗吉尼亚有个“华盛顿先生”。华盛顿可能是天底下最大的“福将”。他1.88米的个子，还骑在马上，本是最大的靶子。但无论形势多么危险，子弹总是绕着他飞，从未伤过他半根毫毛。不管是英法战争还是独立战争，这位“常败将军”不但自己安然无恙，还能领着手下那帮残兵败将走向最后的胜利。也许，唯一合理的解释是，上帝厚爱美国，他要借华盛顿之手在人间建立一个新的国度，怎么能让他受到伤害呢？如果孟子知道华盛顿的故事，他笔下的“成大事者”可能就不会那么“壮烈”了，他一定会曰：天将降大任于斯人也，必先饱其体肤，富其家园，避其祸患，逞其威名，赐其大智慧大勇略，而后可成其大功……

华盛顿在南方保卫家乡时，北方也正上演着精彩的一幕。1755年9月，位于纽约的“乔治湖战役”拉开了序幕。法国的第耶斯科男爵率法印联军1500人对阵威廉·约翰逊率领的1500名殖民地民兵与易洛魁联盟首领之一亨德里克带领的200名印第安人。易洛魁联盟不是拒绝跟英国人合作吗？怎么这会儿又走到一起了呢？这就完全要归功于约翰逊的个人魅力了。

1738年，23岁的约翰逊从爱尔兰来到纽约时，身无分文。幸运的是，他有一个显赫的英国海军上将舅舅。这位舅舅把他送到自己位于哈德逊河边的庄园里做管家。精明的约翰逊不但把舅舅的产业打理得井井有条，而且购买了自己的庄园。他还跟印第安人做起了毛皮生意。他的诚实赢得了印第安人的信任。很快，他就建立30多个贸易站，从底特律到奥尔巴尼，称得上是北美第一家“连锁店”。约翰逊也就变成了超级富翁。

热情豪放的约翰逊对印第安人似乎有一种天然的感情。他刚到北美时，就跟纽约地区易洛魁联盟的“莫霍克部落”交上朋友。约翰逊从认识印第安人的第一天起就爱上了他们。他特别喜欢印第安人的生活方式和他们那身打扮，自己也披上兽皮，插上羽毛，文上图腾，乍一看，跟真正的印第安人没什么两样。他学会了印第安人的语言，取了个印第安人的名字，叫“沃拉吉野吉”，打心眼儿里把自己看成印第安人大家庭的一员。他还娶了印第安人一位首领的女儿为妻。莫霍克部落也待他如家人，把他看成部落首领之一。

约翰逊发财后，他与莫霍克部落的关系更加密切，他的豪宅变成了印第安人的会议厅。印第安人经常把帐篷扎在他漂亮的草坪上，在客厅里跟约翰逊把酒言欢，其乐融融。莫霍克部落的首领亨德里克与约翰逊称兄道弟，交情过命。亨德里克是著名的印第安人领袖，是受到英国安妮女王接见的四位印第安部落首领之一。

1754 年，亨德里克与约翰逊一起，领着 150 个印第安人参加了奥尔巴尼会议。当富兰克林提议殖民地与印第安人联合作战时，亨德里克拒绝了。他只相信约翰逊，对其他人一概不买账，富兰克林也不行。无可奈何的富兰克林一面向伦敦示警，“整个北美殖民地都有陷入法国之手的危险”，一面拜托约翰逊再做亨德里克的工作，争取他的援助。他知道，约翰逊是英国人与印第安人联盟的唯一指望。英国王室也赶紧任命约翰逊为北美“印第安人事务总监”。

约翰逊在他的豪宅举行了一次盛大的集会，几乎易洛魁联盟的所有部落都来参加了会议。约翰逊认真听了印第安人的诉求，发誓战后归还并保护印第安人的家园。他磨破了嘴皮子，劝说易洛魁联盟与英国合作，先把法国人打跑。亨德里克凭着对约翰逊的信任答应了他的请求。

就这样，约翰逊带着由马萨诸塞、纽约、新罕布什尔等殖民地拼凑起来的1500人，亨德里克带着200名印第安武士，开上了乔治湖战场。一方是职业军人出身的第耶斯科男爵率领的训练有素的法国、加拿大和印第安联军，另一方是从未见过打仗的约翰逊领着一伙从未打过仗的殖民者，再加上200个几乎赤身裸体的印第安人。这仗看上去好像不用打了。哪里是打仗，简直就是驱着羊群入虎口。

可是，出人意料的是，这群羊一上战场，全都变成了狼，个个凶悍无比。他们向法军阵地发起猛烈的进攻，冒着枪林弹雨往上冲。法国人见过愣的，没见过不要命的，他们立刻就乱了套。第耶斯科男爵企图稳住阵脚，却怎么也止不住溃逃的士兵。他自己也受伤被俘。当然，英军这边也付出了惨重的代价。印第安人首领亨德里克阵亡，约翰逊也被打中屁股，此后，伤痛一直折磨着他。但是，他们赢得了胜利。战斗结束后，印第安人要把第耶斯科男爵生吃活剐，为亨德里克报仇。但约翰逊劝阻了他们，放了男爵一条生路。

“乔治湖战役”在整个英法战争中不是决定性的一役，但在英军败绩连连的1755年，它却是英国人最渴望的一场胜利。这场战斗完全由北美殖民地人和印第安人完成，英国正规军没出一兵一卒。当胜利的消息传到伦敦，英国立刻举国欢腾。约翰逊被英王封为男爵，他的故事成了传奇。人们隆重祭奠了印第安人首领亨德里克，悼念他“为国捐躯”的精神。得意忘形的英国人只顾着为自己拥有如此“强大”的殖民地感到骄傲了，却没有看到潜在的危机。经过战火洗礼的北美殖民地正在走向成熟，羽翼渐丰，并开始出现联合的趋势。仅仅二十年后，它们将掉转枪口，同今日的敌人法国握手言欢，与曾经为之骄傲、为之战斗的“祖国”决裂。

“乔治湖战役”后，英军士气大振，渐渐扭转了局面。1756 年，英军少将杰弗里·阿默斯特男爵一世出任北美英军总司令。他是个满脑子傲慢与偏见的贵族，认为北美是未开化的蛮荒之地，除了“外省人”（殖民者）就是“野人”（印第安人）。他瞧不上约翰逊，觉得他整天跟“野人”混在一起，自然也就变成了“野人”。但是，不可一世的阿默斯特倒确实是一位军事天才，他足智多谋，指挥能力超强，本来已有些懈怠的英军，到了他手里立刻像换了一拨人，变成虎狼之师。

接着，另一位重量级人物出场了，他是英国外交大臣威廉·皮特。皮特是当时英国少见的有大智慧的政治家。英法战争期间，皮特手握重权，以“外交大臣”之名行首相之职。别看他是文官，却是不可多得的战略家，称得上“运筹帷幄，决胜千里”。战争中的很多重大决策和重要将领的人选都是皮特拍板的。与阿默斯特不同的是，皮特热爱北美，特别珍惜约翰逊这样的人才。他利用自己的职权，协调阿默斯特与约翰逊的关系，让这两位互不服气的将军携手合作，共同对敌。他还下令向北美增兵，以确保战争的胜利。

皮特从未到过北美，他就拿着一张地图看来看去，看出了门道。他知道，法国人的补给线是圣劳伦斯河和尼亚加拉河。如果英军卡住这两条河道，法国的粮草和武器就无法从加拿大运往五大湖区和俄亥俄河谷，法军将被拦腰截断，必败无疑。他告诉阿默斯特，立刻攻取圣劳伦斯河上的要塞“路易斯堡”。

阿默斯特是个高效率的将军，他迅速地把路易斯堡围了个水泄不通。七个星期后，路易斯堡里的法国人饿得站都站不住了，只好开城投降。接着，约翰逊率英印联军攻克尼亚加拉河要塞，至此，法军的命门完全握在了英军手中。

1759 年，英军进攻魁北克城，决胜之战开始了。英法双方的主将都非等闲之辈。法国方面是久经沙场的悍将约瑟夫·蒙特卡尔姆将军。1756 年，法国国王路易十五派他总理新法兰西战事。蒙特卡尔姆上任后，在 1756 年、1757 年和 1758 年连续重挫英军，打得英国人闻风丧胆。此次魁北克之战，蒙特卡尔姆相信他会让英国人有来无回。英军主将是 32 岁的少将詹姆斯·沃尔夫。他是一位在“七年战争”中崭露头角的青年将领。由于他在欧洲战场和路易斯堡的杰出表现，皮特破格提升他为少将，全权指挥魁北克战斗。沃尔夫率 9000 名英军沿圣劳伦斯河北上，直扑魁北克城，志在必得。

魁北克城是新法兰西的首府，也是军事重镇，城防坚固，易守难攻。蒙特卡尔姆把 1 万守军主要布置在城的北、南和东面。英军围城 3 个月，面对强大的城防一筹莫展。与此同时，阿默斯特对蒙特利尔的进攻也进展缓慢，不可能给沃尔夫增兵。此时，精疲力竭的英法两国政府已经开始谈判，只要再坚持几个月，英法就可能达成和平协议，魁北克将转危为安。

眼看着攻占魁北克的希望越来越渺茫，沃尔夫孤注一掷，在 9 月的一个夜里，率人冒着生命危险，翻过魁北克城西的悬崖峭壁。当太阳升起时，沃尔夫的军队如神兵天降，突然出现在魁北克城西，把法国人都吓傻了。蒙特卡尔姆一直把西边的峭壁当成天然屏障，根本没设防。仓促之下，蒙特卡尔姆被迫在城西的亚伯拉罕平原与英军决战。战斗只进行了 15 分钟，军心已乱的法国人便四散奔逃，英军终于攻占魁北克。

魁北克之役历来为人们所津津乐道，一个重要原因是，双方主将都在这场战斗中阵亡。蒙特卡尔姆死于枪击，沃尔夫领人冲锋时身中三枪。弥留之际的沃尔夫留下了下面这段著名的对话：

部下：看，他们跑了！

沃尔夫：谁跑了？

部下：是敌人。他们逃跑了！

沃尔夫：告诉里沃上校，在桥上截杀他们。现在，万能的上帝啊，我死得其所了。

随着魁北克的陷落，新法兰西大势已去。第二年，阿默斯特和约翰逊联手攻克蒙特利尔，战争以英国的完胜而告终。

“法国与印第安人的战争”使北美政治格局发生了根本的变化。法国势力撤出北美大陆，只保留了几个小岛和西印度群岛的一些岛屿。1763 年的英法《巴黎和约》规定，原属路易斯安那的密西西比河以东地区归英国所有，加拿大成为英国在北美的第 14 个殖民地。英国不仅得到了加拿大，还从西班牙手中抢来了佛罗里达。为了避免密西西比河以西的路易斯安那地区也落入英国手中，法国把它送给了自己的盟友西班牙，以补偿西班牙在佛罗里达的损失。

在欧洲，英国最成功的策略就是交到一个好朋友：普鲁士。在国王弗里德里希大帝的指挥下，普鲁士军队所向无敌。欧洲大陆老牌霸主法国和西班牙在“七年战争”中不得不甘拜下风。英国成为理所当然的世界霸主，普鲁士也雄心勃勃地走上统一德国、称霸欧洲的历程。

那么，在战争中与英法一同作战的印第安人得到了什么？“七年战争”留下了哪些后遗症？面对突然扩张的土地，英国殖民者将做什么样的选择？请看下一个故事：《西进之旅》。

018

西进之旅

1763 年的《巴黎和约》正式结束了“七年战争”。从此，新法兰西消失了，英国成了北美大陆的主宰。它的版图不再仅限于那 13 个殖民地，而是扩展到地域辽阔的加拿大和密西西比河以东的路易斯安那。这下子，英国真的觉得有点忙不过来了。到 1763 年，原来的英属 13 个殖民地人口已经达到 200 万，现在又增加了 60 万说法语的加拿大人，这些殖民者没有一个是省油的灯。

法国政府虽然撤了，可是法国人的语言、习俗、文化却留了下来，法国移民也继续在加拿大定居。英国人倒是没见外，把说法语的加拿大人当成一家人对待，同时鼓励说英语的移民迁往加拿大。渐渐地，英属加拿大形成了说法语的“下加拿大”和说英语的“上加拿大”。直到今天，加拿大仍然是英法双语国家。特别是在魁北克省，法语更是第一语言。英国的“信仰自由”政策和对各种文化的包容吸引了来自不同国家的移民，加拿大一天天繁荣起来。

英国人、法国人、西班牙人通过《巴黎和约》协调了彼此间的关系，重新划分势力范围，都有失有得。那么，与他们并肩作战的印第安人从战争中得到了什么？答案是：什么也没得到。《巴黎和约》只字未提印第安人的利益，他们完全被挡在谈判的大门之外。更准确地说，印第安人不是什么也没得到，他们得到了灾难。战争让加拿大和英属殖民地境内的印第安人损失惨重，他们再也没有恢复往日的元气。

在战争中功勋卓著的北美英军总司令阿默斯特被封为男爵，统帅在北美的所有武装力量。英王还任命阿默斯特为弗吉尼亚总督。阿默斯特说可以，但有个条件，我不能住在弗吉尼亚这种野蛮地方。他特别讨厌北美，尤其是印第安人。他公开放话说，要是没有印第安人，这个世界将更美好。在阿默斯特眼里，印第安人是地地道道的“野人”。

本来，法国人是对印第安人最好的。在“新法兰西”时期，法国人不但尊重印第安人的权利，还源源不断地无偿赠送枪支、弹药、毛毯等物资。久而久之，印第安人忘记了如何使用弓箭，习惯了用枪打猎，也越来越离不开白人提供的生活用品。现在，法国人被打跑了，印第安人希望能从英国人手中得到同样的资助。

当印第安人向阿默斯特请求援助时，阿默斯特说，法国人跟我们打仗时，你们帮着法国人，现在还有脸来要东西？没有枪和子弹打猎了是吧？统统饿死才好呢！你们想要毛毯，行，我这儿倒有几条。阿默斯特把天花病人用过的毛毯送给印第安人，让天花在没有免疫力的印第安人中传播，他就是想把印第安人从地球上抹去。

“七年战争”的另一个大功臣约翰逊跟阿默斯特正好相反，他与印第安人亲如一家。约翰逊也被英王封为男爵，同时被任命为纽约总督。约翰逊回绝了总督一职，他一想在家养伤，安度余生，二想集中精力做好另一项工作，那就是北美“印第安人事务总监”的职务，这才是他真正想做的事。

约翰逊尽自己所能帮助印第安人，特别是易洛魁联盟。易洛魁联盟在战争中是英国的盟友，没有他们的帮助，就没有北美殖民地的胜利。可是，战争结束后，英国人开始疏远与易洛魁联盟的关系，不再珍惜他们的友谊。很多殖民者肆无忌惮地抢占印第安人的家园，逼得他们迁往他乡。约翰逊总是代表印第安人与殖民者们周旋，尽力维护印第安人的权利。

可是，阿默斯特大权在握，是北美说一不二的人物。那些曾与法国结盟的印第安人就不用说了，与英国结盟的易洛魁联盟处境也好不到哪里去。阿默斯特无视易洛魁联盟的功劳，纵容殖民者们无限制地扩张土地，把印第安人渐渐逼上了绝路。约翰逊去找阿默斯特说理。这两位将军在战争中携手作战了七年，共同赢得了胜利。

可是，他们之间没有一点点“鲜血凝成的友谊”，阿默斯特把约翰逊也看成像印第安人一样的“野人”。约翰逊恳求阿默斯特给予印第安人最起码的尊重，他简直都快给阿默斯特跪下了，但阿默斯特无动于衷，他把欺负印第安人当成天经地义的事。

忍无可忍的印第安人终于走上了武装反抗的道路。英法战争的烈火还没熄灭，北美殖民地烽烟再起。印第安人开始袭击殖民者的村庄，抢劫殖民者的财物，冲突的规模越来越大。阿默斯特的暴行不仅把北美搅得鸡犬不宁，也渐渐引起了英国议会的不满。1763年，议会终于意识到，如果继续让阿默斯特折腾下去，非出大乱子不可。于是，阿默斯特被召回伦敦。他兴高采烈地离开新大陆，显然早就在这个地方待够啦。阿默斯特一直活到八十来岁，终其一生，他都非常厌恶北美。

北美殖民地送走了阿默斯特这个“瘟神”，紧张的局势缓和下来，人们逐渐恢复正常的生活。但殖民者与印第安人的对立依然存在。下一步，将会发生什么呢？

1760年，就在英法战争的后期，英王乔治二世突然去世，他的孙子继承了王位，他就是乔治三世。乔治三世生于1738年，继位的时候22岁。这位国王在位59年，他的一生经历了美国革命、“法国革命”、“拿破仑战争”，也亲眼见证了大英帝国的辉煌。历史学家们对他贬多于褒，颇有微词。但不管他以后的人生多么跌宕起伏，此时此刻，年轻的国王正满怀希望地看着北美大陆的地图。他相信，自己将要公布的这个设想一定会让北美得到真正的和平。

1763 年，乔治三世宣布，以北美的阿巴拉契亚山脉为界，山脉以东是殖民者的地盘，山脉以西属于印第安人。两者各守其土，互不侵犯，那些已经越过阿巴拉契亚山进入西部的殖民者必须退回东部。应该说，这是个看上去非常合理的决定。殖民者以农民为主，东部平坦又肥沃的土地正好适合耕种；印第安人以打猎为生，西部的山林和草原动物繁多，足够他们吃的。乔治三世的这份《1763 年宣言》，表明了英国王室保护印第安人利益、维持北美和平的意愿。如果殖民者们都按国王的意思行事，世界会变得很和谐。

可惜，年轻的国王太不了解真正的新大陆。如果那些殖民者，如果他们的祖先，都是循规蹈矩的“良民”，那他们就不会冒着生命危险，穿越大洋，来到这个陌生的大陆，也不会让荒原变沃野、沧海变桑田。他们身体里流淌的，是哥伦布对冒险的热情，是“五月花号”对自由的追求，是约翰·史密斯对现实的叛逆，是千千万万的移民迈向未知世界的永不停息的脚步。对习惯了独立思考的北美人来说，近在眼前的总督都管不了他们，何况一个远在天边的国王呢？

乔治三世的宣言丝毫没有挡住殖民者们西进的步伐。当时，东部的土地已经被瓜分殆尽，殖民地经过一百五十年的发展也已经形成了一定的等级和秩序。那些对自由、土地、财产依然有着疯狂追求的移民有两个选择，一是适应东部的“文明”社会，在有序的竞争中谋求一席之地，二是到西部去，开创一片属于自己的天空。过去，西部是法国人的地盘，可望而不可即。现在，密西西比河以东都是英国的了，不去白不去。也许在大多数人眼中，西部没有什么吸引力。可是对那些不安分的冒险者来说，西部是“广阔天地，大有作为”。这些开发西部的先锋被称为“拓荒者”或“拓边者”，他们中最有名的是丹尼尔 · 布恩。

丹尼尔 · 布恩生于 1734 年的宾夕法尼亚。他的爷爷乔治 · 布恩在英国时是个织布工，也是一位教友会成员。当年教友会的成员纷纷移民北美时，他没马上去新大陆，因为他有个大家庭。他和妻子生育了 9 个孩子，移民可是件兴师动众的大事。

乔治 · 布恩派了自己最大的三个儿子去新大陆了解情况。儿子们在写给他的信里说 :“在这里，人们想占多大地儿就占多大地儿，每个人都拼命抢地方……印第安人很和平……人们可以猎鹿，把鹿皮做成衣服……”他听了很满意。1717 年，在他 51 岁的时候，带领全家离开英国，来到宾夕法尼亚。17 年后，他的孙子丹尼尔 · 布恩出生了。

丹尼尔 · 布恩从小就是个很好奇、很野性的孩子。他家住在宾夕法尼亚的西部边界，与印第安人为邻。布恩（以下如非特别注明，单指丹尼尔 · 布恩）天天看印第安人打猎，喜欢得要命。12 岁时，他有了自己的猎枪，除了打猎，他不想干任何事。他没受过多少正规教育，由父母教导读书。有人说，布恩是个文盲或半文盲。但实际上，他读书认字没问题。在后来的探险生涯中，他身边一直带着两本书——《圣经》和《格列佛游记》。与同伴出去狩猎时，布恩往往是这帮人中唯一的“知识分子”，常给大家念故事听。

1755 年，布恩开始了自己的第一次“历险”。此时，“法国与印第安人的战争”已经打响。英军主将爱德华 · 布莱德克率 2000 人开往杜肯堡。21 岁的布恩和 23 岁的华盛顿都在这支队伍里。华盛顿是军官，布恩是运送粮草的马车夫。英军在“蒙诺加荷拉战役”中几乎全军覆没，布莱德克伤重而亡。当华盛顿护着布莱德克狼狈逃窜时，布恩也正驾着马车玩儿命跑。两个年轻人互不相识，但都从这次惨败中得到了他们各自人生中的宝贵一课。华盛顿学到了大量的军事常识，也看到了英军的弱点，为后来指挥独立战争积累了经验。那么，布恩学到了什么呢？

在军营的篝火旁，布恩正津津有味地听另一个马车夫讲述着一片神奇的土地。讲故事的人叫约翰 · 芬利，曾是个皮货商。芬利说，在阿巴拉契亚山以西，有一片水草地，印第安人把它叫作“肯塔克”，意思是“草地”。这是他见过的最美丽的地方。这里长着高高的草，那颜色绿里透蓝，丰美无比。河水静静地抚摸着这片温柔的草原，草原上生活着鸟儿、火鸡、鹿、麋、水牛和河狸。这是印第安人的狩猎宝地，他们不想被白人打扰。

芬利的话让布恩激动得眼睛闪闪发光，他仿佛看见了这个人间天堂。从此，他再也忘不了肯塔克。战争一结束，布恩就匆匆忙忙地回到家乡。他迫不及待地要去寻找那条通往肯塔克的路。但在离家之前，他还要完成人生的一件大事。1756 年，布恩与邻家女孩丽贝卡 · 布兰结婚。在 57 年的婚姻中，他们一共生了 10 个儿女。

婚后不久，布恩就出发了。他的肩上挂着一袋盐，腰里别着一把斧子，背上背着一杆枪。这就是他的全部行装。他用斧子砍树开路，用枪打猎，把盐撒在烤熟的肉上食用。可是，他来来回回地折腾了将近 10 年，还是没见到那条路的影子。布恩都快绝望了。

一天，布恩家来了一位客人。他竟然是芬利！这简直是奇迹！芬利告诉布恩，他知道那条路在哪里。布恩二话不说，抄起家伙就上路了。1767 年，在芬利的指点下，布恩和弟弟以及另外几个猎人终于穿过一条山间小道，踏上肯塔克的土地。这条道就像在山中钻的小孔，非常狭窄。他们到达的肯塔克地区，就在今天的肯塔基州爱克荷市。

肯塔基比布恩想象的还要美丽。那里的草将近一米高，草尖上开着蓝色的小花，放眼望去就像一片蓝色的海洋。这种草是“蓝草”，后来肯塔基州的别号就叫“蓝草之州”。蓝草是动物最喜欢吃的草，而肯塔基的蓝草与别处不同。因处于石灰岩区，肯塔基的水含钙质特别多，被鲜嫩的蓝草吸收。动物吃了蓝草后，个个身强体壮。特别是马，跑起来快如闪电。今天世界上最优质的马和顶尖赛马都出自肯塔基。

肯塔基虽然深处内陆，却三面环水。北面是俄亥俄河，西面是密西西比河，东面是大沙河，中间还有肯塔基河、田纳西河、坎伯兰河等。众多的河流让肯塔基成为美国航运最便利的州。这里降雨丰富，水源充足，气候温暖，土地特别肥沃，畜牧和农耕都很容易。肯塔基不仅有一望无际的草原，还有深不可测的森林。今天的肯塔基到处都是森林公园，湖光山色，美不胜收。

可以想象，当布恩看到“此景只应天上有”的肯塔基时，是什么样的心情。他知道，这就是他一生的归宿。1773 年 9 月 25 日，布恩带着全家，还有另外 50 个移民，开始了英国殖民者第一次定居肯塔基的努力。10 月 9 日，他们行至山林地带。布恩的长子詹姆斯和另一个移民的儿子亨利一起去找丢失的给养时，被印第安人抓获。印第安人痛恨自己的生活被白人搅乱，他们怕失去自己的天堂，于是决定让这帮白人知道厉害。詹姆斯和亨利被残忍地折磨至死，他们的死讯果然吓坏了和布恩一起来的殖民者。大家决定撤回北卡罗来纳。这次定居肯塔基的尝试失败了。

詹姆斯和亨利的死引发了弗吉尼亚人与印第安人之间的战争，双方为争夺今天的西弗吉尼亚和肯塔基大打出手。一年之后，印第安人战败，被迫放弃肯塔基，但仍不时地骚扰这个地区。布恩积极参与了战争，因功升为上尉。爱子的惨死并没有让他放弃定居肯塔基的梦想，他相信自己还会回到那片土地。

1775 年，布恩带着 30 个伐木工人，把那条像小孔一样的通往肯塔基的山路开成了一条可以走马车的大道，这条路被称为“荒野之路”。“荒野之路”约长 480 公里，穿越阿巴拉契亚山，把北卡罗来纳和肯塔基连接起来。从此，它成了殖民者们走向西部的最重要的通道。1775—1790 年的 15 年间，20 万移民拖家带口，驾着马车，赶着牲畜，从这条路迁往肯塔基和其他中西部地区。

“荒野之路”开通不久，布恩就带着全家和其他殖民者一起来到肯塔基，他们居住的地方被后人命名为“布恩城”。可是，刚安顿下来，美国独立战争就爆发了。印第安人想要夺回失去的家园，他们与英国人结成联盟，不断袭击殖民者的定居地，布恩城成了最显眼的目标。由于损失惨重，很多殖民者不得不放弃肯塔基，回到东部。到 1776 年，肯塔基只剩下不到 200 个殖民者。布恩一家一直坚守在那里。

1776 年 7 月，布恩的女儿婕米娜和另外两个十几岁的女孩在布恩城外被印第安人劫持。布恩得信儿后立刻带着几个人去追，他们马不停蹄地跑了两天两夜才追上。布恩趁印第安人吃饭时突然袭击，解救了婕米娜和其他两个女孩。

由于印第安人的围困，布恩城的给养越来越少。布恩只好出去找吃的，没想到中了印第安人的埋伏，他和同伴都被抓了起来。印第安人可能看他太矫健了，是个打猎的好手，没杀他，反而让他作为部落成员，一起狩猎。布恩瞅准了个机会逃跑了，在马背上飞奔五天五夜，赶回布恩城。到家一看，人去屋空。原来，他被抓后，有人告诉丽贝卡他已经死了。丽贝卡伤心之余，带着孩子们返回北卡罗来纳。

布恩指挥殖民者们加强城防，增加给养，成功地保全了布恩城。1779 年，布恩回到北卡罗来纳，第三次带领全家走向肯塔基，任何挫折与苦难都无法阻挡他对肯塔基的热爱和向往。这一次，随他而行的移民比前两次更多了。其中有一个是他的好朋友，也带着全家跟他走在一起。这位朋友的名字叫亚伯拉罕 · 林肯。很多年后，这位林肯的孙子成了美国的第 16 位总统，即因废除奴隶制而永载史册的另一个亚伯拉罕 · 林肯。在肯塔基的小木屋里长大的林肯总统对此事津津乐道，逢人就说自己的爷爷是布恩的朋友。在他心中，布恩是真正的美国英雄。

布恩天生就是个探险家，他好像不能停下来安安稳稳地过日子。定居肯塔基后，他仍然不断地出去打猎，一走就是好几个月。他晚年因债务问题被迫迁往密苏里。在 80 岁那年，他还跟几个小伙子出去狩猎，一直走到今怀俄明州境内的黄石河。人们以为他会死在路上，他却奇迹般地回到家。1820 年 9 月，85 岁的布恩享尽天年，无疾而终。人们把他和妻子合葬在肯塔基。他一生最感到欣慰的事，就是亲眼看到肯塔基从小到大，日益繁荣，具备了成为一个独立州的条件。肯塔基终于在 1792 年加入联邦，成为美国的第 15 个州。

布恩在美国是家喻户晓的人物，他的故事被人们传扬着，被作家讲述着，被好莱坞演绎着。关于他的书、电影、电视剧多得数不过来，久而久之，人们已经不清楚哪些是真的，哪些是假的。比如，有的说，他会在森林里倒着往后跑，这样，他的脚印可以把印第安人指向相反的方向；有的说，他会拉着树藤飘荡几百米，让印第安人失去他的踪迹；有的说，他是神枪手，能打中狗熊鼻子上的跳蚤；有的说，他是印第安人的死敌；也有的说，其实他一辈子只杀过一个印第安人……今天，所有的真真假假、恩恩怨怨已经不重要了。“丹尼尔 · 布恩”早已不是一个人，而是变成了一个符号，一个象征。他是人们心中第一个西部牛仔，他的传奇和他永无止境的追求，编织了让无数人心旷神怡的“美国梦”。

新大陆千千万万的“丹尼尔 · 布恩”，在走向西部的旅途中，越来越清楚地意识到，他们的理想和追求与几千公里外的那个岛国的居民是如此不同，他们已经不是“英国人”了。如果他们不是“英国人”，他们是什么？谁又能说得清，这个懵懵懂懂的新民族，到底何去何从？请看下一个故事 :《美洲人》。

019

美洲人

在 18 世纪初，不管是英国人、法国人、意大利人、荷兰人还是瑞典人，凡是住在北美英属殖民地的人，都自然而然地把自己看成“英国人”。英语是通用的语言，“英国人的权利”是所有的人都想得到的权利。后来，当“英国人”的概念渐渐模糊的时候，代之而起的是各个“殖民地人”，比如，你是弗吉尼亚人，我是宾夕法尼亚人，他是马萨诸塞人，咱仨完全不搭界，属于三个“国家”。然而，“法国与印第安人的战争”改变了这一切，它让所有地区的人不得不互相合作，互相了解，互相融合。人们开始意识到，弗吉尼亚人和新英格兰人并没有他们想象的那么不同，纽约人和南卡罗来纳人也可以有同样的追求。一个同种同文、统一的新民族悄然诞生了，它的名字叫“美利坚民族”，也就是“美洲人”，以及后来的“美国人”。

“美洲人”这个词最早出现在 1739—1748 年的“詹金斯耳朵的

战争”中。北美殖民地人踊跃地参加了这场英国与西班牙之间的战争，殖民地人组成的民兵与英国正规军并肩作战。英国人第一次用“美洲人”来称呼北美的殖民者，代替了那个歧视性的称呼“外省人”。然而，第一次认认真真地考虑“什么是美洲人？”这个问题的，不是英国人，而是一个法国人。

这个法国人的名字叫米歇尔·吉欧姆·让·德·克里维克，1735 年 12 月生于法国的诺曼底。他出身法国贵族，父亲是伯爵。“克里维克”在法语里的意思是“破碎的心”。

1755 年，19 岁的克里维克移民新法兰西。当时，英法已经在北美打起来了，克里维克在法军主将蒙特卡尔姆将军麾下做制图员。1759 年，英军攻占魁北克城，蒙特卡尔姆将军阵亡，新法兰西覆灭。在战争期间，一个偶然的机会，克里维克来到英属纽约省。当他看到纽约的富庶，英属殖民地的繁华，特别是人们在英属殖民地享受到的各种自由和权利，他立刻意识到，这才是他真正想要的生活。

1759 年，克里维克从加拿大迁往纽约，在那里买了个农场，并宣誓加入英属殖民地。他娶了个纽约女孩为妻，还为自己起了个英国名字：海克特·圣约翰。他在纽约时用英国名字，回法国时用法国名字。后来，英国人干脆把他的法国名字和英国名字合起来，叫海克特·圣约翰·克里维克。

克里维克爱纽约，他知道，在欧洲，只有大贵族、大富翁才能拥有土地，穷人只能做雇农。可是，在北美，遍地都是自耕农，到处都是“流着奶与蜜”的农庄，耕者有其田，居者有其屋，新大陆为每个人提供了广阔的生存空间。克里维克觉得，自耕农是世界上最美好的生活方式。他与妻子男耕女织，自给自足，看着孩子们在大自然的怀抱中健康地成长，尽享天伦之乐。

纽约土地肥沃，风调雨顺，克里维克的农庄年年丰收，小麦和苹果多得吃不完。克里维克在享受小康生活的同时，也享受着纽约多姿多彩的文化和宽松自由的信仰。他太热爱自己生命中的每一天了，决定写一本书，晒晒北美的幸福生活。在这本书中，他提出了那个著名的问题："什么是美洲人？"

什么是美洲人？克里维克说，美洲人是一个新的民族，它有新的价值观，创造着新的思想和见解。住在美洲这个新国家的人，也许都是在旧大陆遭到践踏或让人嫉恨的人。他们在新大陆结合成新的家庭，变成成功而自信的社会公民。他说，一个美洲人，他的妻子是荷兰人，他的儿媳是法国人，他的四个孙媳妇来自四个不同的国家，而所有这些人都可能有着不同的信仰。这种事在欧洲是绝对不可能发生的。

克里维克告诉旧大陆人，在这片殖民的土地上，一个与众不同的民族正在兴起。这里没有让人民为之劳苦、为之挨饿、为之流血的国王，而是一个人人自由的完美社会。自由和机会让美洲成为一个有着无穷潜力的国家，到处都是朴素而宽敞的房子，整齐的道路，丰腴的果园和草地，而在仅仅一百年前，这里还是山林荒野。

他说，美洲的法律让人们为自己思考。“法律检视我们的行为，上帝洞察我们的思想”。北美没有欧洲那样的等级和歧视，来自世界各国的人融合在一起而形成的这个新民族，将以自己辛勤劳动创造出来的财富改变整个世界。克里维克警告欧洲人，美洲的新思想将传播到大洋彼岸，影响人类的未来。

在他的书中，克里维克也描绘了北美恬静优美的田园生活，介绍了很多种植庄稼和果树的经验，还教人们做“美式”苹果派。书里的每一页都散发着浓浓的乡土气息，人们仿佛摸到了那又大又红的苹果，闻到了饱满圆润的麦香，看到了郁郁葱葱的园林，甚至尝到了农家烤炉里那晶莹剔透、流着油脂的火鸡和鲜美可口的奶酪。克里维克用感性的语言在人们面前展示了一个新国家、新民族、新追求、新生活。

克里维克的书《一个美洲农民的来信》在欧洲六个国家出版，引起巨大的反响，成了头号畅销书。直到今天，这本书还摆放在人们床头桌边。欧洲人在书中读到一个淳朴、大气、如诗如画的北美，也读到一个有活力、有作为、有思想的新民族。很多人就是因为读了克里维克的书而告别家乡，远涉重洋，义无反顾地奔向新大陆。

当克里维克在纽约书写着一个新民族的兴起时，一个南方女孩正用她的勤劳和智慧刻画着这个民族的精神。这个女孩叫伊丽莎白·卢卡斯，人们都叫她“伊莉莎”。

伊莉莎于 1723 年 12 月出生在西印度群岛的安第加。她是家中的长女，下边有两个弟弟一个妹妹。她的父亲乔治·卢卡斯是英国军官。卢卡斯将军非常重视对子女的教育。他把大女儿伊莉莎和两个儿子都送到英国读书，小女儿太小，暂时留在家里。

当时，比较富有的殖民地人都把自己的孩子送到英国上学，这是一种时尚。但一般人只重视对男孩的教育，女孩念不念书倒无所谓，也就混几年，识几个字，学学为妻之道，早早地嫁人了事。可是，伊莉莎的父母不一样，他们让伊莉莎完成了从小学到中学的全部课程。伊莉莎聪明绝顶，是个优秀的学生，什么都学得最好。她不但精通音乐，通晓多国语言，而且热爱科学研究。她对植物学有特别浓厚的兴趣。伊莉莎从学习和研究中得到无穷的乐趣，她说：“教育是父亲给我的最宝贵的财富……”

1738 年，卢卡斯将军把全家从安第加迁往北美的南卡罗来纳。在那里，他拥有三个种植园。可是，他没能在那住很长时间。1739 年，“詹金斯耳朵的战争”爆发，卢卡斯将军只好回西印度群岛领兵作战。伊莉莎的母亲体弱多病，做不了什么事。16 岁的伊莉莎承担起经营三个种植园的重任。她在给朋友的信中说：“我要打理三个种植园，那些需要处理的文件和杂七杂八的琐事你简直难以想象……”三年后，母亲去世了，伊莉莎不但是种植园主，还成了一家之长。

凡是认识伊莉莎的人都不得不承认，她确实是个非同寻常的女孩。她智商超群，精明强干，见识过人。当时，南卡罗来纳绝大多数种植园都种大米。大米是主要粮食，也是重要的出口物资，它是南卡罗来纳的经济支柱。但是，过于依赖大米的经济总显得有些单薄，很多人都感到需要另一种“现金作物”来增加收入。但是，这“另一种”作物到底应该是什么呢？

敏锐的伊莉莎当然不会忽视这个机会，热爱植物学的她在自己的种植园里开始了各种尝试。起初，她种植了无花果，然后把果子晾干，以便长途运输。后来，她又试种姜、大麻、亚麻、棉花、苜蓿，甚至种桑养蚕。但因为各种原因，她觉得这些作物都不太适合在南卡罗来纳大面积种植，无法带来大规模经济效益。

后来，父亲从西印度群岛给她寄来靛青的种子，伊莉莎立刻开始试验。在此后的三年里，她不断地试种、选种，培育出一种适合南卡罗来纳气候的、产量高、质量好的靛青品种。1744 年，她第一次在南卡罗来纳大面积种植靛青，获得了巨大的成功。靛青是重要的染料，欧洲的纺织业每年都需要大量的靛青。伊莉莎的成功为她的种植园带来丰厚的利润。她毫不吝啬地把自己培育的靛青种子送给其他种植园主，让靛青的种植在南卡罗来纳迅速扩展。仅仅三年之后，南卡罗来纳向欧洲出口的靛青就已经达到每年 10 万磅。到美国革命前夕，在北美殖民地每年向欧洲出口的商品总额中，靛青占了三分之一，与烟草、大米三分天下。

伊莉莎除了经营种植园，还做很多一般人都“没时间”做的事。她每天 5 点起床，读书读到 7 点，然后到花园或田里走一圈，看看奴隶和仆人们是不是已经各就各位。早饭后的第一个小时，演奏音乐，第二个小时，练习法语和打字。下午，她要处理庄园的事务，写信和各种文件，还教妹妹和另外两个黑人女孩读书。她的目的是让这两个黑人女孩再去教其他奴隶的孩子读书。精力旺盛的伊莉莎好像觉得自己不够忙，“业余”时间还学习法律，很快就可以帮人起草遗嘱和房地产合同等法律文件。她的庄园除了种植，还染皮革，做木桶，织布，做鞋，养蚕，把丝绸做成衬衫、裙子，等等。所有这一切，都是在伊莉莎的指导和监督下进行的。

在战争中表现出色的卢卡斯将军被任命为安第加总督，这下，他更没空回南卡罗来纳了。父女之间只能通过书信交流。从他们的书信中，人们看到，伊莉莎与父亲之间不只是一般的父女亲情，还有一种朋友般的互相关心和互相尊重。父亲对女儿的信赖和依靠，女儿对父亲的崇拜和眷恋，如甘美的泉水，渗透在他们的字里行间。可是，当卢卡斯将军想为女儿挑一个南美的富翁做丈夫时，一向很乖巧的女儿坚决拒绝了父亲的选择。她说：“把秘鲁和智利所有的富人加起来，也负担不起做我丈夫的资本……”

1744 年 5 月，21 岁的伊莉莎嫁给了她为自己选择的伴侣，他就是 45 岁的律师查尔斯 · 平克尼。平克尼是南卡罗来纳最有权势的三大律师之一，南卡罗来纳的首席大法官，殖民地议会领袖。他也是个富有的种植园主，拥有 7 个大种植园。平克尼的一个种植园刚好与伊莉莎的相邻，在第一任妻子去世后，他开始与伊莉莎交往，两人很快就坠入爱河，伊莉莎可能在他身上看到了父亲的影子。伊莉莎在日记中写道：“我要为亲爱的夫君奉献一切，做他的好妻子，为他生儿育女，做孩子的好母亲……”

伊莉莎为平克尼生了 3 个儿子 1 个女儿，其中 1 个儿子夭折。她相夫教子，帮助丈夫管理种植园，里里外外都有条不紊。正当她沉浸在幸福中时，不幸的事发生了。1758 年，平克尼死于疟疾。现在，伊莉莎拖着 3 个孩子，要管理丈夫的 7 个种植园，原来自己家的 3 个种植园也仍然需要她的照顾。在北美殖民地，还从来没有一个女人独自掌管过 10 个种植园。但是，伊莉莎做得非常出色，她的智慧、勇气和领导才能让那些七尺男儿自愧不如。

伊莉莎是北美殖民地时期最重要的女性，为南方经济和后来的美国革命都做出了重要贡献。她的儿子们都是美国的著名政治领袖，一个是《独立宣言》的签字人，一个在联邦政府担任要职，还竞选过美国总统。她被很多人称为“建国国母”，因为她的身上闪烁着美国女性最让世人景仰的优点：优雅、睿智、独立、勤劳、善良、坚强、乐观，对生活永远充满信心和憧憬。

1793年，伊莉莎去世，人们在费城的圣彼得大教堂为她举行了隆重的葬礼。华盛顿总统亲自为她抬棺材，以表达对她的仰慕和尊敬。1989年，南卡罗来纳州为了表彰她对农业的贡献，把她列入商业“名人堂”，她是第一个获此殊荣的女性。

在北方的农庄和城市里，在南方的种植园里，在西部的草原和山林里，美利坚民族一天天长大，她在辛勤的劳动中变得成熟，在血腥的战争中变得勇敢，在西部的冒险中变得坚强。她开始为自己的前途思考，也开始为自己的权利抗争。当她意识到“美洲应该是美洲人的美洲”时，却发现，命运并没有掌握在自己手中。

美洲人将用怎样的方式表达自己的愿望？他们将怎样准备着迎接一场风暴的来临？请看下一个故事：《革命前夜》。

波士顿倾茶事件

1775年『莱克星顿的枪声』打响

瑞维尔深夜中纵马飞奔去报讯

帕特里克·亨利发表著名的演讲，『不自由，毋宁死』

托马斯·潘恩

COMMON SENSE;

ADDRESSED TO THE

INHABITANTS

OF

AMERICA,

On the following interesting

SUBJECTS.

I. Of the Origin and Design of Government in general, with concise Remarks on the English Constitution.

II. Of Monarchy and Hereditary Succession.

III. Thoughts on the present State of American Affairs.

IV. Of the present Ability of America, with some miscellaneous Reflections.

Man knows no Master save creating HEAVEN,
Or those whom choice and common good ordain.
THOMSON.

PHILADELPHIA;
Printed, and Sold, by R. BELL, in Third Street.
MDCCLXXVI.

《常识》第一版

华盛顿的婚礼

华盛顿被任命为大陆军总司令

塞缪尔·亚当斯

约翰·亚当斯

IN CONGRESS, JULY 4, 1776.

The unanimous Declaration of the thirteen united States of America,

本杰明·富兰克林、约翰·亚当斯与托马斯·杰斐逊起草《独立宣言》

《独立宣言》大图

大陆会议正式发表《独立宣言》

约翰·汉考克在《独立宣言》上签名

华盛顿正式接管大陆军

大陆军战士和纽约市民拉倒乔治三世的巨型雕像

Stories of The United States

美国的故事

②

—— 革命之火 ——

毕蓝◎著

九州出版社
JIUZHOUPRESS

020

革 命 前 夜

刚刚兴起的美利坚民族似乎是上帝的宠儿。辽阔富饶的北美大陆滋养着它，大英帝国宽松的管理方式放纵着它，它那与生俱来的狂野和热情得到无拘无束的发展。然而，这个任性的孩子还不太习惯理性的思考。它追求自由，却不明白什么是真正的自由；它渴望幸福，却不知道怎样到达理想的彼岸；它需要权利，却不懂得争取这些权利的理由。它就这样跌跌撞撞地走着，无知，也无畏。但它并没有在蒙昧中徘徊太久。一道曙光从东方升起，开始照亮这个孩子的灵魂。这就是把人类从黑暗引向光明的启蒙运动。

启蒙运动正式兴起是在 18 世纪初，一直延续到法国革命和拿破仑战争，几乎贯穿整个 18 世纪。但在此之前，荷兰的斯宾诺莎、法国的笛卡儿、德国的莱布尼茨、英国的牛顿，已经掀起了“理性主义”的思潮。

什么是“理性”？在狄德罗的《百科全书》里，“理性”是“人类认识真理的能力”。人的理性是大脑活动的自然结果，人们从对事物的观察、判断和推理中获得知识。“理性主义者”们不仅仅是思想家，他们还是数学家或科学家。他们传递给世界的信息是：人，可以通过理性的思维认识真理，而不必依靠神的启示或君主的谕旨。卑微的“人”第一次意识到，他们也许有能力探索上帝创造的这个世界。后来的启蒙思想家们，无一例外地高举“理性”的大旗，向“神权”和“王权”发起了猛烈的进攻。

启蒙运动的两位先驱都是英国人，他们是托马斯·霍布斯和约翰·洛克。霍布斯最早提出“社会契约”的理论。他说，国家是人们根据社会契约创造的，君权是“民授”而不是“神授”。君主得到授权后，要为人民谋幸福，而人民也要服从君主，不能反悔。霍布斯摘掉了君主头上的光环，却没有摘掉他们的王冠，他认为君主专制有利于社会的管理。霍布斯不相信有神，但认为宗教是维持统治的必要手段。

经历了“英国革命”洗礼的洛克显然比霍布斯走得更远。他认为，根据“社会契约”建立国家的目的是为了保护私有财产，而私有财产是“人权”的基础。他说：“我的茅屋，风能进，雨能进，国王不能进。”这也许是对“私有财产神圣不可侵犯”的最好的描述。洛克继承了弗朗西斯·培根的理论，认为获得知识的唯一途径是通过感觉和认知而积累的经验，因此，他也被称为“不列颠经验主义”者。

洛克是现代自由主义的奠基人。他说，人的自然属性是自私。所有的人都是平等和独立的，“生命权，健康权，自由权，财产权”是“天赋人权”。他的自由主义的另一个方面是政教分离。他认为，既然人没有能力确认哪一种宗教是绝对“正确”的，就应该允许宗教自由，而不能由政府强迫人民遵循某种信仰。一个宽容的社会才能长治久安。

洛克最著名的政治理论是“分权”理论。他说，国家的立法权应该属于议会，而行政权和外交权属于君主，这是“二元论”。在洛克心中，君主立宪是最好的统治方式，议会与君主“分权”，可以保证政治结构的稳定。洛克不再像霍布斯那样，认为人民一旦授权给君主后就不能反悔，而是认为“革命”不仅是人民的权利，在某些情况下，它也是人民的“义务”。

洛克的理论启迪了后来的启蒙思想家们，如伏尔泰和卢梭，并深深地影响了西方的政治思想。他是对未来的美国影响最大的人。美国最重要的几位“国父”，如亚历山大·汉密尔顿、詹姆斯·麦迪逊、托马斯·杰斐逊等，经常引用洛克的观点。杰斐逊把洛克与培根、牛顿合称为“有史以来最伟大的三个人”。他在起草《独立宣言》时，把洛克的“天赋人权”延伸为“生命权，自由权和追求幸福的权利”。洛克的政教分离和分权思想完美地体现在美国宪法中，他提倡的自由主义更是美国人至高无上的法宝。在他之后的两个多世纪里，以基督教精神为底蕴、以自由主义为核心的美国文化，在全球大行其道，魅力无敌。

继洛克之后，启蒙运动渐渐进入高潮，接下来的几位大腕儿都是法国人，巴黎也就成了启蒙思想的中心。第一位出场的是孟德斯鸠。孟德斯鸠出身贵族，是位法学家和政治理论家。他对古希腊、罗马的政治体制进行了深入的研究，在霍布斯和洛克思想的基础上，建立起自己的体系。他著述不多，却字字珠玑，主要著作是《论法的精神》。他试图设计一个理想的政府，使人民充分享受“政治自由”。他说：“公民的政治自由是一种人人自感安全的心境的平安状态。为了享有这个自由，就要建立一个政府，在这个政府的统治下，一个公民不必惧怕另一个公民。”

那么，什么样的政府结构才能保障人民的自由呢？孟德斯鸠提出了他最为世人所熟知的“三权分立”理论，这是对洛克分权思想的发展。他认为，国家的立法权、行政权和司法权应该分开，由不同的政府机构掌握。三权互相平衡，互相制约，任何一权都不能凌驾于其他两权之上。只有这样，才能维持政治的协调和社会的稳定。

孟德斯鸠的理论对西方政治体制的影响显而易见，今天世界上的主要民主国家都是三权分立政体。美国是第一个实践三权分立的现代国家。可以想象，“宪法之父”詹姆斯·麦迪逊在构思美国宪法时，满脑子里飞的一定全是“孟德斯鸠”。孟德斯鸠的著作也是被北美政治家们引用得最多的文字。但是，孟德斯鸠的“三权分立”是在研究古希腊、古罗马的经验中得出的结论，适用于“城邦共和国”，也就是“小国寡民”。它在一个幅员辽阔的大国能否适用，美国“国父”们心里压根儿没数。尽管如此，这帮天不怕地不怕的移民的后代，还是硬着头皮把貌似有理的三权分立搬上政治舞台，这玩意儿到底管用不管用，就听天由命了。没想到，这个“四字咒语”不但极靠谱，而且法力无边，整得美国政治超稳定，一部宪法二百多年不变，羡煞旁人。美国人在给“孟老爷子”烧高香的同时，也对自家“国父”的“胆大包天”佩服得五体投地。

与孟德斯鸠同时代的另一个法国人，就是被誉为“思想之王”“欧洲的良心”的伏尔泰。人们说，18 世纪是伏尔泰的世纪，他的光辉有如日月。伏尔泰不仅是哲学家，还是才华横溢的文学家、诗人、戏剧家、历史学家，上至国王、下至百姓都是他的粉丝。伏尔泰在科学上的造诣也很深，特别喜欢研读科学家们的著作，对牛顿情有独钟。他一生连书带小册子共出了两千多本，写过两万多封信，恨不得连说梦话都在作诗。好像地球人都知道他的那句名言：“我不同意你说的话，但我誓死捍卫你说话的权利。”其实，这话不是伏尔泰说的，却准确地表达了他的思想，所以人们也就乐意借伏尔泰之口把它传扬天下。

伏尔泰首先攻击的是天主教会。他说："天主教是世界上最荒谬、最可笑、最血腥的宗教。"像其他启蒙思想家一样，他是个"自然神论者"，认为上帝在创造了世界之后便不再作为，而是由"自然"主导人们的生活。他说，信仰不是基于教义，而是基于推理。他提倡的"宗教自由"远远超过了以往所有的思想家。以前的"自由"只是基督教的不同派别之间的互相宽容，对非基督徒并不包容。伏尔泰却主张对所有宗教的宽容，这在很多人看来是不可思议的。虽然伏尔泰痛骂天主教会，但他却没有指责上帝本身。相反，他认为上帝不但有存在的理由，而且有存在的必要。他的名言是："如果没有上帝，那就有必要创造一个上帝。"他认为宗教是人类社会生活不可缺少的一部分。

伏尔泰的著作处处闪烁着理性和人性的光芒。他说，人人生而自由平等，上帝赋予他们追求生存、追求幸福的权利。他宣称"法律面前人人平等"，坚决反对奴隶制。伏尔泰还对欧洲以外的社会形态表现出浓厚的兴趣和不同寻常的宽容。他多次提到中国和日本这两个不信上帝的世俗国家。他说，一个世俗的中国照样可以繁荣富裕，人们有什么理由相信只有依靠上帝才能获得幸福呢？

伏尔泰是启蒙运动的领袖，法兰西的"国宝"。他生前备受追捧，死后享尽哀荣。1791 年，当他的遗骸被送进"先贤祠"时，一百多万人见证了这个光荣的时刻。而另一位一点也不比伏尔泰逊色，又与他同年去世的伟人，似乎就不那么幸运了。这位让人又爱又恨的思想家就是卢梭。

卢梭没有孟德斯鸠那样显赫的身世，也不像伏尔泰那样左右逢源。他出身贫苦，历尽磨难。但他的才华却像纯净的金子一样，即使在最黑暗的夜色里，也能发出耀眼的光芒。他在哲学、政治学、教育学、文学上的成就几乎超过了同时代所有的人，他还是个天才音乐家，谱写过两部歌剧。

也许与他的出身和阅历有关，卢梭是“启蒙时代”最激进的思想家，他对旧制度的抨击是最猛烈的。在他的名著《社会契约论》和《论人类不平等的起源》里，卢梭把“社会契约”和“授权”理论阐述得淋漓尽致。他说，政府的出现是统治者与被统治者之间缔结“社会契约”的结果，人们愿意放弃某些个人自由而接受统治的唯一原因，就是使自己的权利、快乐和财产得到保护。政府不应该只保护少数人的利益，而应该着眼于每个人的权利、自由和平等。当政府不能做到这一点时，它就破坏了社会契约，也就失去了存在的合法性。

当同时代的大师们还在迷恋“君主立宪”时，卢梭已经在追求一种人民真正当家做主的政体；当“人民”在别的思想家心中只包括充满理性的“精英”时，卢梭却让社会最底层的“群众”也走进

“人民”的行列。他提出“主权在民”（或称“人民主权”）学说，第一次向世人宣称，一切权力属于人民。革命，不仅合理，而且合法。

卢梭热烈地追求自由和平等。他说：“人生而自由，却无往不在枷锁之中。”卢梭也特别强调法治，认为法律是公共意志的表现，遵守法律的行为就是自由的行为。

与其他启蒙思想家不一样的是，卢梭在追求“理性”的同时，也尽情地歌颂“感性”的魅力。他的《感性时代》和《忏悔录》，把一个孤独、敏感、痛苦的灵魂诚实地展现在人们面前，那细腻、激扬的情感成为“理性”至上的启蒙时代中最优美的不和谐音。

卢梭的激烈言论为他带来无数的灾难和谴责，贵族、教会、精英们骂他是“疯子”“野人”，而最有杀伤力的攻击来自与他同样伟大的伏尔泰。卢梭对下层人民的肯定使伏尔泰觉得很不舒服。他认为，那些没有知识、缺乏理性的“群众”很容易走向极端，对自由的过分追求反而会产生独裁。不幸的是，伏尔泰的担心变成了现实。在法国革命中，卢梭的思想简直被当作“圣经”，雅各宾派领袖罗伯斯庇尔就是卢梭的狂热信徒。随着革命热情渐渐失控，革命领袖变成嗜血魔头。“民主”不再是权利的保障，而成了专制的温床。当“自由”肆无忌惮地挥舞着屠刀时，人们才发现，原来，“革命”还有一个名字叫“恐怖”。

当尘埃落定，人们在历史的痛苦中开始反思，他们越来越清楚地看到，是“革命”曲解了卢梭，而不是卢梭误导了“革命”，他依然是那位燃烧自己照亮世界的英雄。尽管他得到的谩骂和赞扬一样多，在他去世16年后的1794年，他的遗骨还是像伏尔泰的一样被迎进“先贤祠”，巴黎以同样的热情拥抱了他的英灵。艺术家设计的卢梭棺木里伸出一只举着火把的手，他就算在长眠时也没忘记照亮世人前行的路。

启蒙运动的其他大师，还有法国“百科全书派”的狄德罗、德国的康德、苏格兰的休谟等。他们对神学、哲学、伦理学、科学的贡献启迪了整个时代，使人类从此告别愚昧，走进理性王国。在北美，启蒙运动有它自己的名字，这个名字是“本杰明·富兰克林”。

富兰克林是北美与欧洲之间的纽带，他长期旅居欧洲，与伏尔泰成为密友。就在伏尔泰去世前一个月，平时已经很少外出的他还专门陪富兰克林参加哲学俱乐部的活动，他的帮助使富兰克林在巴黎如鱼得水。思想极为活跃的富兰克林以最快的速度捕捉着欧洲最前沿的理论，源源不断地把启蒙思想的火花传播到北美。他利用自己创建的印刷与出版系统，把殖民地人带进了启蒙时代。

除了介绍欧洲的思想，富兰克林自己也是北美启蒙运动的主将。他对北美社会最大的贡献来自他对“美德”的追求。出身于虔诚的清教徒家庭的富兰克林，在十几岁的时候就背离了清教正统，宣布自己是“自然神论者”。可是，他虽然反对刻板的宗教礼仪，却坚信上帝的权威，积极投身到清教徒提倡的事业中，其中包括平等、教育、创业、节俭、诚实、节制、慈善、社区服务。富兰克林对“美德”的理性思考和热情赞颂，成功地为美利坚民族打上永久的道德烙印。即使在物欲横流的疯狂年代，美国人也从未丧失过道德底线。很多历史学家认为，正是富兰克林提倡的“清教主义”美德，培育了让“资本主义精神”茁壮成长的肥沃土壤。自由的思想和保守的道德相偎相依，谱写了美国社会的主旋律。

跟很多其他北美人一样，富兰克林还有个本事，就是把欧洲的“贵族”思想平民化，原因很简单，新大陆没有贵族。虽然启蒙运动鼓吹“人人平等”，但欧洲启蒙思想家们所设计的抽象的“共和”体制还是以欧洲现有的等级制度为基础，国王、贵族、平民泾渭分明，只不过寻求一种力量的平衡而已。可是，富兰克林说，人的价值取决于他的德行，而不是他的等级。在欧洲，“平等”是“王谢堂前燕”；在北美，它随着富兰克林的笔，飞进了“寻常百姓家”。

作为北美思想和知识界领袖的富兰克林，凭借他的巨大影响力，让美利坚民族变得成熟和理智，也引导了一大批“精英”探索新大陆的未来。就像“国父”约翰·亚当斯所说，“革命”早在战争爆发之前就开始了，“它就在人们的思想和心灵中”。

启蒙运动让自由、平等、法治的观念深入人心，人们开始重新审视自我，认识世界。美国革命和法国革命都是启蒙运动的直接结果。如果没有启蒙思想的指导，独立战争只不过是一场民族解放运动，跟“革命”沾不上边儿；战争的结果也绝不会是“美国”，而只是另一个拉美。历史的长河中，“战争”数不胜数，“革命”却寥寥无几，因为并不是每一场战争都有灵魂。

1730—1740年，在北美的13个殖民地，与启蒙运动交相辉映的，是“大觉醒运动”。这是一次基督教复兴运动，唤醒了殖民地人对宗教的极大热情，他们与上帝的关系从来没有这么亲密过。这次横扫北美的“大觉醒运动”是从传教士乔纳森·爱德华兹在新英格兰的布道会开始的。

爱德华兹看到，传统的牧师在布道时照本宣科，死气沉沉，大家听得都快睡着了，根本谈不上心灵的沟通。去教会成了一种毫无乐趣的负担，即使去了，也体会不到圣灵的感动。宗教变成说教，上帝变得陌生。爱德华兹觉得有一种强大的力量驱使着他，让他把基督教信仰再次变成人们永恒的追求。

从1727年起，爱德华兹开始在马萨诸塞的北安普敦布道。他完全放弃了其他牧师刻板的模式，用渊博的知识和生动的语言，满怀激情地讲述着圣父、圣子、圣灵的神妙救赎和奇异恩典。人们被他的话深深地感动和震撼，从四面八方赶来听爱德华兹布道。爱德华兹最著名的布道词是“愤怒的上帝手中的罪人”。他在宣讲时语气平静，但听众却反应强烈，有的因恐惧而发抖，有的因激动而泪流满面，他们看到了上帝的绝对权威，真切地感受到对圣灵的渴望。

爱德华兹的布道词和演讲风格很快就风靡北美，很多其他牧师也开始摒弃传统的说教，用感性与情感去唤醒沉睡的灵魂。爱德华兹的影响甚至传到英国，引起了英国人的共鸣。一个年轻的英国传教士，名叫乔治·怀特菲尔德，在英国也掀起轰轰烈烈的“传福音”运动。他说，“整个世界都是我的教区”。1738 年，24 岁的怀特菲尔德来到北美，开始在 13 个殖民地传教，他传播的“福音”把“大觉醒运动”推向高潮。

怀特菲尔德在传教时非常有激情，声音洪亮，语言极富感染力，听者无不动容。他所到之处，人们趋之若鹜，如饥似渴地聆听他的教导。怀特菲尔德讲的内容与爱德华兹不太一样。爱德华兹强调人的原罪以树立上帝的威严，怀特菲尔德则宣扬上帝的慈悲，让人感到获得救赎后的无限喜乐。他们都鼓励人们依靠自身的灵性去感受上帝，而不必通过官方的教会。人和上帝的距离一下子拉近了，连没有社会地位的女人、黑奴、印第安人也感到了爱的尊严。

“大觉醒运动”还有一个推波助澜者，就是那位无风三尺浪的本杰明·富兰克林。怀特菲尔德的所有著作都由富兰克林的公司印刷出版，他认为怀特菲尔德传的“福音”体现了平等、民主和宗教自由的观念。有富兰克林煽风点火，大家想不“觉醒”都难。在“大觉醒运动”中，大量基督教新派别、新教堂平地而起，无数人受洗成为基督徒，特别是很多黑人和印第安人，也接受了基督教，还建了自己的教堂，给他们苦难的生活带来一线希望。

看上去，“大觉醒运动”似乎是对启蒙运动的反动。启蒙运动强调“人”，“大觉醒运动”强调“神”。但实际上两者相辅相成，一点也不矛盾。虽然大多数启蒙思想家，包括富兰克林在内，都是“自然神论者”，但他们没有一个是无神论者。他们反对天主教会代表的“神权”，却不反对上帝本身，也没有怀疑上帝的权威。他们都认为宗教信仰是人类社会的支柱。当富兰克林请伏尔泰祝福他的孙子时，伏尔泰用英语说：“上帝与自由，这是给富兰克林先生的孙子的最好的祝福。”这可能也是给所有美国人的最好的祝福。

“大觉醒运动”对北美殖民地的影响一点也不亚于启蒙运动，它让基督教精神渗入人们的血液，启发了北美人对自由和平等的追求，为美国革命做好了精神准备。18世纪的这次“大觉醒运动”也被称为“第一次大觉醒运动”，美国至今已有四次“大觉醒运动”，几乎每隔六七十年就有一次，最近的一次是1960—1970年间。每一次“大觉醒”都让美国人对上帝的信念更加坚定，大大加强了美国社会的宗教文化，净化了人们的心灵。

经过启蒙运动和“大觉醒运动”熏陶的北美人，开始以全新的思维认识世界。虽然他们还不完全清楚自己的归宿到底在哪里，但辉煌的英帝国似乎不再是他们唯一的选择。就在革命蓄势待发的时候，大洋彼岸飘过来的一阵疾风暴雨立刻引发了殖民地人内心压抑已久的惊涛骇浪。

是什么让革命不再遥远？殖民地人能得到他们想要的一切吗？请看下一个故事：《抗税风波》。

021

抗 税 风 波

1765 年，北美殖民者们终于走到了美国革命的大门口。人们之所以对美国革命津津乐道，不仅仅是因为它催生了“美国”，从此改变了人类历史的航程；还因为这场革命与其说是一段历史，不如说是一场梦。它开始得莫名其妙，进行得糊里糊涂，结束得出人意料。革命中的那对冤家——英国和美国，似乎都有充足的理由指责对方，实在说不上谁更正义，谁更邪恶。它们之间的冲突更像家长与孩子间的争吵，做父母的过于专横，不能理解儿女的诉求，做儿女的过于刁蛮，无法体会父母的苦心，以至于最后竟然大打出手，彻底分家。当后人回顾这段日子时，不禁为英国惋惜，为美国庆幸，也不得不感叹世事难料。本来，这一切都不必发生，或不必发生得这么早，但历史没有“必然”，只有“偶然”，上帝的手让所有的不可能变成了可能。

美国革命因何而起？但凡革命总要有个站得住脚的理由。看看世界各国的革命史，不外乎两个主要原因：一是内部压迫，上面的人极度腐败，下面的人极度贫穷，日子实在过不下去了，反抗也是死，不反抗也是死，那就反了吧。二是外来侵略，强势民族把弱势民族逼到了墙角，激起民族独立运动。可是，所有这些理由在当时的北美似乎都不成立，至少远远不到引发革命的程度。

在北美，虽然下层平民的生活不富裕，城市里也能见到四处乞讨的流浪者，但总的来说，这里土地肥沃，资源丰富，移民们又很勤劳，填饱肚子不是大问题。“饥饿”对北美人来说是个比较遥远的词，似乎只有一百五十多年前那些刚刚踏上新大陆的第一批殖民者才尝过“饥饿”的滋味。到 18 世纪中叶，英属北美殖民地大多数下层平民的生活还过得去，比旧大陆的人们舒服多了。更重要的是，新大陆的“中产阶级”已经初具规模，他们是小农场主、小手工工场主、小商人、小企业主、律师、医生、学者等，他们过着即使不大富大贵却也衣食无忧的生活。上层社会就更不用说了，新大陆对他们来说就是天堂。看上去，无论哪一个阶层都没有理由非要革命不可。黑奴和印第安人可能有反抗的动机，但他们力量太小，成不了气候。

大英帝国一直是在“重商主义”的指导下管理北美殖民地的，也就是，经济为主，政治为辅。殖民地向英国出口木材、毛皮、鳕鱼、烟草、大米、靛青，然后从英国进口家具、工具、农具、服装、酒、糖、茶叶、奢侈品和其他各种制成品，当然还有奴隶贸易。英国禁止北美与其他国家做生意，也限制北美的成品加工业。它很满意自己的杰作，因为北美是它的“原料产地＋商品市场”，典型的“殖民地经济”。英国从北美捞足了油水，北美也从对英贸易中获利，殖民者们没觉得有啥不好的，有钱赚就行，管它买卖的是什么呢。

在政治上，英王和议会对北美采取的政策是“适当的忽视”，就是“假装看不见”的意思，只要你宣誓效忠，不闹事，其他的随便。因此，北美殖民地一直享有最大限度的“自治”权。那8个皇家殖民地虽然由英王任命总督，但日常事务都由选举产生的殖民地议会管理，他们与总督平起平坐，没受多少限制。另外5个非皇家殖民地就更自由了，议会就是老人。对英国来说，“忽视”对殖民地的政治统治，节省了大笔行政费用和军费，连总督的工资都从殖民地的税收里出，英国一分钱不花就赢得了殖民地的忠诚，这笔买卖做得值。北美人当然也很高兴，谁愿意天天让人管着？几千公里的大西洋把殖民地与“祖国”远远地隔开，让殖民者们觉得非常舒服，他们几乎完全自己管理自己，想干什么就干什么。殖民地政府除了没有一个主权国家的对外宣战权，其余的一样不缺。谁要说北美殖民地没有自由，那可真是没天理了。

那么，到底是什么让这群享受着当时世界上最舒适的生活、最开明的政治、最自由的文化的人起来“造反”？殖民者们一向追求的是“自由与财产”，英国显然满足了他们的愿望，可他们为什么还要闹革命呢？有人说是“性格”，美利坚民族天生的“野性”决定了他们不会久居人下。但性格强悍的民族多的是，为什么只出现了一个美国？有人说是“理想”，美国革命被认为是最“理想主义”化的革命，是对启蒙思想最宝贵的实践。可是，“理想”能当饭吃吗？也有人说是“钱”，从英国独立出去会有更大的发展空间，大家都有钱赚。但失去了最大的贸易伙伴后，谁又能保证北美还会像以前那样财源滚滚呢？

有一点似乎是公认的，就是英王乔治三世和英国议会接二连三所犯的错误，导致了英美两国分道扬镳。但即使这一点也很勉强。可怜的乔治三世不是好国王，但他既不骄奢也不残暴，据说还是个很不错的人，只是做了一份自己不擅长的工作而已。再说，立宪下的君主，本来就没多大实权，就算坏，又能坏到哪去呢？英国议会也没那么十恶不赦。实际上，从后面的故事中你会看到，议会还是愿意与殖民地妥协的，一让再让，却阴差阳错，回天乏术。这也许就是为什么，在革命前、革命中、革命后，很多北美人，包括美国的“建国国父”们，都对英帝国怀着深深的眷恋之情。华盛顿总统的政府就是明显的“亲英”政府，而“亲英”倾向也一直是美国政府外交政策的一部分。直到今天，美英仍是“天然盟友”。从两国那种“打断骨头还连着筋”的情谊上不难看出，当年的英帝国在北美播种的不是仇恨，是恩德。

既然连历史学家们都说不清北美为什么会爆发革命，我们就不必自寻烦恼了。该发生的迟早会发生，就让我们看看那第一把火是怎样点起来的吧。

一切似乎都是“法国与印第安人的战争”（或者说英法“七年战争”）惹的祸。1756—1763 年的英法战争，以英国的辉煌胜利而结束。在北美，英国从法国手里抢来加拿大和路易斯安那的一部分，又从西班牙手里抢来佛罗里达，要多风光有多风光。可是，风光的背后是陷阱。为了供给战争，英国政府借债高达 130 亿英镑。更要命的是，仗打完了，军费支出却降不下来。为什么呢？因为有大约 1500 个军官不想离职。他们都是职业军人，不打仗就意味着失业。这些人跟上层政要关系密切，很多是贵族子弟。既然要保留这些军官的职位，总不能让他们当光杆儿司令吧？那只好维持大批的常备军了。英国本土的人已经厌倦了常年的战争，看见军队就头晕，不想交那么多税养活他们。咋办呢？就把他们送到北美吧，反正新占了那么多地方，总要有人维持秩序。于是，“七年战争”后，英国议会决定派 1 万名英国士兵常驻北美，每年开支约 23 万英镑。

现在的问题是，英国将怎样还清那一屁股债？驻北美的军队由谁支付费用？英国政府跟世界上所有叫“政府”的怪物一样，似乎只会做一件事情，就是征税。接下来的问题是，向谁征税？英国本土的税已经征到头了，再增加任何税收都有引发革命的危险。国王和议员们拿着地图一看，咦？咱不是还有一头又肥又大的“现金牛”北美吗？养了它这么多年，该是挤奶的时候了！

其实，议会不是不讲理，他们确实有响当当的理由：我们出钱出兵打赢“法国与印第安人的战争”，最大的受益人当然是殖民者；现在我们派兵常驻北美，保护的也是殖民者。那么，殖民地帮助分担一些战争费用，支付常驻军的军饷，不是应该的吗？再说，又不是让北美支付所有的军费，只是一部分与他们密切相关的费用而已，不算过分吧？

可是，议会的绅士们哪里知道，这头“现金牛”实际上是“披着牛皮的狼”。它受到法国威胁时，见了英国兵亲着呢。可危机一过去，它马上就想回归自己的小日子，盼着这些兵从哪儿来赶紧回哪儿去。英国一决定在北美派常驻军，立刻遭到殖民地议会的反对，他们也有响当当的理由：俺自己会照顾自己，不用保护。殖民者们心里的小算盘打得精准，这么多当兵的，吃喝拉撒，谁管？你要是让俺喊“英王陛下万岁万岁万万岁”，俺一天喊一万遍都没问题，可你要敢动俺的钱包，俺就跟你玩儿命。

可惜，英国从国王到政府首相再到议会议员，没有人来过北美，他们连北美长什么样都不知道，更不用说了解那里的风土人情和民族性格了。他们按自己的逻辑做着自己认为正确的事。1764 年 4 月，英国议会通过《食糖法》，规定凡北美殖民地进口的糖必须缴纳每加仑 3 便士的海关税，也就是大约 4.5 升才交 3 分钱，确实不算高。议会就是怕引起反抗才把税率压得很低，而且收上来的钱完全用于殖民地的海关管理，不回流宗主国。与此同时，议会还放出风去，将在第二年加征印花税。

糖税和后来的印花税虽然都不高，却是英国议会破天荒第一次直接向北美殖民地征税。以前，英国因为不需要支付任何管理北美的费用，从来不向北美征税。税收完全由殖民地议会解决。各个殖民地虽然政府结构略有不同，但基本上都是"大社会，小政府"，没有庞大的官僚机构，自然也就没有庞大的支出；没有庞大的支出，自然也就不用收多少税。于是，北美人享受了一百八十年低税收的生活。

其实，英国议会也意识到了这一点。为了慎重，在实行新税法，特别是征印花税之前，他们专门咨询了那位德高望重的殖民地驻英国的贸易代表本杰明·富兰克林。此时，富兰克林已经在伦敦住了 10 年。他热爱伦敦，非常忠于英帝国，同时也很热爱家乡北美。美洲人说他是英国人，英国人说他是美洲人，富兰克林觉得自己是个很公正的人。他看了议会的法案，觉得这个税还算比较合理，也不重，殖民地会不高兴，但不会闹上天。可是，老爷子这回算是看走眼了，也许他在英国待的时间太长了，低估了自己同胞的坏脾气。

《食糖法》一石激起千层浪，殖民地人立刻爆炸了。想征税？没那么容易！当时，北美殖民地经济正赶上战后萧条期，大家本来就一肚子火，别说3分钱，半分也没有！你不是收糖税吗？俺不进口了，俺走私！结果，海关折腾了大半年，没收上几分钱。可是，不知为什么，英国议会好像没反应过来，也没看出殖民地人的刁蛮本性，还是自顾自地于1765年3月颁布了著名的《印花税法案》。

印花税在英国本土已经实施多年，是一种很有效的直接税，它要求很多印刷品必须用带印花的纸，这种纸由伦敦提供。法案覆盖的领域非常广，比如律师、医生的证书，商业许可证，法律文件，报纸，小册子，书，甚至扑克牌，每页纸上都要带有英国政府的印花。当然，为了戴上“花”，就得交钱。印花税的金额也不高，每页就几分钱。但偏偏是这几分钱点燃了美国革命的燎原之火。

如果说，殖民地人反对糖税时还只是本能反应，到印花税时就已经变成了大规模、有组织的抗议行动了。全美13个殖民地都开了锅，猜猜闹腾得最厉害的是哪个？当然是拥有悠久的“暴徒”历史的马萨诸塞！

《印花税法案》一公布，波士顿立刻陷入混乱，人们走上街头，先是示威游行，后来就变成了打砸抢。人们冲进政府机关，殴打官员，砸玻璃，毁桌椅，烧房子，还差点拆了副总督托马斯·哈金森的家，搞得一片狼藉。在波士顿人眼里，暴力就是“革命”，就是“自由”。

这一次，人们已不再是单纯反对印花税了，他们更担心，如果印花税不能被制止，以后英国议会不是要为所欲为吗？昨天是糖税，今天是印花税，谁知道明天还有什么税，这还有头吗？他们好像看到一双巨大的手正在向他们伸来，要扼住他们的咽喉，让他们无法呼吸。当时的北美人认为，英国政府已经得了一种不可救药的病，这种病的名字叫“腐败”，他们特别害怕这种病横跨大西洋，登陆北美。英国议会连连对殖民地下手，说明他们已经开始放弃以前的“忽视”政策，变成“严加管教”了。对自由散漫惯了的北美人来说，这是世界末日。

就在大家东一棒子西一榔头地搞破坏时，一位律师站出来说了几句话，给殖民地人的暴力行为找到一个冠冕堂皇的理由。这位律师的名字叫詹姆斯·奥蒂斯。他不仅是律师，也是马萨诸塞殖民地议会的议员。他说，根据英国《大宪章》和《权利法案》，英国公民享有的一项权利是，政府在没有得到纳税人同意的情况下，不能征税。怎么才算是征得纳税人同意呢？就是通过纳税人选举出来的代表，也就是征得议会的议员同意。英国议会有征税权是因为他们代表了“人民”，他们同意就是“人民”同意。如果“人民”不满意他们的代表，下回选举换个人代表自己就是了。

奥蒂斯说，问题就出在，北美殖民地在英国议会没有自己的代表（富兰克林不是议会议员）。既然没有代表，北美人当然也就没机会“同意”或者“不同意”加到他们身上的税收。英国议会在未经殖民地人同意的情况下向殖民地征税，显然已经构成“违宪”，侵犯了殖民地人作为英国公民的权利。所以，大家抗税是应该的。他提出了那句美国革命中最早也是最著名的口号：“无代表的税收就是暴政！”后来，这句话演变为：“无代表，不交税！”

奥蒂斯的话让整件事完全变了性质。殖民地人的暴行已经不是“抗税”，而变成了“维权”。那点税不算什么，要是咱的代表同意，咱就交。可是，咱没代表，凭什么交税？这不是抢劫吗？本来，人们闹事只是因为脾气大，这下可好，连不识字的农民都成了法律专家，挥着拳头高喊：“无代表，不交税！”人们一想，原来只知道俺的钱让人抢了，弄了半天，俺的权也让人夺了。那咱还等什么？使劲儿砸吧！

估计英国议会的议员们个个都想把奥蒂斯活活掐死，可是没办法，人家说得不错，咱也得拿出理论来反驳一下吧？于是，议会说，殖民地虽然在议会中没有名义上的代表，但英国议员们却是他们“实际上”的代表，他们在制订税法时确实考虑了殖民地人的利益。而且，英国法律明文规定，英国议会有至高无上的权力，它高于王权，也高于殖民地议会，当然可以在殖民地征税。北美人一听，谁选你代表俺的？俺只认俺家门口那个议会，别的一概不认！

自从有了“法律”依据，殖民者们闹得更欢了。在马萨诸塞，愤怒的人们又想起了一个绝招，就是把收税官的身上涂满焦油，粘上羽毛，然后把绳索套在他们脖子上，拉着游街示众。更有甚者，还把收税官的样子做成纸人，吊在树上烧，谁看了都得做噩梦。这种人身侮辱有点过分了，收税官只是执行公务，又不管制订税法，议会的决策跟他们有何关系？可是，殖民者们就是要通过这种方式让谁也不敢来收税，让法律成为一纸空文。

果然，印花税的收税官们都哭爹喊娘地请求辞职，谁敢干这活？打死也不干。整整一年的时间，一分钱都没收上来。殖民地的暴乱让英国商人大受损失，他们也请求议会取消印花税。没办法，英国议会在1765年年底开会讨论印花税的去留。此时，富兰克林也意识到事态的严重，他想平息殖民地的怒火，让一切恢复正常。富兰克林来到英国议会的听证会。在几个小时的听证中，他回答了议员们提出的上百个问题，证明殖民地确实“不堪重负”，无法承担印花税。议员们明明知道富兰克林在那“哭穷”是装腔作势，但也没辙，再耗下去北美就不可收拾了。1766年3月，议会终于宣布取消《印花税法案》。这个短命的税法只存在了一年，不但没收到一分钱，还造成大量人员和财产损失。更重要的是，英国人与美洲人之间的感情受到极大的伤害，殖民地与宗主国的关系开始出现裂痕。在今后的日子里，这道裂痕是愈合还是加深，就要看英帝国的政治智慧了。

印花税被取消的消息传到北美，殖民地立刻成了欢乐的海洋，到处张灯结彩，庆祝胜利。波士顿人还为“印花小姐”举行了盛大的葬礼，放火焚烧做成纸样的“印花”，极尽刁钻古怪之能事。

《印花税法案》结束了，美国革命才刚刚开始。英国议会能从此罢手吗？殖民地人将怎样应对新一轮的较量？请看下一个故事 :《愤怒的波士顿》。

022

愤 怒 的 波 士 顿

1765 年，英国议会通过的《印花税法案》在北美殖民地掀起轩然大波，各殖民地的抗税风潮迫使议会在 1766 年 3 月取消了《印花税法案》。可是，这并不表示英国已经放弃了在殖民地征税的企图。毕竟，欠下的那一大堆战争债务总是要还，不向富裕的北美要钱，又能找谁要呢？再说，《印花税法案》铩羽而归，让英国议会觉得很没面子。堂堂的英帝国难道还斗不过殖民地那几个暴民吗？

于是，在 1767 年，吃了一堑却没长一智的英国议会，通过了一套新的税法，称为《汤森法案》，是以财政大臣查尔斯 · 汤森的名字命名的。《汤森法案》比《食糖法》和《印花税法案》更进了一步，规定对北美进口的一系列产品征收海关税，包括纸、油漆、铅、玻璃、茶……这都是北美不生产而且只能从英国进口的产品。

《汤森法案》有三个目的：其一，增加收入，就是捞钱。其二，告诉殖民地人，到底谁是老大，确立英国议会至高无上的地位。只要英国议会想征税，它就能征税，殖民地议会必须服从。其三，建立美洲海关总署，统一管理殖民地海关，打击走私。也不知道英国人咋想的，这个海关总署居然设在闹得最凶的波士顿，还真有点找死的意思。

跟糖税和印花税一样，《汤森法案》中所有产品的税率都很低，也就几分钱几毛钱的事。它想先确立议会的权威，然后再慢慢提高税率。从波士顿人在《印花税法案》实施期间的表现上，你用脚趾头都想得出他们对《汤森法案》的反应。刚送走了“印花小姐”，这回她的七大姑八大姨全来了，还让不让人活了？英国议会怎么这么不长记性？告诉他们多少遍“无代表，不交税”，转脸儿就忘了不成？

1767 年的波士顿，只能用一个词来形容，就是“愤怒”。在愤怒的人群中有一个人，他比所有的人都更愤怒。这个人的名字叫塞缪尔 · 亚当斯。

很多人认为，美国革命是由三支火把点燃的，他们是性格、背景、经历完全不同的三个人。没有他们，革命仍然会发生，但绝不会这么猛烈，这么迅速，这么精彩。他们的智慧、勇气和热情把海水变成了火焰，把“暴乱”变成了“革命”。塞缪尔 · 亚当斯就是那第一支火把。

塞缪尔·亚当斯，1722年生于马萨诸塞一个非常受人尊敬的家庭。他的父亲，老塞缪尔·亚当斯，与妻子玛丽共生了12个孩子，却只有3个活过了3岁。老亚当斯是个成功的商人，专门制作造啤酒用的麦芽。亚当斯家住在波士顿的一所大房子里，过着中产阶级的舒适生活。

亚当斯一家是非常虔诚的清教徒，他们严格地遵守着清教的道德准则。老亚当斯是教会的执事，也就是教会中的领袖人物，深得大家的爱戴。他不但热心教会的事务，对政治也很热衷。他是波士顿城镇会议的一员，后来又当选为马萨诸塞殖民地议会议员。晚上，他家经常有政治沙龙，大家在一起谈天说地，指点江山。小塞缪尔·亚当斯就在这种很浓的政治气氛中长大，他对政治的强烈兴趣也就不足为奇了。

另外，他对自己的清教徒背景感到很骄傲。他的祖先是最早来到马萨诸塞湾定居的清教徒之一，他们都是品德高尚、志趣高远的“上帝的选民”。他觉得，自己只有发愤图强，才不会辱没祖宗的梦想。像其他几位重要的“建国国父”一样，他一生对清教价值的执着追求为未来那个年轻的国家注入了强大的凝聚力和高水准的道德观。

1736年，14岁的塞缪尔·亚当斯进入哈佛学院。四年后，他获得学士学位，后又继续深造，于1743年获硕士学位。当时的哈佛跟个神学院差不多，大部分学生都研究神学。他父亲也希望他将来能从事教会的工作。可是，他却发现自己对政治越来越感兴趣。亚当斯特别擅长写政治论文，下笔如有神，一会儿工夫就是一篇。他写道：“（殖民地）社区有权为维护自己的利益而对抗更高的权威。”显然这已经为他在美国革命中的言论埋下了伏笔。

亚当斯在哈佛攻读硕士学位的时候，一个大变故让他的家受到沉重的打击。他父亲参与创办的房地产银行因得罪权贵而被英国政府查封，因此负债累累。亚当斯的中产阶级生活被打乱了，他再也无法像以前那样衣食无忧。这件事的影响伴随亚当斯的终生，时刻提醒他，英国对殖民地的横加干涉将会毁掉殖民地的未来。亚当斯对革命的热情多半是源于这种让他痛彻肺腑的个人经历。

从哈佛毕业后，为了维持生计，亚当斯试过各种工作。开始，他想当律师，后来又去做生意。结果，他干一行，败一行，任何工作都无法持久。亚当斯的父亲经过那场变故后一直没能恢复元气，贫病交加，于 1748 年去世。家族的麦芽生意便交到亚当斯手中，本以为他能撑起一片天，可是他根本就不是做生意的料，对赚钱压根儿就不感兴趣，那点老本儿一会儿就让他折腾没了。经过多年的摸爬滚打，亚当斯发现，自己最喜欢也最擅长的还是政治。

1749 年，亚当斯与牧师的女儿伊丽莎白 · 切可利结婚。在他们 7 年的婚姻中，共生了 6 个孩子，但只有一儿一女长大成人，其余的全部夭折，最后连妻子也因难产而死。看着自己的孩子、妻子接二连三地死去，亚当斯沮丧到了极点。

但生活的困窘和失妻丧子之痛并没有动摇亚当斯对政治的热情。他积极参与波士顿的政治生活，先在波士顿城镇会议中当上一名职员。他生性外向、豪爽、正直，敢做敢当，特别喜欢交朋友，很快就为自己赢得了声誉。1756年，波士顿城镇会议选他当收税官，亚当斯开始了自己的公职生涯。

收税官的职务给亚当斯带来一定的收入，可是他实在太不会当差了。他去收税时，只要人家面有难色，或诉几声苦，他就不忍心收了。而且他邋里邋遢，非常没有条理。比如，最起码的，你应该把收上来的税钱放在一个口袋，把自己的钱放在另一个口袋，免得混了。但亚当斯偏偏把所有的钱都乱七八糟地放到一起，根本搞不清哪是自己的，哪是收上来的。久而久之，这笔糊涂账越记越乱。幸好他在城镇会议中朋友多，大家相信他的为人，不会太责怪他。可是，税收不全，城镇会议的日常开支渐渐成了问题。最后，亚当斯的政敌把他告上法庭，说他欠税1463英镑。这些人都是波士顿的富人，他们对亚当斯不收或少收穷人的税的做法非常不满，要好好整治他一番。

就在亚当斯被官司搞得焦头烂额时，他的福星出现了。一天，一位衣着华丽、风度翩翩的年轻绅士来到法庭。大家一见到他纷纷行礼致敬。这位绅士用平静、优雅的语气，奉劝他的富人朋友们不要再找亚当斯的麻烦了，得饶人处且饶人吧。他果然有面子，富人们撤销了对亚当斯的指控，亚当斯的朋友们也帮他付清了一部分欠款，剩下的由城镇会议当坏账处理了事。反正以后不再让亚当斯当收税官就是了。

这位年轻绅士到底是什么来历呢？他就是波士顿最富的人、“船大王”约翰 · 汉考克。汉考克生于 1737 年，比亚当斯小 15 岁。他出身一个中产阶级家庭，父亲是大主教。汉考克 7 岁的时候，父亲去世了。他和母亲去跟叔叔、婶婶一起住，从此，他的中产生活就结束了。他的叔叔经营着马萨诸塞最大的运输公司，波士顿港停的船有一半是他家的。叔叔、婶婶似乎拥有世界上所有的财富，可他们缺一样东西——孩子。他们把汉考克当自己的儿子抚养，从小就让他受最好的教育，带他出入上流社会的交际场所。1754 年，汉考克毕业于哈佛，成了叔叔的商业伙伴。叔叔去世后，27 岁的汉考克继承了巨额财产和船务公司。此时的他，已是波士顿最让人羡慕的“钻石王老五”。

看上去，汉考克和亚当斯完全不是一路人。亚当斯永远都穿着一件皱皱巴巴的深红色外套，也不知道有多长时间没洗了。这外套不一定特别廉价，但那个松懈的样子，就好像亚当斯每天晚上都穿着它睡觉一样。而汉考克则永远都衣着光鲜，那考究的褶边衬衫、昂贵的丝袜和闪亮的皮鞋，还有那雍容华贵的气质，简直迷死人不偿命。

可是，这位“钻石王老五”除了会赚钱，还有个跟亚当斯同样的爱好：搞政治。就是这点爱好把他们连在了一起。汉考克很佩服亚当斯的为人，也很欣赏他的政治抱负。于是，当他看到亚当斯有难就拔刀相助，交了这个朋友。从此，亚当斯成了汉考克的革命导师，汉考克成了亚当斯的银行账户。有了汉考克这部自动提款机，波士顿的反英斗争既有了动机，又有了本钱。亚当斯终于可以放开手脚大干一场了，汉考克也不再只是个富翁，他像亚当斯一样，变成波士顿的旗帜和象征。后来，汉考克作为大陆会议主席，第一个在《独立宣言》上签了字，成为最著名的“建国国父”之一。

1764 年，英国议会通过《食糖法》时，亚当斯在城镇会议中猛烈抨击英国议会。他赞同奥蒂斯的“无代表，不交税”的主张，说：“如果他们可以对我们的贸易征税，那我们的土地，我们的财产，不是都可以征税了吗？这完全侵犯了我们宪章中规定的‘自治’权利。我们是地地道道的英国公民，如果在没有代表的情况下就被征税，那么，我们不是从自由的国民变成附庸的奴隶了吗？”

波士顿城镇会议接受了亚当斯的主张，成为第一个挑战英国议会权威的组织。亚当斯的话发表在报纸和小册子上，他声名鹊起。1765 年，《印花税法案》通过时，各殖民地普遍采纳了亚当斯的言论，坚决抵制印花税。亚当斯认为，印花税不但“违宪”，而且严重妨碍商业贸易的发展。他号召大家抵制英货，以迫使英国议会取消印花税。

1765年8月，一位叫安德鲁·奥利弗的印花税收税官，被做成纸人吊在树上烧，他家和办公室都被砸得稀巴烂。过了没几天，副总督哈金森的家也被愤怒的人群捣毁。马萨诸塞总督认为，这是有组织的暴力行为，而这个组织者就是亚当斯。这个指控没有确凿的证据，到现在历史学家们也难有定论。很多人认为亚当斯就是波士顿“暴徒”的幕后黑手，他通过几个有效的“团队”指挥着“暴徒”们的行为。也有人说亚当斯根本没有介入这些事情。不管怎样，事后亚当斯发表声明，给“暴徒”们撑腰打气倒是真的。但与此同时，亚当斯也认为砸毁官员的家过于暴力，他更支持合法的抗议，比如和平请愿和抵制英货。问题是，脾气暴躁的波士顿人，哪里耐得住性子“和平”请愿呢？

《印花税法案》被取消后，人们还没高兴几天，《汤森法案》就来了。波士顿城镇会议立刻号召殖民地人全面抵制英货。你不是征关税吗？俺不买你的东西还不行吗？但是，亚当斯很清楚，光靠马萨诸塞的力量不足以推翻《汤森法案》。他积极联络其他殖民地，让大家一起抵制英货。到1767年年底，所有的新英格兰殖民地和中大西洋殖民地都参与了抵制英货的运动。本来一盘散沙的北美终于迈出了走向联合的第一步。

如果说，未经殖民地人同意就征税是英国议会犯的第一个错误，那么他们的第二个，也是更致命的错误，就是促成了殖民地的联合。北美13个殖民地中的任何一个都无力单独与英国抗衡。一百六十年来，它们各自为政，做梦都没想过会联合成一个统一的国家。如果英国各个击破，区别对待，有的打，有的拉，应该可以避免或推迟美国革命。可是，议会却对北美殖民地一视同仁，要征税都征税，逼得它们不得不联合行动。等英国终于清醒过来时已经太晚了，它能做的唯一的修补就是通过《魁北克法案》稳住了“养子”加拿大，而那13个“亲生孩子”却“黄鹤一去不复返”了。

亚当斯是殖民地联合的最有力的推动者。《汤森法案》让他认识到，以前靠示威的做法太不够水准，再说，“暴徒”的称呼也不好听，有损波士顿人的形象。换个啥称呼更有煽动性呢？亚当斯灵机一动，就叫“自由之子”吧！又好听，又有正义感。于是，波士顿的“暴徒”们摇身一变，都成了“自由之子”，其他殖民地的反英组织也都改称“自由之子”，亚当斯是波士顿“自由之子”的领袖。1765年9月，他当选为殖民地议会议员。

“自由之子”们除了组织示威游行以外，还通过书信、报纸、小册子互通信息。他们定期聚会，商讨反英策略。“自由之子”喜欢在大树下开会，这些树被称为“自由树”。很快，全美各地都出现了“自由树”。后来，战争爆发后，英军每到一处，第一个要砍的就是“自由树”。他们效率倒是挺高，各地的“自由树”都给砍得差不多了，现在只剩下马里兰等州还保留几棵，供人们参观。

殖民地的爱国女士们也没落下，她们组成“自由之女”，在抵制英货期间发挥了重要作用。她们日夜不停地纺纱织布，用殖民地自己的面料做成衣服代替英国服装，她们还找到各种植物的叶子做饮料代替英国茶。与此同时，“自由之子”的成员到处巡查，看谁敢进口英国货就砸店。心明眼亮的“自由之子”和心灵手巧的“自由之女”，使北美殖民地抵制英货的运动获得了巨大的成功。几个月下来，英国商人都受不了了，纷纷要求议会取消《汤森法案》。

1768 年，马萨诸塞议会给英王发去请愿书，亚当斯和奥蒂斯要求议会把这封请愿书也发送给其他殖民地，同时附带一封亚当斯起草的给各殖民地的公开信，号召其他殖民地与马萨诸塞联合起来，共同抵制《汤森法案》。这封公开信后来被称为“革命之路的重要里程碑”。

马萨诸塞总督弗朗西斯 · 伯纳德要求殖民地议会收回这封公开信，议会拒绝了。亚当斯说，他们的请愿合法又合理。他干脆一不做，二不休，又向英王发出一封新的请愿信，要求撤换伯纳德总督。伯纳德一气之下，宣布解散殖民地议会。

殖民地议会与皇家总督剑拔弩张，波士顿已经坐在火山口上。下一步，伯纳德总督将会采取什么措施？波士顿人又会如何反应？请看下一个故事：《血溅波士顿》。

023

血 溅 波 士 顿

1767 年的《汤森法案》把北美 13 个殖民地的反英运动推向高潮，各殖民地议会纷纷通过决议，全面抵制英货。在波士顿，殖民地议会与伯纳德总督之间已经到了“死磕”的关键时刻。议会要求英王罢免伯纳德，伯纳德则干脆解散议会。亚当斯领导的“自由之子”让《汤森法案》几乎变成一张废纸，别说税收不上来，就连海关官员的人身安全都成了问题。伯纳德总督紧急向伦敦求救，说要是再不派军队来，俺可就管不了啦。英国新任的殖民地事务大臣希尔斯伯罗勋爵下令派四个军团开赴波士顿。

1768 年 10 月，两个团的英军，约 4000 人，抵达波士顿，11 月，另外两个团也到了。从身穿大红色军装的英国士兵踏上波士顿土地的那一刻起，很多殖民地人对英帝国的忠诚就在悄然地改变了。人们开始思考他们以前从来没思考过的问题：难道这就是我的国家吗？它到底是在保护我还是在威胁我？一个几千公里外的小岛凭什么主宰这片大陆？

虽然伯纳德总督解散了议会，但议员们换了个地方，照样开会。在亚当斯的主持下，议会的请愿又多了一条：驻波士顿的英军全部撤离，否则，抵制英货的运动绝不会停止。亚当斯说，英军占领波士顿，不仅侵犯了殖民地人的天赋人权，还侵犯了英国宪法和殖民地宪章所赋予他们的“自治”权利。亚当斯和其他议会领袖们写了无数的文章，发表在报纸和小册子上，号召大家齐心协力，不把英国兵赶出波士顿誓不罢休。其他殖民地也纷纷响应，继续抵制英货。“自由之子”三天两头闹事，比以前更过分了。他们不但羞辱政府官员，连英国兵也不放过，逮着机会就向英国兵扔个雪球，砸两块石头，骂几句脏话，还给他们起个外号叫“龙虾背”，反正不能让他们舒服了。

终于，1769 年 8 月 1 日，伯纳德被召回伦敦，副总督哈金森继任马萨诸塞总督。与此同时，两个团的英军撤离波士顿。这一天，成了波士顿人的节日，他们像欢送“印花小姐”一样欢送伯纳德和英国士兵。但亚当斯提醒大家，还有两个团的英国兵没撤，咱得继续努力，直到他们全都撤兵为止。而且，只要《汤森法案》一天不被废除，咱就一天不买英国货，看谁拗得过谁。

这两个团可怜的士兵们，一天都不想在波士顿待了。这是什么鬼地方啊？冬天贼冷贼冷的，手指头都快冻掉了，哪里比得上俺那温柔美丽的故乡？他们大多是十七八岁的少年，出身贫苦，为了糊口而参军，以前从未出过远门，这回冷不丁地被送到几千公里外的北美，举目无亲，思乡之情可想而知。他们拿着低得可怜的工资，面对那些刁蛮的殖民者，听他们用最恶毒的语言辱骂自己，早就受够了。士兵们每天都在祈祷："上帝啊，求你让我们赶快回家吧！"

1770 年 3 月 5 日的傍晚像平时一样寒冷，一个叫休 · 怀特的英国士兵正在海关楼前站岗。这时，一个貌似无赖的波士顿人走来，开始嘲笑他，后来嘲笑变成辱骂，辱骂变成推搡，推搡又变成你踢我一脚我打你一拳。两人嗓门越来越大，吸引的人越来越多，不一会儿就聚集了几十个殖民者，他们把怀特推倒在地。怀特大声呼救，正在附近的托马斯 · 普莱斯顿上尉立刻带着八九个士兵赶来。英国士兵们站在一起，紧张又不知所措地与陆续涌来的波士顿人对峙着。此时，周围已经有二三百人。他们向士兵们扔雪球、冰块，高声谩骂，有些人还故意挑衅："你不是有枪吗？有本事就冲我开！没种就滚出波士顿！"

在一片混乱中，接下来发生的事就谁也说不清了。普莱斯顿上尉说，他当时向士兵们大喊："不要开枪！"但一个士兵听到有人喊："开枪！"另一个士兵看到正呐喊着向自己逼近的人群，慌里慌张地扣响了扳机，于是其余的士兵也开始乱七八糟地打起枪来，都昏了头了，也不知道听没听见长官的“不要开枪”命令。一阵乱枪过后，11 人中弹，其中 3 人当场死亡，另外 2 人几个小时后死去，其余的受伤。这下，波士顿人也不敢逞能了，抬起死伤的弟兄一哄而散。波士顿终于尝到血的滋味。

第二天天不亮消息就已经传遍全城。塞缪尔·亚当斯认为这是个把英国兵彻底赶出波士顿的绝好机会。他找到好朋友铜匠保罗·瑞维尔，让他赶紧把昨晚发生的事画成一幅画，刻在铜板上，这样就可以印成很多份，散发出去。可是，画什么呢？画那乱哄哄的人群和手忙脚乱的士兵吗？当然不是！事实？真相？太苍白无力了！要画就画出英国兵的凶恶和波士顿人的无辜，画出血腥，画出愤怒，画出仇恨。亚当斯如此这般交代了一番。瑞维尔是“自由之子”的成员，亚当斯的铁哥们儿。大哥一声吩咐，小弟心领神会。于是，那幅著名的画就诞生了：

在画中，英国士兵排成整齐的队形，在普莱斯顿上尉的指挥下，向波士顿手无寸铁的和平居民开枪。波士顿人像无辜的羔羊，被冷血的英国兵任意宰割。硝烟起处，血流成河，那一具具尸体让任何人看了都会顿生怜悯之心，同时燃起对英国人的深仇大恨。这简直就是一场有组织、有预谋的大屠杀！

果然，当这幅画刊登在报纸上，传遍大街小巷，整个波士顿就成了一锅沸腾的开水。人们走上街头，聚集在总督府门前，群情激愤，喊声震天，坚决要求严惩肇事者。亚当斯发表演说，把这次事件定名为“波士顿大屠杀”。从此，这个词就被所有的历史学家采用。它名不副实也好，危言耸听也好，反正那血迹是擦不去了。

包括普莱斯顿上尉在内的 8 个英国兵，以谋杀罪被告上法庭。如果罪名成立，他们将被判处死刑。此时的波士顿人已经红了眼，那架势，光判他们死刑不够，还得把他们切巴切巴生吃了才过瘾。法庭内外一片喊“杀”声，不杀不足以平民愤。这 8 个英国兵吓坏了，赶紧给自己找律师吧。可是，全城上下，哪个律师敢出来给他们辩护？给他们辩护的人，哪天在街上让人拍一板砖或打一闷棍，怎么残的都不知道，家人就甭想有好日子过了，指不定什么时候自家的房子就着火了。

最后，走投无路的英国兵只好去求一个人，如果这个人不帮他们，他们就死定了。出人意料的是，塞缪尔·亚当斯也找到此人，鼓励他接下这个案子。塞缪尔·亚当斯毕竟是哈佛毕业生，不是无知盲流。他很清楚这场所谓的“屠杀”到底是怎么回事。为了发动革命，他可以不择手段，但涉及 8 条人命，他就不能草率行事了，他不想让人觉得波士顿是个无法无天的城市。那么，他找的这个人是谁呢？这个人愿意帮忙打这场官司吗？

此人就是波士顿最才华横溢的律师，塞缪尔·亚当斯的堂弟，约翰·亚当斯。1735 年 10 月 30 日，约翰·亚当斯生于马萨诸塞殖民地的昆西镇，父亲是小农场主，也是教堂的执事，同时在城镇里担任专管学校和道路的官员。塞缪尔·亚当斯和约翰·亚当斯源自同一清教徒祖先，传到他这里已是在新大陆的第6代了。

约翰·亚当斯出身于中产阶级家庭，他颇为自己的清教徒背景感到自豪。到18世纪时，清教本身已经变得柔和多了，不再像早期那样苛刻与死板。但他觉得，清教价值观不仅是世界上最纯洁、最高尚的情操，更是自由与平等的载体。他像堂哥一样，一生都执着地追求“清教主义”美德，并把这种追求变成了未来那个新国家的灵魂。

约翰·亚当斯是个聪明绝顶的人，天生一副好脑筋。可是他小时候很顽皮，不好好读书。他和后来的波士顿首富约翰·汉考克是发小，两人年龄相仿，家境相似，住得又近，经常一块儿玩儿。约翰·亚当斯还是在汉考克的父亲做主教的教堂里受洗的。后来，汉考克的父亲去世，他由富翁叔叔抚养。两人从此不在一个阶层了，但一直保持着不远不近的友谊。

1751年，16岁的约翰·亚当斯进入哈佛读书。父亲希望他将来能当个教堂的主教，可是他自己却拿不定主意。1755年，从哈佛毕业后，他一面在一所学校里教书，一面考虑自己未来的职业选择。经过深思熟虑，他决定做一个律师，开始在业余时间学习法律，三年后通过了律师资格考试。此时的他早已不是那个贪玩的小男孩了。他如饥似渴地学习，不仅研究法律，还研究历史；不仅懂当时的法律，还懂古希腊、古罗马的法理。他变成新大陆最博学的法学家、历史学家和政治学家，言谈文章处处用典，法律条文就像刻到他脑子里一样，想驳倒他，门儿都没有。

1764 年 10 月 25 日，还有 5 天就是约翰 · 亚当斯 29 岁生日了。这一天，他迈出了人生最重要的一步：与 20 岁的远房表妹阿比盖尔 · 史密斯结为夫妻。阿比盖尔是大主教的女儿，从小由父母教导读书。她虽然从没受过学校的正规教育，可是她的才学却很少有人比得上。她聪慧过人，满腹诗书，见解非凡。阿比盖尔第一次见到约翰 · 亚当斯时只有 17 岁，他们在一起谈论文学、历史、哲学、政治。阿比盖尔出口成章，她的智慧和才华让年长她近 10 岁的约翰 · 亚当斯非常吃惊。随着时间的推移，约翰 · 亚当斯越来越离不开这位美丽、优雅、温柔、理智、聪明、活泼的小表妹，他疯狂地爱上了阿比盖尔。他们结婚的这一天是约翰 · 亚当斯一生中最甜蜜的日子。

在所有的“建国国父”中，约翰 · 亚当斯的家庭可能是最幸福的。他与阿比盖尔是生活的伴侣，也是灵魂的伴侣。他们互相爱慕，互相依赖，互相扶持，走过 54 年的风风雨雨。他们共同领导了美国革命，又携手入主白宫。他们一起创建的“亚当斯政治家族”把他们的天才儿子也推上总统的宝座，成为美国唯一的一对“父子总统”，这个纪录直到2001年小布什总统入主白宫才被打破。阿比盖尔是那个时代最有名的才女，她的见识让约翰·亚当斯离不开她，也让其他的政治领袖，如华盛顿和杰斐逊，对她敬慕有加。约翰·亚当斯的人生因阿比盖尔而变得完美，美国革命也因阿比盖尔而多了一抹妩媚与清新。

作为律师的约翰·亚当斯，第一次出名也是与堂哥塞缪尔·亚当斯有关。1768年，塞缪尔·亚当斯与他的富翁好友约翰·汉考克领导的反《汤森法案》运动正进行得有声有色。5月的一天，波士顿海关以涉嫌“走私”为名扣押了汉考克公司的一条船，这条船的名字恰恰叫“自由号”。接着，他们又把汉考克告上法庭。汉考克有点急了，赶紧找塞缪尔·亚当斯商量。塞缪尔·亚当斯说，兄弟，甭怕，哥还有撒手锏没使出来呢。汉考克说，啥撒手锏啊？他说，你忘了波士顿最能干的律师是谁了？汉考克一听，心立刻放回肚子里去了。他当然知道，那就是自己的儿时好友约翰·亚当斯嘛。这人的本事他可有数，那舌头能把死人说活了。

约翰·亚当斯本来压根儿就不想管这事儿，可是碍不住堂哥和朋友的面子，只好披挂上阵。此时的他还不想卷入反英运动，更不想与“自由之子”有任何瓜葛。他是个小心谨慎的人，不像堂哥那样风风火火的。再说，在当时的北美殖民地，走私是家常便饭。那么长的海岸线，管理又松，不走私才奇怪。要说“船大王”汉考克不走私，恐怕连鬼都不信。不走私，汉考克家地窖里那一桶桶的高档法国葡萄酒哪来的？自从《汤森法案》通过后，走私已经不是犯罪，而是革命。殖民地人铆足了劲儿走私，就是不给英国缴税。汉考克因慷慨解囊资助革命，早就成了波士顿的革命领袖。告他？问问波士顿人能答应吗。

约翰·亚当斯知道，就算汉考克脑门子上写着“走私犯”仨字儿，咱也得按无罪辩。好在他认一个死理儿：不管有罪无罪，都要用事实说话。没有可靠的人证物证，告翻了天也是无罪，而海关缺的就是十足的证据。于是，他甩开腮帮子，滔滔不绝地胡搅蛮缠了5个月，最后，这个案子竟然不了了之。海关撤销了指控，汉考克兴高采烈地回了家。这下，约翰·亚当斯成了名人，他简直就是波士顿人心中的英雄。

虽然他帮了堂哥和汉考克一把，但并不表示他从此就跟这俩搅到了一起。他与堂哥的性格完全不一样。堂哥外向、豪爽、热情，特别有煽动性，他却心思缜密、敏感、细腻，又有点神经质。他坦诚、直率、严肃、固执，甚至有些死板，活脱脱一个小清教徒。堂哥喜欢用演讲来发动群众，他却大部分时间靠写作阐述自己的观点。他也反对英国议会对殖民地的干涉，除了在文章中引经据典地支持奥蒂斯“无代表，不交税”的观点，还进一步指出，殖民地的宪章是殖民者与英王签的合同，殖民地只效忠英王，不效忠英国议会，所以，英国议会在北美没有绝对权威，当然不能直接向殖民地征税。约翰·亚当斯的理论成了北美殖民地最有力的武器。有这么一位学富五车的法律专家撑腰，革命可真是咋说咋有理了。

约翰·亚当斯深受欧洲启蒙运动的影响，他用自己的笔在北美传播着启蒙思想的精髓。他说，不管什么形式的革命，都要以建立一个公平、公正的社会为准则，这个社会唯一的权威就是法律。一个公平社会最重要的表现之一，就是在任何情况下，所有的公民都有权得到公正的审判。一个公民是否有罪，不应该由高高在上的权力机构决定，而应该由普通公民组成的陪审团裁决。只有这样，公平和正义才能得到伸张。

塞缪尔·亚当斯对堂弟的这套理论清楚得很。“波士顿大屠杀”发生后，他眼瞅着大家的火都被自己撮起来了，这几个英国兵恐怕性命不保。于是，他来找堂弟为英国兵辩护。此时此刻，也许只有此人有本事给脑袋发烫的波士顿人当头浇一盆冷水。约翰·亚当斯快被他这个整天惹是生非的堂哥烦死了，正犹豫不决呢，堂哥几句话就把他说服了：“你不是追求一个公平的社会吗？现在就是上好的机会啊！光说不练可是假把式！”他一听，慨然而起，好，我就给你出把力，你手下那些“自由之子”爱怎么砸怎么砸，兄弟豁出身家性命不要了！

就这样，波士顿最优秀的律师、未来美国的第二任总统，站到了法庭上，为“人民公敌”英国兵辩护。约翰·亚当斯就是冲着两个字去的：公平。他要告诉人们，革命的目的究竟是什么，革命的理想应该是什么样的。今天，你不能保障一个普通士兵的权利，那么，明天，你又怎能保障一个普通公民的权利？一个被激烈的情绪控制的社会只会给人民带来灾难。

约翰·亚当斯的辩护水平那是没的说，他还是老规矩：一切用事实说话。外面嚷嚷得再厉害，无凭无据就甭想定罪。在辩护中，他说了下面那段著名的话：“事实是很固执的东西，无论我们的愿望、直觉、情感是什么，它都无法改变。”他通过人证物证把事情搞了个水落石出，让一心想把英国兵往死里整的波士顿人无话可说。最后，陪审团裁决，8 个英国兵中，包括普莱斯顿上尉在内的 6 个人无罪释放，另外 2 个直接向人群开枪的士兵被判“过失杀人”，惩罚是，用烧红的烙铁在他们的拇指上烙印，然后就出狱走人。一场情绪激昂的乱子就这样平息了。几个英国兵对约翰·亚当斯千恩万谢，他们凑钱给了他 18 个畿尼的律师费，相当于 21 先令。在当时，这是一双新鞋的价钱。

约翰·亚当斯为敌人辩护，虽然办公室被“自由之子”砸了，但名声却没有因此受到损害。人们看到了一个公平的人，一个坚持原则的勇士，一个理智又成熟的领袖。不久，他当选为马萨诸塞殖民地议会议员。他的言论被越来越多的人接受，他的理想也渐渐成了人们共同的理想。美国革命就在像他这样的一群知识“精英”的领导下，踏上“理想主义”和“共和主义”的征程。很多年后，他回忆为英军辩护的这段经历时写道：“这是我为我的国家奉献的最好的服务。”

约翰·亚当斯在法庭上打官司的时候，他堂哥也没闲着。塞缪尔·亚当斯借机与哈金森总督谈判，坚决要求所有的英军撤离波士顿。看见现在的局势了吧？哼，再不撤，后果更严重！英国人也真有点吓傻了，哪见过这么能闹腾的？为了平息事端，他们同意把剩下的这两个团的士兵撤出波士顿。同时，由于抵制英货运动给英国商人带来巨大的损失，他们纷纷游说议会，废除《汤森法案》。1770年4月，《汤森法案》终于被废除了，北美再次如愿以偿。

然而，《汤森法案》中有一项税却被保留了下来。英国议会想用这一项看上去并不起眼的税证明自己的权威。钱多钱少没关系，重要的是个“理”字。这唯一保留下来的税收就是茶叶税。

连战连胜的殖民地人将怎样对待茶叶税？他们将做出什么样的选择？请看下一个故事：《倾茶事件》。

024

倾 茶 事 件

1770 年 3 月的“波士顿大屠杀”之后，英军全部撤出波士顿，《汤森法案》中的绝大多数条款都被废除了，只留下一项茶叶税。自 1765 年《印花税法案》颁布以来就一直闹腾着的北美殖民地好像一下子消停了，迎来了一个难得的“安静时期”。《汤森法案》被废除后，各殖民地纷纷停止了抵制英货运动，大家都忙不迭地与英国恢复正常的贸易关系，该怎么赚钱还怎么赚钱。革命似乎注定要成为过眼云烟。谁愿放着好好的日子不过，天天瞎折腾呢？然而，人们没想到，将要成为过眼云烟的不是革命，而是这个转瞬即逝的“安静时期”。

“与人斗，其乐无穷”的波士顿人好像也累了。尽管塞缪尔·亚当斯嚷嚷着“革命尚未成功，同志仍须努力”，要大家把最后一项茶叶税剔除以后再休息，可是眼见着纽约、费城等地的商人已开始进口英货，波士顿独木难支，最后，商会只好宣布停止抵制。“波士顿大屠杀”中唯一的英雄约翰·亚当斯仍然不愿卷入政治。他离开蒸蒸日上的法律业务，带着全家回到乡下，专心打理自己的小农场。那位提出“无代表，不交税”的詹姆斯·奥蒂斯和一直资助革命的大富翁约翰·汉考克虽然仍是马萨诸塞殖民地议会的议员，但他们的言论似乎变得更保守，不像以前那么激进了。

唯一仍然保持着旺盛的革命斗志的人就是塞缪尔·亚当斯，他好像除此之外，什么都不会做。他知道，虽然茶叶税不起眼，但只要有一项税存在，就说明英国议会有权直接向殖民地征税。以后，如果他们想增加别的税赋，就是顺理成章的事。所以，这不是钱的问题，而是理的问题。可是，光他一个人在那儿扯着嗓子喊没用，怎么才能把大家再团结起来呢？就在他抓耳挠腮无计可施时，英国人又一次帮了他的忙。

这一次，是“钱包”之争吸引了大家的眼球。原来，北美殖民地的一个传统是，皇家总督、副总督、法院法官虽然由英王任命，但他们的工资由殖民地议会支付，从殖民地的税收里出。1772 年，马萨诸塞的哈金森总督通知殖民地议会，从今往后，我们的工资不需要你们支付了，改由英国政府发。英国政府拿什么发这份工资呢？就是《汤森法案》中的茶叶税。

马萨诸塞殖民地议会一听就跳起来了，什么？不让俺给你发工资了？那可不行！不让俺发工资，俺就跟你玩儿命！这事儿听上去有点怪，不发工资不是正好可以节省一笔费用吗？为什么殖民地议会非要死乞白赖地把钱往总督腰包里塞呢？他们的逻辑是这样的：人嘛，一般来说，他的钱包由谁掌握，就会为谁服务。拿人钱财，替人消灾，天经地义。过去，皇家总督的工资由民主选举的殖民地议会支付，总督们自然会向议会负责，也就是向纳税人负责。这是权力之间互相平衡、互相制约的有效机制，也是社会契约的重要表现。现在，如果总督不拿殖民地的钱了，当然也就不用再为殖民地人谋福利，完全变成高高在上的、代表英王的统治者。这样的总督要他何用？

塞缪尔·亚当斯立刻抓住这个机会，与几个志同道合者组成通讯委员会，并和其他殖民地取得了联系。其他殖民地的反英领袖们也组成各自的通讯委员会，他们互通信息，互相合作。经过这几年的折腾，大家都看到了联合的力量，他们要用这种方式应对任何可能发生的事端。通讯委员会就是后来大陆会议的前身，它的骨干成员大部分是大陆会议的代表，并成为美国的“建国国父”。

哈金森总督一眼就看出通讯委员会是个非常危险的组织，他警告说，殖民地人的所作所为已经无限接近“叛乱”。他说：“在英国议会的绝对权威和殖民地的完全独立之间没有中间路线。”也就是说，你要么选择接受英国议会的权威，让你交什么税就乖乖地交，要么你就选择独立。这也许是哈金森总督犯的一个错误，他把话说得太绝了。他以为，甭管殖民地人怎么闹腾，他们骨子里是不想脱离英国的，只要放点狠话，来点铁腕压一压，就会把危险倾向扼死在摇篮中。

以塞缪尔·亚当斯为首的马萨诸塞殖民地议会可不是吃素的。他说，我们绝不承认英国议会的权威，因为它违反了殖民地宪章，侵犯了我们的天赋人权。如果必须做出选择，我们将选择独立！当然，此时的殖民地人根本就没做好独立的准备，这话听上去更像气话。但这却是北美殖民地第一次公开讨论“独立”的问题。亚当斯和其他议会领袖在报纸上、小册子上大肆宣传他们的主张，这些言论通过通讯委员会迅速传播到其他殖民地，再次掀起反英浪潮。短短两年的“安静时期”结束了。

就在这个当口上，英国议会好像觉得局势还不够乱，于1773年通过了由首相诺斯勋爵提议的《茶叶法案》。这个《茶叶法案》毫无疑问成了下面一系列事件的导火线，最终引发了美国的独立战争。那么，英国议会为什么要通过《茶叶法案》呢？这个法案的目的是什么？

从17世纪开始，欧洲人喜欢上了喝茶，茶叶生意就成了各国之间激烈竞争的大买卖。英国议会把茶叶的专卖权给了东印度公司，并规定，北美殖民地消费的茶叶只能从东印度公司进口。但是，东印度公司不能把茶叶直接卖往殖民地，而是必须在伦敦的拍卖行把货物拍卖给中间商，中间商再转卖给北美的商人，北美的商人再通过批发或零售推向市场。每转一次手就要剥一层皮，最后到了消费者手中，那价钱就高得没谱了。不仅如此，东印度公司卖到英国去的茶叶还要交25%的进口关税。当然，这个负担还是要消费者承受。如此一来，不光殖民地的茶叶贵，英国本土的茶叶也贵。一般人家哪里喝得起英国茶呢？

你看，人家荷兰人就想得开。荷兰政府对进口茶叶不征税，也没那么多中间环节，这一下就让荷兰茶叶成了最便宜的。英国和北美殖民地的商人都不约而同地跑到荷兰去走私茶叶。在北美，市场上大部分茶叶都是从荷兰走私来的，特别是纽约和费城，简直就是走私的天堂。东印度公司可惨了，大家都走私，没人买它的茶叶，它收购的那些货全砸在手里了。到1770年左右，东印度公司已经陷入严重的财务危机。

1773年的《茶叶法案》就是为了解决东印度公司的问题。法案规定，东印度公司卖到英国的茶叶还是要交那25%的税，但是，如果它转手把茶叶卖到北美殖民地，这25%的税就可以退还给它。而且，法案取消了东印度公司必须把茶叶拍卖给中间商的规定，允许公司直接向北美出口。那么，英国政府损失的这笔税收怎么找补回来呢？就是要通过《汤森法案》中的茶叶税，由北美支付。这就等于让北美殖民地承担起使东印度公司扭亏为盈的任务。北美人眼里从来不揉沙子，这种冤大头他们能当吗?

现在，北美人面临两个问题。其一，由于取消了中间环节，东印度公司的茶叶成本大大降低，它直接把茶叶卖给北美的代理商，代理商们就算按《汤森法案》交完进口税，还是很便宜，那价钱竟然比走私的茶叶还低。当时走私茶叶每磅卖 3 先令，正儿八经进口的茶叶每磅只卖 2 先令。北美那些走私商还活不活?况且，东印度公司指定的代理商都是和他们有特殊关系的人，北美大多数茶商被排除在代理名单之外，这不是被人砸了饭碗吗?其二，还是那个老话题，《汤森法案》本来就“违宪”，凭什么让我们交税?

1773 年 9 月，东印度公司的七条满载着茶叶的商船驶向北美，其中四条开往波士顿，一条去纽约，一条去费城，一条去南卡罗来纳的查尔斯顿。船还没到，北美就已经先闹翻天了。各地的“自由之子”与商人们联合起来，除了示威游行，还把当年对付印花税收税官的损招儿也使出来了，抓个倒霉的代理商或海关官员，给他涂上焦油粘上羽毛，还往人家嘴里拼命灌茶。然后就是威胁代理商，你要是敢进英国茶，敢交关税，俺就砸了你的店，砸了你的家，砸了你的车，砸了你的……结果，纽约、费城、查尔斯顿的代理商吓得全部辞职，那三船茶叶又原封不动地运回英国。

波士顿的代理商这回却成了“茶坚强”，死挺着不辞职。为什么呢？因为有哈金森总督给他们撑腰。哈金森也是牛脾气上来，硬到底了。况且，波士顿的代理商中，有两个是他的儿子，到手的利益绝不能轻言放弃。11 月底，第一艘茶船“达特茅斯号”抵达波士顿。根据海关规定，它必须在 20 天内，也就是 12 月 16 日之前，清关卸货。塞缪尔 · 亚当斯立刻召集马萨诸塞殖民地议会开会，通过决议，敦促“达特茅斯号”的船长赶紧把船开回英国，不要清关。同时，他们还派 25 个人昼夜监视，以防“达特茅斯号”卸货。

可是，哈金森总督却拒绝发放让“达特茅斯号”离港的许可证。不交税，就甭想走！过了几天，另外两条茶船也到了，第四条船在途中毁于风暴，根本就没开到波士顿。现在，三条船停在波士顿，走也走不了，货也卸不下来，就这么僵在那儿。不知不觉中，12 月 16 日就到了，这是“达特茅斯号”清关的最后期限。晚上，7000 人聚集在会议大厅，等候消息。塞缪尔 · 亚当斯把总督府的最后决定告诉大家：哈金森总督仍然拒绝让茶船离港。然后，他说：“我们已经无法再做任何事情来拯救这个国家了。”

很多历史学家认为，各种迹象表明，他的这句话是给“自由之子”的“暗号”。他说完之后，在场的 7000 人立刻涌出大厅，浩浩荡荡向港口走去。当天晚上，30~130 名“自由之子”的成员，身穿印第安人的服饰，头上插着羽毛，脸上画着图腾，在众人的围观下，爬上那三条茶船。在接下来的三个小时中，他们把三条船上共 9 万磅茶叶，全部倒入海中。在这个寒冷的夜晚，船上的人干得热火朝天，岸上的人看得欢声雷动，新英格兰的冬天忽然变成了一把火。人们也许没有意识到，他们点燃的不仅是一场即将来临的战争，也是一个新国家冉冉而升的希望。

发生在 1773 年 12 月 16 日的这个故事，被称为“波士顿倾茶事件”。其实，更准确的说法也许应该是“茶派对”或“茶党”。当时确实像一场特大“派对”，别提多热闹了，“茶党”的称号一直沿用至今。美国人为抗议政府高税收而走上街头时，总是喜欢打出“茶党”的牌子。

“波士顿倾茶事件”触动了英帝国的底线，它做梦也没想到，整天自诩为“英国人”的殖民地人，竟然干出这么不“英国”、不绅士、不商业的事，真是刁钻野蛮，不可教也。英王乔治三世和英国议会终于知道了，他们一让再让、一退再退的结果，就是让北美得寸进尺，让自己无路可退。此前，英国议会中有殖民地的敌人，也有殖民地的朋友。可是，“波士顿倾茶事件”后，英国议会变得空前团结，一致认为这种罪行必须受到惩罚，否则，英帝国就完了。

英国议会下令关闭波士顿港，片舢不得出海。撤走的英国兵又回来了。这一次，他们可就不像上回那么客气了，谁敢找事儿，那就是找死。英国议会明着告诉殖民地人：殖民地政府不但要支付英军的全部费用，还要给英军安排住宿。否则，英军士兵将强住民宅，把他们老老小小全都赶到大街上睡觉去。而且，波士顿人的所作所为已经证明，他们是一群目无法纪的暴徒，没资格管理自己，不配享受“英国人的权利”。今后，如果再有人敢跟英国叫板，他们将被押往英国受审，而不是由殖民地法庭裁决。

这下，波士顿可真惨了。波士顿是个靠海吃海的城市，最大的产业就是捕鱼、造船和运输。关闭波士顿港，立刻让一半的波士顿人丢了工作，他们何以为生呢？英军士兵擅入民宅，私有财产不再神圣。最让人无法接受的，是他们失去了独立的司法，不能得到公正的审判。显然，他们不再被当作英国公民对待。既然如此，他们还会留恋那个辉煌的帝国吗？

可是，英国没有想到，它对波士顿的惩罚却引起一个致命的副作用：北美殖民地也像英国议会那样变得空前团结。波士顿似乎不再只是新英格兰的一座城市，它牵动了所有北美殖民地的心。甚至在那些南方殖民地眼里，马萨诸塞也不再是遥远的“异国”，而成了它们的“姊妹”。今天发生在波士顿人身上的事，明天就会发生在我身上，我还要袖手旁观吗？罗得岛殖民地给波士顿送来了钱，南卡罗来纳送来了大米，纽约送来了羊。弗吉尼亚专门安排一天，为波士顿祷告。就在这一天，人们开始认真地思考和讨论与英国的彻底分离。

还有一些人，如本杰明·富兰克林、约翰·汉考克、纽约商人罗伯特·默里等，都向英国议会表示，愿意自掏腰包，替波士顿还上这笔茶叶钱（大约 9000 英镑），请议会放波士顿一马。可是，他们的提议遭到拒绝。英国人算是看明白了，在北美，有一种东西比钱更重要，人们可以为它生，为它死，为它倾家荡产也在所不惜。这，就是自由。英国索要的赔偿是殖民地的自由。

面对失去自由的危险，北美殖民地将做出什么样的选择？等待它们的将是怎样的结局？请看下一个故事：《不自由，毋宁死》。

025

不自由，毋宁死

发生在1773年12月的“波士顿倾茶事件”的消息，直到1774年1月才传到伦敦。颇有讽刺意味的是，承载这个消息的邮轮居然是波士顿的革命领袖约翰·汉考克公司的。英王乔治三世和英国议会终于对北美忍无可忍，他们觉得，现在是母亲严加管教孩子的时候了。正如本杰明·富兰克林在一首政治打油诗里所说的，“我们的老妈很生气”，后果很严重。

1774年4月，为了惩罚波士顿，英国议会通过了《强制法案》。《强制法案》是由5个不同的法案组成的，包括《波士顿港法案》《马萨诸塞政府法案》《司法管理法案》《驻军法案》和《魁北克法案》。在北美人眼里，所有这些法案都毫无疑问侵犯了他们的“三权”：第一，天赋人权，包括生命权、自由权、财产权；第二，宪法赋予英国公民的权利；第三，殖民地宪章赋予殖民者的“自治”权利。北美人把《强制法案》称为“不可容忍法案”，这些明显“违宪”的法案当然是“不可容忍”的！

《波士顿港法案》下令关闭波士顿港，直到东印度公司获得损失茶叶的全部赔偿，并且直到英王满意为止。殖民地人认为，关闭港口是对所有波士顿人的惩罚，而不是只惩罚肇事者，波士顿人被剥夺了为自己申辩的机会，这显然有失公允。关闭港口带来的经济损失就更不用说了。

《马萨诸塞政府法案》把马萨诸塞政府直接置于英王的控制之下，几乎殖民地所有的官员都将由英王任命，波士顿城镇会议和马萨诸塞殖民地议会的权力被大大削弱。这等于单方面修改了殖民者与英王之间的合同，殖民地宪章成了一张废纸。自从1620年“五月花号”到达北美，人们就是用《五月花号公约》的精神管理这片土地。“自治”传统已经深入骨髓，三岁孩童都知道“社会契约”。统治者的权力来自被统治者，现在，统治者在未经被统治者同意的情况下篡改法律合同，那么，被统治者也就不必依照契约效忠英王了。

《司法管理法案》是最让殖民者们无法忍受的。法案规定，如果皇家官员在殖民地犯了事儿，而总督认为他们在殖民地不能得到公正的审判，那么，总督有权将被告人移往其他殖民地或英国本土受审。比如，一个英国官员在马萨诸塞杀了人，他就可能被送往英国受审。而那些原告和证人呢，就要千里迢迢地到英国去出庭。虽然由此发生的费用会得到补偿，但是在那个交通不便、生活又不富裕的时代，有多少人愿意放下自己的营生，大老远地跑去打官司呢？其结果必然是，犯罪者逍遥法外，公平和正义得不到伸张。总督的权力凌驾于法律之上，殖民地的司法独立荡然无存。

《司法管理法案》把殖民地的精英们推向了革命阵营，因为他们看到，启蒙思想所描绘的社会蓝图已经不可能在英国的统治下得以实现。几乎已退出政治领域的约翰·亚当斯，发现自己再也不能沉默了。他将挺身而出，为自由和正义而战。乔治·华盛顿把《司法管理法案》称为“谋杀法案”，他将用一个军人的满腔热血捍卫自己国家的尊严。其他的殖民地政治领袖们，也从对大英帝国的幻想中醒来，他们将领导这个弱小的民族，挑战“超级大国”的权威。

《驻军法案》适用于所有的北美殖民地，不只限于马萨诸塞。它强迫殖民地为英国驻军安排住宿，殖民地人的感受可想而知。《魁北克法案》看上去与波士顿无关，但对 13 个北美殖民地的危害不亚于其他法案。平心而论，对英国来说，《魁北克法案》应该是所有这些法案中最英明、最正确的一个，因为它有效地稳住了加拿大，使它没有和其他殖民地一起造反。这个法案的内容我们以后再讲。

《强制法案》惩罚的是波士顿，但目的是“杀鸡给猴看”。英国议会想用强硬手段制止各殖民地愈演愈烈的反抗浪潮，结果却恰恰相反，它带来的不是对议会权威的敬畏，而是对英国的仇恨。波士顿出人意料地得到所有殖民地的同情。当水路关闭，人们纷纷从陆地上给波士顿送来他们的关心和支持。尽管道路难行，但钱、大米、各种肉类和其他必需品还是从各殖民地源源不断地涌进波士顿，甚至连《魁北克法案》的最大受益者魁北克省，也送来了大量的小麦。

一直站在风口浪尖上的塞缪尔·亚当斯当然不会闲着。现在，是通讯委员会大显神通的时候了。在他的倡议下，各殖民地的通讯委员会和政治领袖们同意 1774 年 9 月在费城会面，协商下一步的行动。这次会议就是第一次大陆会议。

马萨诸塞殖民地议会选出 4 位代表前往费城，亚当斯兄弟俩都在其中。就在去费城前的一个晚上，有人敲响了塞缪尔·亚当斯的家门，进来的是一个裁缝。他说，他是来为其量体裁衣的。原来，塞缪尔·亚当斯家境拮据，没钱买新衣服。他生性大大咧咧，不修边幅，倒也不在乎这个。可是，现在他要代表马萨诸塞去费城开会，这么邋遢，波士顿人脸上也没光。于是，他的朋友们凑钱（也有人说是约翰·汉考克出钱），给他定做了一套新衣。这位裁缝就是受朋友之托来的。

衣着光鲜的塞缪尔·亚当斯高高兴兴地骑上马，和堂弟一起奔向费城。兄弟俩都是第一次出远门儿，心情可完全不一样。堂哥跟过年似的，那个兴奋劲儿就甭提了。多年的经营有了结果，各殖民地终于走到一起，革命就要柳暗花明了！这是件多么让人振奋的事啊！堂弟却是满腹的沮丧和不安，他天生就容易悲观。这个所谓的大陆会议本身就是非法集会，他们的行为显然已构成“叛逆”，如果被英国政府逮住，那是板上钉钉的“叛国罪”。波士顿前途未卜，费城的“各路神仙”也不知道是什么货色，没准儿就是帮乌合之众，玩不出啥花样来。革命的时机成熟了吗？革命的前途在哪里？约翰·亚当斯越想越纠结，在日记中写道：“我们根本就没准备好。我们在天分、教育、财富等所有的方面都很缺失，我感到完全无能为力。”

然而，他的忧虑一到费城就烟消云散了，因为他见到的是一群在“天分、教育、财富等所有的方面”都出类拔萃的精英，他们的个人素质和政治修养让他深受鼓舞，他写道：“这个会议聚集了各殖民地最伟大的人……”

参加第一次大陆会议的56个代表来自北美12个殖民地，佐治亚没有参加，因为它忠于英王，坚决跟其他殖民地划清界限。代表们都是各殖民地的政治领袖，出身于各行各业，如律师、医生、教师、学者、商人、教士、大种植园主、小农场主、手工业者等。他们大多数来自中产阶级，少数几个是上流社会的大富翁。他们有的是温和派，主张与英国搞好关系；有的是激进派，要跟英国干到底，不达目的不罢休；有的是中间派，寻求妥协的方案。尽管他们的背景和观点不同，但无一例外都拥有自由的精神和独立的思想，都在努力为自己“国家”的利益而抗争。

让约翰·亚当斯印象最深的是弗吉尼亚代表团。自从1607年英国殖民者第一次在新大陆站稳脚跟，弗吉尼亚就是面积最大、人口最多、生活最富裕的殖民地，弗吉尼亚人高贵、优雅的一举一动从来都是各殖民地争相效仿的榜样。每个人心里都明白，如果没有弗吉尼亚的参与，北美的这一通折腾就是一场儿戏。幸运的是，从1765年的《印花税法案》开始，对英王最忠诚的弗吉尼亚就一直站在反英斗争的最前线，其中的缘由，就要着落在这几位代表身上了。

弗吉尼亚一共派了7位代表，他们个个身手不凡。佩顿·伦道夫当选为第一次大陆会议主席。他是弗吉尼亚议会的发言人，最擅长主持会议，是当之无愧的领袖。伦道夫是温和派，大家看中的就是他那四平八稳的冷静。弗吉尼亚还有个大块头代表，叫本杰明·哈里森，他足有1.93米高，180公斤重。他说：“我就是徒步走也要走到大陆会议。”可见劲头有多大。这位“巨人”的儿子和曾孙后来都成了美国总统。口才无双、相貌俊美的激进派理查德·亨利·李是弗吉尼亚通讯委员会的领袖，他是后来提议13个殖民地脱离英国而独立的人。

弗吉尼亚代表团还有一位谁也无法忽视的绅士，他是乔治·华盛顿。至于华盛顿是怎样从军人变成政治家，又怎样从威廉斯堡走到费城的，我们且留到下文分解，因为，此时此刻，他不是主角。他在会上只做了一件事，就是玩儿深沉。他没提任何建议，也没说什么话。大部分时间他都是坐在那儿静静地听别人争论，或点头，或微笑，或沉思。奇怪的是，他越是一声不出，大家越觉得他深不可测。人们总喜欢说“沉默是金”，华盛顿的沉默到底是金是银还是铁，以后自见分晓。

在第一次大陆会议上，真正发出奇光异彩的，是另一位弗吉尼亚人。如果说，塞缪尔·亚当斯是美国革命的第一支火把，那么，这个弗吉尼亚人就是第二支火把，没有他，美国革命不可能写下如此热情洋溢的篇章。这个人的名字叫帕特里克·亨利。

帕特里克·亨利生于1736年的弗吉尼亚汉诺威县，是出生在新大陆的第二代移民。他的父亲约翰·亨利来自苏格兰，在弗吉尼亚属于中产阶级，不富也不穷，经营着不大不小的农场。但帕特里克·亨利从小就知道，将来他的一切全靠自己。他在弗吉尼亚的田野和丛林中长大，从大自然的启示和生活的历练中，形成了对自由近乎疯狂的热爱和执着。他认为，自由是上帝赐给人类的最宝贵的礼物，对自由的侵犯是绝对不可容忍的。

约翰·亨利在苏格兰上过大学，他亲自教儿子英文和拉丁文，他们经常一起朗读《圣经》。在学习中，帕特里克·亨利喜欢上了优美的英语语言艺术，特别是那富有节奏感的发音和语调，让他沉醉不已。每逢礼拜日，母亲都带着他去教堂听牧师讲道。在回家的路上，母亲总是让他背诵牧师的布道词。母亲的本意是想让基督教教义渗入他幼小的灵魂，可是久而久之，他在背诵中渐渐形成了自己的演讲风格，为他后来成为新大陆最出色的演说家打下了基础。父母的熏陶使他成为一个一生都热爱学习的人，虽然他没受过高等教育，但他的聪明才智和渊博学识一点也不亚于高等学府的毕业生。

上了几年学后，亨利（以下如非特别注明，单指帕特里克·亨利）决定自己开个店，当上了小业主。可是，生意半死不活的，刚刚够维持生计。1754 年，他与萨拉·谢尔顿结婚。萨拉也算是富家女，带过来大约 1800 亩土地和 6 个黑奴。现在，亨利是个小种植园主了，可是稳定的日子过了没几年，他的家就在一场火灾中被烧为平地。后来他又去做生意，结果亏得一塌糊涂。

1760 年，屡经挫折的亨利决定做个律师。这下，他算是选对了职业，因为他的口才无人能敌。经过刻苦学习，他考取了律师执照。当上律师的他咸鱼翻身，开始走上成功之路。他在辩论和演讲时，引经据典，辞藻华丽，那抑扬顿挫的声调和周密严谨的逻辑让所有的人心服口服。人们称他为“出生在森林里的德摩斯梯尼”——德摩斯梯尼是古希腊最著名的雄辩家。

锋芒毕露的年轻律师亨利很快就进入政界。1765 年，他当选为弗吉尼亚殖民地议会议员。这时，《印花税法案》刚刚通过，殖民地的反英浪潮此起彼伏。他匆匆忙忙赶到威廉斯堡，发现弗吉尼亚殖民地议会的讨论已经进行了一大半。这位刚刚宣誓就职才 9 天的新议员，立刻向议会递交了他起草的《印花税法案决议案》。这个决议案是当时北美殖民地最有火药味儿的文件，那激烈的语言让弗吉尼亚人第一次嗅到“叛国”的气息。除了阐述英国宪法中“未经纳税人同意不得征税”的条文外，他进一步指出，殖民地议会是唯一有权向殖民者征税的机构，这种权力不可转让。

可是，光有个决议案没用，更重要的是让这个议案得到通过。亨利知道他的议案过于激进，很难得到保守派的支持。于是，他故意等到几位最保守的议员不在时，在议会讨论印花税的问题。他那极富感染力和煽动性的语言，使讨论进行得非常“火爆”。最后，他将一只手套扔在地上，这是一种传统的挑战性动作。他说：“恺撒有他的布鲁图，查理一世有他的克伦威尔，乔治三世……”（这时，他被一片“叛国贼！叛国贼！”的叫喊声打断。）“……可以从他们的例子中学到教训。如果这是叛国，那就尽情地叛国吧！”

当时，威廉与玛丽学院的一帮学生正聚在议会大厅的走廊上听议会的讨论，亨利的演讲震撼了所有人的心。有一个年轻的律师也站在人群中，他完全被亨利的语言征服了。这位年轻人的名字叫托马斯·杰斐逊。10年后，他将是《独立宣言》的起草人，35年后他将是美国总统。杰斐逊一辈子都忘不了在弗吉尼亚议会大厅的走廊上听到的这次演讲。他说："帕特里克·亨利演讲就像荷马写作……当帕特里克讲话时，所有的人都在倾听。"在杰斐逊心中，亨利的语言与荷马的文字都拥有史诗般的优美和气势。

亨利以他的热情和机敏奇迹般地使弗吉尼亚议会通过了《印花税法案决议案》。弗吉尼亚与马萨诸塞，一南一北，遥相呼应，成了北美殖民地反抗"暴政"的旗帜。殖民地的抗税风潮势不可当，印花税在不到一年的时间内就被废除了。弗吉尼亚的皇家总督气得发疯，他下令解散议会。可是，议员们根本不理这一套，他们转到威廉斯堡的一个酒馆里继续开会，亨利也继续他那滔滔不绝的演说。他是弗吉尼亚通讯委员会的骨干，与理查德·亨利·李、托马斯·杰斐逊一起，把通讯委员会搞得有声有色，他们的文章传遍北美。

1774年9月，当亨利作为弗吉尼亚代表来到费城参加第一次大陆会议时，代表们彼此之间还是陌生人，他们大多数是通过通讯委员会读到过其他代表的文章，知道对方的名字，但从未见过其人。现在，虽然互相介绍认识了，可毕竟不熟，也不了解别人的真实想法，所以，大家都有点放不开。从"笔友"到"战友"，需要时间，更需要信任。

敏锐的帕特里克·亨利从代表们第一天的发言中发现了两个问题：第一，虽然各个殖民地已经在抗英斗争中团结起来，但骨子里还是各自为政，谁也不服谁，本地的利益永远高于“联盟”的利益。大家都会不自觉地说，“我是弗吉尼亚人”“我是纽约人”等等。第二，温和派的主张占绝对优势，会议的基调就是如何争取与英国的妥协，北美显然没有做好跟英帝国一刀两断的准备。比如，南卡罗来纳的代表开宗明义第一句话就是：“我们是英王忠诚的臣民，我们不是革命者……”

第二天会议上，主席宣布了必要的程序后，到了讨论的时间。会议厅陷入令人尴尬的沉寂，谁也不愿挑头提出第一个议案。这时，一位身穿灰色外套、其貌不扬的绅士，慢慢站起来，走到前面。他看上去像个乡村牧师，说话时就像在讲坛上开始布道一样。他从1765年的印花税讲起，历数10年来英国议会强加给殖民地的各项法案以及这些法案给殖民地带来的灾害。他说，现在很多殖民地议会都已经被解散了，我们需要一个联合起来的、代表人民的议会，而大陆会议就应该担起这个责任。接着，他讲述了自己对“代议制”民主的理解和对“自治”政府的设想。

这位绅士侃侃而谈，所有的人都在不知不觉中被他的话深深地吸引。开始时，他的声音是柔和、动听的音乐，牵着人们的感觉，渐入佳境。慢慢地，他的语调越来越灵动多变，时而如金戈铁马，时而如海波荡漾，时而平缓，时而激昂，每一个字却又像清冽的泉水，直入人的心田。最后，他说："英国的压迫已经改变了殖民地的边界，弗吉尼亚人、宾夕法尼亚人、新英格兰人之间的区别已经消失了。我不是弗吉尼亚人，我是美洲人！"

他话音刚落，大厅里立刻一片轰鸣声，大家交头接耳都在问同一个问题："这个人是谁啊？"他们很快得到了答案：他就是帕特里克·亨利！亨利的话就像给代表们吃了一剂兴奋剂，他们开始踊跃发言，会议立刻变得热气腾腾。激进派们也不再怕背上"叛国"的罪名，他们勇敢地说出自己的观点。大陆会议在各方代表的争论与妥协中达成了下面几个协议：

●各殖民地联合起来，抵制英货直到《强制法案》废除为止。

●成立监察委员会，监督各地抵制英货的情况。

●如果一年之后《强制法案》还没被废止，各殖民地除继续抵制英货外，还将停止向英国出口一切货物。

●建议各殖民地组建民兵，做好与英军作战的准备。

●向英王递交一份措辞委婉的请愿书，请英王慎重考虑殖民地的诉求。

●若形势未好转，将于第二年（1775年）召开第二次大陆会议。

第一次大陆会议在亨利等激进派的努力下总算没白费，最重要的是，在接近两个月的时间里，代表们朝夕相处，互相认识，互相了解，那种同气连枝的感情与日俱增。他们可能为一个问题吵得面红耳赤，但并不妨碍他们坐在同一个酒吧里喝酒谈心。有谁能想到，仅仅两年之后，他们将共同创建一个新国家？

大陆会议向英王递交的请愿书被乔治三世扔进了垃圾堆，国王早已厌倦了北美一而再，再而三的调皮捣蛋，他下定决心，一定要好好收拾收拾这帮不知好歹的殖民地人。北美与大英帝国和解的希望越来越渺茫了。

当弗吉尼亚代表回到家乡，他们发现形势不妙，在威廉斯堡开会已经变得很危险。于是，弗吉尼亚议会迁往首府里士满。1775 年 3 月 23 日，议会讨论组建民兵。有很多议员担心这样做会加深英王对殖民地的憎恶，使形势更加恶化。而且，英国实在太强大，跟它闹能有好下场吗？帕特里克 · 亨利站起来，开始了他那段最著名的演讲：

他们说我们太弱小了，无法抵御如此强大的敌人。但是我们何时才能强大起来？是下周，还是明年？难道要等到我们被彻底解除武装，家家户户都驻扎英国士兵的时候？难道我们犹豫迟疑、无所作为就能积聚起力量吗？难道我们高枕而卧，抱着虚幻的希望，待到敌人捆住了我们的手脚，就能找到有效的御敌之策了吗？先生们，只要我们能妥善地利用自然之神赐予我们的力量，我们就不弱小。一旦三百万人民为了神圣的自由事业，在自己的国土上武装起来，任何敌人都无法战胜我们。此外，我们并非孤军作战。公正的上帝主宰着各国的命运，他将号召朋友们为我们而战。先生们，战争的胜利并非只属于强者。它将属于那些机警、主动和勇敢的人。何况我们已经别无选择。即使我们没有骨气，想退出战斗，也为时已晚。退路已经切断，除非甘受屈辱和奴役。囚禁我们的枷锁已经铸成。叮当的镣铐声已经在波士顿草原上回响。战争已经无可避免——让它来吧！我重复一遍，先生，让它来吧！企图使事态得到缓和是徒劳的。各位先生可以高喊：和平！和平！但和平根本不存在。战斗实际上已经打响。从北方刮来的风暴将把武器的铿锵回响传到我们耳中。我们的弟兄已经奔赴战场！我们为什么还要站在这里袖手旁观呢？先生们想要做什么？他们会得到什么？难道生命如此宝贵，和平如此甜蜜，竟值得以镣铐和奴役去换取吗？全能的上帝啊，制止他们这样做吧！我不知道别人会如何行事；对我来说，不自由，毋宁死！

亨利的话让所有在场的人热血沸腾，他们高呼“武装起来！武装起来！”议会一致通过了组建民兵的决议。可能亨利自己也没想到，他准确地预言了独立战争的爆发。仅仅一个月之后，“北方刮来的风暴”就把那一声枪响传到了弗吉尼亚。

是谁打响了美国独立战争的第一枪？波士顿草原上的鲜血将怎样书写一段风起云涌的历史？请看下一个故事：《莱克星顿的枪声》。

026

莱 克 星 顿 的 枪 声

莱克星顿（又译列克星敦）/ 康科德之战拉开了美国独立战争的序幕，那枪声至今仍回荡在历史的尘埃中。这是一场意志的较量、实力的较量、智慧的较量。殖民地人精准的情报来源、高效的预警系统和迅速的反应能力，为独立战争写下了精彩纷呈的第一章，也在大国强权面前展示了这个弱小民族的勇气和力量。

1774 年 9 月到 10 月间召开的第一次大陆会议建议各殖民地组建民兵，以便在必要的时候用武力保卫自己的利益。这个决定太符合新英格兰人的口味了，大家立刻忙活起来。塞缪尔 · 亚当斯撺掇着马萨诸塞殖民地议会通过决议，筹钱筹粮，购买武器。大富翁兼革命领袖约翰 · 汉考克更是慷慨解囊，招募和训练民兵。这个从小就被花团锦簇围绕着的“富二代”居然有当将军的瘾，梦想有一天亲自带兵上前线。他不但出钱，还出力，常和民兵一起训练，那劲头还真不是吹的。

其实，殖民地人武装起来不是一件特别难的事，这要拜大英帝国的法治和人权所赐。英国是个不禁枪的国家，法律保护公民拥有武器的权利，北美人自然而然也就“人人持枪”。对于生活在“蛮荒之地”的殖民者来说，枪是防身武器，也是生产工具。他们需要用枪打猎，防备野兽的袭击，对付印第安人的骚扰，镇压黑人的反抗。没有枪，他们的日子简直就不知道该咋过。所以，殖民地人对枪一点也不陌生，那是他们生活中不可缺少的一部分。

在新英格兰的民兵中，有一伙人被叫作“一分钟人”，意思是，甭管他们手头正在做着什么，一听召唤，他们在几分钟内就可以进入战斗状态，反应极为神速。殖民地人还重新启动了在“法国与印第安人的战争”中曾用过的预警系统。那就是，一有风吹草动，各村各镇都会立刻派快马飞奔到周围的村镇传递消息，得到消息的村镇再派快马传往更远的地方，就像接力赛一样。然后就是教堂钟声齐鸣，枪声大作，反正能弄多大动静就弄多大动静。他们还演习了几次，确保它的运作没有问题。在后面的故事中，你将会看到这个预警系统多么高效。

1774 年 5 月，就在第一次大陆会议前夕，马萨诸塞殖民地的皇家总督哈金森黯然神伤地离开了他热爱的新大陆。此前，他在一些私人信件中表示，英国应该对殖民地的自由加以限制。这些信件被人偷出来，交到正在伦敦的富兰克林的手中，富兰克林又转交给马萨诸塞殖民地议会的领袖。这下可捅了马蜂窝，因为作为总督的哈金森口口声声说为殖民地人谋福利，这些信却表明了他的真实态度。殖民地议会本来就瞅着哈金森不顺眼，他们趁机上书英王，要求罢免哈金森。气急败坏的英国议会把富兰克林叫去臭骂了一顿，并斥责马萨诸塞议会无理取闹。然而，哈金森的政治生涯却无可挽回了。哈金森总督是新英格兰早期人权运动领袖安·哈金森的后人（参看008《自由之声》），由于在商业和政治上的成功，他一直是马萨诸塞最受尊敬的公民。现在，他的“保王派”立场却使他不得不带着全家迁往伦敦。在他的有生之年，他再也没有踏上过新大陆。

赶走了哈金森，接下来的总督是谁呢？英王任命驻北美的英军总司令托马斯·盖吉将军为马萨诸塞殖民地总督。哼，文官总督你们不要，就给你们换个武将，这叫“敬酒不吃吃罚酒”。盖吉，这位曾在“法国与印第安人的战争”中与华盛顿并肩作战的将军，一方面崇尚武力，决心用铁腕统治马萨诸塞，坚决执行《强制法案》；另一方面却是个有原则的人，拒绝取缔整天捣乱的“自由之子”，因为这样做违背了他对人权和自由的信念。英国议会无可奈何地意识到，“这世界上最难的事就是让一个英国人去说服另一个英国人成为奴隶”。就在盖吉的犹豫和矛盾中，殖民地人已经“偷偷摸摸”地开始了他们的“战争”。

盖吉很快就发现，英军的很多供给不翼而飞，草料莫名其妙地着了火，运武器的车一转脸儿就坏了，运兵士的船好好的就沉了，甚至枪支、弹药、大炮都会“玩失踪”。他心里当然明白这是谁在捣鬼，可是又抓不着人。他派了很多人出去打听殖民地人藏军火的所在，时不时地搞一次突然袭击，捣毁殖民者的仓库，等等。双方就这样你抓我一把，我捅你一拳，寂静无声地展开了拉锯战。在这些冲突中，两边的枪都没“走火”。殖民地人不想明目张胆地对抗，毕竟英军不是好惹的；盖吉也很克制，他不想让事态升级，引发革命。“保王派”和“革命派”的间谍都异常活跃，很多时候，盖吉很清楚“自由之子”的下一个目标，而殖民地人也很了解盖吉的下一步行动，一切似乎是在透明中进行的。但总的来说，盖吉渐渐落了下风，他的情报显然不如殖民地人的快，他发现，不管做什么，自己总是慢半拍。

盖吉将军一面加强英军对波士顿的控制，解散了殖民地议会，一面不断地向伦敦求援，要求增兵。波士顿是个有 3 万居民的城市，驻波士顿的英军只有 3000 人，不够用的。英军除了波士顿城之外，对周围的地区没有控制能力。殖民地议会被解散后，议员们成立了马萨诸塞省议会，会一点也没少开。“叛逆”活动遍地开花，愈演愈烈，终于到了不能再睁一只眼闭一只眼的地步。

1775 年 3 月，英国国务大臣达特茅斯伯爵威廉 · 莱格给盖吉发了一道密令，要他立刻扑灭“叛乱”，逮捕“叛乱”首领塞缪尔·亚当斯和约翰·汉考克。在密令中，达特茅斯伯爵给了盖吉“便宜行事”的权力。奇怪的是，这道保密又保密的“密令”，还没出伦敦，就被北美在伦敦的“线人”知道了，他们迅速把消息传到波士顿。在盖吉本人还没收到这封信的时候，塞缪尔·亚当斯、约翰·汉考克和其他的革命领袖，基本上全部撤出了波士顿，马萨诸塞省议会也转移到塞勒姆镇。等4月14日盖吉终于拿到命令时，别说人了，连鸟都飞光了。但是，有一位特别不要命的人物没走，“自由之子”也没全撤，他们在波士顿还有很多“钉子”。这个不要命的人和这些“钉子”将在下面的行动中起关键作用。

在盖吉还没收到密令的时候，他就已经打算偷袭殖民地民兵在康科德的一个军火库，这个决定是根据一个间谍的报告做出的。为了防备波士顿人向外传递消息，盖吉派人守住城周围的路口，拦截信使。这个举动引起了殖民地人的怀疑，他们预感到英军将有所行动。但是，英军的行动是什么呢？怎样才能得到更准确的信息？现在，轮到那位唯一没撤的革命领袖出场了，他就是约瑟夫·沃伦医生。

沃伦生于1741年，1759年毕业于哈佛学院后，成为一名外科医生。沃伦一面行医，一面深深地卷入波士顿的政治生活。他与波士顿的革命领袖以及“自由之子”成了朋友，也是通讯委员会的成员。1775年，他当选为马萨诸塞省议会主席，这是革命政府中的最高职位。可是，这位马萨诸塞的“最高领袖”，在大家撤离时却决定留下来，因为他知道自己留在波士顿的价值。

沃伦留下来的目的是获取情报。他凭什么能得到准确的情报呢？因为他有个好朋友。这位朋友不是别人，正是盖吉将军的夫人——玛格丽特·盖吉。她生于新泽西，虽然嫁给了英国军官，但心里却很偏向自己的家乡新大陆，对美国革命一直抱着同情的态度，她与沃伦医生的友谊也是尽人皆知。虽然没有确凿的证据，但历史学家们有足够的理由相信，正是她把英军的动向透露给了沃伦。盖吉对她非常疼爱，“英雄难耐枕边风”，难免让夫人探出了究竟。

4月8日，沃伦告诉“自由之子”在波士顿的一个“钉子”，英军将偷袭康科德的民兵火药库，让他立刻出城报信。这个“钉子”就是我们在前面的故事中提到过的银匠保罗·瑞维尔，他也是那个刻《波士顿大屠杀》铜版画的人。瑞维尔是波士顿最有名的银匠，他做的金银器不但造型优美，还有一个特别的花样，就是在上面刻画，这是一般的银匠做不到的。多年后，他的作品将是收藏家手中的无价之宝。瑞维尔心灵手巧，不只做银器，还学过牙医助理，帮人镶牙补牙，沃伦口中的一颗银牙就是瑞维尔给镶的。瑞维尔不是政治家，却与波士顿所有的政治家都是好朋友；他不是革命领袖，却是个坚定的革命者。他骑术高超，是最得力的通讯员，所以，沃伦第一个找的就是他。

瑞维尔二话不说，纵身上马，奔往康科德。他熟悉路径，轻松绕过英军的岗哨，很快就到了目的地。民兵得到消息，立刻把军火分散转移了。瑞维尔完成任务后回到波士顿，继续探听英军的消息。

1775 年 4 月 18 日，在接到伦敦的密令 4 天之后，盖吉将军终于决定动手了。他把指令交到弗朗西斯 · 史密斯中校手中，命令他于当天夜里率 700 名步兵偷袭康科德，捣毁民兵的军火库，但不许抢劫平民。在命令中，盖吉确实使用了他的“便宜行事”之权，他没有写上“逮捕塞缪尔 · 亚当斯和约翰 · 汉考克”，因为他怕引起暴乱。此时的盖吉仍然想避免流血，息事宁人。对他来说，这次偷袭与以前没什么两样，不过是一次正常的军事行动。但他万万没想到，这看上去普普通通的一件事，却成了“致命的任务”。盖吉得到的，正是他一直极力避免的结果：战争。他更没想到，那道一点也不出奇的命令，出人意料地催生了一个新国家，世界将因此而变得不同。

为了保证“偷袭”的效果，盖吉的命令是在“绝密”的情况下下达的。执行命令的军官都是在出发前在才打开手令，得知此行的目的地。可是，就在盖吉手下的军官还不明就里的时候，沃伦医生却已获得了命令的全部内容。这实在有点匪夷所思，除了盖吉夫人，谁有能耐搞到如此准确的情报呢？

4 月 18 日晚上 9 点，在夜幕的掩护下，两个人悄悄地出了城。

一个是威廉·道斯，一个是瑞维尔。他们接到沃伦的指示，要去通风报信。沃伦告诉他们，英军将向莱克星顿和康科德进发，除了袭击火药库外，很可能还要抓捕住在莱克星顿的塞缪尔·亚当斯和约翰·汉考克。沃伦他们一点也不担心火药库，因为那些弹药10天前就转移了，盖吉的情报已经过时，但他们担心塞缪尔·亚当斯和约翰·汉考克的安全。他们不能失去朋友，波士顿不能失去领袖，就是拼了命也得把信儿送到。

为了保险，两人分头行动。道斯走陆路，骑马从波士顿半岛与大陆连接的那条细“脖颈”上出去，先往南，然后转向西北，直奔莱克星顿；瑞维尔走水路，他要先去与波士顿隔水相望的查尔斯顿报警，然后再从那里骑马去莱克星顿。当时，因波士顿港已封，水路是不许通过的。可是，瑞维尔居然划着小船，躲过了英国军舰的视线，顺利在查尔斯顿登陆。他还让朋友守在波士顿“北方教堂”的尖塔上，监视英军动静。如果英军走陆路，就在塔顶挂一盏灯，如果走水路，就挂两盏灯，这样查尔斯顿的人们就可以看到了。朋友守到半夜，见英军从水路出城，于是挂上了两盏灯。从此，“陆路为一，水路为二”成了一句名言。

到了查尔斯顿后，瑞维尔立刻跨上马背，一路狂奔，向着莱克星顿的方向飞驰而去。路上，他只要见到人家或村庄，就大喊：“正规军出动啦！正规军出动啦！”没过多久，沿途所有的村庄都知道了消息。查尔斯顿和知道消息的村庄立刻派快马奔向周围其他的村子，大声预警。在黎明还没到的时候，在英国兵还没下船的时候，离波士顿 40 公里以外的村庄都已经知道了英军出动的消息，这套预警系统的效率可见一斑。“一分钟人”和民兵们马上行动起来，拿起枪直奔康科德。瑞维尔深夜中的“纵马飞奔”成为美国革命的经典一幕。

午夜时分，瑞维尔到达莱克星顿，来到塞缪尔·亚当斯和约翰·汉考克住的房子前，叫醒了他俩。塞缪尔·亚当斯看看窗外那黑乎乎的天，说：“多么明媚的早晨啊！”睡眼惺忪的约翰·汉考克瞟了他一眼，哥们儿，你是睡晕了还是吃错药了？塞缪尔·亚当斯笑眯眯地加上句：“我是指对北美来说。”

三人坐下来商量对策，塞缪尔·亚当斯和约翰·汉考克觉得，如果英军是来抓他们的，大可不必这么兴师动众，看样子不是冲他们来的，不用怕。瑞维尔说，别废话了，赶紧逃命要紧！马上去费城，开你们的大陆会议去吧！一小时后，道斯也赶到莱克星顿，与瑞维尔一起，向康科德奔去。路上碰到另一位骑手——塞缪尔·普雷斯科特医生。这哥们儿在回家的路上听到消息，催马就往康科德跑。三人三骑，冲入茫茫黑夜中。

且不说瑞维尔他们折腾的这一宿，再看这 700 个英军士兵。18 日晚上 9 点被叫起来，整队出发。他们坐船来到哈佛学院所在地坎布里奇，然后步行前往康科德。1775 年 4 月 19 日，黎明时分，他们来到距波士顿 26 公里处的莱克星顿。还没到莱克星顿的时候，他们就听见周围的村庄钟声、枪声齐鸣，他们的行动已经不是秘密。“偷袭”还没开始，就把“偷”字丢了。史密斯中校做了一个虽然晚了点却很英明的决定：派人回波士顿搬援兵。事实证明，这个决定救了他们的命，否则，这 700 个人恐怕大部分都不会再见到波士顿了。

英军渐渐走近莱克星顿，在远处那片绿色的草地上，他们看到了一排身影。那是七八十个手拿武器的民兵，他们在乔纳斯·帕克上尉的指挥下，已经列好了战斗队形。帕克上尉参加过“法国与印第安人的战争”，是这帮民兵的头。民兵们默默地看着由远而近的英国兵，排着整齐的队伍，向他们走来。他们从来没有面对过这支强大的军队，那架势看上去简直是个整齐划一的杀人机器。民兵们有人发抖了，有人眨眼了，有人出汗了，有人快站不住了，有人干脆转身就走。帕克上尉喊道：“站稳了！不要先开枪！但如果他们想打一场战争，就让它从这里开始吧！”这句话的可信度一向受到怀疑，因为它太符合历史学家的想象了。但帕克上尉要大家沉住气倒是真的。

英军的皮特凯恩上尉见此情景，向民兵们高喊：“放下武器！立刻解散！”但帕克上尉只让民兵们闪在一旁，让出大路，却没有放下武器。双方就这样静静地相持着，静得好像能听到彼此的心跳。

在这个当口，他们可能都听到了历史的心跳。那心跳越来越快，越来越重，突然间，一声枪响划破了黎明的天空。谁也不知道到底是谁开的枪，美国人和英国人争论了二百年，都说对方先开枪，至今没搞清楚。但有一点再清楚不过了，那就是，“这声枪响全世界都听到了”。它撕裂了一段历史，把一个新民族推上世界舞台。从此，它的挣扎，它的奋斗，它的选择，它的辉煌，永远改变了人类探索的目光。

随着第一声枪响，英军士兵开始万枪齐发，皮特凯恩上尉再也管不住了。士兵们本来就一肚子火，这帮该死的“叛贼”，平时老给我们使绊子，现在终于有机会教训教训他们了！既然已经开打，那就打个痛快吧！这边的民兵一看不妙，扭头就跑，只有帕克上尉和少数几个仍在那里射击。最后，包括帕克上尉在内的 8 个殖民地人倒在血泊中，另外 10 个受伤。英军只有 1 人受伤，无人死亡。

独立战争的第一场“战斗”——“莱克星顿的枪声”，几分钟就结束了。到此为止，一切似乎已经没有悬念。英军停都没停，继续向康科德进发，那才是他们的目的地。可是，莱克星顿之战的消息比他们跑得快，英国兵还没到，所有的人都知道了刚刚发生过的事。在康科德，英国人将面临一场完全不同的战斗。这一次，命运之神将偏向北美。

到了康科德之后，英军开始根据情报搜查军火库。当然，他们扑了个空，什么都没搜到。就在他们瞎忙活时，一队几百人的民兵正藏在山坡后看着他们。更远处，波士顿周围所有村子里的所有的男人，都拿着枪，正向康科德赶来。他们到底有多少人，没有确切统计数字，有人说两万，有人说几千，反正不会少于三四千人。民兵们吸取了莱克星顿的教训，不再与英军正面交锋。他们藏在树后、石后、屋后、墙后，瞄准了猎物。一声令下，子弹从四面八方飞来，一下子就把习惯了阵地战的英军打懵了。英国人总是说，北美人“野蛮”得就像印第安人，这回他们总算知道印第安人是怎么打猎的了。

慌乱的英军急急忙忙撤出康科德，往莱克星顿逃。这一路上，他们被陆续赶来的民兵追着屁股打，那个狼狈劲儿就甭提了。每走一步，他们都要撂下几具尸体。他们也组织过几次有效的抵抗，但终究寡不敌众。19 日下午，英军终于退进莱克星顿村。各路民兵在莱克星顿村外欢呼雀跃，庆祝胜利。可他们毕竟不是职业军人，光顾着高兴了，根本不知道“追穷寇”的道理。此时，如果有位将军出来，指挥他们包围莱克星顿，关门打狗，这帮英军不全军覆没才怪。几千人打几百人，还不跟玩儿似的?

实际上，退入莱克星顿的英军已经准备投降了。他们将近 20 个小时没吃没喝，奔波劳累，根本撑不下去了。可是，民兵们没有进攻，英军得到喘息的机会。他们在村中打尖休息，吃吃喝喝，开始恢复元气。此时，从波士顿来的援军赶到，轮到英军士兵欢呼了。他们排成整齐的队伍，往波士顿撤。民兵们虽然没有经验，打仗却不含糊。从莱克星顿到查尔斯顿，又追着打了一路。民兵们是陆续赶到的，先来的先打，打完就回家，后来的接着打。最后，英军 73 人死，26 人失踪，174 人伤。民兵 49 人死，5 人失踪，41 人伤。

战斗虽然结束了，但从新英格兰各地赶来的民兵却还是源源不断地汇集到波士顿周围，很快就聚了 1.5 万人。他们封锁了城外的要道，把波士顿围得像铁桶一般。但这些来自不同村庄的民兵却有着同样的弱点，那就是，无组织，无纪律，无正规训练。有的带来的东西吃完了就回家了，有的则一直坚持。他们完全随意而动，随性而发，不像打仗，倒像开派对。

波士顿周围的民兵，需要一个统一的指挥，需要一个战略部署，需要一个有效的后勤，也需要一个明确的目标。他们需要的，是一位总司令。

正在费城召开的第二次大陆会议会收编这支杂乱无章的队伍吗？代表们将为这支“农民军”选择一位什么样的领袖？请看下一个故事：《将军拔剑南天起》。

027

将 军 拔 剑 南 天 起

“莱克星顿的枪声”标志着美国独立战争的开始。这场革命似乎是可以避免的，因为英国议会并不真想打一场大的战争。他们拟好了一个计划，同意北美自主征税，司法独立，自治政府，自我防御。条件是，英国议会保留名义上的权威，并与各个殖民地分别建立政治和商贸关系，不承认任何形式的殖民地联盟。然而，历史弄人，计划赶不上变化。这个消息在莱克星顿 / 康科德之战爆发后的第二天才传到北美。血已经流了，人已经死了，北美已不愿接受任何有条件的妥协。1775 年 7 月 31 日，第二次大陆会议拒绝了这个提议，殖民地的联合已不可逆转。

“莱克星顿的枪声”改变了每一个人。战斗发生后的第二天，约翰 · 亚当斯骑马查看战场，那斑斑血迹让他坚信，现在已没有回头路。他带着这种信念走向费城，成为第二次大陆会议上最激进的代表。战斗的消息传到弗农山庄，乔治 · 华盛顿在给朋友的信中写道：“曾经那么快乐、祥和的亚美利加，或将被血浸透，或将遭受奴役。这是多么无奈的选择！但是，一个正直的人还能再犹豫吗？”

然而，在莱克星顿 / 康科德发生的战斗并没引起英军总司令盖吉将军的重视。他向伦敦汇报说，这是一次“小事件”。事后，他下达了“特赦令”，宣布任何人只要放下武器，既往不咎。但是，有两个人不在特赦之列，那就是塞缪尔 · 亚当斯和约翰 · 汉考克。盖吉以为，这样做会让波士顿城外的大多数民兵乐得回家，塞缪尔 · 亚当斯和约翰 · 汉考克将成为“孤家寡人”。没想到，民兵们根本没理这一套，仍然把波士顿围得死死的。塞缪尔 · 亚当斯和约翰 · 汉考克反而因此声望大增，成了人们心中理所当然的领袖。

此时的塞缪尔 · 亚当斯和约翰 · 汉考克正在赶往费城的路上，他们将代表马萨诸塞参加第二次大陆会议。他们是在战斗打响的同时离开莱克星顿的。本来，汉考克闹着要亲自指挥民兵跟英军干一场，大家好说歹说把他劝住，说他做政治家比做战士更有价值。这一路上，莱克星顿的消息不断传来，汉考克开始自责，觉得自己对这起流血事件也应该负一定责任，心情变得沮丧起来。但是，当他们到达费城时，受到了英雄般的欢迎。马萨诸塞代表团显然是最受尊敬、最受瞩目的。刚刚从欧洲回到费城的宾夕法尼亚代表富兰克林，对他们这些来自北方战场的勇士表达了特别的敬意。不久，汉考克当选为第二次大陆会议主席。

几天后，弗吉尼亚代表团来到费城。弗吉尼亚的 7 位代表跟第一次大陆会议时完全相同，费城人对他们一年前的表现记忆犹新。这些来自最富裕、最优雅的殖民地的政治家早已是人们心中的偶像。弗吉尼亚代表团来到离城约 10 公里的地方时，500 名战士骑着马列队欢迎，并把他们一路护送进费城。城内军乐齐奏，人们聚在路旁，争相目睹弗吉尼亚人的风采。似乎只有雍容华贵的弗吉尼亚代表团才能与声势显赫的马萨诸塞代表团一较高低。

1775 年 5 月 10 日，第二次大陆会议在费城的州议会大厅正式召开，后来这个大厅改名为“独立厅”。这次会议看上去像是第一次大陆会议的延续，同样的 56 个代表来自 12 个殖民地。佐治亚起初还是没有派人来，直到 1775 年 7 月，革命势力才在佐治亚占了上风，向大陆会议派出了代表。

第二次大陆会议的代表很快就发现自己陷入了一种尴尬的境地。一方面，战争实际上已经开始，新英格兰的民兵包围了波士顿，誓与英军血战到底；另一方面，各殖民地还没有做好独立的准备，大家表面上还口口声声效忠英王。下一步是战还是和，成了个棘手的问题。此时，聚集在波士顿城外的民兵已达 1.5 万 ~1.7 万人，他们完全是自发的，虽然乱乱哄哄，但士气高涨。民兵们给大陆会议发来一封信，强烈要求大陆会议把他们收编成一支“正规军”。可是大陆会议的各位绅士却犹豫不决，从5月10日到6月13日，一个多月的时间，竟然毫无动作。最主要的原因是，各殖民地不愿承担战争义务。建立正规军，意味着大家都要出钱出力。可现在战事只在马萨诸塞境内，咱有必要引火烧身吗？

眼看着很多民兵因得不到支持而失望地回了家，约翰·亚当斯再也忍不住了。他在会上慷慨激昂地说，不要以为战事不在你家门口就不关你的事，那枪声随时都有可能在你那一亩三分地响起！现在不同仇敌忾，等英国兵找上你时就晚了！他建议，立刻把波士顿民兵变成一支“美利坚的军队”，人心不可失。

约翰·亚当斯是大陆会议的核心人物之一，他那毫无遮拦的直率和律师特有的犀利常常使很多人不舒服。但是，大家不得不承认，他是大陆会议中最有超前眼光的人。是他最先意识到革命的前途是独立；是他最清楚地看到，只有把“局部战争”变成“国家战争”，革命才有胜利的可能。历史将一再证明他过人的胆识和智慧。

1775年6月14日，在约翰·亚当斯和其他激进派的推动下，大陆会议终于决定把波士顿周围以及纽约的民兵收编为“大陆军”，同时下令在宾夕法尼亚、马里兰、特拉华、弗吉尼亚招募新兵以补充军力。接下来的问题是，谁来当这个大陆军的总司令？

在6月15日的会上，约翰·亚当斯站起来，提名大陆军总司令的人选。几乎所有的人都认为，他要推荐的是汉考克。于公，汉考克是波士顿当之无愧的领袖，又是大陆会议主席，他当总司令似乎天经地义。于私，汉考克是他的老友兼老乡，汉考克私下里已经明确表示自己对这个职务感兴趣。再说，波士顿的民兵有很多都是汉考克出钱组织起来的，连大陆会议的很大一部分经费也是汉考克捐助的。如今，财神爷想过将军瘾，你好意思拦着吗？

汉考克本人也坚信他要提名自己，于是兴奋地听着他下面的话："在我心中，有一个能担当此重任的最佳人选……"汉考克脸上的笑容越来越灿烂，仿佛听到了自己的名字。约翰·亚当斯接着说，"这位先生来自弗吉尼亚……"汉考克的笑容立刻僵住了。弗吉尼亚？八竿子也打不着我啊！你有没有搞错？约翰·亚当斯不动声色地完成了他的讲话："他就在我们中间。他的军事经验，他的财富、才华和人品，将得到所有人的认可，他比任何人都能更好地使各殖民地联合起来。"然后，他指向弗吉尼亚代表们坐的位置，"他就是乔治·华盛顿先生！"

约翰·亚当斯话音刚落，塞缪尔·亚当斯就站起来附议，其他代表也纷纷表示赞同。大陆会议一致通过了对华盛顿的任命。汉考克简直不敢相信，亚当斯兄弟如此不仗义。然而，他虽然不高兴，绝不公报私仇。作为大陆会议主席，他非常优雅地在给华盛顿的委任书上签了字，继续出钱资助革命，从来没在背后做手脚给华盛顿使绊子。汉考克也许不是合格的军人，但他是真正的君子。

其实，约翰·亚当斯不是不顾及朋友的感受，但他认为殖民地的联合比什么都重要。他提名华盛顿是经过深思熟虑并同各方代表协商的结果。那些民兵本来就是马萨诸塞人，汉考克也是马萨诸塞人。如果汉考克当总司令，那真是自家人管自家人，别的殖民地就会说，你们自个儿全包了吧，没我们什么事儿了。所以，必须找一个南方人当总司令才有凝聚力。在南方殖民地中，有谁比华盛顿更合适呢？

于是，非常奇怪的一幕出现了。一个衣冠楚楚的南方人成了北方军队的总司令，一个养尊处优的大地主领着一帮风风火火的农民闹革命，怎么看怎么不靠谱。可是，在此后的八年里，这个极不和谐的组合居然变得水乳交融。桀骜不驯的大老粗们与这位绅士将军风雨同舟，荣辱与共。战争开始时，华盛顿是他们的总司令；战争结束时，华盛顿成了他们的父亲和兄长。到底是什么元素引起了这个不太可能的化学反应呢？答案可能是：华盛顿的个人魅力。

1754 年，22 岁的华盛顿毛手毛脚地挑起英法“七年战争”（参看 016《帽子之争》)。他满怀热情地参加英军作战，后来又领导弗吉尼亚国民自卫军抵御法国与印第安人的联合进攻。虽然败多胜少，但他在战场上那超乎常人的勇敢和冷静赢得了人们的尊敬，他成了一位战争英雄。

可是，英雄也有不顺心的时候。华盛顿特别爱打仗，当将军是他人生最大的理想。他年纪轻轻就当上了上校，但就在他野心勃勃地准备在英军中大展宏图、步步高升时，英国人明确地告诉他，小伙子，别做梦了。想当高级军官，你得是真正的“英国人”。像你这种土生土长的“外省人”（殖民地人），再折腾也白搭。

华盛顿一气之下辞职回了家。哼，瞧不起我，早晚有一天让你们为今天的决定付出代价！接下来，他要完成人生的另一件大事：找个老婆。华盛顿家在弗吉尼亚属于中等偏上的人家，他们一共有约 1.2 万亩的土地，70 多个黑奴，远远算不上大富大贵。而且，华盛顿家的男人有短命基因，从他的父亲到哥哥、弟弟，没有一个活过 50 岁，大部分都在二三十岁就去世了。乔治 · 华盛顿差不多是唯一打破“50 岁”魔咒的人。华盛顿眼看着自己的父兄一个一个离去，弟妹们又小，家庭的重担就落到他一个人身上。这也许是他从小就很有主见、很有责任心的原因。

华盛顿 11 岁时父亲就去世了，他从大哥那里学来了两点：一是当军人的梦想；二是娶老婆的品位。华盛顿的择偶标准是：漂亮、性格好、有钱。他只对豪门千金感兴趣，这一点完全是受大哥的影响。他大哥娶的是弗吉尼亚的首富兼贵族费尔费克斯家的小姐，这桩婚姻让其在仕途上一帆风顺。要不是死得早，哥哥的成就肯定比华盛顿大。就是因为大哥的婚姻，华盛顿从小就出入豪门的宴会、舞会，接触弗吉尼亚的上流政要，起点比别的中产阶级家庭的年轻人高多了。

第一个让华盛顿动心的女人是萨莉·费尔费克斯，她漂亮、性感、优雅，满足了华盛顿对女人最美好的想象。可惜，萨莉是有夫之妇，她的丈夫是华盛顿的好朋友乔治·威廉·费尔费克斯。年轻的华盛顿在困惑和痛苦的单相思中熬过几年，终于渐渐恢复理智，开始寻找属于自己的幸福。恰在此时，一位端庄、温柔的女士走进他的视野，她就是玛莎·卡斯蒂斯。

玛莎生于1731年6月2日，比华盛顿大半岁，是家中的长女。玛莎的父亲是个大种植园主。17岁那年，玛莎嫁给了比自己大20岁的大富翁丹尼尔·卡斯蒂斯，他们的庄园恰恰就叫“白屋庄园”，跟今天美国总统的官邸“白宫”是一个词。卡斯蒂斯是弗吉尼亚最富的人之一，他对自己的这位娇妻非常疼爱，处处让着她，护着她。玛莎在丈夫的手掌心中过了几年神仙般的日子，并为其生了两儿两女，但只有一儿一女存活下来。婚后第七年，卡斯蒂斯突然去世，把巨额家产留给了玛莎。

丈夫的去世对玛莎打击很大，她一夜之间从一个在丈夫怀中撒娇的小女人变成了要独自经营大种植园和其他产业的一家之主。但她坚强地走了过来，变得越来越成熟。她的聪明才智和温柔可人的性格为她赢得了很多朋友。尽管玛莎很能干，但她仍然觉得，应该为年幼的儿女寻找一位父亲。1758年，在朋友的撮合下，玛莎认识了年轻的军官华盛顿。

其实华盛顿以前就见过玛莎和她的丈夫，只是没有什么交往。这次见面，华盛顿对玛莎的印象很好，当然，玛莎的财富也是他所看重的。玛莎对华盛顿感觉也不错，他高大魁梧，相貌堂堂，举手投足间带着军人特有的凛凛虎威，往那儿一站，气场超强。他们第二次见面时，华盛顿就向玛莎求婚了。在认识了仅仅三个月之后，两人就决定走进婚姻的殿堂。就算在今天，他们也是属于“闪婚”一族。

1759 年 1 月 6 日，二人在白屋庄园举行了盛大的婚礼，未来美国的第一个“第一家庭”就这样组成了。这一年，他们都是 27 岁。显然，这不是一桩基于单纯的爱情的婚姻。两人在互相喜欢的基础上各取所需。玛莎需要一个男人为自己撑起一片天，华盛顿需要玛莎的财富和地位。在他说“我愿意”的那一瞬间，他就成了弗吉尼亚最富的人之一。

听上去，华盛顿颇有点“吃软饭”的意思。其实，在那个时代的北美殖民地，大多数婚姻都是这样的，男女双方都想通过婚姻改善自身的处境，没有人觉得难为情。美国好几位中产阶级出身的“国父”娶的都是富家女。

婚后，玛莎搬到华盛顿的家弗农山庄居住，他们过着舒适、豪华的生活。华盛顿扩建了弗农山庄，经营玛莎带过来的产业，把庄园的作物从单一的烟草变得多样化，特别是种植小麦，为庄园带来丰厚的利润。他对土地情有独钟，一有钱就买地。他和玛莎共拥有10.8万亩的土地和300多个黑奴。

虽然两人的婚姻不完全是出于爱情，但华盛顿与玛莎婚后的生活却很幸福。历史学家们在描绘华盛顿的婚姻时，最常用的词就是“温馨、亲密、稳固”。华盛顿是个精神贵族，品德高尚。他很体贴玛莎，精心照顾她与前夫生的两个孩子，绝对是个好丈夫、好父亲。他对婚姻非常忠诚。虽然他喜欢美女，身边也从来不缺美女，但他没跟任何一个传过绯闻。在他有权有势的时候，全美国的女人都以得到他的青睐为荣，但他的心从没离开过玛莎。

可能华盛顿最大的缺点是他天生的坏脾气。华盛顿脾气暴躁是出了名的，据说这是从母亲玛丽那里继承来的。他的脾气发作起来就像山崩海啸，把周围的人吓得恨不得找个地洞钻进去。华盛顿对自己的“阎王脾气”非常了解，他一生都在跟这个弱点做斗争，真的像富兰克林说的那样，“如果你很生气，就从1数到10；如果还生气，就数到100”。在长期的军事和政治生涯中，他练就了一套超强的控制怒气的本事，平时很少发作。华盛顿给人的整体感觉是个举止得体的谦谦君子，礼貌又温和，同时带着冷漠与威严，让人可望而不可即。但在极端的情况下，比如战场上有人不听指挥，他就会冲上去破口大骂，骂得人家连上吊的心都有。尽管如此，大家都知道华盛顿是个光明磊落的大丈夫，他骂归骂，骂完就没事了，绝对不会再记仇。

华盛顿是个比较“宅”的男人，很喜欢侍弄自己的庄园，但他从来没有忘记过梦想。他觉得，“沙场驰骋日，马革裹尸还”是人生无上的光荣。既然一时半会没仗打，咱就先玩玩政治吧。从 1758 年开始，他当选为弗吉尼亚殖民地议会的议员，一干就是 17 年。这 17 年让他受益匪浅，他从一个一心只想着打仗的军人变成了出色的政治家。他熟悉政治游戏的规则，深谙与人交往的技巧。更重要的是，在这 17 年的政治熏陶中，他接受了欧洲的启蒙思想。自由、人权、共和、法治，这些观念渗入到他的血液中。政治，不再只是提高社会地位的工具，而成了实现社会理想的途径。

从 1765 年起，华盛顿就是弗吉尼亚议会中反对《印花税法案》的中坚分子。在此后的 10 年中，他与其他激进派一起，把反英斗争一次又一次推向高潮。他天生沉默寡言，没有帕特里克 · 亨利那样的口才，也不像塞缪尔 · 亚当斯那样锋芒毕露，但他的稳重和坚毅同样赢得了人们的信任。1774 年，他代表弗吉尼亚参加了第一次大陆会议，1775 年又重返费城，参加第二次大陆会议。这一次，他做出一个与众不同的姿态，清楚地表达了与英军战斗到底的决心。

这次来费城，华盛顿不是像其他人那样穿着漂亮的西装外套来的，而是穿着他那身上校军服来的，在与会代表中非常扎眼，跟他一向的低调风格截然不同。想象一下，在西装革履的绅士中，出现这么一位披挂整齐的军人，会是什么情景。他的个子高大，威风十足，尽管没说过一句“我想当大陆军总司令”，那身军装却时时刻刻提醒大家：“我是唯一有军事经验的人，总司令一职舍我其谁？”

果然，华盛顿的自我“营销”取得了很好的效果，代表们就是想忘也忘不了他的身影。约翰·亚当斯一提名华盛顿，大家立刻全体通过，好像这是理所当然的事。他之所以推荐华盛顿，还因为，在“莱克星顿的枪声”刚传到弗吉尼亚时，华盛顿就在议会中宣称：“我愿意自己出钱招募一千人，亲自率领他们开赴波士顿！”这件事让亚当斯很感动，他对华盛顿说：“谢谢你的慷慨！”华盛顿说：“这不是我的慷慨，是我的责任。”亚当斯（以下如非特别注明，单指约翰·亚当斯）在与华盛顿的交往中看到了一个天生的领袖，一个胸怀“全局”的人。

华盛顿接受提名的讲话很短，只有几句，但完美地体现了他的性格和人品。他说了两个意思：第一，我能力有限，不能胜任各位的重托，但我一定全力以赴；第二，我是为自由的理想而战，不是为了钱，所以我不要工资，你们只要给我报销花费就行了。代表们还以为自己听错了，啥？免费上战场玩儿命？他没发烧吧？然而，这就是华盛顿，谦虚，执着，高贵，为理想不惜舍弃舒适的生活，甚至舍弃宝贵的生命。他从革命中得不到任何好处，却有可能失去一切。随着华盛顿渐渐进入“角色”，他的性格变成美国革命的性格，他的追求就是美国革命的追求，他对启蒙思想的忠诚使美国革命成为有史以来最富有“理想主义”色彩的革命。

可打仗毕竟是打仗，光靠理想和勇气还不够。那么，华盛顿到底是不是总司令的最佳人选？应该说，不是，也是。华盛顿是一流的政治家，二流的军事家。他手下很多军官都比他会打仗，如果换别人当总司令，也许战争的进程会快些。但是，大陆军总司令不是光管打仗的。事实上，在八年的战争中，大陆军最大的挑战不在前线，而在后方。供给极度缺乏，军饷拖欠严重，士兵们经常光着脚饿着肚子，因欠饷引起的哗变数不胜数。总司令就是后勤部长，天天忙着跟国会要钱，向各州催款。后来，法国加入战争，派军队来北美参战。跟傲慢的法国人打交道可不是件让人心情愉快的事。总司令摇身一变又成了外交部部长。所有这些琐事都不是靠拍桌子砸板凳就能处理好的，需要政治家的成熟和稳健，而华盛顿恰恰具备了这种素质。华盛顿的人格魅力也为美国革命赢得了国际社会的同情和支持。甚至在英国的主要报纸上，人们对北美的“叛乱”进行攻击和谩骂的同时，对叛乱头子华盛顿却赞赏有加。美国革命还能找到比华盛顿更合适的形象代言人吗？

历史将告诉我们，华盛顿对新大陆和后来的美国意味着什么。此时此刻，43 岁的他正收拾行装，准备去马萨诸塞上任。走之前，他给玛莎写了一封信。在信中，一向诚实的华盛顿向妻子撒了个谎。他说："请相信我，我已经尽最大努力回避这份工作。可是大陆会议还是把重任交给了我……"华盛顿觉得，自己谋求大陆军总司令一职很对不起玛莎，他担心自己不在家玛莎会很孤独。于是，他又写信给玛莎的朋友和亲戚，请他们去弗农山庄陪玛莎过一段日子。在写完了这些信之后，他才启程前往波士顿。

华盛顿还在赴任途中时，北方的民兵就已经开始了战斗。他们怎样用自己对战争的理解书写了一段属于自己的传奇？请看下一个故事：《邦克山之战》。

028

邦 克 山 之 战

1775 年 6 月，大陆会议任命华盛顿为大陆军总司令。华盛顿从费城出发，前往马萨诸塞就职。他还在途中时，波士顿的民兵就已经跟英军干上了，他们还不知道自己已经有了新的总司令呢。民兵们暂时由马萨诸塞省议会领导，省议会成立了安全委员会，专门负责波士顿的战事。

民兵们包围波士顿后，马萨诸塞的皇家总督盖吉将军向伦敦求援。英国议会又派来三个军团（大约 3000 人），使波士顿英军人数上升到 6000 人。随军前来的，还有三位将军，他们将辅佐盖吉，打破民兵对波士顿的围困。

这三位将军都是战绩卓著、经验丰富的职业军人，英国在北美的命运就要着落在他们身上了。第一位是威廉 · 豪。他出身贵族，父亲是高层政要，母亲与英国王室关系密切。豪家三兄弟都是英国高级军官。哥哥理查德·豪是海军上将；弟弟威廉·豪是陆军少将，在“法国与印第安人的战争”中表现出色，因熟悉北美的情况，这回被派来参战。他作为军人的资历当然没问题，有问题的是他的立场。他不是北美的敌人，而是“自由的朋友”。这位本该来“平叛”的将军却同情殖民地人的追求，赞赏他们为自由而战的勇气。也不知道英帝国是怎么教育它的将军们的，盖吉够心慈手软的了，豪（此处指弟弟威廉·豪，哥哥会在后文出场）干脆就不赞成打这一仗。但服从命令是军人的天职，不赞成也得打，而且还得领头打。

第二位将军是约翰·伯格因。他有个外号，叫“绅士约翰尼”，因为他不太像军人，倒更像个绅士兼艺术家。他热爱音乐，擅长绘画，是个才华横溢的剧作家，他写的戏剧在伦敦各大剧院上演。伯格因热情而浪漫，温柔又优雅，深得女人的欢心。战士们也都很喜欢他，因为他的勇敢，更因为他的人情味儿。第三位将军是亨利·克林顿。跟其他两位比，克林顿的性格显得不那么可爱。他喜怒不形于色，毫无幽默感，冷面又冷血，倒是个更合格的战争机器。

三位将军的到来让盖吉很兴奋，他立刻与他们一起研究怎么扭转目前的被动局面。波士顿虽说是个半岛，但跟个孤岛差不多，只有西南角一条细长的“脖颈”与大陆相连。民兵们把那条“脖子”一掐，波士顿与外界的陆路联系就完全被切断了。当然，形势也不像听上去的那么糟糕。民兵没有海军，英国军舰可以畅行无阻地往波士顿运兵运粮。从理论上说，由于源源不断的海上供给线，英军想在波士顿住多长时间就能住多长时间，民兵根本困不死他们。但总让人围在城中毕竟不是长久之计，政令都出不了城，还谈什么“统治”呢？

与波士顿隔水相望的是查尔斯顿半岛，它与波士顿的直线距离很近，只有300米左右。岛上有两座小山丘——邦克山和布雷德山，从这两座山上可以俯视波士顿全城，也可以俯视城外民兵的驻地。盖吉和将军们认为，如果占领这两个高地，特别是邦克山，就可以凭借有利地形攻击城外的民兵，然后乘胜追击，摧毁民兵在坎布里奇的大本营。如此，波士顿之围可解。而且，邦克山无人把守，占领它应该不费吹灰之力。

可不知为什么，如此机密的计划却让民兵们知道了，好像民兵也派代表参加了英军的军事会议一样。此时，波士顿民兵的最高指挥官是阿提马斯·沃德将军。马萨诸塞安全委员会建议立刻派人占领邦克山，防备英军的进攻。沃德提了几个很靠谱的问题：一是民兵弹药很少，到时候恐怕支撑不了多久；二是邦克山正在英国军舰炮火的射程之内，民兵死伤会比较惨重；三是查尔斯顿半岛像波士顿一样，也通过一条细“脖颈”与大陆相连，如果英军卡住那条脖子，半岛上的民兵可能全军覆没。靠民兵那几杆破枪，守住邦克山几乎不可能。如果再没有一条安全的退路，这场防御战就是白送命。

沃德说完了，民兵领袖们你看我，我看你，谁也不知道该咋办，因为谁也没战争经验。这时，57 岁的“老将”伊斯利 · 普特南发话了。他年纪比较大，人们都叫他“老普特”。老普特说：“咱美洲人不怕脑袋，就怕腿。要是能把脑袋和腿这两样东西保护好，咱就能永远打下去。”听了他云山雾罩的这几句话，大家都没吭声，可能心里在问同一个问题：哥，你说的是英语吗？俺怎么听不懂呢？沃德一拍大腿，得，既然老普特这么高深，这场战斗就由他指挥吧！老普特也当仁不让：没问题！你们就瞧好吧！

沃德和老普特都参加过“法国与印第安人的战争”，有一定的军事经验，他们尽己所能，做了比较周密的安排。老普特先带 1200 人开往邦克山，沃德派人守住查尔斯顿半岛的脖颈，以防英军抄后路。6 月 16 日夜，民兵们在老普特和另一位将军威廉 · 普雷斯科特的率领下，悄悄地上了邦克山。等到了山上，普雷斯科特往四周一望，突发奇想说：邦克山地形虽然不错，但东南方的布雷德山更好，因为那儿离波士顿更近，对英军的威胁也更大。普雷斯科特和老普特发生了激烈的争论。最后，他终于说服老普特，由他带着 1000 多人去布雷德山，而老普特则留在邦克山接应，协调后援的队伍，与布雷德山互相呼应。

战斗还没开始，民兵就暴露了他们的弱点：缺乏统一的领导，指挥官随意改变战斗意图，没有全局观念。事实证明，布雷德山是个错误的选择。首先，邦克山比较险峻，易守难攻，布雷德山地势平坦，易攻难守，而且，敌人可以从两侧同时进攻。其次，布雷德山离水上的英国军舰更近，更容易受到炮火的攻击。最后，布雷德山深入半岛内部，大大加长了撤回大陆的距离，也就会加重撤退途中的伤亡。

普雷斯科特趁着夜色上了布雷德山，开始指挥着挖战壕，修堡垒。民兵们干得热火朝天的，效率很高，天亮前就修起了很像样的防御工事。6 月 17 日，天刚蒙蒙亮，在海上巡视的英国军舰发现了布雷德山上的动静。海军也顾不上通知陆军，立刻向布雷德山开炮。猛烈的炮火炸毁了民兵的很多掩体墙，也削平了几个小山峰，但没造成很大的伤亡，大概是因为民兵们把自己的“脑袋和腿”保护得太好了。

海军的炮声把盖吉和他的将军们从睡梦中叫醒，他们惊奇地发现，布雷德山和邦克山上一夜之间布满了人，民兵显然已经走到他们前面去了。其实，对于久经战阵的将军们来说，眼前的突发事件并不陌生，越在这种时刻越能体现出他们的素质和能力。一个高级指挥官，这时候应该做的事是思考，而不是反应。可惜，这一次，除了亨利·克林顿，其余几位考试成绩都不合格。克林顿说，现在应立刻派兵攻打查尔斯顿“脖颈”，掐断半岛与大陆的联系，这样，半岛上的民兵陷于孤立，不战自破。这是一步高招，不但切中要害，而且可以把伤亡减少到最低。这也正是沃德等民兵将领最担心的事。可是，其他三位将军否决了克林顿的提议，他们认为应该攻击布雷德山，因为他们觉得山上的民兵根本不经打，英军可以轻而易举地获胜，而攻打“脖颈”风险太大。

战斗由豪将军指挥。也不知道是因为豪将军真的不想打这一仗，还是因为他的性格太保守，总之，他在这次战斗中表现出的最大的特点就一个字：慢。这个特点还将在他与华盛顿的交手中一而再，再而三地表现出来，那是后话。豪打算带 2500 人进攻布雷德山，可是，把这 2500 人集合起来居然用了 6 个小时，然后再让士兵登船，从波士顿运到查尔斯顿半岛，直到下午 1 点才在半岛登陆。登陆后，豪发现，眼前的情况比自己想象的复杂得多，布雷德山根本不是那么好攻的。豪下令：原地休息！然后坐在那等后续部队。

英军的拖拖拉拉给了民兵足够的时间加深战壕，也给了他们足够的时间增援布雷德山。老普特两次搬援兵，加强了布雷德山的防御力量。但民兵有自己的问题，也是一个字：乱。沃德将军虽是总指挥，可他真正指挥得动的没几个。各村各镇来的民兵，更习惯听自家“带头大哥”的话。沃德的命令传到下面，有的根本没听懂；有的听懂了也没执行；有的命令一传十、十传百，传到最后，蚊子变成了大象；有的本该去半岛增援的，走到一半就停下了，或者干脆不知道去哪儿；有的就算走到地方也不知道该干啥。在这一片混乱中，竟然凑出将近 1000 人来到布雷德山增援，也算是奇迹。

来增援的人中，有一个身份特殊的人，他就是约瑟夫 · 沃伦。还记得那个在“莱克星顿的枪声”中起关键作用的大间谍头子沃伦医生吗？他可是马萨诸塞省议会的主席，安全委员会的头，革命阵营中职位最高的人。自从亚当斯兄弟和汉考克都去费城开大陆会议之后，沃伦就是波士顿的领袖。那么，他怎么到了布雷德山呢？

4 月 19 日，也就是莱克星顿战斗打响的同一天，沃伦悄悄地溜出波士顿，奔往莱克星顿。他没赶上那第一声枪响，但在英军从康科德往波士顿撤退的那一路上，沃伦带人追着英军的屁股打。他是冲在最前头的，在交战中差点丧命，一颗子弹擦着他的头发飞过。后来，他母亲听说这件事，哭着劝他珍惜宝贵的生命，他说：“最危险的地方就是你儿子要去的地方。现在不是美利坚的儿女畏缩不前的时候，我要为它的自由而战，直到死亡。”

作为马萨诸塞省议会主席，他把全部精力都用来组织民兵围困波士顿，协调供给，与盖吉谈判，争取尽早把波士顿从英军手中解放出来。民兵决定占领布雷德山之前不久，马萨诸塞省议会授予沃伦少将军衔，并派他去指挥战斗。沃伦来到邦克山，老普特和普雷斯科特都知道他的职位高，主动把指挥权交给他。但沃伦说：“我不懂打仗，让我指挥那纯是瞎掰。今天我是作为普通士兵来为你们服务的。”老普特和普雷斯科特怎么劝也劝不住，沃伦来到最前线布雷德山，拿起枪，和其他士兵一起在战壕中做准备。大家看到这个受人尊敬的大人物与自己肩并肩站在一起，深受鼓舞。

再看英军那边，到下午2点，豪终于等到了所有的后续部队，开始行动了。豪把部队分成两拨，由他和罗伯特·皮戈特将军分别率领，从左右两翼同时进攻布雷德山。豪下令开炮，以火力掩护步兵往上冲。可是，炮刚响了两声就变成哑巴了，原因是，炮弹带错了！也许豪的命令没传达清楚，也许管炮弹的人脑子短路，本应带6磅的炮弹却带了12磅的，炮弹与炮筒不配套，没法打。训练有素的英军却犯这种低级错误，简直匪夷所思。豪一面派人回去取炮弹，一面继续组织进攻。没炮火掩护也要上！

民兵们知道自己弹药有限，每一颗子弹都要发挥最大的功效。老普特和普雷斯科特向战士们发出了那道号称“美国军事史上最著名的命令”：等你看到敌人的白眼球时再开枪！往低处打！这一招颇有效，英军眼看着就要冲上来时，民兵万枪齐发，立刻撂倒一大片。英军基本上是“裸攻”，排着整整齐齐的队伍往前走，完全暴露在对方的枪口下。民兵则有战壕和掩体的保护，沾了大光。几轮对射下来，英军损失惨重，豪只好下令撤退，第一次进攻失败了。

民兵见英军撤退，欢呼雀跃，庆祝胜利。这是他们第一次面对面地打退了世界上最强大的军队，那股子兴奋和骄傲就甭提了。普雷斯科特提醒大家，战斗还没结束，英军会卷土重来。果然，15分钟后，豪再次指挥士兵冲上来。民兵当然不客气，还是那一招，照准了打。又一批英军尸体倒在山坡上，豪再次撤退。但他看出来了，民兵的火力已经明显不足，弹药跟不上，没后劲儿。豪将军把他的两股人马合成了一股，命令士兵上刺刀，开始了第三轮冲锋。

这一次，民兵没能挡住敌人的进攻，因为他们的弹药用完了。英军突破了民兵的防线，冲进防御工事，双方开始了肉搏战。一到肉搏战，民兵就吃亏了，英军的枪上有刺刀，民兵没有。普雷斯科特让大家把枪倒过来，用枪托打，就像抡棍子一样。可是，棍子不是刺刀的对手，越来越多的民兵倒了下去。普雷斯科特下令撤退。难得的是，他们边打边撤，秩序良好，撤退没有变成溃退。尽管如此，撤退中的军队永远都是最软弱可欺的，因为人的脑后没长眼睛。现在，轮到英军追着民兵的屁股打了。民兵从布雷德山撤往邦克山，又从邦克山撤往查尔斯顿“脖颈”。正是这漫长的撤退路，给民兵带来了惨重的人员伤亡。也许，他们此时才意识到，选择布雷德山是个多么大的错误。

到下午 5 点，英军已占领布雷德山和邦克山，民兵也已经从“脖颈”撤回大陆。整个查尔斯顿半岛都是英军的了，如果他们乘胜追击，不给民兵喘息的机会，很有可能直捣坎布里奇，彻底打破包围圈。这正是克林顿的建议。可是，优柔寡断的豪再次否决了克林顿的正确意见。他下令收兵，从而失去了一次消灭民兵，甚至消灭美国革命的机会。如果豪的胆子大一点，那么，华盛顿赶到马萨诸塞时，可能就是个光杆儿司令了。

1775 年 6 月 17 日发生的这次战斗，被误称为“邦克山之战”。实际上，叫“布雷德山之战”更符合事实。看上去，此战以英军的胜利、民兵的失败而结束，但人们的感觉恰恰相反。先看伤亡数据：英军参加战斗的 2500 人中，死伤 1054 人，伤亡率将近 50%。民兵死伤 450 人，连英军的一半都不到。豪很清楚，虽然这组数字已经够糟糕了，但实际情况更可怕。你还要看已方损失的是什么人，而对手损失的又是什么人。在英军的伤亡人数中，有 100 个是各级军官，这才是最惨痛的损失。“千军易得，一将难求”，优秀的军官是军队的灵魂，他们都是可以以一当百的人。而对手呢？昨天还是农民、商人、手工业者，今天拿起枪就成了战士，还打死了世界上最优秀的战士。“业余选手”跟“职业选手”打，武器又不在一个档次上，“职业选手”竟然被打得这么惨。对英军来说，这哪里是胜利，简直是奇耻大辱。豪看着尸横遍野的布雷德山，心痛不已。他说：“这个胜利太昂贵了……”连“冷血动物”克林顿查看了战场后都不禁动容：“如果再有几次这样的胜利，我们就完蛋了。”

打了败仗的民兵们一点儿也没觉得自己是失败者。他们眼看着英军流尽了血，这支强大的军队在他们眼中再也不是神话。信心，就是他们在这场战斗中最大的收获。然而，他们也付出了沉重的代价。美国革命失去了一位最真诚的领袖：约瑟夫 · 沃伦。沃伦一直勇敢地战斗着，直到弹药用尽，他还坚持与英军搏斗，保护其他人撤退。一个英国军官认出了他，一枪击中他的头部，沃伦当场死亡。英国士兵一哄而上，用刺刀猛戳他的尸体，直到无法辨认。然后，他们把他和其他尸体草草埋在一起。10 个月后，沃伦的兄弟们和银匠瑞维尔来到布雷德山，扒开那座坟，企图辨认沃伦的尸体。在一堆骸骨中，瑞维尔发现了那颗他亲手为沃伦镶的假牙，他绝不会认错自己的手艺。就凭这颗假牙，他们确认了沃伦的遗骸，最终把他安葬在家族的墓地。

盖吉将军说，沃伦的死顶得上 500 个战士，可见沃伦在他的敌人眼中的分量。他死时年仅 34 岁，身后留下 4 个年幼的孩子。由于妻子早亡，这些孩子成了孤儿。他们在沃伦的兄弟、朋友的帮助和大陆会议的抚恤下长大成人。后世的美国人没有忘记他们的英雄。遍及美国 14 个州的 30 多个城镇和无数条街道以沃伦命名，美国海军有 5 艘军舰叫“沃伦号”。他的弟弟约翰 · 沃伦也是一位外科医生，在“邦克山之战”中给民兵当军医，后来创建了哈佛医学院。

颇有讽刺意味的是，布雷德山和邦克山的战略价值并不像双方想象的那么重要。英军在攻克两座山之后才发现，其实占领这两个高地对冲破包围圈没有多大帮助，他们又放弃了查尔斯顿半岛。波士顿之围依然如故，又回到起点。正如一位学者所说：“这是在不该防守的山上打的一场不该发生的战斗。”但它仍然为双方造成了深远的影响。盖吉因此次战斗未能达到目的而被削官罢职，豪继任北美英军总司令。民兵的强悍表现似乎给他留下了心理阴影，他在此后与华盛顿的较量中虽然屡屡得胜，却又屡屡因忌惮和犹豫坐失良机，以致赢得了每一场战斗的英军输掉了整个战争。刚走到纽约的华盛顿听到“邦克山之战”的消息很兴奋，对自己“部下”的战斗力有了信心。他高兴得太早了，因为他很快就会发现一个真实的“大陆军”。

与“邦克山之战”交相辉映的是另一场战斗，它虽然没有“邦克山之战”的壮烈，却有着同样的精彩。这场战斗是谁发起的？它怎样改变了波士顿的僵局？请看下一个故事 :《绿山男孩》。

029

绿 山 男 孩

在今天美国的纽约州以东，马萨诸塞以北，新罕布什尔以西，是一片被郁郁葱葱的山林覆盖的地方，那就是佛蒙特州。佛蒙特的意思是“绿山”，它的别号也就成了“绿山之州”。1775 年 5 月，这绿色的山峦中走出一帮汉子，他们自称“绿山男孩”，听上去有点像摇滚乐团的名字，实际上，他们的狂野与热情也跟摇滚歌手不相上下。这些“绿山男孩”的领袖是伊森 · 艾伦。

艾伦生于 1738 年的康涅狄格殖民地，他是家中的长子，后面还有 7 个弟弟妹妹。他父亲约瑟夫 · 艾伦是个很成功的农场主，家境比较宽裕。虽然他家住在农村，但父亲很重视孩子们的教育。伊森 · 艾伦聪明好学，对哲学和宗教特别感兴趣，他后来写了很多颇有影响力的哲学和宗教著作。16 岁时，他在一位教士的指导下，刻苦攻读，准备进耶鲁学院学习。可就在此时，父亲突然病逝，家庭的担子落到身为长子的伊森·艾伦身上。他只好放弃学业，经营家庭的农场，也参与开采铁矿。1762 年，他与一个邻家女孩结了婚，但他们的婚姻并不幸福。

艾伦虽然受过不错的教育，但天生桀骜不驯，性情暴躁，似乎从来没学会过礼貌和谦让。他经常在大庭广众出言不逊，肆意羞辱他不喜欢的人，弄得大家很不爽。特别是在人人以绅士自居的康涅狄格，他的言行跟野人没什么两样。渐渐地，争强好斗的艾伦发现自己越来越多地陷入麻烦，三天两头被人告上法庭，而一开庭他总是败诉。他不停地搬家，却怎么也改不了自己的坏脾气，处处得罪人。最后，文雅的康涅狄格人实在受不了他，议会通过决议，把他驱逐出康涅狄格。

离开了康涅狄格，能去哪呢？艾伦瞄准了新罕布什尔殖民地。从 1749 年开始，新罕布什尔殖民地就向移民们出售康涅狄格河以西的土地。这片地一直被新罕布什尔视为自己的领土，它从买卖中获得了丰厚的利润。可是，新罕布什尔的行为引起了两个邻居的不满，一个是纽约，一个是马萨诸塞，它们都认为那块地属于自己。马萨诸塞也就罢了，纽约却不依不饶地把官司打到了英王乔治三世面前。一打起官司，新罕布什尔就落了下风，因为纽约财大气粗，与英国王室的关系不是一般的好。最后，乔治三世裁定，那片地属于纽约州。

其实，对移民们来说，那片地到底是纽约的还是新罕布什尔的并不重要，重要的是，我买了就是我的。可是，现在纽约不承认新罕布什尔与移民的合同，它要把这些地重新卖一遍。移民们以前交给新罕布什尔的钱算是白交了，新罕布什尔绝对不退钱。如果你想保住自己的土地，就得向纽约再交一次。这下，新罕布什尔领地上的移民可就不干了。天底下没有这样的道理。

艾伦当初花了大约 50 美元从新罕布什尔买了 6000 多亩地。以他的性子，他能听纽约的摆布吗？艾伦和他的弟弟、表兄弟们一起，联络其他“热血青年”，组成自己的武装，保卫自己的家园。他们把这支队伍命名为“绿山男孩”，还设计了自己的旗帜，艾伦当他们的领袖。他性情豪放，平时与弟兄们大碗喝酒，大块吃肉，讲着一些不堪入耳的段子，做着别人不敢做的事。年轻小伙子们都喜欢他，“绿山男孩”的队伍不断壮大。

“绿山男孩”不承认纽约对新罕布什尔领地的所有权，只要看见从纽约来的移民，就把他们新建的房子烧掉，用各种手段让他们站不住脚，最后不得不离开。但艾伦也有自己的原则，就是只搞破坏，不伤人命，他唯一的目的就是把纽约人统统赶回去。

“绿山男孩”的暴行让艾伦上了纽约省的通缉令，纽约总督悬赏 20 英镑捉拿他和另外几个头目，后来又涨到 100 英镑。艾伦才不管这一套呢，依然我行我素，甚至发行货币，出售土地，俨然已形成独立王国。马萨诸塞和新罕布什尔也继续跟纽约闹别扭，都想占这块肥地。要不是独立战争爆发，恐怕这几个殖民地就要打起来了。

1775 年 4 月 19 日，“莱克星顿的枪声”拉开了独立战争的序幕。4 月底，艾伦收到康涅狄格议会的一封信，说他们计划攻取提康德罗加堡（简称“提康堡”），希望能得到他的帮助。艾伦很高兴，他觉得这是提高“绿山男孩”政治地位的机会。他挑选了 130 名“绿山男孩”，又会合了一些从马萨诸塞和康涅狄格来的民兵，准备率领他们偷袭提康堡。他还派间谍去提康堡刺探情报，得知那里的守备非常松懈。

提康堡位于今天美国纽约州境内，坐落在尚普兰湖南端。它北接尚普兰湖，南连乔治湖，正好处于圣劳伦斯河和哈德逊河之间，是从加拿大南下至英属 13 个殖民地的必经之路，战略位置非常重要。提康堡的意思是“两水之间”。当时的北美东部都被森林覆盖，根本没有路，陆路交通既困难又昂贵。最便捷的是水路。从魁北克出发，经圣劳伦斯河到尚普兰湖、乔治湖，再转入哈德逊河，可以直通纽约。谁控制了这条水路，谁就控制了这个地区。提康堡是法国人和加拿大人修建的。“七年战争”中，英军以两千伤亡为代价夺取了提康堡，为打败法国奠定了基础。可是，战争过后，太平日久，守卫在这里的官兵也渐渐懈怠了，他们根本没想到有人还会惦记这个深山老林中的堡垒。

就在艾伦和他的“绿山男孩”们紧锣密鼓地做准备时，5 月 9 日，一位不速之客来到他们面前，手拿马萨诸塞省议会的任命书，声称这次突袭任务将由他指挥。这个人的名字叫本尼迪克 · 阿诺德。如果说阿诺德是大陆军中最优秀的将领，应该不算过誉，他在战场上的勇敢机智和坚忍不拔没人比得上。论打仗，华盛顿不是他的对手。阿诺德可是个大大有名的人物。但是，他之所以有名，不是因为他能干，而是因为他最后站到了英国一边。“本尼迪克 · 阿诺德”在美国，就像“甫志高”“王连举”在中国，是“叛徒”的代名词。在他还没有成为叛徒之时，我们先慢慢欣赏他的才华吧。

阿诺德 1741 年生于康涅狄格，他父亲是个成功的商人。可是，后来父亲开始酗酒。就在他打算去耶鲁上学时，父亲因深陷债务而破产，他的学业也就终止了，这一点倒是跟艾伦有点像。阿诺德后来给一个药剂师当学徒，练得一身好本事。再后来，他开了自己的药店，生意很红火，还娶了一位法官的女儿为妻，日子过得很不错。他性格倔强，聪明过人，工作勤奋。虽然已经跻身富裕阶层，但他仍渴望做一些惊天动地的大事，赢得社会的尊重。

“莱克星顿的枪声”打响后，阿诺德以上尉的身份领着康涅狄格的民兵参加了包围波士顿的行动。他得知提康堡守备空虚，就向马萨诸塞省议会建议趁机袭取此处。省议会同意了，决定由他领导这次偷袭。就这样，他赶到艾伦的驻地，告诉艾伦他是来当“领导”

的。艾伦冷冷地看着他，心想，你算那根葱？我辛辛苦苦地准备了半天，凭什么给你做嫁衣裳？他说，好啊，你想当领导，先问问这些弟兄答不答应，只要他们同意，我就让贤。那些“绿山男孩”哪里肯买阿诺德的账？他们吆喝着说，什么这个议会那个议会的，我们不认识，我们只认识艾伦，如果他不干了，我们就回家！阿诺德一听就急了，跟艾伦吵起来。两人都不是善茬，一言不合就要动手。眼看着就要打起来，旁边一些民兵赶紧劝架，最后好不容易说服这俩人，共同领导这次行动。

1775 年 5 月 10 日，也就是第二次大陆会议召开的这一天，艾伦和阿诺德带着 200 多个“绿山男孩”和民兵来到尚普兰湖边离提康堡很近的地方。他们计划在天亮前乘船横渡 3 公里宽的湖面到对岸，然后神不知鬼不觉地摸上堡垒。可是等来等去，天光都放亮了，船还没到。后来，只有两条船出现，其余的还是没来。艾伦和阿诺德虽然不和，但在打仗方面的心思还很一致的。他们都认为，如果不赶紧行动，偷袭可能就变成强攻，一点出奇制胜的效果都没了。提康堡是个“一夫当关，万夫莫开”的所在。虽然堡垒里的守军不多，只有 48 个人，但枪炮齐全。如果让英军察觉，他们凭借有利地形和武器，完全可以打退敌人。艾伦和阿诺德决定，不等后面的船了，就用这两条，先过去再说。

可是，两只小船，哪里装得下二三百号人呢？只好能装多少算多少了。最后，两条船共塞进去 83 人，包括艾伦和阿诺德。说起来也够倒霉的，这两条严重超载的船，本来就是要沉的架势，行到湖中间时，忽然来了场暴风雨，船漏水了。整个横渡的过程就像一场比赛，看看是船漏得快，还是大家划得快，要在船沉底儿之前赶到湖对岸。结果，勉勉强强过去了，两条船也报销了。但这场暴风雨也为偷袭带来了好运气，风声雨声掩盖了人声，堡垒里的英国兵根本没听见外面的噪音，他们还在睡懒觉呢。

艾伦和阿诺德等 83 个人悄悄地上了堡垒，有两个站岗的士兵发现了他们，还没来得及喊就被制服了。艾伦挥着剑，冲到一个军官的屋前。刚从睡梦中惊醒的军官提着裤子出来，叫道："你们是奉谁的命令擅入国王陛下的领地的？"艾伦大喝一声："我以伟大的耶和华和大陆会议的名义，命令你们立刻投降，交出堡垒！"这个军官真有点懵了。艾伦身高 1.90 米，块头比华盛顿还大，手上的剑闪闪发光，又大喊着上帝的名字，在神志还没完全清醒的军官看来，他有如天神下凡。英军没来得及做任何抵抗就投降了，提康堡就这样落入殖民地人之手，它将在后面的战斗中发挥重要作用。

提康堡不光位置重要，它还藏着巨大的"财富"，就是那些枪炮。堡垒中共有各种大炮 80 多门，还有大批的枪支、弹药和军需品。这可让穷得叮当响的大陆军发了一笔横财。你将会看到，这些大炮是怎样彻底扭转了波士顿的战局的。

占领提康堡后，阿诺德又乘着抢来的英国军舰，沿湖北上，夺取了另一个堡垒，满载而归。艾伦和阿诺德共同领导的这次军事行动功德圆满，“绿山男孩”声威大振。但是，在给大陆会议的报告中，艾伦把攻取提康堡的所有功劳都揽到自己头上，故意不提阿诺德，大陆会议也没给阿诺德应有的奖励。阿诺德非常郁闷，对特别看重名誉的他来说，这是莫大的羞辱。然而，他还不知道，这只是他将遭遇的一系列不公平待遇的开始。

顺便说一下艾伦。他后来在进攻加拿大时被英军俘虏，坐了两年牢后获假释出狱，回到佛蒙特。1777 年，“佛蒙特共和国”宣布独立，它以特立独行的姿态冷眼旁观着美国革命的进程。佛蒙特也是北美第一个以宪法的形式废除奴隶制的国家。艾伦一直活跃在佛蒙特的政治舞台上。美国联邦政府成立后，他利用自己的影响力，积极推动佛蒙特加入美国。1791 年，佛蒙特以独立州的身份加入联邦，成为美国的第 14 个州，也是除最初的 13 个州之外第一个加入联邦的州。今天，在美国国会的大厅里，每个州都有一个代表人物的雕像，供人们瞻仰。代表佛蒙特的就是艾伦。走在佛蒙特的大街小巷，他的名字随处可见，他的故事是佛蒙特人的不老传说。佛蒙特州国民自卫军的别名至今仍然叫“绿山男孩”，虽然已经有了女兵。

艾伦一辈子都没改掉那不饶人的性子。从提康堡凯旋后，佛蒙特人给他开庆功会。会上，当地最受尊敬的神父满怀深情地感谢上帝保佑这次行动。接下来的两个小时里，神父喋喋不休地赞美上帝的威力，一句不提艾伦的名字，好像这事儿是上帝亲自出手似的。艾伦再也忍不住了，他站起来说："神父，你能不能告诉上帝，当时我也在场？"后来，艾伦因嗜酒如命，五十多岁身体就不行了。临终前，一位神父忧心忡忡地对他说："将军，恐怕天使在等着您呢。"艾伦勉强睁开双眼，用尽最后一点力气说："天使在等我？叫他多等一会儿！"

当初，艾伦曾去华盛顿军前报到。华盛顿评价道："他身上有一种原汁原味的东西……"在人们心中，伊森·艾伦，这个"原汁原味"的美国人，是"佛蒙特的华盛顿"。

艾伦和阿诺德这对冤家之间的缘分还没结束，他们在不久的将来还要再一次携手合作。他们的下一个目标是什么？等待他们的又是怎样的命运？请看下一个故事：《远征加拿大》。

030

远 征 加 拿 大

加拿大是美国北边唯一的邻居。如今的美加关系堪称“国际关系的典范”，两家好得就像一家，羡煞旁人。一个冷若冰霜的加拿大，紧靠着个欲望似火的美国，二百多年竟然没被烤化，本身就是个奇迹。在别处横行霸道的美国人，偏偏对这个邻居以“礼”相待，这其中的缘由我们可以慢慢探寻。但是，有一点毫无疑问，加拿大能赢得美国的尊重，不是求出来的，而是打出来的，因为美国人从来就没学会过尊重弱者，即使当他们自己还是弱者的时候。

加拿大是印第安语中“村庄”的意思，它本是法国人的地盘，新法兰西的一部分。在1756—1763年的英法“七年战争”中，英国把法国彻底打出了北美大陆，加拿大成了英国在北美的第14个殖民地。此时的“加拿大”还不是现代意义上的加拿大，它主要是指魁北克省。虽然加拿大成了英国的一部分，但它仍然保持着法国的文化和传统，居民大多数说法语，而且是虔诚的天主教徒。所以，看上去，加拿大与英语文化格格不入，跟英国似乎不是一条心。

1774 年，第一次大陆会议召开时，只有英属 12 个殖民地参加，最北边的加拿大（魁北克）和最南边的佐治亚都没派代表。大陆会议可能觉得缺了点什么，于是，会议一结束就向这一北一南两个“落后分子”发出了邀请，请它们第二年来费城参加第二次大陆会议。可是，当 1775 年 5 月到来时，加拿大和佐治亚还是没来。大陆会议再发请帖。7 月，佐治亚终于来了，加拿大却很有礼貌地拒绝了邀请：谢谢，我们不感兴趣。

这件事听上去有点不合逻辑，英国在北美的这 13 个亲生孩子一门心思地造反，那个“养子”却无限忠诚。到底是什么让本来与英国貌合神离的加拿大在关键时刻死心塌地地跟随它呢？这要归功于《魁北克法案》。

1774 年的《魁北克法案》是英国议会针对波士顿制订的《强制法案》的一部分，但与波士顿无关。《魁北克法案》有三个主要内容：其一，把魁北克省的领地从原来的魁北克城和蒙特利尔地区扩展至密西西比河以东的广大地区，包括今天加拿大的安大略省，美国的伊利诺伊州、印第安纳州、密歇根州、俄亥俄州、威斯康星州和蒙大拿州，也就是整个俄亥俄河谷地带。其二，允许魁北克省在处理民事案件时采用法国法律，只在刑事案件和公共事务中使用英国法律。其三，推行信仰自由，承认天主教在魁北克省的领导地位。

一看就知道，魁北克省是被天上掉的馅饼砸到了，它成了母亲最宠爱的宝贝。英国议会是看到其他 13 个熊孩子越来越不可靠才想出这么一招的，目的就是稳住加拿大。可想而知，这个法案对其他那 13 个孩子的伤害有多大。本来，俄亥俄河谷属于弗吉尼亚，密西西比河以东地区是殖民者的西进目标。现在可好，都归了魁北克，这不是把大好前程给堵死了吗？所以，这些殖民地都气炸了肺，反英情绪更加激烈。

《魁北克法案》最厉害的地方还不是对土地的重新划分，而是对天主教信仰的保护，这对英国来说是个惊天动地之举。英国的国教是新教，国王是教会的领袖，对新教的不忠就是对国王的不忠。而天主教一向是新教的死敌。在英国本土，信奉天主教的人不能任政府官员，信奉天主教的王室成员不能继承王位。可是现在，为了拉拢加拿大人，英国不惜确立天主教在魁北克的领导地位。在那个信仰大于天的年代，这实在是个不小的让步。

英国的宽容赢得了加拿大的忠诚。在当时的其他 13 个殖民地，英国新教占主导地位。除了马里兰，别的殖民地都很歧视天主教。加拿大担心，就算跟着其他殖民地闹腾，将来它们还是不能容忍天主教，那又何苦呢？当然，美国建国后是个信仰自由的国家，没有为难天主教徒，但那是后话，谁也没法预料。如果当初魁北克省知道未来的美国比英国更自由，它会做出不同的选择吗？

大陆会议对加拿大的立场很恼火，哼，不跟我们一起闹革命，我们就革你的命！在这个节骨眼儿上，刚刚袭取了提康堡的两个领军人物——艾伦和阿诺德，几乎同时向大陆会议建议进攻加拿大，因为他们都探得蒙特利尔和魁北克城的守备非常薄弱。而且，控制了提康堡，大陆军进可攻，退可守，已经掌握了主动权。艾伦和阿诺德这两个冤家对头在战略思想上却惊人的一致，他们都认为占领魁北克可以防止英军南下，解除13个殖民地的后顾之忧。

1775年6月27日，大陆会议决定入侵加拿大。当时，所谓的大陆军不过是群从没打过仗的民兵，华盛顿还在赴任途中，大陆军的供给基本上没有着落。头脑发热的大陆会议，面对强大的英帝国，在自身难保的情况下，竟然决定主动到别人家找事儿，只能说明，这个正在形成中的年轻国家对北美大陆有着非同寻常的野心。

艾伦和阿诺德的野心跟大陆会议的野心一样大，他们都争着要当这次远征的主帅。大陆会议拿不定主意，只好和稀泥，选择了第三者：来自纽约的菲利普·斯凯勒将军。因为新英格兰的民兵正在包围波士顿，进攻加拿大的主力只能由纽约的民兵担当。让一个纽约人统率这支军队是个合乎逻辑的选择。可是，这位斯凯勒将军压根儿就不是个将才。他参加过“法国与印第安人的战争”不假，但只是做过军队的管理工作，相当于“人事部”，并没有真正打过仗。

他优柔寡断，做事拖沓，而且身体不好，一年中有半年躺在病床上。也许因为斯凯勒太了解自己了，也许因为他在“人事部”积累了丰富的经验，这位不太靠谱的主将很明智地为自己选了一位非常靠谱的副将，他就是果敢、机智、雷厉风行的理查德·蒙哥马利。

37岁的蒙哥马利是爱尔兰人，他在“法国与印第安人的战争”中作为英国军官来北美参战。在北美，他爱上了一个美丽、富有的纽约女孩，也爱上了新大陆。战争结束，当他的军团离开纽约港回英国时，蒙哥马利没有走，他留下来，成了一个“美洲人”。因为他的妻子来自纽约显赫的利文斯顿家族，蒙哥马利也就成了上流社会的一员。这次斯凯勒将军选中他，也跟他的社会地位有关。

加拿大气候寒冷，进攻加拿大最好的时间当然是夏秋之时，应该争取在冬天到来之前结束战斗。尽管大陆会议不断催促，斯凯勒却迟迟不肯动身。后来又生了病，想动也动不了。从6月拖到8月，眼看着黄花菜都凉了，蒙哥马利急得直跳脚。此时，英军已经得知大陆军的企图，准备派人袭取提康堡。提康堡一失，整个远征加拿大的计划就得泡汤。蒙哥马利再也忍不住了，给斯凯勒留了张纸条说：我先去提康堡了。很抱歉，没有您的命令就擅自行动，但“阻止敌人的进攻是头等大事”。斯凯勒看了纸条也觉得不好意思，从床上爬起来，追赶蒙哥马利去了。

最初提出征服加拿大的艾伦和阿诺德都没捞着这个差事，他俩都是七个不服八个不忿的人，岂能善罢甘休？艾伦带着一小队“绿山男孩”赶到提康堡，正好碰上蒙哥马利的人马。不久，斯凯勒也到了。他们兵合一处，留 1000 多人守住提康堡。1775 年 9 月 4 日，他们带其余 1000 多人沿尚普兰湖北上，直逼圣约翰城，正式拉开了远征加拿大的序幕。

本来，圣约翰城很空虚，但让斯凯勒耽误的这两个多月给了加拿大总督卡尔顿将军足够的时间增援，加强防卫。大陆军失去了当初偷袭提康堡的优势，只能强攻。打了两个星期，圣约翰城岿然不动，斯凯勒自己先受不了了，旧病复发，只好回后方修养，把整个行动的指挥权交给了蒙哥马利。蒙哥马利一面指挥继续围困圣约翰城，一面派艾伦和另外一个民兵领袖约翰 · 布朗绕过圣约翰城，分两路北上去招募新兵，补充力量。

艾伦一路走去，非常惊喜地发现，竟然有很多加拿大人支持革命，愿意参军，几天就招到数百人。这可把艾伦的兴头给刺激起来了。天生就胆大包天的艾伦决定独自带着这几百人去进攻蒙特利尔。可是，等快走到蒙特利尔的时候，他终于回到了现实：来得快的战士去得也快。几天工夫，几百人只剩下 110 人，其余的都开了小差。就这几个哪够打蒙特利尔的？没办法，艾伦带着这 110 人走上回圣约翰城的路，半道碰上布朗。布朗招了 200 人，这样，两股加起来有 300 多人。艾伦的情绪又上来了，他和布朗商量，领着这 300 多人重返蒙特利尔，非要征服这座城市不可。

到了蒙特利尔城下，艾伦跟布朗说好，9 月 25 日，他们一南一北，跨过圣劳伦斯河，分两路攻城。第二天，艾伦和他的 110 人按计划渡河，向蒙特利尔发起攻击。糟糕的是，布朗也不知道因为什么没能渡河，这样就把艾伦的人马单独晾在敌人的眼皮底下。艾伦发现大事不妙，忙指挥撤退，但卡尔顿将军的人已经冲上来了，艾伦和其他二十几个没来得及撤回河对岸的战士都成了俘虏。大陆军对蒙特利尔的第一次进攻失败了。

此时此刻，阿诺德正领着 1100 人向加拿大挺进，目标：魁北克城。阿诺德是怎么搞到这么多人的呢？他可比艾伦心眼儿多，大陆会议不让他挂帅是吧？他去找华盛顿。9 月，阿诺德来到坎布里奇华盛顿的大本营，向华盛顿全盘推出进攻加拿大的计划，讲得头头是道。华盛顿特别欣赏他的才干和勇气。当时，波士顿战事正陷入僵局，华盛顿手头很紧，抽不出多少可用之兵，但他还是咬咬牙，给了阿诺德 1100 人，还派了一位非常出色的将领——丹尼尔·摩根做阿诺德的副手，一起领兵北上。华盛顿告诉阿诺德从东线进攻，与西线的蒙哥马利遥相呼应。

9 月 12 日，阿诺德与摩根告别华盛顿，向北进发。阿诺德以为到了大展宏图、建功立业的时候，哪里知道，等待他的是一条多么坎坷的行军路。去魁北克最方便的是水路，阿诺德打算从缅因乘船顺肯尼贝克河北上，省力、省钱又省时间。当他赶到河边却发现，大陆军匆匆造起来的几条平底大船是货真价实的“豆腐渣工程”，还没用呢就散架了。没船坐，只好走路。这可费劲了，因为根本没有路。阿诺德带着他的 1100 人，在层层叠叠的森林中艰苦跋涉了约 290 公里。11 月 9 日，他们终于来到圣劳伦斯河南岸。河对面，就是魁北克城。

此时，阿诺德的大陆军已经跟一帮乞丐没什么两样了，他们衣衫褴褛，食不果腹。由于旅途艰难，他们无法携带大量食物，吃饭成了问题。粮食吃完了吃肥皂，肥皂吃完了吃皮带，皮带吃完了吃皮靴。大批战士或死或逃，1100 人走到魁北克只剩下 600 人。本来计划 20 天的行程整整走了 45 天。然而，在这么狼狈的时候，阿诺德还是拒绝放弃。他仍然要攻打魁北克城，坚持完成这项看上去已不可能完成的任务。

阿诺德被延误的行程给了英军增援魁北克的时间。魁北克城中已有 1200 名守军，他们吃得饱，喝得足，穿得暖，以逸待劳地看着城外那帮疲惫不堪的大陆军。11 月的魁北克已经是寒风刺骨，这仗还用打吗？光冻就把他们冻死了。与此同时，英国皇家海军的一艘军舰正沿圣劳伦斯河北上，它将与城内的军队里外夹击，把大陆军彻底包了饺子。

11 月 14 日，阿诺德领兵渡过圣劳伦斯河，开始了对魁北克城的进攻，顺利攻入魁北克外城。可是，接下来形势就不妙了。城内守军越来越密集的枪炮终于让大陆军支撑不下去了，河上的英国军舰也开了火。腹背受敌的大陆军只好撤退。阿诺德也不知道是使了什么魔法，竟然在英军的眼皮子底下全身而退，领着打剩的三四百人撤往特伦堡。12 月 2 日，阿诺德惊喜地看到，蒙哥马利将军亲自带人到特伦堡来增援他了。

蒙哥马利在迫使圣约翰城守军投降后，率军沿圣劳伦斯河北上，迅速抵达蒙特利尔。他不愧是在英国正规军里历练出来的将领，打起仗来很有章法，干脆利索。在包围圣约翰城的两个月里，蒙哥马利的勇敢、真诚、坚毅让所有的战士都爱上了他，愿意跟着他出生入死。

11 月 13 日，大陆军猛攻蒙特利尔，城内的英军势单力薄，招架不住。卡尔顿总督弃城而逃，败走魁北克城。大陆军占领蒙特利尔，获得了自开战以来最辉煌的胜利。蒙特利尔是魁北克省的首府，它的陷落对加拿大的震动可想而知。

现在，蒙哥马利终于可以松一口气了。大陆军在蒙特利尔获得了丰富的给养，渐渐恢复元气。蒙哥马利的下一个任务就是等阿诺德的消息。他知道阿诺德的本事，没准儿此时已经拿下魁北克城了呢。没想到，左等右等，来的却是坏消息。蒙哥马利让部下大卫 · 伍斯特镇守蒙特利尔，自己领着人来特伦堡增援阿诺德。

蒙哥马利的到来让阿诺德大喜过望，两人合起来的兵力达到1000人，足以组织有效的进攻。蒙哥马利还带来了给养，阿诺德那些饿得前心贴后背的战士终于吃上饱饭了。可是，他们很快就看到了更严重的问题。12月的魁北克滴水成冰，魁北克城墙特别坚固，在这种条件下攻城太困难了。城内的卡尔顿总督又得到了当地民兵的增援，魁北克的守军增加到1800人，几乎两倍于大陆军。武器就更不用说了，城内枪炮齐全，大陆军只有枪，没有炮，弹药也不多。然而，这还不是最要命的。最要命的是，阿诺德手下所有新英格兰战士的合同在12月31日就要到期了。这意味着，1776年1月1日，当新年的曙光降临时，这些士兵就要卷铺盖回家，谁也无权阻拦他们，除非战斗正在进行。在整个战争过程中，士兵的短期合同（3~6个月）一直困扰着大陆军的将领们，华盛顿为此寝食难安，不知道跟大陆会议吵了多少次。在后面的故事中，我们还会不断地碰到这个棘手的问题。眼下，这正是蒙哥马利和阿诺德必须面对的。

眼看着攻占魁北克城不现实，换别人早就收兵回蒙特利尔了，来年再战。可是，蒙哥马利和阿诺德不是“别人”是“超人”，至少他们自己是这么认为的。他们决定，在12月31日，也就是大陆军士兵合同到期的最后一天，进攻魁北克城。这是大陆军孤注一掷的最后一战，明明看不到希望，却不想放弃。他们知道，等春暖花开时，圣劳伦斯河一解冻，英国军舰会长驱直入，那时他们就再也没有机会了。

1775 年 12 月 31 日，蒙哥马利在北，阿诺德在南，兵分两路，同时向魁北克城发起进攻。这种近乎自杀性的攻击注定是一场悲剧。阿诺德领人刚往上冲，就被子弹打中一条腿，他不得不把指挥权交给摩根。摩根还真不是闹着玩的，他勇猛过人，很快就打开缺口，冲入魁北克下城。北面的蒙哥马利可就没这么幸运了，因为他面对的是敌人最猛烈的炮火。卡尔顿总督看着大陆军逼近时，下令所有的枪炮照准了打。一阵火力过后，蒙哥马利带上来的第一梯队就所剩无几，蒙哥马利本人也中弹身亡，北面的进攻就这样失败了。

卡尔顿收拾完蒙哥马利，转过头来对付摩根。此时，城下已经进入肉搏战。卡尔顿大队人马一来就把大陆军包围了。大陆军战士纷纷投降，但摩根却坚持战斗，直到他看到一个神父打扮的人。摩根冲上去揪住他，大喊：“你是不是神父？”那人都懵了，点点头：“是。”摩根说：“好。我把我的剑交给你。别的那些胆小鬼没有资格接受它。”就这样，摩根和他的 300 多名战士成了俘虏，尽管他一直拒绝正式向卡尔顿投降。

“魁北克之战”中大陆军损失过半，惨败而归。卡尔顿后来辨认出蒙哥马利的尸体，为他举行了非常体面、隆重的葬礼。蒙哥马利曾在英军服役，战绩卓著，向他表示敬意是应该的。摩根坐了两年牢，在华盛顿的努力下，以交换战俘的形式回到大陆军。回来后，华盛顿对他的信任和欣赏一如既往。摩根将在“萨拉托加战役”和“南方战役”中起到不可替代的作用。他没有辜负华盛顿的厚望。

魁北克城外的另一位传奇人物当然是阿诺德了。他虽然受了伤，却没下火线。看到攻城的大陆军全线崩溃，阿诺德临危不乱，从容镇定地指挥撤退，成功地保住剩下的一半人马。即便到了山穷水尽的地步，阿诺德也没放弃希望。他死活不回蒙特利尔，带着这几百人扎营在魁北克近郊，靠惊人的意志度过了一个悲惨的冬天。正是因为阿诺德虎视眈眈地在城外赖着不走，卡尔顿不敢分兵去打蒙特利尔，蒙特利尔的大陆军得以安全过冬。

远征军失利的消息传到波士顿，华盛顿敦促大陆会议速派援军。1776 年 4 月 2 日，阿诺德收到大陆会议的来信。他因战绩出色被提升为准将，同时被任命为蒙特利尔的主帅。从 11 月到次年 4 月，在坚持了 5 个多月后，阿诺德终于离开了魁北克城。他去蒙特利尔替换伍斯特，魁北克战事则交给伍斯特和刚来增援的约翰 · 托马斯指挥。托马斯带来 2500 人，攻占魁北克城似乎又有了希望。

可是，托马斯和伍斯特的运气一点也不比蒙哥马利和阿诺德好。刚来没多久，大陆军中就爆发了传染病，主要是天花。战士们有的死于疾病，有的逃跑了，有的合同到期回家了。短短一个月，2500 人迅速缩水到 600 人。5 月，圣劳伦斯河冰雪消融，托马斯接到消息，英军 13000 人正由约翰 · 伯格因将军率领，沿河北上，准备抄大陆军的后路。托马斯只好下令撤离魁北克，但是，他没能看到蒙特利尔，因为他也被天花夺去了性命。

阿诺德到了蒙特利尔才发现，城里的形势一团糟。伍斯特刚接管蒙特利尔时干得还不错，很注意跟当地人搞好关系。大家觉得跟南边那 13 个殖民地一起闹革命也不算个坏主意。可是，渐渐地，伍斯特开始镇压那些持不同政见者，以革命的名义乱抓人，引起了加拿大人的极大反感。虽然阿诺德尽力弥补，但误会已经太深。

3 月，大陆会议的一个三人代表团来到蒙特利尔，为首的是本杰明·富兰克林。他专门请了两个马里兰的天主教神父与他同行。将近 70 岁的富兰克林风餐露宿，一路劳顿来到这里，就是想说服加拿大人一起造反。可是，大陆军在蒙特利尔的所作所为已经对当地人造成了不可挽回的伤害。富兰克林磨破了嘴皮子，魁北克省议会还是拒绝了大陆会议的要求。富兰克林只好无功而返。

随着英军越来越靠近蒙特利尔，阿诺德别无选择，只能撤退，否则就要全军覆没了。随后，英军又在三河镇大败大陆军的援军，大陆军在加拿大境内的军事行动彻底结束了。英军乘胜追击，把战事引进纽约。17 艘英国军舰沿尚普兰湖南下，直逼瓦尔克岛，下一站就是提康堡。英国人志在必得，况且看上去也没有什么力量能阻挡他们。可是，他们面对的不是个轻易服输的对手。他们面对的是阿诺德。

阿诺德充分发挥自己的想象力，让战士们拼命砍树，几天之内就造出 4 艘奇丑无比的大船，外加 11 条歪歪扭扭的小船。他就敢带着这 15 艘“军舰”和 750 个人，开上湖面跟英国军舰打“海战”。那 4 艘大船实在太丑了，方不方圆不圆龇牙咧嘴的，把英国人都看傻了，还以为什么怪物呢。阿诺德可没觉得自己的船丑，他得意扬扬地站在上面，神气得像个海军上将。等英国人看清楚这群怪物原来是几条破船，一阵炮击，阿诺德的 15 艘船就剩下 4 艘，他乘着其中一条勉强逃生。但他们还是击伤了两艘英国军舰，也算没白忙活。

阿诺德虽然战败，但他沿湖处处阻击，英军每走一步都要付出沉重代价。就这样，他奇迹般地把战斗从夏天拖到冬天，英军始终无法靠近提康堡。当 1776 年的冬天来临，卡尔顿总督终于决定暂时休兵，放弃与威廉 · 豪将军在纽约会合的计划。卡尔顿打算在 1777 年春天重新开战，再次南下纽约。但他不知道，1777 年，命运之神将不再眷顾英国。南下的英军将在“萨拉托加战役”中全军覆没，独立战争将翻开崭新的一页。

阿诺德在纽约州的丛林中与英军苦苦周旋时，华盛顿正在纽约市与豪的主力殊死搏斗。可以想象，如果阿诺德没有阻止加拿大的英军南下，华盛顿将腹背受敌，难逃覆亡的命运。虽然阿诺德后来成了叛徒，但此时此刻，他拯救了革命，是地地道道的民族英雄。

入侵加拿大的决定是大陆会议在独立战争中最大的败笔，它不仅浪费了宝贵的人力、物力、财力，还把本来中立甚至同情美国革命的加拿大彻底推向了英国，也对两国关系产生了深远的影响。美国建国后与英属加拿大长期交恶，冲突不断，终于在 1812 年再次大打出手。美军火烧多伦多，唤醒了加拿大人的民族意识，催生了真正现代意义上的加拿大。

虽然远征加拿大的行动失败了，但大陆会议从来没有放弃过征服加拿大的计划。华盛顿也赞成这个计划，但他实在力不从心，根本腾不出手来。后来，在英美进行《巴黎和约》的谈判时，富兰克林坚决要求把整个魁北克省划归美国，英国说什么也不干。最后，两国达成妥协，把魁北克省一分为二。北面的蒙特利尔、魁北克城地区归加拿大，南面的俄亥俄河谷归美国。美国人要回了属于自己的那一份，总算没吃亏。

大陆军远征加拿大时，华盛顿正在波士顿城外一筹莫展。他将怎样打破波士顿的僵局呢？他又将怎样整治堪称“乌合之众”的大陆军？请看下一个故事：《解放波士顿》。

031

解放波士顿

1775年7月2日，乔治·华盛顿抵达坎布里奇，正式接管波士顿城外的大陆军。这一天正好是礼拜天，也是新英格兰清教徒非常重视的安息日，大家都应静坐祷告。华盛顿是英国新教徒，不怎么在乎这个礼节。但他为了表示对清教信仰的尊重，带着随行人员静悄悄地走进军营。战士们在一片空地上列好队伍，等待他的检阅。华盛顿只做了很简短的讲话就让大家各自回营了。阴阴的云把天空遮得严严实实，微风中飘着毛毛细雨，为这个冷清的早晨平添了一丝凄凉。万军中的华盛顿忽然感到难以忍受的孤独，他似乎不敢相信，弗农山庄已是遥远的梦。从此以后，他再也不是那个温柔乡里的宠儿、富贵丛中的骄子，他将要面对的，是失败、屈辱和死亡。就在华盛顿走进坎布里奇的那一刻，他开始想家了。

战士们当然不知道华盛顿心里是个啥滋味，他们几乎在第一时间就被这位总司令的风采迷住了。他俊朗挺拔，仪表堂堂，不但带着八面威风，还透着南方绅士特有的贵族范儿，连胯下那匹叫尼尔森的白马也像主人一样高大神俊。很多年后，约翰·亚当斯一边吃着酸葡萄，一边总结华盛顿成功的十大要素，前四条都与他的外形有关。比如，第一条，相貌英俊；第二条，身材高大；第三条，气质高贵；第四条，举止优雅……听上去倒像个好莱坞明星。亚当斯虽说是调侃，但也道出了一些真相，华盛顿的外形条件确实给他加了不少分。

虽然大陆军对华盛顿的印象很好，但华盛顿对大陆军的印象却糟透了。那幅“华盛顿检阅大陆军”的画真是太抬举大陆军了，要是当时大陆军的军容如此整齐，华盛顿做梦都能笑出声来。事实上，此时的大陆军战士根本没有统一的军装，穿什么的都有，有衣服穿就不错了，还有裸着上身的，因为他们的衬衫在“邦克山之战”中被扯成了碎片。大家也不知道多长时间没洗脸了，连长什么模样都快看不出来了。很多人脚上没鞋。一万多人挤在一起，帐篷随意乱搭，歪歪扭扭，营地布置得毫无章法，根本插不进脚去。女人孩子满地跑，鸡、鸭、猪、狗、牛，飞的飞，叫的叫，垃圾到处都是，臭气熏天。特别爱整洁的华盛顿见此情形差点晕过去，他下的第一道命令就是打扫卫生，把大部分帐篷拆了重搭，还叫各级军官把自己部下的脸都洗干净。这命令听上去有点婆婆妈妈，可经过这么一折腾，本来乱哄哄的“丐帮”看上去还真有点像“军队”了。

坎布里奇是哈佛学院所在地，哈佛的校长塞缪尔·兰登特地把自己的家腾出来给华盛顿当司令部。华盛顿很过意不去，在那儿住了几天，就把指挥部迁到一所空房子里。后来，那所房子成了美国诗人亨利·朗费罗的家。

华盛顿来到军营的当天，就与随同前来的查尔斯·李将军查看了整个防务。这一看，吓出一身冷汗来。来之前，大陆会议告诉他，波士顿城外民兵多达 2 万人。现在一点，除了伤病员，能打仗的只有 1.4 万人左右。虽然比城里的英军略多一些，但武器没法比。大陆军战士的武器五花八门，有的是旧式滑膛枪，有的是猎枪，还有的没枪，拿着长矛、弓箭、匕首到处晃。大陆会议还说，军中的火药有 308 桶，实际上只有 36 桶，仅够每人打 9 发子弹。华盛顿听了这个数，足足半个小时没说一句话，他心里肯定在骂大陆会议这个牛皮大王。他就纳闷儿了，为什么英军没有进攻坎布里奇呢？只要英军大炮一轰，冲上几轮，所谓的大陆军早就不存在了，哪至于拖到今天？

华盛顿相信，英军之所以不敢行动，一是因为大陆军在邦克山之战中表现得太生猛，把英国人给吓住了；二是因为他们不知道大陆军的底细。现在，他唯一的选择就是把吹牛进行到底。他处处摆出一副钱多得没处花的架势，时不时地向英军展示武力，好像随时都会打进城似的。与吹牛同时进行的是保密，绝不能让敌人知道大陆军“弹尽粮绝”的惨状。华盛顿的保密工作算是做到了家，除了几个高级军官外，谁也不知道真相。他甚至不相信马萨诸塞省议会的议员，关于大陆军供给的问题，他只跟议会主席面谈，不让其他议员了解情况。费城那边，他也只向大陆会议主席约翰·汉考克透露自己的困境。华盛顿本来就是个寡言少语的人，这一保密，更没话了，难怪约翰·亚当斯说他有“沉默的天才”。到后来，“保密”成了华盛顿的职业病，甭管公事私事，他都喜欢保密，天底下就找不出比华盛顿嘴更严实的人。

接下来的问题是地域偏见。北方人和南方人互相瞧着都不顺眼，华盛顿自己就不喜欢新英格兰人，只是不表现出来而已。如今，他这只来自南方的虎要面对一群来自北方的狼，弄不好就会咬得两败俱伤。大陆会议也考虑到了这一点，在任命华盛顿为总司令的第二天，又为他任命了来自不同殖民地的 8 员副将。第一位就是华盛顿到任之前波士顿民兵的实际总指挥阿提马斯·沃德将军。沃德对大陆会议让一个南方人统率北方军队的决定非常不满，他很不情愿地交出指挥权，态度一直很冷淡。华盛顿明白“强龙不压地头蛇”的道理，他对沃德礼让三分。第二位将军是这次跟他一起前来的李。李是弗吉尼亚人，是个职业军人，他的军事经验是大陆军将领中最丰富的。华盛顿很欣赏他，可他打心眼儿里瞧不起华盛顿，他觉得大陆军总司令的位置应该是他的。李与华盛顿的争斗我们后面还要讲。其余的将军有的还没有到位，有的还没有机会认识这位总司令，难怪华盛顿会感到孤独。

7 月底，2000 人的弗吉尼亚兵团在摩根的带领下来到坎布里奇。华盛顿看着家乡子弟，眼泪差点掉出来，可算是见到亲人了。随后，宾夕法尼亚军团和马里兰军团也陆续赶到，大陆军终于不再是清一色的新英格兰人，华盛顿心里舒服了很多。他舒服了，那些新英格兰的战士可不舒服。最碍眼的就是那帮耀武扬威的弗吉尼亚人。他们的军装整齐鲜亮，衬衫都是上好的布料做的，腿上的丝袜和脚上的鞋子“时尚”味十足，处处显示着这个最富裕的殖民地的优越感。再看看新英格兰兵，那衣服好像都不是自己的，要么太大，要么太小，要么太破，往那一站，自己都觉得矮了一截。于是，新英格兰人逮空就找弗吉尼亚人的麻烦。有一次，一帮弗吉尼亚兵正在参观哈佛校园，几个新英格兰兵上去找事儿，没说几句就动了手，很快就发展成几百人的群殴。华盛顿闻讯赶到，跳下马，走到人群最集中的地方，一手一个，揪出正打得热闹的两个大汉。这俩还不肯住手，华盛顿两只大手一边一个钳住他们的脖子，硬把他们分开。这一下，战士们都被总司令的“神力”给镇住了，15 分钟后，现场恢复了平静。

为了克服地域偏见，华盛顿建议打破以地区为单位的编制，把所有的战士混起来重新组合。可是，他话刚出口，就遭到将军们的一致反对。也不能怪将军们小心眼，这是当时的政治结构决定的。大陆军听上去应该是“国家的军队”，应该由大陆会议统一筹划。但要命的是，大陆会议没钱。不但没钱，还没征税权。就这一条，有效地把大陆会议变成了乞丐，它的生存完全仰仗各殖民地的“捐款”。哪天谁不高兴不捐了，大陆会议立刻玩儿完。这样一个软弱无力的“中央政府”，靠什么养活大陆军呢？只能靠各殖民地（后来的各州）的支持，也就是，各地供给自己的军团，大家凑在一起打仗。马萨诸塞军团由马萨诸塞供应，弗吉尼亚军团由弗吉尼亚供应……各地的供给不一样，有的多，有的少。在这种情况下，打破地域编制是不可能的。华盛顿想要改善大陆军的状况，除了跟大陆会议打交道外，还得求爷爷告奶奶地跟各殖民地的领导们分别作揖，别提多累了。

累就累吧，要是累得痛快也行，可是，窝心的事却一件接着一件。华盛顿从进坎布里奇的那一天起就开始对士兵进行非常严格和系统的军事训练。练到最后却发现，这些刚刚“学会”打仗的士兵接下来要做的事就是卷铺盖回家，因为他们的合同到期了。当初，包围波士顿的时候，谁也没想到战事会拖这么长时间。各新英格兰殖民地征兵时都是签的短期合同，有的三个月，有的六个月。这么短的时间，基本上什么都做不成，刚练好就走人，不是白忙活吗？

别说各殖民地和大陆会议没想到这一打就是八年，华盛顿自己也没想到，他还写信给自己的管家，告诉他把房子收拾好，他年底就回弗农山庄呢。当他认识到事情的严重性，向大陆会议提出要建立一支“永久性的”军队时，大陆会议拒绝了。在议员们心中，常备军意味着暴政。以后要是把英国人赶跑了，你华盛顿仗着这支军队搞独裁，谁拦得住？不能让你得逞！随着战争的进行，华盛顿与大陆会议之间你来我往交涉了无数次之后，大陆军战士的合同期才慢慢地越变越长，直到最后成了“以战争结束为限”。

新英格兰军队还有一个“优良”传统让华盛顿很抓狂，就是各级军官都是民主选举产生的，而不是上级任命的。这样的军官怎么能有权威呢？谁的人缘好，谁就能指挥打仗吗？你见过哪个国家军队的军官是投票选出来的？而且，大陆军战士根本没有“服从命令”这种“天职”。你给他下个命令，他的第一反应不是去执行，而是问“为什么？”你不说清楚俺就不干，这一点特别让华盛顿无法忍受。他脑子里都是英国正规军的管理方式，军队一定要等级森严，下级一定要服从上级。于是，他下了一道命令，规定从今往后，所有军官的提拔都由上级决定，不能由下级选举。这个命令引起了新英格兰军团的不满和骚乱，但并没引起更严重的后果。下面这件事，可就不那么简单了。

现在，大陆军已不是新英格兰的军队，而是国家的军队。既然如此，就要照顾各方面的感受。这支军队中有一个特殊的人群，让大陆会议的南方议员们如芒在背。他们就是黑人士兵。大陆军中的黑人都是自由的黑人，不是奴隶。自从“莱克星顿的枪声”打响后，新英格兰人就习惯了与黑人并肩作战。可是，这些黑人对像华盛顿这样的大奴隶主来说，却是一道最刺眼的风景线。在他和其他南方人心中，黑人拿起武器只会做一件事，就是造白人主人的反。在这件事上华盛顿倒是一点也不孤单，他的背后是强大的南方。10 月，华盛顿签署命令，禁止黑人参加大陆军。大陆会议也表示支持。

这道命令带来的震动远远超过了华盛顿和大陆会议的想象。北方士兵们觉得恶心极了，他们不再相信大陆军是在为自由而战。他们有的逃跑了，有的合同一到期就头也不回地回了家，再也不想来当兵了。就在大陆军兵源骤减的同时，弗吉尼亚的皇家总督贴出一张告示，对黑人奴隶们说：他们不要你们，我们要！凡是参加英军作战的黑人，战后都可以获得自由！于是，南方各地的奴隶纷纷逃离种植园，参加了英国军队。只过了两个月，南方就受不了了，催着华盛顿赶紧改主意。12 月，华盛顿只好发布新命令：允许自由黑人参军。大陆会议也忙不迭地同意。反正，这一通折腾搞得大家灰头土脸的。最搞笑的是，就在华盛顿对黑人下禁令的同时，自己却带着贴身黑奴比利 · 李到处逛，要多扎眼有多扎眼。华盛顿的理由是，比利 · 李是自己的奴仆，不是大陆军战士，不碍事。他一点都没想到这与他天天挂在口头上的“自由平等”的口号是多么不搭调。

就在这样的磕磕碰碰中，华盛顿度过了在军营的最初几个月。有成功，也有失败，有沮丧，也有激情。他在困境中挣扎着，也在挫折中探索着。其实，客观条件的艰苦不在话下，因为他早就有思想准备。最让他失望的，是战士们的精神状态。华盛顿满怀理想而来，他愿意为自由牺牲一切。可是，他发现，并不是每个人都与他有同样的追求。很多人确实是为自由而战，但也有很多人是为自己的前途而战，他们对钱和地位的关心远远超过了对理想的追求。有时，将士们的贪婪、自私、粗鲁、散漫让华盛顿恨不得立刻辞职不干了。他说：“如果我早知道这种情况，我无论如何都不会接受这份工作。”此时的华盛顿还没有从弗农山庄贵族般的生活中完全清醒过来，他不明白，对那些农民、渔民、矿工、邮差、小商贩甚至强盗、海盗出身的战士来说，自由不是启蒙思想家们闪闪发光的语言，而是实实在在的幸福生活，一个普通人对革命的憧憬也许只是如何填饱肚子，如何养活妻儿。来自完全不同社会阶层的华盛顿和他的大陆军，就在对理想和现实的不同理解中开始了充满坎坷和痛苦的磨合。战争将让华盛顿放弃傲慢与偏见，学会宽容和感恩，也将让桀骜不驯的大陆军战士们真正爱上这个无私无畏、坦荡真诚的领袖。

华盛顿刚到坎布里奇时，英军总司令还是托马斯·盖吉。盖吉与华盛顿是老相识，他们在“法国与印第安人的战争”中曾并肩作战，私交不错。一年前，华盛顿送继子去纽约读书时还以老战友、老朋友的身份出席过盖吉将军的晚宴，谁知道这么快就成了对手。华盛顿到任后，专门给盖吉写信，希望他善待被俘的大陆军将士，同时也试图通过谈判解决波士顿的争端。盖吉拒绝了华盛顿的要求，并暗讽华盛顿的“总司令”一职不合法，因为不是国王陛下任命的。华盛顿在给盖吉的最后一封信中说：“一切权力来自人民，这难道不是英国宪法的精神吗？我现在要切断与你的联系了，除非你改主意。”同年10月，盖吉被撤职回国，威廉·豪继任英军总司令。华盛顿知道，他与英军谈判的可能性已经消失了。

随着冬天的来临，华盛顿担心他那吃不饱穿不暖的军队可能撑不下去。他想速战速决，主动进攻波士顿城。但是，在军事会议上，他的8位将军一致否决了他的计划。他们认为英军的防守非常稳固，强攻不是办法，应该等待时机。华盛顿接受了将军们的建议，但同时，他也开始了另一个行动，那就是与波士顿周围的海盗们达成协议，由大陆军提供武器做“投资”，海盗们出去拦截英国商船和运输船，抢来的东西大家按比例分。这招还真管用，收获颇丰。人们把这群“国家海盗”戏称为“华盛顿的海军”。好听也罢，难听也罢，未来的美国海军就这样以海盗的方式迈出了第一步。这不是华盛顿的创举，当年的英国皇家海军也是从“皇家海盗”开始的。

1775 年 11 月，25 岁的年轻炮兵军官亨利 · 诺克斯向华盛顿建议说，应该把提康堡的大炮运一部分过来，这样会对波士顿战局很有利。可是，提康堡在 480 公里以外的森林中，中间全是山路，或者说，没有路，把几十吨的大炮运过来谈何容易。诺克斯说，您就交给我吧，保证完成任务。这一次，华盛顿显示了自己在用人上的独到之处，就是对年轻人的极大信任。他派诺克斯带人前往提康堡。

半年以前，诺克斯还在波士顿开书店。他 12 岁丧父，被迫放弃学业，到一个书店当了学徒工，后来有了自己的书店。他如饥似渴地学习，对军事科学特别感兴趣，遍读各种军事书籍。每次英国官兵到他店里来买书，他都缠着人家问问题，学到了大量的军事常识，特别是关于武器的知识。战争爆发后，他关掉了书店，拿起枪，来到波士顿前线。他在邦克山之战中为民兵提供炮火掩护，因表现出色，约翰 · 亚当斯亲自在大陆会议为他“讨官”，他年纪轻轻就当上了上校，主管炮兵。

华盛顿就任总司令之后，在视察炮兵营时，对诺克斯印象很深。诺克斯身高 1.83 米，体重 270 斤，壮得像头牛。华盛顿注意到他当然不是因为他块头大，而是他表现出的旺盛的精力、坚强的意志和丰富的军事知识。诺克斯的性格豁达开朗，非常有魅力。有两个人可以为他的性格优势当佐证，一个是华盛顿本人，另一个是未来美国首任财政部长亚历山大·汉密尔顿。华盛顿在众人面前永远都是一副拒人于千里之外的冷面孔，谁也不敢跟他套近乎。汉密尔顿呢，就是只刺猬，在华盛顿面前都不想把刺收起来，甭说别人了。可是，这两个如此难搞的人物都跟诺克斯建立起深厚的友谊，可见他有多讨人喜欢。有一次，有人托汉密尔顿打听一下华盛顿对某事的想法，汉密尔顿说:"这事儿我可帮不上忙。我太了解他（华盛顿）了，你甭想从他嘴里抠出半个字来。不过，你如果真想打听消息，就去找亨利·诺克斯。华盛顿跟他之间，就像老公和老婆，无话不谈。"

12 月 5 日，诺克斯带人来到提康堡。他挑选了大约 60 门炮和其他枪械，让人做了 42 个雪橇式的大车，征用了 160 头牛，连拉带拽，硬是把 60 吨重的大炮从冰雪覆盖的河上和泥泞难行的路面运到了波士顿，途中一门炮都没损失，堪称奇迹。诺克斯因此得了个"公牛诺克斯"的外号。本来，诺克斯以为这一趟也就需要两个星期，结果走了两个月。1776 年 1 月 24 日，诺克斯带着他的"华丽的炮队"走进坎布里奇。华盛顿感动得都不知道说什么好了，他从来不跟别人握手，这会儿却握着诺克斯的手忘了松开。从此，诺克斯成了华盛顿最信任的将军，跟着华盛顿走完八年的艰辛坎坷路。在华盛顿解甲归田的那几年里，诺克斯是大陆军的最高统帅。联邦政府成立后，华盛顿总统邀请诺克斯出任第一任战争部长，也就是后来的国防部长。

从提康堡运来的大炮让华盛顿意识到，他久久等待的机会终于来了。1776 年 3 月 4 日夜，1200 名大陆军战士在 800 名荷枪实弹的卫兵的掩护下，用 360 架牛车把大炮运到波士顿南面的多切斯特高地，同时运到的还有用木头做好的掩体墙。当时，冰雪还没融化，挖战壕很困难，这种掩体墙代替了战壕的作用。大陆军借着月光，安静而迅速地工作着，后半夜的一场大雾也帮他们遮住了英国哨兵的眼睛。凌晨 3 点，多切斯特高地上的防御工事修好了，几十门大炮瞄准了波士顿城，英军完全暴露在大陆军的炮口下。

3 月 5 日一早，哨兵飞报豪将军，说多切斯特高地一夜之间变成了“城堡”。豪将军还不信，出去拿望远镜一看，吓了一跳。只见一门门大炮整齐地排列着，掩体墙坚固严密，大陆军将士正摩拳擦掌，严阵以待。豪感叹道：“这些叛贼一夜之间做成的事比我的军队几个月做的还多。”他本打算像打布雷德山那样攻取多切斯特高地，一场风暴毁了他的计划。皇家海军也开始了炮击，但多切斯特高地比布雷德山高得多，海军的炮根本打不到那么高的地方。豪终于明白，他待不下去了。

说句公道话，虽说城外大陆军的情况很困难，可城里英军的日子也不好过。就算海上供给线没有被切断，但毕竟不方便。别的不说，冬天取暖的木材就是个问题。大陆军在城外，想砍多少树就砍多少树；英军呢，把波士顿的树都砍光了，甚至把一些木头房子都拆了，还是不够烧。士兵们怨声载道，早就不想干了。当然，最可怜的是老百姓，物价飞涨，粮食奇缺，大家已经开始吃老鼠。后来，城中天花肆虐，大批英军和平民死亡。在这种情况下，豪哪还有心思打仗?

3 月 7 日，豪下令，英军准备撤出波士顿。3 月 8 日，华盛顿收到城中社会名流们写来的一封信。信中说，如果大陆军在英军撤退时不加阻挠，那么英军也可以保证不骚扰平民。华盛顿表面上拒绝了他们的要求，但这封信的目的显然达到了。豪和华盛顿心照不宣，绅士间的约定不需要语言。

3 月 17 日凌晨 4 点，英军开始登船。9 点，120 艘英国军舰带着 1.1 万人驶离了波士顿港，其中包括 9000 多名英军和 1000 多个波士顿的“保王党”人。这些“保王党”人都是波士顿最富裕、最有社会地位的公民，他们拖家带口离开波士顿，大多数去了英国，也有一些去了加拿大和西印度群岛。华盛顿和他的大陆军站在多切斯特高地上，默默地看着英军撤离，没放一枪一炮。豪也信守诺言，只烧掉了军营，没有打扰波士顿的平民。

从1775年4月19日莱克星顿/康科德之战打响，到1776年3月17日英军撤离，波士顿整整被围11个月。现在，它终于回到殖民地人手中。这座港口城市似乎完成了在美国革命中的历史使命。此后的8年里，英军再也没有踏上波士顿的土地，波士顿人终于可以享受用生命和鲜血换来的和平。独立战争的主战场将移往中大西洋和南方殖民地，波士顿凭借雄厚的工业和手工业基础，成为大陆军的造船基地和兵工厂。

在英军撤离的同一天，大陆军在沃德将军的率领下开进久违的波士顿。随后，华盛顿进城安民，整顿秩序。他还专门拜访了汉考克在波士顿的豪宅，确保他的家人和其他大陆会议代表的亲人们安然无恙。4月4日，华盛顿带着大陆军离开波士顿，向纽约进军。在那里，他将面临一生中最严峻的考验。

华盛顿初尝胜利滋味，脸上露出难得的笑容。解放波士顿的消息很快就传遍北美，人们张灯结彩，一片欢腾。大陆会议下令褒奖华盛顿和大陆军将士，哈佛学院也授予华盛顿荣誉学位。各殖民地的信心大增，好像打败英国不在话下，光明的前途已不是悬念。然而，革命真正的前途在哪里？是跟英帝国和解还是走向独立？人们心中仍然没有答案。

在这个十字路口上，美国革命的第三支火把出现了。严格地说，此人还不应该算是“美洲人”。他两年前才从英国来到费城，可是，就在他踏上新大陆的那一刻起，他就决定把这里搅个底朝天。

这个人是谁？他将怎样让美国革命走进一片新天地？请看下一个故事：《〈常识〉》。

032

《常识》

历史学家们认为，美国革命从1765年的反《印花税法案》就开始了，到1775年年底，已经闹腾了10年。在这10年中，北美人慷慨激昂地抨击英帝国的暴政，甚至拿起武器挑战英帝国的权威。但是，有一件事，却没有人认真想过：我们到底想要一个什么样的结局?

至少在1775年年底，大多数“革命派”心中的理想仍然是“英国人的权利”，也就是在英帝国内部与英国本土人平起平坐。不管是大陆会议还是华盛顿的大陆军，大家的默契是：只反议会，不反国王，也不知道他们从哪学来“清君侧”的智慧。不仅如此，殖民地人还无比怀念1765年以前那自由、快乐的北美。大陆会议中最激进的革命者约翰·亚当斯以惊人的诚实在日记中写了下面这句话：“在革命中，我无时无刻不盼望着回到从前，为此，我愿意放弃所有的一切……”这话要是出自别人之口倒没什么稀奇的，但亚当斯堪称美国革命的“教父”，连他都这么“恋旧”，其他人什么样可想而知。

历史仿佛看到了北美的犹豫和彷徨，它为北美找到了一位领路人。但这一次，它没把革命的火炬交给土生土长的“美洲人”，而是很幽默地选择了一个“英国人”。他在独立战争爆发前几个月才来到北美，却在短短的一年中让每个人都认识到，与英国彻底分离才是革命的唯一出路。这个人的名字叫托马斯·潘恩。

1737 年 1 月 29 日，托马斯·潘恩生于英国诺福克郡的一个平民家庭。因为家里穷，他 13 岁就辍学了，先跟父亲学制衣，后来又去海上讨生活。1759 年，他开了自己的商店，结了婚。但好景不长，生意垮了，妻子和孩子都在难产中死去。再后来，他当过收税官、货物检验员、学校老师等等。可是，不管做什么，他都做不长久，而且总是以失败而告终。潘恩性格倔强，非常固执，甚至有点偏执狂。他不懂人情世故，很难与人相处，谁都不喜欢他。1774 年，就在潘恩历尽生活的艰辛、跌得鼻青脸肿的时候，他见到了当时北美常驻英国的贸易代表——本杰明·富兰克林。

潘恩是通过朋友介绍认识富兰克林的。富兰克林在与潘恩的谈话中，发现他对自由有着近乎疯狂的渴望和热情，他的言辞和他写的小文章犀利而精辟，有一种在瞬间就能摄人心魄的魅力。富兰克林向他介绍了北美的情况，好像忽然在潘恩面前打开了一扇门，他立刻明白了自己应该做什么。新大陆，那就是他要去的地方！富兰克林也认为，潘恩的才华只有在不拘一格的新大陆才能得到认可。于是，他给潘恩写了一封介绍信，让他去费城发展。

1774 年 10 月，37 岁的潘恩踏上了去北美的航程。然而，他差一点见不到新大陆。在横穿大西洋的两个月中，船上因饮食、卫生条件极差而爆发了传染病，5 名乘客死亡，潘恩也大病不起。船员们眼见他不行了，把他抬到甲板上，只等他一咽气就往海里扔。可是，他这口气始终没咽下去，硬是撑到了北美。当船终于到达费城时，潘恩已奄奄一息。富兰克林的私人医生去码头接潘恩，左等不来，右等不来，乘客全都走光了。最后，船员们抬下一个活死人，那就是潘恩。医生赶紧把他抬回去，精心调治了 6 个星期，他才渐渐恢复了健康。凭着富兰克林的介绍信，他很快就找到了工作。1775 年 1 月，潘恩成为《宾夕法尼亚杂志》的一名编辑。他从来没有像现在这样专注地工作过，也从来没有像现在这样舒心。

潘恩似乎注定就是为革命而生。1775 年 4 月，也就是他到新大陆仅仅 5 个月后，“莱克星顿的枪声”就打响了。5 月，第二次大陆会议在费城召开，华盛顿被任命为大陆军总司令，北美与英国的对抗上升为战争。潘恩兴奋地看着这一切，他说：“从我进入这个国家的那一刻起，我就想把它点燃……”他在报纸、杂志上发表了很多支持革命的文章，也与本杰明 · 罗什医生成为好朋友。罗什是新大陆最有名的医生，一个坚定的革命者。他是富兰克林、亚当斯、杰斐逊的朋友，也是大陆会议的代表。潘恩告诉罗什，他想写一本宣传革命的小册子，题目是《简单的真理》。罗什建议他改为《常识》，因为这样更能打动普通人的心。

1776年1月，潘恩的小册子《常识》完成了。起初，没有人愿意为他印刷出版。后来，他许诺把这本书销售收入的一半分给一位出版商，人家才答应。他们都没意识到这是多大的一笔钱。潘恩知道自己写的东西太“反动”，所以，最初没敢露真名，只署名“一个英国人”。到第二版时他才署上真名。

这本47页纸的小册子，从问世的那一刻起就获得了巨大的成功，在各殖民地间迅速传播，3个月之内就卖出去10万册，在整个革命期间共卖出50多万册。当时的北美殖民地共300万人，其中有阅读能力的自由居民不到200万人，也就是说，大约平均每4人就有一本《常识》。按这个比例，它至今仍然是美国历史上最热门的畅销书。在酒吧里、饭桌上、街道旁，到处都可以看到人们手捧《常识》，或认真阅读，或大声朗诵，周围聚集着那些不识字或买不起书的人，他们如饥似渴地听着书中的每一个字。《常识》在北美殖民地掀起了一场全民大讨论，它好像一下子拨开云雾，让人们看清了革命的前途。

那么，《常识》到底讲了些什么，让大家如此着迷？首先，潘恩把矛头直指君主制。此前，大家觉得，一切都是英国议会的错，国王是无辜的。但潘恩说，一切罪恶的根源正是君主制。他用通俗易懂的方式简述了人类社会的起源和英国的历史，指出世袭的国王为满足自己的欲望只能给人民带来灾难。英国的政治制度之所以受到很多人的赞赏，不是因为它保留了国王，而是因为它保障了民主。英国的强大不是来源于国王的英明，而是取决于人民的素质。但现在，民主正受到王权的侵蚀。乔治三世的贪婪和自私让腐败横行，这种腐败也蔓延到新大陆。所以，对国王的忠诚毫无道理。

对那些希望与英国和解的人，潘恩说，英帝国绝对不会保护北美的利益。在英国与北美的关系中，北美将永远处于从属地位。现在，北美已经花费了这么多资源反抗英国的暴政，如果这种斗争的结果只是取得与英国的和解，那就太不值了。即使英王迫于压力同意和解，他早晚会卷土重来。在英王的统治下，北美不可能获得真正的法治和公平。为了子孙后代的幸福，我们应该彻底摆脱英国，建立自己的国家。由一个五千公里以外的小岛统治一个大陆，这是非常愚蠢的事。潘恩宣称："现在是分手的时候了！"

有人认为，北美人是英国人的后裔，英国与北美是母女关系，血浓于水。潘恩指出，美利坚民族不只是英国人的后裔，也是所有欧洲人的后裔，它的血缘远远超出了英国人的范畴。北美的革命不是女儿对母亲的背叛，而是人类对理想的追求。他说："北美的道路也是全人类应该走的道路，北美的幸福也是全人类应该追求的幸福。”

接着，潘恩分析了北美目前的局势，告诉人们要认清自己的优势。他说，英国的强大是表面上的。战争的胜利不属于强者，而属于团结起来的人民。现在，各殖民地联合在一起，正是打败英国的最好时机。如果错过了，以后殖民地回到各自为政的状态，它们将永远无法战胜英国。潘恩认为，北美的实力不容小觑。没有一个国家有北美这样优越的地理位置，也没有一个国家有北美这样丰富的自然资源。北美的贸易完全不必依赖英国，只要欧洲人还吃饭，北美的农产品就不愁没市场。在脱离英国后，北美只会更繁荣。

《常识》中最著名的一段话是对自由的描述：“啊！你们这些不但敢反抗暴政，而且敢反抗暴君的人，请站出来！旧世界遍地盛行着压迫，自由遭到驱逐。亚洲和非洲早已把它赶走，欧洲把它当成怪物，英国已经对它下了逐客令。接纳这个逃亡者，为人类准备一个避难所吧！”“我们有能力让世界重新开始！”

潘恩还在他的小册子中宣扬了一个重要的思想，就是在独立之后，建立一个民主共和国。人们也许会问，一个没有国王的北美将靠什么保护人民的权利？潘恩说：“让我们为宪章加冕！北美的法律就是国王！”一个在法治基础上的民选政府才能真正让人民获得幸福。

其实，除了宣传独立以外，潘恩在《常识》中表达的政治观点不是新创的，在他之前，欧洲和北美的思想家、政治家都已经阐述过很多次。远的不说，富兰克林、亚当斯、杰斐逊这些一流的政论家，早就在他们的文章中对民主和自由有过比潘恩更深刻的诠释。但是，为什么偏偏《常识》能引起这么大的轰动呢？第一，它“生逢其时”，就在北美人最拿不定主意的时候来了个醍醐灌顶。第二，也是最重要的原因，是潘恩用了大家都能看懂的语言。富兰克林、亚当斯、杰斐逊都是知识精英，他们学富五车，博古通今。他们的政论文章旁征博引，甚至大段引用拉丁原文。如果你看不懂，对不起，那不是写给你看的。他们的读者只能是高级知识分子。但潘恩就不同了。他倾诉的对象是最普通的民众，他要用最通俗的语言，最明白的道理，让每个识字的人都看懂，让每个不识字的人都听懂。这种风格让人耳目一新，它如此受欢迎也就不足为奇了。

《常识》的影响之大，怎么说都不过分。几个月间，北美的民意从观望转向独立。再加上大陆军在波士顿的胜利，独立似乎成了大势所趋。几乎每个大陆军战士的背包里都有一本翻得皱皱巴巴的《常识》，华盛顿也说：“这本书让我的内心产生了难以名状的改变。”很多人读了《常识》后变成了革命者，参加了大陆军。

人们说，美国革命有三支火把。第一支是塞缪尔·亚当斯，他的“自由之子”拉开了北美反抗暴政的序幕。第二支是帕特里克·亨利，他那“不自由，毋宁死”的誓言让北美人拿起武器，保卫自己的家园。第三支就是托马斯 · 潘恩，他的《常识》让北美走上独立之路。约翰 · 亚当斯说："没有《常识》作者的这支笔，华盛顿举起的剑将徒劳无功。"

潘恩可不是个光说不练的人。大陆会议为表彰他的功劳，请他到国会外事委员会工作。他把自己工资的三分之一都捐给了大陆军。后来，他干脆投笔从戎，参加了大陆军。在革命最黑暗的时刻，他写了"美国危机"系列小册子，鼓励大家为理想而战。每当华盛顿想鼓舞士气的时候，他就让人在军中大声朗读潘恩的"美国危机"系列，那句"这是考验人灵魂的时刻"成了美国革命的经典名言。潘恩与华盛顿之间也建立起深厚的友谊。

独立战争胜利后，在华盛顿的敦促下，国会奖给潘恩 3000 美元作为报酬（在当时是个不小的数目），纽约州奖给他一片土地，宾夕法尼亚州也给他一笔钱，马里兰州授予他公民身份。这样，在马里兰加入联邦后，他就自动成了美国公民。可他注定就不是个安生的人。1787 年，为了给自己设计的桥梁申请贷款，他来到伦敦。不久，法国革命爆发。他的激情又上来了，写下了《人权》，无情地抨击君主制，歌颂法国革命。英国政府把他视为叛徒，驱逐出境。潘恩来到巴黎。虽然他一句法语都不会说，但还是被选入法国国民大会。他与华盛顿、富兰克林、汉密尔顿等几位重要的"国父"一起被授予"巴黎荣誉市民"的称号。

然而，接下来，潘恩的命运急转直下。1793年，以罗伯斯庇尔为首的雅各宾派取得政权，开始了“红色恐怖”。潘恩因反对处决国王路易十六而被看成“共和国的敌人”，在1793年12月被捕入狱。在狱中，他写下著名的《理性时代》。随着革命形势越来越紧张，雅各宾派也越来越疯狂。他们开始处决“嫌疑犯”，断头台上血流成河，巴黎成了人间地狱。

眼看着屠刀正向自己砍来，潘恩唯一的救命稻草就是他的美国公民身份。因为当时美国与法国是友好国家，法国不会对美国公民动手。可是，当潘恩要求美国驻法公使古弗纳·莫里斯证明他的公民身份时，莫里斯以找不到文件为由拒绝了。其实是因为在美国时莫里斯就与潘恩不和，这次正好挟私报复。英国盼他死，法国要他死，美国看他死，这下，潘恩真是死定了。当时，潘恩正生着病，高烧不退。仅仅因为狱官在他牢房门口做错了记号，潘恩侥幸逃过一劫，当夜没被送往断头台。就是这几天的缓冲时间救了他的命，因为三天后雅各宾派就垮台了。

虽然命暂时保住了，但监狱还是出不去。1794年10月，詹姆斯·门罗成为美国驻法公使。他上任后做的第一件事就是营救潘恩。他向法国政府出示文件，证明潘恩的美国公民身份。11月，潘恩获释出狱。他在感谢门罗的同时，也指责华盛顿忘恩负义，在关键时刻抛弃了他。他一直认为莫里斯的卑鄙行径是受华盛顿总统的指使，因为当时美国正跟英国商谈《杰伊条约》，华盛顿不愿得罪英国。至于到底是莫里斯一手遮天还是华盛顿见死不救，历史没有给我们确切的答案。但潘恩认定华盛顿有罪，背叛了他们的友谊。他发表了一系列攻击华盛顿的文章，在一封公开信中说："全世界都在怀疑，你到底是叛徒还是骗子，你到底是背弃了原则还是本来就没有原则。"华盛顿可能这辈子都没碰到过这样指着他的鼻子骂他的人。

出狱后，潘恩拒绝回美国。他认为，在华盛顿总统和他的继任者亚当斯总统的统治下，美国已背离了当年的共和理想。拿破仑当政时，专门接见潘恩，对他大加赞赏，说："我每天都枕着《人权》睡觉。"可是，后来拿破仑抛弃了共和国，登基当了皇帝。潘恩骂道："他是个反复无常的骗子。"

1802年，潘恩接受了杰斐逊总统的邀请，回美国定居。当时，正值"第二次大觉醒运动"在美国兴起，人们对上帝和基督教的热情空前高涨。潘恩也不知道哪根筋搭错了，发表了很多抨击教会的文章，引起人们的不满。在美国，有两尊"佛"碰不得，一个是上帝，一个是华盛顿。美国是个信仰自由的国家，但同时也是个有信仰的国家。你可以不信上帝，但不能攻击上帝，因为这样做妨碍了别人的信仰。对华盛顿，你可以怀疑他的能力，也可以反对他的施政方针，但不能侮辱他的人格，因为他代表的是主流价值观。可惜，潘恩不懂这些，他恰恰刺痛了美国人这两根最敏感的神经，那日子能好过了才怪。

1809 年，潘恩在贫困潦倒中去世，没有一个教会愿意为他举行葬礼，只有 6 个人看他下葬，情景无比凄凉。当尘埃落定，后世的美国人再次翻开那段历史，他们无法漠视潘恩为美国革命立下的不朽功勋。这位既没签署过《独立宣言》也没签署过《美国宪法》的“英国人”，成了最著名的“建国国父”之一。

潘恩的故事结束了，《常识》掀起的革命浪潮才刚刚开始。面对争取独立的呼声，犹豫不决的大陆会议再也无法逃避了。他们将做出怎样的抉择？他们将以什么样的方式向世人宣告一个新国家的诞生？请看下一个故事：《〈独立宣言〉》。

033

《独立宣言》

1775年5月，第二次大陆会议刚开始不久，会议主席佩顿·伦道夫被弗吉尼亚议会召回威廉斯堡，因为那边有很多事等着他去处理。约翰·汉考克接替他当了大陆会议主席。弗吉尼亚代表团空出个位子来，让谁去补这个缺呢？伦道夫向议会推荐了自己的小表弟。于是，1775年6月的一天，一个安安静静的弗吉尼亚人来到费城。32岁的他是大陆会议最年轻的代表之一。他身高1.9米，深栗色的头发有点偏红，瘦瘦的，说话轻声细语，举止优雅，自有一番与生俱来的倜傥风流。这位以“候补队员”身份上场的，就是《独立宣言》的作者、未来的第三位总统——托马斯·杰斐逊。

杰斐逊也许是美国性格最复杂、言行最矛盾的“国父”。他像华盛顿那样沉默寡言，却不像华盛顿那样光明磊落；他像富兰克林那样博学多才，却不像富兰克林那样幽默豁达；他像亚当斯那样机敏睿智，却不像亚当斯那样坦率真诚。他是政治家，也是阴谋家；他是君子，也是小人；他是最亲密的朋友，也是最危险的对手。亚当斯说："他的心是一条河，深不见底，寂静无声。"有人爱他，有人恨他，有人崇拜他，有人讨厌他。但是，没有一个人能忽视他。杰斐逊是美国历史上一抹最绚丽的色彩，他对自由的憧憬至今仍指引着全世界的人们追求光明。我们在欣赏他的辉煌之前，先认识一下这个内向、腼腆的年轻人吧。

托马斯·杰斐逊，1743 年 4 月 13 日生于弗吉尼亚的阿尔伯马尔县。他的父亲，彼得·杰斐逊，是个大种植园主、大奴隶主，拥有五六万亩土地。母亲珍妮·伦道夫来自弗吉尼亚最富裕也最有政治影响力的伦道夫家族。托马斯·杰斐逊在十孩子中排行第三。

他应该算是含着银汤匙出生的孩子。据说，他对人生的第一次"记忆"是两岁时被一个黑奴抱着走来走去。事实上，他一辈子都是在奴隶的"怀抱"中度过的。从早上一睁眼，奴隶们就给他穿衣、洗漱。在他生命中的每一个日日夜夜，奴隶们给他做饭、清理房间、砍柴、生火、洗衣、熨衣、喂马、开门、关门、端茶、递水，也给他洗脚、按摩、擦皮鞋。他每走一步都有奴隶精心照料。很难想象，一个在这种环境里长大的公子哥，竟然在《独立宣言》中声称"人人生而平等"，他想过这句话对他和他的奴隶们意味着什么吗？然而，这就是托马斯·杰斐逊，一个永远的矛盾、永远的谜。

托马斯·杰斐逊小时候和好朋友达伯尼·卡尔天天一起奔跑、游戏，在与大自然的亲密接触中，他们都爱上了自由的天空。两个男孩最喜欢到杰斐逊家的一座小山上去，眺望层层叠叠的森林和闪烁缥缈的河流，卡尔把那座山叫“汤姆的小山”。托马斯·杰斐逊发誓，他长大后一定要在这山顶上建一所房子。他们相约，如果谁先死去，另外一个就要把他葬在这座山上。后来，托马斯·杰斐逊真的在这座山顶上建起自己的世外桃源，给它取名“蒙蒂塞洛”，是意大利语“小山”的意思。卡尔在30岁那年暴病身亡。托马斯·杰斐逊信守少年时的诺言，把卡尔埋葬在蒙蒂塞洛，一辈子守护着他。

彼得·杰斐逊很重视儿子的教育，他经常与孩子们一起读《圣经》，跟他们一起欣赏古希腊与古罗马的文学、哲学、艺术。托马斯·杰斐逊有一点跟富兰克林特别像，就是对天底下所有的事都感兴趣，他在文学、哲学、历史、数学、建筑、天文、气候、农业等所有这些领域都有很深的造诣。他懂拉丁语、法语、意语、西班牙语、荷兰语五种语言，对音乐情有独钟。他酷爱小提琴，每天都要拉上一两个小时，从未中断过。小提琴一直陪伴他走到生命的最后一天。杰斐逊（以下单指托马斯·杰斐逊）的多才多艺为他赢得了无数的粉丝。1962年，约翰·肯尼迪总统在白宫宴请美国的诺贝尔奖得主们，在致辞时说：“白宫的宴会厅从来没见过这么多各方面的天才，唯一的例外也许是杰斐逊总统独自在这里用餐的时候……”

他的话引来一片温馨的笑声。

1759年，16岁的杰斐逊进入威廉与玛丽学院。他刚到威廉斯堡时，被那里的繁华和热闹搞晕了，天天开派对，玩得不亦乐乎。第一个学年风一样地溜走。杰斐逊放假回家后，回想起过去的这段时间，忽然发现自己什么都没学到。他追悔莫及。再回到学校时，他成了个完全不同的人。他发疯一样地学习，先跟一位教授攻读了两年数学和哲学，又跟当时最有名的法学教授乔治·韦斯学习法律。韦斯可不是随便收学生的。他开始时没把杰斐逊放在眼里，以为他不过是个混日子的。可是，后来他发现这个“纨绔子弟”竟然是个严肃认真又悟性超群的学生，韦斯不但收杰斐逊为徒，还把他带进了自己的社交小圈子。每个周末，韦斯都邀请杰斐逊去他家吃晚餐。在这里吃晚餐的，都是弗吉尼亚的大人物，包括总督、市长、议员、学者、社会名流等。他们谈论古典哲学、启蒙思想、文学艺术、政治经济、科技发展、时事潮流。杰斐逊经常在这些聚会上拉一段小提琴，与其他人交流对音乐的感受。这些聚会不仅让杰斐逊大长学问，更让他大长见识，为进入政界打下了基础。后来，杰斐逊回忆道：“我所有的知识都是从这张餐桌上学到的。”

1762年，杰斐逊以优异成绩从威廉与玛丽学院毕业，他获得了学校的最高荣誉奖。之后，他一面在一个律师事务所实习，一面继续跟韦斯学法律。5年后，他考取了律师资格，开始经营自己的法律业务。他的客户都是威廉斯堡有头有脸的人物。1769 年，杰斐逊当选为弗吉尼亚殖民地议会议员。

1772 年 1 月 1 日，29 岁的杰斐逊与 23 岁的玛莎 · 威尔斯 · 斯凯尔顿结婚。玛莎是个年轻漂亮的寡妇，父亲也是个种植园主。她弹得一手好钢琴，对音乐的热爱把他们连在一起。婚后，玛莎搬进蒙蒂塞洛。蒙蒂塞洛是个与世隔绝的所在。冬天，外面漫天大雪，里面暖气融融。杰斐逊拉着小提琴，玛莎弹着钢琴，他们像极了那对“琴箫合奏，笑傲江湖”的神仙侠侣。9 个月后，他们的第一个孩子出世了。杰斐逊是个体贴的丈夫、慈爱的父亲、温柔的情人。此时此刻，他只有一个愿望，就是与玛莎长相厮守，共度余生。

美国革命的呐喊声和枪炮声打破了杰斐逊一家平静的生活。随着北美与英国的对抗不断升级，杰斐逊与帕特里克 · 亨利、理查德 · 亨利 · 李等弗吉尼亚议会中的激进派，在报纸、杂志上发表了一系列抨击英国暴政的文章，挑战英国议会的权威。1774 年，杰斐逊出版了他的第一本书《英属北美洲人权概论》。这本书从法学角度上否定了英国议会对北美的统治权，引起很大的轰动，成为第一次大陆会议期间弗吉尼亚代表团的指导性文件。杰斐逊的文笔优雅流畅，逻辑清晰，字里行间流露出广博的学识。这个名不见经传的“小字辈”开始吸引各殖民地领袖的目光。

1775 年 6 月，佩顿 · 伦道夫推荐杰斐逊代替自己去费城参加第二次大陆会议。杰斐逊不愿离开玛莎和孩子们，但责任感还是让他告别蒙蒂塞洛，踏上去费城的路。他做梦都没想到，自己的名字将刻在一个新国家的出生证上，而且，他还是这个出生证的撰写人。

从性格上看，杰斐逊似乎不适合当政治家。他是个非常害羞的人，天生不爱说话，在大庭广众之中一开口就脸红。他的声音很弱，就算他说话，别人也听不见。他严肃有余，幽默不足，或者说，基本上没有幽默感，难免让人觉得有点闷。但他平静的外表下掩藏的是一颗执着的心，他那强烈的说服别人的欲望一点也不亚于以固执著称的华盛顿和亚当斯。杰斐逊还有个很大的优点，就是脾气好。他追求一种和睦的境界，别说打架了，连吵嘴也没有过，因为他觉得争吵本身已经违背了内心的和谐。他是个温文尔雅的绅士，最激烈的发泄方式就是照着他的马屁股使劲抽两鞭子。所以，大家哪天看到杰斐逊跟他的马过不去，就知道他真的生气了。在大陆会议上，各殖民地的代表们天天吵架，嗓门一个比一个大。杰斐逊坐在那儿一言不发，看着大家吵。

1776 年 1 月起，潘恩的《常识》引发殖民地争取独立的呼声。本来一直回避这个问题的大陆会议不得不面对日益彰显的民意。2 月，大陆会议正式授权“国家海盗”们在海上拦截英国的商船和运输船；接着，禁止向英国出口任何货物。3 月，大陆会议下令将所有的亲英分子和“保王党”人解除武装。4 月，大陆会议宣布北美的港口向所有的国家开放，英国除外。5 月，大陆会议建议各殖民地开始制订自己的宪法，准备向独立国家过渡。约翰 · 亚当斯说 ：“一部独立的宪法就是独立本身。”

1776 年 6 月，弗吉尼亚议会授权在费城的代表团向大陆会议提出“独立”的议案。6 月 7 日，理查德 · 亨利 · 李提出了下面的议案 ：

“这些联合起来的殖民地从此是，并且按其权利也必须是，自由和独立的国家，他们取消一切对英国王室效忠的义务，他们和大不列颠国家之间的一切政治关系从此全部断绝，而且必须断绝……”

此议案一出，全场哗然。支持独立的新英格兰代表大声叫好，反对独立的南方和中大西洋殖民地代表强烈抗议，双方闹得不可开交，从早上一直吵到点灯时分也没个头绪。最后，头昏脑涨的大陆会议主席汉考克宣布，把对这个议案的表决推迟到 7 月 1 号，以便代表团向各自的议会征求意见。同时，为了不浪费时间，他要求亚当斯组织一个五人委员会，起草《独立宣言》，供大家讨论。

亚当斯组织的委员会除他自己外还包括宾夕法尼亚的富兰克林，纽约的罗伯特 · 利文斯顿，康涅狄格的罗杰 · 谢尔曼，以及弗吉尼亚的杰斐逊。除了杰斐逊，其余几位都是资深政治家，他们的入选理所当然。可是，亚当斯为什么会选中年纪轻轻又几乎从来不说话的杰斐逊呢？

杰斐逊和亚当斯的性格可以说是冰火两重天。两人虽然都是律师出身，但杰斐逊这律师当得跟亚当斯比起来可差远了。杰斐逊不爱说话，亚当斯要是不说话就会死，他只要一开口，别人只有投降的份儿；杰斐逊不爱争吵，亚当斯觉得世界上最好的说话方式就是争吵，他的灵感和智慧都是吵出来的。亚当斯在大陆会议中绝对是领军人物，60%的开会时间都听他一个人讲。大家知道他能说会道，却不知道他还有个别人没有的本事，就是识人之能。亚当斯这一辈子为美国推荐过三个人。有人说，即使他别的什么事都没干，就凭这三个人，他对美国的贡献就已经非一般可比了。第一个，推荐华盛顿担任大陆军总司令；第二个，挑选杰斐逊起草《独立宣言》；第三个，提名约翰·马歇尔为最高法院首席大法官。华盛顿和杰斐逊就不必说了，马歇尔至今仍然是最有成就的首席大法官，没有他，司法独立不知要走多少弯路。

杰斐逊在会议上的沉默没有逃过亚当斯的慧眼。他发现，虽然这个年轻人很少说话，但他说话时总能切中要害，见解深刻。而且，他工作也很勤奋，交给他的任务都完成得很出色。亚当斯读过杰斐逊写的文章和书，非常欣赏他的文笔和思想。他试着靠近杰斐逊，开玩笑说："我从来没听你连续说过三句话。"杰斐逊冷冷地回敬一句："我没有说话的天分。"就在这样的接触和试探中，两人开始互相了解，也开始了他们长达 50 年相爱相杀的友谊。

亚当斯凭着对杰斐逊的直觉把他拉进五人小组。小组成员在讨论了宣言应该包括什么内容之后，亚当斯指名道姓要杰斐逊起草第一稿。杰斐逊立刻反对。他说，应该由富兰克林起草。70 岁的富兰克林是大陆会议中年纪最大也最受尊重的成员，他的文笔众所周知。但富兰克林那几天身体不好，没有精力在短短两三个星期内完稿。杰斐逊对亚当斯说："你自己怎么不写？"亚当斯说："我没时间，我还有其他二十多个委员会的事要做。"杰斐逊还是不服气："为什么偏偏是我呢？"亚当斯说："原因有三；第一，你是弗吉尼亚人，这种事应该由弗吉尼亚人挑头；第二，我爱得罪人，要是大家知道是我写的，肯定会群起而攻之，你正好和我相反；第三，我看过你的文章，你的写作水平比我强十倍。"杰斐逊说："你太谦虚了。"不管怎样，亚当斯定下的事，杰斐逊想驳也驳不了。毕竟，亚当斯比杰斐逊大 8 岁，从年龄上和资历上说都是他的长辈。富兰克林也鼓励杰斐逊，表示对他有信心。富兰克林是杰斐逊的偶像，既然他都这么说，杰斐逊就义不容辞了。

杰斐逊把自己关在下榻的旅馆里，趴在自己设计的折叠书桌上，足不出户地写了三天。6 月的费城又热又闷，蚊子在耳边嗡嗡地叫。连伺候杰斐逊的奴隶都热得受不了了，可杰斐逊好像对周围的世界失去了感觉，他完全沉醉在超凡的境界中。

本来，大陆会议不过是想发表一份"声明"，告诉英国"俺不想跟你过啦！咱分家吧！”谁也没想着这篇“声明”会有多么重大的意义，更没打算让它“流芳百世”。可是，这简简单单的一篇文章，到了杰斐逊手里就一点也不简单了，因为他站的角度不同。在他眼中，美国革命不是北美与英国之间的纷争，而是人类追求自由的一次尝试。他要得到的是全世界的赞同。

首先，为什么要发表这份“宣言”？他写道：“在有关人类事务的发展过程中，当一个民族必须解除其和另一个民族之间的政治联系，并在世界各国之间依照自然法则和上帝的意旨，接受独立和平等的地位时，出于对人类舆论的尊重，必须把他们不得不独立的原因予以宣布。”

那么，什么是独立的原因呢？或者说，什么是北美人为之奋斗的理想？美国革命显然不是一场穷人反富人的阶级斗争，也不是纯粹的民族解放运动。杰斐逊想要告诉世界，告诉历史，告诉未来，北美人追求的是“普世价值”，它远远超过了一个国家、一个民族的界限。下面这几句被誉为“英语世界中最著名的一段话”：

我们认为下面这些真理是不言而喻的：人人生而平等，造物主赋予他们某些不可剥夺的权利，其中包括生命权、自由权和追求幸福的权利。

这就是今天人们已经习以为常的“天赋人权”。当然，在杰斐逊的时代，这几句话有着完全不同的含义。首先，这个“人人”不包括黑奴，不包括女人，不包括印第安人，也不包括没有一定财产的白人男人。难道杰斐逊不明白现实世界到底是什么样的吗？他为什么不说“所有有产阶级的白人男人生而平等”？也许这个问题在他的心里问过很多遍，但他最终还是把不加任何限定的“人人”写在纸上，因为他写的不是现实，是理想。

历史学家们认为，杰斐逊的“生命权、自由权和追求幸福的权利”是从启蒙思想家约翰·洛克的“生命权、自由权、财产权”引申而来的，但“追求幸福的权利”比“财产权”境界高多了，它包括物质上的幸福和精神上的幸福。正是这“追求幸福的权利”激励着一代又一代移民远渡重洋，到新大陆寻找他们的梦想。事实上，没有任何一个词比“追求幸福”更能真切地表达杰斐逊想要表达的“美国心”。如今，这个“美国心”变成了“美国梦”。

什么样的政府才能保护人们的这些权利？杰斐逊写道：

为了保障这些权利，人类才在他们之间建立政府，而政府之正当权力，是经被统治者的同意而产生的。当任何形式的政府对这些目标具破坏作用时，人民便有权利改变或废除它，以建立一个新的政府；其赖以奠基的原则，其组织权力的方式，务使人民认为唯有这样才最可能获得他们的安全和幸福。

这是启蒙思想家们说了无数遍的“社会契约”。“统治者的权力来自被统治者”，从《五月花号公约》开始，这个原则就是北美自治的根基。如今，英王的所作所为破坏了这个原则，所以，我们“有权利，也有义务”推翻这个政府，并为“未来的安全建立新的保障”。

接下来，杰斐逊列举了英王的27条“罪状”，说明不得不造反的苦衷。这些文字听上去像一个受了委屈的孩子絮絮叨叨地向路人哭诉父母对自己的不公。今天，这些理由都已成过眼云烟，我们也就不必细读了。但值得注意的是，在27条“罪状”中，有16条涉及司法程序和司法公正。这说明，在“国父”们心中，法治占有头等重要的地位。

还有一点值得一提。在杰斐逊的原稿中，有一大段声讨奴隶制的文字。杰斐逊自己名下就有200多个奴隶，他一生都是奴隶制度的受益者。一个大奴隶主，毫不留情地谴责奴隶制，听上去有点滑稽。谁也不清楚他写那段话的动机是什么，人们只能说，他再一次无奈地“丈量”了一下理想与现实之间的距离。杰斐逊关于奴隶制的那段文字在大陆会议的讨论中被全部删除。所有的人都知道奴隶制是罪恶，但他们不知道怎样结束它。“国父”们决定把这个问题留给后人解决，他们的后人为此付出了60万个鲜活的生命。

杰斐逊完成初稿后拿给委员会看，大家提了些修改意见。比如，富兰克林把杰斐逊原文中“我们认为下面这些真理是神圣和不可否认的”改为“我们认为下面这些真理是不言而喻的”。亚当斯对杰斐逊的文稿很满意，他说：“我将捍卫这里面的每一个字。”富兰克林听了总算放心一点，他知道，有亚当斯的口才保驾护航，这篇宣言才有通过的可能。

《独立宣言》写完了，但是，它真的能被所有的殖民地接受吗？那个似乎已经孕育成形的新国家能顺利降生吗？请看下一个故事：《生于 7 月 4 日》。

034

生于7月4日

1776年7月1日，大陆会议开始就弗吉尼亚代表理查德·亨利·李在6月7日提出的独立议案投票表决。

对大多数代表来说，这个选择是痛苦的。从1607年英国在北美建立第一个殖民地弗吉尼亚起，到1776年，已经一百七十年了，七代人的时光。在这一百七十年中，北美人享受着英帝国宽松的统治带来的自由、和平、繁荣、秩序，他们是英王最忠诚的臣民，为几千公里以外的祖国感到无比骄傲。那些乘坐“五月花号”来到新大陆的清教徒可能做梦都没想到，有一天，他们的子孙将彻底背叛祖国，建立一个完全属于自己的新国家。

一年前的7月份，大陆会议为与英国妥协做了最后的努力。他们写了一份措辞卑微的《橄榄枝请愿书》，专门派宾夕法尼亚的领主理查德·宾亲自送往伦敦。宾家族与英国王室的渊源不是一般的深，大家觉得英王看在宾的面子上怎么也该瞄一眼他们的请求。可是，乔治三世这回算是铁了心了，他拒绝接见宾，那份请愿书他连看都没看就扔进了垃圾桶。1775 年 8 月，英王正式宣布北美殖民地行为是“叛乱”。乔治三世的声明实际上把和解之路堵死了，正如约翰 · 亚当斯所说：“在大陆会议还没能宣布独立之前，英王已经宣布北美独立了。”

新英格兰殖民地的代表们坚决支持独立，他们早就等得不耐烦了。出人意料的是，最激烈地反对独立的，不是看上去对革命毫无兴趣的南方，而是以宽容、开放著称的中大西洋殖民地，包括纽约、新泽西、宾夕法尼亚、特拉华和马里兰。在 6 月份的争论中，中大西洋殖民地无一例外地反对独立，南方的南卡罗来纳和佐治亚也反对。当时，这些殖民地的议会没有授权其在大陆会议的代表投票表决“独立”议案，即使这些代表赞成独立，他们也不能投票。几个星期之后，在革命派的努力下，越来越多的殖民地议会授权代表投票表决独立议案，但到底是赞成还是反对，这还要看代表们的个人意愿。

支持独立的一方以马萨诸塞的约翰 · 亚当斯为首，反对独立的一方以宾夕法尼亚的约翰 · 迪金森为首。大陆会议的会场有时候看上去就像亚当斯单挑迪金森的战场，他们唇枪舌剑，火药味十足，没冲上去扭断对方的脖子就算不错了。两人都是律师出身，而且是很成功的大律师，他们吵架是个什么效果可想而知。他们的形象也是“天造地设”的一对。亚当斯又矮又胖，充满活力和热情；迪金森又高又瘦，面无血色，看上去像僵尸。亚当斯来自中产阶级家庭，他敏锐、直率，得理不让人；迪金森是个大富翁，他优雅、谦和，但在原则问题上决不让步。

支持独立的人认为：第一，北美殖民地实际上已经独立了，大陆会议只不过宣布一个“事实”而已。第二，殖民地对英王的效忠从来都以自愿为基础，它们以忠诚换取英王的保护。现在战争已经开始，英王不再保护殖民地，殖民地也就不用再忠于英王了。第三，人民支持独立，他们正期待着大陆会议的指引。第四，国际社会，特别是法国和西班牙，将会援助北美，但前提是，北美必须是一个独立的国家。亚当斯说：“只有当我们承认自己并成为完全拥有独立和自由的主权国家，外国才会承认我们。”

反对独立的观点是：第一，独立的时机尚不成熟。第二，人民还没有下定决心，他们并不完全支持独立。第三，如果贸然宣布独立，将迫使某些殖民地脱离联盟，造成分裂。第四，应该先探明法国和西班牙的态度，然后再决定是否独立。第五，应该等目前的纽约战事初见分晓再做决定，否则很可能引来灭顶之灾。第六，在宣布独立之前，应该先把殖民地联盟的条例制定下来，以便向独立国家过渡。宾夕法尼亚的詹姆斯 · 威尔逊说：“在我们没有建起新房子之前，为什么要匆匆忙忙地把旧房子拆掉让自己挨饿受冻呢？”

在正反双方无休无止的争论中，7 月 1 日悄然来临，终于到了最后摊牌的时刻。这天早晨，阴云密布，预示着一场暴风雨的来临。大陆会议的代表们静静地来到会议厅。他们的心情似乎很沉重，一反往日闹闹哄哄的状态，整个大厅鸦雀无声。亚当斯和迪金森这两个大律师准备向“陪审团”做最后的陈述。

上午 10 点，汉考克宣布开会。迪金森站起来，他的脸色显得格外苍白。他把过去这段时间反对独立的观点重述了一边，提请代表们慎重行事。他说，你们今天的决定可能将把我们的民族拖入万劫不复的深渊，北美大地将经受血腥和暴力，我不忍心看着自己的同胞惨遭屠戮。然而，迪金森也意识到，独立是大势所趋，他无力阻挡历史的脚步。他悲伤地说：“可以预见，我今天的所作所为将让我名誉扫地……但是，我必须抗争。如果在此时保持沉默，那就是犯罪。”迪金森说完，慢慢地坐下，随之而来的是死一般的寂静。他的话和他对北美前途的真切关怀打动了所有人的心，连亚当斯也投以崇敬的目光：“他的论证不但优雅高贵，而且礼貌真诚。”

此时，窗外狂风大作，雷电交加。亚当斯站起来，开始了他的陈述。他的声音清晰洪亮，他的目光坚定沉稳，他仿佛看见一个新生儿正呱呱落地，那，就是他的国家，一个自由的国家。他说：

一个最宏伟的事业，一个决定着千千万万已出生和没出生的人的生命和自由的选择，现在就摆在我们面前。我们正处在一场革命的中心，这是人类历史上最完全、最神奇、最精彩的革命。历史长河中，有几个人有这样的荣耀，可以为他们自己和他们的子孙创造一个国家，一个共和国！

亚当斯似乎完全沉浸在对新国家的憧憬中，他的语言也许不够优雅，但那强大的感染力让每个人为之动容。当他的讲话结束时，所有的人都情不自禁地站起来鼓掌，并纷纷上前与他握手表示敬意。一位新泽西代表说："他是这个时代的巨人，这个国家的独立完全拜他所赐……"很多年后，亚当斯曾担心自己的历史地位。他说，当后世子孙回忆美国革命时，他们可能只会看到两个人——华盛顿和富兰克林，而他将被遗忘。其实，他多虑了。他的贡献足以让他成为美国的"独立之父"，他的名字将永垂青史。

迪金森和亚当斯动人心弦的演讲再次引起代表们激烈的争论，这一争就是9个小时。窗外大雨倾盆，屋内热气腾腾。最后，汉考克宣布，大陆会议全体委员会开始表决。13个殖民地各持一票。每个代表团的人数都是奇数，从3个到7个不等。先在各代表团内部投票，比如，如果弗吉尼亚代表团的7个人中有4个赞成独立，那么，弗吉尼亚的这一票就是赞成票。结果，8个殖民地投了赞成票，宾夕法尼亚和南卡罗来纳投了反对票，特拉华和纽约弃权。特拉华代表本来是 3 个人，但其中一个因病没来，剩下的两个代表一个赞成一个反对，无法决定。纽约省议会正在休会期间，要到 7 月中旬才能复会，代表团没有得到授权，不能投票。

根据少数服从多数的原则，独立议案算是在全体委员会通过了，但它还要被大陆会议“无异议通过”才算数，这个目的在 7 月 1 日显然是不太可能达到了。此时，天已擦黑，南卡罗来纳代表爱德华 · 拉特利奇建议，把最后的投票推到 7 月 2 日。汉考克就像抓住一根救命稻草一样，立刻表示同意。亚当斯也从拉特利奇的话中听出了希望。26 岁的拉特利奇是大陆会议最年轻的代表，也是最有影响力的代表之一。他一向都最起劲地反对独立，但同时，他也是个很有全局观念的爱国者。他似乎在向亚当斯暗示，给他一点时间，他将改变南卡罗来纳的意向。

散会后，各代表团其实并没各自回去睡大觉。在 7 月 1 日这个又湿又闷的雨夜，无数的秘密磋商和妥协紧张地进行着。历史没有记录当夜到底达成了多少“秘密协议”，但从第二天的结果上看，代表们都是谈判高手。怪不得亚当斯说：“独立不是争出来的，而是谈出来的。”

7 月 2 日早晨 9 点，就在大陆会议正要关门开始讨论的时候，特拉华的恺撒 · 罗德尼出现在会场，他的靴子上身上全是泥。他就是那位前一天缺席的代表。他本来因病在家休息，但有人告诉他，特拉华代表团因为他的缺席而成平局，无法投票。于是，他连夜骑马狂奔近 150 公里赶到费城，中间换了好几次马，才在早上 9 点来到大陆会议。他的外貌因患皮肤癌而变得丑陋，常年用头巾遮着半边脸，看上去非常怪异。可是，他是一股强大的精神，是一团火。他的到来使特拉华那一票毫无悬念地投向独立。

跟罗德尼的到来同样有戏剧色彩的，是宾夕法尼亚代表团空出来的两个座位。7 月 1 日，宾夕法尼亚代表团的 7 位代表中，4 位反对独立，3 位赞成，决定了宾夕法尼亚的立场。7 月 2 日，其中两位反对者，迪金森和罗伯特·莫里斯忽然很“识相”地缺席，剩下 5 位以 3 ： 2 投了赞成票。据说，7 月 1 日夜，亚当斯和富兰克林企图劝说迪金森改变立场，但他拒绝放弃自己的观点。为大局考虑，他和莫里斯决定以“缺席”来成全殖民地独立的愿望。而拉特利奇也不知道用了什么“魔法”让南卡罗来纳倒向了独立。就这样，在 7 月 2 日的最后表决中，12 个殖民地赞成，纽约再次弃权，独立的议案终于“无异议”通过了。一个星期后，得到了授权的纽约代表团才正式投票赞成独立。就这样，在抗税风波兴起十年之后，在华盛顿的大陆军跟英军真刀真枪地干了一年之后，北美终于走向独立。

7 月 2 日，对亚当斯来说，是个胜利的日子，一个值得永远纪念的日子。他在当天写给阿比盖尔的信中说："1776 年 7 月 2 日将是美国历史上最值得纪念的日子。我相信，我们的子孙后代每年都会庆祝这一天。"可是，他高兴得有点太早了。后来的美国人把庆祝活动推迟了两天。7 月 4 日，大陆会议正式发表《独立宣言》的这一天，才是美国的"独立日"。

在通过了独立议案之后，7 月 3 日，大陆会议开始讨论由托马斯·杰斐逊起草、五人委员会呈递的《独立宣言》。杰斐逊很紧张，他不知道别人会对他写的文章有什么看法。就像要寻找精神寄托似的，他有意无意地坐到富兰克林身边。代表们开始逐条审议，有的大修大改，有的大删大减，有的剑拔弩张，有的诅咒，有的威胁，有的抗议，闹得不亦乐乎。杰斐逊坐在那里一句话都没说，但他平静的外表掩饰不住心中的惆怅。身为作家和出版家的富兰克林，觉得有必要安慰一下自己身边这个受了伤的作者。他凑到杰斐逊耳边给他讲了个故事：

有一个做帽子的人，他想为生意打个小广告，上面写着："约翰·汤普森，制帽人，自制自卖，敬请光临。"这句话后面还画着一顶帽子。他决定在使用这个广告之前先征求一下朋友的意见。结果，朋友们把他标语里的字一个一个地删掉，到最后，只剩下汤普森的名字和那顶帽子的图画。

富兰克林的幽默总算让杰斐逊露了点笑容。就在富兰克林逗杰斐逊开心时，亚当斯正全力以赴地捍卫着《独立宣言》中的每一个字。他无与伦比的口才和严密清晰的逻辑使《独立宣言》原文的大部分内容得以保留。杰斐逊为此深受感动，他说："他是支持《独立宣言》的中流砥柱，他强有力的倡导和保护使它免受来自各方面的攻击。"

尽管如此，杰斐逊的原文还是被砍掉四分之一，其中大部分是谴责奴隶制的内容。在这一点上，亚当斯无能为力。亚当斯和富兰克林几乎是所有"国父"中最激烈地反对奴隶制的人，但他们同时也认为，当前的头等大事是殖民地的团结。废除奴隶制意味着南卡罗来纳和佐治亚立刻退出联盟，其他南方各州也不再支持革命，这对本来就弱小的北美来说是不可想象的。于是，他们不约而同地选择了沉默。亚当斯无可奈何地说，奴隶制不是我们这代人能够解决的问题……

7 月 4 日，大陆会议终于批准了修改后的《独立宣言》，"美利坚合众国"也就随之诞生了。严格地说，它还不是一个统一的国家，而是 13 个独立国家的联盟。这群"乌合之众"对当时的世界没有任何影响，没人相信它们能成气候。

大陆会议主席汉考克第一个在《独立宣言》上签了字。他的签字又大又漂亮，他说："我写大一点，这样乔治三世不用戴眼镜就看得见。”事实上，他的签名实在太霸气了，以至于在今天的美国，“约翰·汉考克”成了“签名”的代名词。如果有人说，“我需要‘约翰·汉考克’”，他的意思是“我需要你的签字”。

正式的签字仪式没有发生在 7 月 4 日，而是稍后的几天。当时，已改为“独立厅”的议会大厅里气氛非常压抑，来自 13 个州的 56 个代表似乎感觉不到应有的喜悦。《独立宣言》是一个新国家的出生证，但同时也是所有签字人的“生死状”。当他们签上自己名字的时候，他们毫不含糊地承认了自己的叛国罪。如果落入英国手中，他们唯一的去处就是绞刑架。一个在自己的死刑判决书上签字的人心情能轻松吗？

代表们一个一个地默默地走上前去签字，没有人说话。弗吉尼亚那位身高 1.93 米、体重 130 多公斤的大块头代表本杰明·哈里森，跟旁边又瘦又小的马萨诸塞代表艾尔布里奇·杰瑞开玩笑说：“等咱们都被挂上绞刑架的时候，我可就沾光了。凭我这分量，立马就玩儿完。你呢，恐怕得在空中手舞足蹈一两个小时才会咽气。”他的话引来一阵笑声，但很快就被低沉的情绪淹没了。富兰克林说：“现在，咱们大家可真要拴在一起了。否则，咱们肯定会被一个一个地吊死。”

这 56 个把“生命、财产和神圣的名誉”都赌上的人将被后代赋予一个光荣的称号：“建国国父”。当然，他们只是这个团体中的一部分。他们来自社会的各个阶层。罗得岛的史蒂文·霍普金斯身有残疾，但他仍然用发抖的手签上自己的名字。纽约的菲利普·利文斯顿本来过着王子一样的奢华生活，却为了自由变成一个“叛国者”。新泽西的约翰·威瑟斯朋是苏格兰人，普林斯顿学院（后来的普林斯顿大学）的校长；马里兰的查尔斯·卡罗尔是天主教神父；宾夕法尼亚的本杰明·罗什是著名的医生；新泽西的弗朗西斯·霍普金森是发明家、科学家、诗人、音乐家、画家；南卡罗来纳的亚瑟·米德尔顿是大种植园主，拥有30万亩土地和800个黑奴。

《独立宣言》在费城被当众朗读后，教堂的钟声大作，13门火炮齐鸣，人们欢呼雀跃，敲锣打鼓地举行了盛大的游行。刚从印刷机上取下还带着热气的《独立宣言》被送往其他殖民地。汉考克特意命人将其中一份快马送往在纽约的华盛顿军中，并附上一封信，请华盛顿“在适当的时候以适当的方式”传达给大陆军。

华盛顿看到《独立宣言》时热泪盈眶，他和他的将军们等这一天已经等了整整一年。从他们拿起武器的那一刻起，就没想过走回头路。将军们私下里无数次地谈过独立，但华盛顿非常自律。他认为自己的职责是打仗，政治是大陆会议的事，军队不能干涉民选政府的决策。所以，他从来不发表任何关于独立的言论，甚至每天在与军官们共进晚餐时，他都带头祷告：“上帝保佑吾王！”“祝国王陛下健康长寿！”现在，他终于可以说：“让我们捍卫我们自己的国家！”“上帝保佑美利坚各州！”

7月9日，华盛顿命人在军中大声朗读《独立宣言》，战士们热血沸腾。当晚，一群大陆军战士和纽约市民将一尊铅做的乔治三世的巨型雕像拉倒。这座足有2000公斤重的雕像被运到冶炼厂，熔化浇铸成4.2万颗子弹，倒是一点也没浪费。

在北美的英国官员迅速把独立的消息送往伦敦。8月中旬，《独立宣言》的全文出现在英国的各大主要报纸上，它迅速被翻译成欧洲各国的文字，几天之内就传遍欧洲大陆。英国王室和议会并没有公开评论《独立宣言》，但民间组织纷纷上阵，有的赞同，有的反对，而最多的反对意见是对北美保留奴隶制的谴责。一份评论说：“这世界上最荒唐的事，莫过于一个美国的革命者右手签着《独立宣言》，左手拿起鞭子抽向他那满眼恐惧的奴隶。”另一份评论说：“当他们还没有释放自己的奴隶时，有什么资格宣称‘人人生而平等’？”

就在大陆会议宣布独立的同时，英军陆续在纽约登陆。年幼的共和国将要面临最严峻的考验。华盛顿和他的大陆军将怎样抵御英军的进攻？等待他们的是什么样的命运？请看下一个故事：《生死一线》。

华盛顿渡过特拉华河

华盛顿与拉法耶特的第一次会面

华盛顿在『日耳曼城之战』中

华盛顿祈求上苍

『萨拉托加战役』，英军主帅伯格因投降

华盛顿检阅部队

华盛顿亲自点燃『约克镇战役』的第一声炮

华盛顿接受英军投降，独立战争结束

Stories of The United States

美国的故事

3

——独立之战——

毕蓝◎著

九州出版社
JIUZHOUPRESS

035

生 死 一 线

1776年7月4日，大陆会议发表《独立宣言》，美利坚合众国诞生了。但是，这个新生儿面临的不是精心的呵护，而是一场殊死搏斗。从6月份起，英军和德意志的雇佣军（黑森兵）陆续在纽约的斯坦顿岛登陆。一百多艘英国军舰和运输船铺天盖地而来，船上的白帆如一座白色的城堡，把海面装点得蔚为壮观。岸上的一个大陆军战士被眼前的“美景”惊呆了，他说了一句让所有的历史学家都叹为观止的话：“我以为整个伦敦都漂过来了！”

英军总司令威廉·豪自波士顿败退后，率军撤往加拿大的哈利法克斯。经过一段时间的修整，战士们恢复了元气。豪和他的两员副将亨利·克林顿和查尔斯·康沃利斯制定了新的战略计划。这个计划是：豪率领主力攻占纽约市，控制哈德逊河的入海口。然后，沿哈德逊河北上，占领另一个战略要地、今纽约州首府奥尔巴尼。

届时，加拿大总督盖·卡尔顿将从蒙特利尔南下，在奥尔巴尼与豪会合，从而完成对整个新英格兰的控制，切断它与北美其他地区的联系。新英格兰是美国革命的发源地，也是革命力量最活跃的地区。掐死新英格兰就等于掐死了半个美国，别的地方的革命劲头本来就没那么大，到时候一吓唬，可能就“传檄而定”了。

这个切割分食的计划可以说是天衣无缝，它也是欧洲军队最常用的战略。这个计划不但可靠，而且可行。纽约是整个中大西洋地区的门户，也是个绝好的战略要地。当时的纽约市只是曼哈顿岛南端以华尔街和百老汇大街为中心的一小块地方，再往外就是大片的农田和森林，既无险隘，也无城墙。曼哈顿岛四面环水，南端直通大西洋，北面和西面是哈德逊河，东面隔着东河与长岛相望。曼哈顿是天然深水港，停上几百艘军舰一点问题都没有。哈德逊和东河也是深水河，军舰可以长驱直入，舰上的大炮想打哪就打哪，任意纵横。所以，纽约的自然条件比波士顿强多了，特别是对英国这个海上霸主来说，纽约是上帝赐给它的礼物。“谁控制了水路，谁就控制了纽约。”

还有一件让豪特别开心的事，使他的这次使命更加有把握。传统上，英国皇家海军是天下无敌的，陆军稍差了一节。所以，海军瞧不起陆军，陆军不服气海军，总是较着劲儿，配合起来也就不那么顺，在波士顿已有过教训。这次攻打纽约，英王特地派来一位海军上将支持豪的行动。这位上将不是别人，正是他的亲哥哥，理查德·豪伯爵一世，人称豪勋爵。豪家是显赫的贵族，兄弟俩的外祖母是已故英王乔治一世同父异母的妹妹。豪家的孩子从小就跟王室子弟一起玩，长大了更是平步青云。豪家三兄弟都是高级军官。大哥乔治·豪在英法“七年战争”中死于北美的提康堡；二哥理查德·豪 13 岁就参加了海军，因战功卓著晋升为海军上将，封伯爵；小弟威廉·豪是北美的主将。这兄弟俩感情很好，政治观点也相同。这一回，豪家兄弟一个海上一个陆上“承包”了北美战事，还怕海陆军不好好配合吗？

对威廉·豪来说，纽约不仅有天时、地利，更有“人和”。在波士顿，几乎人人都是革命者，也叫“爱国者”，英军一不小心就会被不知从哪飞来的石头砸中。但在纽约，真正的“爱国者”是少数，大部分人，特别是上流社会，都是“保王党”人。既然如此，“王师所至”，纽约人还不得“箪食壶浆以迎将军者乎？”可是，他发现，纽约的保王党人没有表现出特别的热情，他们似乎不愿明确地表达对英王的忠诚。原因是，纽约人只对一样东西感兴趣，那就是钱。英军也好，大陆军也好，只要给钱，我就跟你做生意。效忠谁无所谓，大家整天就琢磨着怎么从这场“革命”或“叛乱”（看你从哪个角度说）中获利，最好同时赚两边的钱。纽约人的势利眼和铜臭味让威廉·豪很烦恼。

困扰着威廉·豪的问题也同样困扰着华盛顿。从波士顿一路南下来到纽约，华盛顿发现，在新英格兰看到的那种高涨的革命热情到了纽约几乎不见了。他驻兵波士顿城外的时候，城里英军的一举一动他都了如指掌，因为大家都自愿给大陆军当间谍，不为英军服务。英军情报闭塞，导致最后的失利。可是，在纽约，双方的间谍都很活跃，谁给的价钱高就给谁干，华盛顿失去了革命的群众基础。他和将士们在感叹着纽约的繁华的同时，也诅咒着这座“世界上最邪恶的城市”。

早在 1776 年 1 月，华盛顿就派查尔斯·李将军到纽约视察防务。李将军看完地形后得出的结论是：纽约不可守也守不住。原因很简单：大陆军没有海军，控制不了水域。事实将证明，李的意见是对的。华盛顿赶到纽约后亲自查看，心里也同意李的看法，但他在给大陆会议的报告中却明确地表达了保卫纽约的决心。他说，他有信心守住这座城市并将“尽一切所能重创敌军”。华盛顿为什么明知不可为而为之呢？原因也很简单：纽约太重要了，不战而弃，在政治上和心理上都无法接受。

实际上，大家都知道纽约无险可守，大陆会议并没有逼着华盛顿非守住纽约不可，而是让他根据形势自行判断。从华盛顿在整个战争中的表现上看，他不是个战术高手，却很有战略眼光；他不多谋，但是善断。可是，这一次，他的战略眼光和判断力都没有经受住考验。如果华盛顿不过多地考虑政治影响，放弃曼哈顿和长岛，将主力撤往纽约上州或新泽西的内陆与敌人周旋，那么，英国海军的优势就完全消失了，只能靠陆军硬拼，必然损失惨重，战争的形势将大为改观。但是，华盛顿选择了在四面环水、一马平川的纽约城与世界上最强大的海陆军打阵地战。这不是找死是什么？

接着，他又犯了个战术上的错误。一般情况下，在强大的敌人面前最忌分兵，分散自己本来就弱小的力量会给敌人提供各个歼灭的机会。华盛顿偏偏把他的军队一分为二，一半守长岛，一半守曼哈顿，战线拉得足有几公里长，每个点的兵力都很薄弱。应该说，此时的华盛顿根本不是个职业军人，他指挥战争的能力与他的职位远不相称。在他过去的军事经验中，他最多只指挥过一千人的军团。现在，你让他指挥一两万人，组织一场大的战役，有点勉为其难了。大陆军的将军们大多数是半路出家，以前从来没打过仗。对他们来说，纽约不仅是个完全陌生的地方，也是他们有生以来的第一个战场。

纽约居民一点也不看好大陆军，很多人收拾细软，逃离曼哈顿。与此同时，随着“独立”消息的传播，各地的爱国热情空前高涨，康涅狄格、宾夕法尼亚、新泽西、特拉华、马里兰等地的民兵和大陆军新兵纷纷涌进纽约，加强防守。哈德逊河上一片繁忙景象，纽约人的船往外走，外地人的船往里走，来往穿梭，好不热闹。华盛顿的队伍总人数达到 1.9 万人，他们分别驻扎在长岛的布鲁克林高地、曼哈顿的华盛顿堡、乔治堡、哈莱姆高地、白原和新泽西的李堡。

听上去，大陆军的人数不算少。可是，跟英军比起来，就小巫见大巫了。从 6 月到 8 月，先后到达斯坦顿岛的英军和黑森兵已有 3.2 万人，各种船只 400 艘。他们装备精良，士兵的健康状况很好，再加上皇家海军的支持，优势显而易见。当时，北美最大的城市是费城，有 3 万居民。其次是纽约和波士顿，各有 2 万多人。英军的人数已经超过了费城的人口，这是英国有史以来往海外派遣的最庞大的军队。

当英军和黑森兵在纽约附近登陆时，他们立刻被北美的富庶征服了。大片的农田和果园里，庄稼颗粒饱满，树上硕果累累，家禽家畜丰满健壮，农舍宽敞明亮，人们脸上那种从里往外透出来的红润和光泽炫耀着充足的营养与旺盛的活力。1776 年恰是北美的又一个丰收年，新大陆的富饶超出了英国兵的想象，很多战士在他们的日记和家信中不约而同地描绘了这个“富足之地”带给他们的震撼。事实上，当时北美的人均生活水平确实高于欧洲，也高于世界上绝大多数国家。英国人就是不明白，为什么北美人放着这么舒服的日子不过，非要提着脑袋造反呢？他们为什么不能像接受上帝恩赐的这片土地一样接受上帝安排的国王呢？也许，他们的问题可以从华盛顿发布的动员令中找到答案。他说 :“将士们，记住，你们是自由的人，为自由的幸福而战！”

7月12日下午，皇家海军“凤凰号”和“玫瑰号”率另外几艘军舰耀武扬威地沿哈德逊河北上，“巡视”曼哈顿。岸上立刻警报齐鸣，大陆军迅速跑进战壕，所有的火炮都对准了“来犯”的英国军舰。驻守在乔治堡和其他岸边的炮队首先开炮，随后，英军开始还击。这一交手，大陆军才知道什么叫“海上霸主”，什么叫“天下无敌”。他们需要学的东西实在太多了。

大陆军的炮根本打不到英军，而英国军舰上的炮不但把大陆军修建的很多防御工事打得稀巴烂，还把周围的房子、街道炸了个面目全非。大陆军战士只有躲藏的份儿，哪有还手之力？华盛顿在当天的日记中描绘了纽约城中的混乱景象：人群四散奔逃，女人和孩子的哭声遍地，大街上一片狼藉，就像世界末日一样。本来想跟英军大干一场的大陆军战士，面对这铺天盖地的炮火，只能绝望地躲在战壕里，眼里充满恐惧。还有一队大陆军的炮兵，手忙脚乱地准备开炮，因操作不当，炮筒爆炸，当场炸死6个人。

炮击持续了两三个小时，到傍晚才结束。这时，一艘特别雄伟的军舰映入人们的眼帘，上面飘舞着圣乔治的大旗，显示了它尊贵的身份。这是皇家海军的旗舰、装有64门大炮的“鹰号”，它标志着海军上将理查德·豪本人到了。在众目睽睽之下，“鹰号”率几十艘战舰招摇过市，从容不迫地羞辱着在岸上干瞪眼的大陆军。

豪勋爵其实是想借这次炮击秀秀“肌肉”，吓唬吓唬大陆军。能吓死当然最好，吓个半死，以后打起来也省劲儿。他的目的似乎达到了，大陆军全军上下对英军的恐惧油然而生，甚至到了谈虎色变的地步。但是，也有不要命的。在乔治堡上首先下令向英军开炮的，就是一位年仅21岁的炮兵上尉。他指挥的炮火虽然没有击中英国军舰，但也没有退缩，一直坚持打到最后。他在告诉英国人：我不怕你！这个年轻上尉的名字叫亚历山大·汉密尔顿。从这个时候起，就有人不断地在华盛顿耳边念叨汉密尔顿的名字，直到有一天，他们终于相识相知。他们的联手将决定美国未来的命运。

就在炮击之后的第二天，7月14日，豪勋爵派菲利普·布朗中校摇着停战旗（白旗）来到大陆军的军营，表示有信呈送华盛顿将军。原来，豪勋爵此次除了打仗，还负有和平使命。他在给大陆军一个下马威之后，企图使华盛顿坐到谈判桌前。“不战而屈人之兵，上之上者也。”英国真的不想打仗。

华盛顿的帐前助理约瑟夫·里德在亨利·诺克斯将军的陪伴下来到河边。布朗递给里德一封信，上写“乔治·华盛顿先生”。里德看了看信封，把信退给布朗，说：“我们这儿没这个人。”布朗一愣，问道：“你们的总司令是谁？”诺克斯说：“天底下的人都知道，我们总司令是尊敬的华盛顿将军阁下。”意思很明显，这信封上的称呼太没礼貌了。按当时的规矩，军队的最高统帅都被尊称为“阁下”，豪勋爵称华盛顿为“先生”，显然不承认他军职的合法性。对华盛顿的蔑视就是对美国的蔑视，当然不能接受。布朗还想说什么，里德和诺克斯根本不跟他废话，转身走了。

三天后，布朗又送来同一封信，信封上还是“先生”，又被原封不动地退还。豪勋爵还是不死心，第三次派人来，捎了个口信儿：威廉 · 豪将军的副将詹姆斯 · 帕特森上校希望会见华盛顿将军。这一次，他的请求被接受了。

7 月 20 日，帕特森来到百老汇大街 1 号华盛顿的指挥部。华盛顿穿着整齐鲜亮的军装，高大英俊，冷漠威严。里德、诺克斯等几位将军环立左右，个个威武雄壮。帕特森心中暗赞大陆军的“军威”。当然，这一切都是华盛顿有意安排的，要的就是这气势。

帕特森表达了豪家兄弟对华盛顿的问候。他说，勋爵很遗憾，没能早来几天，否则事情不至于如此。他的意思是，如果豪勋爵能在美国宣布独立之前赶到，可能一切都容易得多。他又说，国王希望通过豪家兄弟的和平努力结束与北美不愉快的纷争。只要北美人放下武器，一切既往不咎。接着，他从怀中取出那封写着“先生”的信放到华盛顿面前，希望他打开看看。华盛顿根本就不碰那封信，只是说“我没有得到国会的授权，不能与你谈任何条件”。

华盛顿接着说：“我听说豪勋爵此次是带着国王陛下的赦免令来的。如果是这样，他来错地方了。没有做错事的人不需要赦免。我们只是在捍卫本来就属于我们的无可争辩的权利。”话至于此，已经没什么可谈的了。帕特森只好起身告辞。从头到尾，华盛顿礼貌周全，尽显绅士风度。他在这件事上的表现得到所有人的赞扬。作为将军的华盛顿也许只能拿 70 分，但作为政治家的华盛顿在任何场合任何时间都是 100 分。

既然谈不拢，那咱就打吧。豪（以下如非特别注明，单指威廉·豪）决定先拿下长岛的布鲁克林高地。布鲁克林高地是大陆军修建的第一个军事要塞，它背靠东河，与曼哈顿隔水相望。守住这里就是守住了曼哈顿的门户。为了双保险，大陆军在通往高地的三条路口上都修建了堡垒，威廉·斯特林将军领 500 人守西路，约翰·萨立文将军率 1000 人守中路和东路，布鲁克林高地由伊斯利·普特南将军统一指挥。整个长岛守军共 6000 人。普特南曾是“邦克山之战”的主将（还记得“老普特”吗？），战功卓著，华盛顿希望他能在长岛再创邦克山的奇迹。可是他忘了，在邦克山，老普特是当地人，熟门熟路，不会有防守上的疏漏。但在长岛，他两眼一抹黑，对周围的地形根本不了解，怎能保证万无一失呢？

8 月初，亨利·克林顿和查尔斯·康沃利斯率 2 万英军和黑森兵在长岛登陆。克林顿是个很爱动脑子的将军。他登陆后先查看大陆军的防御情况，再看地形，很快就发现了敌人防守上的漏洞。大陆军在通往布鲁克林高地的三条主要道路上都设了防，却忽略了另一条叫“牙买加通道”的小路。也许他们觉得英军肯定不会走这条道吧，他们在这个路口只派了5个人，骑在马上巡哨。

克林顿立刻向豪报告自己的作战计划：由黑森兵团和一小部分英军正面佯攻三个大路口，主力英军从牙买加通道绕到大陆军背后来个突然袭击，这三个点的大陆军肯定全军覆没。豪批准了克林顿的计划。8月26日晚9点，1万英军悄悄地向牙买加通道进发。最前面的是克林顿，中间是康沃利斯，最后是豪。27日凌晨，英军顺利抵达牙买加通道的路口，那5个巡哨的大陆军战士一声都没喊出来就被活捉了。

27日凌晨，英军开始正面佯攻大陆军中路和东路，稍后，黑森兵也对西路发起攻击。老普特一面向在曼哈顿的华盛顿报警，一面命斯特林和萨立文坚守阵地，挡住英军的攻势。就在斯特林和萨立文专心对付正面的进攻时，早上9点，豪带领的1万英军突然出现在他们的背后，向他们的阵地冲来。这一招完全出乎大陆军的意料，他们的阵脚一下子就乱了。斯特林和萨立文都算是很不错的将军，他们在这种危急情况下都表现得很勇敢也很镇定，尽最大努力组织有秩序的撤退。萨立文的人马大多数从英军的包围空隙中逃回布鲁克林高地，但萨立文本人被活捉。斯特林率400个马里兰军团的战士一直坚持战斗到最后，为大队人马撤退赢得了时间。这400人只有9人生还，其余的或死或被俘。斯特林不愿向英军投降，他跑到黑森兵那边，把剑交给黑森兵团的将军，成了他们的俘虏。此时，已从曼哈顿赶到长岛的华盛顿，站在布鲁克林高地上，看着斯特林和 400 名战士的结局，痛心疾首地说："上帝啊，我今天失去了多么勇敢的战士！"

英军的迂回包围战术取得了辉煌的胜利，通向布鲁克林高地的路完全打通了。即使华盛顿又从曼哈顿带过来 2000 多人，布鲁克林高地上的大陆军也不过 8000 人，而且已是惊弓之鸟。豪率 2 万得胜之师，把高地团团围住。只要他一声令下，英军万炮齐发，再往上一冲，大陆军就完了，美国革命基本可以画上句号。可是，就在这个关键时刻，豪下令：停!

到底是什么原因使豪没有当机立断痛下杀手呢？第一，是他的性格。他天生优柔寡断，非常保守，绝不做无把握之事。他怕大陆军有什么援军或埋伏之类的。第二，也是最重要的，他的"邦克山后遗症"又犯了。在邦克山上，大陆军虽然败了，可是英军的伤亡远远超过大陆军。当时，豪看着漫山遍野的尸体，特别是那些死去的军官，心痛不已。从此，邦克山成了他的噩梦，他再也不想要那样的胜利。今天，如果强攻布鲁克林高地，大陆军背水一战，定做困兽之斗，邦克山的惨剧又会上演。豪决定先围困，再一点一点缩小包围圈，直到最后占领高地。他下令英军挖战壕，建立包围圈。克林顿一看就急了，他说，机不可失，时不再来，应该立刻进攻!

但是，豪拒绝了。他要的是用最小的代价换取最大的胜利。这个久经沙场的将军倒是个很惜命的人。

豪的犹豫给了大陆军短暂的喘息机会，但危险没有消除。华盛顿知道，他和他的军队到了生死边缘。唯一幸运的是，那几天刚好刮东北风，理查德·豪率领的皇家海军无法北上封锁东河河口，曼哈顿和长岛之间的水上交通还没断。可是，风向随时都会转变。只要一变，理查德·豪的军舰立刻就会过来。到时候，前有陆军围困，后有海军封锁，可真的要被打包了。

8 月 28 日，英军的包围圈又往前推进了。华盛顿又从曼哈顿调来 1000 人帮助防守，可是，他心里很清楚，布鲁克林高地守不住。军心已经跌落到最低点，现在只要一听到英军的枪炮声，别说打仗了，恐怕大家瞬间就会作鸟兽散。华盛顿又沮丧又害怕，但他表面上跟没事人似的，镇定自若地巡视各处的防守。28 日夜，华盛顿召集高级军官们开会，决定撤出布鲁克林高地，渡过东河，返回曼哈顿。问题是：怎么撤？现在英军就在不到两公里的地方，大陆军的任何动静他们都听得清清楚楚。他们如果发现撤退，马上就冲上来，人家只能当俘虏。要想把 9000 人从英军眼皮子底下神不知鬼不觉地撤到河对岸，谈何容易？稍有闪失，后果不堪设想。

别看华盛顿连吃败仗，但他总是在打败仗的时候显示出过人之处。越是不可能的事，越有成功的希望。29 日，天降大雨，把高地上的大陆军淋了个透心凉，他们又冷又饿。下午，华盛顿派人给守在国王桥曼哈顿一边的海斯将军送去一道密令，让他把所有能用的平底船全部集结到东河河口，随时准备渡河接应长岛的守军。在布鲁克林这边，托马斯·米福林将军自告奋勇，带着他的宾夕法尼亚军团去高地的最外围防守。他们将是最后撤出的队伍，这也是最危险的使命。

米福林在波士顿时曾是华盛顿第一个帐前助理。华盛顿被任命为大陆军总司令后，米福林和里德受大陆会议委托陪华盛顿去马萨诸塞上任，照顾他的行程。31 岁的米福林是成功的商人，34 岁的里德是年轻有为的律师，他们打算把华盛顿送到地方后就回费城。没想到，这一路走来，华盛顿爱上了这两个聪明又勇敢的宾夕法尼亚人，他天天念叨着让这两人留下来给他当助理。这两人也跟中了魔咒似的，真的留在了他身边。波士顿战事过后，米福林被任命为准将，统率宾夕法尼亚军团。华盛顿对他的信任无以复加。顺便说一下，华盛顿的助理们都不是等闲之辈。里德后来任大陆会议议员，宾夕法尼亚州的战时州长；米福林后来是大陆会议主席，宾夕法尼亚州州长。

8 月 29 日夜，雨终于停了，但河水暴涨，北风依然强劲。在这种情况下，曼哈顿的船根本划不过来，看这架势今晚的撤退计划要泡汤。到晚上 11 点，风势忽然减弱，变成东南风。马萨诸塞的约翰·格鲁夫将军带人驾船来到布鲁克林岸边。格鲁夫和他带来的马萨诸塞人都是经验丰富的水手，常年在海上讨生活。如果没有他们娴熟的驾船技术，在这个月黑风高之夜，来回穿越东河而不出状况是不可能的。

等在布鲁克林岸边的大陆军战士开始登船，伤病员先走，剩下的按事先安排好的顺序上船。还轮不到上船的军团必须严守岗位，不许乱动。华盛顿下了死命令，任何人不许说话，甚至不许咳嗽，所有的车轮都用棉布包裹，免得出动静。大陆军平时很散漫，乱哄哄的。可是，今晚面临生死考验，他们就像换了一拨人，纪律严明，秩序井然，动作迅速，静得像蚂蚁。轮到的排队上船，轮不到的警惕地盯着不远处英军的动向。所有的篝火都点燃，给英军制造一切正常的假象。

华盛顿亲自在岸边指挥撤退，他的从容和平静给所有的人吃了定心丸。他发誓，如果有一个战士还没登船，他就不走。但是，尽管大陆军行动很快，但9000人毕竟不是个小数目，他们的时间用完了。当天光放亮时，还有很多人等在岸边。没有夜色的掩护，他们是不可能逃过英军哨兵的眼睛的。

接下来发生的事就只能用“神迹”来形容了。也不知道什么原因，天忽降大雾，能见度只有几米。而且，大雾不偏不倚就在布鲁克林这边，对岸的曼哈顿晴空万里，一点雾也没有。毫无疑问，这就是上帝的手，它遮住了英军的眼睛，护佑大陆军逃出生天。当米福林军团的最后一个士兵上船时，华盛顿才登上最后一条船。他信守诺言，最后一个离去。此时，浓雾已散，远处传来英军的枪声。华盛顿望着刚刚离开的布鲁克林，感谢上帝的恩典。在革命的艰苦历程中，他没有一分钟不相信上帝站在美国一边。今天，他看到了上帝的脸。

哨兵飞报威廉·豪，说大陆军一夜之间“消失”了。豪带人上布鲁克林高地一看，大惑不解。他不明白，为什么这么多人撤退，他竟然没听到一点动静。不但人撤得干干净净，连马、炮、车、军械、火药都拉走了，只剩下几门特重的大炮没带走。在整个渡河过程中，大陆军没有损失一人一骑，连根马毛都没掉进河里，说是个奇迹不算过分。

大陆军夜渡东河，是一次撤退，或者说败退，但是，退得太漂亮了，以至于它似乎成了一个胜利。豪失去了独立战争中最好的一次全歼大陆军、活捉华盛顿的机会。在此后的日子里，虽然华盛顿无数次与死神擦肩而过，但从没这样接近灭亡。历史眨了一下眼，美国革命得救了。

当然，不管撤得多漂亮，“长岛之战”以大陆军的失败告终。长岛一失，曼哈顿门户大开。华盛顿还能靠什么保卫纽约？大陆军又将面对怎样的挑战？请看下一个故事：《痛失纽约》。

036

痛 失 纽 约

1776 年 8 月，“长岛之战”的失败使华盛顿保卫纽约城的愿望注定成为泡影。面对英国海陆军的联合进攻，大陆军的将军们一致认为应该放弃纽约。华盛顿向大陆会议报告了撤出纽约的意图，同时，也很婉转地请示：“是否应该把纽约留给英军？”意思是：是否应该一把火把纽约烧为平地？他有充足的理由这么做。纽约的自然条件和城市条件太好了，可以为英军提供优良的港口、舒适的住房、繁荣的市场、便利的交通。纽约周围的土地特别肥沃，尤其是长岛和新泽西，农产品非常丰富，英军根本不需要从别处往里运粮食，就地解决就可以了。没有海军的帮助，大陆军甭想再夺回这座城市。把纽约完好无损地交给英军，太便宜他们了。如果烧毁纽约，会迫使英军另选立足点，也许对大陆军更有利。

华盛顿很快就收到了大陆会议主席汉考克的回信。汉考克把是否撤离纽约的决策权完全交给了华盛顿，因为这是个军事问题。但他也非常明确地表示：不许摧毁这座城市。这不仅是出于政治上和道义上的考虑，他还认为，纽约早晚会回到美国手中，咱不能自毁家底。既然大陆会议发了话，这放火的事就不能干了。接下来，研究研究怎么撤吧。其实，如果华盛顿真的下定决心，利利索索地撤，倒也算英明。糟就糟在，他在这个关键时刻却犹豫起来。那颗摇摆不定的心差点葬送了整个大陆军。

就在华盛顿安排撤退事宜时，皇家海军上将理查德·豪再次伸出了橄榄枝。9 月 3 日，他捎信给大陆会议，表示愿意和谈。要是按约翰·亚当斯的意思，没什么好谈的，白耽误工夫。可是，经过几天的辩论，大陆会议觉得还是应该努力一下。于是，他们派出了一个三人代表团。这三位都是重量级的人物：马萨诸塞的亚当斯，宾夕法尼亚的富兰克林，南卡罗来纳的拉特利奇。他们分别代表了新英格兰、中大西洋、南方，也是国会中最老的（富兰克林 70 岁）、最小的（拉特利奇 26 岁）和最年富力强的（亚当斯 41 岁）代表。

9 月 10 日，三位代表来到纽约斯坦顿岛的英军军营。英军总司令威廉·豪没露面，“和平天使”的角色完全由理查德·豪扮演。豪家兄弟俩在政治上都是“自由派”贵族，他们骨子里对北美比较友善，不想打仗。他们相信，大多数北美人还是很忠于英王的，只有极少数人想造反（比如眼前这三位）。理查德·豪在迎接他们时表现得非常谦和、低调、有礼，也带着隐隐的威严。大家公认的是，他比弟弟更精明，他既有军人的铁腕，又有外交家的灵活。富兰克林在英国时就认识他，两人曾很深入地探讨过北美的问题。这次故友重逢，富兰克林把亚当斯和拉特利奇介绍给理查德·豪，气氛看上去很和谐。

整个“谈判”持续了将近三个小时，基本上是理查德·豪唱独角戏。他真诚地描述了英美之间血肉相连的亲情，赞扬殖民地人追求自由和捍卫权利的勇气。但是（这是个大写的“但是”），宣布独立就走得太远了。只要不独立，一切既往不咎。国王的特赦令就在这里，和平、贸易、安全、秩序马上就可以恢复。他说：“难道独立的决定无法挽回了吗？”亚当斯说，让我们放弃独立，门儿都没有！“别再把我当英王的臣民！”理查德·豪很阴沉地看了他一眼。很多年后，亚当斯才明白那一眼的含义。原来，在国王的特赦令里，没有自己的名字，他无论如何都是要上绞刑架的。理查德·豪转向富兰克林和拉特利奇，看他们是什么态度。很不幸，他们的态度跟亚当斯没什么两样：英国必须无条件承认美国独立，否则，一切免谈。就这样，“《独立宣言》经受住了第一次考验”。新国家依然存在，战争仍将继续。

9月13日，皇家海军借着有利的风向，同时沿哈德逊河和东河北上，大有把大陆军掐死在曼哈顿的架势。岸上的大陆军开炮阻击，但英国军舰毫发无伤，他们甚至都懒得还击，奔着目的地扬长而去。9 月 14 日，华盛顿率主力撤出纽约市，来到曼哈顿北面的哈莱姆高地。普特南和诺克斯率领 4000 人仍然驻守城中，他们准备第二天撤往哈莱姆。可是，第二天，他们还有机会吗？

9 月 15 日，星期天。一大早，哈德逊河上的英国军舰就开始炮击，好像要进攻曼哈顿的西岸。就在大家都跑到西岸防守时，克林顿将军率陆军主力突然出现在东岸的基普斯湾。基普斯湾在今天纽约市的第 34 街附近，濒临东河。华盛顿在这里部署了 1500 人的康涅狄格民兵，他们是大陆军中最“嫩”的，从没打过仗。华盛顿没想到英军会选择在这里登陆，因为他觉得这不是战略要地。就像在长岛一样，威廉 · 豪再次打了华盛顿一个措手不及，击中了他兵力最薄弱之处。

上午 10 点，东河上的军舰万炮齐鸣，猛轰基普斯湾的大陆军阵地。理查德 · 豪似乎想报复一下几天前那三个不知道天高地厚、叫嚷着“独立”的叛乱分子，他打出了开战以来最猛烈的炮火。那阵势别说大陆军战士没见过，连大部分皇家海军的战士也没见过。一个大陆军士兵眼看着同伴的胳膊、腿到处乱飞，简直不知道自己的脑袋是不是还长在脖子上。他觉得光那大炮的声音就足以把人震死了。

炮击持续一个小时之后终于停止，克林顿带领的 4000 名英军和黑森兵开始进攻。其实，他们已经不需要进攻了。海军的大炮摧毁的不仅仅是大陆军的阵地，还有他们的意志。大陆军战士们刚看到敌人的影子就抱头鼠窜，一个比一个跑得快，根本没人抵抗。有一个军官还命令部下“撤退”，结果发现这命令压根儿没必要，他的部下早就没影了。二百多年后，在一部描述“纽约之战”的电视片里，有几句台词是这么说的：

军官：那些战士都逃跑了！

华盛顿：他们为什么跑?

军官：因为他们不会飞！

当然，此时的华盛顿没工夫玩脑筋急转弯的游戏。基普斯湾一告急，他就跨上马，带着几个助理和纳森内尔·格林将军从哈莱姆高地往前线奔去。没多久，迎面撞上丢盔卸甲的战士们玩儿命地往回跑。华盛顿大声呵斥，企图阻止他们并组织起有效的抵抗，甚至用马鞭抽打逃跑的战士，但没人理他，这个总司令就像不存在一样。这时，大陆军的2000个援军赶到，但看到狼狈逃窜的同伴时，他们也扭头就跑，别提多丢人了。看着如此不堪一击的军队，华盛顿彻底失去了理智，也失去了自控能力。他破口大骂，又把帽子扔在地上，喊道：“我就靠这些人来保卫美国吗？”

所有的人都往后跑，只有华盛顿往前冲，他很快就离最近的黑森兵不到 100 米了。华盛顿好像没看见敌人似的，他的眼睛怔怔地望着前方，任凭子弹从身边飞过，一点也没有后退的意思。格林将军一看不妙，示意几个助理冲上去，拽住华盛顿的马缰绳，硬把他拖离危险区。每当想起这一幕，格林就非常后怕。他在给朋友的信中说："他当时的状况近乎自杀。他对自己军队的行为感到如此耻辱和恼怒，以至于不愿再活在世上……"这可能是华盛顿此生唯一的一次"自杀"倾向。他超人的意志和高贵的尊严在"兵败如山倒"的大陆军面前崩溃了。他生战士们的气，更生自己的气。他知道，在精明老练的威廉 · 豪面前，自己看上去像个傻瓜。

克林顿率军在基普斯湾登陆后，自东向西推进，一点抵抗都没遇到。如果到达曼哈顿西岸，他们就把狭长的曼哈顿岛拦腰切断了，南边那刚刚离开纽约市向哈莱姆进发的 4000 名大陆军将无处可逃，唯一的选择就是投降。这可是大陆军总人数的三分之一。如果他们完蛋了，对美国革命的打击可想而知。但是，英军走到半路却停了下来，因为豪那个著名的"慢"性病犯了。他似乎没有意识到时间是多么宝贵，他让克林顿停下等援军，然后再西进。这一瞬间的犹豫救了大陆军的命。

此时，4000 名大陆军正在普特南将军的率领下紧赶慢赶地往哈莱姆撤。按老普特的意思，大家应该先往东，然后往北。如果真这样，他们刚好跟克林顿的人马撞个满怀，那结果就不用说了。也是天佑美国，偏偏普特南有个勇敢、机智又熟悉地形的年轻助理。这位助理说，应该先沿曼哈顿西岸往北走，等快到哈莱姆时再转向东，只有这样才能逃过英军的围堵。老普特听了他的话，就在克林顿的包围圈最后合拢之前溜了出去。当时两军的距离只有几公里，只因曼哈顿森林密布，双方谁也没看见谁。这个 20 岁的助理叫阿伦·伯尔，他将是美国第三位副总统。他可能也是最有名的副总统，倒不是因为他干得特别出色，而是因为他与汉密尔顿那场致命的决斗。此时此刻，21 岁的汉密尔顿也正带着他的炮队走在这 4000 人的队伍中。这两个为革命挥洒着青春的年轻人又怎能想到，28 年后，他们将面对彼此的枪口。

普特南的队伍在天黑后终于赶到哈莱姆高地，他们受到最热烈的欢迎。华盛顿本以为再也见不到他们了，这可真是大大的惊喜。稍后，最后离开纽约的诺克斯将军也奇迹般地出现在华盛顿面前，他是在哈德逊河上抢了一条船才勉强逃生的。从来都与人保持距离的华盛顿竟然给了诺克斯一个大大的拥抱。大陆军虽然在基普斯湾败得很难看，但大部分人马保住了，这是不幸中的大幸。

虽然没有全歼大陆军，但豪兵不血刃就获取了北美最有价值的港口，这不能不说是个辉煌的胜利。他因此被英王封为子爵，成了威廉·豪爵士。英军进城时，纽约居民夹道欢迎，大家欢天喜地。谁占领纽约不重要，重要的是他们得到了祈盼已久的和平。在此后的七年里，纽约一直是英军总司令部所在地。1783 年的英美《巴黎和约》签订后，英军才主动撤离。华盛顿做了七年光复纽约的梦，他想用血与剑夺回这座让他蒙羞的城市。可是，他永远没有机会了。

9 月 16 日，也就是英军在基普斯湾登陆的第二天，一队英军与哈莱姆高地外围的大陆军交上了火。就像前一天一样，大陆军战士再次上演了“赛跑”的闹剧。华盛顿的帐前助理里德企图阻止一个战士逃跑，那个战士不但不听指挥，还居然冲着里德开了一枪，幸亏没打中。英军紧追不舍，但他们犯了个错误。他们在追击时吹起号角，嘴里高喊着：“跑远了！跑远了！”这是一种特定的在猎狐时发出的声音，他们把大陆军当成被猎狗追逐的狐狸，借此羞辱华盛顿。听了里德的报告，华盛顿肺都气炸了。他本人就是猎狐高手，这回自己倒成了被追着跑的狐狸，真是颜面扫地。今天要是不出这口气，以后的仗就别打了，大家都回家抱孩子去算了。

好在华盛顿这些日子跟威廉 · 豪学乖了，他与格林将军决定也用迂回包围之策，让一小部分军队引诱敌人钻进包围圈，然后聚而歼之。大陆军战士们听到英军那么嚣张，血性都上来了，很多人自愿去当“诱饵”。他们与英军交火后边打边退，与此同时，托马斯 · 诺顿将军指挥大队人马做好了伏击的准备。可是，就在英军马上进入包围圈的时候，处在隐蔽位置的一个没有经验的大陆军战士误开了一枪。英军立刻意识到了危险，马上后退。诺顿领人上去一阵冲杀，格林将军也亲临战场指挥。英军的援军陆续赶到，双方展开了激烈的拉锯战。大陆军表现得非常勇敢，不但没后退，还步步紧逼，迫使英军撤离，取得了“纽约之战”开始以来的第一个胜利。但诺顿将军却不幸阵亡，他是大陆军最优秀的将领之一。

“哈莱姆高地之战”虽然是个小胜，没有扭转整个战局，但它对大陆军的士气影响巨大，大家开始觉得英军也许没那么可怕。华盛顿嘉奖战士们的勇气，但同时，他也没忘了前一天的耻辱，斥责那些临阵脱逃的人。为了严明军纪，他下令把那个向里德开枪的士兵抓起来，判处死刑。行刑时，他让各团都派人观看。战士们从来没见过这阵势，他们又害怕又难过，不忍心看同伴死在自己人手中。里德也起了怜悯之心，他向华盛顿求情，希望他宽恕那个战士，但华盛顿似乎无动于衷。就在行刑队准备举枪射击时，华盛顿的赦免令到了，在场所有的人都惊喜交加。华盛顿认为战士们已经得到了教训，他警告说，下一次，谁敢再犯，决不轻饶。

接下来的一个月里，豪忽然消停了，慢慢悠悠的，好像在度假。但10月下旬，皇家海军又向哈德逊河北面驶去，显然想切断大陆军的退路。华盛顿没办法，只好把主力移往更靠北的白原地区。在这里，双方再次交火，英军获胜。眼看曼哈顿岛是待不下去了。华盛顿把兵力一分为三。查尔斯·李将军率6000人在纽约上州拖住敌人，格林将军领3000人守华盛顿堡，华盛顿自己率2000人驻守新泽西的李堡。李是经验丰富的职业军人，华盛顿对他特别尊敬，特地把建在新泽西的“宪法堡”改名为“李堡”。他哪里知道，李的心里正惦记着总司令的位子呢。

华盛顿堡和李堡都是大陆军借助地形在哈德逊河边修建的堡垒，看上去就像一对“双胞胎”。华盛顿堡在曼哈顿一边，李堡在新泽西一边。他们的目的是控制哈德逊河，在英国军舰经过时开炮阻击，封锁河面。想法倒是挺好，但是不管用。英军多次沿河北上，两个堡垒的炮火根本挡不住他们。按道理，既然知道挡不住，那就别守着了，白白耗费军力。可是，华盛顿偏舍不得放弃。如今，华盛顿堡是大陆军在曼哈顿岛上唯一的据点了，他实在下不了决心。李和里德都竭力主张放弃华盛顿堡，因为那里是个“绝地”，连水源都没有，只要英军一围困就是死路一条。但格林将军主张坚守，他认为华盛顿堡地势险峻，易守难攻，坚持到年底没问题。华盛顿的直觉告诉他，应该放弃，但在纽约一连串的失败似乎让他对自己的直觉和判断力失去了信心。在反反复复的挣扎后，他决定采纳格林的意见。可是，这一次，格林错了。

34 岁的格林是大陆军最年轻的将军，他在过去的战斗中表现出的勇气和军事才华赢得了华盛顿的信任。格林生于 1742 年的罗得岛殖民地。本来，他是最不可能成为军人的。一是因为他天生残疾，走路有点一瘸一拐的；二是因为他的教友会（“贵格派”）信仰。教友会反对一切暴力，直到今天，美国的教友会教徒仍然有权不服兵役，因为战争严重违背他们的信仰。

格林的父亲是个铁匠，拥有自己的锻造厂。格林小时候先由私人教师教导，后来又刻苦自学。教友会主张一切顺其自然，不鼓励“建功立业”。但格林非常热爱学习，特别是数学和法律，他聪明、能干，很有抱负。父亲去世后，他继承了锻造厂，经营家族的产业，是个成功的商人。他还当选为罗得岛议会的议员。

别看格林有点残疾，但他长得英俊魁梧，既有绅士风度，又有北方男人的豪爽和真诚。1774 年，32 岁的格林与 18 岁的凯瑟琳·里特菲尔德结婚。凯瑟琳的昵称是“凯蒂”。凯蒂聪明、活泼、独立，她的美貌是出了名的。后来，她每次去大陆军探亲，所到之处，回头率都是百分之百。连自律能力超强的“好男人”华盛顿见了她，也觉得眼睛有点不够使的。

凯蒂憧憬着与格林夫唱妇随的甜蜜生活，一起读书，一起游玩，养儿育女，平平安安。可是，他们结婚还不到一年，“莱克星顿的枪声”就打响了。格林热血沸腾，坚决要求参战，被罗得岛议会任命为少将，领着民兵奔赴马萨诸塞，参加围困波士顿的行动。他因此被教友会开除出教。

华盛顿刚到波士顿时，新英格兰的将领们根本不买他的账，不愿听一个南方人的指挥。但格林非常佩服华盛顿为自由舍弃一切的牺牲精神，在这位总司令最孤独的时候站到他身边，帮助他掌控大陆军。华盛顿也很欣赏格林的才华和人品，他们成了最要好的朋友。华盛顿对格林的信任超过了所有其他将领。有人曾问华盛顿："如果你有什么意外，你希望谁接替你的位子？"华盛顿毫不犹豫地回答："纳森内尔 · 格林将军。"

在纽约，华盛顿像过去一样，把信任票投给了格林。可是，格林再能干，也是个业余水平的选手，靠自学掌握了一些军事知识。他没打过大仗，也没遇见过豪家兄弟这样久经沙场的老手。华盛顿在这么重要的时刻把这么重要的决定着落在这么没有经验的人身上，显示了他自己在军事上的不成熟。但历史将给他足够的时间，独立战争还要走过漫长的七年。华盛顿和他的将军们将在战争中学会战争，从无数次的失败中走向最后的胜利。

华盛顿堡上有大约 3000 名大陆军，总指挥是格林，前线指挥是托马斯 · 麦高上校。格林为了加强防卫，往堡垒上调了很多大炮、枪支、弹药，还有粮食。他多次到堡垒上查看，直到对所有的细节都满意了才离开。11 月 15 日，豪终于下定了把大陆军彻底"清理"出曼哈顿岛的决心。他派人向驻守在华盛顿堡上的麦高上校送去一封信，要他投降，否则，格杀勿论。麦高的回答是：我们将战至最后一人。

11 月 16 日，英军分两路进攻华盛顿堡。豪的 4000 人在皇家海军的掩护下，从哈德逊河上直逼岸边，在堡垒的正面登陆。黑森兵4000人从侧面进攻。堡垒外围的大陆军进行了顽强的抵抗后终于寡不敌众，撤往堡垒。到下午两点来钟，英军和黑森兵共8000人已经把堡垒团团围住。豪再次派人捎去信，要麦高立刻投降。麦高说，能不能给我一晚上的时间考虑考虑。他之所以这么说，是因为格林给他的命令是坚持到晚上，然后像在长岛一样上演一出“夜渡哈德逊河”，神不知鬼不觉地撤往新泽西。但是，大陆军没有那样的运气了。别说豪不给他机会，就是给他，大陆军也跑不了，因为河面被皇家海军封锁了。

豪对大陆军的信使说，只给你们半个小时的时间考虑。麦高又谈条件：投降后，战士们能不能保留自己的随身物品？豪说：不行。必须无条件投降。下午3点，麦高上校宣布投降，大陆军走出华盛顿堡。很多战士的背包被黑森兵抢劫一空，还有很多战士被刺刀扎透了心脏，因为黑森兵有“杀俘”的习惯，投降不投降都是个死。堡垒上的军需物资和大炮全部落入英军手中，这对本来就穷得叮当响的大陆军来说是个巨大的损失。

在河对岸的李堡上观战的华盛顿目睹了这让人痛彻心扉的一幕，他那大理石一样平静的脸再也掩饰不住内心的情感。据当时在场的几个人说，他“哭得像个孩子”。“华盛顿堡之战”毫无疑问是大陆军在纽约保卫战中最惨痛的失败。那3000人马，除死伤外，全部做了俘虏，其中，只有 800 人生还，其余的都死在条件极其恶劣的英军战俘营。但是，也有一个超级牛人，约翰·古奇，他趁大家不注意，忽然从堡垒的悬崖上跳下，磕磕碰碰竟然没摔死，又躲过英军的追捕，然后游过哈德逊河，回到新泽西的大陆军军营。他是当天唯一的幸存者。

华盛顿堡的失败是在错误的时间、错误的地点发生的错误的战斗。那么，由谁来承担这个错误的责任呢？所有的手都指向格林。格林自己也沮丧到了极点。他不但为大陆军的损失痛心疾首，还担心从此失去了华盛顿的信任。查尔斯 · 李对华盛顿说 ："你怎么能听那种根本就不称职的部下的话呢？"他是在告诉华盛顿 ：把所有的事儿往格林身上一推就得了。但是，华盛顿决定听从自己心灵的指引，以忠诚换忠诚。他没怪罪格林，而是自己承担了全部责任。他相信，以格林的智慧，他不会再犯同样的错误。在一连串的决策失误之后，华盛顿终于做出了一个正确的选择，他将为此受益无穷。格林在后来的战争中将起到不可替代的作用，为华盛顿撑起半边天，成为大陆军中仅次于华盛顿的二号人物。

到此为止，整个曼哈顿陷入英军之手，大陆军退守新泽西。但是，他们能在新泽西坚持多久呢？豪又将怎样把大陆军一步步逼向绝境？请看下一个故事 ：《美国危机》。

037

美国危机

1776年11月16日，随着华盛顿堡的陷落，大陆军失去了在曼哈顿的最后一个立足点。华盛顿的主力退守新泽西的李堡。但英军总司令豪并没打算罢手。11月20日，也就是华盛顿堡失陷4天后，4000名英军和黑森兵在康沃利斯将军的率领下，趁着夜色，悄悄渡过哈德逊河，攀越悬崖，突袭李堡。幸亏有人事先给华盛顿报信，让他在最后一分钟领着堡垒中的2000多人匆匆撤离，才避免了全军覆没。人是逃出来了，可东西都没来得及带。现在，这帮衣衫褴褛的大陆军真的跟叫花子没什么两样了。有人没衣服，有人没帽子，有人没鞋子，有人没毯子，有人没枪，所有的人都没食物。饥肠辘辘的大陆军，在刺骨的寒风中，被英军追着屁股，一路沿新泽西南逃，惶惶如丧家之犬。

1776年是革命最辉煌的一年，因为大陆会议发表了《独立宣言》；1776 年也是最黑暗的一年，因为这个新国家眼看着就要夭折了。此时此刻，大西洋两岸，几乎没有人怀疑，北美的闹剧马上就要收场，和平即将来临。伦敦成了一片欢腾的海洋，大家觉得终于可以松一口气，高高兴兴地过圣诞节了。费城当然是另一个景象。没有人相信华盛顿能挡得住豪的步伐，英军年底之前攻占费城是毫无悬念的。居民们能跑的全跑了，跑得最快的就是大陆会议的代表们。一听英军进入新泽西，代表们就收拾包袱，集体逃往马里兰的巴尔的摩市，什么“领导全城军民英勇抗击英军”这种事不是大陆会议的做派。所有的迹象表明，“美国”从地球上消失是历史的必然。但是，一个偶然因素改变了这一切。这个“偶然”就是乔治 · 华盛顿。

华盛顿不是个擅长打胜仗的将军，但他非常擅长打败仗，他所有异乎常人的美德都是在失败的时候表现出来的。他的字典里没有“投降”二字。他知道，这个新国家唯一的希望就是大陆军。纽约可以丢，新泽西可以丢，费城可以丢，但大陆军不能丢。他现在要做的，就是把大陆军紧紧地“箍”在一起。在狼狈的逃亡路上，他一直走在队伍的最后，确保没有一个战士掉队。他的平静、坚毅、乐观感染着每一个人。他很少说话，也不需要说话，他的身影就是战士们向前走的动力。

华盛顿使这次败退变成有秩序的“撤退”，而不是一盘散沙般的“溃退”。他显然给战士们留下了深刻的印象，很多人都在日记中提到他“伟岸的身躯”和“高贵的气质”。其中，有一个18岁的弗吉尼亚人，刚刚参军，正好走在大陆军最后面的军团中。他看到华盛顿跟自己走在一起，写道：“我看见他了，他总是走在最后，在离敌人最近的地方。他的容貌和举止让我永远无法忘怀。他的神情是如此沉稳、高贵，又如此低调、从容，我从来没在别人身上见到过这种品质。”这个以崇拜的目光看着他的总司令的英俊少年名叫詹姆斯·门罗。40年后，他将是第五位总统，也是最后一位“国父”级的总统。

现在，华盛顿手上只有3000人，缺衣少食的，其中三分之一是伤病员。更糟的是，到11月底，将有1000人的合同到期，他们早就盼着回家了。到12月31日，几乎所有人的合同都到期了，如果没有新兵，那时候大陆军就自动解散了。当初，各州招兵时，都是签的短期合同（3~6个月），因为谁也没想打持久战。如今，华盛顿只能面对这种短视行为的后果。

大陆会议代表在逃跑之前，还没忘了给华盛顿送来一封信。信里的意思是，我们先走一步了，北方事务由你全权负责，好自为之吧。华盛顿拿到信哭笑不得，这不是让大陆军自生自灭吗？尽管如此，他还是恪尽职守地向大陆会议报告了目前的处境，请求他们帮大陆军一把。同时，他写信向新泽西、宾夕法尼亚和其他各州求援，要求速征新兵，也希望得到当地民兵的支持。可是，派去的信使迟迟没有回音。身后，豪的 1 万人马紧追不舍，这 3000 人又不能跟他们硬拼。没办法，华盛顿只好放弃新泽西，渡过特拉华河，退入宾夕法尼亚境内。大陆军沿特拉华河修建据点，企图阻止英军前进。如果再挡不住，费城就完了。

除了向各州求援，华盛顿把最大的希望寄托在一位将军身上，他就是查尔斯 · 李将军。撤离纽约时，华盛顿把 6000 人马交给李将军，让他在纽约上州拖住敌人。李将军是大陆会议给华盛顿任命的 8 员副将中的第一人，是除华盛顿以外军衔最高的将军。他是经验丰富的职业军人，华盛顿放心地把大部队交给他指挥，显示了对他极大的信任。当此危急时刻，他迫切需要李将军向他靠拢，跟他一起防守特拉华河。否则，就来不及了。华盛顿一天一封信，催李将军火速南下，却听不到一点动静。李将军好像消失了一样。他到底在哪里呢？

此时，李将军正慢慢悠悠地走在新泽西北部。他收到了华盛顿的信，但一点也不着急。从军事上说，他这样拖在后面，可以牵扯敌人的注意力，使豪不敢无所顾忌地追赶大陆军。但李将军心里想的可是另外一回事。华盛顿只有 3000 人，他有 6000 人。最理想的结果是，豪把华盛顿捏死，大陆会议别无选择，只能任命伟大的李将军为总司令。到那时，咱再给英军点厉害瞧瞧。

李将军想当总司令可不是一天两天了。论资历，他似乎比华盛顿更合适。他出生在英国，曾在英军服役，参加过“七年战争”，后来又在波兰打过仗，经验非常丰富。1774 年，也就是独立战争爆发前一年，他来到弗吉尼亚，买了块地，打算当个农场主。不久，“莱克星顿的枪声”打响，李积极响应，组织军队，希望能当上这支军队的总司令。谁知道，瞎了眼的大陆会议竟然挑了个不会打仗的华盛顿去统率大陆军，李将军被迫屈居人下，心里能好受吗?

当初，李跟华盛顿竞争总司令一职，怎么会失败呢？这其中之味也许没有人比大陆会议战争委员会主席约翰·亚当斯更清楚了。亚当斯提名华盛顿为总司令有充足的理由。最重要的是，华盛顿是土生土长的弗吉尼亚人，有钱又有势。他是弗吉尼亚议会议员，也是大陆会议代表，政治地位比李高多了。美国革命必须由弗吉尼亚人领导，这是大家的共识，也是亚当斯无奈的选择，只有这样才能把 13 个殖民地团结在一起。当时的美国是农业国，北方的工商业不占主导地位。弗吉尼亚没有一个大城市，但国民总产值却占全美总产值的三分之一。没有弗吉尼亚的参与，革命不可能成功。李怎么说都是个英国人，而且还一直拿着英军的薪水。一场反英的战争怎么能由英国人领导呢?

还有更实际的原因。大陆会议给总司令定的工资是每月 500 美元。但华盛顿不要工资，免费服务。李就不一样了，他不但要，而且要高薪。他当时名义上还是英军的一员，有工资，也有退休金。大陆会议把他“挖”过来还得花钱买，每月500美元远远不够，这对囊中羞涩的大陆会议来说不是件容易的事。两下一比较，选择也就不难了。况且，李在形象上也不能跟“高富帅”的华盛顿比。李是爱狗一族，养了好几十条狗，每次出门至少带六只。爱狗没什么错，可他与狗同吃同睡，难免显得脏兮兮的。在18世纪，人人都是“外貌协会”的会员，李的形象当然落了下风。再加上，华盛顿品德高尚是出了名的，大家把军队交给他也放心。

“纽约之战”的失败让华盛顿的威望跌到了谷底，他一错再错，差点把家底全输光，两万人马让他折腾得只剩下几千。相反，李在战斗中表现出的娴熟的作战技巧和准确的判断力渐渐赢得了人们的尊敬和爱戴。如果说战士们对华盛顿的忠诚暂时还没有改变的话，军官们和大陆会议议员们的眼光已经变得游移不定，他们不能不怀疑，华盛顿到底是不是总司令的最佳人选。连豪都看出来了，华盛顿不会打仗，大陆军中唯一让他有点畏惧感的人就是李。

李当然知道现在自己所处的有利位置，此时不出手，更待何时？他开始跟一些大陆会议的议员联系，摸摸底，探探路。同时，大陆军中的一些军官也开始与他联系，想听听他的口风。在所有的军官中，有一个人看上去是最不应该质疑华盛顿的，因为华盛顿与他之间不仅有直接的上下级关系，还有朝夕相处的友谊。他就是华盛顿的帐前助理里德。

从华盛顿就任大陆军总司令的第一天起，里德就是他的助理，与他形影不离。他陪华盛顿从费城走到波士顿，又从波士顿走到纽约。这期间所有的战斗他都参加过，所有的重要决定他都参与过。他思想上的成熟远远超过了他的年龄，既有现实世界中的敏锐，又有哲学家的思考。34 岁的里德，战前是才华横溢的律师，战时是无私无畏的勇士。他与华盛顿之间的信任与忠诚似乎牢不可破。但是，“纽约之战”摧毁了里德对华盛顿的信心。在撤离纽约时，华盛顿瞻前顾后，犹豫不决；在华盛顿堡上，他当断不断，连连失误。所有这一切都让里德看到了一个不合格的总司令。

里德给李写了一封信，他在信中说：“我不想奉承你，也不想伤害别人。但我必须坦白，这支军队和美国的自由，之所以还没有完全终结，就是因为有你。你的决断力是无价之宝。犹豫不决是军之大忌，可我已经见得太多了。我们目前的处境非常危险，需要一颗睿智、坚强的心。这次战役告一段落之后，你和其他人应该去找大陆会议，计划筹建一支新的军队。”

华盛顿对自己最信任的助理在私底下搞的小动作一无所知，他派里德去找新泽西州州长威廉 · 利文斯顿商量援军的事，里德一去就杳无音讯。11 月 24 日，华盛顿收到了李写给里德的信。因为里德不在军中，华盛顿又急于知道李现在的位置，于是就打开了这封他以为是公函的私信。只见上面写道：“亲爱的里德，非常感谢你的来信。我同意你的看法。在战争中，犹豫是最致命的缺陷，它甚至比愚蠢和怯懦更可怕。最终的失败一定会降临到没有主见的人的身上……”接着，李解释了他无视华盛顿命令的原因，说他目前根本就不想南下，等等。

华盛顿这才明白，他的部下和他的亲密助理，都对他失去了信心，也失去了忠诚。他与其说是愤怒，不如说是失望。对李的态度，他也许不感到意外，但里德的背叛让他非常伤心。而且，潜意识里，他不得不承认，里德说的没错。到目前为止，他这个一军之主确实当得不怎么样。

华盛顿看完信，思索了很久。他什么都没说，让人把信转送给里德，并附上一张字条：“这封信交到我手中时，我不知道它是一封私信，就打开看了。对不起，真的不是故意的。”他又感谢里德不辞辛苦赶去新泽西，希望他马到成功。华盛顿的口气好像什么都没发生过似的，但里德接到信后羞愧难当，他马上向大陆会议提出辞呈。出人意料的是，华盛顿竭力挽留。他一句都没责怪里德，反而赞扬他为革命做的牺牲和贡献，并表示非常需要他的帮助。此后，他一直与里德保持着不远不近的友谊，这是因为他仍然欣赏里德的才华，也很清楚里德在宾夕法尼亚的政治地位。里德离开大陆军后，成为大陆会议议员，又当选为宾夕法尼亚州的战时州长。他多次与华盛顿发生争执，但都是为公不为私，对事不对人。华盛顿考虑的是大陆军的利益，里德考虑的是宾夕法尼亚的利益。在那个“州权至上”的年代，华盛顿不得不对里德礼让三分。

此时此刻，李还在得意扬扬地做着总司令梦呢，他一点也不知道那封信的事。在华盛顿的不断催促下，他正慢腾腾地沿新泽西南下。12 月 13 日，星期五。在新泽西巴斯金小镇的一个酒吧里，李正穿着睡衣，一面吃早餐，一面给另一位大陆军将军写信，信的内容无非是指责华盛顿的种种不是。这个酒吧离他的部队有 5 公里左右。也不知道李是怎么想的，居然只带了几个卫兵在这里停留。他住了一夜，现在打算吃完饭就去追赶大部队。

李光顾着写信骂华盛顿了，却没看到，窗外一小队英军士兵正悄悄地向酒吧走来。他们接到“保工党”细作的报告，是专门来抓李的。这二十几个英军士兵中有一位 22 岁的骑兵军官，叫班尼斯特 · 塔尔顿。如果他生在中国的汉朝，就是个霍去病式的人物，年轻气盛，勇冠三军。他在“南方战役”中还将大放异彩，这次算是牛刀小试吧。他领人上去三下五除二就把李的卫兵们干掉了，包围了酒吧。塔尔顿命人向酒吧的窗子开枪，然后喊话，命令李立刻投降，否则，就要放火烧房子了。李穿着睡衣走出酒吧。他怎么也没想到，美梦结束得如此狼狈。

李被俘的消息使整个伦敦沸腾了。教堂的钟声大作，连当天的股市也因此大涨。人们深信不疑，战争已画上了句号。李是大陆军中最会打仗的，他都成了阶下囚，和平还会远吗？李的部队在萨立文将军的率领下火速撤往宾夕法尼亚，与华盛顿会合。华盛顿听到这个消息，一面暗骂李愚蠢，一面庆幸队伍保住了。他松了一口气，一个竞争对手消失了。即使李再回来，大陆会议还会考虑让他当总司令吗？

但华盛顿毕竟是华盛顿，在政治上永远正确。他公开表示，这是一个“不幸事件”，并告诉大陆会议，他要尽全力让李早日回归大陆军。当时，华盛顿手上没有相当级别的英军战俘，没法跟威廉·豪讨价还价。直到一年后，大陆军俘虏了一位英军高级军官，才用他换回了李。大家都以为李这一年可受罪了，其实正好相反。他跟豪本来就很熟，这下成了豪的座上客，经常一起吃饭、看戏。当然，这一切是有条件的。他为豪制订了一份打败大陆军的路线图，把大陆军的详情全部交代给豪。华盛顿在把李换回来之后，从来没有怀疑过他，仍然委以重任。从这一点上看，华盛顿还真是个厚道人。

如今，华盛顿和李的部下兵合一处，但实际上也没强出多少。11 月 30 日，有一大批人合同到期回家了，再加上伤的、病的，真正能打仗的不到 3000 人。豪的追兵已经增加到 2 万人。如果他们强渡特拉华河，占领费城是没问题的。华盛顿甚至打算到宾夕法尼亚西部的大山里去打游击了。但豪家兄弟决定再当一次绅士，显示一下英帝国的宽容。威廉 · 豪下令：停止追击。

接着，豪家兄弟在新泽西发布特赦令，告诉人们，只要你们来宣誓效忠英王，咱就还跟以前一样是一家人啦。这个政治攻势果然奏效，新泽西人，甚至很多宾夕法尼亚人，都跑去宣誓效忠，还组成“保王党”军队，跟大陆军和“爱国者”民兵对着干。眼看着两国之间的战争就要演变成“内战”，英军却犯了个错误，让大好形势拐了弯。

随着英军和黑森兵深入新泽西腹地，他们的战线越来越长，供给也越来越困难。怎么办呢？答案似乎很简单：抢啊！偏偏新泽西又是个富饶之地，到处都是殷实的农庄，吃的、喝的、穿的、用的……应有尽有。事实上，很多黑森兵说，他们在欧洲时，从来没吃得这么好过。一到新大陆，他们眼就花了，真是抢你没商量。英国兵一般来说纪律还不错，但这回也顾不上了，先填饱肚子再说。这么一来，搞得民怨沸腾，革命派趁机添油加醋地宣传，民心一下子又转向了革命。各地民兵纷纷行动，时时处处给英军捣乱，大大牵制了敌人的力量，减轻了大陆军的负担。

其实，华盛顿的队伍饿极了也抢。兜里一分钱没有，不抢哪能支撑到现在？但他们抢得比较文明，都打了借条。革命胜利后，找大陆会议要去吧。至于大陆会议认不认账，祝你好运！

豪看到新泽西不那么好对付，心生退意。已经快到 12 月底了，还是先回纽约舒舒服服地过个圣诞节，明年开春再战。他率主力退回纽约，只留下少数英军和黑森兵驻守新泽西的几个关键城镇。反正华盛顿也没几个人，不用派重兵防范。就这样，豪再次放了华盛顿一马，也放弃了消灭美国革命的又一次机会。

问题是，豪想过冬了，华盛顿还不想呢。他虽然止住了大陆军一败涂地的趋势，但他很明白，不管败得多么有尊严，靠打败仗是赢不了战争的。他需要的是胜利。再过几天，剩下的2000人的合同就要到期。征兵将非常困难，因为谁也不愿意加入一支天天打败仗的队伍。如果他再不奋起一击，大陆军将不复存在。

让华盛顿感到欣慰的是，忧虑着这个新国家命运的人中，除了他和他的将军们，还有一个人。他的力量不是来自枪，而是来自笔。他就是那位著名的《常识》的作者——托马斯·潘恩。此时的潘恩已经投笔从戎，成了大陆军的一员。纳森内尔·格林将军爱惜他的才华，请他做了自己的帐前助理。潘恩眼看着大陆军的悲惨处境和低落的军心，觉得有义务让大家振作起来。他在军营微弱的篝火下，把纸垫在膝盖上，写下了又一份力作——《美国危机》。他说：

这是考验人灵魂的时刻。那些岁寒不经霜的战士和只能见阳光不能见阴霾的爱国者，在这个危机中将会动摇退缩，不敢再为国效劳了。但是，那些坚持下来的人才应该得到人们的爱戴和感激。暴政就像地狱一样不易被战胜，然而，我们慰藉自己：斗争越是艰难，胜利就越光荣；越是轻而易举得到的东西，我们也就越轻视，恰恰是昂贵赋予每一件事物以价值……

潘恩的《美国危机》一出版就受到像《常识》一样的欢迎。华盛顿让人在军中大声朗读，鼓舞士气。他的心中已经形成了一个计划，他愿为此付出一切。

华盛顿将怎样挽救大陆军，也挽救刚刚独立6个月的美国？他能成功吗？请看下一个故事 :《渡河》。

038

渡 河

到 1776 年 12 月底，英军已经占领了纽约市和整个新泽西州，华盛顿的大陆军退守宾夕法尼亚。宽阔、平稳的特拉华河是新泽西和宾夕法尼亚的边界线，新泽西在东，宾夕法尼亚在西；英军在东，美军在西；东岸 2 万人，西岸 3000 人。按道理说，换任何一个人当英军主将，都会“宜将剩勇追穷寇”，绝对不能让华盛顿活过 1776 年。

但是，英军总司令威廉·豪是位真正的绅士。他心中对北美没有多大敌意，一直希望通过政治手段解决问题。而且，18 世纪的战争也是绅士间的战争，重要的表现之一就是，为将者尽量不让当兵的因打仗而吃太多的苦。现在已是冬天，雨雪交加，道路难行。在这种恶劣天气中逼着士兵上前线流血，于心何忍？即使消灭美国革命的最好时机就在眼前，豪也不为所动。他下令收兵，大部分人马撤回纽约，剩下一小部分驻守新泽西的几个重镇。在欧洲人眼里，豪的做法很正常。事实上，整个独立战争就是在这个“潜规则”中走过来的：春夏之交开战，冬天休战。休战时，双方各自舔干伤口，进入冬眠状态，谁也不打扰谁。八年的战争实际上也就真刀真枪地干了不到四年。

华盛顿骨子里也是个绅士，他也不想打仗。可是，1776 年的这个冬天，如果他也跟豪比风度的话，美国就玩不下去了。从纽约到新泽西，再到宾夕法尼亚，大陆军一个败仗接着一个败仗，好像全世界的倒霉事都让他们摊上了。士气低落先不说，最要命的是，12 月 31 日，这几千人的合同就要到期，谁也不能剥夺战士们回家的权利。如果再不想办法，大陆军就自动消失了。没有了大陆军，还会有美国的自由吗？

就在华盛顿渴望胜利的时候，一份间谍报告让他怦然心动。报告说，豪回纽约前，安排了 1200 名黑森兵驻守新泽西的特伦顿。华盛顿立刻觉得机会来了。别看他老打败仗，却打出了灵感。对，就是要奇袭特伦顿。在这么多新泽西城镇中，为什么选特伦顿呢？一是因为它的地理位置。特伦顿就在特拉华河边，离大陆军最近。半夜出发，凌晨就到，军队不会过于疲劳。二是因为它由黑森兵镇守。感觉上，美英毕竟是一家，不是亲兄弟也是表兄弟，打起仗来难免手下留情。但黑森兵就不一样了，他们完全是“外人”，特别招人恨。

那么，这些黑森兵是从哪里来的呢？

黑森兵的正式名称是“德意志雇佣军”，因为他们中有很大一部分来自德意志的黑森公国，所以人们习惯上称他们为黑森兵。18世纪末，德意志诸侯林立，有300多个公国。德意志民族骁勇善战，几乎每个男人都是职业战士。他们要么忙着自相残杀，要么就到其他欧洲国家当雇佣兵，赚外快。他们不管交战双方到底为什么打仗，反正谁给钱就帮谁。在人们眼里，他们是冷酷无情的杀人机器，没有道德底线。实际上，他们也有可怜之处。德意志的男孩从小就接受军事训练，除了打仗不会别的，不当兵靠什么吃饭？他们通常能做到“拿人钱财，替人消灾”，打起仗来尽心尽责，不会让雇主失望。所以，欧洲国家使用黑森兵是常事。

1775年，独立战争爆发后，英王乔治三世意识到，英国自己的军队数量有限，不足以镇压北美的叛乱。他想请俄国军队帮忙，但沙皇叶卡捷琳娜大帝对北美不感兴趣。于是，英王就找到了黑森国的弗里德里克大公二世。大公一听有钱赚，立马答应了。黑森国提供1.4万名雇佣兵，其他几个公国陆陆续续提供了1.6万人，先后到达北美。黑森兵在大西洋两岸都引起极大的反感。英国议会中的自由派认为，外国雇佣兵将使北美问题复杂化，本来的“人民内部矛盾”变成了“敌我矛盾”。北美人就更生气了，国王竟然派外国人来打我们，真不把我们当亲戚了，很多忠于王室的人也倒向独立。

黑森兵在“纽约之战”中表现非常突出，他们训练有素，勇猛无敌，杀人不眨眼。大陆军战士见了他们就跟见了鬼似的，只恨爹妈没给自己生出翅膀。黑森兵杀俘、抢掠、奸淫，纪律比英军坏得多，引起人们的切齿痛恨。有趣的是，北美人恨死了黑森兵，黑森兵却很喜欢新大陆。北美的富饶在他们眼前打开了一扇窗，让他们看到一种以前从来不敢想象的生活。原来，一个普通人的日子也可以过得如此富足。在来到北美的3万黑森兵中，只有一半回到欧洲，其余的或战死或失踪。有明确记录的大约6000人，也就是将近五分之一，战后选择留在新大陆，开始他们的新生活。后来，他们都成了美国公民。

现在，华盛顿决定对黑森兵下手。自开战以来，英军一直是攻势，大陆军是守势。这一次，华盛顿要主动进攻，而且，只能赢，不能输。他知道，战士们对黑森兵又恨又怕，怎样才能取胜呢？只能靠偷袭。偷袭的最好时机是哪天？华盛顿选择了12月26日，也就是圣诞节过后的那一天。圣诞节是一年中最重要的节日，黑森兵肯定会大肆庆祝一番。趁着他们烂醉如泥的时候打个措手不及，把握还是很大的。人家清醒的时候咱打不过，睡觉的时候咱总能占点便宜吧？能赢就行，甭管绅士不绅士了。

可是，当华盛顿把他的想法告诉将军们时，除了里德，其余的人全都反对，有的甚至觉得总司令疯了。将军们的理由很充分。要打特伦顿，必须渡过特拉华河。河面最窄处也有 1.6 公里，船只有限，把两三千人渡过去，再加上大炮、马匹，在风和日丽的情况下需要 6 个小时。现在河面上有很多浮冰，很危险，天气又不好，还在夜间渡河，这本身就是一场灾难。就算能过去，也至少需要 10 个小时。在这 10 个小时中，很有可能被黑森兵的探马发现。如果他们趁势进攻，大陆军岂不全军覆没？还有，因为怕被敌人听见，华盛顿选的渡河地点距离特伦顿 14.5 公里远。大家折腾一夜渡过河，再行军十几公里，等到了特伦顿，累都累死了，哪有力气打仗？那一路上道路难行就更不用说了。黑森兵是优秀的职业军人，即使在节日他们也不会放松警惕。况且，“保王党”间谍到处都是，肯定会有人向特伦顿报信。人家以逸待劳，咱们长途奔袭，接下来会发生什么还有悬念吗？

平时，华盛顿是个非常保守的人，轻易不涉险。他也非常守规矩。当初，大陆会议任命他为总司令时规定，他在每次军事行动之前必须召开军事会议，听取将军们的意见。虽然总司令有最后的决定权，但在过去的一年半里，他向来都少数服从多数，很民主。但是，这一次，就是全世界都反对他也要干。因为这一次，大陆军和美国革命都到了生死关头。不行动只能坐以待毙，冒险还有成功的可能。华盛顿为这次行动指定的代号为“胜利或死亡”。

总司令乾纲独断，别人就不好说什么了，就算他领着大伙去地狱，也得跟着。具体计划是这样的：12 月 25 日，也就是圣诞节当天，大陆军 2400 人，晚上 6 点开始渡河，争取半夜 12 点全部过河。然后用 5~6 个小时赶到特伦顿，在 12 月 26 日天亮之前开始战斗。除了华盛顿率领的主力，还有两支小队从不同的地方渡河，截击敌人的退路。进攻特伦顿的 2400 人又分两拨，一路由萨立文将军率领，一路由格林将军率领，从两个方向攻入。华盛顿自己跟着格林的队伍走。

1776 年 12 月 25 日，圣诞之夜，大陆军如期来到渡口。格鲁夫上校带领的由马萨诸塞渔民组成的军团负责驾船。4 个月前，在那个月黑风高之夜，他们把 9000 名大陆军从布鲁克林高地运回曼哈顿，创造了“夜渡东河”的奇迹。今天的情况比那天糟得多。天上下着雨夹雪，刮着强劲的北风，河面上漂着浮冰，浪头又大又急。格鲁夫告诉华盛顿，在这种天气下摆渡是不可能完成的任务。华盛顿就像没听见一样，只说了两个字：“渡河。”为了表达一往无前的决心，他第一批渡过河去，在对岸等着自己的队伍。他的决绝让所有的人别无选择。

那幅《华盛顿渡过特拉华河》的画描绘了美国革命的经典画面，现陈列于纽约大都会博物馆。它表现的是象征意义，不一定是真实情况。比如，当夜，大陆军渡河时应该是坐着，华盛顿不可能那么“大无畏”地站在船头。在风高浪急的河中，那基本上是自杀的姿势。画上有两位总统，一位是华盛顿，另一位是门罗，就是华盛顿身后举着战旗的那个。他当时是个 18 岁的少尉军官，确实参加了特伦顿之战，但不太可能跟华盛顿在同一条船上。

格鲁夫的“渔民军”果然身手不凡，他们的驾船技术天下无双。在如此恶劣的条件下，他们居然把 2400 人外加 18 门炮和 50 匹马全部安全地运到河对岸。但是，暴风雪大大拖延了渡河时间。直到 26 日凌晨 3 点，最后一批战士才渡过河。这就意味着，他们到达特伦顿时将是大白天，“夜袭”已经不可能了。休·莫瑟尔将军问华盛顿是否还要按计划向特伦顿进发，华盛顿说：“就算只剩下一个人，我也要去特伦顿。”

大陆军到达特伦顿时是早晨 8 点，路上的艰辛一言难尽。此时，又冷又累的战士们只想做一件事，就是躺下睡觉。行军过程中，华盛顿穿梭于队伍中，不停地鼓励战士们继续前进，千万不要停下来。可是，还是有两个战士走不动了，他们倒在地上，再也没起来。暴风雪下了一整夜，所有的枪都湿了，大多数无法射击。华盛顿下令：上刺刀。

其实，黑森兵早就得到了情报，知道大陆军可能偷袭。但是，特伦顿的长官约翰·罗尔上校却没有设防。为什么呢？一是机缘巧合。就在圣诞节那天，新泽西的民兵袭扰特伦顿，打了一阵就跑了。罗尔上校认为这就是那个所谓的偷袭。既然已经把敌人赶跑，也就没事了。二是25日和26日的天气太坏了，谁会在这种天气下出来打仗呢？别说打，光冻就冻死了。所以，尽管黑森兵没喝酒，但还是很放心地去睡觉了，竟然连岗哨都没多设几个。还有传说，罗尔上校的顶头上司，卡尔·冯·登诺普，圣诞夜与一个年轻美貌的寡妇共度良宵，在她家流连忘返。后来，各种证据表明，那个女人是华盛顿的间谍。

总之，华盛顿这个既不严密也不出奇的计划，在各种偶然因素的“打扰”下，变得天衣无缝。大陆军一声呐喊，从两个方向冲入特伦顿，把一夜的辛苦和委屈全都发泄到睡眼惺忪的黑森兵身上。罗尔上校从床上爬起来，企图组织抵抗，但他很快就被一颗子弹击中，退出战场，不久就死了。黑森兵顽强抵抗了45分钟后，放下武器投降。在特伦顿的1200名黑森兵，死伤106个，逃走100多个，其余的都做了俘虏。所有的枪炮、弹药、粮食和其他军需品都成了大陆军的战利品。大陆军的伤亡微乎其微。除了那两个在路上冻死的士兵外，无人战死，只有4个受伤。受伤的人中就有门罗。他被子弹打中左肩，差点因流血过多而死。华盛顿对他在战争中的表现评价很高，门罗也很自豪，他总喜欢说，他是唯一为革命“流过血”的总统。

“特伦顿之战”在整个独立战争中不是决定性的，但在1776年那个生死存亡的时刻却起了决定性的作用。大陆军找回了失落已久的信心，华盛顿也赢得了将士们的忠诚，确立了自己的领袖地位。历史学家们认为，正是这次规模不大的战斗挽救了美国革命，它对人们心理上的影响远远超过了实际的功效。打仗不就是打的一口气吗?

在特伦顿获胜后，华盛顿下令立刻原路返回，渡过特拉华河，撤回宾夕法尼亚。现在，他要处理的问题是：怎样让大陆军多存在几天。12 月 31 日就在眼前，各州的新兵还没到，就是到了也训练不好，没法打仗。12 月 30 日，华盛顿骑在马上，站在即将退役的新英格兰军团面前。他以从来没有过的感性口吻，请求战士们把他们的合同延长 4 个星期。所有延长合同的人都将获得 10 美元的额外“奖金”。当时，大陆军战士的工资是每月 6 美元，这个“奖金”数还是比较可观的。

一通鼓过后，没有人站出来，也就是说，没人愿意延期。人群陷入尴尬的寂静。这时，一个战士走出来说：“我们已经为国家尽力了，现在做梦都想回家。”华盛顿看了看他，又看了看所有的人，说:

“我的勇士们，你们已经做了我要你们做的一切，而且远远超出了我的期望。但是，你们的国家正在危险中，你们的妻儿、家园和你们心中所有的牵挂都在危险中。如果你们同意多留一个月，只要一个月，你们为国家和自由所做的贡献将是不可替代的，你们此生也许永远都不会再有这个机会了。”

第二通鼓，还是没人站出来，但人群开始蠕动，战士们开始交头接耳。有的说“你留下我就留下”，有的说“现在这种情况，咱哪能说走就走呢”，有的看看华盛顿说“要是他也走了，那怎么办”。

华盛顿坐在马上，慢慢巡视着他的军队。他没再说什么，只是默默地看着。过去，在战士们眼里，他是个神一样的人物，高高在上，可望而不可即。现在，这尊神俯下身来，请求他们的帮助。他的挣扎和无奈，他的沉默和祈盼，他的真诚和尊严，是一股不可阻挡的力量，一点点征服着人们的心。渐渐地，有一两个人站出来。接着，更多的人站出来。最后，几乎所有的人都站出来了。华盛顿看着眼前的情景，用低沉、柔和的声音说了声“谢谢”就转身离去。他不愿意在这么多人面前摘下面具，让内心的情感任意流淌。

华盛顿用每人 10 美元的代价为他年轻的国家购买了 4 个星期的喘息时间。但是，他在许诺这 10 美元时，兜里一分钱都没有。他有的，是大陆会议的一纸授权。大陆会议在逃往巴尔的摩之前，授权华盛顿“全权处理北方事务”，为期 6 个月。也就是说，在这 6 个月期间，华盛顿是北方的“独裁者”，集军政大权于一身。所以，他可以代替大陆会议和各州延长服役合同，这件事一点也不“违宪”。

接着，华盛顿派快马飞报大陆会议，要求立刻把钱送到军中。留守费城的财政委员会的领导罗伯特·莫里斯一分钟都没耽误，拆了东墙补西墙，甚至凭他多年在商界打拼建立起来的个人信用找富商借贷，总算凑足了数，把钱袋子交到华盛顿手中。此后，每当十万火急的时候，华盛顿就会绕过大陆会议，直接找莫里斯要钱，莫里斯从来没让他失望过。作为大陆会议和后来美利坚邦联的财务总长，莫里斯对革命的贡献怎么说都不过分。他与华盛顿之间根深蒂固的友谊深深地影响了美国的未来。

这4个星期来之不易，华盛顿可不打算浪费。他带着这3000多人再次渡过特拉华河，进驻特伦顿。威廉·豪得到"特伦顿之战"的消息后也没耽搁，派手下最能干的将军康沃利斯率8000人直扑特伦顿。1777年1月2日，双方在特伦顿展开激战，大陆军没有退缩，硬碰硬地坚持了一天。战到傍晚，大陆军眼看着就撑不下去了，康沃利斯却收了兵。他打算第二天再把大陆军打包。他手下一位军官说："如果我没看错华盛顿，明天早晨他就不见了。"可康沃利斯根本不信，他对自己太有信心了。

果然，1月3日，英军一觉醒来，特伦顿已是空城一座，大陆军不翼而飞。他们去了哪儿呢？原来，2日夜里，华盛顿与将军们决定撤出特伦顿。但他们没有回宾夕法尼亚，而是直扑康沃利斯的后方——普林斯顿。普林斯顿是个大学城，新泽西学院的所在地。新泽西学院后来改名为普林斯顿大学，今天是世界一流学府。当时的普林斯顿也就有几所校舍，住着1000多名英国兵。

大陆军白天打了一天仗，夜间又跋涉20公里，在3日凌晨赶到普林斯顿。驻守在那里的英军起初还以为是自己人呢，等对方走近了才大吃一惊。双方立刻交上火。莫瑟尔将军的先头部队寡不敌众，被英军击败，莫瑟尔本人也受伤落马。英军以为他是华盛顿，冲上去用刺刀拼命扎，莫瑟尔身中 7 刀而死。他是个外科医生，也是华盛顿最好的朋友。他的死是大陆军的惨重损失。莫瑟尔的后代有很多优秀的军人，其中最著名的是第二次世界大战中的美国名将，乔治 · 巴顿将军。

就在大陆军败下阵来的时候，华盛顿赶到。他举起剑，向大陆军战士们喊道 :“勇士们，跟我冲！”他纵马冲到最前面，稳住了大陆军的阵脚。这时候，英军已经列好队，准备射击。华盛顿不闪不避，骑着马站在两军阵前。他高大的身影和无所畏惧的精神让大陆军战士深受鼓舞，他们不再后退，举起枪面对强敌。

此时，英军的第一轮射击开始了。华盛顿还是坐在马上，一动不动。他的帐前助理约翰 · 菲茨杰拉德毫不怀疑华盛顿就要被打死，他用帽子遮住自己的眼睛，不忍心看总司令落马的样子。相信当时闭上眼睛的人不止他一个。一阵枪声，一阵硝烟。当烟雾散尽，战士们发现，华盛顿还是稳坐在马鞍上，毫发无伤。他们就像见到天神下凡一样。菲茨杰拉德也顾不上体面了，纵马奔过去，拉住华盛顿的手，一面哭一面说 :“感谢上帝！您还好好的！”华盛顿平静地拍拍他，说 :“快去！组织进攻！今天属于我们！”被华盛顿的“酷”

劲儿感动的，不只是菲茨杰拉德。一个军官在日记中描写了这一幕：“我永远无法忘记当时的感受……当我看到他把生命系于一线，任凭千万个死神在身边飞舞，相信我，我此时想到的不是自己。”

华盛顿对子弹的超凡“免疫力”也让很多历史学家感叹不已。即使当时的旧式滑膛枪准头有限，但万枪齐发时还是很有杀伤力的，而且双方一般开枪时距离都很近。华盛顿人高马大，又总是冲锋在前，撤退在后，从来不避枪林弹雨，有时候简直就是一副找死的架势。可是，八年下来，子弹连他的皮都没蹭破过，让人不得不相信，上帝就站在他身边。

大陆军在华盛顿“神力”的感召下，步步推进，英军被迫撤入新泽西学院的“拿骚大厅”。炮兵上尉亚历山大·汉密尔顿带着炮队冲进校园。他下令朝着拿骚大厅的门和窗子猛轰，几炮就摧毁了英军的抵抗意志。英军宣布投降，“普林斯顿之战”以大陆军的胜利告终。

华盛顿在10天之内连胜两场，对当时军心、民心的影响可想而知。人们开始踊跃报名参加大陆军，对革命的热情再次高涨。大陆会议和各州好像都缓过劲儿来了，有钱的出钱，有力的出力，大陆军的情况一天天好转。几个星期后，现役士兵合同到期时，各地新兵已纷纷赶到，现役的士兵也有很多自愿延长合同。至少，华盛顿暂时不用担心大陆军会土崩瓦解了。

“普林斯顿之战”发生后，康沃利斯带人匆匆赶到普林斯顿，却发现大陆军再次留下一座空城。华盛顿决定休战，给 1776—1777 年的“纽约–新泽西战役”画上了句号。但大陆军没回宾夕法尼亚，而是选择新泽西的莫里斯敦为大本营。莫里斯敦地势险要，易守难攻，离纽约又近，既可保证自身的安全，又可盯住敌人。豪和康沃利斯没有发动新的攻势，而是进入“冬眠期”。英军放弃了新泽西的很多城镇，只镇守离纽约最近的几个。本来已经沦陷的新泽西大部分地区，在 1777 年年初又回到大陆军和民兵的控制之中。

华盛顿和他的将军们以超人的胆识和智慧使独立六个月的美国免受灭顶之灾。但危机只是暂时得到缓和，并没有消失。随着 1777 年春天的来临，豪又会有什么计划呢？英军的下一个目标是什么？请看下一个故事：《剑指费城》。

039

剑 指 费 城

在 1776—1777 年的“纽约–新泽西战役”中，华盛顿虽然败多胜少，但他却从中领略到了这场战争的真谛。英美的军事实力根本不在一个档次上，美国想在战场上真正打败英国是不可能的。但是，最后的胜利一定属于美国，因为天时和地利都在美国一边。得天独厚的地理位置和辽阔的国土是美国最大的优势。对英国来说，不赢就是输；对美国来说，不输就是赢。只要大陆军不放下武器，战争就不会停止。大陆军保存实力，抓住有利战机，打几个漂亮的胜仗，欧洲那些跟英国有仇的国家，特别是法国，一定会卷进来，英国国内的反战情绪也会爆发。到时候，英国就不得不妥协。英美之间的冲突，最终将通过外交途径解决。现在，美国需要做的事就是“拖”，只要把英国拖上谈判桌，就是胜利。俺打不死你，但一定能拖死你。

后来的事实证明，华盛顿的判断完全正确。也许正因如此，弱小的美国最终赢得了这场看上去没有希望的战争。很可惜，英军总司令豪似乎没有认清自己的优势和劣势。劳师远征，利在速战速决。但从豪指挥战争的节奏上看，他一点也不着急。英军在纽约舒舒服服地过了冬天和春天，又稳稳当当地过了大半个夏天。1777 年过去了一半，英军竟然毫无动静。其实，豪的“不作为”也是有原因的。主要是，英军高层对下一步的计划发生了分歧。

在伦敦的约翰 · 伯格因将军认为，纽约的队伍现在应沿哈德逊河北上至奥尔巴尼，与从加拿大南下的英军会合，完成对新英格兰的切割包围，迫使其投降。新英格兰一失，革命就死了一半。这确实是个完美的计划。当年，英国在“法国与印第安人的战争”中取胜，靠的就是这种“分食”战略。但是，豪的眼睛却转向了南边的费城。费城是北美最大的城市，是大陆会议所在地，也是美国非正式的“首都”。费城本身没什么军事价值，但攻取费城的象征意义毋庸置疑。如果占领了费城，美国难道不会散架吗？也许，这正是毙敌于一役的好时机呢。

在反反复复地斟酌之后，豪终于抵不住诱惑。他决定，兵进费城。他当然不知道，这一念之差，决定了战争的命运。南下费城，意味着北上的计划泡汤了。糟的是，他没有及时通知伦敦和加拿大的英军，直接影响了“萨拉托加战役”的结局。那是后话。

1777年6月底，1.7万名英军和黑森兵，由豪亲自率领，登上260艘船，从新泽西扬帆出海，很快就消失在人们的视野中。岸上的大陆军间谍只看到英军走了，却不知道他们去了哪。华盛顿得到消息，凭直觉判断，英军应该是奔费城去了。于是，大陆军离开莫里斯敦，火速赶往宾夕法尼亚。到费城时，为了鼓舞民心，华盛顿特地让大陆军穿城而过。费城居民夹道欢迎，气氛别提多热烈了。大陆会议早已从巴尔的摩返回，华盛顿见到久违的老朋友们，想想过去这两年的苦难艰辛，心中的感慨一言难尽。

此时，费城周围的大陆军和民兵加起来将近两万人，看上去不少，但大多数没打过仗，也就摆摆架势。大陆军在费城周围急急火火地修建防御工事，好像英军马上就到。可是，7月变成8月，夏天变成秋天，英军依然无影无踪。华盛顿似乎已习惯了豪的“慢”，不像在纽约时那么惴惴不安了。在漫长的等待中，他迎来了生命中最重要的三个年轻人。他们那热情洋溢的青春，像一股清新的风，吹进大陆军的军营，也吹进华盛顿的心。

第一个来到华盛顿身边的是亚历山大 · 汉密尔顿。这个名字你也许不陌生，10美元钞票上的那位就是他。他是美国最具治国天才的“国父”，没有之一。他是首任财政部长，华尔街的缔造者，现代美国的奠基人。他的生和死都是传奇，但最传奇的是他向世人展示的“美国梦”。他与华盛顿的相遇相知，成就了彼此，也成就了美国。

亚历山大·汉密尔顿生于1755年的西印度群岛。母亲瑞秋·福塞特是法国人的后裔。瑞秋年轻时跟一个种植园主结婚，但这桩婚姻很不幸福。她离家出走，来到圣吉斯岛。在这里，她认识了苏格兰人詹姆斯·汉密尔顿。两人很快就同居，并生下两个儿子。瑞秋并没有跟她原来的丈夫正式离婚，所以，亚历山大·汉密尔顿是“私生子”，他应该是出身最卑微的“国父”。

汉密尔顿两岁的时候，他父亲就抛弃了他们母子三人，出门闯世界，再也没回来。他13岁时，母亲瑞秋去世了，他和哥哥成了孤儿。母亲本来就不多的财产全都被她的法定丈夫拿走。身无分文的兄弟俩分别被两个家庭收养，从此骨肉分离。即使以18世纪的标准看，汉密尔顿的童年也惨到了家。

后来，好心的亲戚把他母亲留下的34本书买下来给了这个可怜的孩子。就凭这34本书，小汉密尔顿把自己带进古希腊、古罗马的哲学和文学的世界，他的自学能力超出了人们的想象。大家几乎第一眼就看得出来，汉密尔顿的脑门上刻着四个字：天纵英才。

14岁的汉密尔顿给一家进出口贸易行当学徒工，这家贸易行主要跟纽约和新英格兰做生意。当时，欧洲所有国家的货币在西印度群岛都能流通，汉密尔顿每天根据汇率，把二十几种货币的货价换算得分毫不差。后来，有三个月的时间，贸易行的主人去纽约办事，竟然把整个店的生意都交给这个十四五岁的孩子打理。汉密尔顿一点也不慌，出货、进货、卸货、存货、收钱、付钱、记账、结账，井井有条，效率极高。就是在每天看似流水的作业中，未来的财政部长学到了商业、金融、贸易的第一课。

汉密尔顿一面打工，一面拼命读书，对数学、法学、哲学、文学都有浓厚的兴趣，还自学了拉丁文和希腊文。1772 年，17 岁的汉密尔顿因在报纸上发表了一篇描写飓风的文章，引起了社区领袖们的注意。他们觉得这小伙子太有才了，咱们可不能耽误了他的前程。于是，社区出钱，送他到新大陆深造。汉密尔顿告别了西印度群岛，他可没想到，这一去，他再也没回来。

汉密尔顿来到新泽西，准备申请上新泽西学院，就是后来的普林斯顿大学。当时，北美的孩子一般是 16 岁入学，20 岁毕业。但汉密尔顿要入学时已经 18 岁了。他跑去跟新泽西学院的管理者说，如果我上你们学校，你们必须允许我提前毕业。我保证在两到三年内学完四年的课程。新泽西学院拒绝了他的请求。一个西印度群岛的穷小子，有什么资格提条件？他又去找纽约的国王学院，把同样的话重复了一遍。国王学院大概没见过这种牛人，竟然答应了。于是，汉密尔顿成了国王学院的学生。1776 年，国王学院毁于战火。战后，汉密尔顿筹资重建校园，并亲自担任校董。国王学院改名“哥伦比亚学院”，也就是今天的常春藤名校哥伦比亚大学的前身。

也许是因为从小受尽歧视，汉密尔顿对荣誉有着近乎疯狂的追求，特别渴望建功立业。他在给朋友的信中说："我真希望有一场战争。"他祈盼的战争很快就来了。"莱克星顿的枪声"打响后，汉密尔顿在报纸上发表了30多篇文章支持革命，还和60多个国王学院的学生组成一个炮队，日夜操练。他被选为上尉军官。华盛顿进驻纽约后，汉密尔顿的炮队被编入民兵，参加了纽约保卫战。他上了战场不要命，炮打得又准又狠，很快就小有名气。

他第一次吸引华盛顿的目光是在哈莱姆高地上。当时，大陆军刚刚经历基普斯湾之败，军心涣散。华盛顿巡查时，只见高地上的战士东倒西歪，没人干活。只有汉密尔顿在指挥他的炮队认真地修建工事，积极备战。华盛顿很感动，下马跟他聊起来，还邀请他去自己的营帐喝茶。在谈话中，华盛顿发现，这个小伙子不但会打仗，而且学识渊博，才智过人。

在此后的特伦顿和普林斯顿之战中，汉密尔顿的表现都非常出色。他的顶头上司诺克斯将军想请他当帐前助理，但汉密尔顿不干。他喜欢当前线指挥官，觉得驰骋沙场方显男儿本色，跟在将军后面当助理太不过瘾，提升也慢。后来，格林将军也想请他当助理，他以同样的理由拒绝了。不久，又有一位将军来请他当助理。这一次，他实在推不掉了，因为这位将军是华盛顿本人。原来，诺克斯和格林虽然没能请动他，但他们都在华盛顿面前竭力保举，别的将军也一个劲儿地夸他，听得华盛顿耳朵都起茧子了。华盛顿为了保证汉密尔顿不再拒绝，给他连升两级，从上尉提成中校，而且亲笔写了邀请信。这是非常少见的，因为华盛顿的信一般都由助理代笔，他签签名而已。

帐前助理的设置是华盛顿跟英军学的。当年，在“法国与印第安人的战争”中，22 岁的华盛顿就是英军主将爱德华 · 布莱德克的帐前助理。助理有点像秘书，做很多文字工作，但也执行军事任务，时不时地还会冲锋陷阵。华盛顿担任总司令后，案头的事太多，比如跟大陆会议、各州、各位将军的书信往来，各种命令、会议记录，以及各种行政职责等等，他脑袋都大了。他对大陆会议说，一定要选有才华、有理想的年轻人来给他当助理，不但替他写，还要替他想。整个战争期间，大约有 35 个人先后当过华盛顿的帐前助理，一般有 5 到 6 个助理同时为他工作。这些助理与华盛顿在同一张餐桌上吃饭，同一个屋檐下睡觉，被称为他的“军事家庭”，是他最亲近的人。华盛顿选助理有三个条件：一是出身绅士阶层；二是受过高等教育；三是忠于革命，品德高尚。

1777 年 3 月，22 岁的汉密尔顿成为华盛顿的帐前助理，他是这个“家庭”中唯一来自社会底层的成员。凭着他那令人惊叹不已的管理天才，几个月后，这位最年轻的助理就变成了首席助理，相当于今天的“白宫幕僚长”。其他那些比他来得早又比他年龄大的助理没有不服气的，明眼人一看就知道汉密尔顿的智商非常人所及。此时的他还是“外国人”，不属于任何一个州，在新大陆无根无基，无产无业。在短短的5年里，他就从西印度群岛上的小商行走进了美国革命的领导核心。

华盛顿对汉密尔顿言听计从，爱他爱到骨髓里。但是，两人都性格强硬。华盛顿天生虎威，汉密尔顿的外号叫“小狮子”，都不是善茬。华盛顿压力大的时候难免乱发脾气，汉密尔顿又是个自尊心极强的人，碰上这么个难伺候的老板，能忍就忍，实在忍不住他也不客气，先发泄一通再说。他们俩在一起，吵架很正常，有时甚至会闹翻天。尽管如此，他们对彼此的信任和忠诚从来没有改变过。在岁月的怀抱中，他们的友谊也从一捧清泉变成一壶美酒。汉密尔顿给华盛顿当了四年助理，正是这四年的耳濡目染让他从军人成长为政治家。

在汉密尔顿加入华盛顿的“军事家庭”三个月后，另一个英俊潇洒、才华横溢的年轻人出现了。他叫约翰·劳伦斯，比汉密尔顿大几个月，也是22岁。他来自南卡罗来纳最富裕的种植园主家庭，是亨利·劳伦斯的长子。他十几岁时去伦敦和日内瓦读书，接受了一整套贵族式教育，也接受了以自由、平等为核心的启蒙思想。

当北美的反英浪潮愈演愈烈，他恨不得马上回去，可是，亨利·劳伦斯坚决不同意。不知为什么，他的脑子里总是浮现出儿子阵亡的幻象，这让他寝食难安。他最怕儿子卷入战争。然而“莱克星顿的枪声”使约翰·劳伦斯在欧洲再也待不下去了，他本想立刻回国，但一桩意外延迟了行程。在伦敦学法律的时候，约翰·劳伦斯与父亲老朋友的女儿玛莎·曼宁相恋，不小心让人家怀了孕。虽然他并没做好成家的准备，但他是个负责任的绅士。既然如此，咱就结婚吧。婚后不久，他告别妻子，登上开往北美的船，于1777年3月回到南卡罗来纳。

约翰·劳伦斯一回来就闹着要去参加大陆军。父亲还是不同意，但也拿这个愣小子没办法。6月，约翰·汉考克表示不再连任大陆会议主席一职，亨利·劳伦斯当选为下一届主席，过几个月就要上任。这样一来，他更没法阻止儿子上战场了。别人的孩子都去流血，大陆会议主席的公子好意思躲在家里吗？

亨利·劳伦斯只好给儿子写了封推荐信，叫他到华盛顿那儿去报到。华盛顿和亨利·劳伦斯是好朋友，似乎明白一个父亲的舐犊之情，再加上他确实喜欢约翰·劳伦斯的才华，就让他当了帐前助理。劳伦斯（以下如非特别注明，单指约翰·劳伦斯）很不情愿，就像汉密尔顿一样，他一心想着领兵打仗，但华盛顿一句“我需要你”就把他留在身边。

劳伦斯聪明能干，工作起来尽心尽力，深得华盛顿的赏识。他肩负着很多秘密使命，成为华盛顿的左膀右臂。他曾代表大陆军出使欧洲，既促进美法联盟，又当华盛顿的代言人。在“康威阴谋”中，大陆会议的一些议员与大陆军军官联手，企图剥夺华盛顿的指挥权。劳伦斯竭力维护华盛顿的名誉，他与大陆会议主席的父子关系也为华盛顿赢得了最强大的政治同盟。他 28 岁时果然如父亲担心的那样，在一次战斗中阵亡，差点没把华盛顿心疼死。如果他不过早地离去，首任国务卿不一定是托马斯·杰斐逊。

劳伦斯和汉密尔顿特别投缘，比亲哥俩还亲，他们的友谊为苦涩的战争带来一丝温情。不久，一个 19 岁的法国大男孩让华盛顿的“军事家庭”又多了一颗闪亮的明星，他以法国人特有的浪漫和热情融化了大陆军总司令那张“冷漠”的标签。只有在这个法国男孩面前，华盛顿才会摘下面具，释放内心的情感，喜怒哀乐皆出自然。这个男孩就是拉法耶特侯爵。

拉法耶特生于 1757 年 9 月。他家是世袭的贵族，也是军人世家，祖父、伯父、父亲都是军官，而且都是在对英战争中阵亡的，他对英国的仇恨可见一斑。拉法耶特的伯父战死后，拉法耶特的父亲继承了世袭的侯爵封号。拉法耶特还不到两岁，父亲就阵亡了。他 12 岁时，母亲和外祖父几乎同时去世，他由外祖母养大成人。唯一幸运的是，每一位家庭成员的离世都给他留下一大笔财富，还有每年至少 15 万利弗尔（也就是后来的法郎）的固定收入，相当于每年大约 150 万美元的进项。这个 12 岁的孤儿，不但拥有侯爵的头衔，银行账户上的金币也堆成了山。

1774 年，16 岁的拉法耶特和 14 岁的玛丽 · 艾迪莲结婚。艾迪莲出身法国最显贵的家族，与王室关系密切，他们的结婚证书是国王路易十六亲笔签署的。这桩婚姻把拉法耶特带进路易十六最亲密的小圈子。从此，他成了凡尔赛宫的常客，一天到晚在宫廷的宴会、舞会上转悠，年轻的国王和玛丽 · 安托瓦内特王后都很喜欢他。拉法耶特有点害羞，时不时地出点状况，逗得大家很开心。有一次，在舞会上，拉法耶特正跟玛丽 · 安托瓦内特王后跳舞。也不知道他说了什么不着调的话，王后忽然停下来，舞也不跳了，哈哈大笑起来，周围的人都跟着笑，把拉法耶特搞了个大红脸。

金钱、地位、女人，世人想要的，拉法耶特都有了，他还有什么不满足的呢？有，那就是荣誉，而荣誉只能从战场上获得。拉法耶特 12 岁就参加了国王的卫队，特别热衷于军事训练，也渴望着战争。1775 年，他在一次宴会上听到北美的革命，立刻不淡定了，恨不得马上飞到大洋彼岸。说起拉法耶特参加革命的动机，最高尚的理由是为自由而战，最合理的理由是为家人报仇雪恨，最真心的理由是对个人名誉的追求。于公于私，他都非去不可。

独立战争爆发后，路易十六高兴死了，可算看到英国倒霉的那一天。法国表面上保持中立，暗地里通过“皮包公司”偷偷往北美运军火。独立战争中，大陆军的武器百分之九十来自法国。但此时的法国还不想跟英国公开叫板。

拉法耶特嚷嚷着去北美参战，路易十六不得不板起脸来说，不许去，否则把你关起来！拉法耶特才不管这一套呢，他跟美国派驻法国的非正式使节本杰明·富兰克林和赛拉斯·迪恩联系，得到了他们的许可，又自己掏钱买了条大船，雇了十几个人，准备从西班牙扬帆出海。路易十六下令让他立刻回巴黎，他回去后被训了一通。国王叫他乖乖在家待着，还派人看着他。拉法耶特换上女人的衣服偷偷溜出来，跑到自己的船上，于1777年4月20日驶往北美。路易十六让海军去追，也不知道是真追还是假追，反正没追上。出了海，拉法耶特在晕船、呕吐之余，开始学英语。虽然他以前一句英语都不会说，但毕竟年轻，脑子好使，在海上漂着的这两个月里竟然把日常英语口语练得差不多。

1777年6月，拉法耶特抵达南卡罗来纳，又辛苦跋涉了一个月才赶到费城。可是，当他兴冲冲地来到大陆会议时，大陆会议告诉他，我们不需要您这样的，您还是回去吧。原来，独立战争期间，正是欧洲难得的和平时期。和平对老百姓是好事，对职业军人来说却糟透了。不打仗，他们靠什么吃饭呢？于是，大批的欧洲职业军人涌向北美，争着帮美国打仗。这些人的经验相当可贵，但他们要的工资也很可观，大陆会议根本负担不起。最后，大陆会议都快疯了，一看到欧洲来的军人就挡驾。俺家总司令都不要工资，你们还想拿高薪？赶紧回家歇着吧。

拉法耶特吃了闭门羹，一点也不灰心。他给大陆会议主席约翰·汉考克写了一封信，说我愿意以志愿者的身份参加大陆军，不但不要工资，连所有的费用都自己出。希望你们给我一个机会，让我倒贴钱为你们服务。汉考克一看，感动得不得了，再拒绝就没天理了。正在这时，富兰克林的信到了。他说，一定要善待拉法耶特侯爵，他与法国宫廷有特殊的关系，对争取法国援助至关重要。大陆会议这才明白拉法耶特的价值，很势利眼地授予这个没有任何实战经验的 19 岁的孩子少将军衔，算是向法国致敬。

过了大陆会议这一关，下一步就该见华盛顿了。这几天，华盛顿正烦着呢。探马来报，英军已在切萨皮克湾登陆，正向费城进发。华盛顿布置防守，千头万绪。费城很可能保不住，要早做安排。汉考克把拉法耶特的事告诉他，华盛顿心里就嘀咕，你是不是把我这儿当幼儿园了，怎么送个孩子过来？

7 月 31 日晚，华盛顿忙里偷闲，和几位将军、国会议员一起到城市酒吧喝点酒，散散心。他正跟汉密尔顿聊天，国会的秘书带着拉法耶特进来了，把他介绍给华盛顿。45 岁的华盛顿，高大威武，风度翩翩，举手投足间流露着一个成熟男人的自信和从容。拉法耶特第一眼见到华盛顿，心中就有一个声音在喊：他就像我那从没见过面的父亲！依恋之情油然而生。

华盛顿很客气地接待了这位法国侯爵。拉法耶特个子高高的，足有 1.83 米，只比华盛顿矮一点。他英俊挺拔，气质高贵，言语既得体又带着年轻人的活泼和热情，是个超级可爱的阳光男孩。一本正经的华盛顿让他一搅和竟然露出笑容，似乎感觉到一种说不清道不明的亲切。华盛顿不懂法语，拉法耶特的英语还不太灵光，他们之间怎么交流呢？别忘了华盛顿身边那两个天才助理——汉密尔顿和劳伦斯。这两位都能说流利的法语，当翻译绰绰有余。

接下来就出问题了。大陆会议看在法国面子上授予拉法耶特少将军衔，其实是一种荣誉称号，没打算真让他上战场。大家觉得这个“侯爷”钱多得没处花，跑到北美来玩打仗，等玩腻了自然就消停了。华盛顿的意思是把拉法耶特留在身边当“荣誉助理”，让他吃好喝好，不受委屈，最后不缺胳膊不缺腿地回法国，也算对得起人家孩子。可是，这层窗户纸谁都没跟拉法耶特挑破，他还真把自己当回事了。既然是将军，我就要干将军的活。于是，他跑去找华盛顿要人，说给我一个团，我要带他们去打仗。华盛顿都气乐了，这小子知道自己吃几碗干饭吗？华盛顿说：“我还不能把人交给你，但有机会一定让你上战场。现在，我愿意以朋友和父亲的身份，请你留下帮助我。”拉法耶特有点失望，觉得华盛顿不信任他。但他决定留下来，证明自己的能力。

随着英军日益逼近，费城的形势越来越紧张。华盛顿请拉法耶特一起去查看防务。拉法耶特从来没见过装备这么差、穿得这么破的军队，这种情况在欧洲是难以想象的。他似乎明白了，当人们为理想而战的时候，任何苦难都是甘泉。华盛顿说："跟法国军队比起来，我们现在的状况实在是惭愧。"他想听听拉法耶特的意见。拉法耶特说："我是来学习的，不是来传教的。"华盛顿见惯了欧洲来的军人指手画脚的样子，拉法耶特这一句话就让他对这个男孩刮目相看。

9 月初，英军 17000 人，在威廉·豪的率领下，终于来到费城近郊的白兰地湾。过去这两个多月，英军可没少受苦。自从 6 月底从新泽西上船，在海上漂了整整 34 天，7 月底才在马里兰登陆。从海上走虽然避免了这一路上被敌人打扰，但也让士兵们苦不堪言，谁愿意在那么小的船舱里憋一个多月？而且，他们下船的地方还搞错了。本应在特拉华登陆，离费城不过三五十公里。结果，一不留神到了南边的马里兰，偏出去近二百公里。从马里兰到宾夕法尼亚，各地的民兵不停地捣乱，虽说没造成多大损失，但也够烦的。

华盛顿沿白兰地湾设防，打算把英军挡在河对岸。这个阵地选得不错，防守布置得也很严密，但他犯了跟在长岛时同样的错误：没有好好查看地形。在白兰地湾西面有一道支流，河水浅，河面窄，很容易过。大陆军在这里竟然没有设防，因为大家都不知道这么个所在，地图上没画。华盛顿和他的将军们应该为此感到羞愧。他们是本土作战，对自己家门口的地形还不如英军熟，只顾看地图，没花工夫实地考察。豪就不一样，他不管到哪，先把地形摸透，再定计划，不打胜仗才怪。他决定用跟“长岛之战”中一模一样的策略，迂回包围，两面夹击。

9 月 11 日清晨，白兰地湾正面的 5000 名英军和黑森兵开始攻击。大陆军在斯特林将军和萨立文将军的指挥下，有条不紊地进行阻击。就在双方打得难解难分的时候，1 万名英军突然出现在大陆军的右翼，发起猛烈的进攻。他们在前一天晚上由康沃利斯将军率领，绕道而行，悄悄渡过河，埋伏在大陆军的眼皮子底下。这一招完全出乎华盛顿的意料。仓促之中，他一面让斯特林和萨立文抽出一部分人马去右翼，一面把格林将军的军团填上去，企图阻止英军的脚步。但大陆军的阵容已经开始乱了。败局不可避免，现在要做的是赶紧组织有秩序的撤退，减少损失。

拉法耶特跟着华盛顿在山坡上把战局看得一清二楚，他知道大陆军现在需要争取时间，组织撤退，但战士们只顾逃跑，根本无法进行有效的抵抗。华盛顿正与将军们紧急研究对策，拉法耶特在那一个劲儿地喊：“让我去吧！让我去吧！”华盛顿简直被他烦死了，无意中答应了一声，可能就是想把这个“噪音”赶走，不是真让他去。拉法耶特翻身上马，奔着右翼阵地去了。

拉法耶特冲到阵前，用带着浓重法国腔的英语大声疾呼，叫大家不要乱，借助地形，组织抵抗。开始时，没人听他的。不久，大家看到他甘冒枪林弹雨，不顾自身安危，都很受感动，渐渐地不那么惊慌失措了。就这样，拉法耶特止住了败军，为大队人马撤退赢得了时间。在战斗中，他被一颗子弹打中左腿腿肚，但他拒绝离开，一直坚持到所有人都安全撤退。那时，他的靴子里已经灌满了血。

拉法耶特的所作所为华盛顿看得清清楚楚，华盛顿完全被他的勇气征服了，仿佛看到了年轻时的自己。战斗一结束，华盛顿就派自己的私人医生来给拉法耶特疗伤，并对医生说："你要像对我的亲生儿子一样对待他。我爱他。"医生给拉法耶特治疗时，华盛顿亲临探视，丝毫不掩饰关切之情。汉密尔顿和劳伦斯也把他当亲兄弟，对他照顾有加。拉法耶特虽然受了伤，但心里很高兴。刚来北美没多久就碰上"一个爹两个哥哥"，别提多幸福了。

拉法耶特在战斗中的表现向所有的人证明，他不是个摆设。华盛顿亲笔给大陆会议写信，赞扬他的勇气和军事才华，建议让他统率一个军团。等拉法耶特伤好后回到大陆军时，他已经有了自己的部队。他不愧是将门虎子，打起仗来很有灵性，表现出非常成熟的判断力，成为大陆军最重要的将领之一。他还用自己与法国王室的关系给美国争取到大量的经济和军事援助，为独立战争的胜利立下汗马功劳。

"白兰地湾之战"的失败把费城完全暴露在英军的枪口下，大陆会议除了逃跑别无选择。华盛顿一面修整队伍，一面派汉密尔顿去费城组织撤离。1777年9月26日，英军进入费城。“首都”沦陷，引起的“轰动”效应可想而知，但华盛顿却没像一年前失掉纽约时那么痛心疾首，因为大陆军还在，希望还在。一城一地的得失在他心中不那么重要了。

英军进城后，豪留下3000人守费城，派9000人驻守日耳曼城。日耳曼城在费城以北8公里，离大陆军更近。华盛顿听到英军分兵，认为机会来了。他决定夜袭日耳曼城。这一仗要是打好了，不但可以收复费城，还能重挫英军主力。这个战术跟“特伦顿之战”如出一辙，他也希望复制特伦顿的胜利。

10月3日夜，华盛顿和格林将军、斯特林将军、萨立文将军等率4个军团共1.1万人，分两路向日耳曼城进发。可是，这一次，他们没有了特伦顿的运气。当夜大雾弥漫，大陆军先是迷了路，等找到路时已经失去了最有利的战机。各队之间的联系很困难，甚至分不清敌我，自己人跟自己人还打了一阵。反正，一切都没按计划来，弄得乱七八糟的。英军虽然遭到突然袭击，但他们没有崩溃。豪不是吃素的，不但很快就组织起抵抗，还转守为攻。战斗非常激烈，双方都损失惨重。最后，大陆军退出战斗，放弃了收复费城的最后一次努力。豪也没追击，而是在费城舒舒服服地准备过冬了。

虽然“日耳曼城之战”以失败告终，但华盛顿却有一个意外收获。大陆军在战斗中表现出来的“狠劲儿”给法国特使留下了深刻的印象。当初，英美一开战，法国就派“观察员”来北美“考察”，主要是看看，这两家到底是真打还是假打。法国对美国的自由不感兴趣，但对英国的倒霉感兴趣。路易十六想支持美国，但不想支持一个失败者。他需要知道两件事：第一，英美是彻底分家还是闹闹别扭，一会儿就和好了；第二，美国有没有决心和能力打赢这场战争。“日耳曼城之战”让法国特使深信不疑，英美不可能再过到一块儿去。华盛顿那种“永不放弃”的精神也让法国人看到了希望。再加上，不久就传来萨拉托加大捷的消息，终于促使路易十六公开承认美国独立，让在偏远的北美殖民地爆发的这场“暴乱”演变为“国际战争”。

豪虽然在费城大获全胜，却错过了北上的机会。那么，从加拿大南下的英军将面临什么样的命运？北方战场的得失将怎样影响战争的进程？请看下一个故事：《萨拉托加》。

040

萨 拉 托 加

1777 年 3 月，伦敦。约翰 · 伯格因将军正跟朋友把酒言欢。他很快就要离开英国去新大陆，实施自己制定的那个“完美计划”。几天前，英国殖民大臣杰曼勋爵批准了他的计划。伯格因得意扬扬地对朋友说：“等着瞧吧，本将军此去定能旗开得胜，一年之内结束北美的战争。”这位朋友冷冷地说：“我预测，你将作为战俘被假释回英国。”伯格因不信，两人便打了 10 英镑的赌。

伯格因的计划是率军从加拿大南下，与从纽约市北上的英军在奥尔巴尼会合，控制哈德逊河流域，彻底切断新英格兰与其他地区的联系。如果这样，美国可能就支持不了多久了，因为新英格兰是革命势力最强大的地方。但是，这个计划若想成功，必须南北配合，豪要从纽约北上支持伯格因的行动才行。伯格因不知道，豪将军已经打定主意去费城了。这事儿主要是殖民大臣杰曼勋爵没协调好。

他批准了伯格因的计划，也知道豪的打算。但他没把豪的想法告诉伯格因，也没有命令豪北上，而是让豪自行决定，搞得好像北上无关紧要似的。

1777 年 6 月，伯格因率 7000 名英军和黑森兵从加拿大的魁北克城出发，沿圣劳伦斯河南下，奔着纽约州境内的提康堡而来。自从 1775 年 5 月提康堡被伊森 · 艾伦和本尼迪克 · 阿诺德袭取之后，它就是大陆军在北方的重要据点（参看 029《绿山男孩》）。提康堡在尚普兰湖和乔治湖之间，控制圣劳伦斯河和哈德逊河两个水域，战略地位不言自明。

大陆军北方部的统帅是菲利普 · 斯凯勒将军。他曾是远征加拿大的总指挥，但因身体不好，由副将理查德 · 蒙哥马利代替出征。斯凯勒是纽约州最富的人之一，在哈德逊河谷拥有大片土地。当时，统治纽约的是三大家族：克林顿家族、利文斯顿家族和斯凯勒家族。他们不仅富得流油，而且掌控纽约政坛。乔治 · 克林顿长期担任纽约州州长，利文斯顿和斯凯勒占据着议会。斯凯勒不是个出色的将军，但他为人坦率正直，既有绅士风度，又有侠义心肠。他和华盛顿是非常亲密的朋友，也是政治同盟。斯凯勒还是汉密尔顿未来的岳父。

斯凯勒得知英军动向后，立刻部署防御。大陆军摧毁了纽约州境内的很多道路和桥梁，拖延了英军的行动。但此时，华盛顿已率主力南下费城，斯凯勒一共有3000人，驻守提康堡的只有800人。提康堡的主将是亚瑟·圣克莱尔上校。提康堡地势险峻，易守难攻，英军绝不会直接进攻堡垒。但周围有三座小山，俯视堡垒。如果英军占领了其中的一座，架上炮一轰，就够呛了。这三座山中的两座有大陆军把守，剩下一座叫“糖堆”的山没设防，一是因为人手不够，二是因为这座山比另外两座陡峭，即使英军爬上去，大炮上不去也是徒然。

1777年7月4日，美国独立一周年。提康堡里的官兵举行了小型的庆祝仪式，都喝了不少酒。就在这一夜，英军悄悄地登上糖堆山。伯格因早就派人勘测好了，虽然糖堆山很陡，但用树木铺设小道，还是可以把大炮拽上去。英军神不知鬼不觉地把几十吨大炮运到山顶，堪称奇迹。当7月5日的太阳升起，提康堡的将士们发现，他们已经完全暴露在英军的炮口下。不但如此，伯格因还下令大部队从四面向提康堡逼近，做出包围之势。

圣克莱尔面临两个选择：坚守或撤退。坚守，若英军合围，提康堡里的人恐怕全完了；撤退，大家保住一条命，但他个人的名誉和政治前途就完了。圣克莱尔选择了后者。7月5日夜，大陆军悄悄地撤出提康堡。这个北方最重要的军事据点就这样落入英军手中。

提康堡失守引起的政治风波和舆论风暴大大超出了圣克莱尔和斯凯勒的预期。大陆会议曾花大价钱装备提康堡，人人以为它固若金汤，怎么也应该撑上一阵子。结果，大陆军一枪没放就把它送给了英军。大陆会议震怒，战争委员会主席约翰·亚当斯说："看来，我们不枪毙几个将军，他们就学不会防守。"华盛顿也对提康堡如此轻易地失守表示震惊。但实际上，圣克莱尔的决定虽然显得怯懦，但他保存了实力，未必不是一个合理的选择。斯凯勒在北方的防守也可圈可点，为接下来的"萨拉托加战役"打下了良好的基础。后来，圣克莱尔和斯凯勒都主动要求军事法庭调查此事，法庭裁定他们没有渎职。

大陆会议决定撤掉斯凯勒北方部司令的职务，由赫瑞修·盖茨将军代替。华盛顿与斯凯勒交情深厚，与盖茨一向合不来，但在这个当口他也没法替斯凯勒说话，只好听从大陆会议安排。盖茨是英国人，一直在英军服役，独立战争爆发前不久才在弗吉尼亚买了块地，打算定居下来。他的军事经验非常丰富，在大陆会议中很有人缘，特别是北方各州都支持他。他本是斯凯勒的部下，但根本瞧不起斯凯勒，连华盛顿都不放在眼里。他觉得应该由自己当大陆军总司令才对。盖茨色厉内荏，固执，保守，还有点婆婆妈妈。军官们给他起了个外号，叫"盖茨奶奶"。

华盛顿在费城对付豪的主力，战事正吃紧，但他还是把个人恩怨放在一边，派出两位心腹爱将去支援盖茨，他们是丹尼尔·摩根和本尼迪克·阿诺德。这两位都是大陆军最优秀的将领，天生的军人，对打仗特有感觉。

摩根是弗吉尼亚人。1775年，他跟着阿诺德远征加拿大（参看030《远征加拿大》），在魁北克城下被俘，坐了两年牢，以交换战俘的形式回到大陆军。他的撒手锏是手下的神枪营。当时，两军对垒，最常见的枪是旧式滑膛枪。这种枪没有膛线，准头很差，大家要排成一排同时射击才有效。另一种枪是北美人和印第安人喜欢用的膛线枪，或译为来复枪。这种枪打得很准，特别适合打猎，但上弹药需要的时间长，不适合大规模的阵地战。摩根率领的神枪营就是使用膛线枪，个个都是百发百中的神枪手。他们不跟敌人正面冲突，而是躲在犄角旮旯里瞄准射击，打得敌人找不着北。

阿诺德的本事我们在《远征加拿大》的故事中见识过了，他在军中威望很高，华盛顿认为他是最出色的前线指挥官。可是，他“出道”以来，虽屡建奇功，但总是不受大陆会议待见。主要是因为他个性张扬，不把大陆会议那帮官僚政客放在眼里，说话得罪了不少人，做起事来我行我素，不太顾及政治影响。即使华盛顿护着他，大陆会议还是逮机会就整他一下。

1777年2月，大陆会议提拔了5个新的少将，他们以前都比阿诺德级别低，功劳也不如他大。如今，他还是准将，这些人却都爬到他头上去了。阿诺德一怒之下辞职。很多军官联名写信挽留，他不为所动。后来，还是华盛顿亲自出马，并许诺给他争取少将军衔，这才把他留下。华盛顿好不容易从大陆会议那儿给他把军衔要来了，但同为将军，他的位置还是排在那5位之后。阿诺德又要走，华盛顿再次拒绝接受他的辞职信。他要阿诺德耐心等待，总有属于他的那一天。

北方战事开始后，华盛顿派阿诺德去帮盖茨。阿诺德对纽约上州很熟悉，打起仗来神出鬼没，确实是最佳人选。问题是，“盖茨奶奶”不喜欢阿诺德。他知道阿诺德比他本事大，也比他威信高，所以心里总是提防着他。两人表面上客客气气的，但矛盾一触即发。

这边大陆军窝里斗不亦乐乎，那边伯格因将军已经快到萨拉托加了。他兵不血刃夺取提康堡，信心大增。这时，他得知豪将军已南下费城，留守纽约市的克林顿将军兵力有限，不可能大规模北上支持他。可是，他还是选择继续向奥尔巴尼进军。既然“叛军”如此不堪一击，没有豪将军配合也能摆平他们。

就在英军顺风顺水的时候，一个偶然事件让形势急转直下。当地一位女士出门探亲，半路被人残酷地杀害，尸体遭肢解。谁也没看见到底是谁干的，但最后大家都把矛头指向印第安人，因为有人见到一个印第安人拿着一把头发，“大概、可能、差不多”是那位被害女士的。革命派趁机添油加醋地大肆渲染，搞得整个新英格兰和纽约地区群情激愤。

纽约的印第安人是易洛魁联盟，共6个部落。其中4个站在英军一边，2个中立。所以，在人们心中，印第安人基本上跟英军是一伙的。这次伯格因将军南下，印第安人给他打前站，引路，放哨，刺探军情，确实帮了不少忙。现在，既然大家确信这桩罪行是印第安人所为，这口气哪里咽得下去？

一时间，各地民兵纷纷开赴纽约上州，誓与英军血战到底。没多久，盖茨的队伍就从3000人增加到近1万人，伯格因丧失了兵力上的优势。而且，随着英军深入纽约州腹地，他们的供给越来越困难。纽约州本来就森林密布，大陆军又毁掉了很多道路，民兵还经常袭击英军供给车队，伯格因的军队一日三餐渐渐开始出问题了。他只想尽快赶到奥尔巴尼，既占领这个战略要地，又可以补充给养。

9月19日，英军到达萨拉托加以北6公里处的弗里曼农庄，在这里与大陆军交上了火，“萨拉托加战役”拉开帷幕。一大早，当英军先头部队接近弗里曼农庄时，遭到躲在树林里的摩根神枪营的袭击。摩根的军团属于阿诺德统率的大陆军左翼，阿诺德告诉他们专门瞄准军官打。这个打法有点无赖，因为那时候欧洲战争的“准则”之一就是不打军官，否则太不绅士，胜之不武。阿诺德可不管这一套，打的就是军官。摩根的500名神枪手效率极高，弹无虚发，一会儿工夫就差不多把所有的军官都撂倒了。

英军群龙无首，仓皇撤退，摩根领人追上去，迎面正好碰上伯格因率领的大部队。两下一交手，摩根势单力孤，只好撤回树林。此时，阿诺德的部队已到，双方展开激战，阵地几次易手。阿诺德又敦促盖茨再从右翼抽出两个军团增援，摩根的人马继续瞄准军官打，甚至在混乱中有人说伯格因本人被打死了，后来证明死的是他的助理。战斗从早晨打到傍晚，天黑了才熄火。最后，英军勉强夺回阵地，算是胜了这一场，可是，他们的损失是大陆军的一倍。特别是各级军官伤亡惨重，以至于伯格因无法马上组织第二场战斗。

“弗里曼农庄之战”大陆军虽然表面上败了，但重挫英军，打得很漂亮。阿诺德不拘一格的指挥风格是最大的亮点，各级军官和战士们都把功劳归于他。阿诺德越风光，盖茨就越不舒服。他在给大陆会议的报告中，把所有的好事都揽到自己身上，一个字都没提阿诺德的功劳。阿诺德闻讯大怒，一面向大陆会议申诉，一面找盖茨评理，两人甚至拔刀相向。盖茨以大陆军北方部总司令的身份命令阿诺德立刻交出指挥权，不许再参加下面的战斗。阿诺德恨恨地回到自己营地。他本想到华盛顿那儿去，但朋友们都劝他暂且忍耐，看看下一步的动静再说。

接下来，各地民兵继续涌入萨拉托加，盖茨已经有 1.2 万人，而伯格因的部队只剩下 5000 多人。他们被大陆军和民兵团团围住，陷入困境。伯格因向纽约的克林顿将军求救。10 月 3 日，克林顿率部从纽约市北上，攻克蒙哥马利堡，但不久就受到大陆军和民兵的顽强阻击，只好退回城里。伯格因等待救援的希望彻底破灭了。

10 月 7 日，伯格因指挥 5000 名英军在贝密斯高地做最后一次突围努力。盖茨投入了 8000 名兵力，摩根在左，伊诺克 · 普尔在右，埃比尼泽 · 勒尼德在中。战斗于下午两点打响。伯格因孤注一掷，做困兽之斗，英军表现得非常勇敢，几次差点突出重围。摩根的军团再次大展神威，在关键时刻顶住了敌人的进攻，伯格因的马、帽子、外套都被击中，他却幸运地捡了一条命。第一轮战斗持续了大约一小时，双方暂时休息。

就在这时，大陆军阵地上闯进一位将军，正是阿诺德。盖茨不让他上战场，可是，他听见枪响就坐不住，再加上喝了酒，借着酒劲儿，管他什么命令不命令，先打完仗再说。战士们见到阿诺德，兴奋地欢呼起来。阿诺德打眼一看，发现英军阵地上有个关键据点，如果占领了它，英军将无险可守。他立刻下令进攻那个据点，同时让摩根从背后包抄。

这个据点的防守非常严密，火力很足。阿诺德亲自带人往上冲，骑着马穿行于子弹与炮火中，完全把生死置之度外。战士们都很受鼓舞，也拼上性命。经过激烈交锋，阿诺德与摩根合力占领了那个据点。要不是夜幕降临，大陆军一鼓作气，当天就可能把英军全部解决了。在血腥的战斗中，阿诺德的左腿和他的马都被击中，他从马上掉下来，摔断了那条受伤的腿。当助理问他伤到哪儿了，他说：

"伤在腿上，但我更希望打到我的心上。"阿诺德坐在马的尸体上继续指挥，直到战斗结束。

盖茨得知阿诺德违反命令擅自上阵后，立刻叫助理去追，可是，那位助理紧赶慢赶也没追上，等仗打完了才找到阿诺德。他传达盖茨的命令，要阿诺德立刻回营。这时，阿诺德已经躺在担架上了，被抬回营地。他这次伤得着实不轻，落下终身残疾，走起路来一瘸一拐的。

当阿诺德最终回到华盛顿的大营，华盛顿看到他的身体状况，心里很难受，觉得亏欠他太多。这也许就是他后来尽量给阿诺德提供各种晋升机会的原因。可惜，华盛顿的真心换来的是背叛。三年后，在各种因素的影响下，本尼迪克·阿诺德，这位萨拉托加的英雄，终于投入英军的怀抱，成了美国革命的叛徒。他是美国二百年来最著名的叛徒，他的名字早已成为"叛徒"的代名词。很多人为此扼腕叹息。也许，历史的醇香就是在无数的遗憾和惋惜中酿成的。

"贝密斯高地之战"让伯格因别无选择。他内无粮草，外无救兵，只能投降。奇怪的是，绝境中的伯格因居然大模大样地跟盖茨谈条件，而且把条件开得非常苛刻，好像盖茨求着他投降似的。比如，他对盖茨说，我们可以投降，但不做俘虏，你必须让我们马上回欧洲。如果不答应，我们哪怕只剩一个人也要打回魁北克。盖茨的反应只能说明，世界上的事，没有最奇怪，只有更奇怪。在这种任何一个将军都会命令敌人无条件投降的形势下，盖茨却答应了伯格因所有的条件，他的“仁慈”倒真的有点像“奶奶”。

1777年10月17日，伯格因正式向大陆军投降，5000名英军放下武器，这是自开战以来英军投降人数最多的一次。“萨拉托加战役”以大陆军的辉煌胜利告终。盖茨很热情地款待了伯格因，双方相谈甚欢。席间，伯格因提议“为华盛顿将军干杯”，盖茨也回礼道“为英王陛下干杯”。斯凯勒将军也邀请伯格因到家里做客。双方交战时，伯格因派人烧毁了斯凯勒在萨拉托加的一处庄园。他向斯凯勒道歉，斯凯勒说，过去的就让它过去吧。伯格因不光是将军，还是个剧作家，很有文艺范儿，性格也开朗热情，大家好像都挺喜欢他。看这个亲热劲儿，英美双方的将军们还真点“友谊第一，比赛第二”的精神。

后来，伯格因的投降书传到大陆会议和华盛顿手中。华盛顿一看就急了，这不是开玩笑吗？我们还有那么多战士在英军战俘营受虐待，你至少应该考虑拿伯格因的人去交换才对。他敦促大陆会议否决这份协议，赶紧扣留萨拉托加的英军。大陆会议接受了华盛顿的建议，投票否决了投降书上的条件。但那时伯格因和很多英军士兵已经回国了，只有剩下的一批人被扣留。

萨拉托加大捷为盖茨赢得了巨大的荣誉，他被视为第一功臣，成了民族英雄。连伯格因本人都认为他输给了阿诺德而不是盖茨，后世的学者们也对此纠结不已，但在当时，盖茨的风头无人能比。他的光芒似乎盖过了华盛顿，也盖过了正躺在病床上的阿诺德。但大陆会议这一次总算没太糊涂，他们嘉奖了阿诺德，把他的位置又提到另外5位将军之前。盖茨一朝得势，也就不甘心只做北方部的司令了。接下来，他将与华盛顿一较高低。

今天，在萨拉托加战场的遗址上已建起“萨拉托加历史公园”。公园中有四座纪念碑，分别纪念为战役做出重要贡献的四位将军，他们是：赫瑞修·盖茨，菲利普·斯凯勒，丹尼尔·摩根，本尼迪克·阿诺德。前三位将军的纪念碑都是他们的肖像，但阿诺德没有。一种说法是，因为阿诺德后来成了叛徒，人们不愿为他立雕像。另一种说法也许更真实：因为阿诺德太杰出了，一座雕像不足以表现他的与众不同。于是，阿诺德纪念碑变成了一只穿着靴子的受伤的腿，靴子上的星星代表了他的少将军衔。这座“靴子纪念碑”就立在他受伤的地方，献给“大陆军最才华横溢的战士”。事实上，这个公园中最有艺术感染力的，正是阿诺德这条受伤的腿。

萨拉托加是独立战争的转折点，不仅因为它歼敌人数多，更重要的是，它让大洋彼岸的法国成为第一个承认美国的国家。独立战争不再是英帝国的“家务事”，而成了两个大国争夺世界霸权的“国际战争”。法国的介入让北美人第一次相信，胜利，也许不再只是一个梦。

法国是怎样一步一步卷入战争的？它想得到什么？是谁在这场较量中起了关键作用？请看下一个故事 :《美法联盟》。

041

美 法 联 盟

18 世纪 70 年代的法国正享受着火山口上的繁荣，沐浴在波旁王朝最后的辉煌中。它是欧洲大陆第一强国，也是唯一可以与英帝国比肩而立的巨人。但英法的强国之路截然不同。英国的强大靠的是民主制度，法国的繁荣依赖于专制统治。与英国一脉相承的美国，无论是语言、文化、传统，还是政治、经济、信仰，都与法国格格不入。而且，北美人特别讨厌法国人。仅仅二十年前，他们还在“法国与印第安人的战争”中大打出手，大陆军所有的高级将领，包括华盛顿在内，都是在这场战争中历练出来的。

可是，自从“莱克星顿的枪声”打响后，法国一夜之间变成了所有北美人的最爱。对刚刚诞生的美国来说，天底下最令人陶醉的事莫过于：两个“超级大国”是死对头。英法是世仇，在过去的 440 年里，两家除了打仗还是打仗，“此恨绵绵无绝期”。年轻的美国虽然没有外交经验，但它明白一个道理：敌人的敌人就是我的朋友。

美国宣布独立没多久就向法国派出使节。因为法国还没公开承认美国，这些“特使”只能以非正式、非官方的身份去巴黎。大陆会议派出三位代表，第一位是赛拉斯 · 迪恩，第二位是亚瑟 · 李。第三位，也是最重要的一位，是本杰明 · 富兰克林。人们总是感叹，美国何其有幸，能同时拥有华盛顿和富兰克林。没有华盛顿，大陆军早就不存在了；没有富兰克林，美法联盟就是“没法联盟”。

1776 年，富兰克林 70 岁。他早已是在国际社会享有盛誉的科学家、发明家、思想家、作家，也是北美最受人尊敬的政治家和外交家。此前，他在伦敦住了将近二十年，1775 年刚回到新大陆。在伦敦的二十年是富兰克林一生中最美好的时光。他除了搞科学研究，还兼任宾夕法尼亚等几个殖民地在英国的贸易代表，与英国的政要名流交往频繁。比如，北美英军总司令威廉 · 豪的哥哥——海军上将理查德 · 豪，就曾多次邀请富兰克林去家中密谈北美事务。对欧洲人来说，富兰克林是他们认识的唯一的北美人。

美国再也找不到比富兰克林更合适的驻法公使了，他的世界声誉和丰富的外交经验使这个青涩的新国家在国际关系的舞台上从一开始就气宇不凡。既然有了富兰克林这块宝，大陆会议为什么还要派迪恩和李同时前往法国呢？因为那时候交通太不方便，横穿大西洋单程就要一两个月，稍有不顺就得三个月，一个来回半年就过去了。所以，驻外使节想及时汇报并得到“中央指示”是不可能的。他们只能根据情况自行处置，“先斩后奏”。多派几个人，遇事大家商量着办，可以避免偏颇。当然，这也是大陆会议窝里斗的结果。正如一位代表所说：我们怎么知道富兰克林不会把美国卖给法国？

1776 年 10 月 27 日，病痛缠身的富兰克林登上开往法国的船。他手中握着的东西与华盛顿手中的东西一模一样：美国革命的命运。这位 71 岁的老人，仍然有一颗热爱冒险的心，但他也不得不面对自然之神的法则。他带着 16 岁的孙子和 7 岁的外孙同行。富兰克林想让他们接受欧式教育，但更重要的原因是，用他自己的话说：“如果我死了，有一个孩子可以为我合上眼睛。”他似乎确信，此一去，不可能再活着见到新大陆。

一年前，富兰克林从伦敦回到费城时，他以为他的政治生涯已经结束了，却哪里想到，最辉煌的历程才刚刚开始。12 月 21 日，富兰克林终于来到巴黎，这一路上的艰辛险些要了他的命。他的公开身份只是一个普通的美国学者，但当他的马车进入巴黎时，却受到人们的夹道欢迎。疲惫不堪的富兰克林本想悄悄地回住处休息，可是，巴黎已经准备好迎接一个超级巨星了。

早在 1752 年，富兰克林的电学理论就得到法国科学界的论证和认可，他的整套科学论著于 1773 年在法国出版。就在他到达巴黎后不久，他的《穷人理查德生活指南》法语版也问世了，并在此后的两年里再版了四次。这个“从天空抓到闪电的人”，这个以幽默的智慧讲述着人生真谛的人，既有卢梭的浪漫，又有伏尔泰的理智，把法国人对科学和哲学的崇拜完美地结合在一起。喜欢追星的巴黎人怎么能放过他呢？

一时间，不管是上流社会的沙龙，还是普通人家的厨房，富兰克林的肖像出现在巴黎的所有角落。窗帘上、壁纸上、衣服上、帽子上、首饰上、餐具上……都印着他那普通得不能再普通的脸。幸亏那时候没有“肖像权”之说，要不然，富兰克林什么都不用干，天天忙着打官司就行了。他无奈地对女儿说，你老爸这张脸现在就像月亮的脸一样了。富兰克林引起的“明星效应”甚至惊动了凡尔赛宫里的路易十六。23 岁的国王既好奇又有点嫉妒，不禁玩心大起，居然模仿坊间的做法，把自己的肖像画在锅上、盘子上，赐给那些整天在他耳边唠叨富兰克林的贵妇，似乎在提醒大家：别忘了谁是你们的国王。

跟那个时代的其他绅士不同，富兰克林从来不刻意修饰打扮。特别是这一次，他身负重要使命，在事情没有明朗之前，不想招摇过市。他穿着最普通的衬衫和外套，没有任何华贵的饰物，不戴制作精美的头套，大方地露出秃顶，随意披散着白发，在珠光宝气的社交圈里是彻头彻尾的“另类”。富兰克林想要展示的是北美特有的“平民风”，朴实自然，坦率真诚。可他越低调，巴黎越为之疯狂。人们从他简单的衣着上看到的不是寒酸，而是“自由的浪漫”。上流社会的贵妇，从十七岁到七十岁，都愿意围在他身旁，听他讲科学、讲美国、讲笑话，跟他下象棋、玩游戏、谈时事。富兰克林随意戴的皮帽子也被巴黎女性争相模仿，做成类似形状的发型，还给它起了个名字叫“富兰克林发式”。法国人甚至染上了韩国人的毛病，非说富兰克林是法国的，还考证说，法国某个县里的人很多都姓“富兰克林”，后来这个“富兰克林”家族移民到英国，再后来又移民到北美。

各个沙龙和社会团体都争相邀请富兰克林参加他们的活动。真正让他感到荣幸的，是他与法国哲学大师伏尔泰的友谊。此时的伏尔泰已是 83 岁高龄，平时很少出门。他亲自陪富兰克林参加哲学俱乐部的活动，成为巴黎轰动一时的大事。伏尔泰是泰山北斗式的人物，他尊重的人就是法国尊重的人，他的客人就是法国的客人。在聚会上，学者们一块儿起哄，撺掇伏尔泰和富兰克林“抱一个”“亲一个”。两人拗不过大家的盛意，于是，一个 80 多岁的老头和一个 70 多岁的老头拥抱在一起，并亲吻对方的两颊。这个本来很普通的法式礼节成了巴黎社交界的佳话。

富兰克林在巴黎风光无限，可他心里一点也不“风光”，都快急死了，他可不是来开派对的。美国想从法国得到三样东西：政治上的承认，经济援助，海军。可是，到目前为止，法国一直保持“中立”，只是通过“皮包公司”偷偷往美国运军火，秘密借给大陆会议一笔钱，默许美国商船停靠法国口岸，如此而已，其余的根本谈不上。

法国有法国的难处。首先，波旁王朝表面光鲜，实际上危机四伏。路易十六从祖父路易十五那里继承的是一个烂摊子。年轻的国王本想改革，但遭到贵族势力的极力阻挠，只好作罢。法国失去了自上而下走向共和的机会。英法“七年战争”结束才十来年，这口气还没缓过来呢。现在卷进英美冲突，无疑会让本来就很困难的财政雪上加霜。再者，法国可以帮美国打仗，但不能替美国打仗。大家都愿意站在胜利者一边。没有任何迹象表明，美国有能力打赢这场战争。还有，路易十六对美国人追求的自由毫无兴趣，甚至有些害怕。谁都知道，世界上传染性最强的疾病，不是天花和麻疹，而是革命。万一法国人从美国那儿得到启发，也起来造反怎么办？事实证明，路易十六的担心一点也不多余。独立战争结束仅仅六年之后，法国就爆发了大革命，国王的脑袋也跟着搬了家。

法国犹豫不决，美国自己也不争气。华盛顿一败再败，丢了纽约又丢新泽西，搞得富兰克林手中一点筹码都没有。弱国无外交，他现在能打的牌，只剩下他的个人声誉了。声誉带来魅力，魅力带来影响力，他把这张牌打到了极致。但极致也是有限的。别看他是巴黎的贵客，路易十六却一直拒绝见他，美法关系只限于民间，没有官方支持。富兰克林丧气地在日记中写道："我们怎么能指望君主制的法国帮助共和制的美国呢？"

好像老天还嫌富兰克林的麻烦不够多，平白又给他添了不少堵。大陆会议派来的另外两位特使都不是省油的灯。本来指望他们齐心协力，结果却各怀鬼胎，还不够内讧的呢。迪恩性格倒是不错，容易与人相处，可是，他那双手就像涂了胶水似的，不"粘"点便宜是不可能的。这三位特使的一个秘密任务是购买和运送军火，富兰克林忙着安排偷运的船只，迪恩就忙着拿回扣，凡经他手的交易都不干净。另一位特使亚瑟·李，来自弗吉尼亚的名门望族，两个哥哥都是大陆会议代表和弗吉尼亚议会议员，后台多硬就不用说了。李就像得了"狂想症"，怀疑一切，打倒一切。他坐实了迪恩的贪腐，也认定富兰克林中饱私囊。在他眼里，这个世界上就没好人。富兰克林见到李就头疼，他没时间也没精力应付李的胡搅蛮缠。但是，有一点，李基本上是对的。他怀疑，美国特使的周围，从秘书到厨师再到仆人，几乎无一例外，都是间谍。

别人先不说，美国代表团的秘书爱德华·班克罗夫特就是英国间谍。他生于马萨诸塞，曾是迪恩的学生，富兰克林在伦敦时和他成为朋友。这么一个"熟人"，富兰克林和迪恩都很信任他，让他当机要秘书。大家都以为对他知根知底，却不知他早已是英国特工。美国特使们的一举一动，他们与法国人的所有交往，都在英国情报机构的掌握之中。班克罗夫特的情报既详细又准确，比如，哪一班船，哪年哪月哪日从哪里出发，运送什么货物到美国的哪一个港口；美国公使跟法国的哪一位官员谈过什么事情；法国给了美国多少援助；等等。有一次，美国特使们请求法国提供更多的援助。他们的文件刚递上，英国公使就向法国提出抗议，说法国违反中立原则。法国人很难堪，骂美国人神经太大条，连这点秘密都保不住。

李早就觉得班克罗夫特是间谍。但是，当他提醒富兰克林注意时，富兰克林发表了一通听上去很孩子气的高论：我站得直、行得正，人前人后没什么两样，不需要隐瞒什么，就让间谍报告去好了。他没把李的话放在心上，一是因为李怀疑所有的人，“狼来了”喊多了大家也就不当回事了；二是因为富兰克林那看上去天真无邪的外表下有一颗老谋深算的心。他隐隐约约地感到，身边有间谍不一定是坏事。

其实，法国官方对美国特使们也不是完全忽视。就在富兰克林到达巴黎几天之后，法国外交大臣弗吉尼斯勋爵就会见了这三位使节。在谈话中，富兰克林把北美与英法的利害关系讲得头头是道，想用利益平衡的道理打动弗吉尼斯。弗吉尼斯是职业外交家，心里明白得很。美国的自由不是他关心的事，但如果美国因势单力孤而不得不重回英国的怀抱，那就是法国的噩梦。十几年前，在“七年战争”中，法国把加拿大输给了英国。现在，它难道要眼睁睁地把美国也输给英国吗?

在路易十六的内阁中，弗吉尼斯是最同情美国的。他在美国特使还没到巴黎时就向国王提出援美计划。但形势太不明朗，路易十六决定先拖着，看那帮乌合之众经不经打。他们要是扶不起来的阿斗，咱还扶他干什么？于是，弗吉尼斯就敷衍富兰克林，绝口不提联盟之事。

富兰克林很清楚目前的处境，在没有重大的军事胜利之前，不可能把法国拉下水。他一面不动声色地周旋于巴黎的上流社会，一面默默地祈盼着战场上的好消息。同时，他以一个思想家独特的眼光，开创了美国外交的一个先例，那就是，把理想主义和现实主义紧紧地连在一起。当人类进入强权时代，利益似乎永远是国与国关系中唯一的天平。但富兰克林认为，美国有一个其他国家没有的优势，就是它对真理的追求。自由与平等，共和与法治，这不仅仅是美国的理想，也是全人类的理想。他引用清教徒祖先的话说："我们在捍卫自己尊严的同时，也捍卫了人类的幸福。"

为了让法国人明白美国到底为何而战，富兰克林在报纸上刊登了他参与制定的《宾夕法尼亚宪法》和其他法律文件，向旧大陆展示了一个崭新的政治制度。在这个制度中，三权分立，政教分离。人们自己管理自己，掌握自己的命运。幸福不是奢求，而是权利。富兰克林的"思想攻势"引起欧洲人对美国革命的好奇和同情，酒馆里，饭桌上，到处都能听到人们谈论北美。连弗吉尼斯也有点糊涂了，他说，富兰克林一会儿是冷酷的外交家，满嘴都是利益平衡，一会儿又变成哲学家，满脑子的主义和理想。

富兰克林创立的这种外交模式一直被美国沿用到今天。从“门罗主义”到“马歇尔计划”，从“孤立主义”到“全球战略”，美国在向世界挥舞着大棒和胡萝卜的同时，也向人类宣扬着普世价值。赤裸裸的利益争夺总是与理想主义的光辉相伴而行。枪炮有停歇的时候，军队有溃败的时候，金钱有困乏的时候，但以自由平等为核心的美国文化却所向无敌。占据道德制高点从来都是美国外交追求的目标。在这一点上，没有人比富兰克林做得更好。

在焦急的等待中，富兰克林已在巴黎住了一年，形势似乎没有好转。1777 年 10 月，巴黎“谣言”四起，说威廉·豪已经攻占费城。富兰克林心里当然不是滋味。费城不仅是美国的“首都”，更是他的家。他的房子成了英国军官的府邸。但是，当人们告诉他豪将军在费城的胜利时，他还是很“酷”地说：“你们搞错了。不是豪占领了费城，而是费城占领了豪。”富兰克林不过想幽上一默，没想到却一语中的。正是因为豪将军被费城“占领”，分不开身，才导致了萨拉托加的英军全军覆没。

12 月 4 日中午，有人敲响了富兰克林的门。那是一个从北美来的信使。富兰克林问：“告诉我，传言是不是真的？费城丢了吗？”

信使说："是的。"富兰克林转过身去，不想再说什么。信使说："但是，我有更好的消息！伯格因将军的全部人马都成了俘虏！'萨拉托加战役'让在费城的豪将军陷于孤立！"71岁的富兰克林闻讯居然高兴地跳起舞来。他知道，属于美国的那一天到了。

当天下午，富兰克林就把萨拉托加大捷的消息传给法国外交大臣弗吉尼斯。两天后，路易十六传出话来，让美国代表们提交一份要求建立联盟的意见书。在整整一年的"冷处理"之后，法国忽然变得迫不及待。12月7日，富兰克林递交国书。一个星期后，弗吉尼斯就告诉他：法国愿意公开承认美国独立，并与美国缔结贸易与军事同盟。但是，在此之前，法国需要得到西班牙的同意。法国和西班牙都属于波旁王朝一系，两家有盟约，同进同退。其中一家若与外国缔约，应首先得到另一家的许可。弗吉尼斯对富兰克林说："放心，西班牙不会不同意的。我们的特使已经去马德里了，最多三个星期，肯定给你个准信儿。"富兰克林可不想把美国的命运放在波旁家族的裙带关系中。他审视着自己手中的牌，看看下一步该出哪张。他惊奇地发现，美国外交现在最有力的武器竟然是英国间谍。

"萨拉托加战役"对英国的打击可想而知，但正在酝酿中的美法联盟更让它心惊肉跳。若法国卷入战争，那可不止是北美战场上多了一个对手，两国在全世界的殖民地都将硝烟四起。从西印度群岛到菲律宾群岛，从非洲到亚洲，英法冲突无处不在。"世界大战"是英国最不愿看到的。

12 月中旬，英国间谍头子保罗 · 文特沃斯来到巴黎，他需要得到美法谈判最详细的报告。文特沃斯如愿以偿，因为这份报告也是富兰克林最想给他的。富兰克林不知道他最信任的秘书班克罗夫特是间谍，班克罗夫特的间谍身份是在一百多年后跟着英国档案馆的文件一起曝光的。但富兰克林知道，他身边有很多间谍。他想让间谍把美法联盟的真实消息传给英国，越快越好。

果然，没多久，文特沃斯就要求会见美国特使。富兰克林躲在幕后，由迪恩出面跟他谈。文特沃斯提出了一个英美和谈计划，其中包括：北美将拥有自己的国会，内政完全自理，不向英国议会交税，建立独立的自我防御体系，只在外交政策上听命于英国议会。英国将废除 1763 年以来通过的所有对北美不利的法案，北美当然要以放弃独立为条件。这个模式跟今天的加拿大、澳大利亚等英联邦国家很接近，名义上是英帝国的一员，实际上是独立的国家。十几年前，北美反英浪潮刚兴起的时候，在伦敦的富兰克林就曾提出过类似方案，英国议会连看都不想看。现在，英国愿意妥协，但美国还愿意后退吗?

12 月底，弗吉尼斯告诉富兰克林：很不幸，西班牙国王拒绝了与美国结盟的计划，法国不想撇开盟国单独与美国缔约。据说，当时富兰克林正跟弗吉尼斯一起品尝法国糕点。听到这个消息，他气得转身就走。弗吉尼斯说，至少吃完糕点再走嘛。富兰克林说，我忽然想喝英国茶。他很快就让法国人知道了这杯英国茶的滋味。

1778 年的第一个星期，富兰克林暗中让人放出风去，说英国特使已经到了巴黎，英美很快就要开始和谈。如果谈判成功，不仅北美大陆将重回英国怀抱，北美还将协助英国把西印度群岛从法国手中夺过来，等等。富兰克林毫不怀疑，他周围的法国间谍跟英国间谍一样多。他故意把文特沃斯提出的英国对北美的宽容条件泄露出去，向法国施压。他还安排于 1 月 6 日会见文特沃斯。

富兰克林与文特沃斯的会谈要多"亲切"有多"亲切"，一看就是"血浓于水"的关系。文特沃斯还担心美国不会放弃独立，富兰克林却说，只要条件合适，我们当然可以考虑，本来就是一家嘛，呵呵。他答应把英国的提议转交大陆会议，由大陆会议做最后的表决。

在这场"谍中谍"的游戏中，富兰克林没说一句假话，他只是希望他对英国特使说的每一句话都能传到法国人耳中。他做到了。一位历史学家说："英国人为富兰克林提供了他成就自己外交里程碑的机会：一个看上去如此天真的人也许并不像他表现出来的那么无辜。"

就在富兰克林与文特沃斯会谈两天之后，弗吉尼斯约见富兰克林。他只问了一个问题："法国需要做什么才能让美国彻底切断与英国的关系？”这个问题也许已经不需要回答，美法联盟大功告成了。

1778年2月5日，美国代表富兰克林、迪恩、李齐聚巴黎，签署《美法联盟条约》。条约分两部分，一是友谊与贸易条约，一是军事同盟。法国正式承认美国独立，双方互派公使。法国将向美国提供经济援助，并派海军赴美参战。法国唯一的条件是：没有法国的同意，美国不能单方面与英国缔结和平条约。

美法联盟是富兰克林外交成就的顶峰，有一位学者甚至说，它也是美国外交史上最辉煌的一页，唯一能与它相媲美的是1949年“北大西洋公约组织”（简称“北约”）的成立。美国在得到一个强大的盟国的同时，并没有违背它的理想主义原则。它没做出任何未来与欧洲其他国家结盟的承诺，也没向法国提供任何单方面的优先权。所有的贸易条款都建立在互惠的基础上，而且，美国可以不受限制地与其他国家缔结同样的贸易条约。富兰克林在给大陆会议的信中说：“美国的纯洁丝毫没有受到影响……一个公平的市场将向所有的国家开放。我们没有授予法国垄断贸易的权利。”

3月20日，路易十六在凡尔赛宫正式召见三位美国使节。富兰克林还是穿着那身平实的棕色外套，不戴假发，不戴佩剑，不戴首饰。简单，就是他想呈现给世界的美国风范。凡尔赛宫的走廊上挤满了天潢贵胄，当富兰克林走近，大家都向他喊：“富兰克林万岁！”路易十六虽然搞不清为什么这个看上去如此普通的老头能弄出那么大动静，但他显然被富兰克林的坦率和幽默征服了。他说：“自从你来到我的王国，你所做的一切都让我感到非常满意。”宴会上，富兰克林很“荣幸”被地安排在玛丽·安托瓦内特王后身边。玛丽·安托瓦内特王后是出了名的无知加傲慢，她最瞧不起社会底层的人。平民出身的富兰克林在她眼里就是个“印刷工”。她私下里说：“像他那种背景的人，在法国根本不可能升到这么高的位置。”富兰克林知道后骄傲地说：“这就是新大陆的奇迹。”

大陆会议很快就表决通过了《美法联盟条约》。所有的人都欣喜若狂，仿佛看到了胜利的曙光。也许，托马斯·杰斐逊的一句话最能表达美国人对法国的感激之情。他说：“所有的美国人都有两个祖国，一个是美国，一个是法国。”美法联盟的消息传到位于锻造山谷的华盛顿大营。20 岁的拉法耶特一听，高兴得跳起来，他冲上去抱住华盛顿，使劲儿亲吻他的两颊。华盛顿也紧紧地抱着他，眼睛湿湿的。

美法联盟为独立战争翻开崭新的一页，但并不意味着胜利就在眼前。事实上，华盛顿和他的将士们正经历着最严峻的考验。他们将怎样度过美国革命最寒冷的冬天？大陆军又将怎样完成一个质的蜕变？请看下一个故事：《锻造山谷》。

042

锻造山谷

1777年9月，费城陷落，大陆会议逃往宾夕法尼亚的约克城。10月的“日耳曼城之战”和11月的“白马市之战”后，华盛顿放弃了收复费城的努力。12月，他领着疲惫不堪的大陆军来到费城西北40公里处的锻造山谷（或译为“福吉谷”），准备在这里过冬。锻造山谷因谷口有一个小炼铁厂而得名，它刚好在费城和约克城之间。在这里扎营，既可监视英军，又可保护大陆会议，周围的高地也很有利于防守。华盛顿选择锻造山谷完全是军事上的考虑，当然不是冲着这个名字去的。可是，阴差阳错，这个山谷成了美国革命的“锻造厂”，华盛顿将在这里历尽煎熬，大陆军将在这里百炼成钢。

来到锻造山谷的大陆军已经完全不像一支军队了，战士们个个衣衫褴褛，一多半人没鞋，从白马市到山谷的这一路上留下了他们血淋淋的脚印。可是，等他们到了“营地”时，却发现那只是一片荒野，什么都没有。华盛顿早就告诉大陆会议在锻造山谷过冬的计划，他让大陆会议把基本物资先运到山谷，至少要把建造小木屋的工具，比如砍树用的斧头准备好，这样大家才能迅速搭起冬天的窝。但呈现在他面前的，却是“白茫茫一片大地真干净”。没有工具，没有食物，没有毯子，没有棉衣……看着他那像叫花子一样的“军队”，面对每天因饥饿和疾病而大批死亡的战士，华盛顿似乎只剩下一件事可做：祈求上帝的怜悯。

在今天的“锻造山谷历史公园”的展厅里最显眼的地方，挂着一幅华盛顿跪在地上祈祷的画。他的绝望和脆弱似乎从画中走出来，带你回到那个悲惨的冬天。当然，性格非常保守的华盛顿一般不会在众目睽睽之下跪倒在地，他更可能躲在自己的小屋里祈求上苍。

华盛顿相信，上帝帮助那些自助的人。他派人到周围的村庄去“借”工具，“借”粮食，督促战士们赶紧砍树建“房子”。他亲自设计了小木屋的大小和结构，亲自布置营地的格局，和战士们一起住在冰冷的帐篷里，直到木屋建成为止。在一个多月的时间里，一千多座木屋奇迹般地出现在锻造山谷，每个木屋可住大约 10 人，里面有三层床铺，还有一个小“壁炉”。条件不好，但总算是个家。接下来要解决的，就是怎样为吃了上顿没下顿的大陆军找到足够的粮食。

华盛顿任命纳森内尔 · 格林将军为“后勤主任”，专门负责供应。格林是所有将军中最有政治头脑的，让他跟大陆会议的官僚们打交道最合适。格林软磨硬泡，总算建立起一条有效的供给线。虽然不充足，但可以勉强维持温饱。

大陆军不管怎么说也是“国家的军队”，为什么看上去却像个爹不疼娘不爱的“弃儿”？锻造山谷的周围都是富裕的农庄，吃的穿的都不缺，为什么大陆军衣不蔽体、食不果腹？当时，北美的人均生活水平高于欧洲，粮食年年丰收，很多人在战争中发了财。美国从来不穷，但大陆军为什么就穷得叮当响呢？富饶的新大陆让300万人衣食无忧，却为什么养不活这支为它的自由而战的军队？其实，这些问题的答案，说复杂很复杂，说简单也很简单。美国缺的不是钱，而是一个强大的中央政府。

此时的“美国”不是一个统一的国家，而是13个独立国家的联合体，也叫“邦联”。1777年年底，大陆会议在经过激烈的争吵后，终于通过了邦联宪法，试图组建一个统一的政府。但在北美人的脑子里，“中央政府”就是“暴政”和“独裁”的代名词。所以，这个“邦联”注定软弱无力。州权高于一切，大陆会议的决议对各州没有约束力。最要命的是，大陆会议没有征税权，它像大陆军一样，是个“乞丐”，它的存在完全依赖于各州的“捐款”，也要看各州的脸色行事。每个州都把自己的钱包捂得紧紧的，谁会心甘情愿资助革命？自身难保的大陆会议又怎能有效地供应大陆军？

作为“中央政府”的大陆会议，兜里没钱，只好发行纸币，叫“大陆元”。欧洲国家都用金银币，它们的纸币也以金银为保障，价值稳定，是名副其实的硬通货。但“大陆元”纯粹就是一张纸，没有任何金银做后盾。这种“钱”打从印刷机上拿下来的那一秒钟起就开始贬值，早上的一块钱到下午成了三毛，第二天一觉醒来就一文不值了。说白了，“大陆元”就是一张借条，还忘了写偿还日期，脑子进水的人才愿意接受这种“货币”呢。不幸的是，大陆会议强制推行“大陆元”，将士们的工资都以“大陆元”结算，军队的采购也支付“大陆元”。这不是跟抢劫一样吗？

锻造山谷周围的农庄都学会了两件事：其一，派人在周围“站岗放哨”，一看到大陆军的人来“买”东西，立刻把所有的粮食和衣物藏起来，然后个个哭丧着脸说：“这年头日子真不好过啊！俺都揭不开锅了！”其二，想方设法把粮食运进费城卖给英军，赚几个摸着让人心里踏实的英镑。为了躲避大陆军的盘查，很多农民让女人和孩子驾着车进城，因为大陆军一般不为难妇孺。结果就是，费城的英军吃香的喝辣的，物资极大地丰富，灯红酒绿，莺歌燕舞；锻造山谷的大陆军战士每天能吃上一块面包就不错了，最糟的时候连华盛顿都不得不饿肚子，这个拥有良田万顷的大地主平生第一次尝到“饥饿”的滋味。

好在华盛顿还没饿昏头。美国人千不幸万不幸，但有一件事足以让他们成为世界上最幸福的民族，那就是：大陆军总司令是乔

治 · 华盛顿，而不是奥利弗 · 克伦威尔或拿破仑 · 波拿巴。想象一下，如果你是大陆军士兵，在冰天雪地里，光着脚，饿着肚子，手里攥着几张废纸一样的“大陆元”。什么自由，什么革命，在你心中还有分量吗？就在你一肚子火没处发的时候，你的总司令振臂一呼：“弟兄们！大陆会议不管咱们，各州也不管咱们。我带你们杀进约克城，先把大陆会议煮煮吃了，再找各州的人算账！从今往后，你们跟着我打江山，咱有难同当，有福同享！”如果你是个思维正常的人，你一定会热血沸腾：“杀进约克城！活剥大陆会议！将军万岁！”这个剧情一点也没创意，因为它是历史舞台上最经久不衰的一幕。皇帝、国王、护国主、第一执政、大将军、大都督、山大王……所有的独裁者都是这样炼成的。但是，这个看上去如此自然的故事没在新大陆发生，只是因为华盛顿。

华盛顿不是圣人，他没有完美无瑕的品格，也没有“毫不利己，专门利人”的情操。他深谙人性的丑陋，很明白一个普通人对革命的理解，特别是当革命触及个人利益的时候。他痛恨那些宁可把粮食卖给敌人也不卖给大陆军的农夫，也厌恶光说不做的大陆会议和自私自利的各州。但是，他心中对共和理想的忠诚从未动摇过。从任总司令的第一天起，他就坚持军队一定要听命于民选政府。不管大陆会议多么软弱无力，他都把它奉为最高权威，因为它是人民的选择。就因为华盛顿的死心眼儿，新大陆才没有重复旧大陆“造反—独裁—再造反—再独裁”的闹剧。

虽然华盛顿不会造大陆会议的反，也不允许大陆军乱来，但他很清楚，大陆军目前的悲惨处境是源于制度的缺陷。他比任何人都更深地体会到，一个强大的中央政府是多么重要。他对美国未来的思考就在这切肤之痛中慢慢地变得清晰，13 个独立州的边界线在他的视野里渐渐地模糊。他不再是“弗吉尼亚人”，而是个真正的“美国人”了。

也许华盛顿并不孤独，因为在大陆军的军营里，还有一个人，正在同样的痛苦中思考着美国的前途。他就是华盛顿身边那位 22 岁的帐前助理——亚历山大 · 汉密尔顿。每天晚上，当所有的人都进入梦乡，汉密尔顿在昏暗的灯光下攻读着欧洲大师们的政治、经济、哲学、法学、金融学著作，审视着英国的强大和美国的困境。当时，“建国国父”们最流行的思潮是 :“凡是英国支持的，我们就反对 ; 凡是英国反对的，我们就支持。”汉密尔顿的结论恰恰相反。他认为，新大陆不但不应该割断与旧大陆的历史传承，还应该学习旧大陆的成功经验，特别是英国的经验。在这一点上，他与华盛顿志同道合。他们一面跟英国打仗，一面用羡慕的目光看着英国张弛有度的政治结构、自由开放的经济模式、完善高效的金融体系。未来的总统和未来的财政部长在艰难困苦中设计着他们的治国理念，也在朝夕相处中构建着他们的政治同盟。他们越来越清楚地认识到，美国应该以英国为师。只有站在人类文明的制高点上，才能走出一条属于自己的强国之路。

就在华盛顿和他的将军们苦苦支撑着摇摇欲坠的大陆军时，萨拉托加大捷的消息传到锻造山谷。华盛顿下令鸣炮十三响，以示庆祝，但他心里酸酸的。第一，如此辉煌的萨拉托加大捷看上去跟他这位总司令毫无关系，他根本没有介入战役的指挥；第二，也是最重要的一点，他与北方部统帅赫瑞修·盖茨将军一向不和。要是换一个人，比如斯凯勒将军或格林将军，打赢了这一仗，他会感到由衷的高兴。但盖茨跟他简直就不是一路人，他们俩互相厌恶也不是一天两天了。

职业军人出身的盖茨打心眼儿里瞧不起华盛顿，论经验、论资历，他似乎比华盛顿更适合当总司令。虽然前线的将士都认为萨拉托加的胜利应该归功于阿诺德，但作为北方部统帅，盖茨包揽了所有的荣誉。他在大陆会议中本来就很有人缘，这下更不得了，新英格兰各州都把他当成大救星，他的威望如日中天。

盖茨得势，哪里还肯屈就于华盛顿的麾下？大陆军总司令的位子难道不应该属于萨拉托加的英雄吗？华盛顿是盖茨的顶头上司，按道理，萨拉托加的捷报应该先送到华盛顿那儿，然后由华盛顿呈送大陆会议。可是，盖茨偏偏绕过华盛顿，直接上报大陆会议，华盛顿还是从大陆会议那儿知道消息的。而且，战斗都结束一个多月了，盖茨没向华盛顿汇报过半个字，明摆着是让华盛顿靠边站。

大陆会议的很多议员，特别是北方各州的议员，也开始重新考虑大陆军总司令人选的问题。华盛顿丢了费城，让大陆会议狼狈逃窜到约克城，大家心里本来就不高兴。现在，一边是风光无限的萨拉托加，一边是黯淡凄惨的锻造山谷，孰优孰劣还不清楚吗？

其实，盖茨与华盛顿之争，不光是他们的个人恩怨，还是北方和南方对革命领导权的争夺，或者说，是对美国前途的争夺。随着美法联盟逐步形成，革命的前景越来越乐观，大家也看得越来越清楚：谁掌握大陆军，谁就掌握美国的命运；谁领导独立战争走向胜利，谁就是新国家的领袖。北方认为，现在应该是"换庄"的时候了；南方各州就死咬住军权不放。它们担心，如果北方人当总司令，把英国打跑后，恐怕这位总司令接下来要做的就是挥师南下，征服南方。南北的对立和分歧已初显端倪。

不管南方还是北方，虽然大家怀疑华盛顿的军事指挥能力，但是，没有人质疑他高贵的人品。在这一点上，盖茨就算再修炼一百年也赶不上。正因如此，即使盖茨的支持者也不愿公开指责华盛顿，更不愿提议撤换他。于是，大陆会议出了个缓冲方案：成立战争委员会，就像"中央军委"，由盖茨任主席，总揽全局。这样，名义上，盖茨成了华盛顿的上级，大陆军的行动都要向他汇报。大家都知道华盛顿是个自尊心极强也很要面子的人，他怎么会受这种"胯下之辱”呢？他一怒之下一定会辞职，盖茨就可以名正言顺地继任大陆军总司令了。

为了逼着华盛顿早点下台，盖茨任命华盛顿的另一个死对头，法国军官托马斯·康威为“监查将军”，让他以“中央特派员”的身份监督大陆军，也是为了羞辱华盛顿。康威生于爱尔兰，但在法国受教育并长期在法军服役。他六个月前来到北美，想谋个高位。但因为他老说别的将军的坏话，华盛顿很烦他，不同意给他少将军衔。康威也瞧不上华盛顿，跟盖茨倒是很投缘。在想扳倒华盛顿的人中，康威是最起劲的。他上蹿下跳，游说国会议员，到处散布对华盛顿不利的言论，搞得沸沸扬扬的，以至于历史学家们把这次撤换华盛顿的企图称为“康威阴谋”。

可是，康威不知收敛地诋毁华盛顿，反而搞坏了自己的名声。他毕竟是外国人，来新大陆才六个月就蹚浑水，还想爬到华盛顿头上去，大陆会议再糊涂也不至于胳膊肘往外拐。从头到尾，华盛顿一直保持沉默，他手下的将军可不想沉默。约翰·凯德沃拉德将军忍无可忍，为了维护华盛顿的名誉，他去找康威决斗。在决斗中，凯德沃拉德一枪打中康威的嘴，子弹从康威的腮帮子里飞出去。凯德沃拉德看着躺在地上的康威说：“这回你可该闭嘴了吧！”康威居然没死，但他在新大陆是混不下去了。后来，他正式写信向华盛顿道歉，辞职回法国了。

盖茨眼看着康威成不了事，又想起一招，就是拉拢华盛顿身边的人。跟华盛顿最亲近又看上去有点“傻”的，当然是那个满脸稚气的拉法耶特侯爵。别看拉法耶特是个20岁的“孩子”，但他与法国宫廷的特殊关系使他对美英双方都有非同寻常的“象征意义”。“白兰地湾之战”让拉法耶特一战成名，这个“法国男孩”赢得了大陆军战士由衷的热爱。如果能把他拉拢过来，在政治上的优势显而易见。

盖茨以商议进攻加拿大为由请拉法耶特赴宴，拉法耶特高高兴兴地去了。到了才发现，根本不是那么回事。盖茨说，你不是喜欢打仗吗？只要你离开华盛顿，我就让你独当一面，圆了你的将军梦。最后，盖茨和几个亲信一起举杯说：“为大陆会议干杯！”拉法耶特站起来说：“为华盛顿将军干杯！”他一饮而尽，然后将酒杯扔进壁炉摔得粉碎，扬长而去，把盖茨都看傻了。拉法耶特明着告诉盖茨：“我是华盛顿的人，他就是去地狱我也跟着。在我面前说他的坏话就是对我本人的侮辱。”盖茨这次真的失算了，他完全低估了拉法耶特在政治上的成熟，也低估了华盛顿与拉法耶特之间的朋友之义和父子之情。

事实上，盖茨太小瞧他的对手了。华盛顿是个厚道人，但同时也是个非常老练的政治家，即使在事业的低谷，他也不会任人欺负。他在大陆会议有自己的人脉，他的背后是强大的南方。北方想压倒南方可不那么容易。别的不说，大陆军用的武器百分之九十来自法国。大陆会议没钱，拿什么买武器呢？只能动员南方各州把大宗农产品，如烟草、大米、小麦、靛青等，一船一船地往法国运，以物易物。就凭这一点，没有南方的支持行吗？大陆会议主席亨利·劳伦斯是来自南卡罗来纳的大种植园主，跟华盛顿是好朋友。他的儿子约翰·劳伦斯是华盛顿的帐前助理，把华盛顿当亲叔叔。儿子一天一封信，叫父亲盯紧了盖茨。亨利·劳伦斯说，放心吧儿子，他们翻不了天。在南方各州和华盛顿其他政治盟友的反击下，盖茨不得不有所收敛，“康威阴谋”无疾而终。战争委员会和大陆军之间保持着权力的平衡，盖茨的总司令梦恐怕难圆了，因为华盛顿不会给他这个机会。

虽然盖茨的威胁暂时过去了，但华盛顿知道，如果他不能使大陆军有个质的飞跃，不能在此后的战斗中取胜，那么，早晚还会有人跳出来挑战他的权威。盖茨和康威指责华盛顿的最主要的理由就是，大陆军根本不是一支合格的军队。每次上战场，几轮对射之后，只要看到英军步步逼近，战士们的习惯性反应就是逃跑。大陆军极度没有纪律性，也没有自制力，射击技术更没法跟英军比。英军士兵一分钟能打 4 发子弹，大陆军只能打 2 发。再加上服役周期短，很少有久经沙场的“老兵”，基本上是一盘散沙。华盛顿需要的是一支真正的军队，他需要职业高手的帮助。可是，他怎么也没想到，上天派来帮助他的，是个一句英语都不会说的普鲁士人，他的名字叫弗里德里奇·冯·斯图本男爵。

斯图本生于普鲁士，但他家可不是世袭的贵族，他的“男爵”封号是他爷爷花钱买来的，不算货真价实。斯图本当过普鲁士弗里德里希大帝的帐前助理，参加过英法“七年战争”。弗里德里希是普鲁士战无不胜的国王，天才军事家。别看斯图本只是他身边的助理，但学来一整套训练军队的方法，这是任何人都无法企及的财富。

独立战争爆发时，斯图本已退役，没什么工作。他找到在巴黎的富兰克林，想在北美谋个将军的位置。富兰克林跟他谈过后对他大加赞赏，觉得他有真才实学。为了引起华盛顿的注意，富兰克林把斯图本在欧洲军队的职务从“将军助理”变成了“将军”，也就是说，给他造了个“假学历”。于是，这个“假男爵”兼“假将军”拿着富兰克林的介绍信来到北美。他对大陆会议说，他愿意义务服务，只要报销必要的花费，等战争胜利后再补发工资。大陆会议同意了他的条件，让他去锻造山谷找华盛顿。

斯图本对英语一窍不通，他的母语是德语，也会说德国腔很重的法语。幸好华盛顿身边有两个懂法语的助理，一个是汉密尔顿，一个是劳伦斯，外加拉法耶特。开始时，斯图本把自己的练兵计划告诉华盛顿，华盛顿听得有点发蒙，因为与英军的方法不同。但直觉告诉他，这个普鲁士人也许真有两下子。他让汉密尔顿和劳伦斯协助斯图本训练大陆军。斯图本用德语编写了一本练兵手册，又翻译成法语，然后，汉密尔顿和劳伦斯再翻译成英语，并加以编辑整理。这本手册后来成了美军的“镇军之宝”，俗称“蓝皮书”，一直沿用到美国内战。

斯图本一来就发现了大陆军的两大致命弱点：一是不讲卫生，人人都脏兮兮的，营地的垃圾乱扔，很容易引发传染病。二是不服从命令。在欧洲，军官下个命令，士兵立刻执行，从来不废话。但在北美，军官说向东，士兵会问：“为什么？咋不向西？”你不给他说清楚他就不干。习惯了独立思考的北美人都靠自己的感觉和判断行事，眼里没有权威。所以，斯图本刚开始训练时，差点没气死。战士们觉得他那套太荒唐，斯图本又不习惯解释。于是，就见他用德语大声咒骂，骂了半天，发现是对牛弹琴，又叫助理用英语替他骂。但是，他很快就发现了问题的症结所在，开始向战士们讲解其中的缘由。他是个天才老师，特别擅长解释自己的思路。这一下，战士们豁然开朗，个个热情高涨，训练越来越顺利。大家也都开始心甘情愿地打扫营地，精神面貌完全不一样了。

斯图本主要是用“以点带面”的方法训练。先从各军团挑出100人，教他们如何行军，如何布阵，如何射击，如何用刺刀，如何冲锋。这100人练好后，作为模范回各军团训练其他战士，斯图本巡回指导。普鲁士陆军稳坐欧洲大陆第一把交椅，训练水平是最高的。斯图本倾囊相授，即使大陆军一时半会达不到普鲁士陆军的水平，但提高之快绝对让人刮目相看。三个月后，华盛顿检阅练兵成果。他简直不敢相信，眼前这整齐划一、纪律严明、技术娴熟的队伍竟然是不久前还像“丐帮”一样的大陆军。他激动得眼泪都快掉出来了。这就是他梦寐以求的职业化的军队。

大陆军在锻造山谷住了大约六个月。这是独立战争中最悲惨的六个月，因病、饿而死的人数达到 2500 人，占大陆军总人数的 1/4。其实，如果英军进攻锻造山谷，大陆军恐怕早就完了。威廉·豪根本不想费这个劲。他知道大陆军的状况，觉得拖两个月这支队伍就自动消失了，还用打吗？谁知道，上帝送来个斯图本，大陆军不但没垮掉，反而奇迹般地脱胎换骨，浴火重生。

从锻造山谷中走出来的大陆军还有一个重要的变化，就是建立起对华盛顿个人的绝对忠诚。在漫长的寒冬，很多军官都借机回家探亲，不愿在这儿受罪。可是，华盛顿一步都没离开，永远不知疲倦地工作着。他真诚的关怀和不懈的努力赢得了所有人的心。他不再只是他们的总司令，而成了他们的父亲和兄长。连他的妻子玛莎也来军营帮助照顾伤员，给战士们缝补衣服。在甘苦与共的六个月之后，谁也无法站在华盛顿与大陆军之间了。一个军事强权似乎正在形成。大陆会议满意地看着日益强大的军队，也忧心忡忡地望着羽翼渐丰的总司令。每个人似乎都在问同一个问题：他，会是下一个克伦威尔吗?

随着 1778 年春天的来临，新的战事就要开始了。与以往不同的是，这一次，华盛顿和他的大陆军迫不及待地想在英军面前一试身手。他们的机会就要来了。

大陆军将在下面的战斗中有什么样的表现？独立战争又将怎样翻开新的篇章？请看下一个故事 :《蒙莫斯之战》。

043

蒙莫斯之战

1778 年 3 月，美法联盟正式形成。法国国王路易十六准备派法军赴美参战，北美战场上的力量对比开始转变。英国不但要顾及北美大陆，还要考虑西印度群岛和其他殖民地的安全，立刻觉得力不从心。1778 年 4 月，威廉 · 豪将军辞去北美英军总司令一职，他终于可以离开这个让他心力交瘁的地方了。

自从 1775 年 4 月“莱克星顿的枪声”打响，到现在已经整整三年。豪几乎打赢了每一场战斗，却没有赢得战争。他可不像华盛顿那么习惯失败，一个“萨拉托加战役”就让他万念俱灰。他将面对的是议会的质询：这场早该结束的战争为什么还在继续？豪的回答应该是：谁让我碰上那个既不会打仗又不会投降的华盛顿呢？

也许，华盛顿私下里会为豪的离去感到遗憾。三年来，他们不仅在战场上感受对方，还从间谍的眼中看到了彼此的点点滴滴。比如，华盛顿很清楚豪跟哪个女人夜夜春宵，豪也知道华盛顿掉过几滴眼泪，发过几次脾气。从私人角度，华盛顿一点也不讨厌豪，因为他知道，豪是个真正的绅士。华盛顿曾无数次地想象革命失败的后果，他毫不怀疑自己或死于乱枪之中，或走向绞刑架。他无数次地问：如果我死了，豪会怎样对待玛莎和孩子们？他会杀死她们吗？他会烧毁弗农山庄吗？每一次，他的答案都是否定的。他确信，如果他与美国的自由一起死去，豪一定会善待他的家人。这可能就是绅士间的心照不宣吧。

5 月 18 日，为了给豪将军送行，英军的高级军官们办了个盛大的派对，连吃喝带跳舞，玩得昏天黑地的。就在这天晚上，一小股大陆军悄悄地靠近费城附近的百伦山，侦察英军的动静。带领这支队伍的，是 20 岁的拉法耶特侯爵。

原来，豪辞职的消息不胫而走，一时间，大家也搞不清英军下一步做何打算。华盛顿需要试探一下英军的部署。他刚把这个计划说出口，拉法耶特就嚷嚷："我去！我去！"华盛顿倒是相信他的能力，就答应了。这是拉法耶特第一次独自领兵。华盛顿就像送自己的儿子出征一样，千叮咛万嘱咐，把旁边的人听得直想乐，他们从来没见过寡言少语的总司令这么啰唆。也难怪，拉法耶特刚来北美时 19 岁，虽然已为人父，但大家都把他当小孩儿，连他的朋友给他寄钱时都不直接寄给他，而是寄到华盛顿那儿，让华盛顿每个月按数给他零花钱。华盛顿当惯了家长，眼看着拉法耶特在自己身边一天天长大，从男孩变成男人。现在，在渴望单飞的“儿子”面前，他很自然地变成了絮絮叨叨的父亲。

临行前，华盛顿再三告诫拉法耶特，不要在“绝地”扎营。否则，敌人一包围就没处跑了。拉法耶特答应得好好的，一出门就忘到九霄云外。他光顾着兴奋了，哪里还想那么多。他偏偏把营寨扎在百伦山。一面是悬崖峭壁，另外三面除了中间有一片树林外，其余的都是缓和的山坡。

5 月 19 日，英军听说大陆军在百伦山，立刻派出 5000 人马。20 日，豪又派来 6000 人。拉法耶特一共才 2200 人，英军为什么这么小题大做呢？一是因为豪想表现一种强硬的攻势，二是因为他太想抓住拉法耶特了。拉法耶特年纪不大，却是个大名人。他对美英双方都很重要，因为他不只是个将军，更是一个“象征”，特别是当法国卷进战争的时候。如果抓住他，英国就可以警告全世界：凡是跟英帝国作对的都没好下场，不管你的后台是谁。

英军上下也都把拉法耶特当孩子看，认为他除了出身高贵，没什么真本事。英军从三面包围百伦山，只有那片树林没派兵防守，因为谁也不相信一个堂堂正正的将军会去钻树林。要是换别人，碰到这种走投无路的情况，唯一的选择就是投降。

拉法耶特的脑袋里可没那么多规矩，打得过就打，打不过就跑。

你们把大路封了，我就进林子，抄小路，没什么丢人的。他趁英军还没合围，让大部队悄悄地从林中转移，绕出了英军的包围圈。但他不想就这么悄悄地走了，非要给英军捣捣乱不可。他让一小部分战士分成几拨，从林中瞄准英军打，打几枪换一个地方，好像里面藏着千军万马似的。英军以为大陆军还在林中，不停地向林中射击，还从不同的方向向树林推进。到最后才发现，原来是自己人打自己人，拉法耶特早就没影儿了。

“百伦山之战”虽不是什么胜利，但拉法耶特从英军的重围中全身而退，没损失一兵一卒。他临危不乱，表现出成熟的判断力和灵活的指挥技巧。谁还会小看这位年轻的将军呢？今天的百伦山早已改名为“拉法耶特山”，向后世讲述着一个风云灵动的故事，也讲述着一段意气飞扬的青春。

5 月 24 日，豪将军离开费城回国。同一天，亨利 · 克林顿继任北美英军总司令。克林顿一直是豪的副将，因“纽约之战”有功，被英王封为骑士。克林顿出身贵族，但他家没有豪家那么显赫。在性格上，克林顿远不如豪有人情味。他严肃刻板，不苟言笑，看上去就是个冷血动物。但在战场上，克林顿是个更高明的将军。如果豪在波士顿和纽约都采纳克林顿的意见，华盛顿早就完了。英军已丧失消灭美国革命的最好时机。如今，大陆军成了气候，法国又卷了进来，想结束北美的战争谈何容易。克林顿一点也不想当这个总司令，他向英王打了多个报告，请求退休。乔治三世就是不答应，还说他是“唯一能拯救北美的人”。克林顿只好硬着头皮上了。

为了应付法国的进攻，伦敦不得不把5000英军从费城调往西印度群岛。这样一来，北美的摊子就得缩小了。克林顿奉命放弃费城，把军队集中到纽约去。对海上霸主英国来说，河港费城的军事价值没法跟海港纽约比。

5月底，英军开始准备撤离。克林顿做事就像他为人一样，很理智。他严禁毁坏私人财产，还特地保护一些美国革命领袖的房子，比如本杰明·富兰克林和罗伯特·莫里斯的家。本来，英军可以从水路撤离，但很多保王党人怕革命派回来“秋后算账”，都要求与英军一起走。乔治三世也指示不能撇下他忠诚的臣民不管。英军携民同行，人就多了，费城港的船装不下，只能大家一起先走陆路，到新泽西后再转水路。其实，保王派没必要太紧张。华盛顿进城后立刻宣布保护私有财产，尽快恢复正常秩序，没搞反攻倒算。双方的克制和宽容使费城在“易手”的过程中免于灾难。

华盛顿得知英军要走陆路，觉得机会来了。他立刻召集军事会议，提出在适当的地点拦截英军。如果干得漂亮，没准儿还能把他们一举歼灭，结束战争。此时，英军大约1万人，大陆军1.5万人。经过在锻造山谷一个冬天的训练，大陆军的水平已今非昔比。华盛顿迫不及待地想检验一下这支“新军”的战斗力。可是，当他说出自己的打算时，却听到一片反对声。其中最强烈的反对，来自查尔斯·李。

还记得李将军吗？1776 年 12 月，“纽约之战”后，他忙着与华盛顿争夺总司令之位，却没料到在新泽西被英军抓获（参看 037《美国危机》）。当时，大陆军手中没有相当级别的英军战俘，没法交换。直到 1778 年 4 月，华盛顿才有机会用一个英军军官换回李。在被俘前，李就是仅次于华盛顿的高级将领。他回来后官复原职，仍然是一人之下，万人之上。华盛顿亲自出营接他，请他一起检阅部队。可是，李心中对华盛顿的蔑视一如既往。

李反对这个计划的理由听上去也算合理。他说，克林顿不是豪，他谨慎、冷静、果敢，心狠手辣，绝对不是个好惹的主。在撤退过程中，克林顿一定会做周密的安排，防范各种可能的攻击。他不来找你麻烦就不错了，你还主动去招他，那不是找死吗？即使现在大陆军进步了很多，但跟英军比起来还是小儿科。

华盛顿说：“我们不试试怎么知道一定不行呢？”李冷笑一声：“克林顿在北美就没打过一次败仗，请问将军阁下，你打过几次胜仗？”这句话让华盛顿有点脸红，他沉默不语。旁边的汉密尔顿可气坏了，他站起来想抢白李几句，但华盛顿一摆手拦住了他。格林、斯图本、拉法耶特等都赞成打，其余大多数将军表示还是小心为上。最后，华盛顿做了个折中的决定：大陆军先尾随英军几天，看到有利战机再行动。只打英军的殿后部队，不与主力正面交锋。

6 月 25 日，探马来报：英军已到新泽西的蒙莫斯，队伍拉得有几公里长，看上去兵力分散。华盛顿决定出手。因为李的军职最高，经验最丰富，华盛顿想请他率 4000 人于两天后发起进攻，华盛顿自己将率 6000 人的后续部队增援。李说："这是拿鸡蛋碰石头。我不干！"华盛顿转向拉法耶特说："侯爵，首攻的任务是你的了。"拉法耶特就像拣了个大元宝，高高兴兴地准备去了。

等华盛顿布置完毕，各位将军都领命而去，李却没走。他问华盛顿："你怎么能把 4000 人马交给那个刚满 20 岁的男孩儿？"华盛顿说："我对他有信心。"也不知道李到底咋琢磨的，好像忽然觉得拉法耶特要抢了他的功劳似的，他说："不行，我不放心。还是我去吧。"华盛顿心里烦透了李的出尔反尔，但他知道，论军职，李有"优先权"；论经验，李确实更合适。他不想驳李的面子，也不想让拉法耶特失望。于是，他给首攻的部队又增加了 1000 人，让李和拉法耶特一起去，李为主将，拉法耶特为副将。拉法耶特很理解华盛顿的安排，没计较那么多。

1778 年 6 月 26 日和 27 日据说是"百年一遇"的大热天，气温将近 40℃。别说打仗，在太阳底下待一会儿就能被烤化。大陆军还好点，反正也没像样的衣服，热了就光膀子。英军可惨了，规规矩矩地穿着羊毛做的厚重的军装，背着行李，在烈日下跋涉。很多人走着走着就倒下，生生给热死了。马也一样。华盛顿那匹漂亮的白马就忽然扑倒在地，没气儿了。就是在这个要命的天气里，“蒙莫斯之战”拉开了序幕。

27 日凌晨，大陆军开始进攻。克林顿果然非等闲之辈，他似乎早就料到这一手，不但把最强的兵力留在最后，还和康沃利斯将军一起，亲自断后。大陆军起初打得很不错。可是，没多久，李莫名其妙地命令撤退。大陆军一下子乱了阵脚。拉法耶特一看不妙，赶紧派人火速给华盛顿报信，同时尽量组织有秩序的撤退。克林顿反守为攻，紧追不舍，形势越来越危急。

华盛顿正与格林将军和斯特林将军率部赶往前线，他还以为大陆军正在进攻，忽然收到拉法耶特的报告。华盛顿一提缰绳，纵马急奔。没多久，他就看见正往回跑的战士，接着，李也出现了。华盛顿冲到李面前，大声呵斥：“这是怎么回事？你给我说清楚！”李从来没见过华盛顿这么“没礼貌”，他一时竟没反应过来。然后，他结结巴巴地说：“你这些战士根本不是英军的对手。”华盛顿大怒：“你……（此处省略三个字）胆小鬼！你根本没给他们机会！”接着，华盛顿破口大骂，据说骂得“连树上的叶子都发抖了”。李还想狡辩，华盛顿道：“你马上给我滚！这儿没你的事了！”

别说李懵了，周围所有的将军都听懵了。虽然华盛顿从来不是个平易近人的领袖，更谈不上和蔼可亲，但他是个彬彬有礼的绅士，而且要求所有的军官以绅士的标准自律。大家平时在他面前一个脏字都不敢带，更甭说脏话了。这回可好，总司令完全变了一个人，破口大骂，就像一头发狂的狮子，吓得所有的人大气都不敢出。李后来回忆道："从来没见过他这么激动，这么恐怖。"拉法耶特却是另一番心情。他在日记中写道："太棒了！太过瘾了！太痛快了！我以前听别人骂人时从没觉得这么爽！……我从没见过他骂人，这是唯一的一次。"

盛怒之下的华盛顿赶走了李，命令各位将军带本部人马稳住阵脚，准备战斗。他和拉法耶特、汉密尔顿等继续向前冲去，他要亲自打头阵。两年前，在"纽约之战"中，华盛顿也是这样企图阻止败兵，可是没人理他。今天的大陆军完全不一样了。正在奔逃的战士们一看到华盛顿的身影，立刻不跑了，欢呼着聚到他身边，他们对他的感情已深入骨髓。华盛顿问："你们想不想痛痛快快地打一仗？！"战士们喊声震天："打！打！打！"华盛顿说："听我命令！列好队形！孩子们，今天就是你们以后告诉你们的儿子、你们的孙子和你们的孙子的孙子的那一天！今天属于我们！"

在华盛顿的亲自指挥下，大陆军迅速占据有利地形，摆好了架势。15 分钟后，英军的追兵就到了。双方枪炮齐鸣，开始了激烈的交锋。华盛顿骑在马上，来回奔走，指挥着战斗，也鼓舞着士气。一颗炮弹在离他不远处爆炸，溅得他浑身是土，他就像没看见一样。

他还不知道，在英军的阵营中，有一个神枪手，正瞄准了他。可是，在最后那一秒钟，这位神枪手改了主意，没有扣动扳机，因为他认为射杀正在指挥战斗的军官是“不绅士”的行为。他不知道，他瞄准的就是华盛顿本人。如果他知道，他会做不同的选择吗？

斯特林将军、格林将军、安东尼·韦恩将军也都相继率部投入战斗，大陆军在英军最强大的攻势面前不但立住了脚跟，还步步推进，最后，双方拼上刺刀。在烈日炎炎下，战斗进行了好几个小时，直到下午6点才结束。从技术上说，这是一场平局，因为谁也没占多大便宜。但对大陆军来说，这是一个不折不扣的胜利。大陆军的伤亡低于英军，他们再也不是那支“业余水平”的“农民军”了，已经可以与世界上最强大的职业军队一较高低。华盛顿握着斯图本的手说：“亲爱的男爵，这都是你的功劳。”所有参战的将军表现得都很出色，但所有的将军都把最高的敬意留给了他们的总司令。拉法耶特写道：“他在马背上那高贵的身影，他的平静，甚至他那仍然带着些怒气的姿态，都是那么充满激情……我从没见证过这样的超人。”连平时对华盛顿的军事才能颇有保留意见的汉密尔顿也说：“他的冷静和坚毅令人敬佩。他在整个战斗中的表现就像一位大师。”

当夜幕降临，双方停火。克林顿领兵退后半英里，扎下营寨。华盛顿下令枕戈待旦，准备第二天早上接着打。他把斗篷铺在一棵大树下，与拉法耶特坐在那儿，看着远处敌人的篝火，聊着白天的战斗，聊着李的表现，聊着大陆军的进步。聊着聊着，两人的眼皮都越来越沉，就这样不知不觉地睡着了。

第二天一大早，探马来报，英军已不见踪影，只剩一座空营。原来，克林顿也玩了一把华盛顿在长岛和特伦顿玩过的游戏，趁着夜色悄悄撤往新泽西海岸，登船回纽约了。溜号不是克林顿的风格，但他看出来了，如今的大陆军已是一支不同的军队，再打下去也占不着便宜，还是保存实力，回纽约再说吧。

"蒙莫斯之战"的消息让所有的美国人兴高采烈，只有一个例外，就是李。华盛顿让他颜面尽失，他哪能咽下这口气？他向大陆会议抱怨说华盛顿对他太粗鲁，不公平，应该向他道歉。还说，其实他已经布置好队伍准备迎敌，可是华盛顿强行命令他离开战场，抢了他的功劳，等等。李的言行触动了华盛顿的底线，他把李告上军事法庭。汉密尔顿和其他几位将军出庭作证，他们的证词使法庭最后判定李有罪，但没有给他很严厉的处罚，只是"禁战"六个月。

李在报纸上继续攻击华盛顿和汉密尔顿，终于让约翰·劳伦斯忍无可忍。跟汉密尔顿一样，劳伦斯也是华盛顿的帐前助理。华盛顿是他最崇敬的人，汉密尔顿是他最好的朋友。作为当事人，华盛顿和汉密尔顿都对李的指责保持沉默，但劳伦斯决定维护他们的名誉。他向李提出挑战，要与他决斗。在决斗中，劳伦斯一枪击中李的左肋，但没有致命。李终于服软了，公开道歉，辞职离开大陆军。虽然，在那个年代，决斗是绅士间维护名誉的常用手段，但华盛顿一向反对这种方式。前不久，他刚刚制止了拉法耶特跟别人的一场决斗，这一不留神，劳伦斯又去决斗了。华盛顿又生气又心疼，告诫身边这些血气方刚的年轻人，把有用之躯留给更高尚的事业，不要为了一些私事就以命相搏。

一百多年后，在豪家族的档案中，人们发现了一份李亲笔写的如何击败大陆军的示意图。大家这才明白，原来李早在做战俘时就有投敌行为。这似乎可以解释他在“蒙莫斯之战”中的反常表现。华盛顿当然不可能知道事情的真相。他虽然对李的行为很气愤，但从没怀疑过他的动机。历史将会给李一个公正的评价。

“蒙莫斯之战”是独立战争中在北方进行的最后一场大规模的战斗。在接下来的三年里，北方基本上无战事。战争的主战场将移往南方。是什么因素促使英军改变了在北美的策略？他们能如愿以偿吗？一向对革命不冷不热的南方将怎样担负起它的历史使命？请看下一个故事 :《南方战略》。

044

南 方 战 略

在 1778 年 6 月的“蒙莫斯之战”中，英军与大陆军打了个平手，英军总司令克林顿趁着夜色悄悄地退出战场，领兵回纽约。他看得很清楚，与华盛顿的主力交战占不着便宜，现在是改变战略的时候了。就在他想把眼光转向南方的时候，北方罗得岛的新港告急，因为法国海军已到新大陆，试图与大陆军联合，攻取新港。美法联盟的第一次军事合作开始了。

早在“蒙莫斯之战”开始前，华盛顿就敦促法国海军迅速向新泽西靠拢，这样就可以与大陆军海陆夹击，把克林顿打了包。但是，法国海军的行动慢得让人发毛。横穿大西洋本来只需一个月，他们愣是走了 87 天。等终于见到北美大陆时，船上的 4000 官兵连跳海的心都有了。他们错过了蒙莫斯的战机。接着，法国海军上将德斯坦勋爵决定转向纽约，打算与北上的华盛顿合作，围攻纽约。结果，华盛顿到了，法军又没到，因为德斯坦怀疑纽约港外有一片浅水区，怕搁浅。他在纽约外海一犹豫就是十几天，还是不敢靠近。华盛顿急得直跺脚。有什么办法？谁让咱没海军呢？

再看看这位法军统帅德斯坦。他在军中的名声可不怎么样，没立过什么战功。他之所以能爬上这么高的位子，完全得益于与王室的亲密关系。他带来的也不是法国的精锐部队。从这些迹象上，人们有理由怀疑路易十六对美法联盟的诚意。

错过了蒙莫斯又错过了纽约的德斯坦终于拿定主意，北上罗得岛。此时，北方的大陆军统帅是约翰·萨立文将军。华盛顿又派格林将军和拉法耶特北上增援。本来安排得好好的，这回却让大陆军砸了锅。最根本的原因是美法双方互不信任，谁也不听谁的。北美人与法国人互相厌恶由来已久，萨立文又特别刚愎自用，他瞅着德斯坦那副德行就不舒服，即使拉法耶特从中周旋也没用。大陆军在没有通知盟军的情况下擅自行动，仓促间把法军拖入战斗。英国海军上将理查德·豪勋爵率几十艘战舰逼近根本没做好准备的法军舰队。要不是一场暴风雨“及时”来临，迫使英国皇家海军撤退，德斯坦有全军覆没的可能。

遭到暴风雨重创的法军舰队驶往波士顿修整，谁知道，波士顿人的拧巴劲儿又上来了。他们说，你们不在前线打仗，跑到我们这儿干什么？这不是临阵脱逃吗？波士顿人聚集在港口，闹腾着不让法军靠岸。拉法耶特只好去找马萨诸塞州州长、大陆会议前主席约翰·汉考克。汉考克和拉法耶特一起赶到港口，好说歹说才把这些市民劝走。

到此为止，美法军事同盟进行得一塌糊涂。华盛顿一看，这样下去岂不是一场灾难？他需要美法之间更宽容的理解和更有效的交流，需要从法国得到更多的援助，他需要一个人帮他架起一座桥。没有人比拉法耶特更适合这份工作了。

1778 年 11 月底，20 岁的拉法耶特受华盛顿之托，从波士顿启程回法国。在过去的一年多里，拉法耶特完全融入了独立战争，他的勇敢机智和坦率真诚赢得了所有人的尊敬。如果说，他刚来北美时是为了追求个人的荣誉，现在的他已经是自由理想最忠诚的战士。他与华盛顿超乎寻常的友谊让人在感叹的同时也有些不得其解。拉法耶特活泼、浪漫、热情，又很会来事儿，他讨人喜欢很正常。但华盛顿的“冷”似乎是一层打不破的冰。他内向、保守、严肃，总是与人保持距离，小心翼翼地封锁着内心深处的情感。他还有个很像国王的怪毛病，就是特别不喜欢别人，尤其是男人，碰他的身体。别说勾肩搭背了，就是握手也非常少见。可是，偏偏在拉法耶特面前，华盛顿愿意撤掉伪装，展现真实的自己。他热烈地回应拉法耶特的法式拥抱（熊抱）和法式亲吻（亲两颊），不加掩饰地表达关爱之情。谁也不知道这个法国男孩怎样在这么短的时间里就征服了华盛顿的心。

拉法耶特这一去就是一年多。他到巴黎后受到英雄般的欢迎。路易十六本来就很喜欢他，现在把他当成了美国问题专家，向他打听美国的情况。拉法耶特与美国驻法公使富兰克林密切合作，说服路易十六增加对美经济和军事援助。国王几乎答应了他的所有请求。有位大臣说："幸亏侯爵没要求陛下把凡尔赛宫也卖了。"后来，路易十六还更换了法军主将，由格拉斯将军任海军主帅，罗尚博将军任陆军总司令。这两位比德斯坦强多了，对北美也比较友善。拉法耶特居然让路易十六同意，在北美的所有法军都由华盛顿统一指挥，免得各自为政。虽然华盛顿并不能实际控制法军，但至少名义上他是北美所有武装力量的总司令，说话办事方便多了。1780 年，拉法耶特将重返北美，在约克镇成就了自己的辉煌。

"罗得岛之战"后，英军总司令克林顿把兵力调回纽约，开始筹划南方战略。自从独立战争打响后，南方基本上没受到任何影响。很多人发了战争财，赚得盆满钵满。除了弗吉尼亚，其余南方各州都对革命不怎么感兴趣。在南方腹地，比如佐治亚和南卡罗来纳，保王派势力非常强大，足以与革命派分庭抗礼。这也是克林顿看中南方的主要原因。他认为，光凭英军的力量不足以让北美重回英国的怀抱，只有与当地保王党人的力量联合起来才能赢得胜利。

其实，克林顿的眼睛盯着南方也不是一天两天了。在他看来，南方只不过被北方强行绑到同一辆战车上。南方人奢侈慵懒的生活方式、唯利是图的贪婪本性、浓厚的贵族气息决定了他们对革命的态度。早在 1776 年 6 月，纽约之战前夕，克林顿就奉威廉 · 豪之命率 4000 名英军南下查尔斯顿，企图夺取这座南方最重要的港口城市。他本以为南方人会箪食壶浆以迎王师，没想到查尔斯顿正严阵以待。

南卡罗来纳州的州长约翰 · 拉特利奇是头倔驴，他想做的事谁也拦不住，大家都叫他"独裁者"。拉特利奇决定不让英军踏进查尔斯顿半步，他在水陆两面都做了充分的准备。由于地势的限制，英军在陆上的进攻不能以方阵的形式推进，只能变成狭窄的队形。结果，上来一个就让躲在防护墙后的民兵打死一个，根本无法靠近。海军更惨。舰队冲进港外的浅水区，有一半的船只搁浅，成了人家的靶子。岸上的民兵一阵炮轰，英国军舰重则被击沉，轻则被打残，没一个囫囵的。更奇怪的是，当英军炮火打击民兵的防御墙时，那炮弹竟然像被墙"吸收"了一样，没有破坏力。原来，那些墙是用棕榈树的树干做的，柔软又有弹性，炮弹打上来就像一记重拳打在棉花上，威力化于无形。克林顿一看这架势，还真是没脾气，只能下令撤退。英军对南方的第一次进攻以惨败告终。

接下来的三年里，战场一直在北方，英军无暇南顾。可是，在查尔斯顿的失败并没让克林顿放弃征服南方的愿望。既然查尔斯顿不太好对付，那就先拣个软柿子捏捏。1778 年 12 月底，阿奇博尔德·坎贝尔中校率3500名英军来到萨凡纳河口，开始了对萨凡纳的进攻。萨凡纳是佐治亚州的首府，也是仅次于查尔斯顿的南方重要港口。

守卫萨凡纳的是700个大陆军战士和150个佐治亚民兵。本来，坎贝尔应该等援军到来后再发起攻击。可是，他一看萨凡纳如此薄弱的防守力量，根本连等都不用等，直接上去三下五除二就把这800多人解决了。在大家还没缓过神儿来的时候，坎贝尔已经占领了萨凡纳。

1779年秋，法军元帅德斯坦率33艘船和4000名陆军官兵开往萨凡纳，船上共有将近2000门大炮。德斯坦怎么会跑到萨凡纳呢？罗得岛失利后，法军在波士顿修好了受损的船只，返回西印度群岛。华盛顿多次请求法军重返纽约，好与大陆军合作进攻英军的大本营。可是，德斯坦不敢与英国海军硬碰硬，他也想拣软柿子捏。正好，萨凡纳失陷，德斯坦便不顾盟军的意愿，自己带着舰队来到萨凡纳。他觉得，凭法军的实力，拿下萨凡纳如探囊取物。

萨凡纳的英军还真没想到法军会突然出现，他们被打了个措手不及，英国主将普利沃斯特将军根本没布置好防御工事。9月16日，德斯坦趾高气扬地命令英军立刻投降。普利沃斯特说，能不能给我24小时考虑一下。德斯坦说，好吧，谅你也飞不出我的手掌心。他哪知道，就在这24小时里，普利沃斯特调动3200名守军抢修防御工事，把所有的漏洞都补齐了。期限一到，普利沃斯特告诉德斯坦：对不起，我们不投降，咱打打看吧。

法军出其不意攻占萨凡纳的时机就这样溜走。德斯坦气得直冒烟。10 月 9 日，美法联军近 5000 人向萨凡纳发起猛攻。虽然联军人数占优势，但他们是“裸攻”，没任何掩护。英军躲在战壕里，瞄准敌人打。联军伤亡 800 人，英军损失不到 100 人。萨凡纳岿然不动，德斯坦一点辙都没有，灰溜溜地返回西印度群岛，美法第二次军事合作又演砸了。从此萨凡纳一直在英军手中，直到 1782 年。

随着萨凡纳的陷落，英军在当地保王派势力的配合下，很快就占据了佐治亚州。现在是收服南卡罗来纳的时候了。1780 年 2 月，克林顿将军亲率 1.2 万人从纽约乘船南下，再次逼近查尔斯顿。他接受了上次的教训，倚仗兵力上的绝对优势，在陆地上把查尔斯顿围了个水泄不通。海军也避开浅水区，完全封锁了港口。

在过去的三年里，因为战场远离南方，南卡罗来纳人光忙着赚钱了，查尔斯顿的守备日益松懈，当初发挥重要作用的防御工事都荒废了。大陆军南方部统帅是本杰明 · 林肯将军。他到查尔斯顿一看就知道守不住，但总要尽力而为。查尔斯顿毕竟是南方的门户，关系重大，不能轻易放弃。

林肯只有 5000 人，他迫切需要援军。他向南卡罗来纳、北卡罗来纳、弗吉尼亚等州求援，可是，只有弗吉尼亚派来 750 个民兵，基本上是杯水车薪。眼看着克林顿的包围圈越来越小，查尔斯顿危在旦夕，林肯请求南卡罗来纳政府允许一部分黑奴参加大陆军，帮助防守。他刚说出这个想法，南卡罗来纳议会就炸开了锅，这是他们听到的最恐怖的话。武装黑奴？你以为他们拿起武器会去打英军吗？他们只会把他们的白人主人干掉！我们宁可当英国人的俘虏，也不能让黑人扛起枪！

4 月 10 日，克林顿派人送信给林肯，要他投降。林肯拒绝了。克林顿命令皇家海军炮击查尔斯顿，半个城市变成火海。林肯仍然坚持着，因为他知道查尔斯顿附近还有伊萨克 · 胡格将军率领的两个军团。如果胡格骚扰克林顿的后方，他们里外夹击，没准儿能迫使克林顿撤退。4 月 14 日，克林顿手下那位曾活捉李的骑兵军官班尼斯特 · 塔尔顿率部奇袭胡格的军团，胡格几乎全军覆没，他本人勉强逃生。林肯最后的希望破灭了。

4 月 21 日，林肯向克林顿提出投降条件。克林顿说，你唯一的选择就是无条件投降。林肯拒绝。克林顿说，好吧，那就让你再尝尝厉害。5 月 9 日，克林顿命海军陆军同时开炮。这通炮打得太漂亮了，以至于炮声刚停，查尔斯顿的居民就涌到林肯的指挥部和南卡罗来纳州议会游行请愿，坚决要求投降。事到如今，还有什么可说的呢？民意不可违哦。

1780 年 5 月 12 日，林肯宣布无条件投降。5000 名大陆军放下武器，400 门大炮、6000 支枪落入英军手中。南方最重要的港口查尔斯顿陷落，直到 1783 年英美《巴黎和约》签订后，英军才主动撤离。查尔斯顿之败毫无疑问是独立战争中最惨痛的，它的损失远远超过了纽约和费城。查尔斯顿失守堵死了整个南方的出海口，沉重打击了南方经济。此后，南方各州开始陷入经济危机，大片种植园破产，战争结束后很长时间都缓不过劲儿来。

查尔斯顿之战后，南方的保王党势力异常活跃，他们组织武装，与革命派打得不可开交。一般来说，英军和大陆军在战场上相逢的时候，都会多多少少地表现出对对方的尊重，也是对军人这个职业的尊重。然而，这种默契在民兵武装之间完全不存在，双方都往死里打。南方战场看上去更像一场内战，这正是克林顿所希望的。

英军占领查尔斯顿后，克林顿带着部分人马返回纽约，把征服南方的任务交给了他的副将康沃利斯将军。康沃利斯的目标是把大陆军彻底赶出南卡罗来纳和北卡罗来纳，然后占领弗吉尼亚。

看上去，英军的南方战略取得了巨大的成功，美国革命再一次面临生死考验。然而，正在北方的华盛顿却对南方战事无能为力，因为他自己也正经历着生存危机。他的周围暗流汹涌，随时都会把他吞噬。

华盛顿面对的是什么样的危险？他将怎样度过人生中的又一片急流险滩？请看下一个故事 :《叛徒》。

045

叛 徒

1780 年 5 月，在占领了南方最重要的港口城市查尔斯顿后，英军总司令克林顿将军领着部分得胜之师返回纽约，他终于可以腾出工夫来重新谋划控制纽约州的哈德逊河流域，切断新英格兰与其他地区的联系。要控制哈德逊河，就要占领大陆军沿河修建的几个重要堡垒，其中最关键的一个在西点。华盛顿最担心的也是此处，他必须派一个忠诚又能干的将军镇守西点。这位将军就是本尼迪克·阿诺德。从萨拉托加到西点，阿诺德这一路走得还真不轻松呢。

三年前，阿诺德在“萨拉托加战役”中伤了左腿，险些被截肢。后来，好不容易保全了那条腿，可是左腿比右腿短了 1.5 寸，从此，他走起路来一瘸一拐的。华盛顿看着很心疼，觉得亏欠他太多。1778 年 6 月，大陆会议和宾夕法尼亚政府在英军撤离后返回费城。城里秩序混乱，商人们囤积居奇，物价飞涨，供应短缺。大陆军要帮助费城尽快恢复正常秩序。由谁出任费城的最高军事长官呢？华盛顿毫不犹豫地选择了阿诺德，这是对他的信任，也是对他的嘉奖。

论打仗，阿诺德绝对是大陆军中数一数二的人物，战场上的他激情四射，才华横溢。他是萨拉托加真正的英雄。可是，英雄的光环难掩他那两个致命的缺点：傲慢与贪婪。因为傲慢，他得罪了大陆会议和宾夕法尼亚议会的官僚们；因为贪婪，他无法抵挡权力带来的诱惑。在费城，他以革命的名义没收了很多不法商人的财产，中饱私囊。他要是低调一点也就罢了，因为大家对一个英雄的容忍度还是很高的。偏偏阿诺德个性张扬，最爱显摆，生活极尽奢华。这就让一些人不舒服了。大家都知道他挣多少工资，而他的生活方式显然与收入不符，这中间没有猫腻才怪。阿诺德特别倒霉，因为最恨他的人正是费城最有权势的人。那双紧盯着阿诺德的眼睛属于宾夕法尼亚州的战时州长——约瑟夫·里德。

里德曾是华盛顿最信任的帐前助理，后来因企图协助李谋求总司令一职而与华盛顿渐生嫌隙（参看 037《美国危机》）。里德是个坚定的共和主义者，本来就很不赞成大陆军插手费城的政务。他是宾夕法尼亚的民选领袖，当然不想让自己头上坐着个“太上皇”，更何况，这个“太上皇”又如此专横和贪腐。里德让人搜集阿诺德贪污的证据，并在报纸上公开指责阿诺德。

阿诺德一点也不知道收敛，继续出席上流社会的各种社交活动。

在一次舞会上，他结识了年轻、美丽、聪明的佩吉·西潘。佩吉来自费城最富裕的保王党人家庭，英军占领费城时她就与英国军官们打得火热，她习惯了看有权有势的男人拜倒在她的石榴裙下。阿诺德的结发妻子玛格丽特去世后，他一直忙于军务，没有再娶。这让他成了费城的黄金单身汉，自然逃不过佩吉的眼睛。阿诺德也被佩吉的美貌和财富迷得神魂颠倒。1779 年 4 月，38 岁的阿诺德终于迎娶了 18 岁的佩吉。

娇生惯养的佩吉把财富看成与生俱来的权利，她奢侈的生活方式让阿诺德渐入困境，他拼命搂钱也填不满佩吉的无底洞。恰在此时，在里德的推动下，法庭开始审理对阿诺德的指控。阿诺德为自己进行了出色的辩护，到最后，法庭只认定阿诺德在两项无关紧要的指控上“有罪”，其余的都不成立。可是，刚消停了没几天，大陆会议又开始调查他，还把陈年旧账翻出来，说他当年远征加拿大担任蒙特利尔军事长官期间，账目不明，欠大陆会议 1000 英镑，等等。这还真有点冤枉他了，因为当时大陆军匆匆撤出蒙特利尔，很多文件都丢失了，无法证明阿诺德的清白。

宾夕法尼亚州整他，大陆会议整他，但阿诺德还有个主心骨，就是华盛顿。华盛顿一直尽最大努力保护阿诺德，这是出于对一位功勋卓著的将军的欣赏和感激。可是，这一次，华盛顿也面临艰难的选择。里德没能在法庭上扳倒阿诺德，他就来找华盛顿，想让华盛顿出面谴责阿诺德。华盛顿不同意。里德干脆给华盛顿写了封“恐吓信”。他说，如果你不干，我就停止供应宾夕法尼亚军团，你瞧着办吧。这一下，他真的卡住了华盛顿的“脉门”。大陆军的供应本来就奇缺，各州都要赖皮，欠粮欠饷。华盛顿眼看着就快撑不下去了，如果宾夕法尼亚军团再因此解散，这仗就不用打了。

没办法，七尺男儿有时候也得为五斗米折腰。1780 年 4 月，华盛顿被迫发表声明，批评阿诺德行为“不当”。他其实心里想暂时这么应付一下，等过了这个风头再给阿诺德找升迁的机会，但他又不能跟阿诺德明说。华盛顿的声明成了压垮骆驼的最后一根稻草，阿诺德彻底失望了。再加上，随着英军在南方连连得手，美国革命的形势在 1780 年显得特别让人绝望。阿诺德不但看不到自己的前途，也看不到这个新国家的前途。他辞去费城军事长官的职务，决定改换门庭。

阿诺德开始通过间谍跟英军联系。英军负责情报和间谍事务的是约翰 · 安德里少校。安德里是阿诺德太太佩吉的好朋友，驻扎费城时与佩吉过往甚密，离开后还经常通信。阿诺德的很多信都是通过佩吉的朋友转送安德里的。阿诺德在信中说，他愿意为英军效劳，帮助英军夺取大陆军在西点的堡垒。当然，他也不能白干，英军必须付他 2 万英镑做酬劳（相当于 2008 年的 110 万美元）。克林顿最后同意，事成后付 2 万英镑，若不成，只付 6000 英镑。但他承诺，无论如何都会保护阿诺德的安全。正是这个承诺后来救了阿诺德的命。

1780 年 8 月，华盛顿终于看到一个重新启用阿诺德的机会。他想派阿诺德去南方收拾局面。要是在过去，阿诺德一定会高兴得跳起来，因为他一听打仗就来劲儿。可是，这回他却愁眉苦脸地对华盛顿说，我这条腿已经不成了，在马上待不了多久就受不了，无法指挥战斗。你能不能派给我一个不那么激烈的活儿，比如，镇守西点。华盛顿虽然觉得有点奇怪，但他还是满足了阿诺德的要求，任命阿诺德为西点的最高指挥官，掌控整个哈德逊河流域，他还把西点的堡垒命名为“阿诺德堡”。

位于哈德逊河西岸的西点，在纽约市以北 80 公里处。哈德逊河在这儿忽然来了个“S”形的大拐弯，阿诺德堡就建在这个拐角上，与对面的宪法岛相呼应。大陆军在堡垒与岛之间拉起一条大铁链，用来阻挡英国军舰。自从提康堡被英军破坏后，西点就成了控制哈德逊河流域的最重要的堡垒，在独立战争中扮演了不可替代的角色。1802 年，杰斐逊总统签署法律，在这个兵戎重地建立美国军事学院，俗称“西点军校”。西点军校的校园就在阿诺德堡和它周围的地区。阿诺德投靠英军后，阿诺德堡改名为“克林顿堡”，是以当时纽约州州长乔治 · 克林顿的名字命名的。

阿诺德到西点后，把部队渐渐分散到一些无关紧要的地方去，拆毁了很多据点，还把周围的很多树砍掉，为英军的进攻铺平道路。华盛顿对这一切毫无察觉，把西点交给阿诺德他是一百个放心。1780 年 5 月，拉法耶特从法国返回北美，为华盛顿带来个好消息：路易十六已派罗尚博将军带陆军来新大陆，法国对美国的军事援助不再局限于海军。9 月中，华盛顿去康涅狄格会见罗尚博，随行的有拉法耶特、汉密尔顿、诺克斯，还有他的其他助理和卫队。他专门告诉阿诺德，他从康涅狄格回来时要去西点视察防务，并与阿诺德夫妇共进早餐。

与此同时，阿诺德与英军的密谋也在紧锣密鼓地进行着。他与安德里约好，于 9 月 21 日面谈袭取西点的计划。这一天，安德里乘坐皇家海军“秃鹰号”，悄悄在石点登陆。两人从晚上一直谈到凌晨。阿诺德把西点的地形图、大陆军的部署图以及最新的军事会议纪要都交给安德里，安德里把它们藏在靴子里。可是，当安德里回到河边，却发现“秃鹰号”不见了。

原来，大陆军在岸上的岗哨发现了这只英国军舰，二话没说就开了炮，还真打中了。“秃鹰号”只好驶到别的地方修理。现在，安德里只能从陆路回纽约了。阿诺德说，没关系，整个地区都归我管。我给你开个通行证，保证畅行无阻。但有一样，你这身英国军装恐怕要脱下来。安德里很不情愿，但也没办法，你总不能穿着英军军服在大陆军的辖区晃悠吧？他只好换上平民的装扮，化名“约翰·安德森”，拿着阿诺德的手令上路了。

这一路开始还挺顺，可是，9 月 23 日，安德里在塔里敦附近被三个民兵挡住了。安德里拿出阿诺德签发的通行证，那倒是没什么问题。问题是，这哥仨穷疯了，正想捞外快呢。安德里看上去衣冠楚楚的，身上一定有钱。当时，很多商人在“江湖”上行走都喜欢把钱藏到靴子里。这仨人从安德里身上没搜出什么来，就冲着靴子去了，结果搜出了阿诺德给安德里的那些文件。

这三人中的两个基本上是文盲，只有一个勉强看得懂文件上的东西。他倒是知道事关重大，把安德里送到他们的长官约翰 · 詹姆森中校那儿。詹姆森明明看到地图上是阿诺德亲笔标明的大陆军部署情况，还有阿诺德开的通行证，但他一点也没怀疑阿诺德，因为阿诺德在他心中的形象太高大了。他认为，一定是安德里从阿诺德那儿偷来这些文件的。于是，他让人带着安德里和文件去阿诺德的指挥部，交给阿诺德处理。他们刚出发没多久，大陆军负责情报的长官本杰明 · 塔尔米奇少校到了。他一听说这事，马上让人追回押送安德里的一行人。詹姆森虽然还是不开窍，但他接受了塔尔米奇的意见，把文件直接送给华盛顿。同时，他也派人给阿诺德送去一封信，告诉他，他们抓住一个叫“安德森”的人，此人很可能是间谍，等等。

9 月 24 日清晨，华盛顿一行如约赶往西点，大家心情不错。华盛顿知道，他这些年轻的助理每次见到阿诺德的夫人佩吉都像中了魔似的迈不动步。今天，这位大美人要亲自给他们做早餐，大伙儿心里那个美劲儿就甭提了。华盛顿沿途在多个据点停下来，查看防务，难免耽误点时间。他对助理们说："我知道你们都爱阿诺德太太。你们先去跟她吃饭吧，不用等我。"他的话把这帮小伙子说得直傻笑。

上午 10 点，华盛顿和助理们来到阿诺德的指挥部。这是座精美的两层小楼，办公室和餐厅在一楼，阿诺德夫妇住楼上。华盛顿还以为阿诺德会出门迎接，可是，一点动静都没有。阿诺德的助理对华盛顿说，一个小时前，阿诺德匆匆忙忙离去，什么都没说。佩吉一直待在卧室里没出来，可能还在睡觉。华盛顿很纳闷儿，但也没怎么在意。他没有停留，马上去堡垒，他想阿诺德可能在堡垒等他。

等华盛顿到了堡垒，阿诺德还是无影无踪。堡垒的官兵看到总司令突然出现，都觉得很意外，因为没人给他们打过招呼。他们都说今天没见过阿诺德将军。华盛顿在周围一看，吓出一身冷汗。他怎么也没想到西点的防务竟然如此糟糕，简直不堪一击。这可不是阿诺德的水平。他到底出了什么问题呢？华盛顿返回指挥部，他想立刻跟阿诺德谈谈。

阿诺德继续玩"人间蒸发"，没人知道他在哪。佩吉不下楼，大家也就不好意思打搅她，只好忙活着先安排华盛顿吃饭。吃完饭，华盛顿回房间休息。这时，汉密尔顿拿着一摞纸走进来，这正是刚刚送到的从安德里身上搜出的文件，还有塔尔米奇附上的一封信。汉密尔顿把东西交给华盛顿之后，出去跟拉法耶特说了会儿话。两个年轻人回到华盛顿的房间时，却发现他失魂落魄地坐在那，眼泪在眼眶里打转。这俩吓坏了，赶紧问怎么回事。华盛顿调整了一下情绪，平静地说："阿诺德背叛了我们。我们还能相信谁呢？"

那么，阿诺德到底跑到哪儿去了？原来，24日早晨，就在华盛顿到西点前一个小时，阿诺德正跟两个助理喝着咖啡，说着要与华盛顿吃早餐的事，有人进来递给阿诺德一张纸条，正是詹姆森派人送来的关于抓住安德里的信。阿诺德一看，大事不好，立刻上楼与佩吉匆匆道别，然后出门上马，绝尘而去。两个助理看得莫名其妙，又不好说什么。阿诺德来到安德里下船的河边，看到皇家海军"秃鹰号"已经修好回来了。他们准备接安德里，结果，安德里没接着，把阿诺德接走了。

华盛顿一看那份绝密的军事会议纪要，立刻明白了阿诺德的背叛行为，因为别人根本拿不到这份文件。他很快从伤心和痛苦中清醒过来，让汉密尔顿领人沿河搜寻阿诺德，只要见到，立刻逮捕。可惜，太晚了，"秃鹰号"已经行驶在回纽约的途中。华盛顿让格林将军火速赶来接手西点的防务，命令各军团进入战备状态。他正忙着呢，有人进来说，阿诺德太太"疯了"。

华盛顿走进佩吉的房间，只见佩吉披头散发，在床上哭天抢地。她叫道：“我看到将军走了，你们把他抓走了！”又把不到一岁的儿子紧紧抱在怀里，指着一个助理说：“你杀死了我的孩子！”一会儿又说：“我要见华盛顿将军！我要见华盛顿将军！”可是，当华盛顿真的坐在床边想安慰她时，她又歇斯底里地喊：“你不是华盛顿将军！你是他们的同谋！你也想杀死我的孩子！”华盛顿见此情形，确信佩吉因这个突然的变故而得了“失心疯”。他默默地退出佩吉的房间，吩咐人好好照看她。当天，华盛顿和助理们就在阿诺德的指挥部过夜。

第二天一早，佩吉的病奇迹般地好了。她伤心地对华盛顿说，她怎么也没想到阿诺德会走这一步，她感到很内疚。拉法耶特和汉密尔顿也在场，他们像华盛顿一样，看着梨花带雨的佩吉，怜香惜玉之情油然而生。华盛顿认识佩吉不是一天两天了，算是看着她长大的。他毫不怀疑她的无辜。他问：“你现在是想去纽约与丈夫团聚呢还是回费城你父亲那里？”人家老公都跑到英军那儿了，他还打算把老婆也送去，这绅士真是做到了家。佩吉说她想回费城。华盛顿亲自签发通行证，让沿途各关卡务必保护好阿诺德太太的安全。拉法耶特和汉密尔顿也很细心地为佩吉安排行程，殷勤又周到。

其实，所有的人都被佩吉耍了。佩吉一点也没疯，更谈不上无辜。这件事从头到尾她都参与其中，帮着传递信件。是她鼓励阿诺德效忠王室的，因为她本来就出身于一个保王党人家庭。阿诺德离开后，她就琢磨着怎么脱身，精心设计了上面那台戏，偏偏华盛顿就吃这一套。他和拉法耶特、汉密尔顿都是典型的绅士，也是典型的“性别主义者”。他们认为，女人只会在家相夫教子，别说她们没有做坏事的心，就是有这个心，也没这个能力。像佩吉这样出身上流社会、受过良好教育又如此美丽动人的女子就更是天使了。三个大男人就这样被一个 19 岁的女孩儿玩得团团转。

佩吉回费城后，很快就去英军军营与阿诺德团聚了。后来，佩吉得意扬扬地把这段故事讲给她的闺蜜听，这位闺蜜最终嫁给了另一个大名鼎鼎的人物，美国第三位副总统阿伦·伯尔。伯尔也曾阴谋叛国，事发被捕后，时任总统杰斐逊一心要置他于死地，不惜押上所有的政治资本，最后却没能成功，倒是生动地向人们演绎了一段什么叫“司法独立”。

虽说华盛顿对女人千般忍让、万般柔情，对男人可不客气。接下来要处理安德里的事。此时，安德里已经承认，他是英国军官，并把他与阿诺德的密谋和盘托出。华盛顿让人把他送到大陆军在塔潘的总部，暂时关在一个旧酒吧里。安德里的案子被送上由大陆军高级军官组成的军事法庭。格林将军任主席，其他成员有斯特林、圣克莱尔、拉法耶特、斯图本、诺克斯等十几位将军。

在从塔里敦到塔潘的路上，安德里问押送自己的塔尔米奇，华盛顿将会如何处置他。塔尔米奇说，你恐怕将与内森·黑尔的命运相同。塔尔米奇曾是黑尔在耶鲁的同学。四年前，“纽约之战”打响时，21 岁的黑尔是大陆军的上尉军官。他自告奋勇，到城中打探英军军情，结果被发现。豪以“间谍罪”把黑尔送上绞刑架，这是对间谍最通常的惩罚。黑尔从容赴死，留下了那句名言：“我唯一的遗憾，就是只能为我的国家奉献一次生命。”

现在，安德里也许要步黑尔的后尘。30 岁的安德里出身于一个富裕的商人家庭。父亲是瑞士人，母亲是法国人。他从小就受到良好的教育，20 岁时参加英军，因军功一步步升为少校。他曾是亨利·克林顿的帐前助理，后来任英军最高情报长官。安德里长得英俊潇洒，气质高贵儒雅。他会说英、法、德、意四种语言，热爱诗歌，精通音乐，会作词作曲，擅长人物素描。在费城期间，他就住在富兰克林的房子里，对富兰克林那些发明创造非常倾心。安德里的谦虚、有礼、温和、豁达让他成为最受欢迎的军官，凡是认识他的人都会被他深深吸引。

在军事法庭上，安德里的表现让所有的人都爱上了他。他的从容、优雅、诚实、友善，还有他对英帝国的忠诚，让大陆军的将军们深受感动。可是，感情归感情，案子归案子。将军们在把他当战俘还是间谍的问题上颇费周章。如果是战俘，安德里就无性命之忧。顶多关几天，跟英军一交换就回去了。间谍就不一样了。在那个年代，虽然交战双方都离不开间谍，但间谍被认为是一种“下流”职业，无道德底线。只要被抓住，必死无疑，而且是最不光彩的死法：绞刑。

安德里为自己辩护说，他登岸的地方是中间地带，登岸时穿着英军军服，也就是说，他是作为军人，而不是间谍，跟阿诺德打交道的。后来，阿诺德把他带到大陆军的辖区，他不得已换上平民服装，因为即使是战俘也有乔装潜逃的权利。但将军们认为，安德里被抓时没穿军装，身上又带着绝密文件，显然在做间谍的事。最后，法庭判决安德里的“间谍罪”成立。

判是判了，但将军们的心情很沉重。他们似乎都不知不觉地把安德里当成了朋友，而不是敌人。现在，安德里的最后一根救命稻草就是华盛顿的慈悲。将军们刚判完人家死罪，就都跑到华盛顿面前为他求情，希望得到总司令的赦免。其实，华盛顿心里很清楚，从某种程度上说，安德里是在为阿诺德“顶罪”，正如他后来在给罗尚博的一封信中写道：“安德里的不幸大于罪过。”但是，事实就是事实，法律就是法律。华盛顿很理解将军们的情感，但他也不惧怕坚持原则。他的理由是：如果当时安德里平安回到纽约，他掌握的情报将给大陆军带来灭顶之灾。安德里情有可原，罪不可赦。

对安德里的同情让越来越多的人加入到“求情”的行列。华盛顿的助理汉密尔顿多次去安德里被关押的地方看他，和他聊天，每次谈完话都觉得安德里的人品如此高贵，面对命运的捉弄又是如此坦然，他实在不忍心看这样一个美好的生命消失。他也跑到华盛顿那儿求情。华盛顿平时特别喜欢汉密尔顿，对他言听计从，这一次却铁了心，谁求情也没用。英军总司令克林顿做了他能做的一切，通过公开渠道和秘密渠道向华盛顿喊话，希望华盛顿以一颗怜悯之心，看在安德里的母亲和姐妹的分上，赦免安德里的死罪。在华盛顿的默许下，汉密尔顿化名给克林顿写了一封信，意思是，想保安德里的命吗？拿阿诺德来换！克林顿深爱着安德里，也很讨厌阿诺德，但他像华盛顿一样，不惧怕坚持原则。他坚守对阿诺德的承诺，拒绝交换。

接着，华盛顿收到了一封最不可思议的求情信，这封信来自阿诺德本人。阿诺德说，这件事都是我的责任，请不要惩罚安德里。他还威胁说，如果华盛顿一意孤行，英军将采取报复措施，包括处死被俘的大陆军军官。阿诺德的信是在华盛顿的伤口上撒盐，他还不如不求呢。安德里死定了。

10 月 2 日，安德里走向刑场。此前，他给华盛顿写了一封信，希望能像一个战士那样被枪决，而不是被吊死。华盛顿没有回音。临刑前夜，安德里画了一张自画像，算是留在这个世上的最后一丝痕迹。现在，他在众目睽睽中走向绞刑架，他的从容和镇定让人肃然起敬。在走过那些将军面前时，他还点头微笑，将军们也都向他还礼。在绞刑架下站好后，安德里自己动手把绳子在脖子上套牢，拿出一条手绢蒙上自己的眼睛。当被问道有什么话要说时，他说:“我希望你们为我见证，我勇敢地面对了命运的安排。”大家心里也许都在问同一个问题：如果绞刑架下站着的是我，我有他那样的勇气吗?

所有的将军都去刑场了，只有华盛顿静静地坐在办公室里，他的周围一个人也没有。他可以感觉到，将军们心中多多少少都在埋怨他冷酷无情。此时此刻，他是个孤独的领袖。他将习惯这种孤独。很多年后，当他拒绝支持法国革命，当他签署《杰伊条约》，当他以武力镇压“威士忌叛乱”，愤怒的美国人骂他“忘恩负义”“丧权辱国”“独裁专制”时，他也是这样静静地坐在办公室里，望着窗外抗议的人群。对政治家来说，“顺应民意”也许永远是风险最小的选择，但有时候，“逆流而动”才真正需要大智慧、大勇气。

安德里死后被就地埋葬，美国人还给他立了一块碑。后来，他的遗骸被运回英国，隆重安葬在威斯敏斯特大教堂的“英雄角”，他终于躺在国王和诗人们中间。他的母亲、姐妹都得到了国王的抚恤和奖赏，弟弟被授予男爵头衔。大西洋两岸都把他当成英雄。当然，美国人也没忘了自己的英雄。他们在抓住安德里的地方也立了块纪念碑，奖赏了那三位民兵战士，还用他们的名字命名了三个县。

华盛顿一直念念不忘将阿诺德抓回来绳之以法。他策划了绑架阿诺德的行动。但是，就在行动小组要动手的时候，阿诺德被派往弗吉尼亚，这个机会也就消失了。后来，华盛顿派拉法耶特南下对付阿诺德的进攻，临走前特地嘱咐他："如果抓住阿诺德，就地正法。"拉法耶特依靠间谍的帮助有一次差点得手，但因执行任务的人太没经验，让阿诺德逃脱了。

阿诺德的叛变风波刚过，华盛顿又面临新的挑战。他将如何应对呢？独立战争能走出困境吗？请看下一个故事：《兵变与兵败》。

046

兵变与兵败

阿诺德叛变的风波刚过，华盛顿还没来得及喘口气呢，更大的危机又向他袭来。其实，这种危机酝酿已久，军队的骚动早就开始了。逃跑、抢劫、偷盗，供应短缺让军纪越来越败坏，大陆军都快成土匪了。华盛顿一向最强调纪律，可也觉得有点力不从心。连饭都吃不上，你还能指望战士们干什么呢？尽管如此，他还是决定警示一下。他下令处决八个严重违纪的士兵，并叫各营的战士都来观刑。这八个人被带上绞刑架，绳子已套在他们的脖子上。但就在行刑前一分钟，华盛顿赦免了其中的七个，只把情节最严重的那个处决了。他希望用这种方式让战士们接受教训。

然而，华盛顿的警诫似乎没起什么作用。1781 年 1 月 1 日，宾夕法尼亚军团 1300 名战士哗变，扛着枪，带着 6 门大炮，离开大陆军在莫里斯敦的营地，向费城走去。他们已经一年没拿到工资了，每天缺衣少食，眼看着同伴们冻饿而死，终于忍无可忍，要去找大陆会议和宾夕法尼亚政府讨个说法。战士们还没忘了给自己的行动定个性，他们打出一面旗，上写“我们不是阿诺德”。也就是说，他们是在维权，不是叛国。

华盛顿心里很同情战士们的境遇，这完全是制度造成的。大陆会议在财政上已经破产，根本无法供应大陆军。各州互相扯皮，互相算计，没人愿支持这支“国家的军队”。在这种情况下，大家的不满情有可原。但是，作为总司令，他不能允许他的军队威胁民选政府的安全。不管怎么“合理”，兵变都是不合法的。

华盛顿让韦恩将军带着新泽西军团跟着哗变的士兵们走，边走边跟他们谈，尽量把他们劝回来，底线是：绝不能让他们渡过特拉华河进入宾夕法尼亚。与此同时，宾夕法尼亚州的战时州长约瑟夫·里德也在积极想办法。里德曾是大陆军的一员，深知这种兵变有多危险。如果让其他军团听到风声，大家都跟着干，大陆军就完了。更可怕的是，如果传到英军耳朵里，他们乘势进攻，美国革命还有戏吗？怎么才能迅速平息事端呢？里德的办法是答应战士们提出的条件，包括补发及增加军饷，改善供应，许诺提前结束征兵合同，再过几个月就让他们回家。

宾夕法尼亚军团走到特伦顿就停下了，没有渡河。一是因为他们的要求得到了满足，二是因为韦恩已经指挥新泽西军团列好阵势，谁敢再往前走，他就不客气。韦恩是个好勇斗狠的角色，他因打起仗来过于疯狂，得了个外号叫“疯子安东尼”。他是华盛顿的爱将，凡是碰上棘手又需要快刀斩乱麻的事，华盛顿就会让他上。

虽然这次兵变没酿成严重后果，但华盛顿心里很不舒服，他担心别的军团有样学样。为了杀一儆百，他决定把领头的几个人枪决。“监斩官”的任务又落到“疯子安东尼”头上。在众目睽睽下，韦恩下令行刑队射击，被枪决的人应声而倒，但其中一个没死，在地上抽搐着。韦恩让一个行刑队员上去补一刺刀，那个战士说，我不能这样杀死同伴。韦恩拔出短枪，指着那个战士的脑袋说：“你不杀死他，我就杀死你。”最后，这个战士只好上去，一刀结束了地上那个痛苦的生命。

韦恩还在那跟华盛顿吹他这事儿办得有多漂亮呢，没几天，另一起兵变就发生了，而且恰恰就是新泽西军团。可能是因为看到宾夕法尼亚的弟兄们一闹腾就得到了他们想要的待遇，新泽西的战士们也想试试。闹有可能被打死，不闹肯定得饿死，何不铤而走险呢？他们拉着队伍向新泽西州的首府特伦顿进发，要找当局说理。

事到如今，华盛顿彻底受够了。他拒绝与哗变者谈判，从西点调来最精锐的部队，包围新泽西军团，命令他们立刻放下武器。新泽西军团势单力孤，只好投降。华盛顿把两个领头的抓起来，判处死刑。这次的行刑队更特别，专门找了 12 个参加这次兵变的人，都是那两个要被枪决的人的好朋友。3 个瞄着脑袋打，3 个瞄着心脏打，剩下 6 个专门管着补刺刀。如果他们敢抗命，就会被当场处死。这些战士平时都是出生入死的哥们儿，互相扶持着走过艰难岁月，如今却要亲手杀死战友，大家的心情可想而知。观刑的也都是新泽西军团的人。枪声过后，刑场上哭声一片。让朋友看朋友杀死朋友，这就是华盛顿想要的效果。从此以后，大陆军再也没发生过兵变。

华盛顿残忍地处罚了新泽西军团，但他不会让战士们的血白流。他带着他们未竟的心愿，亲自去大陆会议，为他那饥寒交迫的军队要粮食、要军饷、要衣服、要毯子。他警告大陆会议和各州，再这样下去，“自由”和“独立”将完全失去意义，人们不会再为理想而战，只会为生存而战。到那时，他们的敌人将不是英国，而是无视他们诉求的政府。

大陆会议又急又怕，可没钱就是没钱。现在唯一的指望是国外的贷款。大陆会议决定派华盛顿的助理、26 岁的约翰 · 劳伦斯去欧洲争取贷款。劳伦斯不辱使命，他与富兰克林合作，从法国借来一大笔钱，总算解了华盛顿的燃眉之急。

华盛顿在北方焦头烂额的时候，南方的坏消息频频传来。在佐治亚落入英军之手后，1780 年 5 月，查尔斯顿陷落，大陆军南方部统帅本杰明 · 林肯将军和他的 5000 人马被迫投降（参看 044《南方战略》）。接着，英军在南方的最高指挥官查尔斯 · 康沃利斯将军向南卡罗来纳腹地推进，打算从南往北，征服整个南方。南方的大陆军和民兵群龙无首，大陆会议要任命一个新的南方部统帅。这个人会是谁呢？

华盛顿推荐纳森内尔·格林将军，大陆会议却有自己的打算，他们看中的是萨拉托加的英雄——赫瑞修·盖茨将军。盖茨曾领导大陆军北方部取得了“萨拉托加战役”的辉煌胜利，他的威望如日中天。虽然很多人认为“萨拉托加战役”真正的英雄是本尼迪克·阿诺德和丹尼尔·摩根，但盖茨毕竟是总指挥，他得了荣誉也是应该的。

这一次，大陆会议让盖茨统率南方部，希望他能再展神威，挽救南方的危局。其实，更深层的原因是，盖茨是华盛顿的老对手。在“康威阴谋”中，盖茨企图取代华盛顿，但被华盛顿的政治盟友击败。尽管如此，他仍然是唯一可以与华盛顿抗衡的力量。在过去的几年中，软弱无力的大陆会议不得不经常授权大陆军总司令代行行政权，在很多人眼里，华盛顿俨然已是个独裁者。所以，只要有机会，大陆会议就会搞点平衡。尽管大家都知道华盛顿品德高尚，从不越权，但古往今来，有几个人能抗拒权力的诱惑？谁又能保证，英国被赶跑之时不是美国失去自由之日？

大陆军南方部统帅是仅次于华盛顿的二号人物，基本上不受总司令的控制。一旦在南方站稳脚跟，他将坐镇半壁江山，足以制约华盛顿的势力。正是出于这样的考虑，大陆会议选择了盖茨。华盛顿得知这个消息后，气得差点连桌子都掀了。他知道这是大陆会议故意跟他捣乱，但他什么都没说，以沉默表达了自己的态度。他打心眼儿里认为盖茨不是康沃利斯的对手，但他无法阻止这场灾难。

1780 年 8 月，盖茨来到南卡罗来纳。南方又有了主心骨，大陆军和民兵纷纷来投奔，盖茨的人马到了 4000 人。他领着这 4000 人开往卡姆登，那里驻扎着康沃利斯的 2000 人马。看上去，盖茨在兵力上占优势，但他根本没搞清楚自己的实力。这 4000 人里有一半是伤员和病号，只有 2000 人真正可用。最奇怪的是，盖茨好像算术能力出了问题，他居然认为自己有 7000 人。于是，他带着他想象中的强大军队去跟康沃利斯叫板。8 月 15 日夜，盖茨的军队悄悄地向卡姆登进发。

完全出于巧合，在同一个夜晚，康沃利斯派出一部分人马出去打探大陆军的动静。8 月 16 日凌晨两点多，两军在卡姆登以北 8 公里处不期而遇。双方迅速列好阵势，准备开战。英军 2000 人，大陆军和民兵 4000 人（包括伤病员）。盖茨的左翼是从来没打过仗的弗吉尼亚和北卡罗来纳民兵，右翼是实战能力较强的马里兰军团和特拉华军团，他自己带着预备队留在后面观战。康沃利斯的右翼最强，左翼稍差，这是英军的传统。盖茨曾在英军服役多年，应该对此很熟悉。可不知为什么，他还是把自己最弱的环节暴露在敌人最强大的攻势面前。

康沃利斯一看盖茨的左翼是民兵，立刻向其发起猛攻。民兵们根本没见过这种阵势，只开了一轮枪，然后扭头就跑。弗吉尼亚的民兵都是飞毛腿，英军使出吃奶的劲儿都追不上他们。盖茨的右翼开始时打得还不错，但后来两个前线指挥官受伤，再加上班尼斯特·塔尔顿率领的英军骑兵在关键时刻突然出现，摧毁了大家的抵抗意志。大陆军兵败如山倒，潮水般地四散奔逃。盖茨带来的4000人中，只有700人逃回大本营，大约2000人伤亡，1000人被俘，其余的失踪。英军68死350伤，基本上没什么损失。

大陆军南方部在“卡姆登之战”中几乎全军覆没，他们败得惨先不说，主要是败得丢人。最丢人的是南方部统帅盖茨。还没等他的军队全线崩溃，盖茨自己先崩溃了。这位52岁的将军，丢下队伍，单人独骑逃命，三日三夜狂奔300多公里，什么“国格”“人格”都不要了。在独立战争中，还从来没有一个将军像他这样弃自己的军队于不顾。盖茨的“胆小鬼”本色彻底终结了他的政治前途，也让他成了所有人的笑柄。汉密尔顿嘲讽说：“他这把年纪还能跑那么快，真不简单啊！”

盖茨之所以如此惊慌失措，除了让康沃利斯的攻势吓破了胆，还因为他看到了马背上的塔尔顿。26岁的塔尔顿出身于一个有钱有势的家庭，父亲是成功的商人，后来当选为利物浦市的市长。塔尔顿受过完整的贵族式教育，毕业于牛津大学，本想做律师。但父亲去世后，他决定投笔从戎，参加了骑兵，来到北美。1776 年 12 月，他率部活捉了当时大陆军的二号人物查尔斯 · 李，伦敦的股市为之大涨，塔尔顿从此声名鹊起。几年的时间他就从少尉一路晋升为中校，后来还被册封为男爵。学者们公认，塔尔顿是英军在北美战场上最才华横溢的军官，他的骑兵神出鬼没，屡建奇功。

塔尔顿骁勇善战不假，但真正让人恐惧的是他的凶狠残暴。1780 年 5 月，“查尔斯顿战役”期间，大陆军 400 人聚集在沃克斯华。塔尔顿带着 170 个骑兵和 100 名步兵，用 45 个小时在南卡罗来纳的丛林中奔驰 170 公里，步兵与骑兵共骑一匹马，差不多两人乘一骑，很多马因此活活累死。但是，他们如神兵天降，突然出现在大陆军面前。一阵砍杀之后，大陆军投降。只见塔尔顿走到举着白旗的大陆军战士面前，手起刀落，把那个战士的脑袋削成两半。然后，他一声令下：给我杀！现场顿时血流成河。这就是“沃克斯华大屠杀”。杀俘是对战争规则的践踏，激起了美国人的仇恨和英国人的反感，连康沃利斯都不得不严厉训斥这位丧心病狂的部下。从此，塔尔顿得了个外号叫“血腥班”，难怪这回盖茨见了他就像见到鬼一样，只恨不会飞。大陆军战士都知道，碰上这个魔鬼，如果你的两条腿比他的四条腿跑得快，算你命大；否则，你就跟他血战到底，求个鱼死网破。显然，盖茨没有这种誓死的决心。

“卡姆登之战”后，整个南卡罗来纳州很快就被英军控制，康沃利斯与塔尔顿兵分两路北上，进入北卡罗来纳，于9月26日占领北卡罗来纳的首府也是最大的城市夏洛特。英军在北卡罗来纳遭遇出乎意料的顽强抵抗，但这似乎挡不住他们前进的脚步。英军兵锋直指弗吉尼亚，这个美国面积最大、人口最多、最富裕也最积极革命的州。

为了配合康沃利斯的行动，英军总司令克林顿派刚刚从大陆军叛变投敌的阿诺德率1600人乘40艘军舰从纽约南下，进攻弗吉尼亚。弗吉尼亚的战时州长正是那位《独立宣言》的作者——托马斯·杰斐逊。可是，此时此刻，杰斐逊的脑子里不是如何备战，而是如何促进弗吉尼亚的公共教育。这位书生气十足的州长，在和平时期也许是出色的政治家，在战争时期却显得百无一用。他既没魄力也没能力领导弗吉尼亚人保卫家园。

杰斐逊向华盛顿紧急求救，华盛顿决定让拉法耶特侯爵带1200人去弗吉尼亚。杰斐逊一听是派拉法耶特来，都快哭了，说您能不能派个分量重一点的？此时拉法耶特只有23岁，这个毛孩子能干什么？华盛顿的回答是，我的将军我了解，他就是最合适的人选。

拉法耶特还在路上，阿诺德的军队已逼近里士满。杰斐逊和弗吉尼亚议会毫无准备，不得不仓皇逃窜，阿诺德不费一枪一弹就进了里士满。他放火烧毁了半个城市，然后转向弗吉尼亚腹地，洗劫其他地区。与此同时，塔尔顿的骑兵也进入弗吉尼亚。这一次，他有个重要的任务，就是活捉杰斐逊。

杰斐逊逃出里士满后回了他的家蒙蒂塞洛。1781年6月2日早晨，他和几个弗吉尼亚州的议员正商量事儿呢。他这个州长还有几天就卸任了，正巴不得赶紧交接。这时，一个弗吉尼亚民兵闯进来，满身满脸都是血。他已在黑暗中奔波了一夜，身上脸上被荆棘划得一道一道的。他告诉杰斐逊，英军正向蒙蒂塞洛赶来，大家快跑！杰斐逊倒是很镇静，安排议员们和自己的家人先走，他和两个奴隶留在最后。他好像不太相信英军真会来似的，还跑到附近一座山顶上用望远镜看，没发现什么。他正打算回蒙蒂塞洛，这时，可能是上帝的安排，他手中的望远镜掉到地上。他俯身拾起望远镜，顺便又往蒙蒂塞洛的方向看了一下。这一次，他看到了皇家骑兵那著名的绿色军装。杰斐逊立刻纵马离去。几分钟后，塔尔顿来到蒙蒂塞洛。

塔尔顿拿枪指着一个奴隶，叫他说出杰斐逊的下落，否则就打死他。那个奴隶说，你打死我吧，反正他已经走远了。奇怪的是，塔尔顿没有开枪。更奇怪的是，当他的部下问他，是否要把蒙蒂塞洛烧为平地，战场上那个“血腥班”忽然不见了，站在他们面前的似乎是当年那个温文尔雅的牛津毕业生。他下令，不许碰蒙蒂塞洛的一草一木。据说，英军在蒙蒂塞洛做的唯一的事就是喝了杰斐逊放在餐桌上的葡萄酒，庆祝英王乔治三世的生日。然后，他们静静地撤走了。英军在蒙蒂塞洛秋毫无犯，这完全不是塔尔顿的风格，这是上帝的风格。今天的蒙蒂塞洛是美国极少的几处联合国人文遗产景观，它以独特的魅力吸引着成千上万的参观者，是“在你死之前一定要去的一千个地方”之一。

杰斐逊和他的家人安全了，可他的名誉一点也不安全。他这州长当得简直是一场灾难，差点葬送了他的政治前途。他灰头土脸了好多年缓不过劲儿来。要不是后来一个出使法国的机会让他咸鱼翻身，美国总统的位子他想都不要想。然而，命运非常眷顾这位才子型的政治家。他在战争中失去的，将在和平中得到加倍的补偿。

南方的形势一塌糊涂，盖茨战败的消息传到费城，大陆会议彻底傻眼了。他们顾不上什么权力平衡了，赶紧来找华盛顿，商量下一任南方部统帅的人选。华盛顿还是那句话：纳森内尔·格林。这一次，大陆会议同意得别提多痛快了。

38 岁的格林是大陆军最年轻的将军之一，也是华盛顿最看重的将军。华盛顿不在军中时总是把最高指挥权委托给格林，他曾说：“如果我有不测，我希望格林将军接替我。”格林与华盛顿的情谊非同寻常。从华盛顿执掌大陆军的第一天起，格林就在他身边，他们之间的忠诚和信任已渗入血液。格林来自北方的罗得岛州，他和来自南方的华盛顿如此默契，本身就是奇迹。华盛顿是个难伺候的老板，将军们敬他爱他又怕他，生性敏感的格林也经常会觉得委屈和困惑。比如，“蒙莫斯之战”中，格林的军团表现出色，但华盛顿把头功给了“疯子安东尼”。格林不高兴，给华盛顿写了封措辞苦涩的信，发泄心中的不满。华盛顿在回信中说，你带的是弗吉尼亚军团，也就是我的家乡子弟。我要是使劲儿夸你，那不就是夸我自己吗？你就吃点亏吧，但你在我心中的位置永远不会变，请不要低估我们的友谊。格林这才觉得好受多了，因为他知道华盛顿正拉着他的手，跟他说悄悄话。更多的时候，他们之间不需要语言，一个眼神，一个微笑，所有的关心和牵挂已了然于胸。

美英将在南方进行新一轮的较量。格林对阵康沃利斯，拉法耶特对阵阿诺德。无论是经验还是威望，格林和拉法耶特都不能跟康沃利斯和阿诺德相提并论，胜负似乎没什么悬念。也许只有上帝的意志才能创造奇迹。

北方爷们儿格林能扭转南方的战局吗？年轻的拉法耶特如何应对久经沙场的阿诺德和康沃利斯？请看下一个故事 :《转战南方》。

047

转战南方

1780 年 12 月，格林将军来到北卡罗来纳，正式就任大陆军南方部统帅，他成了大陆军的二号人物，地位仅次于华盛顿。南方部统帅好像是个倒霉的职位：先是罗伯特·豪把萨凡纳丢了；接着是本杰明·林肯把查尔斯顿丢了；再后来是赫瑞修·盖茨差点把整个南方都丢了。这一回，格林会不会把自己也丢了呢？

格林是北方人，从没到过南方，由他统率南方部，看上去有点不靠谱。但华盛顿绝对相信格林的能力，虽然格林并不完美。在四年前的“华盛顿堡之战”中，格林判断失误，大陆军遭受严重损失，他为此痛苦不堪。可是，华盛顿对他的信任和依赖从未改变。在过去这四年中，格林几乎参加了大陆军所有的战斗，也参与了所有的重要决策，这位自学成才的将军变得越来越成熟，越来越自信。格林也是大陆军中最有政治头脑、最有知识分子情结的将军。华盛顿经常让他代表大陆军去跟大陆会议“吵架”，格林对“度”的把握总是恰到好处，既维护大陆军的利益，又不得罪人，搞得那些政客拿他没办法，还挺喜欢他。他在政治上的成熟也是华盛顿选中他执掌南方的原因之一。临行前，华盛顿嘱咐道：“到了南方就要靠你自己了，我恐怕帮不上忙。你一定要依靠南方各州。”

格林到达北卡罗来纳的夏洛特时，大陆军南方部基本上不存在了。正规军只有几百名，剩下的都是松散的民兵，加起来不超过1000人，而且没有任何物资供应的保障。格林做的第一件事就是与南方各州政府联系，招募新兵，并着手建立有效的供给线。他多年的政治经验这回全派上了用场。在与各州打交道时，格林不卑不亢，耐心、谦虚、有礼，让大家觉得他坚实可靠又不咄咄逼人。南卡罗来纳、北卡罗来纳、弗吉尼亚都愿意帮忙，但她们都需要时间。英军统帅康沃利斯将军可不想给格林那么多时间，他要趁着格林立足未稳把他掐死。

康沃利斯领兵逼近格林。以大陆军现在的实力，跟英军硬碰硬就是自杀。好在格林的脑子特别灵，他一看这形势，就放弃了那种“正规军打正规战”的念头。不久前，在北卡罗来纳的国王山，民兵们利用英军行动缓慢的弱点，四处出击，切割包围，迫使一小股英军投降。虽然战斗规模不大，却是美国在南方的第一个胜利。格林从“国王山之战”中看到了游击战的威力，他决定，在没有聚集起足够的力量之前，继续采用游击战术，就像后人总结的那样：敌进我退，敌驻我扰，敌疲我打，敌退我追。

有了战略，格林还需要帮手。他找的这个帮手可不是等闲之辈，他就是“萨拉托加战役”的四大功臣之一——丹尼尔·摩根（参看040《萨拉托加》）。有人说，如果不算阿诺德，摩根应该是大陆军中唯一的军事天才。华盛顿、格林和其他的将军都很努力地“学”打仗，丹尼尔·摩根天生就会打仗，他在战场上的灵性是任何人都望尘莫及的。

此时，44岁的摩根住在他在弗吉尼亚的庄园。1779年，他以“背疾”为由退休，这个倒是不假，他的背确实很糟糕，疼起来要命。但一个公开的秘密是，他是因为大陆会议越过他提拔了别的将军而感到不满才退休的。盖茨任南方部统帅的时候就想请摩根出山相助，但他拒绝了。盖茨在卡姆登惨败，整个南方几乎落入英军之手，摩根觉得他身体里那团似乎已经熄灭的火又燃烧起来。格林的邀请再次唤醒了他心中久违的爱国热情。摩根振臂一呼，老部下新朋友纷纷来投，他挑选了一个神枪营，带着大伙来到格林面前。

有摩根相助，格林立刻觉得有了底气。他和摩根带着人数不多的队伍，展开了独立战争中南方战场的那幅经典画面：赛跑。大陆军在前面跑，英军在后面追。格林和摩根“牵着”康沃利斯在南卡罗来纳和北卡罗来纳的丛林里兜圈子，让英军的供给线越拉越长，各地的小股民兵就专门袭击英军供给车队，以至于很多时候英军吃饭都成了问题。就在康沃利斯累得直喘粗气的时候，他忽然发现了一个契机：格林决定与摩根兵分两路，他往北走，摩根往西。康沃利斯认为，这是个致命的错误，因为在强敌面前最忌分兵。岂知格林是故意走这步险棋，因为他想让康沃利斯也分兵。果然，康沃利斯让副将塔尔顿领一半人追摩根，他自己接着追格林。

26 岁的塔尔顿像摩根一样，也是个军事天才。他在卡姆登把盖茨打得落荒而逃，南方人对他谈虎色变（参看 046《兵变与兵败》）。1781 年 1 月 16 日，塔尔顿率领的 1000 多名英军和保王党军队与摩根率领的大约 1000 名大陆军和民兵在南卡罗来纳的考彭斯地区相遇。本来，格林给摩根的命令是打游击战，以消耗敌人的实力为主，尽量避免正面冲突。可是，摩根这一路上又聚敛了很多松散的民兵武装，队伍变得越来越强大。他认为他已经有足够的力量与塔尔顿正面较量。于是，摩根决定在考彭斯打一场阵地战。

摩根心里一刻也没忘记盖茨的教训。盖茨失败的主要原因是对军队的调配不当。他让最没经验的民兵对付康沃利斯最强大的左翼军团，结果，民兵只开了一轮枪就四散奔逃，把盖茨的其他军团也冲散了。现在，摩根的队伍中就有这样一批初上战场的民兵。他们从没打过仗，也没受过正规训练，战前热情高涨，一上战场就发毛，两轮枪后保证崩溃。

摩根要怎样调度才能避免重蹈盖茨的覆辙呢？

首先，摩根让军队背靠布罗德河，左靠帕科利特河，也就是把自己的后面和左面都堵死了。民兵不是喜欢逃跑吗？这回谁都甭想跑。塔尔顿不留俘虏，你们只有两个选择：胜利或死亡。靠河列阵，也躲开了英军惯用的侧面袭击的战术。其次，摩根把军队分成三道防线：

第一道，也是最前面的一道，是最嫩的民兵。这看上去跟盖茨犯的错误一模一样，因为英军一般是最前面的兵力最强，攻击也最猛烈，民兵肯定得崩溃。但是，摩根告诉这些民兵：你们只打两轮枪，然后就撤到队伍的最后面去，剩下的事儿不用你们管了。这样一来，民兵的心理压力大大减轻，后面的队伍看到前面的民兵“按计划”逃跑时也不会惊慌失措。

第二道，是南卡罗来纳的作战经验比较丰富的民兵。他们将以更强的火力对付英军。这里面有很多百发百中的神枪手，摩根让他们开枪时专拣军官打，甭怕耍赖皮。而且，摩根把他们安排在一座小山丘上，两边故意不设防，引诱塔尔顿攻山。这第二拨人抵挡一阵子之后，也将撤往两翼。

第三道防线是战斗力最强的大陆军特拉华军团和马里兰军团。摩根认为，在经过前两道防线的打击后，英军应该已经伤亡惨重，他们早已处在“再而衰，三而竭”的状态。第三道防线的强大火力足以瓦解塔尔顿的战斗力。此时，隐藏在山坡后的摩根的预备队骑兵会突然杀出，从右面包抄塔尔顿，转守为攻。本来，塔尔顿手下最强大的也是骑兵，但此时，他的骑兵在仰攻山头时应该已经受挫，摩根的骑兵以逸待劳，居高临下，那效果还用说吗？

摩根的战术与“田忌赛马”是一个道理，先以己之最弱对付敌之最强，在耗尽强敌的体力之后，再以己之最强攻敌之最弱，岂有不胜的道理？ 1781 年 1 月 17 日的“考彭斯之战”完全按摩根的思路发生了。在北美战场所向无敌的塔尔顿一步一步走进摩根设计的圈套。当摩根的骑兵最终出现在疲惫不堪的英军眼前时，塔尔顿只做了一件事：逃跑。以前都是英军追着大陆军的屁股打，这回大陆军终于看到英军的屁股了。

“考彭斯之战”使英军损失惨重，它是南方战役的转折点，打破了英军不可战胜的神话。康沃利斯说：“它是一系列不幸事件的开始，直到我们走向最后的失败。”摩根的传奇故事是美国人津津乐道的话题。2000 年，好莱坞大片《爱国者》中的男主角（梅尔·吉布森饰）就是以摩根为原型，那个凶狠残暴的大坏蛋“塔文顿”是以塔尔顿为原型（虽然真实的塔尔顿并没那么十恶不赦），其他那些大人物，比如盖茨、康沃利斯、格林，都是他们的“陪衬”。影片中的最后一战就是经过艺术加工的“考彭斯之战”，视觉效果非常震撼。

“考彭斯之战”后，摩根率部与格林重新会合。不久，他再次宣布退休，因为他的背疾又发作了，健康状况急转直下。格林带着感激和遗憾送走摩根，他将独自与康沃利斯周旋。接下来的“游戏”是“奔向丹河”。两军就像赛跑一样，看谁先到河边。一连串的失利使康沃利斯认识到，英军辎重随行，行动过慢，给大陆军造成很多可乘之机。他决定甩掉“包袱”，让战士只带几天的口粮，加快速度，非抓住格林不可。

格林马上感觉到英军的变化，断定英军必然供给短缺。他一面加快自己的脚步，一面让各地坚壁清野，饿死英军。果然，康沃利斯不但没追上大陆军，反而搞得自己又饿又累。他写道：“格林像华盛顿一样危险，我没有一晚上不担惊受怕……”2 月 14 日，格林的队伍率先到达丹河。丹河是北卡罗来纳和弗吉尼亚的分界线。格林率部渡过丹河进入弗吉尼亚。他下令把沿岸所有的船只都置于大陆军的控制之下，康沃利斯赶到时只能望河兴叹了。此时，英军的供给已极度匮乏，不得不往回撤，还要对付神出鬼没的民兵的袭扰。格林赢得了这场“比赛”，极大地消耗了英军的战斗力，为大陆军在南方的最后胜利奠定了基础。

大陆军在弗吉尼亚休养生息的时候，各地的民兵纷纷赶来会合，格林的力量迅速壮大。一个月后，3 月 14 日，格林认为他的实力已足以与康沃利斯抗衡。他领着军队再次渡过丹河，返回北卡罗来纳。在北卡罗来纳的吉尔福德，英军与大陆军摆开了阵势。这是格林与康沃利斯第一次面对面。

格林在这次战斗中采用的战术与“考彭斯之战”一模一样，却没能复制“考彭斯之战”的胜利。首先，第一道防线的民兵往下撤时因慌乱引起混乱，在一定程度上影响了后面几个阵营的战斗力。其次，在双方进入肉搏战后，急于取胜的康沃利斯竟然命令炮兵向人群最集中的地方开炮，也就是说，他已经不在乎杀死的是敌人还是自己人了，只要把格林赶出战场就行。结果，大炮炸死的英军和大陆军一样多，但康沃利斯的目的达到了。格林下令退出战斗，因为他不愿意把有生力量消耗在无谓的牺牲中。最后，即使康沃利斯孤注一掷，格林如果肯像摩根那样把他的预备队骑兵在关键时刻派上用场，他还是有取胜的机会的。但格林舍不得，他选择了退却。

从后来的结果上看，格林的选择没什么错，他让敌人付出了沉重的代价，也保存了自己的实力。但从战斗本身看，格林显然缺乏摩根那种“天才的灵光”，他也没有摩根那股子“豁出去”的愣劲儿。一次战斗的胜负对他来说不是最重要的，重要的是把康沃利斯拖垮。按当时的规矩，在战斗结束时，战场在谁手中，谁就是胜者。所以，这一战算是英军胜。但是，这是个“虽胜犹败”的典型战例。康沃利斯投入战斗的 2000 人，损失超过四分之一。一位英国议会的议员说：“如果再有几次这样的胜利，我们就完了。”

“吉尔福德之战”后，格林和他的将军们继续在北卡罗来纳和南卡罗来纳各地与康沃利斯周旋，在接下来的几次战斗中重挫英军。最后，康沃利斯受不了了，他对格林产生了由衷的畏惧。他决定，离开卡罗来纳，向北进入弗吉尼亚，从而踏上了英军的“覆灭之旅”。弗吉尼亚的大陆军主将是拉法耶特。格林了解拉法耶特的实力，也知道华盛顿不久将亲自领兵南下。所以，他把康沃利斯“交给”拉法耶特处理，自己转向南方腹地，清除北卡罗来纳、南卡罗来纳和佐治亚境内的保王党势力。到 1781 年中期，除了萨凡纳和查尔斯顿两个港口以外，南方其他地区都在格林的控制之中。格林领兵一直驻扎在查尔斯顿附近，直到战争结束。后世的军事学家和历史学家对格林的南方战略评价很高，可以说，如果没有格林在南卡罗来纳和北卡罗来纳把康沃利斯拖垮，美法联军在约克镇的胜利是不可想象的。

此时的格林堪称“南方王”，大陆会议划给他的“势力范围”，南起佐治亚州，北至特拉华河，这是当时美国最富裕的地区。南方各州都很感激他，奖给他大片土地。如果在旧大陆，坐拥半壁江山的格林若不“割据称王”才叫不正常。可是，格林做梦都没想过这回事，他对共和理想的忠诚从没动摇过。

1783 年，美英《巴黎和约》正式结束了独立战争。华盛顿解甲归田，大陆会议两次邀请格林出任美利坚邦联的战争部长，他都拒绝了。他追随华盛顿的脚步，辞去所有的公职，回家务农，定居在佐治亚州奖给他的“桑林庄园”。可是，就在他憧憬着与世无争的田园生活时，1786 年，44 岁的格林因中暑突然去世。他的早逝让华盛顿痛彻肺腑，深深地沉浸在“我失朋友，国失栋梁”的悲哀中。如果格林不走得那么早，联邦政府第一任战争部长非他莫属。以他的人品和威望，最终成为美国总统也是有可能的。

当初，格林苦苦支撑着大陆军南方部的时候，因供应短缺，他不得不以个人的名义向南卡罗来纳的富商借贷，勉强维持大陆军的日常开销，这中间又受到不法商人的欺骗。战争结束时，格林债台高筑，大陆会议又拒不认账。没办法，格林卖掉了他在罗得岛的全部家产，也卖掉了南方各州奖给他的大部分土地，只留下桑林庄园，这才勉强还清债务，但生活非常拮据。他去世后留下五个年幼的孩子，生活的重担全部落到妻子凯蒂身上。

凯蒂比格林小 12 岁，她美丽动人，聪明活泼。在八年的战争中，她一有机会就去军营与丈夫团聚，大陆军所有的军官都喜欢她，华盛顿和妻子玛莎都是她的好朋友。格林去世后，华盛顿很关心凯蒂的生活状况，经常在经济上接济她，还把她的长女接到费城读书，为她付全部的学费。凯蒂每次拜访总统府，华盛顿都会亲自出门迎接，扶她下马车，还邀请她参加各种宴会、舞会，去剧院看戏。华盛顿南巡时两次到凯蒂家做客，在所有的公共场合都给足她面子。凯蒂非常坚强，也很有商业头脑，把桑林庄园打理得井井有条。

在华盛顿和其他人的鼓励下，凯蒂向美国国会申诉，要求补偿格林在战争期间为大陆军付出的所有费用。作为总统，华盛顿不便公开支持凯蒂，但他私下里给凯蒂出了不少主意。战争部长亨利·诺克斯为凯蒂整理申诉材料；财政部长亚历山大·汉密尔顿为她查遍财政部的文件，寻找有力的证据，还亲自给她当法律顾问；凯蒂和格林的长子，乔治·华盛顿·格林，在法国受教育，所有的费用都由拉法耶特侯爵支付。正是在格林这些老战友的支持下，凯蒂走过了人生中最艰难的时光。

1792 年 4 月，国会在经过多次听证后终于通过了一个法案，补偿格林在战争中受到的损失。国会的决议送到总统府，华盛顿一分钟都没耽误，马上签字使之生效。他说："我以前签任何法案都没像今天这样心情愉快。"他终于可以告慰格林的在天之灵了。

1796 年，凯蒂与桑林庄园的管家菲尼斯·米勒结婚，华盛顿总统夫妇亲自给她当证婚人，他们就像嫁女儿一样，分享着凯蒂的幸福和喜悦。

格林和凯蒂的故事暂时告一段落，让我们回头看看 1781 年的弗吉尼亚。格林像传接力棒一样把康沃利斯"递给"了拉法耶特。在康沃利斯眼里，23 岁的拉法耶特不过是个乳臭未干的孩子，他根本就没把拉法耶特当回事。

拉法耶特将怎样对付康沃利斯？他能成功吗？请看下一个故事：《走向约克镇》。

048

走向约克镇

1781 年 1 月，英军总司令克林顿派美国革命的叛徒阿诺德率 1600 人从纽约出发，进军弗吉尼亚。这是为了配合查尔斯·康沃利斯将军在南方的行动。弗吉尼亚是美国最大的州，革命力量非常活跃，不多派些人手是搞不定的。阿诺德这一路还打算召集保王党势力，壮大自己的队伍。此时，康沃利斯正在南、北卡罗来纳跟格林死掐，暂时还顾不上弗吉尼亚。但阿诺德信心满满。凭他的实力和经验，对付弗吉尼亚的民兵绰绰有余。

华盛顿得知英军的动向，决定以拉法耶特为主将，韦恩为副将，带 1200 人增援弗吉尼亚。可是，大家对这个安排都有意见，主要是因为拉法耶特太年轻。此时的拉法耶特还不到 23 岁，虽然他在以前的战斗中表现得非常出色，但毕竟经验太少，别说对付不了战场老油条阿诺德和康沃利斯，连他自己手下的兵听不听他的指挥都是个问题。比他大整整 15 岁又曾屡建战功的韦恩会服从他的命令吗？

世界上似乎只有一个人看好拉法耶特，这个人是华盛顿。华盛顿是个超级理智的人，他绝不会因为与拉法耶特感情深就派他做力所不能及的事，他对拉法耶特的信心来自对他的了解。他认为，拉法耶特坚毅果敢且思虑周密，堪当大任。再加上韦恩相助，应该很稳妥。事实证明，华盛顿没看错人。拉法耶特足智多谋，韦恩勇冠三军，他们是完美的组合。

拉法耶特带着人匆匆忙忙往弗吉尼亚赶，他们还没到，阿诺德已占领了弗吉尼亚的首府里士满。弗吉尼亚州州长托马斯·杰斐逊的不作为让阿诺德如入无人之境，他烧毁了半个里士满后又去骚扰其他地区。拉法耶特想在阿诺德再次返回里士满之前赶到那里，拒阿诺德于城外。可是，他发现，他的队伍越走越慢，越走越少。到底出了什么问题呢？

本来，拉法耶特应该与法国海军在离里士满 240 公里的切萨皮克湾口会合，然后由法国海军送大陆军去弗吉尼亚，法军也会给大陆军带来给养。可是，此前不久，法军在与英国海军的遭遇战中虽然小胜，但损失惨重，吓得法军取消了去接应拉法耶特的计划。这下可把大陆军给晾在那儿了。拉法耶特被自己的同胞坑得哭笑不得，没办法，只能继续从陆路往南赶。但大陆军战士不干了。这 1200 人来自新英格兰，地地道道的北方人。他们对去南方打仗本来就不情愿，忍饥挨饿地走到马里兰，工资好几个月没发了，身上还穿着冬天又重又厚的羊毛军装，在南方炙热的骄阳中煎熬，现在又被盟友要了一把，谁受得了？于是，大家基本上进入罢工状态，大批战士逃跑。

面对军心涣散的队伍，拉法耶特开始时是劝说、鼓励、安抚，后来又抓了几个逃兵当众正法。最后，他把大家集合起来，用他那带着法国口音的英语，做了一次演讲。他说，下面的路需要你们的牺牲，这个高尚的理想需要你们的牺牲。那些不愿牺牲的人请现在就站出来，交给我一份书面辞职报告，我会让你们回家。别再逃跑了，就算离开也要像战士一样。

拉法耶特虽然与华盛顿性格完全不同，但他们都有同一样东西，就是领袖气质。华盛顿属于往那一站什么都不用说就能镇住一批人的主儿，年轻的拉法耶特当然没有这么强大的气场，他有的是真诚。战士们看着这个本来与美国没有半毛钱关系的法国贵族子弟，放着舒服的日子不过，为了一个理想漂洋过海，甘冒生命危险，与他们同甘共苦，从不放弃希望，每个人都被他感动了。结果是，没有一个人交辞职报告，从此，也没有一个人再当逃兵。

战士们做出了他们的选择，拉法耶特决定做出自己的牺牲。他以个人的名义向巴尔的摩的富商借贷，给所有的战士换上轻便凉快的夏时军装，为他们买了食物和其他军需物资。所有这些债务后来都是拉法耶特自己还的，他没向大陆会议要过一分钱。拉法耶特身家丰厚，这些费用对他来说可能不算什么，但他完全没有必要这么做。他已经为美国献上了青春、赌上了性命，现在还要赔上家产，好像上辈子欠新大陆的。很多年后，美国国会通过法案，奖给拉法耶特大片土地，但那只能补偿他为美国奉献的一小部分。美国人对他的感激之情无以复加。战后，拉法耶特两次访美都受到国家元首级的待遇，所到之处，鲜花铺地，少女们在他面前载歌载舞，人们把对“国父”的崇敬和爱都献给他。

穿上新装吃饱肚子的大陆军精神面貌焕然一新，他们紧赶慢赶，终于赶在阿诺德之前到达里士满。拉法耶特立刻修建防御工事，把里士满裹得严严实实的。阿诺德来了一看，攻下里士满不是没可能，但肯定得付出沉重的代价。他和拉法耶特是老熟人，太了解拉法耶特的风格了。而且，阿诺德也有自己的问题。自从投靠英军之后，他虽然在经济上得到丰厚的报偿，但心情并不愉快。克林顿和康沃利斯都不喜欢他。他此次领兵南下，本以为沿途能招揽很多保王党队伍，结果却没几个人来投，因为大家都厌恶他的叛变行为。他这1000多人得不到增援，只能打一枪换一个地方，既无法坚守，也无法围城，这就大大影响了战绩。所以，尽管他所向披靡，但因无法扩大战果，他的上司们很不满意。

面对昔日的战友，拉法耶特除了御敌之外，还有另一番心思。

来弗吉尼亚之前，华盛顿告诉他，只要有可能，就把阿诺德“就地正法”。华盛顿只对“死阿诺德”感兴趣，拉法耶特却想抓活的，因为他想让阿诺德面对法律的制裁。可是，谈何容易呢？没有准确的信息，怎能摸清阿诺德的意图？应该说，拉法耶特是个福将。就在他绞尽脑汁不得其解的时候，一个意想不到的人出现了，事情似乎有了希望。

站在拉法耶特面前的是个黑人，也是个奴隶。他叫詹姆斯，没有姓。因为他的主人家姓阿米斯代德，所以人们称他为詹姆斯 · 阿米斯代德，我们就叫他詹姆斯吧。1781 年，詹姆斯 20 岁，历史对他的记载也就是从这一年开始的。据说，他的主人威廉 · 阿米斯代德是个“爱国者”，拉法耶特曾去他的庄园拜访，詹姆斯因此认识了拉法耶特。年轻的詹姆斯渴望自由，也渴望通过自己的努力改变现状，虽然希望很渺茫。他说，他愿意代替主人去拉法耶特军中效力，等战争结束后再回庄园做工。阿米斯代德是个比较“开明”的奴隶主，他也正想为革命尽点力，就答应了詹姆斯的请求。

别看拉法耶特出身贵族，但他特别平易近人，而且是坚定的“废奴主义者”。在他眼中，詹姆斯不是奴隶，而是战士。詹姆斯说，他愿意做任何工作，拉法耶特脑子里立刻闪出一个词：间谍。对，他现在最需要的就是间谍。拉法耶特告诉詹姆斯，做间谍非常危险，只要被发现，必上绞刑架。詹姆斯却义无反顾地答应了。

詹姆斯来到阿诺德的军营，对阿诺德说，他是逃跑出来的奴隶，愿为英军服务。阿诺德一点也没怀疑，因为这种事他见得太多了。当时，英王的政策是，凡是参加英军的黑奴，战后一定会获得自由。大陆军却没有这种承诺。所以，南方很多黑奴都逃离种植园投奔英军。在几次小规模的战斗中，詹姆斯为英军带路，使军事行动进行得很顺利，赢得了阿诺德的信任。阿诺德让詹姆斯当了贴身侍从。

詹姆斯源源不断地把英军的动向传给大陆军，同时也把阿诺德的日常活动告诉拉法耶特，比如，阿诺德每天傍晚的时候喜欢到军营外面的一个池塘边静静地待一会，一般都是他一个人去。拉法耶特立刻计划绑架阿诺德。他派人埋伏在池塘边，想等阿诺德来时把他抓住。可是，执行任务的人不小心弄出了动静，阿诺德见势不妙，撒马就跑，很快就躲开了追捕。其实，如果拉法耶特有华盛顿那个狠劲儿，只要死的，不要活的，阿诺德可能早就完了。

惊魂未定的阿诺德知道军中有间谍，但他没怀疑詹姆斯。他想报复拉法耶特，却对防守严密的里士满束手无策。1781 年春天，阿诺德接到命令，领兵回北方的罗得岛，也就没有机会与拉法耶特较量了。与此同时，英军的南方总司令康沃利斯将军来到弗吉尼亚。康沃利斯在南、北卡罗来纳跟大陆军南方部统帅格林将军纠缠了半年，精疲力竭，基本上是被“驱赶”到弗吉尼亚来的。幸好，格林没追来，康沃利斯总算松了一口气。他怕格林，却不怕拉法耶特。

他轻蔑地说，那个“可怜的法国男孩”逃不出我的手掌心，英军上下都叫拉法耶特“法国男孩”。

拉法耶特成功地保卫了里士满，可是，面对康沃利斯，他可不能再用同样的策略了。此时，英军的援军已到，康沃利斯的队伍达到 7200 人。拉法耶特的大陆军和民兵加起来刚刚 3000 人，不但人数少，而且大多数没有作战经验。拉法耶特在给华盛顿的信中一点也没掩饰心中的不安：“我对康沃利斯感到由衷的恐惧……如果我跟他打，我肯定会被切成碎片；如果我不打，大家肯定会认为我抛弃了这个国家……”他还没忘了开句玩笑，“凭我现在的实力，别说战胜康沃利斯，就连被他战胜的资格都没有。”

说归说，拉法耶特可不会真的放弃。事实上，正是在面对康沃利斯这样的高手时，拉法耶特的天才和勇气才发挥到极致。他决定采取格林的战略：打游击。他似乎比格林更“调皮”，游击打得更精彩，专门在敌人意想不到的时间和地点出现。在领着康沃利斯兜圈子时，他故意让队伍分散开，把大路小路都踩上密密麻麻的脚印，乍一看上去好像有数不清的人马。这跟“增灶”是一个道理，就是“示强”。当然，久经沙场的康沃利斯不至于被这点小伎俩蒙蔽，但他也确实对拉法耶特的实力产生了一点困惑。

就在康沃利斯琢磨着怎么吃掉拉法耶特时，他接到英军总司令克林顿的命令，说华盛顿正打算与法国海军联合进攻纽约，你赶快到海边等着船来接3000人回纽约。康沃利斯一听，什么？3000人？我就比拉法耶特多出3000人。他们走了，我这仗怎么打？但不管怎样，满腹怨言的康沃利斯还是领着他的7000人马往詹姆斯河口的约克半岛走去。

拉法耶特发现英军转向，也做了个大胆的决定，反过来追着英军跑，看看他们到底想干什么。就在这一跑一追的游戏中，康沃利斯看到了机会。他把大队人马埋伏在詹姆斯河北岸，让少数殿后部队显出杂乱无章的样子，引诱大陆军来攻。韦恩一看，机不可失，敦促拉法耶特全力往上冲。拉法耶特凭直觉认为这可能是诱饵，拒绝拼上全部人马。他让韦恩带500多人试探着袭击敌人，他领着大部队藏在附近观战。

1781年7月6日，韦恩开始攻击。康沃利斯并没有马上反击，因为他不清楚那是不是拉法耶特的全部人马。可是，康沃利斯越犹豫，拉法耶特就越怀疑。为了把康沃利斯的伏兵引出来，拉法耶特决定派一小部分兵力增援，使韦恩的人马达到1000人。这下，康沃利斯终于耐不住了。他认为，这就是拉法耶特的主力。于是，藏在树丛里的英军齐出，向韦恩的队伍冲去。

要是换别人，在这种敌众我寡的情况下，一定会撤退。但韦恩不是别人，他是“疯子”。既然是“疯子”，就不会按常理出牌。他不但不撤，反而往前攻，可把康沃利斯搞糊涂了。韦恩带的是战斗力最强的宾夕法尼亚军团，看上去还是很唬人的。康沃利斯一发蒙的工夫，拉法耶特的大部队就到了，成功地接应韦恩军团撤回安全地带。康沃利斯在兵力占绝对优势的情况下失去了一次决胜的战机，拉法耶特成熟的判断力和韦恩勇往直前的精神使大陆军避免了溃败的厄运。

在这次不成功的伏击之后，康沃利斯继续向约克半岛进军，拉法耶特和韦恩也继续跟着英军走。本来，克林顿的命令是让康沃利斯去波特茅斯镇，可是，这位总司令好像忽然改了主意。7 月 8 日，他告诉康沃利斯不要去纽约了，改去费城。7 月 12 日，又说不去费城，还是去纽约。7 月 20 日，说纽约和费城都不去了，就在弗吉尼亚待着。如果你是康沃利斯，你会不会头晕？你会不会认为你的老板是神经病？你会不会觉得，与其听这个吃错药的上司瞎指挥，还不如自己找个合适的地方先落落脚？此时此刻，这正是康沃利斯的心情。

于是，康沃利斯决定，不去波特茅斯了，改去约克镇。约克镇在约克半岛最尖端的地方，是个安静的小海港。虽然都在詹姆斯河的出海口附近，但跟波特茅斯比起来，约克镇没有明显的优势，却有两个致命的劣势。一是它地势平坦，无险可守；二是它与大陆只有一角相连，这一角一旦被卡，就只能跳海。几年前，华盛顿曾说过，约克镇是个陷阱，谁进去谁倒霉。当然，他是就大陆军的情况来说的。康沃利斯可不这么认为。首先，英军在兵力上占优势，不怕大陆军围城，想什么时候冲出去就能冲出去。其次，就算陆上封死了，咱一上船，不就从海上走了吗？咱那海上霸主可不是白当的。

到此为止，康沃利斯与克林顿在北美战略上产生了严重的分歧。康沃利斯认为，弗吉尼亚是战争的关键。如果拿下弗吉尼亚，往北可直捣费城，往南可控制南方。他敦促克林顿撤出纽约，把全部兵力都投到弗吉尼亚来。但克林顿认为纽约是最重要的港口，关系英国在北美的存亡，绝不能放弃。最后，克林顿做了个妥协。既然康沃利斯已到约克镇，就在那多住几天，扩建港口，以后好作为英军在弗吉尼亚的大本营。于是，康沃利斯就在约克镇热火朝天地干上了，又是防御工事，又是兵营，又是港口，大有安居乐业的意思。

这边拉法耶特领着人驻扎在约克镇城外，莫名其妙地看着英军在那儿干活，也不知道他们有什么打算。他不断地把这边的消息通报给华盛顿。8 月，华盛顿告诉拉法耶特，他要亲自领兵南下，与法军联手会战约克镇。他给拉法耶特下了个死命令：你给我盯紧了康沃利斯，不能让他出约克镇半步。否则，咱就白忙活了。

至于华盛顿是怎样做出南下的决定的，我们下文再讲。先说说拉法耶特。他收到信，又兴奋又担心。兴奋的是，马上就要打大仗了，太过瘾了！领兵来南方的时候，他还觉得主战场在纽约，他可能会错过一些好机会。现在，他毫不怀疑，自己正站在历史的风口浪尖上。既然华盛顿亲自来，说明这小小的约克镇已经成了中心舞台。再说，他和华盛顿已经大半年没见面了，他们对彼此的思念与日俱增。他真想看到华盛顿马上就出现在他面前。担心的是，怎么才能看住康沃利斯呢？康沃利斯 7000 人，拉法耶特 3000 人。康沃利斯要是真想离开约克镇，大陆军根本拦不住。用什么办法才能拖住康沃利斯？怎样才能得到康沃利斯军中的消息？

拉法耶特又想起了詹姆斯，要是詹姆斯在多好啊。自从阿诺德去了北方，詹姆斯也跟着失去消息。拉法耶特怀疑，詹姆斯可能逃跑了，或者死了，或已回庄园。就在拉法耶特忧心忡忡的时候，有一天，一个人来到军营找拉法耶特。拉法耶特出来一看，他不是别人，正是詹姆斯 · 阿米斯代德！拉法耶特激动得都不知道说什么好了。他问：你怎么会在这儿？詹姆斯说：康沃利斯让我来的。拉法耶特没听明白。詹姆斯说：康沃利斯知道我是间谍。拉法耶特觉得今天脑子有点缺氧，他说：他知道你是间谍，你怎么还能活着回来呢？詹姆斯微微一笑：他是派我来给他做间谍的。啊？！拉法耶特大喜过望：詹姆斯，你太棒了！

原来，阿诺德北上的时候，詹姆斯确实跟着去了。但他惦记着拉法耶特交给他的任务，就跟阿诺德说，我从小就在南方，不习惯北方的生活。但我希望继续为英军服务，能不能把我派到南边去？

阿诺德倒是挺爽快，就把他送给康沃利斯当侍从。康沃利斯是位伯爵，养尊处优惯了，衣来伸手，饭来张口，随时随地需要人伺候。詹姆斯的服务让他很满意。康沃利斯和其他将军在詹姆斯面前从不避讳谈论军事机密，就好像他不存在一样。大家也确实没把他当回事。一个伺候人的奴隶，跟桌椅板凳有什么区别呢？

自从来到约克镇，康沃利斯就盯着城外的拉法耶特的人马，他迫切地想知道拉法耶特的军情，自然也想派人打进大陆军。整天一声不吭闷葫芦一样的詹姆斯渐渐地吸引了康沃利斯的注意，他觉得，詹姆斯是个做间谍的好材料。康沃利斯像拉法耶特一样，把做间谍的危险告诉詹姆斯，问他愿不愿干。詹姆斯也像答应拉法耶特一样答应了康沃利斯。就这样，詹姆斯·阿米斯代德成了美国历史上第一个“双面间谍”。当然，他不是真正的“双面”，因为他一直是为大陆军工作的。

此后，拉法耶特的事就好办多了。他通过詹姆斯了解了敌情，又让詹姆斯把大陆军的假情报反馈给康沃利斯。由于詹姆斯的特殊身份，他几乎可以在两军之间自由走动，两边都把他当自己人。詹姆斯的间谍活动在大陆军围困约克镇前夕起到了至关重要的作用，拉法耶特得以实施“障眼法”，散布各种假消息，让康沃利斯老老实实地坐在约克镇。后来，詹姆斯还把英军将派1万人增援约克镇的消息及时传递给大陆军。美法联军进行了有效的拦截，最终切断了康沃利斯所有的指望。

詹姆斯为独立战争的胜利立下汗马功劳，但战后他并没获得自由。战争结束后第二年，1784 年，拉法耶特访问美国，在弗吉尼亚与詹姆斯重逢。拉法耶特失望地看到，詹姆斯竟然还是奴隶。他亲笔为詹姆斯写了份证词，证明他冒着生命危险为革命所做的贡献。凭着这份证词，詹姆斯向弗吉尼亚议会申诉。1787 年 1 月，议会终于通过决议，使詹姆斯成为自由人。詹姆斯把自己的姓改为“拉法耶特”，以表达对拉法耶特的感谢。

拉法耶特在弗吉尼亚议会演讲的时候，倡议把自由延伸到“所有人”身上，含蓄地表达了废除奴隶制的愿望。很讽刺的是，拉法耶特最爱的“父亲”华盛顿，本身就是个大奴隶主。战后，拉法耶特在南美买了块地，建起一个农场，雇佣自由的农民来耕种。他想向华盛顿证明，不使用奴隶，也一样可以获利。他鼓励华盛顿在美国进行同样的实验。可是，华盛顿没有这样的勇气。所有的“建国国父”都没有这样的勇气。他们都选择了沉默。也许因为，他们生活在现实里，拉法耶特生活在理想中。后来，拉法耶特说：“如果我知道新生的共和国将保留奴隶制，我不会为她战斗。”

时光回到 1781 年 9 月。拉法耶特小心翼翼地注视着约克镇，他食不甘味，睡不安寝，生怕有什么差错。眼看着到了 9 月底。这天傍晚，探马来报，美法联军的大部队已经靠近约克镇。拉法耶特带着卫队到大路上查看，只见远处尘土飞扬，人马浩浩荡荡。这时，一小队骑兵由远而近，很快就来到拉法耶特面前。大家簇拥着最前面那个高大的身影。接着，拉法耶特听到了他熟悉的那个低沉又温和的声音："晚上好，亲爱的侯爵。"

华盛顿终于到了！一声问候让拉法耶特顿时卸去了所有的重担，过去这段日子的艰辛、忧愁、恐惧、思虑，似乎都是为了这一刻的重逢。他们跳下马，紧紧地拥抱在一起。拉法耶特亲了华盛顿的左脸又亲右脸，来回不知道亲了多少遍。华盛顿的眼睛里全是泪水，那个平时喜怒不形于色的总司令完全屈服于肆意流淌的情感。周围的人看得有点晕，以至于好几个人同时在日记里写下了这一幕。

美法联军会战约克镇，康沃利斯将面临什么样的结局？独立战争的最后一战是怎样孕育成形的？它的结果将如何决定英美两国的命运？请看下一个故事：《天翻地覆》。

049

天 翻 地 覆

1781 年 9 月底，美法联军抵达弗吉尼亚的约克镇，再加上已经在约克镇城外的拉法耶特的人马，总人数将近 2 万人。而城里康沃利斯将军的英军只有 7000 人。自战争开始以来，革命力量第一次占了绝对优势。这一仗再打不好，华盛顿可真是没脸见人了。其实，“约克镇战役”对华盛顿来说是个“意外”，因为他从来没想到，独立战争竟然会在他的家乡弗吉尼亚落下帷幕。就在一个月前，他还确信，最后的战场在纽约，他做梦都想夺回这座曾让他蒙羞的城市。可是，机缘巧合，战争完成了一个本垒跑，把它的英雄带回梦开始的地方。

那么，一直念念不忘纽约的华盛顿是怎样做出南下的决定的呢？这完全拜他的法国盟友所赐。1781 年 5 月，华盛顿与法军总司令罗尚博伯爵在康涅狄格会面，商讨下一步的行动。说实在的，华盛顿真不愿跟法国人打交道（拉法耶特除外），他就不爱看法国人那股子自恋劲儿。可是没办法，他必须收起自尊，尽最大努力哄盟友开心。幸好，罗尚博跟前几位法国将军不同。他比较谦虚，也很有政治头脑。不管怎么说，华盛顿是北美所有武装力量的总司令，法军名义上也要听从他的调遣。罗尚博一点也不想挑战华盛顿的权威，处处给华盛顿面子。他说："我不是来做统帅的，我是来为您服务的。"

到 1781 年，美法联盟已走过四个年头。这期间，美法所有的联合军事行动都以失败告终。路易十六本以为美法联手可以迅速结束战争，没想到拖来拖去，旷日持久，法国财政深陷泥潭。如果再没起色，他就打算洗手不干了。他告诉罗尚博和法国海军上将格拉斯，再给美国人一次机会，成不成的，就这最后一击了。要是美国人还不争气，咱就拜拜吧。碰上这样的盟友真是累死人。

华盛顿坚持要与法军联手进攻纽约。罗尚博有 4000 人，华盛顿有大约 6000 人，正在西印度群岛的格拉斯有 30 艘军舰外加 3000 名陆军官兵，这些加起来已经超过了纽约城里英军的人数，华盛顿觉得这一仗还是有把握的。罗尚博不赞成华盛顿的计划。纽约是英军总司令部所在地，防守非常严密。特别是法国海军，几次与英国海军交手都没占到便宜。海军是路易十六的心肝宝贝，罗尚博和格拉斯可不想为了美国把家底毁了。要打可以，但不能在英军力量最强大的纽约。

罗尚博虽然有不同意见，但他很照顾华盛顿的情绪，没有明确表示反对。他说，咱们先看看克林顿的动静再说，而且，我也左右不了海军，还是由格拉斯将军决定海军的行动吧。没多久，英军总司令克林顿决定抽调南方的英军增援纽约。与此同时，格拉斯也决定从西印度群岛直接驶往切萨皮克湾，因为那边英军力量比较薄弱，法国海军的优势很明显。如此这般，纽约已可望而不可即。放弃纽约让华盛顿很失望，但他随即调整心态，面对这个新的抉择。

美法联军的行动计划是这样的：法国海军控制切萨皮克湾，封锁詹姆斯河的出海口，断了康沃利斯从海上出逃的念想。与此同时，华盛顿和罗尚博率军南下，围困约克镇，迫使康沃利斯投降。这个计划若想成功，有三个先决条件：第一，法国海军必须击败英国海军，控制出海口，否则，一切都是枉然。第二，海军和陆军要有完美的配合，任何一方不能按时到位都会让计划泡汤。而且，格拉斯必须在 10 月 15 日之前离开切萨皮克湾返回西印度群岛，再迟就可能遇上飓风。也就是说，海陆军联合作战的时间只有一个月。第三，陆军长途奔袭，不但要神速，而且要保密。如果英军得到消息，克林顿及时增援康沃利斯或康沃利斯提前撤出约克镇，那大家就都白忙活了。

做到这三点实在是太难了。美法前几次军事合作都败得很惨，最主要的原因就是互不信任，无法协调作战，不是你说话不算数，就是我行动慢半拍，怎么也凑不到一块儿去。现在，双方三位主帅凑在一起，就是要解决这个问题。格拉斯已经出发，驶往切萨皮克湾。华盛顿和罗尚博也已在纽约上州会合，拔营起寨，准备南下。现在的问题是，怎样瞒天过海，让纽约城里的克林顿相信，他们的目标仍然是纽约而不是弗吉尼亚？

要想瞒过克林顿，先得瞒过自己人。大陆军和法军的官兵，除少数高级将领外，所有的人都被告知他们要去打纽约。华盛顿和罗尚博让部队分批走，绕道走，避免大规模的行动，同时在纽约州的大本营留一些人，故意让马车进进出出的，好像很忙。他们放出风去，说联军就要攻打纽约了，得赶紧做准备。这一通忽悠还真管用，克林顿一点也没察觉敌人的真实意图，光忙着加强纽约的防卫了。

联军 8 月 21 日开始南下，直到 9 月 1 日，克林顿才得到确切消息。那时，格拉斯的军舰已经快到切萨皮克湾，而美法的陆军已接近费城。不管从陆上还是海上，追是追不上了。克林顿做了个看似错误却也不无道理的决定：他让康沃利斯坐在约克镇别动，等着皇家海军从纽约南下去救他。他认为，如果康沃利斯离开约克镇，那他得先跟拉法耶特打一仗，必有损失。就算冲出来，拉法耶特肯定会追着他跑，外面迎头又会遇上联军的大部队，腹背受敌又无险可守，结果将如“萨拉托加战役”一样。还不如老老实实待在约克镇等援军。只要英国海军把法国海军打跑，康沃利斯就高枕无忧了。但是，克林顿又磨磨叽叽地搞不定什么时候派援军和派多少援军，一是他怕纽约过于空虚，二是他和康沃利斯本就不和，两人总闹别扭，以至于不能很好地协调。

克林顿的犹豫给了美法联军机会，可这机会却差点打了水漂。大陆军走着走着忽然走不动了，因为华盛顿遇上了拉法耶特曾遇上的难题。大陆军主力大多是北方人，大热天儿里本来就不愿去南方打仗，何况他们有好几个月没领到工资了，满腹怨言，哪有心思赶路？从纽约到弗吉尼亚足有六七百公里，你让人家饿着肚子顶着烈日行军，口袋里没点干货，谁给你干？

华盛顿当然明白只让马儿跑不让马儿吃草的后果。他派人火速去找大陆会议财务总长罗伯特·莫里斯要钱，莫里斯差点把自己卖了也没凑够数。华盛顿实在没辙了，很不好意思地来找罗尚博。罗尚博非常大方，马上从路易十六给他的钱匣子里拿出 3 万利弗尔交给华盛顿，让他先解燃眉之急。大陆军将士太久没见过真金白银了，个个眼睛放光，全军上下欢欣鼓舞，那脚底下也跟着生了风，行军速度立刻快了好几倍。华盛顿对罗尚博的感激自然不用说，但他心中的苦涩又有谁知呢？

9 月中，联军进入弗吉尼亚。华盛顿徇了点小小的私情。他离开大部队，只带了一个助理，快马加鞭，奔向阔别六年的弗农山庄。

六年来，这片让他魂牵梦萦的土地一直是他军旅生活中最温柔的牵挂，是他最强大的精神慰藉。他一有机会就写信给管家，告诉他哪块地该种什么，打下粮食往哪卖，新扩建的餐厅怎样装修，等等，好像他从没离开过。他也知道，很多信根本到不了管家手里，但就算做做白日梦也是一种幸福。

华盛顿到家后的第二天，美法联军的高级将领们也来到弗农山庄。华盛顿大宴宾客，以丰盛的美食酬谢他们为战争所做的牺牲和贡献。大伙都吃得兴高采烈。对很多法国人来说，这是他们第一次见识到一个北美大种植园主的生活。有的觉得庄园好漂亮，有的觉得一个人拥有这么大片土地在欧洲很难想象，也有的觉得房子很大但不够奢华。在温馨快乐的说说笑笑中，在波多马克河畔的田园风光中，将军们享受着大战前的最后一刻安宁。

在约克镇的康沃利斯将军可没那份闲情逸致，他正焦急地等待着皇家海军的舰只。9 月初，远处终于出现了军舰的影子。望穿双眼的英军士兵立刻欢呼起来，康沃利斯也高兴地走出指挥部眺望着由远而近的点点白帆。可是，望着望着，他脸上的笑容渐渐消失了，战士们的欢呼声也渐渐消失了。那船上飘扬的不是英国皇家海军的旗帜。法军上将格拉斯的 25 艘军舰已率先到达詹姆斯河口。此时，华盛顿和罗尚博还没到呢。自美法联盟开始一来，法国海军第一次提前到位。

9月5日，法国舰队与从纽约赶来的英国舰队展开激战，这就是“切萨皮克之战”，或称“弗吉尼亚角之战”。英军由塞缪尔·格雷弗斯和塞缪尔·胡德率领，共有19只军舰。风向对英军有利，但他们匆匆忙忙赶来，喘息未定。法军早已摆好阵势，严阵以待。最重要的是，法军在火力上占绝对优势。格拉斯的旗舰“巴黎号”有110门炮，是当时世界上最大的军舰。其余24艘船上，每一艘都有64~80门炮，另外还有6艘快艇。英军大炮比法军少很多。在海战中，火力优势往往决定战果。战斗在下午4点打响，两个小时后，英军鸣金收兵，那时，他们已有5艘船受伤，一艘沉没。法军只有两艘受伤。格雷弗斯和胡德只好调头返回纽约。

本来，英国海军天下第一，但这次来的不是最强阵容，而法国却是“全明星”出列。这也表明当初避开纽约是英明的决定。这次海战后，法军完全控制了切萨皮克湾，切断了英军的海上通道。康沃利斯只能独自面对大陆上的美法联军了。

格拉斯把英国人打跑后，在詹姆斯河口停靠，让船上的3000名陆军官兵上岸，与拉法耶特的3000名大陆军会合。拉法耶特来见格拉斯时心里有点惴惴不安，他担心格拉斯嫌他年轻，不信任他。没想到，见面后，格拉斯说：“我听说华盛顿将军很信任你，那么，我也愿意信任你。这3000人归你了。”拉法耶特高兴得都快上天了。他的队伍一下子增加到6000人，即使华盛顿一时半会到不了，他也能和康沃利斯较量一番。拉法耶特立刻下令封锁进出约克镇的所有通道。

9 月 17 日，华盛顿和罗尚博终于赶到约克镇，他们登上格拉斯的旗舰，研究下一步的计划。格拉斯比华盛顿还高一点，他开玩笑说华盛顿长得太“袖珍”。华盛顿早已从拉法耶特那儿领略了多次“法式亲吻”，在格拉斯亲他的两颊时不再像以前那么尴尬，他甚至会还礼了。三人相谈甚欢，华盛顿特别赞赏法国海军的表现，他心里也确实羡慕得要命。他说 :“没有决定性的海军，我们将一事无成 ; 有了它，一切都是荣耀与尊严。”这句话后来成了美国海军的座右铭。华盛顿大概做梦也想不到，二百年后，他的国家真的拥有了“一骑绝尘”的海军，总吨位数超过了排在她后面的 13 个国家吨位数的总和。

联军决定“围城”，但有一个问题 : 大陆军不知道怎样围城。在六年的战争中，大陆军总是被人围，还从来没围过别人（在萨拉托加不是围城，是包围）。听上去，围城没什么了不起的，有什么会不会的？其实不然。欧洲的经典做法是 : 在城市的外围先挖一道战壕做掩护，在打退了敌人之后，往前推进，再挖一道战壕，这样一层一层往里挖，包围圈越缩越小，直到攻进城市。看上去有点缺心眼儿，但这个打法最大的好处是伤亡少，因为有战壕掩护，不是强攻。历时约一个月的“约克镇战役”，美法联军投入将近 2 万人，一共战死88个，伤300个，代价微乎其微。这挖战壕可就有学问了，应该挖多宽多深，战壕周围的护栏要怎样插，什么样的战壕用于进攻，什么样的用于防守，等等，这都需要专业的土木工程师设计。大陆军这帮“土包子”哪懂这个？只能听法国工程师指挥。尽管罗尚博礼貌周全，事事都跟华盛顿商量，但华盛顿心中暗暗惭愧，他不得不承认，在这次战役中，法军是主角，大陆军是配角。

10月1日，联军炮击约克镇并向前推进。10月6日，华盛顿象征性地挖开第一锹土，联军开始挖第一道战壕。战壕挖好后，炮火到位。10月9日，华盛顿亲自点燃第一声炮。从这时起，联军昼夜不停地轰炸约克镇。美法两家还比上赛了，看谁打得准。英军可倒霉了，被逼得连连后退。他们的炮火刚开始时还算猛烈，但毕竟没有后续力量，越打越弱。康沃利斯早就派人向克林顿求救。他说：“如果你不马上救我出去，你就等着听最坏的消息吧。”但克林顿那边却迟迟没有回音。

到10月14日时，联军已经开始挖第二道战壕了。可是，英军的两个向外突出的据点阻挡了联军的进展。它们是9号和10号据点，不把它们拔掉就无法靠近。华盛顿决定夜袭两个据点。法军攻9号，大陆军攻10号。这是个危险又光荣的任务，也是整个战役中唯一的一场近距离肉搏战。在大陆军这边，所有的将军都想拿到这个展露身手的机会，但华盛顿毫不犹豫地它交给了拉法耶特，他认为拉法耶特是约克镇的第一功臣，这最后的荣誉属于他。

拉法耶特拿到任务，打算派他的助理领400人上阵，却惹急了旁边一位军官，他说这不公平，应该我去才对。这个人就是亚历山大·汉密尔顿。汉密尔顿不是华盛顿的助理吗？他怎么会在拉法耶特军中呢？原来，几个月前，他因一点小事跟华盛顿吵了一架，趁机“反出”华盛顿的“军事家庭”。这回跟着联军南下，编入拉法耶特的部队。

四年前，22岁的汉密尔顿来到华盛顿身边，不久就成了华盛顿的首席助理，他的管理天才让华盛顿觉得没有他吃饭都不香。所有送给华盛顿的文件都要先经汉密尔顿的手，由他决定轻重缓急再往上报，很多时候他直接代替华盛顿发号施令。当然，这都是华盛顿授权的，他太信任这位天才助理了。汉密尔顿工作效率特别高，事儿越乱他越高兴，因为这样越能显出他的才华。就像小说里的“耒阳县令”庞统一样，他经常口里说着，眼中看着，笔下写着，一会儿工夫就处理完堆积如山的公务，且样样得体。华盛顿有什么新主意的时候，刚刚嘟囔了一些不连贯的想法，汉密尔顿很快就能把它们变成切实可行的措施，而且比华盛顿想得更周密。难怪华盛顿爱他爱得发疯，连大陆会议的议员们都知道，大陆军总司令被他身边一个二十几岁的助理给搞定了。

但是，华盛顿太依赖汉密尔顿了，以至于忘了汉密尔顿也有自己的梦想。他的梦想就是驰骋沙场。他不愿老在华盛顿身边，更不想让别人认为他的成功是靠与华盛顿的私人友谊。他本来就是炮兵军官，每天盼着重返战场。他跟华盛顿提了很多次，要出去带兵，可华盛顿坚决不许，他认为汉密尔顿的笔比他的剑更有价值。所有的将军都知道汉密尔顿爱打仗，他们都愿帮他。有一次，拉法耶特带兵去罗得岛，临走前跟华盛顿要人，说想让汉密尔顿一块儿去。华盛顿一句话就断了他的念想："我负担不起失去汉密尔顿的代价。"后来，格林将军去南方前也找华盛顿，说我那儿缺个上校团长，能不能让汉密尔顿去给我带兵。华盛顿的一番话把格林堵得哑口无言：我军中能冲锋陷阵的军官没有一百也有八十，但汉密尔顿只有一个。你要谁都行，就是不能要他。格林和拉法耶特都是华盛顿最爱的人，他们的面子也最大，他们都要不来，别人就甭试了。汉密尔顿的郁闷可想而知。这位未来的"联邦政府之父"、美国金融制度的设计者、美国宪法的奠基人，也许还没意识到他的存在对新国家意味着什么。他只知道自己脑子好使，但华盛顿却看到了一个上马能治军下马能治国的旷世奇才，他要尽其所能把这个天才护在自己的羽翼下。

除了汉密尔顿，华盛顿身边还有几个跟他很亲密的年轻人，比如拉法耶特和约翰·劳伦斯。但他们的关系不一样。他跟拉法耶特像父子，跟劳伦斯像叔侄。不管是父子还是叔侄，都是上对下的关系，华盛顿占绝对的主导地位，那两个也全心全意地崇拜他。但他跟汉密尔顿却像夫妻，还是先结婚后谈恋爱的那种，在磕磕碰碰中磨合着感情。华盛顿对汉密尔顿的爱显而易见，好像全世界都知道，就是汉密尔顿自己不知道。汉密尔顿不崇拜任何人，他想要的是与华盛顿更平等的地位。他对其他人都很友善，大家都亲热地叫他“汉姆”或“汉米”或“小狮子”，可他偏偏跟华盛顿亲不起来。他总是规规矩矩地称华盛顿为“阁下”，华盛顿叫他“汉密尔顿中校”或“汉密尔顿先生”，听上去很生分。搞到最后，两人明明密不可分，却都绷着，连句贴心话都没有，你就见不到比这更纯的工作关系。

华盛顿越是抓住汉密尔顿不放，汉密尔顿就越想离开他，而华盛顿的坏脾气让事情变得更糟糕。他平时在公众面前控制得很好，从不乱发火，在妻子、亲友面前也很温柔。但脾气就是脾气，总要有发泄渠道，更何况每天都有那么大的压力。于是，他的助理们就要多担待一点了。自尊心超强的汉密尔顿渐渐地不能忍受他的老板的“无理取闹”，他们时不时地吵两句，一般吵完后两人互相道个歉就算了。但 1781 年 2 月的一次小小的争吵终于让汉密尔顿下定决心离开华盛顿。其实，刚吵完，华盛顿就后悔了，他知道那是自己的错。他马上派另一个助理去汉密尔顿那儿转达歉意，但汉密尔顿不愿再回头。他坚决辞去华盛顿助理的职务。华盛顿满怀惆怅地看着与他朝夕相处了四年的助理离他而去。年轻气盛的汉密尔顿显然想给美国最有权势的人一个教训。他在给朋友的信中说："他应该，哪怕只有一次，为他的坏脾气感到懊悔。"

汉密尔顿离开了华盛顿，但没有离开大陆军。不久，他就开始不停地写信给他的前老板，要求带兵打仗。华盛顿被他缠得哭笑不得，他就没见过脸皮这么厚的。大陆军决定南下后，汉密尔顿好像预感到这是最后一场大仗，再不去就没立功机会了。于是，他又给华盛顿送去一封信，信中附上当初大陆会议给他的"中校"军职的任命书。他说，这回再不让我去，你就把任命书收回吧，我不干了。也许华盛顿实在是太喜欢汉密尔顿了，他不愿真的失去他。他决定让汉密尔顿带着纽约军团南下，归拉法耶特指挥。汉密尔顿高兴得翻跟头，真有点"鱼入大海，鸟上青天"的感觉。

这回袭击 10 号据点，汉密尔顿向拉法耶特请战，说他的军衔比拉法耶特的助理高，选择任务时有优先权。拉法耶特和汉密尔顿是在华盛顿身边一起长大的小伙伴，两人好得跟一个人似的。要在平时，其中一个但有所求，另一个定会全力以赴。可这次是去拼刺刀，谁也照顾不了谁。拉法耶特太了解汉密尔顿在华盛顿心中的位置了，万一有个闪失，他伤不起这个心，也负不起这个责。拉法耶特一犹豫，汉密尔顿就不干了，两人闹到华盛顿面前。最后，还是华盛顿拍板。这次行动由拉法耶特指挥，汉密尔顿上阵，劳伦斯接应。他深深地看着他心爱的三个年轻人，好像有很多话，但又无法开口，只说了一句："愿上帝与你们同在。"

10 月 14 日夜，汉密尔顿带着 400 人悄悄地摸向英军 10 号据点。为防止走火，所有的枪都卸下弹药，只留刺刀。他们用斧头砍开据点的防护栏，一声呐喊直入敌营，展开激烈的肉搏战。汉密尔顿身先士卒，第一个往上冲。英军在惊慌中仓促应战。20 分钟后，战斗结束。汉密尔顿出色地完成了任务，为他的军旅生涯画上完美的句号。与此同时，法军成功袭取 9 号据点。至此，康沃利斯已无险可守。

三天后，10 月 17 日，大陆军哨兵发现远处有一面白旗伴随着鼓声向大陆军阵地靠近。华盛顿立刻下令停止所有的火力射击。接着，一个英国军官出现了，要求见联军统帅。一个大陆军军官过去用白手绢把英国军官的眼蒙住，带他穿过大陆军阵地来到华盛顿和罗尚博面前。英国军官说，康沃利斯将军希望停战两小时，商量投降条件。华盛顿同意了。他让劳伦斯和一位法国军官代表联军与英军谈判。康沃利斯希望英军投降时能保留军人的尊严，举着战旗敲着战鼓走出约克镇。但劳伦斯拒绝了。他说，当初，查尔斯顿的大陆军投降时也有同样的要求，但克林顿一口回绝，让林肯将军备受屈辱。这次我们也不能答应。华盛顿支持劳伦斯的意见，他告诉康沃利斯，他给康沃利斯的条件与当初克林顿给林肯的条件一样，那就是：无条件投降。当天下午，康沃利斯接受了投降书上的所有条款。

1781 年 10 月 19 日，美法联军在通向约克镇的大道两旁整齐地排列着，法军在左，大陆军在右，罗尚博和华盛顿骑在马上，分别站在各自军队的尽头。在指定的时间，英军列队走出约克镇，扛着枪穿过美法联军组成的“人墙”。他们的军旗卷得紧紧的，不能像往日那样随风飘扬。他们的红色军装整齐鲜明，与法军潇洒俊逸的白色军装交相辉映，别提多好看了。再看右边的大陆军，个个穿得跟叫花子似的，啥颜色都有。但他们昂首挺胸，一点也没自惭形秽的感觉。英军军乐队演奏着一首英国民歌，叫《天翻地覆》：

如果蜜罐追逐着蜜蜂
如果船儿上陆，教堂在海上漂浮
如果马骑着人，草吃着牛
如果猫儿被老鼠追逐
如果妈妈卖掉自己的婴儿
如果春夏颠倒，四季错乱
这世界已天翻地覆

据说，拉法耶特听到这首乐曲后，让大陆军军乐队奏起《洋基进行曲》，他想提醒英军，别光顾着发牢骚了，还是来听听我们胜利者的声音。

走在英军队伍最前面的是查尔斯·奥哈拉将军，他是康沃利斯的副将。康沃利斯借口身体不适，没来参加投降仪式。这位战功卓著的伯爵大人无法接受这样的屈辱，他仍然不能相信伟大的国王陛下的军队会在阴沟里翻船。奥哈拉拿着康沃利斯的宝剑走向罗尚博，拉法耶特一看就知道他想干什么。他赶紧凑在罗尚博的耳边说了几句，罗尚博微微点头。这时，奥哈拉已走到罗尚博面前，向他献上康沃利斯的剑，说代表康沃利斯将军投降。明摆着，英军宁可向法军投降，也不愿向大陆军投降。

罗尚博不接剑，头向华盛顿那边一侧，示意奥哈拉：你找错人了，他才是我们的总司令。奥哈拉没办法，又走到华盛顿马前，献上宝剑。华盛顿也不要，他说：既然康沃利斯将军没来，你就把剑交给我的副将林肯将军吧。林肯接过剑，象征性地在手上拿了一两秒钟，又很礼貌地还给奥哈拉，这个礼仪就算结束了。这时，华盛顿看到林肯眼中闪烁的泪光，他轻轻地说："林肯将军，请你下令接受投降吧。"林肯对奥哈拉说："请你命令你的军队放下武器。"英军陆续走到指定地点，把枪扔到地上。虽有些情绪的发泄，但一切最终归于平静。投降仪式过后第二天，康沃利斯礼节性拜访华盛顿。华盛顿宴请美、法、英三军将领，大家说说笑笑的，好像刚进行了一场友谊赛。随后，根据投降协议，康沃利斯和英军军官乘船返回纽约，剩下 7000 个士兵走进战俘营。

“约克镇战役”是独立战争最辉煌的胜利，也是最后一次大规模的战斗。7000 名英军放下武器，决定性地影响了英国政府的选择。此后，英美在巴黎开始了长达两年的和谈，斗争从战场转向谈判桌。约克镇的消息让整个美国像通了电一样兴奋，到处钟声齐鸣，张灯结彩，每个人脸上都带着笑容。然而，此时的华盛顿正黯然神伤。就在大家欢庆胜利的时候，他和玛莎正坐在儿子杰克 · 卡斯蒂斯的病榻旁。

华盛顿和玛莎没有自己的孩子，但他们共同抚养了玛莎与前夫的一双儿女。华盛顿很爱那个女儿，但她 15 岁时就去世了。杰克从小就很任性，玛莎又比较娇惯他，搞得华盛顿跟这个继子有点疙疙瘩瘩的。在过去的六年里，杰克没帮过华盛顿什么忙，但这次战役在弗吉尼亚，杰克主动要求到军中效力。华盛顿很高兴，他终于找到与杰克沟通的机会。没想到，杰克在军中得上“军营热”，一病不起，竟然去世，年仅 26 岁。华盛顿匆匆忙忙回家，刚赶上见杰克最后一面。到此为止，玛莎失去了与前夫生的所有的四个孩子，华盛顿失去了与杰克再续父子情的机会。他和玛莎陷入深深的悲哀中。

料理完杰克的葬礼，华盛顿返回军中。格拉斯领着舰队回西印度群岛，华盛顿带着部分人马回纽约地区，继续与克林顿对峙。另一部分由韦恩领着去南方加入格林将军的部队，南方各州的武装力量继续由格林统率。罗尚博在弗吉尼亚过完冬后回到康涅狄格的大本营。

现在，刚经历丧子之痛的华盛顿又要面对一场分离。“约克镇战役”后，拉法耶特向大陆会议请辞，要求回家探亲。华盛顿依依不舍地看着拉法耶特走远，他不知道什么时候才能再见面。四年前，满脸稚气的拉法耶特来到华盛顿身边时还是个 19 岁的少年。如今，他已是 23 岁的男人，为美国革命立下不朽功勋。从他们见面的第一天起，拉法耶特就像一缕阳光照亮华盛顿的生命。他的活泼、热情、浪漫，他的忠诚和情感，占据了华盛顿心中最柔软的角落，也唤醒了他沉睡已久的父爱。

11 月中，拉法耶特在波士顿上船前夕收到华盛顿的信。他说，我不能不让你带着我最珍贵的友谊和思念离开，我对你的欣赏和感激已经变成依赖和爱。拉法耶特回信说：“我懂你的心，我相信任何距离都不会改变你对我的爱。我也一样，我对你的爱、尊敬和感谢无以言表。”听上去，两个大男人这么说话有点肉麻，但 18 世纪的欧洲绅士说话写信都会多多少少带点玫瑰色，这是一种时尚。三年后，拉法耶特将访问美国 13 个州，在弗农山庄与华盛顿重温友情。

失去了一个儿子又送走了一个“儿子”的华盛顿将继续带着他的军队熬过漫长的两年，新大陆千千万万的父母也将继续面对痛苦的别离。在通往自由的道路上，男人不是孤独的行者，也不是唯一的战士。他们的身边是时时刻刻爱着他们、支持着他们的母亲、妻子和女儿，她们的牺牲和奉献与战场上的浴血奋战同样伟大。她们怎样用勤劳和智慧养育了新生的共和国？她们又怎样在成就自己父兄子侄的同时也成就了一个新的民族？请看下一个故事：《记住女士们》。

050

记住女士们

美国独立战争就像所有的战争一样，是男人们展示力量和智慧的舞台。但战争并没有让女人走开。她们与父兄、夫君一起，以她们对革命的理解，以她们特殊的方式，为这段历史刻上自己的痕迹。她们是普通的母亲、妻子、女儿，她们身边的男人是战士、将军、政治家、外交家，她们的身影出现在田间、作坊、商场、军营、政治沙龙、欧洲宫廷。有人叫她们“建国国母”，有人叫她们“自由的女儿”。不管是“母”还是“女”，她们都尽心尽责，把爱献给她们的亲人和国家，她们追求自由的勇气一点也不亚于七尺男儿。难怪康沃利斯将军说，即使他把北美的男人都杀光，战争也不会结束，因为他还要对付所有的女人。

如果你问，美国最著名的“国母”是谁？可能你得到的第一个名字是：阿比盖尔·亚当斯。阿比盖尔是约翰·亚当斯的妻子，她是美国第一位“第二夫人”（副总统夫人）和第二位“第一夫人”（总统夫人）。她既是总统的妻子，也是总统的母亲，这一殊荣至今为止只有一个女人与她分享，她是芭芭拉 · 布什。但阿比盖尔之所以出名，不是因为她的总统老公和总统儿子，而是因为她的才华和她的爱国情怀。

阿比盖尔生得娇小玲珑，却是个大才女，她的写作技巧足以让文笔犀利的丈夫甘拜下风。历史学家们很幸运，因为阿比盖尔的笔为他们描绘了一场真实、生动的美国革命，她与亚当斯父子以及其他政治领袖的通信，还有她的日记，都是对那个激动人心的年代最宝贵的记录。阿比盖尔的政治嗅觉异常敏锐，她的见解在很多时候都远胜当时的政要名流。应该说，她是第一位对美国政坛产生重要影响的女性。

18 世纪的北美和欧洲的女人，没有公民权，没有议政权，甚至没有做一个完整的“人”的权利，她们是丈夫“财产”的一部分。那些永远彬彬有礼、处处女士优先的绅士，在女士面前所有的殷勤、体贴、温存，是出于爱，出于强者对弱者的怜悯和关怀，但不是出于平等的尊重。阿比盖尔也许是第一个倡导“女权”的人。在她心中，革命的目标是全体美国人的自由，而不只是男人的自由。可惜，亚当斯、华盛顿、杰斐逊，以及所有的“国父”，都是“性别主义者”。为了保护“美利坚的母亲和女儿们”，他们可以出生入死。但是，“女权”？想都不要想。每当阿比盖尔谈到女人的平等地位，“国父”们就会集体失聪。他们才不跟女人一般见识呢。

早在1775年，亚当斯还在费城开大陆会议，绅士们还在喋喋不休地商讨如何与英王妥协，阿比盖尔已经在思考“独立”了。她说：“让我们（与英国）分离，他们不配做我们的兄弟，让我们祈求上帝摧毁他们的意志、消灭他们的企图。”她甚至跟亚当斯讨论独立后应该建立一个什么样的政府。亚当斯很同意妻子的意见，但他也很明确地告诉阿比盖尔：女人不应该过多地谈论政治。

1776年3月，大陆会议就独立的议题展开激烈的讨论。阿比盖尔在给亚当斯的信中写下了那段经典名言：“我真希望你们已经宣布独立。在你们将要制定的新的法律中，我恳求你们，记住女士们。要比你们的先祖对女士更宽厚更关照，不要把无限的权力交到丈夫手中。记住，所有的男人，只要条件允许，都可能成为暴君。如果女士们得不到关怀和照顾，我们就会挑起叛乱。我们将拒绝遵从法律，因为法律中没有我们的声音，也没有我们的代表。”

亚当斯是怎样回答妻子的呢？他用了一个老掉牙的笑话：你们女人不需要权利，因为你们已经拥有了真正的权力。他说：“我们男人似乎很强势，但那只是表面的。我们哪敢不公平、不温柔？我们看上去是主人，实际上是仆人，完全服从裙带的调遣。你们一声令下，华盛顿将军和他的战士们定会勇往直前。”呵呵。亲爱的，等着吧，一百五十年后女人才有投票权呢。

自从亚当斯卷入政治，他不得不放弃律师业务。他先在费城做大陆会议议员，后来又被派往欧洲，历任驻法特使、驻荷特使、驻英公使，长期不在家。整个家庭的重担都落在阿比盖尔身上。没有了亚当斯做律师的收入，在城里的生活也就没了着落，大陆会议那点工资发和不发差不多。阿比盖尔带着5个年幼的孩子，离开波士顿，搬到乡下的小农场。这位出身书香门第的大主教的女儿，卷起袖子当起了农妇。谁也没想到，她居然把农场打理得井井有条，果园、麦田、菜地都收获颇丰。在艰辛岁月中，阿比盖尔用勤劳的双手维持了一家的温饱。她还教孩子们读书识字，保证他们学业有成。亚当斯出使欧洲时，阿比盖尔只提了一个条件：你要走可以，但必须带上长子，10岁的小“神童”，约翰·昆西·亚当斯。她要让儿子去欧洲受教育。约翰·昆西·亚当斯先后在法国、荷兰、瑞士读书，14岁就给美国驻俄特使当翻译，成了最年轻的外交官。阿比盖尔也许不知道，她正在为儿子铺设一条通往白宫的路。

在阿比盖尔的挣扎和等待中，有一位朋友永远不离不弃地支持着她。这位朋友就是当时最著名的才女，莫茜·奥蒂斯·沃伦。她生于1728年，父亲老詹姆斯·奥蒂斯是个法官，后来当选为马萨诸塞议会的议员。莫茜从小就与兄弟们在家庭教师的指导下一起读书。男孩们长大后都进了哈佛，女孩们就留在家里，失去了继续深造的机会。但莫茜凭着过人的天赋，成为卓有成就的作家、剧作家、政论家和历史学家。

莫茜的父兄都是马萨诸塞政坛最活跃的人物，他们家就是个政治沙龙的集会地，几乎每天晚上都有“名人”来访。在北美抗税风潮刚刚兴起的时候，奥蒂斯家成了革命大本营。亚当斯兄弟、汉考克等当时最著名的革命者，都是奥蒂斯家的常客。还记得第一个提出“没有代表的税收就是暴政”的那位大律师詹姆斯·奥蒂斯吗？他是莫茜的哥哥。莫茜的丈夫詹姆斯·沃伦也是个著名的政治领袖，他与亚当斯兄弟一起组建通讯委员会，迈出了殖民地联合的第一步。在这种浓郁的政治氛围中长大的莫茜对政治超级敏感。

有人说，上帝把莫茜和阿比盖尔这两个女人安排得恰到好处。因为她们住得足够近（都在波士顿附近），她们成了好朋友；也因为她们住得足够远（不在同一个城镇），她们不能天天见面，只能通过书信互相倾诉。正是她们的文字为后世留住了这段历史。

马萨诸塞殖民地是由清教徒建立起来的。清教是基督教派别中最保守的一支，他们不允许任何形式的娱乐，甚至不能高高兴兴地庆祝圣诞节，好像只有苦行僧式的修行才能体现基督教的真正教义。但这种刻板、枯燥的教育没能遏制莫茜的天才。她从来没到剧院看过戏，因为波士顿没有剧院，但她却凭想象写了五部戏剧。她在报纸上发表了无数的文章和诗歌，既有犀利的政治见解，又有浪漫的少女情怀。1805 年，莫茜的《美国革命的兴起、进程和结束》出版了，这部长达三卷的著作是第一部由女人写成的美国革命史。

华盛顿驻兵波士顿城外的坎布里奇时，经常邀请阿比盖尔和莫茜到军营去喝茶、聊天，从与她们的谈话中受益匪浅。华盛顿喜欢成熟、有智慧的女人，他很欣赏她们的才华。两位女士也很享受与华盛顿的交往，她们还常向丈夫、亲友们“八卦”一下华盛顿和他的将军们。阿比盖尔写信给在费城的亚当斯，对华盛顿的容貌、举止、品德赞不绝口，还找了一首诗来形容他的伟岸，搞得亚当斯吃了半天干醋。其实，阿比盖尔她们去军营，更多的时候是与另一个女人拉家常。她就是华盛顿的妻子玛莎。

玛莎没有阿比盖尔和莫茜的才华。她没受过多少正规教育，甚至写信时语法经常乱七八糟。她每次给阿比盖尔和莫茜写信，华盛顿都会亲自给她把关，省得让才女们笑话。实际上，他完全不必担心。玛莎非常聪明灵巧，她的温柔、亲切、简单、从容不仅征服了新大陆最强势的男人，也赢得了女人们的心。阿比盖尔对玛莎的评价很高，她说，玛莎在平平淡淡中让所有的人都爱上她。

不管从哪个角度说，玛莎都是个“小女人”。她身高 1.55 米左右，与 1.88 米的华盛顿站在一起，称得上“最萌身高差”。有人说，华盛顿是看中了玛莎的钱才跟她结婚的。这可能有点“小人之心”了。玛莎的财富确实让她很有底气，华盛顿也确实不会娶一个平民家的女孩，但他们同样都不会忍受一段没有爱情的婚姻。事实上，不管是当时人的记录还是历史学家的研究，所有的迹象都指向一个和谐、亲密、恩爱的“第一家庭”。

生于安乐长于富贵的玛莎是个典型的贤妻良母，她最大的“理想”就是守着自家的庄园，相夫教子，安度一生。在华盛顿没担任大陆军总司令之前，玛莎从没离开过弗吉尼亚。1775 年 6 月，华盛顿接受了大陆会议的任命，来不及回弗农山庄，直接从费城赶往坎布里奇接管大陆军。临走前，他给玛莎写了一封信，有点“矫情”地说：“这份工作不是我想要的，但实在推不掉，我最渴望的就是和你在一起。”玛莎很伤感，但她非常清楚华盛顿的野心，那是九头牛也拉不回来的。况且，她也赞同丈夫的政治理想，愿意为他牺牲舒适的生活。

对波士顿的围困进入胶着期，战事一时半会完不了。当华盛顿意识到这是一场“持久战”时，他想到的第一件事就是玛莎温暖的怀抱。1775 年冬，华盛顿写信请玛莎来军营团聚。玛莎克服了她的“出门恐惧症”，在寒冬中艰苦跋涉二十多天才来到坎布里奇。这一路上，她第一次品尝到当“公众人物”的滋味。所到之处，各州各县的头头脑脑和他们的太太都忙不迭地招待，大献殷勤。玛莎明白，她那与世无争的清净日子永远结束了。幸亏她是见过大世面的人，对突如其来的尊荣不会受宠若惊。没人教给她怎样做“总司令夫人”，她的本色演出足以赢得人们的尊敬。

玛莎刚到军营的时候，战士们都好奇地赶来看“将军夫人”长啥样儿。她是不是美丽动人？她是不是雍容华贵？她是不是像公主一样骄傲？当他们看到身材矮小、相貌平平、衣着朴素的玛莎从马车上下来时，还真有点大跌眼镜，觉得她配不上高大、威武、英俊的“将军阁下”。但是，他们很快就发现，这个“小女人”似乎有一种魔力，把他们的总司令“管”得服服帖帖的。在她来之前，华盛顿终日严肃得让人害怕，冷得像块冰，好像人人欠他二百块。玛莎一到，华盛顿立刻放松了很多，脸上的表情也有了亲和力。有一次，一位年轻军官去向华盛顿报告点事。华盛顿问他今年多大了，他说20岁。华盛顿说：“你这点年纪就当军官不觉得太年轻吗？”小伙子紧张死了，结结巴巴地说：“我虽然现在很年轻，但我每天都在变老。”这时，他看到华盛顿扭头与坐在旁边的玛莎相视一笑。这个浅浅的微笑显然给那小伙子留下深刻的印象，他逢人就说“我看见他笑了”，可见华盛顿平时有多严肃。

有玛莎在，军营有了女主人，华盛顿也有了主心骨，他把那些迎来送往的杂事儿全都交给玛莎。一到冬天休战的时候，军官太太们都来军中探亲，还有各地上流社会的女士们也来拜访。华盛顿喜欢有女士相伴，但三个女人一台戏，她们难免东家长西家短地挑点事。一碰到这种主儿，华盛顿就以“军务繁忙”为由玩失踪，留下玛莎对付叽叽喳喳的女人们。玛莎总是亲切、耐心地倾听所有的诉求，把每个人安慰得舒舒服服的。

尽管玛莎在军营有很多应酬，但那绝不是她做的唯一的事。她大部分时间都花在“缝缝补补”上。后世的美国人一提到玛莎·华盛顿，他们印象最深的就是锻造山谷那个著名的冬天。由于供应极度匮乏，战士们缺衣少食，2000人冻饿而死。玛莎冒着感染疾病的风险，看望生病的战士们，给他们缝补衣裳，还带着军官太太们纺纱织布，为战士们送去温情。玛莎的身影就是母性与女性的象征。据说，华盛顿怕玛莎染病，不想让她去看伤员。玛莎说：“如果你放弃战斗，我就停止为他们服务。”

独立战争打了八年半，玛莎在军营度过了八个冬天，断断续续加起来将近五年的时间。她一般是入冬来，初夏走。她回忆说：“每一场战斗的第一声和最后一声炮响我都听到了。”她也许忘了，刚到军营的时候，每一声炮响都会让她发抖。这个曾经无忧无虑、小鸟依人的女孩，在战争中变得坚强和成熟。有人说，她的牺牲和奉献是出于责任感。但在拉法耶特的眼里，她的故事是那么浪漫。他说，玛莎所做的一切都是因为“她疯狂地爱着她的丈夫”。华盛顿需要一双“温柔的手”，那双手永远属于玛莎。不管出于理智还是情感，玛莎在不知不觉中变成了出色的“第一夫人”。人们喜欢称她为“华盛顿女士”，而不是“华盛顿夫人”。一是因为“女士”是对贵族女子的特称，显示对她的尊重；二是因为“女士”更加独立，不是丈夫的附属品，以此表彰她对美国革命的特殊贡献。

在军营中与夫君共度战火与硝烟的不止玛莎，还有其他的女士，比如诺克斯的妻子露茜·弗拉克·诺克斯，格林的妻子凯瑟琳（凯蒂）·里特菲尔德·格林，还有斯特林将军的妻子和女儿，斯凯勒将军的妻子和女儿，等等。女人们在军营中结成的“战时友谊”后来成了她们最甜蜜的回忆。

露茜 18 岁时嫁给 24 岁的诺克斯，一年后独立战争就爆发了。她出身于波士顿一个富裕的保王党人家庭，父母坚决反对她与诺克斯的婚姻，因为诺克斯是革命派。但露茜不顾一切地与心上人在一起。1776 年 1 月，诺克斯经过两个月的跋涉，终于把 60 吨的各种大炮从提康堡运到波士顿城外。这些大炮是导致英军撤出波士顿的最直接的原因。英军走了，露茜的父母、兄弟、姐妹都跟着英军一起走了。从此，露茜再也没见过她的家人。她曾为此极度痛苦，在孤独和绝望中写信给妹妹，请求她们与她联络，但她没得到任何回音，也没得到父母的原谅。露茜没有消沉下去，她的快乐天性和豁达的人生态度让诺克斯对她如醉如痴。露茜一有机会就带着年幼的子女到军中与丈夫团聚，她的笑声把欢乐带给每一个人。

在所有的军官太太中，最漂亮、最活泼的是格林的妻子凯蒂。她年轻貌美，舞姿轻盈，很得超级大“舞王”华盛顿的欢心。

1779 年，为庆祝美法联盟一周年，诺克斯在他的指挥部办了场舞会。华盛顿先跟露茜跳了一曲，算是开场，又跟每位军官太太各跳一曲。在完成了他的“社会责任”后，剩下的整个晚上他都与凯蒂共舞，他们一曲不落地跳了三个小时，一次都没坐下休息。像所有的男人一样，华盛顿对美女基本上没有免疫力，但他有意志力。尽管他与凯蒂关系密切，却从没跟她传过绯闻。

女人们在享受与丈夫团聚的美好时光的同时，也对大陆军的悲惨处境忧心忡忡，她们在军中的所见所闻让她们无法袖手旁观。玛莎通过各种途径把大陆军的状况告诉各州政要的妻子们，希望得到她们的同情和帮助。男人无法停止钩心斗角，难道女人也要变得彼此陌生吗？接下来发生的事让玛莎感到非常欣慰，因为她看得到，女士们超越了她们夫君的政见分歧，以自己的方式表达了她们的对革命理想的支持和向往。

1780 年 6 月，一篇题为《一位美国女士的感想》的文章出现在费城的主要报纸上。文章提倡所有的女士穿着更朴实、发型更简单，把省下的钱献给军队，并号召费城女士为大陆军募捐。这篇文章引起很大的反响，一时间街头巷尾议论纷纷，女人们开始讨论如何募捐的事，她们从没像现在这样活跃地参与政治生活。这篇文章的作者可不是一般人家的女子，她的丈夫是宾夕法尼亚州州长约瑟夫 · 里德，她的名字是艾斯特 · 德博特 · 里德。

自从独立战争开始后，艾斯特就表现出极大的热情，她曾写信给丈夫说："我们的理想是如此正义、如此高贵，我相信我们必胜无疑。为了这个理想，任何私利都应该被毫不犹豫地抛开。"这话若出自别人的口也许不算稀奇，但艾斯特说出来就有点不寻常了，因为她是个英国人。

1747 年，艾斯特生于伦敦一个富商家庭。她父亲的生意与新大陆关系密切，自然也就交了很多新大陆的朋友，其中包括里德的父亲。后来，年轻英俊的里德到伦敦学习法律，认识了艾斯特并疯狂地爱上她。1770 年 5 月，里德与艾斯特在伦敦结婚。不久，他们登船前往北美。当时，艾斯特以为他们只是去费城"小住"，很快就回来。但事实是，她再没有看到她的家乡。

费城是北美最大的城市，但跟"世界之都"伦敦比起来就是乡下。艾斯特开始时还真有点不习惯，她思乡心切，盼着赶紧回去。正如她的孙子多年后写道："八十年前，一个英国富家女下嫁北美被认为是一件很掉价的事。"所幸里德家是费城上流社会的重要成员，才华横溢的里德很快就建立起蒸蒸日上的法律业务，小两口的日子过得很舒服。

里德夫妇回到新大陆时，北美的反英浪潮正风起云涌。在政治上非常活跃的里德很自然地卷入一系列事件中。1775 年，华盛顿被任命为大陆军总司令，里德陪他去马萨诸塞上任。他本以为是出趟差，却经不住华盛顿的死缠硬磨，毅然决定放弃费城的律师业务，留下给总司令当助理。后来，里德离开大陆军，当选为宾夕法尼亚议会议员、大陆会议议员，又成为宾夕法尼亚州的战时州长。在这一连串的变化中，艾斯特始终站在丈夫身边。她对革命的态度也从同情变成积极参与。

作为费城最有权势的人，里德不可避免地常与华盛顿起争执，这既是不同观念的对抗，也是“州权”对“军权”的制衡。两人代表的利益不同，说不上谁更正确。艾斯特不想让男人间的争斗影响女人间的友谊，她与玛莎一直保持着亲密的关系。她愿意用行动帮助大陆军战士。

在发表了那篇“感想”之后，艾斯特组织“费城女士联合会”，还制定章程：女士们筹集到善款后交给州长夫人，再由州长夫人交给华盛顿夫人。如果玛莎此时正在军营，这笔款就直接交给她。如果她不在，这笔钱的用途将由华盛顿将军决定。但是，有两个条件：第一，不管总司令怎样支配，他必须事先征得女士们的同意。第二，这笔钱不能用来购买军需物资，比如衣服、食物、枪炮等等。供应军需是大陆会议和各州不可推卸的责任，你们男人尽不了的义务不能由女人承担。我们的钱是为了让战士们感到更快乐。

费城的女士们分成一个个“小组”，挨家挨户地敲门，募集善款。她们做得很仔细，即使你只捐了一分钱，她们也会把你的名字写下来。结果，连艾斯特自己也没想到，她们居然筹集到 30 万“大陆元”，相当于 3000 多英镑。这是个什么概念呢？当时美利坚邦联刚刚筹资开建了一个国有银行，它的原始注册资金也就比 30 万“大陆元”多一点。可见女士们有多成功。其中，最大数额的捐款来自拉法耶特侯爵夫人，是拉法耶特以他妻子的名义捐的一笔钱。他说："我很谦恭地担任她的大使，把这笔钱交到你们手中。如果你们接受它，我妻子将感到非常荣幸。"

费城女士的行动很快就传遍各州，新泽西、马里兰、北卡罗来纳、弗吉尼亚等州的女士们也纷纷开始行动。弗吉尼亚的州长夫人玛莎·斯凯尔顿·杰斐逊写道："华盛顿夫人把我们费城姐妹的事告诉我，我很荣幸地承担起这个责任，希望弗吉尼亚的女士们一起参与这一高尚的行为。"这封信是杰斐逊的妻子留在这个世界的唯一的文字。

艾斯特拿着善款准备交给大陆军。可是，玛莎刚好不在军营。这笔款的用途应该由华盛顿决定。这下可有点糟了，因为男人和女人的思维是不一样的。当艾斯特写信问华盛顿打算怎么用这笔钱时，华盛顿先感谢了女士们的慷慨，然后说："我知道女士们不想用它买军需物资，但我的战士现在最缺的就是衣服。能不能买些亚麻布给他们一人做一件衬衫？"

真是太不懂浪漫了。艾斯特立刻回信："不行！我们不能代替大陆会议履行职责。我们就是想让战士们高兴，哪怕订个戏班子去让大家乐和乐和也比衬衫强。”华盛顿碰上这么固执又站着说话不腰疼的女人一点辙也没有。他又写信建议道：要不，你们把钱存进刚开张的国有银行，然后由银行去买衬衫行不行？艾斯特一看，这还不如直接买衬衫呢。这帮男人怎么这么不开窍？

艾斯特给华盛顿提了个反建议：我们可以把钱拿到银行，让银行把“大陆元”换成硬通货，比如英镑什么的，然后直接给每个战士发两块大洋，他们爱怎么花就怎么花，只要他们高兴我们就高兴。这回轮到华盛顿说“不”了。他的理由是：可能很多人会拿着钱去嫖娼或赌博，败坏军纪。而且，他们一旦尝到硬通货的甜头，以后谁还会接受“大陆元”的工资？我还是觉得买衬衫比较好，但我愿意听从你们的决定。可怜的华盛顿肯定在那儿抓耳挠腮，搞不懂女人的心是啥做的。

从华盛顿的信中，艾斯特觉得这位总司令似乎有点受伤，他也许不习惯别人一再违逆他的意愿吧。艾斯特跟女士们商量后，决定让步。1780 年 8 月，她同意了华盛顿的请求，派人订购了大批亚麻布，开始做衬衫。可是，她没有看到这些衬衫。1780 年 9 月 18 日，还有几天就过 34 岁生日的艾斯特染上瘟疫，突然病逝。全费城的绅士们都参加了她的葬礼。里德泪流满面。他说：“我从来不知道我爱她有多深，直到我永远失去了她。”

现在，由谁来完成艾斯特未竟的心愿呢？女士们推选了费城社交界的另一位领军人物，本杰明·富兰克林的女儿，萨拉·富兰克林·贝奇。自从富兰克林出使法国后，萨拉就是父亲在费城的大管家，打理富兰克林的一切事务。由于父亲的关系，萨拉从小就频繁出入上流社会的聚会，是费城的名媛。她后来嫁给理查德·贝奇，给他生养了七个孩子。

萨拉吩咐作坊继续做衬衫，并在每一件衬衫上都绣上一位做衬衫的女士的名字。这样做的目的只有一个：她要让战士们在拿到衬衫时知道应该感谢谁。他们不应该感谢大陆会议，不应该感谢各州，而应该感谢把爱心献给他们的女士们。即使在“顺从”华盛顿意愿的时候，女士们也毫不含糊地留下了她们充满个性的痕迹。萨拉觉得，只有这样才能对得起艾斯特的一片心。当萨拉把衬衫交给华盛顿时，华盛顿深受感动。他说：“我们的军队不会为牺牲和苦难后悔，因为我们得到了女士们的如此厚爱。你让我们知道我们没有被遗忘。”

当上流社会的女士们优雅地奉献着她们的爱心时，很多平民家的女儿干脆拿起枪与男人们一起战斗。独立战争中有很多人女扮男装参加大陆军，她们大多数隐姓埋名，淹没历史洪流中。她们有的是为了与心爱的人常相厮守，有的是为了证明“谁说俺女子不如男”。其中最著名的可能是黛波拉·桑普森。

黛波拉本是一个小学教师，但她渴望冒险，安静的书桌无法束缚她的激情。她剪发缠胸，化名“罗伯特”参加了大陆军。她在军中三年，两次受伤。为了掩盖身份，她不许医生靠近，咬着牙自己疗伤。后来，她发高烧昏迷，被送往医院，终于被一位医生发现了真相。

这位医生没有说破，把她带回家给她调理。谁知，医生的侄女居然爱上这个英俊的战士，闹着要跟她结婚。医生没办法，只好“戳穿”她的伪装。他还给大陆军在西点的总指挥诺克斯将军写了一封信介绍黛波拉的情况。黛波拉惴惴不安地来到诺克斯的指挥部，估计得受一顿训斥。但诺克斯对她非常尊敬，很郑重地交给她一份退伍文书，还给了她一笔钱让她安身立命。黛波拉后来为人妻、为人母，马萨诸塞议会批准让她享受退伍军人的补贴。

另一位女英雄叫莫莉·皮切尔，这名字是不是真的还有疑问，她可能是几个人的“合影”。据说，她跟丈夫一起上前线，给战士们送水喝。丈夫牺牲后，她拿起丈夫的工具继续给大炮填炮弹，直到战斗结束。

与战场上的“花木兰”比起来，留在家园的女人似乎有些平凡。但她们在平凡中表现出的勇气足以向后世证明，她们是当之无愧的英雄。她们不得不面对英军的抢劫和骚扰，不得不一次又一次地迁徙。曾拥有10个大种植园的南卡罗来纳首富伊莉莎·平克尼（参看019《美洲人》），因两个儿子都是大陆军高级将领，她的庄园被英军烧毁，最后连 60 英镑的医药费都拿不出来，但她一点也不沮丧。她说："这样简单的生活更适合我。"

伊莉莎的亲家叫丽贝卡 · 莫特，她的豪宅被英军占据。民兵围攻那所豪宅，但因为房子是石头的，特别坚固，民兵久攻不下。如果英军的援军赶到就糟了。民兵来找丽贝卡，说对不起，我们恐怕要烧房子。丽贝卡马上找出她储藏的火药，指点民兵将火药射上屋顶，成功地将房子点燃，迫使里面的英军投降。丽贝卡亲手烧掉了自己的家，从此居无定所，但她在随后的庆功宴上谈笑自若，好像什么都没发生。

在战争中，还有千千万万普通的女人和孩子，她们以微薄之力为她们的国家默默奉献，她们的名字也许永远不会为人所知。她们有的为革命力量当间谍；有的跟随大陆军的脚步，为战士们洗衣做饭；有的为民兵传递情报；有的掩护革命领袖躲过敌人的追捕；有的在生命受到威胁时还保护机密文件；有的在父兄受伤时勇敢地与英军交涉，赶赴敌营照顾亲人。她们没有惊天动地的伟业，也没有男人头上的光环。但正是她们付出的点点滴滴让所有的不可能变成了可能。

战争对每一个女人来说都是痛苦的，她们不得不做出自己的选择。当男人走上战场，把本属于他们的社会责任留给女人，只有当此关头，他们才发现，一个出色的女人是多么重要。像一位"国父"

所说：“每当我看到一个伟大的男人，我的第一个反应是：谁是那位伟大的母亲？”也许正是战争让“国父”们认识到，一个高档次的国家需要高档次的公民，只有高素质的女人才能塑造高素质的男人。虽然他们不能把女人放在平等的地位，但他们愿意为女人提供更多的受教育的机会。战后，各种女子学校应运而生，更多的女孩走进课堂，她们将哺育一个有活力、有教养的年轻民族。

新大陆的儿女在奋战六年之后，终于看到天边那道和平的曙光。但通往和平的路并不平坦。他们能得到他们祈盼的自由吗？他们将怎样在那张谈判桌上实现他们的梦想？请看下一个故事：《〈巴黎和约〉》。

051

《巴黎和约》

1781 年 10 月，“约克镇战役”以美法联军的辉煌胜利而告终。7000 名英军放下武器，英国失去了对北美大部分地区的控制，只能缩在沿海的几个港口城市里。当消息传到伦敦，英国首相诺斯勋爵叹道：“一切都结束了！”英王乔治三世不服气，还想继续打下去，但议会不想打了。六年的战争让工商业损失惨重，商人们纷纷游说议会，赶紧与北美言和。1782 年 3 月，诺斯内阁垮台。罗金汉勋爵继任首相，查尔斯 · 福克斯出任外交大臣，谢尔本勋爵出任殖民地事务大臣，他们都是“亲美派”。和平似乎已不是悬念。

1782 年，北美英军总司令亨利 · 克林顿将军被召回伦敦，加拿大总督盖 · 卡尔顿将军继任英军总司令。从托马斯 · 盖吉，到威廉 · 豪，到亨利 · 克林顿，再到盖 · 卡尔顿，英军主帅换了一个又一个，形势却一天不如一天。富兰克林忍不住挖苦道：“我们派了个弗吉尼亚的农场主上阵，就把你们最好的将军一个一个送回了家。”当然，在 1782 年，谁也没意识到战争真的会结束。毕竟，英国在北美还有 3 万人马，超过大陆军和法军的总和。战争让英国很难受，但美国和法国更难受。法国财政陷入危机，美利坚邦联议会（也叫大陆会议或国会）基本上已经破产，各州也都只剩一口气。大家不过咬着牙硬撑罢了。

“犹抱琵琶半遮面”的谈判还在云里雾里，谁也搞不清英王到底咋想的。华盛顿觉得简直快熬不下去了。大陆军衣衫褴褛，吃了上顿没下顿，多拖一天就多一分灾难。怎样才能搞点名堂逼着英王早点就范呢？华盛顿可能急糊涂了，居然想了个损招：绑架正在纽约的威廉王子。威廉是乔治三世的幼子，特别热爱航海，一直在皇家海军服役。他的军团刚好被派到北美，驻扎在纽约。威廉很平易近人，每天快快乐乐的，常一个人在纽约大街上逛，没专人保护，谁能想到还会有人打他的主意呢？

1782 年 3 月 28 日，华盛顿亲自签发手令，命令行动小组乘夜色潜入曼哈顿，绑架威廉。他同时也严令得手后要善待王子，因为这次行动的目的不是虐待王子，而是要挟国王。可是，当夜因天气原因和小组成员行动不力，绑架没有成功。英军有了防备，华盛顿也就失去了机会。其实，幸亏没得手，这实在是个臭得不能再臭的主意。五十多年后，美英一笑泯恩仇，美国驻英公使把华盛顿亲笔签名的那份命令呈给英王威廉四世，也就是当年的威廉王子。国王看后幽默地说：“我非常感谢华盛顿将军的人道主义原则，但我还是很高兴他没有得逞。”威廉四世对美国非常友善，他对公使说：“我很遗憾不能生为自由、独立的美国人。我对这个国家充满敬意，因为它产生了华盛顿，这个有史以来最伟大的人。”

那么，英美的谈判为什么如此旷日持久呢？主要是内部、外部一起扯皮的结果。邦联议会共派了五位代表参加谈判，这五位都是大腕级的人物。第一位是本杰明·富兰克林，第二位是约翰·亚当斯，第三位是亨利·劳伦斯，第四位是约翰·杰伊，第五位是托马斯·杰斐逊。富兰克林是驻法公使，已经在巴黎。亚当斯是驻荷兰特使，此时正在阿姆斯特丹跟荷兰商人谈贷款的事。劳伦斯是大陆会议前主席，后来受大陆会议委托出使欧洲。他的船被皇家海军截获，他成了俘虏，被关在伦敦塔。一直到“约克镇战役”后，美国才用康沃利斯换回劳伦斯。此时，劳伦斯还在伦敦修养，他的身体在被关押期间受到很大的摧残。杰伊也曾是大陆会议主席，现任驻西班牙特使，正在马德里跟西班牙谈判，一时半会儿到不了巴黎。杰斐逊的妻子玛莎卧病在床，他抱定了“妻子在，不远游”的宗旨，拒绝了大陆会议的任命。也就是说，五个人的代表团，目前只有富兰克林一个人在场。

法国人倒是很高兴，他们最喜欢富兰克林，其他人永远缺席才好呢。法国在独立战争中居功至伟，没有它的帮助，美国再拖上十年八年的也够呛能赢。大陆会议对法国感激涕零，给代表团成员下了个很“丧权辱国”的命令：美国代表必须听从法国外交大臣弗吉尼斯伯爵的指示，在没有法国同意的情况下，代表们不得与英国签订任何条约。国会这么做也是为了遵守1778年的《美法联盟条约》。那个条约规定，美国不能单独与英国缔约。法国这几年的忙不能白帮，它有资格从中捞一笔。它的盟友西班牙也要从中捞一笔，因为西班牙继法国之后于1779年加入了对英战争。还有一位老兄——荷兰，也在“约克镇战役”之后宣布承认美国独立。所以，1782年，当英国代表来到巴黎，他们面对的是美、法、西、荷四国。这是一场国际“分赃”会议。你觉得那几位欧洲哥们儿会在乎美国的自由吗？

1782年4月，各方的非正式会谈开始。因为美国其他代表都没到，富兰克林只能先独自面对“群狼”。幸运的是，英国首席代表理查德·奥斯瓦尔德是富兰克林的老朋友，年纪比富兰克林还大。他对北美一向友善，特别有诚意。他此行除了缔约外，还想削弱或瓦解美国与其他欧洲国家的关系。所以，他见到富兰克林后提的第一个建议是：咱俩直接谈，不跟他们几个掺和，特别是不能让法国卷入其中。他说，法国根本不关心美国的独立，它只追求自己的利益。英美单独谈判，简单又利索。如果法国插进来，和谈将旷日持久。

一旦形势发生变化，英国将不再考虑承认美国独立，也将解除民间欠美国人的债务，用省下来的钱继续打仗，看谁耗得过谁。

奥斯瓦尔德说的没错，英美单独谈判符合双方的利益，这种事别人越搅和越乱。法国的主张是，英法应该先谈，谈拢之后再跟美国谈。富兰克林虽然想跟英国直接谈，但不得不拒绝奥斯瓦尔德，一是因为有大陆会议的明确指示，二是他对法国和弗吉尼斯本人都心怀感激，他相信法国的善意。他对奥斯瓦尔德说："即使法国援助美国是为了自己的利益，我们也愿意还这个情，而且，在还完之后，依然感谢它。我不能撇开盟友跟你谈判……至于美国的独立，早在1776年就已经决定了，你承认也得承认，不承认也得承认，根本没有讨价还价的余地。你说想赖掉欠美国人的钱？有本事你就试试。我不信一个以商业立国的国家会如此糟蹋自己的信誉。"

碰上富兰克林这只"老狐狸"，奥斯瓦尔德这只更老的狐狸一点办法都没有。他后来再次提出英美单谈，又被拒绝。眼看着一个多月过去了，会谈没什么实质性的进展。其实，富兰克林很着急。他明白，就是因为法国横插一杠子，才让谈判变得这么艰难。他必须想办法把法国排除在外。他热爱法国，但在"美国利益"和"美法友谊"之间，他会毫不犹豫地选择前者。怎样才能既和英国谈判又不得罪法国呢？

富兰克林做了两件事。首先，他去找弗吉尼斯。他说，非常感谢法国这么多年对我们的帮助。如今，胜利在望。为了加快谈判速度，您能不能允许我们和英国先接触一下？我们不管谈什么都会向您报备。富兰克林的“谦恭”赢得了弗吉尼斯的“慷慨”。他说：“好啊！我们无意替美国谈判，你们自己的事自己解决，但不要背着我们缔约。”

接着，富兰克林来找奥斯瓦尔德。他说：你不是老想单独谈吗？看在朋友分上，我就勉为其难吧。但有三个条件：第一，英国承认美国独立是谈判的先决条件而不是谈判的内容，也就是说，“独立”没商量。如果做不到这一点，其余的都免了。第二，英国要赔偿美国的战争损失。第三，英国割让加拿大给美国。当时的“加拿大”主要是魁北克省，也就是今天加拿大的蒙特利尔、魁北克、多伦多地区，外加俄亥俄河谷。

奥斯瓦尔德一看，富兰克林真是“高级黑”啊。让你们独立就不错了，还割地赔款？别太过分哦。奥斯瓦尔德的回答是：“独立”的事好说，其他两条要慢慢谈。实际上，富兰克林也没指望他一下子答应所有的条件。英国能做到第一条就是美国的胜利了。把“独立”作为先决条件排除在谈判内容之外，断了英国以此为诱饵获取其他利益的念头。谈判还没开始，谈判的首要目标就已经达成了。世界上还有比这更便宜的事吗？

谈判刚出现转机，富兰克林就病了，事情又拖下来。1782 年 6

月，杰伊终于从西班牙赶到巴黎，主导下一段的谈判。跟老奸巨猾的富兰克林比起来，38 岁的杰伊在外交上是初生牛犊。但在美国政坛，他可是重量级选手。他是未来的联邦首任最高法院首席大法官，美国宪法的重要诠释人。他也是历史学家们公认的美国最重要的七位“国父”之一。对很多人来说，他的名字也许比较陌生，因为其他六个名字太耀眼（知道其余六位是谁吗？），但他对美国的贡献不应该被遗忘。

1745 年 12 月，杰伊生于纽约市的一个富商家庭，父亲是法国人，母亲是荷兰人。他爷爷是法国的新教徒，为躲避宗教迫害带着全家移民新大陆，在纽约建立起一个庞大的商业帝国。杰伊的外祖父曾两任纽约市市长，在当地是响当当的人物。杰伊 15 岁进国王学院读书，毕业后成为律师。在国王学院，他结识了其他几位后来成为“国父”的领袖，比如来自纽约豪门望族的罗伯特 · 利文斯顿，还有因校友关系而成为朋友的亚历山大 · 汉密尔顿。1774 年，杰伊与新泽西州州长威廉 · 利文斯顿的漂亮女儿萨拉 · 利文斯顿结婚。这一年，杰伊 28 岁，萨拉 17 岁。

杰伊从抗税风潮时就积极投入反英斗争，最早组织纽约通讯委员会，并作为纽约代表参加了第一次大陆会议。1778 年 12 月，杰伊当选为大陆会议主席。1779 年 9 月，他又被任命为驻西班牙特使。他和萨拉把年幼的长子托给亲戚照顾，夫妻俩一起远赴欧洲。当时，西班牙虽然作为法国的盟友参战，但并没有承认美国独立。杰伊夫妇备受冷落，直到“约克镇战役”之后，西班牙对美国的态度才好转，开始与杰伊谈判商贸条约。杰伊把西班牙这头的事处理完了才来到巴黎。

在这短短几年的外交生涯中，杰伊把欧洲人的真面目算是看清了。他坚信，国与国之间没有友谊，只有利益。他恨英国，恨西班牙，也不信任法国。他不像富兰克林那样喜欢拐弯抹角地要手腕，而是明白无误地直奔主题。杰伊对大陆会议的指示很不以为然：我们美国的命运凭什么由法国人主宰？他从一开始就决定背着法国与英国密谈，连招呼都不想跟弗吉尼斯打。

杰伊对法国的强硬态度引起他与富兰克林的激烈争吵。富兰克林认为，美法联盟至关重要。即使不告诉法国所有的谈判内容，但基本的礼貌还是应该维持的，一些不太敏感的话题也应该让法国知道。但杰伊说：“法国在她自己和西班牙的要求得到满足之前不会让英国同意美国独立。”他认为，富兰克林对法国的认识太天真了，他甚至觉得，富兰克林爱法国超过爱美国。后来发生的事证明，杰伊对法国的判断基本正确。弗吉尼斯派密使去英国，说法国并不支持美国“所有的要求”。如果英国把在新大陆的利益让给法国和西班牙，法国可以考虑向美国施压，让它后退半步。但杰伊低估了富兰克林对美国的忠诚。在后面的谈判中，他将认识到自己的错误。

与富兰克林一样，杰伊也认为“独立”是谈判的先决条件。他发现，英国议会给奥斯瓦尔德的官方指示上写着：奥斯瓦尔德此行是与“北美殖民地”谈判。他立刻告诉奥斯瓦尔德：你的文件上必须写清楚，英国是在与“美利坚合众国”谈判，否则，咱啥也别谈。奥斯瓦尔德说：这不就是个形式嘛，不至于这么较真吧？杰伊说：不行！这是原则问题！奥斯瓦尔德只好派人回去找议会，重新发一份文件。这就等于英国已经承认美国独立了。

1782 年 10 月 5 日，奥斯瓦尔德换好了文书，杰伊和富兰克林都满意了，英美和谈正式开始。可是，没几天，一个消息传来。英国皇家海军在西印度群岛大败法国与西班牙的联合舰队，连那位在约克镇出尽风头的法国海军上将格拉斯都成了俘虏。英国新首相谢尔本勋爵派了另一位代表——亨利 · 斯特雷奇，来给奥斯瓦尔德助阵，英国代表们的“脊梁骨”似乎也硬起来。就在斯特雷奇到达巴黎的同时，美国的一位代表也到了，他就是约翰 · 亚当斯。亚当斯增强了美国代表团的阵容，但也带来了问题，因为他与富兰克林严重不和。

这是亚当斯第二次来巴黎。1779 年时他作为驻法特使来过一次，但因看不惯弗吉尼斯那种趾高气扬的劲儿，多次冲撞这位外交大臣。弗吉尼斯忍无可忍，让法国驻美公使向大陆会议抗议，要求召回亚当斯，明确提出：“法国只跟富兰克林打交道，别人都离远点。”平心而论，亚当斯的行为确实不太符合外交礼仪，造成一些不必要的麻烦。他第一次当外交官，根本不懂游戏规则，只认一个死理儿：谁跟美国过不去，我就跟谁过不去。他太不会拐弯了，在很多场合让富兰克林觉得尴尬。富兰克林给大陆会议写信，说亚当斯的一些行为不利于美法联盟。最后，大陆会议把亚当斯调往荷兰，确认富兰克林为唯一的驻法公使。后来，亚当斯在国会中大陆会议的朋友把富兰克林的信透露给亚当斯，亚当斯气疯了。哼！富兰克林背后捅刀子，真是小人！这俩几乎见面就吵架，好像不共戴天似的。

其实，亚当斯和富兰克林没什么深仇大恨，他们在起草《独立宣言》时曾密切合作过，对彼此的能力、品德都很敬佩。他们互相嫉妒，也互相尊重。他们之所以看对方不顺眼，主要是性格和生活方式差异太大。亚当斯是典型的清教徒，严肃认真，兢兢业业，不会放松，也不会娱乐，再加上他的固执和直率，很难讨人喜欢。富兰克林正好相反，他拼命工作，也拼命享乐；他爱吃喝，爱游戏，爱玩笑，爱女人，他那充满智慧的幽默让人们很自然地围在他身边。有一次，亚当斯去找富兰克林谈事儿，只见一个女人坐在富兰克林的大腿上正跟他亲热。亚当斯满脸通红，看都不敢看，富兰克林却旁若无人。亚当斯觉得这实在有伤大雅，太过分了；富兰克林说，我是个鳏夫，有权谈情说爱吧？还有，从他们学法语的方法也能看出两人的不同。法语是当时国际外交的通用语言，当外交官不会法语是不可想象的。亚当斯学法语靠背字典、背语法，搞得自己很累，还说得不流利。富兰克林的法语是在与女人的打情骂俏中学会的，很快就“出口成章”了。亚当斯说富兰克林的法语乱七八糟，语法完全不对；富兰克林说你倒是语法都对，咋说不成句呢？

说到底，亚当斯与富兰克林最重要的分歧是外交理念的不同。亚当斯是彻底的实用主义者，根本不相信国与国之间存在真实的“友谊”。比如，他认为，法国帮美国打仗，不是为了美国，而是为了它自己。美国与英国分离，最大的受益者就是法国。既然如此，美国不欠法国什么，因为法国的付出已经得到回报。富兰克林则认为，外交应该是现实主义和理想主义的结合，并不是所有的关系都可以简单地用“利益”来解释。占据道德制高点非常重要，特别是像美国这样如少女般纯洁的国家。在外交中，情感与理智同样值得尊重。富兰克林很快就有机会向亚当斯和杰伊证明这一点。

亚当斯被富兰克林“排挤”到荷兰后，在那儿尝尽人情冷暖，还大病一场。大陆会议催着他向荷兰商人借贷，但荷兰商人一个个精得连眼睫毛都是空心儿的，怎么可能轻易把钱借给一个看上去这么不靠谱的国家呢？直到“约克镇战役”之后，荷兰才正式承认美国。亚当斯忽然成了香饽饽，商人们上赶子把钱往他怀里塞。1782年7月，亚当斯与荷兰三大银行签订贷款协议，以5%的利息借得500万荷兰盾，解了大陆会议的燃眉之急。随后，美荷签署贸易条约。似乎天生就不适合当外交官的亚当斯，在荷兰创造了属于自己的辉煌，荷兰人对他的尊敬不亚于法国人对富兰克林的热情。

10 月 8 日，怀揣着美荷条约的亚当斯来到巴黎。一想起又要见到老“仇人”富兰克林和弗吉尼斯，他心里就疙疙瘩瘩的。但出乎意料的是，富兰克林和弗吉尼斯都对他很热情，大家似乎都想忘记过去，重新开始。杰伊也起到一定的“缓冲”作用。还有两个很重要的“润滑剂”式的人物，给了这三位个性鲜明的美国代表坐在一起联络感情的机会，一个是杰伊的妻子萨拉，另一个是拉法耶特侯爵。

萨拉金发碧眼，身材高挑，是出了名的大美人。她出身名门，16 岁进入社交界时，立刻引来年轻绅士们的“围追”，盛况空前。她最后选中了纽约的“人气”律师杰伊。身为州长的女儿，萨拉从小就熟悉官场的应酬，她成熟又不失活泼，大气又带着点调皮，温柔、幽默、随和。富兰克林、亚当斯、杰伊三个大男人可能互相不喜欢，但他们都喜欢萨拉，愿意围着她坐在一起吃饭、聊天，萨拉总是能让每个人的脸上都带着笑容。

23 岁的拉法耶特在“约克镇战役”后回到法国，成了“民族英雄”，也是凡尔赛宫的大红人。他经常过来与美国代表共进早餐，侯爵夫人也常邀请美国代表去家里做客。拉法耶特总是用英语书写精美的请柬，让远离家乡的美国人有宾至如归的感觉。任何人在拉法耶特面前都吵不起来，所有的怨气怒气都会被他的温情融化。就算你恨死了法国，你也会爱上拉法耶特。后来，拉法耶特的小女儿出生时，他给她取名“弗吉尼亚”，富兰克林开玩笑说：“你还有 12 个州要生，加油！”

亚当斯到巴黎后，立刻表示绝对不能遵从国会让他们听法国人调遣的指示。他说：“我认为这不是国会的本意。如果是，我为这样的国会感到羞耻。我宁可辞职也不会这么做。”亚当斯和杰伊站在同一条战线，坚决主张英美秘密谈判，一点风也不给法国透。富兰克林考虑再三之后，同意了他俩的意见。富兰克林的表态让亚当斯和杰伊非常高兴，他们没想到富兰克林这么爽快。其实，不管三位代表的性格多么不和，在一件事情上他们高度一致。这条把他们连在一起的纽带就是美国利益。这三位都是激进的爱国者，美国是他们的孩子，是他们的真爱。此时此刻，他们愿意为了共同的目标心手相连。

美国代表提出的条约蓝本有九条，分“必要条款”和“附加条款”两部分。“必要条款”是：

- 英国承认美国是独立的主权国家。
- 在美国境内的英军全部撤离。
- 美英勘定边境线并确保边境安全。

●美国在加拿大纽芬兰海域拥有捕鱼权。

●阿巴拉契亚山以西、密西西比河以东原路易斯安那地区归美国，英美共享密西西比河的自由航行权。

附加条款是：

●英国赔偿美国在战争中的损失。

●英国承认对这场战争负责。

●英美签订自由贸易协定。

●英国割让加拿大给美国。

1782年10月30日是亚当斯47岁生日。从这一天起，英美代表关起门来，进行了一个星期的马拉松式秘密会谈。每天从早上11点谈到天黑，一条一条地敲定条约内容。

双方无异议的条款我们就先不说了，现在看看有争议的条款是怎样解决的。

①美国的西部边境应该在哪里，也就是美国提的“必要条款”里的第5条。

根据英王乔治三世的《1763年宣言》，阿巴拉契亚山以东归殖民者，以西归印第安人。也就是说，美国宣布独立时，它的西部边境是阿巴拉契亚山脉。但是，三位代表坚持说，美国西部边境应该是密西西比河，因为路易斯安那地区本来是英国的土地，美国应该顺理成章地接手这片土地。作为“回报”，美国愿意与英国分享密西西比河的航行权。

如果英国接受这一条，美国的国土就会在一夜之间扩大一倍。三位代表在这上面的心思完全一致，因为他们都有一颗同样的“大陆野心”。他们毫不怀疑，整个北美大陆都是美国的，“西进”是大势所趋，绝不能让任何外国势力横在中间。但要实现这一条，必定会损害两方面的利益：一是印第安人的利益，他们将失去家园；二是法国的利益。路易斯安那最初是新法兰西的一部分，英法“七年战争”后被英国抢走，法国本想这次趁机收回。

美国代表把这一条列为“必要条款”就是为了显示决心，这一条谈不拢，谈判就会破裂。英国代表在权衡利弊之后同意了这一条款。他们不在乎损害印第安人的利益，但若能把法国势力挡在新大陆之外，也不失为一条好计。于是，美国如愿以偿。正如代表们所预测的，战后的美国人迫不及待地踏上西进之旅，印第安人也就走上了他们的“血泪之路”。

②美国是否应该拥有在加拿大纽芬兰海域的捕鱼权？这是“必要条款”里的第 4 条。

纽芬兰海域是“黄金渔场”，得天独厚。以前，北美殖民地是英国的一部分，在这儿捕鱼没问题。现在，英美要分家，这片海域是英属加拿大的领海，英国代表当然不愿与美国分享捕鱼权。他们的理由是，这样做将损害英法协议，因为法国也想在这儿分一杯羹。

关于这一条，美国代表的意见不完全一致。来自土地肥沃、商业发达的中大西洋地区的杰伊和富兰克林，对捕鱼不是特感兴趣。他们觉得，如果英国不愿松口，倒也没必要在这一点上穷追猛打。但对来自新英格兰的亚当斯来说，捕鱼权是命根子。捕鱼业是新英格兰的支柱产业，渔民们世世代代在纽芬兰捕鱼。你现在不让他们去，那不是断了他们的活路吗？鳕鱼是新英格兰的“黄金”，亚当斯要为捍卫“神圣的鳕鱼”战斗到底。杰伊和富兰克林一看这哥们儿要玩儿命，也只能陪他一起了。

英国代表提了个折中意见：把“捕鱼权”改为“捕鱼的自由”，言外之意：你有捕鱼的自由，我也有不让你捕鱼的自由，到时候就看谁掐得过谁吧。亚当斯一听就不干了，少来这套，我要的就是“权利”。这一刻注定是亚当斯的时刻。他站起来说：“我们距离纽芬兰300海里，法国距此600海里。你凭什么把权利给他们不给我们？如果这是天赋之权，我们的权利与你们的一样多；如果占有、使用、经营是一种权利，我们的权利与你们的一样清晰；如果战争、流血、掠夺是一种权利，我们的权利与你们的一样贵重。我们曾在加拿大流过足够的血（北美殖民地在英法战争期间协助英国作战），捍卫了你们的捕鱼权，那也是我们的捕鱼权。如果我们的权利不容置疑，为什么不承认它呢？”亚当斯的精彩演讲刚结束，富兰克林就出来打圆场。他说："你就把捕鱼权给我们吧，反正鱼多的是，你还怕我们把鱼都抢光了不成？再说了，我们捕鱼赚了钱，还不是要买你们的商品嘛，你们不也获利？”

话都说到这份儿上了，英国代表还有别的选择吗？他们只能同意了。亚当斯叹道："感谢上帝，他让我在我对的时候如此固执。”拿下这一条，亚当斯别提多高兴了。当天晚上吃饭的时候，仆人问他想不想吃点鱼，亚当斯笑喷了："免了吧，我今天已经饱餐一顿鱼了。”

③美国人在战前向英国人借的钱该不该还？这是英国代表提的条件。

富兰克林和杰伊都认为不应该还，因为英军给美国人造成了巨大的财产损失，算是抵债了。但亚当斯认为该还。他说，欠债还钱是信誉的问题，如果美国赖账，以后谁也不敢借钱给咱们了。战前的合同是建立在双方互信的基础上的，应该受到保护。最后，富兰克林和杰伊接受了亚当斯的观点，英国的条件得到满足。

④美国是否应该赔偿和保护留在美国的保王党人的财产？

这一条对英王来说至关重要。乔治三世明确指示，一定要保护依然忠于他的臣民。可是，很不幸，英王碰上的是个顽固不化的谈判对手：富兰克林。富兰克林在这一点上的坚持远远超出杰伊和亚当斯的想象。这俩都有点动摇了，但富兰克林拒绝让步。他说，保王党人对我们造成的伤害比英军深得多，我们绝对不能赔偿他们。他还讲了个故事：

森林里有个狮子王，他的臣民包括一群忠实的狗。有一天，这个狮子王忽然受魔鬼的诱惑，决定跟这群狗打架。有几只狼狗选择背叛狗群，跟狮子一起攻击自己的同类。后来，狗群获得了自由，这几只狼狗跑出来说，它们应该得到补偿。天底下有这种道理吗？

英美在这一条上争得你死我活，都快疯了。英国代表要求暂停，他们躲到一间屋子里去商议对策。从屋里出来后，英国代表提了个折中方案：美国不必明确表示保护保王党人的利益，但须在条约中加一条：国会“诚挚建议”各州保护保王党人的财产。这一下，美国代表同意了，因为他们明白，各州根本不听国会的，这句话等于没说。

⑤英国是否应该割让加拿大？

这是富兰克林的主张。他的理由是：美国与英属加拿大接壤，将来势必引发战火。英国放弃加拿大，好处大大的。他说，英国从加拿大获利甚少，每年还要花大笔管理费，得不偿失。如果把加拿大让给美国，英美关系将非常友好，而且，美国在加拿大卖地得了钱可以弥补战争创伤，英国就不必再另外赔偿美国了。

英国代表的头摇得像拨浪鼓一样。失去北美13个殖民地已经让英王痛心疾首，他不能再失去第14个。最后，英美达成妥协，将魁北克省一分为二。南边的俄亥俄河谷归美国，北边的多伦多、蒙特利尔地区归加拿大。问题暂时得到解决，但富兰克林说得一点没错。在此后的五十多年里，美加冲突不断。美国只要看英国不顺眼就拿加拿大撒气，加拿大人也不是好惹的，两国边境战火连绵。双方在痛苦中悟出了和平的真谛，终于在这条世界上最长的边境线上建立起最让人羡慕的国际关系。

好了，到此为止，英美在所有的问题上都取得了共识，《巴黎和约》的正式文本也就出炉了。它包括10项条款：

①英国承认美国独立。

②确立美国西部边境线（密西西比河）。

③英国授予美国在加拿大纽芬兰海域和圣劳伦斯湾的捕鱼权。

④双方互欠债务均按合同偿还。

⑤美国邦联议会诚挚建议各州保护保王党人的财产。

⑥美国避免继续侵占保王党人的财产。

⑦双方释放所有的战俘。

⑧双方共享密西西比河的航行权。

⑨美国在此条约签订后占领的英国领土应退还英国。

⑩本条约必须在六个月内得到双方立法机构认可方能生效。

从最后的文本中不难看出，美国几乎得到了她想要的一切。所有的学者都认为，英国在这个条约中“过于慷慨”，特别是让美国国土扩大一倍的那一条，简直就是天上掉馅饼。凭美国的实力，她本不应该占这么大的便宜。弗吉尼斯后来酸溜溜地说：“英国根本不是来媾和，是来‘购和’。”当然，那两位英国代表的水平也远远没法跟这三位美国代表比。

1782 年 11 月 30 日，英美代表都在条约上签了字。虽然还没正式生效，但这毫无疑问是个值得庆祝的日子。接下来，美国人将面临一个尴尬的问题：怎样向法国交代。这三位老兄慷慨激昂地把合同签了，倒是挺痛快，法国至今为止一个字都不知道。他们不但违背了国会的意志，也背叛了与法国的盟约。咋办呢？亚当斯和杰伊这会儿都老实了，他们不约而同地把目光转向富兰克林，意思是：我们的屎拉完了，麻烦你去给我们擦屁股。

富兰克林来到凡尔赛宫，很不好意思地向弗吉尼斯“汇报”了英美条约的事。弗吉尼斯简直不相信自己的耳朵，他做梦都没想到美国人这么无耻。但他并没发作，只是说：“你们如此行事太不文明。”富兰克林赶紧解释，说我们没有签订任何对法国不利的条款，而且，在法国与英国谈妥之前，美英条约不会生效。美法关系依然是我们最重要的外交关系，美法友谊万岁！

要是事情到这儿就结束了，弗吉尼斯还可以忍受。可是，富兰克林接下来说的话终于让弗吉尼斯崩溃了。富兰克林说：“我们国会最近手头有点紧，您再贷给我们一笔钱呗。”弗吉尼斯真的不知道美国人的脸皮是什么做的。他说：“你们还是想想怎么赔偿我们国王的损失吧！”还想要钱？我要向你们国会抗议！抗议！抗议！

面对盛怒的弗吉尼斯，富兰克林回答堪称“外交杰作”。他说：“我们没有损害法国的利益……在没有通知您的情况下就跟英国缔约，确实是我们的不对，希望您原谅……不要让这点小误会毁了美法联盟。我希望，我们之间的这点不愉快不要传出去，更不要变成公开的抗议，免得让我们的敌人抓住把柄，破坏我们的友谊。”就这样软硬兼施，富兰克林再次把利益均衡的游戏玩到了极致。法国要是敢闹，我就跟英国好，你自己掂量掂量。

结果，弗吉尼斯不但没提抗议，还批准了美国的贷款请求。他居然替富兰克林辩护说，这件事都是因为富兰克林心太软，被他那两个流氓同事给绑架了。事到如今，生米煮成了熟饭，法国还能怎么样呢？总不能把美国给吃了吧？

与美国签订合约后，英国又与法国、荷兰、西班牙分别谈判，重新划分势力范围，协调彼此的关系。九个月后，英法协议达成。1783 年 9 月 3 日，英美《巴黎和约》正式生效，独立战争结束了。

从 1775 年 4 月—1783 年 9 月，战争历时八年半。

美国人为他们的自由付出了 2.5 万个生命。新大陆满目疮痍，邦联议会软弱无力。这片土地上最强大的组织就是大陆军。在英美谈判期间，国会敦促华盛顿着手解散大陆军，但华盛顿拒绝执行。他说，如果在和平协议没签订前就解除武装，我们在谈判桌上就没筹码了。

如今，尘埃落定，但华盛顿真的会解散大陆军吗？一个呼之欲出的军事强权会自动消失吗？华盛顿的选择将让站在十字路口的新国家走向何方？请看下一个故事 :《那一瞬间如此辉煌》。

华盛顿和大陆军进入纽约

华盛顿与部下告别

华盛顿将军辞去军职

华盛顿当选为制宪会议主席

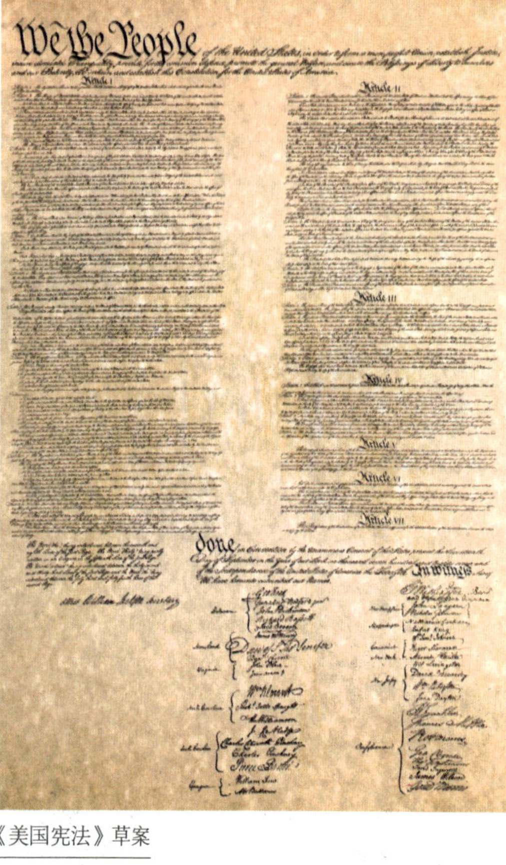

We the People

《美国宪法》草案

Congress of the United States
begun and held at the City of New-York, on
Wednesday the fourth of March, one thousand seven hundred and eighty nine

《权利法案》

《联邦党人文集》第 10 篇《再论联邦可以防止国内宗派之争和暴乱》

Stories of The United States

美国的故事

—— 制宪之路 ——

毕蓝◎著

九州出版社
JIUZHOUPRESS

052

那一瞬间如此辉煌

1783 年 9 月，美英《巴黎和约》正式结束了独立战争，但它没有结束美国的麻烦。英军总司令盖 · 卡尔顿在撤离纽约时说 ："既然美国人这么想要他们自己的国家，那就由他们去好了。" 哼，我倒要看看，没有国王的保护，你们能蹦跶几天。其实，早在 1782 年年初的时候，动乱已经开始酝酿了。动乱的根源就是大陆军。

大陆军与其说是"国家的军队"，不如说是华盛顿的军队，他们对华盛顿个人的忠诚远远超过对"国家"的忠诚。在过去的八年中，大陆军就像一个弃儿，得不到邦联议会和各州的关爱，吃不饱，穿不暖。要不是华盛顿上下周旋，大家早就散伙了。如果此时华盛顿登高一呼 ："弟兄们！你们的苦日子到头了！咱们打进费城，从此当家做主，共享荣华富贵！" 战士们眉头都不皱就会跟他走。邦联议会看着如日中天的华盛顿和尾大不掉的大陆军，不得不怀疑 ：美国真的自由了吗？

国会的担心是有道理的，很多大陆军的军官已经在窃窃私语，盼着军事强权的出现。八年的战争让他们清楚地看到，软弱无力的中央政府保护不了他们的利益。如果华盛顿像克伦威尔那样当上“护国主”，或者干脆当国王，大家的日子就好过了。

1782 年 5 月 22 日，华盛顿收到刘易斯 · 尼古拉上校的一封信。这封信写了整整七页纸，历数共和制的弱点，建议华盛顿成为美国第一位君主。有一段话是这样的 ：“一些人总是把君主和暴政连在一起，但是，如果各方利益都处理得好，拥有国王的头衔也没什么不可。”意思是，“开明的专制”是可以接受的，“好国王”不是很多吗？

华盛顿看到这封信时觉得“脊梁骨发凉”，他似乎不相信有人竟会有这种念头。无论他对国会多么不满，他从没想过“取而代之”。早在 1776 年大陆会议授予他“独裁北方”的特权时，他说 ：“我将时刻牢记，剑是我们捍卫自由的最后手段，也是当我们获得自由后最先放下的东西。”八年来，他一直强调军队听命于民选政府，小心翼翼地维持着与各方的权力平衡，这既是他的共和理想，也是他作为政治家的城府。

但是，显而易见，他的谨慎没能挡住别人的猜疑，尼古拉的话恐怕不只是他一个人的意思，这是最让华盛顿感到恐惧的。他当天就写了回信，而且，破天荒第一次，他要求助理们把信另抄一份，封存起来，以便向后世证明：此心可对日月。在这封著名的信中，华盛顿写道：

先生，在整个战争中，任何挫折都没有像你的信这样带给我如此巨大的痛苦。这样的想法竟然存在于军队中，让我不得不感到事态严重。我不敢把你的话告诉任何人，唯恐玷污他们的心灵。我想象不出，我到底做错了什么，让你们认为我会危害我的国家。如果我对自己的认识还算正确的话，我相信没有人比我更强烈地反对你的这一图谋。我请求你，如果你对你的国家还有一点爱，如果你对自己和子孙还有一点关怀，如果你对我还有一点尊重，请把这种想法从你脑中彻底清除。

尼古拉收到信后，在震惊之余羞愧难当。他连写了三封信，向华盛顿道歉。这个话题就算被压下去了。

但是，过了没多久，华盛顿又收到汉密尔顿的一封信。汉密尔顿曾是华盛顿最信任的助理，虽然后来因性格不合离开了华盛顿，但两人的关系不是一般的亲密。28 岁的汉密尔顿已是邦联议会的议员，大陆军出身的他对形势的认识比别人清楚得多，他跟华盛顿说话根本不需要拐弯抹角，因为他们实在太了解彼此了。汉密尔顿说：军队对国会的不满已经到了爆发的边缘，和平协议一旦生效，军队将会“用刺刀获取他们想要的一切”。如果华盛顿领头干，他将得到拥戴；如果他不干，他将被推到一边。汉密尔顿提醒华盛顿，他的领导权正受到威胁。毫无疑问，战后的美国需要一个强有力的中央政府，只有这样才能偿还外债，抚恤民生。既然如此，你为什么不顺应潮流，把命运掌握在自己手中呢？

华盛顿很认同汉密尔顿的分析，他也看出来了，汉密尔顿和他代表的国会中的强硬派会支持他做任何事。历史上所有战争的结果都是以一个独裁代替另一个独裁，暴政似乎是人类必须接受的宿命。在“举目皆国王”的时代，当国王才是“正道”。如今，新大陆正是因为企图避免这种命运才陷入危机。但是，即便如此，华盛顿还是坚持他一直坚持的信念，拒绝接受任何政治上的诱惑。形同虚设的邦联不是理想的政府，但它是人民的选择。如果美国注定要为这个选择走一段弯路，那就让它走吧。自由就像人一样，是需要成长的。华盛顿再次表示，无论如何，他都不会允许他的军队凌驾于民选政府之上。至于大陆军会不会听他的约束，他说：“我相信，重感情又识大体的军官们会明辨是非。”他警告汉密尔顿：“军队是危险的利器，不要拿着它玩。”

然而，华盛顿眼中“识大体”的军官们正在策划一场阴谋。这一次事关他们的切身利益，他们根本就不想让华盛顿插手。历史学家们把这件事称为“纽堡阴谋”，因为它发生在大陆军在纽约州的总部纽堡。

1783 年 3 月，随着美英和平协议的草签，华盛顿奉国会之命，开始陆续解散大陆军。问题是，国库里一分钱都没有，别说退伍军人的抚恤金了，现役军人的工资还欠着呢。更要命的是，不但战士们的工资没着落，军官们的工资也有好长时间没发了。就算战士们还能忍气吞声，军官们可不是好惹的。他们大多来自中产阶级家庭，参军前有产有业。打了几年仗，营生都荒废了，正指望着工资和退休金过日子呢。邦联议会只字不提待遇的事，就想赶紧把人打发回家。华盛顿无数次请求邦联议会考虑军人的利益，但他就像在跟一堵墙说话似的，只能听到自己的回音。

国会本身就是个乞丐，没有征税权，只能依赖各州的“捐款”生存。各州说，仗都打完了，我凭什么还要给你钱？弗吉尼亚领头赖账，很快地，13 个州都宣布停止供应大陆军。它们怎么就不想想，大陆军没钱，但有枪炮，一旦给逼急了，他们难道不会攻城略地，自己解决温饱问题？真闹起来，哪个州能抵挡得住这群“虎狼之师”？

军官们一看，还真是“从来就没有什么救世主”啊。哼，“要改变我们的命运，全靠我们自己！”政客们指望不上，那位总司令也指望不上。他根本不替我们着想，整天就知道维护自己的名声。他家有钱有地有奴隶，怎能体会咱们的艰辛？咱们先组织起来，找国会说理，软的不行就来硬的，看谁敢欺负咱。3 月初，一封匿名信开始在军官中流传，约定在某个地点开会，商议下一步的行动。所有的军官都拿到一份，华盛顿除外。

当华盛顿得到这个消息，他明白，一场叛乱正在孕育中。如果得逞，美国将滑入内战的深渊。以前“兵变”的时候，至少军官们是跟他站在一起的。可是，现在是“官变”，他成了孤家寡人。华盛顿命令军官们把这次会议推迟到 3 月 15 号，并只能在他指定的地点举行。他也暗示，他不会打扰他们。军官们接受了华盛顿的安排。反正是迟早的事，总司令也玩不出什么花样来。

3 月 15 日，军官们来到指定地点开会。他们正在那儿声讨国会和各州，华盛顿突然出现在会场。他显得特别孤独，身后没有一兵一卒。大家都很诧异，因为他们根本没想到他会来。华盛顿来到军官们中间，看着那一张张愤怒的脸。往日，他们对他充满敬意，可是，今天，他只看到怨恨的眼神。在令人难堪的寂静中，不善言辞的华盛顿开始了他一生中最重要的一次谈话，这也是他一生中唯一的一次在如此敌对的气氛中进行的交流。

首先，他把自己从高高在上的总司令变成了将军们的朋友。他说：“正如我坚决捍卫我们共同的理想，正如我从未离开过你们身边，正如我陪伴你们感受每一次痛苦也见证每一次光荣，在这战争即将结束的时候，你们不应该认为我对你们的诉求无动于衷。”

此时，他看到大伙的眼神开始变得柔软。他回忆了他们在一起成就的点点滴滴，赞扬了他们的爱国精神和他们为革命做的牺牲。他说，你们是好战士，更是好公民。现在，竟然有人挑拨你们拿起武器对付自己的国家，难道你们这几年的血都白流了吗？我请求你们，给国会一点时间，让它找到解决问题的办法。“凭着你们的尊严，你们有能力让你们的后代在回忆此刻时说：‘人世间从未见证过如此完美的谢幕。’”

华盛顿这番话把军官们抬到一个很高的道德境界，想下都下不来。但道德不能当饭吃，总要有点实惠的才行。为了证明国会的诚意，他从怀里拿出一封信说：“我给你们念一下国会议员给我的信。”他打开想念，却没出声，因为他看不清信上的字迹。就在大家莫名其妙地看着他，搞不清发生了什么事时，华盛顿做了那个被后世称为“历史性的动作”。

他用微微颤抖的手从口袋中拿出一副老花镜，一面戴上，一面有点不好意思地说：“对不起，你们得让我戴上眼镜……我在为国家的服务中，不仅头发变白了，现在眼睛也开始变花了。”

就凭这一个不起眼的动作和一句接地气的话，华盛顿解除了所有人的武装。将军们发现，他们的总司令片刻间变得如此苍老。其实，当华盛顿拿出眼镜的时候，每个人都大吃一惊，因为他们从没见过他戴眼镜。华盛顿是个特别注重形象的人，总在部下面前表现强壮、威武的一面。他眼神儿一直很好，直到半年前，他发现自己眼花了。为了不影响“帅气”，他虽然悄悄地配了一副眼镜，但总是藏在抽屉或口袋里，从不在别人面前戴。今天实在没办法了，只好“献丑”。

华盛顿戴好眼镜，刚读了一句，他的声音就被军官们的抽泣声淹没了。此时，大家心里只有伤感。八年前，43 岁的华盛顿就任大陆军总司令时，他拥有英俊的脸庞，运动员的体魄，行动敏捷，力大无穷，骑术高超，堪称新大陆第一勇士。八年后，51 岁的他满脸沧桑，手发抖，眼发花，迅速地衰老。他一分钱工资都不要，一分钟都没背弃过理想。他为革命牺牲了什么？他为我们做了什么？就在这一刹那，将军们忽然知道了他们爱他有多深。

在军官们的眼泪中，华盛顿默默地离开。一场“准叛乱”化于无形。军官们决定听从总司令的劝导，再给国会一点时间。华盛顿立刻向国会和各州通报了情况，他威胁说：我给你们挡了一次，但挡不了第二次。如果将军们再有什么举动，你们就听天由命吧。国会和各州吓得爪都麻了，赶紧东拼西凑地弄出一笔钱，补发了将士们的工资，还一次性地发给军官们五年的薪水作为他们的退休金。风波总算过去了，美国终于没像旧大陆那样上演手足相残的悲剧。

1783 年 11 月 25 日，英军撤离纽约。同一天，在 13 声炮响之后，大陆军进入曼哈顿。华盛顿特意请纽约州州长乔治·克林顿走在队伍的最前面、最中间，他自己在旁边陪同。这一举动象征着“民选政府高于一切”。纽约回到了人民的手中，而不是军队的手中。

这一天，纽约居民看到了一个奇景：刚刚撤走的英军衣着光鲜，军容整齐，不像失败者，倒像征服者；随后进城的大陆军衣衫褴褛，个个看上去营养不良，好像在休无薪假。但是，那又怎样呢？就像一位目击者说的：“管它呢，反正我们赢啦！”

12 月 4 日，华盛顿在弗朗西斯酒吧的二楼餐厅与大陆军将领共进午餐。分手的时刻终于到了。大约 30 个军官参加了这次聚会。整个进餐过程静得让人喘不过气来。谁也没说话，只听到刀叉碰撞的声音。平时饭量很大的华盛顿几乎没吃东西，实际上，大家都没吃多少。一股难以抑制的悲哀把每个人的心塞得满满的。最后，华盛顿举起酒杯，站起来，温柔地说：

“今天，我以一颗充满爱和感激的心，在此向你们道别。我真诚地祝愿，你们的未来富裕美满，就像你们过去的荣耀和尊严。”

这时，华盛顿的眼中已经全是泪水，好像八年的感情倾泻而出。所有的人都被深深地感动，他们举起杯，默默地将酒一饮而尽。华盛顿说：“我无法走近你们每一个人。但如果你们过来跟我握一下手，我会感到很荣幸。”

这对他来说是个非常难得的举动。他一向最忌讳别人碰他的身体，几乎从来不跟人握手。他的领导风格就是与部下保持距离，小心翼翼地维护着自己的权威。大家都知道他这毛病，平时谁也不敢碰他。大陆军中唯一整天跟他说说笑笑搂搂抱抱的人就是拉法耶特，别人都敬而远之。今天，他主动邀请将军们与他握手，只因情到深处。

第一个走上前的是诺克斯。他是华盛顿最信任的将军，也是最亲密的朋友。华盛顿拉住他的手，然后紧紧地拥抱他，并亲吻他的两颊，他们的眼泪夺眶而出。第二个是斯图本，这个在锻造山谷拯救了大陆军的普鲁士人，华盛顿给了他同样的拥抱和亲吻。接着，军官们一个一个走过去，与华盛顿握手、拥抱，每个人都泪流满面。他们将从此天各一方，再也不能同甘苦，共患难。在那个交通不便的年代，此一去很可能就是永别。

当最后一个军官与他握手道别之后，华盛顿走过大厅，向大家挥挥手，然后转身离去。他再也没回头。

12 月 19 日，华盛顿来到马里兰州的首府安纳波利斯，这是邦联议会的临时落脚点，也是美国的临时首都。国会在 22 日为他举行了庆功舞会，这是他担任公职的最后一天。舞会办得富丽堂皇，男士们衣冠楚楚，女士们美丽动人。华盛顿心情不错，从头舞到尾，跟在场的每一位女士都跳了一曲。他似乎有点飘飘然，一改往日的严肃与冷漠，变得笑容可掬，亲切自然。女士们都以与他共舞为荣，说得更准确一点，她们都想有一次与他“亲密接触”的机会，感受那一瞬间的温柔。

华盛顿的交权仪式是在12月23日举行的，这是个每一分钟都被精心安排的程序，目的只是为了告诉全世界：什么是真正的“共和国”。差几分到中午12点的时候，华盛顿由两个助理陪着来到马里兰州议会大厅。国会的秘书查尔斯·汤普森在门口迎接他，把他领到大厅的一个角落坐下，两个助理分立两旁。国会议员们都已经在议会厅中正襟危坐，每个人都戴着帽子。旁边还有观礼的座位，坐满了来自各地的绅士们。女士们都坐在二楼。整个大厅鸦雀无声，大家都知道，他们正在见证永载史册的一刻。

当12点的钟声敲响，议会主席米福林站起来说：“先生，美利坚合众国国会已准备好听取你的陈述。”华盛顿站起来，走到大厅中间。他穿着那身大家熟悉的军装，没有戴帽子。他向所有的国会议员深鞠一躬。议员们把帽子抬起来表示还礼，然后又都把帽子戴回去。这顶帽子是关键“道具”。在当时欧洲的君主国，国王出现时所有的人必须行脱帽礼，而且，只有国王一个人可以戴着帽子。现在，这个大厅里，所有的议员都戴着帽子，只有华盛顿不戴，看出谁高谁低来了吧？国会议员是人民的代表，他们把帽子戴在头上，象征着人民的利益高于一切，军队必须听命于人民。

华盛顿用充满感情的声音开始了他的演讲。他说，当初，刚刚接到国会的任命时，我深感能力有限，难当大任。我之所以能走到今天，完全是靠“对理想的信念，邦联的支持和来自天堂的眷顾”。他感谢将士们的牺牲和奉献，希望国会继续给他们关怀和帮助。说到这儿的时候，他可能想起了那些受尽苦难的战士，情绪有些激动，拿着讲稿的右手开始发抖，他不得不用左手抓住讲稿的另一边，慢慢稳定下来。见此情形，有些议员的眼睛开始湿润，而很多女士忍不住落泪。

华盛顿平静了一下情绪，表达了他永远告别公众视线的决心：“奉国会之命，我奋战已久。现在，我完成了我的工作，将退出这个伟大的舞台。我谨在此向你们告别。请收回给我的任命，接受我辞去所有公职的请求。”说完，他从口袋里拿出八年前大陆会议给他的任命书，连同那份演讲稿，一起交给米福林。

米福林代表国会做了简短的发言。他的讲稿是由杰斐逊起草的。杰斐逊自己也坐在议员席，正感动得直抹眼泪。米福林感谢华盛顿以超人的智慧和意志完成了使命。他说：“你的美德带来的荣耀不会因你军职的消失而消失，它将永远激励我们的后代子孙。”就这样，仪式结束了。华盛顿再次向议员们鞠躬，转身离开大厅。他进来时是三军总司令，出去时是普通公民，整个过程只用了几分钟。

过了一会儿，华盛顿返回大厅，与议员们一一握手道别。这里有他的老朋友，老战友，他们互相扶持着走到今天。也许，他们从此分道扬镳，各自完成人生的旅途。这是又一个让人动情的时刻，每个人的脸上都带着泪珠。在所有的温情和感动之后，华盛顿出门上马，绝尘而去。

12 月 24 日傍晚，华盛顿回到弗农山庄。房顶上，那个做成和平鸽形象的风向标似乎正在向他招手，窗前是温暖的烛光，桌上的圣诞晚餐已经摆好，玛莎站在门口，孙子、孙女正向他跑来。他下了马，抖掉所有的尘土，走进这个让他无数次追寻的梦境，走进他真正渴望的生活。

华盛顿看似不经意的选择并没有被历史不经意地忘却。今天美国国会山的展厅里挂着一幅“华盛顿辞去军职”的画，它向后世讲述着二百年前那场革命的灵魂。画家表现的是象征意义。华盛顿身后的椅子上搭着一件王袍，表示他拒绝了王权的诱惑。这可能是人类第一次在没有任何压力的情况下完全靠道德和信仰的力量交出手中的权力，也可能是民权第一次在没有任何保护的状态下超越了强大的军权。这一切似乎只源于一个人的一念之差。

自从美国来到这个世上，人们就说它是上帝最宠爱的孩子。它用了八年就得到真正的自由；它的老师英国用了四十年才确立“立宪君主”的制度；法国在血雨腥风中折腾了半个世纪才勉强建立起千疮百孔的共和政体；其他国家就不用说了，很多至今仍在黑暗中探索。为什么，在新大陆，革命的行动实现了革命的理想，而在旧大陆，革命的结果总是违背革命的初衷？这个问题也许可以用托马

斯 · 杰斐逊的一句话回答 :“只因一个人的谦逊和美德，就使这场革命避免了像其他革命那样颠覆它本想建立的自由。”这个人让美国成为美国。

华盛顿交出军权是美国革命最辉煌的瞬间，也是启蒙思想最动人的一刻。对华盛顿来说，这也许只是他人生中一个安详、平静的小站。此前，他统率弱小的军队打赢了八年的战争；此后，他还将带领年轻的国家走过八年艰苦的历程。但所有这些都不如他此时此刻正在做的这件事伟大。当他把人民赋予的权力还给人民，他就把一场战争变成了革命，奠定了民主与共和在新大陆不可动摇的根基。从此，人类走进完全不同的历史，他们知道了什么是对理想的忠诚，什么是对权力的漠视。华盛顿放弃了他可能拥有的一切，把所有的选择留给了美国，把无限的空间留给了自由。他身后的新大陆将不仅是让希望生根发芽的肥田沃土，更是让梦想展翅高飞的自由天空。

华盛顿的决定震惊了欧洲的君主们。战争刚结束时，英王乔治三世问正给他画像的画家 :“华盛顿先生现在打算干什么？”答曰 :“听说他想回弗农山庄。”乔治三世说 :“如果他真的这么做，他就是这个世界上最伟大的人。”没几天，华盛顿解甲归田的消息就传到伦敦。

应该说，英国人对华盛顿是“又敬又恨”。2012 年 4 月，英国军事博物馆做了一个调查，题目是“谁是英国有史以来最可怕的敌军将领（或最大的敌人）？”结果，在30位候选人中，乔治·华盛顿以最高票当选。也许，失去北美是英国人心中永远的痛。也许，他们意识到，他们失去的，不仅是一个无法挽回的过去，还有一个不可限量的未来。

事实上，华盛顿不是个没野心的人。相反，他的权力欲和企图心一点也不比旧大陆的英雄豪杰们差，他对个人荣誉的追求几乎到了偏执的地步。但是，与别人不同的是，他不仅懂得如何精明地获取，更懂得如何优雅地放弃。他似乎从来没追逐过权力，却永远被权力追逐。他的野心可能无限大，但他把贪婪关进了笼子里。他在本可以“为所欲为”的历史关头选择了“不作为”，仅此一举就足以让他成为全世界最受人尊敬的政治家，没有之一。二百多年来，人们对他的溢美之词已经汇成海洋，可能其中最“别致”的，是清朝福建巡抚徐继畬在他的《瀛环志略》中的一段话：

华盛顿，异人也。起事勇于胜广，割据雄于曹刘。既已提三尺剑，开疆万里，乃不僭位号，不传子孙，而创为推举之法，几于天下为公。其治国崇让善俗，不尚武功，亦迥与诸国异。余见其画像，气貌雄毅绝伦，呜呼，可不谓人杰矣哉！米利坚合众国之为国，幅员万里，不设王侯之号，不循世袭之规，公器付之公论，创古今未有之局，一何奇也！泰西古今人物，能不以华盛顿为称首哉！

一个专制王朝的封疆大吏，对华盛顿的认识竟然如此深刻，难怪要为此丢官罢职呢。赞美华盛顿，后果很严重哦。

“不僭位号，不传子孙”的华盛顿走了，潇洒得没带走一片云彩。美国人自由了，他们终于可以决定自己的命运。他们是否从此过上幸福的生活？自由将给他们带来什么？请看下一个故事：《自由的代价》。

053

自由的代价

经过八年的浴血奋战，美国人获得了他们渴望已久的自由。接下来，他们要决定的是：我们想要一个什么样的政府？华盛顿解甲归田，大陆军烟消云散，新大陆绝不会有独裁者，但这不是问题的全部答案。民主与法治怎样有效地实施？自由和秩序的界限在哪里？“中央”与“地方”的权力如何分配？什么样的政治结构能保证长治久安？在这片没有王权的土地上，人们真的有能力管理自己吗？也许，刚刚走出战火的美国人还不想讨论这些问题，他们只想大声地喊：我们自由啦！天那么高，地那么广，无拘无束的感觉，太棒啦！

1783 年的“美利坚合众国”是什么样的呢？它没有统一的货币（各州发行自己的货币），没有统一的法律（各州自定宪法），没有常备军（各州自建民兵），没有统一的海关（各州自设海关），没有统一的税收（各州自行征税）。确切地说，它根本就不是一个统一的国家，而是 13 个独立国家的松散联盟，叫邦联，如假包换的“乌合之众”。这个邦联是根据 1777 年由大陆会议通过的《邦联条例》建立起来的。大陆会议在 1776 年宣布独立后就开始起草《邦联条例》，1777 年年底通过。1781 年，《邦联条例》被各州接受，正式生效。

作为“中央政府”的邦联，没有行政权（总统），没有司法权（法院），只有一个貌似立法权的邦联议会，也叫“国会”，或干脆沿袭旧名大陆会议。邦联议会没有征税权，对各州没有约束力，它只能“指导”或“建议”各州的行为。各州要是不听话怎么办？凉拌。当初，邦联议会主要是做给老外看的，特别是做给法国看的。如果没有一个“中央政府”，人家法国不跟咱联盟，咱就玩不下去了。总要显示一下“联合”的决心吧？

那么，美国人为什么要费劲巴拉地建立这样一个弱爆了的中央政府呢？这是从历史的经验和教训中得出的结论。经验是，北美殖民地在独立之前的一百七十年里一直靠“地方自治”维持和平与发展。独立之后，这个“自治权”变成了“州权”，“州权至上”顺理成章。13 个州谁也不管谁，它们当然不愿平白无故地弄出个“中央”来管着自己。教训是，一个强大的中央政府意味着“暴政”，看看英王就知道了。我们革了半天命，好不容易打跑了五千公里以外的那个暴君，为什么又要创造一个五百公里以内的暴君呢？咱又不是自虐狂。中央越弱，州权越强，民权也就越强。这不就是自由的含义吗？

好吧，既然这是自由，就让我们尽情享受吧。可是，人们很快就发现，自由不是免费的。软弱的邦联不会威胁到州权和民权，但无效的政府足以摧毁这个新国家。首先，没人把“国会”当回事。1783 年，一帮没拿到工资的军人包围了正在费城开会的国会，议员们吓得跑到新泽西的特伦顿，后来又跑到普林斯顿，再后来跑到马里兰的安纳波利斯，反正哪个州发善心收留他们，他们就去哪儿。你说，参加这种国会有意思吗？所有的政客都把本州事务当头等大事，谁会关心邦联呢？国会经常连“会”都开不起来，最惨的时候，只有 5 个州派代表来开会。过家家都快过不下去了。

欧洲人一看，什么情况啊这是？你们好意思把这叫“国家”？我借给你的钱不都得打水漂吗？于是，欧洲给美国的贷款在战后基本上就停了，但战争期间借的钱还得还。借的时候是以邦联的名义，但邦联没钱，只能根据各州的经济实力把外债摊给各州。各州正在那儿掏气儿呢。它们为了供应战争本来就欠了一屁股内债，现在又要还外债，日子没法过了。很自然地，美国开始停止支付所有债务的利息，这一下就让美国的债券在欧洲金融市场上成了“垃圾债”，一块钱面值贬到一毛钱，比今天的希腊还惨。连利息都付不起，你还指望它还本金？

还有更倒霉的。战争期间，大陆会议以“打白条”的形式征用了很多个人财产，说好了胜利后偿还。如今，人家拿着借条来讨账。国会说，对不起，俺连税都不能收，拿什么还你？找你们州要去吧。各州说，凭什么？那是“中央”借的债，跟俺没关系，俺自己这摊子事儿还没着落呢。于是，那些被“抢”了家产的人怨气冲天：这还叫人民政府吗？怎么一点信用都没有呢？

弱国无外交。本来，根据《巴黎和约》，英军应该全部撤出美国。可现在，英国说，我就占着密西西比河不走了，你能把我怎么样？法国和西班牙说，英国不走，我也不走，我占着路易斯安那的出海口新奥尔良，就不让你出海，你能把我怎么样？国会说，我向你们提出严正抗议！大陆军都解散了，俺没钱又没兵，过过嘴瘾总是可以的。

外面的事还没扯清楚，各州在殖民地时期的陈年旧账又给翻出来了，其中最大的问题是西部的归属。《巴黎和约》把阿巴拉契亚山和密西西比河之间的地区划归美国，让美国的国土扩大了一倍，这本是件天大的好事。可是，这么大块地儿总得有主吧，它到底归哪个州呢？弗吉尼亚说，那是我们的，因为当初英王跟我们签的殖民地合同就包括这一片儿。康涅狄格说，英王跟我们签的合同还说我们的领土是从大西洋到太平洋呢，当然包括路易斯安那。马萨诸塞、纽约、宾夕法尼亚、北卡罗来纳，都说西部有它们的份儿，这就吵起来了。

除了西部，好几个州之间还有边界问题，比如，宾夕法尼亚和马里兰之间，马里兰和弗吉尼亚之间，纽约和新罕布什尔之间，等等，真是剪不断、理还乱。与此同时，北方还有个1777年独立的“佛蒙特共和国”，南方的北卡罗来纳边界正孕育成立一个新的“富兰克林州”（跟富兰克林没关系），眼看着北美大陆就要进入“战国时期”。面对这一团乱局，作为“中央政府”的国会一点办法也没有，它既没裁判权，也没执行力，只能耸耸肩，看着各州捋袖子，挥拳头。

最先直接感受到痛苦的是商人。每个州都是一个独立的国家，关卡林立。商品从南运到北，每过一州就要交一次关税，等到了目的地，价钱翻了好几倍，谁还买得起？生意没法做了。英美之间没有最惠国待遇，英国向美国关闭了西印度群岛的市场，美国的进出口贸易受到沉重打击。该出的出不去，该进的进不来。大批商人破产，债务监狱人满为患。

事到如今，大家不禁怀念革命前的美好时光。在英王的保护下，咱有个统一的大市场，也有畅通无阻的海外贸易。一百七十年的和平稳定，一百七十年的富裕繁荣，难道都随着英帝国远去了吗？自由引导人民走向独立，自由也引导新大陆走向分裂。这就是自由的代价?

如果连有家底的商人都痛苦不堪，那些本就贫穷的农民呢？政府对战后的经济萧条无能为力，大伙只能靠自己。农民必须借钱买地买种子，指望着打下粮食还贷款。可是，等粮食打下来了，却因通货膨胀收不抵支。还不起贷款的农民被关进债务监狱，没法工作就更没法还债。大家都破产了，各州的税收不上来，陷入财政危机。很多州不得不通过更严苛的法律惩罚欠债不还的人。法庭忙死了，天天审债务案子，天天把人往监狱里送。特别是那些退伍军人。他们出去打了几年仗，回来后发现家徒四壁。邦联不发抚恤金，各州也没有补贴。好不容易借钱弄点营生，最后还是入不敷出。为自由战斗了半天，把自己战斗到债务监狱里去了。

怎样才能阻止法院的判决呢？最简单的办法就是不让它开庭。愤怒的人群包围了法院，你敢判我入狱，我就让你尝尝革命的滋味儿。游行示威，火烧法院，暴力抗税，殴打税官，反正当年对付英王的那一套又派上用场了。暴力行动遍及各州，日益升级。终于，在美国革命的发源地马萨诸塞州，爆发了武装叛乱，史称“谢斯叛乱”，也可以叫“谢斯起义”，就看你的屁股坐在哪一边了。

丹尼尔·谢斯本是大陆军的上尉军官，退役后回到家乡。战后的经济萧条和通货膨胀本来就让乡村的生活难以为继，1785 年，马萨诸塞州政府又通过了更严厉的税法，直接把大家逼上了梁山。谢斯和另外几个人一起，先是组织和平示威，又强行关掉几个县的法院，最后干脆拿起武器，袭击邦联和地方政府，抢占公共财产。他们很快就聚集了将近 1000 人，声势震动各州。

马萨诸塞州向邦联求助，国会对各州说：你们大家都捐点钱帮帮忙呗。结果，没有一个州响应。马萨诸塞闹乱子关我啥事，我为什么要捐钱？国会又说：要不，每个州都出点人，咱凑一支邦联的军队，去镇压叛乱怎么样？结果，只有弗吉尼亚派来 500 个民兵，其他各州又没反应。国会只好对马萨诸塞说：你好自为之吧，俺已经尽力了。

马萨诸塞一看，“中央”是指望不上了，咱自己对付吧。没想到，第一批派去的民兵同情叛乱分子，他们对谢斯的诉求感同身受，拒绝向“叛军”开枪。到最后，还是一些有影响力的社会名流，比如原大陆军南方部统帅本杰明 · 林肯将军，出面组织私人武装，在州政府的配合下，打垮了叛军的主力。几个领头的都逃到临近各州藏起来了，谢斯跑到佛蒙特共和国，在那里待了很多年，直到获赦免后才回到马萨诸塞。

“谢斯叛乱”虽然规模不大，时间不长，但影响深远。各州都感到深深的恐惧，原来人民可以拿起武器推翻他们选出来的政府。大家似乎明白了一个道理：美国人不是没有自由，而是自由过头了！我们光顾着防止自上而下的暴政，却忘了防止自下而上的暴乱。没有秩序的自由和没有自由的秩序同样可怕。怎样既维持有效的秩序又享受充分的自由，这是个人类从未找到答案的问题。

很多有识之士开始审视《邦联条例》的缺陷，“修改《邦联条例》”成了最主流的思潮，一个更强大的中央政府似乎符合所有人的利益。但是，“中央政府”带着一个与生俱来的原罪，就是独裁倾向。正是出于对独裁的畏惧，美国人迟迟不肯给这匹叫“自由”的野马套上笼头。在没有一个“好的法律”之前，大家很自然地想到，也许一个“好人”可以避免所有的过错。在18世纪80年代的美国，让所有的人都放心的“好人”只有一个，因为他已经用实际行动表明，他对权力不感兴趣。他就是那位已退休的前大陆军总司令——乔治·华盛顿。

自从回到弗农山庄，华盛顿享受着久违的快乐。军营生活的艰辛终于成了回忆，再也不用担心敌人的进攻，再也不必求爷爷告奶奶地给战士们弄点过冬的棉衣。他在给拉法耶特的信中把回归自然的心情表达得淋漓尽致：“亲爱的侯爵，我终于成了波多马克河畔的普通公民，站在自己的葡萄树和无花果树交织成的阴凉里。从军营和公职里解脱出来，我沉浸在宁静的幸福中。那些永远追逐荣誉的战士，那些为满足自己的欲望而日夜操劳甚至不惜毁灭他国的政客，那些为博取王子的欢心而小心翼翼地察言观色的大臣，他们不会理解我此时的心情。我不仅退出了公共事务，也退出了内心的欲望和追求，我可以从私生活的孤独的脚步中感受到真正的快乐。不嫉妒任何人，感谢所有的人，这，我亲爱的朋友，就是我此后人生的号角。我将如此前行，随着生命之河流淌，直到与我的父辈们同眠。”

华盛顿描绘的这幅与世无争的画面是他的心境，但不是真实的生活。他的退休生活虽然惬意，但也很忙碌。弗农山庄由五个小农庄组成，共占地 4.8 万亩，每天大大小小的事数不清，华盛顿又是个极细致的人，难免亲力亲为。打了这么多年仗，很多事都荒废了，他的财富大大缩水。他决心重整庄园的经济，但又谈何容易？有一位朋友很幽默地描述了华盛顿对庄园的“军事化”管理，好像他还没从总司令的角色中走出来：每个小农庄都有职业经理人打点，就像他那些统领各军团的将军；每星期五，所有的经理人都要来开圆桌会议，汇报他们管理的事务，就像开军事会议；华盛顿那个一丝不苟的劲儿跟在军队时一模一样，反正谁碰上这种老板谁倒霉。

除了弗农山庄，华盛顿在俄亥俄河谷还拥有大片土地，大约 18 万亩，外加对 6 万亩土地的勘测权。像所有的大地主一样，他对土地的热爱近乎疯狂。他毫不怀疑，美国拥有地球上最富饶的土地（这一点他倒是没说错），特别是俄亥俄、密西西比和五大湖区。他这些地是战前买的，战时没工夫管，很多租种他土地的人都没向他交租金。现在，他终于腾出工夫来，不辞辛苦地亲自去西部收租金，就像个兢兢业业的收税官。其实，他就想找回年轻时的感觉，那种对探险的冲动和激情。

华盛顿天生就是当农民的好材料，他对农业由衷地热爱。约翰·亚当斯和托马斯·杰斐逊这两个大学者在一起谈论华盛顿的时候，常讽刺他读书少，对哲学和文学没什么造诣。他们说的不假，华盛顿似乎只看两种书，一是英国历史，二是农业技术。他不仅热衷于种地，对养牲口也特上瘾。他亲自指导农庄的奴隶让公驴和母马交配，培育出一个新物种——“美国骡子”，这在北美还是个创举。他对自己的这个“发明”感到特别骄傲，在弗农山庄共“造”了 57 头骡子，希望能把这种强壮耐劳的动物推广到美国其他地区。

但华盛顿的“农夫”生活难免被他的名声所累，这位成功地领导了革命的“美国之父”注定不可能过清静日子。打从他回家的第二天起，来自世界各地的拜访者就源源不断地涌进弗农山庄。来访者中有他的老朋友、老战友，他很高兴见到他们。但大多数是陌生人，他们纯粹是慕名而来，只为见到他们心中的“宙斯”。这些来访者把华盛顿搞得疲惫不堪，他恳求弗吉尼亚政府在路上不设或少设去弗农山庄的路标，希望大家知难而退，但还是挡不住。那时候，交通不便，弗农山庄周围方圆几十里没有旅馆。人家大老远地来了，怎么着也得招待人家吃顿饭，住一夜，哪好意思直接把人赶走。弗农山庄居然平均每年接待 430 多位客人，都快成“来福客栈”了，还免费吃住。华盛顿如果哪天走运可以和玛莎安安静静地单独用餐，他就会大张旗鼓地写进日记里，好像是件特别值得庆贺的事。可惜，这种日子太少了。

1784 年 8 月，华盛顿终于等来了他最热切盼望见到的客人——拉法耶特。1781 年的“约克镇战役”之后，拉法耶特回了法国。虽然隔着大洋，但他们对彼此的思念一天都没停止过。有一次，法国驻美公使访问大陆军军营，华盛顿设宴款待他。席间，华盛顿问公使在巴黎有没有见到拉法耶特，公使说：“见到了，他现在可是大英雄呢！所有的人都爱他。”华盛顿兴奋得脸发红，好像一个父亲听到别人赞美他的儿子时那样骄傲。公使接着说：“侯爵每次提到您时都充满温情，他非常想念您。”这时，他看到华盛顿的眼里泪光盈盈，他拉着公使的手说：“我从没见过像他这么高贵的人，我爱他就像爱我的亲生儿子。”

战后，拉法耶特热情地邀请华盛顿和玛莎访问法国，说国王路易十六非常想见到他，即使他以私人身份来访也肯定会受到国家元首级的待遇。华盛顿差点成行，但因庄园的事务太繁忙，玛莎身体又不好，经不起跨越大洋的艰辛，他只好取消了这次旅行。他邀请拉法耶特和夫人来弗农山庄做客，以解他的相思之苦。这一天终于到了！拉法耶特出现在华盛顿面前。26 岁的他依然年轻，充满活力和热情。他们紧紧地拥抱在一起，都为此时此刻流下快乐的泪水。

拉法耶特在弗农山庄住了十天，和华盛顿品酒、聊天，欣赏着波多马克河的旖旎风光，一起骑马巡视庄园，他们沉醉在不知今夕何夕的“世外桃源”中。拉法耶特要去纽约上船回法国，华盛顿舍不得让他走，决定陪他去纽约，这一路上还能多说会儿话。但是，走到马里兰的安纳波利斯的时候，华盛顿决定不再往前走了，因为实在走不动了。美国人爱死了拉法耶特，他本来就是个大明星，更何况有华盛顿亲自陪同。他们所到之处受到的欢迎和款待可想而知，大大小小的宴会、舞会不断，各种各样的应酬把两人折磨得受不了，他们根本没有私人空间。这才走到马里兰，要是到了费城和纽约还不定闹成什么样呢。于是，一个清晨，他们在深情的拥抱和亲吻之后，上了各自的马车，一个向南，一个向北，越走越远，他们都没有让对方看到自己的眼泪。但华盛顿在随后给拉法耶特的信中表达了他的伤心和无奈。他说，我今年 53 岁，来自一个有短命基因的家庭，恐怕没几年好活了。我此生是不是再也见不到你了？拉法耶特的回信乐观多了，他说：“我们当然还会见面！我很快就回来看你！”可是，他错了。这次分离是他们的永别。当拉法耶特再次来到美国的时候，他面对的是华盛顿的墓穴。

像所有的美国人一样，华盛顿深切地感受着战后经济萧条带来的痛苦，他对邦联的认识比所有的人都深刻，因为他清楚地知道大陆军是怎样度过那不堪回首的八年。建立一个强大的中央政府是他的理想，但“狡猾”如华盛顿者是绝对不会在公开场合发表这种言论的，他不想让别人认为他有个人野心。事实证明，他太多虑了，没有人怀疑他的动机。他越不要权力，人们就越上赶子把权力往他手里塞。

想把华盛顿请出山可不是件容易的事，他早就多次声明，有生之年不再担任任何公职。没有合适的契机，没有充足的理由，休想让华盛顿走出弗农山庄半步。这个契机和理由需要两位天才的创造，他们的智慧将为美国开辟一条前人从未走过的路，也只有他们能再次激发起华盛顿的责任感和事业心。这两位天才是谁？他们将怎样挽救美国的危局？请看下一个故事 :《制宪之路》。

054

制宪之路

自从 1777 年的《邦联条例》被大陆会议通过后，北美就在“史上最弱”的“中央政府”的领导下走过了艰苦卓绝的独立战争。这个基本无效的政府竟然奇迹般地战胜了一个强大的帝国。于是，美国人相信，他们的幸福并不依赖于政府的强大，而是取决于人民的素质。战后，随着外来威胁的消失，那种“共同防御”“联合对敌”的需求也消失了。各州再也不想维持有效的联盟，它们迫不及待地回到“地方自治”的状态，以为可以从此安居乐业，永享太平。从上一篇故事中，你已经看到，它们为这个选择吃尽了苦头，软弱的邦联既不能保护自由也不能保障安全。人们不得不面对一个残酷的现实：他们需要一个强有力的政府，即使这将意味着放弃部分自由。

建立强大的“中央政府”是人们无奈的选择，他们是一步一步地被逼着“退”上制宪之路的，因为他们已无法前行。独立战争为美国人赢得了自由，但没有为他们赢得一个统一的国家。“美利坚合众国”充其量只能算是“地区联盟”或“共同体”，有点像今天的欧盟。当《独立宣言》的作者托马斯·杰斐逊说“我的国家”时，他指的是弗吉尼亚；当约翰·亚当斯说“我的国家”时，他指的是马萨诸塞；当战争的硝烟散尽时，那个叫“美国”的国家不存在，存在的是13个独立的“州”或“邦”。怎样把这13个“州”变成一个“国家”，这是个让人心力交瘁的历程。美国人最羡慕英国的“光荣革命”。英国人不流血就可以改天换地，美国人是否能够不流血就实现国家的统一？

美国革命是一部大片，独立战争是上集，制宪之路是下集。学者们把美国的建国史描述为：打出来的天下，谈出来的国家。“打天下”不易，“谈国家”更难。“打天下”的时候，“自由”是人们共同的目标。但“谈国家”的时候，每个人都有不同的追求。无论什么样的政府都不会让所有的人满意。“国父”们费尽心机，前怕狼后怕虎地折腾，仍然不确定他们是否为新大陆做了一个明智的选择，甚至不确定他们是否有权为子孙做这样的选择。但他们还是硬着头皮做了，是非功过就留给后人评说吧。

在制宪之路上，有两位巨人，他们是亚历山大·汉密尔顿和詹姆斯·麦迪逊。他们是1787年制宪会议的先锋，也是《联邦党人文集》的作者。没有他们，那部备受推崇的宪法不可能诞生，人类伟大的社会实践也许因此而胎死腹中。他们无与伦比的天才为世界留下了一个无与伦比的国家。但后人也许只看到他们头上的光环，却忘了他们也有普通人的情感。他们在编织“美国梦”的同时也编织了彼此间的爱恨情仇。就让他们牵着我们的手，走过那个充满激情、诱惑和迷茫的“建国年代”。

1783 年，独立战争结束时，汉密尔顿 28 岁，麦迪逊 32 岁，他们是邦联议会中最年轻的议员。他们在政坛的迅速崛起标志着新生代领袖已经成长起来，开始走进权力的中心。他们不是守成者，而是开创者，因为善于学习已经远远不够。当新大陆再次站在十字路口时，它需要的是一个善于创造的民族。它很幸运，因为美利坚民族的最强大之处正是它的创造力。汉密尔顿、麦迪逊和他们代表的“联邦党人”把这种创造力发挥到了极致。他们创造的，不是一个新国家，而是一个不同的国家。他们没有前车之鉴，无法“以史为镜”，他们做的是人类从未尝试过的实验，成功或失败，都是第一次。这才是“美国”的意义所在。

汉密尔顿的故事我们已经讲过一些，参看 039《剑指费城》和 049《天翻地覆》。1781 年的“约克镇战役”结束后，26 岁的汉密尔顿退役回家。在华盛顿身边的四年虽然让年轻的汉密尔顿常感到焦躁和沮丧，但他确实受益匪浅。他起草了华盛顿所有重要的书信、文件、命令，也参与了所有的重要决策和日常事务，比如，与国会议员、各州领袖和大陆军高级将领的联系，战略规划，调兵遣将，军需供应，外交谈判，交换战俘，情报与间谍，等等。有几个二十岁出头的年轻人能得到这种机会呢？更何况汉密尔顿还是个极会经营的人，他很快就与国会和各州最有影响力的人物建立起关系，为以后在政坛的发展打下坚实的基础。这四年中，他还有一个更大更重要的收获，那就是，爱情。

来自西印度群岛的汉密尔顿，两岁被父亲抛弃，13 岁丧母。他不但是孤儿，而且是私生子。在那个特别看重出身门第的年代，他这样背景的人是不可能成功的。即使在新大陆，他这个无根无基的“外国人”也很难立足。战争给了汉密尔顿展露才华的机会，华盛顿不拘一格的慧眼使这个出身卑微的穷小子以最快的速度出人头地。大陆军总司令首席助理的身份让他在任何人面前都不怯场，再加上他超强的自尊心和令人瞠目结舌的天才，谁都不敢瞧不起他。也许是受华盛顿的影响太深了，汉密尔顿找老婆的口味跟他老板的一模一样：非豪门女不娶。

汉密尔顿身高 1.72 米左右，算不上“高”；他除了当军官的那点工资，没有任何家产，算不上“富”；他长相清秀，却算不上“帅”。但不高不富又不帅的他却很有女人缘，因为他在女人面前特绅士，特温柔。他的声音也很好听，说起话来很有节奏感，女人们想不喜欢他都难。一位朋友这样描绘社交场上的汉密尔顿：“如果满屋子都是男人，他会征服所有的男人；如果满屋子都是女人，他会征服所有的女人。”1780 年，汉密尔顿终于等来了他的“真命天女”：伊丽莎白 · 斯凯勒。

伊丽莎白的昵称是“伊莉莎”，她是菲利普 · 斯凯勒将军的二女儿。斯凯勒将军曾任大陆军北方部统帅，他是远征加拿大的总指挥，也为“萨拉托加战役”做过重要贡献。斯凯勒家族是纽约最富裕的三大家族之一，拥有哈德逊河谷的大片土地。斯凯勒将军是纽约州议会的议员，有钱又有势。他有三个儿子五个女儿，这“五朵金花”个个妩媚动人，是年轻绅士们争相追求的对象。

1780 年年初，22 岁的伊莉莎来军营探亲。她父亲是华盛顿的好朋友，姑父是华盛顿的私人医生，两家颇有渊源，华盛顿和妻子玛莎把她当女儿看。伊莉莎是典型的大家闺秀，美丽、温柔、大方，又不失活泼和幽默，她那双深深的眼睛一下子把汉密尔顿迷得神魂颠倒。伊莉莎也被汉密尔顿的优雅和智慧征服，两人很快就难舍难分。在那段甜蜜的日子里，聪明机警的汉密尔顿好像变傻了。有一次，他去约会回来居然忘了夜间的口令，被岗哨挡在军营外。那个战士虽然认识他，但很忠于职守，说不上口令就是不让他进。可怜的汉密尔顿急得直拍脑门儿，却怎么也拍不出那句口令来。他一向记忆力超群，这回真的昏了头了。后来还是另一个战士，也是汉密尔顿的朋友，在旁边实在看不过，悄悄地把口令告诉他，他才过关。

在相恋一个月后，汉密尔顿给伊莉莎的父母写信，请求他们同意把女儿嫁给他。

斯凯勒将军是个重门第的人，很难想象他会接受一个出身社会底层的私生子做他的乘龙快婿。然而，奇迹就这样发生了。斯凯勒将军完全被汉密尔顿的才华和人品吸引，不但接受了他，还跟他建立起非常亲密的“父子情”，让从小就受尽歧视的汉密尔顿找到了“家”的感觉。1780 年 12 月，25 岁的汉密尔顿“婚入豪门”，与伊莉莎结为夫妻。这桩婚姻带给他的不仅是幸福，也不仅是社会地位，它还让这个来自西印度群岛的孤儿第一次对新大陆有了归属感。不久，汉密尔顿宣誓成为纽约公民，他再也不是外国人了。

退役后的汉密尔顿决定做个律师。一般人要在老师的指导下学三年才能完成所有的法学课程，汉密尔顿自学了九个月就通过了律师资格考试。他机敏善辩，律师当得有声有色，是纽约城里的名人。他对经济学和金融学也很有研究。在大陆军的时候，只要一有空闲，他就刻苦攻读欧洲人的金融学著作，还经常写信给邦联议会的财务主管罗伯特·莫里斯，向他请教经济学问题。一来二去的，他不但成了财政金融方面的专家，还和莫里斯成了好朋友。莫里斯和华盛顿是铁哥们儿，他在华盛顿面前说话最有分量。后来，正是莫里斯保举汉密尔顿出任财政部长的。

1784 年，就在英军撤离纽约市的几个月后，汉密尔顿创建了

“纽约银行”，他亲自制定和起草了银行的章程。纽约银行至今仍在运营，是美国历史最悠久的银行。汉密尔顿似乎看到了纽约作为商业和金融中心的未来，满怀热情地投入到这座城市的重建中。纽约银行的总部在华尔街 48 号，汉密尔顿和伊莉莎把他们的家安在华尔街 57 号。虽然他不知道“华尔街”这三个字对未来的世界意味着什么，但他坚信，新大陆的繁荣和富裕离不开高效的金融体系。在创建纽约银行的同一年，他还筹资重建毁于战火的母校国王学院，即现在的哥伦比亚大学。汉密尔顿和另一位“国父”，也是他的校友，约翰 · 杰伊，都是该校的校董。

虽然小日子过得不错，但汉密尔顿对政治的热情从未消减。他 28 岁当选邦联议会议员和纽约州议会议员。早在锻造山谷的时候，他就对邦联的弱点感到切肤之痛，他认定，新大陆迫切需要一个强大的中央政府。战后，形势日益混乱，不但贸易得不到保障，而且有陷入内战的风险。别的不说，单单纽约州就与周围的邻居摩擦不断。纽约州最大的优势是纽约市。本来，中大西洋地区所有的进出口货物都走曼哈顿港。现在，纽约说，我不能让你们白用我的港口，都得给我交税。这样一来，新泽西、特拉华、宾夕法尼亚都怨气冲天，说你既然不仁，别怪我不义。只要你的货从我这儿过境，我就扒你三层皮。过去的朋友成了敌人，几个州恨不得打起来。

政府的无力必然带来社会的动荡。还不起债的商人，破产的农民，失去工作的店员，陷入困境的家庭，这一切都让愤怒的情绪一天天增长，暴力事件越来越多。汉密尔顿更清楚地认识到，一个自由的社会必须是有秩序的社会。并不是因为他现在地位变了才这么想，其实，他从一开始就把“秩序”作为革命的目标之一。1775 年，“莱克星顿的枪声”刚打响的时候，大家热血沸腾。国王学院的一帮学生冲到他们的校长麦尔斯 · 库珀教士家。库珀是保王党，学生们打算把他揪出来整治一番。汉密尔顿当时也是激进的“革命派”，和一些同学组织炮队，随时准备上战场。但即使在这种“革命无罪，造反有理”的氛围中，他仍坚持“秩序”的尊严，反对暴力和人身攻击。他挡在库珀家门口跟同学们理论，劝他们不要伤害库珀。学生们听不听他的并不重要，重要的是，他口若悬河地在那儿说，给了库珀足够的时间从后门逃走，免受一场侮辱。汉密尔顿估摸着库珀走远了才作罢。很多人回忆起这段往事时都很佩服汉密尔顿的沉着冷静，岂不知“反革命”是需要勇气的。

建立强大的中央政府对汉密尔顿来说不是个很难接受的概念，因为他是“外来户”，对任何一个州都没有特殊的感情，反而更容易产生对“美国”的认知，而不是对某个州的忠诚。他说：“我似乎比所有的美国人都更像美国人。”可以想象，当他发现邦联议会中还有一个跟他有同样追求的人时，他是多么兴奋。此人的背景跟汉密尔顿太不一样了。他是土生土长的弗吉尼亚人，对这片土地无比依恋。

他居然也是个“国家主义者”，听上去有点匪夷所思。这个人就是詹姆斯·麦迪逊。

麦迪逊生于1751年，他在12个孩子中排行老大。他的父亲老詹姆斯·麦迪逊是弗吉尼亚奥伦治县最大的地主和奴隶主，他家也是那个县最富的。麦迪逊在父亲的“快乐山庄”长大，后来继承了父亲的新庄园“蒙培利尔”，这是个法语词，意思是“朝圣者之山”。蒙培利尔一直是麦迪逊的家，直到他去世。像弗吉尼亚所有的大种植园主一样，麦迪逊一生都依赖奴隶的劳作和服务。他拥有一百多个奴隶，从没想过废除奴隶制。

然而，正是这位大奴隶主为“自由世界”设计了一部经久不衰的宪法。有一位学者甚至说：“如果我们真的相信笔高于剑，我们现在的首都就应该叫‘麦迪逊’而不是‘华盛顿’。”可见那部宪法为麦迪逊赢得了怎样的生前身后名。

但是，这位“宪法之父”的童年看上去有点让人绝望。他先天不足，好像世界上所有的“绝症”都让他得了个遍，好几次奄奄一息，竟然没死。身子骨本来就弱的他还特别爱学习，经常整晚整晚地读书，拦都拦不住。这就叫“作死”。麦迪逊勉勉强强长到18岁，任何人见了他，第一印象就是：此人活不了多久了。他面无血色，一看就是得了痨病。他长得又瘦又小，身高1.6米，体重不到90斤。大家平时见惯了人高马大的弗吉尼亚人，比如1.88米的华盛顿和1.9米的杰斐逊，乍一看这位，还真不适应。谁也没想到，麦迪逊就这样病病歪歪地活到85岁，他是最后一位去世的“国父”。有人对他说，他活过了所有的人，他说：“不，我只是活过了我自己。”有时候，人们不得不相信超自然的力量。就像战场上的子弹从来无法靠近华盛顿，死神也从来无法带走麦迪逊，他们都安然无恙地完成了历史赋予他们的使命。这就是传说中的“天佑美国”吧。

1769年，18岁的麦迪逊进入新泽西学院学习，即现在的普林斯顿大学。那个年代的弗吉尼亚富家子弟一般有两条路，一是去英国或苏格兰接受高等教育，二是去弗吉尼亚本地的高等学府威廉与玛丽学院。麦迪逊的身体不允许他远赴欧洲，威廉与玛丽学院的所在地威廉斯堡气候湿热，对他的健康很不利，新泽西相对好一点。没想到，这个看上去不得已的选择成就了麦迪逊的政治思想和哲学观点。换句话说，保守又死板的威廉与玛丽学院是培养不出未来的“宪法之父”的。

麦迪逊在新泽西学院看到的世界与其他南方子弟眼里的世界完全不同，这主要归功于新泽西学院的校长约翰·威瑟斯朋教士。威瑟斯朋是苏格兰人，他是位新教徒，也是哲学家，深受苏格兰启蒙运动大师休谟的影响。1766年，新泽西学院邀请威瑟斯朋来担任校长，但他拒绝了。后来，他碰上两个特别难缠的北美人，一个是本杰明·罗什医生，另一个是理查德·斯托克顿。罗什是斯托克顿的女婿，这爷俩都是新泽西学院的毕业生。他们超爱自己的母校，也超爱威瑟斯朋，好像觉得要是不把威瑟斯朋弄到新泽西就枉活一世了。在这俩的狂轰滥炸下，1768 年，45 岁的威瑟斯朋终于接受了新泽西学院的第二次邀请，带着全家移民新大陆。他是该学院的第六位校长。

威瑟斯朋是位非常能干的校长，他手中的新泽西学院既严肃认真，又生气勃勃，处处体现着对不同文化的包容。正是在他的手中，未来的普林斯顿大学开始在各方面拉近与老牌名校哈佛和耶鲁的距离，渐渐地发展成可以与它们比肩而立的一流学府。后来，威瑟斯朋与罗什、斯托克顿一起参加了第二次大陆会议，并在《独立宣言》上签上了自己的名字，成为美国的“建国国父”。

麦迪逊在新泽西接受的就是这样一个开放、自由、充满挑战性和多元化的教育。这个来自保守的南方的年轻人眼界大开，他的思维再也回不到那种自私、封闭的状态中了。中大西洋各州开放和宽容的文化让麦迪逊立刻看到了南方的差距，他变成了“信仰自由”的最积极的倡导者。后来，他在起草《权利法案》时，把“宗教自由”列为第一条。今天的美国人不必向教会交税，不必担心受到宗教迫害，享受充分的信仰自由，他们最应该感谢的人是麦迪逊。麦迪逊把他对信仰自由的疯狂追求深深地刻进了美国宪法。

在新泽西，麦迪逊一如既往地拼命学习，他精通拉丁文，对古希腊、古罗马的哲学和政治学很有研究，对各种政治体制的优点和弱点都很了解。毕业后，麦迪逊回到弗吉尼亚，他想做个律师。于是，他为自己找了个好老师。事实上，这个老师找得太好了，他不仅是麦迪逊的法学老师，还是他的人生导师、亲密朋友、政治同盟。这个人是托马斯·杰斐逊。

杰斐逊和麦迪逊对彼此到底有多重要，我们看看他们的人生轨迹就知道了。麦迪逊在杰斐逊的指导下学了三年法律，通过了律师资格考试。但是，他从没真正开业当律师，因为他太热爱政治了。杰斐逊当弗吉尼亚州州长的时候，麦迪逊是州议会议员；杰斐逊出任驻法公使的五年是他们分开时间最长的一次，但两人保持着频繁的通信；杰斐逊回国给华盛顿当国务卿，麦迪逊是众议院领袖，他们共同创建了“民主共和党”；杰斐逊当选总统，麦迪逊是他的国务卿；杰斐逊退休时顺利地把权力交接到麦迪逊手中，使他成为第四位总统。“杰斐逊—麦迪逊同盟”是美国政治史上最重要的同盟，唯一可以与之媲美的是“华盛顿—汉密尔顿同盟”。这两大阵营的对抗开启了“政党政治”的先河。

麦迪逊与杰斐逊志同道合，秉性相投。两人的脾气都特别好，说起话来轻声细语，听上去无比温柔。虽然他们的好胜心很强，但从来不跟人吵架，总是试图耐心地说服别人。他们都非常博学，但杰斐逊涉猎的领域比较广，麦迪逊主要是对政治学和哲学感兴趣。

也许正因如此，杰斐逊有时候显得过于浪漫，不切实际，而麦迪逊则更接地气，在处理问题时更有智慧。杰斐逊知道麦迪逊是个书虫，他在法国时经常买书寄给麦迪逊，使麦迪逊总能接触到欧洲最前沿的政治、哲学理论。有时候，年长 8 岁的杰斐逊真的像兄长一样，连兄弟找老婆的事儿都管。1783 年，杰斐逊给 32 岁的麦迪逊介绍了一位 16 岁的女孩凯瑟琳 · 弗洛伊德。他对麦迪逊说 :“你会发现婚姻生活比单身更美好。”麦迪逊也很喜欢凯瑟琳，与她订了婚。但是，他们还没走进教堂，凯瑟琳就后悔了。于是，这桩婚事不了了之。麦迪逊的自尊心受到很大打击，他涂改了很多信件和日记，企图把凯瑟琳的痕迹彻底抹去。杰斐逊也很为朋友难过。其实，麦迪逊不必过于伤心，他将在他的“爱转角”遇见属于他的美。那个出色的女人不仅让麦迪逊的生命变得完整，她还将是一位最受欢迎的“第一夫人”。

1780—1783 年，麦迪逊作为弗吉尼亚州代表担任邦联议会的议员。也就是在这期间，他充分认识到邦联的软弱和无效。当时，他最关心的是大陆军的供应。在拜访了军营之后，麦迪逊对大陆军的惨状感到痛心疾首。他强烈呼吁国会加强军需供应，可是，国会无能为力，因为它没有独立的财政来源。麦迪逊曾提议由国会统一管理海关，以海关税收作为邦联财政的基础。这一提议遭到各州的坚决反对，它们才不想把这个肥缺让给“中央”呢。

1783 年的“纽堡阴谋”更让麦迪逊对邦联的前途忧心忡忡。国会明明知道军官们正在秘密集会，大规模的兵变正在酝酿中，但却束手无策。后来，华盛顿凭一己之力暂时阻止了叛乱（参看 052《那一瞬间如此辉煌》）。有人说，瞧瞧，哪有什么兵变？这不是危言耸听吗？麦迪逊警告国会和各州，“纽堡阴谋”之所以没得逞，完全是因为华盛顿的威望和个人魅力。中央政府的软弱在这次事件中表现得淋漓尽致，这样下去非出乱子不可。正是这几年的国会议员生涯让麦迪逊变成了国家主义者。

虽然在国会的日子让麦迪逊觉得很郁闷，但他也很有收获。最大的收获是交了两个朋友，一个是华盛顿，一个是汉密尔顿。华盛顿特别喜欢这个小老乡，觉得他满脑子都是政治智慧。这也是后来华盛顿执政时频繁地征求麦迪逊意见的原因。麦迪逊与汉密尔顿的友谊是在他们合力应对“纽堡阴谋”的过程中结成的。两人都发现对方与自己所见略同，还真有点遇到知音的感觉。尽管他们最终会分道扬镳，但此时此刻，他们的合作将决定一个新国家的命运。

汉密尔顿的天才是一把宝剑，锋芒毕露，咄咄逼人；麦迪逊的天才如春风细雨，润物无声。他们都是冷酷的现实主义者，但表现的方式不一样。汉密尔顿总是把最糟糕的结果摆在你面前，让你不报任何侥幸心理；麦迪逊一面告诉你形势确实不乐观，一面安慰你不要着急，只要你按我说的办，咱就有救了。如果你跟汉密尔顿谈完话后直想哭，麦迪逊会递给你一块手帕。可是，如果你以为麦迪逊比汉密尔顿好对付，那你就大错特错了。汉密尔顿的犀利会让你不舒服，也会让你崩溃，但麦迪逊的温柔会让你死都不知道怎么死的。当你的意见跟汉密尔顿的不一样，你顶多跟他闹翻，不理他也就罢了；但如果你不同意麦迪逊的想法，他会不停地跟你唠叨，直到你投降为止。哪个更可怕，你自己掂量吧。

然而，不管汉密尔顿和麦迪逊多么才华横溢又怎样足智多谋，他们毕竟太年轻了，在政坛根基尚浅。即使他们使出吃奶的劲儿折腾，如果得不到一个人的支持，恐怕也寸步难行。新大陆最老谋深算的国家主义者是那个看上去“事不关己，高高挂起”的人。他从不多说话，却没错过任何一个细节。到1785年，形势已经再清楚不过了。邦联根本玩不转，变革势在必行。但是，怎么变？在这个节骨眼儿上，汉密尔顿和麦迪逊需要一种他们不具备的品质：低调。他们需要一个人轻轻地推一把，给他们一个“助跑”，然后他们才好“兴风作浪”。于是，在对的时间、对的地点，发生了那件对的事情。那个能如此不动声色地完成这个高难动作的人，除了在弗农山庄“隐居”的华盛顿还会有谁呢？

毫无疑问，整天在家忙着养骡子的华盛顿是新大陆最有影响力的人物，他的一举一动都会引起高度关注。各州的政要、富豪、精英们，不管是因公还是因私，只要他们路过弗吉尼亚，一定会拜访弗农山庄。所以，华盛顿虽然身在“江湖”，但对“庙堂”之上的人和事了如指掌。尽管如此，他“不在其位，不谋其政”。甭管谁来，大家经常看到的一幕是，客人们慷慨激昂地指点江山，唾沫星子乱飞，华盛顿就坐在那儿听着，从来不跟着起哄。只有在个别老熟人和可以推心置腹的朋友面前，他才会说出自己的想法。战后这几年的糟糕形势让他如坐针毡，那些激进的国家主义者，比如汉密尔顿和麦迪逊，没少给他写信，也没少登门，但他绝不会“强出头”。他在耐心地等待着一个时机。现在，机会来了。

1785 年 3 月，马里兰和弗吉尼亚两个州为了解决波多马克河的航行权和其他贸易纠纷，决定在亚历山德里亚城开个会。这事儿一开始就组织得乱七八糟，一看就没什么诚意。马里兰派了三个代表，弗吉尼亚应该来四个。可是，弗吉尼亚州州长帕特里克 · 亨利也不知道是无心还是有意，居然“忘了”通知该来开会的那四个人。这四人中包括麦迪逊。等马里兰的三位代表到了亚历山德里亚，发现弗吉尼亚连个人影也没有。他们等了两天，正打算回去，有两个弗吉尼亚州代表忽然出现了。他们也是刚知道自己很荣幸地当上了代表，只因住得近，这才匆匆忙忙地赶到。而麦迪逊和另外一个住得远的压根儿就没来得及。就在这五个人搞不定咱到底是谈谈还是散伙的时候，华盛顿来了。

这次连与会代表都不太清楚的会议，不知道通过什么渠道传到华盛顿耳朵里。他来的目的是请代表们换个地方开会。换到哪儿呢？弗农山庄。亚历山德里亚离弗农山庄十几公里，这都到了家门口了，还能不去坐坐？代表们一看这个大名人请自己到家里去，当然乐意，那不比住客栈强？于是，制宪之路上出现了第一块里程碑。这就是“弗农山庄会议”。

从 3 月 25 日到 3 月 28 日，代表们在弗农山庄开了三天会。他们该吵的吵，该闹的闹，华盛顿坐在旁边听，一句话都不说。他只管尽地主之谊，不停地吩咐仆人上茶、上点心、上酒、上菜、上饭，保证每个人吃好、喝好、玩好、休息好，顺便让大家参观参观农庄，科普一下骡子的优越性。等所有的正事儿都谈完了，华盛顿提出一个商业上的设想：开一条运河，把波多马克河和特拉华河连起来。他这个规划当然有私心。当时，陆路交通极为不便，又贵又慢。最便捷的运输方式是水路。一旦运河开通，河边小城亚历山德里亚立刻就会“胀”起来，与之近在咫尺的弗农山庄还愁不发达吗？开运河也能为弗吉尼亚和马里兰两个州带来巨大的经济利益，是个双赢的局面。这是华盛顿天天坐在家门口看着波多马克河上来来往往的白帆琢磨出来的主意。

弗农山庄会议出人意料地成功。会后，代表们签署了《弗农山庄公约》，两个州对波多马克河的航行权和很多贸易纠纷都达成了协议，对开运河也很感兴趣。看上去，这是个单纯的经贸会议，华盛顿也是在商言商，只字不提两州在其他方面的分歧，比如边界问题、税收问题等，更没涉及“中央政府”与“州权”的话题。但是，它向各州释放了几个强烈的信号。第一，这次会议的形式和结果都在《邦联条例》的框架之外，它明白无误地告诉各州，它们完全有可能创造一种新型的、更密切的“州际关系”，而不必拘泥于现有的联盟。这是非常重要的开端，成了后来各州彻底摒弃《邦联条例》的前奏。第二，两州在达成经贸协议的同时，也倡议更多的州参与进来。既然谈到特拉华河，怎能不谈特拉华河流域的特拉华州、宾夕法尼亚州和新泽西州呢？既然波多马克河与特拉华河能连在一起，为什么特拉华河与哈德逊河不能连在一起呢？既然谈到哈德逊河，怎能不谈纽约州呢？会议还没结束，代表们就开始积极策划拉中大西洋的四个州入伙，决定第二年开一次扩大会议。照这个趋势发展下去，你还怕新英格兰各州和南方各州不动心吗？难怪这次谈论各州“水道”的会议最终把“水”引进了政“潭”（坛）。第三，这次会议的地点本身也向所有的政治家表明了它的主人的立场和倾向。估计谁也不会认为华盛顿是闲得没事干才做此举的，而他的观点会得到怎样的解读，那就不用说了。

华盛顿就这样不声不响、不露痕迹地把“变革”往前推了一步。他表现得那么温和、随意，没有引起任何哪怕是最保守的“州权主义者”的反感和警惕。剩下的事，他似乎不想再插手了。他知道，那两个聪明的年轻人是不会放过这个机会的。果然，汉密尔顿和麦迪逊一分钟都没浪费。他们借着弗农山庄会议的提议，积极推动中大西洋各州参加第二年的扩大会议。他们给各州持“国家主义”观点的朋友们写信，敦促各州议会同意派代表来探讨“贸易问题”。他们的努力造就了制宪之路的第二个里程碑。这就是1786年的“安纳波利斯会议”。

1786年9月11日至14日，来自纽约、新泽西、宾夕法尼亚、特拉华、弗吉尼亚等5个州的12位代表在马里兰州首府安纳波利斯聚会。汉密尔顿和麦迪逊分别代表纽约州和弗吉尼亚州参加会议。虽然只有短短4天，但这4天超高效。这倒不奇怪，一般情况下，只要有汉密尔顿和麦迪逊掺和的事儿，肯定效率极高。这俩都是把人往死里说的主儿，从来不知道什么时候该闭嘴。他们一辈子都没学到华盛顿那种“沉默的智慧”，但他们以自己的方式完成了一项不可能完成的任务。

开始的时候，形势很不乐观。为了避嫌疑，汉密尔顿和麦迪逊在推动这件事时一直以“贸易”为借口，因为政治议题太敏感，很多州根本不会派人来。各州派来的代表也是以谈贸易为目的。虽然这些代表本人大多比较倾向于建立一个更有效的中央政府，但没人挑头，谁也不愿提这事儿。麦迪逊是做足了功课来的。他充分发扬

“书虫”本色，在来之前就查遍历史上所有邦联形式的政府的资料，列举了邦联的种种弱点，就憋着劲儿给大家讲讲呢。可是，话题不往那上面转，他也没办法。

这时，汉密尔顿提了个建议。他说，要不，咱们大家对对笔记吧，看看你们州派你来的时候到底给了你们什么指示，也就是说，你们州授权你们来谈什么。于是，各州代表都把他们州议会的指示拿出来，你看我的，我看你的。看来看去，所有 5 个州的指示上都有谈论“贸易问题”的授权，其中 4 个州除了这句话没别的，还真够实诚的。那个唯一多写了几个字的州是新泽西。新泽西其实只多写了 3 个词。指示说，这次可以谈谈“贸易问题”和“其他、重要、事务”。这 3 个词让汉密尔顿的眼睛闪闪发光，他可算见到救星了。“其他重要事务”？太给力了！有什么事儿比咱这一团糟的邦联更重要？

此话题一开，“贸易会”立刻变成“诉苦会”，大家忙不迭地吐槽，过去这几年，这个倒霉催的邦联可把咱害苦了。麦迪逊也不客气了，把他所有的“研究成果”都拿出来分享，告诉大家，再不改咱都得死翘翘。对！一定得改！可是，等苦水吐完了，决心也表完了，代表们发现了另一个问题：咱这才 5 个州，怎么说都是少数，人家其他 8 个州咋想的？任何话题想要形成决议，至少要 9 个州的同意。那《邦联条例》哪能说改就改？

能在绝望中看到希望的汉密尔顿当然不会被这个问题难倒。咱们 5 个州不是没代表性吗？那咱就邀请所有 13 个州明年到费城开个会，把《邦联条例》好好梳理梳理不就行了吗？这个提议被代表们接受，汉密尔顿亲自起草了《安纳波利斯决议》。据说，他的第一稿过于激进，以至于弗吉尼亚州代表，也是弗吉尼亚州州长，埃德蒙·伦道夫，要求他把调子降低一点。汉密尔顿不服气，眼看着要跟伦道夫吵架。麦迪逊赶紧把汉密尔顿拉到旁边，悄悄地说："你最好让着这个人，要不然，整个弗吉尼亚都会与你为敌。"汉密尔顿虽然愣，但不傻，他接受了麦迪逊的建议。修改后的决议被同时送往邦联议会和各州，倡议于 1787 年在费城举行会议，修改《邦联条例》。历史学家们认为，汉密尔顿是安纳波利斯会议的第一功臣。他那个看似轻描淡写的提议足以化腐朽为神奇，最直接的结果就是 1787 年的"费城会议"，也就是著名的制宪会议。

1787 年的制宪会议是制宪之路上"三级跳"的最后一跳。如果没有 1785 年的弗农山庄会议和 1786 年的安纳波利斯会议，一切都不会发生。即使在《安纳波利斯决议》后，费城会议能不能顺利召开也还是个未知数，因为各州的反对势力依然非常强大。各州会不会派代表来开会，他们来了之后又持什么样的观点，只有上帝知道。

国家主义者真能如愿以偿吗？"国父"们将怎样一笔一笔地勾画出他们心中的理想政府？请看下一个故事：《费城的夏天》。

055

费城的夏天

1786年9月的安纳波利斯会议倡议各州于1787年5月在费城开会，讨论修改《邦联条例》。但这只是个“倡议”而已，人家来不来还两说着呢。费城会议的两个最积极的推动者——汉密尔顿和麦迪逊，很清楚他们前面的路有多艰苦。但是，如果能把那个人拉进来，就会产生神奇的功效。那个人当然是华盛顿。有华盛顿参加，会议的规格一下子就上去了，地区性的会议就会变成全国性的会议。可是，怎样才能把华盛顿请出山呢？

安纳波利斯会议结束两天之后，弗吉尼亚的代表之一，埃德蒙·伦道夫，就到了弗农山庄。伦道夫来自弗吉尼亚的政治世家，那位曾担任弗吉尼亚议会主席和第一次、第二次大陆会议主席的佩顿·伦道夫是他叔叔，托马斯·杰斐逊是他表哥。伦道夫家族富甲一方，在弗吉尼亚的政治影响力无人能敌。埃德蒙·伦道夫才智一般，但仕途通畅。1786 年，33 岁的他当选为弗吉尼亚州州长，又带队参加了安纳波利斯会议。他还将是美国首任总检察长，第二任国务卿，同时他也是位出色的律师。

埃德蒙·伦道夫来弗农山庄就是为了说服华盛顿去参加费城会议。他跟华盛顿是好朋友，也是弗农山庄的常客。平时大家说说笑笑的怎么着都行，但这一次，华盛顿说什么也不答应。几天后，伦道夫失望地离开。他刚走，麦迪逊又来了，为了同一件事。麦迪逊在弗农山庄住了三天，嘴皮子都磨破了，华盛顿还是无动于衷。1786 年年底，麦迪逊写信给华盛顿，告诉他，伦道夫州长和弗吉尼亚议会已经决定推选华盛顿为弗吉尼亚参加费城会议的七位代表之一，而且是首席代表。华盛顿都快被他们整疯了，没见过这么赖皮的。他写信给伦道夫，正式拒绝邀请，又向麦迪逊详细解释了不能去开会的理由。

华盛顿倒真不是矫情，他的理由非常充足。第一个理由是，他刚刚拒绝了“辛辛那提”俱乐部请他于 1787 年 5 月去费城开会的邀请。“辛辛那提”是独立战争结束后由退役军官们组成的俱乐部，华盛顿是它的荣誉会长。华盛顿对大陆军的老部下很有感情，但他不想过多地抛头露面。所以，他找了一千条理由，包括家务繁忙啊，身体不好啊，等等，好不容易才把会推掉。现在可好，刚推了一个，又来一个，这两次会还几乎同时举行。如果他不参加俱乐部的会，却参加修宪的会，太伤将军们的感情了。

第二条理由就更严肃了。安纳波利斯会议是几个州自己组织的，不在邦联议会的框架之内，《安纳波利斯决议》也不是官方决议。就是说，费城会议没有“合法性”。在这种情况下妄谈修改《邦联条例》实际上是“颠覆现政府”。守法好公民华盛顿是不会干这种事的。

麦迪逊马上写信给华盛顿，先把他的第一条理由给驳了。他说，军官们固然值得尊敬，但新大陆的前途更重要。你如果为了私人情分而推卸对国家的责任，将来一定会后悔。关于第二条理由，麦迪逊承认华盛顿说的有道理。好吧，你不是说缺一个官方背书吗？我就给你弄到这份背书。

1787 年 2 月，邦联议会在纽约开会。汉密尔顿和麦迪逊再次联手，游说各州议员，终于使国会通过了《安纳波利斯决议》，授权费城会议修改《邦联条例》，并敦促各州派代表参加。费城会议的合法性不再有问题。就在 1786 年年底到 1787 年年初，北方的马萨诸塞州爆发了“谢斯叛乱”。如果天底下有一种叫“及时雨”的麻烦，没有一件事比“谢斯叛乱”更胜任了。这场叛乱把所有的州都吓出一身冷汗，那些本来对建立强大的中央政府没兴趣的州也改了主意，纷纷同意派代表去开会。到 1787 年 5 月，除了罗得岛，其余 12 个州都向费城派出了代表。对国家主义者们来说，这是个巨大的胜利。

国会的授权和“谢斯叛乱”也让华盛顿改变了立场。如果此前他因太注重自己的名声而不愿涉足政坛，现在，他再也不能袖手旁观了。3 月 28 日，他写信给伦道夫，表示愿意接受弗吉尼亚议会的安排。华盛顿一旦做出了决定，立刻显示出当年那个“英明神武”的总司令的气魄。他告诉麦迪逊，他想要的，不是仅仅“修改”《邦联条例》，而是彻头彻尾的改革。战后，北美大陆的“无政府状态”使华盛顿充分认识到“过分民主”带来的灾难。他说，如果没有一个强大的共和政府，早晚有一天，人民会选择一个强大的独裁者。咱整天琢磨着怎样防止独裁，有谁想过怎样制衡民主吗?

华盛顿决定出席费城会议让很多人欢欣鼓舞，但有一个人一点也不高兴，她就是玛莎。费城之旅很可能意味着华盛顿退休生活的终结将进入倒计时，她将再一次与“人民”分享她的丈夫。战时，她陪着他去了所有他要去的地方；战后，他发誓要陪着她过她想过的生活。但他似乎正在变成权力的囚徒，她还能看到他回家的那一天吗? 一向小鸟依人的玛莎以自己的方式表达了她的不满和抗争：她决定留在弗农山庄，而不是像大家期待的那样陪华盛顿去费城。华盛顿只好很费劲地向所有的人解释，说玛莎忙着照顾孙子孙女走不开。他心里知道他欠妻子多少情。

凝聚着很多人的心血、承载着很多人的期望的费城会议就要开始了，这就是著名的制宪会议，也叫联邦会议。这次会议历时将近四个月，是美国历史上最长的一次会，也是最重要的一次。可惜，有两位“大腕”级的人物没能参加，他们是约翰·亚当斯和托马斯·杰斐逊，未来的第二位和第三位总统。此时，他们都在欧洲。亚当斯是驻英公使，杰斐逊是驻法公使。这俩都是博古通今的法学家，特别是亚当斯，他在制定宪法方面的经验是最丰富的。当初，大陆会议准备宣布独立的时候，要求各殖民地制定宪法，以便向独立国家过渡。大家都有点摸不着头脑，因为谁也没干过这活儿。只有亚当斯门儿清，他亲自起草了马萨诸塞宪法。马萨诸塞宪法非常完善，确立了“三权分立”的政治结构和“两院制”议会。各州的代表都去问亚当斯怎么写宪法，把他烦死了。于是，他出了个小册子，叫《关于政府的设想》，大家自己看得了，省得问起来没完。这本小册子被各州奉为制定宪法的“官方指南”。杰斐逊是弗吉尼亚宪法的起草人之一，而弗吉尼亚宪法正是美国宪法的蓝本。杰斐逊在法学上的造诣也许比亚当斯稍逊一筹，但他足以当其他人的老师。

亚当斯和杰斐逊无缘制宪会议可能有些遗憾，但从他们当时的言论中，你会觉得这遗憾也许不算大。尤其是杰斐逊，他似乎完全不在状态。比如，当麦迪逊告诉他“谢斯叛乱”的事儿时，杰斐逊说，时不时地来一次小叛乱不是坏事，而是社会的治病良药。他好像一点也没看到无政府状态引起的危机。美国宪法成形后，麦迪逊兴冲冲地把消息传给杰斐逊，杰斐逊来了一通高论：每一代人都有为自己制定宪法的权利，我们无权把我们认为正确的东西强加给子孙。那怎么办呢？应该每过一代人就开一次制宪会议，这样才公平。他甚至“算出”一代人等于 19 年。麦迪逊看了信都快哭了。一代人一部宪法？听上去很美，可你知道我们是怎样在“炼狱”里度过这 4 个月的吗？每隔 19 年折腾一次？你还是杀了我吧。亚当斯虽然不像杰斐逊那么没谱，但他对“精英政治”的过度推崇显然让他忽视了当时在新大陆渐成气候的“大众政治”的思潮。总之，“江山代有才人出”，老一辈错过的，正是新一辈承载的。从某种程度上说，亚当斯和杰斐逊的缺席成就了麦迪逊的辉煌。

1787 年 5 月 9 日，太阳刚刚升起不久，华盛顿离开弗农山庄。5 月 13 日，他和其他弗吉尼亚州代表到达费城。费城就像过节一样，钟声大作，礼炮齐鸣，披挂整齐的骑兵护送他们进城，居民们夹道欢迎，欢呼声不断。时隔四年，大家终于看到他们的英雄归来。整个城市忽然变得热闹起来，天天歌舞，夜夜升平。上流社会的人家都争相邀请华盛顿和其他代表去家里住，把这视为莫大的荣幸。华盛顿哪儿也不去，就住在他的哥们儿罗伯特 · 莫里斯家。莫里斯是邦联的财务总长，也是费城最富的人。他家在市中心，离开会的地方只有几步远。华盛顿以前在那儿住过多次，特别喜欢那座舒适、大方又不过于奢华的房子。后来，联邦政府迁都费城的时候，莫里斯把他的房子腾出来给华盛顿做了总统府。华盛顿在那儿住了七年，亚当斯总统住了三年，然后迁入白宫。

华盛顿到费城后做的第一件事是去拜访本杰明·富兰克林，他们俩有十年没见面了。十年前，70 岁的富兰克林出使法国，他在巴黎创造的外交奇迹让欧洲人对大洋彼岸的新国家刮目相看。1785 年，79 岁的富兰克林卸任回国，但这并不意味着他可以退休了。富兰克林的船还在大西洋上的时候，宾夕法尼亚议会就已选举他为州长。当船在费城港靠岸，他惊奇地发现，好像全城的人都在等着他，那温暖的笑容和激动的泪水是人们给他的最好的礼物：欢迎回家！

事到如今，大伙心里都明白，在美国革命的“功臣榜”上，富兰克林的地位仅次于华盛顿。如果华盛顿在政治上还有什么“对手”的话，那个人也只能是富兰克林。这次费城会议，富兰克林将作为宾夕法尼亚州的代表参加。所有的人似乎都知道，华盛顿肯定会被选为会议的主席，唯一可能跟他竞争的是谁就不用说了。华盛顿一向非常尊重富兰克林，他此次拜访就是为了表达敬意。华盛顿表示愿意提名富兰克林为会议主席，富兰克林笑着摇摇头说：“我们只有一个英雄。”华盛顿得到了富兰克林的全力支持。

富兰克林和华盛顿的同时出现让费城会议变得非同凡响。即使是那些不明就里的普通公民也知道，兹事体大，而且，一定是对咱有好处的事。富兰克林不仅带来了智慧，还带来了笑声。那个时代的美国人可不像现在这么有“喜感”，“国父”们一个比一个严肃，闷死人不偿命。唯一的例外是富兰克林，他是个高水平的“段子手”。大家特别喜欢围在他身边听他“讲故事”，他的幽默是唇枪舌剑的制宪会议中最温情的瞬间。富兰克林家的后花园是代表们经常聚会的地方。有谁知道，多少争斗，多少妥协，多少分歧，多少默契，都是在那里交集和化解的呢?

1787 年 5 月 25 日，费城会议正式开始。来自 12 个州的 55 位代表相聚在宾夕法尼亚议会大厅，也就是当年签署了《独立宣言》的“独立厅”。华盛顿当选为主席，他在莫里斯的陪同下走向那把刻着半个太阳的椅子。他是最适合当主席的人了，因为主席的职责是维持会场的秩序，却不参加讨论。华盛顿不善言辞，但非常善于倾听。坐在主席的位子上，他可以名正言顺地保持沉默。然而，他的沉默却是会议继续进行下去的最有力的保障。

在整个会议期间，代表们来来去去，几乎没有人一天不落地参加所有的讨论，很多人都是中间离开一两天、一两个星期或一两个月，有的回去处理本州的事务，有的打点一下私事。一般情况下，每天有 30~40 人开会。无数次你死我活的争论，无数次剑拔弩张的攻击，让人觉得这会简直开不下去了。但只要看到华盛顿的身影，代表们就会像中了魔似的，不知不觉地重返会场。华盛顿从头到尾几乎一言不发，但他一天都没缺席。他每一分钟都在感受着一个新国家在分娩中的阵痛，即使到了痛不欲生的地步，他也不会出一声。华盛顿不但在会上不出声，会下也很少谈论自己的看法。他不想让自己的威望把他的观点强加给任何人，也不想打断代表们的思路。他的任务就是让大家使劲儿吵，把事情吵烂、吵透、吵碎、吵熟。他相信，只有充分的争吵才能达成真正的妥协。

为了让代表们畅所欲言，华盛顿提议，这次会议的所有讨论都是“一级机密”，任何人不得以任何形式向外界，特别是媒体，透露任何风声。这是为了不受公众舆论的干扰。如果你今天说了一句话，明天又改了主意，你完全可以大大方方地反悔，不必担心报纸骂你出尔反尔。你甚至可以说，你觉得君主制比共和制高明，不必担心广大群众把你打成“反革命”。华盛顿认为，有时候，“民意”太容易上达会严重影响精英们的决策。而现在，就是精英们为新大陆做决策的时候。

大家同意了华盛顿的建议。为了保密，他们把所有的门窗关起来。哨兵在外面巡逻，确保犄角旮旯里没有人偷听。1787 年，费城的夏天好像特别热。没有电扇，没有空调。代表们在密不透风的屋子里，穿着西装革履，戴着假发套，捂着一身白毛痱子，扯着嗓子从早喊到晚。那一屋子的唾沫星子，一屋子的臭汗淋漓，居然没人进医院，看来“国父”们都属于“抗造型”。虽然保密工作做到了家，但华盛顿还是为此大发了一次雷霆。一天，散会后，有人在地上捡到一页写满会议记录的纸，看上去是某位代表不慎失落的。他把这张纸交给华盛顿。第二天，散会前，华盛顿拿出那张纸，说："先生们，我很遗憾地发现，你们中有人竟然这么疏忽大意，把这页笔记掉在地上……这东西要是传出去，立刻就会引起轩然大波。我提醒各位，一定谨守保密原则。"然后，他重重地把那张纸摔到桌上，说："我不知道这是谁的，他自己来拿吧！"说完，他头也不回地出了大厅，剩下一屋子人面面相觑，显然被"吓"到了。有的窃窃私语，有的赶紧翻笔记，有的偷偷地凑上前看那页纸上是不是自己的字迹。其实，华盛顿离开大厅就是为了给那个丢笔记的人一个面子，谁丢的谁悄悄地拿回去就得了，他不想看到任何尴尬的表情。可是，他的威严够大家喝一壶的了。到最后，没人认领那页纸，因为谁也丢不起那个人。就让它做个永远的悬案吧。

来开会的代表们大多是资深政治家，为革命做过很多工作。他们是各州议会的议员，很多曾是大陆会议议员，邦联议会议员，还有的当过州长、市长。除个别人外，大多数来自中产阶级，受过良好的教育，其中大约一半人有法学背景。即便如此，他们并不是制宪专家。事实上，代表们对此行的目的一点也不明确。大多数认为他们只是来"修改"《邦联条例》。到最后，"修宪会议"竟然变成了"制宪会议"，这完全出乎他们的预料。然而，一部奇迹般的宪法就在这乱乱哄哄甚至不知所措中形成了，只因风云变幻背后的那双翻云覆雨手。那双手属于詹姆斯·麦迪逊。

弗吉尼亚州代表刚到费城时，其他州的代表都没到。麦迪逊可一点没闲着，他把他设计的宪法大纲整理好，打印好，得到所有弗吉尼亚州代表的认可，然后给每个代表团都准备一份。当别人懵懵懂懂地来到费城的时候，未来的美国宪法的蓝本已经在等着他们了，这就是“弗吉尼亚议案”。在整个制宪过程中，代表们共提出过四个比较重要的议案。除麦迪逊的外，还有“平克尼议案”“新泽西议案”“汉密尔顿议案。但这三个议案都是针对“弗吉尼亚议案”提出来的，算是“衍生品”，而最后美国宪法的成品基本上是在“弗吉尼亚议案”的框架之内。“宪法之父”的头衔谁也没法跟麦迪逊抢。

虽然制宪会议有专门的秘书记录，但他的记录非常简约。也难怪，当时人多嘴杂，一天下来头昏脑涨的，记不全很正常。但麦迪逊不是正常人。他是个书呆子，不写字就难受。他一面参与讨论，一面记录所有人的发言。他的笔记要多细有多细，谁在哪天说了什么，哪一个条款是在哪一天以几票赞成几票反对通过的，写得清清楚楚，后世的学者有福了。他发明了一种速记法，白天记下发言，晚上回去把“密码”整理成“人话”，就这样兢兢业业地干了四个月，一天都没落下。有时候，他要是拿不准白天的记录，就会找到那位代表核实，以求准确无误地记录史实。别的代表也有记笔记的，但都没法跟麦迪逊的比。今天，麦迪逊的笔记是与《独立宣言》和《美国宪法》同样的“一级国宝”文献，珍藏于美国国会图书馆。别说给它换个地方，就是在图书馆里给它换个房间，都要荷枪实弹的海军陆战队队员全程护送。想偷出一页来？活腻了你就试试。

麦迪逊的议案是在他的研究成果和弗吉尼亚宪法的基础上形成的。此前，他遍查历史上所有邦联形式的政府，总结了邦联的十二条弱点，而“弗吉尼亚议案”就是给这“十二条”对症下药，以联邦代替邦联，以中央与地方的分权代替“州权至上”。它既避免无政府状态，又防止中央集权。麦迪逊议案的最终成果就是人类历史上第一个现代“联邦制共和国”。

要了解“弗吉尼亚议案”，必须先了解邦联的那十二条弱点：第一条，各州不理邦联的要求，不向邦联提供必要的经费，以至于缺乏独立财政来源的中央政府啥事儿也做不成。第二条，各州无视邦联的权威，违反邦联的决议，而邦联又无权强制各州执行。第三条，“美国”作为一个松散的联盟，没有能力履行国际条约，比如美英《巴黎和约》。《巴黎和约》明明规定保护保王党人的财产，可是各州根本不听。结果是，英国以美国不履行和约义务为借口拒绝从密西西比河撤军，为未来的纠纷留下隐患。第四条，各州之间相互倾轧，违背了联盟的精神。第五条和第六条可归纳为缺乏州际协调机制，因为邦联没有裁判权。第七条，邦联决议没有强制性，无法保证各州法律的公平和正义。第八条，每个州都按自己的利益行事，没有全局观念。第九条和第十条集中讨论各州法律的不健全和杂乱，人们在进行州际贸易时无所适从，严重影响经济发展。第十一条和第十二条阐述因地域偏见和孤陋寡闻而带来的各州法律的很多不公平性。在这里，麦迪逊强调了“精英”在政治生活中的重要作用。他说，各州政府太注重本地的民意，太民主了，极易产生短视行为。“人民”并不总是正义的。相反，他们往往非常自私。这就需要高瞻远瞩的“精英”阶层及时更正“人民”的失误。然而，各州政府的局限性使精英“无法”发挥应有的作用。

在“十二条”中，麦迪逊表达的一个重要观点是，防止“过度民主”与防止独裁同样重要，因为“多数人的暴政”和“一个人的暴政”同样可怕。所有的权力都应该受到制衡。虽然“民主”是少数服从多数，但并不意味着少数人不应该受到保护。当多数人陷入某种狂热的情绪中而任意践踏少数人的利益，自由将不复存在。大约一百五十年后的“纳粹德国”将让人们更懂得麦迪逊的忧虑。当然，幸运的美国人基本上没有经历那样的痛苦（印第安人和黑人除外），因为他们的“国父”煞费苦心地为他们设计了完美的“制约与平衡”制度。

“弗吉尼亚议案”的内容是什么？它是怎样将“修宪会议”变成制宪会议的？来自不同地区、追求不同利益的代表们怎样在斗争中达成妥协？美国宪法创造的是个什么样的国家？请看下一个故事：《三权分立》。

056

三 权 分 立

1787 年 5 月到 9 月的制宪会议最终决定了美国的命运，但这次会议充满坎坷，好几次差点夭折。若没有麦迪逊近乎偏执的追求，若没有华盛顿在沉默中的坚持，若没有各方利益忍痛割爱的妥协，神马都是浮云。美国宪法的制定不是一蹴而就，更不是理所当然。二百年后的我们也许把它当成某种“必然”的结果，实际上，在“建国国父”的眼中，它只是个前所未有的“实验”。这个“实验”甚至不似人力所为，倒更像上帝的游戏。难怪人们总是雾里看花，难解其中真谛。让我们忘记我们的时代，忘记今天的美国，回到那个原汁原味的新大陆，看看那帮人到底想鼓捣出一个什么样的国家。

在回到 1787 年之前，有几件事应该先掰扯清楚。首先，美国宪法的理论基础是什么？知道的请举手。这个问题很无趣，但所有的中学历史老师都会让孩子们背三件事：1215 年的英国《大宪章》，

1620年的《五月花号公约》，18世纪的欧洲启蒙思想。三者虽然以不同的语言写成，但表达了共同的理念：第一，天赋人权；第二，社会契约；第三，统治者的权力来自被统治者；第四，分权与制约。这些看似很时髦的东西来源于古希腊、古罗马的政治实践和哲学思想。从美国宪法的字里行间，你可以清清楚楚地看到，欧洲的历史有多长，美国的历史就有多长。

其次，让所有的人都头痛的问题是："共和"与"民主"的区别是什么？这个问题能让政治学教授写厚厚一本书，我们就不必活受罪了。从他们浩如烟海的论著中似乎可以抽出几句话："共和制"的权力来自每一个人，"民主制"的权力来自大多数人。比如，你做了点让人不待见的事，面对一个10人陪审团的裁决。在"共和制"中，如果有9位陪审团成员认为你"有罪"，有1位认为你"无罪"，那么，你就是无罪；在"民主制"中，如果6位认为你"有罪"，4位认为你"无罪"，那么，你就是有罪。只有当10位的意见相同时，"共和"才会与"民主"融为一体。"共和制"里的每一个个体都神圣不可侵犯；"民主制"只要51%对49%就好，也就是"多数人统治，少数人服从"。你可能会说，"少数服从多数"总比"多数服从少数"好吧？也许是，也许不。你确信你心中的那首歌永远都是"主旋律"吗？你愿意为了"多数人"的幸福而牺牲你的"天赋人权"吗？每个人的答案不同，但有一点可以肯定，"国父"们在讨论建立一个更强大的政府时，一点也没打算放弃他们在《独立宣言》中宣称的“生命权、自由权和追求幸福的权利”。尽管“民主”可能是实现“共和”的最有效的手段，但没有人权的“民主”几乎肯定是一场灾难。“共和”在很多情况下的不可操作性并没有让美国宪法改变立场。它只字未提“民主”，却明文规定美国是“共和制”国家，所有加入联邦的州必须是“共和政体”。怎样才能避免“假共和、真民主”呢？方法有二：一是三权分立；二是《权利法案》。从后面的故事中你会看到，“国父”们是怎样反反复复地纠结着这个问题。事实上，所有的争论都集中在如何制衡“民主”赋予的权力。

好了，枯燥的“理论课”到此结束，还是看看美国的精英在费城的表现吧。制宪会议的初衷不是“制宪”，而是“修宪”，它本来的目的是修改《邦联条例》，但麦迪逊硬生生地把《邦联条例》扔进了垃圾桶。他是怎样做到的呢？所有的人都应该从麦迪逊那儿学到两条成功经验：第一，功课要做好；第二，下手要趁早。

除了提出“十二条”，他还设计了自己的宪法大纲。他是从纽约直接赶往费城的，比所有的人都到得早，他有足够的时间准备讨论材料。当弗吉尼亚州代表和宾夕法尼亚州代表都到费城后，麦迪逊先把他的计划拿给弗吉尼亚州的代表们看，征得了他们的同意，然后又去找宾夕法尼亚州代表，赢得他们的支持。等其他州的代表到齐的时候，麦迪逊已经在费城待了二十多天，早就前后左右活动好了。因为他的议案是唯一获得两个州支持的，它就成了会议讨论的主要议案。其他州也有准备的，比如南卡罗来纳的“平克尼议案”，但因得不到附议，基本上没进入讨论。

议案有了，怎么呈给大家呢？时至今日，麦迪逊已是出了名的国家主义者。如果他站起来发言，他还没开口，别人就知道他要说什么，立刻就会引起“州权主义者”本能的反感和抗拒。果真如此，这会就不用开了。于是，麦迪逊找了个帮忙的。他是大家都喜欢的人，弗吉尼亚州州长埃德蒙·伦道夫。伦道夫出身名门，长得又高又帅，风度翩翩。更重要的是，他口才一流，说起话来不慌不忙又和蔼可亲，什么急事儿、丑事儿、乱事儿，从他嘴里出来都不是事儿，让人听着特放松。伦道夫一向以“温和派”面目示人，但此时的他简直跟麦迪逊穿一条裤子，完全同意麦迪逊的观点。所以，麦迪逊一求他，他就答应打这个“头阵”。

5 月 29 日，会议刚要开始讨论各种议案的时候，伦道夫站起来发言。他先讲了麦迪逊那“十二条”的观点。也不知道是他背过了麦迪逊的手稿还是他们的心意太相通了，伦道夫讲的跟麦迪逊写的基本上一个字不差。在列举了现政府的缺陷之后，伦道夫说，下面我就讲讲我们打算怎样“修改”《邦联条例》。于是，他将麦迪逊的计划和盘托出，这就是“弗吉尼亚议案”。“弗吉尼亚议案”跟它要修改的《邦联条例》半毛钱关系都没有，它完全是个崭新的宪法大纲。可是，伦道夫说得太艺术了，居然没引起听众的“惊声尖叫”。大家就这样糊里糊涂地被他带进“制宪”的陷阱，等有人回过味儿来提出抗议时，讨论已进行了一半，不可能再回头了。

“弗吉尼亚议案”有四个要点：第一，中央政府分为“三权”，它们是立法权、行政权、司法权。第二，立法权实行“两院制”，国会分“上议院”（参议院）和“下议院”（众议院）两部分。下议院议员由人民直接选举，上议院议员由各州议会提名、下议院投票选举。上、下两院议员的人数根据各州人口按比例分配。国会有权否决各州议会的立法。第三，行政权的最高长官由国会选举产生，形式和任期待定。第四，最高法院由几位大法官和一定数量的巡回法院组成，大法官由国会任命，除非渎职，任期终身。

从“弗吉尼亚议案”中不难看出，未来的联邦政府的雏形已经具备了，后来所有的讨论大体都在这个框架之内。代表们对三权分立本身没有争论，但对实施细节争得头破血流。“弗吉尼亚议案”与《邦联条例》有两个本质的区别。第一个区别是，邦联政府的权力来自各州，“弗吉尼亚议案”政府的权力来自人民，这是最重要的前提。中央政府越过各州直接与人民对话，它的合法性由此而来，这也是人民自己管理自己的根本表现。第二个区别是，邦联政府只有一权，“弗吉尼亚议案”的政府是三权分立。三权分立不是麦迪逊的创举，当时各州都是这种政治结构。美国人既不是第一个提出三权分立理论的，也不是第一个实践它的。第一个系统地阐述“三权分立”的人是法国启蒙思想家孟德斯鸠（参看020《革命前夜》）。孟德斯鸠在研究古希腊、古罗马的历史中得出这个结论，但有一个问题。不管是古希腊、古罗马的实践还是孟德斯鸠的理论，一个根本的事实是：它只适用于“小国寡民”。麦迪逊的构想第一次把三权分立应用于一个幅员辽阔的共和国，其中的风险是二百年后的现代人无法体会的。从代表们硬着头皮决定“试一试”的那一刻起，他们就要靠自己了，因为不存在前车之鉴。难怪大家在《美国宪法》上签名之后个个如坠深渊，两眼一抹黑。没有一位“国父”能看到新国家光明的未来，如果它有未来的话。

麦迪逊和“国父”们在制定宪法时的另一个“假设”是人性的丑恶，这与基督教“人之初，性本恶”的教义相关。但是，不要以为他们没想过“以德治国”。事实上，富兰克林就曾是“以德治国”的最积极的倡导者。可是，当他研究了新大陆的特点后，他的结论是：美利坚民族没有美德，一切都是利益的驱使。在“以德治国”的幻想破灭后，“以法治国”成了唯一的选择。麦迪逊比富兰克林冷酷得多，他压根儿就不费这个劲。他从一开始就知道，大家是半斤八两，谁也别装清高，老老实实进笼子吧。他的名言是：“让野心制衡野心。”麦迪逊最喜欢的词就是“制约”。他每设计一种权力，就要设计一种对这个权力的制约，要不然就睡不着觉。“国父”们都有这个毛病，他们绞尽脑汁，使“三权”中的任何一权都不能凌驾于其他两权之上，他们似乎对这种自己跟自己较劲的游戏情有独钟。

最密集的火力集中在立法权上，原因很简单，这是离人民最近的一权，也是最强大的一权，它的设计直接关系到各州在未来国家中的地位。对立法权的争夺，与其说是法理之争，不如说是利益之争，各个利益集团的嘴脸在冠冕堂皇的辩论中展露无遗。最大的分歧是各州在国会两院中的代表人数如何确定。麦迪逊的方案是，两院都按人口比例分配，人多的州议员人数就多，这对人口第一大州弗吉尼亚当然是最有利的。所以，“弗吉尼亚议案”也被称为“大州议案”。不用想就知道那些小州的反应：未来的联盟要建立在各州平等的基础上，我们绝不能让大州牵着鼻子走。6 月 9 日，新泽西州代表威廉·帕特森提出了“新泽西议案”。“新泽西议案”中，国会只有一院，各州不分大小，在国会参、众两院中的代表人数完全一样，这样小州才不会受欺负。“新泽西议案”也叫“小州议案”。看上去，大州和小州针锋相对，能谈到一块儿去才怪。

麦迪逊对大州领导权的阐述听上去合情合理。首先，大州人多，议员也多，这样做出的决定符合大多数人的利益。如果小州拥有与大州同样的投票权，在很多情况下，少数人就会决定多数人的命运，这样不公平。其次，他认为小州在决策方面有很大的局限性。比如，一个小州的议会可能只有 10 个人，一个大州的议会有 100 个人。那么，这 10 个人在决策中犯错误的概率当然比那 100 个人大，因为 10 个人更容易达成一致。如果小州在国会中把这 10 个人的决策强加给所有的人，对整个国家的危害可想而知。最后一点，小州不应该担心大州的垄断。议员人数越多，任何人或组织形成绝对影响力的可能性就越小，反而容易达成妥协。这是实现公平的唯一方法。

帕特森说，弗吉尼亚、宾夕法尼亚、马萨诸塞三个州的人口加起来已经超过全美总人口的一半，如果国会议员人数按人口分配，那这三个大州足以控制整个联盟，还有什么公平可言？我们绝不能同意这样的方案，除非重新划分疆土，让大家个头一样大。

麦迪逊反驳说，弗吉尼亚在南方，宾夕法尼亚在中大西洋，马萨诸塞在新英格兰，这三个州压根儿没有共同利益，它们互相作对的时候比互相合作的时候多得多，根本不可能联合起来，这个担心没必要。由于历史传承的不同，重分疆土也不可能。如果小州因反对按比例分配的原则而拒绝加入联盟，必然导致分裂。如果联盟不存在了，我们都成了完全独立的国家，你以为你的“大国”邻居会对你很友善吗？只有留在联盟中，你才会得到公平的对待。

麦迪逊的话说得虽然不重，但在小州代表的耳朵里，这就是赤裸裸的威胁。结果是，小州代表一致否决了麦迪逊的提议，大州代表否决了“新泽西议案”。这个议题似乎走进了死胡同。

6 月 11 日，康涅狄格州代表罗杰 · 谢尔曼提出了“康涅狄格妥协案”。在这个议案中，众议院代表人数按各州人口比例分配，参议院代表每州人数相同，一州一票。谢尔曼觉得，这样大州小州都应该满意了。大州追求影响力，众议院是它们的；小州追求平等权，参议院为它们提供了保障。这下总可以了吧？没想到，大州贪得无厌，认为让小州在参议院拥有这么大的话语权太便宜它们了，不行！于是，大州代表联合起来，以6 ∶ 5否决了谢尔曼的提议。至此，代表们已经被这个话题折磨得死去活来，再吵下去要出人命。先放一放吧，过一阵子把它交给一个“大委员会”处理。

出乎大家意料的是，下面的讨论间接地帮助解决了这个问题。这是关于未来国家“性质”的讨论。南卡罗来纳州代表查尔斯·平克尼，也就是“平克尼议案”的提出者，质疑“弗吉尼亚议案”的“国家主义”原则。他说，“国家主义”意味着“中央集权”，各州将沦为“中央”的“从属”，失去独立性。“弗吉尼亚议案”允许国会否决各州议会的立法，这一条绝对不能接受。我们要的是一个联邦，也就是中央与地方分权，各管各的，互不干涉。各州可以把一些权力转让给中央，但同时应保留极大的自主权，中央与地方没有上下级关系。

关于“国家”和“联邦”的争论实际上是个很好的命题，“国父”们应该为自己感到骄傲，他们似乎无意间创立了第一个现代“联邦制共和国”。事实证明，张弛有度、泾渭分明的“联邦制”是对人类政治实践的一大贡献。甚至可以说，基于“小国寡民”的三权分立如果没有“联邦制”做基础，很难成功。幸运的是，在这一点上，代表们没有太多的分歧。平克尼的问题一提出来，麦迪逊第一个表示同意，他愿意把自己议案中的所有“国家”字眼都换成“联邦”，从此，国家主义者成了联邦主义者。其实，关于“国家”和“联邦”的争论也是关于“民主”与“共和”的争论。“国家政府”是民主政府，少数服从多数；“联邦政府”是共和政府，每一个州都要被平等地对待：这是两者的不同。还有，联邦与之前的邦联完全是两个概念。联邦是一个统一的国家，邦联是独立国家的松散联盟。代表们对联邦的认同也是对邦联的否定。

麦迪逊同意使用“联邦”字眼并不意味着他放弃了对代表权的争夺，他的转变似乎是换汤不换药。但是，对“联邦”特质的定义给了“大委员会”启发。7 月 3 日，“大委员会”向会议提交了经修改后的“康涅狄格妥协案”。这个议案基本上保留了谢尔曼最初的设想，众议院按人口分配，参议院每州人数相同。但有两个修正，或者说，妥协。第一，在参议院中，每州将有一个以上的代表，比如，每州两位。这两位投票的时候不是以“州”为单位，而是以“个人”为单位，也就是说，他们俩有可能不一致。这就给了大州代表拉拢小州代表的机会，反之亦然。与“一州一票”的死板做法比起来，这个改变给各方增加了博弈中的偶然性，大州小州都不可能永远立于不败之地。委员会认为，这个改变充分体现了联邦的特征，即每个州在国会中都有平等的代表。众议院是“民主制”，参议院是“共和制”，这种混合型的政府史无前例。第二，“大委员会”决定把起草联邦预算案的权力交给众议院，参议院不得修改。这实际上是把联邦的钱袋子给了大州。即便如此，麦迪逊和其他几个大州代表还是不满意，他们嫌这个让步太小。当然，在后来的争论中，这一条被修改了。众议院有起草预算的权力，但参议院有修改预算的权力。如果两院达不成共识，对不起，政府关门。这一幕不陌生吧？

虽然“大委员会”的妥协案没有让所有的人满意，它却得到通过，这就是“大妥协”。这是制宪会议中最重要的妥协。对代表权的争夺暂时告一段落。虽然麦迪逊和另外几位大州代表后来多次企图推翻这个决议，但他们没有得逞。

联邦的立法权属于国会，没问题了。那么，接下来，人们的本能反应是：怎样制约如此强大的立法权？对立法权的制约可以分内部和外部两种。内部制约来自对参、众两院的设计，外部制约来自其他两权。

众议员由人民直接选举，他们理所当然是人民的代表，至高无上。但是，“人民”在“国父”们心中不是百分之百的褒义词，因为它既包括精英也包括大众。很不幸，在18世纪，没有人相信大众的判断力。代表们认为，当人民过于强大，很容易形成“多数人的暴政”。政府的权力来自人民，正因如此，政府在很多决策上的“非正义性”也来自人民。“人民”也是人，带着同样的原罪来到世上。如果你不相信国王，如果你不相信贵族，你凭什么相信人民呢？

由于人数众多，大众对众议院有绝对的影响力。大众的两个最大的弱点是目光短浅和狂热情绪，要是碰巧这两个毛病一起发作，整个国家就会进入“抽风”状态。谁负责给高烧不退的众议院当头浇一盆冷水呢？答案是：参议院。参议院不直接来自人民，议员们由各州议会选举。就像英国的上议院，参议员虽不是贵族，但必是精英。精英最大的特点是冷静。他们学识渊博，高瞻远瞩，能独立地思考，很难被大众左右。任何法案若想成为法律，必须在参、众两院通过。参议院对众议院的“刁难”经常被解读为精英对大众阻击。但是，精英的弱点是自我感觉太好，以至于忘了他们的权力是谁给的。当他们过于自恋时，众议院负责给他们当头棒喝，让他们回到现实。众议院体现“民主”的威力，参议院体现“共和”的价值。“两院制”是防止“过度民主”、保护少数人利益的有效手段，这是“国父”们设计两院的基本思路。

在参、众两院的具体工作分配上，代表们也下了一番工夫。比如，弹劾总统的权力属于众议院，但审判总统的权力属于参议院；制定外交政策的权力在参议院，但因此而需要的资金必须经众议院批准。参议院尽管做美梦，众议院不给钱看你咋办。但众议院也不能因为手里攥着钱袋子就为所欲为，如果参议院通不过你的法案，你有钱也没处花。结果必然是，大众与精英各让一步，达成妥协。国家的稳定、社会的进步就是在这种争斗与妥协中实现的。你也许会说，这样的制度岂不是太没效率？没错，但你有更好的办法吗？“民主”是以牺牲效率为代价来避免专制，“共和”是以制约民主为手段来保护自由。在“民主”与“共和”实现完美的统一之前，人类只能先这么凑合着了。谁让咱不是天使呢？

其他一些技术上的问题似乎比较好理解。比如，众议员任期两年，参议员任期六年，每两年更换其中的三分之一。两者都可以无限期连任。较长的任期让参议员更容易成为某一方面的专家，比众议员更有专业权威。随着历史的变迁，精英与大众之争渐渐地被政党之争代替，每个政党里既有精英也有大众，分不清谁更高端，谁更草根。宪法第十七修正案把参议员的选举也从间接选举改为直接选举，两院的上下之分就更小了。但只要分歧还在，争斗还在，“国父”们设计的“制约与平衡”就依然有效。人们从今天的美国政坛还是可以看得到参、众两院的“天然”区别。

对立法权的外部制约来自行政权和司法权。行政权的其他细节我们后边再讲，这里只说一条，就是总统的“一票否决权”。国会通过的所有法案都要在总统签字之后才能生效成为法律。总统如果不同意某个法案，他可以行使否决权。麦迪逊特别热衷“一票否决权”，他的设计是，总统应该有绝对否决权，就是说，凡经总统否决的法案，国会永远不能再通过。“一票否决权”既是行政权的“自卫”功能，也是精英对大众的绝地反击。

一个不争的事实是，立法权是三权中最强大的，尽管有内部制约机制，但它难免还是会践踏其他两权。所以，麦迪逊认为绝对否决权很有必要。但是，其他代表不同意他的逻辑。他们说，如果给总统这么大的权力，结果将适得其反，总统恐怕永远都不会真的行使否决权。为什么呢？这是人的本性决定的。不管多么强势的人，即使是国王，也未必相信自己绝对正确，一个成熟的政治家一般不会这么不留后路。麦迪逊说，好吧。如果总统下不了这个决心，那就让他和最高法院的大法官联合行使绝对否决权。其他代表立刻摇头：不行不行！总统与法官联手意味着行政权与司法权互相勾结，违背了三权分立的原则。这也不行，那也不行，到底怎样才行呢？讨论的结果是：总统依然拥有“一票否决权”，但不是绝对否决权。被总统否决的法案如果被参、众两院以三分之二多数再次通过，将自动生效，总统也无能为力了。在争论中，有的代表认为三分之二的要求太低，应改为四分之三；有的认为三分之二的要求太高，跟绝对否决没什么区别。到最后，三分之二还是大家普遍能接受的比例。

那么，在行政权制约立法权的努力失败之后，还有什么能挡得住立法权吗？有，就是司法权。司法权拥有解释宪法的权力。如果最高法院判决国会通过的法律“违宪”，这个法律就作废，没什么好商量的。这是对立法权的最后一道防线。我们后面再讲司法权的具体操作。

不管怎样，从上面的描述中不难看出，“国父”们好像都有点强迫症，脑子里除了制约还是制约，他们对权力的惧怕到了不可救药的地步。后世的美国人也许应该感谢他们这些神经兮兮的先辈，正是他们的畏惧之心为他们的子孙换来了长治久安。

好了，立法权基本上讲完了。再来看看行政权。对行政权的讨论集中在三点，其中一点是“一票否决权”，我们已讲过了。现在看看其他两点。其一，最高行政长官的形式和任期。因为北美人习惯了议会，在考虑行政权时也有很多代表提议采取委员会的形式，或者说，设“三人总统制”，这三人分别来自新英格兰地区、中大西洋地区、南方地区。任何行政决策都要经三人同意，这样可以防止独裁。但是，这个想法很快就被否决了，富兰克林说：“三人总统制毫无疑问将是一场灾难。”为什么呢？因为三个和尚没水喝。这仨人肯定每天只干两件事：钩心斗角和推卸责任。行政权算是白设了。

代表们很快就达成了“一人总统制”的协议。那么，总统的任期应该多长？可否连任？有人说，除非渎职，任期终身；有人说七年，不得连任；有人说两年，可以无限期连任；有人说六年，有人说五年，有人说四年；等等。最后的结果是：四年，可以连任。在宪法第二十二修正案通过之前，总统在理论上可以无限期连选连任。当然，这个现象没有发生，每位总统最多任两届（只有一位例外），只因华盛顿的“榜样的力量”。

其二，如何选举总统？说实话，二百年过去了，这个问题仍然是个“谜”。尽管美国人每隔四年就要大张旗鼓地折腾一次，但很少有人真正懂得他们在做什么。不怪咱智商不够，实在是因为这程序太不可理喻。你可能会觉得，“国父”们在 7 月 16 日通过这个决议的时候，不是喝高了就是在梦游，他们到底安的什么心呢？

这一切都是麦迪逊惹的祸。他在“弗吉尼亚议案”中的最初设计是，总统由国会选举产生。可是，这一点很快就被否决了。如果由国会选总统，那么总统最重要的工作就会变成讨好国会、拉拢国会议员，立法权和行政权还分得开吗？麦迪逊说，总统不让国会选，可以，但也不能让人民直接选。为什么呢？倒不是因为他看不起人民，而是他的“大州”毛病又犯了，只是这一次表现的形式不同。麦迪逊认为，人民直接选总统在理论上很完美，但在实践中行不通。当时，陆上交通极为不便，通信、媒体的传播速度之慢不是我们今天可以想象的。你在费城热火朝天地选总统，可能离费城一百公里的村庄压根儿就不知道这回事。等他们知道的时候，黄花菜都凉了。在这方面，小州反而有优势，信息容易传播，参加投票的人就多。北方州也比南方州有优势，因为北方商业发达，很多人住在城里，比较集中。像弗吉尼亚这样的南方大州可惨了，面积大，农民多，人住得分散，根本来不及投票。如果这样的话，南方各州不是在选举中落了下风吗？要是选出来的总统都是北方人或小州人，咱这亏可就吃大了。

怎么办呢？麦迪逊提出了一个“选举人团制”。每个州先选出几个选举人，再由这些选举人代表人民选总统。即使人民来不及投票，这些选举人也可以替他们投票。每个州的选举人人数与各州的国会议员人数相等（包括参议员和众议员）。但是，选举人在投票的时候，是以“州”为单位而不是以“个人”为单位，这就是“胜者通吃”的原则。比如，A 州人口为 100 万人，每 20 万人有一个选举人，A 州就有 5 个选举人。B 州人口 140 万人，有 7 个选举人。C 州人口 60 万人，有 3 个选举人。如果 A 州的 100 万人中有 51 万人选甲为总统，49 万人选乙，那么，A 州所有的 5 个选举人票都要投给甲，而不是按比例分给甲和乙。一般情况下，这样选出来的总统是“多数人”的总统，但有时也可能是“少数人”的总统。比如，A 州 51 万人选甲，49 万人选乙，A 州 5 票投给甲。B 州 71 万人选甲，69 万人选乙，B 州 7 票投给甲。C 州全部 60 万人都选乙，C 州 3 票投给乙。最后，甲得 12 票，乙得 3 票，甲以绝对优势获胜。但是，如果你看看选民投票的情况，结论正好相反。122 万人选甲，

178 万人选乙，更得人心的乙却落选了。这难道公平吗？

不知为什么，代表们对“选举人团制”几乎没什么异议，当天就以 6 票赞成 3 票反对的比例通过了。可能是因为“国父”们数学不好，没算过账来。时过境迁，在科技发达的今天，麦迪逊当年的理由已不存在，直接选举（普选）的条件早已具备。但美国人却固执地坚持着这个绕弯子的“间接选举法”，也不知道他们是跟全世界过不去还是跟自己过不去。总之，当你用羡慕的眼光看着这个号称“民主橱窗”的国家的人民“一人一票”选总统的时候，不要忘了，他们选举的结果很可能与民主的原则背道而驰。“胜者通吃”的规则也让“多党制”变得不可能，因为选票不能在多党之间按比例分配。“两党制”是美国的宿命。

至于总统的职责，你会发现，在迄今为止所有的民主国家中，美国总统的权力几乎是最大的。他是国家元首，军队总司令，外交、内政一把抓。在其他很多国家，一般是总统与总理分权，总统主外，总理主内。但美国不设政府总理，所有的行政大权归总统。不管从哪个角度说，总统都是最容易走向独裁的角色，因为他手里有兵。如此惧怕权力的“国父”们难道不担心他们用宪法创造了一个“像国王一样的总统”吗？当然担心，而且，这种担心引起的争斗正是美国早期政治的核心。但是，在制宪会议上，大家似乎没有那么紧张。一是因为，立法权的强大足以遏制行政权的野心，二是因为，当代表们设计着总统职位的时候，他们心里想的是同一个人：乔治·华盛顿。一想到华盛顿，所有的人都会松一口气，因为他们都知道华盛顿对强权不感兴趣，他绝不会成为独裁者。如果华盛顿不当独裁者，谁还有那个资格和胆量敢冒天下之大不韪呢？

凭着对华盛顿的极大的信任，行政权被赋予了足以与立法权相抗衡的威力。比如，本来“弗吉尼亚议案”中的“国会任命最高法院法官”的设计变成了“总统提名，国会批准”。总统可以任命外交官，可以与外国缔约，但必须得到参议院的批准。麦迪逊专门强调总统和参议院在外交事务中应发挥决定性的作用，把众议院排除在外。可是，有意思的是，八年后，当华盛顿签署《杰伊条约》时，身为众议院领袖的麦迪逊却为一党之私公开挑战总统和参议院的权威。他的“选择性失忆症”导致了他与华盛顿的彻底决裂。华盛顿不得不把麦迪逊自己在制宪会议上说的话搬出来回敬麦迪逊，因为他知道，这个世界上唯一能击败“宪法之父”的就是宪法本身。

最后，让我们看看司法权。从最初的设计上看，司法权是最弱的一权，也是离人民最远的一权。最高法院法官由总统提名，参议院批准，跟人民基本上不搭边。“国父”们的逻辑是，司法权不代表人民，它只代表正义。司法权保护的是自由，但不一定是民主，因为自由与民主有时相通有时相悖。而且，联邦最高法院不处理一般的民事或刑事案件，那些由各州的法院处理。最高法院的主要职责是确保国会的立法不违宪。为了保证司法独立，大法官们一经任命，除非渎职，任期终身。他们不向任何人报告，不必讨任何人的喜欢，谁也奈何不了他们。这就叫“流水的政府，铁打的法官”。听上去真是世界上最理想的工作。

在建国之初，司法权显然最弱，法官们好像没找到自己的位置，他们经常闲得没事干。直到约翰 · 马歇尔成为首席大法官，一切才变得不同。感谢“终身制”，马歇尔一干就是34年。他的长寿是美国之福，司法权在他手中一天天强大起来，终于可以和其他两权相抗衡。最高法院渐渐地变成了人们口中的“宪法法院”，虽然这个称呼不完全准确。马歇尔的天才弥补了制宪会议对司法权设计的不足。他的故事我们以后再讲。

“三权”的基本结构讲完了，但制宪会议还有很多悬而未决的问题，其中最要命的是奴隶制。“国父”们将怎样讨论这个让他们感到羞愧、愤怒、难堪又无奈的话题？宪法怎样在保护自由的同时也保护了奴隶制？北方和南方在无数次的剑拔弩张之后怎样达成了妥协？请看下一个故事 :《其他人》。

057

其 他 人

在 1787 年的制宪会议上，出镜率最高的词是“妥协”。没有妥协就没有宪法。但是，当涉及那三个让人羞于启齿的字眼时，妥协的代价变得无比沉重。虽然“国父”们还没意识到他们的后代将为此付出 60 万个生命，但他们清楚地知道，他们的选择是共和国的耻辱。自由被利益取代，理想为现实折腰。这三个让新大陆蒙羞的字是：奴隶制。

无论南方还是北方，对奴隶制的爱和恨都不是天生的。一百七十年前，新大陆接受了奴隶制，南方需要奴隶的劳作，北方需要从奴隶贸易中赚钱，殖民地的繁荣离不开奴隶的血汗。但是，随着启蒙思想的传播，特别是在为自由而战的八年之后，即使南方最顽固的奴隶主们也不能对这个话题无动于衷了。到 1787 年，至少每个人都知道奴隶制是错误的，但这并不意味着他们愿意改正这个

“错误”。南卡罗来纳州代表约翰·拉特利奇说：“宗教和人性与此无关，利益才是唯一的考量。”

在55位制宪会议代表中，大约一半拥有奴隶，可见针锋相对的双方是多么势均力敌。当然，大多数奴隶主比较低调，他们宁可在这个问题上保持沉默。别人先不说，华盛顿来费城还带着三个贴身奴隶，他一点也没觉得不好意思。代表们在激烈地争论着奴隶制的时候，他坐在那儿一言不发。实际上，八年的战争已洗涤了他的心灵，特别是跟他最亲近的那三个年轻人——拉法耶特、汉密尔顿和劳伦斯，都是不长眼神儿的“废奴主义者”，天天叽叽喳喳地抨击奴隶制，也不管他们的老板听着好受不好受。华盛顿潜移默化地接受了他身边这些孩子的观点，却无意改变现状。他能做的就是善待他的奴隶。其他大多数“国父”可能也是这个心态，利益和道德不在一个天平上。

奴隶制的问题如此沉重，它像一把利刃悬在制宪会议的头顶上，随时都会掉下来伤人。谁也不愿碰它，但该来的总是要来。第一个问题是：新国家是否应该保留奴隶制？宾夕法尼亚州代表古弗纳·莫里斯是“废奴”阵营的领袖，他那个二杆子劲儿谁也挡不住，别人不敢说的话他敢说。此人非等闲之辈，我们稍后还要讲他的故事，你可能会发现，他是制宪会议上最好玩的代表。莫里斯说：“奴隶制是罪恶之源，是来自天堂的诅咒。看看中大西洋地区的繁荣、富裕和幸福，再看看充斥着南方各州的苦难和贫穷，那片到处都是奴隶的土地就是每天都在上演着悲剧的沙漠。”

南方代表就像被踩到尾巴一样，一个个跳起来，冲着莫里斯就去了。南卡罗来纳州代表平克尼说：“如果奴隶制是错的，它为何在全世界都合法？看看希腊、罗马和其他古代国家，再看看法国、英国、荷兰和其他现代国家，在任何年代，地球上一半的人口都是奴隶。”另一位南卡罗来纳州代表皮尔斯·巴特勒说：“南方要的就是确保它们的奴隶不被带走。如果北方不能保证这一点，一切免谈！”佐治亚州代表亚伯拉罕·鲍德温说：“奴隶制是各州的事务，不是联邦的事务，佐治亚将拒绝接受任何剥夺它的特权的企图。”总而言之一句话，北方敢碰奴隶制，南方就退出联盟，不跟你们玩儿了！

话说到这儿了，北方代表必须想明白几件事：咱今天是来谈新国家的还是来废除奴隶制的？如果南方退出联盟，我们要面对什么样的后果？“建国”和“废奴”哪个更重要？在权衡利弊之后，大家的结论是：奴隶制的问题应该留给后人解决。实际上，“国父”们还有一个幻想，就是奴隶制最终会自动消亡。这个推断不是没道理的。当时，南方的很多大种植园并不赚钱，破产倒闭很常见，像华盛顿、杰斐逊这些大奴隶主其实都负债累累。奴隶的生产效率很低，根本没法跟自由农民比，奴隶主往往入不敷出。种植园的经营方式日渐衰微，恐怕要不了多久就寿终正寝了。既然如此，咱又何必在此争吵不休呢？还是让自由的市场决定奴隶制的前途吧。可是，“国父”们做梦都没想到，大洋彼岸的英国正在酝酿一场新的变革，这个变革的名字叫“工业革命”。听上去也许有点滑稽，但正是“工业革命”挽救了北美的奴隶制，让本已日薄西山的种植园重新焕发出旺盛的生命力，而美国人注定要为此付出血的代价。

北方退了一步，南方却得寸进尺。从上一个故事中，我们已经知道，国会众议员的人数按人口比例分配，人多的州众议员人数也多，在国会中的话语权就大。接下来的问题是：在计算各州的众议员人数时，应不应该把奴隶计入“选民人口”？南方说：当然算！奴隶的劳动就像自由人的劳动一样创造了财富与价值。北方说：当然不算！你们南方维护奴隶制的“理论基础”是：奴隶不是人，而是财产。私有财产神圣不可侵犯，奴隶制也就神圣不可侵犯。好吧，我们接受你们的逻辑。可是，现在你们又要把他们当“人”，里外里全是你们的理，真是岂有此理！莫里斯再次代表北方向南方发起攻击：

“奴隶被算入代表权是基于什么原则？他们是人吗？如果是，就让他们成为公民，让他们投票；如果不是，别的财产为什么不算？我们费城的房子比南卡罗来纳所有的奴隶加起来还值钱，我们是不是应该把房子也算进人口？把奴隶人数计算在内只会鼓励佐治亚和南卡罗来纳人拥到非洲海岸，用最惨无人道的方式把黑人掠走，让他们骨肉分离，劫持他们来到新大陆。这样，南方人在国会中就比宾夕法尼亚和新泽西那些品德高尚的人有更大的发言权。这种做法太恶心了！”

另一位北方代表说：“如果奴隶可以算人口，我们北方的牛啊羊啊这些牲口是不是也可以算人口？”只有交税的公民才能在国会中有代表，奴隶根本没有公民权，他们怎么投票？他们的主人又凭什么替他们投票？

南方决定要赖要到底，这年头哪有那么多道理可讲？还是那句话：不依着我们，我们就退出联盟！麦迪逊站出来貌似公正地讲了几句话。他一直坚持国会议员人数按人口比例分配，这既是照顾大州的利益，也是为了保护奴隶制。他说：北方有 8 个州，南方只有 5 个州，即使弗吉尼亚是人口第一大州，但南方的总人口还是少于北方。所以，南方有可能受到北方的压迫。如果北方州联合起来通过立法废除奴隶制，对南方将是致命的打击。必须承认，南方经济离不开奴隶，南方利益应该受到保护，把奴隶算入“人口”可以增强南方在国会中的力量，有利于权力的平衡和国家的稳定。

麦迪逊说得道貌岸然，北方代表就坐在那儿冷笑，哼，谁不知道你家有多少奴隶？明明是为自己的利益，却拿国家利益说事儿！其他南方代表还跟着起哄，双方闹得不可开交。最后，宾夕法尼亚

州代表詹姆斯 · 威尔逊说：别吵了别吵了，咱折中一下吧！奴隶既不能完全不算在“人口”之内，也不能百分之百地算在内。那就算五分之三的人口吧，也就是，一个奴隶等于五分之三个自由人。比如，一个州有 10 万奴隶，这 10 万奴隶就折算成 6 万自由人，加到选民人口中。

威尔逊是苏格兰人，毕业于苏格兰最著名的学府圣安德鲁斯大学。1766 年，24 岁的威尔逊移民新大陆，获费城学院的荣誉硕士学位，并在费城学院教书。费城学院就是后来的常春藤名校宾夕法尼亚大学。威尔逊边教书边学法律，通过了律师资格考试，渐渐地成为一位资深律师。从法学造诣上说，威尔逊与麦迪逊不相上下，他们都是制宪会议上最博学的人。威尔逊在制宪会议上发言 168 次，是最有影响力的代表之一。联邦政府成立后，他被华盛顿总统任命为最高法院大法官。

看上去一派学究气的威尔逊肯定不是一拍脑袋就拍出这个五分之三的比例的。其实，这不是他的发明。1776 年，美国宣布独立后，大陆会议和后来的邦联议会成为领导革命的中央政府。但不管是大陆会议还是邦联议会，都没有征税权，或者说，没有独立的财政来源，一切费用要靠各州的捐款。那么，各州的捐款怎么摊派呢？那就要根据各州的资产。钱多的多出，钱少的少出。在计算各州资产的时候就出问题了，这个问题跟制宪会议上的问题是孪生姐妹：奴隶应不应该算在资产内？

南方各州和北方各州对这个问题的回答与它们在制宪会议上的回答完全相反。南方说：当然不算！如果把奴隶算在内，你们北方的牛啊羊啊也应该算。再说，奴隶劳动很没效率，根本不能跟自由人比。北方说：当然算！奴隶的劳动创造价值，是财产的一部分。而且，奴隶在市场上都被明码标价，他们不算谁算？

你有没有觉得世界很奇妙？奴隶还是奴隶，当按资产交钱的时候，南方说：不算！北方说：算！当按人口选代表的时候，南方说：算！北方说：不算！人间有正道吗？

当年在邦联议会的争吵与如今在制宪会议的争吵同样激烈，双方就像在菜市场买菜一样讨价还价。南方说：如果算奴隶，只能算二分之一。北方说：不行！应该算三分之二。最后，双方达成妥协，取个中间数：五分之三。这就是“五分之三定律”的来历。

威尔逊在制宪会议上旧话重提，把“五分之三”搬出来作为南北妥协的筹码。大家也没更好的办法了，只能接受他的提议，这就是“五分之三妥协案”。这个决议让南方占了大便宜。据一位历史学家的统计，如果不算奴隶，南方 5 州在国会中占代表总人数的 38%；算上这五分之三的奴隶人口，南方代表人数一下子增到 45%，足以与北方 8 州相抗衡。

“国父”们显然是知道好歹的，尽管他们在利益面前似乎失去了

“正义感”，但没有失去“羞耻心”。美国宪法从头到尾绝口不提“奴隶”二字，而是用“其他人”或“某些人”代指奴隶。美国宪法第一条第二款是这样规定的：

所有的自由人

加：受雇的劳工

减：不交税的印第安人

加：五分之三其他人

等于：选民总数

在美国宪法第十三修正案通过之前，这就是“美式”民主的实施基础。它带着与生俱来的傲慢与偏见，也带着洗刷不掉的丑陋和罪恶，但它依然可能是那个年代的新大陆最“合适”的选择。

“五分之三定律”是关于奴隶制的最重要的妥协，但不是唯一的妥协，因为还有一个问题待解决：奴隶贸易是否应该被禁止？各州在这件事上的表现看上去很有戏剧性，人们第一次发现，原来南方阵营和北方阵营都不是铁板一块，在匪夷所思的表象背后其实还是那个最简单和直接的追求：利益。

8 月 22 日，马里兰州代表路德·马丁发言，坚决反对进口奴隶。他说：“既然奴隶人口被用来计算国会议员的人数，各州就不应该再进口奴隶，否则代表人数就会改变，这就等于变相鼓励奴隶贸易，违背了共和原则。”乍一听，你肯定以为马丁吃错药了。为什么呢？因为马丁本身就是个奴隶主，而且此前积极支持“五分之三妥协案”，他怎么忽然反对起奴隶贸易来了？更奇怪的是，犯病的还不止他一个。另一位大奴隶主，弗吉尼亚州代表乔治·梅森也反对奴隶贸易。他说：“奴隶贸易会妨碍真正有利于国家的白人移民，而且让人性变得更恶劣。每个奴隶主天生就是暴君。”

这两位疯了吗？他们在损自己的时候还真下得去口。就在大家没回过神儿来的时候，康涅狄格州代表奥利弗·艾尔斯沃斯的一番话倒让人品出一点味道：“如果奴隶制是违反道德的，那干脆就把所有的奴隶都解放好了，只限制贸易管什么用？取消奴隶贸易对南、北卡罗来纳和佐治亚等州不公平。”听着有点乱。两个南方的奴隶主反对奴隶贸易，北方的新英格兰代表却支持奴隶贸易。但仔细看看就会明白，这里的关键词是“贸易”。

南方 5 州包括“上南方”的马里兰和弗吉尼亚（这 2 个州比较靠北）以及“下南方”或“大南方”的北卡罗来纳、南卡罗来纳、佐治亚（这 3 个州比较靠南）。马里兰和弗吉尼亚两个殖民地都建得很早，发展成熟，它们早就掠来大批奴隶。如今，它们对奴隶的需求只要通过奴隶的自然生育就可满足，不用再进口。但“下南方”各州发展晚，还有成片的农田没人耕种，急需大量劳动力。如果不让它们进口奴隶，它们就只能从弗吉尼亚和马里兰那儿买，那两个州又能赚一笔。“上南方”和“下南方”在进口奴隶问题上的分歧不难理解了吧？新英格兰各州虽然不使用奴隶，但它们从奴隶贸易中获利甚丰，它们站出来支持“下南方”也就顺理成章了。

除了“上南方”和“下南方”的矛盾，南方还有一个撒手锏卡在北方的脖子上，这就是对关税的管理权。北方以工商业为主，所有的主要港口，除南卡罗来纳的查尔斯顿以外，都在北方。北方代表认为，未来的联邦政府有权对进出口贸易征税，有权管理统一的海关。这些税收的很大一部分将被用来维护港口，补贴北方的费用。南方坚持联邦政府无权对进出口征税，因为南方的大宗农产品需要出口，大批奴隶需要进口，如果北方在国会中决定对进出口课以重税，南方的代价可就大了，而且，南方从海关税中得到的好处远远小于北方。

双方在激烈争吵了两个月后形成了一个让北方非常不满意的决议：国会对进出口贸易征税的法案必须获三分之二多数才能通过，而不是像其他法案那样只要简单多数就可以。“三分之二”的要求让北方觉得如鲠在喉。在一个自由独立的体制中，想让三分之二的国会议员达成一致实在是太难了，几乎不可能做到。北方企图推翻这一决议，但南方死咬着不放，咋办呢？

当“上南方”和“下南方”为奴隶贸易起争执的时候，北方看到了契机。新英格兰 4 州和“下南方”3 州把马里兰和弗吉尼亚撇在一边，暗地里达成了妥协。南方3州同意不再坚持“三分之二”原则，新英格兰同意国会在1800年之前无权干涉奴隶贸易。北方觉得给南方十多年的时间进口奴隶已经够可以的了，但南方还嫌不过瘾，在后来的讨论中又把1800年改为1808年，把奴隶贸易的“合法期”增加到20年。

另外，南方还利用北方对商贸立法权的迫切需求逼着北方接受了另一个条件，就是在宪法中明文规定“引渡”条款：如果奴隶从南方逃到北方，北方有义务将他们递解回南方。这无疑是对“废奴运动”的沉重打击。过去，奴隶们只要跑到北方就自由了，现在，他们要跑到加拿大才能自由。“国父”们再一次廉价出售了“其他人”的自由权。

弗吉尼亚和马里兰被新英格兰和“下南方”的秘密交易气疯了，两位弗吉尼亚州代表——梅森和伦道夫，拒绝在宪法草案上签字，马里兰州代表马丁干脆离开了制宪会议。麦迪逊的挫败感也很强烈，但他没什么过激举动，也许是因为他太在意这部就像他的婴儿一样的宪法了，尽管它不完美。

南方和北方在奴隶制的问题上达成妥协之后，制宪会议是否变得一帆风顺？各州还有什么别的分歧？美国宪法的最后成品是什么样的？请看下一个故事：《我们人民》。

058

我 们 人 民

一波三折、费尽周章的制宪会议开到 1787 年 7 月底的时候，代表们已经精疲力竭，他们都快让那两个月无休无止的争吵给整疯了，大家心里似乎只有一个念头：回家。实际上，很多人已经回家了，有的过了几天又回来了，有的再也没出现。比如，纽约州三位代表中的两位，罗伯特 · 耶茨和约翰 · 兰辛，7 月 5 日就离开了，他们压根儿就没打算回来。剩下一个亚历山大 · 汉密尔顿就别提多尴尬了，因为他一个人没有代表性，无法投票，只能当看客。他干脆也一走了之。在归途中，他写信给华盛顿，表达了极度沮丧的心情，他觉得费城会议注定要失败，因为各州的政客太自私、太狭隘。华盛顿心里也很难过，但半途而废不是他的风格。他温柔地劝慰汉密尔顿，盼着他重返费城。他说：“我真希望你在这儿。”这一句请求胜过一千道命令。就像在战争年代一样，汉密尔顿凭着对他的总司令的信任和忠诚，再次踏上去费城的路。直到会议结束，他是纽约州唯一的代表。其他代表的失望和焦虑一点也不亚于汉密尔顿，华盛顿不可能一个一个地劝，但他每天都会准时出现在会场，他的沉默是最强大的凝聚力。只要他不说散会，这个会就得一直开下去。

7 月底，代表们决定休会几天，等着由五人组成的细节委员会提交一份总结报告，把过去两个月的争论梳理一下。这份报告就是宪法的第一稿。细节委员会早在 7 月初就组成了，他们已经讨论了好几次，断断续续地把杂乱无章的议题汇总起来。委员会的五位成员都是举足轻重的人物，他们是：南卡罗来纳的约翰·拉特利奇、弗吉尼亚的埃德蒙·伦道夫、康涅狄格的奥利弗·艾尔斯沃斯、宾夕法尼亚的詹姆斯·威尔逊、马萨诸塞的纳森内尔·葛汉。他们都是资深政治家，除了葛汉，其余四位或是律师或是法官，有深厚的法学背景。这五位中的三位，拉特利奇、威尔逊、艾尔斯沃斯，是未来的联邦最高法院大法官，其中，拉特利奇和艾尔斯沃斯分别是第二位和第三位首席大法官。伦道夫是未来的联邦首任总检察长，葛汉是制宪会议上的重要成员，频繁地担任全体委员会主席，代替华盛顿主持讨论。细节委员会的阵容超豪华，我们有必要认识一下它的主席——约翰·拉特利奇。

拉特利奇生于 1739 年，在七个孩子中排行老大。他父亲是位医生，家境富裕。拉特利奇 19 岁时去英国学习法律，回北美后开了自己的律师事务所。他的法律业务非常成功，客户都是南卡罗来纳的大人物，他很快就成了查尔斯顿城里的名人。1774 年和 1775 年，他代表南卡罗来纳参加第一次和第二次大陆会议。1776 年，他当选为南卡罗来纳州“总裁”，也就是南卡罗来纳宣布独立后的第一位州长。

拉特利奇个性超强势，他当州长的时候说一不二，得了个外号“独裁者”。1776 年，亨利 · 克林顿带领英军舰队进攻查尔斯顿。别人都以为守不住，建议他赶紧逃。谁知，拉特利奇那个臭脾气上来了，打死也不走。他下令死守查尔斯顿，利用有利地形和南卡罗来纳特有的用棕榈树的木头建成的阵地，还真把英军打得大败而归。拉特利奇前后当了 5 年州长，后来又当法官。战后美国的无政府状态让他渐渐地成为温和的国家主义者。他在制宪会议上一直是南方阵营最重要的代表，竭力维护奴隶制，但同时，他也支持建立一个统一的国家。

以拉特利奇为首的细节委员会绝不是按部就班地写总结，他们以“弗吉尼亚议案”为基础，兼顾其他几个方案，参考各州的宪法，从乱糟糟的议题中提炼出要点，不但归纳了大家达成一致的条款，还加进了代表们根本没讨论过或没有达成共识的很多内容，甚至一些与代表们的决议相反的内容。这与拉特利奇的强势风格和其他几位的远见卓识有很大的关系。一位学者说：“拉特利奇和他的委员会绑架了宪法，然后再造了它。”

在确定宪法的写作方式时，埃德蒙·伦道夫提了两点：一是宪法只讲基本原则，不硬性规定实施方法，这样有利于在实践中更新和完善；二是要用简单、准确的语言和笼统的构思，不追求细节。这种简约、灵活的风格被视为“国父”们的天才所在，他们把一部“万世不变”的“死法律”变成了一篇“重大义而不拘小节”的“活文章”。

我们在前面的故事中讲了代表们讨论的话题，现在，咱们看看细节委员会怎样“自作主张”地加进大家从来没讨论过或与决议相左的内容。这些“添加剂”永久性地改变了美国宪法，对后世产生了深远的影响。有谁想过，某些耳熟能详的宪法条款只是当年那几个“老顽童”趁着大家不注意偷偷摸摸地塞进去的呢？

本来，在会议的讨论中，对联邦政府的权力没有明确的限制。就在两个星期前，代表们刚刚达成协议，授权国会制定“所有符合联邦利益的法律”。这实际上是说，联邦政府的权力“无上限”。拉特利奇和伦道夫坚决反对这一条，他们都主张保护和加强各州的权力。委员会加的第一个要点就是，明确界定联邦政府和州政府的权限——哪些权力归中央，哪些权力归地方，双方井水不犯河水，谁也别管谁。细节委员会假装没看见代表们已通过的决议，硬给国会规定了十八项具体的权力（美国宪法第一条第八款），凡是宪法没有明确赋予联邦的权力都属于各州和公民个人。这个凸显“联邦制”特色的观点带着明显的“拉特利奇烙印”，因为他不能容忍一个拥有无限权力的中央政府。

第二个添加物也体现了拉特利奇对自由的坚守，这就是“言论和辩论条款”（美国宪法第一条第六款）。它规定，除非国会议员犯有“叛国”“重罪”或扰乱治安罪，他们在国会开会期间或去开会途中，不能被逮捕或阻挠。换句话说，国会议员在开会期间有“免于被捕”的特权。这一条主要是用来对付行政权的。议员们应享有充分的言论、辩论和投票的自由，拥有警察和军队的总统不能随意逮捕议员。这是给总统和行政机构画了一条不可逾越的红线，省得他们像旧大陆的国王那样动不动就冲到国会抓人。假定你是个议员，如果你杀人放火或大奸巨贪，谁也救不了你；但如果你只是小偷小摸或轻微地违法乱纪，谁都不能耽误你开会。比如，你因赶着开会而超速行驶，警察只能干瞪眼。“首善之区”的“城管”不好当哦。

仅从上面两条你就可以看出拉特利奇的保守倾向，要是完全按他这个路子走下去，联邦政府就会变成缩手缩脚的小学生，小心翼翼地看着老师手中那把叫“宪法”的戒尺。但是，巧得很，细节委员会的另一位成员偏偏是个习惯了当老师的人，他也拼命往宪法里塞自己的东西，而他塞的东西似乎是“拉氏”条款的天然克星。这俩一正一负，当真是天作之合。这位“老师”就是威尔逊。

我们在上一篇故事中已经讲过威尔逊，他是“五分之三妥协案”的提议者，也是制宪会议上最有影响力的代表之一。跟拉特利奇不同的是，威尔逊很讨厌“州权”，他主张建立一个更强大的中央政府。眼瞅着拉特利奇使劲儿削弱联邦的权力，威尔逊也不客气了，他加了两个对后世影响巨大的条款。甚至可以说，没有这两条，今天的美国政府可能面目全非。

第一条是“必要与适当条款”（美国宪法第一条第八款）：为了行使宪法赋予的合众国政府及其部门和官员的各种权力，国会有权制定一切“必要与适当”的法律。拉特利奇不是把国会制定“所有符合联邦利益的法律”的权力给剥夺了吗，威尔逊就给它加上制定“所有必要和适当的法律条款”的权力。看上去，只要举着“必要与适当”的大旗，国会似乎想干什么就干什么。是不是很可怕？请问，什么是“必要与适当”？汉密尔顿创立国家银行是“必要与适当”的吗？亚当斯签署《外国人及煽动叛乱法案》是“必要与适当”的吗？林肯宣布解放黑奴是“必要与适当”的吗？老罗斯福的“反垄断”是“必要与适当”的吗？小罗斯福的“新政”是“必要与适当”的吗？奥巴马的“医保”是“必要与适当”的吗？国家安全局的监听是“必要与适当”的吗？所有这些似乎都严重侵犯了公民的个人自由。联邦政府肆无忌惮地干涉公民或企业的“私生活”，由此产生的不公平和非正义都是“必要与适当”的吗？国会凭什么认为它制定的所有的法律都是“必要与适当”的？最高法院凭什么裁定国会的立法是“必要与适当”的？

看到这儿的时候你会不会觉得血压有点高？“必要与适当”条款最重要的功能是，它不但让联邦政府拥有了宪法“明示”的权力，也让它拥有了“暗示”或“引申”的权力，国会有权以“必要与适当”为理由创造出无数的新权力而不必担心“违宪”。但是，这个看上去很危险的条款在实践中并没造成不可救药的极端情况，因为每个人对“必要与适当”的解读不同。你心中的“德政善政”在我眼里可能是“苛政暴政”，咱俩一扯皮，谁也甭想高歌猛进。新国家的政治之舟就在你争我夺的拉拉扯扯中驶过二百年的风风雨雨，有时偏左，有时偏右，但从来没有偏离“主航道”。

其实，威尔逊的原意是想让联邦政府充分发挥宪法赋予的功能，以此抗衡拉特利奇对联邦权力的限制。拉特利奇要确定的是联邦政府不能做什么，威尔逊关心的是怎样让联邦政府把能做的事做到极致。拉特利奇坚持加上对国会立法的限制（美国宪法第一条第九款），威尔逊坚持加上对各州权力的限制（美国宪法第一条第十款）。拉特利奇是头牛，威尔逊是头驴，谁也说服不了谁，咋办？那就只好把针锋相对的主张同时加进去，让它们互相抵消。两个观点的碰撞产生了微妙的平衡，“联邦制”的分权特色在这种平衡中拿捏得恰到好处，成为后世政治制度的楷模。你也许不知道，拉特利奇和威尔逊这两个倔老头还是好朋友呢。拉特利奇来费城开会，他的船刚靠岸，威尔逊的信使已经在等他了，邀请拉特利奇去家里住。拉特利奇在威尔逊家住了三个星期。这俩人都有点像“茅房里的石头”，臭味相投，吵着架也可以做朋友。并不是每个人都喜欢他们，但所有的人都尊重他们。

“必要与适当条款”在宪法中只是短短的一句话，但它的功效无穷大。当细节委员会把宪法草稿交给全体代表讨论的时候，这一条立刻让国家主义者们欢呼雀跃，他们认为这是宪法中最有生命力的内容。当然，他们也没想到，由此产生的分歧使新国家不可避免地走上“政党政治”的道路，你永远不要幻想会看到一个“万众一心”“团结一致”的美国政坛。

威尔逊给宪法添加的第二个重型武器是“至高无上条款”（美国宪法第六条第二款）。这个条款规定，美国宪法是新大陆的最高法律，各州的法律不得与它相冲突。对各州来说，这是个不折不扣的“霸王条款”。还记得平克尼曾坚决反对麦迪逊“联邦宪法高于各州宪法”的观点吗？在前两个月的讨论中，麦迪逊的主张已经被否决了，联邦宪法和各州宪法谁高谁低没有定论。但是，威尔逊不管不顾地非要加上这一条，因为他在这一点上跟麦迪逊是一个鼻孔出气的。

威尔逊和麦迪逊坚持联邦宪法至高无上的地位，他们的理由是：

新宪法与旧的《邦联条例》最根本的区别在于，新宪法是“法律”，《邦联条例》更像各州间的“条约”。如果签订“条约”的任何一方违约，另一方也就自动解除义务，但违约的一方不一定会受到惩罚。比如，当初各州耍赖不向邦联捐款，邦联有什么办法吗？没有。但“法律”就不一样了，违法的一方一定会受到惩罚。这是新宪法的威力所在。如果连这个都保证不了，咱这几个月不都白嚷嚷了吗？

好了，从上面的讲述中，你应该已经看出细节委员会这几位老兄的身手了吧？他们都是政坛“老油条”，他们在把自己的意志“强加”给宪法的时候，不可能不考虑全体代表的反应。他们添加的都是他们认为不会引起太大争议的内容，而且尽量悄没声地干，避免刺激其他代表。细节委员会的这些“小动作”收到很好的效果。8月6日，当委员会把宪法第一稿呈现在大家面前的时候，除了一些关于奴隶制的争论外，代表们对其他那些“添加物”基本上坦然接受。很多人可能根本没注意到他们的意志被不动声色地绑架了，还有很多人可能已不在乎，他们只盼着会议赶紧结束，大家好早点回家。

在接下来的一个月中，会场变得比较平静，讨论不再像刚开始时那么火药味十足，代表们逐条审议了第一稿的内容，增增减减，删删改改，但没有大的变化。可能最重要的新内容是对“副总统”职位的设计。就像我们后来知道的一样，副总统是个崇高又没用的位置，他的主要任务是在总统因故无法履行职责时代替总统行使权力。但副总统还有一个非常奇怪的工作，就是担任参议院主席，实在让人搞不清他到底属于行政权范畴还是立法权范畴。关于副总统的趣事我们以后再讲。这是份无聊的工作，但做这份工作的并不都是无聊的人，他们的“苦中作乐”为人们留下很多开心的瞬间。

另一个值得一提的条款是“修正条款”（美国宪法第五条）。代表们充分认识到自己的“不完美”，也很清楚“与时俱进”的重要性。想让这部宪法坚如磐石吗？那就为岁月留下游刃的空间。“修正条款”规定，在满足一定条件时可以对宪法提出修正，修正案在得到各州认可后将成为宪法的一部分。正是因为这个条款，二百多年来，宪法的最初版本从来没被改动过一个字，但与此同时，它已经拥有了二十七个修正案，其中最著名的是第一到第十修正案，合称《权利法案》，我们后面还要讲。还有几个人们比较熟悉的修正案，比如，第十三修正案废除了奴隶制；第十四修正案确立了公民身份的“出生地”原则。但是，宪法毕竟是宪法，不能朝令夕改。“国父”们故意提高了修宪的门槛，规定修正案必须经参、众两院以三分之二多数通过，然后由四分之三多数的州批准，才能生效。至今为止，已经有一万条修宪的议案，只有二十七条获得通过，成为正式的宪法修正案。其中，第二十七修正案的议案是麦迪逊在1789年提出来的，当年就被参、众两院以三分之二多数通过，但直到 1992 年才获得四分之三多数州的通过，整整用了 202 年 7 个月 12 天。这是什么效率？“修宪之难”岂止“难于上青天”？

转眼到了 9 月 8 日，所有的讨论基本结束。代表们选出了五人组成的风格委员会，负责宪法的最后整理、誊写和润色。如果你认为这五个人的工作只是抄抄写写，那你就大错特错了。制宪会议上的代表没有一个是省油的灯，千万别指望他们人云亦云地复制别人的稿件。你以为第一稿已经无懈可击了吗？风格委员会可不这么认为。他们正挽起袖子准备大干一场呢。他们要把自己的“风格”印在宪法上，也把自己的名字留在史册中。就像细节委员会一样，风格委员会再一次对宪法进行了创造和升华。

风格委员会的五个人是：康涅狄格的威廉·塞缪尔·约翰逊，纽约的亚历山大·汉密尔顿，弗吉尼亚的詹姆斯·麦迪逊，马萨诸塞的拉夫斯·金，宾夕法尼亚的古弗纳·莫里斯。这几个人的“腕儿”一点也不比细节委员会那几位的小，尽管他们还算“小字辈”。汉密尔顿和金 32 岁，莫里斯 35 岁，麦迪逊 36 岁，他们是最年轻的代表，也是最有活力的一群。汉密尔顿和麦迪逊是我们的老熟人，他们一直唱着重头戏，但在风格委员会中，最出彩的不是他们，而是他们的朋友——莫里斯。

莫里斯在前一个故事中出现过几次，他是“废奴”阵营的领袖，制宪会议上最著名的废奴言论都是出自莫里斯之口（参看 057《其他人》)。他生于1752年的纽约，父亲是英国人，母亲是法国人。莫里斯从小就是“神童”，12岁进国王学院读书，16岁获学士学位，19岁获硕士学位。毕业后，他成为律师和成功的商人，积累了巨额财富。他可能是制宪会议上最“壕”的代表。

1775年，23岁的莫里斯当选为纽约省议会议员，后来代表纽约州参加大陆会议。1779年，他从纽约迁居费城，又作为宾夕法尼亚州代表成为邦联议会的议员。在这期间，他结识了邦联的财务总长罗伯特·莫里斯，两人虽然同姓，但没有亲戚关系。罗伯特·莫里斯是华盛顿最好的朋友，古弗纳·莫里斯也就自然而然地进了华盛顿的朋友圈。古弗纳·莫里斯长得又高又帅，跟华盛顿有几分神似。当时，很多画家和雕塑家想给华盛顿画像或塑像，但排不上号，他们就请古弗纳·莫里斯当华盛顿的模特。他觉得这事儿特好玩，姿势摆得有模有样，乐此不疲。

战后，他一面经营自己的商业王国，一面跟着罗伯特·莫里斯学财政和金融，两人既是政治同盟，又是商业伙伴。他们一起去弗吉尼亚做生意的时候就住在弗农山庄，跟华盛顿的交情日益深厚。古弗纳·莫里斯是个激进的国家主义者，极力主张建立强大的中央政府。罗伯特·莫里斯和华盛顿联名举荐他作为宾夕法尼亚州代表出席制宪会议，他在缺席一个月的情况下仍然发言173次，是最能说的代表。第二名是威尔逊，发言168次。第三名是麦迪逊，发言

153次。

在那个以“严肃”为美德的时代，莫里斯（以下如非特别注明，单指古弗纳·莫里斯）绝对是个“另类”。他放荡不羁，喜欢开玩笑，更喜欢闹绯闻。他似乎从来没打算结婚，却不停地跟未婚和已婚女人上床，风流韵事一箩筐。1780年，他的左腿摔断了，只好截肢，装上一条木头做的假肢。他自己说，他是从车上掉下来把腿摔断的，但“坊间”传言，他跟一位有夫之妇上床的时候，被人家老公撞见，他匆匆忙忙地从窗子里往外跳，结果摔断了腿。可是，他根本没接受教训，那条木头腿一点也没妨碍他追求女人。他的好朋友，那位整天板着脸的最高法院首席大法官约翰·杰伊，忍不住阴损地说：“我真希望他摔坏的不是腿而是其他什么部位。”但所有这些荒唐事都没能阻止这位“花花公子”成为美国宪法的撰写人，人们今天读到的宪法官方文本就是出自莫里斯的神来之笔。

莫里斯最要好的朋友是汉密尔顿，因为汉密尔顿懂他的幽默。这俩在一起就像两个“坏男孩”，不是捉弄别人，就是互相捉弄。汉密尔顿在费城开会，成了莫里斯家的常客。两人的政治观点极为相似，智商都超乎常人，又喜欢标新立异，不闹出点事来才怪。有一次，他们聊天的时候说起华盛顿的性格。汉密尔顿说，华盛顿是个极“冷”的人，很讨厌别人碰他的身体，最不喜欢人家跟他套近乎。汉密尔顿曾是华盛顿最亲密的助理，堪称“华盛顿问题专家”，他看到的是一个别人看不到的华盛顿。但莫里斯不同意。他说，不对啊，我跟将军相处的时候觉得他挺和蔼可亲的。莫里斯的话把汉密尔顿的坏水儿给勾出来了。世上还真有不知死活的，好吧，我就让你死一回，看咱俩谁更了解华盛顿。于是，汉密尔顿就对莫里斯说："要是你敢拍一下华盛顿的背，跟他打个招呼，我就请你吃饭。"莫里斯的二杆子劲儿上来了：这有什么不敢的？他还能把我吃了？一言为定！

第二天，会议休息的时候，莫里斯看到华盛顿一个人站在壁炉旁沉思。他走过去，很热情地拍了一下华盛顿的背说："亲爱的将军，我真高兴看到你气色这么好！"这时，他看到华盛顿脸上的表情从吃惊到恼怒再到冷酷，他眼神中透出的"寒冰真气"让莫里斯立刻认识到错误，他恨不得脚下的地马上裂开条缝让自己掉下去。就是汉密尔顿请他吃一千顿饭他也不敢再这么做了。当然，这只是制宪会议上的小插曲，华盛顿没有因为这点事就疏远莫里斯。相反，他一直非常欣赏莫里斯的才华，后来还任命他为驻法公使。

莫里斯胡闹归胡闹，干起正经事来一点都不含糊。风格委员会经过讨论之后决定，宪法的最后文稿由莫里斯执笔。别看莫里斯说起话来总是长篇大论没完没了，写起东西来正好相反，言简意赅，一句废话都没有，让他当宪法的作者真是找对人了。细节委员会的第一稿好是好，但有一个缺点：太啰唆，好像生怕落下什么。再加上代表们在随后的讨论中又加了些东西，交到风格委员会手中的草稿足足有二十三条五十三款，没一两个小时读不下来，要是能理解个五六成就算大师。莫里斯可不买这个账，他只有一个信念：宪法是给人看的，不是给神看的。要是一个普通人看不懂宪法，这部宪法有何用？他抡起大斧头，左劈右砍，先合并同类项，再剔除最大公约数。一番折腾之后，最后的宪法文稿只有七条二十款，四千五百多个英文单词（包括代表的签名），简洁、准确、紧凑、有力，不到半个小时就能读完，每一个词都经过精心雕琢，每一句话都是大白话。莫里斯的文字功底非同小可。

足以让莫里斯名留青史的，是美国宪法的前言。一共52个英文词，准确地描述了宪法的性质和目的：

> 我们合众国的人民，为组建一个更完美的联盟，树立正义，保障国内安宁，提供共同防御，促进公众福利，确保我们自己和子孙永享自由的赐福，特为美利坚合众国制定和确立此宪法。

这段话最著名也是被引用最广的是开头几个字——“我们人民”，以至于“我们人民”成了美国宪法的代名词。“人民”在今天已经不稀罕，所有的独裁者甚至比民主政府更喜欢自称“人民”，只因他们看到了这个词的强大。但是，在18世纪，“人民”如此卑微，谁愿以“人民”的名义建立一个新国家呢？莫里斯用“人民”开头，体现了“国父”们的两个建国理念：一是保障基本人权和自由（天赋人权）；二是政府的权力来自被统治者（社会契约）。“人民的政府”是美国宪法最伟大的创造，人类历史因此而变得不同。

“我们人民”确立了联邦政府与人民的直接关系，它再也不需要通过各州与人民对话，这是各州的保守派难以接受的。比如，那位发表“不自由，毋宁死”的帕特里克·亨利，坚决反对新宪法的理由就是：宪法的开头语写错了，应该是“我们各州”，而不应是“我们人民”。可见，这看似平常的几个字曾带来多少震撼。

想知道“我们人民”在威尔逊的第一稿中是怎么说的吗？请看：

> 我们新罕布什尔、马萨诸塞、罗得岛、康涅狄格、纽约、新泽西、宾夕法尼亚、特拉华、马里兰、弗吉尼亚、北卡罗来纳、南卡罗来纳和佐治业等州的人民……

是不是很有地方特色？你要是能一口气读下这句话，算你有本事，反正莫里斯读不下来。他拿过来一看，这都什么乱七八糟的？他连涂带抹，把它浓缩成“我们合众国的人民”。可以看出，当时的人们，包括“国父”们，还没有“美国”的概念，他们骨子里仍然是“各州”的人，而不是“美国人”。但莫里斯说：“我是作为美国的代表来到这里的，从某种程度上说，我是作为人类的代表来到这里的。”忘记各自的小天地吧！汉密尔顿说：“我们曾肩并肩，为它赢得自由。现在，让我们手牵手，为它带来快乐！”

莫里斯的文稿先由风格委员会审核。最根本的一点是，他们要保证，宪法的语言既准确得不容践踏，又笼统得充满发展的空间。9月12日，文稿被提交给全体代表，代表们再次逐条审议，做了很小的修改。9月15日是会议讨论的最后一天，麦迪逊又增加了修改宪法的方法。如果三分之二的州同意，就可启动修宪程序。这一天最重要的内容是三位代表的声明：他们将拒绝在宪法草案上签字。这三位代表是：弗吉尼亚的埃德蒙·伦道夫和乔治·梅森，马萨诸塞的艾尔布里奇·杰瑞。伦道夫是“弗吉尼亚议案”的提出者，“弗吉尼亚议案”甚至被称为“伦道夫方案”，它是整个会议的讨论基础。到最后，伦道夫自己却拒绝签字，因为他认为联邦政府的权力过大，这部宪法肯定不会被各州接受，大家还要再开一次或多次制宪会议才能让它变得完美。梅森和杰瑞的理由跟伦道夫差不多，他们无法接受这部存在着重大缺陷的宪法，特别是一部没有《权利法案》的宪法。他们的担心将很快变成现实，他们对《权利法案》的追求也将很快变成现实。

1787年9月17日是个让所有的人都如释重负的日子，终于到了签字的那一天啦！后世的人们也许觉得这一天阳光灿烂，“国父”们一定欢欣鼓舞地憧憬着“人民的江山万万年”。其实，正好相反。就像当年签署《独立宣言》一样，代表们似乎饱受煎熬，个个如临深渊。没有一个人对这部宪法百分之百地满意，没有一个人能看到新国家的前途，没有一个人确切地知道自己在做什么。如果给历史一个特写镜头，茫然和恐惧就是这一天的“美国脸”。

不管怎样，代表们还是明白一个道理：“半块面包总比没面包好。”富兰克林的一段话说出了很多代表当时的心情：

我承认，这部宪法的很多内容我都不同意，但不意味着我永远都不会同意。活了这把年纪，我曾周密地考虑过很多事，也曾根据各种迹象做出过各种判断。我曾那么多次地认为我是对的，结果却证明我错了。当我一天天变老，我越来越学会怀疑自己和尊重别人……即使这部宪法有很多缺陷，我也赞同它。任何形式的政府，只要管理得好都是人民的福音。我怀疑任何其他的会议能创造出一部更好的宪法。当你聚集了一群人的智慧，你同样也聚集了他们的偏见、情感、错误、利益和私心。从这样的聚会中，你怎能期望得到完美无缺的成果？所以，我才会如此惊奇地发现，原来我们已如此接近完美。因此，我接受这部宪法，因为我无法期待更好，也无法确定它不是最好的。

汉密尔顿也鼓励大家在宪法上签上自己的名字。他说：“众所周知，我个人的观点与眼前的方案相差十万八千里。但是否可以衡量一下无政府带来的震荡和这部宪法有可能带来的好处？”

莫里斯说："考虑到目前这个方案可能是最好的结果，我接受它所有的缺点。这个方案暂时搁置了其他的分歧。更重要的问题是：我们到底想不想要一个国家政府？"

这三个人说了同一个意思：这部宪法可能不是最好的，但也许是最"不坏"的。请接受它，连同它的缺点。

大家刚要签字的时候，马萨诸塞州代表纳森内尔·葛汉提了最后一个修改意见：把"最多每四万人产生一位众议员"的规定改为"每三万人"。代表们真的要崩溃了，这都什么时候了？你还要改？早干吗呢？文本都印出来了。就在他们闹闹哄哄地表达不满的时候，华盛顿站起来说话了："我赞成。四万人一位代表的比例太小，三万人比较合适。"这是华盛顿在整个会议期间对议题发表的唯一的意见。他一开金口，大家立刻不说话了，葛汉的提议获全票通过。

作为制宪会议主席，华盛顿第一个在宪法草案上签字，其他代表陆续签字，每个州的代表都把名字签在一起。纽约州只有汉密尔顿孤零零的一个人，严格地说，他不能代表纽约州。华盛顿说："各州和汉密尔顿中校签署了宪法。"在最初参加费城会议的 55 位代表中，有 13 位会还没开完就走了，留下的 42 个人中有 3 位拒绝签字，所以，最后签名的是 39 位。签完之后，富兰克林指着华盛顿座椅靠背上刻着的那半轮太阳说："在整个会议中，我一直搞不清那是一轮旭日还是落日。现在，我终于欣喜地发现，它是正在升起的太阳。"

别人似乎都没富兰克林那么乐观。签完字，大家到城市酒吧吃“告别饭”的时候，华盛顿嘟囔了一句："新国家也许能活 20 年。”别的代表一听，20 年？您老人家太可爱了！顶多五六年咱就散伙！鬼知道这玩意儿管不管用。那位 36 岁的“宪法之父”麦迪逊，打从这个桂冠加到他头上的那一天起就拼命否认。他说，我不是“宪法之父”，它是集体智慧的结晶。你以为他是因为谦虚才这么说的吗？错！麦迪逊一辈子都没学会谦虚。他拒当“宪法之父”是因为他压根儿就不相信这部宪法行得通。等你们玩不下去的那一天，可别都赖我，我得拉上在座的各位当垫背的。

就这样，一群不完美的人写了一部不完美的宪法，这部不完美的宪法将缔造一个不完美的国家。尽管如此，美国宪法自它诞生之日起就受到顶礼膜拜。二百多年来，它总是被模仿，从未被超越。人们喜欢把它与英国的“光荣革命”相提并论，把它称为“光荣妥协”，只因它不流血就创造了一个统一的国家。从此，北美人说到自己国家的时候使用的动词从“复数”变成了“单数”。美国有两个座右铭，一是“我们相信上帝”，二是“合众为一”。历史将见证这部宪法为新大陆成就的一切。

这 39 位《美国宪法》的签字人和 56 位《独立宣言》的签字人就是我们常说的“建国国父”（有几位重叠）。但“建国国父”是个更大的群体，除了上面说的这些，还有很多虽然没签这两份文件但为美国做出重要贡献的领袖，比如，托马斯·潘恩，帕特里克·亨利，约翰·杰伊，约翰·马歇尔，詹姆斯·门罗，等等，以及千千万万为美国的自由而战的普通战士和公民。在这个庞大的名单中，历史学家们公认，其中的七位是“最重要”的“国父”。以年龄长幼为序，他们是：

- 本杰明·富兰克林：作家，科学家，外交家
- 乔治·华盛顿：第一位总统，“美国之父”
- 约翰·亚当斯：第二位总统
- 托马斯·杰斐逊：第三位总统
- 约翰·杰伊：外交家，首任最高法院首席大法官
- 詹姆斯·麦迪逊：第四位总统，“宪法之父”
- 亚历山大·汉密尔顿：首任财政部长

除富兰克林和华盛顿以外，其余五位都是律师或有法学背景。他们都是新大陆培养的人才。富兰克林只上了三年学，靠自学走进科学的殿堂；华盛顿小学毕业，在战场上赢得了荣誉和尊严；亚当斯毕业于哈佛学院；杰斐逊是威廉与玛丽学院的优秀毕业生；麦迪逊毕业于新泽西学院；杰伊和汉密尔顿来自国王学院。在这七位中，最睿智的是富兰克林，最博学的是杰斐逊，最敏感的是亚当斯，最有政治智慧的是麦迪逊，最有治国天才的是汉密尔顿。与其他几位

相比，无论是智商还是情商，华盛顿都不是最突出的，但他的判断力无与伦比。他毫无疑问是那个时代最伟大的政治家。

“国父”们各有所长，也各有所短。尽管他们的名字熠熠生辉，但他们是像我们一样的普通人。美国就是由这些普通人创造的国家，它有普通人的梦想和追求，也有普通人的性格和情感；它有普通人的善良和宽容，也有普通人的傲慢与偏见。有时候，它是那么勇敢和坚强，有时候，它又是那么胆怯和脆弱。它正义吗？它邪恶吗？它光明吗？它黑暗吗？在探索这些问题之前，让我们先审视自身。也许你会发现，我们自己就是这些问题的答案。一个普通人是什么样，他的国家就是什么样。当我们苦苦追寻着一个理想的国度时，是否应该先成就一个理想的自己？

制宪会议的结束并不意味着新国家的开始，宪法还只不过是“草案”而已。只有在9个州接受它之后，它才能成为真正的法律。宪法不再是秘密，它将毫无保留地面对全民大讨论。富兰克林刚从会场走出来的时候，他的朋友鲍威尔夫人问：“你们给了我们一个什么样的国家？”富兰克林说：“一个共和国，如果你能保持它。”那么，美国人能接受这个共和国吗？他们能保持它吗？请看下一个故事：《联邦党人》。

059

联 邦 党 人

1787 年 5 月到 9 月的制宪会议为新大陆写了一部新宪法，但这部宪法企图创造的国家还只是“水中月、镜中花”。费城会议规定，至少要有 9 个州批准之后，这部宪法才能生效，否则，它只是一篇自娱自乐的文章。每个州都分别由选举产生的代表大会投票表决是否批准宪法，一场“全民大讨论”正在展开。一时间，新大陆似乎只有两种人：一种是支持根据宪法建立联邦的人，叫“联邦主义者”或“联邦党人”；另一种是反对宪法的人，叫“反联邦党人”。这场大辩论的意义不仅在于它的结果，更在于，它诠释了“建国国父”们对新国家最原始的设计和期望。

费城会议结束后，华盛顿和富兰克林的工作暂时告一段落，他们可以回家歇歇了。但汉密尔顿和麦迪逊的工作才刚刚开始，他们面对的将是比制宪会议凶险十倍的“江湖”。当初，各州来费城开会的代表多多少少都是国家主义者或联邦主义者，有的激进，有的温和，但他们基本上是赞成建立更强大的中央政府的。那些“州权至上”的保守派根本不屑来开会。正因如此，宪法名正言顺地忽视了他们的声音，他们的“抵制”策略反而让制宪会议变得相对容易。但现在不同了。当成文宪法摆在全民面前时，所有的人都要发表自己的高见，所有的利益集团都要在新宪法中寻找自己的诉求。“反联邦党人”决心在这一轮的较量中夺回失去的阵地。

“反联邦党人”反对新宪法的最主要的论点是：

●国会授权费城会议“修宪”而不是“制宪”，新宪法有越权之嫌，不合法。

●共和制只适用于小国寡民，应保持各州的独立主权，维持邦联的形式。

●现有的《邦联条例》足够完美，不应被取代。

●新宪法缺少《权利法案》，无法保障公民的个人自由。

●新宪法创立的中央政府过于强大，它将压迫州政府，侵犯民权。

●新的中央政府将是个“集权”政府而不是“联邦”政府，各州将失去独立性。

●立法权（国会）人数太少，没有代表性，很容易变成“富人俱乐部”。

● 行政权掌握的资源太多，总统权力太大，将产生独裁。

● 司法权将取代各州的法院，使各州丧失司法独立，并有可能受到指控。

● 应该再开一次或几次会议修正新宪法的缺陷，然后才能考虑是否接受它。

听上去，新宪法简直是个怪物，正如纽约州州长乔治·克林顿所说：它像个“巨兽”，“张开血盆大口，露出恐怖的牙齿，准备吞噬眼前的一切”。

在 13 个州中，最大的 4 个是弗吉尼亚、宾夕法尼亚、马萨诸塞、纽约。如果它们不加入联邦，这个联邦没有实际意义。弗吉尼亚和纽约是最顽固的两个大州。在弗吉尼亚，“联邦党人”和“反联邦党人”各占一半，势均力敌。在纽约，“反联邦党人”占绝对优势。为什么貌似开放的纽约反而不愿接受宪法？一个统一的大市场和中央政府对商业的强有力的保护显然会使纽约受益，纽约人为什么顾虑重重呢？

纽约州号称“帝国之州”，据说是因为华盛顿提到纽约得天独厚的资源实乃“帝国的根基”。此时的纽约虽然还不是人口第一大州，但殷实富足的乡村和迅速发展的工商业已经开始显示无穷的潜力，更何况它还有个“镇州之宝”——纽约市。纽约市到底有多重要，只看一点就够了。当时，仅凭在曼哈顿港口征收的进出口税就足以维持整个纽约州的行政开支，州政府无须再征其他税。多么幸福的纽约人！可是，糟就糟在这儿了。新宪法规定，征收进出口关税和管理海关的权力由联邦政府垄断，州政府无权插手。这不是正踩在纽约的痛处吗？它怎么可能愿意把这块肥肉吐出去？

纽约的“反联邦”势力之所以如此强大，主要应归功于州长克林顿。克林顿从1777年起就担任纽约州州长，连选连任5届，直到1795年，共18年。1801年再次当选，任职3年，后于1804年就任美国副总统。长达21年的州长生涯使他成为美国有史以来任职时间最长的州长。克林顿成功地领导纽约州赢得了独立战争的胜利，他是纽约人民心中最红的太阳。他代表的是纽约上州的“自耕农”和农场主，专门为平民百姓说话，这种人要是不受爱戴就没天理了。纽约毫无疑问是克林顿的天下，他说新宪法不好，新宪法就好不了。

但是，这一次，克林顿碰上了一个对手，就是汉密尔顿。1787年，汉密尔顿32岁，跟已当了10年州长的48岁的克林顿比起来，有点嫩。问题是，汉密尔顿只认理不认人，连华盛顿他都敢顶撞，别说克林顿了。汉密尔顿是激进的联邦主义者，他的故事我们已讲过很多（参看054《制宪之路》），但以前的一切都不如他将要做的这件事更令人瞩目。在这场毫无胜算的博弈中，汉密尔顿将写下他人生最辉煌的一章。

“大战”是从媒体开始的。制宪会议刚结束，纽约各大报纸就刊出了“反联邦党人”的文章，把新宪法批得体无完肤。虽说作者都用笔名，但明眼人不难看出，其中很多出自克林顿州长的授意，甚至有几篇是他亲笔所写。在舆论力量非常强大的纽约，这些文章的影响毋庸置疑。汉密尔顿认为，克林顿正在误导纽约人的判断力，他可不能坐视不管。你不是会写文章吗？那咱就看看谁写得更好！

汉密尔顿拟好了一个庞大的写作计划，打算把新宪法掰开了揉碎了说给纽约人听，让他们真正了解宪法的含义。他几乎是纽约州在费城会议上唯一的代表（其他两位代表只开了一个月的会就离开了），也是唯一在宪法上签字的纽约人，他对宪法的了解是其他人望尘莫及的。不仅如此，汉密尔顿还找了几个“联邦党人”朋友帮忙，比如，约翰·杰伊、古弗纳·莫里斯、威廉·度尔。杰伊是未来的首任最高法院首席大法官，也是未来的纽约州州长，莫里斯是《美国宪法》的作者，也是费城会议上发言次数最多的代表（此时他已从费城搬回纽约）。汉密尔顿的本意是让“纽约人写给纽约人看”，但他找的下一个帮手使这个计划一下子提高了规格，它似乎不再局限于纽约。这个人就是詹姆斯·麦迪逊。

麦迪逊在开完制宪会议后没回弗吉尼亚，而是直接从费城赶到纽约市，因为邦联议会要在曼哈顿开会。就像要证明邦联的软弱无力似的，到了国会开会的时间，各州居然没几个人来，因为谁也没把国会放在眼里。凑不齐 8 个州，这会就开不成，大家只好等着。麦迪逊闲得没事干，正在那儿晃悠呢，汉密尔顿来找他帮忙。麦迪逊本来不想掺和纽约的事，但报纸上对新宪法的攻击实在太离谱，“宪法之父”终于坐不住了，他接受了汉密尔顿的邀请。

有点美国历史常识的人都知道，汉密尔顿和麦迪逊是政敌。但那是后话。此时此刻，他们是亲密的朋友和忠诚的战友。他们共同创造了宪法，也将共同捍卫宪法里的每一个字。那时候的纽约人经常看到这俩在街上边走边聊。36 岁的麦迪逊瘦瘦小小的，有些憔悴，但童颜依旧，看上去像弟弟；32 岁的汉密尔顿个子高一些，一副军人做派，腰板笔直，衣着光鲜，满脸的沉思，看上去更成熟，倒像哥哥。当他们像亲兄弟一样漫步在纽约街头的时候，可曾想到，仅仅三年之后，他们将在彼此怨恨的眼神中迷失在费城的路口。

1787 年 10 月 27 日，汉密尔顿打响了“联邦党人”宣传战的“第一枪”，他的第一篇关于宪法的论文出现在纽约的《独立日报》上，题目是《联邦党人：致纽约州人民》。这是一封“告纽约人民书”。大概汉密尔顿自己也没想到，他开启的这个文章系列如江河汹涌，85 篇论文一气呵成，形成了美国政治史上的经典名作——《联邦党人文集》。

从 1787 年 10 月底到 1788 年 8 月，文章以每周 2 到 4 篇的速度出现在纽约的三大报纸上。后来，论文被整理成集出版，名为《联邦党人》。进入 20 世纪后，这个系列通常被称为《联邦党人文集》。85 篇论文由汉密尔顿、麦迪逊、杰伊完成，莫里斯因生意太忙没有参与，度尔写了 3 篇，但汉密尔顿不满意，没采用。《联邦党人文集》的初衷是引导舆论，劝说纽约人支持宪法，加入联邦，但三位作者对宪法的深入广泛的探讨，以及他们表现出的雄辩的逻辑和一流的智慧，使这部文集成了对美国宪法最天才的注解。这些并非法学专著的文章在此后的二百年里成了法学家和历史学家的必修课，到 2000 年为止，《联邦党人文集》里的观点已经被联邦最高法院在判决书中引用了 291 次，它的权威性可见一斑。本来是给宪法打个广告，没想到这广告差点成了宪法本身。

这三个人在写作中的分工主要是按他们不同的兴趣和经验。杰伊是邦联议会的外交委员会主席，也是《巴黎和约》的谈判代表之一，他的文章主要阐述未来的联邦政府在外交中的作用。麦迪逊主要讲《邦联条例》的不足、新宪法的必要性、立法权的功能。汉密尔顿讲军事、税收、行政权、司法权。人们很难想象，他们是怎样在那么短的时间里以如此高的频率对纽约人进行狂轰滥炸的。麦迪逊才思敏捷，又有制宪会议上的笔记做后盾，一个月就写了 20 多篇。杰伊写了 4 篇之后大病一场，痊愈后又写了 1 篇。汉密尔顿最忙，写的也最多。他是纽约州议员，又开着自己的律师事务所，手头的案子一大堆。太太伊莉莎还怀着孕，在 1788 年 4 月生下他们的第四个孩子。他好像一天 24 小时连轴转，做梦都在写文章。有时候，出版商就在门外站着，只等汉密尔顿写完最后一个字，拿着墨迹未干的稿子直接送上印刷机。很多文章都是第一稿，他甚至没有时间从头到尾读一遍自己的大作。他和麦迪逊忙得都顾不上互相商量，很多时候，他们居然是在报纸上第一次读到对方的文章，事前根本来不及切磋。尽管如此，他们的心意如此相通，以至于人们看不出区别。后世的专家借助计算机的分析才能勉强鉴定两人不同的风格，比如，汉密尔顿的文笔更流畅、华丽、雄辩，麦迪逊更像个学者，朴实、严谨、平和。三位作者都用同一个笔名“普布卢斯”，对真实身份严加保密。但渐渐地，大家还是猜到了。开始时，所有的稿件都由汉密尔顿的朋友转交出版商，等作者的身份成了公开的秘密后，出版社的人干脆直接跑到汉密尔顿的办公室去要稿子。1788 年 3 月，麦迪逊离开纽约回弗吉尼亚，这个系列的最后 20 篇全部出于汉密尔顿之手。“联邦党人”的文章更新这么快，对手压根儿无暇回击。一位“反联邦党人”说:“普布卢斯已经写了 26 篇了……他能不能发发慈悲，趴在桌上歇会儿，让我们喘口气？”

虽然大家都知道这些文章的作者，但并不清楚具体的哪一篇是谁写的。直到 1804 年 7 月，在汉密尔顿与伯尔那场决斗前夕，汉密尔顿好像知道自己命不久矣，他到朋友家里交代一些事情。朋友的仆人让汉密尔顿在书房等候。那位朋友回来时，看到汉密尔顿把一张纸片夹进一本书中，顺手把书放在书架上。汉密尔顿走后，他把书打开，发现是个很长的名单，给《联邦党人》85篇文章标明了作者，这是人们第一次得知真相。在第二天的决斗中，汉密尔顿被伯尔一枪致命，离开人世。在汉密尔顿去世10年后，麦迪逊列出了自己的名单，他的名单与汉密尔顿的有一些出入。我们现在知道的"官方"名单是根据他们两人的记录再经专家分析后得出的结论。在85篇文章中，汉密尔顿写了51篇（60%），麦迪逊写了29篇（34%），杰伊写了5篇（6%）。从下面的表格中，可以看到三位作者的写作情况。

序号	作者
1	亚历山大·汉密尔顿
2—5	约翰·杰伊
6—9	亚历山大·汉密尔顿
10	詹姆斯·麦迪逊
11—13	亚历山大·汉密尔顿
14	詹姆斯·麦迪逊
15—17	亚历山大·汉密尔顿
18—20	詹姆斯·麦迪逊
21—36	亚历山大·汉密尔顿

（续表）

序号	作者
37—58	詹姆斯 · 麦迪逊
59—61	亚历山大 · 汉密尔顿
62—63	詹姆斯 · 麦迪逊
64	约翰 · 杰伊
65—85	亚历山大 · 汉密尔顿

汉密尔顿和麦迪逊在《联邦党人文集》中主要从两个层面解释了宪法。第一个层面是讲宪法体现的“三大妥协”：中央（联邦政府）与地方（州政府）的妥协，南方与北方的妥协，大州与小州的妥协。第二个层面讲宪法的两大“分权”：中央政府内部的分权（三权分立），中央与地方的分权（联邦制）。联邦政府与州政府互相独立又共存的“双重治权”是宪法的天才所在。总之，洋洋洒洒的 85 篇论文实际上就讲了两个字：权力。如何分配和制约权力是美国宪法的唯一考量。

汉密尔顿是整个文章系列的总设计师，他的计划决定了这个系列的结构。而且汉密尔顿写的开头语很有气势，似乎不只是给纽约人看的，甚至不只是为了批准宪法而写的。他说：

在频繁的议论中，人们似乎认定，这个国家的人民将以自身为楷模，回答一个重要的问题，那就是，人类社会是否有能力依靠鉴证和选择建立一个好的政府，还是永远都要依赖某种事件和权威来决定自己的政治结构？如果这些议论属实，那么，我们目前面临的危机就是这个时代最重要的事件。如果我们做出错误的选择，它将是全人类的不幸。

在那个以含蓄和谦虚为主旋律的时代，这段话说得大言不惭。在汉密尔顿眼里，接受新宪法不仅决定“美帝国”的前途，也直接影响人类的命运，因为美国是全世界的“榜样”。你能想象，这话出自一个刚刚独立的、对世界毫无影响力的“半成品”国家吗？

在第一篇中，汉密尔顿还向读者介绍了他的写作计划，基本上覆盖六大领域：

- 联盟在人们政治生活中的作用（第 2—14 篇）
- 目前的邦联不足以维护联盟（第 15—22 篇）
- 一个强有力的政府的必要性（第 23—36 篇）
- 宪法与共和原则的一致（第 37—84 篇）
- 联邦宪法与各州宪法的类似（第 85 篇）
- 采用新宪法将有利于稳定、自由、繁荣（第 85 篇）

三位作者在《文集》中的大多数观点我们已经在前面的故事中讲过了，他们只是更详细、更深入地解读了宪法。在85篇文章中，最经典、最出名、最被学者们普遍赞誉的是第10篇：《再论联邦可以防止国内宗派之争和暴乱》，它出自麦迪逊之手。第10篇是在汉密尔顿的第9篇《联邦可以防止国内宗派之争和暴乱》的基础上引申的，这两篇的联系如此紧密，人们很难相信它们不是两人密切合作的结果。两位作者在这两篇中都大量引用法国启蒙思想家孟德斯鸠的理论，反驳“反联邦党人”关于“共和制只适用于小国寡民”的观点。

在第10篇中，麦迪逊的表现既有学者的严谨，又有政治家的精明。他主要分析了政治派别对人们政治生活的影响。他说，由于人的天赋和出身背景不同，他们拥有的资源注定是不平等的，这种不平等造就了不同的利益集团，也就是宗派。每一个宗派都为自己谋幸福，他们在思考问题的时候不会把全局利益或全民福利放在第一位。如果某个宗派掌控了政府，它的危害不言自明。那么，政府是否应该取缔或限制宗派？答案是否定的，因为这样做就是侵犯自由，况且在现实中也不可行。相反，既然宗派和宗派之争来源于人的本性，属于“天赋人权”的一部分，政府的职责不是限制它，而是保护它。

可是，怎样防止宗派带来的危害呢？在这里，麦迪逊把讨论引入了正题：大规模的共和国比小国寡民更有利于防止宗派之争。道理很简单，在一个小国或一个州，某个宗派更容易收买或控制政府，因为他们为此付出的代价比较小。而在更大规模的联邦政府，任何一个派别都不可能或不容易占优势，收买 100 个议员和收买 10 个议员的代价当然不同。比如，在某个商业发达的州，这个州的大多数议员很可能来自商人阶层，他们制定的法律当然有利于商业，农民的利益得不到保护。反之亦然，在农业州，工商业就可能受排挤。但在联邦政府，议员们来自不同的州、不同的阶层，无论是商人还是农民都不可能占绝对优势，也就不可能完全左右国家的决策。所以，联邦政府可以把宗派之害降到最低。麦迪逊不否认，不管什么样的政府都不可能完全消除宗派、党派之争，但联邦政府比州政府更能防止这种争执的极端化，也就是说，联邦政府更符合以“自由平等”为基础的“共和”原则，而看上去更顺应民意的州政府只是狭隘的“民主”。从长远和大局看，联邦政府比较折中、平衡的立场将最终使各州受益。

麦迪逊在第 10 篇中的观点与他在那著名的第 51 篇《政府各部门间必须有制约与平衡》里的论述遥相呼应。第 51 篇的影响力仅次于第 10 篇，主要讲三权分立和权力间的制约与平衡，这是麦迪逊最喜欢的话题，我们在前面的故事中已经讲过很多。在第 51 篇中，麦迪逊再次强调人性的丑陋，以此论证制约与平衡的重要性。他说：

“野心必须被用来制衡野心。人的利益必须与宪法赋予的权利相关联。”同时，他也认识到，新大陆与旧大陆不同。旧大陆的问题是没有自由，而新大陆的问题是自由过了头，到了泛滥的地步，以至于政府已无力保护自由。下面这段话最能表达麦迪逊在人性和权力之间的挣扎：

基于人性的本质，这些（分权）措施是必要的，它们可以防止政府滥用权力。但是，什么是政府本身所反映的人性？如果人是天使，就不需要政府了。如果由天使管理政府，一切内部和外部的制约都不需要了。在建立一个由人组成又要管理人的政府时，最大的困难是：你首先要给这个政府统治的权力，然后才能责成它管好自己。

第51篇是所有研究“分权”理论的人的必读本，就像第10篇一样，你会觉得文中处处都有闪烁的光，时时向人们提点着宪法的精髓。我们在后面的故事里还将不断地“温习”这个一直困扰着“国父”们的问题。

汉密尔顿在《联邦党人文集》中最重要的贡献是对行政权和司法权的论述，他的表达方式与麦迪逊不同。麦迪逊喜欢从理论上入手，有时候像个哲学家，汉密尔顿更多的是从现实角度讨论问题，他的思路更像政治经济学领域的观点。但是，两人在一点上是一致的：美国不是由上帝管理的伊甸园，它需要人的政府来遏制人的自私，同时也满足人的诉求。在第23—36篇中，他几乎是逐条解释了宪法赋予行政机构的各种权力，比如征税权与在和平时期维持常备军的权力，以打消人们对于“行政权过强”的疑虑。在第62—66篇，汉密尔顿呼应了麦迪逊对新大陆“过度自由”的担心。他说：“自由会因滥用自由而受到威胁，就像它会因滥用权力而受到威胁一样。在现阶段，滥用自由，而不是滥用权力，是美国面临的主要威胁。”防止这种威胁的唯一办法就是建立一个更强大的政府。汉密尔顿在探讨建立联邦政府的必要性时还有一个其他“国父”几乎不关心的国际视角。也许是因为他本身的“外国人”背景，汉密尔顿非常在乎美国的“国际形象”。他认为，独立后的北美在内政外交上都是一团糟，还不起外债，履行不了条约义务，成了欧洲人眼里的笑话。只有建立统一的国家才能让美国在国际上赢得尊重。他的这个观点与华盛顿的不谋而合，他们俩好像是较早感受到“民族意识”和“民族自尊”的美国人。

汉密尔顿在第78篇《司法权》中对司法权的论述使这一篇成为与麦迪逊的第10篇和第51篇同等重要的政治学经典论文。身为律师的汉密尔顿一向对司法权有近乎神圣的崇拜，他特别强调司法独立，认为它是对人权的最重要的保障。但他也很清楚，司法权是宪法中最弱的一权，因为“它既没有笔（媒体）也没有剑（军队）”。

似乎是为了弥补这一缺陷，汉密尔顿在这一篇中特别强调了“司法审查”的重要性，就是说，最高法院应该审查和推翻国会的“违宪”立法。这个超级重要的观点在宪法中却没有明示，汉密尔顿第一次对它进行了详细论述，宣称“所有违宪的法律都不合法”。这一条成为后来最高法院法官，特别是第四任首席大法官约翰·马歇尔推行“司法审查”的理论依据。如果没有“司法审查”，司法权不可能与其他两权抗衡，三权分立只好一瘸一拐地走。

在第84篇《关于对宪法的某些反对意见的思考和答复》中，汉密尔顿针对“反联邦党人”对宪法没有《权利法案》的指责，专门强调《权利法案》没有必要，因为联邦政府只拥有宪法赋予的权力，而宪法并没有赋予它干涉公民自由的权力，比如对信仰自由和言论自由的干涉。如果加上《权利法案》就成了“此地无银三百两”，反而使宪法有了侵犯自由之嫌。再说，每个州的宪法都有《权利法案》，没有必要在联邦宪法中再重复一遍。在这一点上，麦迪逊与汉密尔顿完全一致，都主张不加《权利法案》。有趣的是，这一点成了“反联邦党人”最不能容忍的。到最后，“联邦党人”不得不妥协，以加入《权利法案》为条件换取各州批准宪法。麦迪逊亲自起草了美国宪法第一到第十修正案，合称《权利法案》，他还因此赢得“权利法案之父”的美名。关于《权利法案》的故事，我们后面再讲。

《联邦党人》在纽约出版后又传往其他各州，为各地“联邦党人”的攻势推波助澜，很多人它当成辩论宪法的指南。虽然它不一定在各州批准宪法的过程中起到决定性的作用，但它对后世的影响源远流长。一位学者说 :“它对宪法的解释无与伦比，不管从广度还是深度上说，这部经典政治学著作无法被超越。”美国前总统西奥多 · 罗斯福说 :“它是一本现实政治的最好教材。”

宪法是一张蓝图，《联邦党人文集》是它的说明书，但无论多么美妙，这一切都是纸上谈兵。“联邦党人”将怎样把纸上的国家变成现实？他们将怎样推动各州批准和接受新宪法？他们与“反联邦党人”怎样在斗争中达成妥协？请看下一个故事 :《制造美国》。

060

制造美国

1787年9月，经过四个月的秘密讨论，新宪法终于从幕后走到台前，它立刻引起“全民大吵架”，其激烈程度比制宪会议有过之而无不及。接受它，或拒绝它，这是个问题。大家之所以这么较真儿，是因为这是人类第一次在没有神谕、没有国王、没有权威、没有胁迫的情况下为自己创造一个国家。走过路过不能错过，这种机会还有第二次吗？在旧大陆，人们习惯了先有国家，后有宪法，宪法似乎天生是为当权者服务，有什么好争论的呢？但在新大陆，事情反过来了，先有宪法，后有国家，宪法是各方利益博弈和妥协的结果。我的国家我做主，此时不吵更待何时？别说“国父”们，就是一个普通公民也会睁大眼睛试图从宪法的字里行间寻找他自己的诉求。结果当然是，没有一个人百分之百地满意。“联邦党人”和“反联邦党人”都把对方骂得狗血喷头，同一部宪法，上午是天使，下午就成了魔鬼，叫人情何以堪？政府的权力越大，人民的自由越少，习惯了无拘无束的美国人准备好了吗？《美国宪法》和《联邦党人文集》把该说的都说了，但“制造美国”似乎仍然困难重重。

从这场“大战”中，你会发现，当初最激进的革命者此时基本上都成了最起劲的“反联邦党人”，比如，马萨诸塞的塞缪尔·亚当斯，弗吉尼亚的帕特里克·亨利。他们都是美国革命的火炬，没有他们，那最初的星星之火不会燎原。可是，他们现在为什么不遗余力地反对新宪法呢？原因很简单，他们在坚守着自由。在他们心中，自由是美国革命的唯一目的。新宪法貌似正在建立一个强大的独裁政权，仿佛被赶走的英王又回来了，咱那八年不是白干了吗？制宪会议还在进行的时候，亨利就说：“我闻到了耗子的味道。”如今，费城那帮“耗子”想把全美国都吃光，咱绝不能让他们得逞！

1788 年 3 月，麦迪逊离开纽约回到弗吉尼亚。在纽约的这几个月他可没闲着。他与汉密尔顿合作完成了《联邦党人文集》（参看上一篇故事），并把《联邦党人文集》的文章传往弗吉尼亚。与此同时，麦迪逊还取得了一个不小的胜利，那就是，让邦联议会（国会）同意把新宪法交给各州讨论。本来，“反联邦党人”一直说费城会议越权，因为国会最初的授权只是“修宪”而不是“制宪”，所以，他们建议国会直接把新宪法否决了，省得折腾。但麦迪逊和其他“联邦党人”议员坚持新宪法的合法性。他们说，国会在授权“修宪”的时候并没有规定“修”到何种地步，即使“修”得面目全非也是“修”嘛，况且各州在给费城会议代表的授权书里有很多“便宜行事”的指示，新宪法一点也不出格，国会应该明确表示赞同并建议各州接受。双方争来争去，最后，国会决定以“沉默”表达态度。它既不赞成，也不反对，而是把新宪法直接转交各州讨论，不加任何意见。对“联邦党人”来说，沉默是金。连国会都没说话，别人还有啥资格说新宪法“违宪”呢？

等麦迪逊回到弗吉尼亚才发现，情况好像不太妙。他本以为大部分弗吉尼亚人是支持新宪法的，没想到，“反联邦党人”与“联邦党人”各占一半。最可怕的是，弗吉尼亚政坛最有影响力的人物，也是最天才的演说家，帕特里克·亨利，坚决反对新宪法。说起亨利，任何人都不会忘记他那段“不自由，毋宁死”的演讲（参看 025《不自由，毋宁死》）。那次演讲让弗吉尼亚人热血沸腾，决定拿起武器保卫家园。亨利的口才天下无敌，杰斐逊曾这样说起听亨利演讲时的感受：“他讲话时会让你全身的毛发都竖起来，情不自禁地跟随他的语言，支持他说的每一个字。可是，等你冷静下来的时候，你可能会发现，你完全不赞同他的观点。”这就是演说家的魅力。亨利在弗吉尼亚的威望无人能比。他五次当选弗吉尼亚州州长，1785 年，如果不是他主动退出竞选，他还会一直当下去。弗吉尼亚人就爱听亨利说话，有什么办法？

另一个反对宪法的大腕是乔治·梅森，就是那位拒绝在宪法上签字的弗吉尼亚州代表。梅森是“教父”级的人物，美国革命最早的倡导者。他最有名的贡献是起草了《弗吉尼亚人权宣言》。后来，杰斐逊的《独立宣言》和麦迪逊的《权利法案》都基本上照抄了梅森的这份宣言，他们在梅森面前都是小学生。梅森是华盛顿的邻居，他们两家的庄园紧挨着。抗税风潮刚开始的时候，华盛顿还在观望，梅森天天跑到华盛顿家鼓动他闹革命。如今，梅森成了“反联邦党人”的领袖，他反对新宪法主要有两个原因：一是新宪法没有《权利法案》；二是新宪法没能制止奴隶贸易（参看 057《其他人》）。梅森的立场让麦迪逊觉得有点意外，因为梅森在费城会议上并没有表现出这么激烈的态度，尽管他拒绝签字。

还有一位特别有趣的重要人物，就是弗吉尼亚州的现任州长伦道夫。伦道夫的故事我们已经讲过不少，他也是拒绝在宪法上签字的代表。可是，他似乎患上“选择恐惧症”，搞不清自己该站哪边。回到弗吉尼亚后，伦道夫不停地发表言论，为自己在费城的行为“辩解”。他一会儿说，他拒绝签字是对的，但那并不表示他反对新宪法；一会儿又说，他后悔没有签字，因为他的决定引起了人们的误会，等等。州长先生把大家搞得一头雾水，谁也不知道他到底啥意思。

伦道夫的犹豫给了麦迪逊拉拢他的机会，他成了“联邦党人”

的第一个突破口。可别小看伦道夫。他来自弗吉尼亚的“政治世家”伦道夫家族，这个家族出了一大堆州长和议员，他还有两个特有名的表兄弟——托马斯·杰斐逊和约翰·马歇尔。35岁的伦道夫不只拥有“高贵”的血统和英俊的脸庞。他精明干练，处事周到，口才出众，是位深受爱戴的“明星”州长。如果他明确表示支持宪法，一大批人就会跟着他投奔“联邦党人”阵营。麦迪逊跟伦道夫是好朋友，自然而然地把伦道夫当成了“主攻”对象。

“反联邦党人”有两个声音，一是完全拒绝新宪法，二是先修改宪法的缺陷，然后考虑接受。与此相对应，“联邦党人”的棋是分两步走：第一，争取多数人同意批准宪法；第二，先无条件接受宪法，然后再考虑修改。各州的“联邦党人”和“反联邦党人”都互相串联，互相打气，互通信息，就像当年的通讯委员会，这是要闹“二次革命”节奏。弗吉尼亚和纽约是“反联邦党人”势力最大的两个州，它们之间的互动也最频繁。

弗吉尼亚议会决定在1788年6月2日召开代表大会，对宪法进行审议和表决，有点“公投”的意思。每个县根据人口分到固定的代表名额，“联邦党人”和“反联邦党人”竞争代表席位。这些代表既可以是现任的政府官员，也可以是普通公民，谁的票数多谁上。最后，弗吉尼亚共选出168位代表。来自北部各县的代表“联邦党人”居多，南部各县“反联邦党人”占优势，双方势均力敌，大家对表决结果的预测是 84 ∶ 84。

让“联邦党人”感到鼓舞的是，在弗吉尼亚代表大会召开之前，已经有 8 个州批准了宪法，再多一个，宪法就生效了。已经批准宪法的州大多数是小州，比如，特拉华、新泽西、佐治亚、康涅狄格、马里兰、南卡罗来纳。但也有两个大州接受了宪法，它们是宾夕法尼亚和马萨诸塞。在小州的代表大会上，“联邦党人”的优势很明显，基本上以全票或压倒性多数通过。但在大州就不同了。宾夕法尼亚是 46 ∶ 23，刚好三分之二。马萨诸塞是 187 ∶ 168，争夺非常激烈，勉强过关。这个现象至少说明，宪法似乎给了小州过多的话语权，特别是在参议院，各州无论大小均有两名议员，这一条让大州很不爽，也是大州不愿接受宪法的主要原因之一。小州影响力过大的现象至今仍然屡遭诟病，它总是让人觉得多数人的利益掌握在少数人手中。

不管怎样，弗吉尼亚毕竟是弗吉尼亚，这个已有一百八十年历史的最古老的殖民地，人口占全美的将近三分之一，国民总产值也占三分之一。就算其他 12 个州都加入联邦，弗吉尼亚也完全可以傲然自立，正如亨利所说，不是弗吉尼亚需要联邦，而是联邦需要弗吉尼亚。咱不跟它们掺和，难道它们从此就不跟咱做生意了？谁不想要弗吉尼亚的钱？但麦迪逊认为，话不能这么说。如果弗吉尼亚不加入联邦，它将无法像过去那样对各州施加影响并在所有的事务中承担领袖的角色，这将最终损害经济利益。咱眼光得放远点儿。

6 月 4 日，大会开幕两天之后，两大阵营开始了短兵相接。亨利警告大家，弗吉尼亚人的自由正受到前所未有的威胁，共和国正在沦陷。他犀利的眼光横扫麦迪逊和伦道夫，然后说了下面这段话：

“他们有什么权利说‘我们人民’？谁授权他们说‘我们人民’而不是‘我们各州’？如果各州失去代表人民的资格，那么，所谓的联邦政府就是个集权政府！你们必须做出解释！”

在此后的几天里，亨利的演讲都是慷慨激昂，咄咄逼人，赢得了代表们的共鸣。跟他比起来，麦迪逊那像蚊子哼哼一样的声音简直弱爆了，有很多次，会议的秘书记录都是“他声音太小……听不见他在说什么……”那时候又没有麦克风，全靠一副好嗓子。麦迪逊体弱多病，能正常喘气就不错，哪有力气跟亨利对吼？但是，别急，他有个帮手，就是伦道夫州长。此时的伦道夫已经完全站在“联邦党人”一边，这要归功于麦迪逊的死缠硬磨。麦迪逊不光自己下工夫，还把华盛顿搬出来做伦道夫的工作。华盛顿和伦道夫家族交情颇深，与他的叔叔是好朋友。伦道夫在战时曾当过华盛顿的帐前助理，后来又是华盛顿的私人律师和法律顾问，这中间有好几层关系，没有不帮忙的道理。

伦道夫说起话来既不像亨利那样跌宕起伏，也不像麦迪逊那样喋喋不休。他总是从容不迫地阐述自己的观点，温和又有力，优雅又坚定，那带着磁性的声音和那股子四平八稳的劲儿足以征服人心。他说，当初，我没有签署宪法，因为我想先修改它的缺陷。但现在看来行不通了，因为已有 8 个州批准了宪法，我们不可能要求人家再来一次。弗吉尼亚只能先无条件地接受，再图修宪。如果弗吉尼亚不批准宪法，势必导致分裂，这是所有的人都不愿看到的。伦道夫很会抓要点，他婉转地指责“反联邦党人”企图“分裂联盟”，确实击中了要害，尽管这种指责一点根据都没有，基本上是凭空瞎掰。

有了伦道夫这个高水平的助手，麦迪逊底气大增，他知道，他没有必要跟亨利拼口才了。他用微弱的声音说：“我们争论问题的时候不应该只凭感觉和感情，人民选我们到这儿来，是让我们以平静和理智的分析为基础，依靠对事情的理解和判断做出决定。”当年闹革命需要激情，但激情不能变成我们的日常生活。革命的目的是自由，但如果没有秩序，自由将难以为继。新宪法的意图正是为了保护我们用血换来的自由。接着，他逐条反驳亨利的论点，大部分内容都是他已经在《联邦党人文集》里讲过的。最有意思的是他针对亨利关于“集权政府（国家政府）”还是“联邦政府（分权体制）”的问题做的回答，正如他在《联邦党人文集》第 39 篇《宪法方案与共和原则的一致性》里的那段著名的绕口令：

它是混合型的政府。从某些方面说，它是“国家的”（集权的），从另一些方面说，它是“联邦的”（分权的）。总而言之，它是没有先例的。批准宪法的程序由各州独立完成，一个州的选择对其他州没有约束力。这一点显示，它是“联邦”政府，因为在“国家”政府中，只要大多数人或大多数州做出决定，其他的人或州必须服从。在民选官员方面，它既有“国家”特征，也有“联邦”特征。众议院按人口比例分配，这是“国家的”；参议院每州平等，这是“联邦的”。一般来说，“联邦政府”跟各州打交道，“国家政府”直接跟人民打交道，所以，它看上去确实像“国家的”。但在共和体制中，政府本就应该直接与人民对话，所以宪法才以“我们人民”开头，“联邦政府”与“国家政府”在“人民”中合为一体。另外，修宪程序决定了这部宪法既不是“国家的”，也不是“联邦的”，而是在两者之间。因为，如果是“国家的”，只要简单多数就可通过；如果是“联邦的”，必须每个州都通过才算通过。但事实上，修宪不需要全体通过，也不能简单多数，而是要“超级多数”（三分之二多数）。言而总之，新政府有点像“国家的”，也有点像“联邦的”。

各位看官，你的，明白？上面这段说词是典型的麦迪逊风格，他不把你说晕不算完。但他就这样不停地说啊说，在不知不觉中，“联邦党人”阵营一天天膨胀，“反联邦党人”阵营一天天缩小。6

月21日，新罕布什尔成为批准宪法的第9个州。至此，美国宪法正式生效。弗吉尼亚的“联邦党人”士气大振，现在的问题变成：你是顺应潮流加入联邦还是自绝于联邦之外？“反联邦党人”从攻势变成守势，他们的选择从“是否接受宪法”变成“是有条件地接受还是无条件接受”。这个条件就是《权利法案》。

不管风云如何变幻，梅森在《权利法案》的问题上从没退让，因为他坚信，没有人权的民主就是专制，它必然带来暴政。虽然“联邦党人”多次声明新宪法没有授权政府践踏人权，但“反联邦党人”在这一点上拒绝妥协。最后，麦迪逊只好承诺在第一届美国国会成立后立刻讨论通过《权利法案》，这件事才算了结。1788年6月25日，弗吉尼亚州代表大会投票表决，以89票赞成79票反对的微弱多数批准了宪法，成为美国的第10个州。10票之差的意思是，只要5个人的心念一转，就是平局。要是6个人改主意呢？

弗吉尼亚的结果一出来，麦迪逊立刻派人快马加鞭直奔纽约，中间换了五六匹马，只求速至。这是他与汉密尔顿的约定。与此同时，汉密尔顿正望穿双眼，盼着麦迪逊的消息，因为纽约的讨论正进入白热化。

如果你觉得麦迪逊真的不容易，那是因为你还没见到汉密尔顿的惨样。不管怎么说，弗吉尼亚两大阵营的势力不相上下，各有50%的胜算。但纽约完全不同，“反联邦党人”占绝对优势。而且，弗吉尼亚还有个“隐形资产”——乔治·华盛顿。华盛顿没参加批准宪法的大会，但他支持宪法，这是众所周知的事，很多人就冲着对他的信任而接受了宪法，麦迪逊也很顺风顺水地引用华盛顿的话给大家壮胆。但在纽约，这个条件不存在。不但如此，汉密尔顿还因为与华盛顿的亲密关系而惹了一身官司。

1787 年 9 月，宪法刚刚成文，纽约的报纸上就登出一则“传言”，说汉密尔顿是华盛顿的私生子，所以华盛顿才整天像护犊子一样地护着他。这当然纯属无中生有。汉密尔顿是私生子不假，华盛顿爱他也是真情流露，但他们之间没有半点血缘关系。可是，这个低劣的谣言竟然伴随了汉密尔顿一生。汉密尔顿觉得比窦娥还冤，他写信给华盛顿，想请华盛顿出面澄清一下。华盛顿是“老江湖”了，一看就知道是怎么回事。他对汉密尔顿说，不用理会，清者自清。之所以有人在此时造谣，是因为他们害怕汉密尔顿的能力。既然无法攻击汉密尔顿的智商，就只能攻击他本人了。

虽说政治总是肮脏的，但纽约似乎比弗吉尼亚脏得多。在公开、透明这方面，弗吉尼亚的绅士们显然更胸怀坦荡。成也罢，败也罢，事情都摆到桌面上说，至少你不用担心人身攻击。纽约人也许太会做生意，太狡猾，特喜欢搞小动作。我们在上一个故事中已经讲了纽约州州长乔治·克林顿的势力，他是纽约“反联邦党人”的领袖。纽约的情况之所以这么复杂，除了“主义之争”，还有各大“家族”

的利益之争。

当时，控制纽约的是三大家族：克林顿家族、利文斯顿家族、斯凯勒家族。三个家族的财富不相上下，在政治上尔虞我诈，天天上演“三国志”。纽约政坛塞满了他们的家族成员和门生故吏，还有数不清的裙带关系。比如，汉密尔顿本人就是斯凯勒家的女婿，另一位重要的“国父”约翰·杰伊是利文斯顿家的女婿，再加上乔治·克林顿、罗伯特·利文斯顿、菲利普·斯凯勒都亲自担任要职，这要是能清爽才叫见鬼了。难怪民谣曰：“克林顿家有权，利文斯顿家有钱，斯凯勒家有汉密尔顿。”

在这场“联邦党人”与“反联邦党人”的争斗中，看上去斯凯勒和利文斯顿似乎有点联合起来对付克林顿的意思，利文斯顿和斯凯勒都是“联邦党人”，汉密尔顿和杰伊都是“联邦党人”阵营的领袖，他们也是《联邦党人文集》的作者（参看上一篇故事）。形成这样的格局可能是因为利文斯顿家族和斯凯勒家族在纽约市有巨大的商业利益，而克林顿家族的主要财富来源于纽约上州的土地。

纽约市和纽约州的诉求不一样。纽约市完全是工商业、银行业的利益，而纽约州绝大部分地区是自耕农的天下。新宪法对纽约州最大的影响是，联邦政府将代替州政府统一管理海关并征收进出口税。这一条对别的州来说也许还可以忍受，但在纽约州却是个天翻地覆的变化，因为纽约州的财政来源全都指望着曼哈顿的港口。如果州政府失去了这块肥肉，它就只能向其他阶层征税，比如自耕农。对纽约市的商人来说，甭管谁征税，反正他们都是纳税人。由联邦统一管理海关可以提高效率、降低费用，节省一笔钱。联邦还能提供一个统一的大市场，建立强大的海军保护海外贸易，商人们当然高兴。纽约市自然而然地支持“联邦党人”。出于相反的原因，纽约上州也就自然而然地支持“反联邦党人”。

纽约州的人民代表大会定于 1788 年 6 月 17 日召开，全州共选出 65 位代表。6 月 14 日，纽约市的商人隆重欢送他们选出来的“联邦党人”代表启程前往上州。这个十几人的团队由纽约市市长詹姆斯·杜安带领，成员包括汉密尔顿、杰伊、利文斯顿等等。汉密尔顿一定觉得很疲倦，因为他刚刚完成了《联邦党人文集》中的 51 篇文章，这会儿又要把笔放下去拼口才。杰伊大病初愈，脸色还有些苍白。但他们都打起精神准备迎接新的挑战。这个挑战比他们想象的还要严峻。当他们到了会场，发现由克林顿州长率领的“反联邦党人”大部队正严阵以待。“联邦党人”代表与“反联邦党人”代表的比例是 19 ∶ 46。汉密尔顿说：“我觉得我们正在打内战。”可是，他有几成胜算呢？

明摆着，如果马上投票表决，“联邦党人”必败无疑。“反联邦党人”意在速战速决，“联邦党人”只能用“拖”字诀。汉密尔顿在会议一开始就提议，我们要对宪法进行“逐条”审议。别着急，慢慢来。你不是反对新宪法吗？我就一条一条地解释给你听。干这事儿汉密尔顿最在行，别忘了他刚刚写完的《联邦党人文集》，在那里面他已经逐条解释过宪法了，驾轻就熟。汉密尔顿的口才比麦迪逊强多了，他的声音很好听，语言也很有感染力。最重要的是，律师出身的他"白话"能力超强，有事没事就能说上半天。在制宪会议上，他有一次发言，一讲就是六个小时，错过了午饭又错过了晚饭，差点把大家都饿死。现在，汉密尔顿再展神威，非要把人说崩溃了不可。他告诉朋友们："宪法不被接受，这个会就不能结束。"其实，他就是想拖着。他知道，新罕布什尔和弗吉尼亚的代表大会正在进行，它们中的任何一个批准了宪法，宪法就会生效。到那时，纽约"联邦党人"再施加压力将事半功倍。特别是，如果第一大州弗吉尼亚也接受了宪法，纽约就更不好"自立"了。汉密尔顿给麦迪逊一天一封信，要求麦迪逊以最快的速度传递信息。

除汉密尔顿外，利文斯顿也扮演了重要角色。他的作用跟伦道夫差不多，以温和面目示人。他出身名门，在纽约从政多年，威望很高。后来，华盛顿就任总统时就是利文斯顿主持宣誓仪式，手捧《圣经》引读誓言，开启了美国总统就职的固定程序。利文斯顿不像汉密尔顿那么激进，他的话似乎更容易被人接受。

新罕布什尔和弗吉尼亚分别在 6 月 21 日和 6 月 25 日批准了宪法。7 月 2 日，弗吉尼亚的信使终于来到纽约。利文斯顿立刻宣布了这个消息，“联邦党人”欢声雷动，这是他们转守为攻的一刻。当此关头，纽约还能孤立多久？汉密尔顿说：如果纽约州坚持不接受宪法，纽约市就要从纽约州分离出去，以独立市的身份加入联邦！克林顿说：你别吓唬人，纽约市才不会独立呢！汉密尔顿说：不信你就试试看！

就这样刀来剑去地又折腾了二十多天。“联邦党人”代表一个一个地把“反联邦党人”代表游说过来，又是威胁又是利诱的。克林顿州长也意识到，不批准宪法恐怕不太现实了，他的防守策略变成了“有条件地接受宪法”。7 月 26 日，纽约代表大会投票表决。30 票赞成，27 票反对（有些代表没投票），“联邦党人”以 3 票之差险胜，这是所有接受宪法的州里最小的差额。而且，纽约州在接受宪法时附加了 25 个《权利法案》条款和 35 个修宪议案。“联邦党人”代表也承诺第一届国会将讨论《权利法案》。虽然有点不情愿，但纽约终于成为第 11 个州。

纽约的党争并没有随着宪法的生效而消失，但那是后面的故事。现在，就让我们先尽情狂欢吧！事实上，纽约市已经等得不耐烦了。投票表决还没开始，曼哈顿人居然提前三天举行了盛大的游行，预祝投票成功。五千多人参加了游行（那时曼哈顿的人口才两万多），整整闹了一天。游行队伍的正中间是一艘用纸做的“联邦船”。这艘长达 8 米的大船由 10 匹马拉着穿过百老汇大街，气势非凡。猜猜这条船叫什么名字？当然是以此次“大战”的英雄命名的“汉密尔顿号”。纽约市民甚至想把纽约市改名为“汉密尔顿尼亚那”呢。

随着美国宪法的生效，1789 年 3 月 4 日，第一届美国国会正式成立。9 月 25 日，国会通过了《权利法案》。11 月 21 日，北卡罗来纳接受了宪法，成为第 12 个州。1790 年 5 月 29 日，罗得岛成为第 13 个州。至此，最初从英国独立出去的 13 个北美殖民地变成了一个统一的国家，美利坚合众国的历史也翻开了新的一页。

虽然“联邦党人”取得了辉煌的胜利，但“反联邦党人”并没有失去所有的阵地。也许，“反联邦党人”在这场论战中最大的失误是，在反对新宪法的同时并没有提出自己的替代方案，这就大大削弱了他们的声音。但是，在一点上，他们取得了胜利，而且胜得非常漂亮。这就是，《权利法案》。不管是无条件还是有条件接受宪法的州，它们都以国会通过《权利法案》为“假设”，而北卡罗来纳和罗得岛的加盟更是以《权利法案》为前提，这是“联邦党人”做的最大的让步。可见，《权利法案》至关重要。

为什么《权利法案》在北美人心中的地位如此神圣？它到底有哪些内容？它对未来的世界有什么影响？请看下一个故事：《〈权利法案〉》。

061

《权利法案》

到1788年7月为止，美国宪法已经获得了11个州的批准，它正式成为新大陆的最高法律。但是，还有一个悬而未决的问题，就是“反联邦党人”一再强调的《权利法案》。只要看一下宪法就会发现，它从头到尾只谈政府的“权力”，不谈人民的“权利”。“权利”是人民没有授予政府的“权力”，也就是人民保留的“自由”。在自由高于一切的新大陆，它的“根本大法”却对“权利”视而不见，这岂不是太不可思议了？难道“国父”们吵架吵昏了头，把这么要紧的事儿给忘了？当然不是。事实上，在整个制宪会议中，《权利法案》被不断地提起，可是，每一次都被压倒性多数否决。这到底是为什么呢？

这个问题在《联邦党人文集》第84篇中已经被汉密尔顿解释得很清楚了（参看059《联邦党人》）。显然，他的解释没有让“反联邦党人”满意。没错，宪法没“明示”联邦政府干涉自由的权力，但是，您老人家难道忘了那个“必要与适当条款”吗？这个条款使国会拥有了无数“暗示”或“引申”的权力，它要是哪天抽起风来谁挡得住？更要命的是，您还有个“至高无上条款”，就是说各州法律不得与联邦宪法相冲突。如果国会通过了侵犯人权的法案，最高法院那帮人又没说它“违宪”，就算各州宪法保护人权，但因与联邦宪法相悖，俺的法律不都得作废吗？到那时，谁来保护俺？

其实，支持加上《权利法案》的，不只是“反联邦党人”，还有很多持中立态度的政要和名人。制宪会议刚结束，华盛顿兴冲冲地把一份宪法文本寄给远在法国的拉法耶特。拉法耶特赞扬了宪法的结构和功效，但他也明确表示，一部共和国的宪法缺少《权利法案》是不可想象的。他的话让华盛顿陷入沉思。连一个法国贵族都一眼看出这个毛病，可见《权利法案》的缺失实乃这部宪法的“硬伤”。

另一个坚决支持《权利法案》的是时任驻法公使托马斯·杰斐逊。杰斐逊和麦迪逊是铁哥们儿，他虽然身在国外，但与麦迪逊的通信非常频繁，对“家里”的事了如指掌。制宪会议一开始，杰斐逊就要求麦迪逊透露详情，但麦迪逊严格遵守会议的保密原则，只能跟杰斐逊说对不起。宪法出炉后，麦迪逊寄了一份给杰斐逊。然后，他收到了杰斐逊的长信。好像是碍于朋友的面子，杰斐逊先

“热情”地称赞了宪法的优点，比如，三权分立、联邦的征税权、大州与小州的妥协等。但是，笔锋一转，他开始大肆“吐槽”宪法的缺点。第一条就是缺少《权利法案》。他说：“《权利法案》是人民抵御世上所有政府的武器，一个拒绝《权利法案》的政府不可能是正义的。”他反驳了麦迪逊“《权利法案》没有必要”的观点。宪法不是新大陆的最高法律吗？那么，人民的自由是不是新大陆的最高利益？如果是，它难道不值得最高法律的保护？《权利法案》仅限于各州法律是远远不够的，联邦宪法必须明文规定人民的权利。

在随后各州批准宪法的辩论中，“权利法案”一直是最热门的话题。接受宪法的州都是在“联邦党人”承诺国会通过《权利法案》后才同意的，北卡罗来纳和罗得岛干脆表示，你不通过《权利法案》，我们就不加盟！事到如今，《权利法案》如箭在弦，不得不发了。

北美人的“权利法案情结”来源于英国宪法。严格地说，英国没有成文宪法，所谓的“英国宪法”是形成于不同时期的一系列法律的组合。1215 年的《大宪章》已经为英国人争取到了一些重要权利，但最负盛名的是 1688 年“光荣革命”后英国议会通过的《权利法案》，由此形成的“英国人的权利”成了“人权”的最高境界。作为英属殖民地的北美早已把《权利法案》看成“天赋人权”的体现，这是渗进血液里、长在骨子里的东西。

北美最完整、影响最大的《权利法案》是 1776 年由乔治 · 梅森起草的《弗吉尼亚人权宣言》。后来，梅森虽然与麦迪逊共享“权利法案之父”的头衔，但很多人认为，他应该被称为“权利法案之祖父”，因为麦迪逊的法案实际上是抄梅森的，不算“原创”。在制宪会议上，梅森说：“我用不了10分钟就可以起草一份《权利法案》。”但他的提议被否决了，这也是他成为“反联邦党人”领袖的主要原因。

什么是《权利法案》？它是保护人民利益（自由）的法案。为什么一个“三权分立且互相制约”的体制仍然需要《权利法案》？因为民主制度并不总是能保护公民的个人自由。大家都知道独裁不好民主好，三权分立可以有效地防止独裁。但是，它是否可以有效地制约民主？独裁（专制）是一个人或少数人的暴政，民主一不留神就会变成“多数人的暴政”，它比独裁更可怕。在“少数人的暴政”中，你基本上不作死就不会死；但在“多数人的暴政”中，你“躺枪”的概率很大，因为你的亲友都可能变成你的敌人。例如20世纪30年代的德国纳粹政府也是民主选举的政府。当多数人认为犹太人该死，犹太人就非死不可。“少数服从多数”是民主的优势，也是它的症结。在多数人的统治下，少数人就该受到迫害吗？当你支持的候选人成为总统，我就要因没投他的票而受到惩罚吗？如果我的城镇里99%的人认为我的房子挡了道，我的房子就该被拆掉吗？如果我不满意拆迁得到的补偿，我的利益谁做主？公民的个人自由怎样在瞬息万变的政治格局中得到保护？公民的私有财产怎样在风云交替中免于损失？答案只有一个：《权利法案》。我们在前面的故事中已经讲过“共和”与“民主”的区别（参看056《三权分立》），《权利法案》就是共和精神的体现。只有当每一个个体都变得神圣不可侵犯，民主才不会变成屠刀。

1789年3月4日，第一届美国国会开幕。不久，众议员麦迪逊起草了《权利法案》，也就是对宪法的修改议案。8月24日，众议院通过了以麦迪逊议案为基础的十七条修宪议案，并转交参议院讨论。参议院对众议院的议案进行了修改，于9月9日通过了十二条修宪议案。9月21日，参、众两院举行联席会议，讨论两个方案的分歧。9月28日，两院一致通过了修改后的十二条议案，然后把它转交各州审议。有的州批准了所有的十二条，有的只批准了其中的几条。修正案只有得到四分之三的州批准才能生效。到1791年12月15日，其中的十条终于达到四分之三的要求。于是，这十条就变成了正式的美国宪法第一到第十修正案，合称《权利法案》。

正如我们前面讲的，麦迪逊像其他“联邦党人”一样，开始时是反对《权利法案》的，他甚至在提交了自己起草的法案后还说：“《权利法案》很有用，但没必要。”随着法案进入国会的讨论，随着联邦政府内部党争的日趋尖锐，他的立场改变了。在整个审议过程中，身为众议院领袖的麦迪逊起了不可替代的作用，他因此得到“权利法案之父”的美名。一位学者说：“毫无疑问，是麦迪逊的声望和坚持使《权利法案》得到通过。没有他，我们仍然可能有宪法，但绝不会有《权利法案》。”

现在，就让我们看看宪法第一到第十修正案的内容吧。这些东西对美国人来说是如此“自然”，以至于他们似乎忘了《权利法案》的存在。也许，只有当他们有机会体验其他国家的生活时，他们才会真正懂得“生为美国人”意味着什么。

第一修正案：国会不能通过任何法律建立或禁止某种宗教；不得限制言论和出版自由；不得限制人民和平集会和向政府示威的权利。

第一修正案是《权利法案》中最重要的一条，它说了两个意思：第一，人民有信仰、言论、出版、集会、示威的自由（五大自由），后来又加上结社的自由。第二，政教分离。世界上恐怕没几个国家有像美国这样浓郁的宗教情结，当年的清教徒和新教徒显然为新大陆铸就了深厚的基督教文化。但是，第一修正案让这个以基督教立国的国家永远不可能把基督教定为“国教”，保障了所有的宗教在美国的自由发展。

当初，第一修正案只适用于联邦政府，但在 1947 年的“艾弗森诉教育局案”中，最高法院运用“囊括”条款使之适用于州政府，并强调了“政教分离”原则。案子是这样的：新泽西州政府允许教育局用纳税人的钱补贴孩子们去上学的交通费，这个补贴对公立学校和私立学校的孩子同样适用。有一个不安分的纳税人阿齐·艾弗森，状告教育局，说这种做法既违反新泽西宪法，也违反第一修正案。接受补贴的私立学校学生有96%属于天主教学校，这等于政府用纳税人的钱间接资助教会。

在新泽西地方法院和州最高法院败诉之后，艾弗森把官司打到联邦最高法院。联邦最高法院的9位大法官以5 ∶ 4判艾弗森败诉，裁定教育局的做法“不违宪”。原因是，第一修正案禁止政府“建立”宗教，教育局并没参与建立宗教，补贴的发放没有体现任何宗教歧视，而且补贴是发给家长，不是给教会。但是，此案的结果并不重要。真正对后世产生深远影响的是代理首席大法官雨果·布莱克的判词。布莱克在判词中详细解释了第一修正案对政府的约束，他引用杰斐逊的话说“政府与教会之间应该有一道隔离墙”。这份判词使“政教分离”成为明示的原则，影响了后来一大批涉及第一修正案的官司。从此，美国的公立学校禁止任何宗教宣传。

但是，有趣的是，美国的官方座右铭是“我们相信上帝”，这句话被印在所有的硬币和纸币上。它难道不违宪吗？最高法院的回答是：不，因为它并不表示政府支持建立国教。“不管你相信与否，上帝就在那里。”在“冷战”最“热”的年代，为了彰显与苏联的区别，“我们相信上帝”成了最响亮的口号。艾森豪威尔总统对此的解释是：

这不是宗教宣传，而是“美国特色”！

第一修正案对言论自由的保护在两个标志性的案例中展露无遗。一个是“《纽约时报》诉萨立文案”。1960 年 3 月 29 日，《纽约时报》刊出一整版广告，支持“人权运动”领袖马丁 · 路德 · 金，矛头直指亚拉巴马州执法机构。在广告中有这样一句话：“他们（亚拉巴马州）已七次逮捕金……”事实上，金只被逮捕了四次。亚拉巴马州安全委员会负责人 L.B. 萨立文要求《纽约时报》为不准确的报道道歉，《纽约时报》要赖说：“我们又没指名点姓，你怎么知道在说你？”萨立文告《纽约时报》“诽谤”，州法庭判萨立文胜，罚《纽约时报》50 万美元，这在当时是天文数字。要是少罚点，《纽约时报》就认倒霉了。但是，50 万实在吃不消，干脆咬咬牙接着告吧。纽约时报公司以亚拉巴马州违反第一修正案为由上诉到最高法院。

最高法院的大法官们以 9 ∶ 0 一致裁定亚拉巴马州法院的判决“违宪”，《纽约时报》胜诉。判词说，亚拉巴马州违反了第一修正案中对言论和出版自由的保护。在报道政府官员的行为时，只要不是恶意造谣，即使有误，也不构成“诽谤”。这一判决立马给新闻界松了绑。当时，各大媒体因担心被告“诽谤”而对南方各州的种族歧视和种族隔离事件缩手缩脚，这一下都来劲儿了，只要有鼻子有眼就可以报，出错不是罪。这个裁决直接推动了“人权运动”。如果没有新闻媒体推波助澜，马丁 · 路德 · 金的“我有一个梦”恐怕永远都只是个“梦”。

第二个案例是“《纽约时报》诉美国案”。1971年，美国深陷“越南战争”的泥潭。国防部（五角大楼）整理了一批秘密文件，论证美国政府在越南应起的作用。《纽约时报》不知道通过什么途径得到了这些绝密文件，它立刻刊登了其中的第一份，并计划陆续将其他文件公之于世。五角大楼立刻要求《纽约时报》停止刊登其余的文件，时任总统尼克松和司法部也以“国家安全”和“外交危机”为由，要求法院下令禁止《纽约时报》继续泄密。他们援引以往的案例，即如果媒体的报道将给公众带来“严重和不可挽回的”损失，第一修正案不适用。

《纽约时报》拒绝妥协，并指出，行政权要求司法权干预新闻自由违反了三权分立的原则。华盛顿哥伦比亚特区的地方法院认为《纽约时报》受第一修正案的保护，拒绝下禁令。但上诉法院驳回了地方法院的判决，下令禁止《纽约时报》继续报道。于是，官司打到最高法院。大法官们以6∶3支持地方法院的裁决，认为上诉法院的禁令“违宪”，《纽约时报》胜诉。判词说，第一修正案保护言论和出版自由，包括免于新闻审查的自由。“新闻是为被统治者服务的，而不是为统治者服务，它有权把政府的秘密告诉人民。”尽管有第一修正案不适用的先例，但关于造成“严重和不可挽回的损失”的举证责任在政府而不在《纽约时报》。白宫和五角大楼的证据不足以证明《纽约时报》的报道将造成“严重和不可挽回的损失”，因此，《纽约时报》受第一修正案的保护，不管它的信息渠道是否合法。

现在，你应该知道为什么美国媒体总能上天入地挖新闻了吧？连国防部的机密文件它都敢“爆”，还有什么是它不敢的？它既不怕“诽谤”，也不怕“泄密”，还有什么好怕的？第一修正案就像“铁布衫”，让媒体在政府面前刀枪不入。但是，有一点必须清楚。宪法只处理“官与官”和“民与官”之间的关系，“民与民”之间的恩怨不归宪法管，那是普通法的范畴。也就是说，如果商业言论或涉及公民个人隐私的言论使他人受到伤害，“出言不逊”者恐怕就要吃不了兜着走。政府无自由，公民有自由。你攻击政府，政府拿你没办法；但如果你攻击一个普通公民，他可能会告得你倾家荡产。所以，当你享受你的自由时，切莫妨碍别人的自由。

第二修正案：管理良好的民兵是自由州安全的保障，人民保留和持有武器的自由不容侵犯。

这就是在今天不断引起争议的“持枪权”，它实在是要命的权利。美国3亿人口拥有2.7亿支枪（民间藏枪），大约人手一支。每年的“校园枪击案”和公共场所的枪击案惨不忍睹，每一次惨案都会引发全民大讨论，但每一次讨论都没有带来实质性的改变。为啥？就是因为第二修正案。这个如今最有争议的“权利”在二百年前却毫无争议，看看“国父”们是怎么说的：

华盛顿：自由的人民应该武装起来（或：自由的人民是武装起来的人民）。

华盛顿：武器的重要性仅次于宪法本身。它是美国人民自由的牙齿和独立的基石。

富兰克林：那些以放弃自由来换取安全的人，既不配有自由，也不配有安全。

梅森：把人民变成奴隶的最有效的办法就是剥夺他们的持枪权。

汉密尔顿：我们能为人民做的最好的事就是让他们适当地武装起来。

杰斐逊：一个自由人永远都不应该被剥夺持枪权。

杰斐逊：我宁要危险的自由，也不要和平的奴役。

麦迪逊：美国人有武装起来的权利和优势，不像其他国家的人，他们的政府害怕把武器留在人民手中。

从上面这些话中你可以看出“国父”们对持枪权的信念。其实，这些信念来自英国的普通法。当年的英国立法者认为，当法律不足以阻止暴政，人民有权持枪自卫。美国人对“持枪权”情有独钟的原因主要有四个：第一，当年的独立战争就是由持枪的民兵打赢的，你不能革命胜利就“尽收天下之兵”。第二，持枪权是自卫权，如果坏人有枪而好人无枪，那好人岂不是成了待宰的羔羊？第三，人民持枪是保卫自由和民主的有效手段。如果哪天哪位总统说，美国人再也不用选总统了，因为我要永远当总统。估计这哥们儿活不过24小时。第四，持枪权有利于抵御外辱，谁愿意入侵一个人人持枪的国家呢？一位“国父”曾说：“我们的人民比世界上任何一个国家的正规军都强大。”

可是，持枪权已经带来血的教训，由此引起的社会问题不能不让人深思。有人说，自由从来不是免费的，这是自由的代价，我们必须承受；有人说，不能因噎废食，每年死于医疗事故的人比死于枪击案的人多得多，你为什么不禁止医生做手术？但是，另一些人说，那些反对“禁枪”的人都是站着说话不腰疼。如果你的孩子成了枪击案的牺牲品，你愿意承担这个“自由的代价”吗？

正因“持枪权”受宪法保护，“禁枪”是不可能的，但“控枪”非常必要。至今为止，对枪支的管控主要存在于各州法律的层面，有的州严格，有的州松弛。有的州，枪支可以进校园；有的州，枪支可以上大街；有的州，枪支不能出家门。相对来说，东部比西部严格。各州在立法的时候也尽量避免触动“违宪”这道“红线”。比如，在2008年的“华盛顿哥伦比亚特区诉海勒案”中，最高法院就判定华盛顿哥伦比亚特区的控枪法“违宪”。还有很多州的枪支管控立法都因被最高法院裁定“违宪”而惨遭废除。总之，美国人基本上还是能比较容易地合法购买和拥有枪支。这中间流着多少血和泪又淌着多少是与非，为了当年的信念，一切都值得吗？

第三修正案：无论和平或战争期间，未经主人允许，任何战士不得入驻民宅。

这是针对1774年英国议会《强制法案》中的《驻军法案》而制定的。“波士顿倾茶事件”后，英国为惩罚北美通过了这个法案，允许英军强住民宅，北美人深受其苦。“国父”们心有余悸，制定了这个修正案。事实上，美国建国后，除“1812年战争”的短暂时期外，根本没见过外敌入侵，本国军队当然也不会闲得没事干非要跑到老百姓家里去住。所以，在二百多年的时间里，没有一个与此法相关的案例，也就是说，没人违反过这一条。这是宪法中最没争议的条款。

第四修正案：人民的人身、住宅、文件、财产不受无理搜查和扣押的权利不容侵犯；除非有合理的理由，以誓言为据，并具体说明搜查地点和扣押的人与物，（政府）不得发出搜查和扣押的授权。

这一条比较好理解，就是政府不能随便搜查或扣押公民和他们的私有物品，必须有“搜查令”才能进屋，而且这个搜查令必须非常具体，查哪里，查什么，都得说清楚，不能一进来什么都搜，那就成“抄家”了。

第五修正案：无论何人，除非根据大陪审团的报告或起诉书，不受死罪或其他重罪的审判，但发生在陆、海军中或者发生在战时或出现公共危险时服役的民兵中的案件除外。任何人不得因同一犯罪行为而两次遭受生命或身体的危害；不得在任何刑事案件中被迫自证其罪；不经正当法律程序，不得被剥夺生命、自由或财产；若没有公平赔偿，私有财产不得充作公用。

这一条的内容很多，用白话说就是：第一，死罪或重罪必须由“大陪审团”决定是否起诉；第二，任何人不得因同一款罪遭受“双重审判”，也就是不能因同一件事被审两次；第三，不能被迫自证其罪，我自己说自己“有罪”没用，必须有第三方的证据才能定罪；第四，法律程序必须正当，要让被告知道他的权利；第五，政府征用私人财产必须给予公平的补偿。

第六修正案：在一切刑事诉讼中，被告有权由犯罪行为发生地的州或地区的公正陪审团予以迅速和公开的审判，该州或地区应事先已由法律确定；应得知被控告的性质和理由；同原告证人对质；以法制程序取得对其有利的证人；并取得律师帮助为其辩护。

第五和第六修正案关系密切，在实践中，有一个非常著名的案例：米兰达诉亚利桑那州案。1963 年 3 月 13 日，埃内斯托 · 米兰达因涉嫌强奸一个 15 岁女孩被亚利桑那州凤凰城警察逮捕。在两个小时的审问后，米兰达签了一份招供书，对所犯罪行供认不讳。这份文件上有这样一段话：我在没有受到胁迫的情况下自愿签署这份文件，我完全了解我的合法权利，并明白这份声明会在法庭上被用来作为针对我的证据。

米兰达本就是个混混，无恶不作，这次强奸也确是他所为，警察没冤枉他。他请不起律师，法庭给他指派了一位律师，艾尔文·摩尔。摩尔发现，在审问过程中，米兰达没有被告知他有权咨询律师，也没被告知他有权保持沉默。那份文件是在米兰达招供之后才给他的，事先他并不知道自己的供词将在法庭上被用作证据。所以，摩尔认为米兰达的供词不是完全自愿的，他被迫“自证其罪”。这份供词不能用作法庭证据。但是，地方法院还是判米兰达有罪。摩尔上诉到亚利桑那州最高法院，州最高法院维持原判。摩尔不服气，又上诉到联邦最高法院。

最高法院援引第五和第六修正案裁定亚利桑那州法院的判决“违宪”，米兰达被无罪释放。最高法院的判词说：被告必须在被审问前就被告知他的权利，他有权咨询律师；在审问过程中，律师必须在场；在任何时候，只要被告不想回答问题，他有权保持沉默并咨询律师；在任何时候，被告不能“自证其罪”。米兰达案的要旨是：亚利桑那州对此案的审理程序非正义。“程序正义”和“结果正义”同样重要，政府不能为了正义的结果而不择手段。

这个案例产生了深远的影响。从此，执法机构为了避免白忙活，在逮捕和审问犯罪嫌疑人之前必须念一段“咒语”，这就是“米兰达警告”。“警告”的内容是这样的：

“你有权保持沉默；你说的任何话都可能在法庭上被用作针对你的证据；你有权在被询问前咨询律师，有权在询问中让律师在场；如果你请不起律师，将会有一位法庭指定的律师；如果你决定在没有律师在场的情况下回答问题，你有权随时停止回答并咨询律师。在了解了你的这些权利之后，你是否愿意在没有律师在场的情况下现在就回答问题？”

看样子，宪法对犯罪嫌疑人太温情了。当初，在审判米兰达案子时，最高法院的9位大法官是以5 ∶ 4勉强通过最后的结论的，争议很大。持反对意见的大法官认为，这样做的后果必然是让很多罪犯回到社会，给社会造成更大的危害。但是，宪法就是宪法，不随感情而变。“宁可错放一千，不能枉杀一个”，这是美国法律无可奈何的选择。当面对强大的政府，人民也许只能用这种“矫枉过正”的方法来避免冤情。

第七修正案：在普通法诉讼中，如果争议价值超过20美元，由陪审团审判的权利应受到保护；联邦政府不得重新审查陪审团的裁决，除非普通法规定这么做。

这一条是对联邦政府（联邦法院）的限制，不适用于州政府。就是说，有些案子，联邦法院无权插手，主要是私人之间的诉讼。但是，关于陪审团的大小，最高法院倒是通过“寇格拉夫诉巴丁案”规定，陪审团成员不得少于6人。

第八修正案：（政府）不得要求过多的保释金，不得处以过多的罚金；不得施加残酷和非常的刑罚。

这一条看上去很简单，但做起来不容易。首先，对“过多”的解释就是仁者见仁智者见智的事。最有争议的是“残酷和非常的刑罚”。比如，在 1972 年的“弗曼诉佐治亚州案”中，弗曼在入室抢劫时“误击”屋主使其丧命。佐治亚州法院判弗曼死刑。但最高法院认为死刑在此案中属于“残酷和非常的刑罚”，以 5 ∶ 4 否决了佐治亚州的判决。最高法院还对其他几个类似的案子做出同样的裁决。最高法院的裁决本身就充满争议，大法官们其实无法确定死刑是否在所有的案件中都是“残酷和非常”的，他们也没有禁止死刑。但对“弗曼诉佐治亚州案”的判决确实延缓了美国所有的州对死刑的执行，以至于在 1972—1976 年间没有一个州执行过死刑。但在 1976 年的“格雷戈诉佐治亚州案”中，最高法院裁定死刑不违宪，各州才渐渐恢复执行。至于哪个州有死刑，哪个州没死刑，这是各州法律的事，宪法不干预。有时候，最高法院会裁定过于简陋的监狱条件也属于“残酷和非常的刑罚”。

第九修正案：宪法对某些权利的列举不能被解释为对人民保留的其他权利的否定和轻视。

人民的权利并不仅限于宪法列出来的这几条，这是对《权利法案》的最根本的理解。政府的权力是有限的，它仅限于宪法的明示和暗示，但人民的权利是无限的，它不仅限于宪法的列举。杰斐逊在给麦迪逊的信中就曾强调过这一点。有些“联邦党人”不愿加《权利法案》的理由之一就是，《权利法案》给人的感觉是人民只拥有宪法列举的权利。杰斐逊说，这是大错特错。人民的权利无穷尽，远远超过宪法的文字。比如，“隐私权”，这是宪法中没写的权利。但在 1965 年的“格里斯沃尔德诉康涅狄格州案”中，最高法院裁定：宪法保护“隐私权”。

当时，康涅狄格州的法律规定，任何人不得使用任何药物或工具避孕。这个法律刚通过，艾斯特拉 · 格里斯沃德和朋友就在纽黑文开了一家帮人控制生育的诊所。这俩就是吃饱了撑的，他们开诊所的目的居然是测一测这个法律到底是不是“违宪”。果然，诊所刚开不久，他们就被捕了，被判“有罪”，每人罚 100 美元。康涅狄格州上诉法院和州最高法院也支持地方法院的裁决。格里斯沃德上诉到联邦最高法院。最高法院以 7 ∶ 2 裁定康涅狄格州的法律“违宪”，因为它侵犯了婚姻的“隐私权”。七位大法官们在判词中引用了第五、第九和第十四修正案。但也有两位大法官不同意这个观点，他们认为康涅狄格的法律“非常愚蠢”，但“不违宪”。这个例子也说明，如果你想证明你所在的州的某项法律“违宪”，你恐怕不得不“以身试法”。因为，如果没人打官司，最高法院是不会“主动”解释宪法的，这叫“被动解释权”。

第十修正案：宪法未授予联邦或未禁止各州行使的权力，由各州或人民保留。

第十与第九有点像，凡是没给联邦的权力都属于各州和人民。这是确保各州的独立和自由，强调“分权”和“联邦制”。它没有给各州增加新的权力，而是保护它们本来就拥有的权力。

《权利法案》让美国宪法变得更完美，美国人的“幸福感”大多由此而来。随着《权利法案》的通过，我们的“制宪”故事也暂时告一段落。新宪法创造了新国家，这个新国家到底应该是什么样的，谁也不知道。宪法是一份非常笼统的文件，没有规定任何具体的实施办法，这些都需要在实践中创造和充实。“国父”们在“闭门造车”之后，不得不面对“出门合辙”的现实。糟的是，他们没有“前车之鉴”。

“国父”们是否还能像过去那样，凭他们的勇气和智慧引导新国家走向繁荣？他们将面对怎样的挑战？新国家需要的是什么样的领袖？请看下一个故事：《总统先生》。

特伦顿为华盛顿举办的庆祝活动

赴任的华盛顿到达纽约的华尔街

华盛顿宣誓就任总统

华盛顿的第一任内阁成员

现代化的华盛顿特区

美国第一银行，由汉密尔顿提议建立

华盛顿的第二次就职典礼

1794年爆发的『威士忌叛乱』

Stories of The United States

美国的故事

5

——美国之父——

毕蓝◎著

九州出版社
JIUZHOUPRESS

062

总统先生

1787 年的美国宪法创造了人类历史上第一个现代联邦制共和国。这个新国家出现得如此偶然，偶然得像一阵风，以至于那些亲手把它接生到这个世界上的人都不知道它到底是什么。富兰克林说，它是“纯洁的少女”；华盛顿说，它是“值得一做的实验”；麦迪逊说，它是“无可奈何的选择”；汉密尔顿说，它是即将崛起的“帝国”。今天的它还是“国父”们心中的国家吗？它得到了什么又失去了什么？太多的疑惑和误解混淆了对与错，当年的执着和追求还在吗？“国父”们不会想到，他们预期只能支撑二十年的国家居然生存了二百年，不，是繁荣兴旺了二百年。它好像还没来得及学会稳稳当当地走路，就蹦着跳着穿越了两个世纪。然而，那看似轻松的旅程并不那么容易，特别是当它懵懵懂懂地迈出人生第一步的时候。就让我们看看，它的父辈们是怎样牵着它的手，为它做每一个选择，又怎样放开它的手，让它走进自己的梦。

1789 年 3 月 2 日，邦联议会宣布解散。两天后，第一届美国国会在纽约开张。不久，各州选举总统的选举人票统计出来了，华盛顿以全票当选（69 张选举人票），他是美国历史上唯一以全票当选的总统。这个结果一点悬念都没有，他要是拿不到全票才叫奇怪，谁会跟他叫板？华盛顿不仅是美国第一位总统，恐怕也是世界上第一位总统，在此之前，这种叫“总统”的工作不存在。正因如此，他完全不知所措。他不仅要演绎怎样做共和国的总统，更重要的是，他要示范怎样做共和国的公民。他觉得整个天空都向他压下来，让他窒息。在给好友亨利 · 诺克斯的信中，他说 :“我觉得我像一个罪犯正走向绞刑架……”

自从宪法被批准之后，华盛顿就陷入惶恐和不安。他知道，他在弗农山庄的日子已屈指可数。虽然他说有生之年不再担任任何公职，但人们好像没听见一样，自顾自地把所有的票都投给他。华盛顿的“选战”特别简单，只要他不说“我不干”，他就是总统了。只有他当总统，大家晚上才睡得着觉。麦迪逊天天磨着他出山，汉密尔顿又不停地来信，直接告诉他 :“你必须把自己借给国家，要不然，咱这个实验没法做。如果第一届联邦政府流产，我们的共和国就完了。”华盛顿犹犹豫豫地接受了这个“任务”，他之所以这么迟疑是因为他把荣誉看得比命更重要。在成功地领导了美国革命之后，他知道，如果他从此隐遁江湖，他将是个无比完美的“历史人物”，没有丝毫遗憾与瑕疵。可是，如果他再次涉足政治，一切可就难说了。他可能成功，但更可能失败。任何不如意都会影响他的历史地位，他又何必冒这个险呢？当国会通知他，他已被选为总统时，他说：“谢谢你们的信任，但我恐怕达不到你们的期望。”也许，这就是上帝的安排。他为新大陆挑的第一位总统智商不超群，情商一般般，脾气不太好，性格非常保守，反应有点迟钝，特别不善言辞。这样一个既没雄才也没大略的华盛顿靠什么领导美国？上帝赐给他两样东西：超人的判断力和小心谨慎的作风。1789 年 4 月 16 日上午 10 点，57 岁的华盛顿就是带着这两个法宝离开弗农山庄的。

从弗农山庄到纽约城，在今天开车大约需要 5 个小时，这 5 个小时的路华盛顿走了 8 天。倒不是他故意拖拉，实在是寸步难行。每过一村一镇，人们倾巢而出，把路边堵得密不透风，每个人都要看看他们的总统，礼炮声、教堂的钟声、音乐声、欢呼声此起彼伏。只要华盛顿一下马车，他前面的路就会铺满鲜花。各地的政要名流、名媛贵妇都忙不迭地请他做客，他要是不吃点儿喝点儿就甭想走。一路上的“盛况”让内敛低调的华盛顿尴尬又紧张，再次验证了他的预期：这不是当总统，这是上刑场。在费城，这个美国最大的城市，所有的街道都塞满人，所有的窗子上都贴着他的画像，全城就像过节一样，整整闹了一天。第二天一早，大家涌到他的住处跟他告别，披挂整齐的骑兵要护送他出城，却发现他一个小时前就溜了。他像躲避追捕一样躲避着礼遇，但是，躲得了和尚躲不了庙。

他快到新泽西的特伦顿时，就在他 12 年前偷袭“黑森兵”的地方，他看到用鲜花编成的拱门，纹饰着“1776 年 12 月 26 日”，还有一行字 ：“母亲的捍卫者也是女儿的保护者。”他策马走近，只见 13 个少女，穿着洁白的连衣裙，手提花篮，把花瓣撒到他的脚上。华盛顿深受感动，他满眼含泪，向女士们深鞠一躬。这是个充满痛苦和光荣记忆的地方。在那个风雪交加的夜晚，他带着衣衫褴褛的大陆军渡过特拉华河突袭驻扎在这里的德意志雇佣兵，取得了败走纽约后的第一个胜利。当年那“胜利或死亡”的信念可曾看见今日灿烂的容颜？

4 月 23 日，华盛顿来到新泽西的伊丽莎白城。伊丽莎白城在哈德逊河边，对岸就是曼哈顿。尽管他此前“哀求”纽约州州长克林顿免去所有的欢迎仪式，让他静悄悄地进纽约，可是，他发现，没人把他的话当回事。三位参议员、五位众议员和三位纽约州官员已经在等他了，跟他们在一起的，是成千上万的民众。在欢呼声中，他登上一艘彩带飘扬的大船，船上 13 个水手穿着雪白的制服，缓缓地将船驶入哈德逊河。大船后面跟随着无数的小船。一时间，哈德逊河上千帆点缀、万舸争游，浩浩荡荡地驶往曼哈顿。曼哈顿礼炮齐鸣，河上乐声四起，欢声鼎沸。大船在华尔街靠岸，州长乔治·克林顿、市长詹姆斯·杜安、詹姆斯·麦迪逊和其他国会议员都在岸边迎接他，周围又是人山人海。在战士们的护卫下，他走向樱桃街3号的临时总统府。10分钟的路走了半个小时，只因大家太热情。然而，这一切在华盛顿心中已变成沉重的负担。人们的热情越高，说明他们的期望越高，将来的失望也就越大。但是，他又能做什么呢？他的身不由己在别人眼里是“王者归来”。

1789年4月30日是美国第一位总统的第一个就职日。整个早晨，教堂的钟声就没停过。中午12点刚过，一队骑兵和几辆坐着国会议员的马车来到樱桃街3号。华盛顿穿着一件很简单的棕色外套，布料来自康涅狄格州的一家纺织厂，这是他精心设计的细节，他要让“美国制造”成为时尚。他的头发上扑着粉（他从来不戴假发），腰上系着宝剑，登上特定的马车，穿过曼哈顿狭窄的街道，来到位于华尔街和百老汇大街交汇处的联邦大厅，这是国会所在地。他走进二楼的参议院大厅，向等在那里的参、众两院的议员们鞠躬行礼。副总统约翰·亚当斯走上前说：“先生，参、众两院已准备好参加你的就职礼。”华盛顿说：“我已准备就绪。”在亚当斯的陪同下，华盛顿走向大厅前方的露天阳台。

当华盛顿出现在阳台上时，挤在华尔街和百老汇上的人群立刻欢声雷动，所有的手都在向他挥舞。华盛顿看着那一张张仰望他的脸，百感交集。他把手放在胸口，频频向人群鞠躬表达谢意。他的姿态优雅、谦和、简单，很容易让人想起他高尚的品德和为国家做的牺牲与奉献。观礼的法国公使说，我从来没见过一个政府与人民如此接近，他们对彼此毫无保留的信任令人感动。“他的灵魂、容貌和身躯完美地融合在一起……”

宪法只规定总统必须宣誓就职，但没规定具体做法。国会成立了一个专门的委员会，设计宣誓的程序。在确定了总统应该把手放在《圣经》上宣誓后，找《圣经》的事儿居然引起小小的慌乱，你说这本好，我说那本好，直到最后一分钟才定下来。纽约的总检察长罗伯特·利文斯顿拿着《圣经》走到华盛顿面前打开，他让华盛顿把左手放在上面，然后引读誓言：

“我，乔治·华盛顿，郑重宣誓，我将忠诚地履行美国总统的职责，尽我所能，保存、保护和捍卫美利坚合众国宪法。”

据说，华盛顿在念完这段誓词之后，加上了一句“愿上帝帮助我”。然后，他俯身亲吻了《圣经》。利文斯顿大声宣布：“仪式结束。美国总统乔治·华盛顿万岁！”下面的人群也开始欢呼：“上帝保佑华盛顿！”“乔治·华盛顿万岁！”听上去这总统跟国王也没啥区别，但不能怪大家没有“共和精神”。当时，满世界都是国王，人们已习惯了说“国王万岁”，乍跑出一个“总统”来，谁也不知道该说什么，只能用他们最常用的词来表达祝福。

宣誓仪式过后，华盛顿回到参议院大厅，开始了他的就职演说。

他从 1 月份就开始准备这份演讲稿了。他平时是个惜言如金的人，可是，写这份稿子时也不知道吃了什么药，啰嗦起来没完。一通折腾之后，他让秘书整理出来的草稿居然有整整 73 页纸。在草稿里，他莫名其妙地花了大量的篇幅为自己当总统的决定辩解，好像在法庭上为自己的罪行辩护的律师。他絮絮叨叨地表白，他出任总统实属无奈，绝无半点私心，尽管谁也没说过他有私心。然后，他又说他不会建立一个王国，他没有孩子，对世袭的爵位不感兴趣，美国人民大可放心。接着，又讲了一大套启蒙思想和维护民选政府的决心，等等。他好像要把一辈子的话都在这一天说完，真是要人命的节奏。

谢天谢地，这篇 73 页的稿子没见到天日，因为华盛顿多长了个心眼儿，把自己呕心沥血的大作拿给麦迪逊看。麦迪逊根本没看内容，他只数了数页数就说："不行！太长了！"华盛顿觉得好委屈：这可都是我的心里话啊！麦迪逊说，心里话留着慢慢说，你又不是只当一天总统。华盛顿嘟嘟囔囔地还想说什么，麦迪逊懒得跟他废话，拿起笔来，唰唰唰，为他起草了一份新的演讲稿，一共 1400 多个字，不到一页纸。这就是华盛顿在就职典礼上用的文稿。言简意赅，该说的一句没落下，不该说的一句都没有，不服不行。想象一下，如果华盛顿真的把最初的那 73 页纸念完，他的总统任期恐怕就要在此起彼伏的呼噜声中开始了。

热热闹闹的一天总算过去了，华盛顿成了总统，可谁也不知道这总统该咋当，因为谁也没当过。华盛顿所做的一切都会成为“先例”。他自己很紧张，国会比他更紧张。他们要决定的第一件事就是：总统在正式场合的称呼应该是什么。为这事儿，国会吵了一个星期。总统不是国王，但也得有起码的尊严吧？亚当斯说，既然总统不能称“陛下”，那就叫“殿下”，全称是“美国总统殿下，自由的保护者”。参议员们一听，心说他是不是当了几年驻英公使当傻了？华盛顿也觉得这有点不像话，他更喜欢众议院的建议，全称是“美利坚合众国总统”，尊称“总统先生”。他觉得“先生”既有尊严，又平民化，简单朴素，很有“共和范儿”。

称号有了，下一个问题是：总统的工资应该是多少？开始的时候，华盛顿就像当年接受总司令提名的时候那样，不要工资，打算免费为人民服务。可是，这一回，国会没有像当年的大陆会议那样接受他的高姿态。国会认为，如果华盛顿不要工资，以后所有的总统都会以此为“先例”，不好意思要工资。可是，并不是每个人都有华盛顿的家境。久而久之，只有富人才能当得起总统，咱这联邦政府不是成“富人俱乐部”了吗？华盛顿考虑了国会的意见后同意接受工资。国会给总统定的工资为年薪 2.5 万美元。1789 年，美国的人均国民产值大约 500 美元。所以，总统绝对是个高薪职业。而且，当年的 2.5 万美元换算到今天，相当于 64 万美元左右，比现在的总统工资（40 万美元）还高，但那时没有退休金和开销账户。只有一个现象让美国人心理稍微平衡了一下，就是总统工资与人均 GDP 的差距。华盛顿的工资是人均收入的 50 倍，但今天美国总统的工资只是人均收入的 8 倍。社会还是进步了一点的。

除了“名”和“利”这两件大事，还有很多小事需要解决。华盛顿是个极仔细的人，连总统专用马车上的窗帘的蕾丝花边他都亲自挑选，还有拉车的马。他特别喜欢白马。打仗时骑白马，拉车也要白马。他挑了六匹浑身上下一根杂毛都没有的白马作为总统“銮驾”的“御用”马匹，每次出行的架势跟国王一样，因此遭到很多人的攻击。但华盛顿还是很注意与“国王”保持距离，总统的仪仗队一定比欧洲君主的小，但面子上又很过得去。他还特别在乎仪态仪表，在什么场合穿什么衣服摆什么姿势，都“演”得一丝不苟。难怪副总统亚当斯说：“我不知道他是不是最伟大的总统，但他肯定是最入戏的总统。”

每个星期二下午 3 点到 4 点是总统与“人民”见面的时候。人们只要有适当的“介绍信”，就可以在这段时间来到总统府与总统“聊天”一个小时。其实，也聊不了什么。很多人挤在一个大厅里，华盛顿挨个跟每个人打招呼，说两句，然后走到下一个人面前，就像例行公事。他绝对不跟任何人握手，这是他的老毛病了，现在变本加厉。为了避免尴尬，他总是左手扶佩剑，右手拿着帽子或手杖，俩手都占着，让别人主动打消握手的冲动，以鞠躬为礼节。华盛顿在这种会见中的表现一点也不平易近人，甚至有些呆板僵硬，看上去简直是活受罪。对害羞又内向的他来说，这事儿真有点勉为其难了。

相比之下，总统夫人玛莎在星期五晚上主持的“茶会”倒更有人情味。玛莎对华盛顿出任总统一事很不高兴，她觉得丈夫再也回不了家了。似乎是为了表达不满，她拖拖拉拉不想离开弗农山庄，错过了就职典礼，也错过了就职舞会，直到5月底才来到纽约。但她很明白自己的责任。她抱怨着成为“国家的囚徒”，却也不能不助老公一臂之力。她的温柔和亲切为冷冰冰的华盛顿增添了强大的亲和力。在玛莎的茶会上，华盛顿显得更放松、更随和，在女士面前表现得温情脉脉，体贴周到，会说也会笑，但从不放过任何“原则”问题。比如，玛莎右手边的座位是专为副总统夫人阿比盖尔·亚当斯留的，但大家对这个规矩不熟悉，有些女士会无意中坐在那把椅子上。每当此时，华盛顿就会过去很温柔地提醒那位女士把座位让给阿比盖尔，几次之后所有的人都学乖了，谁也不会再“越位”。这一幕带给阿比盖尔很多温馨的回忆。

第一届联邦政府，一切都要从头来，正如麦迪逊所说：“我们像在野外丛林，没有任何脚印可以引导我们。”宪法只说三权分立，但没说这三权应该具体怎样操作。人们总喜欢说，美国政府是“天才设计、傻瓜运行”的政府，好像宪法把所有的东西都定好了，大家只要照本宣科就行了。华盛顿倒是真的很想当那个“傻瓜”，但他没那个福气。他的任务是建立政府的框架，以便后世的“傻瓜”们闭着眼都可以当总统。他说：联邦政府“最终将是法的政府，但它首先是人的政府”。他现在需要的是能让政府机器转起来的“人”。

在“三权”中，美国人最熟悉的是立法权，也就是国会，因为整个殖民地时期就是由“殖民地议会”管理的，大家对议会或国会一点也不陌生，宪法对国会的规定相对比较具体。比如，根据当时的人口，宪法规定，众议员为65人，各州的“配额”是：新罕布什尔3人，马萨诸塞8人，罗得岛1人，康涅狄格5人，纽约6人，新泽西4人，宾夕法尼亚8人，特拉华1人，马里兰6人，弗吉尼亚10人，北卡罗来纳5人，南卡罗来纳5人，佐治亚3人。第一届国会成立时，北卡罗来纳和罗得岛还没加入联邦，所以，众议员是59人。参议员每州2人，如果不算北卡罗来纳和罗得岛，共22人。立法权总共81人。

副总统亚当斯兼任参议院议长（主席）。他平时没有投票权，但在争论双方打成平手时，他就要投那打破僵局的关键一票。事实上，亚当斯是投票次数最多的副总统。这也比较好理解。当时的参议院只有22人，加上北卡罗来纳和罗得岛不过26人。这26人在投票中出现13 ： 13的概率很大，必须靠副总统的那一票决定胜负。亚当斯在参议院起的作用比人们想象的大得多。比如，1789 年 6 月，参议院就“总统必须经参议院同意后才能解雇行政官员（特别是内阁成员）”的议题投票表决，结果是平局。最后，亚当斯投了反对票，也就是说，总统解雇官员无须经参议院同意。这一票保证了总统对行政权的绝对权威，避免了英国式的“议会民主”对行政权的干涉。今天的参议院 100 人，在投票中出现平局的概率就小多了，副总统也就没几次投票机会。

在联邦大厅，众议院在一楼开会，就像英国的“下议院”；参议院在二楼开会，像英国的“上议院”。众议院的代表直接来自人民，人民有权随时听他们的辩论。所以，众议院的大门永远向民众开放，你要是闲得没事干就坐在那儿听。参议员由各州议会指定，不直接来自人民。所以，参议院的讨论是闭门的秘密讨论，谁也不许偷听，包括总统在内。这一点让华盛顿很不爽，他看着那扇紧闭的大门就想把它踹开。他忘了，当年开制宪会议时，是他确立了保密原则的。他是天底下最喜欢保密的人，如今却看不惯别人向他保密。

国会在成立不久就通过立法确立了司法权也就是联邦最高法院的人数。国会最初确定的最高法院大法官的人数为 6 人，后来变成 9 人。正如我们以前讲过的，司法权在联邦政府建立之初是最弱的一权。最高法院惨到连属于自己的办公室都没有，在联邦大厅的地下室办公。大法官们闲得都快长草了。各州都有自己的法院，大家也不知道什么样的案子能麻烦到联邦最高法院。第一任首席大法官是约翰·杰伊，此时的最高法院也叫“杰伊法庭”。“杰伊法庭”没什么大的建树，杰伊本人对美国的贡献并不在司法领域，而是在外交和人权领域，我们后面还要讲。直到1801年约翰·马歇尔成为首席大法官，最高法院才咸鱼翻身。长达34年的“马歇尔法庭”是美国司法史上最辉煌的一页，美国人应该喊“马歇尔万岁”才对。

立法权和司法权都好说，它们也比较简单，最麻烦的是行政权。不管行政权做什么和怎么做，都会引来“独裁”和“专制”的指责。一是因为美国人非常不习惯大权独揽的行政长官，觉得他简直就是国王附体；二是因为新大陆从来没有履行强大的行政权的经验。以前，甭管什么事儿都通过议会解决，大家商量着办，心里踏实。现在，总统可以通过行政命令处理很多问题，太可怕了。正是出于对权力的惧怕，美国政治很快就进入“政党之争”。但此时，华盛顿还顾不上这些，他已经快被整疯了。

下面这两件“小事”足以证明，美国总统还真不是人干的活儿。有一次，华盛顿任命了一位联邦收税官，这位官员的工作地点在佐治亚州的萨凡纳港。可是，这个任命被参议院否决了。华盛顿气冲冲地来到参议院大厅，把正在开会的议员们吓了一跳，他们想不到总统会这么鲁莽地硬闯“禁区”。华盛顿走到主席台上，用平静、低沉、冷漠的声音说：“谁能给我解释一下，你们为什么否决我的任命？”虽然他没大喊大叫，但每个人都能感觉到那股子怒气，特别是那双眼睛，简直就是“冰桶挑战”，“镇”得你透心儿凉。台下鸦雀无声，平时口若悬河的参议员们好像都成了哑巴。总统是来找碴儿的，谁也不敢接招。

在一阵令人尴尬的寂静之后，佐治亚州的参议员詹姆斯·古恩站起来。他小心翼翼地从“个人角度”解释了否决任命的原因。但是，话锋一转，他说：我希望总统先生明白，“参议院没有义务向总统解释它的决议”。华盛顿大概做梦都没想过会碰这种软钉子，他脑子一片空白，什么都没说，恨恨地转身离去。这个故事开启了美国政坛的一个“惯例”，叫“参议院礼节”，就是美国总统在任命处于某个州的联邦官员时，应该先跟这个州的联邦参议员打个招呼。否则，别怪人家不客气。当事州的联邦参议员有权挡住总统的任命。今天，这个“礼节”主要适用于总统和某个州的参议员都属于同一个政党的情况。如果他们属于不同的政党，总统一般不打招呼。

在上面这件事发生不久，华盛顿再次来到参议院。他好像吸取了上回“不告而至”的教训，事先通知参议院他要登门拜访。因为宪法有“总统在做重大决定之前应咨询参议院”的条款，他就想来“咨询”一下。他希望参议院能当场给他答案，他好马上开始与西南部的印第安人谈判。他带着战争部长诺克斯，拿着拟好的谈判条款来到联邦大厅，请议长亚当斯把条款念给大家听。亚当斯刚念了第一条就卡住了，因为下面已经开了锅。有的说我没听清，能不能再念一遍；有的说，这事儿太复杂，得好好琢磨琢磨；有的说，不能现在就决定，先成立个委员会讨论讨论再说。华盛顿最恨委员会。战争期间，邦联议会的委员会天天讨论，什么都没讨论出来，害得大陆军饥寒交迫。现在，这点事儿又要交给委员会，猴年马月能出结果？他说：不行！现在就讨论，不许交委员会！我把战争部长带来了，有什么问题就问他。参议员们可不管这一套，你一言我一语地就争论开了，那架势好像不吵上三百年不算完。华盛顿听得火冒三丈，他站起来说："你们的行为击败了我今天到这里来的所有的理由！"然后，他头也不回地离开了参议院。

华盛顿两次"入侵"参议院都铩羽而归，他发誓，再也不踏进参议院大门。从此，除了一年一度的"国情咨文"，他需要"咨询"参议院意见时都是通过书面形式，把问题写好送到参议院，参议院把答案写好送回总统府。两边都眼不见，心不烦，省得吵架。帮总统写"问题"的人是华盛顿最喜欢的小老乡，满脑子政治智慧的众议院领袖——麦迪逊。猜猜谁帮参议院写"答案"？对了，还是麦迪逊。他一个人既写问题又写答案，居然没得精神分裂症。麦迪逊不光帮华盛顿写稿子，他还是华盛顿最重要的施政顾问之一。这位"宪法之父"似乎没想过，他作为立法权的重要成员如此深入地涉足行政权的决策，是否违反了三权分立的原则？

不管怎么说，美国人还是应该为他们的参议员们感到骄傲。华盛顿两次“造访”参议院确实有“以势压人”的嫌疑，但议员们顶住了这位强势总统的“进攻”，维护了立法权的尊严，那也是人民的尊严。刚刚起步的联邦政府显然有点乱，大家都不太清楚自己的定位，有时候，摸着石头也过不了河。国会习惯了当老大，总统也习惯了当总司令。双方都在斗争中学习着妥协，宪法的精神也在矛盾中得到体现。可是，对华盛顿来说，眼下还有更乱的事，他每一天都在挣扎着让自己勉强浮在水面上，好像一不小心就沉底儿了。

宪法只规定“所有的行政大权归总统”，但没说总统应该怎样组织政府，这就要看华盛顿的创造力了。他能想到的“高招”就是组建“内阁”，其实也是跟英国学的。问题是，“内阁”官员的职位要由国会创建，国会那效率真是害死人。在国会没立法之前，华盛顿是“光杆司令”。他就是行政权，行政权就是他。他手下只有两个秘书，帮着处理如山似海般的文件和信件。那些信大多是求职信，来自他的老战友、老朋友，都想在政府里谋个一官半职。华盛顿对大陆军的退伍老兵很有感情，大家就是看准了这一点才来求他，搞得他脑袋都大了。他说：“我一天到晚什么事儿都干不成。”总统府快成救济院了。他催着国会赶紧建立职能部门，好让他有几个帮手。国会在经过长时间的辩论后终于在 1789 年 7 月和 9 月创立了行政权的三个职能部门：国务部（外交部）、财政部、战争部。

有了部门就要有部长。部长的人选是关键中的关键，他们不仅决定着华盛顿政府的成败，也直接关系着新国家的前途。谁将是华盛顿的“内阁”成员？他们将怎样影响美国的未来？请看下一个故事：《天才之光》。

063

天 才 之 光

1789 年 4 月 30 日，乔治 · 华盛顿就任第一届美国总统。但国会直到 7 月才创立行政权的第一个职能部门：外交部，后来改名为国务部。又过了两个月，财政部和战争部正式成立。华盛顿总算可以找帮手了，“光杆司令”的日子可真不好过。

战争部长的人选好说，是华盛顿的老部下亨利 · 诺克斯。在独立战争中，只有三位将军从头到尾服务了八年，除了华盛顿，另外两位是诺克斯和格林。格林本应是战争部长的最佳人选，他是大陆军的二号人物，而且特别有政治头脑。但格林在战争结束三年后突然去世，华盛顿痛失臂膀。诺克斯的地位仅次于格林，在华盛顿解甲归田后，他一直是邦联武装力量的最高统帅兼邦联的战争部长，这次出任联邦政府的战争部长是理所当然的事。诺克斯的能力虽不如格林，但他兢兢业业，经验丰富，战功累累，非他人可比。华盛顿和诺克斯特别亲，他用“爱”来形容对诺克斯的感情。汉密尔顿说，他俩就像“老夫妻”，无话不聊。把战争部交给诺克斯，华盛顿是一百个放心。“战争部”的名字一直沿用到 1947 年，在杜鲁门总统的建议下改为“国防部”，但“战争”似乎比“国防”更能准确地反映美国的军事历程。有人统计过，从 1776 年到 2010 年的 235 年里，美国有 214 年，也就是 91% 的时间，处在大大小小的战争中，要么跟印第安人打，要么跟其他国家打，要么跟自己打，从来没有连续 10 年不跟任何人打架的时候。听上去，战争部长不是个闲差，但诺克斯不算忙，他的主要任务是对付印第安人。

除了三个部长，国会还设立了“总检察长”一职。总检察长是行政权的最高司法长官，也是政府的法律顾问。在今天的美国，总检察长是司法部的掌门人，但不叫“司法部长”。这个职位建立之初主要是为总统提供法律咨询，有时甚至像是总统的私人律师。那时，司法部还不存在。华盛顿邀请他的好朋友，在“制宪”过程中立下汗马功劳的弗吉尼亚州州长埃德蒙·伦道夫，出任第一任总检察长。这个位子倒是很适合伦道夫，他本来就是华盛顿的法律顾问，也是资深律师，干这活儿不费劲。

前面这两位的任命很顺利也很轻松，后面两位就要费一番斟酌了。财政部长是最让华盛顿揪心的，因为华盛顿对公共财政基本上一窍不通，他必须完全依赖这位部长。其他事情，比如，军事和外交，华盛顿都有自己的经验和主张，不必完全依靠主管部门的判断。唯独财政金融这块儿，他两眼一抹黑，只能听专家的。1789 年，美国的外债内债加起来共大约 7700 万美元，在当时是天文数字，而且，邦联早已停止支付利息，美债在证券市场上就是“垃圾债”，没人愿意再借钱给美国政府。新大陆正经历严重的经济危机，离崩溃不远了。重建国家信用，创立金融体系，完善税收制度，保护自由市场，这是华盛顿政府面临的最大的挑战。要是财政部长所任非人，大家就等着哭吧。

财政部的特殊性使华盛顿对这个部长的人选特别谨慎，此人不仅应是财政金融学的专家，还要拥有华盛顿毫无保留的信任。从弗农山庄到纽约上任途中路过费城时，华盛顿对老哥们儿罗伯特·莫里斯说：“财政部当然是你的。在你为革命担任财务总长这么多年后，没人能跟你抢这个位子。”莫里斯（本篇中单指罗伯特·莫里斯）确实很合适，他一直担任大陆会议和邦联议会的财务总长，是公认的财政金融专家。在战争期间，软弱无力的国会使供应大陆军成为不可能完成的任务。莫里斯挨家挨户地去敲费城富商的门，人家问：“是你借钱还是大陆会议借钱？”莫里斯说：“我借钱。”富商说：“好，拿去吧。”不需要问第二个问题。他要是说“大陆会议借钱”，一个子儿都借不到。莫里斯靠自己在商场打拼赢得的个人信用为毫无信用的国会筹措到大笔资金，没有他的运筹帷幄，独立战争的胜利是不可想象的。有一次，华盛顿没钱给间谍发工资了，向莫里斯求救。莫里斯也不知道从哪儿“变”出一袋子欧洲各国的金币银币，派人送到华盛顿帐前，那种雪中送炭的情义，华盛顿永远都不会忘记。他对莫里斯又爱又敬，希望莫里斯再一次助他一臂之力。

但是，这一次，莫里斯对他的老朋友说：对不起，我生意太忙，实在无法抽身。看着华盛顿失望的眼神，他说：“我亲爱的将军，我的拒绝并不是你的损失，因为我要向你推荐一个比我更聪明的人执掌财政部。他就是你昔日的助理，汉密尔顿中校。”华盛顿愣了一下，说：“我知道汉密尔顿的才华，但不知道他是否懂财政金融。”莫里斯一笑：“他懂关于金融的一切。就他那脑子，啥事儿都错不了。”这个故事的另一个版本是：华盛顿问莫里斯怎样处理美国的巨额债务，莫里斯说：“全美国只有一个人能回答你这个问题，他是亚历山大·汉密尔顿。”

接下来的事大家都知道了，华盛顿正式邀请汉密尔顿出任财政部长。此时，汉密尔顿正在华尔街上散步呢，他已是四个孩子的爹了。自从国会创立财政部长一职，很多人瞄准了这个位子，都想打听总统是咋想的。有一次，汉密尔顿在街上碰上一个熟人，那人问：“你知道谁将是总统的内阁成员吗？”汉密尔顿说：“我不知道谁是，但我知道我肯定不是。”没过几天，他就收到了华盛顿的邀请信。

听上去，华盛顿仅凭莫里斯的一句话就确定财政部长的人选似乎有点草率，实际上，华盛顿老谋深算，从来不做草率的事。他认识汉密尔顿不是一天两天了，了解汉密尔顿也不是一点半点。自从1776年他第一次请21岁的汉密尔顿到他帐中喝茶，他们的命运就连在一起。从1777年到1781年，汉密尔顿给华盛顿当了四年助理。不管在枪林弹雨的战场还是饥寒交迫的军营，他一步都没离开过华盛顿。正是这互托生死的忠诚让华盛顿倾注了全部的信赖和爱。杰斐逊就曾酸溜溜地对麦迪逊说："你根本不知道他（华盛顿）对汉密尔顿的感情有多深。"

很多年前，年轻的富兰克林曾说："我不想把我的天才用餐巾包起来。"年轻的汉密尔顿也不想，他的天才是写在脑门上的。华盛顿太了解汉密尔顿的智商了。当初，邦联议会刚成立时，有人就推荐过汉密尔顿出任财务总长，国会来问华盛顿的意见。华盛顿说："我虽然不知道他在那方面的造诣，但我知道，只要他感兴趣的事，没有不精通的。"汉密尔顿好像知道自己命中注定要当财政部长似的，在军营时他就每天晚上攻读欧洲的经济学著作，钻研金融词典，有问题就写信问莫里斯，难怪莫里斯对他的水平了如指掌。战后，汉密尔顿除了当律师，还创建纽约银行，涉足金融业。但他从没跟华盛顿谈论过财经方面的事（可能是因为华盛顿不懂），所以，华盛顿只知道他这位前助理是大律师，却不知他是经济学方面的专家。莫里斯一点拨，华盛顿心里立刻敞亮了。不想当将军的士兵不是好财长，华盛顿比谁都清楚，汉密尔顿是“宰相之才”。

但是，“宰相”有宰相的毛病，这位“宰相”最大的问题可能是他的强势性格。汉密尔顿眼里没有权威，谁也左右不了他的思路。与沉稳内敛的华盛顿不同，汉密尔顿锋芒毕露，不懂得理解弱者，判断力时有偏颇，性情急躁，特别是当他达不到心中完美目标的时候。随着年龄的增长，特别是经过“制宪”一役，汉密尔顿已经变得比以前成熟，在尔虞我诈的政治漩涡中左右逢源，但他的桀骜不驯是有目共睹的。华盛顿刚露出要请汉密尔顿入阁的意思，就有人对他说，汉密尔顿个性太强，野心太大，难以共事。其实，华盛顿根本不需要别人提醒，他与汉密尔顿在同一张桌上吃饭、同一个屋檐下睡觉整整四年，他还不知道吗？但他义无反顾地选择了汉密尔顿，因为他需要的不是“听话”的人，而是能独立思考的人，他们之间的默契旁人无法理解。他们有可能吵架吵翻天，但对彼此绝对忠诚。不管汉密尔顿私下里怎样向朋友抱怨华盛顿的坏脾气，他在公共场合一定会尽全力维护华盛顿的声誉。

从天赋上说，他们是天造地设的“一对”。华盛顿成熟、稳重、谨慎，有心计，有眼光，有魄力，但他没有汉密尔顿的智商；汉密尔顿英才天纵，胆略过人，但他没有华盛顿的判断力。他们在一起正好可以弥补彼此的不足，成就一番他们都无法独自成就的事业。这个事业的名字碰巧叫“美国”。华盛顿需要汉密尔顿的创造力和执行力，汉密尔顿需要华盛顿的威望，也需要他的支持和保护。很多人担心华盛顿会成为汉密尔顿手中的工具，那是因为他们太不了解华盛顿。华盛顿不能也不想约束汉密尔顿，但他完全能驾驭他。他可以在百分之百地依赖汉密尔顿的同时不让自己成为傀儡，天底下没有第二个人拥有这样的自信。另外，华盛顿不仅需要他的内阁成员为他提供治国之策，他还需要他们熟悉宪法并为他解释宪法。干这事儿还有比《联邦党人文集》的作者更合适的吗？

汉密尔顿收到信，这回该轮到他的朋友劝他不要接受这个职位了。朋友们的理由有两个：第一，美国这个摊子太烂，谁当这个部长谁倒霉，何必冒这个险呢？而且，财政部管税收，最容易让人想起英国模式，你忘了咱当初是怎么闹腾起来的啦？万一大家一不高兴革了你的命咋办？第二，部长工资太低，不值得。国会给内阁成员定的工资是年薪 3500 美元，对一般人来说还算可以，但比汉密尔顿当律师挣的钱少多了，这绝对是亏本的买卖。但是，汉密尔顿义无反顾地接受了邀请，他说：“在这种情况下我才会做得最好。”意思是，摊子越烂我越高兴，事情要是没这么糟糕我还不想干呢，整天风调雨顺的怎么显出我的本事？瞧好吧你们！他把律师事务所的业务交给合伙人，一心一意地准备施展他的政治抱负了。

就这样，一个完美的政治同盟形成了。他们俩也许都没想到前面的路有多坎坷，但他们都知道他们对彼此有多重要。当年，那个在战场上忙着指挥的年轻的炮兵军官，根本没注意到他身后那双赞赏的眼睛。但华盛顿一直注视着他，从没离开。现在，汉密尔顿比任何时候都需要这双眼睛。毫无疑问，没有华盛顿就没有汉密尔顿的辉煌。但历史学家们也从不讳言，任用汉密尔顿是华盛顿政府最大的成就。从后面的故事中你会看到，汉密尔顿将是美国历史上权力最大的财政部长，有人甚至说他以财政部长之职行政府总理之权。他设计了金融制度，也定义了联邦政府。第一届联邦政府所有的重大决策都带着深深的汉密尔顿烙印，把任何其他人放在这个位置上，美国都不会是今天的模样。

汉密尔顿走马上任，但另一个重要职位还空着呢，那就是国务部（外交部）的最高长官国务卿，也就是“外交部部长”。“国务部”的名字是沿用英国的叫法。国务卿是所有驻外公使的顶头上司，他并不比其他部长更“高端”，但在美国早期政治中，国务卿的下一个目标往往是白宫，比如，前六位总统中有四位当过国务卿，所以，这个位置特别显眼。从宪法的角度看，国务部确实是最重要的联邦政府部门，因为内政大多由各州自理，联邦政府最重要的职责就是军事和外交，主管外交事务的国务卿很自然地会成为核心人物。在华盛顿执政时期，国务卿不像后来那样特殊，但他绝对是举足轻重的角色。只因国务部暂时群龙无首，汉密尔顿代理外交事务，他已开始了与英国的秘密谈判。美英关系正常化是华盛顿外交政策的首要目标，在这一点上，汉密尔顿与总统有高度的共识，谈判进行得也很顺利。但是，那位新任国务卿为什么还迟迟不现身呢？

华盛顿心中最理想的国务卿人选是约翰·杰伊。杰伊曾是《巴黎和约》的谈判代表之一，后来一直担任邦联的外交委员会主席，有丰富的外交经验。他与华盛顿和汉密尔顿的外交理念一致，都认为美英关系是最重要的外交关系。杰伊是《联邦党人文集》的作者之一，在使纽约州接受宪法的过程中起了至关重要的作用。华盛顿跟杰伊很投缘，他特别想把国务部交给杰伊。可是，杰伊也不知道哪根筋搭错了，忽然不想搞外交了，而是要去最高法院。华盛顿觉得很遗憾，但他尊重杰伊的意愿，提名他为首席大法官。既然杰伊不当国务卿，似乎就只有一个人能胜任了，他就是驻法公使托马斯·杰斐逊。历史弄人，这看上去完全偶然的选择决定了新国家的命运。杰斐逊就像汉密尔顿一样不可替代，把任何其他人放在他的位置，美国也不会是今天的模样。华盛顿没想到，他为自己挑的不只是一位国务卿，还是一个对手。杰斐逊的加盟将让华盛顿面对他最不愿面对的痛苦，也将让新国家学会民主政治的规则。

说起来，华盛顿与杰斐逊的交情源远流长，他们在殖民地议会时期就是同事了。他们一起领导抗税斗争，一起参加大陆会议。华盛顿被任命为大陆军总司令后，大陆会议为他办了个宴会，既祝贺他就职，也为他送行。在宴会的最后，富兰克林和杰斐逊代表最年长的和最年轻的议员一起为华盛顿祝酒，那温馨一刻让他很感动。华盛顿领兵之后虽然与杰斐逊时常通信，但很少有机会见面。实际上，华盛顿对杰斐逊的了解还是停留在多年前的印象。他爱杰斐逊的才华，却不知道杰斐逊的政治理想并不符合他对这位内阁成员的期望。

杰斐逊这一路走得好辛苦。他本来挺春风得意的，26 岁当选弗吉尼亚议会议员，33 岁起草《独立宣言》，36 岁成为弗吉尼亚州的战时州长。可是，就在他任州长的时候，本尼迪克·阿诺德带领英军入侵弗吉尼亚。由于杰斐逊决策失误，弗吉尼亚损失惨重。在民兵与英军对阵里士满时，他这个州长大人居然弃城而逃，别提多丢人了。为这事，弗吉尼亚议会差点弹劾他。极度沮丧的杰斐逊辞去州长职务，想与妻儿在蒙蒂塞洛共度余生。可是，六个孩子一个接一个地夭折，最后只剩下两个女儿。1781 年，邦联议会想让杰斐逊去巴黎参加美英和谈，但杰斐逊拒绝了，因为他不想离开卧病在床的妻子玛莎。1782 年，33 岁的玛莎在生完最后一个孩子几个月后离开人世。杰斐逊与玛莎感情特别好，她临终前，杰斐逊拉着她的手，向她发誓，他将终身不娶。他坚守誓言，果真没有再娶。玛莎的离去让杰斐逊陷入极大的悲哀和痛苦中，他把自己关在屋里整整三个星期，好像魂魄散尽。等好不容易缓过点劲儿，他就骑着马，沿着与妻子一起走过的路默默地徘徊，沉浸在无尽的思念和回忆中。

1784年，邦联议会任命杰斐逊为驻法公使，接替即将卸任回国的富兰克林。这一次，杰斐逊很痛快地接受了任务，因为蒙蒂塞洛已经没有他的牵挂，离开这个伤心的地方似乎可以减轻他的痛苦。他把两岁的小女儿托给亲戚照料，带着大女儿和两个奴隶，远渡重洋，来到巴黎。他受到富兰克林和拉法耶特的热情接待。富兰克林是杰斐逊的偶像，也许是因为他们对自然科学的热爱。法国外交大臣弗吉尼斯接见他时说："我听说你来代替富兰克林先生。"杰斐逊说："不，我是来接替他。没有人可以代替他。"

杰斐逊刚到巴黎时，被法国社会的贫富悬殊惊呆了。在革命前夕的法国，你要么拥有无限的权力，要么没有任何权利。上流社会极度腐败，下层平民极度贫穷；一边是金碧辉煌的宫殿，一边是破旧不堪的贫民窟和衣衫褴褛的流浪者。这种绝对的不平等让杰斐逊不禁为自己的家乡感到骄傲。在那里，至少每个人都有平等的机会，再穷也不至于吃不上饭。而且，只要努力工作，就会有收获和成功。杰斐逊认为，这就是共和精神带来的幸福。可是，渐渐地，法国在杰斐逊眼中变得不再那么黑暗，特别是当他看到那些精美的建筑和艺术品时，他完全被法国人的思想和才华征服了。还有那美食，那时髦的女人，那热闹的沙龙。杰斐逊本来就多才多艺，再加上他出众的人品、优雅的气质和美国公使的身份，很自然地成了社交沙龙的宠儿。在不知不觉中，他爱上了法国。

在法国的五年让杰斐逊的心灵得到很大的抚慰，他终于从丧妻之痛中走出来。他刚到法国时觉得很孤单，正好约翰·亚当斯夫妇也在巴黎，于是，杰斐逊成了亚当斯家的常客。他与亚当斯夫妇建立起非同寻常的友谊。除了对政治的兴趣，他们都饱读诗书，有说不完的共同话题。亚当斯的孩子都把杰斐逊当亲叔叔，特别是他的长子，未来的总统，约翰·昆西·亚当斯，跟杰斐逊好像比跟他爹都亲。约翰·昆西·亚当斯在瑞士读书，学校放假时，他总要去杰斐逊那儿住几天才回家。有时候，他跟父母吵了架，也跑到杰斐逊那儿去诉苦。杰斐逊总是耐心地倾听他所有的烦恼，然后向他讲述自己的人生体验。后来，亚当斯调任驻英公使。美英刚打完仗，关系当然不好。英国报纸天天拿亚当斯开涮，对他和他身后那个“半调子”国家冷嘲热讽。杰斐逊休假时专门赶到伦敦，在亚当斯最难过的时候守在他身边。这两位美国在海外最重要的外交官就这样互相鼓励、互相扶持着共度艰辛，他们凭着自己的才华、品德和对新大陆的热爱，在他们各自的位置上出色地代表了他们的国家。

联邦政府成立后，亚当斯回国，当选为副总统。1789 年 9 月，杰斐逊回国述职。他本来打算修整一段时间后再回巴黎。他的船刚靠岸，总统的信已经在等他了。华盛顿正式邀请他出任国务卿。杰斐逊一点也不激动，他根本不想要这份工作，他就想回法国继续当公使。他磨磨蹭蹭地不愿做决定，一会儿说女儿要结婚，走不开；

一会儿又说要照料一下庄园的生意。华盛顿等了三个月还没动静，不得不又写了一封信，很温柔地催了他一下。他的好朋友麦迪逊也劝他接受这个职务。1790 年 3 月，杰斐逊终于决定出任第一任国务卿。他对华盛顿说："我接受此职完全是因为你。我不会为其他人工作。"

杰斐逊对华盛顿的感情多了一点敬，少了一点爱。当初，华盛顿向国会辞去军职的时候，杰斐逊就坐在议员席上，目睹了那永载史册的一幕，感动得稀里哗啦的。他高度赞扬华盛顿的人品，但似乎无法产生更亲近的感情。他们之间没有化学反应，远远比不上华盛顿与汉密尔顿那种生死与共的情义。当然，这并不意味着华盛顿会"偏心"。他超级理智，绝不会让私人感情影响他的判断力。华盛顿是个非常难伺候的老板，严肃、苛刻、不近人情，一般人受不了他。但是，在用人方面，他有一双火眼金睛。他很高兴两个天才都愿为他效劳，有了他们，还愁国家治理不好吗？古弗纳 · 莫里斯说："华盛顿最大的天才就是他能最好地运用那些天才之光。"

随着华盛顿内阁的形成，年轻的国家一步步走上正轨。人们满怀期望地憧憬着新国家的前途，他们的想象力在辽阔富饶的新大陆上似乎永无止境。他们虽然不知道自己拥有多少后人眼中的"战略资源"，但他们很清楚，他们拥有的是一片锦绣江山。1789 年，美国人口将近 400 万，中间年龄值是 17 岁，也就是说，一半的人口小于

17 岁，一半大于 17 岁。在大于 17 岁的人中，绝大部分小于 40 岁。“朝气蓬勃”是对当时的美国最货真价实的写照。

美利坚民族是个年轻的民族，华盛顿总统的内阁也是个年轻的内阁。最年长的华盛顿 57 岁，国务卿杰斐逊 46 岁，战争部长诺克斯 39 岁，总检察长伦道夫 36 岁，最年轻的财政部长汉密尔顿 34 岁。

这就是第一届联邦政府的行政权。应该说，这是美国历史上最小的政府。上面几位行政长官加上下边办事的，比如外交官、收税官、海关官员等，一共才几百号人。而且，不设常备军，临时有事儿就招各州的民兵应付。可以想象，政府的行政开支几乎可以忽略不计，联邦政府根本不需要征收个人所得税，敛点进出口税和商业税就够吃够喝了。美国社会高度自治，平时大家也想不起那个被现代人叫作“山姆大叔”的家伙。当时流行的治国理念是“最好的政府是管得最少的政府”，或者说，“最好的政府是最小的政府”。然而，这一切就要改变了。当美国人必须面对自由与秩序的平衡、和平与战争的抉择、利益与原则的交换，他们也就必须面对权力的膨胀和斗争的漩涡。他们准备好了吗？

1789 年 10 月，国会在休会前给财政部长布置了“家庭作业”，他必须在下一次国会开会时，也就是 1790 年 1 月，提交一份关于公共信用的报告，以便国会决定新的财政年度的计划。汉密尔顿不仅要把那一大堆“垃圾债”算清楚，还要提出打扫“垃圾”的办法。他只有三个月的时间。在别人眼里，这是天方夜谭。但在汉密尔顿眼里，一切皆有可能。乐呵呵地回家休假的议员们哪里知道，财政部长将要给他们的，不是一份财务报告，而是一颗重磅炸弹。它将迅速撕裂本来还算“一团和气”的国会，催生两大政党，永远结束华盛顿“无党派政治”的幻想。

汉密尔顿的报告提出了什么样的经济政策？它为什么会引起轩然大波？他能达到目的吗？请看下一个故事 :《晚餐》。

064

晚 餐

1790 年 6 月的一天，刚刚上任三个月的国务卿杰斐逊在华盛顿的总统府门前“偶遇”财政部长汉密尔顿。杰斐逊觉得汉密尔顿看上去有点不对劲儿。平日里趾高气扬的财政部长今天却阴沉、郁闷、垂头丧气的，就连穿着也不像平时那么光鲜和时髦，显得随意甚至邋遢。杰斐逊看他好可怜，就问：这是咋啦？汉密尔顿就像找到知心人似的开始吐苦水：我的财政计划在国会触礁了。麦迪逊领着一帮南方议员把最关键那一条锁住了，以至于整个计划无法实施。如果我的主张不能实现，要我这个财政部长有何用？我马上辞职不干了。如果我不干，总统独木难支，咱这个政府肯定垮台。什么“共和国”，什么“美国实验”，见鬼去吧！

虽然杰斐逊心里想的是：哼，危言耸听。没有你，地球照样转。你那个“坑爹”的计划不要也罢。但他嘴里说的是：老弟，别灰心嘛！总统需要你，我们大家都需要你！什么事不能好好商量啊？现在，最重要的是，你得先和麦迪逊先生沟通一下。这么着吧，过两天我请你和他到我家来吃饭，你们好好聊聊！呵呵。

于是，6 月 20 日傍晚，汉密尔顿和麦迪逊来到杰斐逊家。这就是传说中的美国历史上“最值”的一顿晚餐，有些人说它的“学名”应该是“1790 年妥协案”，因为它足以与 1820 年“密苏里妥协案”和“1850 年妥协案”相媲美。那么，他们仨到底谈了些什么？他们是怎样坐到一起的？他们达成的妥协对年轻的美国为何如此重要？这就要从汉密尔顿的财务报告说起了。

1790 年 1 月 14 日，汉密尔顿向国会提交了《关于公共信用的报告》。从历史的角度看，这份 51 页纸的报告标志着美国金融制度的诞生，或者说，是美国金融制度的第一块基石，因为他随后还要用第二份报告来完成整个体系。在此后的二百年里，这个制度的效率和威力已经被一再证明。这份报告应该听上去很伟大吧？其实，在当时人看来，它不但不“伟大”，而且简直就是“唯恐天下不乱”的节奏。别忘了，1790 年的美国是典型的农业国，90%的 GDP 来自农业，95%的人口住在农村。财政部长不好好琢磨琢磨怎样扶持农业、怎样“重农抑商”，整那些“公共信用”的幺蛾子干啥？事实上，国会因害怕行政权对立法权的影响，不允许财政部长亲自到国会宣讲他的报告，这份报告是由国会的秘书念给议员们听的。等秘书把 51 页纸念完，台下鸦雀无声，那些不说话就会死的议员似乎突然无话可说。有的是因为听呆了，有的是因为听晕了，有的是因为听睡着了，大部分是因为没听懂。

其实，对于每天都被“科普”着金融知识的现代人来说，汉密尔顿的计划一点也不出奇，因为他阐述的那些经济规律都变成了今天的“游戏规则”。在报告的开头，汉密尔顿说，政府现在的债务是“自由的代价”。当初，北美为反抗英国的税收而闹起了革命。在资助革命的时候，各州并没有增加人民的纳税负担。那么，打仗需要的钱从哪里来呢？只有一个办法：借债。“债”和“税”毕竟不同。“税”是肉包子打狗，一去不回；“债”总是要还的。所以，政府在战争中债台高筑无可厚非，在和平时期负债也很正常。

“债”又分“内债”和“外债”。内债是政府向自己的人民借的钱，包括那些以“打白条”的方式发的工资和征用的私有财产。外债是从外国银行或政府借的钱。美国的债务总和大约 7900 万美元，其中 5400 万属于联邦政府（大部分是外债），2500 万属于各州政府（大部分是内债）。

负债不可怕，可怕的是疏于管理。政府管理债务最有效的办法是设立专项资金，把固定份额的税收拨进这个账户，用这些钱按时还本付息。只有这样才能建立起良好的公共信用。有了信用，别人就愿借钱给你，借贷的成本也将大大降低。不仅如此，当人们愿意把钱借给政府时，说明他们对政府有了信心，会自然而然地关心政治、支持政府，国家也就有了凝聚力。政府债券在金融市场上的流通为所有的人提供了投资的机会，也为市场注入了极大的流动性，它将最终转化为财富和资本。所以，公共信用不只是经济问题，它也是政治问题和社会问题。如果处理得好，“公共债务就是公共福祉”。

债务合同是双方在自愿和诚信的基础上签订的契约，欠债还钱，天经地义。一个成熟的政府绝不能赖账。过去，由于邦联没有征税权，它无力偿还外债，很多州也无力偿还内债。美国政府毫无信用，“美债”当然是“垃圾债”。怎样扭转这个局面呢？两个办法：第一，联邦政府将以海关税收为抵押，承诺偿付所有现存公债的本金和利息。如有必要，联邦将征收“酿酒税”（“威士忌税”）。第二，联邦政府将把各州还没有还清的债务“接收”过来，统一管理，统一偿还。各州将“无债一身轻”，开始新生活。

以上就是报告的主要内容，是不是听上去合情合理？你可能会说，就这点事能填满 51 页纸？部长先生也太小题大做了。如此平淡无奇的文章怎么会引起轩然大波呢？真正触动人们神经的不是报告的主题，而是其中的两个具体操作，也就是上面说的那两个改善信用的办法。做什么不重要，重要的是怎么做。还是那句话，不要用现代人的眼光看二百年前的故事。

2月8日，终于回过味儿来的众议院就此议题开始辩论。2月11日，麦迪逊发言，反对汉密尔顿的第一条措施，也就是偿付债务的方法。首先，他说，汉密尔顿关于政府偿还内债的办法“背叛了美国革命”。帽子扣得够大的，但麦迪逊有充足的理由。汉密尔顿的计划看上去很简单也很直接：联邦政府将向债券现在的持有人支付100%的面额本金和所有的利息。比如，你有一张国债，面值100美元，利息5%，一年到期。在到期日，政府付给你100美元外加5美元的利息。至于你这张债券是买来的、偷来的、抢来的还是骗来的，不关政府的事，它只管付钱。麦迪逊说，这样不公平！

各州的债务都是很多年前发行的，债券最原始的持有者都是普通公民，特别是那些大陆军退伍老兵。当时，各州没钱给战士们发工资，只能用债券代替现金，承诺若干年后兑现。可是，战后的经济一团糟，很多退伍老兵的生活难以为继，州政府的信用又大打折扣，大家根本不知道它到底有没有能力还债，债券的价值暴跌。在这种情况下，很多老兵和其他持有人不得不以远远低于面额的价钱将债券出手，换取现金维持生活。所以，现在的债券持有人大多是那些以低价从老兵手中收购债券的专业投机者和银行家，他们赌的是政府最后能还债。自从联邦政府成立以后，这种投机活动变得特别猖獗，因为大家都认定财政部长将有大举动。那些消息灵通的人跑到偏远的农村，连蒙带骗地以低价把债券从老兵手中套出来，转手就能获暴利。汉密尔顿的政策恰恰满足了这些黑心肠的“钱商”。你对得起为革命流血牺牲的战士吗？你对得起可怜的退伍老兵吗？1776年的革命精神何在？正义何在？

在理解麦迪逊的话时，你千万不要停留在字面上，那不是麦迪逊的风格。“革命性”和“正义感”确实是他想表达的思想，但不是最重要的。他真正的心思是：第一，投机猖獗会使大量财富集中到少数人手中，不利于社会公平。第二，汉密尔顿的政策显然有利于商业和银行业，对农业不利。农业才是根本，我们辛辛苦苦地种地，生产了实实在在的价值。银行家在干什么？他们转转账就能赚钱。他们对社会有什么实际贡献？第三，那些投机者和银行家在哪？北方。那些弱势的农民在哪？南方。财政部长的计划明摆着就是北方欺压南方的计划。长此以往，南方还有立足之地吗？第四，麦迪逊对“革命精神”的坚持和对退伍老兵的维护获得了道义上的支持和情感上的共鸣，跟他比起来，汉密尔顿就是“现行反革命”。谁的政治前途更光明还用说吗？麦迪逊图的不是钞票是选票。南方和北方的对峙从这时起就开始明朗化了，对新生的共和国来说可不是福音。

那么，怎样回击财政部长关于偿付内债的办法呢？麦迪逊提出了自己的“区分法”。如果你熟悉“金发姑娘和三只熊的故事”，你就会知道麦迪逊的方法是运用了现代人在决策中常用的“金发姑娘原则”，也就是平衡、兼顾、不走极端。他说，投机者可以得到在汉密尔顿政策出台前债券升值的利润，但仅此而已。政策出台后的所有利润归原始持有者。比如，一张100美元面额的债券跌到50美元时，原始持有者把它卖给了投机者。随着经济渐渐恢复，债券涨到60美元。这时，汉密尔顿的计划通过了，这张纸一夜之间变成100美元，因为政府要付100%面额。在这100块钱中，60块付给现在的持有者（投机者），因为他们拥有“合同的权利”；40块付给原始持有者（退伍老兵），因为他们拥有“正义的权利”。汉密尔顿的计划是把100块都付给投机者，看出谁更公平了吧？

麦迪逊的立场让汉密尔顿很吃惊也很受伤，他以为，就算全世界都反对他，麦迪逊也会跟他站在一起。他们俩的交情可不是一天两天了。从安纳波利斯会议到制宪会议，从《联邦党人文集》到各州批准宪法的过程，他们心灵相通，合作得天衣无缝。没有他们共同的努力，联邦政府不可能诞生。他们在制造美国的同时也营造了彼此间深厚的友情。就在不久前，有人还看见他们在街上一起散步，连说带笑还做游戏，像亲哥俩。当初，很多人劝华盛顿不要让汉密尔顿当财政部长，麦迪逊对总统说，汉密尔顿是最合适的人选。此次汉密尔顿开始起草这份报告时专门征求过麦迪逊的意见，麦迪逊只是说，他不同意政府长期负债，如此而已。汉密尔顿认为，他的政策符合他们对新宪法的理解。但是，他错了。麦迪逊已不再是两年前那个《联邦党人文集》的作者了。他是众议院领袖，他的身后是南方，是种植园主、奴隶主、农民，是弗吉尼亚的利益。当汉密尔顿向国会提交他的报告时，他根本没意识到，他与麦迪逊的友谊走到尽头了。

既然麦迪逊披挂上阵了，汉密尔顿也不能闲着。他说，好吧，你不是满嘴都是大道理吗？咱就掰扯掰扯。你少跟我扯退伍老兵的事。我当年在战场上拼刺刀的时候你在干什么？你一天军装都没穿过，一枪都没放过，你倒成了退伍老兵的好朋友了？我就是退伍老兵，还不如你关心他们吗？撇开道德因素，老兵们把债券廉价出售时即使没得到应得的利益，但解了燃眉之急。没有投机者，他们连那点现金也得不到，这是双方自愿的买卖。投机者在买这些债券的时候不知道政府会做什么，他们冒着血本无归的风险。风险越大，收益就可能越大，这是投资的基本概念，你懂不懂？这种纯粹的经济行为，你为什么要上纲上线地跟政治挂上钩？古往今来的市场原则就是：证券的购买者拥有获得未来一切收益的权利。现在，你非让政府横插一杠子，破坏买卖双方已达成的协议，这是对自由权和财产权的侵犯。且不说你的“区分法”有多荒唐，就算我想“区分”，我分得开吗？大多数买卖是私下进行，而且很多债券转了无数次手。一没电脑二没互联网，怎么查出它转了几次手、转了谁的手、转让的价钱是多少？你找得到原始持有人吗？就算找到，你算得清该给他们多少钱吗？你知道要费多大的人力、物力、财力才能摆平那些根本摆不平的东西吗？唉，内行对外行，真是鸡同鸭讲！

财政部长不是好惹的，他在国会里有自己的朋友，在国会外有强大的“游说团”。特别是现在，报告一出台，他立刻成为商人、银行家和北方各州的“大救星”。不用他亲自出马，游说者塞满了国会大厅外的走廊，天天揪着议员们的耳朵念叨。2 月 20 日，众议院投票表决麦迪逊的“区分”议案。这一天好像显得特别重要，可能是联邦政府成立以来第一次对存在重大分歧的议案进行表决，旁听席都坐满了，连副总统夫人阿比盖尔 · 亚当斯也早早地梳妆整齐，来到众议院旁听。她说 :“今天是我第一次来众议院……我不能错过他们对那个问题的表决。”结果，众议院以 36 ∶ 13 否决了麦迪逊的提议，汉密尔顿在第一个回合大获全胜。但是，有一个坏消息。在那 13 张反对票中，9 张来自“超级大州”弗吉尼亚。从后面的故事中你会看到，弗吉尼亚对抗的，不只是财政部长，还有他身后的总统。华盛顿将感受到汉密尔顿感受不到的痛苦。农业与工商业、南方与北方、中央与地方之间的裂痕一天天加深。

自“制宪”以来，麦迪逊一路凯歌，很久没尝过失败的滋味，但这并不意味着他输不起。愿赌服输是政治家的胸襟。在这个议题上他虽然败了一阵，但下个议题就不一定了。2 月 24 日，麦迪逊开始了他对汉密尔顿计划的第二轮攻击：反对联邦政府“接管”各州还没有付清的公共债务。如果说，在上一个回合，麦迪逊输在“不切实际”，这一回合，他可真是接上地气了。什么“道德”“革命”咱都不谈了，就说说这“钱”的事。

各州的债务基本上都是战争时期积下的。战后，每个州的情况不一样。有的“负责任大州”，比如弗吉尼亚，休养生息，开源节流，很快就付清了大部分债务。除了南卡罗来纳，南方各州基本上都是这个情况。它们的农产品一出口，钱马上就回来了。北方那些“熊孩子”可没这么乖，不好好种地，生意也不是说恢复就恢复的。北方各州还都欠着一屁股债，举步维艰。汉密尔顿现在提议把各州未付清的债务全都转给联邦政府，谁是最大的赢家？据麦迪逊的初步计算，弗吉尼亚要转给联邦政府的债务大约是300万美元，而联邦政府为还债增加的税收摊到弗吉尼亚头上大约500万美元，弗吉尼亚这一下子就损失200万美元。凭什么？弗吉尼亚和其他南方各州为什么要为北方各州买单？

如前面所说，听麦迪逊说话要听他的话外音。他不是账房先生，那几个钱他不在乎。他想说的是：这不是“钱”的问题，这是“权”的问题。联邦政府在“接管”各州债务的同时，也“收缴”了各州的权力，建立起高于各州的权威。原因很简单，对每个人来说，谁把手伸进你的钱包，谁就是你最在乎的人。以前，州政府欠你的钱，你眼里除了州政府没别人；现在，联邦政府欠你的钱，你是不是会天天烧高香祈求联邦健康长寿？谁要是跳出来拆联邦的台，你第一个就不答应。过去，人民不直接跟联邦政府打交道，不向联邦政府交税。现在，联邦政府替各州政府还债，它直接向各州人民征税还不是理所当然的？这样一来，人民对联邦政府的关注是不是会超过州政府？当人民与联邦政府的关系更加密切，州政府再也不能像过去那样影响人们的日常生活，它的权力也就被大大削弱。所以，这个看似简单的“接管债务”实际上是中央与地方争夺对国家的控制、抢占人民的信任、削弱各州独立的战争。所以，为了维护各州的利益，绝不能让这一条通过。他说：“公共债务就是公共诅咒。”

你也许觉得麦迪逊想得太多了，哪有那么复杂？联邦政府帮你还债还不高兴？其实，他还真不是成心“搅局”，也不是挟私报复，况且他跟汉密尔顿没私仇。他一点也没冤枉汉密尔顿，他说的就是汉密尔顿的心思，一丝都不差，因为这是他们在制宪会议期间就有的共识。如果汉密尔顿关于公共信用的报告只是份单纯的经济报告，它的历史地位不会这么高。就是因为他想通过设计金融体系来定义联邦政府，他的经济政策才有了非凡的意义。“联邦接管各州债务”这一条实际上是整个计划的核心，如果这一条被卡掉，他的计划就丢了半条命。他的名言是：“政府的债务越多，它的权力就越大。”他认为联邦政府就应该长期负债，管理国债是政府干预经济的重要手段，也是国家权力的重要体现。看看今天的美国，看看今天的美联储，看看所谓的“货币战争”，你不觉得汉密尔顿太超前了吗？当经济衰退，美联储干吗？印钞票。印了钞票怎么投放市场？购买国债，货币贬值，增加出口，刺激消费，提高就业。当经济复苏，美联储停止或减少购买国债，马上就能减少货币量，提高利率，吸引投资。今天的“美债”是如何呼风唤雨的，每个人都有体会，它产生的“权力”早已跨出国门。当然，前提是“管理得当”，也就是“度”要把握好，像希腊那样，债务就真的成了“诅咒”了。而且，干预经济的手段很多，国债只是其中之一，不是全部。

麦迪逊在“接管债务”的问题上反戈一击，让汉密尔顿彻底伤了心，他再也不幻想与麦迪逊重温友情，他们都无法后退了。南方各州，特别是弗吉尼亚，放出话来：如果国会通过汉密尔顿的计划，我们就脱离联邦！别以为它们说着玩。当时的联邦就像初夏的小黄瓜，脆得一掰就断，又没有反分裂法，各州想走就走，谁也拦不住它们。你会发现，在建国之初的八十多年里，各州最喜欢说的话就是：你要是不依着我，我就脱离联邦！这句话将不停地出现，直到它变成现实。

4 月 12 日，众议院以 31 ： 29 的微弱多数否决了汉密尔顿的“接管”计划。两个星期之后，众议院决定停止对这个议题的讨论。如果参议院再否决这个议题，汉密尔顿就死定了。第二个回合，麦迪逊胜。也就是在此后不久，杰斐逊遇到了本篇开头时那个沮丧的财政部长。

汉密尔顿现在只有一个选择：妥协。幸运的是，他手里有妥协的筹码，尽管他还没完全意识到这个筹码的威力。就在国会辩论汉密尔顿经济政策的同时，另一个议题也在进行着，就是给新国家选首都。宪法规定，国会应该为联邦政府选择一个永久“居所”。为这事儿，各州都打破头了。纽约说，选什么选，在俺这儿住得不是挺好吗？费城说，俺位置适中，以前大陆会议和邦联议会都住俺家，现在联邦政府当然应该到这儿来。其他州不干了，凭什么便宜都让你们占？我们这儿有的是风水宝地，诚挚邀请亲爱的联邦政府来安家落户，你要啥咱给啥，保证让你住得舒舒服服的。大家都看中了联邦政府将要带来的巨大的经济利益，拼了老命也要把“首都”抢到手。候选城市多达 16 个，最有竞争力的是纽约、费城、安纳波利斯、巴尔的摩、特伦顿、日耳曼城等。费城是呼声最高的。

弗吉尼亚和南方其他各州都希望把首都建在流经马里兰和弗吉尼亚的波多马克河畔，除了离家近，还可以远离北方的“铜臭味”。你看那些整天就知道数钱的北方佬，他们非把联邦政府给污染了不可。咱一定要让总统把家搬回乡下来，看着咱踏踏实实地种地，别跟那些北方佬混。汉密尔顿的报告让他们更加坚信，首都的地理位置是真正要命的选择。一方水土养一方人，北方城市只会养些“吸血鬼”来吸咱农民的血。可是，很不幸，在这个问题上，汉密尔顿有绝对的影响力，麦迪逊算是撞到他的枪口上了。北方 8 州，南方 5 州，北方本来就有优势。汉密尔顿的经济计划有效地让北方各州团结在他的周围，他有足够的“选票”让北方协调行动。到了 6 月初，“波多马克方案”已经被挤到名单的最下面，麦迪逊都绝望了。

就在汉密尔顿和麦迪逊打得两败俱伤、奄奄一息的时候，上任不久的国务卿杰斐逊登场了。他 3 月份才来纽约，他到的时候那俩已经掐得差不多了。杰斐逊和麦迪逊的关系我们在前面的故事中已经讲过了，用第六位总统约翰 · 昆西 · 亚当斯的话说就是 :“他们对彼此的吸引力就像自然界中的磁铁之间那种无形又神秘的互动。”可见他俩有多贴心。而杰斐逊跟汉密尔顿完全是陌生人，从没见过面，在内阁会议上才由华盛顿介绍认识。杰斐逊跟华盛顿在弗吉尼亚议会共事的时候，汉密尔顿还在西印度群岛上穿着开裆裤，他们的生命本不应有交集。可是，阴差阳错，他们就遇上了。

在麦迪逊和汉密尔顿之间，杰斐逊跟谁近乎跟谁远不是悬念。他百分之百地赞同麦迪逊的观点，但是，对汉密尔顿计划中“偿还外债”的部分，他也赞同。当了这几年驻外使节，杰斐逊对外债的认识比任何人都深刻。他说："在美国没有严肃地对待外债之前，欧洲是不会把它当回事的。""美债"在国际市场上的"垃圾"地位让杰斐逊自惭形秽。虽然他不懂经济，但他真切地体会到了"国家信用"的重要性。麦迪逊缺的就是这个国际视角。而且，刚刚回国的杰斐逊还没有卷入任何党派之争。他说："我不是联邦党，也不是反联邦党。如果非要加入党派才能上天堂，我宁可不上天堂。"正是这种相对超然的态度让他把两只"乌眼鸡"拉到一起。

6 月 20 日，杰斐逊、麦迪逊、汉密尔顿共进晚餐。在杰斐逊的撮合下，麦迪逊同意不再像前一阵子那样拼命阻挠"接管"计划。他说，汉密尔顿可以让参议院把报告略加修改然后转回众议院，重新启动讨论。麦迪逊本人还是会投反对票，但"不反对"别人投赞成票。南方吞下这个苦果，但你要是不想让南方各州造反，就得给它们好处。汉密尔顿同意劝说纽约和宾夕法尼亚的朋友放弃对永久首都的诉求。联邦政府可以在费城住十年，十年后迁都波多马克河畔。对汉密尔顿来说，他的经济政策比首都的位置重要得多，他愿意为此牺牲地方利益。对麦迪逊来说，首都在哪里，权力就在哪里，他要让弗吉尼亚永远立于不败之地。

7 月 10 日，众议院以 32 ∶ 29 通过《居住法案》，以费城为临时首都，为期十年。同时，在波多马克河畔营建新都。7 月 26 日，众议院以 32 ∶ 28 的微弱多数通过了汉密尔顿的"接管"议案。麦迪逊果然投了反对票，但他“安排”四位弗吉尼亚议员改变立场，投赞成票。从这两次近乎相同的投票结果上就可看出“人工雕琢”的痕迹。就像当时一份报纸所说：“纽约和宾夕法尼亚的利益被2500万美元买走了。”

看上去皆大欢喜，但政党之争已拉开序幕。以杰斐逊、麦迪逊为首的代表南方种植园主和农民利益的“民主共和党”与以汉密尔顿为首的代表北方工商业、银行业利益的联邦党都开始形成，美国政治从此永无宁日。

汉密尔顿计划的通过使美国一跃而成世界上信用最好的国家，“美债”立刻翻着跟头往上涨，直到今天，它仍然是“无风险投资”，因为美国政府从来不赖账。这也是汉密尔顿为后来的历届联邦政府立的规矩。二百年前的那顿晚餐也成了人们津津乐道的典故。实际上，这一切并不一定是那一顿饭决定的，而是很多秘密交易的结果。但这顿晚餐的三位主角都应该为自己感到骄傲。那晚，他们不是打着小算盘的政客，而是胸怀全局的政治家。他们的表现非常专业，非常优雅，也非常真诚。尽管他们的分歧没有消失，但他们尽其所能，让年轻的国家免于分裂，也让脆弱的联邦政府免于夭折。可惜，这是他们最后一次这样坐在一起了。此后，他们再也没能像那天一样坦诚相对。

《居住法案》虽然通过了，但对首都的争夺并没有结束。围绕

“首都”的斗争和妥协是怎样进行的？弗吉尼亚怎样才能确保联邦政府按时迁入新都？费城将怎样担当临时首都的角色？请看下一个故事：《首善之区》。

065

首 善 之 区

在上一篇故事中，我们与杰斐逊、麦迪逊、汉密尔顿一起享用了那顿著名的晚餐。细心的你也许会发现，那张餐桌上似乎少了一个人。他如此重要，却无影无踪。这个人当然是华盛顿总统。当麦迪逊和汉密尔顿打得头破血流时，他在哪里？当他们达成妥协时，他又在哪里？他支持谁？他想要的是什么？他为什么一声不出？没有任何证据表明总统与这顿晚餐有任何瓜葛，但这位自始至终既不见首也不见尾的“神龙”居然是最大的“赢家”。这次妥协让汉密尔顿得以实施他的经济政策，但不得不放弃对首都的争夺；麦迪逊得到了首都，却只能任凭汉密尔顿构建新国家的发展框架。他们俩都有得有失，华盛顿却只有得，没有失，因为汉密尔顿的计划和波多马克河畔的新首都这两样他都想要。他如愿以偿了。难怪大家说，这场交易的幕后推手就是总统先生。

华盛顿是老谋深算的政治家，但他不是个爱耍心眼儿的人。沉默是他的风格。他就喜欢站得远远的，看着，听着，绝不轻易出手。说实在的，汉密尔顿刚刚拿出他的方案时，华盛顿并不完全明白他的财政部长到底想干什么，全美国也没几个人明白。但华盛顿最大的好处是，当他不懂时，他不急于下结论，而是让事情自然进行，让所有的可能性都充分发展，然后再权衡利弊，做出决定。他给内阁成员立的规矩是，所有的方案在提交国会之前必须先由总统过目，这是他对下属的唯一约束。所以，汉密尔顿的计划是过了总统这一关的，但这只表示总统同意提交国会，并不意味着他赞同方案的内容。事到如今，大家都习惯了华盛顿的做派，他的沉默被解读为对财政部长的支持。否则，他一句话就可以挡住汉密尔顿，根本用不着国会折腾。正是从汉密尔顿与麦迪逊的激烈争论中，华盛顿渐渐地看懂了双方的利益和立场，他的脚步也渐渐地靠近汉密尔顿。

1790 年 3 月到 5 月，就在麦迪逊和汉密尔顿打得最不可开交时，华盛顿连生两场大病。特别是第二场，他大腿上长了个毒疮，差点要了命。医生已经开了病危通知单，大家都吓傻了，汉密尔顿和麦迪逊也吓得忘了吵架，赶紧求上帝保佑总统健康。毫无疑问，如果华盛顿去世，脆弱的联邦将立刻瓦解，南方和北方根本过不到一块儿去。后来，曼哈顿最好的外科医生为总统做手术，因种种原因不能用麻药，58 岁的华盛顿上演了一出“割肉疗毒”，虽没有关云长的气概，但总算挺过来了。也许总统的病痛使分裂的国会意识到事情的严重，妥协迫在眉睫。这才促成了那顿晚餐上的交易，波多马克河畔也随之登堂入室，成为新国家的首都。

宪法规定，国会要为联邦政府找个“长宽各 10 英里（16 公里）”的家，也就是 100 平方英里（256 平方公里）的“联邦城”。这座城市由国会直接控制，不属于任何一个州。竞争“首都”的候选城市共 16 个，其中 15 个是已经具备一定规模的城市，包括纽约、费城等大城市，只有波多马克最不靠谱，因为那里什么都没有。在内债外债欠了一屁股、经济发展举步维艰的情况下，联邦政府居然弃旧城不用，选择“平地起新都”，实在有违美国人的务实作风，只能说明，当时弗吉尼亚的政治势力太强大了。难怪约翰·亚当斯说：“在弗吉尼亚，所有的鹅都是天鹅。”虽然首都的位置并不能决定某个州在联邦政府中的影响力，但不知是出于偶然还是必然，美国前五位总统中，除了亚当斯，其他四位（华盛顿、杰斐逊、麦迪逊、门罗）都来自弗吉尼亚。因此，建国之初从 1789 年到 1825 年的 36 年被戏称为“弗吉尼亚王朝”。

国会在 7 月 10 日通过的《居住法案》确定波多马克河畔为新首都的位置。但是，有两个问题：第一，波多马克河全长 652 公里，西北面靠近宾夕法尼亚，流经弗吉尼亚和马里兰，向东注入切萨皮克湾。它的“河畔”到底是哪一段？是靠东还是靠西？第二，波多马克河畔完全是野生的世界，除了树还是树，当然还有动物。有人开玩笑说，太好啦！咱把房子盖起来，国会每年在里面开四个月的会，剩下的时间野兽们就可以住进去了！事实上，即使在联邦政府正式迁入新都后，这个新都仍然在丛林中。第一位迁入新都的总统是约翰·亚当斯，总统夫人阿比盖尔在从费城前往首都的途中竟然迷了路，因为周围是一片荒野。那时候，外来的旅行者经常顶着一头雾水打听："请问，去首都怎么走？"答曰："你已经站在首都的中心了！"

就是因为波多马克这个位置太匪夷所思，所以，即使在《居住法案》通过后，人们也没把它当回事。费城人觉得，一旦联邦政府搬进费城，它就会永远住在那儿。那个所谓的新都只存在于弗吉尼亚人的梦中，十年的时间根本不可能起一座新城。况且，《居住法案》通过得很勉强，只要再次进入国会的讨论，就有可能被推翻。怎样才能保证煮熟的鸭子不飞走呢？杰斐逊和麦迪逊这两个铁杆弗吉尼亚人很自然地把目光锁定在另一个铁杆弗吉尼亚人身上。

法案刚通过不久，杰斐逊就说，国会的工作已经完成了（你们可以靠边站了），现在这件事要从立法权转到行政权，由总统亲自监督执行（有华盛顿监工，我看你们谁敢翻天）。接着，杰斐逊和麦迪逊敦促总统立刻着手营建新都。只要破土动工，这事儿基本上就板上钉钉了。华盛顿心里很高兴，他做房地产上瘾，是天底下最认真的“工头”。而且，国会决定，新首都将以华盛顿的名字命名，全称“华盛顿哥伦比亚特区”（为了区别于华盛顿总统，以下简称华府）。这下，他更来劲了。既然用我的名字，我就得把它建好！那么，回到我们前面讲到的问题：波多马克河长着呢，这个“河畔”到底在哪？

当初，首都的问题刚进入国会讨论的时候，它同时也进入了全民的热议，各大报刊七嘴八舌地“献计献策”。其中的一个声音说：既然咱们的总统在过去所有的历史关头都为咱做出了正确的选择，如今咱也别争了，干脆让他在地图上指，他指哪咱打哪，行不？另一个声音说：不行不行！你不知道总统恋家吗？你让他指，他一准儿给你指到弗农山庄去。人们大概没想到，这个调侃居然变成了现实。国会真的对华盛顿说：总统先生，你就给我们指吧，你指哪段就是哪段，反正只要在波多马克河畔就行。华盛顿也不客气，大手一挥，还真的差点指到弗农山庄。今天的美国首都华府离弗农山庄只有 24 公里，这不就是在家门口吗？

华盛顿这样做是有私心的。他选的这块地靠近波多马克河流进切萨皮克湾的入口，也就是河的最东段。可是，宾夕法尼亚在同意费城只做临时首都的时候，其实是希望总统指定波多马克河西段，也就是靠近宾夕法尼亚的地方。华盛顿选东段不仅因为他恋家，还因为他拥有那段河畔的大片土地。那都是他很久以前以极低的价钱买的，现在政府征地，价格暴涨，他赚得足足的。华盛顿不是圣人，是商人，他在以权谋私的时候似乎没脸红。当然，不好意思还是有点的，这可能就是他把首都正中心的街道命名为“宾夕法尼亚大道”的原因吧。知道“宾夕法尼亚大道 1600 号”是谁的家吗?

位置选定了，接下来就是勘探地形，观测气候和水文，设计城市布局，砍树，盖房子，等等。法国人皮埃尔 · 朗方是总设计师。他把街道搞得方方正正的，美观又大方，可是那些对角线坑苦了今天的司机。你若有幸在那里开车，你就会知道什么是“抓狂”的感觉。但这个瑕疵似乎没有遮住美玉的光泽。

1790 年 8 月 30 日，华盛顿黎明时分就起床了。总统府里所有的人都整装待发。今天是他告别纽约的日子。与他同行的是玛莎及他们的孙子、孙女，两个助理，四个仆人，四个奴隶。前一天，他告诉大家他天亮才走，实际上，他打算趁着天还没亮悄悄地溜出曼哈顿，免得人们又来大张旗鼓地送他，那个热闹场面他实在是受够了。就在他带着一丝惆怅和感慨向这座百老汇大街上的漂亮府邸看上最后一眼时，身后忽然鼓乐大作，军乐队演奏着《华盛顿进行曲》出现在他面前。原来，大家早就摸透了总统的毛病，根本不给他“故技重施”的机会。想溜？没门儿！纽约州州长克林顿，最高法院首席大法官杰伊，还有一大票情绪激动的纽约市民，在欢呼声和十三响礼炮声中与总统道别。又是一番依依不舍，又是一番洒泪相送，这恐怕是华盛顿此生最后一次看到纽约了。

《居住法案》让纽约永远失去了成为伦敦或巴黎的机会，但这并没有妨碍它成为“世界之都”。国会那看似偶然的决定却无意中为世界的城市规划开启了一个新的模式，那就是城市功能的单一和分散。当时，所有欧洲国家的首都都是综合型城市，比如，伦敦、巴黎、维也纳、罗马，它们既是政治中心，也是经济中心和文化中心。但美国的首都注定只能是政治中心，没有其他功能。这个选择似乎体现了一种新的治国理念：分权高于集权，分散优于集中。政治中心与金融中心的分离至少在当时的环境下意味着“权”与“钱”的分离，意味着农业对工商业的最后一次抗争。丛林中的“小城”太不起眼？华府没有纽约的光环？那就对了！要的就是这效果！权力本就该低调。我们无须过度解读《居住法案》，只要试着感受一下二百年前的情怀就可以啦。

华盛顿离开纽约后回弗农山庄住了两个月，然后才来到临时首都费城。联邦政府将在这里住十年。纽约人黯然神伤，费城人却兴高采烈，跟过节似的。全城张灯结彩，华盛顿的肖像贴满大街小巷。罗伯特·莫里斯站在自己的房子前迎接总统的到来。现在，这已经不是他的房子了，而是新的总统官邸。他是华盛顿最好的朋友。1787 年制宪会议期间，华盛顿在他家住了四个多月。上自国会下至普通公民都知道总统喜欢那所房子。此次联邦政府迁都费城，国会

提出要租用罗伯特 · 莫里斯的房子做总统府，他说：好吧，我要的租金是一块钱。于是，这座四层小楼就成了华盛顿的家，他将在这里度过难忘的七年。

但是，欢迎的人群中少了一个人，费城的天空少了一束最耀眼的星光。华盛顿知道，他再也见不到这颗星星了。1790 年 4 月 17 日，本杰明 · 富兰克林走完了他 84 年的人生。他为世人留下的，不仅是一个成功的故事，更是一个无尽的追求。他把从天空抓到的闪电注入了美国人的血液，他把对科学的探索变成人类永恒的目光。他告诉人们，对世界要永远保持一颗好奇心，这是科学的动力。当他大力资助热气球实验时，有人问他：“这东西有什么用？”他用一个问题回答了这个问题：“一个初生的婴儿有什么用？”就像他把热情奉献给科学一样，他也把爱奉献给了新大陆。他亲手把那个叫“美国”的婴儿接生到这个世界上，给她关爱，为她梳妆。在他心中，美国永远是个纯洁的少女，承载着人类最美好的梦想。当他必须离她远去的时候，他平静地为自己和妻子选了块 1.8 米长、1.2 米宽的墓碑，上面写着“本杰明和黛博拉 · 富兰克林”，就像他见法国国王时穿着的那件普通外套一样简单。两万人参加了他的葬礼（费城共 3 万居民），费城在静穆中送走了它最著名的公民。

富兰克林生前做的最后一件大事是在教友会提交国会的要求废除奴隶制的请愿书上签了名。本来，这种请愿书根本不会进入国会的讨论，但因有富兰克林的签名，国会不能置之不理。这份请愿书引起的波澜一点也不亚于汉密尔顿的财政报告。南方议员们气得拍桌子砸板凳，谁敢碰奴隶制，我们就脱离联邦！最后的结果就像 1776 年和 1787 年一样，国会对这个诉求的答复是：沉默。

可是，事情没完。总统和其他南方官员很快就发现了问题。费城是北美最大、最开放、最自由的城市，也是宾夕法尼亚州的首府。这座“兄弟友爱之城”是教友会的大本营（参看 011《宾的树林》）。教友会（或叫“贵格派”）是基督教中最开明的一支，特别提倡“人人平等”。当年的威廉 · 宾就是在这里开始了他的“神圣的实验”。基于教友会的背景，宾夕法尼亚早在 1780 年就通过立法逐步废除奴隶制，它是美国第一个废除奴隶制的州（佛蒙特 1777 年废除奴隶制，但此时它还没加入美国）。宾夕法尼亚州的法律规定，奴隶在本州连续停留六个月就可获得自由，任何人不得阻挠。这下，华盛顿和其他南方人可傻了，他们离开奴隶都不知道咋活。总统府至少有五六个奴隶。华盛顿问宾夕法尼亚州法院：联邦官员是否享有“豁免权”？人家说：对不起，只要你在宾夕法尼亚的土地上，你就必须遵守我们的法律。得，这不麻烦了？奴隶都跑了，我吃什么？华盛顿赶紧找埃德蒙 · 伦道夫商量。总检察长给总统出了个钻法律空子的主意：你带的奴隶在费城住满大约五个月的时候，就把他们带回弗农山庄住一阵子，然后再带回来。这样，他们的入境时间就重新计算，不会连续住满六个月。在此后的七年中，第一家庭就是这样“封锁”了他们的奴隶走向自由的路。

1790 年 12 月 8 日，华盛顿总统来到国会宣讲他的“国情咨文”。他愉快地回顾了新国家在过去一年的成就，特别是在汉密尔顿的经济政策实施之后，股市大涨，国家信用大大提高，国债的价值翻了三倍，各行各业都开始复苏。同时，他也为那些反对汉密尔顿政策的声音打开一道门，表示政府愿意倾听不同的诉求。总统委婉地维护了自己的财政部长，他的态度坚定又温和，向所有的人释放出清晰的信号：我支持他。他这样做是有目的的。他想给国会透个风，财政部长很快就要再次给你们“惊喜”啦！《第二份关于公共信用的报告》马上就要出炉，可别怪我没打招呼！

联邦政府进驻费城注定要为这座城市带来热闹又不安的十年。所有的矛盾和痛苦，所有的阴谋和陷阱，所有的挣扎和挫折，将让它每时每刻都感受着年轻的共和国在走向现代的过程中必须经历的磨难。下一场斗争将怎样开始？下一个选择将怎样结束？那针锋相对的双方是否还有妥协的可能？请看下一个故事：《必要与适当》。

066

必 要 与 适 当

在今天的美国，你应该不会忽略三个字——“美联储”。它是美国的“中央银行”，也就是“银行的银行”。它的一举一动、一言一行都牵引着华尔街的风风雨雨，也牵动着每个普通人的心。没有它，大家都不知道该咋活。但是，在 18 世纪末的新大陆，“中央银行”或“国家银行”是强权的象征，是政府对个人自由的侵犯和对弱势群体的压迫。1790 年 12 月底，当财政部长汉密尔顿向国会提交他的《第二份关于公共信用的报告》时，他面对的就是被这样的观念笼罩的美国。

汉密尔顿出任财政部长时为新国家定了四个目标：一是提高公共信用；二是健全海关管理；三是完善税收制度；四是建立中央银行。公共信用的事已经在那顿晚餐上解决了。1790 年 4 月，他向国会提出建立海岸缉私队，也就是后来的“海岸警卫队”。8 月，国会通过法案创建第一支武装缉私船队，归财政部管。美国人酷爱航海，也酷爱走私。在一百七十年前的殖民地时期，你只要会做生意就会走私，英国想管也管不住。后来，走私成了反抗英国暴政的革命行动。联邦政府成立后，大家照走不误，这叫“革命传统代代传”。缉私船队显然断了很多人的财路，但没办法，联邦政府就指着海关税吃饭呢，不查你查谁？除了海关税，汉密尔顿还在 1790 年 12 月要求国会通过法案，征收酿酒税（“威士忌税”），为此引起很多争议和骚乱。他专门训练税官，组织收税队伍。在一些偏远的山区，收税官们不得不带着枪“武装收税”，那架势跟抢钱差不多。这支“收税大军”也归财政部管。总之，到 1790 年年底，汉密尔顿的四个目标已经有三个基本搞定，这时，他任财政部长只不过一年多一点。他太能干了，能干得让人害怕。财政部迅速膨胀，几乎吞噬了整个行政权。财政部长好像不吃不睡，三天两头“打报告”，炸晕了国会，也炸恼了他的内阁同僚。短短的一年里，所有的人都看清了一件事：华盛顿政府的二号人物是谁。

不长眼神儿的汉密尔顿可能觉得自己还不够招人恨，在《第二份关于公共信用的报告》中居然提出要建立新大陆有史以来第一个“中央银行”，连名字都想好了，就叫“合众国银行”。为什么要建中央银行呢？好处多了去了，比如，发行统一的货币，控制货币流量，管理外汇，调节金融市场，收税，贷款，向政府提供资金，等等。

在所有这些“任务”中，第一件要办的是统一货币。说起来你也许不信，当时，美国这个统一的国家却没有统一的货币。虽然国会创立了“美元”，但大家更愿用欧洲各国的货币，最受欢迎的是西班牙比索。这事儿不解决，别的都甭想。

那么，这个银行应该是个什么形式呢？汉密尔顿的设想是，银行的启动资金 1000 万美元，政府出 200 万美元，私人投资 800 万美元。这种方式是从英国和荷兰学来的。英格兰银行和阿姆斯特丹银行都是如此，运行起来非常高效，还能照顾到公众利益。虽是“公私合营”，但政府有足够的话语权，银行的运行也由政府监管。私人的那 800 万美元通过出售银行股票的形式筹集。这样做的目的是把银行和公共信用连在一起。人们对政府越有信心，他们就越愿意购买国有银行的股票，公共信用自然也就越高。这是他上一篇报告的延续。中央银行将成为维护公共信用的工具。

在汉密尔顿眼里，中央银行是一个国家金融秩序的主心骨。但是，在 95%的人口是农民的新大陆，别说中央银行，就是一般的私人银行，也是恶霸一样的角色。农业的运作程序是这样的：种植园主或自耕农借钱买种子和农具，打下粮食卖掉还银行的钱。在歉收和市场不好的时候，他们入不敷出，只好借更多的钱维持生产。可以说，从奴隶主到普通农民，包括“建国国父”们，没有不欠钱的，“负债经营”是北美的常态。债务人对债权人能有好气儿吗？

最起劲地反对建立中央银行的三个人是：国务卿杰斐逊，众议院领袖麦迪逊，副总统亚当斯。杰斐逊和麦迪逊作为大种植园主和奴隶主，对商业和银行业的鄙视是发自内心的。他们认为，土地是最实在的财富，农业是最高贵的营生，那些狡诈的银行家通过放贷巧取豪夺，除满足私欲外，没有为社会做任何贡献。什么“银行”“股票”，这些东西太肮脏了，根本不是高贵的弗吉尼亚绅士应该涉足的。你说我不懂金融？谢谢，我以此为荣！来自马萨诸塞的亚当斯按道理应该是代表工商业利益的，但他对银行却厌恶至极。他说，银行是富人剥削穷人的把戏，是少数人压迫多数人的工具。在当时的美国，他们三人代表的是大多数“国父”的思想，也是大多数美国人的思想。

在 18 世纪，伴随着美国革命的是两大世界潮流。不管人类是否情愿，他们已经走到现代社会的大门口。一个潮流是启蒙思想。美国所有的“国父”都是启蒙思想最忠诚的信徒，自由、平等、人权、共和、法治的观念深入人心。如果说，在北美启蒙思想的实践中，汉密尔顿的贡献非同小可，那么，杰斐逊、麦迪逊、亚当斯一点也不逊色，他们的贡献同样不可替代。在这一点上，“杰斐逊们”和“汉密尔顿们”算是同一个阵营的，只是前者偏左、后者偏右而已。另一个潮流是在 1760 年左右初露端倪的工业革命。也许是因为启蒙思想的光辉太耀眼了，“国父”们似乎想在革命的理想主义中多沉醉一会儿，他们集体忽视了工业革命传递的强烈信号。只有一个人明白无误地解读了这个信号，这个人是汉密尔顿。工业是美国的未来，银行是工业的血脉，这就是他看到的“现代国家”。他要做的是为这个“现代国家”打好框架。另一个勉强跟得上他的脚步的也许是富兰克林，这要归功于他对科学的执着和那颗充满好奇的心。当汉密尔顿脑子里都是银行、股票交易所、制造业、世界贸易这些现代元素时，杰斐逊和麦迪逊想的是如何让他们的奴隶多种几亩地，如何让农民摆脱对银行的依赖。汉密尔顿憧憬着“美帝国”。他说，美国人是天生的商人和企业家……当美国崛起时，“欧洲的一切都是泡沫”。杰斐逊追求的“美利坚共和国”是“绝世而独立”的世外桃源，自给自足，与世无争，是人类最美丽的“乌托邦”。

现在，地上有一条线。线的左边是“近代”，右边是“现代”。左边站着一群人，他们是“建国国父”们；右边站着一个人，他是汉密尔顿；还有一个人，不左也不右，刚好站在那条线上，他是华盛顿总统。汉密尔顿把所有的人都拉过来是不可能的，他也没打算这么做。他只要把华盛顿拉过来就成了。华盛顿往哪走，美国就会往哪走。幸运的是，他拥有华盛顿毫无保留的信任。亚当斯、杰斐逊、麦迪逊都是未来的总统，也是才华横溢的政治家，但在华盛顿心中，这仨绑在一块儿也不如汉密尔顿有分量。虽然此时的华盛顿并不清楚自己的立场，但他决定给汉密尔顿一个机会，让他把报告提交国会，让所有的人充分表达意见，然后他再做最后的裁决。

只要总统不约束他的财政部长，这位部长的能量就会让所有的人瞠目结舌。早在1780年的时候，大陆军总司令身边那位25岁的中校军官就在编织着美国的“中央银行梦”了。亚当·斯密的《国富论》，麦勒齐·波斯特维的贸易与金融词典，英格兰银行和阿姆斯特丹银行的公司宪章，等等，都让年轻的汉密尔顿对欧洲的金融体系充满向往。如今，35岁的他终于有机会打造自己的“帝国”，他绝不会让任何人挡了他的路。说我的银行是山寨版的英格兰银行？是又怎样？我就是要用英国体制赶超英国，你有意见吗？少拿“自由”啊“革命”啊那些大帽子来压我，没钱你要什么“自由”！你们就等着看我怎么让美国人赚大钱吧！

1791年1月20日，建立“合众国银行”的法案“像风一样吹过参议院”，意思是，以压倒性多数获得通过。接着，法案进入众议院的讨论。众议院领袖麦迪逊再一次组织反击，他的理由跟上次阻止联邦政府接管债务时的理由一样：中央银行将以牺牲南方为代价使北方获利。汉密尔顿说，我的银行是全国性的，不是地区性的，它不仅将促进工商业，也将大大方便农业的融资，对大家都有好处。你能不能停止当一会儿弗吉尼亚人，试着当一会儿美国人？因为汉密尔顿提议把合众国银行总部设在费城，麦迪逊还担心这样会影响联邦政府最终迁都波多马克的计划。如果越来越多的联邦机构在费城扎根，迁都也就越来越困难。汉密尔顿觉得麦迪逊瞎操心，这跟迁都有什么关系？你爱走就走，银行才不会跟着你到那个鬼地方去呢，两码事！（后来，联邦政府迁都时，中央银行果然没有南迁，一直留在费城。）

对中央银行更深层的讨论是关于它的“合法性”，也就是，联邦政府组建银行的行为是否违宪。自宪法诞生之日起，对宪法的解释就分成了两派。一是“狭义派”，一是“广义派”。“狭义派”认为，政府的权力仅限于宪法的明示，只要宪法上没写，你就不能做。“广义派”说，政府不仅拥有宪法明示的权力，还拥有“暗示”或“引申”的权力。当初，麦迪逊和汉密尔顿合作《联邦党人文集》的时候，他们俩都是“广义派”领袖，他们的精彩论述使这部文集成为对宪法最权威的注解。如今，麦迪逊的立场来了个一百八十度大转弯，他一夜之间成了“狭义派”掌门人。他与汉密尔顿的对话是这样的：

麦迪逊：你就是把宪法翻烂，也找不到半个字说政府有权建立银行。

汉密尔顿：请看第一条第八款，不要告诉我你从来没听说过“必要与适当条款”。

麦迪逊：“必要与适当”不等于滥用权力。

汉密尔顿：你想听听你自己三年前是怎么说的吗?

为了给“宪法之父”添恶心，汉密尔顿让他的一个议员朋友在众议院的辩论中当众朗读《联邦党人文集》第44篇《对若干州的权力的限制》中那段著名的文字。这一篇是麦迪逊的杰作，淋漓尽致地解释了“必要与适当条款”，至今仍被史学家和法学家频繁地引用。当时，虽然大家都知道《联邦党人文集》出自麦迪逊和汉密尔顿的手笔，但具体哪一篇是谁写的还是“绝密”，两人都守口如瓶。汉密尔顿并没有告诉朋友那段文字的作者，只是让他念一下而已，个中滋味只有麦迪逊明白。麦迪逊的脸让汉密尔顿的“恶作剧”气得红一阵白一阵的，又不能破口大骂：“这是哪个混账王八蛋写的？”

这段闪闪发光的经典语录是：“在法律和推理中，最清楚不过的公理是，当（政府）需要达到某种终极目标，它就应该被赋予达到这些目标所需要的手段；当政府被授予某种广泛的权力，它也就获得了所有与实施此权力相关的具体权力。”

用白话说就是：你想让政府办事，就得给政府权力；你想让政府办大事，就得把办跟这件大事有关的那些小事的权力也给政府。比如，宪法明文规定，联邦政府有权征税，有权发行货币，但没说政府有权建立银行。那么，征来的税存在哪？怎样才能统一调配？怎样以政府信用为基础发行统一的货币？干这些事当然需要国家银行。所以，建银行这个“小权力”是附属于征税和发行货币这些“大权力”的。你想让政府顺利履行宪法“明示”的权力，就必须赋予它与“明示”的权力相关的“暗示”的权力。这种“暗示”的权力就是“必要与适当”的权力。如此这般，国有银行一点也不违宪。

“联邦政府之父”和“宪法之父”之间的这场争论谁对谁错、谁输谁赢也许不重要，重要的是，他们对宪法“画龙点睛”式的阐述为后世留下了享之不尽的财富。后来，第四位最高法院首席大法官马歇尔就是用“必要与适当条款”来确立联邦政府的权威的，他引用的就是政府建立国有银行这件事。

显然，汉密尔顿的游说工作很成功。1791 年 2 月 8 日，众议院以 39 ∶ 20 的优势通过了银行法案。但是，就像当初关于政府债务的表决一样，南北分歧已经不可挽回。波多马克河以北各州几乎无一例外地投了赞成票，南方各州基本上全是反对票。很多学者认为，这次表决标志着两大政党的形成，如马歇尔在他的书中所写 :“关于合众国银行的争论导致了两大旗帜鲜明的政党的形成，它们之间长期的斗争撼动了美国政治的核心。”

汉密尔顿在国会势不可当，麦迪逊只剩下最后一步棋，那就是总统的“一票否决权”。如果华盛顿否决了国会的法案，法案就会被打回国会，重新讨论，只有在参、众两院都达到三分之二多数后才能再次通过，那几乎是不可能完成的任务。国会的法案送到总统府，总统有十天的时间做决定。他要么签字使之成为法律，要么否决。于是，麦迪逊立刻开始对总统的“攻坚战”，天天跑去给华盛顿上宪法课，敦促总统行使否决权。华盛顿倒是挺老实，他当初虽然在制宪会议上从头坐到尾，一场辩论都没落下，但他承认：“我不太明白你们律师说的那些事（他指的是宪法）。”经过麦迪逊的一番“普法教育”，华盛顿似乎更晕了。让农民给律师当裁判，你们这不是难为我吗？咋办呢？那就问问律师们吧。

总统问的第一个内阁成员是总检察长兼法律顾问伦道夫。伦道夫说：“违宪。”但他的理由很弱，总统基本上听了跟没听一样，还是一头雾水。于是，华盛顿来问第二个内阁成员——国务卿杰斐逊。杰斐逊的水平比他表弟伦道夫高出好几节，他的回答简洁又犀利：第一，从严格的宪法含义上说，由国家资助的垄断企业和银行是对自由的侵犯，也是英式君主制的体现。第二，汉密尔顿设计的中央银行是北方工商业欺压南方种植业的工具，因为那百分之八十的私人股份绝大部分将来自北方的投机者。第三，汉密尔顿滥用“必要与适当条款”。“必要”是指“不可替代”，没它不行。但事实是，即使没有中央银行，政府照样可以收税和发行货币，只要把任务分派给靠得住的私人企业就可以了。中央银行是“方便的”和“有用的”，但不是“必要的”。第四，中央银行的设立是以牺牲公众利益为代价满足少数金融贵族的私欲，是“非正义”的。所以，绝对违宪！

杰斐逊的话让华盛顿受到很大的震动，他又把麦迪逊叫来进行了好几次单独的秘密谈话。他似乎快被说服了，让麦迪逊为他起草否决法案的意见书备用，这可能将是美国总统第一次行使否决权。好了，听完了麦迪逊、杰斐逊、伦道夫这三位律师的陈述，华盛顿现在只有一件事可做，就是听听第四位律师怎么说。

华盛顿把汉密尔顿叫到办公室，开门见山地对他说："如果你不能说服我，我就要否决银行法案。"然后，他把其他三位的意见告诉了汉密尔顿。看样子，华盛顿心里是偏向汉密尔顿的，他跟财政部长之间的坦诚更有"自家人"的味道，而且，他最后找汉密尔顿并把所有的反对意见告诉他，实际上是给汉密尔顿一次反击的机会。汉密尔顿说："给我一个星期，我会给你我的意见。"

在接下来的一个星期里，汉密尔顿再次展示了他超人的精力。多年后，满头银发的伊莉莎向一个年轻人讲述她与夫君共度的这段日子时说："他创造了你们的银行。我通宵达旦地陪着他。杰斐逊认为我们不应该有银行，华盛顿总统也这么认为。但我丈夫说：'我们必须有银行。'我们整晚地不睡觉，我帮他誊写稿件。第二天，他拿着稿子去见总统，我们就有了银行。"

汉密尔顿在 2 月 23 日拿给总统的这份稿子共 13000 字，从各方面阐述"必要与适当条款"的含义，把所有的反对意见都"埋葬"了。他反驳了杰斐逊对宪法的狭义理解，他的眼光不再只停留在银行这件事上，而是扩展到所有的公权力。他说："对政府的定义蕴含着一个天然的原则：每一项赋予政府的权力都是至高无上的，它理应包括所有与此相关的手段。"如果杰斐逊与伦道夫的观点成立，那么，"合众国只能是一个没有主权的政治协会，或人民只能接受无政府的统治"。联邦政府不仅有权建立银行，还有权采取措施应对各种情况，而不是仅限于那些"绝对必要"的情况。人们的社会实践应该高于某些人的狭隘理论。

汉密尔顿的这篇报告是对宪法的"广义解释"的代表作，被誉为"对美国宪法最天才的诠释"。当初，制宪会议的代表们对宪法的争论是建立在"广义"的基础上的，他们故意把宪法写成非常笼统的文件，就是想在实践中丰富和完善它。如果只按表面字义行事，宪法就成了"死法律"。"必要与适当条款"的原意是让宪法变成"活文章"（参看 058《我们人民》），没有人比汉密尔顿更好地抓住了这个要旨。当然，他有自己的政治意图。在所有的理论背后是对权力的争夺。一个更强大的中央政府才是他真正想要的结果。

2 月 24 日，华盛顿花了整整一天读汉密尔顿的报告，他完全被财政部长的观点征服了，甚至懒得再跟杰斐逊和其他人打招呼。2 月 25 日，总统签署了银行法案。他故意等到离十天期限只差一天的时候才签字，因为他不想给其他内阁成员再次游说他的机会。他听够了。

华盛顿这个举动的意义远远超过了法案本身。作为一个南方的种植园主和奴隶主，他最自然的反应应该是否决此案，这也是杰斐逊和麦迪逊对他的认同和期望。但是，华盛顿背叛了他的地域和阶级。他的决定完全出乎杰斐逊和麦迪逊的预料，因为他们不明白，当他们还是弗吉尼亚人时，华盛顿已经是美国人了。后世的学者在谈论华盛顿时期的经济政策时，他们通常认为那是汉密尔顿的政策，很少提及华盛顿的名字，好像此事与他无关。杰斐逊也认为，华盛顿根本不知道自己在做什么，他被汉密尔顿利用了。实际上，没有华盛顿的支持和保护，汉密尔顿根本不可能成功。汉密尔顿太前卫了，他做的每一件事都为自己树敌无数，他的悲剧由此而生。华盛顿很清楚他的财政部长需要什么，他愿意做他的保护神。他选择现代金融体系的同时也选择了更强大的行政权，他选择汉密尔顿的同时也选择了美国的未来。

随着银行法案的生效，“第一合众国银行”诞生了，为期20年。银行开售股票的当天，市场暴涨，短短一个小时，所有的股票售罄。新大陆好像从来没见过这么火爆的场面。人们没有意识到，他们从此走进了“一边是海水，一边是火焰”的现代金融社会。是喜？是忧？是福？是祸？那是我们后面的故事。

在忙活银行的同时，汉密尔顿还忙着另一件事，就是铸币。1791年1月28日，就在参议院通过银行法案后一个星期，财政部长递交了《关于铸币的报告》，筹备统一的货币。1792年春，国会通过法案在费城建造美国铸币厂。汉密尔顿和杰斐逊总算在一点上取得共识，就是新货币采取“十进制”，而不是像很多欧洲国家那样用“八进制”。但是，他们的共识并不意味着争权夺利的结束。本来，铸币厂很自然地应该隶属财政部。杰斐逊对总统说，财政部权力太大了，海关是它的，海岸警卫队是它的，税收是它的，银行是它的，要是铸币厂也归它，咱整个政府不就成了财政部的天下了？华盛顿大概是想缓解一下矛盾，决定把铸币厂划归杰斐逊的国务部，但同时把邮局给了财政部。结果，杰斐逊把铸币厂管得一团糟。汉密尔顿很生气，一个劲儿地跟总统闹，说我拿邮局跟他换行不？但总统这回没遂他的愿。直到1873年，铸币厂才归了财政部。像银行一样，铸币厂后来也没有随联邦政府南迁，而是留在了费城。

对银行法案的争论只是党争的开始。南方与北方、农业与工商业、州权与联邦的矛盾日益尖锐，杰斐逊与汉密尔顿的争斗也越来越激烈。他们的观点有什么不同？他们的分歧为什么不可调和？华盛顿还能保持中立吗？请看下一个故事 :《斗鸡场》。

067

斗 鸡 场

1791 年年初的银行法案催生了美国最早的两大政党。这两个政党分别以两个人物为核心，他们是国务卿杰斐逊和财政部长汉密尔顿。“杰斐逊与汉密尔顿之争”是美国早期政治中最经典的一幕，它奠定了“政党政治”的基础。在今天的世界，党争已经成了民主政治的规则。但在 18 世纪，党争是让人深恶痛绝的事。英国议会里的党派一天到晚争来争去，他们的自私和腐败展露无遗。美国人本来期盼着党争在纯洁的新大陆彻底消失，却没想到，他们的共和国从一开始就深陷其中。杰斐逊与汉密尔顿，这两位才华横溢的“国父”，曾肩并肩地为新国家的独立而战，一个用笔，一个用剑。但是，当他们赢得了自由，却发现他们对自由的理解是如此不同。先听听他们是怎样说彼此的。杰斐逊说：“汉密尔顿的想法与自由的原则背道而驰……他要破坏和摧毁共和国。”汉密尔顿说：“杰斐逊先生对我充满敌意……他对联邦、和平和我们国家的快乐构成威胁。”听上去很严重。看两个伟大的人互相掐着对方的脖子是件痛苦的事，但那又何尝不是美国之福呢？

这两位天才的争斗说到底是对美国前途的争夺。请看他们的主要论点：

	争论焦点	杰斐逊	汉密尔顿
政治	政府结构	支持州权，限制联邦政府的权力	建立更强大的联邦政府，削弱州权
	政府形式	更民主的政府，立法权高于行政权	更像英国的政府，更强大的行政权
	政府规模	小政府：最好的政府是管得最少的政府	大政府：庞大的官僚机构
	统治阶层	相信大众的智慧，普通人有能力管理自己	不相信大众的判断力，国家应由精英统治
	对宪法的理解	狭义解释：联邦政府只拥有宪法明示的权力	广义解释：联邦政府拥有宪法明示和暗示的权力
	支持者	农民、小业主、种植园主、拓荒者	工商业主、银行家、富裕的精英阶层
	地区利益	南方和西部	北方的新英格兰和中大西洋地区

（续表）

	争论焦点	杰斐逊	汉密尔顿
经济	发展前途	美国应该是农业国，自由而独立	美国应该发展工商业和银行业，在竞争中变得强大和繁荣
	经济结构	农业是根本	农、工、商全面平衡地发展
	世界贸易	美国应该出口农产品，进口制成品	美国应发展制造业，最终成为制成品出口国
	海关税	低关税，自由贸易	适当的保护性关税，扶持本国幼稚产业
	国内税	不征税	征税
	金融制度	不要中央银行，不要英式金融体系	要中央银行，要英式金融体系
	政府与经济的关系	市场由“看不见的手”调节，政府不能干预	政府可以通过货币政策和经济政策干预经济
外交	外交政策	亲法	亲英

那么，他们谁对谁错？哪种观点对美国有利？如果从今天的角度看，你可能会得出这样的结论：杰斐逊是错的，汉密尔顿是对的，因为杰斐逊的设想都是空想，而汉密尔顿的设想都变成了现实。但实际上，他们缺一不可。杰斐逊要自由，汉密尔顿要秩序；杰斐逊

要民主，汉密尔顿要法治。本来，他们可以找到一个平衡点的，他们的矛盾并非不可调和，但他们还是走了极端，因为那是一个极端的时代。正是他们你死我活的争夺，使美国政治不偏不倚地前行，否则，任何一方都有可能让新国家驶离主航道。政治家的痛苦是人民的福气。你会看到，尽管汉密尔顿在华盛顿政府中呼风唤雨，无所不能，但他始终无法控制全局；尽管杰斐逊强烈地反对汉密尔顿的经济政策，他在入主白宫后并没有推翻汉密尔顿创立的金融秩序。不是他们不想，而是他们不能。三权分立的体制使“一党专政”变得几乎不可能，任何政党都很难同时掌握三权，掣肘的力量永远存在。美国的国策从来没有因政党的更迭而发生巨变，权力在针锋相对的党派之间和平传递了二百年。这种不可思议的延续和稳定是民主政治的魅力。就像麦迪逊在《联邦党人文集》里写的那样：拉帮结派是人的本性，也是天赋人权。政府的职责不是打击它，而是保护它。宪法的目的不是消除分歧，而是为分歧打了个框架。在此框架内，一切皆有可能。

杰斐逊和汉密尔顿不仅政见不同，他们简直就是天造地设的一对冤家。杰斐逊性情温和，不善言辞，要么不说话，要么轻声细语，从来不跟人吵架；汉密尔顿好像浑身长刺，稍有风吹草动就立刻进入战斗状态，言辞犀利，不知道什么时候该闭嘴。杰斐逊超级敏感，特别看重自己的名声，也特别喜欢顺应民意，他要全世界都爱他；

汉密尔顿只做他认为对的事，不在乎别人怎么想，也不怕“逆流而动”。奇怪的是，生于大种植园、从小就被奴隶伺候着的杰斐逊倒成了“人民的代表”，专为普通民众说话；出身卑微、受尽歧视的私生子汉密尔顿反而成了上流社会的维护者。这还真是“缺什么补什么”。他们的衣着、作风也很“逆天”。杰斐逊“邋遢得像哲学家”，恨不得每天穿着睡衣去上班，走起路来懒懒散散，一副闲云野鹤的样子；汉密尔顿永远都光鲜时髦，站如松、坐如钟、行如风，铁打的军人做派。杰斐逊办事优雅、圆滑，汉密尔顿高效、神速。反正，在这个世界上，你就再也找不出比这俩更不同的人了。但是，有一点，他们是相同的，就是那股子非要把对方整趴下的劲儿。

其实，他们的初相识是在非常友好的气氛中开始的。华盛顿总统介绍他们认识时，他们都很仰慕对方。杰斐逊为了调解汉密尔顿和麦迪逊的矛盾专门设计了那顿晚餐，让“敌对”双方握手言和。但是，当汉密尔顿执意建立中央银行时，他触动了杰斐逊的底线。杰斐逊痛恨中央银行，因为他痛恨英国式的金融制度，也痛恨英国。汉密尔顿企图通过他的经济政策把联邦政府变成庞大的官僚机构，他完全颠覆了杰斐逊的政治理想，他的所作所为简直就是在把共和国变成王国，把美国变成英国。美国到底生于1776年还是1787年？美国精神的载体到底是《独立宣言》还是《美国宪法》？现在，《独立宣言》的作者要向《美国宪法》的缔造者宣战，杰斐逊仿佛看见那个不可一世的汉密尔顿正一步一步走向王权。

听上去，杰斐逊好像得了狂想症，汉密尔顿再霸道也不至于想当国王。但这事儿不能全怪杰斐逊，汉密尔顿口无遮拦，难怪人家起疑。在1787年的制宪会议上，汉密尔顿有一天抽风，在台上一口气讲了六个小时，就讲一件事：英国的政治制度是世界上最好的制度，我们要用宪法创造一个“像国王一样的总统”。他对总统任期的设计是“除非渎职，任期终身”。大家听完后只有一个感觉：药不能停啊。

后来，有一次，华盛顿总统回弗农山庄，临走前让杰斐逊代他主持内阁会议。杰斐逊把大家请到家里来，连开会带吃饭。吃完了，大伙坐在一块儿聊天，说起英国的政治制度。副总统亚当斯说：“如果改掉一些缺陷，英国体制（君主立宪制）不失为目前人类设计的最完美的制度。”汉密尔顿接茬说：“它已经是最完美的制度了，改掉那些缺陷会让政府变得不切实际。”啊？这是要变天吗？其实，那俩也就瞎聊，即使在华盛顿面前他们也不忌讳。华盛顿从来都是左耳朵进，右耳朵出，没放在心上。但是，这种话到了杰斐逊这儿就被无限放大，他忽然觉得身边都是“反革命”。接下来的事就更让杰斐逊崩溃了。客人们欣赏着杰斐逊家墙上挂着的三幅人物肖像，那是他从欧洲带回来的。汉密尔顿问：他们是谁？杰斐逊说：“他们是弗朗西斯·培根、艾萨克·牛顿、约翰·洛克。我认为他们是有史以来最伟大的三个人。”汉密尔顿想了一会儿说：“有史以来最伟大的人是尤利乌斯·恺撒。”在这一天的日记里，杰斐逊写道：“亚当斯是个诚实的政治家，也是诚实的人。汉密尔顿是诚实的人，但作为政治家，他信奉暴力和腐败。”一个崇拜恺撒大帝的人当然想当国王！杰斐逊不仅怀疑汉密尔顿，他还怀疑亚当斯想当国王，甚至怀疑华盛顿也想当国王。总之，天底下除了他自己，别人都想当国王或拥护王权。你可能觉得杰斐逊有病，新大陆根本就没有王室基因，怎么可能产生王权？但不要忘了，杰斐逊的时代满世界都是国王，共和国只是个实验。他一心一意要把这个实验做下去，那边忽然有人拼命赞美英国，他听着当然害怕。

对合众国银行的争论让杰斐逊和他的老朋友麦迪逊更紧密地团结在一起。事实上，此时麦迪逊的政治势力比杰斐逊大得多。在杰斐逊出任驻法公使的五年中，麦迪逊创造了美国宪法，36 岁就成了“宪法之父”。他是众议院领袖，因起草《权利法案》被誉为“权利法案之父”，也是华盛顿总统的重要顾问，正处在政治生涯最辉煌的顶峰。但是，杰斐逊回来后，麦迪逊为他出谋划策，为他遮风挡雨，露脸的事儿都让给杰斐逊，擦屁股的事儿都留给自己。虽然几乎所有的人都认为麦迪逊的政治智慧明显高于杰斐逊，但不知为什么，麦迪逊愿意让杰斐逊的身影遮住自己的光环。历史学家们只能感叹：“一个伟大的人心甘情愿地屈居另一个伟大的人之后。”

如今，虽然两党的态势已经非常明显，但拉帮结派不是什么光彩的事，大家还羞羞答答地不愿承认他们是“政党”。一派叫作“汉密尔顿先生的朋友们”，另一派叫作“杰斐逊先生的朋友们”，后来变成“汉密尔顿主义者”和“杰斐逊主义者”，再后来，他们才渐渐地有了正式的名字。汉密尔顿那一派是“联邦党”，代表制宪正统；杰斐逊那一派是“民主共和党”，简称“共和党”，代表普通民众。不过，它跟今天的共和党半毛钱关系都没有，反而是今天民主党的前身。1828 年，安德鲁 · 杰克逊在“民主共和党”原班人马的基础上创建民主党，衣钵传递至今。今天的共和党创建于 1854 年，第一位共和党总统是亚伯拉罕 · 林肯。尽管当年的联邦党和共和党与当代美国的两大政党不是一回事，但两党政治已经开始了。

1791 年，联邦党在国会中占明显优势，杰斐逊和麦迪逊一看，这样下去可不行，咱得动真格的。3 月，华盛顿总统开始了为期 4 个月的“南巡”之旅。趁着总统不在家，杰斐逊和麦迪逊搭伴去了趟北方，特地拜访汉密尔顿的“老巢”纽约。纽约虽然是联邦党的天下，但州长克林顿是共和党人（他后来成了杰斐逊和麦迪逊的副总统，是唯一给两位总统当过副总统的人）。杰斐逊狠挖汉密尔顿墙脚，在纽约笼络了一帮支持者，开始建立共和党的基层组织，也就是今天说的“草根组织”。这个优良传统生生不息，直到今天，民主党的基层建设仍然优于对手。

有了政党就得有“喉舌”。杰斐逊他们此行最大的收获是找到一个人，他的名字是菲利普·弗伦诺。弗伦诺是麦迪逊在普林斯顿的同学，他是个诗人兼作家，写得一手好文章。杰斐逊和麦迪逊想让他去费城创建一家报纸，跟汉密尔顿对着干。当时，费城最主要的报纸是《合众国公报》。这份报纸的主编约翰·芬诺明显倾向联邦党，报纸的内容就可想而知了。弗伦诺接受了杰斐逊和麦迪逊的邀请，打算去费城大干一场。找个什么理由把弗伦诺弄到费城来呢？杰斐逊想了个“高招”：雇用弗伦诺到国务部来当法语翻译。弗伦诺的法语一点也不好，杰斐逊精通法语，还用他翻译？但那不重要，重要的是他的笔杆子。杰斐逊此举应该是个“擦边球”。宪法禁止官办媒体（对海外宣传除外），政府官员不能干预媒体的报道。但当时，这些条文还没被解释得很清楚，杰斐逊很无辜地说：我没干预啊，他“业余”时间干什么我管不着。

弗伦诺在费城创建《国家公报》，与《合众国公报》展开媒体大战。其实，甭管什么，只要有媒体介入，屁大的事都能撑破天。费城人可不用担心闷得慌了，天天看打架。有凭有据的真事儿就够热闹的，再加上谣言，难怪大家动不动就会“群情激愤”“斗志昂扬”呢。让人民保持旺盛的革命斗志正是杰斐逊需要的，只有这样才能防止王权“复辟”。

随着媒体之战的加剧，杰斐逊与汉密尔顿的“主义之争”渐渐地变成了人身攻击，这与当初麦迪逊与汉密尔顿的争斗已经大不相同。麦迪逊毕竟与汉密尔顿做过朋友，他们共同创造了宪法，共同解释了宪法，共同制造了美国，即使友情不在了，理想还在，他们的争论都停留在政见上。但杰斐逊与汉密尔顿没有丝毫情谊，他们不仅憎恨对方的观点，也讨厌对方的为人。杰斐逊说汉密尔顿卑鄙、无耻、下流，汉密尔顿说杰斐逊虚伪、奸诈、狡猾，反正没一个好东西。在这种心态下，他们怎么可能和平共处呢？两人见面就吵架，杰斐逊说：我和汉密尔顿“每天在内阁就像两只斗鸡那样撕咬”。

现在，天底下最可怜的人就是华盛顿总统。华盛顿厌恶党争，但他无力制止它。他企图超越党派，但发现越来越难独善其身。尽管双方对总统都没恶意，但在他们激烈的“交火”中，“误伤”最厉害的就是总统。华盛顿的四位内阁成员中，两个北方人（汉密尔顿和诺克斯），两个南方人（杰斐逊和伦道夫，他俩是表兄弟）。他当初这样安排是为了保持区域平衡，但如今只能面对一个分裂的内阁：诺克斯跟汉密尔顿一伙，伦道夫跟杰斐逊一伙。华盛顿努力保持“无党派”身份，在做每个决定之前都反复思量，不让党争影响自己的判断力。但他更多的时候支持汉密尔顿，引起代表南方的共和党人的不满。特别是，在他签署银行法案之后，反对他最厉害的就是他的家乡弗吉尼亚。华盛顿伤心地说：“如果联盟真的破裂了，我恐怕要搬到北方去住。”有人说，幸亏华盛顿是偏向北方的。如果他跟南方站在一起，“合众国”就真的玩不下去了。正是华盛顿的“南方身”和“北方心”使南北双方都对他抱有希望，从而产生了奇妙的凝聚力。

党争刚开始的时候，华盛顿基本上保持沉默。他相信，那两位整天拔刀相向的天才其实骨子里都是为国家好，他们的爱国情怀不容置疑，他们那些看似矛盾的观点都是以美国利益为最高目标。华盛顿希望他们在斗争中学会妥协。他们都不是初出茅庐的政客，应该懂得游戏规则。杰斐逊比华盛顿小 11 岁，汉密尔顿比华盛顿小 23 岁，从某种程度上说，他们都是他的子侄辈。华盛顿以一个忠厚长者的胸怀包容着他们的一切，因为他知道，美国需要他们两个而不只是其中的一个，他愿意倾听不同的声音。那时候，总统经常带着他们一起出海钓鱼，在林中小径散步，与他们共进晚餐。他对愈演愈烈的争斗“视而不见”，直到有一天，当政治攻击变成人身攻击时，华盛顿再也坐不住了。

华盛顿写信给杰斐逊说，我知道我们的处境有多难，也知道很多东西难辨对错，可是，如果继续这样往相反的方向拉扯，政府就要散架了，我们将永远失去快乐和繁荣。接着，他又写信给汉密尔顿，说你马上给我停火，不许再闹了！没想到，两人都在回信中指着对方的鼻子骂。杰斐逊说，我们目前的困境不是我的错！我已经说过我不赞同财政部长的那套体制。你说不同的意见可以共存，不可能！我跟他是原则上的不同！我不会屈服！“这个国家给了他面包，也给了他荣耀，而他所做的一切都是与自由为敌的阴谋！”在这里，杰斐逊毫不掩饰地流露出与生俱来的优越感和打心眼儿里对汉密尔顿的鄙视。哼，一个来自西印度群岛、连自己爹都不知道是谁的家伙，凭什么在我面前指手画脚？汉密尔顿的回信更直接：我才是受害者好不好？是他先攻击我，不是我先攻击他（这是真的）。杰斐逊从他进纽约的那一刻起就跟我作对（这不是真的）。他让你的内阁片刻不得安宁。“为了公众利益，你应该撤换他！”华盛顿让这俩气得没话说，他真想把这两个不懂事的“熊孩子”暴揍一顿。但从他们的信中可以看出，华盛顿与汉密尔顿的关系显然比他与杰斐逊的关系亲近得多，不管是工作上还是感情上，他都更依赖汉密尔顿。即使在“劝诫”和“训斥”了财政部长之后，他也不会忘记告诉他：你依然拥有我“最真诚和最亲密的关怀”。可是，越是这样，华盛顿就越小心谨慎，就怕别人说他偏心眼儿。

共和党人虽然意识到华盛顿的倾向，但他们也知道，华盛顿是碰不得的，跟他作对就是政治上的自杀。怎样削弱华盛顿的势力呢？只能把他最倚重的人干掉。只要扳倒汉密尔顿，华盛顿独木难支，天下就是咱的啦。于是，所有的火力都对准了权势熏天的财政部长。有一次，众议院的一些弗吉尼亚议员提议调查财政部的账务，他们怀疑汉密尔顿用公款为私生活买单。这纯粹是“欲加之罪”。事实是，你就找不出比汉密尔顿更清廉的财政部长了。他也许毛病很多，但一分钱都没贪污，不管在当时还是后世，这都是有定论的。但众议院成心整他，谁也拦不住。哪怕查出个“莫须有”，他们也会弹劾财政部长，让他下台。结果，查来查去，毛都没查出一根，最后只能取消此议案。汉密尔顿能受这欺负吗？他跟总统说，他们不是冲着我，是冲着你。你要是再保持“中立”，早晚被整死！

就在华盛顿犹豫不决的时候，弗伦诺犯了个错误。此时的弗伦诺已经写上瘾了，一天不骂人就会死。他看国会动不了汉密尔顿，干脆把枪口对准了华盛顿。这是杰斐逊都不敢犯的忌讳，但他已无法控制弗伦诺的笔。“潘多拉的盒子”已然打开，谁又能挡住那一路狂奔的诱惑？《国家公报》长篇累牍地点名批判华盛顿的施政方针，说他背叛了 1776 年的革命精神，一心想当国王，等等。这一下，全国人民都不干了。华盛顿想当国王，你信吗？反正我不信。弗伦诺可能是成心想把华盛顿气死，每天保证把三份《国家公报》塞进总统府，就怕总统看不见。华盛顿苦笑说，他是不是把我当他的经销商了？有好几次，华盛顿真想派人去砸报馆，但还是忍住了。他知道杰斐逊与弗伦诺的关系，要求杰斐逊解雇弗伦诺，杰斐逊拒绝执行：对不起，我不能限制言论自由。他就是要用国务院的工资养着这个“自由”撰稿人。可是，弗伦诺越是攻击华盛顿，他就越把华盛顿推向汉密尔顿一边。弗伦诺在文章中揭露的种种“真相”有很多是杰斐逊透露出去的，华盛顿又不傻，他能看不出来？杰斐逊发现，总统与他一天天地疏远了。

1792 年 10 月，华盛顿请杰斐逊去弗农山庄一起吃早餐。两个弗吉尼亚人似乎谈得很好，从政治到农业到家居琐事，他们有说不完的话题，越聊越近乎。华盛顿想为“停战”做最后一次努力。他说，我知道你和汉密尔顿的分歧，但我认为，你们的本意都是为国家好，这无关你们的人品和私利。我希望你们俩继续一起工作，我愿当中间人，帮你们更好地沟通。杰斐逊说，我倒是愿意好好工作，可有人挖空心思想当国王，我也不能袖手旁观。这时，华盛顿已经有点不耐烦了，心说你有完没完？国王国王，谁想当国王了？但他还是很平静地说：“关于那种把我们的政府变成‘王权’的想法，我认为全美国不到十个人会真这么想，就算他们想，也没人理他们。”杰斐逊说：“怎么没有？财政部长就这么想。”他提醒总统，不要被坏人利用了。华盛顿冷冷地说：你对我这么没有信心？我是可以被人利用的人吗？杰斐逊终于明白，他已输掉这场争夺。汉密尔顿不仅赢得了华盛顿的支持，他还赢得了华盛顿的心。杰斐逊后来回忆说：“他对汉密尔顿的爱太明显了……”从此，杰斐逊再也没有像那天一样对华盛顿敞开心扉，他们的关系变得很“酷”很“专业”，再无贴心的交流。也就是从这时起，杰斐逊萌生退意。

到此为止，华盛顿至少在内阁成员面前还是很克制，从不大喊大叫，沉稳又内敛。可是，有一天，战争部长诺克斯脑子短路，居然带着一份《国家公报》来开内阁会议。他本意是想让华盛顿看看这报纸有多过分，满篇胡说八道，但这个举动刺痛了华盛顿饱受折磨的神经。总统终于忍不住了，怒气像火山一样爆发。他拍着桌子大骂，说你们这些人是不是天天盼我死？我好好地在弗农山庄待着，不愁吃不愁喝，你们非要拉我出来当这个总统。现在又说我想当国王。我告诉你们，什么总统国王，我不稀罕！我宁可回家种地！你们是我的内阁成员，不想着怎么治理国家，就知道钩心斗角，还信谣传谣，你们不羞愧吗？他恶狠狠地盯着杰斐逊和汉密尔顿说：有本事你们接着闹，我就是死也不会考虑连任！

总统一发作，所有的人都吓傻了。他们平时老觉得他是谦谦君子，却忘了他的天生虎威。杰斐逊和汉密尔顿这两只整天上蹿下跳的大公鸡，这会儿全耷拉脑袋，一声也不敢出。华盛顿说到了他们最担心的一件事，就是总统的连任。事到如今，瞎子都看得出来，南方和北方势同水火，“合众国”全靠华盛顿的威望维系着。一旦华盛顿离任，联盟立刻瓦解，谁也“hold”不住。杰斐逊和汉密尔顿唯一的共识就是：华盛顿必须连任。党争让华盛顿痛苦又疲倦，他早就不想干了，可大家就是死缠着他不放。杰斐逊说：“南方和北方会手牵手，如果它们都牵着你的手。”麦迪逊说：“维持着我们这个国家的不是那一纸宪法，而是一个人的魅力。”现在，这个人就要甩手而去，他不想再承受历史的重负。

因害怕华盛顿离去而暂时停歇的党争并没有真正“熄火”，它只是选择了不同的方式。既然桌面上的事不足以打垮对方，咱就来点阴的。人都是有弱点的，男人的弱点都一样，那就是女人。在后人眼里，“国父”们都长着一张大理石雕刻的脸，超然物外。实际上，他们七情六欲一样也没少。在男人的斗争里从来不缺女人，她们的一个眼神或一句话就有可能改变历史。汉密尔顿和杰斐逊将怎样面对女人的“挑战”？华盛顿又怎样因一个女人的话而做出他政治生涯中又一个重要抉择？请看下一个故事：《爱的诱惑》。

068

爱的诱惑

1791 年夏天的一个早晨，一位女士敲开了财政部长汉密尔顿的家门。她对给她开门的仆人说：“贸然来访，很抱歉，但我确实有急事求汉密尔顿先生帮忙。”于是，她被带进客厅。她对汉密尔顿说：“我叫玛丽亚·雷诺兹，纽约人，今年 23 岁。我 15 岁时嫁给詹姆斯·雷诺兹为妻。婚后，他对我很粗暴，动不动就拳脚相加。不久前，我们搬来费城。可是，他很快就抛弃了我，不知所踪。现在，我孤苦伶仃，想回纽约，又没盘缠。我的一个朋友说，您是纽约人，特别热心肠，只好来求您了。”汉密尔顿看着她梨花带雨的样子，心生怜悯，说：“这样吧，你告诉我你住哪，先回去。我帮你找找你老公，想想办法。”就这样，位高权重的财政部长与不知从哪冒出来的玛丽亚结下了不解之缘。他显然不知道她将为他带来什么，但号称有“洁癖”的美国政坛将目睹这个新国家的第一桩“性丑闻”。

当天晚上，汉密尔顿带着一些钱来到玛丽亚的住处。他说：“我没找到雷诺兹先生。这是路费，拿着回纽约吧。”他又说了一些安慰的话，然后就打算回去。可是，玛丽亚不让他走，说要报答他。平日里行事果断的汉密尔顿此时却有点不知所措，他似乎无法摆脱玛丽亚的纠缠。接下来，玛丽亚就用那种“特殊的方式”答谢了汉密尔顿的好意：她把财政部长哄上了她的床。当然，这种事，一个巴掌拍不响，谁也怪不得谁。正处在政治漩涡中的汉密尔顿竟然如此“任性”，表现出极糟糕的判断力。

在此之前，汉密尔顿一直是个好男人。他对自己的评价是：“我有一个好脑筋，但感谢上帝，他还给了我一副好心肠。”他是忠诚的丈夫，慈爱的父亲。自从与伊莉莎·斯凯勒结婚以来，他用爱淹没了她，他的温情如春江之水融化了伊莉莎的心。到 1791 年，他们已经有了四个孩子。伊莉莎出身豪门，美丽、温柔、大方，她对丈夫的感情不仅是爱和忠诚，还有崇拜。汉密尔顿那让人眼花缭乱的才华为伊莉莎带来让她眼花缭乱的人生。

其实，迷恋女人是汉密尔顿性格的一部分。像那个时代所有的绅士一样，他在女人面前极为温柔，是社交场上的高手。认识玛丽亚时，汉密尔顿 36 岁，正值壮年，精力超旺盛。此时，银行法案刚生效不久，金融市场动荡不定。他整天忙着通过公开市场业务稳定金融秩序，还向国会提交了《关于制造业的报告》，建立工业协会，鼓励创造发明，开启美国自己的工业体系，同时又卷入与杰斐逊的激烈党争。这一切居然没把他忙死，还有工夫“偷腥”。他与玛丽亚频繁地约会，沉湎于这个爱情游戏。虽然他和伊莉莎有个非常幸福的家，但他还是犯了那个“男人都会犯的错”。历史学家们只好说：“没有一个女人能满足他所有的欲望。”

但是，出来混，总是要还的。江湖尚且如此，更何况步步惊心的庙堂？由于宗教的原因，美国人是道德极为保守的民族，与欧洲的开放风格大不相同。一个普通公民闹点风流事会为社区所不齿，但那是个人隐私，大家一般也不会把你怎么样。可是，一个政府官员若不能洁身自爱，前途基本上就毁了。享受VIP的待遇，就得接受超乎常人的束缚。美国民众是不会区分什么“小节”与“大义”的，你不忠于家庭，就休想叫俺相信你会忠于职守、忠于国家。除非人不知，否则，别怪咱不留情面。

汉密尔顿很快就发现，玛利亚似乎是个圈套。她那个本已失踪的丈夫詹姆斯·雷诺兹忽然跳出来，指责汉密尔顿破坏他的家庭。他威胁说，如果你不答应我的条件，我就把这事捅出去！条件是什么呢？第一，给我找份政府里的工作。第二，告诉我中央银行股票的合理价格区间。第三，赔钱！汉密尔顿再糊涂也不至于以权谋私，他说：前两条不可能，至于钱，你出个价吧。雷诺兹看讹不出更多的东西，只好拿钱了事。他后来又多次敲诈，每次都从汉密尔顿那儿得到一笔钱。但从头至尾，汉密尔顿没有出卖公众利益。别说雷诺兹，自从中央银行成立以来，汉密尔顿的老战友、老朋友都曾写信向他打听股票的价钱和政府的下一步计划，他只要暗示一下就够大家吃的，但他的手指缝里从没漏过一粒米，他自己也没买过一张股票。当他年轻时曾追过的“女神”、新泽西州州长的女儿也问他股市的事时，从不对女士说“不”的他开了个玩笑堵她的嘴：不敢说。我是个已婚男人了，老婆管得紧啊！汉密尔顿给雷诺兹的钱都是掏自己的腰包，没从国库拿过一分。

汉密尔顿最终以一笔钱结束了这段持续了大约九个月的“婚外情”，但是，他的厄运没有结束。1792 年，雷诺兹涉嫌诈骗被捕。在狱中，他放出话来说，他掌握着某“大人物”的材料，愿以此换取自由。这事当然不会逃过正与联邦党酣战的共和党人的眼睛。不久，共和党众议员弗里德里克·米伦伯格便得到了消息。雷诺兹留了一手，没透露太多细节，只是说财政部长做了与他的职责不相称的事。米伦伯格决定展开调查，他和另外两位共和党议员一起来到汉密尔顿家中。这两位是：众议员亚伯拉罕·维纳布尔和参议员詹姆斯·门罗。

三人对汉密尔顿说，他们受国会之托，来核实一些传言，并没有怀疑他的意思。汉密尔顿一点也没隐瞒，把他与玛丽亚的事和盘托出，并出示一些玛丽亚和她丈夫给他的信。在 18 世纪，这样直白地陈述“绯闻”是很让人难堪的。三位议员进门时其实只是想查查财政部长给雷诺兹那笔钱是否挪用公款，至于人家在外面有几个女人，那是个人隐私，不是绅士们应该打听的。汉密尔顿的话让这三位听得特别不好意思，连连道歉。他们当场表示，他的私生活不是他们调查的内容，也没有发现财政部的账务有什么问题。他们只是要求把玛丽亚那些信件拿去做一份复印件存档，此事就地了结，并发誓保密。看来，党争并没让绅士们丧失修养。但是，有一个人例外，他就是詹姆斯 · 门罗。

帅哥门罗将是第五位总统，也是“弗吉尼亚王朝”的最后一位总统。跟他的四位前任比起来，门罗才智平平，似乎不应该有什么大的建树。可是，傻人有傻福，他那总统当得甭提多顺溜了。前四位总统都赶上多事之秋，创业艰难，他们艰苦卓绝的努力为门罗留下一片锦绣江山。门罗在位的八年，国泰民安，政治清明，被称为“感觉超爽的年代”。他还摊上个天才国务卿，就是后来的第六位总统约翰 · 昆西 · 亚当斯。亚当斯设计的外交杰作被称为“门罗主义”，成全了门罗的历史地位。门罗的故事我们以后再讲。此时，身为参议员的他却做了件很不地道的事，汉密尔顿碰上他算是倒了八辈子霉了。

当初，三位议员复印了玛丽亚的信后决定把它交给门罗保管。

门罗本应束之高阁，可他先把它拿给杰斐逊看，又交给自己的助手处理。杰斐逊倒是表现得很像君子，说我们不能爆这种料，那样会伤害汉密尔顿的家庭。但门罗的助手恰是汉密尔顿的死敌，他偷偷地多印了一份。此事并没有马上发酵，直到 5 年后的 1797 年，联邦党与共和党的斗争进入白热化，这位助手忽然将所有的材料抖出来。汉密尔顿不得不公开承认这段“绯闻”。一时间舆论哗然，他成了全美国口诛笔伐的对象。汉密尔顿找门罗算账，门罗揣着明白装糊涂，把责任都推给助手。汉密尔顿差点跟门罗决斗，但被朋友劝止了。这场风波让汉密尔顿的声望大损，也是他后来没有竞选总统的原因之一。

就在汉密尔顿跌入人生低谷的时候，华盛顿派人送来一个冰镇葡萄酒用的盒子，并附上一封信说：“这东西不值什么钱，但为了我对你最真切的关怀和友谊，也为了我对你的思念，请务必收下它……请相信，我永远是你的朋友，愿意供你驱使。”华盛顿一个字都没提“绯闻”的事，但他的情义尽在不言中。他想说的是：不管发生了什么，我都与你在一起。这也是伊莉莎想说的话。她原谅了丈夫，一如既往地爱他。但她永远不能原谅门罗。

1825 年，67 岁的门罗卸任总统。回乡前，他专程拜访 68 岁的汉密尔顿遗孀伊莉莎（此时汉密尔顿已去世 20 年）。仆人把门罗的名片递给伊莉莎，说总统先生求见，伊莉莎没好气地说：“他来干什么？”旁边的侄子赶紧劝，说别太不给面子了，伊莉莎这才同意见他。进来后，伊莉莎也不让座，搞得门罗很尴尬。他鞠了一躬，说：“这么多年过去了，时间让一切变得柔软。我们都年近古稀，就让我们宽恕和忘记过去的一切分歧吧。”伊莉莎说：“如果你今天是来道歉的，说你为伤害了我的夫君而感到内疚，非常内疚，我可以理解。但如果不是这样，即使时间流逝，即使黄泉路近，我与你的分歧也不会消失！”伊莉莎只接受道歉，不接受妥协，而门罗的字典里恰恰没有“对不起”仨字儿。他被伊莉莎堵得无话可说，只好告辞。他再也没回来。

汉密尔顿的把柄落到杰斐逊和共和党人手里当然不会有什么好结果，但杰斐逊在当时隐忍不发也不完全是受道德的约束，因为他自己也有风流债。杰斐逊是个鳏夫，他妻子玛莎于 1784 年去世。他在亡妻床前发誓：此生决不再娶。他确实没有再娶，但这并不意味着他不再谈情说爱。事实上，杰斐逊感情细腻，浑身上下都是艺术细胞，对音乐、绘画、建筑都有很深的造诣，是个超级浪漫的人。1786 年，杰斐逊在巴黎遇到了美丽的艺术家玛丽亚 · 考斯威。

玛丽亚生于意大利，她父亲是英国富商，在意大利有很大的产业。玛丽亚对绘画有特殊的灵感，她对艺术的领悟和痴迷是她吸引杰斐逊的最重要的因素。1781 年，玛丽亚嫁给成功的英国艺术家理查德 · 考斯威。考斯威深受英国王室，特别是威尔士亲王的喜爱，夫妻俩日子过得非常惬意，他们的房子像艺术宫殿。1786 年，考斯威夫妇来巴黎办事。在朋友的聚会上，27 岁的玛丽亚认识了 43 岁的美国驻法公使杰斐逊。杰斐逊对玛丽亚一见钟情。尽管玛丽亚是有夫之妇，但他无可救药地陷入与她的热恋。在那段浪漫的日子里，他们无数次坐着马车，沉醉于巴黎郊外如诗如画的秋色中，说不尽的甜言蜜语，道不尽的悱恻缠绵。杰斐逊知道自己与她不能长久，便痛苦地在理智与情感、现实与梦幻之间徘徊和挣扎。在给玛丽亚的那封著名的四千字情书里，杰斐逊描绘了“头”与“心”的激烈辩论，表达了对爱情的向往和对现实的无奈。后来，玛丽亚随丈夫返回伦敦，这段“罗曼史”也不得不终结。

如果杰斐逊与玛丽亚是两个孤立的个体，这段情也许会无声无息地随风而去。问题是，他们俩有个共同的朋友——安洁丽卡 · 斯凯勒 · 彻奇。安洁丽卡可不是一般人，她是菲利普 · 斯凯勒将军的大女儿，她妹妹就是汉密尔顿的太太伊莉莎。安洁丽卡只比伊莉莎大一岁，姊妹俩性格完全不同。伊莉莎端庄、拘谨，安洁丽卡活泼、叛逆。虽然安洁丽卡并不比妹妹长得漂亮，但她的聪颖、妩媚、灵性和那种说不清道不明的“味道”让所有的男人为她倾倒。从富兰克林、华盛顿，到杰斐逊、汉密尔顿、拉法耶特，再到英国的威尔士亲王、议会领袖，都对她殷勤备至。当然，他们爱她的角度不同。富兰克林和华盛顿以长辈的身份爱护她，因为他们跟她父亲是好朋友。战争期间，华盛顿长期驻军纽约，很多军事会议都在她父亲斯凯勒将军位于纽约上州的豪宅里开，他是看着她长大的。对汉密尔顿和杰斐逊这一辈人来说，她是他们的“女神”，满足了他们对女人最美好的想象。

安洁丽卡跟妹夫汉密尔顿的感情超乎常人。当初，如果不是安洁丽卡已婚。汉密尔顿追求的对象很可能是她，而不是她妹妹伊莉莎。安洁丽卡的丈夫约翰·彻奇是富豪兼英国议会的议员，安洁丽卡婚后随他去了伦敦，她在巴黎与杰斐逊相识并成为好朋友。玛丽亚·考斯威还是安洁丽卡介绍给杰斐逊认识的呢，她对这中间的故事知道得一清二楚。杰斐逊对安洁丽卡很爱慕，关系非同一般。后来，杰斐逊回国，仍与安洁丽卡保持频繁的通信，用世界上最浪漫的语言赞美她。有时候，安洁丽卡隔的时间长一点不给他写信，杰斐逊就会抱怨说她把他忘了，语气非常亲昵。这并不表示他们之间有实质性的举动，但至少表明他们不是一般的朋友。杰斐逊与汉密尔顿没有成为政敌的时候，安洁丽卡与两个男人都保持着亲密的关系。但是，随着党争的加剧，当安洁丽卡发现自己不得不“选边站”时，她毫不犹豫地选择了妹夫。杰斐逊当然知道其中的利害。人家毕竟血浓于水，他要是把汉密尔顿逼急了，难保安洁丽卡不把他那些风流韵事捅出来。

杰斐逊的“情史”远不止这些，一个更长久的关系才是他后半生的依靠。1787 年，杰斐逊派人把 7 岁的小女儿从弗吉尼亚接到巴黎。跟着他女儿一起来的，是 15 岁的奴隶，萨莉 · 赫明斯。萨莉的哥哥詹姆斯也是杰斐逊的奴隶，在巴黎给杰斐逊当厨师，学得一手法国菜。萨莉是杰斐逊已故的妻子玛莎从娘家带来的“陪嫁”奴隶。她之所以特殊，是因为她是玛莎的父亲与其奴隶的私生女，也就是说，她是玛莎同父异母的妹妹。据说，萨莉不管是相貌还是举止、气质都像极了玛莎。虽然没有特别权威的记录，但从几个目击者的描述中可以看出，混血的萨莉皮肤颜色很浅，白人特征多于黑人特征。她拥有惊人的美貌，亭亭玉立，若在今天估计可以在好莱坞占有一席之地。这么美丽的姑娘天天在杰斐逊眼前晃悠，她要是没把杰斐逊晃晕了才叫奇怪。杰斐逊说：“性是人类最强烈的感情。”他不是个喜欢压抑自己感情的男人，尤其是当“猎物”完全处于他的控制之下的时候，没过多久，杰斐逊把萨莉变成了他的情人。这一年，杰斐逊 44 岁，萨莉 15 岁。

萨莉是个聪明、勇敢的女孩，她从一开始就知道，杰斐逊不会和她结婚，也不会给她自由，一切要她自己去争取。1789 年，杰斐逊回国述职，他要萨莉跟他一起回去，但萨莉说：不！此时的萨莉已怀孕，她要为自己和孩子的权利抗争。法国早已废除奴隶制，只要她走出杰斐逊的家门，外面就是自由的世界，谁也拦不住她。于是，开天辟地第一次，一个奴隶主被迫坐下来与他的奴隶谈判。杰斐逊承诺，他与萨莉的孩子都将在他们 21 岁时获得自由。虽然萨莉没有为自己赢得自由身，但她显然在杰斐逊的家庭生活中占据了举足轻重的位置。凭着对杰斐逊的信任，她跟着他回到弗吉尼亚。不久，他们的第一个孩子出世了。后来，他们又生了四个孩子，这些孩子最终都获得了自由。杰斐逊去世后，他女儿让萨莉成为自由人，她跟着孩子们一起离开了杰斐逊的庄园。

从今天的角度看，杰斐逊与萨莉，一个丧妻一个未嫁，他们都有爱和被爱的权利。但在那个年代，这种事属于“大逆不道”。南方各州都有严苛的法律，禁止白人和黑人发生性关系，否则奴隶和主人都会受到惩罚。尽管很多庄园里都有类似的故事，你不说谁也不知道，但传出去就够你受的。杰斐逊竞选总统时就有人说他与奴隶有染，闹得沸沸扬扬的。但杰斐逊比汉密尔顿聪明，他才不会站出来承认呢。你们爱怎么传怎么传，我无可奉告。结果，他的沉默把他送进了白宫。他与萨莉的事一直都是“传言”，直到 1998 年，科学家们才通过比对杰斐逊后裔和萨莉后裔的 DNA 得出结论，坐实了他们的关系。

看上去，汉密尔顿和杰斐逊这对冤家，不仅在政治上针锋相对，私生活也一个比一个热闹。也许正因如此，他们只能互相牵制，却都不能把对方置于死地。他们这些风流事华盛顿都知道，好事者早就跑到总统那儿打过小报告了。可是，天底下的“传言”一旦进了华盛顿的耳朵，那比进了保险柜还保险，你就不用再指望听他说出来。他越守口如瓶，大家越愿意把闲言碎语往他那儿倒。特别是女士们，个个争着跟他聊天，尽管他一点也不擅长聊天。没关系，他只要听着就行了。

华盛顿同样是绅士教育的产物，不会对女士说“不”。在男士面前，他那张脸是寒冬腊月天，冷得让你不敢靠近；但在女士面前，他却如春天般的温暖，别提多舒服了。所有的男人都觉得他威严冷漠，所有的女人都觉得他和蔼可亲。其实，华盛顿不是冷血动物，只是性格内向而已。他不太容易交朋友，但你一旦成为他的朋友，他会对你不离不弃，除非你辜负他。他跟大陆军的老战友就比较“熟络”，会跟他们开玩笑，甚至会讲点“黄段子”。女士面前的他就更放松了。在军营时，那些来探亲的军官太太一有机会就与总司令喝茶、娱乐，他时不时地会耍些公子哥的手段，只为哄女士开心。

但是，华盛顿与女士的交往是有原则的，他对某位女士的关注一般取决于他与她们老公或父兄的友谊。比如，他对格林太太凯蒂、诺克斯太太露茜、汉密尔顿太太伊莉莎都特别照顾，只要她们来访，他一定亲自迎出门去，扶她们下马车，陪她们在花园散步，请她们与他一起坐在总统包厢看戏，在舞会上与她们跳舞的次数最多，这一切都是因为他与她们的夫君是好朋友。只有一个例外，他与这位女士的友谊远远超过了与她老公的交情，她就是鲍威尔太太伊莉莎。

鲍威尔太太的闺名是伊丽莎白 · 威灵。她 1769 年嫁给费城的富豪塞缪尔 · 鲍威尔为妻，鲍威尔后来成了费城市市长。鲍威尔家有钱有势，伊莉莎又是个极聪明睿智的女人。她能说会道，文笔流畅，从不掩饰自己对政治的兴趣，见解不亚于当时的政治家们。鲍威尔太太把她的家变成法国式的沙龙，来访者都是政治领袖和各行各业的精英。就是在这些聚会上，她认识了华盛顿。

1774 年，华盛顿作为弗吉尼亚代表来费城开第一次大陆会议。他人生地不熟，有点想家，有点寂寞。他与其他代表受邀去鲍威尔家的沙龙，鲍威尔太太一下就注意到这个高大英俊的弗吉尼亚人。她为他排遣思乡之情，介绍他去俱乐部打猎散心，他们很快就成了无话不谈的朋友。1775 年，华盛顿来费城开第二次大陆会议，与伊莉莎重温友情。不久，他被任命为大陆军总司令，远赴波士顿。在八年的战争中，他奔波在外，居无定所，但只要有机会到费城，他都会与鲍威尔太太相聚。她不仅是他的朋友，也是他的顾问和同盟。他对有智慧的女人情有独钟。

1787 年，制宪会议在费城召开，这一开就是四个多月。华盛顿的妻子玛莎没有随他一起来，这似乎给了华盛顿一个稍稍逃脱婚姻束缚的"假期"。华盛顿是个中规中矩的男人，他对婚姻的忠诚毋庸置疑。他可不像汉密尔顿或杰斐逊那样轻易放纵自己，更何况此时的他已是万众瞩目的领袖，他头上的光环约束着他的欲望。他小心翼翼地维护着与鲍威尔先生的友谊，尽量请夫妇俩一同外出，省得别人说闲话。但是，他显然也听从了自己心灵的冲动，把社会规则抛到一边，多次邀伊莉莎单独喝茶、聊天、散步，他从伊莉莎那里得到了任何其他女人都无法给他的快乐。以前，女人是时时刻刻被他保护的弱者。只有在面对伊莉莎时，这个新大陆最强势的男人才第一次发现自己原来也如此脆弱。他无法不依赖她。

联邦政府迁都费城后，华盛顿与伊莉莎得以常相聚。她是联邦党的坚定支持者，她的话对总统有巨大的影响力。他们的友情与日俱增，他们之间的通信经常洋溢着活泼、快乐的气氛，互相开玩笑，互相打趣，那跳跃的光泽使人们看到华盛顿一直严密封锁着的强烈情感。她的智慧让他如沐甘霖，他的温柔让她难舍难分。没有任何证据表明华盛顿与伊莉莎有超出友谊的“不恰当”行为，但大家好像更愿意相信，如果华盛顿此生哪怕只有一次“粉色浪漫”，那个人一定是伊莉莎。后世的美国人本着将“八卦”进行到底的精神，在电影和电视剧里着实演绎了一番这段似有还无的感情，比如，她向他诉说情思，他送她一枝花，他累的时候她给他一句安慰，她伤心的时候他给她一个拥抱，等等。即使在人们最浪漫的想象里也不过如此。

1792年，在汉密尔顿与杰斐逊的激烈斗争中，年轻的共和国走过了第三个年头。忽然间，所有的喧嚣都不见了，因为大家都开始担心一件事：总统会连任吗？更准确地说，这个问题应该是：咱怎样才能留住他？华盛顿在刚就任总统时只打算干两年，但大家说你必须干满一届（四年）。现在，一届眼看着就要到期，他真的不想干了。他对麦迪逊说，我资质愚钝，实在难当重任，如今眼花耳聋，身体一天比一天糟，是该让位的时候了。麦迪逊说：不行！谁也代替不了你！你不能走！华盛顿又咨询所有的内阁成员，每个人说的都跟麦迪逊一样，从没见他们这么团结过。事实是，过去的三年虽然风雨交加，但人们对华盛顿的爱没有改变。党争的加剧、南北的对峙之所以还没撕裂这个新国家，是因为华盛顿的个人魅力。他的离去将意味着国家的分裂。麦迪逊说：请你再给我们四年，等我们这个共和国的基础更稳定了再走，行吗？但华盛顿不想再等了。他身心疲惫，去意已决。他让麦迪逊为他起草告别演说的稿子，打算在适当的时候公之于众。汉密尔顿和杰斐逊都使尽浑身的解数挽留华盛顿，晓之以理，动之以情，赌咒发誓不再胡闹了，只求他能留下来。华盛顿看上去有点犹豫，但并没松口。

1792年11月，伊莉莎给华盛顿写了一封长达七页纸的信，这封信的目的是劝华盛顿连任。之前，华盛顿对伊莉莎说：我要是再不走，人家就会说我尝到了权力的甜头，舍不得放弃。伊莉莎深知华盛顿特别在乎自己的名声，他不想让后世子孙认为他做的一切来自对权力的贪婪。伊莉莎就抓住这一点做文章："如果你现在离开，你的敌人就会说，你以前做的一切都是受野心驱使，你利用国家对你的热诚满足了自己的私欲，当人民再也无法给你更多的回报，你就再也不想为他们甘冒风险。"她说，你以为你一走就万事大吉了吗？如果联盟因此破裂，大家还是会把账算到你头上，说你早就知道这套体制行不通，趁着大厦未倾赶紧开溜，以免让别人说社稷毁在你手里。她警告他，共和党人是肯定会瓦解联盟的。所以，在这个生死存亡的关头，"只有你敢于在所有的公共事务中做正确的选择"。毫无疑问，伊莉莎戳中了华盛顿的软肋。那么多男人没做到的事，一个女人做到了。收到这封信不久，华盛顿决定再给美国一次机会。他终于不忍心在他的国家最需要他的时候转身离去，只因他爱她太深。

华盛顿同意谋求连任足以让举国同庆，他根本不需要竞选。像四年前一样，他再次以全票当选，得到了所有的 132 张选举人票。这次选战的真正争夺是副总统职位，因为大家都把这个人选看成华盛顿的接班人。汉密尔顿主导的联邦党竞选攻势成功地让约翰 · 亚当斯再次当选副总统，为四年后权力的顺利交接打下了基础。

华盛顿总统的第二个任期开始了，然而，他的运气并没有变得比第一个任期好。在过去的四年里，他把精力都放在国内问题上，总算看到民生恢复，百业俱兴。但国际风云变幻莫测，它不会让美国独善其身。华盛顿还能带领新国家避过多少急流险滩？他的外交政策为美国带来的是福还是祸？请看下一个故事 :《中立宣言》。

069

中 立 宣 言

1793 年 3 月 4 日，乔治 · 华盛顿再次宣誓就职，开始了他的第二个总统任期。与第一个任期不同的是，这一次，他不得不把心思转到外交舞台。事实上，在华盛顿的整个执政时期，最重要的国际事件就是法国革命。1789 年 7 月 14 日，就在他第一次宣誓就职还不到三个月的时候，巴黎人攻占巴士底狱，法国革命爆发了。美国人欢呼雀跃，他们认为法国革命是美国革命的继续。从某种程度上看似乎是这样。两场革命都是启蒙思想的产物，美国革命对法国革命的影响显而易见。但是，它们的形式和结果却如此不同。波澜壮阔的法国革命让巴黎血流成河，同样是为自由而战，为什么法国人必须付出更惨重的代价?

其实，美国革命也是从街头暴力开始的，但革命的领导权迅速转入有知识、有担当、有理想、有财富的精英手中。就在大家“群情激愤”的时候，约翰·亚当斯敢于挺身而出在法庭上为英国士兵辩护；汉密尔顿敢于挡在保王党教授的家门口，使他免受革命学生的侮辱。富兰克林说：“世界上没有好的战争或坏的和平。”华盛顿说：“剑是我们捍卫自由的最后手段，也是我们获得自由后应该最先放下的东西。”正是这样的精英让美国革命走上健康、理智的道路，因为暴力从来不是他们的第一选择。而法国的精英们在革命洪流面前却显得力不从心，别说领导革命了，连他们自己也被暴力吞噬，甚至变成魔鬼的帮凶，以至于一场充满希望的革命变成了噩梦。

法国的精英们没能像他们的美国同行那样发挥应有的作用，或者说，他们没有表现出同样的素质，这不是他们的错。撇开个人修养不说，法国精英缺少美国精英的实践经验。他们大多出身贵族或生活在象牙塔内，他们的思想照亮了人类前行的路，却无法照亮自己脚下的路。法国的等级制度决定了它没有新大陆那样的中产阶级，没有那些既可以谈论哲学艺术又可以参政议政还经营着自己的种植园、律师事务所和贸易公司的“达人”，也就没有把理论与实践连接起来的纽带。更重要的是，新大陆和旧大陆根本就是完全不同的世界。北美一百七十年的殖民地历史是对“美式民主”最宝贵的实践，新大陆的精英们在英帝国的怀抱中学会了自治，也理解了自由。他们在革命前就掌握着对社会的领导权，人们已经习惯了听议会的，而议会就是精英组织，美国所有的重要“国父”都曾是殖民地议会或各州议会的议员。当新大陆走到革命的大门口时，他们已是成熟的政治家，完全有能力执掌乾坤。在革命中，只要是议会做出的决定，人民就会听从。抗税、独立、打仗、停战、制宪，这一切都在议会的领导下有条不紊地进行。议会是咱自己选的政府，不听它的听谁的？但法国在革命前是专制王权，一闹革命，王权被打倒，大家一下子就蒙了，不知道该听谁的。你说你有理，我说我有理，你强势，我比你更强势，就看谁能打倒谁。人民没有参政经验，他们或者听权威的，或者听自己的。当一个权威无法满足他们的要求，他们就用暴力推翻它，建立另一个权威。在这周而复始的革命浪潮中，精英还有立足之地吗？在新大陆，自由是“习惯”，革命是为了捍卫已经拥有的自由；在旧大陆，自由是“奢求”，革命是为了争取从未有过的自由。这是两场起点完全不同的革命，人们的心态怎会相同？当你保住了本就属于你的东西，你很可能会安之若素，该干吗干吗；但当你赢得了本不属于你的东西，你会不会激动万分乃至举止失措？自由需要在每个人的心中成长，成长中最大的烦恼就是学会尊重别人的自由。美国革命的结果是一部处处体现着妥协的宪法，它要的是“求同存异”，它相信真理不止一个；法国革命的表现是一次又一次暴乱、一场又一场屠杀，它要的是“非此即彼”，它认为真理就应该是唯一的。于是，执着的法国人只能用鲜血浇灌自由之花，用生命领悟自由的真谛。

说起来，美国革命还是法国革命爆发的原因之一。当初，法国国王路易十六砸锅卖铁支持美国革命，结果把自己搞破产。当然，即使没有美国革命，他照样会破产，波旁王朝的家底早就被他祖爷爷和爷爷败光了。路易十五曾说："我死后，哪管洪水滔天。"摊上这样的爷爷，路易十六能不倒霉吗？如今，没钱了，咋办呢？只能在1789年5月召开"等级会议"，打算让大伙出点血，救救王室。等级制度的规定是，教士是第一等级，贵族是第二等级，其他人是第三等级。第一等级和第二等级占有绝大多数财富，但不交税，第三等级的处境可想而知。等级会议类似议会，有175年没开了，因为前两个等级不想给第三等级说话的机会。大家本来就憋着一肚子火，此时不发，更待何时？想要钱？先听听老子的条件！眼看着国王只想征税，不想让步，第三等级代表愤然离席，自己组成"国民议会"。"国民议会"没有等级，只有"人民"，连很多第二等级的"自由派贵族"也站到人民一边，其中就有拉法耶特侯爵。

随着会议消息的传播，巴黎的"温度"越来越高。终于，在7月14日，巴黎人开始攻击巴士底狱。巴士底狱本应是关押政治犯的地方，象征着王权的暴政。但路易十六不是暴君，他比较开明、温和，在他的统治下，很少有人因言获罪。几个小时的激烈交战后，巴士底狱陷落。"人民"冲进去一看，偌大的监狱里只有七个犯人，其中四个是外国人，两个是贵族，因"不道德"行为被关在那儿，还有一个杀人犯。尽管有停战协议，但情绪激动的人们还是砍下狱长的脑袋，把他的头颅插在长矛上游街示众。然后，旗开得胜的“人民”冲向市政厅，乱刀劈死市长。从此，暴力一发不可收拾，如当时正在法国当公使的杰斐逊所说：“街上到处是人头，大家都不知道脑袋是不是还长在自己脖子上。”

巴黎暴乱后，拉法耶特被“国民议会”任命为“国家卫队”的总指挥，掌控巴黎的治安。8 月，拉法耶特向国民议会提交了他亲自起草的《人权宣言》。这是法国革命中最为闪闪发光的文件。在起草这份宣言时，他征求了《独立宣言》的作者杰斐逊的意见。在国民议会上，拉法耶特第一次提议把蓝、白、红三色旗定为法国国旗。这三个颜色代表了三个等级，最前面的是蓝色，代表平民（中产阶级）；中间是白色，代表教士；最后是红色，代表贵族：象征着三个等级的团结。后来，这三色的意义演变为自由、平等、博爱。

在国民议会决定拆毁巴士底狱后，拉法耶特把这座著名监狱的大门钥匙连同一幅它被拆除前的图画一起寄给华盛顿。他说：“谨以此向我的父亲、我的总司令、自由之父致敬。”这把钥匙至今仍保存在弗农山庄。拉法耶特在信中向华盛顿介绍了法国的形势，他显得兴奋又乐观。华盛顿可没那么激动，他小心翼翼地赞扬了法国人民的革命精神，特别提醒拉法耶特，一定要维护好秩序，千万别让革命失控。他再次表达了对拉法耶特的思念之情，像父亲那样担心着孩子的人身安全。此后，他又多次写信叫拉法耶特小心变故。

拉法耶特算是华盛顿一手调教大的，深得美国革命的真传，没有人比更他明白秩序和人权的重要。在他的努力下，国家卫队严密保护着王室的安全，有效地维持着巴黎的秩序，为这座城市带来短暂的和平。拉法耶特和他代表的自由派贵族希望法国能像英国那样走上立宪君主的道路，因为这是代价最小的选择。可是，法国没有英国的经济基础和地理优势。经济危机、社会矛盾、外来干涉，这一切注定了法国不可能像英国那样平稳地走向现代。1789 年 8 月，国民议会取消所有贵族的头衔和特权。1791 年 10 月，拉法耶特辞去国家卫队总指挥的职务。贵族嫌他太自由，人民嫌他太保守。他的悲剧在于：他太想当华盛顿了，却忘了法兰西不是美利坚。在一个有着悠久的专制传统的国度，民主怎么可能一步到位，自由又怎么可能不受煎熬?

巴黎的平静随着拉法耶特一起离去，街头暴力重演。1791 年 10 月，新宪法确立了法国的立宪君主制，立法会议取代了国民议会。但危机没有消除。1792 年春，奥地利和普鲁士组成“反法同盟”，拉开欧洲列强干涉法国革命的序幕。接着，英国和荷兰也加入同盟。4 月底，法国向奥、普宣战。巴黎人再次涌上街头，把吉伦特派推上权力顶峰。1792 年 9 月，君主制被废除，“法兰西共和国”成立。因拒绝宣誓效忠共和国，两万五千名教士逃离法国。就在共和国成立的第一个月，势力日益壮大的雅各宾派策划屠杀了一千四百多个神职人员和政治犯，这就是“九月大屠杀”。雅各宾派领袖罗伯斯庇尔称这次屠杀是“为人类带来无上光荣的最美丽的革命”。另一个雅各宾派领袖马拉说：“让叛徒的血流吧！只有这样才能拯救国家！”1793 年 1 月 23 日，法国国王路易十六被送上断头台。在两万双眼睛的注视下，国王的头颅滚落在地。刽子手把国王的脑袋夹在他的无头尸体的两腿中间，然后把尸体扔进装满其他尸体的大车里，旁边有人拿各种“纪念品”蘸上“王室鲜血”开卖，另一些人抢了国王带血的头发、衣服叫卖。“礼仪之都”巴黎上演的这部“惊魂片”把全世界都看傻了。1793 年 2 月 1 日，法国对英、荷、西班牙宣战。现在，美国的麻烦来了。

虽然法国革命早就开始了，但直到 1793 年，它对美国没有直接的影响。不过，法国卷入对英战争就意味着美国不能不表态了，因为美法有同盟条约。当年，法国帮美国打英国；现在，英法打起来了，美国是不是也应该帮法国打英国呢？关于巴黎发生的一切，以杰斐逊为首的共和党和以汉密尔顿为首的联邦党有截然相反的看法。共和党为革命欢呼，他们仿佛看到自由的旗帜插遍全球，世界大同就要到来。即使在目睹了巴黎的暴乱之后，杰斐逊仍然坚信法国革命的崇高理想。他说：“我个人为那些殉道者悲伤。但跟革命失败比起来，我宁可看到半个地球变得荒芜。如果每个国家只剩下一个亚当（男人）和一个夏娃（女人），而他们是自由的，那就比现在强。”很难想象这么“冷血”的话出自文质彬彬的杰斐逊之口。他的另一句名言是：“自由之树要时不时地用殉道者和暴君的血来浇灌。”不知道他是不是也想用自己的血去浇一下。当初英军进攻弗吉尼亚时，他跑得比兔子还快。

其实，共和党人对法国革命的支持是与他们的政治意图相通的。他们整天骂联邦党是保王派，现在正好借这个碴儿打击联邦党。谁支持革命，谁就代表人民；谁反对革命，谁就想当国王。美国的普通民众爱法国那纯属“距离产生美”，他们又没看见巴黎街头的鲜血，当然感受不到恐怖。“身在福中不知福”的美国人想跟着法国人起哄，美国的精英们再次面对艰难的抉择。他们是否还能像十几年前那样用智慧，而不是冲动，带领年轻的民族躲过一场浩劫？他们是否有能力抚平躁动的心，为新大陆留住自由的赐福？

从第一天起，华盛顿就谨慎地看着法国革命，汉密尔顿和他的联邦党也向大洋彼岸投去怀疑的目光。从个人角度，他们都对法国人，特别是那些为美国革命立下汗马功劳的法军将士心存感激。华盛顿与拉法耶特情同父子，汉密尔顿与他亲如手足。汉密尔顿本身就是英法混血儿，从小跟着母亲说法语。他们不可能对法国抱有敌意。相反，英帝国的傲慢、专横和它给新大陆造成的伤害，让美国的领袖们对这个昔日的“祖国”深恶痛绝。即便如此，华盛顿最重要的外交目标仍是与英国修好。在这一点上，他与汉密尔顿都是冷酷的现实主义者，利益第一，主义第二。他们相信，统治一个国家的是利益不是感情。联邦政府所有的开支都靠关税，也就是进出口贸易，而进出口贸易的四分之三是与英国的贸易。为了这四分之三的关税，战争英雄们愿意忍气吞声，与他们的敌人握手言欢。华盛顿和汉密尔顿费尽心机交好英国不仅是现实利益，也是一场赌博，他们赌下个世纪仍是英国的世纪，法国根本不是英国的对手。咱跟老大好肯定不吃亏。事实证明，他们赌对了。他们唯一没算准的是，下个世纪，他们自己的国家也将成为老大。

美英一停战，美国就向英国派出公使，但英国没向美国派公使，明显瞧不起人。华盛顿让古弗纳·莫里斯到伦敦与英国秘密谈判，力图恢复正常邦交。还记得花花公子莫里斯吗（参看 058《我们人民》）？这位《美国宪法》的作者天生伶牙俐齿，他那张嘴能把死人说活。莫里斯说了大半年，终于使英国同意派公使，美英关系总算有了起色。刚好了没多久，法国革命的浪潮就逼得美国不得不“选边站”，这不是添乱吗？

巴黎的血腥味让联邦党越来越担心，他们怕法国把暴乱出口到美国。共和党仍然认为法国的主流是好的，暴力只是瑕疵，他们试图说服总统向法国表示更强烈的支持。联邦党也对总统展开攻势，让他离法国远点。此时，莫里斯已调任驻法公使。他在给华盛顿的信中说：“暴力根本不是法国革命的‘副产品’，它是法国革命的核心。”汉密尔顿说：“革命不应摧毁法治、秩序和传统。为自由而进行的斗争应该是有尊严的、光荣的。它应该充满大气、正义、人道，应该尊重所有的人。”整天砍脑袋是砍不出自由的。亚当斯警告说：“很多美国人被‘革命’亮瞎了双眼，他们不辨是非，屈服于浮躁的热情……丹东、罗伯斯庇尔、马拉都满腹戾气。龙的牙齿已经露出来了，它将变成恶魔。”其实，用不着谁游说，此时的华盛顿已经看厌了巴黎被鲜血染红的街道，他绝不会让美国人卷入那样的革命。他说，每个国家的政府都要为它的人民的自由和幸福负责。你们欧洲人爱怎么打怎么打，反正我不会让美国人去帮你们打。

法国对英、荷、西宣战的时候，华盛顿正在弗农山庄休假。汉密尔顿火速派人把消息传给总统，华盛顿立刻动身返回费城。在到费城前，他提前给所有的内阁成员一个单子，上面列了关于法国的13个问题，第一个是：美国是否应宣布中立？后面的问题包括：美国是否应接待刚刚成立的法兰西共和国的公使（这意味着美国是否承认法兰西共和国）？美法同盟条约是否适用？虽然“问卷”是华盛顿亲笔所写，但杰斐逊一看就知道这是汉密尔顿的主意。他最恨的就是汉密尔顿插手外交事务。外交是国务卿的专职，财政部长凭什么多嘴？但华盛顿的风格是，在所有的重要问题上，征求所有内阁成员的意见，而不是只问主管部门。比如，他也问国务卿经济问题。可是，在经济上，杰斐逊不是内行，说不出个所以然来；在外交上，汉密尔顿不是外行，他的观点又与总统高度一致。两下一比较，显得汉密尔顿什么都管，权力出奇的大。很多人认为，华盛顿有意无意地使汉密尔顿的位置更接近英国的“第一财政大臣”，也就是住在唐宁街 10 号的那位。杰斐逊心里能舒服吗？

1793 年 4 月 19 日，华盛顿召集内阁会议。大家同意美国应保持中立。总检察长埃德蒙·伦道夫从法律角度解释了美法盟约。他说，美法盟约是“防御性条约”，也就是说，如果法国受到英国的攻击，美国有义务援助法国。但现在法国主动向英国宣战，是进攻性战争，盟约不适用。汉密尔顿插了一句：咱的条约是跟路易十六签的。国王的脑袋都没了，条约理应作废。总之，美国拒绝援助法国也许背弃了道义，但没有背弃盟约。

下一个问题是：美国应该什么时候和怎样宣布中立？杰斐逊主张美国保持实际上的中立，但不要马上宣布，或干脆不宣布。等英法都来求咱时咱再跟它们“玩暧昧”。直接宣布中立太伤法国的感情。汉密尔顿说，你这不是拿国家利益做交易吗？中立就是中立，要让全世界都知道，这样人家才会尊重中立国的权利。不清不楚的，两边不讨好，等着倒霉吧。华盛顿采纳了汉密尔顿的意见。因为行政权没设司法部，华盛顿想请最高法院首席大法官杰伊起草中立宣言。杰伊与华盛顿和汉密尔顿都是好朋友，但办起公来一点不含糊。他与大法官们讨论之后给总统的答复是：这不是最高法院该干的事儿，因为这样做意味着司法权与行政权勾结，违反了三权分立的原则。杰伊的意见看似简单，但对后世产生了深远的影响。它保护了司法权不受行政权干扰，让联邦政府在“司法独立”的道路上往前迈了一大步。

华盛顿一看，最高法院的这帮书呆子不肯帮忙，那咱就自己来吧。4 月 22 日，华盛顿总统签署了由伦道夫起草的《中立宣言》。在杰斐逊的坚持下，这篇宣言写得很“委婉”，它只字未提“中立”，但明确表示“美国将与交战双方都保持友好关系”，并禁止美国公民以任何方式参与战争。华盛顿政府的中立立场毫无疑问是美国外交“里程碑式的成就”，也是汉密尔顿和联邦党的胜利。一位学者说：“没有一件事像《中立宣言》这样体现了‘联邦党’的领导能力，也没有一件事更清楚地表现了汉密尔顿的性格对美国政治的影响。”这个仍然缺乏外交经验的新国家在国际纠纷面前表现得理智、冷静、自尊，在此后的一百多年里，它就这样“绝世而独立”，最大限度地保护了自己的幸福。当然，美国孤悬海外，在没有常备军的情况下几乎从未见过外敌入侵，这种得天独厚的地理位置有几个国家能比？中立也是需要资本的。

“中立”显然是对美国最有利的选择，但不是人人都买账，大家觉得这样做太不地道，对不起朋友。共和党人立刻开始攻击，说华盛顿向英国屈服，背叛了共和原则。而且，华盛顿宣布中立时正是国会休会期间。有人说，做这么重大的决定，总统应该紧急召回国会磋商。但华盛顿根本没理这个茬，议员大人们都在家歇着吧，这事儿不用你们操心。宪法规定，国会拥有“宣战权”。很多人说，既然宣战权属于国会，以此类推，宣布中立的权力也应该属于国会。总统未经国会同意就擅自宣布中立，这是违宪！汉密尔顿说，你们立法权有把国家拖入战争的权力，我们行政权有保卫和平的职责，咱井水不犯河水，哪儿违宪了？反正，这种纠纷各有道理，碰上个强势的总统，行政权就强一点，碰上个弱势的就弱一点。华盛顿很低调，但不弱势，他想做的事还没做不成的。

尽管美国宣布中立，它的麻烦并没结束。共和党主导的舆论纷纷谴责政府“背信弃义”，矛头直指华盛顿。汉密尔顿也拼命在报纸上写文章，为总统的政策辩护。费城本来就够热闹的，此时，一个人的出现把这场热闹推向高潮。他是谁？他将给华盛顿政府带来什么新的挑战？请看下一个故事 :《热内公民》。

070

热 内 公 民

1793 年 4 月，华盛顿总统宣布，美国将在英法战争中保持中立。尽管这是对美国最有利的选择，但当时的人们可不这么想。大家似乎习惯了把法国当成最亲密的盟友，华盛顿的决定等于撕毁了美法同盟条约。一夜之间痛失朋友，搁谁谁也接受不了。华盛顿可不管这一套，他说，美国是小国弱国，咱跟欧洲列强玩不起，瞎掺和什么？但他也不得不在两党之间搞平衡。为了让杰斐逊和共和党高兴，他同意接见法兰西共和国公使，正式承认共和国政府；为了让汉密尔顿和联邦党满意，他同意在接见时不表现出特别的热情。就在华盛顿和他的内阁成员还在为法国的事伤脑筋的时候，法国新任驻美公使已经在查尔斯顿登岸了，他就是埃德蒙·查尔斯·热内。

在刚刚变成共和国的法国，一切都要破旧立新。“先生”“女士”这种称呼过时了，为了表现平等，大家都互称“公民”。于是，

“热内先生”变成了“热内公民”，他为这个称呼十分感到骄傲，也把这个记号留在了史书中。30 岁的热内个子矮矮的，一头红头发，看上去精力旺盛，举止夸张。美国驻法公使古弗纳 · 莫里斯提前给华盛顿打招呼，说总统先生可能会受不了这个趾高气扬的“暴发户”，但热内的简历却让人印象深刻。他 6 岁就会说流利的希腊语，12 岁能翻译瑞典史书。他说七国语言，是造诣很深的音乐家，来美国前已在伦敦和圣彼得堡当过外交官，年轻有为的他深得正当权的吉伦特派的器重。热内拥有职业外交官的技巧和魅力，却没学会外交官最基本的准则：切莫介入所在国的内政。他从踏上新大陆的第一天起就打算在联邦党和共和党之间搅浑水，倒是没把自己当外人。

1793 年 4 月 8 日，热内到达南卡罗来纳州的查尔斯顿，他受到南卡罗来纳民众的热烈欢迎。按道理，他应该立刻北上，到费城向华盛顿总统递交国书，但他一点也不着急。他是带着任务来的。他要让美国为法国提供战争所需的金钱、食物和其他物资，还想让美国出兵骚扰英属西印度群岛和密西西比河岸的英军驻地，以分散英国的注意力，减轻法国的负担。尽管华盛顿总统在 22 日正式宣布中立，但热内根本就没把这当回事。他在查尔斯顿参加各种政治聚会，公开向民众发表演说，号召人们为法国而战。他的言行得到国务卿杰斐逊的认可。杰斐逊写信给查尔斯顿的共和党人，让他们为热内提供方便，他甚至把热内介绍给肯塔基州州长，使其得以在肯塔基招募志愿者，骚扰英军据点，引起西部纷争。热内还鼓动很多美国人当“国家海盗”，武装私人船只，到公海上拦截英国商船。一时间，美国的“愤青”们让热内撩拨得豪情万丈，恨不得冲到欧洲去打“英国鬼子”。

在查尔斯顿长时间地停留之后，热内终于启程前往费城。这一路上，他的表现不像公使，倒像总统候选人，所到之处必起波澜。在共和党的聚会上，甚至在街头，他的演讲和由此引起的热烈反响唤醒了美国人对法国的热爱，他们仿佛又回到那激情燃烧的岁月。热内的言论让华盛顿的中立立场显得更加不得人心，也让华盛顿显得苍白无力，他似乎失去了对自己国家的控制。热内沿美国东海岸北上乘坐的船在途中遇上一艘英国商船，他居然下令劫持这艘在美国海域行驶的英国船，把它像战利品一样拖到费城。英国公使乔治·哈蒙德立刻提出严正抗议，指责美国违背中立原则，并威胁要采取报复措施。华盛顿都被热内耍蒙了，他就没见过这么“任性”的公使。

国务卿杰斐逊虽然不能公开支持热内，但私下里为热内的行为叫好。他在给门罗的信中说：当热内的船和那艘英国船驶入港内，“码头上人群涌动，费城从来没见过这么大规模的聚会。英国旗被倒悬，法国旗高高飘扬，欢呼声不断……还有什么比这更让人激动的呢？”看上去，杰斐逊好像比热内还爱法国。5 月 16 日，宾夕法尼亚州州长托马斯·米福林在费城港迎接热内的到来，礼炮齐鸣，欢声雷动。共和党希望借助美法关系提高自己的声望，打击亲英的联邦党。费城好像一夜之间变成“小巴黎”，法国国旗满天飞，大街上到处能听到《马赛曲》，还居然出现了“雅各宾俱乐部”，简直就是法国革命要在美国重演的节奏。共和党主导的《国家公报》扯开嗓子大骂华盛顿的外交政策，说他背信弃义，不支持共和制的法国，却跟君主制的英国套近乎，明摆着他就是想当国王嘛。在漫天遍野的声讨声中，华盛顿政府似乎岌岌可危。很多年后，亚当斯还很后怕地在信中把杰斐逊臭骂一顿：“你当然感受不到 1793 年热内引起的恐怖。成千上万的人在街上游行，日复一日，他们威胁要把华盛顿从总统府里揪出来，还要重新闹革命，推翻政府，参加法国革命战争……”这不是作孽吗？

像以往面对危机的时刻一样，华盛顿在没搞清事情的全部真相之前不忙着下结论。沉默是他的风格，也是他的武器。他静静地看着，听着，他要知道这是热内的问题还是共和党的问题，这是外交的问题还是内政的问题。汉密尔顿和联邦党也在紧紧盯着热内的一举一动。热内一开始鼓动美国人做“海盗”去劫英国船，汉密尔顿就密令所有海关官员严加防范，只要发现美国商船配备枪炮就立刻扣押，不许出海；如果英国船只被劫持到美国港口，它们将被送还英国。与此同时，在总统的默许下，汉密尔顿与英国公使秘密会谈，向英国重申美国的中立立场，让英国放心。杰斐逊对这种密谈很恼火，他向华盛顿抱怨说，财政部长越权，插手外交事务。但同时，他也与热内多次密谈，向他透露党争内幕。有了这些情报，热内可以更自如地利用两党矛盾煽风点火，挑动大家对华盛顿的不满。

6 月初，在纷纷攘攘的谴责声中，华盛顿病倒了。他坚强的外表难掩内心的痛苦，那条在大风大浪中从没翻过的船似乎再也无法承受打击。华盛顿是个超级敏感的人，他看上去很冷漠，实际上特别在意别人对他的看法。以前，尽管他的政策并不讨所有人的喜欢，但人们不会直接攻击他，而是拐弯抹角地攻击他身边的人。但这一次，他不再有"免疫力"，不再是"神"一样的存在。他一下子老了很多，憔悴了很多。看着病床上的华盛顿，杰斐逊心生怜悯，他对麦迪逊说："他很受打击。他比我见过的任何人都敏感。我真为他感到难过。"但是，难过归难过，攻势一点也没减弱，共和党的报纸照样铺天盖地地骂，好像不把总统骂死不算完。身心疲惫的华盛顿决定离开费城，回弗农山庄养病。他要静静地想一想，他为美国做的选择到底是对还是错。

总统不在费城，热内闹得更欢了。6 月 22 日，得意忘形的热内居然照会国务卿杰斐逊，声称根据《美法联盟条约》，法国有权使用美国港口，而且，"美国人民"同意他这么做。杰斐逊还没来得及说什么，汉密尔顿先急了。什么？“美国人民”？谁选你代表美国人民的？疯了吧？几天后，忍无可忍的汉密尔顿终于与热内发生正面冲突，两人大吵了一架。汉密尔顿说，你少拿美法联盟说事。你们主动向英国宣战，美国根本没义务帮你！热内说，你们总统撇开国会擅自宣布中立，这是行政权的违宪行为！汉密尔顿都气乐了：跟我谈宪法？你知道“违宪”这俩字咋写吗？我是宪法的祖宗，没工夫跟你玩儿！

受了汉密尔顿抢白的热内不知收敛，7 月 6 日，他又发表了一通高论，彻底葬送了他的外交生涯。他趁着华盛顿不在首都的机会，对宾夕法尼亚州州务卿说，他不承认美国的中立宣言，他要越过华盛顿，直接向美国人民呼吁，要求他们支持法国。就这样，他不仅侮辱了美国的主权，也打了华盛顿的脸，而在新大陆，唯一不能被打脸的人就是华盛顿。州务卿马上把热内的话告诉州长米福林，米福林又告诉汉密尔顿、诺克斯和杰斐逊。不说别人，就连一直支持热内的杰斐逊都挂不住了。热内的嚣张气焰终于让杰斐逊意识到自己是美国人，他再爱法国也不会以牺牲民族尊严为代价，他再搞党争也是以美国利益为目标。想踩到华盛顿头上去？也不看看你在谁的地盘上！从此，杰斐逊对热内的态度发生大逆转，他不想再搭理这个不懂事的公使。

7 月 8 日，汉密尔顿、杰斐逊、诺克斯开会商量怎样处理被法国劫持的英国船“小萨拉号”。这艘英国商船在 6 月被劫持来到费城港，热内把它改名为“小民主号”，并装备枪炮，打算让“海盗”把它开到公海上去攻击别的英国船。汉密尔顿主张用武力严加管制“小民主号”，绝不能让它离港。杰斐逊说不必强行管制，因为热内已经保证，在没得到总统许可的情况下，“小民主号”不会擅自离开。7 月 11 日，大病初愈的华盛顿回到费城。7 月 12 日，“小民主号”在没跟任何人打招呼的情况下驶出费城外港，扬长而去，热内再一次用实际行动践踏了美国的主权。望着“小民主号”远去的背影，汉密尔顿发誓，他要让热内滚出美国。

在第二天的内阁会议上，汉密尔顿坚决主张向法国政府抗议，要求他们召回热内。他像火山一样喷了一个小时，连华盛顿都插不上话，甭说别人了。等他发泄完了，大家也听累了，总统让大伙回去想想，第二天接着开会。第二天，“说话机器”汉密尔顿又讲了 45 分钟，好像一个律师在向陪审团做最后的陈述，看样子不把热内赶跑誓不罢休。内阁成员们一致同意要求法国召回热内。到最后，杰斐逊好不容易得个空说句话。他说，即使赶热内走，也不要把热内在美国的不当言行公之于众。应该给法国政府留点面子，毕竟美法关系还是很重要的。华盛顿同意了杰斐逊的意见，让杰斐逊起草给法国政府的照会，要求法国立刻召回热内。

杰斐逊把文件写好，华盛顿还没来得及交出去，法国革命再次以迅雷不及掩耳之势颠覆了人们对自由的憧憬。1793 年春成立的“公共安全委员会”让激进的雅各宾派进入权力中心。6 月，巴黎人第三次“起义”，推翻吉伦特派政府，确立了雅各宾派的领导地位，“恐怖统治”开始了。教堂被拆，教士被杀，巴黎圣母院改名为“理性殿堂”。10 月 16 日，路易十六的遗孀玛丽 · 安托瓦内特王后被送上断头台。10 月 31 日，断头台上的“砍头机”加班加点地工作，一天之内就砍了 21 个吉伦特派领袖的脑袋。

热内是属于吉伦特派的，现在，雅各宾派上了台，说他有“通敌”的嫌疑，严令他马上回国受死。整天上蹿下跳的“热内公民”立马瘫了。回去直接上断头台，什么革命理想，见鬼去吧！这下，华盛顿倒省了事儿，也不用提抗议，法国人自己帮他把问题解决了。热内想赖在美国不走，可他把该得罪的和不该得罪的全得罪了，谁也不愿理他。他以前的朋友杰斐逊躲得远远的，根本不见他。但是，本来恨不得一脚把他踹回法国的汉密尔顿反而在关键时刻向他伸出援手。他替热内向总统求情，希望华盛顿本着人道主义原则，允许热内留在美国避难。他说，热内虽然可恶，但罪不至死，咱不能见死不救。华盛顿同意了汉密尔顿的请求，热内从此留在新大陆并成为美国公民。他再也没回法国。后来，他与纽约州州长克林顿的女儿结婚，在纽约上州安顿下来。

“热内事件”没有造成更恶劣的影响，这完全是汉密尔顿和联邦党努力的结果，他们与共和党的斗争使美国在权力的平衡中渡过了又一个危机。当然，他们得到了回报。1793 年年底，杰斐逊辞去国务卿之职，联邦党终于踢开这块“绊脚石”。杰斐逊很清楚，他在“热内事件”中的表现让总统与他更加疏远，他这个国务卿当得也没什么意思了。华盛顿试图挽留杰斐逊，但他去意已决。尽管华盛顿心里多多少少觉得杰斐逊背叛了他的外交政策，但他还是向杰斐逊表达了真诚的祝福。他说：我们有分歧，但我从没低估过你的人品和才华。此时的杰斐逊可能自己也觉得将与政治绝缘，但副总统亚当斯把他这位朋友的心思看得透透的，他说：“杰斐逊的野心不亚于克伦威尔……他的灵魂已被野心俘虏。”你们等着瞧吧，他早晚会回来的。事实证明，亚当斯太了解杰斐逊了。

新大陆总算恢复平静，大洋彼岸的法国可一点也不平静。雅各宾派把“恐怖”推向高潮，只要瞅你不顺眼，只要怀疑你有“反革命”嫌疑，你就得上断头台，根本用不着审。过去的王公贵族几乎无一幸免，那些曾帮助过美国革命的高级将领也都关的关，杀的杀。海军元帅德斯坦上了断头台；陆军主将罗尚博被抓起来，他的家人散尽钱财，上下打点，总算保住了他一条命。最让华盛顿牵挂的拉法耶特也在劫难逃。

拉法耶特于 1791 年 10 月辞去国家卫队总指挥职务后回到家乡，本想与妻儿安度余生，但这只是他的幻想。他曾公开谴责雅各宾派的暴行。他说："在一个罗伯斯庇尔是圣人、丹东是诚实的人、马拉是上帝的国度，我们还有什么安全可言？"就冲这，雅各宾派能饶了他吗？为躲避追捕，拉法耶特逃往比利时，却不幸落入奥地利人之手。奥地利正与法国打仗，他们把拉法耶特当成国家的俘虏，一关就是五年。其实，他要是真在法国被捕，美国营救他还是比较容易的，因为美法是友好国家，法国会对美国公民网开一面。拉法耶特在 1784 年访问美国时曾被马里兰和其他几个州授予公民身份，联邦政府成立后，他自然成了美国公民。就凭这个身份，法国人也不会把他怎么样。但奥地利与美国没有外交关系，华盛顿干着急，使不上劲儿。他请求奥地利皇帝看在美奥友谊的分上释放拉法耶特，但人家根本不理他，只改善了一下监禁条件。驻法公使莫里斯尽可能地帮助拉法耶特夫人和三个孩子。他自掏腰包，给她 10 万英镑，帮她暂渡难关，华盛顿也在阿姆斯特丹的银行存了一笔钱，供拉法耶特夫人使用。侯爵夫人本打算去美国避难，但没走成，她和家人终于还是被雅各宾派关进监狱。莫里斯只能保住拉法耶特夫人的命，她的祖母、母亲、姐姐全都上了断头台。

1794 年，门罗出任驻法公使，积极营救所有被关在法国监狱的美国公民。他让妻子伊丽莎白去狱中见拉法耶特夫人。狱卒叫侯爵夫人出来时，她以为自己大限已到，马上要上断头台了。当她得知是美国公使夫人要见她，眼泪夺眶而出。她知道，她和孩子们有救了。门罗给拉法耶特全家颁发美国护照，他请夫人和孩子们去美国。但侯爵夫人只把她唯一的儿子，乔治·华盛顿·拉法耶特，交给美国公使，让他把儿子带回美国，托给华盛顿夫妇抚养。华盛顿是小拉法耶特的教父，教父抚养教子天经地义。侯爵夫人自己带着两个女儿去了奥地利监狱，与丈夫一起在那里度过了两年的时光。

1795 年 9 月，15 岁的小拉法耶特来到波士顿。华盛顿先为他在哈佛注册，学习了一段时间。后来，小拉法耶特到纽约汉密尔顿家中住了一阵子。汉密尔顿与他父亲是生死之交，他把小拉法耶特当成自己的孩子。1796 年年初，小拉法耶特来到费城。华盛顿百感交集，他仿佛看见当年那个活泼、热情的大男孩又站在他面前。小拉法耶特长得很像父亲，个子高高的，他也像父亲那样拥有阳光般的性格。美国人欠拉法耶特太多，现在，人家把独苗送来了，可算有个报恩的机会。每个人都知道这孩子是总统府最尊贵的客人，咱宁可得罪总统也别得罪他。华盛顿甭管走到哪都把他带在身边，好像生怕丢了似的。所有见过这爷俩的人都觉得他们天生就是一家子。他们是父子又是祖孙，华盛顿对小拉法耶特的关心无微不至，小拉法耶特带给华盛顿的快乐任何人也无法代替，他们之间的“化学反应”毫无疑问来自上帝的赐福。

1797 年，在拿破仑的努力下，奥地利终于同意释放拉法耶特。同年 10 月，小拉法耶特告别华盛顿，回国与父母团聚。他父母欣喜地看到，儿子又长高了，健康、成熟、快乐。然而，他们都再也见不到华盛顿了。1824 年，拉法耶特应门罗总统的邀请访问美国，小拉法耶特也陪着一起来了。那时，华盛顿已去世将近 25 年。拉法耶特来到弗农山庄。他把儿子和随从都打发得远远的，自己一个人坐在华盛顿墓前，静静地待了一个多小时。也许，他在回忆与华盛顿在一起的每一个瞬间。所有的笑容和泪水，所有的牵挂和思念，都在这静静的时空中变成永恒。

拉法耶特访问波士顿时，特意到邦克山，从当年“邦克山之战”的战场带走一包泥土。1834 年 5 月，拉法耶特去世，他的墓穴上就盖着从邦克山带回去的这包土。他的墓碑上方飘扬着一面美国国旗。它已飘了将近二百年，即使在纳粹德国占领法国的时候，这面旗都没被打扰过。拉法耶特可能是唯一跟美国前七位总统都单独用过餐的欧洲人，他在美国人心中的地位至高无上。他是他们永远的英雄。

拉法耶特的故事讲完了，华盛顿的事情还没完。刚刚度过一次外交危机的他马上又要处理更激烈的矛盾。这一次，他将面对自己的人民。人民的政府怎样应对人民的反抗？当法治不足以制止暴乱，政府还能做什么？请看下一个故事 :《威士忌叛乱》。

071

威士忌叛乱

1793年的“热内事件”激化了共和党和联邦党的矛盾，险些酿成内乱。随着法国进入雅各宾派的“恐怖统治”，美国人终于看清了大洋彼岸那场所谓的“革命”到底是咋回事。但真正让革命热情退烧的却是黄热病。7月，黄热病的症状开始在费城出现。8月，它以每天20人死亡的速度在全城蔓延，不久就成了每天100人。到10月，每10个费城人就有1个死亡，联邦政府、州政府、市政府基本上瘫痪。华盛顿倒是像当年在战场上那样表现出惊人的免疫力。他坚持着不肯撤离，直到连汉密尔顿也病倒了，政府实在维持不下去，他才同意回弗农山庄。这场大瘟疫把首都变成了“鬼城”，人们死的死，病的病，逃的逃，哪还有工夫闹腾？约翰·亚当斯回忆道：“正是黄热病让美国避免了一场针对政府的革命。”

但是，针对政府的骚乱并没有停止。1793年冬，联邦政府刚回到空荡荡的费城不久，宾夕法尼亚西部就传来“叛乱”的消息。这件事由来已久。早在1790年，财政部长汉密尔顿向国会提交第一份《关于公共信用的报告》时，他建议增加联邦税收以偿还外债的措施之一是：征收酿酒税。因为当时最常见的酒是威士忌，所以这项税也叫“威士忌税”。此前，联邦政府征收的唯一的税是海关税（进口税）。联邦既没军队，也没警察，更没庞大的官僚机构，“三权”所有的官员加起来不过几百号人，省得不能再省了。增加税收只为还债。汉密尔顿当然知道，任何税收都会引起反抗，特别是在有着光荣的抗税传统的北美。当年的革命就是从抗税开始的，他难道不怕犯忌？可是，作为联邦的“大管家”，财政部长总要面对柴米油盐的问题，光喊革命口号没用。他权衡了所有的选项，认为海关税不可能再提高，否则将损害进出口贸易；其他税也不能征，因为影响面太大。只有酿酒税危害最小，因为一般人只会喝酒，不会酿酒，这项税跟他们没直接关系。而且，从道德上看，这项税可以算作“罪责税”。酗酒是恶习，征收酿酒税，自然会提高酒的价格，大家也就不得不少喝酒。这样既惩罚了酗酒行为，让家庭和社会更和谐，又增加了政府收入，岂不两全？这跟今天的政府对烟草课重税是一个道理。

汉密尔顿不是鲁莽的人，他在向国会提议征收酿酒税之前，专门征求众议院领袖麦迪逊的意见。虽然麦迪逊与汉密尔顿有很多分歧，但在这一点上，他们却难得地一致。1791 年，国会通过了征收酿酒税的法案，麻烦立刻就开始了。汉密尔顿和麦迪逊都代表了主流社会（工商业主和大种植园主），他们在谋划着保护主流社会的利益时，难免会牺牲处在边缘的弱势群体，这就是西部的拓荒者和小农户，那个似乎“无关大局”的酿酒业却是西部农民赖以生存的重要手段。宾夕法尼亚和弗吉尼亚州西部土地肥沃，只要稍一耕作就能丰收，每年都有大批余粮。可是，这里地处内陆，交通不便，不像东部沿海那样把粮食装上船就可出口。于是，农民把余粮酿成威士忌酒，卖到东部或出口。这样做有两个好处：第一，酒的价值高，利润高，赚钱多。第二，酒装在木桶里，不管是陆运还是水运，比一袋袋的粮食方便得多，储存时间也长。而且，在西部，商业不发达，货币量小，酒实际上起了现金的作用。大家不说某某东西值多少钱，而说这东西值多少酒，以酒易物，就像当初弗吉尼亚人把烟草当货币一样。如此一来，酿酒税就成了双重课税，它不但是商业税，也是所得税，既增加了酿酒成本，又减少了个人收入。这可不是戳到痛处了吗？

西部人本来脾气就不好，他们可不会老老实实地任人宰割。几乎从税法通过的第一天起，西部就开始乱。先是小打小闹，后来是抗议、示威，再后来就把革命时期的招儿也用上了，给收税官浑身涂上焦油，粘上羽毛，拉出去游街示众。哼，看你们谁还敢来收税！

尽管汉密尔顿专门训练了武装收税队伍，但酿酒税的征收依然非常困难。过去这几年，联邦政府顾不上西部，州政府也睁一只眼闭一只眼，抗税行动愈演愈烈，直到有一天，它发展成武装叛乱（也叫武装起义），谁也没法置之不理了。

1794 年 7 月，收税官大卫·内维尔被一群抗税者抓起来，涂上焦油粘上羽毛游街，他的家也被一把火把烧为平地。8 月 1 日，六千名示威者聚集在匹兹堡附近，高举着自己的旗帜，旗上有六道横杠，代表宾夕法尼亚的四个县和弗吉尼亚的两个县。人们愤怒地控诉政府的横征暴敛，宣布要成立像法国雅各宾派那样的公共安全委员会，还要建法国式的断头台。这六千多人拿着武器，攻占联邦机构，打伤联邦官员，威震各州。这场由“威士忌税”引起的暴乱被称为“威士忌叛乱”。

8 月 2 日，华盛顿总统召集内阁会议。西部的骚乱已不是一天两天，本来，从总统到国会一直持比较宽容的态度。但这次不同，因为人民已经拿起枪来了。华盛顿刚听到此事时，伤心大于愤怒。他说，二十年前，我们自己就是反抗英王暴政的“叛乱者”，没想到，二十年后，我们要面对人民的反抗。关于政府与人民的关系，华盛顿的观点是：政府和人民必须互相信任。你们选我出来为你们服务，那么，你们就要给我充分的信任，遵守我的法律，执行我的决策。如果你们不满意，下次不选我就是了。但在我的任期内，你们得听我的。你们不信任我，让我怎么执政？他这个观点跟杰斐逊的观点不同。杰斐逊认为，人民有权随时随地监督他们自己选出来的政府，如果不满意，他们可以抗议、示威甚至提前结束政府的任期，因为人民至高无上。杰斐逊的观点似乎更符合现代社会对民主的理解，华盛顿的观点听上去更像旧式“军阀”。但眼下也顾不上这许多了，先想想怎么把叛乱平息了再说吧。

汉密尔顿和战争部长诺克斯主张坚决镇压，绝不能姑息这种行为，否则，咱这个国家维持不下去。华盛顿虽然很犹豫，但他基本上同意动武。他认为，美国是法治国家，有什么不满应该通过法定程序解决。合法示威受保护，武装叛乱绝不允许，这也是为后世立个规矩。当时，叛乱者提出，国会没有代表他们的利益，他们造反的理由跟当年的革命是一样的：“无代表，不交税。”华盛顿说：你们选区的议员就坐在国会里，你们“不交税”是真的，“无代表”是瞎扯嘛。“威士忌税”合理不合理另说，但国会通过的法律就要执行。就这样，联邦政府成立以来第一次大规模的军事行动开始了。

说是“军事行动”，联邦政府一个兵都没有。咋办呢？8 月 7 日，华盛顿命令宾夕法尼亚、弗吉尼亚、新泽西、马里兰四个州立刻征调民兵，共 1.3 万人，交给联邦政府指挥。他想通过这件事告诉所有的人：第一，联邦政府有意愿也有能力保护自己；第二，美国总统的行政命令高于各州的行政权。别看总统平时是“光杆司令”，战时一声令下，天底下的武装力量都归他管，这是宪法赋予的权力。华盛顿用实际行动解释了“三军总司令”的权威，那四个州也很守规矩，马上调兵遣将，很快就集结在宾夕法尼亚。谁来指挥这支军队呢？答案是：总统先生。看上去有点小题大做，派个人去不就得了，还用亲自出马？华盛顿是不是多年不打仗手痒痒了？也许是，但他也许更想表达维护国家和平与统一的决心以及对武装叛乱的零容忍。于是，华盛顿成了第一位也是唯一一位“御驾亲征”的总统。在他之后，美国总统再也没有挂帅出征过，尽管他们中不乏能征善战的将军。

其实，华盛顿当这个统帅只是一个“象征”。1794 年，华盛顿已经 62 岁了，他没精力也没兴趣事必躬亲。这么重要的军事行动总要有人具体策划和指挥，最合理的人选是战争部长诺克斯。可是，诺克斯好像让猪油蒙了心，在这种关键时刻居然向总统请假回家，因为他有个房地产生意要处理。更奇怪的是，总统居然准了他的假。那么，战争部由谁来管？当然是万能的财政部长汉密尔顿。汉密尔顿是军人出身，打仗内行，从后勤供应到调兵遣将全是他一手张罗，小到每一套军装大到行军路线都由他拍板。来向总统汇报战备情况的人都发现，总统其实离他们“很远”，他只是问问大概情况，具体事情都由汉密尔顿处理。这两人之间的默契天衣无缝，华盛顿乐得当“甩手掌柜”，汉密尔顿恨不得管天下所有的事。华盛顿好像已经习惯了依赖这位昔日的助理，他需要做的就是把毫无保留的信任交给汉密尔顿。

9 月 1 日，华盛顿派出个三人小组去与叛乱者做最后的谈判，要求他们放下武器，但谈判破裂了。9 月 25 日，华盛顿发出最后通牒，给叛乱者最后一次悔过的机会。在所有这些努力都失败之后，9 月 30 日，华盛顿和汉密尔顿启程前往宾夕法尼亚西部。他们穿着旧时的军装，仿佛又回到战争年代，回到那个让他们形影不离、生死相依的军营，也回到激情燃烧的青春岁月。年轻的华盛顿每次听到子弹呼啸的声音就有一种快感，上了战场就是一副找死的架势；年轻的汉密尔顿一听打仗就高兴得翻跟头，冲锋在前，撤退在后，不知道世上有“害怕”二字。这爷俩算是对了脾气。然而，他们很清楚，此次出征与往日不同，因为这一次他们面对的是自己的人民。他们希望，只要炫耀一下武力就足以让叛乱者投降，流血是最后的选择。

10 月 1 日，华盛顿检阅联邦军队，他高大挺拔的身影让战士们又看到了当年的总司令。华盛顿故意把摊子铺得很大，耀武扬威，好像带了无数的“天兵天将”，气势汹汹地向前推进。他就想吓唬吓唬人。果然，叛乱者一看那架势就傻了。他们没想到政府会动真格的，更没想到总统会亲自来。别说打，腿儿都软了。这边军队刚出动，那边立刻作鸟兽散，六千多人瞬间只剩下几百人，除了投降还能干吗？华盛顿一看这形势，马上把军队和一切善后事宜交给汉密尔顿和弗吉尼亚州州长亨利·李，他自己则打道回府，于10月底回到费城。

一场叛乱就这样平息，几乎所有的参与者都平安无事，只有六七个领头的被抓起来，其中两个被判死刑。又到了那个似曾相识的时刻。宪法赋予总统赦免重罪的权力，但对华盛顿来说，这不是他第一次行使生杀大权了。1780年，英国军官约翰·安德里被大陆军军事法庭判处死刑，所有的大陆军将领都为他求情，希望总司令赦免他，但华盛顿不为所动。安德里从容赴死。很多军官，包括汉密尔顿，都埋怨华盛顿冷酷无情。1782年，为了报复英军处死大陆军被俘军官的做法，华盛顿从英军战俘中随机挑出一个军官，准备处死他。明明是罪及无辜，但谁求情也没用。幸好这位看似普通的英国军官是个有背景的人，他母亲去求英国议员，议员求首相，首相求英王，英王求法国国王，法国国王让驻美公使求邦联议会，邦联议会来找华盛顿，这才算保住那军官的一条命。所以，大家都觉得华盛顿是铁石心肠，死板又固执。这一次，谁也没指望总统会发善心。但是，就在行刑的前一天，华盛顿赦免了这两个叛乱首领。他认为，叛乱者已经得到了足够的教训，他不想再引起不必要的仇恨。华盛顿用他的政治智慧实现了他从一开始就渴望达成的目标：不流血的和平。西部的农民也没有完全输掉他们的抗争。1801年，杰斐逊入主白宫后，“威士忌税”终于被废除了。

“威士忌叛乱”结束了，但它引起的反思却长远深刻。在美国二百多年的历史中，除内战外，联邦军队基本上只对外，不对内，这次是极少的例外之一。虽然华盛顿的做法在当时和后世都得到正面的评价，但人们对在国内事务中动用军队仍然讳莫如深。当人民的政府把枪口对准人民时，到底是制度错了还是人民错了？同时，这次叛乱也把另一个议题摆到联邦政府面前：我们是否应该建一支常备（陆）军？连最保守的麦迪逊也不得不承认，光靠民兵不能应付突如其来的变故。但是，常备军会不会带来军事独裁？美国人还要在这个问题上纠结很多年，但至少人们已经开始思考了，他们开始在对独裁的恐惧和对安全的担忧之间寻找平衡点。为了合众国的统一，为了新大陆的和平，他们愿意承担失去自由的风险吗？

1794 年 12 月 1 日，汉密尔顿回到费城。就在同一天，他告诉总统，他打算在 1795 年 1 月底辞去财政部长之职。这个消息让所有的人都大跌眼镜。“威士忌叛乱”让汉密尔顿的权力达到顶峰，他一个人掌管财政部和战争部，杰斐逊又早已被他踢开，总统在内政、外交、军事上都严重依赖他的判断力，整个行政权几乎他一人说了算。尽管共和党不停地攻击他，但没有人能跟他一争短长。然而，他决定放弃。他说，我已经做了我应该做的，现在，我要退休啦！这一年，他 39 岁。

汉密尔顿的离去也许有很多原因。有人说是因为他厌倦了政治漩涡，多年的争斗让他树敌无数。他觉得，在他为美国奉献了这么多之后，人民并不感激他，甚至不接受他。有人说因为财政部长工资太低，他无法承担生活的重负。也有人说，在他出去平叛期间，妻子伊莉莎因担心过度而流产，他很内疚，决心回归家庭。不管哪种原因，汉密尔顿就这样匆匆忙忙地走了，就像他匆匆忙忙地来。当初，他用了五年的时间就从西印度群岛上的小店员变成大陆军总司令的首席助理，以地地道道的“外来户”身份走进美国革命的领导核心。后来，他用五年的时间创造和诠释了美国宪法，缔造了人类历史上第一个现代联邦制共和国。再后来，他用五年的时间设计了美国的金融制度和经济体系，定义了联邦政府的职权。当美国是个烂摊子时，别人看到的是灾难，他看到的是机会：是他个人的机会，也是一个民族的机会；是重建新大陆经济的机会，也是塑造联邦政府的机会；是规划现在的机会，也是创造未来的机会。换任何一个人当财政部长，美国都会在农业社会徘徊很多年。汉密尔顿把新大陆带进现代工商业的大门，他超人的天才、超前的眼光、超强的意志让这个新国家在刚刚开始学走路的时候就一步迈进了现代社会。他的经济政策和理论催生了与“英国学派”相抗衡的“美国学派”，也对世界各国产生了深远的影响。当日本和韩国走向现代时，它们就借鉴了汉密尔顿的金融体系，并以此为基础创建了自己的制度。

合众国最初的十年毫无疑问是“汉密尔顿的共和国”。一位学者说：“如果华盛顿是美国之父，麦迪逊是宪法之父，那么，汉密尔顿就是美国政府之父。”然而，他也是最充满争议的人物，这可能和后来共和党当政一直贬低他有关。他的强势、直率、桀骜不驯和超前意识为他的敌人留下数不清的把柄，就像一位历史学家说的那样：“他是我们最有才华、最有魅力也最危险的国父。”

华盛顿伤心地看着他的财政部长离去，就像他多年前看着他的帐前助理离去一样。他在接受汉密尔顿辞职的信中说：“在我与你一起经历的所有事件中，你从没让我失望过。你的才华、人品和忠诚让我坚信我对你的信任没有错。我真诚地祝福你的退休生活富裕美满。”尽管华盛顿很含蓄，但所有的人都知道他对汉密尔顿的感情有多深。共和党人甚至造谣说，汉密尔顿是华盛顿的私生子，要不然总统不可能这么“溺爱”他。奇怪的是，华盛顿对其他朋友都能直白地表达友情，甚至连“我爱你”“我想你”这种肉麻话都说得出口。偏偏在与他最亲近的汉密尔顿面前，他的温情却总是欲说还休。也许汉密尔顿太独立，也许华盛顿太小心，他们都无法靠彼此更近。要强一辈子的汉密尔顿在华盛顿去世之后才承认：“他是我的保护神，是我一切的根本。”

在汉密尔顿辞职后不久，诺克斯也辞去战争部长一职。到此为止，华盛顿的第一届“史上最牛”内阁全部离职。一年前，杰斐逊辞职后，华盛顿任命总检察长伦道夫为第二任国务卿。现在，他选择汉密尔顿的朋友兼副手奥利弗·沃尔科特接替汉密尔顿，由蒂莫西·皮克林接任战争部长。伦道夫的才智跟杰斐逊不是一个档次的，沃尔科特是个执行者，不是创造者。华盛顿的第二届内阁比第一届差了不是一星半点，但这正是他需要的。他厌倦了党派之争，他现在需要的是能忠诚地执行他的各项政策的人，而不是钩心斗角的天才。他的新内阁也许缺乏创造力，但他不需要创造力了，他只需要执行力。银行有了，铸币厂有了，海关有了，税收有了，美国成为信用最好的国家，欧洲的黄金白银源源不断地流向新大陆，金融市场日益繁荣，工业革命的曙光已然来临。他还需要创造吗？不，他只想让一切在汉密尔顿打好的框架内运行，如此而已。所有的内阁成员都是联邦党人或温和派，华盛顿甚至不想再保持党派的平衡。他只想安安稳稳地度过政治生涯中最后的两年。

然而，他的最后两年注定不可能平静。内乱刚平，外患又起。失去了最得力助手的华盛顿将如何面对新的挑战？他将怎样孤独地领导着美国在英、法两个大国之间求生存？请看下一个故事：《〈杰伊条约〉》。

072

《杰伊条约》

自从美国宣布在英法战争中保持中立，美法和美英之间的纠纷就没断过。法国很受伤，说你怎么翻脸比翻书还快？忘了当年我怎么帮你的了？想跟我撇清关系没那么容易！我天天跟你闹，叫你不得安宁！英国说，什么中立不中立的？我没听见。我就拦你的商船，劫你的财物，你能把我怎么样？这下惨了，本想两边都不得罪，结果两边都没落好。不管美国做什么或不做什么，都不可能与两家同时修好，也不可能跟两家同时开打。英法势不两立，亲英还是亲法，这是个问题。

到1794年，美国与英、法的矛盾似乎到了非解决不可的地步。在法国，雅各宾派的恐怖统治进入高潮，以每月处决900个嫌疑犯的速度清除着异己。华盛顿总统虽然一直向法国表达良好的祝愿，希望它尽快结束暴乱，走向和平与繁荣，但他实际上已经对这个盟友彻底失去耐心。他算是看出来了，这个折腾法，法国再过八辈子也不是英国的对手。美英贸易的巨大利益让华盛顿的外交眼光不可避免地转向英国，但是，英国又哪里是那么容易搞定的呢?

此时的美英两国眼看着就要打起来了。从 1793 年 6 月起，英国宣布，皇家海军将拦截所有开往法国港口的商船，不能让中立国打着中立的旗号资助英国的敌人。到 1794 年 7 月，英国已扣押了 250 艘美国船。不仅扣船，还扣人，船上的美国水手被迫加入英国海军或为英军服务。为这事儿，美国人群情激愤，嚷嚷着要与英国血战到底。再加上，美英还有一笔没算清的历史账：

第一，1783 年的《巴黎和约》签订后，英国并没有如约撤离西北边境五大湖区的几个军事要塞，严重阻碍了美国人西进的步伐。当然，这不能全怪英国。根据《巴黎和约》，美国政府应“建议”各州保护保王党人的财产，并保证不再继续侵占他们的财产。可是，各州根本不听，照样胡来。英国说，你不履约，我也不履约，就占着地儿不走了。

第二，在西部当“钉子户”的英军大力支持印第安人部落打击白人移民，让白人移民难以安身。

第三，独立战争后，英国向美国关闭西印度群岛，使美国的进出口贸易受到很大损失。

第四，美国和英属加拿大的边界线在西北部和东北部有争议，冲突不断。

第五，战前，美国民间欠了英国商人和银行很多钱。虽然《巴黎和约》规定战前的债务应该偿还，但很多美国人破产或耍赖，不还了，美国法庭又不认真审理。英国商人把借条塞给英国政府，英国政府拿着借条来找美国政府讨债。美国政府说，这钱又不是我借的，民间借贷关我啥事，我为什么要还？

第六，独立战争中，南方很多奴隶逃离种植园加入英军。战争结束后，他们跟着英军去了英国或加拿大。南方的奴隶主们要求英国赔偿他们的损失，因为奴隶被看作他们的财产。在谈判《巴黎和约》时，因为三位美方代表（富兰克林、亚当斯、杰伊）都是北方人兼废奴主义者，对南方这个要求不上心。他们跟英国提了一下，人家没答应，他们也没坚持。南方一直耿耿于怀，这也是以南方为基础的共和党反英的原因之一。

总之，美英闹别扭主要是因为《巴黎和约》没有得到认真的执行，双方都有错，美国违约在先。如今，新仇旧恨攒一块儿了，可不是要打仗吗？

虽然大家喊得凶，但国会和总统都知道，现在跟英国打就是找死。还是先谈吧，谈不成再打。5 月，国会决定派一位特使去伦敦，彻底解决这些纠纷。联邦党议员提名财政部长汉密尔顿（此时他还没辞职），共和党说：不行！汉密尔顿是铁杆“英粉”或“美奸”，让他去，他肯定得把美国给卖了还要叫咱帮他数钱！华盛顿当然信得过汉密尔顿，但他不能不考虑共和党的诉求。既然汉密尔顿目标太大，联邦党又提了第二个人选：最高法院首席大法官约翰·杰伊。共和党说：还是不行！麦迪逊悄悄在总统耳边嘀咕：杰伊跟英国人穿一条裤子！华盛顿烦死了：你们有完没完？扯皮是吧？咱别谈了，你们干脆推荐个将军上战场跟英国打仗行不行？可是，牢骚归牢骚，华盛顿还是与共和党做了个交易：他任命杰伊为谈判特使，同时，召回亲英的驻法公使、联邦党人古弗纳·莫里斯，由亲法的共和党人门罗接替他。大家这才算是消停了。

纽约人杰伊倒真算是个合适的人选。他当过大陆会议主席，后来出任驻西班牙特使，是《巴黎和约》的谈判代表之一，回国后担任邦联议会外交委员会主席。本来，华盛顿心中第一任国务卿是他，但他不想当国务卿，而是去了最高法院。即便如此，每次遇到大的外交决策时，华盛顿和汉密尔顿都会征求他的意见。这次总统挑中他一点也不奇怪，除了他的经验外，更重要的是，他的外交观点与华盛顿的高度一致，把这事儿交给他华盛顿最放心。但是，有一个问题。杰伊身为最高法院首席大法官，却成了总统的特使，这司法权和行政权不是混到一块儿了吗？三权分立怎样维持？华盛顿和杰伊都清楚，这个任命不符合他们一直小心翼翼维护着的宪法原则，但在这个节骨眼上顾不了那么多了。幸好那时候的联邦政府还处于

“摸索”阶段，大家并不完全明白宪法的含义，违宪的事儿天天有，不差这一件。在今天，这种任命是绝对不会发生的，除非杰伊辞去大法官之职。

1794 年 5 月 12 日，杰伊在一片祝福声中离开纽约。他手里拿着两份指示，一份是汉密尔顿写的，一份是华盛顿写的，这些指示就是美国的谈判底线。汉密尔顿的指示很具体，事实上，他是整个谈判的总设计师，他的计划得到总统和杰伊本人的赞同。华盛顿的指示就强调了一点：英军必须全部撤离美国领土。就像汉密尔顿对英国驻美公使表达的那样：总统热切地期盼和平，但不能以牺牲国家尊严为代价。然而，“尊严”在每个人的心中有着完全不同的定义。华盛顿、汉密尔顿和杰伊很快就会发现，他们将面对什么样的风波。

谈判旷日持久且步履艰难，因为美国几乎没有筹码。杰伊唯一能拿来“要挟”英国的东西就是：如果英国不知收敛，美国就要与欧洲其他几个国家一起组成“武装中立”联盟，以武力维护自己中立国的权利。英国一听，哼，别逗了！你那点家底我还不知道，你拿什么“武装”？还是老实点吧！两国从春谈到夏，从夏谈到冬，直到 1795 年 2 月，一份带着杰伊签字的条约文本才送达费城，这就是《英美和平贸易与航海条约》，俗称《杰伊条约》。

华盛顿拿到条约一看，差点晕过去，心说杰伊是不是被人灌了迷魂汤，这不是一份“卖国条约”吗？别说美国人民不答应，华盛顿自己也难过心理关。咱先看看这个让华盛顿想打杰伊屁股的条约都有哪些内容吧。

坏消息优先：

第一，条约虽没明说，但间接地同意英国对“中立权”的解释，接受了英国海军和商业的霸权地位。本来，美国认为，中立是可以跟交战双方做生意。但英国认为，中立是不能跟法国做生意。条约没有反对英国拦截运往法国的粮食和其他物资，也就是承认了英国的“游戏规则”。

第二，美国给予英国商品“最惠国待遇”，但英国不给美国商品同样的待遇。这就是为后世所熟知的“片面最惠国待遇”。也就是说，英国商品出口到美国来交低关税，美国商品出口到英国去交高关税，这似乎是不平等条约的标志。

第三，条约没有禁止英国强征美国水手加入英国海军，所以，英国可以接着干。

第四，美国政府承诺偿还战前美国民间拖欠英国商人和银行又无法通过正常法律渠道收回的债务。

第五，杰伊完全放弃了南方各州让英国赔偿“走失”奴隶的要求。

神志正常的美国人看了上面几条一定会跳脚，但是，别着急，还有好消息呢：

第一，英国同意撤出五大湖区的军事要塞。

第二，英国同意赔偿劫持商船给美国商人带来的损失，具体数额由国际仲裁法庭裁决。

第三，英国同意与美国组成双边委员会，协商解决美加边界问题。

第四，英国允许70吨以下的美国商船与西印度群岛开展有限的贸易。

另外，条约也保护了西部印第安人“自由出入”美国领土的权利。条约有效期为十年。

不管怎样，从文字上看，《杰伊条约》确实是个“一边倒”的合同，英国占了大便宜，美国吃了大亏。这也是让华盛顿感到失望的原因。但是，华盛顿不是“愤青”，他拍完桌子还得坐下来仔细衡量。美国需要和平与发展，以它现在的实力，它能否谈出更好的价钱？华盛顿的结论是：不能。特别是，英国同意全部撤出美国领土，这一条已经满足了华盛顿的最低要求。与杰斐逊、麦迪逊和其他共和党领袖不一样，欧洲从来不在华盛顿“求发展”的目标之内，美洲大陆才是他真正的野心。他坚信，美国的发展取决于它在新大陆的扩张，这片得天独厚的土地足以让它傲视全球。它需要的只是时间。西进乃大势所趋，英军撤出西部为移民扫清了障碍，这是千金难买的机会。他愿意为十年的和平付出代价，即使是令人沮丧的代价。

问题是，所有的屈辱华盛顿都能忍，但国会能忍吗？宪法规定，与外国的条约必须经参议院批准才能生效。而且，获得参议院通过的要求不是简单多数（51% ： 49%），而是超级多数，也就是三分之二多数。这么招人恨的条约，连简单多数都够呛，别说超级多数了。1795 年 6 月 8 日，参议院开始了对《杰伊条约》的辩论。华盛顿知道，这份条约将极大地刺激人民群众的神经。所以，他要求保密，在国会没得出结论之前不得泄露给公众。当参议员们第一次看到那些条款时，他们惊得毛发直立，还以为又回到殖民时代了呢。咱这不是把自己又卖回给英国了吗？此时，联邦已经有 15 个州（佛蒙特和肯塔基分别于 1791 年和 1792 年加入美国），共 30 位参议员。三分之二多数意味着必须有 20 人投赞成票，谈何容易？

总统没有直接拒绝条约而是把它转给参议院讨论，这个做法本身就表明他是支持条约的。幸好，尽管共和党在众议院占多数，但在参议院，联邦党的话语权还比较大。联邦党人也不满意，但条约基本上保障了工商业的利益，符合联邦党的要求。而且，不要忘了，已经不当财政部长的汉密尔顿仍然是联邦党的党魁，他仍然有在国会呼风唤雨的势力。《杰伊条约》的大轮廓是汉密尔顿定的，结果虽比预想的差，但几个主要目的达到了，最重要的是避免了与英国的战争。所以，汉密尔顿跟华盛顿绝对是一个战壕里的，他的影响力让参议院的讨论向着有利于总统的方向发展。在联邦党承诺不批准那条限制 70 吨商船去西印度群岛的条款后，两党达成了妥协。6 月 24 日，参议院批准了《杰伊条约》。投票结果是 20 ∶ 10，不多不少，刚好三分之二。这幕后有多少交易就不得而知了。

现在，轮到总统签字。就像当初签银行法案时一样，华盛顿的“选择恐惧症”又犯了。汉密尔顿已不在他身边，但他必须听到汉密尔顿的声音。他让人悄悄地带着条约文本到纽约征求汉密尔顿的意见。这个举动也表明，总统对他的现任内阁缺乏信心。他就爱听汉密尔顿的，你有什么办法？这时，汉密尔顿已重操旧业，在纽约城当律师，忙得很。华盛顿装模作样地写了封很客气的信：抱歉，我不知道你现在手头有多少案子，很不好意思占用你的私人时间。你要是实在太忙，没工夫帮我看，我完全能理解，不要有压力哦。但如果你能挤出一点时间给我分析分析，我会很感激。我知道你很忙，这事儿不着急，一点也不着急。这封“一点也不着急”的信到了汉密尔顿手里，他看到满纸上写的都是：我需要你！现在！立刻！马上！

不到一个星期，华盛顿就惊奇地收到了来自纽约的厚厚的三大摞稿子，共 53 页纸。汉密尔顿把条约掰开了揉碎了讲给总统听，逐字逐句解释了条约的内容，比如，每一条的利与弊是什么，平衡点在哪里，在实施过程中会出现什么样的情况，以及他对每一条的意见，等等，把华盛顿看得感动得不得了，心里又亮堂又温暖。其实，汉密尔顿刚看到条约时也暗地里把杰伊臭骂一顿，说这是“老太婆的条约”。没有人喜欢这个条约，但是，他提醒总统，就算有千不是万不是，它达成了我们最想达成的目标：和平。这就是美国需要的。

汉密尔顿的话让华盛顿自信了很多，他终于决定，在签字前，给美国人民一次表达意愿的机会：把条约公之于世。如果是暴风雨，就让它来吧。可是，尽管华盛顿做好了心理准备，这场暴风雨的猛烈程度还是远远超过了他的预期。从条约见报的第一天起，美国就成了一锅开水，各地的抗议活动风起云涌，各州、各县的抗议书像雪片一样飞进总统府，有的要求总统不要签字，有的责令他向人民解释意图，有的干脆用最不堪入耳的话把他大骂一通。7 月 4 日是独立日，往年大家都欢天喜地地庆祝，今年全变成示威游行。最大的“看点”是两团火：一个烧条约，一个烧杰伊的肖像。杰伊说，我晚上走路都不用点灯了，沿着烧我自己肖像的火光就能走遍全国。

杰伊是头号“卖国贼”，华盛顿差不多也是二号“卖国贼”了。共和党哪能放过这个好机会？这叫“天作孽，犹可违；自作孽，不可活”，你们等着下台吧！各个报纸把联邦党骂得狗血喷头，群众运动如火如荼。在纽约的一次集会上，汉密尔顿为华盛顿和杰伊辩护。

他说，你们大家好好看看他们俩，看看他们为革命做过什么，为国家牺牲了什么，这样的人怎么会卖国呢？可是，他话没说完就有人向他扔石头。在费城，英国公使乔治·哈蒙德的住宅被包围，窗户被砖头砸破。总统府外，一群人没日没夜地堵在那儿抗议，嚷嚷着叫华盛顿滚出去。华盛顿静静地坐在办公室里，好像什么都没听见。他相信，他为美国做的选择没有错。他相信，当人民得到和平带来的实惠时，他们会赞同他的选择。8 月底，在经过两个月的煎熬之后，在疾风暴雨的中心，华盛顿总统在《杰伊条约》上签了字。

应该说，只有华盛顿敢这样“冒天下之大不韪”，因为他是华盛顿。换任何一个人当总统，早被唾沫星子给淹死了，活不到签字的那一天。华盛顿毕竟是宙斯一样的人物，美国人对他再不满也不会真把他怎么样，他们爱他已经成了习惯。可是，“宙斯”的麻烦并不少。宪法虽然把众议院排除在外交决策之外，但众议院握着联邦的钱袋子。条约若想得到有效的实施，就需要众议院的拨款。众议院若不同意拨款，参议院和总统什么也做不成，最后美国只能违约，战事再起。到了众议院，可就撞到共和党的枪口上了。麦迪逊发誓，他一分钱也不会拨给丧权辱国的《杰伊条约》。

共和党反对条约的理由看上去似乎是因为他们支持法国，这个条约违背了美法联盟，必然引起美法关系恶化。这个担心很正确，但它不是争议的关键。实际上，代表南方的共和党最生气的是杰伊没有坚持让英国赔偿“走失”奴隶的损失。《巴黎和约》时你就甩了我们一回，这次又把我们甩了，我们跟你死磕到底！说来说去，《杰伊条约》之所以这么难产，不是因为美英两国没谈拢，而是因为联邦党和共和党没谈拢，内部的争斗远远超过外交的分歧。形势越乱对共和党越有利。联邦党威信扫地，共和党就有机会了。1796 年 3 月，众议院开始对财政拨款进行辩论。在麦迪逊的领导下，众议院以压倒性多数通过了一个议案，要求总统向众议院提交谈判的所有详细指示。这一下，麦迪逊和华盛顿可就真的撕破了脸皮。

宪法明文规定，与外国缔约的权力在于总统和参议院，众议院无权干涉。现在，众议院竟然要求总统上交谈判指示，明摆着违宪。麦迪逊是“宪法之父”，他能不明白这个道理吗？当初，在制宪会议上，正是麦迪逊坚持把外交权授予总统和参议院的。他的理由是，众议院是人民的代表（众议员由人民直接选举），自然带着人民的毛病，那就是短视和躁动。外交需要冷静和理智，这是个技术活，人民干不了，只能由来自精英阶层的总统和参议院代劳。大家都同意他的意见，宪法就这么规定了。如今，他变了卦，宪法可没变。总统没有义务向众议院汇报外交决策的细节，除非众议院弹劾他。

华盛顿说，我的谈判指示都交给参议院了，对不起，不能给你。如果我给你，就会开启一个违宪的“先例”。有本事你就弹劾我。这可闹大了。弹劾华盛顿？再给麦迪逊十个胆子他也不敢。而且，当初制宪会议结束后，代表们一致同意把会议记录交给华盛顿保管，只有他管大家才放心。也就是说，现在只有华盛顿享有翻阅这些记录的便利。华盛顿是个厚道人，从不主动攻击别人，但也不会任人欺负。这一次，麦迪逊越过了红线，华盛顿决定好好修理修理他，让他知道立法权干涉行政权是什么结果。他把会议记录中关于"缔约权"的话，特别是麦迪逊自己说过的话，挑出来，发给大家，让所有的人都知道"宪法之父"是怎样为一党之私出尔反尔的。结果，舆论哗然，麦迪逊闹了个大红脸。他以为这种损招只有汉密尔顿想得出来，却哪里知道这是华盛顿亲自出手整他。

本来，在共和党占多数的众议院，拨款议案几乎肯定会搁浅。可是，麦迪逊惊恐地发现，那些原先团结在他周围的议员一个一个地、悄悄地投奔"敌营"。华盛顿好像什么都没做，但他就像一块磁铁，让人不知不觉地向他靠拢。副总统亚当斯看到，本就体弱多病的麦迪逊脸色越来越憔悴，忧虑都写在脑门上，好像预见到有什么灾难发生。1796 年 4 月 30 日，众议院投票表决，以 51 ∶ 48 的微弱多数通过了拨款议案。至此，共和党阻击《杰伊条约》的努力以完败告终，再一次验证了 18 世纪 90 年代美国政治的"铁律"：谁跟华盛顿叫板，谁就会死得很难看。有人说，姜还是老的辣，但华盛顿更愿意相信，"宪法之父"败给了宪法。

这次争斗不仅让共和党的威信跌到低谷，也让华盛顿与麦迪逊彻底决裂，他再也没有在任何事情上咨询过麦迪逊的意见。麦迪逊眼看着煮熟的鸭子飞了，他心灰意冷，萌生退意。但是，共和党阵营的总指挥，远在蒙蒂塞洛的杰斐逊，告诉他的兄弟：不要气馁。咱们失败不是咱没本事，而是敌人太狡猾。三岁孩子都看得出来，《杰伊条约》是不平等条约。它为什么能在参、众两院畅行无阻？原因只有一个：华盛顿支持它。他一个人的意见足以影响全局。华盛顿的威望，也只有华盛顿的威望，让不可能变成了可能。咱打不过他，只能耐心等待。等待什么？杰斐逊没说，但每个人都明白。他在等待华盛顿离开，等待联邦党犯错误，等待属于他的那一天。

《杰伊条约》虽然充满争议，但得到美英双方的确认和执行。看似极不公平的条约真正实施起来其实没有那么痛苦。1796 年 6 月，英军撤离五大湖区的美国领土。通过国际仲裁，到 1802 年为止，英国共支付给美国 1000 多万美元，赔偿被拦截的美国商船的损失。美国支付给英国 60 万英镑，赔偿民间所欠债务。双边委员会勘定了美国东北部的美加边境，西北部边境在 1812 年战争后确定下来。即使在“片面最惠国待遇”的条件下，美英贸易也获得了长足的发展。在欧洲各国深陷战火的时候，美国享受着与英帝国自由贸易的机会，国民财富迅速增长，英法战争带给美国的不是灾难而是繁荣。战争也让欧洲人潮水一般涌向唯一的乐土——新大陆，这些新移民又潮水一般从东部涌向西部，追求他们永无止境的“美国梦”。在条约有效的十年中，美国海军也初具规模。1798 年，亚当斯总统签署法案，成立海军部。1802 年，杰斐逊总统创建美国军事学院（西点军校）。正如华盛顿所说："我要避免战争。如果不能避免，我要为准备战争赢得时间。"他从就职之初就决心在战火纷飞的世界里为美国谋求至少二十年的和平，他做到了。1806 年，条约到期。杰斐逊总统拒绝续约，直接引发了"1812 年的战争"。美英再次兵戎相见，那时的美国已不再是不会走路的娃娃，它有能力保护自己了。美国海军居然在几次战斗中大败"海上霸主"英国海军。没有这十年的准备，胜利是不可想象的。

当华盛顿和他的时代渐行渐远，美国人终于可以心平气和地翻开这个曾让他们的祖先义愤填膺的条约。越来越多的学者为《杰伊条约》"点赞"，因为他们看到了政治家们用理智和耐心换来的国泰民安。有人说，美国在《杰伊条约》中其实没吃多大亏，只是没像在《巴黎和约》中那样占到便宜而已。占惯了便宜的美国人一旦没占到便宜就会反应过度，这才闹腾起来。还有人说，《杰伊条约》是笔精明的交易，它就赌下个世纪的霸主是英国而不是法国。如联邦党盘算的那样，如果美国必须得罪一方，得罪法国带来的损失比得罪英国带来的损失小得多。不管从哪个角度，历史理解了华盛顿。然而，华盛顿却不愿继续承受历史的痛苦。他要再次谢幕。他要告诉美国人民，他们从此就要靠自己了，因为他再也不能牵着他们的手。

在政治斗争中所向无敌的华盛顿为什么再次放弃权力？他将给美国人留下什么样的财富？请看下一个故事：《告别》。

073

告 别

在 18 世纪 90 年代，如果你问一个美国人：什么是“不言而喻”的真理？他会告诉你：乔治·华盛顿。华盛顿指哪咱打哪，这是那个年代美国人的习惯性思维。华盛顿的威望足以让后来所有的总统羡慕嫉妒恨，难怪人们把他看成“共和国王”，不，他简直就是稳坐在奥林匹斯山顶的宙斯：万神之王。但是，忽然间，在既没有“天降祥瑞”也没有“地动山摇”的情况下，在普普通通的那一天，1796 年 9 月 19 日，费城的《美国每日新闻》刊出一篇文章——《致美国人民》。它是这样开头的：

朋友们，公民们：新一轮美国政府行政首脑的选举就要来临了……我认为现在是合适的时机向公众表达我的意愿。我已经做出决定，将不在候选之列……

文章末尾的署名是“G. 华盛顿”，没有任何头衔。接着，全国所有的主要报纸都以闪电速度转载了此文，它很快又被编辑成小册子出版发行。《新罕布什尔通讯报》给了它起了个流传后世的名字：《华盛顿的告别演说》(以下简称《告别演说》)。其实，只有“告别”，没有“演说”，因为华盛顿从来没在任何场合“演说”过这篇稿子，它只出现在报纸上。“临别赠言”倒是个更准确的说法。华盛顿通过这篇文章开创了一个最重要的先例，就是总统任期不得超过两届(八年)。这个传统被固执地坚持着，直到 1940 年才被富兰克林 · 罗斯福打破。

为了防止出现第二个“罗斯福”，1951 年，美国宪法第二十二修正案把华盛顿的先例变成了法律，谁也甭想再“破例”。就像当初交出军权时一样，华盛顿再次主动放弃权力在当时的世界是匪夷所思的。他用实际行动告诉人们，共和国的总统不会变成共和国的国王，制度的权威高于血缘的传承。

当然，这篇 7641 个字的《告别演说》可不仅仅是为了创建一个先例。在它发表后的二百年里，它被不断地解读，成为美国历史上最重要的“老三篇”之一。其他两篇是：1776 年杰斐逊的《独立宣言》和 1863 年林肯的《葛底斯堡演说》。1896 年，参议院开始了一个一直保留至今的传统，就是在每年华盛顿生日的那一天(2 月 22 日)，选一位议员，在国会朗读华盛顿的《告别演说》，以此纪念“美国之父”。这篇“祖训”指引着年轻的国家从弱小走向富强，也伴随着美国人走过无数峥嵘岁月。它为什么“法力无边”？它为什么如此重要？毫无疑问，华盛顿是“告别大师”，他总在最辉煌的时候谢幕，在最灿烂的时候离开。但是，当他选择退出历史舞台的时候，他也许还有其他原因。他到底想给美国人留下什么样的“忠告”？

65岁的华盛顿渴望退休的一个原因，也是最简单的原因，是他那每况愈下的健康。在过去的八年中，他小病不断，大病两场，差点丢了性命。他似乎很清楚，如果继续当总统，他将死在任上。这是他不能承受之重，不仅因为这样做会让他看上去与终身制的国王没什么区别，更因为他做梦都想回弗农山庄，回到“葡萄树和无花果树”编织的影子里。他的时间不多了。

另一个原因是，他受伤了。到1796年，特别是在“威士忌叛乱”和《杰伊条约》引起的动荡中，他的声誉受到严重的考验。共和党认为，他在“威士忌叛乱”中反应过度，残酷镇压人民的反抗，在《杰伊条约》事件中丧权辱国，背叛了与法国的盟约，背叛了共和原则。在遭遇了这么多无情的攻击之后，他再也不是那尊不食人间烟火的大理石雕像。就在不久前，流言四起，说总统已老迈昏庸，不是当年那个英明神武的总司令了，他想自立为国王，美国人民应该抛弃他，寻找新的领袖，等等。从某些细节中，华盛顿看到了杰斐逊的影子。没有什么事比这种背叛更能伤害华盛顿，他需要远离尘世，独自舔净伤口。

他似乎也对自己失去了信心。在第三次总统选举来临的时候，他在给汉密尔顿的信中说：就算我想参选，人民也不会选我了。汉密尔顿回答：开什么玩笑？不选你选谁？只要你点头，总统就是你的，根本用不着竞选！汉密尔顿说的没错。尽管有很多反对声，但人们对他的爱没有改变，他是新大陆唯一的“不可替代”的人。然而，华盛顿想说的是：这个世界上，没有人“不可替代”。

早在1796年2月，华盛顿就向汉密尔顿透露了他要退休的决定，并有意请他起草一份文稿。虽然一切都还是“绝密”，但好事者很快就闻到了味道，各种小道消息迅速传播。但是，总统还没公开表态。在没有任何人协调和组织的情况下，大家竟然达成了高度默契：在华盛顿没说话之前，谁也别提竞选的事。

1796年5月，华盛顿给在纽约的汉密尔顿寄去一份文件，就是麦迪逊在1792年为总统起草的“告别演说”稿。四年前，第一个任期将满的时候，华盛顿打算退休，连稿子都写好了。可是，架不住大伙死缠硬磨，他勉强同意再干四年，麦迪逊的稿子也就被放在一边。现在，他在麦迪逊的稿子上加了很多编注和修改，想让汉密尔顿在此基础上为他起草一份新的文件。可以把麦迪逊的东西当底子，也可以完全写份新的，由汉密尔顿自己决定。

华盛顿让汉密尔顿，而不是别人，为他起草他一生中最重要的文件，这是再自然不过的事。研究华盛顿史料的学者们都发现，他的文字中有很大一部分是汉密尔顿的笔迹，比例之高让人惊叹。战争时期，华盛顿几乎所有的重要文件都是汉密尔顿写的，总司令只是签个名而已。汉密尔顿是华盛顿肚子里的蛔虫，他写出来的东西不但准确地表达了他的思想，连口气和风格都惟妙惟肖，人们简直分不清那到底是华盛顿的话还是汉密尔顿的话。“不但替我写，而且替我想”，这是华盛顿对助理的要求。汉密尔顿做到了极致，他的老板想不爱他都难。

后来，在华盛顿执政期间，汉密尔顿继续帮他起草重要的文件，但因财政部的事太多，总统不好意思老是麻烦他，很多东西就由麦迪逊代笔，包括1792年那篇告别演说稿。也正是麦迪逊建议他把这封“告别信”直接写给人民，而不是国会。在那个人才辈出的年代，其实只有两个人的文笔入得了华盛顿的法眼，一个是汉密尔顿，另一个是麦迪逊。但是，《杰伊条约》让麦迪逊从华盛顿的生活中消失了，汉密尔顿成了他唯一的选择。

事实上，自从汉密尔顿辞去财政部长之后，他与华盛顿的关系变得比任何时候都亲密。以前，为了把一碗水端平，华盛顿从不在别人面前，特别是内阁成员面前，表现出与汉密尔顿的特殊情分。

即便如此，杰斐逊还是抱怨说总统太偏心。华盛顿反驳道：“你错了。我反对他（汉密尔顿）和赞成他的时候一样多。”这是事实，因为汉密尔顿的很多计划都被华盛顿以违宪为由否决了，根本没麻烦国会。要是由着汉密尔顿的性子，他非把国会折腾死不可。华盛顿最大的成就就是让汉密尔顿在充分施展自己才华的同时没有变成脱缰的野马。正因如此，他总是小心地收敛着对汉密尔顿的感情。但是，现在不一样了。汉密尔顿已不是政府官员，他们都不必再刻意回避友情。

《杰伊条约》的风波过后，华盛顿给汉密尔顿写了一封特别温柔的信，感谢他与自己一起承受痛苦，第一次不加掩饰地表达对他的思念和爱。汉密尔顿的回信也充满温情，在他辉煌又坎坷的政治生涯中，华盛顿的友谊是他最大的收获。此后，他们的通信变得更频繁。华盛顿什么事儿都跟汉密尔顿唠叨，包括他对现任内阁成员的挑剔，一会儿嫌这个能力不够，一会儿嫌那个效率不高，反正那意思就是，仨部长加起来不及你一半。汉密尔顿知道，华盛顿这是被惯出毛病来了，但他也觉得总统好可怜，就试探地说：你要是有什么需要帮忙的就说一声。华盛顿等的就是这句话，他立刻回信：你能不能给我写篇国情咨文？于是，1796 年的国情咨文就成了汉密尔顿的家庭作业。这不，没过几天，总统又来找他，这一次是要他写告别演说，也就是我们在这个故事的开头看到的文章。

汉密尔顿用了两个月的时间弄出两篇文章，一篇以麦迪逊原稿为主体，另一篇是全新的。华盛顿一比较，觉得新的比旧的好得多，句句说到他心里。他决定采用汉密尔顿的稿子，但它有点太长，需要修改。两人你来我往地改了无数次。华盛顿特别难伺候，认真得让人抓狂。别说哪个词不合他的心意要改，就是哪个标点符号不对他的路子也要改。在送报社的前一天，他还亲自动手改动了一百多处。当然，汉密尔顿也不是省油的灯，他才不会老老实实地只写华盛顿想说的，他一定要刻上自己的印记。尽管他们心意相通，但学者们还是可以看得出来，哪些话来自华盛顿的智慧，哪些话闪烁着汉密尔顿的光芒。很多人认为，这是他们合作的成果，华盛顿是它的灵魂，汉密尔顿是它的心。历史把文章的版权给了华盛顿，却并没有忽视汉密尔顿的笔。华盛顿在给汉密尔顿的最初的材料中尽情宣泄痛苦和委屈，时而自怨自艾，时而刻薄暴躁，他似乎一点也没想掩饰他的敌人给他留下的伤痕。但汉密尔顿的"匠心"把所有这些情绪都过滤掉了，他笔下的华盛顿优雅、睿智，是个"高大上"的政治家，而不是一头受伤的狮子。也许正是这样的胸怀让这篇文章获得了它应该获得的历史地位。

除了表达归隐田园的决心，《告别演说》是对华盛顿治国理念的总结和对美国未来的展望。它就说了两件事，一是对内，二是对外。对内团结，对外孤立。很简单吧？其实一点也不。如果这两件事已是事实，华盛顿根本用不着废话。他之所以这么不厌其烦地教导美国人一定要沿着这两条路走下去，是因为他看到了偏离这两条路的危险。先说内部环境。今天的美国人已经习惯了这个统一的国家，可是，18 世纪的美国人一点也不习惯。在他们心中，“州”的位置远在“联邦”之上，各州的口头禅就是：“我要脱离联邦！”再加上党派之争，新大陆分分钟都有分裂的可能（后来的事实证明了这一点）。他呼吁“南方和北方，东部和西部”不要把自己的狭隘利益凌驾于国家的整体利益之上，联合与统一是美国人共同的利益，联邦政府才是对自由和独立最有力的保护者。他说：“‘美国人’这个名字属于你，你应该为它骄傲，它应超越所有的地域歧视。”

在对前途的展望中，华盛顿再次强调了西部的重要，鼓励人们把眼光放在北美大陆。他坚信，北美是上帝赐给美国人的礼物，任何阻碍西进的企图都应被制止。华盛顿从来不知道北美到底有多大，也不知道太平洋到底在哪里。他只知道，西进，再西进，就能到达理想的彼岸。他是个超级预言家。在没有地理常识、没有理论依据的情况下，他似乎看到了那个终有一天将横贯北美、连接两大洋的帝国。

在寻求联合与统一的道路上，他与汉密尔顿只在一个问题上有分歧，就是联邦政府是否应该创立一所大学，让来自四面八方的年轻人一起学习，一起生活，在共同的文化熏陶中形成共同的追求，塑造民族凝聚力。华盛顿特别热衷建学校，他的理由来自八年的战争经验。既然大陆军能把南方人和北方人融合成美国人，大学当然也有同样的功效。汉密尔顿不同意。他说，这根本就是两码事。你以为咱打仗打成了一家人，上学就能上成亲兄弟吗？太幼稚了。再说，你想办学校，跟国会说去，这事儿跟人民说不着，放在这篇文章中不合适。两人就为这事儿吵来吵去，到最后，汉密尔顿拗不过倔老头，只好投降，在文章中间加了个小自然段说办学的事，前不着村后不着店的，有点别扭，反正只要华盛顿高兴就好。事实证明，这段话加了也是白加，因为联邦政府至今都没办过一般意义上的大学，它只建了几所军事院校。

也许，华盛顿在《告别演说》中留给美国人的最著名的忠告是他的外交思想，也就是“孤立主义”。下面这段话是以汉密尔顿的节奏表达的华盛顿的中心思想：

在处理外交事务时，最好的做法是与外国发展广泛的商业和贸易，但尽量少保持政治上的牵连……欧洲有一套核心利益，这些利益跟我们没有关系；它必须时时卷入各种冲突，这些冲突的理由也跟我们没有关系……我们真正的政策是避免与世界上任何国家结成永久的同盟……指望一个国家无私地援助另一个国家是愚蠢的……

期待一个国家真诚地支持另一个国家是天底下最大的错误……

听上去真的很冷血。汉密尔顿曾把最后一稿拿给约翰·杰伊看，杰伊对别的都很赞成，就是对这段话有点过不去。他赶紧写信给华盛顿说："这样说好像不太全面。你说我们永远都不要指望别的国家帮我们，这好像暗示了国家之间只能有利益的交换。"杰伊的信到得太晚了，稿子已经送交出版社。但即使不晚，华盛顿也不会更改，因为汉密尔顿写的就是他想说的，一个字都不差。

"孤立主义"不是闭关锁国，它是"重商主义"的延伸。有人说，华盛顿想表达的其实是"不干涉主义"。不管叫什么"主义"，核心是一样的：我跟你只谈生意，不谈理想；只交换利益，不交流感情；你的事儿我不管，我的事儿你也别管；我的市场向全世界开放，全世界的纠纷与我无关。华盛顿的意思是，咱这块地儿富得流油，啥都不缺。咱不作死就不会死，何苦出去惹是生非？"只要我们不受打扰地发展，用不了多久，我们的国家就是最受尊重的国家，我们的人民就是最快乐的人民。"

从18世纪末到20世纪40年代，不管国际风云如何变幻，不管哪个党上台执政，"孤立主义"一直是美国严格遵守的外交准则（"门罗主义"是它的升级版）。即使在它成为工业和经济第一强国之后，它依然"绝世而独立"，坚守着华盛顿为它谋求的"孤独的幸福”。当二战的尘埃落定，它站在世界的中心，不再孤独。从强国到大国的蜕变，它只用了四年的时间，这是一百五十年的等待换来的水到渠成。当年奉行“孤立主义”的美国与今天奉行“全球战略”的美国看上去是如此不同，但谁能否认这其中的一脉相承呢？实际上，无论外交还是内政，美国二百年的发展基本上是按华盛顿《告别演说》里的路子走的。这条路有荆棘，有坎坷，但没有大断裂、大拐弯。有时候，最简单、最普通的道理最难理解。华盛顿的天才在于，他用一颗平常心成就了奇迹。

《告别演说》登出之后，人们最普遍的反应是悲伤。在过去的二十年里，他们已经习惯了在最需要他的时候看到他。他领着他们走过每一个十字路口，每一个历史关头，现在，他要放手了。没有遗憾，也没有留恋。与此同时，共和党的报纸欢呼华盛顿的离去：他终于走啦！我们再也不用受他的影响啦！悲也好，喜也好，历史就要翻篇儿了。

在最初的震惊之后，大家就开始疯狂地猜测这篇文章的作者到底是谁。普遍的看法是，汉密尔顿、麦迪逊、杰伊这三人中的一个，因为华盛顿平时最喜欢找他们代笔。汉密尔顿在有生之年对此事守口如瓶，只有妻子伊莉莎知道事情的真相。有一天，汉密尔顿和伊莉莎在街上散步，有人向他兜售《告别演说》的小册子。他买了一本，对伊莉莎笑道：“这人竟然让我花钱买我自己写的东西。”

在华盛顿退出竞选之后，联邦党和共和党开始了真正的较量。最后，联邦党候选人、原副总统约翰·亚当斯获 71 张选举人票，当选总统。共和党候选人托马斯·杰斐逊获 68 票，当选副总统。

1797 年 3 月 4 日是新总统的就职日。快中午的时候，华盛顿穿着一身黑色外套，独自一人走到联邦大厅。他一进去，早已等在那里的议员和嘉宾立刻欢呼起来，那个热烈程度一点也不亚于他当年就职的时候。接着，杰斐逊走进来，最后是亚当斯。华盛顿站起来向亚当斯表示祝贺，他悄悄地对亚当斯说：“嘿！我出来了，你进去了。看咱俩谁更快乐！”亚当斯的感觉是：“谁接华盛顿的班谁倒霉。华盛顿的气场让其他人看上去都不像合法总统。”

在介绍完亚当斯后，华盛顿做了个简短的告别讲话。大厅里寂静无声，很多人的眼睛已经湿润，所有的目光都在他身上。很显然，今天的主角不是当选总统，而是卸任总统。华盛顿的声音在无尽的沉默中流淌，当有人终于哭出声来时，他似乎被感动了。一位女士说：“我的眼睛一刻也没离开过他的脸。他的脸上有泪珠。”

亚当斯的就职典礼结束后，华盛顿从总统府搬出来，走向他临时下榻的旅馆。这一路上聚集了人山人海。他慢慢地走着，头也不回；他们默默地跟着，一声不出。他们只想送他最后一程，只希望这一路没有尽头。他终于走到旅馆门前，回头看看身后的人群。他的脸上全是泪水。没有鞠躬，没有挥手，他只是深深地看了他们一眼，然后转身消失在旅馆中。

华盛顿完成了历史分配给他的角色，他的表现尽善尽美。他不仅让美利坚民族成为独立的民族，更重要的是，他让美国成为统一的国家。他很清楚，他的国家是史无前例的实验，他小心翼翼地测试着各种可能。在他的实验室里，自由变得冷静和理智，民主受到制约与平衡。“美国”不是一蹴而就的伟业，而是步步艰辛的探索。他独特的人格魅力让习惯了立法权的美国人接受了强大的行政权，让“总统”从政策的执行者变为政策的制定者和推动者。他的政府表现出无与伦比的创造力，把宪法从死板的教条变成生动的案例。在很多决策中，他不惜违逆民意，因为他依然相信，精英，而不是大众，应该主导国家的政治生活。他的“绅士作风”与后来安德鲁·杰克逊的“大众民主”迥然不同。然而，他从没胁迫过民意，也从没摧毁或破坏过任何媒体。他以“贵族”的姿态承受了民主带来的痛苦，在他那看似“国王”般的统治下，美国变成了一个更加开放、自由的社会。世界从没见过这样的领袖：他是权力的宠儿，却从不敢玩弄权力；他是驾驭权力的高手，但他手里的缰绳不是暴力与阴谋，而是谨慎和耐心。他的力量来自对权力的畏惧，他放弃权力的时候才是他不可战胜的时候。华盛顿的成功也许不可复制，但他传递的精神，他从平凡的生活中提炼出来的低调的智慧，是美国人享用不尽的财富。

在没有华盛顿的日子里，美国人将如何走自己的路？亚当斯和杰斐逊这对老朋友能否像过去那样携手并肩，带领美国走进新的篇章？请看下一个故事 :《伙伴》。

任副总统时的约翰·亚当斯

美国第三位总统托马斯·杰斐逊

约翰·马歇尔，美国史上最著名的首席大法官

美国最高法院，它的大门上方刻着『法律之下的平等正义』

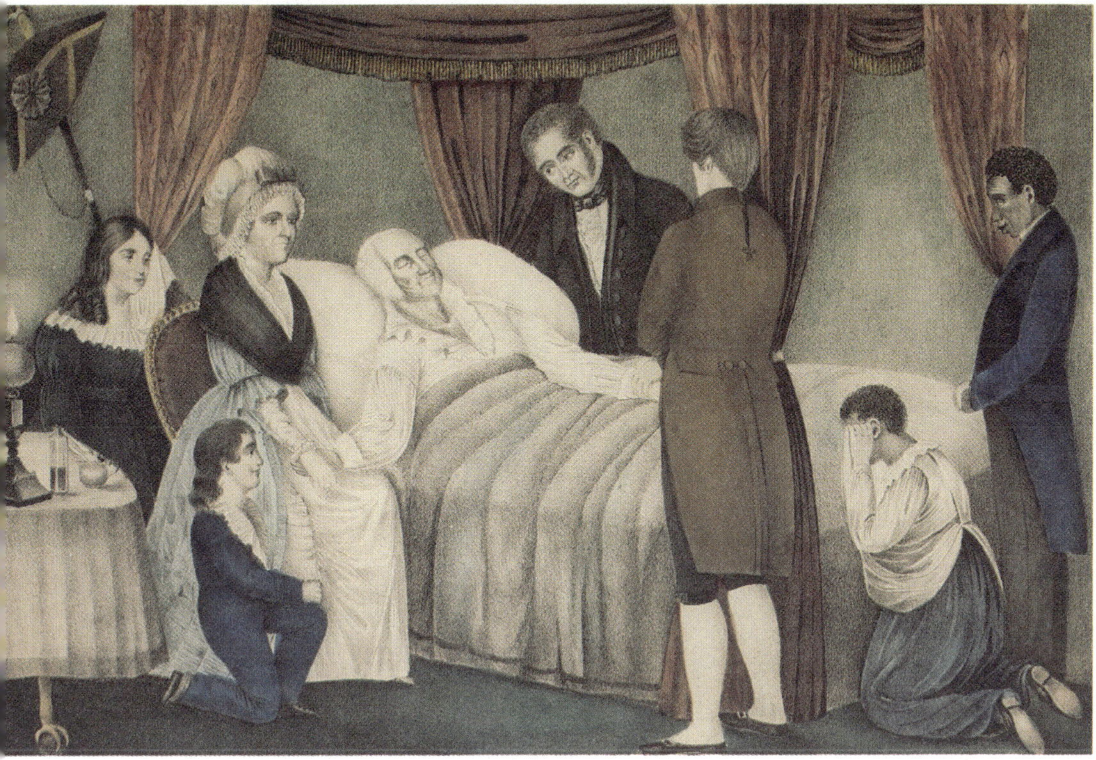

1799 年 12 月 14 日，华盛顿去世

1804 年 7 月 11 日，汉密尔顿与伯尔决斗，第二天汉密尔顿因枪伤去世

刘易斯和克拉克的西部发现之旅

因『叛国』受审的美国副总统阿伦·伯尔

Stories of The United States

美国的故事

6

—— 三权之争 ——

毕蓝◎著

九州出版社
JIUZHOUPRESS

074

伙 伴

1797 年 3 月 4 日，约翰 · 亚当斯宣誓就职，成为第二位总统。人们虽然非常不习惯，但不得不接受一个现实：华盛顿走了，他再也不回来了。对新总统亚当斯，大家有期待，也有怀疑，因为亚当斯没有做行政长官的经验。他既没当过军官，也没当过州长、部长，连参议员或众议员都没当选过。但是，论革命资历，论才华人品，对于总统，他当之无愧。历史学家们特别喜欢亚当斯，不是因为他是个出色的总统，而是因为他是个出色的学者和作家，为后世留下了大量珍贵的文字。作为美国革命的领导者、见证者和记录者，他的笔闪烁着耀眼的智慧、灵动的才情、苦涩的幽默和惊人的诚实。我们在前面的故事中引用过不少他的话，但到此为止，我们似乎还不太了解这位总统先生。那就让我们靠近他，看看他是怎样走到今天的。

从 1775 年到 1777 年，亚当斯绝对是美国革命的核心人物（参看

033《独立宣言》和 034《生于 7 月 4 日》)，那也是他政治生涯中最辉煌的日子。可以说，没有亚当斯，美国不会在 1776 年就宣布独立，甚至可能永远都不会成为完全独立的国家。当时，“独立”并不是精英阶层的主流思潮，北美和英国都有妥协的愿望和诚意。如果再拖上几年，今天的美国很可能像加拿大、澳大利亚那样留在英联邦。说亚当斯是美国的“独立之父”一点也不过分，也有人把他称作“独立的路线图”。他凭着信念、口才、勤奋和坚持，把一个还没发育成熟的婴儿硬生生地“拽”到这个世界上，并让它奇迹般地生存下来，历史从此变得不同。1775 年，他提名乔治·华盛顿为大陆军总司令；1776 年，他选中托马斯·杰斐逊起草《独立宣言》。这两件事成功地把“超级大州”弗吉尼亚推到抗英的最前线，也把 13 个殖民地连在一起。他的《关于政府的设想》是当时各州起草宪法的重要指南，为北美殖民地向独立国家过渡奠定了基础。

1777 年，他受大陆会议派遣出使法国。1779 年，他代表邦联议会再次去法国，又转任驻荷兰特使。1783 年，他作为和谈代表之一，与本杰明·富兰克林、约翰·杰伊一起签署英美《巴黎和约》，正式结束了独立战争。在邦联议会快破产的时候，他从荷兰银行借了 500 万荷兰盾，解了燃眉之急。从 1784 年到 1785 年，他开拓了美国与普鲁士的贸易关系。1785 年，他成为美国第一任驻英公使，在伦敦一直待到 1789 年。在欧洲的这 12 年让本来不善交际的亚当斯变成了出色的外交家。

美国在变，世界在变，他周围的一切都在变，唯一不变的是他对新大陆的爱。他在法国时，有些法国贵族笑话他不懂艺术。他说：“我必须学习政治和战争，这样，我的儿子们就有了学习数学和哲学的自由。我的儿子们必须学习数学、哲学、地理、自然史、海军、航海、商业和农业，这样，他们的孩子就有权学习绘画、诗歌、音乐、建筑、雕塑、挂毯和陶瓷。”这段话被亚当斯家族世代相传，以此提醒后辈不要忘记祖先为他们的幸福付出了什么。

亚当斯就任驻英公使后第一次去觐见英王乔治三世确实称得上是“历史性的时刻”，这是美国第一次作为独立的国家站在它过去的祖国面前。一想到就要见到《独立宣言》中说的那个犯了二十七条大罪的“暴君”“独裁者”，亚当斯百感交集，他几乎无法控制那即将倾泻而出的感情。英王见到他也同样百感交集。当初，亚当斯极力主张独立，气得英王下旨：就算赦免所有的叛乱头子，也不能赦亚当斯，非把他送上绞刑架不可。现在，这个十恶不赦的头号叛贼居然成了公使，乔治三世心里是个啥滋味？英王显然也在控制着自己的情绪。亚当斯的嗓子好几次哽咽难言，英王的眼里也隐隐约约闪烁着泪光。亚当斯说：

“美利坚合众国委任我为全权公使……我很光荣地成为第一个站在国王陛下面前的外交官，感到比我所有的同胞都幸运。如果我能为两国的友谊做出贡献，我将是世界上最幸福的人……尽管我们隔着大洋，但我们有着对彼此天然的认同与好感，因为我们的人民说同样的语言，信奉相似的宗教，共享血脉亲情。”

乔治三世似乎被感动了，他说：“你的语言和情感非常得体。我很荣幸地得到美国的善意，也很高兴他们选择你做他们的公使……我必须坦白地说，我是最后一个同意分离的。但既然分离已不可逆转，我愿第一个欢迎美国作为独立的国家向我表达友谊。”

接着，国王好像是想缓和一下气氛，微笑着说：“我听说你不像你的同胞那样热爱法国的礼节。”（暗讽亚当斯与法国宫廷格格不入并经常干点失礼的事）亚当斯觉得有点不好意思，他说：“我承认，陛下，我只热爱我自己的国家。”国王称赞他是个诚实的人，会见就这样结束了。亚当斯在给杰伊的信中说：“我的感受如此强烈，无以言表。”

尽管英国媒体对亚当斯很不友好，尽管他痛恨英国对新大陆造成的伤害，但他确实为修复美英关系、恢复美英贸易尽了最大的努力。他一直称赞英王的高贵和优雅，他也像华盛顿和汉密尔顿一样，从英国的政治体制中领悟了现代民主国家的精髓。1976 年，美国建国二百周年。英国女王伊丽莎白二世访问美国时还在白宫提起亚当斯。她说：“美国第一位公使约翰 · 亚当斯对我的先祖乔治三世说，他渴望重建我们的人民之间‘对彼此天然的认同和好感’。这个任务已经完成了，我们之间语言、传统和血缘的纽带一直传承着。”

也就是在欧洲的这些年，亚当斯遇到了最亲密的伙伴，也收获了最珍贵的友谊。这友谊来自托马斯·杰斐逊。1784年，杰斐逊接替富兰克林出任驻法公使。此时，亚当斯和妻子阿比盖尔也在巴黎。亚当斯和杰斐逊在起草《独立宣言》时曾密切合作过，但两人已有很多年没见了。谁都不相信他们俩会有共同语言。论外表，亚当斯又矮又胖（他身高大约1.7米）；杰斐逊又高又瘦（他身高1.9米）。从性格上，亚当斯直率、敏感、神经质，不说话就会死，特别喜欢吵架；杰斐逊内向、温和、安静，三锥子都扎不出一句话来，更别说争吵了。从政治观点上，亚当斯看重秩序、法治、权力的平衡；杰斐逊强调自由、平等、人民主权。亚当斯崇尚精英政治；杰斐逊相信普通人的智慧。总之，这俩应该怎么说都说不到一块儿去，他们却成了好朋友。

那时候，杰斐逊几乎天天到亚当斯家吃晚饭，和亚当斯夫妇亲如一家。亚当斯比杰斐逊大八岁，比阿比盖尔大九岁，所以，杰斐逊把亚当斯看成兄长，尊重他，忍让他，而杰斐逊和阿比盖尔却是同龄人，才子碰上才女，有说不完的话题。亚当斯特喜欢吃醋。以前，阿比盖尔赞美华盛顿伟岸，亚当斯一辈子都嫉妒华盛顿；现在，阿比盖尔赞扬杰斐逊人品无双，亚当斯恨不得追问“是他无双还是我无双”。亚当斯家的孩子超爱杰斐逊，把他当亲叔叔。亚当斯的长子，17岁的约翰·昆西·亚当斯，在日记中经常有这样的记录：“今天去杰斐逊先生家待了一会儿。”“今天去杰斐逊先生家吃饭。”“今天去跟杰斐逊先生聊了一会儿。”以至于亚当斯对杰斐逊说：“这孩子怎么像是你的儿子？”

1785年，亚当斯调任驻英公使，与杰斐逊依依惜别。此后，他们频繁地通信。1786年，杰斐逊到伦敦住了两个多月，又天天跟亚当斯“腻”在一起。他们还撇开所有的人，坐在同一辆马车里，一起去英国乡下参观花园，欣赏园林艺术。这六天的出游是他们一生中唯一单独相处的机会，他们似乎都忘记了尘世的烦恼，完全沉醉于山水之间那纯洁的友情。他们肯定没想到，整整40年后，他们将在1826年7月4日，也就是美国独立50周年的那一天，同时离开人世。他们没有同年同月同日生，却在同年同月同日死。他们也许都太爱他们的国家，在告别这个世界时不约而同地“选择”了独立日。

1789年，亚当斯卸任回国。不久，他当选副总统。这是众望所归，也是地域平衡。既然南方人华盛顿当了总统，副总统当然要由北方人当。在北方人中，谁能跟亚当斯比呢？问题是，亚当斯的性格真心不讨人喜欢。他太直率，太诚实，又不会闭嘴，还时不时地来点“奇谈怪论”，搞得大家还真以为他“疯了”。比如，参议院刚开始讨论总统的称号时，他就建议应该叫“总统陛下”或“总统殿下”，又一直说英国的制度如何如何好，谁听了都会觉得他是个保王派或干脆自己就想当国王。其实，这太冤枉亚当斯了。他是个彻底的共和主义者，根本不想在新大陆搞什么君主制。但是没办法，“君主”的标签就贴在他身上了，想摘都摘不掉，这是他口无遮拦惹的祸，谁让他不明白啥叫“政治正确”呢？麦迪逊在给杰斐逊的信中说亚当斯想当国王，杰斐逊还为他的朋友辩护，说他根本不是那种人。他鼓励麦迪逊多了解亚当斯，别整天听风就是雨。但同时，他也觉得“总统陛下”这种称呼实在太荒唐，亚当斯那天肯定吃错药了。

一开始的时候，亚当斯觉得副总统是个很崇高的位置，因为他兼任参议院议长，主持参议院的讨论。可是，他很快就发现这活儿太不适合他。宪法规定，副总统只能在参议院表决出现平局的时候才能投那关键的一票，而且平时不能参与讨论，不能发表意见，只管维持会场秩序。换个不爱说话的（比如华盛顿或杰斐逊），往那一坐当木头人未尝不可。偏偏亚当斯是个话匣子，你让他只听不说等于要了他的命。况且，此时的参议员们大多比较年轻，是革命后成长起来的小字辈。他们的言论在亚当斯听来纯属小儿科，太不上档次了——就你们这水平也配治理国家？他多次向杰斐逊抱怨说，如今参议院的辩论水平照当年的大陆会议差远了，我一出马就甩他们好几条街。有好几次，他忍不住说了几句，立刻遭到参议员们的抗议。几经折腾后，他终于学会把自己的舌头拴起来，彻底噤声了。但亚当斯毕竟是个特别敬业的人，他竟然这样“装聋作哑”地在参议院坐了八年。在痛苦的煎熬中，他写下了关于副总统的第一个“定义”：“这是人类能发明的或能想象的最不重要的位置。”

亚当斯的烦恼不仅来自他被“剥夺”的说话权，还来自他与华盛顿总统的微妙关系。离华盛顿最近的人是汉密尔顿、杰斐逊、麦迪逊、莫里斯（罗伯特）、杰伊，他们的话在总统心中的分量很重很重。然而，华盛顿几乎完全忽视了亚当斯的存在，他从来没在任何重要问题上征求过亚当斯的意见，副总统也不是总统的内阁成员。华盛顿对亚当斯很客气，在所有的公共场合都给足他面子，看上去无懈可击，但就是把他挡在决策圈之外。总统的理由是：副总统是参议院议长，属于立法权。我要是问政于他，岂不是违反了三权分立的原则？听上去响当当，仔细琢磨不是那么回事。众议员麦迪逊、参议员莫里斯不是立法权的人吗？华盛顿三天两头找他们商量事，还让麦迪逊帮着起草文件。首席大法官杰伊不是司法权的人吗？总统照样让他当特使去跟英国谈判。没有人完全清楚华盛顿疏远亚当斯的真正原因，有人说他们之间有一点点嫌隙，因为亚当斯在1777年的“康威阴谋”中没有帮华盛顿说话，华盛顿可能觉得亚当斯也卷入那场企图撤换他的阴谋。华盛顿没那么小心眼，他对亚当斯敬而远之也可能是出于自我保护的本能。尽管如此，华盛顿非常喜欢亚当斯的天才儿子约翰·昆西·亚当斯。1793年，他专门把亚当斯请到办公室，告诉他，自己想请他儿子出任驻荷兰公使，虽然他儿子才26岁。亚当斯把这事儿告诉儿子，他儿子还不乐意：总统让我当公使咋不直接跟我说？我爹能替我做主吗？这不是把我当小孩儿吗？约翰·昆西·亚当斯不想去，但在他爹的劝说下还是接受了总统的任命。

不管怎样，亚当斯与华盛顿相处得还算融洽，总统和副总统互相尊重，互相体谅，有时也说些贴心话，特别是当华盛顿被汉密尔顿和杰斐逊的“党争”折磨得死去活来的时候，他会向亚当斯诉苦。在华盛顿执政的最后两年，他也开始更频繁地询问亚当斯的想法，似乎在为权力的交接做准备。亚当斯最大的麻烦当然不是华盛顿，而是华盛顿身边最重要的人——汉密尔顿。他们俩之间本没有仇。相反，关系还不错。联邦政府刚在纽约成立的时候，财政部还不存在，汉密尔顿还在当律师。亚当斯让二儿子查尔斯去汉密尔顿位于华尔街上的律师事务所帮忙，跟着汉密尔顿学法律。直到汉密尔顿出任财政部长，查尔斯才转到别的事务所。

亚当斯开始记恨汉密尔顿是在他得知第一次总统选举的过程之后。当时的结果是，华盛顿获全票当选总统，亚当斯获 34 票当选副总统。在宪法第十二修正案通过之前，美国的总统选举程序是世界上最奇怪的动物。“选举人团制”就够让人抓狂的了（至今仍然如此），总统和副总统的选法简直就是把人往死里整。那时候，每个党提两个候选人，一个竞选总统，另一个竞选副总统。但是，他们不是像今天这样的“竞选伙伴”，也就是说，他们各选各的，选民投票的时候把他们看成两个完全独立的候选人。反正不管多少候选人，最后得票最多的当总统，第二多的当副总统。这样就可能出现两个让人啼笑皆非的结果：其一，本来冲着副总统去的那个人因某种原因得票追平或超过本来的总统候选人，反而可能当上总统；其二，总统和副总统来自不同的政党，别说合作，还不够天天打架的呢。这两个结果在 1796 年和 1800 年的选举中都出现了，这才催生了第十二修正案，确立了我们今天熟悉的“竞选伙伴”的关系。

1789 年，第一次总统选举开始。华盛顿是总统候选人，亚当斯和其他几个人是副总统候选人。其实，总统的位置没人跟华盛顿争，大伙哭着喊着让他当总统还生怕他不来，怎么可能不给他全票？但是，汉密尔顿也不知道哪天晚上睡不着觉瞎寻思，忽然发现了宪法的这个漏洞。万一大家晕晕乎乎地乱投票（第一次谁也没经验），亚当斯得的票跟华盛顿一样多甚至比华盛顿还多（理论上完全有可能哦），这不是玩砸了吗？他越想越睡不着，赶紧告诉纽约和其他州的朋友，千万别把票都投给亚当斯。汉密尔顿小心过度了，亚当斯本来就得不到那么多票，这样一来倒显得是汉密尔顿故意给他搅了局似的。汉密尔顿对亚当斯本人没有敌意，他只是一门心思替华盛顿着想，无意中得罪了亚当斯。等亚当斯终于得知这个“阴谋”时，仇恨的种子就开始发芽了。

实际上，亚当斯的政治观点基本上是跟汉密尔顿和联邦党一致的。比如，建立强大的联邦政府，特别是强大的行政权；建立法制社会，镇压“威士忌叛乱”；改善美英关系，在英法战争中保持中立；支持《杰伊条约》。但是，在一点上，他要跟汉密尔顿死磕到底，那就是中央银行。他认为建立中央银行是对自由的侵犯，是违宪行为。也正是这一点让亚当斯和他的老朋友、老伙伴杰斐逊再次携手。杰斐逊给华盛顿当国务卿当得很不开心，因为他觉得华盛顿什么事都听汉密尔顿的，太不公平。汉密尔顿是杰斐逊的“天敌”，两个人都恨不得生吃了对方。杰斐逊痛苦的时候就跑到亚当斯那儿去吐槽，久而久之，这种情绪就传染给了亚当斯。虽然亚当斯没有卷入“党争”，他的观点也与联邦党相似，但他个人感情上是同情杰斐逊的，他不明白，那么保守又内敛的华盛顿怎么会那么溺爱“坏男孩”汉密尔顿？问题是，亚当斯只听到单方面的故事。事实上，杰斐逊比汉密尔顿阴险得多，他更善于伪装。汉密尔顿痛苦的时候不会到亚当斯这儿来倾诉，他一般直接去找总统发牢骚。再加上，汉密尔顿的个性张扬，不知退让，亚当斯越来越受不了他。他们之间的分歧后来直接导致了联邦党的覆灭。

1796年9月，华盛顿正式宣布退休，美国历史上第一次真正的总统选举开始了（前两次都是走过场）。此时，杰斐逊早已回到自己的世外桃源蒙蒂塞洛，麦迪逊回了自己的农庄蒙培利尔，汉密尔顿回了纽约当律师，亚当斯也回了老家马萨诸塞，大家好像都“退休”了。但这是大战前的平静。那个时代的绅士们以“野心”为耻，即使都瞄准了总统宝座，表面上都说“我不要”。所有的候选人都羞羞答答地在家猫着，别说出去演讲推销自己，连在家都不提这事儿，太难为情了。

选战由各个政党替候选人张罗。亚当斯和杰斐逊是排名最靠前的两位，主要因为他们的资历。在那个年代，大家还是看对美国革命的贡献的，论资排辈很重要。汉密尔顿和麦迪逊都是红得发紫的“新秀”，论能力他们最强，但他们毕竟太年轻。亚当斯和杰斐逊属于《独立宣言》那一辈，汉密尔顿和麦迪逊属于美国宪法那一辈，总得有个先来后到吧。

共和党推举杰斐逊为候选人，这很自然，因为杰斐逊是共和党的领袖。杰斐逊躲在蒙蒂塞洛不出来，假装不知道。麦迪逊自顾自地帮他竞选。蒙培利尔离蒙蒂塞洛很近，麦迪逊故意不去拜访杰斐逊，省得杰斐逊又推让一番，好烦。咱甭跟他废话，就用他的名义选，等选上再把他拉出来，我就不信他不干。联邦党比较复杂。大部分联邦党人想推汉密尔顿，因为汉密尔顿是他们的领袖。但汉密尔顿自己不干，他想接着当律师赚钱。还有一个问题：汉密尔顿观点太鲜明，他如果当选，联盟很可能马上破裂，就像后来的亚伯拉罕·林肯一样，他当选之日就是国家分裂之时。汉密尔顿应该也看到了这一点，他想缓一缓，以后还有机会。就这样，联邦党决定提名亚当斯。亚当斯从来没说过自己是联邦党人，但他的观点大家都清楚。他在过去的八年里老老实实地当副总统，从不介入“党争”，反而成了各方都能接受的人。再说，南方人占了八年总统府，大家迫切地盼望北方人当总统。除了亚当斯，没有人能跟杰斐逊一较高低了。于是，这对好朋友就这么成了竞争对手。

杰斐逊从一开始就表现出高姿态，他一个劲儿地说希望看到亚当斯当选，“在年龄上，他是我的长辈；在资历上，他是我的上级”，我愿意做他的副手，为他服务。他说这话有诚意吗？答案是：非常有诚意。他确实跟亚当斯感情好，而且还有一个很重要的原因，就是他不愿做华盛顿的接班人，因为那个人注定要生活在华盛顿的阴影下。这是杰斐逊比亚当斯聪明的地方。亚当斯可没想这么多，他觉得他接华盛顿的班理所当然。

结果并不出乎意料。亚当斯以 71 票当选总统，杰斐逊以 68 票当选副总统，两党的势均力敌可见一斑。亚当斯之所以能当选，除了因为联邦党强大的竞选攻势，还有一个大家都心知肚明的因素，就是华盛顿的支持。华盛顿支持谁，谁就能当总统，这是不成规矩的规矩。华盛顿早已与共和党决裂，他绝对不会支持杰斐逊。尽管他心里最爱汉密尔顿，但此时此刻，亚当斯是他唯一的选择。

当选后的亚当斯和杰斐逊都真诚地祝福对方，他们似乎看到了两党联合与妥协的希望。美国政治真的能走出“党争”的泥潭吗？在“党”与“国”之间，亚当斯和杰斐逊将如何取舍？请看下一个故事：《XYZ事件》。

075

XYZ 事件

1797 年 3 月，亚当斯和杰斐逊分别就任总统和副总统。这两个老朋友在过去的八年中虽然因政见不同有一些隔阂，但他们个人感情很好。可是，当他们走到权力的顶峰时，那友谊还经得住折腾吗？至少，在一开始，他们还是有信心的。当麦迪逊有点不好意思地告诉杰斐逊，对不起，你的票数排第二，是副总统而不是总统。杰斐逊一点都不介意：我本来就希望亚当斯当选。“从我开始担任公职的时候，他就是我的上级。”杰斐逊似乎感情大爆发，给亚当斯写了封热情洋溢的信：

我从没想过任何其他结果……没有人比我更真诚地祝贺你……我没有统治人的野心。这是份痛苦又不讨好的工作……我虔诚地希望你能为我们避免那场将摧毁我们的农业、商业和信用的战争。如果你做到了，所有的荣誉将属于你。你的政府定会满载荣耀，你自己也将幸福快乐。这就是我，一个在过去的日子里也许因某些小事被迫与你分离的朋友，依旧怀念着我们曾经一起为独立而战的时刻，把最高的敬意、最深的爱和最美好的祝福送给你。

亚当斯要是看了这封信不泪奔才怪，但是，他没有，因为他从来没看到这封信。杰斐逊是感情动物，更是政治动物。他没把这封信寄给亚当斯，而是寄给了在费城的麦迪逊，想让麦迪逊替他把把关，看它是否“政治正确”。麦迪逊拿到信一看，差点吓晕过去，还以为杰斐逊得了失心疯。他赶紧给杰斐逊写信说：这是个可怕的错误！万万要不得！友谊和政治是两码事！亚当斯已经知道你与他的友情，不用多此一举。他要是个很糟糕的总统，你这么捧他，岂不是让人抓住把柄，显得咱没水平似的。这叫“自杀”懂不懂？其实，麦迪逊的意思是：万一亚当斯一激动叫你跟他合作，你干还是不干？不干，你自食其言；干，你置共和党于何地？你到底是他的副总统还是我党的领袖，你可得想清楚。于是，这封信就留在了麦迪逊手中。麦迪逊倒是挺有良心，他没把信毁掉，而是封存在档案里留给了历史。那个档案夹离亚当斯住的地方只有几条街，这几条街让两党失去了一次最好的妥协机会。

杰斐逊对麦迪逊的依赖就像华盛顿对汉密尔顿的依赖一样，毫无保留。如果说杰斐逊与亚当斯是朋友，他跟麦迪逊就是兄弟，亲得不能再亲了。他比亚当斯小八岁，比麦迪逊大八岁。在亚当斯面前他是晚辈，总是退让三分；在麦迪逊面前他可是长辈，完全占主导地位。但是，只要事关政治技巧，麦迪逊说咋办就咋办，杰斐逊绝对听话。麦迪逊对这个“大哥”真是仁至义尽，奉献了所有的爱和忠诚。他不仅为杰斐逊抵挡来自敌人的攻击，还要阻止杰斐逊自我毁灭。杰斐逊骨子里有一种浪漫，这浪漫经常给他惹麻烦。他时不时地露点不着边际的思想，说点莫名其妙的话，麦迪逊就得忙不迭地给他打圆场，及时纠正他的错误。杰斐逊也知道自己的毛病，所以，他严重依赖麦迪逊的判断力，而麦迪逊正是大家公认的最有政治智慧的人。

也许，在“截留”杰斐逊给亚当斯的信这件事上，麦迪逊所料不错，因为此时的亚当斯正琢磨着与杰斐逊“共治”美国呢。华盛顿的离去留下一个巨大的政治“真空”，不管是亚当斯还是杰斐逊，似乎都没法独力弥补这个空缺。亚当斯觉得，如果他与杰斐逊联手，或许可以让人民重拾对联邦政府的信任，也能实现两党的妥协。亚当斯像华盛顿那样自认为是无党派人士，他希望做到华盛顿费了那么大劲都没做到的事：团结两党，消除党争。他与杰斐逊的私交是他最大的筹码。

现在，亚当斯需要处理的是“杰伊条约后遗症”。《杰伊条约》是华盛顿政府的最后一项外交决策，它捋顺了美英关系，避免了与英国的战争。但正如大家预料的那样，它也使美法关系迅速恶化。此时，统治法国的是 1794 年 7 月以“热月政变”推翻雅各宾派后上台的“督政府”。“督政府”治国无方，但玩起独裁和腐败倒是一个顶仨，法国继续在痛苦的煎熬中探索。只因“督政府”必须时常用军队镇压反对派，军人势力迅速膨胀。此时，年轻的军官拿破仑正带领法军走出失败的阴影，一个军事帝国初露端倪。《杰伊条约》让“督政府”震怒。尽管美国一直宣称“中立”，但鬼都看得出来，美国完全背离了《美法同盟条约》。法国一看，你怕英国不怕我？我就让你尝尝厉害！“督政府”下令在海上劫持美国商船，干得比英国狠多了，几个月就劫了300条船。美国人本就对法国怀着愧疚，这下慌了神儿，国会乱了，舆论也乱了。联邦党指责共和党一味亲法，不辨是非；共和党指责联邦党是造成目前局势的罪魁祸首。美法关系成了亚当斯政府面临的第一次考验。

任何麻烦都可能变成机会，正是看似棘手的外交难题让亚当斯看到了两党联合的契机。他和杰斐逊都是外交官出身，没有人比他们更懂法国。亚当斯开始设想让杰斐逊加入内阁，参与新政府的决策，改变副总统被“边缘化”的命运。他还打算派一个三人使团去跟法国谈判，而这三个位子中的一个是专门给麦迪逊留的。他明摆着想拉拢共和党，只要杰斐逊和麦迪逊点头，这事儿基本上就搞定了。可是，想想容易做起来难。那俩人买不买账不知道，联邦党领袖们同不同意也不知道。那时候的绅士们还是很害羞的，怕被别人拒绝。亚当斯拐弯抹角地通过他们共同的朋友向那俩人吹风，还故意半遮半掩地把信息透露给媒体，没几天，费城就“小道消息”满天飞了。

杰斐逊还是有点动心的。一是碍于亚当斯的面子，二是他似乎也觉得这是两党妥协的机会。但麦迪逊可不想陪亚当斯玩，他跟亚当斯一点交情都没有。当他在报纸上看到自己居然“入选”使团名单，觉得太可笑了。他写信给杰斐逊说：我才不会去呢！不但我不去，你也不要理他！咱凭什么为联邦党效力？别忘了，咱的目标是夺取政权，不是跟他们过家家。放弃幻想吧！也许，麦迪逊是对的。深陷“党争”的新大陆已然难以自拔，即使共和党愿意，联邦党也不会同意。那些铁杆联邦党人一听亚当斯的计划就跳起来了：咱的卧榻旁岂容他人酣睡！

终于，杰斐逊决定听从麦迪逊的主张。就像给华盛顿当国务卿时一样，他再次选择跟他的总统对着干。3 月 6 日，华盛顿请亚当斯和杰斐逊吃饭，算是向他们告别。就在这顿晚饭上，当着华盛顿的面，杰斐逊拒绝了亚当斯的邀请。吃完饭出来，两人一起走回住所。这一路上，他们一句话也没说。友谊的小船说翻就翻，亚当斯对杰斐逊完全死心了。他不是他的副总统，而是反对党领袖。他们不是朋友，而是敌人。杰斐逊回忆说：“他从此再也没跟我提过法国的事，也没有在任何事情上征求过我的意见。”

亚当斯的麻烦远不止于此。他很快就发现，不但共和党跟他作对，他自己的内阁成员也跟他不是一条心。他为了保持政策的延续性，原封不动地继承了华盛顿的内阁，那就是：国务卿蒂莫西 · 皮克林，战争部长詹姆斯·麦克亨利，财政部长奥利弗·沃尔科特。这三位能力一般，但都是激进的联邦党人。那时候的美国政坛还没有“一朝天子一朝臣”的规矩，总统换了，部长们不会主动辞职。华盛顿鼓励他们留任，亚当斯也希望他们留任。然而，这是一个错误，因为他们仨都是汉密尔顿的人。

皮克林与汉密尔顿曾是大陆军的战友，也是汉密尔顿的铁杆粉丝，他的联邦党理想完全是汉密尔顿激发出来的。麦克亨利本来就是汉密尔顿的小伙伴，他们在战争时期一起给华盛顿当过帐前助理。那时候，年轻的助理们闲来无事，常拉着他们的总司令开派对，麦克亨利经常和汉密尔顿一起唱歌给大家听，他们悠扬的歌声总是能让华盛顿那严肃的脸上露出一丝笑容。麦克亨利是医生也是诗人，他多次治好汉密尔顿的病，还帮他调理身体。汉密尔顿结婚的时候，麦克亨利专门写了一首诗送给他。沃尔科特也是汉密尔顿的朋友，曾在财政部给他当助理。汉密尔顿辞职后，华盛顿让沃尔科特接任财政部长。沃尔科特搞不清状况，三天两头写信向汉密尔顿求救，说这套体系是你设计的，我不问你问谁？总之，这三位对汉密尔顿无比忠诚，打心眼儿里瞧不上亚当斯。他们什么事都告诉汉密尔顿，汉密尔顿虽不担任任何公职，却不停地隔空下指示，好像遥控着联邦政府。亚当斯开内阁会议，简直就像在与汉密尔顿面对面，真的要崩溃了。这也是没有办法的事。杰斐逊是共和党领袖，他在党内一呼百应；但亚当斯完全控制不了联邦党，因为那是汉密尔顿的党。华盛顿是唯一能驾驭汉密尔顿的人，亚当斯根本没那个手段，他的努力注定要失败。

可怜的亚当斯。他的朋友背叛他，他的内阁不忠于他。他没有华盛顿的威望，没有华盛顿的人气，也没有华盛顿那高大的形象。但是，他有自己的法宝。就算全世界都抛弃他，有两个人永远是他最亲密的战友。一是他的妻子阿比盖尔，二是他的儿子约翰·昆西·亚当斯。阿比盖尔是才女，她对政治的敏感一点也不亚于当时的政治家。她是亚当斯的灵魂伴侣，也是他的政治顾问。亚当斯对她言听计从，没有人能对总统产生这么大的影响力。事实上，费城一个公开的秘密是，内阁成员和国会议员的意见加起来也抵不上阿比盖尔几句话。

约翰·昆西·亚当斯就更是他爹的左膀右臂了。其实，最早开始重用他的人不是他爹，而是华盛顿总统。1793 年，他刚 26 岁，就被华盛顿任命为驻荷兰公使。1796 年，他的任期结束，想回家乡，但华盛顿不让他回来，又调他去当驻葡萄牙公使。他本来不想从政，就想当个律师，读读书，平平淡淡过一生。但华盛顿抓住他不放手。在离开费城前，华盛顿专门叮嘱约翰·亚当斯：不要召回他儿子，“他是我们在海外最有价值的官员”。“我器重他不是因为他是你儿子，而是因为他超人的才华。”正是华盛顿的这些话，让约翰·昆西·亚当斯最终决定投身政治。事实证明，华盛顿看人从来不会错。约翰·昆西·亚当斯将是最出色的外交家和“最伟大的国务卿”，他设计的“门罗主义”把美国外交推向一个全新的境界。他的辉煌我们以后再讲。现在，他爹遵循华盛顿的指示，让他继续留在欧洲，但要换个地方。

1797 年，亚当斯任命儿子为驻普鲁士公使。共和党立刻抗议，说华盛顿在位八年，连远房亲戚都没用过，亚当斯一上台就重用亲儿子，这不是君主是什么？约翰 · 昆西 · 亚当斯也抗议说：老爸，你知道普鲁士有多重要吗？那是欧洲的情报中心。你这样做，不怕别人说闲话吗？现在已经有很多人说你要当国王，还要把王位传给我呢。亚当斯回信把儿子臭骂一顿：你懂什么！“这是我听到的最荒唐的理由”，普鲁士不重要我还不让你去呢！少废话，赶紧老老实实去柏林！要像从前那样把一切都告诉你爹，但不要事事向国务卿汇报。反正，亚当斯就是想让儿子当他在欧洲的眼睛和耳朵，因为他无法相信别人。这个策略很快就在一系列的外交事件中奏效了。约翰 · 昆西 · 亚当斯提供的信息和意见在亚当斯的外交决策中起了不可替代的作用。

总之，亚当斯以他自己的方式建起新政府的框架。对内靠老婆，对外靠儿子，这是他在共和党和联邦党面前屡屡受挫之后的无奈选择。当然，亚当斯毕竟在政坛摸爬滚打多年，即使没像杰斐逊、汉密尔顿那样创建政党，他也有自己的人脉。更重要的是，他志向高远，坚韧不拔。他的性格也许不完美，但他的品德没有瑕疵。正如阿比盖尔所说：“他是橡树，不是杨柳。他可以被连根拔起，可以被折断，但他不会弯曲。”

从一开始就遭遇阻击的亚当斯一点也没打算放弃他的计划，那个三人赴法使团照派不误。第一个是已经在巴黎的查尔斯·平克尼，他是来自南卡罗来纳的联邦党人。第二个是马萨诸塞的艾尔布里奇·杰瑞，他倾向共和党。尽管国务卿皮克林激烈反对，但亚当斯不改邀请共和党人的初衷。杰瑞是“老革命”了（参见034《生于7月4日》），亚当斯和杰瑞虽然政见不同，却是非常好的朋友。杰瑞公私分明，亚当斯信任他超过任何一个联邦党人。从后面的故事中你会看到，杰瑞将帮助亚当斯成就他的外交里程碑，他也是亚当斯超越党派偏见的最好的回报。第三个人，就是大名鼎鼎的约翰·马歇尔，弗吉尼亚的联邦党人。马歇尔对美国来说实在太重要了，我们只能把浓墨重彩留给后面的故事。现在，我们就先跟着他一起去法国看看吧。

1797年10月，美国代表团辛辛苦苦赶到巴黎。到这儿一看，人家“督政府”根本不想认真跟他们谈。法国外交部长查尔斯·马里斯·塔列朗只匆匆与他们见过一面，然后就消失了。其实，塔列朗对新大陆很熟。当年，为了躲避雅各宾派的恐怖统治，他逃到美国。在纽约，他是阿伦·伯尔的座上客，与汉密尔顿交情深厚。他最搞不懂的事就是：新大陆的官员咋这么傻呢？他看到汉密尔顿当了五年财政部长，让整个国家起死回生，自己却深陷债务，退了休还要当律师挣钱，每天工作到很晚。塔列朗很爱汉密尔顿，赞他是当代第一人，但他发誓，绝不能活得那样辛苦。我若掌权，定要捞得钵满盆满。不过，他很快就知道，新大陆不止汉密尔顿一个傻瓜。

接下来发生的事让三位美国代表“大开眼界”。先来了一个自称代表塔列朗的官员，说你们要想跟我们部长谈判，必须先贷一大笔款给我们政府，再交 5 万英镑作为贿赂。这仨完全傻了。他们听说过其他国家的使节向法国官员行贿，却没想到如此开门见山。见过不要脸的，没见过这么不要脸的。过了几天，又来了个据说是塔列朗小圈子里的重要人物，他一开口还是那句话：拿钱来！他竟然提供了转账的细节。又过了几天，第三个人出现了，此人还是杰瑞的熟人，他们在波士顿见过。他对杰瑞说，塔列朗对谈判是非常有诚意的，但是，先、交、钱！

到此为止，三个美国人彻底疯了。平克尼说了那句著名的话：“不给！不给！六个便士也不给！”他们把事情的细节写成报告，发给亚当斯总统，然后就准备回家了。但“督政府”说，平克尼和马歇尔你们俩赶紧滚，杰瑞给我留下。杰瑞要是敢走，我们马上对美宣战。杰瑞是三人中态度最温和的，因为共和党一直是亲法的。法国人似乎更喜欢与杰瑞打交道，尽管杰瑞也拒绝行贿。杰瑞认定法国不会真的宣战，事情还有回旋的余地。于是，他留下来跟法国人继续谈。平克尼和马歇尔可没杰瑞的好脾气，跟这种“流氓”国家还有什么好谈的？这俩恨不得连剑都拔出来了。他们愤愤地登船而去。

亚当斯拿到报告感到很失望，美法真的难免一战吗？他是华盛顿

《中立宣言》的忠诚拥护者，不到万不得已，他绝不言战。他把报告给内阁看，奇怪的是，这一次，三位部长竟然齐刷刷地支持总统，鼓励他保持冷静，既要为战争做准备，又要为和平穷尽一切可能。亚当斯哪里知道，这是汉密尔顿的观点。汉密尔顿再任性，也会把美国利益放在第一位。他当初和华盛顿费了那么大劲搞定《杰伊条约》，不就是为了和平吗？他告诉皮克林、麦克亨利、沃尔科特，在这件事上，一定要全力支持亚当斯，避免与法国开战。

有了内阁的支持，亚当斯底气大增。1798 年 3 月 19 日，亚当斯向国会通报情况。他告诉国会，与法国的谈判破裂了，我们应该适当地加强国防。如此而已。他只字不提战事，也没有透露代表团信件中的任何细节，只是说，信件的内容已被仔细审查和衡量过了。他这样做是为了保护代表们的人身安全，拖到他们上了船离开法国再说。省得大家一激动，做出什么出格的事来，连累他们。

国会可不知道总统的用心，议员们觉得亚当斯神秘兮兮的，太可疑。特别是共和党人，心说你又在耍什么花招？是不是联邦党代表把事情搞砸了？是不是你们的“亲英”态度把法国得罪了？是不是人家法国想谈，你不跟人家好好谈？是不是你一门心思要跟法国打仗？不行！我们要真相！一时间，费城谣言四起，有说美法已经开战的，有说美国代表故意破坏和谈的。共和党报纸齐上阵，坚决要向总统讨个说法。反正他们就认定一件事：亚当斯一定隐瞒了对法国有利的消息，为的就是达到联邦党的罪恶目的。4 月 2 日，众议院通过决议，要求总统上交代表团发来的信件。

此时，亚当斯估摸着代表们已离开法国。他说，好吧，你想知道真相，我就给你真相。4 月 3 日，总统把信件转交众议院。但是，为了给法国政府留面子，他把那三位索贿官员的名字用“X”“Y”“Z”三个字母替代。这件事因此被称为“XYZ 事件”。这封信像一记响亮的耳光抽在共和党脸上，导致舆论沸腾：原来你们嘴里那么高贵的革命的法国竟是这样无耻下流！原来一直以来你们都在误导人民！法国政府侮辱我们的代表，我们跟他们拼啦！一夜之间，剧情逆转，民意从“亲法”变成“仇法”。大街上到处飘扬的法国三色旗顿时无影无踪，到处都能听到的《马赛曲》也销声匿迹，连很多法式蛋糕店、餐馆、法式服装店都悄悄地关了门，怕被砸。那些整天嚷嚷着要支援法国革命的“愤青”转脸儿就挥舞着拳头要跟法国玩儿命。共和党报纸的报社和主编的家也遭到砖头袭击。共和党威信扫地，眼看着就不行了。平克尼和马歇尔成了民族英雄，联邦党如日中天。在事件中表现得沉着又得体的亚当斯变成人们心中最受尊敬的领袖。

4 月 25 日，当亚当斯总统和夫人出现在新剧院的总统包厢时，全场起立鼓掌，乐队奏响《总统进行曲》，人们向他欢呼致敬。亚当斯初尝胜利滋味，他第一次感到了权力带来的荣耀。照这个态势发展下去，共和党很快就完蛋，联邦党一统江湖的日子不远啦！

然而，就在这巅峰时刻，就在最辉煌的瞬间，自信心爆棚的联邦党开始犯错误了。他们的错误将为自身带来什么致命的后果？他们脑袋发热做出的“一时之举”又将怎样影响新国家民主与法治的进程？请看下一个故事：《〈处置外侨与煽动叛乱法〉》。

076

《处置外侨与煽动叛乱法》

1798年4月见诸报端的“XYZ事件”把美国人的“仇法”情绪推向高潮，好像立马就要跟法国打仗似的。1798年4月，国会拨款100万美元修缮港口和军事要塞，准备应对法国的进攻。接着，国会决定建立一支1万人的临时陆军。4月30日，海军部正式成立，海军部长成为总统内阁的新成员。5月，国会授权私人船只携带武器，在公海上拦截法国商船。7月7日，国会单方面废除了《美法同盟条约》。

在这一系列动作中，最让亚当斯总统高兴的是海军部的成立，他早就想建一座“木头城墙”了（那时候的军舰都是木头造的）。他高兴的另一个原因是，他终于有机会任命一位他信得过的内阁成员：海军部长本杰明·斯托德特。但是，对其他那些措施，特别是建立陆军，亚当斯不太感兴趣。他压根儿不想打仗，或者说，他不认为法军真的会打到家门口。咱在海上跟他们比画比画就算了，其余的没必要。民众可不知道总统咋想的，大家正在气头上，举国一片喊“杀”声。议员们天天盼着总统来请求对法宣战。只要他一开这个口，国会立刻就会通过“宣战”的决议。可是，左等右等，亚当斯一点要宣战的意思都没有。碰上这么不开窍的总统，大家真是有劲儿使不出。咋办呢？在看到法军入侵之前，咱先清算一下“隐藏在人民内部”的敌对分子吧。

1798 年 6 月到 7 月，联邦党控制下的第五届美国国会陆续通过了四个法案，合称《处置外侨与煽动叛乱法》。这四个法案中有三个针对的是外国人和客居美国的外国侨民（永久居民）。一是《归化法》。这个法案提高了成为美国公民的门槛。本来，永久居民（今天所说的“绿卡”持有者）只要在美国连续住满 5 年就可申请成为公民。《归化法》把这个年限改为 14 年。二是《客籍法》。这个法案使总统有权随时羁押和驱逐他认为对和平和美国的安全构成威胁的外国人或外侨。三是《敌对外侨法》。在战争期间，总统有权随时羁押和驱逐来自与美国交战国的外国人或外侨。

美国本是移民国家，没有移民就没有发展。新大陆啥都不缺，就缺人。这三个法案看上去就像“逐客令”，好像恨不得把移民都赶跑才痛快，这不是自断手足吗？看似荒唐的事总有荒唐的理由，1798 年的理由是：恐惧。其实，这些法案针对的主要对象是法国侨民。当时，由于法国革命引起连年战争，大批法国人逃往新大陆，光费城就有 2.5

万多法国侨民，而费城的总人口不过 5 万。既然要跟法国打仗，大伙瞅着所有的法国人都像恐怖分子或间谍。他们要是捣起乱来咋办？而且，法国人大多是天主教徒，跟新大陆的清教徒和新教徒格格不入，看着就别扭。最要命的是，法国移民就像大多数爱尔兰和其他国家的移民一样，基本上是支持共和党的。移民初来乍到，没有根基，一切从零开始。共和党走的就是群众路线，团结底层民众，提倡平等自由，比走精英路线的联邦党更受新移民的欢迎。这些新移民一旦变成美国公民并获得了投票权，他们投谁的票还用说吗？那简直是联邦党的噩梦。所以，我就要用《归化法》拖延你变成美国公民的时间，然后用《客籍法》和《敌对外侨法》让你永远也成不了美国公民。说来说去，都是“党争”惹的祸。多年的争斗让联邦党时时刻刻生活在恐惧中，它已看不到希望与光明，以致用这种近乎“自杀”的方式维护得来不易的权威。杰斐逊说：“也许这是一个普世的真理：（一个国家的）内部失去自由总是以外来的威胁为借口。”

如果你觉得这三个关于外侨的法案真的很糟糕，那是因为你还没看到第四个——《惩治煽动叛乱法》。这个法是针对美国公民的。它说：任何人“撰写、印刷、谈论、出版……任何反对美国政府和国会的错误言论、谣言以及恶意的文字，以此诋毁、污蔑政府及国会或煽动美国人民对政府的仇恨，都要受到两千美元以下的罚款和两年以下监禁的惩罚”。换句话说就是，如果你造谣污蔑政府或煽动别人仇视政府，你就要交钱和蹲监狱。这种“似曾相识”的法律在旧大陆不稀奇，但在自由比生命更重要的新大陆却是匪夷所思的。什么叫“诋毁和污蔑”？怎样定义“错误和谣言”？谁来判断对与错？在强大的政府面前，人民应该怎样表达意愿才不算“诽谤”？这明摆了就是要整人嘛。因言获罪，人权何在？联邦党制定此法的目的就是打压共和党：再乱喊就把你抓起来！

你不需要法律专家，打眼一看就知道这个法案违宪，因为它违反了美国宪法第一修正案（参看 061《权利法案》）。第一修正案保护公民的信仰、言论、出版、集会、示威的自由。《惩治煽动叛乱法》一出，哪还有什么言论和出版自由？但是，联邦党认为，基于英国普通法的第一修正案有一个被大家公认的原则，即公民的言论和出版自由是“不受事先约束的权利”。所谓“事先约束”，就是言论在发表之前要经过政府的检查，也就是“新闻审查”。第一修正案使媒体享有“免于审查”的自由，所以，英国和美国都没有“新闻审查”制度。联邦党说，我不审查你，你爱说什么说什么，但你要对自己的言论负责，因为政府有“事后追查”的权力。如果我查出你恶意诽谤，别怪我不客气。共和党说，第一修正案保护的自由不分“事先”和“事后”，所谓“事后追查”和“打击报复”有什么区别？少拿法理吓唬人！显然，共和党对第一修正案的理解更符合现代社会的观点，从联邦最高法院后来的判例中可以看出，法院对“事后追查”有严格的限制，想证明公民“诽谤”政府比登天还难。只有这样才能真正保护言论自由。联邦党以为他们是在通过限制“过度的自由”来保护自由，却不知道他们正在扼杀自由本身，因为他们做的正是当年他们在制宪会议上竭力避免的事：多数人的暴政。

毫无疑问，《处置外侨与煽动叛乱法》是美国司法史上最黑暗的一页，它让新大陆蒙羞。但在当时，这似乎是形势使然。参、众两院以压倒性多数通过了法案，把它送到总统手中。亚当斯一开始时比较犹豫，他也觉得有点过，尽管他并不认为法案违宪。激进的联邦党人催着总统赶紧签字。更重要的是，亚当斯最信任的人，总统夫人阿比盖尔，全力支持法案。自从进了总统府，阿比盖尔每天一睁眼就看到谩骂、侮辱自己丈夫的言论，一会儿说亚当斯愚蠢、固执、专制、无耻，一会儿讽刺他又矮又胖、秃顶、驼背、满嘴牙掉光光。亚当斯自己还开玩笑：“他们说的不对，我还有几颗牙没掉呢。”阿比盖尔可不干了，她对丈夫的爱让她无法忍受这样的折磨。这种言论当然应该受到严厉打击！阿比盖尔的态度对亚当斯的影响是决定性的。应该说，如果此时阿比盖尔坚决反对，亚当斯还是有可能行使“一票否决权”的。否决它，他的伟大将永载史册；签署它，他将永远摆脱不掉历史的谴责。亚当斯选择了后者：他让法案成为法律。一切只在那一念之间。历史没有假设。

签署《处置外侨与煽动叛乱法》是亚当斯一生最大的污点。在此后的日子里，他不停地为自己辩解，说他是多么迫不得已。在汉密尔顿去世后，他又说这都是汉密尔顿的阴谋，等等，反正越描越黑。事实上，在众议院刚开始讨论法案时，汉密尔顿根本不知道。财政部长沃尔科特把《惩治煽动叛乱法》的草稿拿给他看，汉密尔顿吓了一跳。他说："这个法案中的很多条款非同寻常，严重的话有可能会引起内战……我希望国会不要匆匆忙忙地通过它。我们不要建立暴政。政府的能力和暴力是两码事。"后来，国会在讨论中增加了救赎的办法：如果反政府的言论被证明是符合事实的，发表言论的人就不会获罪。汉密尔顿赞成修改后的法案。关于那三个涉及外国人的法案，很不幸，这位新大陆最著名的移民说："他们（新移民）早该滚回去了！"他似乎忘了他当初是怎样满怀梦想来到新大陆，又是怎样以最快的速度从社会底层进入权力的中心的。没有新大陆宽广的胸怀，哪有他的辉煌？可见，残酷的"党争"已摧毁了理智。不光他，连理智到极点的华盛顿也对新法抱同情态度。他虽然从没公开支持过这套法案，但私下里针对一些具体的事表达了意见。比如，他说，如果外国移民怀着政治目的来新大陆并试图影响政府，这种移民我们不欢迎。后来，有一个人指责亚当斯政府接受英国贿赂、搞英式腐败（这是造谣），根据《惩治煽动叛乱法》，此人被判刑。华盛顿支持这个惩罚。他似乎忘了他在当总统的时候是怎样容忍那些谩骂和指责的。总之，只因共和党被看成美国的雅各宾派，所有支持共和党的人，甭管外国人还是美国人，都成了洪水猛兽。“国父”们为之奋斗的自由恐怕暂时要给仇恨和冲动让道，人权在强权面前只能先退避三舍。

那么，作为受害者的共和党真的那么无辜吗？当然不是。实际上，共和党对联邦党政府的指责绝大多数是谎言，判他们“诽谤罪”不算冤枉。造谣是共和党人的长项（杰斐逊就是造谣大师），他们还动不动就骂得人家体无完肤，这种人格侮辱搁谁谁也受不了。从某种程度上说，共和党有点咎由自取，他们但凡收敛一些也不至于这么招人恨。然而，这就是那个年代。合众国只是个“实验”，没有人知道民主应该是什么样的，也没有人知道民主和专制之间其实只有一步之遥。

联邦党没有意识到，《处置外侨与煽动叛乱法》的实施是他们为自己掘的坟墓，他们在“XYZ 事件”中聚集起来的人气迅速消退，共和党成了人权的守护者，赢得了民众的同情和支持。此消彼长的运气将决定 1800 年大选的结果。联邦党是个奇怪的动物，你要是跟它斗，绝对斗不过它。但你要是偃旗息鼓，它可能死得很快。詹姆斯·门罗说：“咱越不搭理他们，他们就会越快地自我毁灭。”大多数共和党人赞成他的意见，他们就想坐在那看看联邦党怎么把自己玩死。但共和党的两位领袖，杰斐逊和麦迪逊，可没耐心看热闹。他们要往火里添把柴，却没想到差点引火烧身。

1798 年年底，杰斐逊和麦迪逊分别给肯塔基州和弗吉尼亚州的州议会起草了抵制《处置外侨与煽动叛乱法》的决议案，这就是《肯塔基决议案》和《弗吉尼亚决议案》。从这些决议案里可以看出，共和党发起疯来一点也不亚于联邦党。在《肯塔基决议案》中，杰斐逊说：宪法是各州之间的“合同”。根据合同，各州把某些权力转给联邦政府，但与此同时保留了大部分自治的权力。因此，联邦政府不能行使宪法没有授予它的权力。如果联邦政府滥用权力，各州有权宣布联邦政府的立法违宪和无效，并可以废除它。杰斐逊的意思是，《处置外侨与煽动叛乱法》超越了各州对联邦的授权，我们（肯塔基州）认为它违宪，拒绝执行。他还警告说，如果联邦政府不知收敛，它将引起“革命和流血”。

麦迪逊的《弗吉尼亚决议案》也采用了“合同”的概念，但他对宪法的理解显然比杰斐逊深刻，他不认为各州有权废除联邦的立法，只强调各州在这种情况下应采取“介入”的姿态，挡在联邦和人民之间。“介入”是为了保护各州的人民不受联邦伤害，它需要各州的联合，一两个州是做不成的。

1798 年 11 月，肯塔基州议会通过了杰斐逊起草的决议案，但把“废除联邦立法”的句子去掉了，大家觉得那样说太过分。12 月，弗吉尼亚州议会通过了麦迪逊起草的决议案。这两个决议案形成了一套“九八原则”。“九八原则”的中心是州权至上，各州有权裁定联邦法律违宪，并在必要的时候“介入”甚至脱离联邦。

“九八原则”对美国影响深远，或者说，贻害无穷。原因是：

第一，宪法不是各州之间的合同，而是人民的意愿。宪法开宗明义第一句话就是“我们人民”，不是“我们各州”。只有人民，通过他们的代表，才能决定联邦是否越权。各州无权裁定联邦的立法是否违宪或是否有效，更无权废除它。杰斐逊不懂法理情有可原，麦迪逊可是“宪法之父”，他当初在制宪会议上一再强调联邦对各州有至高无上的否决权。不知道他在起草《弗吉尼亚决议案》时有没有觉得不好意思。第二，这两个决议案都强调了州权，甚至暗示各州如果对联邦不满就可以分裂出去。州权应该受到保护，但若把它凌驾于联邦之上就完全违背了宪法的宗旨。一位学者说：“杰斐逊不是在号召各州以和平与合法的方式抗议，他在鼓动公然的叛乱，他反对的政府正是他自己担任副总统的政府。”《处置外侨与煽动叛乱法》确实违宪，但宪法有一套纠错机制，各州可以通过合法程序废除法案或修宪。杰斐逊和麦迪逊的行为如果被其他人效仿，后果不堪设想。华盛顿在听说《肯塔基决议案》和《弗吉尼亚决议案》后对帕特里克·亨利说：如果这两个决议案得到“系统和盲目的执行，我们的联盟就完了”。事实上，六十多年后，南部各州就是以“九八原则”为依据宣布脱离联邦，引发“内战”。战争结束时，未来的总统詹姆斯·加菲尔德说：《肯塔基决议案》“包含了废除联邦立法和分裂联邦的细菌，今天，我们终于收获了恶果”。如果说，《处置外侨与煽动叛乱法》严重侵犯了人权，那么，《肯塔基决议案》和《弗吉尼亚决议案》以同样恶劣的方式践踏了宪法，并威胁着国家的统一。

但是，杰斐逊和麦迪逊比亚当斯不知幸运多少倍。亚当斯在明处，他俩在暗处。他们起草决议案是匿名的，除了几个亲信，没人知道这是他们干的。杰斐逊的一个传记作者说："如果这件事当时就被人发现，副总统先生至少要承担企图分裂国家的罪责，甚至叛国罪。"结果，杰斐逊和麦迪逊不仅躲过一劫，还进了白宫。只能说亚当斯太倒霉了。当然，对美国来说，最大的幸运是，当领袖们发疯的时候，人民没疯。《肯塔基决议案》和《弗吉尼亚决议案》出台后，这两个州把它们的决议案送往其他 14 个州，希望得到响应。结果，6 个州拒绝接受，4 个州明确反对，其余的没有回音。那 10 个有回音的州都表示：各州无权给联邦当裁判，只有联邦机构能决定国会的立法是否违宪。看来，就算"宪法之父"犯糊涂，天下还有明白人。这场由独立州发起的"护法运动"就这样不了了之。

如果你熟悉美国三权分立的体制，你一定会问：在这个故事中，最高法院去哪儿了？如果《处置外侨与煽动叛乱法》发生在今天，官司早就打到最高法院了。最高法院判它违宪，问题不就解决了？可是，在 1798 年，最高法院形同虚设。此时的大法官们还没搞清自己的定位呢。他们整天忙着"巡回"各州，帮着处理一些州际纠纷，哪有工夫管宪法的事？"三权"的政府其实只有两权，当那两权沆瀣一气，权力就失去了平衡。美国人只能耐着性子再等三年。在约翰 · 马歇尔成为首席大法官之前，“司法审查”不存在。

引起如此轩然大波的《处置外侨与煽动叛乱法》到底造成了多么严重的后果呢？答案是：它除了摧毁联邦党的声誉，似乎没有祸害太多人。首先，这些法案是有期限的。国会和总统都把它们看成“临时的”“战时的”举措，法案的有效期只有三年，到 1801 年自动失效，除非国会给它们延期。特别是那三个针对外国人的法案，基本上有跟没有一样。《归化法》把入籍要求从 5 年改成 14 年，但它在生效前给移民们留下一个“窗口”，只要在某月某日之前申请，还是可以 5 年入籍。那些符合条件的人都赶在法案生效前申请了，没耽误多少事。《客籍法》听上去很可怕，共和党觉得，亚当斯大笔一挥，移民们就会被一船一船地逐出新大陆。实际上，亚当斯一次都没行使过这个权力，他没驱逐过任何人。因为与法国最终没打起来，《敌对外侨法》也没用上。除《敌对外侨法》以外，其余三个法案都在 1801 年失效。但是，《敌对外侨法》被国会改成永久性的法律。二战期间，美国政府根据这个法律把几千名日本、德国、意大利侨民拘押在集中营并最终将他们遣返回国。

影响最大的是《惩治煽动叛乱法》，大约有 20 个人因此法被判刑。佛蒙特州的联邦众议员马修 · 里昂可能是最有名的一个。里昂曾是“绿山男孩”的一员，跟着伊森 · 艾伦打天下。佛蒙特共和国加入美国后，他当选为众议员。他像艾伦一样豪放又粗鲁。有一次，另一位议员不同意他的观点，他竟然一口痰吐在人家脸上。那个议员抄起手杖要跟他拼命，他也随手抓起根铁棍冲上去。两人在众议院大厅大打出手，议长看得不亦乐乎，议员们赶紧死命把他俩拉开。里昂在佛蒙特州的一家报纸上发表文章，大骂亚当斯总统，结果被判罚款 1000 美元，监禁 4 个月。这哥们儿在监狱里还没忘了竞选众议员，最后居然赢了。蹲完 4 个月监狱，他又回到众议院继续当议员。另一个获罪的名人是本杰明 · 富兰克林的外孙——本杰明 · 富兰克林 · 贝奇。贝奇创建了一份报纸，叫《费城之光》，这报纸是共和党的舆论阵地，把华盛顿和亚当斯都骂得狗血淋头。《惩治煽动叛乱法》通过后，贝奇被抓。他取保候审，但在 1798 年 9 月死于黄热病，年仅 29 岁。还有一个苏格兰移民詹姆斯 · 卡伦德，他写了一本书抨击联邦党，被判罚款 200 美元，监禁 9 个月。总之，大部分因《惩治煽动叛乱法》被判刑的都是报社编辑或出版商，罚款大多在 100~400 美元，监禁 2~18 个月。虽然看上去不算很糟糕，但影响太坏，它直接导致了联邦党在 1800 年大选中的惨败。1801 年，杰斐逊入主白宫。他立刻赦免了所有因《惩治煽动叛乱法》而获罪的人，并把他们交的罚款全部退还。但是，杰斐逊在这个法案失效之前，利用它抓了几个攻击他的联邦党人。可见，正义不是绝对的。

从所有这些混乱和纠纷中不难看出，年轻的共和国是怎样在恐惧、疯狂与不知所措中探寻着民主和法治的道路。《处置外侨与煽动叛乱法》以及它引起的风波是对代议制民主和联邦体制的严重考验。“党争”可以让精英们失去理智，权力可以让领袖们忘记理想。联邦党认为，只要共和党得势，美国就会进入雅各宾派的恐怖统治；共和党认为，联邦党背弃了共和原则，早晚会把美国变成君主制国家。事实是，他们担心的事都没发生。双方对所有问题的过度反应似乎是新国家在走向现代的过程中必须经历的痛苦。也许，是那部宪法最终约束了人的欲望；也许，是人民的智慧让那部宪法回归它最原始的追求。也许，杰斐逊的一段话是对这段历程最好的总结：

> 只要一点耐心，我们就会看到巫术的统治即将结束，它的咒语将被解除，人民将恢复他们真正的视野，把他们的政府重新建立在真正的原则上。

但是，在 1798 年，事情看上去远没有那么乐观。美国人在忙着内斗的同时，还在准备着与法国兵戎相见。他们将怎样面对战争的危机？亚当斯总统又怎样在战争的阴影中寻求和平？请看下一个故事：《没有必要的战争》。

077

没有必要的战争

1798年，在汹涌澎湃的“反法”浪潮中，国会建立了“临时陆军”，也创建了海军部。海军部标志着美国海军的诞生，很多人称亚当斯为“海军之父”，这是他最骄傲的事情。在接下来的两年里，美国海军进步神速，很快就有了50艘船。与此同时，国会还授权武装私人船只在海上拦截法国商船。两国就这么在海上干起来了。美国人似乎继承了英国人的海洋基因，在海上超有灵性，大有越战越勇的趋势。但是，美法都没向对方宣战。这场“有实无名”的战争被称为“准战争”或“没有宣战的战争”。

与他对海军的热情比起来，亚当斯对陆军实在提不起兴趣。一是因为养军太贵而且没必要，二是因为亚当斯有心病，他觉得强大的陆军一定会孕育军事独裁，与其说它是对国家的保护，不如说它是对自由的威胁。国会可不这么想，打仗怎么能没陆军呢？为了养军，国会通过法律，征收“土地税”，这是联邦政府第一次直接向全体人民征税，比“威士忌税”规模可大多了。既然国会下了大本钱，这支军队总要有个领导吧？总统是三军统帅，但亚当斯不是军人，他自然要派一位将军为他领兵。可是，派谁他都不放心，因为他看谁都像独裁者。只有一个例外。只要有他在，军队就不会变成独裁者的机器。7 月 2 日，总统做了个出乎所有人意料的决定：提名乔治·华盛顿为这支新建陆军的总司令。

很多人，特别是共和党人，怀疑亚当斯是不是疯了。66 岁的华盛顿此时身体已经很糟糕，就算他出任总司令，他也不会亲自处理军中事务，更不会上战场。如果他不能理事，他会委托谁？如果他只是个“象征”，掌实权的是谁？三岁孩子都知道答案：当然是汉密尔顿啦！万一汉密尔顿因此重返权力中心，咱都得玩儿完。亚当斯也不是没想过这种可能，但他认为，任命各级将军的权力在总统，不在总司令，我不要汉密尔顿不就得了？但是，他错了。华盛顿可不是一般的总司令，他想要谁就能得到谁。正如所有人预期的那样，他只想要汉密尔顿。

早在国会刚刚通过建立临时陆军的决议时，亚当斯就在考虑请华盛顿出山了。只有把兵权交给他，亚当斯才睡得着觉。他的心思“不胫而走”。没过多久，汉密尔顿写信问华盛顿：听说总统有意请你出任总司令，你去不去？我觉得你应该去，但我也知道这对你来说牺牲太大。华盛顿没有直接回答，而是卖了个关子："如果让我当总司令，我必须事先知道谁当我的副手，我要知道你是否会参与其中。"他的意思是：你去我就去，你不干我也不干。华盛顿用最亲昵的语气落款，表达他们之间平等的伙伴关系和不可替代的友情。汉密尔顿多聪明，一看就明白了。6 月 2 日，他回信说："如果你当总司令，我觉得监查将军的职位可以让我最好地发挥作用。我会接受。""监查将军"的军衔是少将，但军职在其他的将军之上，仅次于总司令。总司令不在，他就是全军的统帅。汉密尔顿不愿接受低于这个位置的军职，华盛顿也不愿接受没有汉密尔顿的军队。不用再多说，他们的默契就这样迅速地达成了。

6 月 22 日，亚当斯总统写信给华盛顿，向他请教由谁统率陆军的问题。但奇怪的是，在还没得到华盛顿回音的情况下，他就于 7 月 2 日向国会提交了总司令的提名，国会第二天就批准了。亚当斯让战争部长麦克亨利拿着任命书去弗农山庄。华盛顿刚从报纸上得知自己已经成了总司令时，有点意外，也有点不高兴，因为他并没有答应亚当斯，更没来得及提条件。现在，麦克亨利来了，华盛顿就要好好跟他唠叨唠叨。他感谢总统的信任，愿意为国效劳，而且不要工资。但是，他说，我出任总司令是有条件的，这个条件是：我必须自己挑选副将。他给了麦克亨利一个名单，上面写着三个名字：亚历山大 · 汉密尔顿，查尔斯 · 平克尼，亨利 · 诺克斯。这三个名字的顺序就是他要的顺序：

汉密尔顿第一，平克尼第二，诺克斯第三。

麦克亨利把纸条带给总统，但是，也不知道是他没说明白，还是亚当斯没听明白，反正亚当斯没把这个条件当成华盛顿出山的先决条件。他把名单交给国会时，希望国会把顺序颠倒过来：诺克斯第一，平克尼第二，汉密尔顿第三。他的理由很充足：诺克斯是前任战争部长，在大陆军时就是仅次于华盛顿和格林的三号人物，一度曾是汉密尔顿的顶头上司。他早已拥有少将军衔，现在当“监查将军”理所当然。平克尼是大陆军的准将，这次提为少将是应该的。汉密尔顿在独立战争结束时只是个中校，让他当少将已是连升三级，怎么能再让他位列其他两人之上？其实，资历之争只是个幌子。汉密尔顿若是平庸之辈，亚当斯倒是乐得送华盛顿一个人情。糟就糟在，亚当斯清楚得很，汉密尔顿不是不合格，正相反，他是太能干了，能干得让人害怕。

华盛顿一看亚当斯这么不开窍，就写了封信解释了他的想法。他说：过去的那场战争已经过去了，我们不必拘泥于过去的军衔。将军们虽然都带过兵团，但没有一个人比汉密尔顿更了解总司令的工作。他当时在军中不是我的秘书，而是我的幕僚长，掌管整个军队的运营。他之所以没有得到更高的军衔，不是他没能力，是我没给他机会，因为我需要他留在我身边。“我承认，他有野心，但那是值得称赞的野心，正是那野心让一个人出类拔萃。他有进取精神，有敏锐的直觉，有天生的准确的判断力，这是一个军队的指挥官最可贵的品质。所以，我再强调一下，失去他将是无法挽回的损失。”从没带过兵的亚当斯也许不能完全理解华盛顿的话，但华盛顿对汉密尔顿的赞扬没有半句虚言，华盛顿对他的信任来自对他的了解。汉密尔顿的能力远在诺克斯和平克尼之上，有他在，华盛顿什么事都不用操心。过去，华盛顿觉得亏欠他太多，现在，要补偿他付出的一切。此时此刻，这种赞赏和鼓励对汉密尔顿尤其重要，因为，就在不久前，“雷诺兹丑闻”曝光，搞得汉密尔顿灰头土脸的，好像全国人民都在骂他。华盛顿对绯闻缠身的他不离不弃，甘冒政治风险，尽全力提携。这是华盛顿最后一次回报他的朋友了，他似乎意识到他留在这个世界上的时间已经不多，他将再也无法保护他爱的人。

华盛顿把该说的都说了，亚当斯该咋纠结还咋纠结。他与汉密尔顿之间的芥蒂已然太深，他就认定汉密尔顿是对他本人、对国家、对自由的威胁。总统在这儿一个劲儿地磨叽，总司令终于失去了耐心，他又写了一封信，干脆把话挑明：如果不答应我的条件，我马上辞职，你另请高明吧！到了这个份儿上，亚当斯只能让步：他按华盛顿指定的顺序任命了这三位将军。但是，亚当斯与华盛顿的关系再也没有改善。1798 年 11 月到 12 月，华盛顿来费城待了五个星期，与汉密尔顿、平克尼一起筹备新军。华盛顿的到来让费城又热闹了一阵子、激动了一阵子，反正，只要他在，别人都是配角。有人甚至希望华盛顿再次出任总统，还有不懂事的把这话传到亚当斯的耳朵里。亚当斯倒是很坦然：他要是想当总统，我马上让位给他。其实，华盛顿根本就是勉为其难，他只想走个过场，帮亚当斯树个招牌。整件事从头到尾都是汉密尔顿在张罗，事无巨细都由他拍板，他才是真正的主帅。亚当斯越看越害怕，肠子都悔青了。不行，我得赶紧解散这支军队！

解散军队的前提当然是与法国重启和谈。只要和平降临，军队也就没用了。不管外面闹得多凶，亚当斯打心眼儿里觉得这是场没有必要的战争。美、法没有根本利益的冲突，双方只要稍微退后一点，问题也就解决了。国会那些针对法国的决议完全是被民意绑架的结果。中立才是美国的国策，和平才是美国的利益。可是，说说容易，做起来太难。你想跟法国谈，人家不想跟你谈，咋办？怎么才能知道法国人的真实想法呢？

1798 年 6 月，约翰 · 马歇尔从法国回到费城，他在“XYZ 事件”中的表现让他受到英雄般的欢迎。来自新英格兰的亚当斯跟来自弗吉尼亚的马歇尔本来没什么交情，但不知为什么，当初亚当斯第一眼看到马歇尔就爱上了他。这也难怪，马歇尔确实招人喜欢。43 岁的他长得又高又帅，睿智、成熟、温和、友善。他精明干练又为人低调，而且有一种“国父”群里少有的气质：幽默。他是坚定的联邦党人，又不像其他联邦党人那么拧巴。最重要的是，就在别人还抱怨着亚当斯与华盛顿的“落差”时，马歇尔表现出对亚当斯由衷的尊敬和赞许。

他敬重亚当斯的学识和人品，认为他完全有资格、有能力当总统。碰上这样的知心人，亚当斯能不觉得亲吗?

马歇尔这次回来带给亚当斯一个他最渴望听到消息：法国其实不想跟美国打仗。在“XYZ 事件”中，三位美国代表中的两位——平克尼和马歇尔，基本上是被法国赶回来的，这才引起美国人的“仇法”情绪。但是，第三位代表杰瑞，却被“督政府”强行留在巴黎。不明就里的美国人觉得平克尼和马歇尔是英雄，杰瑞是狗熊，居然还着腆着脸跟侮辱我们的法国人继续谈判，不是卖国贼是什么？从个人角度，马歇尔恨死了法国人，他跟杰瑞也有争执，但他不想让“私愤”影响总统的判断力。他悄悄地对亚当斯说：杰瑞留在法国是因为“督政府”放出话来，如果他敢走，“督政府”就对美宣战。杰瑞冒着被国人喷死的风险滞留巴黎是为美国好。从各个渠道得到的消息都表明，法国不想真打，和平是有希望的。马歇尔真是说到总统心里去了，印证了亚当斯对形势的直觉，也印证了他对杰瑞的信任。马歇尔的话是亚当斯在当时群情激愤的情况下没有请求国会对法宣战的直接原因。

为了避开费城的热浪，亚当斯在国会休会后回到了马萨诸塞的家。在此后的几个月里，他一直在家办公。事实上，在 4 年的总统任期中，他在家待了 385 天，华盛顿干了 8 年才回家 181 天。也不能下结论说亚当斯“惰政”，因为他在家也是一直处理公务的。但费城经常处于“总统出缺”的状态，什么东西都要远距离投送，那时候又没有电报、电话、互联网，自然会影响决策的效率，搞得大家比较抓狂。亚当斯不在乎这些，他正静静地等着欧洲的消息呢。

10月1日，杰瑞终于回到波士顿。他的待遇比前两位差多了，大伙看他鼻子不是鼻子眼不是眼的，好像他做了什么对不起美国的事。三天后，杰瑞来到亚当斯家，他们促膝长谈了好几天。亚当斯非常感谢杰瑞为美国做的牺牲，而杰瑞带来的第一手信息正是亚当斯此刻最需要的。杰瑞告诉总统，法国人想要和平。他说，法国外交部长塔列朗现在确实想跟美国谈判了。与欧洲各国常年的战争让法国虚弱不堪，虽然拿破仑的军队开始在战场上取得胜利，但北美对法国来说实在是鞭长莫及，况且新大陆又不是法国的核心利益所在，法美交恶有什么好处呢？只要美国再次表现出谈判的诚意，法国绝不会像上次那样任性了。

与杰瑞的交谈让亚当斯心里更有底了，他觉得潮流终于开始向着有利于他的方向逆转。你也许会问：他凭什么相信杰瑞说的是实情？杰瑞可是大半个共和党人，共和党一向都是亲法的，他难道不会忽悠总统？亚当斯凭的是他对杰瑞本人的信任，是他超越党派偏见的信念，是他从独立的渠道得来的信息。马歇尔已经给杰瑞做过铺垫了，亚当斯还有一个比马歇尔更可靠的情报来源，就是自己的儿子，驻普鲁士公使——约翰·昆西·亚当斯。他在此前给父亲的信中一再强调中立原则，提醒父亲不到万不得已不要让美国卷入战争。当时，柏林是欧洲的情报中心，各种消息在这里汇集。他在柏林了解的情况显示了法国的和谈倾向。亚当斯让儿子通过更可靠的渠道再落实一下法国的态度，他现在就等那最后的确认了。与此同时，他在 1798 年 12 月的国情咨文中，表达了加强国防的决心与期待和平的愿望。他说，通往和平的大门仍然敞开着，但法国必须首先表现出诚意。

1799 年 1 月，亚当斯终于等到了那一天。他的小儿子托马斯 · 亚当斯从欧洲回来了，带来了约翰 · 昆西 · 亚当斯的亲笔信。亚当斯有三个儿子，除了这两个外，还有一个次子查尔斯 · 亚当斯。五年前，26 岁的老大被华盛顿总统任命为驻荷兰公使，他带上 21 岁的老三去欧洲给自己当秘书。后来，兄弟俩又去了柏林。托马斯 · 亚当斯在海外多年，很想家。这一次，大哥让他带着给总统的密信回来，也算遂了他回家的心愿。亚当斯见到已经完全“长大”的小儿子别提多激动了，当然，更让他激动的是大儿子的信。这一天，亚当斯是全世界最骄傲的父亲：他的一个儿子让另一个儿子为他带来了他最想听到的消息。儿子告诉老爸：法国已做好了谈判的准备。

1799 年 2 月 18 日，亚当斯做出了他总统任期中最重要的决定。在没跟内阁成员商量、没咨询国会意见的情况下，他宣布派驻荷兰公使威廉 · 默里去巴黎，重启与法国的和谈。在当时那个信息闭塞的条件下，这个决定的风险不是我们今天能想象的。万一法国再玩一次“XYZ 事件”，美国在国际社会面前可就真的颜面扫地，总统直接辞职算了。当然，亚当斯已掌握了足够的情报，他心里有数。问题是，他的内阁和国会都被蒙在鼓里，鬼知道他父子背后搞了什么把戏。亚当斯此言一出，联邦党人气疯了，共和党人全蒙了，没见过这么不按常理出牌的。最反常的是，亚当斯这一次甚至没问他最信任的政治伙伴、总统夫人阿比盖尔的意见，因为阿比盖尔正卧病在床。大伙抱怨说，你看，老婆不在身边，他就捅娄子。要是阿比盖尔在，哪能容他这么鲁莽？但阿比盖尔在得知消息后完全支持丈夫的决定，她相信他的智慧。这是亚当斯最英明的决策，他几乎凭一己之力把美国从战争边缘拉了回来，为新国家的发展赢得了宝贵的时间。难怪历史学家们说，亚当斯此举就像他当年在法庭上为英军士兵辩护那样勇敢，就像他当年在大陆会议上号召独立那样义无反顾。他不在乎民意，只在乎正义，只在乎高于一切的美国利益。

通往和平的路还很长，亚当斯接下来要做的是扫清障碍。好像上帝要为他助威似的，1799 年 3 月，美国海军“星座号”在战斗中俘虏了一艘法国军舰，这是“准战争”开始以来双方第一次规模较大的冲突。美军出人意料的胜利无疑为即将到来的谈判增加了筹码。8 月 5 日，法国的正式文书来了，承诺以合适的外交礼节接待美国代表。亚当斯离胜利又进了一步。他又派两位代表去法国，与默里一起准备谈判。

“星座号”的胜利让亚当斯更加坚信，美国的安全取决于海军。他用各种方式放出风去，说维持常备陆军花费太大，也没必要，暗示将在适当的时候解散陆军。此时，新陆军初具规模。汉密尔顿治军有方，效率又极高。可是，他那儿越兵强马壮，亚当斯越寝食难安。这哪是要跟法国人打，明明冲我来的嘛。10 月 15 日，亚当斯与汉密尔顿在新泽西的特伦顿见面。汉密尔顿的计划是趁着法国无暇西顾、西班牙又日渐衰落的机会，一举把佛罗里达拿下来，再谋取密西西比河的入海口新奥尔良。这两处太重要了，本来就是美国在新大陆扩张的必取之地。但亚当斯根本没这个心思，他从汉密尔顿身上看不到共和国的未来，他看到的是一个“帝国梦”，他看到了恺撒，看到了新大陆的拿破仑。他否决了汉密尔顿的计划，因为他不想给任何人建立军事强权的机会。10 月 16 日，亚当斯告诉内阁，他将正式开始与法国的谈判。国务卿皮克林、战争部长麦克亨利、财政部长沃尔科特都反对，海军部长斯达特站在总统一边。此时的亚当斯已经铁了心了，十八头牛都拉不回来。支持也好，反对也好，他的意志不会改变。

1799 年 11 月 9 日（共和历雾月十八日），33 岁的拿破仑发动“雾月政变”，成为法兰西共和国的“第一执政”。轰轰烈烈的法国革命结束了，但法国的麻烦没有结束。接下来，拿破仑将横扫欧洲，威震地中海，并于四年后称帝，建立“法兰西第一帝国”。毫无疑问，拿破仑是欧洲各国的噩梦，但他却是美国的福音。一是因为他的心思都在欧洲，根本不在乎北美，更不要说跟美国打仗了；二是因为他建立的强大的中央政府使美国再也不用跟软弱无力、朝令夕改的“督政府”周旋，谈判立刻变得高效起来。拿破仑不仅成全了亚当斯，他还将成全杰斐逊，美国碰上他算是交了好运。

随着谈判的顺利进行，1800 年 6 月，在亚当斯总统的推动下，国会通过决议，解散了陆军。亚当斯终于松了一口气，他说：如果我现在不解散这支军队，我恐怕要筹建一支新的军队来解散它了。由于内阁强烈反对，亚当斯一怒之下强迫战争部长麦克亨利辞职，还把国务卿皮克林炒了鱿鱼。接着，他任命马歇尔为国务卿。他要是早点这么干就好了，不仅因为马歇尔的能力远在皮克林之上，更要紧的是，马歇尔的忠诚使亚当斯第一次有效地控制了他的政府。马歇尔上任后最主要的工作就是指导与法国的谈判，确保美国不吃亏。亚当斯给出的谈判底线是：照着《杰伊条约》的样子来，尽量避免不平等条款。

1800 年 9 月 30 日，美法正式签署《莫特方丹条约》，结束了“准战争”。法国免除了美国对法国的一切同盟义务，美法联盟正式结束。双方立刻停止在海上的敌对行为，归还在战争中俘获的对方船只，互相授予对方“最惠国待遇”，保证两国之间的自由贸易和人员的自由往来，美国授予法国在纽芬兰的捕鱼权。这个条约显然比《杰伊条约》更公平、更平等，符合双方的利益。亚当斯的理智、耐心和勇气是谈判成功的最根本的原因，他为美国避免了一场没有必要的战争，年轻的国家在混乱、动荡的世界中又躲过一劫。但是，对亚当斯来说，这个胜利来得太晚了。美法签约的消息直到 11 月初才传到费城。此时，1800 年的大选已接近尾声。不管这个外交成就多么辉煌，它已无力回天。

亚当斯解散陆军的决定让他与汉密尔顿彻底决裂。实际上，亚当斯对汉密尔顿的评价并不公平。汉密尔顿有野心不假，但他不想搞什么独裁，他对美国与对共和的忠诚毋庸置疑。如果独立战争结束时大陆军总司令是汉密尔顿，他倒是真有军事独裁的倾向。但是，在美国宪法通过之后，在共和国的实践走上正轨之后，特别是，在华盛顿这么多年的言传身教之后，还说他想搞独裁就不客观了。如果汉密尔顿真的像亚当斯怀疑的那样要“造反”，他的军队岂是总统和国会一句话就解散得了的。很可惜，汉密尔顿和亚当斯，这两位观点极为相似的政治家，这两位对美国极为重要的“国父”，都无法包容对方。他们都放大了对方的缺点，忽视了对方的优点。他们辉煌的人生本来都应该再上一个台阶，但他们不明白，携手同行是他们制胜的唯一途径。他们选择了与彼此为敌。他们的争执不是主义之争，而是性格之争。一个太强势，一个太偏执。汉密尔顿不尊重亚当斯的权威，亚当斯不欣赏汉密尔顿的才华。他们都在为美国的利益抗争，也都在抗争中摧毁了对方。这是他们个人的不幸，是联邦党的不幸，但也许不是美国人民的不幸。连续执政 12 年的联邦党已经越来越多地露出“精英”阶层的傲慢与专横，一个完全由“精英”控制的共和国是不会长久的。尽管共和党领袖不乏虚伪和狡诈，但他们确实让普通民众开始尝试参与国家的政治生活，他们也在教育和引导人民探索民主的道路。如果说，培养一个贵族需要三代人的时间，那么，培养一个真正理解现代政治文明的公民需要多长时间？也许，是该改变的时候了。

亚当斯得罪了汉密尔顿就是得罪了联邦党，得罪了联邦党，他这个总统还当得成吗？处于“自我毁灭”状态中的联邦党将为共和党带来什么样的契机？请看下一个故事 :《一八〇〇年革命》。

078

一八〇〇年革命

随着1800年的来临，联邦党与共和党的斗争进入白热化。但是，我们不能从二百年后的角度看当时的形势。所谓联邦党和共和党的称谓有点过于简单也过于现代了，由它们组成的“第一政党体系”与今天美国的“政党政治”相去甚远。最本质的不同是，现代人把“政党”看成政治的必然产物，“国父”们可是把它当洪水猛兽的。在那个“绅士政治”的环境下，说自己是“某党”的人实在不太光彩，因为“党”代表着某个集团的利益而不是全体人民的利益，它对当年的绅士们来说还是个很难接受的概念。即使在联邦党和共和党基本成形之后，双方都否认自己是始作俑者，都指责对方首先拉帮结派。甚至两党的领袖，汉密尔顿和杰斐逊，都不认为自己搞起来的这一摊儿叫作“党”，他们觉得他们只是团结了一群有共同理想的人为美国的未来而战斗。从这个角度说，1800年大选的意义非同寻常，它改变了人们对“党”

的看法，标志着以华盛顿和亚当斯为代表的“无党派”政治永远结束了，他们追求的“共和”价值将不得不通过“民主”来体现，而不是像过去那样主要依赖于领袖们的智慧和美德。

美国宪法的设计者们什么都想到了，就是没想到“党”。他们挖空心思想要制衡的是“派”，正如麦迪逊在《联邦党人文集》第10篇里说的那样，一个更大规模的联邦政府可以有效地限制“宗派之争”。“派”与“党”的区别在于，“派”是为了某个比较单一的主张临时聚集起来的一拨人，它严重依赖某个领导者，在达到目的或领导者不能再领导的时候往往就烟消云散了；“党”有明确的、长远的目标，是系统的、永久的组织，它不会随着某个领导者的消失而消失。这样看来，联邦党更像“派”，共和党更像“党”，这是由汉密尔顿和杰斐逊的性格决定的。

汉密尔顿是“精英”的代表，他的天才成就了他，但同时也阻止了他与普通人的交流。如一位学者所说：他从来没有跟美国人民融为一体。这位来自社会底层的“国父”，只在乎精英阶层的认可，根本不屑于向普通民众解释他的主张：解释了你们也听不懂，瞎耽误工夫。反正我是最棒的，你们听我的就对了！尽管历史证明了他的正确，但他没得到人民的支持和理解。联邦党从来没像共和党那样扎扎实实地建立基层组织，而是严重依赖华盛顿的支持和汉密尔顿的判断力。当这两样都出问题时，联邦党就死定了。杰斐逊的共和党虽然不像现代的政党那样组织严密，但他和麦迪逊在全国都建了支部，第一个支部竟然建在联邦党的大本营纽约。共和党领袖特别在乎民意，顺民意而动。对错不重要，选票才重要，他们已非常接近现代的政治规则了。出身上流社会的杰斐逊和麦迪逊愿意放下身段，亲近人民，不管他们的真实目的是什么，他们得到人民的拥护是理所当然的。也许，命中注定，“党”必定战胜“派”。那么，那部忽视了“党”的宪法怎样在“政党政治”中生存下去呢？它又怎样在强大的政党面前维持对权力的制约与平衡？这些问题的答案花了美国人二百年的时间，而这一切都起源于 1800 年的大选。

1800 年，人类走进 19 世纪。但是，就在新世纪降临之前的两个星期，1799 年 12 月 14 日，67 岁的乔治 · 华盛顿离开了人世。本来，他不应该走得这么早。12 日，他偶染风寒，出现炎症。仔细调理不是什么大问题，但那时候的医生只会做一件事：放血。结果，在他身体里的血被放掉将近一半时，他彻底垮了。他走得很从容，也很勇敢。他在遗嘱中释放了他名下所有的奴隶。跟整天嚷嚷着人人平等却到死都没释放过一个奴隶的杰斐逊比起来（他只释放了他的几个私生子），华盛顿是“讷于言而敏于行”的君子。当他去世的消息传到波士顿，在没有任何人组织的情况下，两个小时之内，所有的店铺都关了门，整个城市瞬间陷入死一般的寂静和沉痛的悲哀。在费城，众议员马歇尔代表国会向华盛顿致颂词。他引用华盛顿的老战友亨

利 · 李将军的那句著名的话：他是“战争中的第一人，和平中的第一人，他同胞心中的第一人”。这位带领美国走过四分之一世纪的领袖，终于没看到新世纪的曙光，但他身后的国家将在新世纪里走向辉煌。也许，正因如此，他从人变成了神，变成了画像、雕塑、纪念碑，没有缺点，没有感情，没有个性。他似乎也刻意塑造了这样的自己。当一位画家企图让他敞开心扉以便捕捉到他的神韵（你可以在一美元钞票上看到这位画家为他画的像），他拒绝了。画家抗议道：“你应该让我忘记你是华盛顿将军而我是个画家。”华盛顿冷冷地说：“你不应该忘记你是谁或谁是华盛顿将军。”他就这样冷漠地面对世界，但世界永远无法忘记他。对于真正了解他的人来说，一切都是那么简单。阿比盖尔 · 亚当斯的一句话应该是对面具下的他最好的总结：“简单的真相就是对他最好、最伟大的颂歌。”那个会哭、会笑、会闹、会跳舞、会追女人、会发脾气、会爱、会恨、会嫉妒、会发疯、会温柔、会伤心、会沉默的人，那个压抑着自己强烈情感的人，那个曾让每个人感受到他的存在的人，他真的来过，真的在这个星球上走过。这，就是简单的真相。

华盛顿的去世是对联邦党的沉重打击，杰斐逊说：他们再也没法躲在华盛顿的影子里了。当他们独自面对“党争”时才发现，他们已经失去了太多。其实，从亚当斯成为总统的第一天起，斗争就到了让人难以忍受的地步。费城的政客们因党派而互相为敌，本来的熟人、朋友在大街上若远远地看见都会赶紧躲开，换条路走，就怕见面打招呼。只有在迎面撞上、无处可躲的情况下，大家才会手触帽檐勉强行个礼。人性被如此扭曲，两党之间的你死我活可见一斑。当然，联邦党的困境主要是自己造成的，那个臭名昭著的《处置外侨与煽动叛乱法》基本上为他们敲响了丧钟。尽管亚当斯在外交上取得了重大成就，但胜利来得太晚了。共和党告诉人们："选亚当斯就是选战争，选杰斐逊就是选和平。"这真是超讽刺。事实是：亚当斯与法国签的条约为美国赢得了和平，而杰斐逊上台后拒绝与英国续签和约，直接导致了 1812 年的战争。但是，没有人能掐会算，谁说得漂亮咱听谁的。此时此刻，杰斐逊是众望所归。

如果说，华盛顿是神，那么，杰斐逊就是谜。他的世界你真的不懂。不仅因为这位"人民的人"过着贵族般的生活，不仅因为他的奢侈是建立在奴隶的劳动和巨额债务上，不仅因为他声称相信普通人的智慧却从来不曾真正与普通人交往过，不仅因为他作为《独立宣言》的作者却在独立战争中没有开过一枪，不仅因为他高喊着自由却在入侵的英军面前仓皇逃窜，不仅因为他反对"党争"却建立了美国第一个政党，不仅因为他崇尚和谐却支持血流成河的法国革命，不仅因为他强调州权却在上台后大大加强了联邦政府的权力，不仅因为他反对中央银行却利用它成就了自己最辉煌的政绩，不仅因为他说的和做的完全不在同一个频道，也不仅因为他的原则和行为分别属于两个世界。

这个谜更重要的表现是他对上级和朋友的背叛。他给华盛顿当国务卿时处处与华盛顿作对；他给亚当斯当副总统时做的唯一的事就是把亚当斯赶下台。于公，他对总统不忠；于私，他对朋友不义。但是，他真诚地相信，华盛顿和亚当斯背叛了共和原则，把美国领上了歧途，他要拯救这个国家；他也真诚地相信，为了崇高的理想可以不择手段。他是能够带着这些信念过测谎仪的。最奇怪的是，后世似乎更在乎他说了什么和写了什么，而不是做了什么，他的历史地位似乎完全建立在那 55 个闪闪发光的英文单词上（“我们认为下面这些真理是不言而喻的……”）。你见过这么幸运的谜吗？

共和党开足了火力猛轰亚当斯，而亚当斯好像天生就是活靶了。他似乎承担了所有本不应该完全由他承担的罪责（比如《处置外侨与煽动叛乱法》），但同时，他没有得到任何本该完全属于他功绩（比如与法国的和约）。共和党说他想当国王，大家就信，为什么呢？因为他有儿子。说来也巧，美国前五位总统中，除了亚当斯，其余四位或者没孩子，或者只有女儿。只有亚当斯有儿子，而且他儿子后来还真成了总统，可见男性继承人有多可怕。也不能怪革命人民警惕性高，反正，总统有儿子非社稷之福，你让亚当斯到哪说理去？带着“原罪”的亚当斯，倒霉就倒霉在他交了个好朋友杰斐逊，因为这个好朋友还有个更好的朋友麦迪逊。在亚当斯任总统期间，麦迪逊已经从众议院退休回家了，这给了他更多的时间和精力领导共和党全力对付亚当斯。

麦迪逊跟亚当斯没有私交，他整起亚当斯来可不讲一点情面。问题是，麦迪逊凭空造出来的那些话即使他自己信，杰斐逊也不应该信，因为他太了解亚当斯的为人了。你可以说亚当斯不是个出色的总统，但你不能说他不是个出色的人。他的诚实、正直、坚毅，他高尚的道德，在“国父”群里绝对是数一数二的，他的人品完美无瑕。然而，杰斐逊一句都没为亚当斯辩解，他听凭麦迪逊和他的党用最恶毒的语言攻击他的朋友。不仅如此，他身为副总统，居然花钱买通那个叫詹姆斯·卡伦德的著名记者，向他透露政府机密，还让他污蔑亚当斯要跟法国开战，然后当终身总统。还记得卡伦德吗？汉密尔顿的“雷诺兹丑闻”是他曝光的，现在又造亚当斯的谣。根据《惩治煽动叛乱法》，他被判 9 个月监禁。他在蹲监狱的时候好像忽然想明白了很多事，向杰斐逊要更多的钱。杰斐逊不给，他就到处说是杰斐逊让他写文章骂亚当斯的。杰斐逊不承认，他干脆把杰斐逊当初写给他的信登在报纸上。在铁证面前，杰斐逊忽然得了“失忆症”，完全认不出他的亲笔信。在今天，副总统贿赂媒体诽谤总统是重罪，但杰斐逊的时代法制不健全，没人把他怎么样，这顶多是个道德问题，他顶多让亚当斯伤透了心。

当然，联邦党也不是什么好人，他们像共和党一样恶毒，杰斐逊在联邦党的笔下同样十恶不赦。有趣的是，共和党给亚当斯造的谣一点谱都没有，完全靠想象力，但联邦党给杰斐逊造的谣多多少少是有影的。原因很简单，亚当斯除了有时出言不慎，没什么别的毛病，而杰斐逊干的见不得人的事太多，小辫子一抓一大把，都不用编造。比如，联邦党说，杰斐逊与他的奴隶有染。杰斐逊打死不承认，长期以来历史学家们也认为这是谣言，直到 1998 年，科学家通过 DNA 比对才证明了此事不虚。不管怎样，亚当斯本人从来没用任何方式对杰斐逊进行人身攻击，他只抨击他的政治观点。私下里，他甚至骂那些激进的联邦党人说，杰斐逊比你们这帮人高尚，我宁可给他当副总统！这是亚当斯的悲剧所在：他的头号敌人竟然不是杰斐逊，而是汉密尔顿。他宁愿败给杰斐逊，也不愿与汉密尔顿妥协。

此时的联邦党基本上分裂为两派：团结在汉密尔顿周围的“保守派”或“右派”，和以亚当斯为代表的“温和派”。这两派自己先干上了，怎么可能一致对外？他们连应不应该推举亚当斯为总统候选人都没搞定（汉密尔顿想推平克尼），你还指望他们全力支持亚当斯吗？汉密尔顿铁了心要把亚当斯拉下台，他甚至发表文章攻击亚当斯，由此可见联邦党组织的松散和汉密尔顿的任性。华盛顿在的时候，有华盛顿给他把关，他出不了什么岔子。现在，华盛顿走了，没人拦得住他，汉密尔顿在判断力上的缺陷再配上他超人的能量，对亚当斯和联邦党的打击是致命的。

你也许会问，汉密尔顿自己咋不想当总统呢？说他完全不想是不可能的，但他从来没公开表达过这个愿望。学者们的分析是：“雷诺兹丑闻”是一个原因，他不愿放弃他的法律业务和他对家庭的承诺也是一个原因。但更重要的原因是，他的观点太鲜明、太前卫，他本人又太骄傲、太强势，不管他多么正确，在民主意识已经苏醒的大众面前，他得不到支持。他不在乎民意，但民意能决定他的前途。他和亚当斯极为相似，他们都是孤独的行者，他们只想做他们认为对的事，而不一定是人民想要他们做的事。民意不是真理，因为真理更愿意停留在少数人手中。人民往往要为他们的选择付出代价，有时是非常惨痛的代价，但这就是民主政治的规则。人民需要成长，政治家也需要成长。不懂规则又拒绝成长的汉密尔顿和亚当斯依然沉浸在“精英政治”的梦里，在他们的梦醒时分，世界已变得不同。

腹背受敌的亚当斯在大选中落败不是悬念，但他的成绩却出人意料的好。经过一整年的厮杀，到 1800 年 12 月，最后的结果终于出来了。在没有南方和西部的支持又丢了纽约的情况下，亚当斯得了 65 票，只比杰斐逊少 8 票。这 8 票来自南卡罗来纳。本来，南卡罗来纳是倾向于投联邦党的，但因联邦党的分裂，这 8 票飞了。杰斐逊之所以能领先，完全得益于纽约州，而纽约本是联邦党的地盘。两党在纽约的争夺非常激烈，亚当斯仅比杰斐逊少得 250 张普选票，但根据“胜者通吃”的原则，纽约的 12 张选举人票全归杰斐逊。如果亚当斯赢得纽约，他将以 71 票比 61 票领先，即使南卡罗来纳的 8 票投给杰斐逊，亚当斯还能赢；如果当初宪法没有“五分之三妥协案”，南方各州没有那么多选举人票，即使亚当斯失了纽约，他也能赢；如果签订美法和约的消息早来两个月，亚当斯几乎肯定能赢。我们说了太多的“如果”，历史不能假设，但亚当斯的成绩至少说明，在那么不利的情况下，他还是获得了充分的肯定，人们对他的尊敬与日俱增。他不是大家印象里的“跛脚总统”。美国人应该感到非常幸运，他们的第二位总统是亚当斯而不是杰斐逊。亚当斯政府也许没有华盛顿政府那么强大的创造力，但他忠诚地维护和坚持了华盛顿的对内对外政策，保证了联邦政府的延续性，使联邦党设计的框架更加稳固，以至于共和党上台之后无法从根本上动摇汉密尔顿的经济制度，也就无法让美国完全倒退回农业社会，尽管杰斐逊的理想就是把美国变成小农的天堂。

跟亚当斯比起来，费了那么大劲、本来应该势如破竹的杰斐逊成绩可不算好。不错，他得了第一名，但不意味着他肯定是总统，因为还有一位并列第一名，他就是阿伦·伯尔。伯尔的表现太有戏剧性了。可别小瞧纽约人伯尔，他的高贵出身没几个人比得上。他父亲老伯尔大主教是新泽西学院的创始人之一和第二任校长，他母亲艾斯特·伯尔是乔纳森·爱德华兹的女儿，爱德华兹就是“第一次大觉醒运动”时期那位著名的教士（参看 020《革命前夜》）。不幸的是，伯尔两岁的时候，他的父母就去世了，三岁时，他的外祖父、外祖母也去世了，他由叔叔养大成人。美国革命爆发后，他参加了大陆军，经历了“远征加拿大”、“纽约之战”、锻造山谷、“蒙莫斯之战”，因功升为中校。

退役后，他成为一位律师，在纽约市开始了自己非常成功的法律业务。那时候，他经常和纽约的另一位法律界新星汉密尔顿合作办案。汉密尔顿名气大，他的本事大伙已经领教过了。伯尔不服气，有机会就要争一争。有一次，一位客户请他们俩一起办个案子。两人说好，伯尔做开头的陈述，汉密尔顿做结尾的陈述。一般结尾比较重要，陪审团也记得住。伯尔下了苦功，把他那段辩词搞得天衣无缝、精彩绝伦。等到该汉密尔顿做总结时，破天荒第一次，也是唯一的一次，汉密尔顿表示："我无话可说。"能让汉密尔顿闭嘴真有点太阳从西边出来的感觉，可见伯尔的论证多么完美。

后来，伯尔像汉密尔顿一样投身政治。他们本来关系不错，直到1791年，伯尔击败汉密尔顿的岳父斯凯勒将军，当选联邦参议员，他与汉密尔顿就结下了梁子。汉密尔顿不是个小心眼儿的人，他不会单纯因为伯尔打败他岳父而生气，他与伯尔结仇是因为伯尔为了胜利不择手段。很多学者把伯尔称为美国的第一个"现代政客"。华盛顿、亚当斯、杰斐逊这些"老绅士"，从来不宣扬自己的野心，竞选都是羞羞答答的，不亲自出面。伯尔可不管这一套，他像现代的候选人一样到处推销自己。老一代"国父"们都是有理想的，君子有所为有所不为，但伯尔为达目的什么都敢干，完全颠覆了当时人对政治的理解。汉密尔顿虽然与伯尔是同龄人，但他是保守价值观的守护者，也是纽约政坛无可争辩的领袖。伯尔的迅速崛起不但触犯了他的利益，也触动了他的底线。汉密尔顿第一次发现，世界上还有比杰斐逊更可怕的敌人，他一定要除之而后快。

俗话说，“敌人的敌人就是我的朋友”。杰斐逊一看，竟然有人在汉密尔顿的老巢捣乱，太好了！咱得团结这样的力量。恰在此时，伯尔主动到蒙蒂塞洛找杰斐逊了。他告诉杰斐逊，如果你让我当你的竞选伙伴，我保证把纽约给你拿下。杰斐逊大喜过望，他发现，他根本不必担心伯尔到底属于哪个党，哪个党对他有利他就是哪个党，太现代了！虽然杰斐逊心里对这种反复无常的人有些芥蒂，但眼下顾不了这么多了，先赢了再说。于是，共和党推杰斐逊为总统候选人，伯尔为副总统候选人。可是，杰斐逊远远低估了伯尔的能量，再加上在宪法第十二修正案出现之前的那个“奇葩”选举法，最后的结果是，伯尔也得了 73 票，与杰斐逊并列第一。

根据宪法，在这种情况下，将由众议院投票决定他们俩谁是总统谁是副总统。此时的国会还在联邦党手中，鬼知道他们会选谁，反正联邦党是绝对不会痛痛快快地让杰斐逊当选的。哼，我就让你给这个小人当副总统，我恶心死你！伯尔如果是个厚道人，他此时就应该主动站出来说，我不想当总统，让给杰斐逊。不管怎么说杰斐逊也比他有资格，这是大家的期望。但是，伯尔偏不，他不出声，心里憋着劲儿要争总统。杰斐逊这下可真要搬起石头砸自己的脚了，他恨不得一头撞死。我给伯尔当副总统？这不是侮辱人吗？那还不如给亚当斯当副总统呢!

接下来的这段日子里，杰斐逊吃嘛嘛不香，郁闷死了。国会要到1801年2月才投票，一时间，京城中流言四起。有的说，伯尔已经与联邦党密谋好了，到时候联邦党议员会投他的票，他当选后会保护联邦党的利益；有的说，亚当斯总统看在老朋友的分上，愿意主动辞职，这样，副总统杰斐逊就可以直接当总统了；还有的说，杰斐逊与联邦党密谈，承诺保护公债持有者的利益，保留海军，不打扰现任公务员，以此换取联邦党的选票；等等。听上去要多热闹有多热闹。对于这些传言，杰斐逊后来矢口否认，他说他根本没跟联邦党做交易，他不会把自己的手脚捆起来进白宫。真真假假已经分不清了，伯尔和杰斐逊都不是省油的灯，也都不是待宰的羔羊，背后一点事没有是不可能的。

杰斐逊至少做了两件事。他找了一次亚当斯，希望亚当斯为他说两句话。亚当斯没好气地说：这事儿我管不着。你不是想当总统吗?接受联邦党提的条件不就得了？杰斐逊不干。1801年1月，杰斐逊拜访弗农山庄，祭奠华盛顿。华盛顿去世后，连英王乔治三世都让皇家海军降半旗致敬，连拿破仑都下令法军军官戴黑纱三个月表示哀悼，但身为副总统的杰斐逊从来没出现在任何纪念场合，也没为华盛顿说一句话。现在，他为了讨好联邦党，总算完成了这趟姗姗来迟的“朝圣之旅”。玛莎烦透了这场政治秀，从头到尾没给他好脸色。杰斐逊该折腾的都折腾了，但他可能做梦都没想到，最后出手救他的，是他的宿敌汉密尔顿。

1801 年 2 月 11 日，众议院开始投票选总统。那个“难产”程度似乎在大家意料之中，连投 35 轮都没能打破僵局，转眼一星期就过去了。这时，汉密尔顿说话了。他告诉联邦党的朋友们，杰斐逊和伯尔都不是好东西，但杰斐逊会是个比较好的总统，因为他会为美国人民谋福利，伯尔是完全没有底线的政客，他只会为自己谋福利。所以，两害相权取其轻吧。2 月 17 日，在第 36 轮投票中，杰斐逊终于胜出，成为第三位总统。当然，这个结果不一定是汉密尔顿一句话定的，中间应该有无数的争论和妥协，但汉密尔顿的影响力不可小觑。汉密尔顿搅黄了伯尔的总统梦，他与伯尔的仇越结越深。四年之后，他们终于上演了那场著名的决斗。

在亚当斯任总统的最后几个月里，他最重要的工作之一就是组织联邦政府迁入新都：哥伦比亚特区华盛顿市。经过十年的建设，这座还没完工的小城初具规模。道路还坑坑洼洼，建筑垃圾到处都是，能住人的房子很少，但总统府和国会大厦勉强可以使用了。这座城凝聚着华盛顿的心血，但他一天都没住过。亚当斯是第一位迁入白宫的总统，但那时候的白宫还不叫白宫，它叫“行政官邸”，它比现在的白宫小。尽管大家还在抱怨着这个鬼地方，但联邦政府总算有了永久的家。

亚当斯总统做的最后一件事是：召回驻普鲁士公使约翰·昆西·亚当斯。他的孩子该回家了。

1801 年 3 月 4 日是新总统的就职日。这一天凌晨 4 点，亚当斯坐着公共马车（就像今天的公共汽车）离开了首都华盛顿。他没有参加新总统的就职礼。在此后的 12 年里，他与杰斐逊没有交流过只言片语。但是，在他们生命的最后 10 年，友谊重新回到他们中间。他们用同样的精彩和深情为后世讲述了共和国的青葱岁月。仇恨被忘记，伤口被抚平，他们带着对彼此的思念在同一天离开人世。那一天，正好是他们的国家独立 50 周年。

中午 12 点刚过，杰斐逊从他住的旅馆里走出来。57 岁的他身高 1.9 米，长着栗色偏红的头发，看上去比亚当斯年轻得多，高大得多，也英俊得多。与前两位总统不同，他没有乘坐豪华的专用马车，而是步行来到国会山。这一路上礼炮齐鸣，人潮汹涌，所有的脸上都洋溢着发自内心的喜悦，他们在迎接一位“人民的总统”。最高法院首席大法官马歇尔主持了杰斐逊的就职典礼，一千多人挤在新建的参议院大厅，虔诚地聆听新总统的就职演说，这可能也是建国以来最重要的就职演说。杰斐逊做的事不一定让你感动，但他说的话绝对会让你热泪盈眶，因为他向你倾诉的，是和平与和解，是自由与宽容：

所有的人都应该牢记那个神圣的原则：多数人的意愿应该得到体

现，但少数人的权利也应该受到保护。同胞们，让我们团结在同一颗心中，让我们重建和谐与情感。没有爱，自由将离我们而去……不同的意见并不代表不同的原则。我们都是共和党人，我们都是联邦党人。如果我们中间有人想分裂联邦，有人想改变共和体制，那就随他们去吧，不要干扰他们，他们的安全正是宽容的见证，理性将享有充分的自由……

听上去真的好伟大，你应该知道杰斐逊为什么那么受欢迎了吧？他到底啥意思，我们以后再说。此时，杰斐逊豪情万丈地宣称：1800年的大选不是一场选举，而是一场革命。一个新的时代开始啦！从此，“一八〇〇年革命”这个词就走进历史教科书。至于这“革命”有多少水分，我们可以在后面的故事中慢慢探索。但是，这次大选把权力从一个政党和平传递到另一个政党手中，这是新大陆开天辟地第一次（前三次选举都属于“内部交接”）。针锋相对的两党，耍尽了阴谋，使尽了手段，但没有流血，没有杀戮，那个一直让人提心吊胆的共和体制好像一夜之间长大了。宪法经受住了第一次严峻的考验，成败双方都是英雄。从这一点上说，它是一场革命。

共和党在1800年不仅赢得了白宫，还赢得了国会，以秋风扫落叶之势走进19世纪。在这一党独大的天下，那还不是想咋折腾就咋折腾，谁管得了咱？但杰斐逊没想到，他的“革命”从一开始就遭遇顽强的阻击，他每走一步都要付出代价。是谁在满盘皆输的情况下坚守着最后一块阵地？他将怎样为一边倒的权力重新找到平衡？请看下一个故事 :《午夜将至》。

079

午 夜 将 至

在 1800 年大选中，联邦党惨败，丢了白宫，也丢了国会。“三权”中的两权——行政权和立法权，都是共和党的了，剩下那个谁也不曾当回事的司法权，也就是联邦最高法院，忽然变得重要起来。虽然此时的最高法院形同虚设，但聊胜于无。1801 年 1 月，被逼到墙角的亚当斯总统情急之下提名联邦党人、国务卿约翰 · 马歇尔出任最高法院首席大法官，只为保住这最后一权。这个看似偶然的决定改变了历史。这一年，马歇尔 45 岁，他是第四任首席大法官。他将是任职时间最长的首席大法官，在这个位置上一干就是 34 年，历经美国六位总统。这个时期的最高法院也叫“马歇尔法庭”。无论当时还是现在，无论在美国还是海外，马歇尔获得的盛誉仅次于华盛顿。有人说他定义了美国，有人说他挽救了美国。他让宪法从废墟中站起来，从迷雾中走出来。他让宪法变得不朽。亚当斯说：“马歇尔是我送给美国人民的礼物。”

毫无疑问，在他送这份大礼时，上帝就站在他身边。马歇尔的存在只说明一件事，那就是：天佑美国。

你也许对马歇尔的名字不太陌生，因为他有个非常著名的远房后代，就是二战时美军参谋长联席会议主席、后来的国务卿和“马歇尔计划”的设计者——乔治·马歇尔。这两位马歇尔都光芒万丈。现在，我们要先认识一下似乎只闻其名不见其人的首席大法官约翰·马歇尔。也许他的名声太大，也许他的成就太大，他好像遭遇了跟华盛顿同样的命运：他从人变成了符号和象征。就让我们看看那个面具下的真相吧，正如后世的首席大法官查尔斯·埃文斯·休斯说的那样：“他之所以卓越超群，是因为他是约翰·马歇尔。”就这么简单。

1755年，约翰·马歇尔生于弗吉尼亚州日耳曼城的一个小木屋里。他父亲托马斯·马歇尔是苏格兰移民的后裔，母亲玛丽·伊山·基斯是名门之后，来自弗吉尼亚的世家大族伦道夫家族。这对夫妇共生了15个孩子，约翰·马歇尔排行老大，下面有6个弟弟、8个妹妹。他后来表现出的管理技巧最早就是从帮助父母管理弟弟妹妹中学到的。日耳曼城在弗吉尼亚西部，是荒蛮之地。托马斯·马歇尔是土地勘测员，他与当时另一位勘测员是特别好的朋友，他们经常一起工作。这位朋友就是乔治·华盛顿。华盛顿常到这家来，跟孩子们很熟。那时候，托马斯·马歇尔的事业刚刚起步，没什么钱，全家挤在一个小木屋里。后来，华盛顿把他介绍给弗吉尼亚唯一的英国贵族，也是最大的地主费尔费克斯勋爵，他开始为费尔费克斯测量土地（华盛顿自己也为费尔费克斯勘测）。这是份报酬非常优厚的工作，他也像华盛顿那样渐渐有了积蓄，也有了土地。后来，他们一家搬到更靠西的地方，盖起更大的房子。约翰 · 马歇尔就是在这所房子里长大的。马歇尔一家与华盛顿一直保持着亲密的友谊，他也一直为费尔费克斯工作。这是约翰 · 马歇尔对华盛顿和费尔费克斯家族感情特别深的原因。

托马斯 · 马歇尔没钱让孩子们去学校，但他非常重视他们的学习，亲自教他们读书，要求很严。他对长子期望特别高，花的心血也特别多。约翰 · 马歇尔很小就在父亲的教导下读古罗马的哲学、政治学和法学著作。在那个年代，书是昂贵的奢侈品，一般人家买不起。但费尔费克斯勋爵对马歇尔一家很好，把自家的图书馆向马歇尔家的孩子们开放，他们可以自由地看书、借书，那是他们的天堂。马歇尔家的孩子无论男女个个勤奋好学，智商超群，据说这要归功于他们那聪慧的母亲，很多人认为约翰 · 马歇尔的好脑筋是从他母亲那里继承来的。他是个阳光男孩，活泼又友善，很爱笑，长得高大英俊，那双深深的黑眼睛总能吸引人们的目光。他身体非常棒，跑得特别快，常跟朋友们赛跑，没人比得过他。

约翰 · 马歇尔 14 岁时被送到离家一二百公里的坎贝尔学院学习，他的同学里就有未来的总统詹姆斯 · 门罗。门罗比马歇尔小三岁，他们就像亲兄弟一样。两个小伙伴每天要走几公里路去上学，他们胳膊下夹着书，肩上背着枪——荒野中的孩子们从小就要学会保护自己。短暂的求学经历让马歇尔与门罗成为终生的朋友，他们一起学习，一起从小帅哥长成大帅哥，一起参加大陆军，一起当选弗吉尼亚议会议员。在锻造山谷，他们在同一间木屋里度过了那个悲惨的冬天。门罗在邦联议会当议员时，把他在弗吉尼亚的所有私事都托给马歇尔处理。他们在州议会共事时，两人经常一起去酒吧喝酒、打牌、玩台球，形影不离。作为首席大法官，马歇尔给他的朋友主持了两次总统就职典礼，为他领读誓言。虽然他们属于不同的政党，但政治上的分歧没有影响他们的情义。门罗三天两头请马歇尔去白宫吃饭，把酒言欢。有一次，门罗可能想炫耀一下，从法国订制了一套高级陶瓷餐具，打算国宴上用。人家把货备好了，只等交钱取货。门罗找国会要钱。没想到，那一届国会议员都抠门得紧，说您能不能省省？俺没那个闲钱。总统先生要是想摆排场，自个儿掏腰包好了。门罗闹个大红脸，向马歇尔诉苦。马歇尔一看兄弟有难，不能不管。结果，马歇尔掏钱把那套瓷器买回来摆进自家餐厅，总算没让总统把脸丢到国外去。

在坎贝尔学院学了一年之后，马歇尔回到家，在一位教士的指导下继续学习。革命战争爆发后，20 岁的马歇尔和父亲一起参加了大陆军，任上尉军官。父子俩都非常勇敢，屡立战功，华盛顿对他们大加赞赏，特别喜欢老朋友的这个儿子。马歇尔的简单、真诚、幽默让所有的人都爱上他，跟他一起闹、一起笑，他走到哪都能交到一大堆朋友。在大陆军时，他经常长途行军，养成了暴走的习惯。直到将近八十岁高龄的时候，他仍然每天走上 10 公里，那可是急行军的速度。除非你想减肥，否则，绝对不要跟马歇尔一起“散步”，他非把你遛散架不可。在大陆军这几年的苦难艰辛也让年轻的马歇尔认识到一个强大的中央政府是多么重要，这是他后来成为联邦党人的起因。在他还没来得及变成弗吉尼亚人时，他已变成了美国人。他回忆在大陆军的那段日子时说：“我习惯了把美国当成我的国家，把国会当成我的政府。”

1780 年，马歇尔退役。他在威廉与玛丽学院跟着那位著名的乔治·韦斯学法律，当年就通过了律师资格考试（一般人需要三年）。韦斯也是杰斐逊的恩师，可是，他教出来的这两个徒弟对法治的理解完全不同。马歇尔从韦斯这儿得到的最大的收获是学到了英国著名法学家爱德华·库克和威廉·布莱克斯通的理论。库克是“司法审查”的先驱，认为法院有权判政府的法律违宪，甚至判至高无上的英国议会制定的法律违宪，这在当时是非常“逆天”的，因为从来没有人挑战过议会的权威。布莱克斯通是对新大陆影响最大的法学家，马歇尔的父亲很早就买了他的书让儿子读。英美法是海洋法系，也叫“普通法”或“判例法”。它不像大陆法那样有固定的法律条文，所谓的法律是由一个个案例积累起来的，前人的判例就是后人的法律。可想而知，学法律的学生多么辛苦，他们要记住浩如繁星的判例，痛苦得连上吊的心都有。可是，布莱克斯通说，这些案例并不是杂乱无章的，它们之间有共同的逻辑。你要先懂得这些逻辑再去查案例就轻松多了。马歇尔后来当律师最大的特点就是逻辑性超强，善于抓住事情的本质，这完全得益于布莱克斯通的理论。

1783 年 1 月 3 日，马歇尔与玛丽·维利斯·安布勒结婚。玛丽的昵称是“波莉”。这一年，马歇尔 27 岁，波莉差两个月到 17 岁。马歇尔第一次见到波莉时就被这个美丽的小姑娘深深地吸引，那时候，她只有 14 岁。马歇尔苦追苦等了将近三年。他在威廉与玛丽学院学习的时候，时不时地会“走神儿”，做课堂笔记时情不自禁地在空隙处写上波莉的名字，一遍又一遍。1782 年，马歇尔向波莉求婚。可是，16 岁的波莉似乎还没做好准备，拒绝了他。马歇尔伤心地骑上马离开波莉家。波莉在门口默默地望着他远去的背影，当他从她的视线中消失时，她忽然大哭起来，怎么也止不住，她知道自己犯了个错误。她堂哥赶紧安慰她，趁她不注意，剪了她的一缕头发，然后快马加鞭去追马歇尔，把头发交给他。马歇尔深受感动，又回到波莉身边，终于抱得美人归。他们 49 年的婚姻很甜蜜，一共生了 10 个孩子，但只有 6 个长大成人（5 男 1 女）。波莉把那缕挽回马歇尔的头发放进一个像坠子一样的小金盒里（一般是放微型画像用的），当作项链戴在脖子上，一天都没解下过。她去世后，马歇尔又把它戴在自己脖子上，直到生命的最后一天。有人说马歇尔可能也剪了自己的一缕头发，与波莉的头发合在一起。他终其一生对波莉一往情深，在他的墓志铭上，他提及的唯一的人生大事就是与波莉结婚，其他的好像都不重要。

马歇尔与波莉结婚后把家安在弗吉尼亚的首府里士满，那也是波莉的娘家所在地。波莉的父亲杰克林·安布勒是个成功的商人，担任弗吉尼亚州财务总长二十多年，是弗吉尼亚最有权势的人之一。马歇尔年纪轻轻就当选州议员和州评议会委员，不能不说是得益于岳父的帮助。在参与政治的同时，他还开了自己的律师事务所。1785—1800年的15年间，马歇尔的法律业务红红火火，简直忙不过来，他是弗吉尼亚最大牌的律师之一。他是个很随意的人，不像其他律师那样衣着光鲜，即使在当了首席大法官之后，里士满人还经常看到他穿着休闲的衣服提着篮子到市场买菜和日用品，可以想见他年轻时多么不修边幅。可是，人们对一个律师能力的判断往往是从他的行头上着眼的。有一次，一位先生到里士满找律师办事。很多人向他推荐马歇尔，但是，他看到马歇尔的衣着后觉得不满意。于是，他找了个穿得漂亮的律师。开庭的时候，因为这位先生的案子排得比较靠后，他就坐在旁听席上听前面那些案子的审理。马歇尔刚好代理前面的一个案子。在听完马歇尔精彩的陈述之后，这位先生意识到自己的错误。他对马歇尔说：对不起，我看错人了。我一共带了100英镑，给了那个律师95镑，只剩下5镑。你愿意接受这5镑并代理我的案子吗？马歇尔有点哭笑不得，但他还是答应了。他本就很豁达、乐观、开朗，不计较小事，碰上弱势群体还会免费帮人家打官司呢。

看上去，马歇尔的人生有了个很不错的开始，当着议员和律师，娶了富家女，事业家庭两不误。他相貌好、身体好、脑子好、人品好、性格好，人们从这个“五好青年”身上只看到俩字：完美。要是评“美国好男人”，甭管哪个时代，马歇尔都能得冠军。但是，这个完美得一塌糊涂的人有一个一生都甩不掉的“心结”，或者说，“缺点”。用一位历史学家的话说：“这个伟大的人养成了一个弱点。他的生命是那么单纯，他的心胸是那么宽广，他的法律思维是那么清晰、坚定，他被像偶像一样地崇拜着……那么优秀又随和的人却纠缠于一个根深蒂固的偏见：他厌恶托马斯·杰斐逊……任何辩解或恳求都无法改变他的看法，那就是：杰斐逊不是个诚实的人。”马歇尔自己也说：“我从来不相信他（杰斐逊）的无辜，从来不认为他是个睿智、成熟、务实的政治家。我从来没改变过这个观点。”当然，杰斐逊对马歇尔的厌恶也是对等的，他们“共享”对彼此的感情。杰斐逊觉得，马歇尔是伪君子，还整天胡思乱想。马歇尔觉得，杰斐逊言行不一致，表里不如一，不值得信任。在他们相处的那些年里，杰斐逊算是被马歇尔整怕了，以至于他在给一位朋友的信中是这样描述他与马歇尔打交道的“经验”的：“我跟马歇尔谈话的时候，绝对不承认任何事情。你要是告诉他你的立场，不管这和他想得到的结论相距多远，你就算完了。他那套诡辩术太吓人了，只要你给他确切的答案，他就会逼着你接受他的结论。所以，如果他问我：‘现在是白天吗？’我会回答：‘我不知道，我看不出来。’”不要以为杰斐逊在开玩笑。他毫无幽默感，从来不开玩笑，他是认真的。反正，杰斐逊一见马歇尔就头晕，马歇尔一见杰斐逊就想吐，快成条件反射了。

从性格上看，杰斐逊和马歇尔没有冲突。杰斐逊是个非常温柔的男人，脾气好得不得了，说话轻声细语，从不跟人吵架，他不可能找马歇尔的碴儿。马歇尔非常大气、成熟、幽默、豪爽，一天到晚高高兴兴的，经常招呼一帮子人连吃带喝还玩游戏，那笑声足以征服所有的心。他从不对人大喊大叫，有时候气急了说几句重话还不忘了道歉，很绅士。从政治上看，杰斐逊与汉密尔顿为敌完全可以理解，因为汉密尔顿实在太强势了。马歇尔虽然也很强势，但他不像汉密尔顿那么“轴”。他很低调，善于进取，更善于妥协。他从不让政治成为友情的障碍，特别擅长跟政敌做朋友，他与其他共和党领袖，比如麦迪逊和门罗，关系都很好。总之，马歇尔没有敌人，他能跟全世界交朋友。杰斐逊是唯一的例外。

这俩到底中了什么邪呢？他们如此不和已经够奇怪的了，更不可思议的是，他们还是表兄弟：他们都是伦道夫家族的后代。马歇尔的外曾祖父托马斯·伦道夫和杰斐逊的外祖父伊山·伦道夫是亲兄弟，按照这个关系，杰斐逊应该是马歇尔的表舅，但所有的学者都说他是马歇尔的表哥（他比马歇尔大 12 岁），那就算表兄弟吧，反正西方人在亲属关系方面不那么严谨。伦道夫家还有两个跟他们同辈的著名的表兄弟——埃德蒙·伦道夫和亨利·李。李的外号是“轻骑哈利·李”，因为他在大陆军中统率华盛顿的骑兵。“轻骑哈利·李”是内战时南军总司令罗伯特·李将军的父亲。埃德蒙·伦道夫的祖父约翰·伦道夫、“轻骑哈利·李”的外曾祖父威廉·伦道夫与托马斯·伦道夫、伊山·伦道夫也是亲兄弟。所以，马歇尔与杰斐逊和其他那两位表兄弟的血缘是很近的。可是，他与杰斐逊的仇怨似乎也跟伦道夫家族的血脉有一点点关系。

马歇尔的外祖母玛丽·伊山·伦道夫是个聪明又叛逆的女孩。她十六七岁时爱上父亲庄园里的一个爱尔兰人，遭到家庭的反对，她就跟那人私奔了，跑到一个小岛上躲起来，还生了个孩子。可是，伦道夫家族查到他们的踪迹，冲到岛上，杀死了她的爱人和婴儿，把她强行带回庄园。玛丽几乎陷入疯狂，在家族的精心调理和严密监视下才渐渐恢复健康。后来，她又爱上詹姆斯·基斯主教，家里还是不同意。财大势大的伦道夫家族逼着基斯辞职，搬到别的教区。玛丽不依不饶，死活要嫁给基斯。最后，她父亲只好妥协，允许他们结婚，但基本上就像把她赶出家门。玛丽与基斯的女儿，玛丽·伊山·基斯，就是马歇尔的母亲。马歇尔很少提及自己与伦道夫家族的渊源，这是可以理解的。与他形成鲜明对比的是杰斐逊，他对自己的伦道夫血统津津乐道。倒不是因为他有攀龙附凤的心理，而是因为他确实跟外祖父家有感情。他父亲彼得·杰斐逊曾帮着管理伦道夫庄园，杰斐逊小时候就住在马歇尔的外祖母长大的那座庄园里，一直到10岁左右才离开。杰斐逊拥有一个花团锦簇的童年，享尽富贵与荣华。马歇尔则在荒野中长大，历尽人世艰辛。虽然流着同样的血，但一个是正儿八经的豪门少爷，另一个像是被大家族抛弃的野孩子。这些不同的际遇多多少少会造成点心理影响。

巧的是，马歇尔的岳母——丽贝卡·波维尔，本来是杰斐逊追求的对象，两人都快到谈婚论嫁的地步了。但丽贝卡最后甩了杰斐逊，嫁给杰克林·安布勒。丽贝卡经常当着马歇尔的面谈论杰斐逊的种种不是，你只要听听今天的姑娘们是怎样数落她们的前男友的，就知道那都是些什么话了。马歇尔就算再客观也架不住天天听岳母唠叨，他对杰斐逊的印象能好了才怪呢。当然，这部听上去像狗血剧的“豪门恩怨”并不是马歇尔讨厌杰斐逊的主要原因。事实上，伦道夫家的表兄弟们还是很友爱的。当初，杰斐逊决定投身政治时，把自己的客户都转给埃德蒙·伦道夫，使其很快就成了大律师。埃德蒙·伦道夫全职搞政治时又把他的客户都转给马歇尔，让马歇尔少奋斗好几年。而且，伦道夫家族的案子，特别是人命大案，都找马歇尔办，马歇尔也全心全意地维护伦道夫家的声誉，祖辈的故事似乎没有影响子孙间的信任和友谊。

马歇尔瞧不上杰斐逊的真正原因应该有两个：一是杰斐逊没为独

立战争出过力。那时候，伦道夫家族的弟兄们，包括马歇尔本人，像所有的热血男儿一样都参加了大陆军，为革命流血流汗，只有杰斐逊猫在家里。他当州长时连英军的影子都没看见就抱头鼠窜，这不是胆小鬼是什么？一篇《独立宣言》把大伙都“忽悠”上了战场，作者本人却躲得干净。正因为杰斐逊没有经历过大陆军的苦难，他对软弱的中央政府没有体会，才会不遗余力地维护州的利益，生怕联邦政府太强大。马歇尔就看不惯这种光说不练的人。二是杰斐逊诋毁马歇尔最崇敬的人——华盛顿。华盛顿对马歇尔来说可不只是总司令和总统，还是他的父亲和道德楷模，谁说华盛顿的坏话他跟谁急。1795 年，《杰伊条约》签订后，杰斐逊在给他的意大利朋友菲利普 · 马泽伊的信中说华盛顿被英国收买了。虽然他没指名道姓，但他用的比喻太明显了，话说得又特别难听，任何人都不会误会他的意思。结果，这封信被登在欧洲的报纸上，又传回美国，大家都知道了杰斐逊对华盛顿的真实态度。“马泽伊信件”让华盛顿与杰斐逊绝交，也让马歇尔一辈子都无法原谅杰斐逊。

伴随着跟杰斐逊与共和党的斗争，马歇尔在他的政治旅途上走过一程又一程。他最初表现出联邦党倾向是在 1788 年弗吉尼亚州批准宪法的大会上。他与詹姆斯 · 麦迪逊、埃德蒙 · 伦道夫、埃德蒙 · 彭德尔顿合作，击败了以帕特里克 · 亨利和乔治 · 梅森为代表的“反联邦党人”，使弗吉尼亚州接受了美国宪法。马歇尔在辩论中表现出的严谨的逻辑和灵活的妥协方案让所有的人印象深刻。也就是在这段时间，他与其他联邦党领袖，比如汉密尔顿和古弗纳·莫里斯，建立起稳固的联系和亲密的友谊。此后，他成为弗吉尼亚的联邦党领袖，在“威士忌叛乱”和《杰伊条约》引起的纠纷和骚乱中，马歇尔在里士满的报纸上发表了很多文章，坚定地支持和维护华盛顿的决策。当时，在报纸上与马歇尔展开激烈辩论的是他的好朋友门罗。门罗是杰斐逊的学生（他跟杰斐逊学过三年法律），也是他的信徒，激进的共和党人。即使在共和党内，除了杰斐逊，没有人比门罗更“左”。幸好他与马歇尔因为友情深厚还没发展到人身攻击的地步。

1795 年，华盛顿总统提名马歇尔接替伦道夫出任联邦政府总检察长，但他拒绝了总统的邀请。1796 年，华盛顿想任命他为驻法公使，马歇尔再次拒绝。倒不是因为他不想为总统效力，而是因为他不愿离开里士满，也不愿放弃他的法律业务。波莉身体不好，不可能跟着他到处奔波，他不能把她一个人丢在家里。当律师是他养家糊口的唯一手段。他虽然拥有土地，但没有像华盛顿、杰斐逊家那样的大农庄，也就没有相对独立的经济来源。总检察长在当时不算个全职工作，只是总统的法律顾问，事情不多，工资也不高，马歇尔不想为了这个工作放弃自己的业务。

1797 年，亚当斯总统任命马歇尔为三位赴法谈判代表之一，也就是后来发展成“XYZ 事件”的那次谈判。马歇尔接受了邀请，主要是因为他觉得这是个临时的差事，顶多半年就回来了，不碍事。其实，亚当斯从来没见过马歇尔，根本不认识他。但因为马歇尔是弗吉尼亚的联邦党领袖，名声很大，亚当斯想要一个联邦党人兼弗吉尼亚人，马歇尔再合适不过了。马歇尔去费城的途中拜访了弗农山庄，向华盛顿请教谈判应该注意的事情。华盛顿见到马歇尔可高兴了，就跟见到自己的孩子似的，拉着他说了两天两夜。在费城，马歇尔第一次见到亚当斯。两人好像前世有缘，第一眼就“爱”上对方，真是相见恨晚。后来的事情大家都知道了，法国官员的索贿行为使谈判破裂，引发“准战争”。马歇尔在“XYZ 事件”中的出色表现使他成为民族英雄。1798 年 6 月，他回国的船在纽约靠岸时，整个城市恨不得都到码头上迎接他。联邦党的激进派、温和派以及共和党三方势力都想从他嘴里套实情，都想知道他的态度。是战还是和，这是个问题，也是各方可以用来达到自己政治目的的工具。面对各种聚会、宴会、舞会的邀请，马歇尔说：对不起，我不能在纽约久留。我要马上回费城向总统汇报。他没向任何人透露谈判细节，把第一手材料都给了亚当斯。他认为美法之间的战争可以避免，为后来亚当斯总统重启和谈埋下伏笔。马歇尔在费城受到的欢迎比纽约有过之而无不及，连杰斐逊听说马歇尔回来都推迟了回蒙蒂塞洛的计划，只为有机会跟他谈谈。可是，杰斐逊两次拜访马歇尔住的旅馆，马歇尔都碰巧不在。杰斐逊很遗憾地给马歇尔留了张纸条就回弗吉尼亚了。他本来想写“两次拜访都很不幸没见到你”，结果一不留神把“不幸”写成“幸运”。他发现了这个错误，懒得把字条重新写一遍，就在“幸运”前面加上“不”，但一看就是另外加的，与原来的字体不一致。马歇尔看到纸条哈哈一笑，说“这可能是杰斐逊最接近说真话的一次”。他让人给杰斐逊捎了个信儿，感谢副总统先生大驾光临。

马歇尔回弗吉尼亚不久，两党就开始为1799年4月的中期选举（国会选举）紧锣密鼓地做准备了。马歇尔刚刚回归正常的生活，一点也没觉得这件事跟他有什么关系。到此为止，除了“XYZ事件”，他还没涉足过联邦政府的事情，他所有的政治资历都在弗吉尼亚。可是，他不知道，他在弗吉尼亚的日子已经屈指可数了。1798年8月，马歇尔给华盛顿写了封信，说他9月要去弗里德里克郡出庭，路过弗农山庄，到时候去拜访他。马歇尔一般只要有机会就去看看华盛顿，他从小就跟华盛顿很亲。华盛顿接到信特别兴奋，赶紧写信告诉他侄子布什罗德·华盛顿，说你也一块儿过来，我有事跟你们谈。布什罗德是华盛顿最喜欢的侄子，他父亲是华盛顿的弟弟。华盛顿和玛莎去世后，布什罗德成为弗农山庄的主人。此时，布什罗德住在里士满，跟马歇尔是特别要好的朋友。后来，他被亚当斯总统提名为最高法院大法官，与马歇尔共事了28年，是马歇尔最坚定的盟友。

9月3日，马歇尔和布什罗德来到弗农山庄，他们在那儿住了三天。这三天中，华盛顿没聊别的事，就是鼓励这俩参加中期选举，竞选众议员。布什罗德是个乖孩子，伯父指哪他打哪，很快就答应了。马歇尔可不干。华盛顿磨破了嘴皮子，马歇尔就是不松口。他的理由只有一个：我要养老婆孩子，众议员那点工资不够花的。马歇尔的经济状况其实没有他说的那么紧张，毕竟当了十来年弗吉尼亚收入最高的律师，积蓄还是有不少的。他就是不想离开里士满。到了第四天早晨，马歇尔天不亮就起来了。他想趁着华盛顿还没睡醒，悄悄地溜出弗农山庄，省得再跟老头拌嘴。等他轻手轻脚地打开门出去，却发现华盛顿已经在外面等着他了。华盛顿是玩“金蝉脱壳”的高手，他早就看透了马歇尔的心思。这个故事的另一个版本是，这天早上，为了感动马歇尔，华盛顿不但起了个大早，还穿上了他当总司令时的军装，提醒他为国家服务的精神。总而言之，马歇尔没跑掉，他终于投降了。这可是华盛顿在求他，再拒绝就不合情理了。马歇尔后来回忆这一刻时说：“这是我一生中最有趣的一次谈话。他用他自己的经历感动了我……”这次谈话一年多以后，华盛顿就去世了。马歇尔每当想到此处，眼里都会闪着泪光。

马歇尔一诺千金，全力以赴地竞选里士满地区的联邦众议员。弗吉尼亚是共和党的天下，里士满地区现任众议员是共和党人，威信也挺高，击败他谈何容易。但是，马歇尔有华盛顿的背书，更重要的是，他得到了弗吉尼亚政坛的“教父”帕特里克·亨利的支持。亨利曾五任州长，口才天下无敌（还记得“不自由，毋宁死”吗？），他说啥大家信啥。亨利本是坚定的“反联邦党人”，他的政治观点属于共和党。但他像马歇尔一样讨厌杰斐逊，而且他跟马歇尔一块儿办过很多案子，特别欣赏他。亨利给里士满的朋友写信说：“告诉马歇尔，我爱他！”这句话立刻传遍里士满，成了马歇尔的制胜法宝。马歇尔公开反对《处置外侨与煽动叛乱法》，这种勇气也为他赢得了温和的共和党人的支持。最后，马歇尔以114票的微弱多数赢得了这个议员席位，在共和党占绝对优势的弗吉尼亚，这个胜利实属不易。很多人投马歇尔的票根本不是冲着他的政治观点，而是冲着他这个人。他的个人魅力再次帮了他的忙。

联邦党在1799年的中期选举中大胜，在第六届国会中牢牢地控制了参、众两院。马歇尔就像一股清新的风吹进众议院，他雄辩的逻辑、出众的口才、稳重的作风很快就让他成为联邦党温和派的领袖，他是亚当斯总统最有力的支持者。马歇尔并不是故意维护亚当斯，他的政治观点刚好与亚当斯的非常吻合。共和党为了1800年的大选不停地攻击亚当斯，在国会中只要有机会就给他下绊子。1800年2月，一件小事让共和党抓住了把柄。有一个叫托马斯·纳什的英国人，涉嫌参与英国军舰上的一桩杀人案。多年隐姓埋名地逃亡之后，他于1799年年初在南卡罗来纳被捕。根据《杰伊条约》，他应该被引渡回英国。纳什说，我不是英国人，我是美国人，叫乔纳森·罗宾斯，当年我是被强行抓到英国军舰上服务的。但是，他又没有确凿的证据证明自己的美国人身份。英国向美国抗议，坚决要求引渡。南卡罗来纳的法官说，没有国务部的批示我们不能交人。国务部向总统请示，亚当斯于 1799 年 5 月批准引渡，把纳什（“罗宾斯”）交给皇家海军。纳什被送上军事法庭，判处绞刑。

纳什的死讯立刻传遍美国，共和党先说亚当斯把无辜的美国公民“罗宾斯”送去英国处死是为了讨好英国。当他们无法找出“罗宾斯”是美国公民的证据后，共和党议员提议谴责亚当斯总统干涉司法权，妨碍司法独立，因为这件事应该由法院处理。整整两个星期，众议院什么都没干，揪住这件事辩论来辩论去，也不表决，好像就要这样无休无止地闹下去。共和党想借此事占领舆论阵地，为大选造势。3 月 7 日，马歇尔终于忍无可忍，他站起来说了三个小时，彻底让共和党议员封了口。他说：“司法案件是由诉讼双方的争议引起的，只有司法案件才应由法院处理。如果司法权延伸到宪法和条约涉及的每一个问题，它就会干涉立法权和行政权，三权分立何在？司法独立又何在？”马歇尔在政治问题和司法问题之间画了一道分界线。他说，法院管司法问题，政府管政治问题。“引渡”是政治问题，当然要由总统决定，他一点也没越权，你们瞎嚷嚷什么？马歇尔在关于“罗宾斯案”中的这段演讲中总结了他的司法观，这些观点将在此后的判例中一再体现出来。比如，在著名的“马伯里诉麦迪逊案”中，马歇尔在强调最高法院有权判定国会的立法是否违宪的同时，也强调了法院的职责仅限于司法领域，它不能决定政府的决策是否正确。国会和总统在行使自己的职权时，即使决策失误也不应受到法律的制裁。再比如，20 世纪六七十年代，美国深陷“越南战争”，反战浪潮风起云涌。很多人状告美国政府，说它滥用宪法赋予的权力。最高法院对这种诉状的态度是：法院不能审理这样的案子，因为这是政治问题。它引用的观点就是马歇尔在“罗宾斯案”中阐述的。越南战争让几万美国儿郎为了非正义的目的战死他乡，你能把艾森豪威尔总统抓起来枪毙吗?

马歇尔在结束了他三个小时的演讲之后，共和党议员聚在他们的领袖周围，催着他赶紧反驳。他说：“先生们，你们自己上吧。我认为他的观点无法辩驳。”就这样，马歇尔让闹腾了两个多星期的国会安静下来，开始干点正经事。亚当斯很高兴，对马歇尔另眼相看。1800 年 5 月 7 日，在逼着战争部长麦克亨利辞职之后，亚当斯提名马歇尔出任战争部长，但是，他没跟马歇尔打招呼。此时，国会刚休会，马歇尔去战争部为两个军人客户查点资料，查完就回弗吉尼亚。他一进战争部，发现所有的人都用奇怪的眼光看着他，把他看得发毛。有人悄悄跟他说总统已经提名他为战争部长。马歇尔说：开什么玩笑？告诉总统赶紧把我的名字撤下来，我、要、回、家！马歇尔出了战争部，坐上马车就回了里士满。亚当斯根本没撤回提名，参议院批准了。仅仅四天之后，亚当斯解雇了国务卿皮克林，又提名马歇尔为国务卿，参议院也批准了。马歇尔当了四天战争部长，又当上国务卿，他自己居然一点也不知道。等收到总统的任命书，马歇尔才搞清到底发生了什么。他决定接受国务卿一职，这对他来说也是个不错的选择。国务卿的工资比众议员高多了，虽然比不上当律师的收入，但维持比较舒服的生活方式还是足够的。

自从马歇尔当上国务卿，亚当斯就成了甩手掌柜，里里外外所有的事，比如与法国的谈判，迁都华盛顿，等等，都交给马歇尔办。马歇尔俨然成了联邦党领袖。1800 年年底，大选结果出来了，联邦党痛失两权。马歇尔为亚当斯难过，也为联邦党难过，他担心，过去 12 年的成果恐怕要毁于一旦。杰斐逊和伯尔并列第一，在国会还有一番角逐。12 月底，汉密尔顿给马歇尔写了一封信，把杰斐逊和伯尔都数落一遍。他请马歇尔告诉联邦党议员投杰斐逊的票，因为杰斐逊是两个魔鬼中比较不坏的那个。汉密尔顿与马歇尔同岁，但马歇尔多多少少把他当长辈看。除了华盛顿，汉密尔顿可能是马歇尔最尊敬的人，他佩服汉密尔顿举世无双的天才。他们的关系一直很亲密。要是平时，汉密尔顿求他办点事，他会全力以赴。但是，帮杰斐逊？他过不去这个坎儿。他给汉密尔顿写了封很长的信，大骂杰斐逊，说我不能帮他。他要是当了总统，美国就完了。我只能保持中立，不毁他就不错了！汉密尔顿知道马歇尔不喜欢杰斐逊，却没想到到了如此地步，他只能去做其他人的工作。最后，杰斐逊终于胜出。

成了“跛脚鸭”的亚当斯总统和国会急急忙忙想对策保住司法

权。根据1789年的《司法法案》，最高法院大法官的人数为六人。此时的首席大法官是奥利弗·艾尔斯沃斯。他受亚当斯总统的委托去法国主持和谈，谈判结束后就病倒了，向总统辞去首席大法官之职。为了阻止杰斐逊提名共和党人进最高法院，国会正酝酿通过一项新的立法，把大法官人数减为五人。如果亚当斯不马上提名一位新的首席大法官补上艾尔斯沃斯的缺，在这项立法通过后，亚当斯就没机会了，因为大法官人数已自动减为五人。如果在此之前补齐了六人，那么，新法案通过后，只有在两位大法官出缺的情况下，杰斐逊才有机会提名一位他自己的人选。

亚当斯的任务迫在眉睫，他的时间不多了。他首先想到的是他的老朋友、前任首席大法官杰伊。杰伊在1795年签完《杰伊条约》回国后不久当选为纽约州州长，他因此辞去首席大法官之职。当他的州长任期将满时，亚当斯想再次邀他出山。杰伊说什么也不干，因为最高法院实在太不重要了，用他的话说就是：最高法院“没有能量，没有分量，没有尊严”。杰伊的拒绝信在1801年1月20日送到白宫。当时，马歇尔正在那儿陪总统聊天。亚当斯看完信问马歇尔：“我现在应该提名谁呢？”马歇尔说:“我不知道。”亚当斯想了一会儿说:“我相信我应该提名你。”马歇尔觉得又荣幸又惊讶，不知道说什么。他不想打扰总统的思路，默默地鞠了一躬，离开总统府。第二天，他获得了提名。1月27日，参议院批准了提名。两天后，国会开始讨论新的《司法法案》。2 月 4 日，马歇尔宣誓就任最高法院首席大法官，美国的司法史就这样翻开了崭新的一页。一切看上去那么匆匆忙忙，亚当斯好像根本没时间考虑，谁在他眼前他就提名谁。但实际上，如果没有对马歇尔毫无保留的信任，他是不会选马歇尔的。亚当斯慧眼识英才的本事在 26 年前他提名华盛顿为大陆军总司令时已经展示过一次了。马歇尔在接受任命的信中对亚当斯说："我希望你永远不会为这个任命感到后悔。"亚当斯岂止不后悔，他说这是他一生中最值得骄傲的事。

马歇尔就任首席大法官之后应总统之邀仍然兼任国务卿，直到新总统上任为止。国会除了减掉大法官的名额，还通过一系列立法凭空造出一大堆联邦地区法院和法官，光在首都华盛顿就新增了四十多个司法职位，全由联邦党人充任，真有点丧心病狂的味道。1801 年 2 月 13 日通过的这套《司法法案》被称为"午夜法官法案"，好像是赶在新总统到任之前的午夜制定的。亚当斯加班加点地给这些"午夜法官"签任命书，直到 1801 年 3 月 3 日晚上 9 点时还在签，估计手都快抽筋了。国务卿马歇尔加班加点地把这些信往外发。可是，当 3 月 3 日的午夜来临时，还有十来封任命书没有发出去。3 月 4 日是新总统的就职日，他们的时间用完了。马歇尔把那些还没发出去的任命书放在即将到任的新国务卿麦迪逊的桌上，给他留了一张字条，交代一些要务，然后熄灯走人。他哪里知道，放在麦迪逊桌上的那些信将为美国司法制度带来一个划时代的契机。

3月4日，马歇尔以首席大法官的身份主持了杰斐逊的就职典礼。此前，杰斐逊主动联系马歇尔，希望由他主持仪式，一是因为他的身份，二是因为马歇尔是联邦党领袖，由联邦党人为共和党人主持就职典礼意义非凡，象征着两党的和解与国家的统一。马歇尔很痛快地答应了，私人感情和公事还是应该分开的。他大概没想到，他一共将为5位总统主持9次就职典礼，所有这些总统都是共和党人或从共和党演变而来的民主党人。联邦党再也没有回到权力中心，它随风远去了。

杰斐逊在就职典礼上的表现让马歇尔很满意，但不意味着他会喜欢这位新总统。杰斐逊迅速组建了新政府。当有人拿着马歇尔留在麦迪逊桌上的那些信问总统该咋办时，杰斐逊说：咋办？统统扔进垃圾箱！“午夜法官”把杰斐逊气疯了，他非得出这口恶气不可。

那些没拿到任命书的“午夜法官”将怎样维护他们的权利？首席大法官马歇尔将怎样在重重迷雾中为宪法找到一条清晰的路？弱小的司法权将如何抗衡其他两权？请看下一个故事：《司法审查》。

080

司 法 审 查

在今天的美国，联邦地区法院和最高法院代表着司法权，它与立法权的国会和行政权的总统鼎足而立，构建了三权分立的政治体制。与国会和总统比起来，最高法院的大法官们（现在是九人）更像神一样的存在，他们与世隔绝又遥不可及。但是，让联邦法院享有如此崇高地位的并不是法官们头上的光环，而是那四个字——“司法审查”。

“司法审查”的意思是：由法院审查法律，它审的是法不是人。如果最高法院认为国会或州的某个法律违宪，这个法律就作废。宪法的含义是什么，联邦的权力有多大，自由如何界定，人权怎样体现……所有这些问题，法院说了算。是谁赋予了法院这种近乎神圣的职责呢？当然应该是宪法。然而，你翻翻宪法就知道，它只字未提司法审查。法院的这套撒手锏似乎是凭空造出来的，它本身也许就违宪。但是，美国人认同了这个原则，因为他们认同了那个人。如果司法审查是他的创造，那么，他创造得太高明了，高明得让人不知不觉入其彀中；如果司法审查是宪法的原意，那么，他把“国父”们那并不清晰的设计变成了无可争辩的权力。这个为司法权注入生命活力的人，就是 1801 年 2 月上任的首席大法官约翰 · 马歇尔。

在讲马歇尔的故事之前，我们先看看宪法第三条是怎样规定司法权的。因为各州都有自己独立的司法体系，所以，宪法对联邦司法权的设计很简单。首先，联邦法院的管辖范围包括所有跟宪法、与外国的条约、州际纠纷有关的案子。其次，联邦法院分两级：初级法院（地区法院）和最高法院。如果不服初级法院的判决，可上诉到最高法院。最后，联邦法院有“初审管辖权”和“复审管辖权”，也叫“初审权”和“复审权”。初审权一般属于初级法院，由陪审团裁决。只有在涉及外国公使或州际纠纷时，最高法院才行使初审权，比如，外国公使可以直接去最高法院打官司，不必经过初级法院。复审权只属于最高法院，它就像各州的上诉法院，复审下级法院的案子，做出最后的裁决。

虽然宪法没有明示司法审查，但有一点可以肯定，“国父”们确实是想要“司法独立”的，最重要的表现就是“终身制”。宪法规定，所有的联邦法院法官，不管是最高法院的大法官还是初级法院的法官，都由总统提名，国会批准，除非渎职，任期终身。只要他们愿意，他们就可以干到死，谁也甭想碰他们。这个看似荒唐的制度是基于一个简单的道理：只有绝对的安全才能保证相对的客观。“终身制”让法官们免受政治势力的干扰，也赋予了司法权自卫的功能。法院既没军队，也没警察，法官们只能靠这个护身符对抗如狼似虎的总统和国会。宪法不仅让法官们远离强权，也让他们远离民主。他们不是民选官员，不用在意选票，不必为了自己的饭碗和前途而屈从民意，可以专心致志地追求“法律之下的平等正义”——这句话就刻在最高法院大门的上方。

最高法院一言九鼎，几乎永无更改的可能（少数案件可能由后世的大法官通过不同的判例翻案）。想推翻最高法院的裁决只有一个办法：修宪；想整治大法官也只有一个办法：弹劾。事实证明，这两个办法基本上就是没办法。在过去的二百多年里，修宪的议案有 1 万条，只有 27 条获得通过，成功率可以忽略不计；只有一位大法官被国会弹劾，弹劾案没有获得通过，成功率为零。你也许会说，万一哪个大混蛋进了最高法院，咱也只能干瞪眼？幸运的是，这种现象还没发生过，总统和国会在挑选大法官时极为谨慎，一靠政治智慧，二靠业界良心，至今为止还没出太大的岔子。反正，总统来来去去，国会风水轮回转，“流水的政府”难敌“铁打的法官”。尽管宪法对司法权的设计非常不足，但它至少为法官们提供了一个安全的平台。

有平台并不意味着有作为。马歇尔是第四任首席大法官，他前面的那三位似乎匆匆而过，没留下太多痕迹。1789 年《司法法案》把最高法院大法官人数定为六人，并设了 13 个巡回法院，也就是联邦初级法院。那时候，大家也搞不清什么样的案子应该找最高法院，在最初的一年半中，最高法院竟然一桩案子都没审过。大法官们每年只在首都开庭六个星期，处理过去一年积压的案子（往往只有几件或十几件），用不了六个星期就弄完了。剩下的时间，大法官们要“巡回”各州，这是最让他们头痛的。六位大法官每人负责去两个巡回法院，跟当地联邦法院的法官们一起审案子，有点“下放”的感觉，这似乎是他们直接跟人民打交道的唯一机会。在今天这样的交通条件下，旅行当然不算什么，但当时陆路交通极为不便，来回好几个月，路面又不好，马车经常翻，好几位大法官被摔伤，有一位甚至因此一病不起，最终去世。大法官们平时没事干，“巡回”又那么辛苦，简直没有尊严，这真不是份令人激动的工作。最高法院没有独立的办公地点，挤在国会大厦一楼的一间小会议室里。如今的那个地标性建筑是 1935 年才启用的。1801 年，所有的眼睛都盯着总统和国会，人们几乎忘记了天底下还有个叫“最高法院”的衙门。司法权有名无实，别说跟其他两权相抗衡了，连刷“存在感”的机会都少得可怜。在今天，想当大法官非得祖坟冒青烟才行，但二百年前，法律精英们吃错了药才会当大法官呢。马歇尔就是那几个“吃错药”的人之一，他接手的就是爹不疼、娘不爱的最高法院。

第一任首席大法官约翰·杰伊留下的最重要的先例可能是：最高

法院不提供咨询服务。政府在做某件事之前，如果它想知道这件事是否违宪，对不起，别来问法院，去问你自己的法律顾问（通常是总检察长）。至于这事儿到底违宪不违宪，有人打官司时就知道了，那时候才该法院出面。这种“被动解释权”让法院与其他政府部门划清了界线，维护了司法独立。杰伊辞职后，华盛顿总统找的第一个接替他的人是汉密尔顿，但汉密尔顿拒绝了。连这么爱揽事的汉密尔顿都不想干，可见最高法院多么不重要。话又说回来，如果汉密尔顿出任首席大法官，恐怕就没马歇尔什么事了。汉密尔顿肯定能让最高法院风生水起，因为他是对司法权理解最深刻的“国父”。早在 1788 年，他在《联邦党人文集》第 78 篇中就详细解释了司法权，明确提出“司法审查”的概念。可惜，他没把理论变成现实。

第二任首席大法官是约翰 · 拉特利奇，我们已经在制宪会议上见识过他的本事了。他只是代理首席大法官，并没有得到参议院的确认。尽管时间短，拉特利奇却留下两个很有影响力的判例，其中一个是“塔尔博特诉詹森案”。拉特利奇判定，美国公民取得另一国公民身份并不表示他会放弃美国国籍。这个裁决开启了“多重国籍”的先例。

第三任首席大法官是奥利弗 · 艾尔斯沃斯。“艾尔斯沃斯法庭”裁决了一个非常重要的案子：“希尔顿诉美国案”。这个案子之所以重要，是因为它实际上是最高法院第一次进行司法审查。法院判定，国会征收运输税没有超出宪法赋予的权力，因而不违宪。当时，代表政府出庭辩论的是前财政部长汉密尔顿。这项税本来就是他当财政部长时提议征收的，没人比他更了解详情。那天，旁听席都挤破了，参、众两院的议员们几乎全都来听，场面非常“火爆”。汉密尔顿虽然生着病，但他精彩的陈述征服了所有的人。2012 年，现任首席大法官约翰 · 罗伯茨在裁定“奥巴马医保”不违宪的判词中就引用了此案。不过，“希尔顿诉美国案”的风头后来完全被“马歇尔法庭”判决的“马伯里诉麦迪逊案”盖过去了，只是因为“马伯里诉麦迪逊案”是最高法院第一次判国会的立法违宪。阴差阳错，机缘巧合，所有的聚光灯都照到了马歇尔身上。

马歇尔成为最高法院掌门人后做了两件事，立刻使法院的面貌焕然一新。第一件是让最高法院超越党派，远离党争。虽然六位大法官（包括马歇尔本人）都是联邦党人，有一两个还很激进，但马歇尔在与法官们讨论案子时只讲法理，不讲政治，决不故意给国会和总统捣乱，决不干涉政治决策，大大缓解了联邦党掌控的司法权与共和党掌控的其他两权之间的敌对情绪。其实，刚刚入主白宫的杰斐逊总统此时也不想挑事。他当反对党领袖的时候表现得“极左”，好像不革命就不知道该咋活，一旦成了执政党领袖，他就没必要整天跟打了鸡血似的了，立刻释放出清晰的和解信号，渴望消除党争。马歇尔和杰斐逊在往同一个方向努力，尽管他们都不信任对方。

马歇尔做的第二件事是改变了最高法院判案子的方式。以前，依据英国的传统，最高法院判决一件案子时，即使六位法官意见一致，每人也要各写一份判词，意见不一致时就更得各写各的了，这叫“依次序的意见”。这种做法的好处是很民主，每个法官各抒己见，至今英国、澳大利亚等国仍然依此惯例；坏处是太乱，很多时候没必要，后人研究某个判例时要把所有的判词读一遍，其中很多是重复的，白白累死好多脑细胞。马歇尔说，咱省省吧，以后最高法院对一件案子的判词只有一份，代表所有或多数法官的意见（持反对意见的大法官可以另写一份少数派意见）。在判词出台之前，大家充分讨论，尽量争取达成一致。这是马歇尔的创举，提高了效率，也显示了法院的团结和力量。而且，每年法院在首都开庭期间（六个星期），马歇尔都安排大法官们住在同一家旅馆，一起吃饭，一起工作，很多案子都是在饭桌上讨论的，效率很高。问题是，思想独立、个性超强的大法官们怎么会乖乖地听马歇尔的话呢？答案是，马歇尔是天生的领袖，他的爽朗、热情、温和、友善总让人自然而然地靠近他，他的强势带给人的感觉不是威胁而是信赖。于是，“同吃同住同劳动”的大法官们变成了“兄弟连”，老哥几个共同打造了那个“金色年代”。

“金色年代”里最金光闪闪的案子当然是“马伯里诉麦迪逊案”，这也是“马歇尔法庭”接手的第一个涉及宪法的案子。这个案子的开头一点也不稀奇。1801 年 12 月 16 日，曾给华盛顿和亚当斯两位总统当过总检察长的著名律师查尔斯 · 李来到最高法院，要求法院发一份

"强制令"，命令国务卿詹姆斯·麦迪逊把联邦"治安法官"的任命书交给威廉·马伯里及其他三位投诉人。马伯里和其他三人都是"午夜法官"（参看上一个故事）。马歇尔卸任前，把十来份任命书放在新任国务卿麦迪逊的桌上，他觉得麦迪逊肯定会寄出去的，本来就是例行公事嘛。但是，这些未发出的信从此就玩起了失踪。马伯里和小伙伴们没有任命书，不能上任。他们去国务部打听，人家一问三不知。没办法，他们这才把国务卿告上法庭。

这件案子的被告是麦迪逊，但麦迪逊真的有点冤。杰斐逊就职两个多月后麦迪逊才到任，他见没见过那些信还不一定。就算他看到了，他也要请示总统。杰斐逊疯了才会让这帮死硬联邦党人走马上任。不管麦迪逊怎样处理这些信，那都是总统的意思，他只不过执行上级的指示罢了。法官们很清楚这一点，律师也很清楚，李说：我们告状不是为了惩罚麦迪逊，而是为了保护马伯里。最高法院接到案子，要求国务卿出示不发任命书的理由。这是例行程序，没什么特别的。但是，法官们等来的是沉默。

1801年的最高法院庭审期在沉默中结束。1802年，共和党控制的第七届国会以压倒性多数推翻了第六届国会通过的1801年《司法法案》，基本上恢复了1789年《司法法案》。联邦党抗议说国会这个做法违宪，威胁要到最高法院打官司。为了避免节外生枝，国会取消了整个1802年的法院庭审期，也就是说，最高法院整整一年的时间没在首都开庭。直到 1803 年 2 月，最高法院才重新开庭审案。司法权的脆弱由此可见，它似乎要仰仗立法权和行政权的慈悲才能生存。但是，那位马伯里先生却是个不屈不挠的人，甭管你咋变，我就是要一告到底。2 月 10 日，法庭开始审理马伯里案。马歇尔企图使最高法院远离党争的努力看样子要白费，因为共和党和联邦党都盯紧了此案，都势在必得。本想置身事外，却成了矛盾的中心，来自双方的压力会把大法官们挤扁吗？

你也许觉得有点奇怪，马伯里为什么可以直接去最高法院告状而不是先去初级法院呢？他有这个权利吗？根据 1789 年《司法法案》，他完全可以这么做。这个法案的第十三条说：最高法院有权向政府官员发“强制令”。为了发“强制令”，它就要进行各种调查和取证，也就是说，最高法院的这个行为属于初审权而不是复审权。马伯里要的就是“强制令”，当然可以直接找最高法院。所有旁听此案的人都看得出来，大法官们坐在那儿很不舒服，不仅因为最高法院一般只复审不初审，更因为此案的被告竟然从头到尾缺席！在过去一年多的时间里，麦迪逊对法院的询问没有半点回音。更要命的是，不光被告没出庭，连代表被告的律师也没出庭，因为总统不许他们来。这叫“藐视法庭”，罪莫大焉。杰斐逊是律师出身，他能不明白吗？要的就是这个效果！哼，我就藐视你，你能把我怎么样？

法院还能怎么样？硬着头皮接着审呗。在一般情况下，被告不到场，法院可以直接判原告胜。但是，这位被告太大牌，不可莽撞。马歇尔表现得非常有耐心，态度温和，对诉讼双方都很同情。法官们认认真真地听了所有证人的陈述。其实，对“午夜法官”的事儿，马歇尔比谁都清楚，这本来就是他亲自办的。麦迪逊和总统根本就是蛮不讲理，但你还不能这么说。现在，马歇尔担心的是，不管怎么判，最高法院都输定了。如果判马伯里胜，法院向国务卿发“强制令”，接下来会发生什么？什么都不会发生。国务卿连法院的询问都没理，连庭审都没来，你觉得他会执行法院的判决吗？他拒绝执行，法院一点办法都没有，因为它没有执法力量。你总不能让大法官们亲自去“逼宫”吧？司法权的权威来自其他两权对它的尊重，碰上个铁了心要跟法院作对的总统，你硬往枪口上撞，结果只能是个死。颜面扫地倒也罢了，但此先例一开，以后谁还会把最高法院的判决当回事呢？如果判马伯里败，不发“强制令”，大家就会说，弄了半天，法院是“纸老虎”，徒有虚名，畏惧权贵。什么法治？见鬼去吧！总之，最高法院就是倒霉，里外不是人。

1803 年 2 月 24 日是最高法院宣布判决结果的日子。大法官们表决的结果是 4 ： 0（只有四位大法官参与审理）。面对挤得爆棚的人群，马歇尔慢慢悠悠地开始念他亲自写的判词。他说，此案要回答的是三个问题：

- 马伯里是否有权拿到他的任命书?
- 如果他有权却没拿到，他是否应该得到法律上的补偿?
- 要求最高法院发“强制令”是不是正确的补偿方式?

关于第一个问题，答案是肯定的。国会批了，总统签了，国玺盖了，这任命书就已经属于马伯里，至于信有没有发出去，那不是任命生效的必要条件。马伯里对任命书拥有法律赋予的权利。听到这，马伯里和联邦党人兴奋得心跳加快。照这个逻辑，下一步当然是帮咱把咱的权利要回来了。

第二个问题，马歇尔稍微绕了个圈。首先，他重复了他曾在“罗宾斯事件”中阐述的观点（参看上一个故事）：政治问题和司法问题是不同的。政治问题的决定权在于总统和国会，法院不能干涉。国务卿作为总统的内阁成员，他要服从总统的命令，执行总统的决策，这是政治问题。现在，轮到共和党人高兴了，听上去好像法院不愿管这事儿，太好了！但马歇尔话锋一转说：国务卿除了有政治责任以外，他还有行政责任。行政责任是法律赋予国务卿的职责，不管总统是谁，国务卿都要履行自己的法定职责。往外发任命书是例行公事，不是政治责任，而是行政责任。麦迪逊拒绝发信违反了法定职责，侵犯了马伯里的合法权利。这是司法问题。因此，马伯里有权得到法律上的补偿。说到这儿，联邦党人的脸上有笑容了。第二个问题的答案也是肯定的。

对前两个问题的阐述实际上是马歇尔在变着法地给杰斐逊和麦迪逊“上课”，等于点着总统和国务卿的鼻子说：你们违法啦！即使治不了你们，我也要让所有的人都知道你们理亏。

时间快到中午，马歇尔已讲了一个多小时，他一点也不着急下结论。听众让他说得忽悲忽喜，也不知道他到底要干吗。大家都伸长脖子仔细听着首席大法官讲第三个问题。对第三个问题的回答包括两个因素或两个小问题：

- “强制令”是正确的补偿方法吗?
- “强制令”应该由最高法院颁发吗?

马歇尔花了20分钟解释什么是“强制令”。他否定了共和党对法院用“强制令”干涉行政权的指责，说“强制令”只不过是普通的司法程序，不涉及政治问题，它的目的是保护受害人的合法利益。因此，在此案中，“强制令”是合适的补偿方法。如果你是马伯里，你会不会有跳起来喊“万岁”的冲动？这正是他此时的心情。但是，且慢。法院对马伯里的支持在此处戛然而止。

下午1点，就剩最后一个小问题了：最高法院有权向国务卿发“强制令”吗？马歇尔念了一下1789年《司法法案》第十三条。他说，很清楚，根据这项条款，最高法院有权向国务卿发“强制令”。但是，他加了一句话：除非这个法律条款违宪。此言一出，所有的耳朵都竖起来了：什么？“除非？”“违宪？”

马歇尔很快就让这个“除非”变成了现实。那么，第十三条到底违宪不违宪呢？那就看看宪法吧。因为马伯里就是根据第十三条直接到最高法院打官司的，也就是说，最高法院是在行使初审权，咱就看宪法是怎样规定初审权的。宪法第三条第二款说，最高法院对外国公使和州际纠纷有初审权，对其他案件有复审权。马伯里案不符合初审权的条件，以联邦政府官员为对象的“强制令”也不在宪法的初审权范围之内。很显然，国会的 1789 年《司法法案》第十三条与宪法是矛盾的。

在国会的立法与宪法发生矛盾时，是宪法听国会的还是国会听宪法的？马歇尔说，美国人民创造了宪法，它是新大陆至高无上的法律（宪法第四条：“至高无上条款”）。宪法把政府的职权分配给三个部门，国会是其中之一。国会的权力是有限的，这个“限”就是宪法。宪法对“初审权”的界定不容改变，国会不能随意增加最高法院的初审范围。当宪法和国会的法律对立时，宪法赢。既然如此，最高法院不能按照第十三条的规定要求国务卿解释不发任命书的理由，也不能颁发“强制令”。马伯里和小伙伴们真的欲哭无泪了。

其实，更重要的问题是，谁决定国会赢还是宪法赢？或者说，谁决定国会的法律是否违宪？这才是整个案子的核心。马歇尔想说的是：

法律上的事，法院说了算。什么马伯里，什么党争，什么“强制令”，那一切都是浮云。马歇尔写了1.1万字、花了4个小时才念完的判词，其实就是为了下面这句话，它就刻在今天最高法院大厅的墙上：

“解释法律毫无疑问是司法部门的天职和责任。”

这句话被视为对“司法审查”的官方定义。马歇尔没说最高法院是宪法的终极裁判，也没说宪法只能由法院解释，更没说法院要时刻监督政府的立法。他只是说，宪法是法律，当对法律的理解出现异议时，也就是在司法案件发生时，法律要由法院来解释。这是“被动解释权”。如果没人打官司，法院不会主动解释宪法，因为法院的权力仅在司法领域，它不能干涉其他两权。就像其他两权一样，法院的权力也是有限的。马歇尔用谨慎、温和的语言告诉所有的人：法院无意耀武扬威，更不想攻城略地，但它是对权力最有效的制约与平衡。这才是“司法审查”的意义。

1803年2月24日下午1点45分，“马伯里诉麦迪逊案”走到了尽头。总结一下其实就几句话：马伯里有权得到任命书，“强制令”是正确的补救办法，但最高法院不能发“强制令”，此案撤销。或者说：马伯里的理由是正当的，但他告状告错了地方。当然，如果马歇尔就此打住，他就不是马歇尔了。出乎所有人的意料，他又往前迈了一步：“我们否决了他（马伯里）的要求。我们认为，本法院对此案没有初审权，国会授权最高法院颁发‘强制令’的 1789 年《司法法案》第十三条违宪，因而（这一条）必须作废。”

这个结论把一件普通的诉讼案变成了涉及宪法的大案。司法权和行政权打架，最后却把立法权拉进来当了垫背的，你说国会冤不冤？大家先是发蒙，等缓过劲儿来时，一个个佩服得五体投地。马伯里赢了道义，麦迪逊赢了官司，但真正的赢家只有一个——最高法院，或者说，宪法本身。马歇尔通过限制最高法院自身的初审权为法院争取到了解释宪法的权力，这才是千秋万世的权力，是与其他两权抗衡的根基。当司法权与行政权狭路相逢，进一步死路一条，退一步海阔天空。法庭的判决让国务卿保住了面子，法院保住了里子，避免了联邦政府部门之间的直接对抗，双输变成了双赢。更重要的是，马歇尔用与行政权的妥协换来了与它平起平坐的机会。从此，“司法审查”成为新大陆不容颠覆的游戏规则。“马歇尔法庭”再也没有判过国会的任何其他法律违宪，这一次足矣。未来的总统詹姆斯 · 加菲尔德说：“马歇尔找到宪法的文稿，把它变成了权力；他找到一副骨架，把它变成了血肉之躯。”

这个判决让共和党欢呼，让联邦党无言。本来，国会中激进的共和党人摩拳擦掌，就看马歇尔怎么判。敢惹事，我就弹劾你！结果，马歇尔判国会的立法违宪，国会一句反对声都没有，坦然接受了最高法院的权威。这叫有冤无处诉。国会要是坚持 1789 年《司法法案》第十三条有效，就说明法院应该给国务卿下“强制令”，这显然不符合共和党的利益。已经做好最坏打算并随时准备反击的杰斐逊总统似乎也松了一口气。他虽然不同意马歇尔对“司法审查”的理解，但他没在公开或私人场合对此案发表过意见，以沉默认可了法院的判决。他是有苦说不出。官司都赢了，还有什么好抱怨的？马歇尔以退为进，以守为攻；杰斐逊赢了战斗，输了战争。激进的联邦党人不满马歇尔的中立立场，但他们也说不出什么。马歇尔的逻辑丝丝入扣，你就算想咬他都不知道从哪儿下口。两党的媒体对此案都是一片赞扬声。几份主要报纸全文刊登了马歇尔 1.1 万字的判词，称赞他以平静、温和的权威抚平了党争引起的骚动。

当然，尽管马歇尔的判词看上去句句在理，但并不完美无瑕，他的逻辑还是受到一些学者的挑战。争议主要集中在两个方面：一是马歇尔极为狭隘地解释了宪法第三条第二款（关于初审权）。对宪法的理解一向有狭义和广义之分，占主导地位的是“广义派”，马歇尔本人也是“广义派”。但是，在此案中，他一反常态，一个字一个字地抠宪法的表面文章，不能不让人觉得他的解释是为此案服务的。反对他的人说，宪法第三条只是为初审权定了个“底”，它的目的是让国会往上加“货”，而不是像马歇尔理解的那样，它是个“顶”，国会不能在上面放任何东西。二是马歇尔选择性地解读了 1789 年《司法法案》第十三条。其实，第十三条的文字并没有明示初审权，它只是说法院在所有涉及政府官员的案件中有发“强制令”的权力，甚至暗示这种权力主要是在复审权中使用。法院可以认为马伯里告错了地方，但不应该宣布第十三条违宪，因为它本来就不违宪。马歇尔此举似乎只是为了确立司法审查的权威。还有人指出了马歇尔的其他漏洞。比如，在法院确定自己对案件没有管辖权后，案子应该立刻终止。但马歇尔不但没终止审判，还进一步判定国会的立法违宪，这不符合逻辑，也不符合法律程序。一般而言，法院在判案时要做的第一件事是确认自己对此案有管辖权，然后再说别的。马歇尔把管辖权的问题留到最后讲，难免让人怀疑他“别有用心”。再比如，严格地说，马歇尔本人应该回避此案。他作为亚当斯的国务卿曾亲自处理“午夜法官”的任命书，他是最直接的当事人。他弟弟詹姆斯·马歇尔是证人之一，因为他曾帮着哥哥往外发那些信件。这是明显的利益冲突，马歇尔不应该以法官的身份介入此案。

但是，反对声无法改变案子的结果，也没有影响马歇尔的声誉。美国人接受了他的逻辑，也许是因为他的观点太有说服力了。这个观点是：宪法是法律。听上去很简单吗？如果你回到二百年前，你就会知道它的分量了。宪法真的是法律吗？大部分人不这么认为，英国的传统不这么认为。宪法不是法律是什么？英国人认为它是政治文件，是协调各方利益的工具，是合同不是法律。本质上，它是人民意愿的体现。既然是人民的意愿，让代表人民的议会来解释宪法不是理所当然的吗？杰斐逊同意这个观点，后来的林肯总统也同意这个观点。杰斐逊说：人民的意志应该由人民解释。国会是人民的代表，自然要由国会解释宪法。离人民最远的最高法院凭什么多嘴？这就是英国和美国的区别，各有千秋，无关优劣。在英国，议会至高无上，议会解释宪法；在美国，宪法至高无上，法院解释宪法。一直跟在英国身后做小学生的美国从此走上了与老师不同的宪政之路，这条路的名字叫"美国特色"。

在确定了宪法是法律之后，马歇尔和他的同事们要进一步确立的是"法的统治"，就是如今大家最喜欢的那个叫"法治"的家伙。马歇尔认为，"法治"让政府成为"法的政府"，政府在"法之下"。但是，如果由国会解释宪法，政府就在"法之上"，法就变成了"政府的法"，而不是"人民的法"了。"马歇尔法庭"留给后人的启示是，任何人，包括总统，都不能无视法律；任何机构，包括国会和法院本身，都不能超越法律。然而，"法的政府"和"人民的政府"之间的争论从来没有停止过，它们之间的界线从来都不明显。特别是，当"人"变成"人民"时，谁还说得清是非曲直？还记得林肯总统那句名言吗？"民有、民治、民享的政府"。林肯是伟大的总统，他可是非常不喜欢司法审查的噢。谁能分清"人民的政府"和"法的政府"有什么区别？谁能确定它们俩是不是一回事？

"马伯里诉麦迪逊案"是美国建国以来最重要的案例，没有之一，但它是开始不是结束，最高法院的权威还要在漫长的旅途中接受重重考验。这些考验不仅来自联邦政府，还有更多的是来自各州。长达 34 年的“马歇尔法庭”一共审了一千多个案子，马歇尔亲自写了 519 份判词。那些脍炙人口的判例，如“伯尔叛国案”“马丁诉亨特租客案”“马卡洛诉马里兰案”“吉布斯诉奥格登案”“达特茅斯诉伍德沃德案”等等，像一颗颗珍珠，编织了宪法头上的那顶王冠，把这些珍珠串在一起的是马歇尔的天才和智慧。但是，马歇尔不是在单打独斗。他的成功仰仗其他大法官的帮助和支持，也依靠其他两权的尊重和配合。比如，在 1809 年的“美国诉皮特斯案”中，宾夕法尼亚州拒不执行最高法院的判决，施耐德州长甚至召集本州的国民自卫军，要用武力保卫宾夕法尼亚人民的利益（此案涉及财产分割）。联邦法院也不示弱，宣布宾夕法尼亚州国民自卫军对抗联邦，属于非法集结，双方眼看着都没了退路。施耐德向时任总统麦迪逊求助，希望总统复查此案。施耐德是共和党人，宾夕法尼亚州也是共和党的天下，他觉得，总统看在“同党”的分上当然应该帮他。刚入主白宫的麦迪逊给施耐德写了一封很客气的信：“这案子没必要复查了……美国政府的行政权不仅不能阻止最高法院的判决，而且，法律明文规定，如果法院的判决在执行中受阻，行政权应该强制执行这些判决。”麦迪逊是在温柔地提醒施耐德：你的行为已接近叛乱，再不老实，我派联邦军队收拾你。州长一看总统这态度，还有啥好闹的？一场风波烟消云散。“宪法之父”

对宪法的忠诚让他在关键时刻把“国”放在了“党”之上。也就是从麦迪逊开始，司法权与行政权进入“蜜月期”，双方合作得天衣无缝。此后的詹姆斯·门罗总统和约翰·昆西·亚当斯总统都非常尊重最高法院，三权分立在“三权”共同的努力下日益完善，年轻的国家也在权力的平衡中平稳地走向现代。

“马歇尔法庭”其他的著名案例我们在以后的故事中再讲。现在，让我们回头看看刚刚取得“革命”胜利的杰斐逊政府。意气风发的共和党人将怎样巩固他们得来不易的江山？杰斐逊总统将怎样实践他梦寐以求的共和理想？请看下一个故事 :《新秩序》。

081

新 秩 序

1800 年的大选让杰斐逊与共和党登上历史舞台，虽然把它叫作“革命”有点“意淫”的感觉，但它毫无疑问是建国以来最重要的大选。在尘埃落定之前，所有的人都在问三个问题：第一，亚当斯和联邦党会依法放弃权力吗？第二，杰斐逊与共和党能顺利获得权力吗？第三，共和党上台后饶得了联邦党吗？事实上，联邦党控制的国会和各州中确实有人提议通过立法使选举结果无效。共和党的支持者则声称要组织民兵，联邦党敢要赖，咱就武装夺权！新大陆分分钟都有陷入内战的可能，这还真不是吓唬人。在那个弱肉强食的年代，权力从来没有在两个对手之间和平交接过，“成王败寇”才是真实的人性。然而，所有的担心和恐惧都没变成现实。当 1801 年 3 月 4 日来临时，一切似乎已归于平静。首席大法官约翰 · 马歇尔在去国会山为新总统主持就职典礼前写信给朋友说：“今天，一个新的政治年代开始了，一个新秩序开始了。”马歇尔对这个“新秩序”充满悲观与失望，因为它不是他的理想。但是，这份和平与安详难道不是一场“革命”吗？

杰斐逊用诗一般的语言书写了他的就职演说，因为他对“共和”有诗一般的追求。他真诚地相信，在华盛顿和亚当斯的领导下，美国已变成英国的附庸。现在，他要让新大陆重返共和原则。这个看上去焕然一新的共和国被后世称为“弗吉尼亚王朝”。听上去有点开玩笑的意思，因为“王朝”里面没有“王”。很多人认为这个“王朝”是从华盛顿开始的，但是，杰斐逊开启了与华盛顿截然不同的治国理念，也带领新国家从“精英政治”向“大众民主”迈出了第一步。从这一点上说，杰斐逊确实是“弗吉尼亚王朝”的开创者。

杰斐逊的不同从他的就职典礼就开始了。他摒弃了前两位总统的排场，不穿镶金挂银的衣服，不坐豪华马车，在几个朋友和卫士的陪伴下，步行到国会山。后来，他干脆把总统的专用马车卖掉，出门骑马，只身一人逛街。人们去拜访总统府的时候，来开门的经常是总统本人而不是仆人，搞得大家直愣神儿，还以为看错了。他不在意穿着，不喜欢热闹，没事时经常自己哼着歌，逗逗鸟，拉拉小提琴，做点科学实验。他取消了与民众的见面会和与议员们的正式宴会，改成更放松、随意的交谈和小型晚餐，以亲民的态度代替总统的威严。但是，这位如此接地气的总统可不是省油的灯，他的简约一点也不妨碍他的奢侈。杰斐逊最大的特点就是矛盾。他可以不修边幅，放低身价，但他吃饭可是要有人专门给他做法国菜的，他的房间要由法国女佣打理。他是“人民的总统”，也是“剁手族”领袖。当初，他从法国回来时，行李居然有86个大箱子，装满昂贵的法式家具、瓷器、银器、书、画、印刷品，还有288瓶法国葡萄酒，从来没有一个美国人从海外一次性购买过这么多东西。他可不是“代购”哦，全是给自己买的。他的图书馆藏书6500册，超过当时任何一个公共图书馆；他的“城堡”蒙蒂塞洛拆了建、建了拆，无休无止。就这个折腾法，多少钱也不够花。他可以大讲人人平等，但为了还债，他会毫不犹豫地卖掉奴隶，拆散奴隶的家庭；奴隶逃跑时，他会派人追到天涯海角。在所有的“国父”中，杰斐逊恐怕是最败家的。当然，他败的是自己的家。尽管债台高筑，但是他从没贪污过一分钱。他对国家的忠诚和对公共事务的尽职尽责毋庸置疑。

在杰斐逊的美国，自由以一种崭新的面貌激发着每个人的热情。人们对公共事务畅所欲言，那种自信和自豪明白无误地告诉你：这是我的国家，这是我的政府，这是我的权利。有一位英国学者是这样描绘新秩序的：“我们再也不能说阳光下一切如旧，因为这是人类历史崭新的篇章。这个幅员辽阔的共和国是新的，它的生活是新的，它那如潮水般强大的公众舆论也是新的。”拿破仑曾经问一个刚从美国回去的法国人：“美国政府是什么样的政府？”这人说：“它是个既看不见也感觉不到的政府。”这正是杰斐逊想要的“无形中的统治”，或者，用更时髦的话说就是：治大国若烹小鲜。

“烹小鲜”需要温和与宽容。1802年新年，杰斐逊应邀在康涅狄格州的一个浸礼会教会演讲。在这次演讲中，他阐述了那个著名的“政教分离”的观点。他说：“宗教完全是人和上帝之间的事，人对自己的信仰负责，政府只管人的行为，不管人的思想……教会和政府之间应该建一道隔离墙。”这是一百多年前的约翰·洛克和罗杰·威廉姆斯的回声：教会处理人与上帝的关系，政府处理人与人的关系，野生的世界（世俗）和基督的花园（宗教）之间应该有一道隔离墙（参看008《自由之声》）。杰斐逊的视野里有信仰的自由，也有世俗的自由。他赦免了所有因《处置外侨与煽动叛乱法》而获罪的人，对联邦党媒体也很有耐心。有一次，一位欧洲的男爵拜访白宫。他在总统办公桌上看到一份联邦党报纸，上面把杰斐逊骂得狗血淋头。他问道：“这种造谣诬蔑的言论怎么能被允许呢？为什么这份报纸不被查封？为什么编辑不受罚或蹲监狱？”杰斐逊说：“把这份报纸装进你口袋里。如果你以后听到有人质疑我们的自由，质疑言论自由的真相，你就给他看看这份报纸，告诉他你是在哪儿看到它的。”

新总统的低调也改变了另一个先例，那就是一年一度的国情咨文。从华盛顿开始，总统每年要向国会宣讲国情咨文，这是宪法的要求，也是联邦政府的“年度大餐”。这一天，所有的国会议员，所有的大法官，所有的内阁成员，都聚集在众议院大厅听总统的演讲，这是一年中唯一的“三权”共聚一堂的时刻。可是，杰斐逊觉得，这场面哪里是国情咨文，简直就是“国王的演讲”嘛。总统看上去跟国王一样一样的，虚荣心爆棚，太没“共和范儿”。于是，他把演讲变成书面报告发给国会，让国会的秘书读给大家听，一切仪式全免。这个传统持续了一百多年，直到 1913 年威尔逊总统才恢复了演讲。总之，杰斐逊心中的共和国就应该这样平等、自由、随和、浪漫，不受世俗约束，不循旧时之规。

但是，如果你觉得杰斐逊是个忠厚长者、好好先生，那你就大错特错了。他的低调并不意味着他不崇尚权威，他的宽容并不表示他没有底线。比如，当宾夕法尼亚州州长托马斯 · 麦凯恩写信向总统抱怨说：我们这儿的联邦党报纸闹得太不像话了，我真想整死他们。总统的回答是：挑几个最讨厌的整一下倒也没坏处。但他叮嘱麦凯恩：可别让人知道是我让你这么干的。事实上，杰斐逊是位非常强势的总统，他的强势远远超过亚当斯，有时甚至超过了华盛顿。他是理想主义者，也是现实主义者。当他说“我们都是共和党人，我们都是联邦党人”时，他的意思不是“咱们都是同一个团队的”，而是“你必须加入我的团队”。他决心温和地对待联邦党人，但他的手腕不会软。如果说，华盛顿和亚当斯的统治风格是把国家利益与个人感情分开，那么，杰斐逊把两者完全融合在一起了。他的爱和恨变成了政府的取与舍，他以胜利者的姿态包容着失败者，但他不想重温过去 12 年的噩梦——他要让联邦党永世不得翻身。“弗吉尼亚王朝”结束时，联邦党不复存在，但杰斐逊和他的后继者们千算万算却漏算了一件事：联邦党消失之日就是共和党分裂之时，“第一政党体系”的结束意味着“第二政党体系”的开始（今天的美国处于“第六政党体系”）。“一统江湖”只是一个梦。

杰斐逊之所以能这么顺风顺水地展示他的强势，是因为国会跟他是一伙的。共和党在众议院占绝对多数，在参议院占相对多数。总统以多数党领袖的身份组建政府，这种形式更像英国的议会民主，而不是三权分立。杰斐逊非常清楚自己的优势，他一点也不害羞地利用了这个优势。他经常请国会议员们到白宫吃饭、聊天，把他想做的事明里暗里告诉国会。国会对总统的话心领神会，他想干啥咱就帮他搞定啥。“三权”中只有司法权还在联邦党手中，让总统如鲠在喉。他恨 1801 年《司法法案》，咱就废除它；他讨厌大法官，咱就弹劾他们。1801 年《司法法案》的废除显示了共和党不可阻挡的权力，他们似乎可以为所欲为。既然如此，弹劾几个大法官还不是小菜一碟？大家都知道，总统最恨的就是他表弟，首席大法官马歇尔。不管马歇尔说什么，杰斐逊都觉得他动机不纯；不管杰斐逊做什么，马歇尔都觉得他居心不良。这俩算是没救了。但直接弹劾马歇尔难度系数太大，不仅因为马歇尔站得稳，行得正，没什么把柄可抓，更因为“马伯里诉麦迪逊案”让马歇尔威望大增。如果就因为马歇尔在判词中说杰斐逊政府不发任命书是违法行为，你就弹劾他，这不成了政治迫害了吗？于是，国会绕了个弯，弹劾大法官塞缪尔·奇斯，打算把奇斯干掉后再收拾马歇尔。只要先例一开，后面的事就好办了。说实在的，奇斯确实应该被弹劾，他在判案中经常粗暴无理，在裁决与《处置外侨与煽动叛乱法》相关的案子时违反了司法程序，说他“渎职”不为过。但是，共和党气势汹汹的攻势引起了联邦党的强烈反抗，导致弹劾案在参议院搁浅，史上唯一的一次对最高法院大法官的弹劾以失败告终。尽管如此，共和党认为，法院已经受到足够的警告。

除了国会，杰斐逊还拥有一个全力支持他的内阁。国务卿麦迪逊毫无疑问是最重要的内阁成员，他和杰斐逊的关系我们已经讲过很多了。麦迪逊没有杰斐逊的浪漫，他脑子里全是现实政治的智慧。他对杰斐逊的忠诚从来没打过折扣，杰斐逊对他的依赖也没打过折扣，他们彼此间的信任和爱已经成了习惯。杰斐逊的每一个成就里都有麦迪逊的心血，可以说，没有麦迪逊就没有杰斐逊的今天。此时的麦迪逊比以前更出色了，因为他身边多了个出色的女人：多莉·佩恩·麦迪逊。身材矮小、体弱多病的麦迪逊直到 43 岁的时候，也就是 1794 年，才与多莉结婚。当时，多莉 26 岁，前夫在 1793 年费城的大瘟疫中丧生。她不是美女，却是费城最有风采的女人。她的家庭与联邦政府的要员们有千丝万缕的联系，高超的社交技巧、活泼灵动的性格、充满活力的热情让她在上流社会的圈子里如鱼得水。麦迪逊娶到多莉算是中大奖了，她的情商配上他的智商简直天下无敌。很多本来不喜欢麦迪逊的人也对他另眼相看，因为他们相信，多莉看中的男人肯定错不了。杰斐逊很为朋友高兴，他像爱女儿一样爱多莉。白宫的内部装饰和摆设就是多莉与设计师一起完成的。杰斐逊是个鳏夫，两个女儿都嫁人了，偌大的白宫没有女主人。一般的社交场合，他女儿玛莎有时可以帮他抵挡一阵子，但很多重要的活动，特别是“三权”最重要的人物、外国使节及其太太出席的宴会、舞会，玛莎就有点怯场了，她毕竟没有政治经验。每当此时，总统就会找国务卿“借老婆”。多莉“代理”女主人游刃有余，把上上下下打理得妥妥帖帖。等八年后她成为总统夫人时，白宫早已是她的“领地”。很多人认为，正是多莉定义了“第一夫人”的地位和职责。

杰斐逊内阁的第二个重要人物是财政部长阿尔伯特·加勒廷。加勒廷是来自瑞士的移民（他不是美国公民），学识渊博，多才多艺。他将为杰斐逊和麦迪逊执掌财政部将近 14 年，是美国有史以来任职时间最长的财政部长。尽管大家公认的“史上最牛”财政部长是汉密尔顿，但加勒廷还是非常能干的，颇有建树。他忠诚地执行了杰斐逊的经济政策，也最大限度地维护了汉密尔顿的经济秩序，让两个看上去水火不容的治国理念和平共处。不是因为他不想除旧布新，而是因为他别无选择。

杰斐逊刚上台的时候是雄心勃勃地要砸烂一切旧制度的，特别是汉密尔顿的金融体系。想当初，他和麦迪逊费了那么大劲反对联邦政府接管债务，反对征税，反对中央银行，可汉密尔顿还是一件一件地把这些事办成了。杰斐逊永远也忘不了它们带给他的创伤，其中对他伤害最大的是中央银行。汉密尔顿说，中央银行是经济的发动机，杰斐逊说，中央银行是腐败的发动机。当年，对中央银行的争论催生了两大政党，杰斐逊从此与汉密尔顿不共戴天。现在，杰斐逊第一个想干掉的就是中央银行。加勒廷倒是想满足总统的要求，但他知道，这事儿没戏。汉密尔顿的制度设计得环环相扣，牵一发而动全身，你不可能在搞垮银行的同时不搞垮美国经济。中央银行不只是管理财政的机构，它的商业活动已渗透到经济最细微的层面，比如，帮助工商业和农业融资，提供低息贷款，维护政府信用，调节股票市场，管理货币流量，它本身的股票也是金融市场上最受欢迎的投资工具。中央银行的利润让各州羡慕嫉妒恨，它们也纷纷仿效，建立自己的银行。人们对银行的认知不再是杰斐逊说的那个奸诈狡猾的大恶霸，实惠胜过雄辩。财政部长劝总统放弃取缔银行的想法。杰斐逊虽然浪漫，但不傻，在骨感的现实面前，他投降了。他对加勒廷说：算了，别动它了，让它自生自灭吧。其实，最重要的原因是，拆旧的易，建新的难，杰斐逊没有自己的替代方案。然而，他这个无可奈何的妥协给了他回报。过不了多久，中央银行将帮他成就他的总统任期中最大的功绩。

加勒廷虽然不赞同总统对银行的偏见，但他完全赞同“小政府”的主张，偿清国债和减税成为他的主要目标。可是，这两件事是矛盾的好不好？税收少了，拿什么还债？但加勒廷做得算是非常到位了。先说国债。汉密尔顿时期总债务额大约7000万美元。他设立专门账户，把固定份额的税收打进去，有计划、有秩序地还债，让美国一跃成为信用最好的国家。但是，他只想削减债务，却没打算完全消除债务。相反，他认为中央政府就应该长期负债，管理国债是调控经济的手段之一，他干的事跟今天美联储的营生没什么两样。可是，他的观点太现代了，脑子正常的人都接受不了。亚当斯执政时曾试图偿还更多的债务，但他太倒霉，碰上“准战争”，钱不够花的，只能再借。到加勒廷接手财政部时，总债务达到8300万美元。加勒廷真不含糊，在杰斐逊八年的任期中，他愣是把债务减到5700万美元。总统说，咱能不能再减点儿？加勒廷说，没看见俺已经吐血了吗？再减咱就死定了。从8300万美元减到5700万美元已经很了不起了，他是怎么做到的呢？

一般来说，要还债，就得增税，要不然钱从哪来？加勒廷偏不，他减税。这当然是总统的意思。汉密尔顿为了还债，征收“威士忌税”；亚当斯为了还债，征收土地税。杰斐逊说：我要把这些税统统废除！从此，联邦政府不征国内税，只征海关税。而且，关税也要大大降低。过去，汉密尔顿为了保护美国弱小的工商业，对外国制成品征较高的关税，也就是“保护性关税”，今天的发展中国家都是这个路数。这种税对工商业有利，对农业不利，因为它意味着农民要花更高的价钱买农具和其他制成品。杰斐逊的“理想国”是“农业共和国”，高关税当然要不得。于是，“保护性关税”被取消，代替它的是无歧视的低关税，这是他对自由贸易的定义，也是对农业的鼓励。

你也许会问，都什么年代了？人家英国的“工业革命”红红火火，资本主义工商业才是世界潮流，总统先生咋抱着农业不放呢？这不是站到了历史的对立面吗？话不能这么说。杰斐逊没有汉密尔顿的眼光，但他的观点有强大的群众基础，这也是他受爱戴的原因。新大陆与旧大陆不同。旧大陆人多地少，绝大部分人没有自己的土地；新大陆地广人稀，土地肥沃，75%~90% 的人口是农民，90% 的自由居民有自己的房子。美国只有 5 个人口超过 2 万人的城市（费城、纽约、波士顿、巴尔的摩、查尔斯顿），最大的城市费城不过 7 万人，剩下的是一望无际的田野。它本来就是个“农业共和国”，杰斐逊只不过为它戴上理想主义的光环。在他心中，农业不仅是谋生手段，也是共和精神的载体。农民自给自足，不依赖外部世界，特别是，不依赖大银行、大工商业主。独立的经济来源决定了独立的人格和自由的精神，这是共和国的根基。所以，他把土地低价卖给或干脆白送给移民耕种，他要让耕者有其田，居者有其屋，让美国成为自耕农的乐园。这个人人丰衣足食、与世无争的自由天堂难道不值得追求吗？

好了，要还债，还要减税，真难为加勒廷了。挣不到钱只能省钱，不能开源只能节流。节谁的流呢？谁花钱最多就节谁。古往今来花钱最多的主儿都一样：军队。陆军最没用，裁到只剩两千人，每个重要港口派几百人守着就可以了。海军是花钱大户，要大刀阔斧地砍。于是，美国海军从“准战争”时期的50艘船减到13艘，正在建造的船只一律停建，解除合同。海岸警卫队也要瘦身，各个政府部门大裁员，好像联邦政府要散伙似的。你可能会说，这不是自毁长城吗？没有军队，他难道不怕外敌入侵？这个不能怪杰斐逊，要怪只能怪新大陆的地理位置太好了。五千公里的大西洋是北美的天然屏障，我就算不设防，谁过得来？英法正打得不可开交，哪顾得上北美。而且，美国社会高度自治，各州都有自己的民兵，也有自己的警察，联邦政府就没必要折腾了吧？真打仗时让民兵上不就得了。所以，杰斐逊的做法放在旧大陆很荒唐，放在新大陆就很合理，谁让咱得天独厚呢？可是，老天也有打盹儿的时候。杰斐逊很快就发现，他错了。

让杰斐逊认识到错误的居然是远在北非的海盗。在北非海岸，有四个政府，它们是：摩洛哥、阿尔及利亚、突尼斯和的黎波里（今天的利比亚）。摩洛哥是个独立的国家，其余三个是奥斯曼帝国的三个省。它们所在的地区叫“巴巴利”，所以欧洲人也把它们叫作“巴巴利国家”。因为处于地中海沿岸，巴巴利国家的生存之道只有一条：海盗。地中海是当时世界上最繁忙的航路，欧亚之间的商船都要经过那里，沿岸的海盗们自然富得流油。海盗们不仅劫船还劫人，船员们都变成他们的奴隶。有人统计，从 1500 年到 1800 年的 3 个世纪里，共有大约 125 万欧洲人成为巴巴利国家的奴隶。海盗们把人劫走后，欧洲就得拿钱赎人，又可以赚一笔。

过去，欧洲国家的普遍做法是每年向巴巴利国家交“岁币”，跟上贡差不多，也就是“保护费”，希望他们对自己的船只手下留情。英、法这样的大国会用军舰保护商船穿过地中海，但也有照顾不到的时候，每年也须交保护费和赎金。大家之所以忍气吞声，是因为跟海盗打仗代价太大，而且欧洲各国之间连年战争，谁都顾不上这一头，还不如花钱买平安。美国独立前，殖民地的船受英国皇家海军的保护。独立战争中，根据《美法联盟条约》，法国海军保护美国船出入地中海。战争胜利后，这两个保护神都没了。海盗们忽然发现，美国船竟然“裸航”，不抢你抢谁？ 1801 年之前，美国也像其他欧洲国家那样每年给巴巴利国家 100 万美元，这个数是 1800 年联邦政府财政总收入的十分之一。虽然痛，但在没有强大的海军之前只能先这么将就着。1801 年年初，的黎波里要求美国增加“岁币”的要求被拒绝，于是，的黎波里向美国宣战，除摩洛哥外，其他巴巴利国家也加入敌对行动中来，杰斐逊必须做出选择了。

根据他在独立战争中的表现，大家总觉得杰斐逊是胆小鬼。但是，这一次，他做了个与他的性格不符的决定：打！ 1801 年 5 月，杰斐逊向地中海派出军舰，开始了历时四年的“巴巴利战争”，也叫“第一次巴巴利战争”。这是美国第一次海外战争。杰斐逊的一反常态之所以引人注意还有一个原因，就是他根本没麻烦国会，完全靠行政命令往外派军。此时，国会正在休会期，按道理，总统应该紧急召回国会商讨，因为宪法规定宣战权属于国会。杰斐逊说，我没宣战，只是作为三军总司令下了个军事命令而已。等船都驶进公海了，他才通知国会，说你们商量商量吧，我愿意听从你们的安排。船都走了还商量个啥？国会马上授权总统便宜行事。想当年，华盛顿总统在国会休会期间宣布美国在英法战争中保持中立，共和党还谴责了半天，说他违宪。杰斐逊一向主张州权至上，发誓削弱联邦政府的权力，特别是行政权的权力。等他自己成了行政权代表时，却像换了一个人。他在任期中大大扩展了总统的职权范围，联邦政府不是变弱了，而是更强了。当初，杰斐逊的竞选口号是“和平”，整天抨击亚当斯穷兵黩武。结果，亚当斯很和平，杰斐逊上台没几个月就开战，一打就是四年。他卸任时还把更大的一场战争留给了他的继任者麦迪逊。这事儿不奇怪。要是你真正了解杰斐逊，就应该知道，如果他告诉你往东走，你往西走肯定没错，你会在西边碰到他。

打仗就打仗吧，反正是早晚的事。但不要忘了，杰斐逊刚刚大规模裁军，特别是海军。50 艘船只剩 13 艘，前后往地中海派了 8 艘，硬着头皮上呗。好在海盗们武器不行，没大炮，美国军舰能围着人家的港口猛轰一阵子。而且，美国人在海上的灵性不亚于海盗，行动敏捷，机智勇敢，弥补了硬件上的不足。美军还与瑞典合作，封锁巴巴利国家的港口。1805年，陆军将领威廉·伊顿带着8个陆战队队员和500个外国雇佣兵，穿越埃及的沙漠，攻占了的黎波里的德尔纳城。那是星条旗第一次在外国土地上飘扬。虽然美军战绩连连，但也付出了沉重的代价。杰斐逊裁军把自己裁得狼狈不堪，本来短时间能解决的问题拖了整整4年，劳师远征的花费远远超过每年100万美元。1805年，美国与的黎波里签订和约时仍然支付了6万美元赎金，赎回被扣的人质。海盗们转脸又不认账，缓过劲儿来继续捣乱，直到1815年"第二次巴巴利战争"才算彻底解决问题。不管怎样，这场战争还是很重要的，海军练了兵，为1812年的战争积累了经验，一个新军种也在这次战争中扬名立万：海军陆战队。陆战队的出色表现是战争胜利的重要因素。

杰斐逊政府在磕磕碰碰中度过最初的时光，有迷茫也有喜悦，有失误也有辉煌。他不知道，国际风云正向着有利于他的方向发展，一个千载难逢的机会将出现在他面前。他能抓住这个机会吗？他将怎样为美国谋求最大的利益？请看下一个故事：《路易斯安那》。

082

路易斯安那

在独立后最初的30年里，美国人心中最深层的恐惧就是被某个欧洲国家再次殖民。所有的挣扎和纠结，所有的矛盾和斗争，最后都会转回这个主题。共和党说联邦党亲英，联邦党说共和党亲法，说来说去都是怕自己变成欧洲的附庸。那么，怎么克服这个心理障碍呢？联邦党相信“天行健”，共和党相信“地势坤”。在联邦党自强不息了12年之后，终于轮到共和党厚德载物了，这就是杰斐逊的“农业共和国”：自给自足，与世无争，耕者有其田，居者有其屋。别人爱咋折腾咋折腾，咱就老老实实种地，只要地球人还吃饭，他就得买咱的粮食。咱不抢、不骗、不偷，赚的是良心钱。世上还有比这更美的事吗？

但是，这个“理想国”需要一个先决条件：土地。新大陆的人口每10年自然增长35%左右，再加上外来移民，没过多久，大西洋沿岸已拥挤不堪。那些仍然梦想着广阔天地的人只有一个去处：西部。

这事儿不需要别人提醒，西进是美国人与生俱来的欲望。1790 年，第一次联邦人口普查的时候，阿巴拉契亚山以西的定居者有 10 万人。10 年之后，1800 年，这个数翻了四倍，变成 40 万。1803 年，俄亥俄已经具备了成为独立州的条件。1810 年，西部人口再次翻倍，将近 100 万。当拓荒者们离海岸越来越远，他们也离海港越来越远，他们生产的东西怎么往外运呢？别急，上帝自有安排。你不是远离大海吗？我就赐你一条大河。它在新大陆的中央，贯通南北，还有个好听的名字：密西西比河。它宽阔平稳，是天然的黄金水道。人们把粮食、烟草、酒和其他农产品装上船，沿密西西比河南下，在新奥尔良出海，从墨西哥湾进入大西洋，运往欧洲或转卖到东部各州，要多方便有多方便。只有一个问题：新奥尔良不是美国的。只要它的主人把这个“布袋口”一扎，西部立刻玩儿完。

那么，新奥尔良是谁的地盘呢？这块风水宝地注定不可能只经历过一个主人。地处密西西比河入海口的新奥尔良是路易斯安那地区的命门所在。最初的路易斯安那北起加拿大，南至墨西哥湾，东连阿巴拉契亚山，西抵落基山，包括整个密西西比河流域，大约 300 万平方公里，是新法兰西的一部分（参看 016《帽子之争》）。守着这么大的一块地儿，法国显然有点力不从心。在 1756—1763 年的英法“七年战争”中，法国大败，不仅把加拿大输给英国，还把路易斯安那一分为二，密西西比河以东的大约 100 万平方公里归英国，以西的 210

多万平方公里归西班牙，新奥尔良也就从法国转到西班牙手中。英国的那一块儿在独立战争结束后归了美国，密西西比河就成了美国与西属路易斯安那的分界线。根据美西条约，两国都可以在河上自由航行，西班牙同意让美国使用新奥尔良的港口，大家一直相安无事。但是，1800 年，一切变得不同了，因为法国出了个拿破仑。

拿破仑的法国在军事上迅速崛起，打遍欧洲无敌手。辉煌的胜利点燃了拿破仑的北美野心。重返北美要做的第一件事当然是拣软柿子捏。1800 年 10 月，法国逼着西班牙签署《圣伊尔德丰索密约》，用意大利的托斯卡纳区强换西属路易斯安那。西班牙不愿意也得愿意，由不得它。虽说是“密约”，但天下没有不透风的墙，美国很快就得了信儿。杰斐逊总统心里咯噔一下，他知道，考验美法关系的时候到了。

虽然杰斐逊与华盛顿有很多不同，也曾不遗余力地反对华盛顿的对内对外政策，但入主白宫后，他的所作所为跟华盛顿在《告别演说》里讲的完全一样。华盛顿最重要的两个观点是：西进和孤立主义，这正是杰斐逊干的事。他严格地推行了对外“中立”原则，只想埋头挣钱，不分远近亲疏。曾几何时，共和党好像比法国人还爱法国。但在“督政府”特别是拿破仑上台后，杰斐逊的态度基本上来了个一百八十度大转弯。他总算看明白了，始于暴力终于独裁的法国革命跟他那个把红旗插遍全世界的理想根本不搭界。就在美法关系趋冷的当口，传来了《圣伊尔德丰索密约》的消息。本来，尽管西班牙长期占据路易斯安那，但大伙心里都明白，那块儿地早晚是美国的。西班牙帝国衰落得只剩一口气了，美国想要路易斯安那不难。客气点呢，咱买；不客气呢，咱抢，时机而已。但法国就不一样了。它是仅次于英国的世界大国，陆海军都很了得，拿破仑又是飞机中的战斗机，不好惹。万一法国在北美站稳脚跟，美国的“大陆野心”将被腰斩，到哪去找“美国梦”？杰斐逊的神经一下子就绷紧了。在美国利益面前，美法友谊只能靠边站。

既然法国和西班牙都跟没事人似的，对密约守口如瓶，咱就装不知道，先跟西班牙谈。1801 年，国务卿麦迪逊告诉西班牙，美国愿意购买新奥尔良。多年来，美国想新奥尔良想得心都快碎了。当初汉密尔顿就曾提议武力攻取，被亚当斯否决。杰斐逊也无意动武，还是买比较文明。西班牙说，不好意思，你去找法国人谈吧。这等于变相承认了密约。于是，1802 年，杰斐逊授权驻法公使罗伯特 · 利文斯顿向法国提出购买意向。此时的法国外交部长是塔列朗。还记得“XYZ 事件”中那位不停地“秀下限”的部长吗？别看塔列朗受贿尽人皆知，他却官运亨通。“都政府”时他是外交部长，拿破仑成了“第一执政”，他还是外交部长。通过“XYZ 事件”，塔列朗至少明白了美国人有多么不开窍，那就不跟他们废话了。你们不送钱，有人送。谁呢？英国人。英国一听美国想买新奥尔良，马上派人贿赂塔列朗，请他无论如何阻止这件事。于是，塔列朗一天到晚敷衍利文斯顿，一会儿说新奥尔良是西班牙的，俺说了不算，一会儿又说拿破仑无意出售，反正把公使先生整得晕头转向，一点底儿都没有。利文斯顿一筹莫展，只能如实向总统汇报。

杰斐逊似乎早就料到法国这一手，他在让利文斯顿通过官方渠道探路的同时，还私下里请一个法国移民直接跟拿破仑接触。这个人叫皮埃尔·塞缪尔·杜邦，他儿子后来创建了化工巨头杜邦公司。杜邦在法国革命时期带全家移民美国。杜邦是个学者，也曾是法国的政府官员，与上层政要有密切的联系。他在美国的商界、政界也很吃得开，是杰斐逊的密友。实际上，购买新奥尔良的主意最初就是杜邦提出来的。总统请他帮忙，他欣然应允，以总统私人代表的身份去法国找拿破仑谈。杜邦对第一执政的攻势还是很有效的，你很快就会看到结果。

杰斐逊故意没把杜邦的事告诉利文斯顿，他似乎不想让官方和私人的努力互相干扰。他知道法国是个“人情世界”，各种“套近乎”要同时进行。杰斐逊毕竟当过五年驻法公使，对法国还是比较了解的。为了增援利文斯顿，他搬出来另一位重量级人物：刚刚卸任的弗吉尼亚州州长詹姆斯·门罗。

门罗对法国一点也不陌生，他当过两年驻法公使。可是，他上次那个公使当得实在不堪回首，根本原因就是他把“党”放在了“国”之上。门罗是杰斐逊最狂热的信徒，像他老师一样，他“左”得有点令人发指。不管法国革命多么血腥，他都用全部的热情讴歌它。1794

年，华盛顿总统为了缓和两党矛盾，任命共和党人门罗为驻法公使，接替联邦党人古弗纳·莫里斯。结果，门罗在巴黎的表现让人大跌眼镜。当时，法国正为《杰伊条约》大发雷霆。他跟法国政府说：放心，我们政府肯定不会批准这个条约的，绝大部分美国人愿意与法国一起对英作战；美国政府已经准备借给法国 500 万美元，帮法国解决军费问题；等等。这纯粹是信口开河，完全超出了他的授权，也违背了华盛顿的“中立”原则。当所有的空头支票都无法兑现，他竟然告诉法国人不要相信华盛顿的话，他是英国贵族的代言人，很快就会被美国人民赶下台；还说法国海军应该在公海上拦截美国商船，而且不必感到内疚。当法国真的开始这么干的时候，他们劫的第一条船恰是“弗农山庄号”。门罗觉得好痛快，说这才叫“诗一般的正义”。看上去他爱法国远远超过了爱美国，恨不得把华盛顿置于死地而后快。当然，他肯定不想叛国，但激烈的“党争”已让他不辨是非、不分轻重。门罗的言行在国内引起轩然大波，连足智多谋的众议院共和党领袖麦迪逊都不知道该怎么救他。华盛顿大怒，下令召回门罗。他要的是一个能忠诚地执行自己外交政策的公使，而不是满嘴胡说八道的“愤青”。总统够客气了，只是召回而已，没追究他的“渎职罪”或“叛国罪”。门罗还不服，义愤填膺的。从费城回弗吉尼亚时，他没去拜访弗农山庄，用实际行动与华盛顿决裂。

你也许觉得门罗病得不轻，这样的人怎么能再次委以重任呢？其实不然。经过这几年的沉淀，他变得成熟、温和，三年的州长生涯为他赢得了不错的口碑。更何况，他与杰斐逊是一个鼻孔出气的，杰斐逊的态度决定了他的态度。总统的烧都退了，门罗也就没理由再说胡话。杰斐逊看中的是门罗在法国的人脉。门罗八面玲珑，特别擅长交朋友，在法国很有人缘，好多政要都买他的账，派他当总统特使再合适不过了。临行前，国会特批了 200 万美元，让门罗随身带着，这是购买新奥尔良的订金。美国打算出最高 1000 万美元买新奥尔良。只要拿破仑松口，咱就往外拍，千万别心疼。

1803 年 4 月 12 日，门罗到达巴黎。塔列朗继续玩虚的，但拿破仑似乎改了主意。他绕过塔列朗，让财政部长巴贝马霸侯爵跟美国人谈判。4 月 13 日，巴贝马霸侯爵在没有任何预兆的情况下忽然宣布：第一执政决定，以 1 亿法郎的价钱出售整个路易斯安那（包括新奥尔良），你们要不要？这俩立刻被天上掉的大馅饼砸晕了，张着嘴说不出话来。整个路易斯安那？那可跟美国一样大。要是成了，等于咱家产业一夜之间翻倍，这种好事谁不要？可是，没有授权。总统只让咱买新奥尔良港，没说别的。能不能先请示一下？巴贝马霸侯爵说，第一执政立等回复，行不行就一句话，快点！穿越大西洋一个来回就是小半年，到时候黄花菜都凉了。利文斯顿和门罗毕竟不是等闲之辈，一咬牙一跺脚，干脆来个“将在外，君命有所不受”，咱先斩后奏吧。但是，1 亿法郎太贵。于是，在接下来的几天里，双方开始紧张地讨价还价。美国说：4000 万！法国说：6000 万！不能再低了！到最后，以 6000 万法郎（1125 万美元）成交。另外，美国承诺追加大约 2000 万法郎（375 万美元）的专用款了结法美之间的一切债务。两项加起来共 1500 万美元，买了 210 万平方公里土地，平均大约 1 美分买 1.5 亩。你见过这么便宜的买卖吗？4 月 29 日，双方签约。后来，法国要求付订金。门罗毫不犹豫地拿出他带来的那 200 万美元。利文斯顿还有点发虚，说国会和总统不批咱不就惨了？门罗显然比他同事胆子大，说顾不上那么多了，万一煮熟的鸭子飞了谁负责？就这样，号称“史上最牛”的房地产交易——“路易斯安那购地案”，在总统和国会毫不知情的情况下完成了。

也许，你心里还有一个疑问：拿破仑为什么突然决定放弃他的“北美帝国”？他那么费劲地从西班牙手中抢来路易斯安那难道只是为了兑现金吗？当然不是。美国能占到这么大便宜，实在应该感谢它那不起眼的近邻：海地。汉密尔顿说：如果没有“那些黑人的勇气和顽强的抗争”，拿破仑是不会放弃路易斯安那的。那时候的海地还不叫海地，它叫“圣多明克”。1791 年之前，它是法国殖民地。法国从西非海岸掳来大量黑人奴隶在种植园耕作，所以圣多明克 95% 的人口是黑人。圣多明克盛产蔗糖和咖啡，是利润丰厚的殖民地。1791 年，趁着法国闹革命无暇西顾，圣多明克奴隶大起义，摆脱了法国的殖民统治。这是世界上第一个也是唯一一个通过黑人奴隶起义建立起来的政权。

等拿破仑站稳了脚跟，他就开始琢磨圣多明克的事了。实际上，在拿破仑的美洲蓝图中，圣多明克是关键所在。路易斯安那地广人稀，除了新奥尔良，法国对这个地区的控制能力有限。如果能把圣多明克夺回来，法国在那里既能赚钱，又可驻兵，与路易斯安那互为犄角，便可有效地控制北美。1801 年 12 月，拿破仑派他的妹夫查尔斯 · 勒克莱尔将军率 4 万法军在圣多明克登陆，后来又陆续增加到 8 万人。事情一开始还挺顺利，但法军很快就遭遇一个致命的敌人：黄热病。到 1802 年年底，三分之二的战士病死，勒克莱尔本人也没能幸免。黑人奴隶越战越勇，终于在 1804 年 1 月宣布成立“海地共和国”。西半球第二个独立的国家出现了。法军出人意料的失败打乱了拿破仑的计划，这是他放弃路易斯安那的最重要的原因。但是，“渔翁得利”的美国不但没感谢和支持海地革命，反而在海地独立后立刻宣布终止与海地的一切贸易，拒绝承认海地政府，使这个新国家长期陷入经济困境。按照杰斐逊的逻辑，革命的美国应该支持世界上所有的革命才对，就像他当年支持法国革命一样。但是，不。海地革命最让杰斐逊感到害怕的是：奴隶起义。要是这个“病毒”传过来，美国的奴隶也起义了，咱还活不活？所以，最好把它困死。直到 60 年后，1862 年，林肯总统才正式承认海地。那时的美国内战正酣，而内战的缘由正是奴隶制。

当然，拿破仑做出放弃路易斯安那的决定并不是没有挣扎和阻力。英国贿赂塔列朗和拿破仑所有的兄弟，企图阻止这件事。于是，在美法协定草签后不久，出现了那著名的一幕：拿破仑正在浴缸里洗澡，他的兄弟们不管不顾地跑到浴缸边，一个劲儿地劝他收回成命。拿破仑气得把水撩到他兄弟们的脸上，大骂：这事儿我做主！你们懂什么！其实，拿破仑考虑得确实比较稳妥。第一，法国与英国争霸需要钱。1500 万美元不是小数目，可以大大疏解财政困局。第二，在失去海地的情况下，路易斯安那成了费力不讨好的所在，收不抵支。一旦跟美国翻脸，法国根本顾不过来。与其被美国抢走，不如被它买走。路易斯安那对法国来说是"鸡肋"，对美国来说是满汉全席。这块地本来就是法国从西班牙抢来的，无本生意，法国何不做个顺水人情，还能大赚一笔。第三，这个买卖可以加强美法关系，削弱美英关系，把矛盾重新引向英国。美国的扩张是对英国最有力的牵制。毫无疑问，英国是最不想看到美国做大的，美国的野心必然引发美英冲突。那就让它们打去吧，两败俱伤才好呢。这个推论在 1812 年得到证实。买卖成功的另一个重要原因，用门罗的话说就是：杰斐逊政府势在必得的决心迫使法国不得不严肃地考虑保留路易斯安那（或新奥尔良）可能带来的后果。为了逼着法国就范，杰斐逊不惜放弃一贯的反英立场，积极改善与英国的关系。他故意给利文斯顿写了封不加密的信："法国获取新奥尔良之时就是我们与英国联手之日。"这全是说给拿破仑听的。反正谁阻碍美国人西进的步伐，他就跟谁翻脸。这种孤注一掷的态势是整件事的催化剂。

1803 年 7 月 3 日，美法签约整整两个月后，购买路易斯安那的消息终于传到白宫。杰斐逊看完信都蒙了，当然是高兴得蒙了。本想用钻石价买个港口，结果用白菜价买了个国家。美国领土瞬间扩大一倍，密西西比从界河变成内河，这不是在做梦吧？那俩哥们儿太能干了！杰斐逊之所以这么激动，是因为这笔交易太符合“农业共和国”的理想了。土地就是自由，有了它，咱什么都不怕。尽管杰斐逊一点也不了解路易斯安那的地理状况，但瞎猫碰上了死耗子。密西西比河流域是地球上最肥沃的土地之一，天赐瑰宝，世界粮仓。今天的美国不是国土面积最大的国家，却是耕地面积最大的国家，这要拜路易斯安那所赐。路易斯安那的土地上将诞生 15 个州，成为联邦的新生力量。利文斯顿说：“在我们漫长的人生中，这是我们最尊贵的杰作。美国从此迈进世界一流强国之列。”虽然他有点夸张，但路易斯安那确实让美国从“偏安一隅”的小国变成了“独霸一方”的大国，也大大激发了它征服整个大陆的野心。在没有看到太平洋之前，它是不会止步的。下一个倒霉的就是墨西哥了。

7 月 4 日，独立日。杰斐逊向全民宣布了这个消息，举国欢腾。但是，坐在办公室里的杰斐逊却正为一件事烦恼着。购买路易斯安那是好事，但合法吗？宪法允许联邦政府做房地产吗？律师出身的总统想到的第一件事当然是：查宪法。结果，他把宪法翻烂了也没找到那一纸房地产从业许可证。别忘了，在解释宪法方面，杰斐逊是“狭义派”领袖，也就是说，凡是宪法没有明示的事，我们就不能做。这可怎么办呢？总统把“宪法之父”找来商量，说要不咱修宪吧。修完宪再批准这个条约，这样就不违宪了。麦迪逊一听就知道总统的“书呆子”气又上来了。修宪？宪法是可以随便修的吗？且不说修得成修不成，就算修得成，议案首先要参、众两院都以三分之二多数通过，然后要经四分之三多数的州批准，没个一年半载你修得下来吗？你想考验拿破仑的耐心？万一让别人钻了空子，咱不是白忙活了吗？管它三七二十一，先签了再说。违宪不违宪，让最高法院操那个心去。杰斐逊一听有理，于是，他做了所有的总统都会做的事：便宜行事。他忘了，10 年前，汉密尔顿创立中央银行，他就是以宪法没有明示为由指责汉密尔顿违宪的。汉密尔顿用“必要与适当条款”说服了华盛顿总统，现在，杰斐逊用同样的逻辑说服了自己。不但如此，杰斐逊还利用了他当年拼命反对的中央银行。没有中央银行高效的运作和支持，联邦政府一时半会儿根本拿不出那么多钱，连发债券都困难，杰斐逊非急哭了不可。三十年河东，三十年河西，如今的杰斐逊行事恰如当年的汉密尔顿，有过之而无不及。古弗纳·莫里斯说：“共和党人让行政权变得如此强大，甚至远远超过了联邦党人在华盛顿时代的想象。”这就是现实中的杰斐逊对理想中的杰斐逊的自我否定和自我超越。

10 月 20 日，参议院批准了条约。11 月 30 日，西班牙正式把路易斯安那转交给法国。12 月 20 日，法国国旗在新奥尔良降下，星条旗升起。但在北路易斯安那，大家还不知道这回事呢。拿破仑转手倒卖的速度太快了，通讯又不发达，哪里反应得过来？直到 1804 年 3 月 9 日和 10 日，北路易斯安那才正式交接给美国。这两天被称为“三旗日”，因为三面国旗在同一天升起又降下。先是西班牙国旗降下，法国国旗升起，表示西班牙把路易斯安那交给法国。然后，法国国旗降下，美国国旗升起，表示法国把路易斯安那交给美国。大伙也不嫌麻烦，过户手续一步不能少，最后总算万事大吉。

现在，轮到联邦党抨击共和党违宪了。其实，这些攻击主要来自现实利益。西部的拓展将让农业人口越来越多，甚至奴隶制也会蔓延到西部，东部工商业的影响力就会减弱，话语权就少了，当然不利。好多联邦党人打算去最高法院告状，他们先去找首席大法官马歇尔探口风，说你给咱评评理，他们这样做难道不违宪吗？马歇尔拒绝发表官方意见，因为法院不提供咨询服务。但在给朋友的信中，马歇尔说了自己的“个人意见”：这个交易不违宪。他知道，他的“个人意见”很快就会传遍联邦党，他就是想告诫大家：别瞎忙活了，你们告也告不赢。既然这条路堵死了，激进的联邦党人，比如前国务卿皮克林，号召新英格兰各州脱离联邦，成立“北方联盟”。他们甚至游说副总统伯尔，说你只要把纽约州拉进来，我们就推举你做“北方联盟”的总统。伯尔还真挺动心的，积极竞选纽约州州长。但是，他再次遇到他的克星：汉密尔顿。汉密尔顿跟杰斐逊有仇不假，但他支持购买路易斯安那，如果他是总统，他也会这么做。况且，联邦是他亲手缔造的，任何分裂联邦的企图他都不能容忍。汉密尔顿的阻击导致伯尔竞选失败，“北方联盟”的计划也流产了。

购买路易斯安那是杰斐逊政府最辉煌的功绩。但是，这里面有太多的问题，比如，路易斯安那的边界到底在哪里？美国认为包括西佛罗里达，西班牙说你想多了！佛罗里达是我的、我的、我的！更重要的问题是：路易斯安那到底长啥样？西班牙占了那么多年都没搞清；法国没来得及看一眼就把它给了美国；美国两眼一抹黑，根本不知道自己买了块什么样的土地，也不知道这土地上有什么样的居民。美国人将怎样探索西部？他们的探索将为后世留下怎样的传奇？请看下一个故事：《发现之旅》。

083

发 现 之 旅

1803 年的“路易斯安那购地案”让美国人兴奋了好一阵子，但兴奋过后，大家开始觉得哪里有点不对劲。这种感觉叫糊涂。你从来没见过这么糊涂的交易，买卖双方都不清楚自己买卖的是什么。除了 210 多万平方公里这个数据之外，美国对路易斯安那一无所知。它的边界在哪里？它是森林还是草地，是平原还是山丘，是绿洲还是沙漠？它开什么样的花，结什么样的果？它水里游着什么样的鱼，天上飞着什么样的鸟？它是否也有阴晴和寒暑，是否也有春夏与秋冬？更重要的是，当美法握手成交时，它们问过这片土地上的居民吗？它们凭什么主宰这片它们根本不了解的土地？

所有的问题都会引发好奇心，偏偏大家又摊上一个好奇心极强的总统——托马斯·杰斐逊。他想知道所有问题的答案，也想知道美国的“大陆野心”能走多远。早在路易斯安那交易之前，杰斐逊就已经计划着探险了。像“弗吉尼亚王朝”所有的领袖一样，他坚信有一条水道直通太平洋，叫作“西北通道”，这条水道很可能与密苏里河相连。密苏里河是密西西比河最大的支流，从西北流向东南，注入密西西比河。密苏里河的源头很可能与太平洋近在咫尺，或者连接着另一条河，通往太平洋。如果能找到这条通道，我们就可以沿河而上征服整个大陆啦！

路易斯安那让杰斐逊的梦想不再遥远，他终于可以名正言顺地研究他的战利品了。他要派一个“发现之队”把路易斯安那里里外外看个透，还要直达西北部的俄勒冈。这个地区是美英争夺的焦点，两家都说俄勒冈是自己的。按当时的国际“发现法则”，谁先发现就是谁的。怎样证明谁先发现的呢？那就要留下痕迹，比如，插个国旗，刻个碑，修个堡垒，反正只要表示曾经“到此一游”，就可以宣称“自古以来”如何如何了。杰斐逊可不想让别人抢了先，他还惦记着“西北通道”呢。

那么，派谁去完成这趟“发现之旅”呢？杰斐逊选择了他的私人秘书、陆军上尉梅里韦瑟 · 刘易斯。当初杰斐逊找刘易斯给自己当秘书就是件奇怪的事。杰斐逊是个大学者，他的这位秘书却连单词都经常拼错。其实，杰斐逊选中他是为探险做准备，他看中的是刘易斯的品德、性格、领导才能、坚强的意志、忍辱负重的精神和百折不回的决心。刘易斯于 1774 年生于弗吉尼亚。父亲死后，他随母亲迁往佐治亚。他小时候没受过多少正规的学校教育。1795 年，他参加美国陆军，因功升为上尉。他很安静，也有点害羞，经常一个人去打猎，特别热爱野外冒险，也很享受孤独的生活。杰斐逊在一次社区活动中认识了刘易斯，很欣赏他的品格，并在入主白宫后请他做私人秘书。刘易斯对总统无比忠诚。

杰斐逊为培训刘易斯可下了大本钱。他让刘易斯住在蒙蒂塞洛，向他开放自己那藏书 6500 卷的图书馆，这可是当时最大的图书馆。杰斐逊与他一起研究法国、西班牙、英国和欧洲其他国家的探险者写的关于北美西部的书、日记、地图，教他怎样采集和制作动植物标本，怎样测量土地，怎样画地图，给他讲解生物、地理、自然史、矿物学、天文、气候、农业和其他自然科学原理。杰斐逊是非常出色的科学家，大有富兰克林的遗风。富兰克林临终前最后一封信就是写给杰斐逊的，对自然科学的热爱是他们共同的情感。刘易斯碰上杰斐逊这个老师是天大的福气，因为杰斐逊博学多才，而且循循善诱，超有耐心。聪明、勤奋的刘易斯很快就掌握了大量的知识。后来，杰斐逊又把他送到费城跟本杰明 · 罗什医生学医学原理，以便在旅途中处理简单的病症。他还请费城其他的科学家给刘易斯恶补各种科学知识。你可能会说，费这么大劲，为什么不干脆派个科学家呢？杰斐逊的答案是：这不是一次科学考察，而是军事远征。谁也不知道西部的环境有多恶劣，各国又虎视眈眈，只有军人能应付各种突发状况。此行以“秀肌肉”为主，科考为辅。

刘易斯请他的好朋友威廉·克拉克与他一起领导这次远征。克拉克也是弗吉尼亚人，也没受过多少正规教育，从小由家庭教师指导学习。他在陆军服役时与刘易斯成为生死之交，他们对彼此绝对忠诚。虽然克拉克的军衔是少尉，但刘易斯坚持称他“上尉”，和他分享指挥权。与内向的刘易斯相反，克拉克开朗活泼，极善与人交往，他的乐观和豁达是最灿烂的阳光。他聪明能干，不但是出色的指挥官，还特别擅长绘地图、画素描、做笔记，此行大部分地图、动植物素描、日记都出自克拉克之手。事实证明，刘易斯与克拉克是绝佳搭档，两个好朋友在所有的困境中都能互相帮助、互相配合，携手共渡难关。

刘易斯和克拉克为这次远征做了充分的准备。除了衣食住行的必备之物和武器，他们还带了大批给印第安人部落的礼物。远征队成员33人外加一条狗，其中29人在出发前参加了集中培训。克拉克还带着他的奴隶约克。约克长得高大魁梧，虎背熊腰，擅长打猎捕鱼，印第安人部落见了，惊为天人。他为远征队立下汗马功劳，但克拉克在远征结束后没有给他自由。杰斐逊向国会申请了2500美元秘密资金，资助这次远行。但事实上，最后的费用将近4万美元，超出预算16倍。铸币厂还专门造了一些“印第安和平币”，一面是杰斐逊的头像，另一面是握着的两只手，币上刻着“和平与友谊”的字样。杰斐逊要刘易斯和克拉克把这些“印第安和平币”交给他们遇见的印第安人部落，既表达善意，也宣示主权：现在你们这地儿归美国管，不要再向西班牙或法国效忠了！说到底，这是一次政治和军事行动，但刘易斯和克拉克以他们超人的意志和杰出的领导才能为后世留下了一个五彩缤纷的传奇。

1804 年 5 月，30 岁的刘易斯和 33 岁的克拉克带着这支队伍离开北路易斯安那的圣路易斯城，划着一条大船两条小船，沿密苏里河逆流而上，开始了他们长达两年半的行程，也开始了美国历史上最著名的探险故事——“刘易斯和克拉克远征”。很多人私下里担心再也见不到他们生还，因为他们要去一个没有人去过的地方。一些现代学者甚至认为，在当时的条件下，这次旅行的难度无异于送人上月球。即使没有那么夸张，他们面对的困难也是今天的“驴友”们无法想象的。在两年半的时间里，他们踪迹皆无，就像从人间蒸发了一样。唯一表示他们还活着的迹象是在 1805 年春刘易斯派人带给杰斐逊一包他们采集的动物皮毛和骨骼。杰斐逊很激动，在白宫中专门腾出一间屋子，摆放这些从西部来的标本，供所有的客人参观。后来又陆陆续续越搞越多，整个总统府都快成博物馆了。

这次远征是秘密进行的，但还是有一位大牌西班牙间谍——路易斯安那的美军总司令詹姆斯 · 威尔金森，把消息透露给西班牙。西班牙派人拦截，但太晚了，没有成功。刘易斯和克拉克以军法管理他们的队伍。比如，有人晚上站岗时打瞌睡，刘易斯和军官们组成临时军事法庭，判罚此人 100 鞭子，一下都不能少。尽管是军事行动，但刘易斯显然没有让杰斐逊的心血白费。他们每到一处都画出详尽的地图，不厌其烦地记录沿途的所见所闻，采集种子和动植物标本。有一次，他们竟然挖出一副十几米长的恐龙骨架。他们的记录不算有文采，这俩哥们儿拼写很成问题，克拉克能把同一个单词拼出 27 种样子，刘易斯看到美景一激动会写下一大篇不加标点符号、没有主语谓语的“长句”。但是，他们一天都没有懈怠过。正是从他们琐碎的流水账里，从他们满是语法错误的日记里，人们看到了浩浩荡荡的密苏里河，看到了一望无际的密西西比河大平原，看到了气象万千的黄石地区。小伙伴们被西部的美景惊呆了。郁郁葱葱的草原上有成千上万的野牛，水边有河狸，森林中有毛茸茸的山羊，长着硕大犄角的绵羊，五颜六色的鸟儿，当然，还有熊。他们本来觉得咱有枪咱怕谁，但一只熊崽就让刘易斯他们知道了人类可以跑多快或爬树需要几秒钟，打死一只熊可不是一枪能解决的问题。

远征队一路的艰辛似乎永无尽头。他们无数次要拖着船往上游走，无数次面临断粮的危险，无数次经历各种疾病。他们打猎、捕鱼、烧烤、炼油、采集可吃的植物。尽管他们训练有素、准备充足，但如果得不到帮助，他们是不可能完成这次旅行的。那些帮助来自印第安人。路易斯安那地区的印第安人几乎与世隔绝。虽然他们偶尔跟欧洲的毛皮商人做生意，但基本上不知道外面发生了什么。远征队先后与二十多个印第安人部落相遇。刘易斯和克拉克表现了出色的外交技巧，用诚意化解了敌意。他们把“印第安和平币”交给部落首领们，还有工具、锅碗瓢盆、玻璃球等礼物。当然，也有剑拔弩张的时候。软的不行只能来硬的，刘易斯会毫不犹豫地下令开枪示威，吓退敌人。幸运的是，这个地区的印第安人似乎不打算与任何人为敌。一路走来，远征队基本上受到了印第安人的欢迎和款待，还有好几个印第安人为他们做向导和翻译。如果这些印第安人知道了东部印第安人的遭遇，如果他们知道自己将在美国人的西进浪潮中遭遇灭顶之灾，他们还会善待这些不速之客吗?

1804 年 11 月，远征队遇到了此行中最重要的印第安人 :“肖肖尼族”女孩萨卡加维亚。萨卡加维亚 16 岁，是法国皮货商人夏博诺的妻子，当时已怀孕大约 6 个月。远征队雇用夏博诺做翻译兼向导，萨卡加维亚跟着丈夫一起来了。事实证明，夏博诺是个懒虫，真正起作用的是萨卡加维亚。因冬天来临，刘易斯决定在曼丹村附近建造曼丹堡，准备在那里过冬。1805 年 2 月，萨卡加维亚在曼丹堡生下一个男孩，这是远征队最年轻的成员。4 月，远征队离开曼丹堡，萨卡加维亚背着她刚满两个月的儿子随行。经过两个月的艰苦跋涉，他们来到密苏里河的源头，看到了著名的密苏里河大瀑布。大瀑布由五个阶梯式瀑布组成，从最上面到最底下落差 187 米，波澜壮阔，让人头晕目眩。刘易斯都看傻了，在日记中语无伦次地描述了这个地理奇观。这是他看到的最壮丽的景色。

到了密苏里的源头，按照弗吉尼亚人的说法，离太平洋就应该不远了。那个“西北通道”在哪儿呢？刘易斯决定带一个四五人的小分队去探路。当小分队越过大瀑布，登上它背后的山顶，展现在他们面前的不是浩瀚的太平洋，也不是什么“西北通道”，而是绵延不绝的落基山脉。刘易斯和他的队员们真想坐在地上大哭一场。他们终于明白，所谓的“西北通道”只存在于弗吉尼亚人的梦中，新大陆没有贯穿东西的大河。

刘易斯和队员们看惯了东部古老的阿巴拉契亚山，岁月的沧桑让它不再锋芒毕露。年轻的落基山却高大挺拔，直入云霄。山下森林密布，山顶白雪皑皑，从北往南绵延 4800 公里，像巨大的屏风挡在远征队面前，屏风上写着两个字：绝望。谁也不知道山的另一边是什么，他们只知道，再往前走就是美、英、西、俄都在“声索”的俄勒冈，没有人能保护他们。刘易斯的决定是：继续。没有“西北通道”，我也要去太平洋。

既然水道走不通，他们只能上岸。他们必须在冬天到来之前走出落基山，否则将冻饿而死。幸好萨卡加维亚从小生活在附近的地区，对路还算熟。可是，再熟也得有交通工具。远征队沿途已搜集了大量的标本和资料，不能扔下。他们需要马。但是，到哪找马呢？就在他们一筹莫展的时候，一群肖肖尼族印第安人路过他们的营地。萨卡加维亚跟那个领头的年轻人聊了几句后忽然激动得大叫起来，原来他竟是她多年未见的哥哥！萨卡加维亚小时候被另一个部落掠走，一直骨肉分离，今天老天开眼，让她与亲人团聚。刘易斯和克拉克简直不敢相信这一切是真的。萨卡加维亚的哥哥感谢远征队为他们兄妹重逢创造了机会，结果，刘易斯他们得到了二十多匹马。

远征队肩背手提、连拖带拽地翻越大雪山。崎岖的道路、刺骨的寒风和似乎永无尽头的一座又一座山峦好几次让他们心生退意。但是，每当他们看到萨卡加维亚带着她的幼儿和他们一起翻山越岭，他们都会被生命的奇迹感动。往前一步，再往前一步。10 月，他们终于再次看到河流，这是哥伦比亚河及其支流清水河和蛇河。远征开始以来第一次，他们可以顺流而下了。1805 年 11 月 20 日，在哥伦比亚河的入海口，他们看到了太平洋。克拉克在日记中写道:“看到海啦！万岁！”

刘易斯在石头上、树上和他们修建的堡垒上刻上“美国”的名字和时间，插上星条旗，宣布这片土地归美国所有（今天的华盛顿州和俄勒冈州）。然后，他们投票表决是否在哥伦比亚河南岸过冬。破天荒第一次，女人（萨卡加维亚）和奴隶（约克）也被允许投票。在营地中，他们第一次领略了西海岸温和又潮湿的冬天。3 个月中只有 12 天没下雨，那久违的阳光勾起了队员们的思乡之情。他们要回家了。

1806 年 3 月 22 日，远征队告别萨卡加维亚，踏上回家的路。他们中大部分人再也没见过她，但她已经在他们的生命中留下抹不去的痕迹。回家的路比来时轻松，因为可以顺密苏里河而下。9 月 23 日，他们回到圣路易斯，完成了 2 年 4 个月零 10 天的远行。远征队行程 1.3 万公里，画了 140 幅地图，记了 13 本日记，发现了 200 多个新物种，带回几十包动植物标本和种子。在他们与二十多个印第安人部落的交往中，只有一次武装冲突；在艰苦的旅途中，只有一位队员因病而死，其余的人安然无恙。由此可见，刘易斯和克拉克是多么出色的领导者和组织者。

“刘易斯和克拉克远征”毫无疑问是美国历史上最精彩的探险，不仅因为它是美国政府第一次开疆拓土的尝试，更因为它启发人们挑战未知。也许，整个行动的起因是错的，因为“西北通道”根本不存在；也许，它的结论也是错的，因为刘易斯和克拉克认为大平原土地贫瘠。但正是那无凭无据的希望和茫然失措的无知让他们创造了历史。当年的哥伦布就是在寻找印度的冲动中发现了新大陆，麦哲伦的船队就是在误判中完成了环球航行，正如一位学者所说：“如果我们能看到未来，我们就不会创造它了。”

杰斐逊总统满心欢喜地迎接远征队的归来。为了表彰他们的功绩，国会任命刘易斯为美属北路易斯安那总督，克拉克为美属密苏里总督。但是，三年后，即 1809 年，刘易斯用一把枪结束了自己的生命，据说是因为他罹患抑郁症且酗酒所致。克拉克成家立业，生了 10 个孩子，他的长子取名梅里韦瑟 · 刘易斯 · 克拉克。克拉克也一直担任印第安人事务总管，还资助了萨卡加维亚的孩子们。在刘易斯和克拉克的远征后，美国又派出两个探险队，继续探索西部，移民们也跟随探险家的脚步走进那片广袤富饶的土地。

在激动人心的尝试和探索中，杰斐逊的第一个任期接近尾声。就在他盘算着下一步的计划时，一个突发事件似乎戏剧般地改变了他对形势的预期。是什么震撼了每个人的心？它将为美国政治带来怎样的影响？请看下一个故事 :《决斗》。

084

决 斗

1804 年 7 月 11 日清晨，天刚放亮。一只小船静静地从曼哈顿驶往对岸的新泽西。除了水手，船上坐着两个人。一个是时任美国副总统阿伦 · 伯尔，另一个是他的朋友威廉 · 范内斯。他们在新泽西登岸的地方叫威霍肯。下船后，他们来到一块面积不大的空地，范内斯简单地清除了一下地上碍脚的石块和树枝。不久，另一条小船到了，船上下来三个人。一个是前财政部长、联邦党领袖亚历山大 · 汉密尔顿，一个是他的朋友纳森内尔 · 彭德尔顿，还有一位大卫 · 霍塞克医生。大家都没说话，因为他们都知道下面将要上演的是什么。主角是伯尔和汉密尔顿，配角是范内斯和彭德尔顿，这部戏的名字叫“决斗”。

作为双方的副手，范内斯和彭德尔顿简单地交谈了几句，确认了程序。然后，他们量出十步的距离。伯尔和汉密尔顿各自在相距十步的位置上站好。按事先的约定，彭德尔顿下令“开始”。伯尔和汉密尔顿举枪向对方射击。随着两声枪响，汉密尔顿倒在血泊中。第二天，汉密尔顿去世，终年49岁。

用历史学家亨利·亚当斯的话说，这场决斗是“合众国早期政治中最有戏剧性的一幕”，因为两位主角都太重要了。要知道，新大陆的政治斗争从来都是不流血的。不管敌对双方多么想把对方掐死，没有一位“国父”死在政敌的枪口下。汉密尔顿是唯一的例外。问题是，他们俩是怎样一步一步走到威霍肯的？他们真的那么不共戴天吗？也许，更重要的问题是：他们这样做值得吗？

你可能很难相信两位重量级的政治家会用这种方式解决他们的纠纷，但在18和19世纪，决斗不是新鲜事。大伙不怕死吗？当然怕。但真正死于决斗的概率还是很小的，因为大家用的都是滑膛枪，没准头。一般情况下，双方都毫发无损，或顶多受伤，然后和解。尽管如此，大部分“国父”，比如，华盛顿、亚当斯、杰斐逊，都明确反对这种方式，富兰克林说：决斗等同于“蓄意谋杀”。他们相信法制的力量，有什么不满法庭上说去，动不动就拔枪相向太野蛮了。但是，决斗在军人出身的绅士们中间很流行，这是他们表现勇气、维护名誉的最后手段，也是他们显示高贵和荣耀的时刻。当你受到挑战却不敢迎战，你在朋友圈就没法混了，政治上的攀升更甭指望，谁也不会支持一个胆小鬼。偏偏伯尔和汉密尔顿都是优秀的军人，决斗对他们来说一点也不出格。

事实上，他们俩像其他大陆军将领一样，见证过多次决斗或“准决斗”。1777 年的“康威阴谋”中，凯德沃拉德将军为了保护华盛顿而与康威决斗，打穿了康威的腮帮子。1778 年的“蒙莫斯之战”后，查尔斯 · 李将军诋毁华盛顿和汉密尔顿，约翰 · 劳伦斯为维护他们的名誉去跟李决斗，汉密尔顿当他的副手。劳伦斯打断了李的一根肋骨。此前，因有人侮辱法国国王路易十六，拉法耶特侯爵要跟人家决斗，被华盛顿严令禁止。华盛顿对这些年轻人的鲁莽行为又生气又心疼，但他圈得住一个圈不住一群。1797 年，“雷诺兹丑闻”曝光，汉密尔顿找詹姆斯 · 门罗算账。门罗拒不认错，两人大吵一架。汉密尔顿要决斗，门罗说：“你明天带枪来，我等着！”当时，汉密尔顿的副手是他姐夫约翰 · 彻奇，门罗的副手正是伯尔。彻奇和伯尔竭力周旋，总算没让这俩真的打起来。你能想象他们的决斗会是什么后果吗？ 1799 年，彻奇自己也因名誉问题与伯尔决斗，幸好他们都没击中对方。1801 年，汉密尔顿的长子菲利普 · 汉密尔顿跟侮辱他父亲名声的乔治 · 埃克决斗，结果被打死。菲利普的死是对汉密尔顿最沉重的打击，他再也没从悲伤中走出来。

到 1804 年，随着膛线枪越来越被广泛地使用，决斗的危害也越来越大。各州都规定决斗为非法，但对这些法律的执行因州而异。纽约州还算比较严，新泽西基本上有法不依，从来没人因决斗而受到惩罚。这是伯尔和汉密尔顿选择新泽西威霍肯的原因。那片河边空地被树木环绕，与世隔绝又跟曼哈顿近在咫尺，是绝好的地点，很多纽约人跑到这来玩儿命。这块地是威廉·迪斯上尉的私人产业，可是，迪斯根本挡不住那些活够了的纽约人，经常听到自家地盘上的枪声（包括这次），向州政府诉苦又没人理他，颇为郁闷。

不管怎么说，汉密尔顿和伯尔毕竟不是普通的纽约人，他们本来是不应该站在那片空地上的，他们的性格、能力都很相似，他们的相识相知本应收获友谊。1775 年，革命战争爆发时，汉密尔顿 20 岁，伯尔 19 岁。他们都是热血青年，都参加了大陆军。1776 年的“纽约之战”中，汉密尔顿是炮兵军官，伯尔是前线总指挥普特南将军的助理。正是伯尔的建议使包括汉密尔顿在内的 4000 名大陆军免于全军覆没（参看 036《痛失纽约》）。1777 年，汉密尔顿成为华盛顿的帐前助理，伯尔重返前线。他们都很羡慕对方。汉密尔顿羡慕伯尔有机会在炮火的硝烟中赢得光荣，伯尔羡慕汉密尔顿赢得了华盛顿的爱和信任。退役后，他们都是纽约最出色的律师，经常一起办案子，有时合作，有时分别代表诉讼双方在法庭上辩论。两人年龄相仿，脾气相投，阅历相近，关系很融洽，经常邀请对方到家里做客。1789 年，两人同时进入政坛。汉密尔顿被华盛顿总统任命为首届联邦政府的财政部长，伯尔被乔治·克林顿州长任命为纽约州总检察长。一切都没问题，直到 1791 年。

1791 年，伯尔出人意料地击败斯凯勒将军，当选为联邦参议员。

斯凯勒若是一般人也就罢了，他偏偏是汉密尔顿的岳父。汉密尔顿生伯尔的气倒不完全是因为岳父，而是因为伯尔忽然改变政治立场。伯尔一直是温和的联邦党人，所以，斯凯勒根本没想到伯尔会在竞选中突然反水，把联邦党和共和党的选票都收入囊中。伯尔才不管这一套呢，只要能上位，管他什么党。这就是他与汉密尔顿的根本不同：汉密尔顿是有政治理想的，伯尔只在乎现实利益。

1794 年，驻法公使古弗纳·莫里斯回国，这个位置立刻成为两党争夺的焦点，参议员伯尔是呼声最高的。当国务卿伦道夫告诉门罗，华盛顿总统有意请他出任公使，连门罗自己都不信。他说，你确定没搞错？伦道夫说，总统根本不会考虑伯尔。从政治上说，伯尔显然是更合适的选择。他是温和的共和党人，门罗则非常激进（他在巴黎的表现我们已经讲过了）。华盛顿不要伯尔的理由是：他私生活过于放浪，道德实在成问题，不值得信任。这个没错。伯尔确实是花心大萝卜，跟无数的女人传过绯闻，生活又极其奢侈，搞得债台高筑。汉密尔顿只出过一次轨就被整得死去活来，伯尔这个折腾法能不招风吗？但是，这好像不是关键。若论风流，谁比得上莫里斯？他玩女人从美国玩到法国，丝毫不知收敛，但华盛顿对他无比信任。所以，总统的决定立刻引起人们的无限遐想，大家似乎认准了一个理儿：那只“拦路虎”是汉密尔顿。此时的汉密尔顿是华盛顿政府中说一不二的人物。他是否参与了这件事谁也不知道，但有一点毋庸置疑：华盛顿一定会征求汉密尔顿的意见，他也绝不会任用汉密尔顿反对的人。不管汉密尔顿做了什么或没做什么，反正伯尔把这笔账算到他头上了。

对他们两人关系更大的考验是1800年大选。我们在前面的故事中已经讲了，伯尔以共和党人身份成为杰斐逊的竞选伙伴，并成功地为杰斐逊赢得了最关键的纽约州。如果没有纽约州的支持，杰斐逊是打不过亚当斯的。可是，阴差阳错，到最后伯尔得的选票竟然跟杰斐逊的一样多，都是73票。接下来只能由联邦党占优势的众议院投票选总统。在这个关键时刻，伯尔那种“出尔反尔”的本色又显出来了。竞选前，他一个劲儿地向杰斐逊表决心，无限忠于伟大领袖，还说如果票数相同他就主动弃权，把总统宝座让给杰斐逊。但真到了这时候他却不出声了，憋着劲儿跟杰斐逊抢白宫。伯尔的做法在今天看来没什么错，这是他的权利，凭什么非得让杰斐逊当总统？但在当时，他的行为为绅士们所不齿。就在两人难决高下的时候，联邦党领袖汉密尔顿出来给伯尔捣乱，号召众议院联邦党代表投杰斐逊的票。他的理由很简单：杰斐逊再不好也是有信仰、有理想的人，伯尔只有野心，他不会把人民的利益放在第一位。其实，这个评价不一定对，伯尔很有可能是比杰斐逊更出色、更务实的总统。他比较温和，不像杰斐逊那么“左”，也不太可能做出杰斐逊后来做的那些荒唐事。但是，谁也无法预料未来。当你不能让人们相信你是好人时，你怎么能让他们相信你是好总统呢？结果大家都知道了，杰斐逊入主白宫，伯尔屈居副总统。如果你是伯尔，你会不会想生吃了汉密尔顿?

经过 1800 年这一闹，伯尔彻底失去了杰斐逊和共和党的信任。杰斐逊表面上对他客客气气的，但完全把他排除在决策圈之外。杰斐逊不是个心胸宽广之人，他在这一点上比麦迪逊差远了。有一次，一个联邦官员的位置出缺，一位候选人想谋求这个职位，大家都觉得挺合适，但杰斐逊理都不理。原因只有一个 ：他是伯尔推荐的。这还算小事。从后面的故事中你会看到，一旦机会来临，杰斐逊想要的是伯尔的命。

共和党不信任他，联邦党憎恨他，伯尔的憋屈可想而知。平心而论，他这几年副总统当得还是很出色的。在主持参议院的讨论时，他表现得非常专业，很有法官的做派 ；在辩论双方出现平局需要副总统投票时，他那不带党派偏见的态度令人信服。他深受参议员们的尊敬，但这并不说明他有光明的政治前途。只要杰斐逊不待见他，他就甭想有出头之日。

1804 年，在杰斐逊总统的推动下，美国宪法第十二修正案获得通过。从此，总统和副总统被放在同一张选票上，清楚地表明谁竞选哪个职位，再也不会出现 1796 年和 1800 年的尴尬局面了。“路易斯安那购地案”让杰斐逊的威望如日中天，他再也不需要伯尔的帮助。当 1804 年大选到来时，杰斐逊的连选连任根本不是悬念，真正的话题是：谁是副总统？伯尔专门找杰斐逊谈过一次话，希望继续当他的竞选伙伴。杰斐逊明确拒绝了伯尔。他确实要一个纽约人当竞选伙伴，但不是伯尔，而是纽约州州长乔治·克林顿。

伯尔要是那么容易服输他就不是伯尔了。你不是不让我当副总统吗？我去竞选纽约州州长。克林顿答应做杰斐逊的竞选伙伴意味着州长的位子空出来了，但这不是伯尔想当州长的唯一原因。如我们在前面的故事中讲过的，1803 年的“路易斯安那购地案”遭到新英格兰激进的联邦党人的反对，他们打算成立“北方联盟”，脱离联邦。但新英格兰四州的力量相对比较弱，要是把中大西洋各州拉进来就好了，特别是纽约州。他们游说伯尔，说你要是把纽约州拿下，我们就推你为“北方联盟”的总统。伯尔再次上演“变脸”的拿手戏，居然同意以联邦党人身份竞选州长。岂止是州长，他还想当总统呢！

事到如今，汉密尔顿别无选择，他要是不出来阻止伯尔他就不是汉密尔顿了。如果说，之前，他与伯尔的政治斗争掺杂着私人恩怨，那么，这一次，他完全是为维护国家的统一而战了。他对伯尔的不依不饶来自他对分裂行为的零容忍。汉密尔顿使尽浑身解数，再加上共和党对伯尔的抵制，本来稳操胜券的伯尔竟然败给了名不见经传的摩根·刘易斯，而且是惨败。尽管汉密尔顿的作用可能不是最关键的，但猜猜伯尔会把所有的怨气都发泄到谁身上？

伯尔找汉密尔顿的晦气也不能全怪伯尔，因为汉密尔顿真的口无遮拦。他生就一副天才的头脑，悲剧的性格，不知退让，不懂妥协。

他在各种场合贬低伯尔，也不怕别人把话传到伯尔那去。那么，汉密尔顿是不是在造谣呢？历史学家们的结论是：没有。他的话说得可能不好听，但都是事实。1791 年，1800 年，1804 年，三次考试伯尔都不及格，三个选择都是个人利益至上，他还能指望汉密尔顿说什么？汉密尔顿对伯尔最基本的指责是：没有原则，利欲熏心，不值得信任。对当时的绅士们来说，这是最要命的。在江湖上混全靠名声，更何况现在伯尔穷得只剩下名声了。这是伯尔不惜决斗的原因，也是汉密尔顿以命相搏的原因。这个理由在今天看来似乎很苍白，因为今天的政客比伯尔卑鄙得多。但是，不要忘了，现在的美国是个法制健全的强大的共和国，政客们的野心和阴谋被紧紧地箍在法律的框架中。他们有可能杀人越货，但基本上没能力做出颠覆共和制或分裂联邦这种事来。二百年前就不一样了。共和是那么幼稚，法制是那么疏松，联邦是那么脆弱。刚开始学走路的新国家之所以没有跌散架，很大程度上是得益于领袖们的美德。华盛顿说：美国政府“最终将是法的政府，但它首先是人的政府”。这是“人”的道德如此重要的原因。如果建国之初的领袖们满脑子歪门邪道，我们恐怕就见不到今天的美国了。你说，这场争斗值得吗？

1804 年 4 月，一个叫“库珀”的人在报纸上发了封公开信，说汉密尔顿在一次晚宴上当着很多人的面说伯尔的坏话，有很多在报纸上不便提及的“侮辱性的评论”。别的报纸立刻添油加醋地报道，真是看热闹不嫌事大，好像那俩不决斗都对不起媒体似的。没多久，伯尔就让朋友范内斯带给汉密尔顿一封信，要求汉密尔顿为不当言论道歉。其实，此时的汉密尔顿回旋余地很大。“库珀”的信中没有引用任何具体言语，汉密尔顿只要否认这件事就可以了，他和伯尔都不丢面子。可是，汉密尔顿却带着讽刺的口吻说：我跟伯尔交恶15年，说的话多了，你让我为哪句话道歉？这态度简直就是撮火。伯尔的下一封信很快就来了：你要为过去15年说过的所有坏话道歉！汉密尔顿说：不可能！你要是找出具体的话来，我可以考虑是否道歉。但你如果想让我否定过去所有的言论，我过不了良心这一关。到了这一步，还能咋办？伯尔说那咱就按规矩来吧，汉密尔顿说愿意奉陪。决斗就这么定下来了。范内斯和彭德尔顿使出吃奶的劲儿劝解，无奈那俩都太骄傲了，心中的芥蒂岂是几句话能解得开的。

于是，我们回到1804年7月11日清晨。那两声枪响相隔几秒钟，也就是说，他们不是同时开的枪。后来，汉密尔顿的朋友说是伯尔先开枪，伯尔的朋友说是汉密尔顿先开枪。在现场的范内斯和彭德尔顿都说不清到底谁先开的枪，学者们就只能根据各种迹象猜了。但有一点是确定的，在决斗前夜，汉密尔顿写了一份声明。他说：“我决定放弃第一枪。如果有必要，我可能会也放弃第二枪。”这句话的意思是他第一枪不瞄准对方，随便向别处打一枪。他希望这样可以给伯尔一次短暂的思考和反应的机会。当时的规矩是，如果一方第一枪放空，对方也应该放空。然后两个副手谈判，看看这样是不是就算和解了。如果双方不同意，接着来开第二轮。一般很少有穷追猛打的。问题是，当其中一方决定放弃第一枪时，他应该事先告诉对方，让人家有准备。但汉密尔顿没有。有人从这一点上推断，汉密尔顿有“自杀倾向”。自从儿子死后，他一直很抑郁，也许他想借这次机会了却人生之苦。但是，大部分学者不同意这个说法。

汉密尔顿不但决定放弃第一枪，而且在枪上也做了文章。他用的是彻奇的手枪。三年前，他儿子菲利普也是用这把枪，也是决定放弃第一轮，却被人打死了。彻奇这把枪在当时是很高档的，因为有膛线，打得准，口径大，非常致命。伯尔那把枪没有膛线。但是，当汉密尔顿和伯尔各自站好准备射击时，彭德尔顿悄悄地问汉密尔顿：“上膛线吗？”汉密尔顿说：“这次不用。”他事先跟彭德尔顿说过多次不想伤害伯尔，他在履行承诺。那么，怎样让伯尔知道这个意思呢？学者们的解释是：汉密尔顿只能先开枪。他那一枪偏离伯尔足有 1 米多，打在很高的树枝上，这是有确证的。就像汉密尔顿事先写的那样，他想给伯尔思考和反应的机会。在他第一枪打出去之后，伯尔应该已经明白了他的意思。如果伯尔不想伤害汉密尔顿，他也会放空枪。但是，他没有。

伯尔的子弹穿透了汉密尔顿的肝脏，在今天都是很危险的情况，别说二百年前了。汉密尔顿被击中的当时就知道自己没救了，他对向他跑来的霍塞克医生说："医生，这是致命伤。"然后失去知觉。

那么，我们可不可以说伯尔是在蓄意谋杀汉密尔顿呢？答案是：应该不会。首先，伯尔是个被利益驱使的人。杀死汉密尔顿对他只有坏处，没有好处，后来的事实证明了这一点。伯尔疯了才会认为杀死汉密尔顿之后他还能在纽约立足。其次，伯尔击中汉密尔顿之后表现得非常吃惊和懊悔，他马上向汉密尔顿跑去，想看看伤在哪里，但被范内斯拦住了。范内斯撑起一把伞，挡住伯尔的视线，拉着他往河边走。这是副手应该做的，为的是保护伯尔日后不受起诉。伯尔看不见汉密尔顿，表明不是谋杀。在去河边的路上，伯尔几次停下来说："我要跟他说话！"范内斯不容他分辩，把他拖到船上，回了曼哈顿。应该说，伯尔举枪向汉密尔顿射击的时候，他可能想打伤汉密尔顿，但绝对没想到会出人命。当时的决斗都不是故意杀人，所以，大家一般都不会瞄准心脏打，最常见的部位是臀部以上的那一块儿或大腿。伯尔是因为打得稍微偏了才出事的。从他在现场的反应看，他不完全是人们传说中的冷血动物。也许，在那一瞬间，他想起了他们曾经在一起度过的美好时光；也许，他忽然意识到，他们之间原来并没有解不开的仇。后来，年老的伯尔在看了劳伦斯·斯特恩的书后感叹道："如果我当初多读点斯特恩，少读点伏尔泰，我就会知道，这世界足够大，容得下汉密尔顿和我两个人。"汉密尔顿临终前说的话是："我对伯尔没有恶意。"他请求上帝不要降罪伯尔。

1804年7月12日下午2点，汉密尔顿在妻子伊莉莎和七个孩子悲伤的眼神中去世。他带走的不只是一个慈爱的父亲、温柔的丈夫、亲密的朋友，还带走了一个天才和他创造的时代。没有他，美国人不知道一个人的智慧可以有如此惊人的能量；没有他，美国人不知道一盘散沙的殖民地可以变成统一的国家；没有他，美国人不知道偏远落后的新大陆可以奋起直追跻身世界强国之列。他的天才为美国打开了一扇窗，他的眼光让未来照进现实。然而，他似乎总是没有归属感。他认为自己不属于新大陆，不属于那个时代。他伤心地看到，在他付出了那么多之后，人民并不感谢他。他与杰斐逊那场“世纪之争”让他看上去那么孤独。杰斐逊的背后是美国人民，汉密尔顿的背后只有华盛顿一人。但是，这一次，真理不在人民手中，因为人民没看到，与汉密尔顿站在一起的还有一位，它的名字叫未来。今天的美国是汉密尔顿眼中的国家，不是杰斐逊心中的国家；它是汉密尔顿设计的国家，不是杰斐逊梦想的国家。他的世界也许无人识，他的孤独也许没人懂。但是，当他离去时，他并不是像他自己认为的那样没有归属。他是有归属的。他属于未来。

汉密尔顿去世引起的震动超过了人们的想象。纽约所有的店铺关门一天，所有的军舰降半旗，所有的政府部门披上黑布，所有的纽约人戴黑纱30天。在波士顿，人们的哀悼场面与华盛顿去世时相仿。7月14日是汉密尔顿的葬礼。纽约有史以来从没见过这么庞大的送葬队伍。军官们，战士们，政界商界的名人们，纽约银行的董事们，哥伦比亚学院的学生和教授们，各行各业的代表们，默默跟随的普通市民们……他们似乎在诉说，汉密尔顿是怎样让这个城市走在通往“世界之都”的道路上。他被安葬在三一教堂的墓地，就在今天的华尔街金融中心。他可以安息在自己的梦里了。

决斗场上的那颗子弹要了汉密尔顿的命，也毁了伯尔的前程。伯尔将面临什么样的命运？他的所作所为将怎样向世人证明，汉密尔顿用生命赢得的赌博是值得的？请看下一个故事：《阴谋》。

085

阴 谋

1804 年 7 月，副总统伯尔在决斗中杀死了汉密尔顿。汉密尔顿毕竟不是普通人，他的去世引起极大的震动。他被视为联邦党的殉道者，伯尔呢，自然成了“杀人犯”。纽约州和新泽西州都以“谋杀罪”指控他，很多纽约人威胁要报复他。为了避免暴力倾向，汉密尔顿最好的朋友古弗纳·莫里斯在葬礼上致辞的时候，故意不提决斗的事。既然汉密尔顿临终前希望上帝宽恕伯尔，莫里斯也希望人们把注意力放在对汉密尔顿的哀悼上，而不是对伯尔的仇恨上。可是，伯尔显然在纽约待不下去了。他逃离纽约和新泽西，先到了费城。当他发现费城人也看他不顺眼时，他只好跑到南卡罗来纳州的女儿女婿家。南方和西部对决斗的宽容度比北方高多了，伯尔总算觉得安全一点。

虽然暂时安全了，但如今的伯尔狼狈不堪。他不但是个逃犯，而且负债累累。奢侈的生活让他整天寅吃卯粮，债主上门讨债也不是一次两次了。过去，他被逼急了的时候还能厚着脸皮去求汉密尔顿，汉密尔顿再烦他也会想办法帮他暂渡难关；国会休会或闲暇之时，他还能当律师赚钱。现在，汉密尔顿走了，他又因为官司缠身被迫关闭事务所，唯一的经济来源就是副总统的工资，哪里够花？他前脚一逃，债主们后脚就把他在纽约的房子、产业、家具都占了，拍卖之后得的钱还是不够还所有的债。到最后伯尔仍然负债 8000 美元，在当时是很大的一笔钱。要是换别人，早就崩溃了。伯尔却跟没事人似的，还跟女儿开玩笑说：我倒要看看纽约和新泽西“哪个州可以有幸绞死副总统”。

过了一阵子，舆论平复了一些。伯尔在确定华府的检察官不会起诉他之后，决定回去继续完成他的副总统任期。1804 年 11 月 4 日，第八届国会开始了它的最后一期。当休假归来的参议员们看到准时坐到议长座位上的副总统时，他们还以为见到鬼了。决斗的消息早就传遍全国，大伙寻思着伯尔正亡命天涯，谁承想他居然敢回来。杰斐逊和麦迪逊都很客气地款待伯尔，谁也不提夏天发生的事。

总统对副总统和颜悦色还有一个原因，就是他希望伯尔在接下来的参议院听证会上能秉公办事。此时，众议院已启动对最高法院大法官塞缪尔 · 奇斯的弹劾，弹劾案要由参议院裁决。参议员们是大陪审团，议长实际上是法官的角色。伯尔不愧是法律界的老手，他的表现非常专业，有条不紊，不偏不倚，让大家心服口服。最后，参议院否决了弹劾案，伯尔也受到一致的赞扬。

1804年年底，大选结果出来了。杰斐逊和克林顿毫无悬念地当选总统和副总统。1805年3月2日，伯尔在参议院做了最后一次演讲，正式告别公职生涯。尽管演说全文没有保存下来，但据当时人的记载，他的语言优雅、温情，参议员们深受感动，很多人流下了眼泪。

3月4日，在首席大法官马歇尔的主持下，杰斐逊再次宣誓就职。伯尔以嘉宾身份出席了就职典礼。然后，他就一路向西，开始了他的新征程。这个计划已经在他心中酝酿很久了，他相信，它将给他带来财富和荣耀，甚至可能还有一顶王冠。这个后来被称为“最深、最暗、最广的阴谋”到底是什么呢？

早在10个月前，当伯尔确信不能再做杰斐逊的竞选伙伴时，他便开始为自己谋划。他会见了美国陆军在路易斯安那地区的总司令詹姆斯·威尔金森。威尔金森是个名声很差的人，御敌无能，扰民有术，打英军没戏，打印第安人的武装也没戏，最擅长的就是袭击印第安人的村庄，烧杀抢掠。独立战争时，他曾被大陆军开除。但他极会钻营，哄得政客们很高兴，每次都能逢凶化吉，还步步高升。大家虽然知道他不干净，但都没想到他还有另一个身份：西班牙间谍。他倒不见得忠于西班牙，谁给他工资他给谁干活。如今，他拿着美国和西班牙两份工资，左右逢源。

伯尔当然不知道威尔金森的双重身份，他看中的是他的势力。威尔金森手握重兵，是西部的实权人物。他们俩筹划着攻占几块西班牙殖民地，就是今天的新墨西哥、得克萨斯等州。如果顺利，伯尔打算一直打到墨西哥城，在那儿登基当皇帝呢。威尔金森表示愿意效劳。稍后，伯尔拜访英国驻美公使安东尼·梅里。他对梅里说，他打算煽动西部的美国领地脱离联邦，成为独立的国家，希望得到英国的支持。至于伯尔是真的想分裂西部还是忽悠英国骗点钱，没人知道。伯尔特别擅长掩饰自己的真实目的，跟谁都含糊其辞。这个本事后来救了他的命。

不管伯尔想干什么，1805 年 4 月，他开始了第一次西部之旅。这一路上，他拜见了好多政要名人。虽然不担任任何公职了，但他从政多年交了很多朋友，比如，俄亥俄州的参议员约翰·史密斯，田纳西州的民兵少将、未来的总统安德鲁·杰克逊，还有爱尔兰移民、大富翁哈曼·布伦纳哈塞特。布伦纳哈塞特是伯尔的“死忠粉”，出钱出力支持伯尔，尽管他也不完全清楚伯尔到底想干啥。此行最重要的一站是俄亥俄的军事要塞马萨克。在这里，他与威尔金森密谈了四天。随后，他乘坐威尔金森给他准备的大船，沿密西西比河南下，直达新奥尔良。所到之处，伯尔受到很多社会名流和普通民众的欢迎。他鼓吹占领西班牙在北美的殖民地，正对西部人的心思。大家觉得这是好事，肯定会得到杰斐逊政府的支持。开拓进取本来就是咱的立国之道嘛。

在东部如过街老鼠的伯尔在西部成了香饽饽，但不是没有人怀疑他的动机。就在他圆满结束对西部的第一次“考察”时，费城的《合众国公报》刊登了一篇匿名文章，指责伯尔企图分裂西部，占领新奥尔良，征服墨西哥，而且得到英国的支持。与此同时，杰斐逊总统也不停地收到举报信。1806 年 3 月，肯塔基的联邦检察官约瑟夫 · 汉密尔顿 · 戴维斯给总统写信，说伯尔企图分裂联邦。在接下来的六个月里，戴维斯一共给杰斐逊写了八封信，但总统先生全当耳旁风，根本没理会。主要原因是，戴维斯是联邦党人，汉密尔顿的忠实信徒。总统怀疑他危言耸听，公报私仇，以此打击西部那些与伯尔友善的共和党人。而且，戴维斯刚娶了马歇尔最小的妹妹，杰斐逊怎么能相信仇敌的妹夫呢？

这边杰斐逊无动于衷，那边伯尔动作连连。到 1806 年夏天，他已经聚集了很多有根有底的人，包括两个年轻人：塞缪尔 · 斯沃特伍特和埃里克 · 伯里曼医生。他们俩拿着一封由密码写成的信，从费城出发，去西部找威尔金森。这封信的作者应该是伯尔。信中说，他已经获得了英国海军的支持，伯尔和威尔金森将率 500~1000 人沿密西西比河南下，从西班牙手中抢过那块叫巴吞鲁日的地方，那里的人民已准备好迎接我们啦！

在给威尔金森发信的同时，伯尔告诉财政部长阿尔伯特 · 加勒廷，他想在路易斯安那境内的一块土地上定居，没什么其他打算。反正，虚虚实实，伯尔把所有的人都搞得晕头转向，没人明白他的真实意图。

8 月，伯尔第二次西行。他到布伦纳哈塞特的庄园住了两天，决定以布伦纳哈塞特岛为基地，筹集物资，聚集队伍，打算 12 月初南下。就在伯尔忙忙活活地在肯塔基和田纳西之间穿梭往来的时候，10 月初，塞缪尔 · 斯沃特伍特带着那封密信来到威尔金森的军营。10 月 10 日，威尔金森忽然宣布，他发现了伯尔的叛国行为。在抹掉了跟自己有关的内容之后，他把这封信的影印件寄给杰斐逊总统。威尔金森是伯尔最早的合作者，甚至是这件事的主谋。但此时此刻，他有足够的理由背叛伯尔。他看出来了，美国根本无意与西班牙打仗，伯尔所说的英国援助也是没影的事，他的计划成功率不大。而且，美西保持和平，他就可以继续从两边拿薪水，何必跟着伯尔胡闹？

威尔金森下令逮捕斯沃特伍特和伯里曼医生，说他们“叛国”。两人大喊冤枉，说我们只是受人之托捎封信而已，又不知道里面写的是什么，凭什么抓我们？威尔金森才不管这一套呢。你们不知道？哼，有你知道的时候！这俩要求找律师，威尔金森说：反贼还想找律师？别做梦了！把他们送到华府去受审！

斯沃特伍特和伯里曼被押到新奥尔良时，他们向美属新奥尔良最高法院申诉，要求法院颁发人身保护令，还他们自由。法院同意了他们的请求，下令释放他们。但威尔金森根本不理。法院算老几？枪杆子才是硬道理。他派人把这俩押上船，驶往南卡罗来纳。到了查尔斯顿，南卡罗来纳的联邦巡回法院再次颁发人身保护令，要求放人，但法院的命令再次被拒。全副武装的军人押着两人继续北上，前往马里兰的巴尔的摩。1807 年 1 月 23 日，斯沃特伍特和伯里曼来到华府。

此时的华府气氛已经很紧张了。杰斐逊总算对伯尔的阴谋深信不疑，并把消息告诉了国会。他没告诉国会的是，威尔金森剥夺了被告寻求律师帮助的权利，屡次违反法院的命令，严重侵犯了人权。总统似乎把自己平时鼓吹的那些“天赋人权”都扔到一边，铁了心要治这俩人的罪。先把他们搞定，下一步就可以收拾伯尔了。

为了防止华府的法院再发人身保护令，1 月 23 日当天下午，激进的共和党参议员威廉·布兰奇·贾尔斯提了个议案，要求对那些涉嫌叛国行为的人暂时废除人身保护令三个月。参议院的绅士们好像被伯尔及其同伙的事吓到了，居然以闪电般的速度通过了这个法案，他们从来没这么高效过。除了特拉华州的议员詹姆斯·贝亚德以外，其余的人全部投赞成票。可见，那一天的首都是怎样的“如临大敌”。

幸运的是，参议院的“高烧”没有持续太久。过了一个周末，大家终于回过味儿来：咱是不是自己把自己给吓傻了？连伯尔的影子都没见着就先乱了阵脚，羞不羞？ 1 月 26 日，星期一。众议院开始讨论参议院的法案。两党的议员从来没有这么团结过。他们联起手来，以 113 票比 19 票的绝对优势否决了此案。众议员们表示，参议院简直是神经病，药不能停啊！

国会折腾完了轮到法院折腾。1 月 27 日，华府巡回法院判定斯沃特伍特和伯里曼不得保释。至此，整个首都已被两个年轻人的案子搅得沸沸扬扬，所有的好奇心都被吊起来了。大家痒得很，因为他们都知道，再过几天，联邦最高法院就要开庭了。这俩人要是不上诉到最高法院才叫奇怪。咱们马上就有大戏看啦！

2 月 1 日，最高法院开庭。2 月 5 日，那位曾在“马伯里诉麦迪逊案”中代表马伯里的律师查尔斯·李来到最高法院。这一次，他代表斯沃特伍特和伯里曼。他说：我、要、人、身、保、护、令！

好吧，在继续讲故事之前，我们还是先搞清楚什么是“人身保护令”。

“人身保护令”的拉丁语“Habeas Corpus”原意是“你应该有身体”。后来，它进了英国《大宪章》和普通法，成为“人身保护令”，意思是，你不能被非法拘禁，更不能被人间蒸发。法院用人身保护令命令拘禁他人者将嫌疑人送交法院，由法院决定他们是否应该被拘禁。这是对人权最基本的保障，可以防止政府或个人对公民的人身伤害。美国宪法第一条第九款规定：“除非在叛乱和公共安全受到侵犯的情况下，人身保护令不得被废止。”公民有权得到公正、迅速的审判，政府不能无缘无故无限期地羁押公民。威尔金森的所作所为完全违宪，但杰斐逊就像没看见一样。不是他不懂法，而是他不尊法。

现在，摆在最高法院面前的是两个问题。第一个是程序问题：最高法院有权颁发人身保护令吗？第二个是宪法问题，涉及第六修正案：

斯沃特伍特和伯里曼能在首都华盛顿受审吗？自从这个案子到了最高法院，大伙就明白它不再是被告人和政府之间的对抗，而成了司法权和行政权的对抗。就像四年前的“马伯里诉麦迪逊案”一样，首席大法官马歇尔再次与杰斐逊总统狭路相逢。

案子一到马歇尔的手里，杰斐逊就知道不妙，他太了解他表弟了。他说，最高法院被马歇尔一手遮天，完全成了联邦党的堡垒，根本没正义可言。言外之意，马歇尔才不管什么法律不法律呢，他只想跟我对着干。这话说得可不对。此时的最高法院早已不是联邦党一统江湖。1803—1807 年间，阿尔弗雷德 · 摩尔和威廉 · 帕特森两位联邦党大法官相继去世，杰斐逊提名了两位共和党人代替他们，一个是南卡罗来纳的威廉 · 约翰逊，另一个是纽约的亨利 · 利文斯顿。另外，由于疆域的扩大，国会又增加了一个大法官名额，他是来自西部肯塔基的托马斯 · 托德，也是共和党人。应该说，杰斐逊虽然是个容易偏激的人，但他在挑选大法官时还是非常有眼光的。他选的这三位都相当出色，客观、独立、公正，不带党派偏见。如今，最高法院七位大法官中，四位联邦党人，三位共和党人，怎么能说是联邦党的天下呢？

但是，杰斐逊很快就发现了一个恐怖的事实：这几个共和党法官一进法院就好像被马歇尔施了魔法，变成马歇尔的铁哥们儿。他们在绝大多数案件中与马歇尔的意见完全一致，听凭马歇尔为所欲为，怎么这么没个性呢？其实，不是大法官们没个性，是杰斐逊自己想偏了。

马歇尔根本没强迫他的同事们做任何事情，他以自己的公平、友善、温和征服了他们的心。他是天生的领袖，魅力无敌。杰斐逊老说马歇尔好吃懒做，马歇尔也确实喜欢吃喝玩乐，但他往往在不经意的玩笑中把你变成他的铁杆粉丝。

好了，让我们回到 1807 年 2 月 13 日，看看最高法院怎样判决斯沃特伍特和伯里曼的案子（简称“伯里曼案”）。关于最高法院是否有权发人身保护令，马歇尔的答案是肯定的。法院的这项权力来自宪法和国会的立法。马歇尔强调说，这个案子和“马伯里诉麦迪逊案”不同。在“马伯里诉麦迪逊案”中，最高法院以没有初审权为由拒绝向国务卿发“强制令”。在“伯里曼案”中，最高法院复审下级法院的案子，不受宪法关于初审权的限制。所以，根据 1789 年《司法法案》第十九条，最高法院有权发人身保护令。

2 月 16 日，查尔斯·李说，既然法院有权发人身保护令，那就放人吧。这就到了第二个问题。在接下来的四天里，法院听取了双方的辩论。政府提供被告“叛国”的证据，被告方指责政府违反第六修正案。2 月 19 日，马歇尔说，法院还没有最后的裁决，但他允许被告取保候审。两天后，马歇尔宣布，斯沃特伍特和伯里曼无罪释放。所有的大法官一致同意，根据第六修正案，罪行在哪里发生，案件就应该在哪里审理。那两个明明在路易斯安那出的事，却被千里迢迢押到首都受审，明摆着违宪。这叫“程序非正义”。而且，法官们也认为，政府提供的证据不足以证明两人“叛国”。在这里，马歇尔引用了宪法对“叛国罪”的定义：

“叛国罪的表现只能是对美国发动战争，或投靠美国的敌人并向他们提供帮助。”

若想证明斯沃特伍特和伯里曼叛国，必须证明他们确实参与了对美国的战争行为。如果他们只是参与了与国家为敌的阴谋，这种阴谋不能算叛国。而且，宪法明文规定，叛国罪需要至少两个证人，政府连一个像样的证人都没有，怎么定罪？

马歇尔的判词到此结束就很完美了，但是，也不知道他咋想的，他居然又加了一段：

“如果战争行为真的发生了，所有的参与者，不管他们离现场有多远，只要他们参与了阴谋，他们就应该被视为叛徒……”

事实证明，这话说得有点不够严谨。或者说，马歇尔的意思是严谨的，但他将被人抓住把柄。在下面的“伯尔叛国案”中，他必须面对由他自己的这段话引起的挑战。

最高法院对“伯里曼案”的判决把总统气疯了，他认定这是马歇尔成心跟他捣乱。参议员贾尔斯威胁要修宪，禁止最高法院审理刑事案件。众议院也有人开始议论弹劾马歇尔。但是，公众舆论显然是赞成法院的判决的。如果说有人滥用了宪法赋予的权力，那个人不是马歇尔，是杰斐逊。

“伯里曼案”毫无疑问让马歇尔和杰斐逊的关系雪上加霜。杰斐逊发誓，他要在下一个回合中把输掉的赢回来。那么，下一个回合，两个巨人将怎样搏斗？美国的司法体系会面临什么考验？请看下一个故事 :《叛国》。

086

叛 国

1806年，阿伦·伯尔在西部的一连串动作引发了人们的怀疑，大家似乎看清了他的阴谋：第一，分裂西部；第二，入侵西班牙领地；第三，把西部和墨西哥连起来组成一个独立的国家，自己当皇帝。就在他的同伙斯沃特伍特和伯里曼医生被逮捕并送往首都受审的时候，伯尔正忙着跟朋友哈曼·布伦纳哈塞特在布伦纳哈塞特岛上囤积粮食和武器，招募志愿者，准备时机成熟就沿密西西比河南下。40岁的布伦纳哈塞特是来自爱尔兰的富豪，他买下布伦纳哈塞特岛，把自己的豪宅建在上面。他的日子本来过得爽极了，可是，自打1805年认识了伯尔，他就跟着了魔似的，出钱出力，还让伯尔用他的岛当基地，甚至在报纸上发表文章，说西部地区脱离联邦是大势所趋。布伦纳哈塞特的文章帮了伯尔的倒忙，西部的联邦官员们变得警觉起来，俄亥俄和肯塔基的联邦检察官与民兵也都盯上了这拨人。而此时的伯尔一点也不知道斯沃特伍特和伯里曼的事，更不知道詹姆斯·威尔金森已经背叛了他。

1806 年 11 月 27 日，在接到无数的报告，特别是接到威尔金森的信之后，杰斐逊总统终于决定出手。他发表了一个宣言，说某些人企图对西班牙采取军事行动，破坏两国的关系，我们不能允许这些人为谋私利擅自替国家做决策。杰斐逊的宣言很有节制，只字未提伯尔，更没说他叛国，但它有效地瓦解了伯尔的阵营。很多西部人支持伯尔是因为他们认为他的计划会得到总统的认可，搞了半天不是那么回事，那咱还起什么哄？大部分西部媒体在看到宣言后立刻宣布与伯尔划清界线，伯尔基本上没戏了。

总统这一招很高明，举重若轻，将一场阴谋化于无形。除了相关的官员以外，公众根本不知道总统针对的是谁，他们也没必要知道。息事宁人就好，何必搞得鸡飞狗跳？但是，该着杰斐逊倒霉，一向很乖的国会忽然跟他较起真儿来。1807 年 1 月 16 日，共和党众议员约翰·伦道夫要求总统为他的宣言做出解释。他说，如果有人威胁了联邦的和平与安全，总统要拿出证据来，而且要将此人绳之以法。你含含糊糊的，我们怎么知道你啥意思？我们要真相！经过几天的激烈争论后，众议院同意了他的提议。

伦道夫到底哪根筋搭错了，他干吗给杰斐逊捣乱呢？事实上，伦道夫对他这个总统表哥不满不是一天两天了。他是个激进的共和党人，长期以来都是杰斐逊的信徒。杰斐逊当反对派领袖的时候是天底下最革命的人，撩得大伙热血沸腾的。但他一上台就表现出温和倾向，尽量不走极端。问题是，他一脚急刹车，把手下的小兄弟们闪着了。年轻的伦道夫认为杰斐逊背离了理想，与联邦党妥协。于是，伦道夫自己攒了一拨人，号称“老共和党人”，意思是，我们才是原汁原味的共和党人，杰斐逊已经“变修”啦。到1806年，伦道夫已与杰斐逊彻底闹翻，标志着共和党内部分裂的开始。所以，他在国会演这么一出不算奇怪。

众议院的态度让总统很受伤。从他上台的第一天起，国会就是他最坚强的后盾。他想干吗国会就帮他干吗。这会儿国会忽然追根究底，杰斐逊还真有点措手不及。其实，国会只不过问问情况而已，他根本不用匆匆忙忙地答复，也不必提供太多细节，大体过得去就行了。可是，也不知道他是想证明自己没瞎说还是想赶紧堵上伦道夫的嘴，杰斐逊失去了往日的从容。1月22日，总统向众议院呈交了一份文件，第一次指名点姓，说伯尔是分裂国家的主谋。他还说，虽然细节还没完全弄清楚，但伯尔的“罪行是毫无疑问的”。

这是个天大的错误。一个人有罪无罪，法院说了算。法院还没审，总统就一口咬定他有罪，这不是迫害是什么？难怪此言一出，很多人立刻想到这是杰斐逊在报六年前伯尔跟他争白宫之仇。远在马萨诸塞的约翰·亚当斯听到此事后立刻写信给本杰明·罗什说：“即使伯尔的罪行像中午的太阳那样清晰，行政长官也不应该在法院审判之前就宣布他有罪。”亚当斯认为伯尔非常狡猾，他会用各种手段掩藏罪责。杰斐逊是律师出身，竟然犯这种低级错误。可能他这几年跋扈惯了，才会这么说话不经大脑。

杰斐逊的话立刻让“伯尔叛国”上了头条，民意沸腾，全国人民恨不得马上把伯尔抓起来绞死。那么，伯尔现在在哪儿呢？让时间倒退回两个月前。伯尔把布伦纳哈塞特岛的事安排妥以后，就到美属密西西比领地去联络其他人了。1806 年 12 月 10 日，俄亥俄州州长爱德华·蒂芬命令民兵突袭布伦纳哈塞特岛，抓获了大部分人和几乎所有的物资，但布伦纳哈塞特带着大约 30 个人乘四条船逃离。三个星期后，在坎伯兰河的一个小岛上，他们与伯尔相聚。尽管损失惨重，但伯尔和布伦纳哈塞特还是带人继续沿密西西比河南下，他们打算到新奥尔良与威尔金森会合。

1807 年 1 月 10 日，伯尔带着人来到密西西比领地的纳齐兹附近。他去拜访朋友彼得·布鲁林。布鲁林是密西西比领地最高法院的一位法官。他给伯尔看了当地的报纸，上面有杰斐逊总统的宣言，还有美属路易斯安那总督下令逮捕伯尔的消息。而且，威尔金森正派军队北上捉拿他。伯尔这才知道，他的计划完了，除了投降别无选择。

伯尔倒是很沉着，他马上去法院自首，避免落到军队手中。威尔金森是个心狠手辣的人，伯尔若让他逮住，他为了保住自己没准儿会把伯尔灭口。从这一点上也可以看出伯尔的精明。密西西比领地联邦法院的首席法官是托马斯·罗德尼，他儿子恺撒·罗德尼是杰斐逊政府的总检察长，跟伯尔是好朋友。老罗德尼可不像他儿子那样喜欢伯尔，他给伯尔列的罪名是：企图分裂西部，占领墨西哥，建立帝国。

但是，伯尔太聪明了，他从不跟人坦诚相见。别说一般人，就是他的高级同谋，比如威尔金森和布伦纳哈塞特，也不完全清楚他的真实意图。大家比较确定他想抢墨西哥的一块地方，但别的基本靠猜。这样一来，谁也没法在法庭上确切地说出他的计划，所有的证人都不能证明他想分裂联邦。老罗德尼折腾了半天，最后，大陪审团以证据不足为由拒绝起诉。

伯尔大摇大摆走出法庭，老罗德尼却不想就此放过他。过了几天，老罗德尼命令警察去把伯尔带到法院问话。但是，这一次，伯尔没有听从法院的传唤。他逃跑了。两个星期后，他在问路时被人认出，落入民兵之手。3 月 26 日，衣衫不整的前副总统在民兵的严密押解下，来到弗吉尼亚首府里士满。他将在联邦第五巡回法院受审。

伯尔为什么会被送到里士满受审呢？因为杰斐逊学乖了。他本来是打算把伯尔弄到首都华盛顿的。但是，2 月 21 日，最高法院在对“伯里曼案”的判决中，裁定政府违反第六修正案（参看上一个故事）。第六修正案规定，案子在哪发生就应该在哪审理。政府指控伯尔叛国行为发生的地点是布伦纳哈塞特岛。这个岛属于弗吉尼亚州（今天的西弗吉尼亚境内），由弗吉尼亚的联邦巡回法院审这个案子就是理所当然的了。这回，你总不能说我程序违宪了吧？

事到如今，杰斐逊对伯尔的叛国罪行深信不疑。把任何人放到总统的位置上，他也会跟杰斐逊有同样的看法。布伦纳哈塞特岛上要武器有武器，要物资有物资，要人有人，这不是谋反是什么？伯尔跟好几个朋友（证人）说过，联邦政府根本玩不转，他带千八百人就能攻下华盛顿，这不是叛乱是什么？人证物证俱在，还不算“事实清楚、证据确凿”？况且，总统都跟众议院说过伯尔有罪了，伯尔必须有罪。他要是无罪，那不成了总统诬陷好人？“叛国”是最重的罪，只要成立，就是绞刑。杰斐逊要的是伯尔的命。

看上去，伯尔死定了。总统要他死他还能不死？但总统心里其实没底，因为有一个人站在伯尔和绞刑架之间。他是首席大法官约翰·马歇尔。马歇尔对“伯里曼案”的判决让杰斐逊明白，这事儿不简单。杰斐逊恨得牙痒痒，又有点怕。宪法把法官们保护得太好了，他们是终身制，独立于强权，也独立于人民。杰斐逊抱怨说：宪法的缺陷不是行政权太弱了，而是司法权太强了，法官们不负责任，谁也治不了他们。我们应该修宪！把法官变成民选官员，看他们还敢不敢乱判！

牢骚归牢骚，案子该咋办咋办。“伯里曼案”是最高法院审的，伯尔的案子还没到最高法院，按道理不归马歇尔管。但是，巧得很，或者说，很不幸，第五巡回法院刚好在马歇尔的“巡回区”。根据1789年《司法法案》，最高法院大法官们除了每年在首都开庭六个星期，其余的时间要“巡回”各州，每人负责两个联邦巡回法院（地区法院）。马歇尔的巡回区是弗吉尼亚和北卡罗来纳。所以，他实际上一年中大部分时间是在里士满的第五巡回法院审案子。这倒很合他的心意，因为他家就住里士满，在家门口上班好幸福。于是，“美国诉伯尔案”妥妥地落到马歇尔手里。杰斐逊绕着弯子走，马歇尔却在每一个街拐角等着他。

五千人的小城里士满被伯尔的案子搅翻了天，大家都想看看审判前副总统是个啥阵势。很多人从纽约、费城、查尔斯顿赶来旁听，各大报纸的记者蜂拥而入，把旅馆、酒吧都挤破了。本来，法庭是在一个小房子里，但人实在太多，马歇尔不得不临时挪到弗吉尼亚州议会大厅，即使那里也挤不下，简直没办法。3月31日早上10点，马歇尔坐到法官席上，开始了对伯尔案的预审。预审的目的是看看双方的材料，听听他们的辩论，对案子提个建设性意见。原告一般会根据法官的意见决定以什么罪起诉被告。

代表政府的是联邦总检察长恺撒·罗德尼和弗吉尼亚联邦检察官乔治·海伊。罗德尼是伯尔多年的好友，他才不想起诉伯尔呢，但受总统差遣不能不来。他把政府的案子陈述完毕后就回华盛顿了，剩下的都交给海伊。伯尔这边是弗吉尼亚最棒的律师约翰·威克姆及曾给华盛顿总统当过总检察长和国务卿的埃德蒙·伦道夫。威克姆是马歇尔的好朋友兼好邻居，两人经常一起吃喝玩乐。伦道夫的腕儿我们以前说过了，他跟马歇尔和杰斐逊是表兄弟。总之，原告、被告、律师、法官都是熟人。满屋子的大律师，但最优秀的律师是被告本人。伯尔拥有丰富的诉讼经验，是出色的法庭战略家，整套辩护方案是他定的。他的策略是把自己的案子变成法官与总统的对抗，他要让指控他的人，包括威尔金森和杰斐逊总统，变成被控诉的对象。

政府指控伯尔两个罪名：其一，叛国罪，因为他要攻占新奥尔良并以此为基地分裂联邦；其二，重罪，因为他要入侵西班牙领地。海伊说，当初伯尔逃跑就说明他心里有鬼，要不然你跑什么？威克姆和伦道夫说政府的“叛国罪”指控完全没有根据，至于入侵西班牙领地嘛，不但无罪，还是爱国行为呢。最后，伯尔站起来为自己辩护。他说，我逃跑是因为我知道威尔金森派兵来抓我。他目无王法，我不跑就让他干掉了。当法律让位于暴力，公民有权自卫。政府从抓我到现在整整三个月了，却一直没把足够的证据呈给法庭，你们凭什么说我叛国？

4 月 1 日，马歇尔宣布了法庭的意见。这不是正式判决，却是风向标。他说，政府出示的证据可以支持对“重罪”的指控，但不足以证明“叛国罪”。就像在“伯里曼案”中一样，马歇尔强调了宪法对“叛国”的定义。最重要的是：阴谋和行动是两回事。伯尔可能有叛国的意图，但意图没变成事实。宪法明文规定，叛国的标志是“对美国的公开的战争行为”。马歇尔说：“叛国也许始于秘密的策划，但它必须在光天化日下实施……组织武装、发动战争是看得见摸得着的事，应该有无数的目击者……事情已经过去了好几个月，最高法院对‘伯里曼案’的判决也已有五个星期。法院对叛国证据的要求非常明确，为什么政府还没提供？”他认为，这不是因为政府懈怠，没有尽全力搜集证据，而是因为证据根本不存在。伯尔应以“重罪”面对大陪审团的裁决，但“叛国罪”的指控应该撤销。他允许伯尔取保候审，保释金 1 万美元。大陪审团将于 5 月 22 日开始听证。

接手伯尔的案子让马歇尔很矛盾，也很烦恼。他与伯尔没有私交，却与汉密尔顿关系密切。自从伯尔杀死汉密尔顿，马歇尔就很厌恶他。要是徇私情，他就应该趁这个机会为朋友报仇。但那不是他的风格。政府在这个案子上的弱点很清楚：缺乏证据。重罪勉强说得过去，叛国罪基本不靠谱。马歇尔搞不懂杰斐逊为什么不按法理出牌，就像杰斐逊搞不懂马歇尔为什么要替人民公敌说话。更让马歇尔担心和害怕的，是叛国罪带来的暗示。因为“叛国”是对一个国家最恶毒的攻击，它最容易引发人们的激烈情绪，特别是党派之间的仇恨。《处置外侨与煽动叛乱法》不就是这种情绪的宣泄吗？当“政治正义”代替了“司法正义”，正义本身就不存在了。总统在法院还没审的情况下就宣称前副总统有罪，这让马歇尔浑身不舒服，甚至脊梁骨发凉。但是，他也明白，若阻止总统，则让法院远离党争的努力就要失败，因为杰斐逊一定会把这事儿扯到党争上去。

果然，杰斐逊一听到马歇尔在预审中的意见就说他是在搞党争，认定只有马歇尔的党派偏见能救伯尔的命。他在给参议员贾尔斯的信中说：这个国家一定要重新认识“司法独立”的问题。如果行政权和立法权的人做了错事，他们会被人民罢免。法官们为什么不受约束？他们凭什么独立？搞了半天国会和总统说了都不算，只有马歇尔金口玉言，这到底是人民的天下还是马歇尔的天下？我们要修宪、修宪、修宪！我们要让法官对人民负责！废除司法独立！“如果他们对伯尔的保护导致了宪法修正案，这个结果倒是比他们直接造成的危害要好。”一位学者说，“这是杰斐逊最糟糕的一封信，它显示了总统根本不考虑人权和自由。他一个劲儿地说要让人民来判断伯尔的罪，却抹黑司法程序提供的保障。”

5 月 22 日，大陪审团的听证开始了，马歇尔和弗吉尼亚的联邦法官塞勒思·格里芬是主审。对重大案件的审理程序是：先由大陪审团（16~18 人）听证，决定以什么罪起诉，然后由陪审团（12 人）决定被告是否有罪。尽管马歇尔在预审中建议政府不要以叛国罪起诉，但海伊仍然坚持叛国罪和重罪一起上，这当然是总统的意思。杰斐逊跟马歇尔杠上了，拉都拉不住。他让国务卿麦迪逊弄来一笔专款，用于搜集证据、运送证人，还给了海伊一大摞签好字的空白赦免令，让他便宜行事。只要伯尔的同伙肯指证伯尔，他们的罪就可以被赦免。总统势在必得，法官只能退后一步。在听了六个小时的激烈辩论之后，马歇尔同意把决定权交给大陪审团。如果大陪审团认为政府应该以叛国罪起诉，他不反对。

在接下来的几天里，双方唇枪舌剑，法庭上火花四射。5 月 28 日，两边的律师团队都迎来了援军。“伯尔队”增加了三位成员，最厉害的是马里兰州的头号大律师路德 · 马丁。马丁曾参加过制宪会议（参看 057《其他人》），他因新宪法没能取缔奴隶贸易而愤然离席。他是马里兰州最成功的律师，他的业务量在全国也是最大的，一般人请不起他。马丁与伯尔交情深厚，专门赶来为朋友免费辩护。“国家队”多了两位，其中一位是 35 岁的弗吉尼亚律师威廉 · 沃特。他将是美国任职时间最长、最有成就的总检察长，也是马歇尔时代最出色的律师之一。他的口才与马丁不相上下，虽然此时的他还有点嫩。沃特的政治观点与马歇尔对立，但马歇尔对他评价特别高，赞他“才华无双”。好了，光看这几位，你就知道下面是怎样的恶战了。

在海伊的请求下，马歇尔决定把听证会延后几天，等待政府的“明星证人”，陆军总司令詹姆斯 · 威尔金森。他是此案的关键人物，就是他凭那封密信举报伯尔的（参看上一个故事）。这位老兄从新奥尔良启程前往里士满，也不知道他坐的是马车驴车还是牛车，反正大家左等也不来右等也不来，快被他折磨死了。“伯尔队”可不想白白浪费时光，他们马上就要上演那令人眼花缭乱的一幕。

6 月 9 日，伯尔和律师们来到法院，要求法院向政府索取一些文件，就是威尔金森寄给总统的那封密信和战争部给威尔金森的命令，因为这些文件对被告来说性命攸关。伯尔说，如果海伊能提供这些文件，一切好说；如果不能提供，我请求法院向总统下传票，命令总统带着文件到法庭作证。这一招儿帅极了，直接逼着马歇尔与杰斐逊短兵相接。杰斐逊说："伯尔把他的诉讼案变成了两个巨人之间的搏斗，变成了司法权与行政权的对抗。"不仅如此，这个要求把公众舆论从伯尔身上转到总统身上，把政府从攻方变成了守方。

其实，马歇尔才不想跟总统作对呢。在四年前的"马伯里诉麦迪逊案"中，他成功地避免了与行政权的对撞，但这次躲不开了。杰斐逊痛苦，马歇尔也痛苦。他们骨子里都不是愿意争斗的人。两人的脾气都很好，一个温文尔雅，一个谦逊有礼，看上去都属于人畜无害的类型。可是，当他们都不得不露出獠牙的时候，却一个比一个凶狠。总统敢处心积虑要人命，大法官难道不敢给总统下传票吗？

当然，伯尔不是愣头青，他不想逼得太紧，以免引起马歇尔的反感。威克姆说，只要总统提供文件，我们不要求他亲自来。即便如此，这也已经很"过分"了。海伊完全没料到被告会玩这一手，他有点发蒙。他求救般地对马歇尔说：如果法庭认为这份文件很重要，我可以提供。马歇尔可不想替他扛着，他告诉海伊：我没看过怎么知道它重要不重要？这事儿要由双方的律师协商。结果，协商变成了吵架，一个说要，一个不给，根本无法达成一致。马歇尔一看海伊这么不开窍，只能敲打敲打他：你们谈不拢，本法院恐怕要发传票了，如果你认同我们有这个权力。海伊当然不能认同。给总统发传票？疯了！

海伊的态度让马歇尔别无选择，他说：好吧，既然如此，我要听听两边的辩论，然后决定法院是否有权给总统下传票。于是，双方即刻转入撒泼模式，用最恶毒的语言抡圆了互骂了四天，马歇尔听着都脸红。他很温和地提醒他们注意分寸，可是，他的话说了跟没说一样，律师发起疯来跟泼妇没区别。然而，这一片骂大街的声音中也夹杂着司法史上最精彩的陈述，它来自马丁：

“先生，这是场罕见的战争。总统已经事先断定我的客户‘毫无疑问有罪’。他以为他有上帝之能……能窥视我这位受人尊敬的朋友的心……是他放出了战争之犬和政治迫害的地狱之犬来猎杀我的朋友……难道这位挑起事端的合众国总统想扣押审判需要的、生死攸关的文件吗？在所有的案件中，被告有权看到与他的辩护有关的所有文件，这是神圣的原则。任何企图掩藏本可以救命的证据的人都是杀人犯，他将受到天堂的惩罚！”

自从1775年帕特里克·亨利“不自由，毋宁死”的演讲以来，里士满已经很久没听到过这么摄人魂魄的语言了。马丁的话引起的震动可想而知。“国家队”里只有沃特勉强敌得过。他用自己特有的华丽句式反击马丁：

“伯尔的律师想从对政府的攻击中得到什么？他们难道以为法庭会带着政治偏见为他们提供论战的场所吗？他们难道想利用法庭发泄他们对政府的诽谤吗？”

应该说，沃特的反驳还算有力，但在气势上比马丁差一截，他毕竟太年轻了。不用想就知道，当马丁的话传到白宫，总统是个什么反应。如果你当时跟杰斐逊面对面，估计你会看到他一脸要杀人的样子。他对总检察长罗德尼说：你去给我查查马丁是不是也参与了伯尔的叛国阴谋。他跟伯尔过从甚密，难保干净。我们是不是应该指控他？看来杰斐逊气糊涂了，这种昏招都想得出来。要是让人探到底细，他这个总统就别当了。这不就是马丁说的“政治迫害的地狱之犬”吗？罗德尼是明白人，敷衍了一下，不了了之。

6 月 13 日，马歇尔宣读了法庭的决定，也被称为“历史性的抉择”。他说：总统不能凌驾于法律之上，本法院将向总统发传票。“有关案件的证据的重要性取决于证据本身，而不是掌握证据的人的身份。”接着，他从两个方面解释了他的立场：第一，传票应该发给总统吗？马歇尔说，世界上只有一个人不能接受传票，他是英王，因为英王被认为没有能力做坏事（立宪君主）。但总统不是国王。他来自人民，任期满后还要回到人民中。他与普通公民没有区别，必须受法律的约束，也必须回应法院的传讯。第二，关于“行政特权”的问题。

总统掌握很多涉及国家安全的信息，他有权决定不把这些信息透露给公众。但在这个案子中，没有迹象表明交出这些文件将危害国家安全。如果总统不同意，他可以在给法院的回复中说明理由。但是，马歇尔再次强调了他在“马伯里诉麦迪逊案”中的观点：最后的决定权在法院不在总统。“法院将考虑总统的理由”。

马歇尔在这个裁决中为后世确立了几个重要原则：第一，没有绝对的“行政特权”。第二，在总统宣称享有某些特定的“行政特权”后，法院有权考虑总统的理由并根据案情决定是否索取这些信息。第三，为了决定是否公布某些信息，法院可以命令政府提供这些信息，然后由法院进行闭门检查。检查时双方律师可以在场。第四，如果一方拒绝提供信息，法院可以得出对另一方有利的结论。在1974年的“美国诉尼克松案”中，法院就是根据这些原则迫使尼克松总统交出与“水门事件”有关的录音带的。

给总统下传票的决定毫无疑问是美国司法的里程碑，开启了总统和政府官员在“法之下”的先例。别忘了，这不是最高法院，而是联邦地区法院，给总统的传票。还有什么比这件事更能体现司法的独立和法治的至高无上呢?

话又说回来，杰斐逊在法院还没发传票的时候就在准备文件了，因为海伊早就给他报过信儿。他不想直接跟法院对着干。毕竟，公众舆论，还有外国使节，都看着呢，咱不能闹得太不像话。马歇尔的决定虽然撮火，但把东西给他又何妨？正好可以证明伯尔有罪。他在把文件寄给海伊的时候专门强调，这是总统根据自己的判断交出的，与法庭的传票无关。马歇尔也没再理论，大家都找个台阶下来就得了。

就在马歇尔下传票的同一天，威尔金森来到里士满。6 月 15 日，威尔金森到法庭作证。他还以为会受到明星般待遇，却不知就在他拿出他破译的那封假定来自伯尔的密信时，他的麻烦开始了。大陪审团的成员都是人精，领头的是约翰 · 伦道夫。伦道夫一看就知道威尔金森抹去了信中跟他自己有关的内容。比如，信的第一句是“你 5 月 13 日的信收到了”。这说明威尔金森在收到这封密信之前就知道伯尔的事，他很可能是伯尔的同谋。可是，当他把密信寄给总统时却把这句话抹掉了。别的不说，这一处就足以让威尔金森的信用破产。伯尔说，这信根本不是我写的。上面又没有签名，你凭什么瞎猜？接下来更热闹，律师的提问让威尔金森的破绽越来越多，他前言不搭后语的回答好几次引来哄堂大笑。大陪审团都忘了审伯尔了，他们的火力全集中在威尔金森身上，竟然投票表决是否起诉威尔金森。16 人的大陪审团，投票结果是 9 ： 7，这位大牌证人以两票之差勉强逃过被起诉的命运。

不管怎样，政府还是很认真地找来 48 个证人，一个一个地过。尽管这些证人的证词跟马歇尔对叛国罪证据的要求有差距，但是，6 月 24 日，约翰 · 伦道夫向法院递交了大陪审团表决的结果：以叛国罪和重罪起诉伯尔。这一回合，政府胜。在对叛国罪的起诉中，大陪审团说伯尔虽然不在现场，但他是1806年12月10日布伦纳哈塞特岛事件的主谋。马歇尔一看这份起诉书立刻明白了其中的缘由，心中暗暗叫苦。

本来，马歇尔不主张以叛国罪起诉的原因是，12月10日，伯尔并不在布伦纳哈塞特岛上，他没有参与“战争行为”。按宪法的定义，只要你没参与实际行动，你就没叛国。但大陪审团仍然坚持以叛国罪起诉，因为他们引用了马歇尔在“伯里曼案”中的判词：

“如果战争行为真的发生了，所有的参与者，不管他们离现场有多远，只要他们参与了阴谋，他们就应该被视为叛徒……”

马歇尔当时说这段话是有语境的，但别人可不管，谁让你是大法官呢？既然你说的每个字都是法律，那就让你尝尝你自己定的法律是啥滋味。这是杰斐逊的聪明处，他要以其人之道还治其人之身。

马歇尔一面解散大陪审团，一面宣布“伯尔叛国案”的审判日期定在8月。与此同时，他写信给大法官同事们，征求他们的意见。他知道，“伯里曼案”的那段话是基于英国普通法的“推定叛国”的概念，意思是你不必亲自参与行动，只要你有动机或阴谋，法院就可以认定你叛国。这还有准儿？难怪这一条在英国造成了很多冤案。“推定叛国”显然与美国宪法是矛盾的。马歇尔问：“上一个案子的结论适用于这个案子吗？上一个表述是否应该被推翻？”

就在马歇尔纠结着法理的时候，伯尔和律师们紧锣密鼓地挑选陪审团成员。这帮大律师眼里不揉沙子，第一拨 48 个候选人被律师一筛，只剩下 4 个。海伊说你们这不是故意找碴儿吗？这么挑剔，哪辈子能凑齐 12 个人？其实，倒不是律师们搅局。所有的媒体都被“伯尔叛国”刷屏了，民意一片喊杀声。律师在挑陪审团成员时问的第一个问题是：你是否认为伯尔有罪？十有八九的人说“是”。人命关天，你总不能让这些带着先入为主的偏见的人进陪审团吧？可是，不带偏见的恐怕只剩下聋子或瞎子了。就在律师们争执不下的时候，伯尔做了个高姿态。他保证，他一定会从下一拨 48 个候选人中挑足 8 个人。他果然守信。于是，出现了下面这一幕：

理查德·帕克：如果报纸上说的是真的，伯尔就有罪。

伯尔：我不反对帕克先生。他入选了。

伯尔是在拿自己的小命开玩笑吗？他才不会。他这个姿态是做给陪审团看的，告诉大家他有多自信。伯尔是资深律师，深谙诉讼之道。陪审团固然重要，但法官更重要。法官决定什么样的证据可以提交陪审团，也决定什么法律适用于本案。伯尔早就看明白了，他的命运不在陪审团手中，而在马歇尔手中。陪审团有偏见没关系，法官没偏见就成。马歇尔是不在乎民意的。如果报纸能审案，还要法官干什么？

8 月 17 日，“伯尔叛国案”开审。不出所料，海伊在开场的陈述中引用了马歇尔在“伯里曼案”中的那段话，说尽管伯尔不在现场，但根据最高法院的判决，他仍然犯了叛国罪，因为他是主谋。接着，海伊请来第一个证人，威廉·伊顿将军。伊顿是伯尔的朋友，伯尔曾在他面前大肆抨击杰斐逊政府，还想让伊顿加入他的计划。伯尔一看伊顿出场，立刻反对。他说，政府指控我的叛国行为发生在布伦纳哈塞特岛上，伊顿跟这事儿一点关系都没有，他为什么来作证？沃特反驳说，我们必须搞清整个事情的来龙去脉，就像如果你想了解美国革命，难道你会从约克镇开始吗？马歇尔听了沃特的话，允许伊顿作证。伊顿说了一大堆伯尔的“反动言论”。

第二天一开始，马歇尔先宣布了法庭的意见：希望政府把精力集中在布伦纳哈塞特岛上，因为这是起诉书中明确表明的“叛国”发生的地点。他的话再清楚不过了：你们别东拉西扯的，有什么直接证明叛国行为的证人赶紧上，说别的没用。马歇尔的态度明显有利于被告。海伊想让伊顿继续作证，马歇尔同意，但他警告说，所有的证词要与战争行为有关，否则我不能把证词提交陪审团。结果，伊顿不得不承认，他对布伦纳哈塞特岛的事一无所知。

在下面的几天里，政府一共上了 12 个证人。有的证明伯尔有入侵墨西哥的计划，但不知道别的；有的证明布伦纳哈塞特岛的事，但从没看见伯尔出现在岛上；有的说伯尔聚了一帮人，但不知道去哪；有的证词跟前面在大陪审团的证词互相矛盾。反正，没有一个人能证明伯尔参与了对美国的战争行为。陪审团听得晕头转向，模模糊糊地勾勒出一幅乱哄哄的一帮人要去一个神秘地方的图画，而此案的被告根本不在图画中。

不能怪海伊组织无方，他够拼的了，一共找了 140 个证人，却没有一个能直接证明伯尔叛国，这是最致命的弱点。他只能用狂轰滥炸的办法给陪审团留下伯尔叛国的印象。三人还成虎呢，想象一下，如果陪审团听了 140 个人的话，即使每人只说一点点，到最后也能搭出个轮廓来。可惜，“伯尔队”不是吃素的，他们不会让海伊的计谋得逞。

8 月 20 日，当海伊想继续请出更多证人的时候，伯尔和他的律师们提出反对。他们说，前面所有的证词都跟叛国行为无关，政府不应该再继续这种无聊的游戏。海伊说，证词是否相关要由陪审团决定，政府有权请出所有的证人。马歇尔想平衡一下，他希望把反对的动议推迟。海伊一看，原来的计划不可能实现了，便答应只要再出两个证人，然后法院可以酌情考虑被告的提议。这两个证人像前面 12 个一样，没给政府方增加任何亮点。政府的第 14 个证人刚下去，伯尔方开始了大规模的反攻，此案最关键的时刻到了。

第一个出手的是伯尔的首席律师威克姆，他一说就是两天，把火力集中在马歇尔在“伯里曼案”中的那段话上。他说，宪法对叛国的定义非常清楚：第一，必须有战争行为；第二，必须有两个证人证明这种行为。政府认定伯尔叛国是基于英国普通法的“推定叛国”的概念，这与宪法矛盾。英国普通法在美国不适用。马歇尔的那段话是法律之外的非正式的表述，不能用到这个案子里。法庭有责任指导陪审团采用正确的法律，因为此案中的原告和被告对法律的理解完全不同。政府指控伯尔在布伦纳哈塞特岛组织武装构成叛国，但 14 个证人里只有一个谈到岛上的事，其余的均与本案无关。你起诉的是一回事，证明的是另一回事，而被告只能根据起诉书准备辩护材料。你临时改话题，又没通知被告，对被告不公平。因此，我们要求法庭停止传唤其余的证人。

在场的所有律师（包括旁听的）都为威克姆这段有深度、有力度、有风度的辩词暗暗叫好，觉得他真给弗吉尼亚律师长脸。接着出场的是埃德蒙·伦道夫，他的论述同样精彩。在威克姆给“推定叛国”致命一击之后，伦道夫又补了一刀，让它彻底没救了。他引用杰斐逊在法庭还没审就宣布伯尔有罪这件事，说明“如果叛国的理论不能被控制在严格的定义中……它将给执政党提供随心所欲摧毁对手的工具”。伦道夫和威克姆联手把政府推到不得不为“推定叛国”辩护的境地。

“国家队”的威廉·沃特还真不含糊，他的口才跟威克姆的有一拼。他以“谁是布伦纳哈塞特？”开头，描绘了哈曼·布伦纳哈塞特在受到伯尔诱惑之后倾家荡产、身败名裂的悲惨结局。他说，布伦纳哈塞特因参与了军事行动很可能被判“叛国”，而主谋伯尔却逍遥法外，这样公平吗？首席大法官在“伯里曼案”中的判词适用于本案，最高法院对“叛国罪”的定义就是美国的法律，我们根本不必用英国普通法来解释这个案子……沃特的陈述逻辑清晰，语言优美，声情并茂，陪审团听得直想哭。新鲜出炉的“谁是布伦纳哈塞特”当场成为法庭辩论的经典桥段，被无数的律师争相效仿（注：布伦纳哈塞特在“伯尔叛国案”结束后被无罪释放）。

本来，在沃特结束了他的陈述之后，海伊只要稍作总结就很不错了。“国家队”的案子本来就弱，沃特已经发挥到极致，他把政府放在了一个比任何时候都强的位置上。可是，正身患流感的海伊可能烧昏了头，他喋喋不休地讲了两天，把沃特给陪审团留下的印象消磨殆尽。不仅如此，他还犯了个愚蠢的错误。他提醒马歇尔，几年前，另一位大法官把自己的意志强加于陪审团。下面的话不用说了，大家都知道那是塞缪尔·奇斯。奇斯因此受到国会的弹劾。海伊还加了一句：我可不是想威胁你哦。马歇尔冷冷地说：我不认为你能威胁我。海伊太不了解马歇尔的个性了。如果此前他还有些犹豫，海伊的这番话足以让他下定决心。

8 月 27 日，伯尔战队的王牌“后卫”马丁为辩护方做总结，他在三天的时间里讲了 14 个小时。无论是阐述事实，还是论证宪法，他的表现都是大师级的。像海伊一样，马丁的最后几句话也是说给两位主审马歇尔和格里芬听的：在阳光灿烂时履行职责很容易，但是，“当风暴骤起，当雷雨交加，当闪电环绕，那才是真正的勇士坚守岗位的时候……愿上帝眷顾我们，照亮你的智慧，让你知道什么是对的；愿上帝使你的灵魂变得笃定和坚强，做自己认为对的事”。他是在鼓励马歇尔坚持原则，不要惧怕强权。马丁说这话是有底气的。当初，众议院以八项罪弹劾奇斯，马丁挺身而出，免费为奇斯辩护，他的慷慨陈词是参议院否决弹劾案的重要原因。他们连奇斯都搞不定，还想动你马歇尔，门儿都没有！

8月29日，星期六。下午4点，所有的辩论都结束了。现在，法庭要决定下一个步骤。是让政府把剩下的126个证人继续问完呢还是到此为止，直接把案子转给陪审团？这是个“生存或死亡”的问题。马歇尔说，法庭将在星期一早上宣布它的决定。在与格里芬达成一致后，马歇尔从星期六晚上开始写判词，星期天写了整整一天，直到深夜。星期一天不亮就起来了，做最后的润色。这份判词共2.5万字，比“马伯里案诉麦迪逊案”的1.1万字多出近一倍半。事实上，这是马歇尔34年法官生涯中最长的一份判词。你可能会觉得他啰唆，但在判例法（英美法）体系中，法官的每一份判词都会为后世提供“先例”。法官们在判案时一定要把自己的逻辑说清楚，还经常引经据典地讲法理（就像这一篇）。对某件案子的判决结果往往不是最重要的，结果背后的追求和思考才是真正可以流传后世的法律。

星期一早上9点，马歇尔准时来到州议会大厅。大厅里已挤得水泄不通，大家都想见证这一刻。马歇尔一分钟都没浪费，立刻开始用柔软的弗吉尼亚口音读他的判词。他说，问题很简单。双方都承认，伯尔没有参与布伦纳哈塞特岛上的行动。宪法要求有两个证人证明对美国的公开的战争行为。如果他根本就不在那儿，那些证明与此行动有关的证据还有意义吗？况且，仅仅把一帮人聚在一起，或散布一些激烈的言论，这不是叛国，是受第一修正案保护的自由。

除了重申宪法对叛国的定义，马歇尔也认识到取证的困难。“策划和实施叛国行动一般都是秘密进行的，很难被证明……但取证的艰难不能成为无凭无据就定罪的借口。”第六修正案规定，被告必须知道他被起诉的事件和理由。政府凭虚拟的推断指控被告，它指控的事件与证人的证词不符，违反了第六修正案。这种指控不可接受。

马歇尔重复了他在预审中的观点：阴谋叛国和实际叛国是两码事。宪法的制定者故意提高了叛国罪的门槛，制定了严格的证明叛国罪的标准，因为他们非常清楚这种指控会变成政治工具的危险，他们这样做是为了避免英国普通法造成的冤案。

至于在“伯里曼案”中最有争论的那段话，马歇尔轻描淡写地化解了矛盾。他既没像“伯尔队”期待地那样承认错误并推翻自己以前的结论，也没像“国家队”希望的那样死鸭子嘴硬。他只是说：“我的意思被误解了。”不是我说错了，是你们听错了。大法官要赖皮，别人只能哭晕在厕所，有什么办法？关于“推定叛国”，他也一笔带过：“这个问题应该由最高法院讨论。”我们地区法院就不多说了。

判词的最后一段是专门写给海伊和他背后的总统的，回应他们的威胁：“法院不敢擅权，但同时，它也不敢逃避责任。”当它必须在履行职责和逃避责任之间做选择时，谁会犹豫呢？他其实没必要用这种挑战性的语言，因为他的决定本身就表明了他的态度：“判断证人和证据的可接受性是法院的天职。”通过对双方论点的考量，我们同意被告的提议。“任何证明被告在布伦纳哈塞特岛以外的行为的证词都是无效的，因为这些证词不能证明战争行为本身，与本案无关。”既然政府无法证明伯尔的战争行为，就没必要再叫其他证人了。海伊真够倒霉的。准备了 140 个证人，只用上 14 个，这 14 个人的大部分证词还被判无效。

然后，马歇尔把案子转给陪审团：“陪审团已经听到了法院对此案的意见。这就是适用于本案的法律。他们将用这个法律对照事实，凭他们的良知判断被告是否有罪。”他宣布休庭，等陪审团的结论。第二天一早，陪审团递交了他们的结论：“根据提交给我们的证据，我们认为阿伦 · 伯尔无罪。”伯尔还不高兴：这算什么？有罪无罪就俩字，你们怎么这么啰唆？还加一大堆条件，好像你们不情愿似的。马歇尔看打架已经看够了，他一锤定音：这个结论有效，等同于无罪。折腾了半年的“伯尔叛国案”总算落幕。

9 月 9 日，法庭开始审理对伯尔的重罪指控。六天后，海伊要求撤销起诉，解散陪审团，因为 50 多个证人似乎都在证明，伯尔的计划是，如果美国对西班牙开战，他就带人攻打墨西哥，否则，他只想和平地移民。这跟破坏两国邦交没关系。伯尔反对海伊的要求，他坚持要陪审团做出裁决后才能解散。马歇尔同意了伯尔的请求。最后，陪审团再次判伯尔无罪。至此，政府对伯尔的指控以完败告终。

“国家队”的惨败一点也不意外。除了案子本身的特点外，“伯尔队”的实力在那儿摆着。威克姆的稳重，伦道夫的优雅，马丁的雄辩，伯尔的智谋，他们都是当时最好的律师，当之无愧的“梦之队”。他们死咬的两点，叛国的定义和政治迫害，深深地打动了马歇尔，因为这也是他的忧虑。当然，马歇尔不是一般的法官，他的权威决定性地影响了案件的结果。“国家队”连上诉的念头都没起，他们知道，即使到了最高法院，还不是又落到马歇尔手里，费那劲有意思吗？

法庭内外对“伯尔叛国案”的反应异常激烈。当伯尔走出法院时，很多人向他欢呼，他们在庆祝人权的胜利。但更多的是愤怒。报纸的宣传早就让人认定伯尔有罪，法院袒护敌人，我们不答应！在巴尔的摩的抗议集会上，马歇尔的肖像被做成纸人，吊起来烧；共和党报纸纷纷谴责马歇尔，说他为党争放弃原则，与人民为敌。马歇尔身心疲惫，案子一结束，他就带着妻子到乡下度假去了。他是豁达之人，这点事不会放在心上，但他对朋友说，这是他一生中感到最不愉快的案件。

那么，杰斐逊冤枉了伯尔吗？也许没有。马歇尔错放了罪犯吗？很有可能。伯尔的行为让人无法相信他无辜，但也无法证明他有罪。

在“无罪推定”的前提下，伯尔不必证明自己无辜，但政府必须证明他有罪。当政府无法做到这一点时，案子就是这个结果。我们只能猜测他有叛国的意图，但意图不是罪，言论不是罪，只有行动才是罪。这是宪法的定义，也是马歇尔的理由。正如在“马伯里诉麦迪逊案”中那样，马歇尔极为狭隘地解释了宪法，让叛国成为最难被证明的罪。从此，总统、国会和任何政府机构休想用叛国罪迫害他们的政敌或普通公民。就为这，美国人应该永远感谢马歇尔。你根本无法想象，当你成为“国家的敌人”，会有多少可怕的事发生在你和你的家人身上。当人们回头再看这个案子时，伯尔是否有罪已经不重要了。重要的是：政府能否为了正义的目的不择手段？法制能否最大限度地保护公民？这才是此案留给世人的启示。也许马歇尔没想太多，也许他不知道这一个又一个案例对后世意味着什么，但正是他在长达 34 年中积累的 519 份判词和对 1000 多个案子的审理，定义了美国的司法制度，也揭示了法治的真正追求。

也不能说杰斐逊对伯尔的穷追猛打完全出于私利或政治迫害（虽然他“未审先判”确有政治迫害的嫌疑），他与马歇尔的矛盾主要来自对政府的理解的不同。他们都宣誓效忠宪法。杰斐逊在捍卫“我们人民”，马歇尔在捍卫宪法本身。杰斐逊不是魔鬼，马歇尔也不是天使，他们都在为正义而战，也都在为权力而战。杰斐逊认为政府是人民的政府，人民至高无上；马歇尔认为政府是法的政府，宪法至高无上。

杰斐逊想让法官变成民选官员，为人民负责；马歇尔认为民意不是真理，只有司法独立才能保护自由。他们的分歧和争斗诠释了三权分立，让新大陆真正领略了“制约与平衡”的意义。

当海伊告诉总统，陪审团判伯尔无罪，杰斐逊说：错！不是陪审团判伯尔无罪，是马歇尔判他无罪。陪审团被马歇尔绑架了！他让海伊把140个证人的证词全部整理好，交给国会。既然法院不能伸张正义，我就要让国会伸张正义，让人民伸张正义。在给国会的信中，杰斐逊说：“你们应该能看到问题到底出在证据上，法律上，对法律的管理上，还是别的方面。立法权应该能修补这个缺陷。”总统的话说得够直白了：你们给我办两件事，一是修宪，废除司法独立；二是弹劾马歇尔。《独立宣言》的作者似乎忘了他曾向全世界宣告的人权和自由，为除异己不择手段，而几乎从来不谈人权、只关心保护私有财产的马歇尔倒成了人权的守护者，你见过这么奇怪的事吗？

尽管总统的意思很清楚，但国会没理这个碴儿。不是议员们不想理，是因为他们太忙了，实在没工夫陪总统玩。是什么事让国会焦头烂额？他们将怎样应对危机？请看下一个故事：《禁运》。

087

禁 运

1807年，为了“伯尔叛国”的案子，杰斐逊总统和马歇尔大法官死掐。9月，当案件以政府的惨败告终，杰斐逊要求国会考虑修宪，废除司法独立。但是，国会听而不闻，因为眼下还有比替总统约架更重要的事。事实上，国会已经乱成一锅粥。造成这乱局的，是让大家又恨又怕的英国，具体地说，是皇家海军。1807年6月22日，在离弗吉尼亚海域不远的地方，英国军舰“豹号”拦阻美国海军“切萨皮克号”，要求登船搜寻逃兵。美国舰长拒绝合作，“豹号”便向“切萨皮克号”开炮，打死3人，伤18人。无奈之下，“切萨皮克号”投降。英军登上美国军舰，抓走4个水手，说这4个拿着美国护照的人是英国逃兵。在完成这一系列动作之后，“豹号”扬长而去。这个事件让整个美国炸开了锅。太欺负人了！我们跟他们拼啦！各地的请愿书雪片一样飞进白宫和国会，要求采取有力措施，向英国讨回公道。上哪讨公道去？弱国无外交，这不是明摆着？这事儿不是一件两件，也不是一天两天了。要是有办法，还用等到现在？一切祸患来自美国完全不能控制的根源：拿破仑战争。

关于拿破仑战争的开始，学者们没有统一的意见，大部分认为始于 1803 年。这一年，英国对法宣战，结束了欧洲大陆短短 18 个月的和平。1804 年，拿破仑称帝，建立法兰西第一帝国。同年，英国与神圣罗马帝国、俄国等组成第三次反法同盟。在大陆上，法军有如神助，打得盟军稀里哗啦；但在海上，拿破仑的运气就没那么好了。1805 年，在“特拉法尔加海战”中，纳尔逊海军上将率英国皇家海军大败法西联军，不仅彻底终结了拿破仑入侵英国的梦想，也确立了“海上霸主”不可动摇的地位。虽然第三次反法同盟失败了，但拿破仑很清楚，他控制不了海洋。现在，他的策略已不是征服英国，而是与英国平分天下：我承认你是海上老大，你承认我是欧陆霸主。英国说：想得美！我要的是大陆均衡，岂容你一家独大？ 1806 年，英国与普鲁士、瑞典、俄国等组成第四次反法同盟，不把拿破仑打趴下不算完。这一通折腾中最倒霉的当然是欧洲人，第二倒霉的就是美国人了。

英国军舰封锁了欧洲的主要港口，法国军队封锁了欧洲大陆的主要贸易通道，这下可苦了只想埋头挣钱的美国。从华盛顿开始，“中立”就是美国严格奉行的外交政策。那么，问题来了。英国认为中立是不能跟法国做生意，法国认为中立是不能跟英国做生意，美国认为中立是可以跟全世界做生意。结果是：英法都认为美国违反了中立立场，美国认为英法都侵犯了中立国的权利。英法的理由很简单：我不能让中立国打着中立的旗号资助我的敌人。美国的理由也很简单：自由船运自由货，你管得着吗？在这种自说自话的情况下，只有一种东西说话算数，那就是实力。1803—1812 年间，英法争先恐后地在海上劫持中立国的商船，特别是美国商船。法国劫了 500 多艘，英国效率更高，劫了 900 多艘。打仗嘛，都需要钱，生意又不好做，能抢多少抢多少呗。

劫财倒不是最让美国人生气的，更让他们不能忍的是劫人，也就是我们在这个故事开头看到的那一幕。劫人的事主要是英国干，因为它需要水手。1807 年，皇家海军共 900 多艘船，需要十三四万名水手。英国本土的人能上船的都上船了，殖民地人也征了不少，还是不够。海军是个技术活，从田间地头随便弄个人肯定玩不转，最有效的办法就是在海上抓壮丁。皇家海军为何偏爱美国人呢？一是美国无力反抗，二是美国水手质量高。美国人不就是英国人嘛，他们拥有英国人的航海经验，也拥有英国人对大海的悟性和激情，把他们抓来直接上手，根本不用训练。开始的时候，皇家海军真是抓逃兵，后来变成抓跑到美国并入了美国籍的英国人，再后来抓所有不是在美国出生的美国人，到最后干脆连土生土长的美国人也抓了。英国舰长说，我们听不出美国口音和英国口音有啥区别，反正想抓就抓，你还敢说“不”？

碰上英法这两个恶霸，商人成了高危职业。偏偏美国人又不安分，总想“富贵险中求”，拼命出海，被欺负了就回来控诉，搞得全国上下群情激愤，杰斐逊政府到了做选择的时候。这一幕一点也不陌生。1795 年，《杰伊条约》前夕，气氛跟现在完全一样，联邦政府面临的困境也一样。不一样的，是白宫的主人。不管杰斐逊多么心高气傲，也不管他多么反对华盛顿，他不能不承认，“丧权辱国”的《杰伊条约》为美国带来了十年的和平与发展，那是美英贸易最顺利、最兴旺的十年。当年的华盛顿冒着被全国人民喷死的危险，顶着“卖国贼”的帽子，在《杰伊条约》上签字。他在势不两立的英法之间选择了英国，因为那是美国的利益所在。1800 年，全国人民又嚷嚷着要跟法国拼命。亚当斯豁出去不当总统也要与法国和谈，避免了一场没有必要的战争。如今，前两位总统忍辱负重换来的稳定和繁荣再次面临考验，杰斐逊将如何取舍呢？

第一步，当然是外交努力。1805 年，《杰伊条约》到期。杰斐逊派威廉 · 平克尼为特使去伦敦，与驻英公使詹姆斯 · 门罗一起跟英国谈判。门罗在 1803 年完成“路易斯安那购地案”之后被任命为驻英公使，这对一向亲法的他来说还是挺有挑战性的。他当驻法公使的时候把法国捧上了天，对英国深恶痛绝。但是，自从当了驻英公使，他似乎理解了英国。对英国在海上抓人的做法，他一再跟总统和国务卿说，不要指望英国通过正式的条约宣布停止抓人，我们只能争取英国政府以行政命令的方式逐步减少这种事。门罗和平克尼辛辛苦苦忙活了好几个月，终于在 1806 年 12 月 31 日草签了一份条约：《门罗－平克尼条约》。这个条约实际上是《杰伊条约》的续集，内容跟《杰伊条约》几乎一模一样，承认了英国对“中立”的解释，也没有阻止英国抓壮丁。也许真正跟英国谈过之后，门罗才知道当年的约翰·杰伊是多么不容易，也认识到他自己对《杰伊条约》的无情攻击是多么幼稚。他再也不是那个空谈“主义”、不切实际的极“左”分子了。

门罗活明白了，杰斐逊可没有。1807 年 3 月，《门罗－平克尼条约》传到白宫，杰斐逊气疯了。华盛顿愿当卖国贼，我可不想！我为《杰伊条约》跟华盛顿打得你死我活，你现在让我续约，这不是自己打自己脸吗？杰斐逊压根儿没把这份条约往参议院送，直接拒绝了。当国务卿麦迪逊把总统的决定告诉门罗，门罗郁闷难当，启程回国。杰斐逊和麦迪逊都跟门罗是好朋友，他们的决定对事不对人，但门罗很生气，觉得这俩不信任自己。而且，他认为，总统这么干脆地拒绝条约，主要是为保护麦迪逊在“共和党”内的地位，怕自己的风头盖过这位“钦定”接班人。其实，门罗想歪了。麦迪逊的威望根深蒂固，岂是一纸条约可以改变的。杰斐逊没有察觉到门罗的情绪，直到门罗决定与麦迪逊争夺总统候选人的提名，他才意识到，他的朋友受伤了。他给门罗写了好几封信，详细解释决策的理由，表达对他一如既往的爱和信任。杰斐逊的真情感动了门罗，也挽救了他们的友谊，但不意味着门罗与麦迪逊和好如初。他们俩整整三年没见面也没联系，到 1810 年才和解，那要归功于麦迪逊宽广的胸怀。

好了，跟英国没的说了，跟法国也谈不到一块儿去，咋办呢？杰斐逊充分发挥自己的想象力，琢磨出一套让所有的人都大跌眼镜的办法：全面禁运。他的逻辑是这样的：英国人、法国人……所有的欧洲人，都要吃饭，他们都需要美国的粮食。咱禁止一切海外贸易，不卖给他们粮食，也不买他们的制成品，他们会饿死，他们的贸易会玩儿完。到时候，他们就得给咱下跪，求着咱开关通商，那多扬眉吐气。再说，咱们“农业共和国”自给自足，不愁吃不愁喝，关起门来自己过不挺好吗？咱不出海，谁也劫不了咱的人和货，咱不就不受欺负了？这一招儿把所有的问题都解决了，太棒啦！

1807 年 12 月 22 日，在总统的推动下，共和党控制的第十届美国国会通过了《禁运法案》。杰斐逊当天就签了字，使它成为法律。该法案禁止任何美国船出海，也禁止任何外国船停靠美国港口，除非得到总统的特许。说白了，就是闭关锁国。你也许无法想象美国也有闭关锁国的时候，但它确实发生了，可能只有浪漫如杰斐逊者才干得出这种事。不过，此法案一出，大家还是觉得挺解气的。哼，我们谁也不求，再也不用看别人的脸色了！我们不是好惹的！

当然，反对的声音还是有的，最有力的反对者是财政部长阿尔伯特·加勒廷。加勒廷是杰斐逊政府中唯一懂经济的人，在财政金融方面，只有他可以与汉密尔顿进行有效的辩论，说明他的专业知识是够用的。加勒廷一向非常忠诚地执行杰斐逊的财政政策，但这个《禁运法案》实在太离谱，他不能不提醒总统。他说：第一，通过经济制裁迫使英法就范的想法没有根据，弱国制裁强国等于自杀。第二，联邦政府通过立法强行禁止自由贸易，破坏了自由经济的秩序。经济行为是私人行为，政府管经济不可能管得好，你等着瞧吧。第三，最重要的是，你根本管不住，因为行政成本太高了。咱那可爱的同胞可不是省油的灯，你不让他们光明正大地做生意，他们就走私，这叫“逼良为娼”。你管不管？管，必须投入更多的执法力量，咱那点钱全都得折腾进去；不管，法律无效，政府威信扫地。更何况，这个法律对各州经济的打击是致命的。加勒廷说得有理有据，杰斐逊一句都没听进去。这就是杰斐逊与华盛顿的区别：华盛顿不懂时，他听专家的；杰斐逊不懂时，他听自己的。

事情的发展跟加勒廷说的一模一样。起初，英国、法国还真被唬了一下，贸易受到影响。但它们和它们的盟国都拥有广阔的殖民地，不跟美国做生意，还可以跟全世界做生意，那点损失很快就补回来了。这就是弱国无法玩经济制裁的原因。今天的美国动不动就对别国进行经济制裁，而且制裁往往非常有效，那是因为它有两个法宝：一是经济实力，二是美元霸权。二者缺一，事倍功半。1807—1808 年的美国这两样都没有，那不是穷折腾吗？

禁运对英法没什么影响，对美国可太有影响了。一年之内，美国的出口从 1.08 亿美元降至 0.22 亿美元，进口从 1.38 亿美元降至 0.57 亿美元，商人破产，银行关门，人们失业，物价飞涨。新英格兰各州主要靠商业吃饭，这下基本上没气儿了，航运业、造船业一片萧条。中大西洋地区奄奄一息，繁华的都市和忙碌的港口快变成“鬼城”。南方因粮食卖不出去钱周转不过来而陷入危机，大批种植园倒闭，连杰斐逊自己的庄园也濒临破产。杰斐逊和共和党这才发现，原来搞经济不是一拍脑袋那么简单。

桀骜不驯的北方人除了大张旗鼓地走私，还积极开展美加边境贸易。你只说片舢不许出海，可没说车轱辘不许出境。海上走不通我走陆上，跟英属加拿大做生意不违法吧？眼看着美加贸易一天比一天火爆，国会赶紧再出一条法律：陆地上也不许贸易！这不是把人往死里整嘛。北方各州实在受不了了，联邦党死灰复燃，迅速攻陷新英格兰四州，中大西洋各州也打算在 1808 年大选中推自己的总统候选人，而不是乖乖地听杰斐逊摆布。更要命的是，分裂的声音再次引起人们的共鸣，获得了更广泛支持。与其被联邦折腾死，还不如自立门户，保护自己的利益。从此时起，新英格兰开始酝酿脱离联邦，最终导致“哈特福德会议”。

就像加勒廷预测的那样，《禁运法案》的执行困难重重。杰斐逊当然想严格执行，加强海关建设，扩大海岸缉私队。财政部说，对不起，俺没钱。别忘了，联邦政府所有的开支都指望海关税，贸易没有了，税也没有了，想扩建海关就得砍掉别的开销，什么海军啊，陆军啊，都喝西北风去吧。财政部一筹莫展，法院也不合作。1808 年秋，在“美国诉郝克西案”中，总检察长恺撒 · 罗德尼代表政府以叛国罪指控郝克西，说他从事美加边境的走私贸易，违反《禁运法案》，帮助美国的敌人。官司是在佛蒙特的联邦巡回法庭打的，正在那儿巡回的是最高法院大法官亨利 · 利文斯顿。利文斯顿是共和党人，也是杰斐逊提名的大法官。你以为他会偏向政府吗？结果令杰斐逊大失所望。利文斯顿引用马歇尔在“伯尔叛国案”中的结论，认为走私不是叛国。他指出，叛国罪不能被当成严格执行联邦法律的工具。如果一个人只是企图谋取私利，这不构成对美国的战争行为。法院的判决让《禁运法案》的执行雪上加霜，别说抓不到人，就算抓到了，法院也不一定判他有罪。

《禁运法案》是美国历史上最缺心眼儿的立法之一，能跟它媲美的恐怕只有“禁酒令”了。在艰难的抉择面前，杰斐逊没有像华盛顿和亚当斯那样靠理智和耐心解决问题，而是用简单粗暴的逻辑回避问题。他以为把头埋进沙子里就万事大吉，他以为把美国的大门关起来就平安无事。说到底，他把选票看得太重了，宁可牺牲国家利益也不违背民意，他没有“逆流而上”的勇气。选民们终究要为自己的短视付出代价，这也是他们为民主制度付出的代价。

杰斐逊坚决不肯认错，一个劲儿地说这个法律效果很好，人民支持他。直到 1809 年 3 月，他撑不下去了，共和党也撑不下去了。趁着还没死透，咱赶紧改吧。3 月 1 日，国会废除了《禁运法案》。同一天，杰斐逊在新法案上签字。历时 14 个月的“闭关锁国”灰溜溜地结束了。三天后，麦迪逊宣誓就职，成为第四位总统。

《禁运法案》让美国元气大伤，《杰伊条约》的结束也让美英关系迅速恶化。杰斐逊拍屁股走人，把个烂摊子扔给麦迪逊。麦迪逊将怎样收拾残局？他能挡得住民意的诱惑吗？请看下一个故事 :《山雨欲来》。

美国第四位总统詹姆斯·麦迪逊

多莉·麦迪逊被视为第一个真正意义上的“第一夫人”

1812年『伊利湖之战』，美国海军取得决定性的胜利

1814年8月25日，英军火烧华盛顿特区

1814年9月14日，英军炮轰麦克亨利堡后，弗朗西斯·斯科特·基惊喜地发现，城堡上的星条旗依然飘扬

1815年1月8日，『新奥尔良之战』

“最后的国父”詹姆斯·门罗

美国第六位总统约翰·昆西·亚当斯

Stories of The United States

美国的故事

7

—— 共和之国 ——

毕蓝◎著

九州出版社
JIUZHOUPRESS

088

山 雨 欲 来

1809年3月4日，57岁的詹姆斯·麦迪逊宣誓就职，成为第四位总统。麦迪逊接班似乎水到渠成，因为长期以来，他就是杰斐逊政府的二把手、共和党的二当家。其实，今天看来理所当然的事在当时并不那么“自然”。首先，杰斐逊不是非退不可，宪法没有规定总统只能任两届。当初，“路易斯安那购地案”刚完成时，杰斐逊的威望如日中天，很多人希望他永远当总统。但杰斐逊在刚开始第二届时就决心效法华盛顿，他说：“华盛顿将军开启了八年期满主动退休的先例。我将追随这个先例，再有几个这样的先例就会成为惯例，阻止那些企图延长任期的人。”他做了个明智的选择，不仅成全了共和政体，也挽救了自己的声誉。再当一届，他恐怕历史地位不保。其次，麦迪逊不是共和党唯一的选择。南方的“老共和党”人提名詹姆斯·门罗，北方提名杰斐逊的副总统、纽约人乔治·克林顿。虽然他们都没成气候，但麦迪逊显然失去了杰斐逊“1800 年革命”时那种一呼百应的气势，共和党的分裂不可避免。

麦迪逊的“落差”好像是用尺子量出来的。大家看惯了人高马大、气度不凡的弗吉尼亚人：1.88 米的华盛顿威风凛凛，1.9 米的杰斐逊儒雅风流，1.83 米的马歇尔阳光帅气，1.83 米的门罗英俊潇洒。再看麦迪逊，身高只有 1.6 米，体重不足 90 斤，体弱多病，面无血色，有点猥琐，有点怯懦，跟他那几个老乡一比，简直没法看了。幸好，白宫的主人不是靠颜值吃饭的。其貌不扬的麦迪逊毫无疑问是最有政治智慧的“国父”，虽然这不意味着他将是特别出色的总统。他属于第二代“国父”，跟华盛顿、亚当斯、杰斐逊这拨“1776 年的人”不是一茬。他比杰斐逊小 8 岁，比亚当斯小 16 岁，比华盛顿小 19 岁。他是“第一位没参加过第二次大陆会议的总统，是第一位没在革命战争中扮演过主要角色的总统，也是第一位走进一间屋子不会马上引起别人注意的总统”。尽管麦迪逊政府被视为杰斐逊政府的延续，但麦迪逊不是杰斐逊。

说起来也许有点八卦，但麦迪逊与杰斐逊最真真切切的不同来自一个女人，她是总统夫人多莉 · 麦迪逊。麦迪逊不是令人激动的领袖，但多莉是令人神往的女人。杰斐逊让大伙体验了八年没有女人味的白宫，好无趣。现在，这一切就要改变啦！多莉可不是一般人，她的两个姐妹嫁给国会议员，还有一个嫁给最高法院大法官，也就是说，她家在“三权”里都有“自己人”。当然，最重要的是多莉。她不是美女，却是首都华盛顿最出色的女人。每次美国人搞“有史以来最受欢迎的第一夫人”排名，多莉都稳进前三。虽然“第一夫人”的称号直到19世纪后半期才正式使用，但多莉被普遍认为是第一个真正的“第一夫人”。她让总统夫人在政治生活中承担了不可替代的角色，超越了玛莎·华盛顿树立的传统的贤妻良母形象。人们喜欢叫她“华盛顿城的女王”。

多莉比麦迪逊小17岁，她浑身上下散发出的青春活力照亮了身边的丈夫。麦迪逊疯狂地爱着多莉，她的聪明、圆润、活泼、幽默让所有的人都爱上她。她主持的沙龙、茶会、舞会是首都社交圈最受欢迎的活动，甭管你跟总统是不是一条心，总统夫人都会让你感到轻松、自在、温暖。甚至在白宫举行的国宴上，坐在主人位置上的竟然是多莉，麦迪逊很自觉地当“主陪”。大家不但不觉得她越位，反而很高兴不必看总统那张一本正经的脸。多莉总是让老公有面子，让客人有尊严。她不会忽视你的心情，也不会错过逗你开心的瞬间。麦迪逊总是用赞赏的目光看着光芒四射的老婆，一副“家有仙妻万事足”的样子，享受着她带来的每一分钟的快乐。多莉为苍白的麦迪逊平添了几分魅力，也为男人的战场洒满女性的光辉。

麦迪逊像杰斐逊一样内向、害羞、书生气十足，但他没有杰斐逊的气场，没有杰斐逊的浪漫，也没有杰斐逊的专横。他那又瘦又小的身躯中有一个宽广的胸怀，他的大度和宽容是“弗吉尼亚王朝”的其他领袖无法企及的。他对杰斐逊在任期间任意干涉其他两权的做法不以为然，他想让“三权”重新回到分立与制约的道路上。然而，他的温和被证明是把双刃剑。这不，刚刚上任的新总统就被国会摆了一道。麦迪逊提名加勒廷为新国务卿，加勒廷也确实堪当大任。他是联邦政府中最有头脑、最有眼光的官员，为杰斐逊执掌财政部八年，硬是没让不懂经济又喜欢瞎指挥的总统闯出太大的乱子，着实不易。但正是他的独立思考和务实精神得罪了激进的共和党人。以威廉·布兰奇·贾尔斯、迈克尔·雷布、塞缪尔·史密斯为首的“激进派”坚决不同意麦迪逊的提名。这事儿要是发生在华盛顿或杰斐逊身上，他们会毫不犹豫地跟国会干架，就算我的提名最终得不到通过，我也要让你吐几升血。历届总统都是这样跟国会斗智斗勇的。实际上，凭麦迪逊的根基，只要他坚持，国会还是要给面子，但他选择了退让，因为他不愿干涉国会。咋办呢？他只能让加勒廷继续任财政部长，提名激进派塞缪尔·史密斯的弟弟罗伯特·史密斯为国务卿。这个提名倒是通过得很痛快，可是，这意味着麦迪逊要自己给自己当国务卿。罗伯特·史密斯除了是塞缪尔·史密斯的弟弟外，什么都不是。他不但对外交事务一窍不通，还专门给总统捣乱。国务卿算是废了，而麦迪逊挑的海军部长威廉·尤斯蒂斯和战争部长保罗·汉密尔顿居然完全没有军事经验。可能麦迪逊觉得海军部和战争部无关紧要吧，反正现在又不打仗。他哪里知道，战争已到大门口。

糟糕的内阁并没有让麦迪逊的表现一无是处，“宪法之父”显然更能掌控他熟悉的司法领域。他的前任不止一次地发狠要废除司法独立，麦迪逊一点也不同意他的观点。其实，3 月 4 日的就职典礼上最开心的人不是当选总统的麦迪逊，而是为他主持仪式的首席大法官马歇尔，这是他为五位总统主持的九次典礼中心情最愉快的一次，因为，杰斐逊终于走啦！麦迪逊与杰斐逊的亲密关系一点也没妨碍他与马歇尔的友谊，他们互相欣赏、互相尊重，在司法独立的问题上高度一致。麦迪逊一改总统府与最高法院剑拔弩张的态势，主动向法院示好。每当法院在首都开庭，总统一定会请大法官们到白宫做客，一年一度的国情咨文也提前送给他们一份。他拉升了司法权在联邦政府中的地位，以至于每年最高法院在首都的庭审期成了华盛顿社交圈的高潮，大法官们成了香饽饽。麦迪逊的支持使“马歇尔法庭”进入全盛时期。

法庭的成就还得益于麦迪逊提名的两位大法官，特别是约瑟夫 · 斯多利。斯多利当时只有 32 岁，是至今为止获提名时最年轻的大法官。本来，麦迪逊看中的是前总统约翰 · 亚当斯的儿子约翰 · 昆西 · 亚当斯，此时他正任驻俄公使。约翰 · 昆西 · 亚当斯从小就是神童，天资过人，当过律师，也当过哈佛大学和布朗大学的法学教授，完全有资格当大法官。但他的野心在白宫不在法院，便拒绝了总统的提名。于是，麦迪逊把目光转向同样是神童、同样是哈佛法学教授的斯多利。别看斯多利年轻，他是美国 19 世纪最有影响力的法学家、思想家、作家，学术成就卓著，他写的判词和他的著作闪烁着耀眼的光芒。他的一个案例被好莱坞搬上银幕，由斯皮尔伯格导演（知道那部电影叫什么名字吗？）。斯多利是马歇尔的智库和左右手，他那像计算机一样的脑子简直就是最高法院的搜索引擎，你输进去一个词，他能给你一串结果。你经常听到马歇尔说："这是适用于本案的法律。斯多利，去把它的理论依据找出来。"除了工作关系，斯多利与马歇尔的缘分天注定，都在第一眼就爱上对方。对斯多利来说，年长 23 岁的马歇尔如父如兄。他们在共同创造辉煌的同时也分担着彼此的痛苦，从他们互相倾诉的字里行间，你似乎可以看到他们曾多少次笑容洋溢，又曾多少次泪水涟涟。斯多利最著名的书——《论美国宪法》，就是献给马歇尔的。麦迪逊选中斯多利是因为他是共和党人，谁知，斯多利进法院后成了联邦党思想的最忠诚的维护者和倡导者。与其说麦迪逊慧眼识英才，不如说他犯了个精彩的错误。

别看麦迪逊在跟国会的斗争中好像有点弱势，但他在宪法的原则问题上一步都不会退让。比如，1811 年 2 月 21 日，麦迪逊做了一件杰斐逊在位八年都没做过的事：他行使了"一票否决权"。事情是这样的：参、众两院在 2 月 8 日通过了一项法案，在与首都华盛顿毗连的亚历山德里亚城组建了一个以基督教会为基础的慈善组织，主要是为残疾人提供帮助，为贫困儿童提供教育，等等。这些事教会本来就已经在做，国会只是通过立法的形式规范了教会的行为。听上去这不是挺好的事吗？麦迪逊说：非也。第一修正案明文规定，政府不能建立教会。法案虽然没说建立教会，但政府明摆着是在通过支持教会的行为来确立教会的地位，并通过教会实施国家的政策。此例一开，以后政府和教会之间可真是剪不断、理还乱了，“政教分离”岂不成了空话？你以为做慈善就可以违宪吗？世上有多少“恶”都是以“善”开头的？麦迪逊的否决信送到国会。按宪法规定，如果国会以三分之二多数再次通过，法案就自动生效，总统也无可奈何。但议员们决定不挑战总统的立场。别忘了，当年的第一到第十修正案是麦迪逊亲自起草的，即使大家不完全同意他的逻辑，他们也会尊重“权利法案之父”对《权利法案》的解释。

没想到，仅仅七天之后，2 月 28 日，麦迪逊再次使用“一票否决权”，还是为了第一修正案。这一次，国会决定给密西西比的一个基督教会“预留”一块土地。麦迪逊说，你今天给教会土地，明天就可以给它钱，后天就可以给它派牧师，大后天就可以建立组织。还是那句话：政教分离何在？我可不能让政府这只脚踏进教会半步。麦迪逊在七天之内两次否决国会的法案，足见他对信仰自由的“偏执”。有趣的是，那个法案的受益者、本来应该得到土地的教会，事后给总统写了一封信，对他的做法大加赞扬。他们大概琢磨过味儿来了：自由还真的比土地更重要呢。

如果说，麦迪逊在司法领域的建树无人能及，他在其他方面就没那么好运了。事实上，他是个非常倒霉的总统。像杰斐逊一样，他的整个任期都在外交危机中度过。杰斐逊的《禁运法案》给麦迪逊留下一个烂摊子，国力大损，民不聊生。1809 年 3 月，《禁运法案》虽然被废除了，但取而代之的《不交往法》比《禁运法案》好不到哪去。《禁运法案》是禁止跟全世界做生意，《不交往法》是可以跟除英法以外的全世界做生意。问题是，美国 90% 的生意是跟英法做的，英法就是“全世界”，不跟英法交往就是不跟“全世界”交往。再说，商人们才没工夫玩这套文字游戏呢。政府爱跟谁闹尽管闹，只要我的船一出海，你还管得了我是去英国还是去西班牙吗？《不交往法》跟《禁运法案》一样无效，搞得走私猖獗，民怨沸腾。

但是，《不交往法》还是比《禁运法案》多了一点灵活度。“灵活度”是这样的：如果英法两国的任何一方放弃对美国的敌对政策，美国就恢复与它的自由贸易。设立这个条款的初衷是鼓励英法向美国示好，让总统在英法之间玩平衡。结果，麦迪逊玩砸了。

第一个跟头栽在英国人手里。美英交恶的主要原因是皇家海军在海上拦截美国船，劫货又劫人。劫货的危害大家忍忍就过去了，反正法国也这么干，咱算是给强盗交点买路钱。但劫人大家都受不了，动不动就被英国抓壮丁，这太没天理了（参看上一个故事）。这种事，往小处说，给个人和家庭带来了痛苦，往大处说，是极大地伤害了民族自尊心，也侵犯了美国人心中最不容侵犯的东西——自由。生命有价，自由无价。也许，很多时候，自由通过利益来体现，但利益不是自由。这就是为什么美国人对“切萨皮克号事件”如此较真儿的原因。“切萨皮克号”不是商船是军舰，代表的是国家。自从 1807 年“切萨皮克号”被英国打伤、船员被抓以来，美国人的反英情绪“一夜回到解放前”，跟当年闹独立时那个劲儿没区别。他们觉得英国无视美国的主权，根本没把美国当独立的国家，咱要是不跟它干到底，那不又变成殖民地了吗？难怪很多人把 1812 年的战争称为“第二次独立战争”，或“独立战争的续集”。其实，这个说法不准确，我们后边还要讲。但在当时，大家的感觉就是这样。

从杰斐逊到麦迪逊，联邦政府外交的主要目标就是为“切萨皮克号”事件向英国讨说法，这事儿不掰扯清楚，他们没法向国民交代，两国非打起来不可。杰斐逊和麦迪逊都不想打仗，只要英国含糊其辞地道个歉，给个面子，保证以后不再犯，那就行了。美国甚至乖到不要求英国以条约的形式承诺放弃劫人的做法，只要求它取消相关的“议政会命令”。当时的“议政会”相当于内阁。英国好像也觉得自己玩得有点大，答应调查此事。但是，这个“调查”却总出不来结果。至于保证以后不再干，那是万万不行的。如我们在上一个故事中讲的，英法大战正酣，皇家海军需要水手，不抓美国人抓谁？

就在两国闹得不可开交的节骨眼儿上，英国派了个不靠谱的驻美公使，叫大卫·厄斯金。这位老兄倒是对美国挺友好的，唯一的毛病是满嘴跑火车。他一来就跟麦迪逊说：好消息！我们政府已经决定取消“议政会命令”啦！此时，麦迪逊刚刚就职不到一个月。他是个新总统，但不是外交场上的新手。八年的国务卿生涯应该告诉他：下一步要做的是跟伦敦确认此事。但是，他没有。可能大伙被《禁运法案》害得太惨了，可能麦迪逊太想恢复美英贸易了，他轻信了厄斯金的话。1809 年 4 月 19 日，麦迪逊宣布，根据《不交往法》，既然英国已经表达善意，从 6 月 10 日起，美英贸易合法了！

大家欢欣鼓舞了不到一个月，伦敦就出来辟谣：厄斯金胡说八道，我们可没废除“议政会命令”。麦迪逊出了个大洋相，简直抬不起头来。厄斯金被召回国，换了个新公使，叫弗朗西斯·詹姆斯·杰克逊。杰克逊来了劈头盖脸地先把美国总统数落了一顿，说你怎么能相信厄斯金的鬼话？这事儿搞得这么尴尬全是你的错！杰克逊的恶劣态度让麦迪逊感到奇耻大辱，他拒绝再与杰克逊有任何形式的接触，等于把他赶回了英国。至此，美英关系又回到冰点。美国等待英国主动放弃“议政会命令”，这是英国不会也不能做的事。

好像老天觉得形势还不够乱似的，他马上要让总统先生栽第二个跟头。这一次，他栽在法国人手里。1809 年年底，《不交往法》到期。国会通过了《麦肯二号法案》。这个法案实际上又向英法妥协了一大步。它说，美国将恢复与英法的贸易，但如果英法两国的任何一方继续坚持敌对行为，比如，英国继续劫人，法国继续劫货，美国就要恢复对该国的“不交往”政策，禁止与它的贸易。

从“禁运”到“不交往”，再到“麦肯二号”，你可以看出美国越来越软，节节后退。“禁运”是我绝对不理你们；“不交往”是我不理你，除非你先理我；“麦肯二号”是我理你，除非你不理我。这是无可奈何的选择，但是，当美国退到悬崖边时，英法似乎还想推它一把。1810 年 8 月 2 日，法国皇帝拿破仑表示，我们欢迎“麦肯二号”！只要美国给英国点颜色瞧瞧，停止与它贸易，我们就扫除与美国的障碍，从此美国货在欧洲大陆畅行无阻了！其实，拿破仑就想哄着美国跟英国闹掰。麦迪逊那沉不住气的毛病又犯了，他立刻宣布断绝与英国的贸易。等把英国得罪透了才发现，拿破仑说话不算数，那些关卡该咋坑你还咋坑你。对此，拿破仑一脸无辜地说：我中央政府管不了各方诸侯，要不你跟他们挨个儿谈？“书虫”

麦迪逊哪里斗得过“枭雄”拿破仑，他就这样被逼着、被骗着带领美国走向与英国的战争。

就在麦迪逊在外交上进退失据的时候，另一件大事又把他拖向深渊：“合众国银行”的公司宪章到期了。1791年，在汉密尔顿的推动下，国会通过立法创建中央银行，也就是“合众国银行”，有效期20年。当初，在建立中央银行的问题上，反对最激烈的就是麦迪逊。还记得他与汉密尔顿那场精彩的辩论吗（参看066《必要与适当》）？共和党就是靠反对中央银行起家的。中央银行是汉密尔顿经济秩序的核心，也是美国迈向现代金融社会的标志。在过去20年里，“合众国银行”是联邦财政的主心骨，没有它就没有美国经济的复兴。正因如此，与汉密尔顿不共戴天的杰斐逊在上台后都没敢动“合众国银行”，因为他不知道怎样对付没有银行的日子。20年的成果也让麦迪逊看明白了，他知道汉密尔顿是对的。可是，他敢于坚持对的事吗？

1811年，中央银行到期。是续约还是废止？国会展开了激烈的辩论。财政部长加勒廷坚决主张续约。他苦口婆心地劝国会那些不懂经济的人，说你们不要整天拿着革命当饭吃，非把自己作死不可。但加勒廷没有得到总统的支持。麦迪逊心里非常希望银行能够继续存在，但就像他没有坚持提名加勒廷为国务卿一样，他再次在关键时刻选择了回避。碰上这种老板，你说加勒廷累不累？

此时的国会被1810年中期选举中上来的一帮年轻人把持着，他们号称“鹰派”，其中有两个特别重要的人物：亨利·克莱和约翰·卡尔霍恩。记住这两个名字，未来的四十年将是他们的天下。这群“鹰”天天想着跟英国打仗，英国的一切都是丑恶的，包括象征英式经济体系的中央银行。他们与共和党的其他“激进派”成员一起，铁了心要翻天。

参议院的投票结果是平局，可见争夺有多激烈，也可见有多少共和党人实际上已经接受了联邦党的代表作。不难想象，如果麦迪逊稍微使点劲儿，如果他有汉密尔顿的勇气或华盛顿的魄力，银行续约完全没问题。但是，到最后，副总统克林顿投了那关键的一票，打破僵局，为“合众国银行”画上休止符。这一次，麦迪逊没有行使“一票否决权”，因为他依然无法说服自己：中央银行不违宪。有人说，他只是在维护自己的面子和声誉，因为他无法在面对曾经全力反对的银行时告诉大家：我改主意了。

“银行保卫战”失败了，但至少这件事产生了一个好的副作用。“激进派”对加勒廷的攻击让麦迪逊忍无可忍，他终于下定决心加强内阁的力量。他把百无一用的国务卿罗伯特·史密斯炒了鱿鱼，任命弗吉尼亚州州长詹姆斯·门罗为国务卿。本来，为了《门罗–平克尼条约》的事，门罗和麦迪逊闹翻了（参看上一个故事）。但门罗很快就认识到自己的鲁莽，有点后悔。他和麦迪逊将近三年没说话，其间，麦迪逊曾提议请门罗出任美属路易斯安那总督，但门罗不干，说那太掉价。他给麦迪逊的信号是：我要么不去联邦政府当差，要去就得坐那个一人之下万人之上的位子，也就是，国务卿。很明显，他的下一个目标是白宫。麦迪逊是个厚道人，本来就对门罗没恶意，他们一直都是好朋友，只是有点误会罢了。但他决定先晾着门罗，煞煞他的性子。

这俩闹别扭，可急坏了他们的老师杰斐逊。他们都是杰斐逊最好的朋友和最得意的门生，手心手背都是肉。杰斐逊心疼得不行，去了麦迪逊家又去门罗家（他们住得很近），来来回回地劝，盼着两个宝宝携手同心，挽回共和党日益分裂的趋势。1811 年，杰斐逊利用自己的影响力，使门罗成功当选为弗吉尼亚州州长（这是他第二次当州长）。此时，麦迪逊正内外交困，狼狈不堪，迫切需要门罗的帮助。两人终于摒弃前嫌，握手言和。门罗入阁后对总统无比忠诚，工作努力又高效，他和加勒廷合作得也很愉快，明白人跟明白人不用废话，内阁的风气焕然一新。

门罗上任后立刻着手与英国的谈判，为避免战争做最后的努力，但一切有点太晚了。国会中的“鹰派”声音越来越大，战争迫在眉睫。随着 1812 年大选的来临，有人甚至传说，克莱去威胁麦迪逊，说你到底想不想接着当总统？想，就宣战；不想，我们另找别人。麦迪逊为保总统宝座而屈服。这个说法应该不是真的，克莱不太可能这么干，但你至少可以感受到当时的气氛。不管出于什么目的，一向谨慎的麦迪逊在经过痛苦的挣扎和斗争之后，于1812年5月开始起草给国会的信，请求国会对英宣战。

美国将走进一场什么样的战争？它准备好了吗？请看下一个故事：《一八一二》。

089

一 八 一 二

1812 年 6 月 1 日，麦迪逊总统来到国会，宣读了他的“战争咨文”。他回顾了自 1805 年《杰伊条约》结束以来，英国对美国的敌对行为和美国为解决争端付出的外交努力。然而，所有通往和平的路已经封闭，战争不可避免也不可延迟。他说：我做了我的职权允许我做的一切，现在是国会做选择的时候了。他请求国会对英宣战。6 月 4 日，众议院以 79 ∶ 49 的压倒性多数通过了宣战决议。几天后，参议院以 19 ∶ 13 通过。参议院显然更加谨慎，因为联邦党在参议院还有点声音，虽然他们无力回天。

就这样，美英之间的第二场战争爆发了。爱国情绪高涨的美国人喜欢把它叫作“第二次独立战争”，但实际上它跟“独立”没什么关系，英国从来无意否认美国的主权。事实上，对英美两国来说，它都是一场被“遗忘”的战争。要是你做个调查，你可能会发现：

99.9%的英国人和美国人不知道他们的祖先居然在1812年还打过一架，甚至连学者们都不知道该给这场战争起个什么名字。英国人觉得它只是“拿破仑战争”的一部分，美国人胡乱用年代把它命名为“1812年的战争”，尽管这仗一直打到1815年才结束。但是，这场规模不大、伤亡不重、给人印象不深的战争对美国人的心理影响远远超过了他们自己的想象。

1812年，英国常备陆军25万人，海军900多艘船（有人说1000多艘）；美国临时凑起来的正规军和民兵共1万人，海军16艘船（有人说18艘或19艘）。你一定认为美国人疯了，明明弱爆了却主动宣战，完全是活得不耐烦的节奏。更讽刺的是，就在美国对英宣战的同时，6月11日，英国决定接受美国国会的《麦肯二号法案》（参看上一个故事），废除“议政会命令”，放弃实施多年的海军政策，希望恢复英美贸易。也就是说，这场战争的起因消失了。可是，在没有电报、电话、电脑的年代，消息从伦敦传到华盛顿需要至少一个月的时间，美国已经宣战，覆水难收，大家只能莫名其妙地硬着头皮打下去。

美国人好斗不假，但他们绝不会在丝毫没有胜算的时候出手。他们更擅长投机取巧，这次也不例外。英国虽然总体实力远超美国，但它在北美的力量有限。此时，“拿破仑战争”如火如荼，英、俄组织的“第五次反法同盟”眼看着快撑不下去了。1812年6月，拿破仑率60万大军入侵俄国，踏上了他的“地狱之旅”。但在当时，谁也不知道这是如日中天的拿破仑帝国走向灭亡的开始。英、俄简直吓死了，使上吃奶的劲儿应付。在这种情况下，英国根本无暇西顾。英国在北美的陆军主要集中在加拿大，一共不到6000人，海军只有16艘船。美国就是看准了自己在局部地区的相对优势才趁机发难的，跟“英雄主义”没半毛钱关系。问题是：这场战争值得吗？

看上去，战争最直接的原因是英国欺人太甚。到1812年，皇家海军已经拦截了500多艘美国商船，抓了1万多名美国水手，还封锁了几乎所有的欧洲港口，美欧之间的贸易受到致命打击。这一切确实让人无法忍受，美国人的激烈情绪可以理解。但是，就这么简单吗？若没有巨大的经济利益，美国人是不会拼命的。很多学者认为，即使没有海上的冲突，美国也会宣战，因为英国妨碍了它最要命的利益：大陆扩张。

对美国来说，大陆扩张意味着向西、向北、向南推进，这是自华盛顿起就奉行的“国策”。北美是美国的，谁挡路咱打谁，没二话。向西，夺取印第安人领地；向北，占领英属加拿大；向南，吞并西属佛罗里达，侵略墨西哥。南边的西班牙和墨西哥倒霉是迟早的事，且按下不表。西边和北边最大的拦路虎就是英国，寻它的晦气不是应该的吗？“1812年的战争”既是美国反抗英国压迫的表现，也是美国自身野心膨胀的结果。

长期以来，最让美国人头痛的西部问题就是印第安人问题。自从英国殖民者来到北美，印第安人的厄运就开始了。从弗吉尼亚的“盎格鲁—波瓦坦战争”到新英格兰的“菲利普国王的战争”，从“法国与印第安人的战争”（七年战争）到独立战争，印第安人遭遇灭顶之灾，失去了北美东海岸的家园，被迫迁往西部。印第安人战败似乎在预料之中，毕竟物资、武器都相差太大，但更要命的是，他们回回站错队。“法国与印第安人的战争”中，他们与法国一起打英国，结果英国赢了；独立战争中，他们与英国一起打美国，结果美国赢了。每次战争之后他们都被当成“战败国”整治一番。美国人把印第安人看成英国的帮凶，仇恨自不必说，还有仇恨之外的歧视。华盛顿在独立战争时签发的作战命令中，凡涉及英军的，一般用“进攻”“袭击”之类的军事用语，多少表现出对对手的尊重，从不言“杀”。但涉及印第安人时，他会用“摧毁”“消灭”这种恶狠狠的词，恨不得斩草除根。将军们在执行命令时也是这样理解的，对英军按规则来，对印第安人却烧杀抢掠，无恶不作，整片整片的村庄被烧为平地，妇女儿童不能幸免。

联邦政府成立后，生活在美国境内的印第安人没有获得公民身份，印第安人部落被看作“化外之国”，不受美国法律保护。华盛顿认为，印第安人只有在信奉基督教之后才可能成为公民。在发表了那篇著名的《告别演说》之后，华盛顿还专门给印第安人首领们写了封信，奉劝他们放弃传统的生活方式，转而从事农耕，融进西方文明。这篇在今天看来极为“政治不正确”又充满傲慢与偏见的文章在当时却非常“语重心长”，表达了他想以和平、公平的方式解决纠纷的企图。美国政府与印第安部落签了一个又一个条约，每次签约时都告诉印第安人：这是最后一次了，只要再让一点点，你们就安全啦！然而，每一个条约都变成了废纸，每一个承诺都是谎言，移民们入侵印第安人领地的脚步从来没有停止过。就这样一点一点地，印第安人的大好河山落入他人之手，自己连铺块毯子的地方都快没有了。华盛顿和他的继任者们不停地镇压印第安人的反抗，麦迪逊在给国会的“战争咨文”中把印第安人称为“野人”，说他们是引起美英矛盾的主要原因之一。可见，美英战争绝不是以反抗英国的海上霸权为唯一目的，扫除西进的障碍才是更重要的。

那么，把印第安人跟英国扯上关系是不是凭空捏造呢？这倒不是。1783 年《巴黎和约》后，英军没有如约撤离西部的军事要塞，他们在那儿最主要的营生就是为印第安部落提供武器和粮食，鼓励他们给美国捣乱。1795 年《杰伊条约》后，英军撤离，但仍然以加拿大为基地资助印第安人。英国一直想在西部建立一个印第安人的国家，阻止美国人西进的势头，这是美国打死也不能接受的。就在美英为西部明争暗斗的时候，一位印第安人首领的出现让美国再也坐不住了，它似乎必须用战争消除自己身上多年的“隐疾”。

这位让美国害怕的首领叫泰坎西，生于1768年3月9日。他所在的“肖尼族”生活在肯塔基和俄亥俄地区。在他出生的那个晚上，一颗明亮的流星划过夜空。他的父亲，肖尼族首领帕克辛瓦，认为这是“神豹”给他的启示，他为儿子取名泰坎西，意思是“神豹飞过”。泰坎西一点也没让父亲失望，他不到10岁就表现出与众不同的能力。他跑得最快，跳得最高，射箭最准，力气最大。更重要的是，他有个天才的头脑。11岁时，他交了个白人朋友，很快就学会说英语。很多印第安人会说英语，这不稀奇，但泰坎西没有止步于此。他旺盛的求知欲让他不仅会说，还会读、会写英语，熟悉英语文化。

泰坎西有个弟弟，叫坦斯克瓦塔瓦。跟哥哥相反，他长得又瘦又小，也不太合群。但他似乎接受了神的意旨，能预测未来，人们叫他“预言家”，类似“巫师”，他是肖尼族的精神领袖。泰坎西和弟弟联手，领导着肖尼族一天天走向强大。他们提倡回归印第安人的传统生活方式和价值观，拒绝白人的宗教渗透。

泰坎西与其他领袖的不同之处在于，他看到了印第安人的致命弱点：不团结。每个部落各顾各的，根本没有讨价还价的力量，或当英国的棋子，或任美国宰割。如果我们也像美国各州那样团结起来，建立统一的国家，我们就是不可战胜的。泰坎西四处联络，西部很多部落被他说服了，愿意与他联合。但南方亚拉巴马地区的部落不干，他们不相信他能成功。泰坎西的活动引起了美国官员的警觉，特别是美属印第安纳总督威廉·亨利·哈里森。

哈里森来自弗吉尼亚的政治世家。还记得他那位大块头的父亲本杰明·哈里森吗？当年，这位大块头父亲代表弗吉尼亚参加第一次和第二次大陆会议，并在《独立宣言》上签字，是“建国国父”之一。威廉·亨利·哈里森是其最小的儿子，自幼骁勇好斗，梦想当将军。但父亲不希望他打打杀杀的，硬把他送到费城学医。他到费城不久，父亲就去世了，家里少了顶梁柱，也就没那么多钱供他上学。幸好，他父亲的人脉足够他用的。上自华盛顿总统，下至弗吉尼亚州州长亨利·李，都对他照顾有加。1791 年，18 岁的哈里森（如非特别注明，以下单指威廉·亨利·哈里森）加入美国陆军。他从入伍的第一天起就跟印第安人打仗。后来，他到了名将安东尼·韦恩将军的麾下，并任韦恩的帐前助理。从韦恩那里，他学会了怎样管理军队、怎样排兵布阵、怎样对付印第安人。他深受韦恩的赏识，在“西北印第安人的战争”中立了大功。那场战争后，美国逼着印第安人签约放弃了大片土地。

退伍后，哈里森当选为联邦众议员。1800 年，约翰·亚当斯总统任命他为新成立的美属印第安纳领地总督。哈里森因长期跟西部的印第安人打交道，对泰坎西兄弟很熟悉，也比别人敏感。他看出泰坎西的意图，深知如果印第安人联合起来，将是美国的大患。1811 年 11 月，在没跟总统或任何上级官员打招呼的情况下，哈里森率 1000 人围剿肖尼族的村庄。当时，泰坎西去游说南方部落，不在家，只有弟弟“预言家”带领大家抵抗。

“预言家”是精神领袖，不是军事领袖。他说：不要怕！神灵会保佑我们！他会让我们刀枪不入，我们的胸膛将弹回敌人的子弹，放心往前冲吧！肖尼族勇士在蒂珀卡努突袭哈里森的队伍。哈里森稳住阵脚，抵挡了两个小时。待印第安人的弹药用完时，哈里森转守为攻。勇士们真以为自己刀枪不入，以血肉之躯迎敌。结果不用想就知道，肖尼族的子弟，包括“预言家”本人，死在美军枪下。哈里森血洗村庄，杀得鸡犬不留。这就是“蒂珀卡努之战”。哈里森队伍的人数占绝对优势，但伤亡比印第安人多出一倍，这一仗打得很难看。尽管如此，哈里森向国会和总统报捷，声称“大胜”印第安人。他因此名声大振，得了个外号“老蒂珀卡努”。这次胜得不怎么光彩的战斗成了哈里森最重要的政治资本。30 年后，他将借着这个资本入主白宫，成为第九位总统。他的竞选口号就是“蒂珀卡努和泰勒”（泰勒是副总统候选人）。

不仅如此，哈里森还在村中找到很多英国援助的粮食和武器，算是抓住了英国与印第安人勾结的证据。这些证据让国会中的“鹰派”更加嚣张，变本加厉地给麦迪逊总统施压。麦迪逊有苦难言，明明知道美国根本没准备好，却不得不在1812年6月请求国会对英宣战。

“蒂珀卡努之战”不仅摧毁了印第安人的村庄，也摧毁了他们联合起来建立统一国家的希望。泰坎西面对惊天巨变悲愤交加，誓报血仇。他率肖尼族残部和其他部落坚持战斗。1813年10月，泰坎西与英军联手，在加拿大境内的泰晤士河与哈里森开战。虽然英印联军在经验和火力上略占优势，但哈里森凭灵活的战术和勇猛无敌的劲头大败敌军，取得“泰晤士河战役”的胜利。这是“1812年的战争”中美军为数不多的几个亮点之一。更重要的是，在这次战斗中，泰坎西战死。至于谁杀死了他，没人知道，但大家愿意把功劳归于哈里森。从此，肖尼族和西部的印第安人一蹶不振，即使有英国的帮助，他们也成不了气候了。战后，美国人疯狂西进，不再顾虑印第安人的反抗。随着美国的扩张，北美的印第安人走上了他们的“血泪之路”。

好了，西部印第安人的威胁解除了，现在看看北部。美国对英属加拿大垂涎三尺可不是一天两天了，独立战争时就曾远征加拿大，现在岂能放过？事实上，对美国来说，这场战争最主要的目标就是把加拿大并入美国版图，别的什么“独立”啊，“自由”啊，“爱国”啊，“正义”啊，全是幌子。只有征服加拿大才能把英国彻底赶出北美，美国才会获得绝对的安全。

可是，加拿大是好惹的吗？美国人能实现他们的目标吗？战争将怎样影响加拿大乃至整个北美的历史进程？请看下一个故事 :《加拿大》。

090

加 拿 大

“1812 年的战争”对美英双方都不重要，但对另一个国家至关重要，这就是加拿大。人们总觉得加拿大的历史就是看着美国并被美国改变的历史，被动又无奈。其实，加拿大并不是只有“坐看云起时”，它一直都在创造着自己的天空。如果把对加拿大影响最大的历史事件排队，第一名是 1867 年“加拿大邦联”的成立，第二名是 1885 年“加拿大太平洋铁路”的开通，第三名就是“1812 年的战争”。战争给了加拿大闪亮登场的机会，唤醒了一个懵懵懂懂的新民族，北美大陆从此变得不同。

美加相邻是上帝的恩赐，但上帝似乎爱美国多一点，他的偏心让加拿大受了不少折磨。家有恶邻真的很闹心。你不理睬他他偏找事儿，你跟他理论他还护短；你骂不过他也打不过他，你惹不起他又躲不起他。加拿大摊上的就是这样的邻居。

美国人惹是生非倒不是因为他们不喜欢加拿大，而是因为他们不喜欢英国。只要看英国不顺眼就拿英属加拿大出气，这是美国最自然的选择。除了觊觎邻家的地盘，还可以顺便伸张一下正义。本来，加拿大人日子过得好好的，美国人却老觉得人家水深火热，非要把人家从英国的殖民压迫中“解放”出来不可。于是，入侵加拿大既有了难以启齿的动机，也有了冠冕堂皇的理由。

根据人类欺软怕硬的本性，美国敢欺负加拿大一定是因为加拿大软弱可欺。看上去确实如此。1812 年，美国人口 750 万，加拿大人口 40 万。英国驻加拿大陆军一共不到 6000 人，美国随便一划拉就能凑齐一两万人，各州还有好几十万民兵。尽管英国的综合国力是美国的好几倍，但此时它与拿破仑大战正酣，所有的海陆军力量都在欧洲，根本无法增援北美。正因如此，国务卿门罗认为，美国攻取加拿大如探囊取物，根本不会遇到实质性的抵抗。众议院领袖克莱说：“只需肯塔基的民兵就能把蒙特利尔和上加拿大踩在脚下。”麦迪逊总统虽然知道美国根本没做好战争准备，但对打加拿大还是很有把握的，这是他的战争规划的核心。咱打不过英国，还打不过加拿大吗？

但是，麦迪逊政府忽视了几个最基本的事实：第一，英军虽然人少，但久经沙场，训练有素。美国没有常备军，临时征兵，全是新手。各州民兵都是乌合之众，平时一个月凑一块儿训练几天。这几天简直就是开派对，心思不在练兵上，一起喝酒玩闹才是正事。第二，民兵以地方利益为重，纪律松散，不服从统一调遣，拒绝去外州作战，更甭说外国了。第三，美国基本没有后勤保障。连续几年的“禁运”和“不交往”政策使得美国贸易衰竭，国库空虚，财政部长加勒廷急得都快上吊了。第四，没有了中央银行，筹款受到很大阻碍。本来，“合众国银行”可以通过发行股票从金融市场融资，或以国家信誉为抵押大规模借债。现在，中央银行死了，想借钱就得去求一个一个小银行、一个一个投资者，那效率根本赶不上战争的进程。况且，没有中央银行的担保，谁愿借给你钱？也许，只有当此关头，麦迪逊才意识到共和党的军事政策（废常备军，重民兵）和财政政策（缩减开支，取缔中央银行）是多么失败。这也是他战后一百八十度大转弯倒向“汉密尔顿主义”的原因。

更糟糕的消息来自东北部的新英格兰各州（马萨诸塞、康涅狄格、罗得岛、新罕布什尔）。这几个州是联邦党的天下，经济严重依赖与英国的贸易，可想而知它们有多恨跟英国打仗。杰斐逊的“禁运”和麦迪逊的“不交往”让新英格兰几乎破产，它们厌倦了“弗吉尼亚王朝”的统治，正酝酿着自立门户，脱离联邦。要打加拿大，必须得到离加拿大最近的新英格兰各州的支持。可是，这些州说：对不起，我们破产了，没钱打仗。你们自个儿玩儿吧！英国好像也很配合新英格兰的分裂倾向。战争一开始，皇家海军就封锁了美国海岸，唯独不封波士顿，任由新英格兰与加拿大、英国、英属西印度群岛做生意，英军也通过新英格兰购买粮食，补充军需。新英格兰人热火朝天地把最好的东西卖给英军，最次的留给美军。那么，联邦政府难道不会镇压这些“反革命”吗？不，麦迪逊睁一只眼闭一只眼，听凭新英格兰资敌。原因是，这些贸易增加了海关收入，联邦政府还指着这点钱打仗呢。可见其他地区的贸易已经惨到什么地步。

好吧，既然要打加拿大，那就筹划筹划。战争部长威廉·尤斯蒂斯是个摆设，海军部长保罗·汉密尔顿不懂海军，三军总司令麦迪逊总统完全不明白打仗是咋回事。靠这仨白搭。幸好下面还有些懂行的，国务卿门罗也是军人出身，帮着把把关。最后，大家商量好一个方案：分三路入侵加拿大。第一路从底特律出发，向东进入上加拿大；第二路从伊利湖和安大略湖之间向西进入上加拿大，与第一路呼应，切断上、下加拿大之间的联系；第三路从新英格兰进入下加拿大，目标蒙特利尔。三路大军齐发，充分发挥美军在人数上的优势。

不过这个“三路计划”有三个硬伤：第一，计划的成功取决于三路的密切配合，三路之间的联络在如此辽阔的地区之间必须畅通无阻。而这种联络根本不存在，因为陆上没有路，水上又有皇家海军阻挠。第二，三路的将军都必须不畏险阻，勇往直前。任何一路贻误战机，其余两路就会陷入被动。美国根本凑不出这样三位有胆有识的将军。第三，三路并进，兵力分散，无法集中力量达成主要战略目标。事实上，战争一开始，这三个弱点就表现得淋漓尽致。国会宣战的消息迟迟送不到前线，人家英军都知道美国宣战了，赶紧加强防守，驻底特律的美军居然还不知道。等将军们知道了这个计划，全都反对，说你们到底打过仗没有？你们知道征兵有多难吗？能凑齐五六千就不错了，你让这些新兵去跟能征惯战的英军和印第安人联军过招，那不是找死吗？反对最厉害的是第一路的将军，美属密歇根领地总督，威廉·赫尔将军。

赫尔在独立战争中的表现还是很不错的，堪称英雄。但是，战后，他酗酒、抽烟，很快就把身体弄垮了。身体一垮，意志也就没了。1812 年，赫尔 59 岁。麦迪逊对他却还是 30 年前的印象，根本没问过“廉颇老矣，尚能饭否”。总统放着一大批年轻力壮的西点军校毕业生不用，偏偏让喜怒无常、懦弱昏庸的赫尔领兵。有一次，赫尔在全军将士面前竟然对自己的坐骑失去控制，从马上摔下来，成了大家的笑柄，哪里还能服众。

赫尔百般抱怨兵力不够，不想动。直到 7 月 12 日，他才慢吞吞地带着 1200 人离开底特律，渡过底特律河，进入加拿大境内。到了加拿大也不进攻，修了个堡垒，先躲起来，然后派人出去搞宣传，说我们来解放你们啦！跟我们一起干吧！加拿大人不理他，英军防守又很严，再加上那位著名的印第安人首领泰坎西与英军联手（参看上一个故事），赫尔斗志全无。

再看 42 岁的英军主帅艾萨克 · 布洛克。他英俊、勇敢、智谋过人，会玩、会闹、会打仗，参加过拿破仑战争。他没有后台，但凭能力在军中火速提升，深得将士们爱戴。他知道加拿大危在旦夕，但表现得很镇静，好像手握千军万马。处于守势的英军士气高涨，处于攻势的美军却意志消沉。赫尔一看英军的架势，心里发虚，下令撤回底特律。布洛克可不想撤。他看准了赫尔的犹豫和保守，决定反守为攻。8 月 15 日，布洛克率军进入美国，包围底特律。他命炮队猛轰，又让印第安人穿上英军军装，来来回回地走，好像有无数天兵天将。赫尔看得魂儿都飞了。他躲在一个角落里，不停地喝酒抽烟，完全失去自控力。8 月 16 日，他派人对布洛克说：能不能给我三天时间考虑是否投降？布洛克回答：你只有三个小时，必须无条件投降。赫尔不需要三个小时。几分钟后，他让人把白桌布拴在旗杆上，挥舞着白旗投降。美军没放一枪一炮，全部走进战俘营，底特律陷落。这是美国有史以来唯一的一次在自己的土地上向外国军队举白旗献城。

英军先把赫尔带到加拿大游街示众，然后把他释放回美国。军官们以胆怯、渎职为由把他告上军事法庭。法庭判赫尔有罪，应处以枪决。但麦迪逊顾念他在革命战争中的功劳，赦免了他。

底特律失守，西部危急，举国震动。此时，麦迪逊总统正在自家庄园度假，门罗召集内阁商量对策。大家觉得门罗应该亲自去西部带兵，夺回底特律，甚至想请杰斐逊出山暂代国务卿之职，以便门罗专心打仗。内阁慌不择路，麦迪逊倒是挺镇定：收复底特律不在一朝一夕，急什么？我可不想打扰正享受退休生活的前总统。咱不是还有两路人马吗？再打打看吧。

麦迪逊总统哪里知道，其余两路人马的运气一点也不比赫尔的好。1812 年 10 月 13 日，第二路的主将所罗门 · 万 · 伦斯勒派 1000 人渡过尼亚加拉河进入加拿大，袭击英军重镇昆士顿高地。本是偷袭，但走漏了风声，布洛克带人迎击，双方激战。就在美军渐渐稳住阵脚的时候，泰坎西率领的印第安人队伍突然出现，他们灵活机动的打法让美军立刻懵了。河对岸的纽约民兵本应过河增援，可一听到惨叫声，吓得不敢渡河。于是，已渡河的美军全军覆没。泰坎西指挥印第安人杀死大批战俘。背负着血海深仇的泰坎西眼前浮现的是他的弟弟和族人被哈里森无情杀戮的情景（参看上一个故事），他对美军没什么原则可讲。但这次战斗也让英军付出了代价。才华横溢的布洛克将军阵亡，这是英军最惨痛的损失。

第三路由亨利 · 迪尔伯恩将军指挥。61 岁的迪尔伯恩的状况跟赫尔差不多，都快老糊涂了，需要借助凳子才能上马，战士们叫他“迪尔伯恩奶奶”。他也像赫尔一样参加过独立战争，还当过杰斐逊的战争部长。此时，他是美国陆军总司令，正打算进攻下加拿大。由于新英格兰民兵拒绝参战，他只能带着纽约民兵上阵。三分之二的民兵拒绝跨境作战，正规军缺乏训练，协调紊乱。结果，刚进加拿大就乱打起来，打到最后才发现是自己人打自己人。本来就够狼狈的了，新英格兰的反战情绪又大爆发，到处示威游行，打砸军需，侮辱共和党议员。美军还不够应付新英格兰的叛乱分子的呢，这仗怎么打？ 11 月，迪尔伯恩撤回美国，结束了 1812 年的战事。

到 1812 年年底，美军三路进攻全部失败，还丢了底特律。但糟糕的形势并没有妨碍麦迪逊再次毫无悬念地当选总统，开始了他的第二个任期。战争部长尤斯蒂斯和海军部长汉密尔顿辞职，麦迪逊任命约翰 · 阿姆斯特朗为战争部长，威廉 · 琼斯为海军部长，同时任命威廉 · 亨利 · 哈里森为西部的美军总司令。这三位比他们的前任强多了，至少他们懂行。他们野心勃勃地策划着 1813 年的战局，期待大转机。谁都没想到，这转机竟然来自不起眼的海军。

就在陆军被打得满地找牙的时候，美国海军却大放异彩，有如神助。跟拥有 1000 多条船的皇家海军比起来，美国海军都不好意思叫海军，一共才十来条船。但是，那 1000 多条船都分散在世界各地，主要在欧洲和大西洋对付法国海军。在北美的皇家海军也只有十来条船，后来增加到 20 多条。皇家海军也像陆军一样久经战阵，维护着英国的绝对霸主地位。当初，华盛顿和亚当斯都是“海军迷”，有钱就造舰，而且造大舰、好舰。后来，杰斐逊上台，削减开支，海军成了被砍对象，从 50 艘船降到 13 艘。麦迪逊延续了杰斐逊的政策，直到战争来临才想起造舰，紧赶慢赶也就增加了三四艘。尽管如此，一批海军将领在“准战争”和“第一次巴巴利战争”中成长起来，现在是他们露脸的时候了。

美国海军最著名的军舰是“宪法号”，它是华盛顿时期建造的，与海军一起诞生。“宪法号”重 2400 吨，拥有 54 门炮，450 个船员。它服役之初是世界上最大的护卫舰，船舷用的是最硬的白橡木。在“1812 年的战争”之前，“宪法号”已经在“准战争”和“第一次巴巴利战争”中屡立战功。1812 年 8 月 19 日，“宪法号”在加拿大海岸遇到皇家海军“古尔利尔号”，英军首先开火。“宪法号”的舰长是那位丢了底特律的威廉 · 赫尔的弟弟艾萨克 · 赫尔。哥哥那么窝囊，弟弟却勇猛无比。他命令“宪法号”直逼“古尔利尔号”，凭优势火力猛轰敌舰。战斗中，一颗炮弹击中“宪法号”船舷，却被奇迹般地弹了回去。目睹了这一幕的战士激动地大喊 ：“哇！它的船舷是铁做的！”从此，“宪法号”得了个外号“老铁船舷”。它的船舷当然不是铁做的，但那白橡木坚硬如铁，舷又造得比别的船厚实，效果就出来了。20 分钟后，“古尔利尔号”被打了个稀巴烂，只能投降。几个月后，“宪法号”遭遇英军“爪哇号”，又是一通狂轰滥炸，“爪哇号”投降。“宪法号”共服役 84 年，参加了 42 次战斗，摧毁或俘获敌舰 32 艘，从来没打过败仗，也从来没有一颗炮弹击穿过它的船舷。

10 月 25 日，“宪法号”的姊妹舰“美国号”在大西洋上遇见老熟人皇家海军“马其顿人号”。“美国号”也是华盛顿时期的作品，质量也很过硬。当初，它还在弗吉尼亚的时候，“马其顿人号”的舰长就跟美国舰长用河狸皮帽子打赌，说“美国号”最好自求多福，千万别遇上“马其顿人号”，否则只能当俘虏。现在，两个冤家真就遇上了。美国舰长史蒂芬 · 德凯特像艾萨克 · 赫尔一样不信邪，与英军进行近距离炮战，不停地变换角度，既让自己躲开英国的炮弹，又准确地击中敌舰。战斗从早上 9 点一直打到中午 12 点，“马其顿人号”彻底残了，宣布投降。英军死伤 104 人，美军死伤 12 人。两艘船像亲兄弟一样肩并肩地在海上“躺”了两个星期，直到“马其顿人号”修好可以航行。然后，“美国号”带着它的战利品一起缓缓驶入纽约港。

美国海军在大西洋上连赢三场，在一对一的格斗中完胜皇家海军。英国海军大臣下令给所有的舰长：以后不许与美舰进行一对一的战斗，只有在舰队船只数量和火力占绝对优势的时候才能向敌人开火。海上霸主有点忌讳“浑小子”式的单打独斗，但是，英军在舰队的战斗中真能稳占上风吗？让我们把目光转回美加边境。

1813 年春，英军进入俄亥俄河谷，企图攻占麦格斯堡。失去了布洛克的英军似乎失去了志在必得的信念，换上了哈里森的美军似乎重新找回了活力。哈里森与英军纠缠数日，迫使英军主将亨利·普罗克特撤退。接着，美军向前推进，开始了新的攻势。1813 年的目标是：收复底特律，占领上加拿大首府约克和英军重镇金斯顿。

1813 年 4 月 27 日，美军 1500 人在赞布伦·蒙哥马利·派克将军率领下进攻约克。你也许对“约克”这个名字没感觉，但它改名之后你应该比较熟，就是今天的多伦多。约克是上加拿大省的首府，殖民地议会和皇家总督的所在地，但没什么军事价值。英军主将罗杰·黑尔·希夫寡不敌众，弃城而走，约克落入美军之手。在这次战斗中，派克将军阵亡。

5 月 25 日，温菲尔德·斯科特率美军 4700 人进攻约克东边的乔治堡。英军只有 1500 人，外加 300 名印第安勇士。5 月 27 日，美军攻占乔治堡。斯科特打算乘胜追击，彻底清除英军在尼亚加拉半岛上的力量。如果这样，金斯顿将门户大开，整个五大湖区将被美军控制，上加拿大就完了。但是，斯科特被他的下级军官和顶头上司“迪尔伯恩奶奶”阻止了。大家说：别追啦！中了埋伏怎么办？于是，美军的胜利被局限在乔治堡，英军全身而退，死守尼亚加拉半岛，金斯顿依然固若金汤。这个致命的错误让美军丧失了控制上加拿大的最好时机，真是“不怕神一样的对手，就怕猪一样的队友”。

远在华府的战争部长阿姆斯特朗听闻此事顿足捶胸，大骂美军无能，国会也炸开了锅，逼着麦迪逊总统解除迪尔伯恩的职务。麦迪逊还算给迪尔伯恩面子，让他以健康原因退休了。

像 1812 年一样，让人“恨铁不成钢”的陆军再次被海军的光环照得睁不开眼。对上加拿大的争夺从一定程度上说是对五大湖的争夺，因为水上运输是双方的命脉。学过地理的小朋友都知道，美加边境的五大湖是这个星球上最大的淡水湖群，占地表淡水的五分之一。虽然叫“湖”，但你若身临其境，完全可以把它们叫作“海”，真的是看不到边。除了密歇根湖为美国独有，其余四个由美加分享。最有经济和战略价值的是伊利湖和安大略湖。伊利湖连着尼亚加拉河，安大略湖连着圣劳伦斯河。美英的军需物资都要在湖上运送，对这两个湖的控制权就成了双方海军的必争之物。底特律就在伊利湖边，拿下伊利湖，底特律不攻自破，省了陆军的事了。

1813 年 9 月 10 日，美国海军上将奥利弗·哈萨德·佩里的舰队和皇家海军上将罗伯特·海里奥特·巴克利的舰队开始了“伊利湖之战”。美军 9 条船，英军 6 条船，美军舰只数量和火力略占优势。这场“海战”（或“湖战”）之所以如此动人心弦，跟双方的主帅有很大关系：他们都是二十七八岁的年轻人。

美国海军上将佩里生于罗得岛州，父亲是美国海军军官。佩里从小就酷爱航海，他 13 岁时加入海军，在父亲当舰长的船上服役。

他弟弟马修 · 佩里后来也加入了海军。说到这儿，也许有些人眼前一亮，这不就是那位率“黑船”驶进江户湾（东京湾），逼迫日本开国通商的佩里将军吗？没错，他正是1853年“黑船来航”事件的主角，他让日本睁眼看世界，走上近代化的道路。他比他的大哥小9岁。

1813年，奥利弗 · 哈萨德 · 佩里28岁，已在海军服役15年，参加过“准战争”和“第一次巴巴利战争”。他过人的天赋深得战争部长阿姆斯特朗和海军部长琼斯的赏识，因此被委派为伊利湖的海军主将。巧得很，他的对手，英军主将巴克利也是“神童”式的人物。巴克利11岁加入皇家海军，到1813年，27岁的他已是“老船长”。

两人在伊利湖相遇，立刻摆开队形，投入战斗。佩里的旗舰“劳伦斯号”是以“切萨皮克号”前舰长詹姆斯 · 劳伦斯的名字命名的。劳伦斯在一次海战中阵亡，临终前嘱咐战友“不要弃舰”。佩里的船上竖了一面旗，上写劳伦斯“不要弃舰”的遗言。战斗持续了5个小时，“劳伦斯号”受损严重，佩里登上“尼亚加拉号”继续指挥，他甚至亲自驾船直冲敌阵，重创巴克利的主力舰“底特律号”和“夏洛特女王号”。到最后，这两艘船都被打残，巴克利投降，整个舰队成了美军的俘虏。佩里在给哈里森的信中写了那句著名的话：“我们遇上了敌人，他们是我们的了……”战斗结束后，双方军舰都靠岸修整。佩里与巴克利把酒言欢，就像多年的好友。他们惺惺相惜，因为他们知道，无论输赢，他们都尽力了，都是英雄，都是荣耀。

“伊利湖之战”是美国海军决定性的胜利，美军完全控制了伊利湖，切断了底特律英军的供给线。英军主将普罗克特将军见大势已去，立刻撤出底特律。被美国陆军丢掉的地盘总算被海军抢回来了。双方在安大略湖上各有胜负，英军略占优势。

两个星期后，10 月 3 日，佩里协助哈里森取得了“泰晤士河战役”的胜利（参看上一个故事）。印第安人首领泰坎西在战斗中阵亡，英国永远失去了这个强大的同盟，美国永远排除了印第安人的威胁。

佩里和哈里森在西部的胜利让阿姆斯特朗看到了希望，他期待着奇迹也能在东部的下加拿大出现。可是，他再次选择了两个自私、无能、互相憎恶的“猪队友”。这两位是詹姆斯 · 威尔金森和韦德 · 汉普顿。我们已经在“伯尔叛国案”中见识过威尔金森。他军龄很长，但从没带过一个团以上的兵力打过仗，而且他根本不想打。还没出发就唉声叹气的，说遇上敌军咱就投降。汉普顿则刚愎自用，觉得加拿大人正盼星星、盼月亮地等着他去解放。威尔金森带 7000 人，汉普顿带 5000 人，分两路向蒙特利尔进发，两人各打各的，谁也不理谁。但无论如何，美军势大，英军在这个地区兵力又特别薄弱，近乎真空。眼看着下加拿大就做不成英国殖民地了。

10月25日，汉普顿在沙托盖河碰上一小队主要由法裔加拿大人组成的民兵，还有一些苏格兰人和威尔士人。汉普顿派了个使者去向人家宣传民主自由，被一通乱枪打了回来。民兵人数是美军的五分之一，他们可不想跟美军打阵地战。他们像印第安人那样设伏打猎，东一枪西一枪，打得美军屁滚尿流，连滚带爬地退回美国境内。那边威尔金森一听汉普顿兵败，吓得一枪没放就打道回府。进攻蒙特利尔的计划就这么泡汤了。这一仗英国正规军没出一兵一卒，加拿大民兵打出了威风，这是真正属于加拿大的胜利。直到今天，“民兵之谜”仍然让加拿大人无比自豪。战争中，还出现了一位“女版保罗·瑞维尔”，她是37岁的加拿大女士劳拉·赛科特。她在深夜中步行30公里向英军报告美军的动静，被视为加拿大的民族英雄，是勇气和忠诚的象征。你吃过加拿大最有名的“劳拉·赛科特”牌巧克力吗？

随着1813年冬天的来临，军事行动渐渐停止，占领约克的美军却闲出了事。12月，一群战士纵火焚烧了上加拿大殖民地议会大厦，接着，所有的公共建筑都烧起来。这还不算，烧上瘾的美军干脆连民宅也点了，有些躺在病床上的人被连人带床抬到冰天雪地里，眼看着自己的房子化为灰烬。没多久，整个约克变成一片焦土。

在19世纪，基督教国家之间的战争有个人人遵守的原则，就是尽量不打扰平民。打仗是职业军人的事，扰民非君子所为。美军的暴行让世界目瞪口呆，加拿大人从心底里燃起的仇恨激发了他们的民族意识。如果说，此前，他们不知道自己是什么人，现在，他们清楚地知道：他们不是美国人。两个本来同种同文的民族从此分道扬镳，再也没有融合的可能。加拿大不会忘记这把火。一年之后，它将完美复仇。

“1812 年的战争”不仅唤醒了加拿大的民族自豪感，也让它认识到，它需要属于自己的独立和自由。战前，说英语的上加拿大和说法语的下加拿大老死不相往来；战时，它们被迫联手抗敌，保卫家园。它们忽然发现，原来，它们可以有共同的追求，甚至可能变成统一的国家。一个现代意义上的加拿大开始形成了。

1813 年之后，美军多次企图进一步入侵加拿大，都被英军和加拿大民兵打回来，双方进入胶着状态。1815 年的英美和平条约奠定了现代美加边境的基础。此后，美国再也没有入侵过加拿大。随着美英关系的改善和加拿大渐渐走向独立，美加冰释前嫌，关系越来越温暖。当然，小摩擦免不了，比如，1903 年的阿拉斯加边界之争。双方同意把纠纷提交仲裁。当时，加拿大还没有独立的外交权，仲裁委员会有三个美国人，两个加拿大人，一个英国人。加拿大想当然地认为英国会向着自己，毕竟是一家子嘛。最后，那位英国仲裁员却把票投给了美国，加拿大痛失阿拉斯加的出海口。这件事让加拿大伤透了心，它终于明白，在英国心中，英美关系远远超过了英加关系，英国通过对美国的让步换来了美国在很多国际领域的合作。亲情友情比不上国情，仁义正义敌不过利益。加拿大再也不想让英国控制它的外交权和防御权。第二次世界大战把美加更紧密地连在一起，罗斯福总统明确警告“轴心国”别打加拿大的主意。战后，美加建立共同防御委员会和共同防空体系，美国清楚地告诉全世界：对加拿大的侵略就是对美国的侵略。今天，美加共享世界上最长的边境线，互为对方最大的贸易伙伴。加拿大再也不担心美国的军事威胁，但它一直担心着美国文化的渗透。加拿大人看美国电影、听美国歌、说美式英语、去美国上学、在美国工作、与美国人通婚，他们还能保持加拿大的民族特色和文化传统吗？这是加拿大政府和每一个加拿大人都需要思考的问题。

加拿大的故事暂时讲完了，“1812 年的战争”还没打完。随着 1814 年的到来，国际形势将发生天翻地覆的变化，美英战争也将翻开新的一页。英国将怎样调整战略？美国将怎样应对危机？和平还有多远？请看下一个故事：《一八一四》。

091

一八一四

到1814年夏天，“1812年的战争”已打了整整两年。在这两年中，美国攻，英国守。强大的英国之所以对弱小的美国隐忍不发，主要碍于拿破仑战争。在没把拿破仑打趴下之前，英国无暇西顾。但是，1814年，形势不一样了。早在1812年年底，拿破仑败象已露。60万大军入侵俄国，只回来3万人，几十万个生命消失在俄国的茫茫雪原。欧洲那些屡败屡战的国家组成“第六次反法同盟”。在英国威灵顿公爵一世亚瑟·韦尔斯利的指挥下，联军节节胜利。1814年3月30日，联军进入巴黎。4月6日，拿破仑宣布退位，被放逐到厄尔巴岛。路易十八登上王位，波旁王朝复辟。

拿破仑帝国轰然倒塌让很多人不适应，最不适应的就是美国人。且不说从法国革命爆发的第一天起，美国人就吵吵嚷嚷地支持法国，这次“1812年的战争”也是美国在英国背后捅了一刀子，客观上帮了拿破仑一把，虽然主观上是想趁机占便宜。现在，便宜没占到，被刺痛的巨人却转过身来，要好好收拾收拾整天捣乱的美国。该美国倒霉了。

从拿破仑战争中抽出手来的英国决定增援北美。从此刻起，攻防转换：英国攻，美国守。其实，到 1814 年，美英之间实在没什么好打的了：随着欧洲战争的结束，英国的“议政会命令”已取消，皇家海军不再需要劫持中立国商船，也不再胁迫美国船员服役，美国的“禁运”政策已被国会废除。美国显然无力征服加拿大，英国也根本不想否认美国的独立。既然引起战争的所有理由都不存在了，那么，战争为什么还在继续？答案应该是：为了谈判桌上的筹码。

想在谈判桌上占上风，军事上的胜利是必需的。西边五大湖区的战事一时难解，双方势均力敌，都没进展。最容易突破的是东海岸。对东海岸的进攻可以迫使美军东移，减轻西部的压力。事实上，在过去的两年中，皇家海军除了封锁美国海岸，对沿海地区的骚扰从来没断过。虽说都是小打小闹，打了就跑，但足够让美国人头疼。如今，欧洲战争结束了，皇家海军和威灵顿公爵麾下的陆军都陆续调往北美。大部队来了就得玩大的，袭击小村庄上不了台面，这回的目标是：美国首都华府。

当了 14 年首都的华府依然跟个村儿差不多，而且是半成品。国会山刚刚建好没几天，总统府看上去像烂尾楼，不知何时才能完工（总统住在其中的一小部分），其他的政府办公楼勉强能用，还有一些零零星星的旅馆、民宅。除此之外就是建筑垃圾、泥泞的道路、没砍光的树林、横七竖八的木头等等。要不是联邦政府硬把家安在这儿，鬼都不会到这来。这座丛林中的小城没有任何战略价值，它只是一个象征。英军想要摧毁的正是这个象征。当你把华府踩在脚下，你就可以对全世界说：看！我把美国踩在脚下啦！

摧毁华府还有更实际的功效，那就是：复仇。还记得我们在上一个故事中讲的美军火烧约克（多伦多）吗？然后，英军冲进美境烧了布法罗；然后，美军冲到加拿大烧了长点；然后，英军冲到切萨皮克湾烧了几个村庄；然后，美军冲过去烧了多佛港；然后，还有很多然后……大家就这样你烧我、我烧你，无限循环。不管怎样，英国和加拿大觉得约克的仇还没报，因为那把火实在太大了，后面的几场小火不过瘾。于是，这一次，英军要为约克而战，要为一年前那把火复仇。

执行复仇任务的是皇家海军乔治·科伯恩将军和陆军罗伯特·罗斯将军。罗斯是威灵顿公爵麾下的悍将，身上还带着欧洲战场上的硝烟味。科伯恩的海军陆战队有 700 人，罗斯的陆军三个团有 3700 人。8 月 19 日，两位将军带着这 4000 多人在弗吉尼亚的本尼迪克登陆，向北进发。这次行动的目的不是长期占领华府，而是烧完就走，给美国点颜色瞧瞧。

英国的目标很清楚，英军的动向也很清楚，美国人的脑子一点也不清楚。从 5 月份英军频繁地在切萨皮克湾一带活动时起，就有人不停地向战争部和总统报告，说英军可能要进攻首都。战争部长阿姆斯特朗根本没当回事，因为他不相信英军会把兵力浪费在这个毫无价值的小破城，他们的目标应该是马里兰州最大的城市巴尔的摩或海港安纳波利斯才对。阿姆斯特朗一个劲儿地对麦迪逊总统说，别担心，他们是冲着巴尔的摩去的，不会来华盛顿。麦迪逊半信半疑，他要求阿姆斯特朗做好首都的防御工作。但就像他的一贯作风，谦谦君子总统先生并没有强行命令战争部长保卫首都，战争部长也就什么都没做。华府依然是座不设防的城市。

8 月 22 日，英军距华府只有几十公里，他们一路走来没遇到任何抵抗。阿姆斯特朗仍然坚持他的“巴尔的摩论”，麦迪逊仍然在云里雾里。谁也搞不懂英军到底想去哪，咋办呢？军人出身的国务卿门罗毕竟胆子大，说要不我出去瞅瞅吧。于是，麦迪逊政府职位最高的官员当上了哨兵，飞奔出城刺探敌情。结果，门罗转了一大圈也没看见英军的影子。敌人兵临城下，战争部长不知所云，总统蒙圈，国务卿当探马，首都城中一个兵都没有。你见过这种玩法吗？

22 日晚，麦迪逊忽然醒过来了，不再听阿姆斯特朗的鬼话。管它英军想去哪，咱先把军队集结起来再说。此时，美军的精锐都在千里之外的五大湖区，华盛顿周围只有 6000 个马里兰的民兵。人数倒不少，你很快就知道这 6000 人是什么货色。

8 月 24 日，英军抵达华盛顿近郊布莱登斯堡，离首都核心区不到 20 公里，傻瓜都看出来英军想干吗了。麦迪逊赶紧找内阁商量。论智商，这一屋子的人加一块儿也比不上学者麦迪逊一个人。可是，论打仗，百无一用是书生。这位瘦瘦小小、百病缠身的三军总司令着实让人提不起精神，但他表现得还是很有勇气的，带着内阁成员直奔布莱登斯堡。风一吹就倒的麦迪逊成了唯一亲临前线观战的总统。

下午，在大约 37.8℃的高温下，“布莱登斯堡之战”开始了。麦迪逊临时调来几门海军的大炮和 500 名海军战士为民兵提供炮火支持。这可能是他做的唯一的正确决定，这几门炮让英军的伤亡人数远超美军。为什么美军伤亡少？因为他们跑得快。第一道防线的民兵在一轮射击之后就全线崩溃，扭头就跑，把第二道防线直接冲垮了。接下来，6000 人马以奥运赛跑的速度往回跑，那个壮观场面不是每天都看得到的，难怪人们把这次战斗叫作“布莱登斯堡赛跑”。只有那些海军战士坚持开炮，直到最后。他们大多成了俘虏。英军使上吃奶的劲儿都追不上美军，只好停下来休息，如科伯恩将军所说：“胜利者太累了，失败者（跑得）太快了。”虽然赛跑得了第一，但这是美军最耻辱的一天，是美国历史上最丢人现眼的一刻。

逃跑的人群中还有麦迪逊总统和他的内阁成员，包括阿姆斯特朗和门罗。在第一道防线垮掉时，宪法的总设计师对这俩说：先生们，我们应该撤了，把军队的事留给军人吧。幸亏总统跑得快，要不然就做俘虏了。幸亏国会正在休会期，要不然议员们就成难民了。排山倒海般的败兵穿城而过，谁也没多看首都华盛顿一眼。但至少，事到如今，从总统到共和党到普通公民，所有的人都明白了一件事：我们需要职业军人（常备军）。民兵也许可以保卫自由，但保卫不了国家。首都被如此轻易地放弃也从一个侧面说明，所谓的联邦政府、所谓的国家统一，在当时的美国人心中是什么分量。你能想象，如果美军出现在伦敦近郊，英国人会如何反应吗？新大陆人为什么不能像传统的民族国家那样为捍卫国家的“心脏”而浴血奋战呢？原因可能是，他们还没有那“心跳”的感觉。如果你看看后面的故事中巴尔的摩军民是怎样保卫巴尔的摩的，你就能看出美国人在“我的城市我的家”和“联邦政府的家”之间是怎样取舍的。

傍晚时分，英军来到国会山。既然你烧了约克的殖民地议会大厦，我当然要烧你的国会山。可是，国会山是石头造的，在外面很难烧，试了好几次都不行。最后，英军把所有的桌椅摞成小山，从里面点火，才引燃了整个建筑，“国会图书馆”也随之烟消云散（那时候的图书馆在国会山里面）。后来，杰斐逊把自己的将近6500册藏书低价卖给国会，“国会图书馆”在这个基础上重建起来，这就是今天世界上第二大图书馆的“血泪史”。

烧完国会山，下一个当然是总统府。总统跑了，总统府里还有人吗？有，她是总统夫人多莉·麦迪逊。她老公已经派人送来好几封信，催她赶紧离开。多莉的表现让所有的爷们儿都汗颜，她似乎是唯一对首都沦陷感到切肤之痛的人。她说：“如果我能在每一扇窗子上架一门大炮，可是，天哪！那些应该架大炮的人都跑了！我的心为我的国家悲哀！”

多莉从容地指挥仆人收拾行装，最重要的是，把麦迪逊的笔记和所有的机密文件都带上，还有那幅著名的华盛顿肖像画。她知道，英国人恨透了华盛顿，他们一定会把他的肖像付之一炬。那幅画很大，钉在墙上，多莉让人砸破画框才拿出来。这个故事的另一个版本说，那幅画是总统府的看门人和花匠救出来的，不是多莉。甭管谁救的，反正那幅画今天还挂在白宫。

多莉好像觉得英军来不了那么快，还准备了40个人的晚饭，可能想款待一下从战场上退下来的军官们。这边英军都开始从国会山往总统府走了，那边多莉才离开，前后脚也就差了十来分钟。英军进来一看，满桌子刚摆好的香喷喷热腾腾的饭菜，餐具摆放整齐，还有各式葡萄酒、威士忌，太棒了！军官们饱餐一顿，吃饭的时候还没忘了祝麦迪逊早下地狱，祝美国重获和平，然后下令：烧！还没完工的总统府只剩下残垣断壁。

接着，英军烧了其他政府办公楼，比如财政部和战争部。当他们来到专利局时，局长威廉·索恩顿站在门口。他说，这里面都是最新的科学发明，你们忍心把它们毁了吗？大伙一想，有理。咱跟谁过不去也别跟科学过不去。好，不烧了！于是，专利局成了唯一幸存的政府建筑。

到 8 月 25 日凌晨，整个城市陷入一片火海。英军倒是没点民宅，但按这个趋势烧下去，民宅恐怕也难保。25 日下午，忽然狂风大作，天降暴雨，把所有的火都浇灭了，简直就是上天来拯救美国的节奏。其实可能就是赶上一场飓风，但人们觉得这是神的旨意。据说，科伯恩将军对一位美国女士说：“你们这个下三烂的国家经常碰到这种鬼天气吗？”那位女士说：“不，这是上帝在用他的神威把我们的敌人赶出我们的国家！”上帝也好，飓风也罢，英军真的不想再多待一分钟。25 日晚，英军撤离华府，结束了对美国首都 26 个小时的占领。

8 月 26 日，麦迪逊带着官员们回到首都。总统夫妇将在一家私人住宅里度过剩余的任期（两年），国会也将在私人建筑里开两年会，直到国会山和白宫修好。这期间，迁都的声音再起，说华府本来就又小又破，不值得重建，咱干脆迁到别的地方去吧。费城马上举手发言，说：对对对，赶紧来我这儿！但迁都的议案最终被国会否决，也许因为议员们不愿轻言放弃。

英军火烧美国首都华府引起国际舆论的谴责，但也有人说美国罪有应得。不管怎样，这个行动的一个副作用是唤醒了美国人同仇敌忾的决心。如果说他们此前并不在乎联邦政府的存在，至少在此刻，他们感受到了同一个民族、同一个国家的凝聚力，那颗“美国心”开始生根发芽了。

华府的战事让战争部长阿姆斯特朗成了众矢之的。虽然麦迪逊总统很客气地请他先回家避避风头，等舆论平息了再回来供职，但他品出了其中的滋味。9 月 27 日，阿姆斯特朗辞职。麦迪逊请国务卿门罗兼任战时的战争部长，门罗成了史上唯一同时掌管两个部的联邦官员。他离白宫还远吗?

在华盛顿上演的这一幕够糟糕的了，但比起纽约上州的形势，这都不算事儿。英军转守为攻的战略可不仅仅是烧个小小的华盛顿城那么简单，真正大规模的进攻还没开始呢。英军计划是这样的：加拿大总督乔治 · 普利沃斯特将军率刚从威灵顿公爵手下调过来的 10 个步兵团和 3 个炮队共计 1 万人进入纽约，同时，皇家海军重获伊利湖和尚普兰湖的控制权，夺取底特律，进而占领密歇根地区，把美加边界线向南推进，以便在谈判桌上获得更大的利益。

普利沃斯特将军认为，这个计划要想成功，最关键的是夺取对尚普兰湖的控制权。他这个结论主要来自 37 年前的教训，那个教训的名字叫“萨拉托加战役”。当初，只因没有海军的保护，约翰 · 伯格因将军带陆军在纽约上州的森林中跋涉，战线拉得太长，被大陆军和民兵分割包围，全军覆没。所以，必须水陆并进才能拿下纽约。

9 月 6 日，普利沃斯特带着他的 1 万人马来到纽约州的普拉茨堡。亚历山大 · 麦考姆将军率 3000 名美军在此镇守，这 3000 人中只有一半能打仗，其余的或病或伤。如果你是普利沃斯特，你会怎么做？一呼啦冲上去把美军捏死不就得了？如此明显的优势还有什么好犹豫的？但是，普利沃斯特犹豫了。可能是因为，作为加拿大总督，在过去两年中，他一直处于防守状态，费尽心机保加拿大周全。你现在忽然让他直入美境，进攻、进攻再进攻，他心态调整不过来。也可能因为，他得了“萨拉托加后遗症”，每次梦回 37 年前，他都惊出一身冷汗。从他后面的表现上看，他病得还真不轻。

普利沃斯特按兵不动，他等什么呢？他在等皇家海军。普拉茨堡在普拉茨堡湾岸边，普拉茨堡湾连着尚普兰湖。普利沃斯特命令皇家海军沿尚普兰湖南下进入普拉茨堡湾，然后一个水上一个陆上同时进攻美军阵地，互相呼应，万无一失。他想得倒是挺美，问题是，皇家海军要想经尚普兰湖进入普拉茨堡湾，得先问问人家主人答应不答应。这家主人就是英明神武的美国海军。

我们在上一个故事中已经见识过美国海军在“1812 年的战争”中的表现了，那么，它能在尚普兰湖续写伊利湖的辉煌吗？尚普兰湖的美国海军主将是托马斯 · 麦克多诺将军。他 16 岁加入海军，现在 31 岁，已经服役 15 年。他参加过“第一次巴巴利战争”，曾跟着海军最优秀的将领、“美国号”舰长史蒂芬·德凯特将军创造过无数次奇迹（我们在上一篇中讲过“美国号”的故事）。跟以前那些让人目不暇接的传奇比起来，麦克多诺这次的任务很简单：死也不能让英国海军进入普拉茨堡湾。

1814 年 9 月 11 日早上 5 点，英军舰队的 16 艘船来到尚普兰湖与普拉茨堡湾交界的地方。英军主将乔治·唐尼发现，美国海军的 14 艘船已经摆开阵势等着他了。“尚普兰湖之战”拉开了序幕。

美国舰队摆的阵势叫“破釜沉舟”。4 条大船横在普拉茨堡湾的入口处，全都抛下锚，意思是，老子死也不动地方。想进湾吗？从我尸体上过。10 艘小船机动穿梭，伺机打击敌舰。唐尼的舰队也是 4 艘大船，外加 12 艘小船。他一看，美舰这是要拼火力。拼就拼，谁怕谁！

总体上说，英军火力略占优势，因为大炮总数多。但美军的“萨拉托加号”是所有的船里最大的，火力也最猛。它集中精力打英军旗舰“信心号”。也不知道是“萨拉托加号”太厉害还是它运气太好，第一阵猛轰就炸碎了“信心号”上的一门炮，那炮筒的碎片击中唐尼，英军主将就这样阵亡了。英军慌了一阵子，丹尼尔·普林将军赶紧接过指挥权。打着打着，美军另一艘主力舰“鹰号”突然起锚，滑向“信心号”，与“萨拉托加号”合击英军旗舰。与此同时，

“萨拉托加号”也起锚转身180度，用另一面的炮火继续轰。“信心号”受不了了，它也想转身，但锚没掌握好，转到90度时转不动了。这下可惨了，大炮都在船的两边，“信心号”脑袋冲着敌舰，炮火却打不到敌舰，这不是白挨揍吗？11点，“信心号”投降。15分钟后，英军另一艘主力舰“红雀号”投降，还有两艘小船也投降了，其余的英舰沿尚普兰湖逃回加拿大。战斗结束后，麦克多诺很礼貌地归还了普林和其他英国军官呈上的佩剑，给英军好吃好喝好招待，然后让军官们返回加拿大。

“海战”（“湖战”）结束了，但还有一桩悬案没解开。英军在制订作战计划时，普利沃斯特和唐尼是打算海陆同时进攻的。可是，皇家海军打得要死要活，普利沃斯特那边一点动静都没有。如果他按计划行事，美国陆军根本不是对手，英军很快就能占领堡垒，然后用堡垒里的炮打美国海军。美国海军腹背受敌，逃跑是最好的结果。普利沃斯特大概想等皇家海军完全胜利后才出手吧。等着等着，就把战机等没了。

“尚普兰湖之战”是美国海军又一个奇迹般的胜利，奇就奇在，它不仅打跑了英国海军，还打跑了英国陆军。手握1万重兵的普利沃斯特，在看到海军的失败后，居然一枪没放，命令所有的美国境内的英军全部撤回加拿大，一个宏伟的计划还没开始就结束了。其实，以英国陆军的实力，它不需要海军的保护。换个比普利沃斯特有血性的将军，英军就可能在纽约市或至少在奥尔巴尼度过 1814 年的冬天了。一次小小的海战失利根本不足以影响大局，翻盘的可能性很大。然而，普利沃斯特的决定让所有的希望化为泡影，英国再也没有机会为自己增加筹码了。美国海军好像用一根小指头就扭转了乾坤，不要说这事儿跟上帝一点关系都没有。

守在普拉茨堡里的美军眼看着漫天遍野的英军无声无息地退去，还以为是自己的幻觉。麦考姆都不知道该怎么写作战报告，因为他什么都没做就“击退”了敌人。胜利来得太蹊跷。普利沃斯特将军被召回伦敦，面对军事法庭的审判。他一直说，他不想重蹈“萨拉托加战役”的覆辙，可见“萨拉托加战役”是多么的阴魂不散。但是，普利沃斯特没有机会在法庭上为自己申辩了。就在开庭的前一天，他因病去世。

北方的威胁解除了，东海岸的危机还在继续。从首都华盛顿撤走的英军下一个目标是哪里？美国人将面对一场什么样战斗？请看下一个故事 :《星条旗》。

092

星 条 旗

1814 年 9 月，从美国首都华府撤离的英军有了新的目标，这个新目标是华府以北 64 公里的巴尔的摩市。拥有将近 5 万居民的巴尔的摩是马里兰州最大的城市，也是美国第三大城市（排在费城和纽约之后）。工商业和贸易的迅速发展让它成为中大西洋地区仅次于纽约的重要港口。如果能像烧华盛顿那样烧掉巴尔的摩，美国损失之惨重想都不敢想，英军的“切萨皮克湾战略”将取得圆满成功。看上去，这个战略没有理由不成功。进攻美国首都华盛顿只动用了陆军就打得美国人屁滚尿流，进攻巴尔的摩可是海陆并进。而且，守卫巴尔的摩的主力和守卫华盛顿的是同一拨人：马里兰民兵。我们已经看到他们在“布莱登斯堡赛跑”中的表现了（参看上一个故事），你说巴尔的摩能指望他们吗？

谁知，“赛跑”中的兔子一眨眼就变成了狼。华盛顿与巴尔的摩近在咫尺，这咫尺的距离竟然决定了马里兰人的态度。“联邦”和“州”孰轻孰重，都在他们的态度里。华府关我啥事？英军想要，随便拿去。巴尔的摩是我家，你敢来，我打死你。当初，守卫华府的美军主将威廉·温德向他叔叔、马里兰州州长莱文·温德求救，要6000个马里兰民兵增援首都。猜猜州长给了他亲侄子多少人？250人。后来，麦迪逊总统亲自下令征调1.2万个马里兰民兵，州长勉强给了6000人，还是只会“赛跑”的，把美国的脸都丢尽了。现在，英军剑指巴尔的摩，马里兰民兵画风突变，争先恐后地冲到前线挖战壕，一挖就是好几道，那道主防线的战壕足有5公里长，英军没万把人过不来。派民兵们去毁一座桥，那桥看上去就像被他们毁了五百次，纯属雄性激素过剩的表现。不仅如此，巴尔的摩的长老们还组成安全委员会，下令征调所有16~50岁的白人男子上前线，50岁以上的如果愿意也可以去。全城上下跟吃了兴奋剂似的，誓与城市共存亡。1814年9月12日，当英军来到巴尔的摩近郊的北点时，1万多个马里兰民兵和正规军已经严阵以待了。

这次从陆上进攻巴尔的摩的是上次火烧华府的老搭档：皇家海军的科伯恩将军和陆军的罗斯将军。这哥俩带着4000人马，任务是“把巴尔的摩烧成灰”。其实，罗斯不想来。虽然烧华府烧到手软，但烧巴尔的摩非他所愿。华府是小城，没什么东西，烧就烧了。巴尔的摩毕竟是大城市，于心不忍。科伯恩倒是干劲十足，可是，当他与马里兰民兵交上火时才知道，巴尔的摩不是华府。

民兵虽然不像英军那样久经战阵，但他们有战壕和树林的掩护，火力极其凶猛。即使在第一道防线被迫后退时也没变成溃逃，而是有秩序地撤退。英军每走一步都要付出沉重的代价。就在罗斯领人向前推进时，一颗子弹从树林中飞出，正中他的胸膛。这位勇敢、忠诚的将军就这样倒在地上。科伯恩飞奔到朋友身旁，眼看着生命从朋友的身体中一点点流逝。罗斯用尽最后的力气倾诉对妻子的思念，他曾向她发誓，一定会回到她身边。在他生命的最后一刻，他是否也曾为他亲手烧毁的华盛顿城忏悔？

罗斯是这支队伍的灵魂，深受将士们爱戴，他的去世让整个计划丢了半条命。虽然科伯恩和罗斯的副手继续组织进攻也有了一些进展，但进城基本不可能，进去恐怕也难出来。9 月 14 日，英军在风雨交加中无声无息地退去，消失在巴尔的摩人的视野中。

就在陆上的进攻受阻时，皇家海军的舰队来到距离麦克亨利堡 5 公里的地方。麦克亨利堡在巴尔的摩内港外边，守护着通往内港的重要河道。若想从水路进巴尔的摩，必须先拿下麦克亨利堡。但是，麦克亨利堡周围有一片浅水区，巴尔的摩人又凿沉了几艘商船挡在那儿，军舰没法靠得太近。英军只能先用大炮轰麦克亨利堡，把它打残，然后派人坐小船从旁边登陆，攻上堡垒。

麦克亨利堡上的美军主将是 34 岁的乔治 · 阿米斯代德，他来自军人世家。守住堡垒不仅是他对巴尔的摩的责任，也是他对妻子的承诺。他妻子路易莎产期将近，这几天就要临盆，他不能让他们的第一个孩子在火海中诞生。阿米斯代德带着他的1000名战士，在炮台上严密监视着英军的动静。

一年前，阿米斯代德（或他的前任）从巴尔的摩的制旗人玛丽·杨·皮克斯吉尔太太那里订制了一面特大号星条旗，12.8米长、9.1米宽（一般的标准旗最大3米长、1.8米宽）。这面旗是皮克斯吉尔太太和她13岁的女儿卡罗琳一起完成的。1776年，国会在宣布独立的时候规定星条旗为美利坚联盟的国旗，上面有13条红白相间的横杠和13颗环形排列的六角星，代表北美13个独立州。后来，联邦每增加一个州就多一条横杠，多一颗星星，那星星也从六角星变成了五角星。皮克斯吉尔太太做的这面旗上有15条横杠和15颗横竖排列的星星，因为联邦增加了两个新成员：佛蒙特和肯塔基。另外3个最新加入联邦的州——田纳西、俄亥俄、路易斯安那——还没来得及荣登国旗。这面特大号国旗每天在麦克亨利堡上空飞舞（有人说它晚上降下来，早晨升上去），要多张扬有多张扬，你绝对不会错过它。英国军舰也不会。打的就是它！

9月13日，英国舰队19条船向麦克亨利堡开炮。从白天到晚上，从黑夜到黎明，整整27个小时，轰炸片刻不停，共打出1500~1800发炮弹。炮火把夜空照得如白昼一般，周围所有的村庄和城镇的人都出来围观，他们从没见过这么壮观的场面。麦克亨利堡就像哑巴一样，一声不出。原因很简单，麦克亨利堡上的大炮射程不够。人家英军大炮的射程大约是 3700 米，美军大炮的射程只有 1800 米左右。人家打得到咱，咱打不着人家。别费劲了，先躲起来再说。美军全都藏进犄角旮旯，那 1000 多发炮弹也没打死几个人。9 月 14 日凌晨，当英军的炮声停息，麦克亨利堡上的美军大炮忽然开火了，因为英军已开始登陆。麦克亨利堡和周围的两个辅助炮台同时开炮，一时间，硝烟再次弥漫，谁也看不见打成了什么样子。所有的围观群众都在问同一个问题：麦克亨利堡还在咱手上吗？

在观战的美国人中，有一个人的角度独一无二：他在英国舰队群中目睹了整个过程。这个人叫弗朗西斯·斯科特·基，35 岁，是乔治敦的律师。他跑到英军舰队那边是去救人的，他要救的是 65 岁的威廉·宾尼斯医生。

宾尼斯医生家住马里兰的乔治王子县，离华府很近。他是那个县最大的地主和最受尊敬的公民。8 月 22 日，科伯恩和罗斯将军带人去烧华府时路过他家。当时，大部分居民都跑了，宾尼斯和几个朋友却稳如泰山。他们彬彬有礼地招待了两位将军，英军酒足饭饱后继续向华府进军。科伯恩和罗斯还以为宾尼斯是大大的良民，谁知他包藏祸心。他和朋友们趁人不注意，把落在后面的 6 个英军士兵抓起来，打算拿他们去换被俘的美军战士。可是，他们还没来得及把人藏好，英军大部队已经烧完华府回来了，发现了被抓的士兵。这下，宾尼斯可倒霉了。他被抓起来，押到英军军舰上，要被送到加拿大坐牢。

宾尼斯毕竟是当地有头有脸的人物，他一被抓，马上惊动了各路神仙。大家凑一块儿想了个所有的英国人都能想到的办法：找个律师。宾尼斯有一位特别有钱的病人叫理查德·韦斯特，韦斯特的妻子恰是弗朗西斯·斯科特·基的姐姐。大家都知道基是个成功的律师，能言善辩，胆略过人，而且人脉极广。韦斯特亲自去找他，他慨然应允，立刻启程去巴尔的摩，找另一个跟英军颇有渊源的律师朋友约翰·斯金纳帮忙。在去巴尔的摩的路上，基专门去了趟华盛顿和布莱登斯堡，那里有一些被美军俘虏的英军伤员。他请几个级别高的伤员给罗斯将军写信，说他们如何受优待，请将军善待美国人等等。然后，他拿着信，约着斯金纳，乘着一艘叫“敏登号”的小船，船上挂着白旗（停战旗），向英军舰队驶去。

“敏登号”来到英军旗舰身边时，基和斯金纳受到英军舰长的热情接待，科伯恩和罗斯将军也在船上（那时他们还没去巴尔的摩）。大家还以为这俩律师是来投诚的，等他们说明来意，科伯恩和罗斯的脸色立刻变了。什么？让我们放了宾尼斯？门儿都没有！你问问他做了什么！竟敢抓国王陛下的战士，卑鄙！无耻！基耐心地听完两位将军的牢骚，一面好言相劝，一面拿出英军伤员的信交给罗斯。

这封信是关键道具。罗斯对部下很有感情，他被信中的陈述感动了，怒火渐息。科伯恩不吃这一套，但罗斯说：宾尼斯是陆军的俘虏，我同意放人（这可能是罗斯生前做的最后一件善事）。但有个条件，你们现在不能走，必须等到巴尔的摩这一仗打完后才可离开，省得你们把我军的虚实告诉美军。于是，基和斯金纳把宾尼斯接到“敏登号”上，驾船随英军舰队来到麦克亨利堡，在“敏登号”的甲板上见证了那漫天炮火。

在无休无止的硝烟中，三个美国人紧张得搓着手来回溜达，宾尼斯和斯金纳一个劲儿地问基：怎么样啦？看见那面旗了吗？麦克亨利堡没丢吧？基拿着个望远镜拼命看。开始的时候，还能看到那面迎风招展的特大国旗。可是，随着夜幕降临，什么都看不见了。9月14日，第一缕晨曦划破夜空时，岸上依然烟雾缭绕。麦克亨利堡还在吗？

基拿着望远镜，执着地看着，焦急地等待着。忽然，他看到了！那一颗颗闪闪的星星冲破迷雾，迎着阳光，高高地飞扬在天空。我们的旗还在！麦克亨利堡还在！我们胜利了！是的，美国人胜利了。英军的狂轰滥炸没有动摇麦克亨利堡守军的意志，他们击退企图登陆的敌人，保住了巴尔的摩的大门。英军的水陆进攻都以失败告终，“切萨皮克湾之战”结束了。麦克亨利堡的美军死4人，伤24人——他们用最小的代价保卫了自己的家园。不久，阿米斯代德的妻子给丈夫捎来信：她为他生了个美丽的女儿。

那面星光闪闪的旗帜让岸上的人们欢声雷动，“敏登号”上的宾尼斯和斯金纳也像孩子一样连喊带叫。基激动万分，诗情洋溢，当场在一封信的背面写下那著名的诗篇《保卫麦克亨利堡》。两天后，他们来到巴尔的摩，那首诗出现在报纸上，很快就风靡全国。后来，诗的名字变成《星光闪烁的旗帜》，又称《星条旗》，有人把它填进一首英国歌《致天堂中的阿克那里翁》，唱遍大街小巷。1931年，国会通过法案，正式把《星条旗》定为美国国歌。

歌词一共四段，最为人们熟知的是第一、二、四段，一般只唱第一段，有时也唱第四段。美国人在唱国歌时总爱自由发挥，加入各种各样的“变调”，听众也爱在倒数第二句结束时加上起哄的声音，自豪与欢乐溢于言表。不管曲调怎么变，基的歌词总能带给人们最原始的震撼。

歌词是以宾尼斯医生的问话开始的，讲了一个激动人心的故事：

哦，你看到了吗，在那一线曙光中，
我们对着什么欢呼?
谁的星条闪烁，穿越熊熊战火，
在我们的阵地上迎风飞舞?
炮火耀眼，炮声隆隆，

它们都是我们旗帜的见证。

哦，那星光闪闪的旗帜依然飘扬，

在自由的土地，勇士的家乡！

“麦克亨利堡之战”后，星条旗似乎有了更鲜艳的色彩，那是一个新国家、新民族的色彩，是自由的色彩。1818 年，国会决定，以后每增加一个州就多一颗星星，但横杠保持 13 条不变，代表最初独立的 13 个州。渐渐地，星条旗长成了今天的模样：13 条杠，50 颗星。有人觉得它花里胡哨，有人觉得它热情奔放。在外国人眼中，它是美国；在美国人眼中，它是自由。每一个小学生在爱国主义教育的第一课都要回答一个问题：为什么星条旗对我们如此重要？标准答案是：因为它意味着我们是自由的。

美国人可能是世界上最爱国旗的民族，有时候爱得让人抓狂。虽然《国旗法》规定，国旗图案不能印在可能废弃的物品上，比如衣服、鞋帽，但没人遵守，内衣、比基尼、袜子都可能印上国旗，反正警察不管。但小节可以不拘，大义不可不顾。比如，晚上，旗杆周围一定要有灯，不能让国旗飘在黑暗中。再比如，国旗不能向任何人“敬礼”，也就是，不能做那种把旗杆倾斜一下又迅速抬起的动作，像蘸一下水或点一下头。1908 年伦敦奥运会时，所有国家的代表队在经过主席台时都用国旗“点一下”，向英王爱德华七世致敬。只有美国队的旗手没做任何动作，昂首挺胸，高举着国旗走过。英国舆论哗然，大骂美国人不懂礼貌。美国领队马丁·谢里登说了那句著名的话："这面旗不向人间的国王致敬。"

好了，让我们回到1814年。星条旗仍然飘扬在自由的土地上，但渴望自由的人们什么时候才能重获和平？精疲力竭的美英两国能否在谈判桌上得到它们在战场上得不到的利益？请看下一个故事：《和平》。

093

和 平

“1812 年的战争”打到 1814 年时，所有的人都不想打了。最不想打的就是当初主动宣战的麦迪逊总统。似乎从宣战的第二天起，麦迪逊就惦记着讲和，但国会里的少壮派“战鹰”们惦记着加拿大。1812 年和 1813 年的战事清楚地告诉美国人，加拿大不是他们盘中的菜。恰在此时，一个“和事佬”出现了，他是沙皇亚历山大一世。在拿破仑战争中，俄国是英国的亲密盟友；同时，俄国也是美国的贸易伙伴。1813 年，刚把拿破仑赶出莫斯科的亚历山大一世急于重建自己的国家，迫切需要恢复与英美的贸易。眼看着这哥俩打架阻了财路，沙皇赶紧劝和：给朕个面子，别打了。你们都到圣彼得堡来谈谈怎么样?

麦迪逊一看有人劝架，高兴死了，马上接受沙皇的邀请，选派代表去俄国。但英国不干，它最烦“中介”。谈可以，但必须咱俩面对面，绝不接受第三国调停。1814 年 1 月 5 日，麦迪逊同意与英国直接和谈，谈判地点是荷兰的根特。

还记得参加《巴黎和约》谈判的是谁吗？本杰明 · 富兰克林，约翰 · 亚当斯，约翰 · 杰伊，那都是“国父”班里的“学霸”。美国之所以总是把人尖子往外派，除了不想在欧洲列强面前掉价外，还有不得已的理由。世界的中心在欧洲，所有的国际谈判都在欧洲进行。欧洲人不必来美国，美国人却每次都要远涉重洋。他们不可能及时得到“中央”的指示，只能根据事先定的底线，凭自己的判断“先斩后奏”。所以，必须要挑能干、忠诚、代表各方利益又有专业知识的人，而且必须来自不同的地区。大家商量着办才不会出乱子。

这次来根特的美国代表团阵容像以往一样超豪华，五位代表都是一流的人物。首席代表是前总统的儿子，美国第一任驻俄公使，约翰 · 昆西 · 亚当斯。亚当斯（以下如非特别注明，单指约翰 · 昆西 · 亚当斯）的水平我们以前讲过，以后还要讲，他是天才外交家，也是未来的总统。此时的他已在圣彼得堡任职四年多。俄国宫廷特别喜欢他，沙皇甚至建议他在圣彼得堡买房子，定居俄国。亚当斯奉召赴根特主持谈判，和谈结束后转任驻英公使，再也没回俄国。第二位代表是参议员詹姆斯 · 贝亚德，特拉华州的联邦党人。当初，他那关键一票让杰斐逊击败伯尔当选总统。第三位是我们熟悉的财政部长阿尔伯特·加勒廷，他是杰斐逊和麦迪逊政府中最出色的官员。第四位是众议院多数党领袖亨利·克莱，这个名字在此后的三十年中将让你如雷贯耳，他来自肯塔基。第五位是驻英公使乔纳森·罗素，他是资深外交官，但跟那四位“人精”同事比起来，中规中矩的他是最平庸的。

虽然谈判的根据是国务卿詹姆斯·门罗的指示，但门罗只能给个底线，其余的要代表们自己去争取。这五位关心的重点不一样，想在根特达成的目标也不一样。亚当斯和贝亚德主要关心美国的自由航行权，这是美英战争的导火索。加勒廷担心美国的财政状况，这仗要是再打下去，联邦政府就要破产了。克莱是“鹰派”领袖，心里只有三件事：加拿大，加拿大，加拿大。罗素主要是来打酱油的。这个包括了联邦党和共和党、东部人和西部人、“和平鸽”和“战鹰”的代表团能为美国争取最大的利益吗？

跟美国代表团比起来，英国的三位代表名不见经传，能力和职位都不上档次。也不能说英国人故意怠慢，主要是英国离根特太近了，首相和外交大臣的指示随时可到，那三位不过是传声筒。1814 年 8 月，在紧张的准备之后，和谈开始了。

美英都有一些不切实际的目标。美国先来个狮子大开口，要求英国割让加拿大。英国说你们疯了吧？堂堂的正规军让人家加拿大民兵打得找不着北，还好意思抢地盘？我们不要求你们割让缅因就不错了（此时英军正占着缅因）！接着，英国说，我们要在西部建立一个印第安人的国家，保护印第安人的利益，也保护加拿大。当然，那句没说出来的话是：你们从此休想再西进。美国说，除非你把我的命拿去，否则，这一条想都不要想。到此为止，双方算是探了探对方的底线。

接下来的几个月里，随着战场上的成败输赢，双方代表的心也跟着起起落落。火烧华盛顿，巴尔的摩之战，尚普兰湖之战，普拉茨堡大撤军，等等，英国终于明白，它那狠狠惩罚美国的计划不可能实现了。随着拿破仑战争的结束，打了二十年仗的欧洲安静下来，主流民意渴望和平。本来，英国议会想请打败拿破仑的威灵顿公爵出任加拿大总督，给美国点颜色瞧瞧。公爵很礼貌但很坚决地拒绝了这个意图。相反，他主张与美国议和，尽快结束北美的战争。连“铁腕公爵”都这么说，议会还有啥选择？事实证明，威灵顿公爵乃“神算子”。就在英美战争正式结束的那个月，拿破仑从流放地厄尔巴岛逃回巴黎，重登皇位。威灵顿公爵再次披挂上阵，于1815年6月18日率英、普、荷、比联军在比利时的滑铁卢大败法军，一劳永逸地解决了拿破仑的问题。无比辉煌的“滑铁卢之战”实际上无比凶险，若没有威灵顿公爵铁一般的意志，没有普鲁士军队百折不回的决心，胜利是不可想象的。如果此时公爵远在加拿大，欧洲就等着哭吧。

英国学乖了，美国也学乖了。就算克莱念念不忘加拿大，他也很清楚，美国根本没那个实力，能保证现有的领土完整就不错了。加勒廷提醒克莱，国库已经空了。英军封锁了整个美国海岸，贸易凋敝，经济萧条，新英格兰各州正酝酿着脱离联邦，再打就要变成内战了。对形势看得最清楚的是亚当斯。他劝大家放弃占便宜的心理，把“恢复战前状态”作为和约的目标，不多也不少。好像心有灵犀一样，就在亚当斯劝他同事的时候，威灵顿公爵也在劝英国内阁接受“战前状态”。他说，普利沃斯特将军从纽约上州撤军，姚将军在五大湖区陷入僵局，皇家海军在巴尔的摩受挫，这一切都说明，英国无力在北美提出任何额外的领土要求。接受战前状态，赶紧抽身，这是公爵给内阁的忠告。

1814 年 12 月 24 日，平安夜。英美签署《根特条约》。条约要求双方立刻停止所有的敌对行为，归还在战争中夺取的对方的领土和财产，释放所有的战俘。条约没有提及停止海上的胁迫行为。总之一句话，战前什么样，战后就什么样，没有任何改变。还有一些小争端留到以后协商解决。英国曾试图收回在《巴黎和约》中授予美国在加拿大纽芬兰海域的捕鱼权。还记得当年约翰 · 亚当斯为捕鱼权发的那一通高论吗（参看 051《巴黎和约》）？儿子当然不会把老爸争来的权利拱手让人，亚当斯拒绝了英国代表的要求。俺不占便宜，但也不能吃亏。

1814 年 12 月 28 日，也就是条约草签仅仅四天之后，英国议会就批准了条约。现在，只等美国国会批准，条约就生效了。但是，和平真的来了吗?

当美国代表们在根特为和平努力的时候，另外两件事也在同时进行着。一件在北方，一件在南方。北方这件事叫“哈特福德会议”。如我们在前面的故事中所讲，严重依赖对英贸易的新英格兰各州从一开始就激烈反对战争。这里是联邦党的大本营，本来就有明显的亲英倾向。在这些州眼中，“1812 年的战争”不是美英两国的战争，而是“麦迪逊的战争”。“弗吉尼亚王朝”的统治者们无视新英格兰的利益，只知道向新英格兰征税，然后拿着钱去保卫其他的州。战争期间，联邦政府没为处于美加边境的新英格兰地区提供任何帮助，所有的防御都由各州自己承担。既然如此，我们为什么不能截留一部分联邦税收用于防务呢？我们为什么还要乖乖地听命于华府的那个政府呢?

随着战争的进展，英军从对新英格兰“网开一面”到与其他地区“一视同仁”，新英格兰的贸易和经济迅速崩溃，各州实在受不了了。激进的联邦党人，如前国务卿蒂莫西 · 皮克林，积极推动“脱离联邦”。这种活动早在 1800 年托马斯 · 杰斐逊刚当选总统时就开始了。但那时，联邦党还有另一位领袖，亚历山大 · 汉密尔顿。不管有多恨杰斐逊，汉密尔顿都坚决反对分裂，这也是引起他与伯尔在 1804 年那场决斗的原因之一。在决斗前夜，汉密尔顿给他的联邦党朋友写信，奉劝他们放弃分裂的企图。他说："如果你们打碎了联邦，你们就打碎了我的心。"如今，汉密尔顿不在了，似乎没有人能阻止这场阴谋。1814 年 12 月 15 日，来自马萨诸塞、康涅狄格、罗得岛、新罕布什尔的 26 位代表在康涅狄格的哈特福德开会，讨论如何应对当前的形势。

哈特福德会议把麦迪逊政府吓出一身冷汗，真是外敌未除又添内患。新任战争部长门罗下的第一道命令不是针对英军的，而是让新英格兰地区的联邦军队严阵以待，随时准备扑灭"叛乱"。杰斐逊和麦迪逊大概忘了，16 年前，他们起草的《肯塔基决议案》和《弗吉尼亚决议案》确立了一套"九八原则"（参看 076《处置外侨与煽动叛乱法》）。正是"九八原则"造成了今天的恶果，它还将在 70 年后酿制更大的灾难。当杰斐逊明目张胆地号召南方各州脱离联邦时，当麦迪逊言之凿凿地阐述各州有权"介入"联邦的权力时，他们可曾想到，有一天，别人有样学样，以同样的方式反抗他们的统治？他们可曾知道，他们的行为险些肢解了他们亲手缔造的国家？

幸运的是，哈特福德会议的代表们比当年的杰斐逊和麦迪逊理智多了。会议自始至终被"温和派"掌控，比如，会议主席、马萨诸塞的乔治 · 卡伯特的目标是："我们要阻止你们这些脑袋发烫的年轻人闯出大乱子。"在 20 天的秘密讨论之后，"哈特福德会议"在

1815年1月5日出了一份报告，那内容温和得让所有的人在长出一口气之余都忍不住拍拍那颗快要跳出来的心：吓死宝宝了。报告只字未提脱离联邦的事，也没像当年的肯塔基和弗吉尼亚那样露骨地否决联邦的法律，只是提了七条修宪议案，比如，废除五分之三定律；新加入联邦的州必须得到两院三分之二多数的同意；禁运法期限不得超过六十天；对商业的立法必须获两院三分之二多数同意才可通过；宣战的决议必须获两院三分之二多数同意；只有美国公民才能担任联邦官员；总统只能任一届且一个州不能连续出两位总统，等等。这份报告针对的是麦迪逊政府和它代表的南方，是警告不是威胁。但这场雷声大雨点小的危机足以提醒麦迪逊：他是所有美国人的总统，而不只是南方人的总统。从麦迪逊战后的表现上看，他清清楚楚地收到了这个信号。“弗吉尼亚王朝”将在自我否定和自我完善中把美国带进一段美好的时光。

就在麦迪逊政府提心吊胆地盯着哈特福德会议的时候，南方正上演一出年度大戏。1814年11月，从巴尔的摩撤离的皇家海军和陆军在经过短暂的修整后驶往他们的下一个目标——路易斯安那州的新奥尔良。英国对这个密西西比河的出海口早就垂涎欲滴了。英国从来没承认过“路易斯安那购地案”，也就是说，它不承认拿破仑曾对路易斯安那拥有主权，不承认这个交易合法，也就不承认新奥尔良是美国的地盘。所以，如果英国占领新奥尔良，即使在《根特条约》生效之后，它也不会把新奥尔良还给美国。

英军离新奥尔良还大老远，新奥尔良人就已经吓坏了，嚷嚷着要投降。也不能怪大家胆儿小，这回英军确实来势汹汹。海陆军共7500人，都是从欧洲调来的劲旅。陆军主将是爱德华·帕肯汉，他姐夫是威灵顿公爵。帕肯汉跟着姐夫在欧洲屡建战功，公爵很爱这个小舅子。美国从上到下都觉得新奥尔良完了，只有一个人不信邪。他是“老核桃树”安德鲁·杰克逊。

美国有史以来最能闹腾的主儿出场了。如果你不知道他长啥样，去看看20美元钞票。抓紧时间哦，因为再过两年他就要被踢出20美元啦。他的故事实在太多，我们以后再讲。现在，咱先跟着他到新奥尔良看看吧。

杰克逊一到新奥尔良立刻宣布进行军事管制。谁敢说投降，我毙了他！所有的商品优先供应军队，什么人权、自由先靠边站，打完仗再说。“老核桃树”带着5000个肯塔基民兵和正规军，在新奥尔良城外的“莎尔梅特庄园”挖好战壕，等着英军来送死。此时，《根特条约》已签，只是大家还不知道而已。但是，即使杰克逊知道此事，他会罢手吗？

1815年1月8日，英军铺天盖地的大红色军装出现在一马平川的莎尔梅特。其实，他们也不想在光天化日下裸攻，但几路人马耽误了时间，错过了黎明前偷袭的时机。杰克逊根本不遵守“绅士规则”，吩咐神枪手专挑军官打。美军躲在战壕里射击，英军却毫无遮掩，用血肉之躯往上填。结果是，短短半个小时内，莎尔梅特的平原变成红色的，鲜红的军装浸在鲜红的血里，帕肯汉将军和无数其他军官阵亡。英军大约死 400 人，伤 1400 人，被俘 500 人（有的数据略低）。猜猜美军的情况？ 7 死 6 伤。这不是打仗，是屠杀。杰克逊逢人就吹：“我打败了不可一世的威灵顿公爵的军队！”

现在，三路信使带着三个消息往华府赶。东边，根特美国代表团的秘书及一位英国官员正带着《根特条约》和英国议会的批准书穿越大西洋，把和平的消息送往美国；西边，杰克逊的军官正跋涉在泥泞的道路上，要把新奥尔良的捷报传回战争部；北边，新英格兰的使者正带着哈特福德会议的报告赶往首都。三路信使都不知道这一个月之内发生了什么，他们无意中参加了一场送信比赛，看谁先到华府。

这三位信使到的顺序只能用一个词形容：完美。2 月 4 日，杰克逊的信使先到，首都立刻沸腾了。好消息以闪电速度传到费城和纽约。2 月 11 日，当根特的信使在纽约靠岸时，他们莫名其妙地发现，整个城市正张灯结彩庆祝胜利。当人们得知和平终于到来，那欣喜若狂的情绪简直上了天。虽然杰克逊的胜利与《根特条约》半毛钱关系都没有，只因他的信使先到，大家感觉好像是他的胜利导致了和平协议的签订似的。尽管战争是个平局，但美国人毫不怀疑自己赢了。哈特福德的信使最后到，他们一进城就被欢乐的气氛融化了。再也没有人关心哈特福德的事。仗都打完了还抱怨个啥？别闹了，回家好好过日子吧。

战争结束啦！和平降临啦！昨天还灰头土脸的麦迪逊总统今天成了战争英雄，全国人民一夜之间都变成他的粉丝。“弗吉尼亚王朝”仍将继续，联邦党将退出历史舞台。

2 月 16 日，参议院以 35 ∶ 0 全票批准了《根特条约》，历时两年半的“1812 年的战争”正式结束。奇怪的是，甭管输赢，各方感觉都特好。英国人很快就完全忘记了北美的战争，因为他们只记得滑铁卢，沉浸在打败拿破仑的喜悦里。美国人完全相信自己是胜利者，尽管学者们一再提醒大家，这仗打得有多糟糕。加拿大至今仍念念不忘他们怎样英勇无畏地打败了美国侵略者，他们是真正的赢家。只有一方是彻底的失败者，那就是印第安人。他们再一次被英国抛弃，被美国欺凌。《根特条约》里有一款规定，各方都要结束对印第安人的敌对行为。但这句话跟没说一样。印第安人在战争中失去了他们最杰出的领袖，失去了联合起来的契机，也失去了与美国讨价还价的筹码。从此，他们只能任人宰割。

从条约的内容上看，这场仗算是白打了，完全回到战前状态，什么都没改变。但是，人心改变了。战争让美英都认识到对方是不可战胜的。这是美英之间的最后一场战争，两个同种同文的民族从此一笑泯恩仇。人们在和平的赐福中领悟了美国第一任驻英公使约翰·亚当斯对英王乔治三世说的那句话："尽管我们隔着大洋，但我们有着对彼此天然的认同与好感，因为我们的人民说同样的语言，信奉相似的宗教，共享血脉亲情。"随着美英关系冰雪消融，美加关系也春暖花开，小伙伴们一路和和气气走到了今天。

"1812 年的战争"对美国来说真的算不上一个胜利，它什么好处都没捞到，还搞得自己差点破产。除了海军的亮丽表现外，其余的乏善可陈，陆军简直惨不忍睹。仗打成这样还能拿到一个平等条约，实在应该归功于那些出色的外交官。然而，战争让美国人的民族自豪感空前高涨，他们从来没感到过如此强大的凝聚力，从来没像现在这样清楚地知道"美国人"的含义。正如一位学者所说："战争铸造了一个国家。"

面对战后的满目疮痍，麦迪逊政府将怎样吸取教训、除旧布新？年轻的国家将怎样在战争的废墟中找到富强之路？请看下一个故事：《美国体系》。

094

美国体系

1815 年 2 月，参议院批准《根特条约》，“1812 年的战争”正式结束了。美国人忽然发现，他们似乎“一夜回到解放前”。战争留下的烂摊子轻而易举地把人们的思绪带回 25 年前联邦政府刚成立时的窘境，也以奇特的方式揭示了一个令人沮丧的事实：共和党那一套不灵。既然如此，共和党怎样走出自己的阴影呢？

让我们先脑补一下共和党的治国法宝：

第一，低税收，低开支；

第二，不建常备陆军，海军维持在最小规模；

第三，无歧视低关税，完全自由贸易；

第四，取缔中央银行。

第二条是第一条的结果，政府没钱还养什么兵？不但不能养兵，连基础设施都甭想。第三条是以牺牲工商业为代价来保护农民的利益，让农民能以低价购买进口的制成品。第四条通过限制金融业来保护农业。总之一句话，这就是杰斐逊的“农业共和国”。

可是，这个从“一八〇〇年革命”以来就大行其道的套路被战争撕得粉碎。窘迫的财政状况让联邦政府无力支持战争，基础设施的缺失让入侵加拿大的野心化为泡影，民兵的糟糕表现让所有的人对他们失去了信心，中央银行的终结让高效的融资变成不可能完成的任务。革命理想颜面扫地，革命领袖拿什么拯救美国?

在1815年和1816年的国情咨文中，麦迪逊总统向国会提出了他重建美国的主张：

第一，增加军费开支，由联邦政府统一管理和训练民兵以备战时之需，在和平时期维持较大规模的海军。

第二，对制成品征收保护性关税（高关税），扶持美国弱小的制造业。把关税提高一倍，对所有进口商品征20%关税，对纺织品征25%关税。

第三，兴建基础设施，修筑全国性的公路、桥梁、运河。

第四，重建中央银行。

如果闭着眼听，你肯定以为是汉密尔顿在说话。早在1791年，汉密尔顿在给国会的《关于制造业的报告》中就提出征收保护性关税、扶持制造业、建设交通系统。中央银行就更不用说了，那是他最耀眼的成就。当时，反对他最激烈的就是麦迪逊。时隔25年，麦迪逊亲自请回了曾被自己批倒批臭、踩在脚底下的“汉密尔顿主义”。这件事说明，汉密尔顿比他同时代的人至少超前25年，而在现实中跌得鼻青脸肿的麦迪逊，既不怕修正过去，也不怕面对未来。

麦迪逊画风突变让所有的人都有点发懵，联邦党不敢相信总统居然开窍了，共和党坚信党内出了叛徒，保守的共和党人约翰·伦道夫大骂麦迪逊“比汉密尔顿还汉密尔顿”。别忘了，麦迪逊是杰斐逊最忠实的信徒，也是共和党的缔造者、“九八原则”的奠基人，他现在说的每一句话都是对过去25年的否定。他还是我们认识的麦迪逊吗？其实，这才是真正的麦迪逊，一个超级务实的政治家。28年前，当他认定“联邦”能救美国，他义无反顾地成为联邦党人；25年前，当他确信“联邦”侵犯了自由，他毫不犹豫地变成共和党人。如今，当他看到“杰斐逊主义”不能富国强兵，他顺理成章地选择了“汉密尔顿主义”。所有的矛盾和转变都源于他心中那唯一的尺度：美国利益。

只剩两年任期的麦迪逊为一个长达四十年（直到内战前夕）的经济计划开了个头，由他开启的这个计划被称为“美国体系”。“美国体系”根植于汉密尔顿的经济思想和由它产生的“美国学派”，麦迪逊只是借用汉密尔顿的理念提了个模糊的设想。但国会中的少壮派议员们立刻捕捉到这个信号中蕴含的无穷的机会，他们迅速把它变成切实可行的措施。“美国体系”真正的设计者和推动者是那两个我们将耳熟能详的名字：亨利·克莱和约翰·卡尔霍恩。克莱被认为是“美国体系”的总设计师，他和卡尔霍恩也是国会中的“鹰派”领袖，“1812 年的战争”就是他们鼓捣出来的。战争让他们看清了美国的发展方向，这仗也算没白打。这两位的故事我们以后再讲，先看看他们怎样把麦迪逊的“计划”变成现实。

1816 年 4 月 10 日，麦迪逊签署了国会通过的银行法案，中央银行满血复活。这就是“第二合众国银行”，它的章程与第一个“合众国银行”如出一辙，但起步资金是汉密尔顿银行的三倍。不久，麦迪逊签署克莱提出的《坎伯兰公路法案》，由联邦政府出钱在肯塔基修路。麦迪逊竟然还想把华盛顿在《告别演说》中建立“国立大学”的梦想变成现实，但没能成功。尽管麦迪逊在卸任前一天否决了克莱和卡尔霍恩推动的建设全国交通网络的法案，但“美国体系”仍以不可阻挡之势改变了新大陆。

1817 年，伊利运河开工了。这条缺资金、缺工程师、缺技术、缺人手、本来预计 30 年才能完工的运河只用了 8 年就通航了。全长 843 公里的伊利运河，东起哈德逊河（奥尔巴尼附近），西连尼亚加拉河（布法罗附近），把纽约市和五大湖区连在一起。从此，大西洋上来的货物可直达内陆，运输成本降为了几十分之一。运河开凿前，从纽约市到布法罗，一吨货物的运费是大约 100 美元，耗时 45 天。运河启用后，一吨货物的运费是大约 6 美元，仅需 9 天时间。沿途所有的城市都膨胀起来，无数的村庄变成城镇。纽约市把竞争对手费城和巴尔的摩远远地抛在身后，成为无可争辩的最大的城市和最大的港口。纽约港征收的关税成倍增长，为联邦政府提供了建设其他基础设施需要的资金。

虽然伊利运河属于纽约州航运系统，但它的巨大成功为全国树立了榜样，挣钱的买卖还怕没人学？就在伊利运河开通的同一年（1825 年），继蒸汽船之后，另一种交通工具诞生了——蒸汽火车。1828 年 7 月 4 日，巴尔的摩—俄亥俄铁路开工，第一段于 1830 年投入使用。此后，在联邦政府和州政府的推动下，运河和铁路像蜘蛛网一样在新大陆蔓延。正如运河降低了水运成本，铁路在二十年里让陆运成本降低了 95%，运输速度增加了 5 倍。偏远的乡村不再偏远，农产品也像工业品一样畅通无阻地流向全国以及世界各地，为以农业为主的南方带来了繁荣和富裕。在合众国银行“复活”之后，各州各地争相效仿，300 多个政府资助的银行像变魔术一样冒出来。从 1810 年到 1830 年期间，美国的货币发行量翻了 3 倍。1817 年，在华尔街 40 号，纽约股票交易所诞生了，第一个专业股票经纪公司也在纽约成立。汉密尔顿去世后遭到冷遇的金融业在他热爱的华尔街上悄然复兴。

麦迪逊的初衷也许只是为了振兴经济，但随着工业革命的迅速发展，随着连接全国的道路、铁路、运河、桥梁的建成，随着商业、纺织业、钢铁业、运输业、金融业的成长，随着美国“从大西洋到太平洋”的扩张野心得以实现，“美国体系”在让新大陆成为最富裕的土地的同时，也让美国真正成为统一的国家。正因如此，当美国内战来临，北方不仅可以凭绝对的经济优势碾压南方，林肯总统也可以借“维护国家统一”这个不合法的理由来聚敛人心。这是麦迪逊始料未及的。

当然，看上去蓬勃发展的“美国体系”并不是一帆风顺的。当宏伟的计划落实到细小的环节，当天马行空的梦想变成实实在在的合同，当道德与法制面对面，当联邦和州权对簿公堂，每一件小事都会成为大事，每一个案例都会变成先例。在三权分立的新大陆，国会和总统干得再起劲，若没有法院的支持，一切都要打折扣。那么，法院怎样解读这个日新月异的新国家呢？

其实，对首席大法官约翰·马歇尔和他的同事们来说，千变万化的世界在他们心中只被一个尺度衡量，那就是，法律。但法律难道没有困惑的时候吗？1810 年的“亚祖案”，学名“弗莱彻诉佩克案”，就在考验着法庭和法律的智慧。事情是这样的：1795 年，佐治亚州议会把亚祖地区的 2.12 亿亩土地以每亩 0.25 美分的价钱卖给四个开发商。这个价基本上是白送。议会为什么这么做呢？因为所有的议员（只有一个除外）都受贿了，开发商们给了他们大笔回扣。这就是“亚祖土地丑闻”，典型的腐败“窝案”。但纸里包不住火，佐治亚人民很快就发现了真相。愤怒的选民在1795年年底的选举中把所有的议员赶下台，换了一拨全新的人上去。新议会于1796年推翻了上届政府的决议，宣布买卖无效，把亚祖地区重新收归州政府，民心大悦。

要是事情就此了结，大家还觉得挺痛快的，而且跟联邦政府一点关系都没有。但接下来剧情就出现大逆转。当初那四个拿到便宜土地的开发商以闪电速度转手倒卖给其他投资者，这些投资者又转卖给了另一些投资者。等佐治亚新议会推翻最初的交易时，亚祖的土地早就转了好几次手了。那些后来的投资者在签合同的时候可不知道这其中的猫腻，他们是无辜的。现在，佐治亚收回土地，他们的钱打了水漂，这可不行！我们要告状！怎么告？告谁？宪法第十一修正案规定，一个州不能被另一个州的公民或外国人起诉，也就是说，如果你不是佐治亚人，你就不能告佐治亚州。但大部分投资者是外州人，他们没法找佐治亚州政府算账，找开发商又要不回钱，唯一的选择就是告到美国国会，要求联邦议员们还他们公道。这下，佐治亚的“家事”变成了联邦政府的“国事”。

自从这事儿闹到华府，国会和总统的头疼病就犯了。杰斐逊和麦迪逊都想息事宁人，忙不迭地两边劝，一方给钱，一方撤诉，大家都让一步不行吗？偏偏两边都得理不饶人，佐治亚州不能得罪选民，投资人不能失去利益，你说咋办？ 1803 年，来自新罕布什尔的投资者罗伯特 · 弗莱彻状告来自波士顿的投资者约翰 · 佩克。当初，佩克买了一块亚祖的土地，转手卖给弗莱彻。佐治亚收回土地后，弗莱彻说：佩克对那块地没有合法的所有权，不能把它卖给我，退钱！佩克说：冤枉！我买卖土地时是凭诚信签的合同，我怎么知道他们贪污腐败？我又怎么知道佐治亚州会变卦？我的所有权是合法的！其实，弗莱彻和佩克是好朋友，根本不是真打。他们都是亚祖的投资者，也是受害者。唯一不同的是，他们比别人聪明。眼看着国会和总统不管用，这俩就想找法院。找法院就要打官司。你不是不让我告佐治亚州吗？那我就告私人投资者（佩克）。两人都清楚这案子最终一定会到最高法院，他们想测试一下佐治亚州的做法是否违宪。弗莱彻告状的目的就是想要自己输，那样就能证明佩克的权益是合法的，整个事情将会大有转机，其他的投资者也将受益。

法官们当然不知道这俩是吃饱了撑的打官司玩，案子该咋办咋办。1807 年，大法官库辛在联邦巡回法院判佩克胜。弗莱彻“不服”，一路上诉。1810 年 2 月，案子到了最高法院。3 月 16 日，在经过一个月的讨论后，马歇尔代表最高法院写了判词。这份判词让“弗莱彻诉佩克案”成为继“马伯里诉麦迪逊案”之后又一个“地标式案例”。马歇尔讲了下面几点：

1. 佐治亚州议会的腐败或议会最初（卖地）的动机与本案无关，那是政治问题，不是司法问题。这是马歇尔一贯的原则：不判断政治决策的对与错。这个原则被最高法院沿用至今，它让法院不为政治所累，而这一点恰恰是总统和国会做不到的（案子拖了这么久，就是因为摆不平各个政治势力的利益）。

2. 法院不关心议会做了什么，但它关心第三者的权利。第三者是那些对腐败一无所知、凭诚信从开发商或投资者那里购买土地的人。佐治亚新议会有权废除上届议会的决议，但如果这个行为损害了无辜的第三者的利益，议会就不能这样做。“过去的事不可逆转。交易已经完成了，当事人拥有合法的权益。”政府的权力是有限的，它不能剥夺人们以诚信购买的资产而不给予合理的补偿。

3. 佐治亚州有自治权，但它不是完全独立的政府。“它是美利坚联邦的一部分……联邦有宪法，这部宪法至高无上，限制了各州的权力……宪法规定，任何州都不能通过违反合同义务的法律。”马歇尔在这里引用的是宪法的“合同条款”（第一条第十款）。他想说的是，宪法高于各州的立法，佐治亚州不能例外。州议会收回土地的决议与宪法相悖。

从上面的话你就可以猜到案子的结果了，弗莱彻败，佩克胜。胜负不重要，重要的是马歇尔通过案子表达的观点：第一，合同大于天。以诚信为基础的合同受宪法的保护。任何人，包括政府，即使是出于正义的目的，也不能破坏合同。第二，宪法高于一切。任何违宪的立法都无效。“马伯里诉麦迪逊案”是最高法院第一次判国会的立法违宪，“弗莱彻诉佩克案”是最高法院第一次判州的立法无效。“马歇尔法庭”在解释宪法的同时也确立了自身的权威。

案子的结果皆大欢喜。弗莱彻输了官司，但为所有的投资者（包括他自己和佩克）赢得了利益。麦迪逊总统高兴死了，赶紧拿着最高法院这把“尚方宝剑”逼着国会和佐治亚州接受妥协。最后，国会通过决议，由联邦政府出钱，赔偿了所有的投资者。作为交换，佐治亚州把亚祖的土地以125万美元的价格卖给联邦政府。这个价比当初它卖给那四个开发商的价格高出两倍多，而且同一块地卖了两次，佐治亚的选民满意了。联邦政府吃亏了吗？一点也没有。由工业革命带动的纺织业革命让棉花成为白色的黄金，亚祖地区恰是种棉花的天堂。当联邦政府转手卖地的时候，那地价已经升了好几倍，联邦政府大赚了一笔。当然，最大的赢家是美国人民。可以想象，“弗莱彻诉佩克案”的结论为后来的“美国体系”的建设提供了强大的保护，它保护了私有财产，也保护了投资的勇气。“契约精神”不正是一个热火朝天的时代最需要的吗？

马歇尔在“弗莱彻诉佩克案”中对联邦权力和州权的阐述将在另一个“地标式案例”中再现，这一次，最高法院似乎直接塑造了“美国体系”。这就是著名的“蒸汽船案”，或称“吉本斯诉奥格登案”。

1798 年，两个发明家兼企业家——罗伯特 · 富尔顿和罗伯特 · 利文斯顿，对纽约州说：如果我们能造出逆流而行，速度达到每小时 6 公里的蒸汽船，你就授予我们垄断哈德逊河航行的权利，怎么样？纽约州说：没问题。1807 年，富尔顿和利文斯顿果真造出了符合要求的蒸汽船，纽约州于 1808 年如约授予他们哈德逊河的独家航行权，也就是说，只有他们授权的公司能在河上运营。后来，他们又从路易斯安那州获得了密西西比河下游的独家航行权。

垄断让富尔顿和利文斯顿赚得钵满盆满，也让所有的人、所有的州眼红。别的州的商人也组建航运公司，企图进入哈德逊河（哈德逊河是当时最忙的水道），但每次都被纽约州挡在门外：哈德逊河是我们的内河，别人不许进！其他州气死了：哼！我们也不让你用我们的河。只要你的船过境，我们就扣下，狠狠罚！于是，各州都铆上劲儿，就像打内战。

1819 年，一个航运官司打到纽约州法院。一个叫阿伦 · 奥格登的人从富尔顿和利文斯顿那里拿到授权书，在哈德逊河上开了家航运公司。一个叫托马斯 · 吉本斯的人根据联邦海岸法从联邦政府得到授权，也在哈德逊开了航运公司，跟奥格登竞争。奥格登扣留了吉本斯的船，并把吉本斯告上法庭，说他侵犯了自己的垄断航行权。

纽约州法院判奥格登胜诉。吉本斯不服，上诉到联邦最高法院。

1824 年 3 月 2 日，马歇尔代表最高法院宣布了审理结果。69 岁的他声音比平时弱，一只胳膊打着吊带。原来，两个星期前，他去白宫与门罗总统共进晚餐，回到住处下马车时因地上结冰而摔倒，左肩脱臼。首席大法官意外受伤的消息上了头条，一时间，华盛顿所有的名人政要都往医院跑。门罗亲自探视，告诉马歇尔有什么要求尽管提，他愿为朋友做任何事；内阁成员、国会议员走马灯似的来到马歇尔床前，也不知道大家是担心马歇尔还是担心他没法判这个案子，因为案件已经引起各州和各方势力的极大关注。马歇尔的伤把案子推迟了两个星期，但他身体一有好转就回到法院，并亲自写了判词。看上去仍然很虚弱的马歇尔写出来的判词却掷地有声，把清晰的思维和坚定的信念毫无保留地呈现在人们面前。

首先，马歇尔引用了宪法的“商业条款”（第一条第八款）：“国会有权管控与外国、各州之间、印第安人部落的商业往来。”什么是商业？什么是管控？他说：“商业毫无疑问是交通，也是交流。各国之间、各州之间以及它们的分支之间的交流都应该被有效地管理……州际的商业往来不能止步于各州的边界，而应深入各州内部……国会对商业的管控权是完整的、不受限制的。”然后，马歇尔把国会的权力具体化：管理商业的权力包括管理航运的权力，这个权力适用于联邦所有的水域。所以，联邦政府，而不是州政府，才拥有管理商业和航运的专有权。

接着，马歇尔表达了对各州自治权的尊重。他说，纽约州有权管理内部事务。但是，如果它的法律与宪法矛盾，如果它的权力与宪法赋予联邦政府的权力相冲突，那么，不管它的动机如何，它必须退让。在本案中，纽约州的立法与联邦海岸法矛盾，因而必须作废。

案子的结果已经很清楚了。吉本斯以联邦法律为依据的经营权高于奥格登以纽约州法律为依据的经营权，吉本斯胜，奥格登败。垄断被废除了！美国的水域拥抱所有的竞争者！但马歇尔没有止步于此。他警告那些极端的州权主义者，不要企图把宪法赋予联邦政府的权力局限于狭隘的框架内，强大的联邦、统一的国家符合所有人的利益。

“吉本斯诉奥格登案”的效果立竿见影。案件结束后短短的 8 个月内，在哈德逊河上运营的航运公司从 6 个变成 43 个，美国所有的水域航运空前繁荣，运输成本大大降低。伊利运河的开通，哈德逊河和长岛水域的开放，也让纽约迅速成为美国乃至世界最重要的港口。纽约州失去了狭隘的垄断利益，但它收获了全世界。

最高法院对“吉本斯诉奥格登案”的判决在当时和后世都受到热情的赞扬，被称为“解放美国商业宣言”。它不仅为自由竞争扫清了道路，也为贸易提供了一个统一的大市场。更重要的是，“它把美国人民编织成了一个统一的国家”。

“马歇尔法庭”为自由资本主义在新大陆的茁壮成长培育了肥沃的土壤，年轻的国家在和平与发展中找回了自信。“弗吉尼亚王朝”历尽艰辛后终于走向辉煌的顶峰，它将为美国人带来一段怎样的时光？请看下一个故事：《美好年代》。

095

美好年代

在“1812 年的战争”激起的民族自豪感和爱国热情中，在“美国体系”的建设中，在对和平与发展的无限憧憬中，詹姆斯·麦迪逊完成了他的第二个任期。他这总统当得有点倒霉，先从托马斯·杰斐逊手里接过一个烂摊子，又把美国带进一场莫名其妙的战争。但他迅速结束战争的能力和知错就改的勇气赢得了人们的尊重。到 1816 年，他的威望如日中天。这位“宪法之父”和“权利法案之父”，这位满怀理想、极具智慧的领袖，决心效法华盛顿和杰斐逊，拒绝谋求连任。此时，共和党的领导地位坚如磐石，联邦党基本上销声匿迹。共和党候选人詹姆斯·门罗和联邦党候选人路福斯·金都没参与任何竞选活动，一个觉得没必要，一个觉得白忙活。最后的结果在所有人的意料之中，门罗以压倒性优势当选，获 183 张选举人票，金只得了 34 张。又一个弗吉尼亚人，又一个种植园主、奴隶主，走进白宫。他是“弗吉尼亚王朝”的最后一位总统，也是最后一位“国父”级的总统。

1817 年 3 月 4 日，风和日丽。第五位总统詹姆斯·门罗的就职仪式在国会山门外临时搭建的台子上举行。这是第一个在露天举行的总统就职典礼，八千多人见证了这一时刻。此前，总统就职仪式一般在众议院大厅，这次的户外活动倒不是因为门罗想标新立异，而是因为当时国会山还没完全修复，而众议院又在跟参议院闹别扭，只好委屈了总统先生。首席大法官约翰·马歇尔主持宣誓仪式。58 岁的门罗和 61 岁的马歇尔都长得高大英俊，堪称联邦政府的颜值担当。他们是发小，都来自荒野，年少时一起求学，一起玩耍，长大后一起参军，一起当律师，一起当议员，都做过外交官，都做过国务卿。虽然阵营不同，但政治上的风风雨雨没有影响他们的友谊，他们依然是无话不谈、亲密无间的好朋友。现在，两个小伙伴面对面地站在一起，他们都站在各自人生的顶峰，分别掌管着“三权”中的两权。还有比这更“励志”的故事吗？

马歇尔引领门罗朗读誓言，真诚地祝福他，两人的眼里都是温暖和笑意。马歇尔认识的也许是个接地气的门罗，他们经常一块儿喝酒、打猎，但别人就没那么好的运气了。跟其他“国父”比起来，门罗显得有点“干巴巴”、有点“平淡”，连他的传记都比其他人的枯燥。在他身上，你看不到乔治·华盛顿的冷酷，看不到本杰明·富兰克林的幽默，看不到约翰·亚当斯的神经质，看不到亚历山大·汉密尔顿的尖锐，看不到托马斯·杰斐逊的浪漫，看不到詹姆斯·麦迪逊的书卷气，也看不到约翰·马歇尔的阳光。门罗似乎没有鲜明的个性，没有强烈的情感，但也许这就是他想留给后人的印象。他去世前烧掉了与妻子之间所有的通信，从没认真整理过自己的文字。人们无法窥探他的内心，只能通过第三者的描述来了解这位“最后的国父”。

对门罗人品的评价也有两个极端。对他评价最低的是前副总统阿伦·伯尔，他眼中的门罗懦弱、卑鄙，为达目的不择手段，这是他从门罗泄露汉密尔顿“性丑闻”一事中得出的结论。对门罗评价最高的是杰斐逊，他说：就算你把他（门罗）的灵魂从里往外翻出来看，你也找不到任何污点。大部分人认为门罗是个大好人，但没有人认为他的脑子很灵光。比如，亚当斯（约翰）、杰斐逊、麦迪逊之间的通信，除了聊政治聊家常以外，还聊历史、哲学、法学、文学、艺术，字里行间闪烁着智慧的光芒。但他们在与门罗的信中只谈现实政治，不谈任何“形而上”的东西。可见，跟那几位“学霸”比起来，门罗的智商确实不太够。别说做学问，就是做事情，他的才智和能力都比汉密尔顿、马歇尔差一截。但所有这些缺陷都没有妨碍他成为一位出色的总统，他靠的是过人的情商、准确的判断力、勤奋好学的精神、小心谨慎的态度。在这一点上，他与华盛顿有些神似。谁说一个资质普通的人做不出非同凡响的事呢？

我们此前已经讲过很多门罗的故事，现在有必要快闪一下他的简历。他 1758 年生于弗吉尼亚的威斯特摩兰县。这里是华盛顿的出生地，也是内战时南军总司令罗伯特 · 李将军的出生地。门罗的父亲是个小农场主，也是木匠，有二三十个奴隶，虽算不上富人，但日子过得还不错。门罗 11 岁进坎贝尔学院学习，成了马歇尔的同学。那时候，马歇尔和其他男孩还很贪玩，门罗年龄虽小，却显得更成熟，学习也更用功，他的成绩是最好的。16 岁时，父亲去世，他继承了农庄，正式进入“绅士阶层”。同年，他进入威廉与玛丽学院读书。

1776 年，18 岁的门罗参加大陆军，经历过“长岛之战”和“特伦顿之战”。在“特伦顿之战”中，他左肩中弹，差点因失血过多而死。退役后，他跟着杰斐逊学了三年法律并通过律师资格考试。1782 年，门罗当选弗吉尼亚议会议员，1783 年当选邦联议会议员。1790 年，他成为第一届美国国会的参议员。1794 年，他出任驻法大使，回国后于 1799 年当选弗吉尼亚州州长。1803 年，他作为总统特使赴巴黎谈判“路易斯安那购地案”。谈判结束后，他出任驻英大使。1811 年，门罗再次当选弗吉尼亚州州长。同年，他应麦迪逊之邀出任国务卿。1814 年 10 月到 1815 年 2 月，他兼任战争部长，成为史上唯一同时掌管两个部的内阁成员。他在国务卿任上一直干到当选总统为止。

毫无疑问，没有几个人的仕途比门罗的更辉煌。从狂热的“杰斐逊主义者”到务实的政治家，他用三十多年的公职生涯悟出了治国之道。他不是像华盛顿和汉密尔顿那样的先知先觉者，但他的后知后觉来得恰逢其时。他曾那么决绝地与华盛顿决裂，但现在，他把自己看成华盛顿衣钵的传人，有意无意地模仿华盛顿，也许是因为他们都怀着同一个“帝国梦”吧。从后面的故事中你会看到，门罗的帝国野心是亚当斯（约翰）、杰斐逊、麦迪逊根本没有过的。

门罗最像华盛顿的地方是他的知人善任，他的内阁跟华盛顿的“史上最牛”内阁比起来一点也不逊色。最牛的内阁成员是国务卿约翰·昆西·亚当斯。这个任命让所有的人感到意外，因为亚当斯长期出使欧洲，此时正在伦敦，已经将近 9 年没回美国了。而且，他不是共和党的核心成员，跟门罗也没有特殊关系。当然，论资历和经验，他当之无愧。

1778 年，10 岁的约翰·昆西·亚当斯跟着出使法国的父亲来到巴黎。此后的 7 年中，他在法国、荷兰、瑞士上学，14 岁给驻俄特使当翻译。他精通法语、荷兰语，熟悉德语和其他欧洲国家语言，能用希腊语和拉丁语写作。1785 年，当 18 岁的他回国进哈佛学院读书时，他已是美国最有外交经验的人之一了。哈佛的课程对“神童”亚当斯来说一点都没挑战性，他属于一上课就睡觉、一考试就拿第一的那种学生。他只用了两年就从哈佛毕业，获学士学位，后来又获硕士学位。1790 年，他通过律师资格考试，开始了自己的法律业务。

1794 年，26 岁的亚当斯被华盛顿总统任命为驻荷兰大使，任职期满后又任驻葡萄牙大使。1797 年，他的总统老爸派他当驻普鲁士大使，直到 1801 年。他父亲在 1800 年的选举中失败后，亚当斯回到美国。不久，他当选为马萨诸塞州议会议员、联邦参议员和联邦众议员。在当议员的同时，他还兼任布朗大学和哈佛大学的教授，教逻辑学、修辞学、法学，他的政治观点深深根植于古典的共和理念中。

亚当斯刚开始从政时像父亲一样是联邦党人，但随着时间的推移，他渐渐变成温和的共和党人，支持杰斐逊的“路易斯安那购地案”和《禁运法案》。1809 年，麦迪逊总统任命他为驻俄大使。1814 年，他作为美方首席谈判代表主持了“根特和谈”（参看 093《和平》）。《根特条约》签订后，他转任驻英大使，直到被门罗提名为国务卿。可以说，在外交方面，亚当斯是权威，没有人能望其项背。他过人的才华、出众的人品和天才的创造力让麦迪逊与门罗对他大加赞赏，正如华盛顿在很多年前对他父亲老亚当斯说的那样：“他是我们在海外最有价值的官员。”

门罗任用亚当斯也是有政治上的考虑的。对这个职位呼声最高的是两个头上长角、身上长刺的共和党人：众议院多数党领袖亨利·克莱和麦迪逊的战争部长威廉·克劳福德。这两位都是不可多得的人才，华府的风云人物。但他们过于鲜明的观点、不加掩饰的野心和可能由此引起的势力集团之间的冲突，不符合门罗的政治理想，而长期缺席华府“名利场”的亚当斯反而成了各方都能接受的选择。亚当斯在上任短短一年内就确立了自己的领袖地位，获得各方面的尊重。门罗对亚当斯言听计从，两人每天都面谈，前任总统们与他们的国务卿从来没有过这么密切、平等的关系。亚当斯话不多，但他那简明扼要又极具说服力的语言天赋赢得了总统毫无保留的信任。门罗一点也不想束缚亚当斯的想象力和创造力，他在谈话中常常根据亚当斯的意见修正自己本来的观点。但如果总统最后坚持己见，亚当斯会不折不扣地执行，因为他认为服从上级的决定是基本的职业道德。就像所有的天才一样，亚当斯不是个好相处的人，他常因“曲高和寡”而抓狂，又不屑与“庸人”交流。起初，他觉得门罗脑子有点慢，提个建议半天没回音。但后来，他发现总统慢半拍是因为要统筹兼顾，征得大多数人同意后才行动，他也渐渐理解了门罗周密、审慎的执政风格。两人相处得亲密又愉快，八年里只吵过一次架，这对坏脾气的亚当斯和倔强的门罗来说实属不易。门罗用真心换忠诚，他确实是难得一见的好老板，连亚当斯那偏执的前总统老爸都写信给儿媳妇说：我衷心祝愿门罗能再次当选总统，这样，你老公就可以多当几年国务卿啦！

除了天才国务卿，门罗的其他内阁成员也都是“人精”。虽然没当上国务卿，但克劳福德受门罗之邀出任财政部长。佐治亚人克劳福德在给麦迪逊当战争部长期间积累了超高的人气，他本来是要跟门罗竞争总统的，后来为维护共和党的团结而主动放弃。他觉得自己为门罗牺牲了那么多，怎么也该弄个国务卿当当吧？结果，门罗用了“外人”亚当斯，克劳福德很生气。门罗特别耐心地跟克劳福德把事情讲清讲透，让他心甘情愿地当财政部长。事实证明，克劳福德非常优秀，懂行又能干，让总统很省心。

关于战争部长的人选，门罗最先看中的是亨利·克莱。此时的克莱已是最有影响力的国会领袖。但他心高气傲，要当就当国务卿，谁稀罕那个战争部长？克莱的拒绝给了另一个人露脸的机会，他是南卡罗来纳人约翰·卡尔霍恩。卡尔霍恩将是与克莱齐名的人物，他的故事还有很多。毕业于耶鲁的卡尔霍恩也是“学霸”，连自视甚高、轻易瞧不上人的亚当斯都称赞他的才学，可见他的智商是够用的。众议员卡尔霍恩像克莱一样锋芒毕露、野心勃勃，也像克莱一样拥有一流的智慧、一流的口才。他们都是“鹰派”领袖，也都是“美国体系”的倡导者和推动者。40 岁的克莱看不上战争部长的差事，35 岁的卡尔霍恩倒觉得可以一试。和平时期的战争部确实有点闲，但卡尔霍恩却干得风生水起。他从“1812 年的战争”中看到了各州民兵的致命伤，大力提倡由联邦政府集中训练民兵，加强边防建设，维持强大的海军。他特别重视军事教育，在他手中，西点军校脱胎换骨，从不入流的“培训班”变成高级将领的摇篮。卡尔霍恩的作为与门罗富国强兵的抱负很吻合，难怪总统喜欢他呢。

除了上面那三位，总检察长威廉·沃特也是当时最出色的律师。还记得那段“谁是布伦纳哈塞特”的辩词吗（参看 086《叛国》）？沃特够厉害了，但跟其他三位相比，他竟然显不出来了。门罗网罗了这么一大堆精英来给他干活，他自己就可以比较放心地当“甩手掌柜”，只在大政方针上指导一下，剩下的事放手让内阁去干。这些顶尖人才都为总统服务了八年，你就没见过如此稳定的内阁。很多人说门罗傻人有傻福，但能把这么多不省油的灯“拢住”这么多年，足见门罗的人格魅力和领导艺术。不过，这些高智商、高能量的内阁成员都怀着同样的野心，他们的眼睛都盯着总统宝座。他们的争斗将为美国带来什么？那是我们以后的故事。

门罗在就职演说中表达的观点延续了麦迪逊执政后期开启的“美国体系”的设想，他强调加强国防，发展经济，建设基础设施，鼓励制造业和农业。1817—1819 年这两年间，美国经济欣欣向荣，各行各业都恢复和超越了战前水平，政府的财政收入大大增加，没有必要再征收战争期间增加的额外税收。1817 年年底，国会通过立法废除了财产税等国内税，大伙别提多高兴了。

最让人们感觉美好的是党争的消失。联邦党在战前就已式微，“哈特福德会议”彻底摧毁了它的声誉。战后，连联邦党的大本营新英格兰都不像以前那么拧巴了。新一代的联邦党人和共和党人再也不像他们的前辈那样生活在被对方吞噬的恐惧中，政治斗争再也不像以前那样你死我活。这个变化不仅因为联邦党本身的衰落，更因为共和党吸收了联邦党的主要观点，它早已不是杰斐逊当年创立的共和党了。麦迪逊后期和门罗政府的施政方针完全符合联邦党的政治诉求，即使联邦党总统上台也不过如此，还有什么好闹的？到最后，联邦党干脆不提自己的候选人，而是把票投给比较温和的共和党人。1816 年的大选根本就不叫大选，应该叫“发奖大会”，把白宫“奖给”了革命资历最老的门罗。没有争斗就没有政党，自联邦政府成立以来，历届总统都梦寐以求的“无党派政治”看上去终于实现了。国泰民安，政治清明，大家感觉能不爽吗？因此，门罗的时代被称为“感觉美好的年代”。

但是，“美好的年代”总是转瞬即逝，况且，“美好”只是一层薄薄的面纱。失去了敌人的共和党随着它的敌人一起消失，内部分裂成无数小派别，谁也不听谁的。门罗很快就发现，他失去了对共和党的领导能力，再也不能像杰斐逊那样一呼百应。不但失去了对党的领导，他还失去了对国会的影响力。过去，总统想做什么事，他只要搞定国会的多数党和少数党领袖就可以了，投票的事由党的领袖去安排。现在，国会一盘散沙，很多议员为了表现自己的独立性，故意跟总统唱反调。若想推动一件事必须找很多人，累都累死了，何谈效率？事到如今，大家才发现，原来政党政治也不是那么丑陋啊，没有“党”还真不太方便。幸运的是，门罗的几位内阁成员都在国会有自己的势力，他们几位号召一下支持者或做做亨利·克莱的工作，还是可以办成不少事的。

“美好的年代”还有一个大麻烦，就是奴隶制。随着西部经济的发展，原路易斯安那土地上的几个美国领地都开始具备成为独立州的条件，它们陆续申请加入联邦。你也许会说，联邦的力量壮大了，这是大大的好事啊。但是，事情没那么简单。1819 年，美属密苏里领地申请以独立州的身份加入联邦。这个申请立刻引发一场危机。为什么呢？

西部土地的开发意味着农业的扩张，种地需要劳动力。即使各国移民蜂拥而入，还是满足不了对劳动力的巨大需求。于是，奴隶制和奴隶贸易再次被提上日程。北方对奴隶制深恶痛绝，不能容忍它蔓延到新的领土上；南方铁了心扩展奴隶制，这样才能跟北方抗衡。新增的州是“自由州”还是“蓄奴州”，直接关系着北方和南方在国会的话语权。1817 年，“蓄奴州”密西西比加入联邦；1818 年，“自由州”伊利诺伊加入；1819 年，又一个“蓄奴州”亚拉巴马加入。到密苏里提出申请时，“自由州”的人口是 520

万，在众议院有105个席位；“蓄奴州”有450万人，在众议院有81个席位。南方想借此机会再塞进一个“蓄奴州”，就基本上跟北方扯平了。北方说，密苏里想加入可以，但必须答应不实行奴隶制；南方说，是否实行奴隶制各州说了算，联邦管不着，北方的要求违宪。双方剑拔弩张，联邦眼看着就玩不下去了。

奴隶主门罗在这场辩论中一直保持沉默，他祈祷国会领袖们能凭他们的智慧达成妥协，使国家免于分裂。他着急，国会领袖克莱也着急。最好的办法就是先拖着。终于，1819年年底，转机出现了。从马萨诸塞分离出来的缅因申请成为独立州。1820年，北方和南方终于达成妥协。缅因和密苏里的申请被捆绑在一起，它们都获准加入联邦，缅因将是“自由州”，密苏里将是“蓄奴州”，平衡得以维持。这就是著名的“密苏里妥协案”。“密苏里妥协案”规定，以北纬36° 30′为界，此线以北是“自由州”，以南是“蓄奴州”。所有的人都松了一口气。“密苏里妥协案”的设计师是克莱。他在各方之间斡旋，以高超的谈判技巧说服他们接受妥协，因此得了个别号“伟大的妥协者”。“密苏里妥协案”把内战推迟了四十年，为年轻的国家赢得了宝贵的喘息时间。克莱功不可没。

奴隶制的矛盾暂时缓和，那些自由的黑人怎么办？1816年，由一些民间人士和政治人物组成的“美国殖民协会”成立了。门罗、克莱、安德鲁·杰克逊，都是会员。这个协会致力于帮助在美国备受欺凌又面临各州立法歧视的自由黑人移民非洲（或返回家乡）。1821 年，协会得到国会的拨款，在西非海岸买了块地，建立了一个殖民地利比里亚。1847 年，利比里亚成为独立的国家。它的首都是以门罗命名的“门罗维亚”，这是唯一以美国总统的名字命名的外国首都。

就在美国人沉醉在“美好的年代”的辉煌时，一场危机悄然走近。它将让美国人遭受怎样的打击？它又将怎样影响人们的生活和他们对政治前途的选择？请看下一个故事 :《恐慌》。

096

恐 慌

1817 年开始执政的门罗政府标志着“弗吉尼亚王朝”走向成熟和辉煌，那是个让人“感觉美好的年代”。由麦迪逊开启、门罗延续的“美国体系”让经济飞速发展，各行各业享受着一路狂奔的快乐，人们憧憬着美好的幸福永无尽头。然而，他们做梦都没想到，“美好的年代”在 1819 年戛然而止，它被突如其来的灾难撕得粉碎。这就是美国历史上第一次大规模的经济危机，也叫“1819 年大恐慌”。那么，这次危机是由什么引起的呢？

要探究危机的来源，应该搞清楚的第一件事是联邦的移民和土地政策。1815 年，美国走出了“1812 年的战争”，欧洲也走出了拿破仑战争，大西洋两岸都进入休养生息求发展的状态。英国的工业革命渐渐进入全盛时期，商业资本迅速转化为工业资本，对棉花等原材料的需求大增。与此同时，欧洲大陆却遭遇了几个寒冷的冬天，粮食产量骤减，连饭都快吃不上了。英国和欧洲对棉花、粮食及其他农产品的急需直接促成了美国战后的繁荣。

在欧洲，特别是英国，工业革命把更多的农民驱离土地，爆炸式增长的人口让过于拥挤的城市生活更加悲惨，还有为还战争债而征收的高额税赋。在美国，到处是一望无际的廉价、肥沃的土地，没有国王和贵族，没有兵役，没有言论审查，没有政治迫害，没有宗教歧视，没有高税收，这一切都向人们描绘着一个人间天堂。如果你是挣扎在社会底层的英国人，你会做什么样的选择？当然是移民啦！那时候，移民美国不需要护照，不需要签证，不需要健康证明，一封介绍信足够了，或者干脆什么都不要，下了船，海关连你的名字都懒得问，数数人头就放行。没人关心你从哪里来到哪里去，也没人关心你在哪里落脚，你只需跟着自己的梦想走向远方的田野。

好了，一边是欧洲的需求推动农产品价格翻着跟头往上涨，一边是大批移民潮水般涌向中西部，这两件事到最后变成了一件事：土地。新大陆最不缺的就是土地。“路易斯安那购地案”为美国增加了 210 万平方公里，还记得联邦政府是用多少钱买来这块地的吗？6 亩 4 美分。为了鼓励西进，从杰斐逊起，联邦就开始廉价卖地，甚至免费送地。那时候，西部印第安人的势力比较强大，他们又有英国的支持，西进还是有风险的。“1812 年的战争”彻底摧毁了印第安人的反抗，他们被赶进狭小的“保留地”，联邦政府可以无所顾忌地卖掉本属于印第安人的土地了。到门罗执政时，国会卖地的价格是每亩 0.33 美元（相当于 2016 年的大约 40 美元），够便宜了吧？大家还不满意呢，因为国会不按“亩”卖按“批”卖，一“批”是 3885 亩。也就是说，你最少要买 3885 亩地才能拿到每亩 0.33 美元的价格。单价低，但总额不低，一般人一时半会拿不出那一千多美元（当时一个人工作一天挣大约 5 美元）。谁买得起呢？土地投资商、开发商或投机者，他们的背后是银行。他们买了大片土地后把它分成小块，以更高的价钱转卖给个人。后来，国会顶不住选民的压力，把土地价格降到每亩 0.21 美元，把最低“批”量先减到 970 亩又减到 485 亩。这下，几乎所有的人都能买得起了，不再需要中间商。你也许会喊：国会万岁！但是，先不要高兴得太早。

中间商看上去可恶，却是交易中不可或缺的一环。首先，他们在转卖之前一般会对土地进行规划和改良，修建基础设施，无数的城市和村庄都是这样被创造出来的，他们是城镇化的主力。其次，中间商提高了地价，限制了小买家的购买力，也限制了他们不切实际的幻想。中间商本身的信用和对市场的预期能力远远超过小买家，从某种程度上稳定了市场。但现在，所有的人都买得起大片土地，农产品价格飙升又让所有的人觉得只要买地就能赚钱。土地不再是用来种的，而是用来炒的，人们争相借钱买地，土地债从 1815 年的

300 万美元上升到 1817 年的 1700 万美元，那被贪婪点燃的欲望让整个国家陷入炒地狂潮。“1819 年大恐慌”说到底就是由土地泡沫的破灭引起的。另外，低廉的地价让人们购买了自己根本种不过来的土地，客观上促成了奴隶制的扩张。

在土地之后，我们需要了解的第二件事是银行和金融制度。1811 年，第一个“合众国银行”（中央银行）被终结。同时被终结的，还有中央银行的融资和监管功能。战后重建急需资金，没有了中央银行，这笔钱从哪借？答案是：私人企业和私有银行。这期间，好几百家私有银行在各州注册。这些银行大多对公众非常友善，不必满足苛刻的条件就能贷到款。它们这样做，一是为了满足“土地热”对钱的巨大需求，二是体现了共和党提倡的为人民服务的“共和精神”。可是，银行并没有那么多贵金属，它们拿什么放贷呢？办法很简单：印钞票。只要几张纸和一台印刷机就够了。

虽然铸硬币（金币、银币）的权力仍然属于联邦的铸币厂，但各州的私有银行纷纷推出自己印的“银行本票”，代替硬币在市场上流通。“银行本票”是银行保证支付的承诺。比如，银行的保险箱里有价值 100 万的硬通货（如英镑和美元金币）或贵金属（如黄金），它就发行面值 100 万的“本票”，这些本票实际上就是纸币。你任何时候都可以拿着这些票据到银行换贵金属或硬币，银行保证兑现，本票流通凭的是银行的信用。由于纸币或本票用起来很方便，大家又很信任银行，不太可能出现所有的人同时到银行兑换贵金属或硬币的情况。所以，银行发行的本票数额通常高于实际的硬通货存款或贵金属，只要维持一定比例的保证金就可以了。那么，问题来了。

战后，大家发疯一样买地，发疯一样借钱，银行也就发疯一样贷款，发疯一样印票子，哪里还顾得上什么贵金属？经济形势一片大好，银行本票畅通无阻，投资还来不及，谁能想得起来去换硬币？但是，由缺乏监管导致的通货膨胀引起了精英阶层的警惕。在他们的努力下，1816 年 2 月，麦迪逊总统签署银行法案，“第二合众国银行”诞生了，为期 20 年。1817 年 1 月，当复活后的中央银行开始履行监管职责时，它才发现，事情已经到了不可收拾的地步。

在没有中央银行的日子里，联邦政府收上来的税存在哪？当然是各州的私有银行。如今，中央银行对各州的银行说：你们把税金都交给我吧，我只要硬通货。各州一听就傻了：硬通货俺没有，票子倒是一大堆。大伙赶紧组团去跟中央银行和财政部谈判，说能不能缓缓，等俺收收债再说？经济这么好，数钱数到手软，你担心个啥？我们的本票好用得很，跟真金白银没区别！合众国银行行长是威廉 · 琼斯。他当上这个行长不是因为他是银行家，而是因为他有政治背景。既不专业又不强硬的琼斯被银行团说晕了，不但推迟他们上交税金的日期，还接受了他们的票据。到最后，连合众国银行也开始发行本票，像其他银行那样深深地卷入房地产生意，因为它确信它最终能从各州的银行那里拿到足够的硬币。

就这样，气球越吹越大。终于，到 1818 年，中央银行忍不了了，各州的银行也忽悠不下去了。因购买路易斯安那而发行的外债到期，必须用硬通货还本付息。8 月，合众国银行宣布，停止接受各州银行的本票，所有欠合众国银行的钱只能用硬币偿还。这一下就捅破了一个大泡沫。

屋漏偏逢连夜雨。1819 年年初，英国大幅度减少从美国进口的棉花，因为它找到了更好的货源：印度棉花。印度不仅棉花产量高，而且离英国近，运费便宜。欧洲的农业也缓过劲儿来了，不再需要从美国进口那么多粮食。英国的棉花价格从每磅 33 美分降到每磅 14 美分，其他农产品也像棉花一样暴跌 50%。那些下了大本钱投资在土地上的美国人忽然发现，他们的地一夜之间贬值 50%~75%。东西卖不出去，地也卖不出去，银行催着要债，这不是逼人上吊吗？至此，危机全面爆发。

各州银行为了还中央银行的钱，也宣布只收硬币，所有的债权人都向债务人讨硬币。债务人到哪去找硬币？拿着票据去银行兑呗。挤兑风潮席卷各州，你就算把银行拆了也拿不到硬币，那些票子都成了废纸。结果是，企业关门，银行倒闭，城市居民失业，农民破产，经济萧条。在费城，四分之三的劳动力失业，1800 人被关进债务监狱；在纽约，1300 多个家庭流离失所，孩子们缺衣少食，父亲们甚至没有像样的衣服穿出去工作。在辛辛那提，二分之一的房贷来自合众国银行。当房奴（地奴）们无法还贷款，银行拍卖房产和土地的收入只有原价的二分之一。各地的债务官司都堆上了天。宾夕法尼亚一个州一年就有 15000 个债务纠纷，田纳西州纳什维尔的地方法院一期就得处理 500 多个债务案子。债务人一般是农民和卷入土地交易的人，债权人一般是合众国银行和各州的私有银行。难怪大家惊呼：整个社会都要被鲨鱼群（银行）吞掉了！而最大的那条鲨鱼就是中央银行！

其实，跟美国后来遭遇的危机比起来，1819 年这一次简直是小菜一碟，但这是美国人第一次尝到“恐惧”的滋味。他们没有意识到，他们的国家已经迈进现代经济的大门，成为世界市场的一部分；他们不知道，他们从此进入从繁荣到幻灭的永无尽头的循环周期，这是“新常态”。新大陆将像旧大陆那样在资本主义带来的“惊喜”和“惊叫”中冲向不可预测的未来。

正因为是第一次，中央银行像所有的人一样蒙圈，它在危机中表现得非常不专业，甚至起到加重危机的作用。虽然危机的元凶是土地泡沫和各州私有银行不负责任的借贷行为，但大伙不约而同地把矛头指向合众国银行，因为它是危机的导火索。正是合众国银行在没有预兆的情况下突然宣布停止接受各州银行的票据引发了铺天盖地的“恐慌”情绪。新司机刚上路，一脚刹车踩得太急，车上的人又没系安全带，不撞个头破血流才怪。危机爆发后，合众国银行一点也没尽到中央银行应尽的责任，没有通过货币杠杆平复动荡，反而像私有银行那样只顾充实自己的金库，收紧货币政策，变本加厉地逼迫各州银行和所有的债务人上交硬币。结果，中央银行保全了自己，坑苦了全国人民。看看今天的美联储是怎样熟练地运用货币政策管理危机的，你就会发现，合众国银行根本不会玩。经济繁荣时，中央银行应该“紧缩”，减少货币发行量，给经济降温；危机来临时，它应该“量化宽松”，适当地多印点钱，刺激消费和投资。这叫“逆向操作”。可是，合众国银行的做法正好相反。大家开派对，它跟着一起狂欢；大家遭了难，它捂紧自己的钱包，不但不救济，还抢了大家一把。汉密尔顿当政时也有几次经济和股市动荡，他就是通过逆向操作（公开市场业务）把事情摆平的。可惜，在他之后，没人懂得这个道理。合众国银行疏于监管在先，操作不当在后，这样当“家长”岂能服众？难怪各州纷纷拿中央银行开刀。

门罗政府在危机面前束手无策，各州只能自己想办法。最直接的办法是通过立法免除债务人的义务。只要债务人宣布破产，欠的钱就不用还了！最省事的办法是关闭州法院，让债权人没法告状。没法告状就没法讨债，多简单！最粗暴的办法是逼着债权人接受银行票据，要不要随你，反正俺没硬币。最解恨的办法是取缔所有的银行。你们这些吸血恶魔，早就该死了！我们要造反！我们要革命！人们忽然又想起杰斐逊的“农业共和国”，自给自足，与世无争，多美！什么世界贸易，什么“美国体系”，见鬼去吧！

除了这些看得见的东西，“1819年大恐慌”留给人们更大更长远的影响是在心里。混乱、无助、绝望、愤怒，这一切不仅引起人们对联邦政府的不满，更启发他们为自己思考。“共和”是否符合所有人的利益？“精英”能否为大众谋幸福？普通人的声音怎样变成当权者的声音？普通人的权利怎样变成国家的法律？“国父”们代表的旧制度似乎解决不了新问题，一个新模式、新思维悄然兴起，它的名字叫“民主”。你也许会说，美国难道不是个“民主”国家吗？当然不是。“国父”们从来没想建立民主的国家，他们想要的是“共和”的国家。不管联邦党与共和党多么针锋相对，他们都出自同一个理想——共和主义，他们都信奉同一个理念——精英治国。他们都视民主为“暴民政治”，他们都不相信普通人的智慧。现在，在天崩地裂的现实面前，每个人都有掌握自己命运的要求，每个人都有改天换地的愿望。这种要求和愿望将变成美国人对未来政治制度的选择，他们的选择将着落在一位领袖身上。他是谁？他将为美国带来什么？那是我们以后的故事。

在动荡不安的时刻，在人心惶惶的关头，在所有的人都有打砸抢的冲动时，我们千万不要忘了，美国不是一个由暴民建立的国家。

那七位最重要的“国父”中有五位是律师（知道他们是谁吗？），从某种程度上说，这个新国家是律师的杰作。律师们也许平时是隐形人，你不会想到他们。但每当人民发高烧时，出来泼冷水的总是律师。1819 年，律师们的责任变得无限大，因为国会和总统都瘫了。谁是天下律师的“首领”？当然是最高法院首席大法官约翰 · 马歇尔。他和他的法庭决心像当年阻击杰斐逊的“1800 年革命”那样，阻止美国人打土豪分田地，也阻止肆无忌惮的民主进程。

1819 年，“马歇尔法庭”连着判了三个“地标式案例”，铁了心给人民群众添堵。这一年也成了最高法院历史上最重要的一年。就让我们看看法院是怎样在沸腾的世界中岿然不动的。

第一个是“达特茅斯学院诉伍德沃德案”。今天的达特茅斯学院是常春藤盟校，世界一流学府，但 1819 年的达特茅斯学院只是新罕布什尔州的一所小私立学院。谁也没想到，这个小学校的诉讼案远远超出了高等教育的范畴，竟然成了美国经济发展中最重要的案例，因为它定义了“公司”的本质。

达特茅斯学院建于 1769 年的新罕布什尔殖民地，是以英国殖民地事务大臣达特茅斯伯爵的名字命名的。像哈佛、耶鲁、普林斯顿及其他私立大学一样，达特茅斯由投资人选出的董事会（校董）管理。像其他新英格兰人一样，达特茅斯的校董们基本上是倾向联邦党的。1816 年，共和党人威廉 · 普卢默当选州长。他第一个就看达特茅斯学院不顺眼，认为它是“共和精神的敌人”，一定要改造改造它！同年，新罕布什尔州议会通过法律，修改学校的章程，由州长指定校董（伍德沃德是州长任命的董事会的头），并打算把校名从“达特茅斯学院”改为“达特茅斯大学”。这样做的最终目的是把达特茅斯学院从私立大学改为公立大学，让高等教育变成大众的选择，而不只是一小撮精英的俱乐部。

州长的崇高理想从一开始就遭到达特茅斯学院的顽强阻击，谁说“秀才遇到兵，有理说不清”？董事会雇了个达特茅斯的毕业生，他是当时还不怎么惹眼、日后却名满天下的律师——丹尼尔·韦伯斯特。此案让韦伯斯特一战成名，并进入政坛，成为与亨利·克莱、约翰·卡尔霍恩齐名的“三巨头”之一。韦伯斯特既不是校董，也不参与学校的管理，但他在母校最需要他的时候挺身而出，为达特茅斯的儿女抗争。在州法院受挫之后，韦伯斯特把官司打到联邦最高法院。

韦伯斯特在最高法院的这场辩论可以说是司法史上最动人心弦的一刻，他的声音、口才、姿态、手势和他尽全力压抑着的强烈情感，征服了所有的心，把马歇尔和他的大法官同事们听得眼里全是泪，更甭说那些比法官泪点低得多的听众了。在他的演讲结束后的几分钟内，大厅里一片寂静，所有的人都需要一点时间从震撼中清醒过来。那段被视为达特茅斯学院“不朽之精神”的话是：

“先生，这是我的案子。它不只是这个谦卑的学校的案子，它也是这片土地上所有学校的案子……先生，你可以摧毁这个小学校，它是那么脆弱，它就在你手中。我知道，它是我们国家知识的地平线上最弱的那盏灯，你可以把它扑灭。但是，如果你这样做了，你就要继续做下去！你要一个一个地消灭所有照亮我们大陆一百多年的更明亮的灯光！先生，如我所说，它是一个小学院，但有人爱它！”

1819 年 2 月 1 日，马歇尔宣布了法院的判决（六位大法官对此案的意见是 5 ∶ 1）。这个案子要回答的问题是：达特茅斯学院的组织方式“公司”是受宪法保护的私人组织还是受立法权控制的公共机构？公司章程是不是合同？达特茅斯学院的章程能不能被州议会修改？首先，马歇尔说，达特茅斯的组织章程是合同。那么，它是私人之间的合同还是政府授予的合同？答案是，它是私人的合同，因为它的信托人不是政府官员。接着，他说：“教育是国之重器，是立法权应该关心的问题。政府可以建立教育机构，把它完全置于自己的控制之下，任命官员管理学校，这些都无可置疑。但达特茅斯学院是这样的机构吗？它的教育是由政府控制的吗？它的教师是政府官员吗？它的经费来自政府吗？”对所有这些问题的回答都是否定的。

关于“公司”的性质，马歇尔的定义是：“公司是一个看不见的、无形的‘人’，存在于法律的概念中。它是永恒的、个体的……它不是政府的工具，而是像自然人那样行使自己的权利。”正因为是“人”，公司的行为就是私人行为，公司的财产就是私有财产。建于1769年的达特茅斯学院本质上是私人公司，它是达特茅斯的信托人与英王乔治三世之间的合同。现在，虽然美国已不再是英王的殖民地，学院的章程也从英王的授权变成新罕布什尔州政府的注册，但程序的改变不能把一个私立机构变成公立机构，也不意味着州政府有权把自己的意志强加于它。宪法第一条第十款(“合同条款”)规定，政府不能通过任何破坏合同义务的法律。新罕布什尔州的立法与宪法相悖。达特茅斯学院胜诉。

对达特茅斯学院来说，这是甜蜜的胜利。对美国的高等教育来说，这是自由的赐福。如果一个私立学校可以被随意改成公立学校，今天的美国还会有常春藤联盟吗？大众教育和精英教育缺一不可，怎能互相替代？当然，这个案子之所以如此重要，可不是因为教育问题，而是因为它明确宣布公司是受宪法保护的私人合同，政府不能摧毁或改变它。保护公司就是保护公司股东的利益，保护投资人的勇气。如果政府可以随意介入公司的经营甚至关闭公司，你还敢买股票吗？没人投资，经济怎么发展？这个判决的效果非常明显。此前，“公司”主要用于学校、教会等非营利组织，工商业一般采用“合伙人”或私人控股的形式，因为大伙都搞不清楚“公司”到底姓“公”还是姓“私”。比如，到1800年为止，全美国一共注册了310家公司，其中只有8家是贸易公司。“达特茅斯诉伍德沃德案”对“公司”的明确定义和保护让所有的人都放了心。到1830年，光新英格兰地区就有1900家公司，一半以上从事工商业。你能小瞧律师和法院的力量吗?

“达特茅斯诉伍德沃德案”在1819年的乱局中有着特殊的意义。当时，对银行的痛恨波及所有的企业，大伙看着资本家就来气，各州也磨刀霍霍的。最高法院为公司和私人企业提供了强大的保护，也为联邦政府提供了有力的武器，国会和总统可以名正言顺地抵挡来自各州的围攻和来自民众的指责。对私有财产的保护是对暴民情绪的最有效的制约。

就在“达特茅斯诉伍德沃德案”结束两个星期后，最高法院裁决了第二个重要案子，直接刺痛了很多人的神经。这就是“斯特吉斯诉克劳宁希尔德案”。一个叫理查德·克劳宁希尔德的商人向约西亚·斯特吉斯借了1544美元开纺织厂。当时，他俩都住在纽约州。就在克劳宁希尔德借钱一个月之后，纽约州通过了破产法。第二年，克劳宁希尔德的生意失败。根据破产法，他宣布破产，解除一切债务。斯特吉斯抗争无效，他的钱算是打了水漂。后来，克劳宁希尔德迁往马萨诸塞州，重整旗鼓，获得成功。斯特吉斯到联邦法庭状告克劳宁希尔德，说纽约州的破产法违反了宪法的“合同条款”，克劳宁希尔德应该偿还借款。

案子到最高法院时正是“1819 年大恐慌”最水深火热的时候，各州纷纷出台破产法，帮助债务人解除债务。这个案子比“达特茅斯诉伍德沃德案”复杂得多，因为大法官们的意见严重分歧。宪法第一条第八款规定，制定破产法的权力属于国会（联邦政府）。现在的问题是，国会没有相应的立法，这一块儿是空白。那么，在国会不作为时，各州是否可以填补空白？大法官约瑟夫 · 斯多利和布什罗德 · 华盛顿认为不可以，大法官亨利 · 利文斯顿和威廉 · 约翰逊认为可以。另一个问题是，纽约州的破产法是否违反了宪法的“合同条款”（第一条第十款）？

因为案子的时间超级敏感，又牵涉成千上万人的“身家”，各州都屏住呼吸等待最高法院的判决。那是个痛苦的过程，马歇尔和同事们翻来覆去地讨论，持不同观点的大法官们最终同意各退一步，达成一致的法庭意见。正如大法官约翰逊所说：“与其说这是司法案件，不如说它是一桩妥协案。”

马歇尔代表法院写的判词，首先肯定了各州制定破产法的行为不违宪，因为联邦政府没有行使宪法赋予的权力，各州可以填补联邦立法的空白。至于纽约州的立法是否违反了“合同条款”，马歇尔抛出一个很有技术含量的妥协。他说：虽然各州的破产法是有效的，但宪法“禁止任何破坏合同的法律”。所以，破产法只对未来有效，不能反作用于过去。也就是说，在破产法通过之前就已经存在的借贷合同不容侵犯，该还的钱就得还，而之后的合同可以适用于破产法。法院既没否定也没肯定破产法，没有判断破产法本身是否违宪，而是规定破产法只能“瞻前”，不能“顾后”，在维护合同的同时给了各州一定程度的灵活性。在此案中，克劳宁希尔德向斯特吉斯借钱一个月之后纽约州的破产法才生效，他不能利用此法解除债务。斯特吉斯胜。

应该说，尽管最高法院向现实做了让步，但它对这个案子的判决还是比较“冷血”的。法官们显然不想轻易减除债务人的痛苦，因为他们更愿意保护基于诚信合同的债权人利益。这是“马歇尔法庭”的一贯风格，私有财产和私人合同神圣不可侵犯，而“人权”似乎不是法庭最关心的事。但话又说回来，当你的私有财产得不到保护时，你的自由还有保障吗？再说，如果债务人太容易合法赖账，必然导致借贷成本飙升，你要么借不到钱，要么付高额利息，最后吃亏的还是债务人。法院对社会潮流的冷漠既是“司法独立”的表现，也是对“大众民主”的防范。马歇尔和大法官们从来没掩饰过对“暴民政治”的厌恶，不管社会如何改变，秩序和法治永远是他们不变的选择。

“斯特吉斯诉克劳宁希尔德案”让很多靠破产法赖账的愿望落空，引发的不满和抗议可想而知。因生活奢侈而欠了一屁股债的前总统托马斯·杰斐逊就大骂法院一手遮天，食人民的俸禄却不为人民办事。但这还不是最糟糕的。紧接着的“麦卡洛克诉马里兰案”，也叫“银行案”，才真要引爆各州的怒火，因为，这一次，中央银行成了案件的主角。

如前所述，合众国银行在危机前后的糟糕表现让它成了众矢之的，人们叫它“怪兽银行”。各州都铆着劲儿要整它。合众国银行的总部在费城，在各州有 18 个分行，包括设在马里兰州巴尔的摩的分行。1818 年 2 月，马里兰州议会通过法律，对所有不是根据马里兰法律建立的银行课重税（印花税）。合众国银行首当其冲，因为它是由国会创立的，跟马里兰没关系。这样做的目的是让合众国银行因成本太高而没法在马里兰做生意，赶紧滚蛋。

合众国银行马里兰分行的经理是詹姆斯·麦卡洛克。当收税官来银行收钱时，麦卡洛克说，对不起，我不能从命，因为马里兰无权向中央银行征税。结果，马里兰州法院判麦卡洛克有罪，他上诉到联邦最高法院。

这个案子的重要性不在于那几个税钱，而在于中央银行的合法性，在于联邦政府与州政府的关系。危机中的各州已经开始对合众国银行下手了，二分之一的州，比如田纳西、佐治亚、北卡罗来纳、肯塔基、俄亥俄，都通过立法向它征税，伊利诺伊和印第安纳干脆宣布禁止合众国银行在它们那儿建分行。弗吉尼亚的国会议员提议彻底消灭中央银行，虽然议案在国会受阻，但“银行案”的结果决定着中央银行是否将名存实亡。

马里兰实际上是代表各州跟联邦政府打官司的，这个案子从一开始就是州权与联邦的“对决”。双方的媒体都开足马力，骂战铺天盖地。最高法院破例允许双方各派两位以上的律师出庭（一般案子不许超过两位）。结果，六位当时最好的律师出现在法院，堪称法律界的“名人堂”。代表马里兰州的首席律师是我们的老熟人、75 岁的路德·马丁（还记得他在“伯尔叛国案”中的表现吗？）。联邦政府（中央银行）这边是刚刚在“达特茅斯诉伍德沃德案”中大获全胜的丹尼尔·韦伯斯特，号称史上最出色的总检察长威廉·沃特，还有传说中那个年代最伟大的律师威廉·平克尼。双方在法庭上整整吵了九天（一般案子只允许三天）。马歇尔对这九天的评价是：“光华闪烁的口才，摄人魂魄的辩论，无与伦比。”大法官斯多利也说：“我从未听过如此精彩的陈述。”

马里兰方的主要观点是，马里兰州是主权政府，有权向境内所有的企业征税。宪法虽然声称“我们人民”，但它是由各州创立的，不是由人民创立的，最明显的证据是，当初参加制宪会议的代表不是人民直选的，而是各州议会委派的。所以，宪法是各州之间的合同，所有宪法中没有明文规定赋予联邦政府的权力都由各州保留。宪法只字未提国会有建立银行的权力，国会的银行法违宪。如果国会能建银行，那就意味着它也能建公司，建工厂，建矿山，意味着它能任意掠夺各州的资源，侵犯公民的自由。如果国会能向各州的企业征税，各州为什么不能向联邦的企业征税呢？

银行方最重要的武器跟28年前汉密尔顿使用的武器一样：宪法的“必要与适当条款”（参看066《必要与适当》）。平克尼说，宪法只说国会有权提供邮政服务，没说它可以建邮局，没说它可以修路，没说它可以打击抢邮包的劫匪；宪法只说国会可以建海军，没说它可以造军舰；宪法只说国会可以管理商业，没说它可以建灯塔，没说它可以建港口。但政府把这些事都做了，为什么？因为这些都是履行宪法赋予的权力的“必要与适当”的措施。宪法说国会可以征税，可以发行货币，没说它可以开银行，但银行同样是履行上面两个的权力的“必要与适当”的措施。你也许会说，银行是“方便和有用的”，但不是“必要的”。美国经历的两场战争（独立战争和“1812年的战争”）都是在没有中央银行的情况下进行的，咱不都挺过来了吗？可见中央银行没必要。但不要忘了，正是因为没有中央银行，人民才在这两场战争中吃尽苦头，付出沉重的代价。人民创造宪法，建立联邦，目的不是满足最基本的需要，而是追求更好的生活，避免再承受过去的痛苦。“必要”的意思不是“不可替代”，而是“不可或缺”。

1819年3月6日，在辩论结束三天之后，马歇尔代表法庭宣布了结果。第一个要回答的问题是：宪法到底是人民制定的法律还是各州间的合同？他说：诚然，制宪会议的代表是各州议会选派的，不是人民选举的。但制宪会议的结果只是一个宪法草案，不具约束力。此后，各州分别举行了批准宪法的会议，这些会议的代表可是人民直接选举的。正是这些会议让宪法成为新大陆至高无上的法律，你怎么能说宪法不是人民创造的呢？宪法是人民的法律，“联邦政府毫无疑问是人民的政府。它的权力是人民赋予的，将直接使人民受益”。

第二个问题是关于宪法的结构。马歇尔说：宪法是笼统的文件，不可能像其他法律那样规定细节，那些具体的措施只能从宪法明示的目的中去推演。如果宪法像其他法律那样细致入微，它恐怕就成了谁也读不懂、读不完的天书。“不要忘了，我们现在讲的是宪法”。

第三个问题是中央银行的合法性。下面这段话是对“必要与适当条款”的最权威的解释，被后世的法官们无数次地引用：“让目的合法，让它在宪法的范畴之内，那么，所有适当的、为那个目的服务的手段，只要不被宪法禁止并符合宪法的文字和精神，都是合法的。”

这话听上去有点耳熟，没错，汉密尔顿说过类似的话。你也许不知道，马歇尔除了是大法官外，还有一个身份，就是乔治·华盛顿传记的作者。他是第一个用第一手材料为乔治·华盛顿立传的人。乔治·华盛顿去世前把所有的文稿都留给他的侄子、最高法院大法官布什罗德·华盛顿，而布什罗德·华盛顿是马歇尔的同事兼密友。当时市面上的乔治·华盛顿传记都是根据第三者的讲述或来源于二手材料，很不准确。布什罗德·华盛顿说服马歇尔用最可靠的第一手材料告诉人们一个真实的“美国之父”。马歇尔在任首席大法官的头五年中，陆续写作和出版了长达五册的《华盛顿的一生》。因为要写传记，他翻阅了乔治·华盛顿所有的文件，而其中很大一部分出自汉密尔顿的手笔。他非常熟悉汉密尔顿当年在创建第一合众国银行时给华盛顿总统写的那份著名的报告，他在看报告时还批注道:“这才是宪法的真谛。”可见，马歇尔完全认同汉密尔顿对“必要与适当条款”的解释，他在此案中的阐述正是汉密尔顿观点的延续。

接下来，马歇尔否认法院有权衡量国会立法的动机。银行法案两次被国会通过（1791 年和 1816 年），两次被总统签署（乔治·华盛顿和詹姆斯·麦迪逊），每一次都经过激烈、细致、公开的争论，不是偷偷摸摸干的。你怎么能说国会没有考虑过银行的作用呢？至于到底多“必要”才算“必要”，那是国会的判断，法院无权干涉。国会建立银行的做法符合宪法的要求。

第四个问题是：马里兰州能向合众国银行征税吗？马歇尔说：宪法是新大陆的最高法律，它高于各州的立法。“创造的权力意味着保护的权力。”国会创造了银行，就有权保护它。“征税的权力意味着摧毁的权力。如果各州能向银行征税，它们就能向邮局征税，向铸币厂征税，向专利局征税，向法院征税，向所有的联邦机构征税……这不是美国人民的意愿。他们设计的政府并不依赖于各州而生存。”在引用了麦迪逊和汉密尔顿在《联邦党人文集》中对州权和联邦权力的论述之后，马歇尔下结论说：“本法院认为，各州无权以征税或其他方式妨碍、阻止、压迫或控制国会对宪法权力的实施……法庭无异议判决：马里兰州关于向合众国银行征税的立法违宪而无效。”

很多学者认为，这是马歇尔最精彩、学术价值最高的一份判词，不仅因为它强大的功效，还因为它严密的逻辑，给人一种“多一分则肥，少一分则瘦”的感觉。他谈的不只是银行，更是联邦与州的关系，联邦权力的延伸，对州权的限制，联邦的本质，宪法的原则。可以说，对这个案子的判决塑造了美国二百年的政治体制，至今仍深深地影响着人们对“美式民主”的理解。难怪很多人把它看成最高法院历史上最重要的案例，一位学者说：“即使马歇尔的名誉都押在这一个案子上，它已经足够了。”

最高法院打赢了“银行保卫战”，在1819年那个特殊的时刻，法院做到了国会和总统做不到或不敢做的事，因为它不用考虑国会和总统必须考虑的政治影响。它只需遵从法律，不必遵从民意，“司法独立”再次发挥了令人无法抗拒的威力。但是，“独立”往往不受待见，法院的“无情”引起广泛的不满，此案的结论是当时最不受欢迎的判决。各州的抗议风潮连绵不绝，舆论大战此起彼伏，恨不得把马歇尔喷死。废除司法独立的呼声再起，在即将到来的变局中，法院将面临严峻的考验。

也有些人认为，马歇尔当年的立场是造成现在联邦权力过大进而损害州权的原因。但是，不要忘记，马歇尔的美国与今天的美国不可同日而语。今天的联邦政府强大得吓人，践踏州权的事时有发生。二百年前正好相反，各州处于攻势，联邦处于守势。“马歇尔法庭”的判决是防御性的，不是进攻性的，它不是说联邦可以侵犯各州的权力，而是说联邦的权力不容各州侵犯。如果马歇尔生活在今天，他没准儿会变成州权主义者呢，因为他追求的是权力的平衡。

“1819 年大恐慌”持续了两年多，到 1821 年渐渐平息，但它对人们心理的影响久久难平。然而，在内政上显得有点力不从心的门罗政府在外交和军事上却无比辉煌，多多少少抵消了“恐慌”带来的消极情绪。美国的“大陆野心”将伸向何处？年轻的国家将怎样向全世界宣扬自己的存在和意图？请看下一个故事 :《门罗主义》。

097

门 罗 主 义

虽然“1812年的战争”打得很难看，但经过战争洗礼的美国人显然变得更加自信。在战争正式结束仅仅三个月之后，1815年5月，连口气还没来得及喘的麦迪逊政府就派海军名将、“美国号”舰长史蒂芬·德凯特将军率10艘军舰远赴地中海，打击阿尔及利亚海盗，开始了“第二次巴巴利战争”（还记得“第一次巴巴利战争”吗？）。美国海军连皇家海军都不惧，收拾几个海盗还不跟玩儿似的，几个月之内就把海盗们打服了。1816年，阿尔及利亚与美国签约，释放所有的美国和欧洲各国人质，赔偿一万美元，保证永不再犯。欧美从此结束了每年向巴巴利国家交“岁币”（保护费）的历史，美国获得了在地中海的自由航行权。麦迪逊从杰斐逊手里接过来的是一个被内忧外患折磨着的国家，他交给门罗的是一个海晏河清的世界。但是，这并不意味着门罗会安享太平。一旦外患消失，门罗的“大陆野心”立刻膨胀。这一次，他盯上的是美丽的佛罗里达。

佛罗里达半岛是欧洲探险者最早到达的北美土地。1513 年，西班牙人胡安 · 庞斯 · 德 · 里昂把这个地区命名为“佛罗里达”，意思是“鲜花盛开的地方”。此后，西班牙人不停地移民至此，佛罗里达也就成了西班牙在北美的殖民地。1763 年，英军占领佛罗里达，这里成了英国的地盘。1783 年，独立战争结束后，英国又把它还给了西班牙。那时候的佛罗里达比现在的佛罗里达州大得多，包括东佛罗里达（今天的佛罗里达州）和西佛罗里达（今天的亚拉巴马州、密西西比州、路易斯安那州的一部分），共大约 50 万平方公里。

东、西佛罗里达东临大西洋，南望加勒比海诸岛，西靠墨西哥湾，环抱密西西比河的出海口新奥尔良，地理位置有多重要就不用说了。1803 年，门罗作为总统特使与法国谈判“路易斯安那购地案”，他心中的路易斯安那是包括得克萨斯和西佛罗里达的。西班牙当然不干。但不怕贼偷就怕贼惦记，西佛罗里达从此成了美国的盘中餐，被一点一点地蚕食。1810 年，一些不满西班牙统治的人宣布“起义”，成立“西佛罗里达共和国”。结果，没俩月就被美国控制了。此后，因“1812 年的战争”爆发，麦迪逊总统不想树敌太多，一直没明确宣布西佛罗里达为美国所有。现在，门罗总统和他的国务卿约翰 · 昆西 · 亚当斯看着东、西佛罗里达，口水简直止不住，不吃了这块肥肉真对不起自己的好胃口。

也不能怪美国太贪婪，主要是西班牙不争气，放着一块好地方却无力管理，搞得跟无政府似的。海盗、罪犯、跨国大盗、印第安人、拉美的革命者、逃跑的黑奴、奴隶贩子、恨美国的人，全往佛罗里达跑，有些是为了逃避压迫，有些是为了逃避正义。这就给了美国人找碴儿的口实。1817 年 12 月，门罗让战争部长约翰·卡尔霍恩给田纳西的安德鲁·杰克逊将军下了一道命令，让他带兵去佛罗里达北部打击一些专给美国捣乱的人（主要是印第安人和逃跑的黑人奴隶），但不许进攻西班牙的军事要塞。卡尔霍恩大概想鼓励杰克逊一下，告诉他“不获全胜不要退兵”。这话算是惹祸了。也不知道是门罗没说清楚，卡尔霍恩没传达清楚，还是杰克逊没听清楚，反正命令到了杰克逊耳朵里就变成了“占领整个佛罗里达！”

杰克逊是个拿着鸡毛当令箭的人，别说有命令，就是没命令他也照样干。他和门罗交情匪浅，太了解门罗的野心了，用不着藏着掖着。他在给门罗的信中说：我六天就能拿下佛罗里达！门罗收到这封明显违反命令的信后却保持沉默，没有纠正这位无法无天的将军。但同时，他也明确告诉杰克逊，他想“买”佛罗里达，而不是军事占领它。这话在杰克逊听来就是矫情，什么叫买？不占领咋买？

杰克逊的本事我们已经在“新奥尔良之战”中见识过了，西班牙人叫他“丛林中的拿破仑”。他带着 3000 个民兵和正规军，横扫佛罗里达半岛，所到之处摧枯拉朽。到 1818 年 5 月，美军已控制佛罗里达全境。杰克逊得意扬扬地写信给门罗：赶紧再给我派个军团过来，我干脆连古巴也给你收拾了！为了“震慑”佛罗里达人，杰克逊烧毁印第安人的村庄，杀死他们的首领。在占领西班牙的一个军港之后，他抓了两个英国商人，硬说人家资敌，让军事法庭判他们死刑。于是，两个英国人被美国人处死在西班牙的领地上，这要不招来国际纠纷才怪呢。

杰克逊的胆大妄为引起轩然大波。英国说杰克逊违反国际法，要求严惩；西班牙跳着脚抗议，要求归还领土。国会领袖亨利·克莱谴责杰克逊越权，要总统撤了他的职。国会没宣战他就擅自入侵友好邻邦，不是违宪是什么？杰克逊说我是奉命行事，卡尔霍恩说俺不知道，可能有误会。反正乱哄哄的谁也说不清了。所有的人，包括总统，好像都对杰克逊的行为大吃一惊。内阁会议上，大家吵吵嚷嚷地骂杰克逊藐视上级，真是混蛋！土匪！

只有一个人持不同意见，他是国务卿亚当斯。杰克逊的“鲁莽”正中他的下怀。咱想佛罗里达想了多少年了？此时不讹西班牙，更待何时？亚当斯虽然没法让他的内阁同僚同意自己的观点，但他成功地说服了总统。其实，总统不需要他说服。门罗当战争部长时就对杰克逊的性子了如指掌，那道不明不白的命令会产生什么效果他心里早有数，在大家面前故作惊讶是政治游戏，暗地里正偷着乐呢。门罗把“打扫战场”的事全权托付给亚当斯，武的演完了，该上文的了。

亚当斯跟西班牙说，要不，你们干脆把佛罗里达卖给我们吧。我们是文明国家，不白抢，你出个价？西班牙早就哭晕在厕所了，被人拿枪指着脑袋卖孩子的滋味可不好受。但是，卖，还能换点钱；不卖，啥都没了。门罗倒是挺体贴，看着谈得差不多了，为了给西班牙个面子，他命令杰克逊撤出佛罗里达，这样看上去就像西班牙主动把地儿卖给美国，不是被迫的。

1819 年 2 月，美西签署《横贯大陆条约》，也叫“亚当斯–欧尼斯条约”，西班牙正式放弃对东、西佛罗里达的所有权，美国向西班牙支付 500 万美元。其实，这 500 万美元不是买地的钱，而是了结美西之间的债务，佛罗里达等于白送。不仅如此，西班牙还认同了美国对路易斯安那边界的划分，宣布放弃对西北太平洋沿岸，也就是俄勒冈地区的声索权。本来，美、英、俄、西都说俄勒冈是自己的，现在，西班牙退出，美国少了个对手，为最终拥有俄勒冈扫除了一个障碍。作为交换，美国同意不要得克萨斯啦，饭要一口一口地吃嘛。

吞并佛罗里达使美国的领土延伸到墨西哥湾，获得了战略要地和贸易港口，打开了通往加勒比海的大门。“亚当斯–欧尼斯条约”还为美国争取到太平洋沿岸的港口和贸易权，不仅让横跨北美的理想往前迈了一大步，也让亚太地区进入美国人的视野。从此，美国商船和军舰驶进太平洋。条约签订二十年后，美国商人在夏威夷立住了脚跟；条约签订三十年后，马修·佩里率“黑船”来到江户湾，逼着日本打开国门。神秘的东方不再神秘了。

忙完西班牙这一头，美国又趁着热乎劲儿跟英国谈，确定美加边界的北纬49° 线一直延伸到落基山脉，美英共同拥有俄勒冈十年，双方贸易和人员自由往来。英国同意修改《根特条约》，明确保证放弃实行了二十多年的海上胁迫行为，不再乱抓美国船员；停止五大湖上的军备竞赛，发展友好的贸易关系。美英关系变好了，倒不是因为英国变乖了，而是它需要在欧洲大陆搞平衡，正好可以借着美国的力量牵制列强在美洲的殖民地。不管怎样，这一系列的外交成就足以让门罗和亚当斯好好喝一壶。但庆功酒刚下肚，三件事同时找上门来，真是烦不胜烦。

第一件事是“希腊革命”。1821 年，希腊爆发了反抗土耳其奥斯曼帝国的运动。看样子，希腊人很崇拜美国革命，他们有样学样，发表了《独立宣言》，开始了“独立战争”，派人到美国拉近乎。美国人自认为是革命的祖宗，地球上任何角落发生的革命都跟他们有关。这会儿一看希腊跟咱这么亲，咱义不容辞啊！就像当年满大街地支持法国革命一样，热血青年们铺天盖地支持希腊革命，激动死了。门罗政府必须给个说法，到底支持不支持希腊？自乔治·华盛顿以来就一直恪守的“中立”原则还坚持得下去吗？

国会和总统让愤青们吵得脑袋都大了，情不自禁地倾向于支持希腊，至少道义上应该支持一下吧，别寒了革命群众的心。亚当斯一看不妙，赶紧揪着门罗的耳朵喊：中立！中立！中立！别忘了祖训！欧洲关咱屁事，瞎掺和啥？门罗终于醒过来了，就像当年华盛顿拒绝法国那样把他的后背转向了希腊。

第二件事是俄国在北美的扩张。从1790年左右起，俄国通过“俄罗斯—美洲公司”开始在北美活动，渐渐地占了阿拉斯加。阿拉斯加在北美大陆西北角，靠近北极圈，是个冻冰棍儿的好地方，别的事基本干不成。沙皇不甘心，老想着往南蹭。可是，南边的加拿大是英国的地盘，不好惹。既然陆上过不去，我就走海上吧。1821年，沙皇亚历山大一世宣布把俄国在北美的“领海”往南延伸至北纬51°线，你们谁都不许在这儿打鱼或航行。按道理，这事儿跟美国一点关系都没有，因为美国的北部边界（美加边界）是北纬49°线，跟51°线差着二百多公里呢。英国跟俄国拍桌子情有可原，那毕竟妨碍了加拿大的利益，美国也跟着起哄，为什么？因为俄国的做派妨碍了美国人视为珍宝的东西：航行自由。“自由船运自由货”，我想去哪就去哪，谁碍着我我跟谁死磕。那么，门罗和亚当斯怎么向“好朋友”沙皇表这个态呢？

对付俄国当然要跟英国合作，英美同心才能事半功倍。皇家海军专管吓唬人，美国只要义正词严地抗议一下就好了。亚当斯在给俄国的照会中说："我们承认俄国在北美的既得利益，但是，我们的原则是，美洲大陆不再允许任何新的殖民活动。"这话的意思是：阿拉斯加我们认了，其他地方休想。在英美的压力下，沙皇同意将触角缩回到北纬 54° 40′，允许美国船只在太平洋沿岸自由航行，因为他不想同时得罪两个贸易伙伴。亚当斯对俄国说的这段话成了"门罗主义"的前奏曲。美英在这次外交努力中的合作让双方都尝到了甜头，它们很快就要看到一个新的机会了。

第三件事是拉丁美洲风起云涌的独立运动。趁着拿破仑战争中欧洲列强无暇西顾的机会，拉美的西班牙、葡萄牙、法国殖民地纷纷闹起了革命。1804 年，海地宣布独立；1810 年，哥伦比亚宣布独立；1810 年，墨西哥宣布独立；1811 年，委内瑞拉宣布独立；1816 年，阿根廷宣布独立；1818 年，智利宣布独立；1822 年，巴西宣布独立。拉美兄弟们把他们的欧洲老"东家"气死了，也把美国人看傻了。因"中立"原则和与欧洲的商贸关系，美国一直没承认任何拉美的独立国家。但美国人血液里那独立、自由的基因又让他们对拉美革命满怀同情和热情，同时，他们也看到了拉美巨大的市场和商机。承认这些新国家意味着得罪欧洲；不承认，良心上过不去，利益上也过不去。拿破仑战争结束后，欧洲国家，特别是"神圣同盟"国家（俄国，奥地利，普鲁士）和法国，都恶狠狠地盯着拉美，威胁着要再次殖民。这下，轮到美国纠结了。回避不是办法，总要选边站的。问题是：怎样才能既保持中立又保护邻居？美国应该在新大陆扮演一个什么角色？

拉美与欧洲不同，眼皮子底下的事不能不管。但是，怎么管？美国人自己也拿不定主意。国会领袖亨利·克莱特积极，早就想承认拉美国家，但总统和国务卿不太感冒。克莱觉得拉美肯定会越长越像美国，拥有同样的价值观和同样的自我管理水平。亚当斯可没这么乐观。他认为拉美的天主教根深蒂固，从西班牙、葡萄牙那儿继承的专制传统也根深蒂固，这样的宗教和传统是产生不了美国的，咱跟它们没什么共同语言，就像咱跟西班牙、葡萄牙没共同语言一样。可是，拉美毕竟是邻居，老拖着不理人家也不好。就这样磨蹭到 1822 年，美国终于承认了哥伦比亚和墨西哥。刚承认没多久，拉美就面临被再次殖民的危险。

上面这三件事凑在一起让总统和国务卿看明白了一件事：美国需要一个“与时俱进”的外交原则，华盛顿的“孤立主义”需要一个“升级版”。咱再也不能头疼医头、脚疼医脚了，要让所有的国家都看清咱的底线，省得它们想入非非。这个底线是什么呢？就在总统和国务卿忙着设计“孤立主义 2.0”时，英国居然主动跟美国套起近乎来了。

1823 年夏，英国外交大臣乔治·坎宁对美国驻英大使理查德·罗什说：咱两家发表一个联合声明吧，告诉欧洲大陆那些流氓，禁止他们插手美洲事务。罗什简直不敢相信自己的耳朵，老大以前连正眼都不瞧我们，现在要跟我们发联合声明？太给面子了！英国的用心不难猜，它要制衡欧洲，当然不希望欧洲其他国家到美洲开辟新的殖民地，与它竞争。拉美所有的国家都独立才好呢，这样，英国就是唯一在新大陆有殖民地的了。美洲天高皇帝远，叫上美国帮忙岂不省事？皇家海军的威名加上美国这个地头蛇，谅那些欧洲人也不敢轻举妄动。

罗什把坎宁的话传回华府，门罗也觉得新鲜，赶紧向两个老前辈请教，他们是前总统杰斐逊和麦迪逊。这俩都觉得这是提升美国国际地位的好机会，建议门罗接受坎宁的提议。所有的内阁成员也都同意，只有一个人说不。你肯定猜得到，这个不合群的人就是超独立、超有创意的国务卿亚当斯。亚当斯说：咱绝对不能与英国发联合声明，因为那样咱就变成了“拴在英国军舰后面的小船”。英国强，美国弱，咱宁当鸡头，不当凤尾。我们不是世界老大，但要做美洲老大。反对欧洲插手美洲这话我们得自己说，显出我们的独立和尊严，不能扯上英国。

亚当斯说这些话可不是斗气，他是经过深思熟虑的。两年前，他与英国驻美大使坎宁（外交大臣坎宁的表弟）曾有过这样一段对话：

亚当斯：我不知道你们要什么或不要什么。你们要印度，你们要非洲……

坎宁：也许，我们还要一片儿月亮。

亚当斯：我没听说你们要月亮。但是，在我们生活的这个星球上，我就不知道有哪块地方是你们不想要的……

坎宁：难道你想挑战我们对加拿大的所有权吗?

亚当斯：不。你可以保留属于你的东西，但把这个大陆上其余的地方留给我们。

从这段话中你可以看出亚当斯对整个美洲大陆的野心，拉美早就在他的视野中。实际上，他让英国保留加拿大还算客气的。在他心中，北美，包括加拿大和墨西哥，早晚都是美国的，拉美（南美）将是美国的后院。他才不会与英国共享美洲。

亚当斯在内阁会议上“舌战群儒”，把大伙一个一个地说服。当然，最重要的是，他赢得了总统的支持，足见他们俩是多么心意相通。1823 年 12 月 2 日，门罗总统向国会发表一年一度的国情咨文。在这篇文章中，他说了下面这段话：

美国的权利和利益所涉及的原则是，美洲以其独立的环境和条件，从此不能被任何欧洲国家再次殖民。欧洲的政治制度与美洲有根本的不同……为了我们自身的防御，我们认为任何干预我们这个半球的企图都是对我们和平与安全的威胁……

我们从来没参与过欧洲事务……对于（欧洲在美洲）现有的殖民地，我们不会也不应干涉……但是，对那些已经宣布独立的（美洲）国家，任何欧洲国家以任何方式进行的干涉都将被视为对美利坚合众国的不友好行为。

这就是为后人所熟知的“门罗主义”的最原始的表述，也是迄今为止最著名的“美国外交意识形态”。它是“孤立主义”的延伸，把“孤立”的范围从美国扩大到美洲。门罗想说的是：第一，美国不干涉欧洲事务，欧洲也不许干涉美洲事务。第二，西半球（南、北美洲）永远对欧洲的殖民主义关上大门。第三，对美洲任何国家的侵略都是对美国的侵略，美国将会介入。这确实是个充满勇气、智慧和远见的外交精品，但“门罗主义”这个名字可不是当时就有的，门罗也不知道自己居然创造了一个“主义”。直到 1850 年左右，“门罗主义”才渐渐地变成经典。很多学者认为，“门罗主义”的真正作者是亚当斯而不是门罗，应该叫“亚当斯主义”才对。但话不能这么说。门罗完全有资格享有这个盛誉。没有他的支持，亚当斯的“小众”观点根本不可能得到认可。况且，曾当过驻法大使、驻英大使、国务卿的门罗，外交经验和技巧一点也不亚于亚当斯，他有能力独立地做出同样的判断，只不过他的观点与亚当斯的不谋而合罢了。应该说，“门罗主义”是门罗和亚当斯亲密合作的结果。

“门罗主义”在当时没什么轰动效应，说跟没说差不多，欧洲列强根本没注意到这几句话，或者说，它们根本不在乎。原因很简单，美国太弱了，人微言轻嘛。1824 年，美国的国内生产总值（GDP）是英国的三分之一，法国的三分之一，俄国的二分之一，更不要说那些东方巨人了。从某种程度上说，门罗是在吹牛皮，美国无力保护拉美。但是，“门罗主义”的实施却非常成功，美国以弱制强，没人敢越过那条红线。原因也很简单，这只叫“美国”的狐狸背后站着一只叫“英国”的大老虎。虽然美国拒绝与英国发表联合声明让英国很不爽，但“门罗主义”的原则符合英国的利益，两家配合得天衣无缝。美国负责说大话，英国负责“秀肌肉”。在“门罗主义”实施的头三十年里，真正挡住欧洲的殖民步伐的，不是门罗那几句狠话，而是游弋在世界各大洋的皇家海军的军舰。皇家海军不放行，谁也去不了美洲。但英国自己还是可以随心所欲的。

学者们认为，“门罗主义”之所以成了气候，一是因为美国占据了道德高地，把“反殖民”说得理直气壮，赢得拉美国家的共鸣；二是因为这个原则不挑战当时的国际秩序，不干涉欧洲事务，不干涉现有的殖民地，没有引起欧洲列强的反感。更重要的是，美国在独立自主的前提下承认英国的霸主地位，尊重它的游戏规则，愿意与它密切合作。再加上美洲独特的地理位置和文化，实在是天时、地利、人和都凑齐了。门罗和亚当斯把挑战变成了机遇，把一手中等牌打出了上等牌的效果。后来，很多国家都想用山寨版“门罗主义”锁定自己的“势力范围”，但无一例外都变成邯郸学步，搞得连路都不会走了。其中一个重要原因是，它们只看到“门罗主义”的形式，没看到它的灵魂；只看到它的霸气，没看到它的隐忍；只看到它的强硬，没看到它的灵活；只看到它的坚持，没看到它的妥协；只看到它的索取，没看到它的付出。世上哪有光占便宜不吃亏的事？

随着美国的日益强大，“门罗主义”的功效也日益彰显，它在成功地维护了美国利益的同时，也成功地把拉美变成了美国的后院。不管国际风云如何变幻，美国的领袖们总能用“门罗主义”解释自己的外交和军事行为。对“门罗主义”第一次真正的考验是 1862 年到 1867 年的“墨西哥事件”或“马克西米利安事件”。1862 年，法兰西第二帝国皇帝拿破仑三世入侵墨西哥，推翻共和政府，立马克西米利安为墨西哥皇帝。当时，美国内战正酣，林肯总统只能对墨西哥表示同情，但爱莫能助。内战一结束，美国立刻以“门罗主义”为由，向墨西哥共和力量提供武器、粮食、人员，陈兵美墨边境。在美国的帮助下，墨西哥于 1867 年收复首都，处决马克西米利安，赢得了与法国的战争。国务卿威廉 · 西沃德说：“八年前，‘门罗主义’还只是个理论，现在，它已经变成不可更改的事实。”

19 世纪末 20 世纪初，“门罗主义”成为不容侵犯的原则，英国也不能例外了。1895 年的“委内瑞拉危机”是美国第一次因“门罗主义”跟英国杠上了。克利夫兰总统的强硬态度迫使英国同意坐下来与委内瑞拉谈判，和平解决了领土争端。美国的介入，既拉近了它与拉美邻居的关系，也让英国意识到是该尊重美国的地位了，因为此时的美国已是世界第一工业强国。1898 年，西奥多·罗斯福总统以“门罗主义”为借口发动“美西战争”，“解放”了古巴和菲律宾。他还对“门罗主义”做了新的解释：“说话低调一点，手里拿着大棒。”这就是“大棒政策”的来源。后来，“大棒政策”变成“大棒加胡萝卜”，表示“恩威并施”。1902 年，加拿大总理威尔弗里德·劳瑞尔承认“门罗主义”是加拿大安全的基本保障。他认为，美国海军在太平洋，英国海军在大西洋，跟着这哥俩混，加拿大还需要国防吗？ 1962 年的“古巴导弹危机”是对“门罗主义”最现代化的运用。肯尼迪总统说：“自从门罗总统和约翰·昆西·亚当斯对它进行阐述以来，‘门罗主义’的含义从来都是一致的，那就是，我们反对任何外国势力渗入西半球，这就是我们反对正在古巴发生的事的原因……”大概“门罗主义”唯一的例外是 1982 年英国与阿根廷的“马岛战争”。里根政府对英国的军事行动保持沉默，阿根廷当然要倒霉。有时候，美英关系的分量还是可以超越“主义”的。

对拉美国家来说，也许“门罗主义”在一定程度上保护了它们的安全，但它们更担心来自美国的威胁。门罗那几句冠冕堂皇的话在拉美听来就是：美洲是美国的美洲，别人不许插手。当拉美的利益真的受到损害时，美国靠得住吗？它到底是在保护拉美还是在控制拉美？

随着时代的变迁，“门罗主义”也变换着面孔。有人说它已经死了，有人说它不再适用。也许，只有当危机来临时，人们才会看到，美国是否还有那一份坚持。利益和责任孰轻孰重，就要看领袖们的担当了。

一切辉煌都有尽头，就像所有的演出都会结束。门罗和他代表的“建国年代”随着“国父”们渐渐远去，美国人将怎样表达他们的崇敬和思念？“国父”们为他们的子孙后代留下了什么？请看下一个故事：《最后的国父》。

098

最 后 的 国 父

除了 1819 年的经济危机这个不愉快的插曲以外，门罗政府的统治算得上风调雨顺。当 1820 年的大选来临时，门罗没有对手，他是唯一的总统候选人。这种事只在华盛顿身上发生过。既然如此，门罗应该得到所有的 231 张选举人票。结果是，他得了 228 张。为什么呢？其中有两个选举人缺席。另一个，威廉 · 普卢默，把票投给了并非候选人的约翰 · 昆西 · 亚当斯。普卢默的理由是：门罗不错，但亚当斯更好。后人的传说是：普卢默很爱门罗，但更爱华盛顿。如果他把票投给门罗，门罗就会像华盛顿那样成为“无异议”当选的总统。普卢默觉得，门罗再牛也牛不过华盛顿，所以，只好对不起了。无论如何，门罗仅以一票之差无异议当选，这成绩已经让人望尘莫及了。美国政坛从未有过的和谐也从另一个角度反映了美国人对“国父”们的眷恋，他们似乎在竭力挽留着渐行渐远的“建国年代”。

1776年7月4日，那13个孤悬海外、默默无闻的英属殖民地宣布独立，在新大陆点亮了13束微弱的烛光。当时的美利坚邦联有13个州，200万人口，100多万平方公里土地。1824年，美利坚合众国已拥有24个州，将近1000万人口，500多万平方公里土地。“国父”们预计只能生存20年的国家，跌跌撞撞地走了一程又一程，转眼间就将迎来它的第50个生日。50年的艰辛、痛苦、喜悦、激情在“国父”们的手中变成了美酒，让人们沉醉其中，不愿醒来。然而，大家都很清楚，门罗是他们看到的最后一位“国父”。此后，白宫的主人将是新生代领袖。

门罗好像很理解大伙的心情。为了庆祝独立50周年，他邀请了一位美国人最爱的客人——拉法耶特。当年，19岁的拉法耶特侯爵为美国而战，为自由而战，他是革命年代最浪漫的代言人，有什么比他的来访更能唤起民众的爱国热情呢？法国革命时期，拉法耶特身陷囹圄，他的夫人也差点上了断头台。驻法大使门罗的妻子伊丽莎白去监狱救出拉法耶特夫人，门罗给她和孩子们发美国护照，并派人把他们的儿子“偷运”到美国，交给华盛顿抚养。现在，门罗总统和国会邀请拉法耶特作为“国家的贵客”访问这片他曾为之流过血的土地。

1824年8月15日，67岁的拉法耶特和儿子抵达纽约。距离他上一次访美（1784 年），已经过去了整整 40 年。他终于有机会亲眼看看，他当年种下的自由的种子结出了什么样的果实。本来，他计划用 4 个月的时间访问最初独立的那 13 个州。可是，到最后，4 个月变成 16 个月，13 个州变成 24 个州，他的旅程成了美国历史上最温暖、最动人的英雄赞歌。

拉法耶特一踏上纽约的土地，整个城市立刻进入节日状态。礼炮齐鸣，钟声大作，军乐响亮，国旗飞舞，成千上万人在港口迎接。纽约人上次见到这个阵势还是在 1789 年华盛顿就任第一任总统的时候。拉法耶特从百老汇走向市政厅的那一路，上百万的花瓣满天飞，就像今天时代广场跨年夜的“彩纸秀”。纽约把调子定得这么高，各个城市随即展开激烈的竞争，看谁搞得更隆重。波士顿在拉法耶特进城的路上搭起一个巨型拱门，费城说一个拱门算啥？我盖 13 个，象征当初独立的 13 个州。每一个城镇和乡村，不管烈日当头还是大雨倾盆，人们都会等待好几个小时，只为见他一面，握一下他的手。退伍老兵们含着眼泪亲吻他、拥抱他，母亲们把孩子抱到他面前请求得到他的祝福。美国人如此热烈地庆祝拉法耶特的归来，实际上也是庆祝他们自己的国家。拉法耶特说的每一句话都在提醒他们，他们是世界上最幸运的民族，因为他们是当时唯一有权选择自己政府的民族。拉法耶特是他们的英雄，是他们的“国父”，是早已远去的华盛顿留在这个世界上的“儿子”，拉住他那双曾被华盛顿拉住的手，就是拉住了历史的衣袖。让思念多停留片刻吧。

在北方访问了两个月后，拉法耶特于10月12日来到首都华盛顿。24个少女，代表24个州，引领他走向国会山。少女们身穿白色的连衣裙，系着蓝色的围巾，手捧鲜红的玫瑰花。蓝、白、红，是拉法耶特亲自选定的法国国旗的颜色，也是美国国旗的颜色。自由、平等、博爱，是法国革命的理想，也是美国革命的理想。47年前，不正是共同的理想让那个血气方刚的少年舍弃荣华，远渡重洋，在新大陆挥洒他的青春和热情吗？国会大厅里，按照当年的样子搭起华盛顿的军帐，只为让拉法耶特重温他和他的总司令一起度过的炮火和硝烟。所有的国会议员都向他表达了崇敬和祝愿。

从国会出来，拉法耶特走向他的老朋友的家：白宫。白宫的简单和低调大大出乎他的预料，与欧洲宫廷形成鲜明的对比。没有衣着华贵的仪仗队，只有一个仆人为他打开大门。总统和所有的内阁成员都在等他。没有一个人穿金挂银，每一个人都带着微笑。门罗紧紧地拥抱他的战友和朋友，两人的眼里都是泪水。最后一位来自革命战争的总统和最后一位华盛顿麾下的将军重逢了，这一刻是上帝的恩赐。门罗说：“我非常希望你能下榻白宫，但我知道，首都的人民需要你。他们说你是国家的客人，他们有权好好款待你……但我仍然希望你把我的家当成你的家。我的餐桌上随时准备着你的餐具，只要你没有其他安排，就请来与我一起用餐。”第二天，拉法耶特父子与门罗和夫人以及他们的女儿女婿共进早餐。晚上，门罗设国宴款待拉法耶特，在座的有内阁成员、最高法院的大法官和国会领袖。国务卿亚当斯 10 岁随父亲去法国时就认识了拉法耶特，曾多次与他一起吃饭和讨论各种问题，两人交情匪浅。约翰 · 马歇尔也是拉法耶特的故交，他出使法国时与拉法耶特过往甚密。时隔 25 年，他们又见面了，故友重逢的喜悦千金难换。

然后，拉法耶特去了弗农山庄。他在华盛顿和玛莎的墓前独自静静地坐了一个小时，回忆着他们一起流的每一滴眼泪、一起绽开的每一个笑容。在别人眼里，华盛顿是神，是总统，是总司令；在拉法耶特眼里，他是朋友，是父亲，是兄长。也许，不久，他们将相约在天堂。

从弗农山庄出来，拉法耶特开始访问南方各州，他的每一个足迹都是那个激情岁月的见证。10 月 19 日，“约克镇战役”的胜利日，拉法耶特来到当年的战场。这是独立战争的最后一战，他是“约克镇战役”的第一功臣。但是，他再也看不到那两个舍生忘死跟敌人拼刺刀的小伙伴——亚历山大 · 汉密尔顿和约翰 · 劳伦斯了。在里士满，这个拉法耶特曾与英军将领本尼狄克 · 阿诺德和查尔斯 · 康沃利斯周旋的地方，他看到了那个熟悉的面孔，美国历史上第一个“双面间谍”——詹姆斯 · 阿米斯代德。正是这个黑人青年奋不顾身的奉献确保了约克镇的最后胜利（参看 048《走向约克镇》）。

11 月，拉法耶特来到蒙蒂塞洛，拜访他的老朋友，81 岁的杰斐逊和 74 岁的麦迪逊。在法国革命爆发的最初的日子里，驻法大使杰斐逊与拉法耶特一起讨论《人权宣言》。它是拉法耶特的杰作，也是法国革命最宝贵的财富。那闪光的语言，那红色的梦想，点燃了每一个年轻的生命，也点燃了一个沸腾的时代。拉法耶特在蒙蒂塞洛住了十天，老哥几个有说不完的话。他们都知道，来日无多，这是他们此生最后一次相聚。

随着冬天的来临，天气变得恶劣，道路变得难行。拉法耶特回到华府，在首都度过了三个月的寒冬，也见证了建国以来最肮脏的总统大选。在无数的阴谋和交易之后，约翰 · 昆西 · 亚当斯当选为第六任总统。拉法耶特的存在似乎缓解了政治斗争的痛苦，因为，只有他能提醒敌对双方，世上还有比仇恨更重要的东西。

1824 年 12 月 7 日，门罗向国会递交了他的第八个也是最后一个国情咨文。在文章中，他伤感地说：拉法耶特在法国革命中几乎被剥夺了全部家产，如今生活窘迫。他希望国会能报答拉法耶特为美国革命做的牺牲和贡献。12 月 10 日，国会通过决议，奖励拉法耶特 20 万美元（相当于今天的大约 400 万美元），外加佛罗里达塔拉哈西地区（佛罗里达首府）的大片土地，以表达美国人民对他的感激之情。这笔钱和土地足以保证拉法耶特优雅、舒适地安度晚年。

1825 年 3 月 4 日，在参加完亚当斯的就职典礼后，66 岁的门罗告别华府，启程回自己的“橡树山庄园”。6 月，拉法耶特准备回国了。走之前，他想再见一次朋友。此时，门罗正在乡下度假。他的度假屋和马歇尔的紧挨着，两家正一起消磨夏日时光。两位太太交流着养生经验，两个老家伙喝酒、打猎、玩游戏，仿佛又变成懵懂少年。亚当斯总统亲自陪着拉法耶特去乡下见门罗。过波多马克河上的一座桥时，亚当斯付了费。马车刚走出几步，后面有人大喊：“总统先生！总统先生！”只见收费站的小哥追上来说：“总统先生，你少给了一毛一分钱。”天才总统闹个大红脸，他这一辈子可能都没犯过这种错误。

门罗和马歇尔看到拉法耶特和亚当斯很高兴。当晚的烛光特别明亮，当晚的餐桌上笑语连连，每个人都想留住这一瞬间的快乐和柔情。57 岁的亚当斯看着三个前辈，仰慕之情油然而生。此时，马歇尔 69 岁，拉法耶特 67 岁，门罗 66 岁。当年，门罗和马歇尔都是拉法耶特的部下，对战争的回忆总能把他们的心拉得很近很近。当年的他们也许都没想到，他们一腔热血的冲动竟然闹出这么大动静，是天意还是人心，只有他们自己知道。

门罗和拉法耶特先向最年长的马歇尔敬酒，向这位“战士、政治家、法官”致敬。马歇尔站起来，敬拉法耶特一杯，感谢他舍弃欧洲的舒适生活，为美国的自由而战。然后，他深情地看着门罗，这个他一生爱着的朋友：“我很骄傲我们年少时就相识，我们经历了所有的考验，你依然是我最爱和最尊敬的人。”门罗深受感动，他说：“我们一起开始了我们的事业，我的整个公职生涯都在你的眼中。你对我和我的政府的肯定在我心中占有最高的地位。”

两天后，拉法耶特告别他的朋友们，一路北上。在昆西，他最后一次看望现任总统的父亲、89 岁的前总统约翰 · 亚当斯；在波士顿，他从邦克山的战场带走一捧泥土。这捧土将撒在他的坟墓上。他已走遍所有的 24 个州，到了该回家的时候了。美国之行深深地触动了他的心，这位“两个世界的英雄”在两个世界的遭遇恍如隔世。同样起源于启蒙思想的两场革命，在新大陆缔造了一个欣欣向荣的共和国，在旧大陆却从终点回到了起点——从绝对君主到立宪君主到共和国到帝国又到绝对君主。革命前的法国是波旁王朝，革命爆发 35 年后的今天，统治法国的仍然是波旁王朝。为什么同样的革命没实现同样的目标？为什么同样的理想没收获同样的果实？为什么同样的勇气做出了不同的选择？为什么同样的智慧教化出不同的领袖？是上帝太偏心还是历史太挑剔？

1826 年 7 月 4 日，美国迎来了第 50 个生日。这一天，所有的心都激动不已，所有的脸上都带着笑容。就在举国欢庆的时刻，一南一北两个信使都在快马加鞭地赶往首都，他们都带着悲伤的消息。7 月 4 日晚 6 点，90 岁的前总统约翰 · 亚当斯去世。他离开前说的最后一句清楚的话是：“托马斯 · 杰斐逊还活着。”但是，他错了。5

个小时前，82 岁的杰斐逊已先他而去。他们去世的这个时间段正是 50 年前大陆会议向公众宣读《独立宣言》的时间。

约翰 · 亚当斯和托马斯 · 杰斐逊这对相爱相杀的冤家，在他们生命的最后 14 年，放弃偏见，放下自尊，找回了失落已久的友情。他们想让子孙后代读懂他们对自由、对革命、对美国的不同解读，他们想让世界知道他们共同为之奋斗的事业实际上是基于不同的蓝图。14 年中，昆西和蒙蒂塞洛之间一共交换了 158 封信，这些信是对革命年代最深情、最幽默、最理智、最浪漫的描述。托马斯 · 杰斐逊对约翰 · 亚当斯说："在没把自己解释清楚之前，我们不能死。"约翰 · 亚当斯确信，托马斯 · 杰斐逊对革命的定义将走进历史教科书，但那不是真相。美国不是一帮怀着远大理想、抱着必胜信念的"革命家"创造出来的奇迹，而是几个犹豫不决、瞻前顾后、不确定自己在做什么的绅士拼凑出来的巧合。革命开始的时候，谁也不知道它将怎样结束；革命结束的时候，谁也不知道它将意味着什么。正是对未来的恐惧和对未知的探索成就了一个史无前例的故事。

也许他们俩太爱对方了，他们都无法独自生存，选择了同年同月同日几乎同时离开人世，也选择了"独立日"，因为他们都爱他们的国家。

1831 年 7 月 4 日，美国独立 55 周年。73 岁的詹姆斯 · 门罗在纽约去世。美国前五位总统中有三位在"独立日"告别世界，你不相信这是上帝的安排吗?

1834 年 5 月 20 日，76 岁的拉法耶特去世。他的墓上飘着星条旗。那面旗已飘了二百年，连纳粹德国都没打扰过它。

1835 年 7 月 6 日，在病床上度过“独立日”两天之后，80 岁的约翰 · 马歇尔在费城去世，结束了长达 34 年的“马歇尔法庭”。在他的葬礼上，费城的“自由钟”突然断裂，从此再也没有响过。

1836 年 6 月 28 日，麦迪逊去世，享年 85 岁。他是最后一位离世的“国父”。从小就病怏怏、没人相信能活过 20 岁的他活过了所有的人。他说 :“我只是活过了我自己。”

“国父”们走了，但他们争争吵吵、描描画画的国家还在，那部宪法还在。他们费尽心机想告诉后人的，是他们的困惑和矛盾，是追求和思考。他们希望子孙们明白，宪法的目的不是消除分歧，而是保护表达分歧的权利。美国政治也许充满阴谋，但没有流血 ；每个人都使尽手段，但愿赌服输。“国父”们也许互相憎恶，但也互相尊重 ；他们为原则坚持，也为利益妥协。他们在对彼此的攻击中捍卫了宪法的精神，他们在争权夺利中为年轻的共和国护航。他们身上有圣人的光辉，也有魔鬼的影子，但他们只在乎自己的内心。他们都守住了道德底线和政治节操，他们都在为国家的服务中超越了自我。不管他们对世界的认识是否正确，他们都为理想努力过了。他们为人类留下一个独立的民族，为世界创造了一个自由的国家。

正如 1776 年约翰 · 亚当斯在大陆会议号召独立时说的那样：有几个人能拥有这样的荣耀?

“国父”们的离去意味着美国政治进入“政客”时代，这个时代的第一场大戏马上就要上演。

参考文献

1. Hakim, Joy. (2005). *A History of US*, third edition, *Vol 1 to 6*. New York: Oxford University Press.

2. Foner, Eric. (2005). *Give Me Liberty! – An American History, Vol 1, Seagull fourth edition.* New York. London. W. W. Norton & Company, Inc.

3. Gonick, Larry. (2005). *The Cartoon History of the United States, First Collins edition*. New York: Harper Collins Publisher.

4. Herring, George C. (2008). *From Colony to Super Power – U.S. Foreign Relations since 1776.* New York: Oxford University Press Inc.

5. Zinn, Howard. (2015). *A People's History of the United States, Reissue edition.* New York: Harper Perennial Modern Classics.

6. Irons, Peter. (2006). *A People's History of Supreme Court, revised edition.* New York: Penguin Books.

7. Howe, Daniel Walker. (2007). *What Hath God Wrought – The Transformation of America, 1815 – 1848.* New York: Oxford University Press.

8. Boorstin, Daniel J. (1965). *The Americans – The National Experience.* New York: Vintage Books.

9. Axelrod, Alan. (2007). *The Real History of American Revolution – A new Book at the Past.* New York: Sterling Publishing Co.

10. Lanning, Michael Lee. (2008). *The American Revolution 100.* Naperville, IL:

Sourcebooks, Inc.

11. Greene, Meg. and Stathakis, Paula. (2011). *Founding Fathers Book – An Everything Series Book.* Avon, MA: Adams Media, a division of F+W Media, Inc.

12. Middlekauff, Robert. (2005). *The Glorious Cause – The American Revolution, 1763 – 1789.* New York: Oxford University Press.

13. Chernow, Ron. (2010). *Washington – A Life.* New York: Penguin Books.

14. McCullough, David. (2005). *1776.* New York: Simon & Schuster.

15. Flexner, James Thomas. (2012). *Washington – The Indispensable Man, the Illustrated edition.* New York: Sterling Signature, Sterling Publishing Co., Inc.

16. Isaacson, Walter. (2004). *Benjamin Franklin – An American Life.* New York: Simon & Schuster Paperbacks.

17. Chernow, Ron. (2004). *Alexander Hamilton.* New York: Penguin Books.

18. McCullough, David. (2001). *John Adams*. New York: Simon & Schuster Paperbacks.

19. Ellis, Joseph J. (2000). *Founding Brothers – The Revolutionary Generation.* New York: Vintage Books, a Division of Random House, Inc.

20. Roberts, Cokie. (2005). *Founding Mothers – The Women Who Raised Our Nation.* New York: Harper Collins Publishers, Inc.

21. Meacham, Jon. (2012). *Thomas Jefferson – The Art of Power*. New York: Random House.

22. Gutzman, Kevin R. C. (2012). *James Madison and the Making of America.* New York: St. Martin's Griffin.

23 .Alexander Hamilton, James Madison, John Jay, Patrick Henry, Robert Yates, Samuel Byron. (2009). *The Federalist and Anti-Federalist Papers – Debates*

That Made America, Complete Works. Pacific Publishing Studio.

24. Smith, Jean Edward. (1996). *John Marshall – Definer of a Nation.* New York: A Holt Paperback, Henry Holt and Company.

25. Unger, Harlow Giles. (2009). *The Last Founding Father – James Monroe and a Nation's Call to Greatness.* Philadelphia, PA: Da Capo Press, a member of the Perseus Books Group.

26. Stagg, J.C.A. (2012). *The War of 1812 – Conflict for a Continent.* New York: Cambridge University Press.

27. Hickey, Donald R. (2012). *The War of 1812 – A Forgotten Conflict, Bicentennial Edition.* Illinois: University of Illinois Press.

28. Remini, Robert V. (1996). *Andrew Jackson.* New York: Harper Perennial, a Division of Harper Collins Publishers, Inc.

29. Unger, Harlow Giles. (2012). *John Quincy Adams.* Boston, MA: Da Capo Press, a member of the Perseus Books Group.

30. Heidler, David S. and Heidler, Jeanne T. (2010). *Henry Clay – The Essential American, 2011 Random House Trade Paperback edition.* New Yok: Random House Publishing Group, Random House, Inc.